中国经济科学年鉴

1994

主　　编
李京文　郑家亨　张卓元　晓　亮（常务）
副主编
张朝尊　肖灼基　翟立功　张问敏

中国统计出版社

ISBN 7-5037-1636-3

9 787503 716362 >

（京）新登字041号

图书在版编目（CIP）数据

中国经济科学年鉴 1994/李京文等主编，—北京：中国统计出版社，1994

ISBN 7-5037-1636-3

Ⅰ. 中… Ⅱ. 李… Ⅲ. 经济-中国-1994-年鉴 Ⅳ. F12-54

中国统计出版社出版

（北京三里河月坛南街38号100826）

新华书店经销

中国科学院印刷厂印刷

*

787×1092毫米 16开本29.5印张101万字

1994年9月第1版 1994年9月北京第1次印刷

印数：1—2000册

*

ISBN 7-5037-1636-3/F.674

《中国经济科学年鉴》顾问

（按姓氏笔划为序）

《中国经济科学年鉴》编辑委员会委员名单

（按姓氏笔划为序）

前　言

《中国经济科学年鉴》是一本较全面地反映我国经济科学的发展历程，记载我国经济科学的研究成果，报道我国经济学界的活动和事件，并适当介绍国外经济学动向的年刊。它具有学术性、知识性和资料性的特点。自1984年出版以来，深受读者的欢迎。现在摆在您面前的这本《年鉴》，按顺序为第十卷。

《中国经济科学年鉴》由中国社会科学院经济学科片主办。

根据年鉴栏目的设置应当具有相对稳定性和连续性，并不断改进的要求，今年这本年鉴共设十三个栏目。与以往各卷相比，本卷有如下变化：理论探讨和改革开放研究，基本上是围绕着建立社会主义市场经济这一目标模式展开。为了使读者了解国外经济学研究动向，本卷又恢复了“国外学术动态”专栏。

本年鉴选用的资料，以自然年度为限。但由于有些资料出版较晚，或为了保证资料的完整性和连续性，在年度时间上有少量的交叉。

经济科学是一个大学科。它涉及面广，同实际经济工作有紧密的联系。每年开展的学术活动，发表的论文、著作，讨论的问题很多。尽管本年鉴力求全面、客观地反映这些情况，但是由于我们的视野、水平有限，加上编辑力量薄弱，因而难免有所遗漏和不妥，欢迎读者批评、指正，并提出改进意见。

本年鉴在组稿编辑和出版过程中得到经济学界同仁和各有关部门、单位的大力支持，在此表示深切的谢意。

目　　录

党和国家重要经济文献选编

专　　论

经济科学研究观点简介

第一部分　经济理论

经济学著作、译著、工具书选介

改革——面向新世纪丛书

经济学论文选介

经济学学术会议选介

经济学新学科介绍

国外学术动态

海外经济学家对中国的评论

企业经营管理和企业改革

已故经济学家介绍

中外学术交流

会议简介

附　　录

Outline of Contents

党和国家重要经济文献选编

中共中央关于建立社会主义市场经济体制若干问题的决定

（中国共产党第十四届中央委员会第三次全体会议1993年11月14日通过）

为贯彻落实党的第十四次全国代表大会提出的经济体制改革的任务，加快改革开放和社会主义现代化建设步伐，十四届中央委员会第三次全体会议讨论了关于建立社会主义市场经济体制的若干重大问题，并作出如下决定。

一、我国经济体制改革面临的新形势和新任务

（1）在邓小平同志建设有中国特色社会主义的理论指导下，经过十多年改革，我国经济体制发生了巨大变化。以公有制为主体的多种经济成份共同发展的格局初步形成，农村经济体制改革不断深入，国有企业经营机制正在转换，市场在资源配置中的作用迅速扩大，对外经济技术交流与合作广泛展开，计划经济体制逐步向社会主义市场经济体制过渡。改革解放和发展了社会生产力，推动我国经济建设、人民生活和综合国力上了一个大台阶。在国际风云急剧变幻的情况下，中国的社会主义制度显示了强大的生命力。改革开放是党和人民在认真总结历史经验的基础上，作出的符合社会经济发展规律的战略决策，是我国实现现代化的必由之路。

以邓小平同志1992年年初重要谈话和党的十四大为标志，我国改革开放和现代化建设事业进入了一个新的发展阶段。十四大明确提出的建立社会主义市场经济体制，这是建设有中国特色社会主义理论的重要组成部分，对于我国现代化建设事业具有重大而深远的意义。在本世纪末初步建立起新的经济体制，是全党和全国各族人民在新时期的伟大历史任务。

（2）社会主义市场经济体制是同社会主义基本制度结合在一起的。建立社会主义市场经济体制，就是要使市场在国家宏观调控下对资源配置起基础性作用。为实现这个目标，必须坚持以公有制为主体、多种经济成份共同发展的方针，进一步转换国有企业经营机制，建立适应市场经济要求，产权清晰、权责明确、政企分开、管理科学的现代企业制度；建立全国统一开放的市场体系，实现城乡市场紧密结合，国内市场与国际市场相互衔接，促进资源的优化配置；转变政府管理经济的职能，建立以间接手段为主的完善的宏观调控体系，保证国民经济的健康运行；建立以按劳分配为主体，效率优先、兼顾公平的收入分配制度，鼓励一部分地区一部分人先富起来，走共同富裕的道路；建立多层次的社会保障制度，为城乡居民提供同我国国情相适应的社会保障，促进经济发展和社会稳定。这些主要环节是相互联系和相互制约的有机整体，构成社会主义市场经济体制的基本框架。必须围绕这些主要环节，建立相应的法律体系，采取切实措施，积极而有步骤地全面推进改革，促进社会生产力的发展。

（3）建立社会主义市场经济体制是一项前无古人的开创性事业，需要解决许多极其复杂的问题。十五年来，我们已经走出一条卓有成效的改革之路，积累了丰富经验。实践证明，毫不动摇地坚持邓小平同志建设有中国特色社会主义的理论，坚持党在社会主义初级阶段的基本路线，我们就能够经受各种考验，顺利实现改革开放和现代化建设的宏伟目标。

在建立社会主义市场经济体制的进程中，我们应当在党的基本理论和基本路线指引下，始终坚持以是

否有利于发展社会主义社会的生产力，是否有利于增强社会主义国家的综合国力，是否有利于提高人民的生活水平，作为决定各项改革措施取舍和检验其得失的根本标准，注意把握好以下几点：

——解放思想，实事求是。要转变计划经济的传统观念，提倡积极探索，敢于试验。既继承优良传统，又勇于突破陈规，从中国国情出发，借鉴世界各国包括资本主义发达国家一切反映社会化生产和市场经济一般规律的经验。要警惕右，主要是防止“左”。

——以经济建设为中心，改革开放、经济发展和社会稳定相互促进，相互统一。发展是硬道理。只有抓住有利时机，深化改革，扩大开放，加快发展，才能巩固安定团结的政治局面。只有坚持四项基本原则，坚持两手抓，保持社会政治稳定，才能有力地保证改革开放和经济发展的顺利推进。在积极发展经济和改革开放的过程中，注意稳妥，避免大的损失和社会震动。

——尊重群众首创精神，重视群众切身利益。及时总结群众创造出来的实践经验，尊重群众意愿，把群众的积极性引导好、保护好、发挥好。在深化改革和发展经济的过程中，妥善处理积累和消费、全局和局部、长期利益和近期利益的关系，不断提高群众生活水平，使改革赢得广泛而深厚的群众基础。

——整体推进和重点突破相结合。改革从农村起步逐渐向城市拓展，实现城乡改革结合，微观改革与宏观改革相配套，对内搞活和对外开放紧密联系、相互促进，是符合中国国情的正确决策。重大的改革举措，根据不同情况，有的先制订方案，在经济体制的相关方面配套展开；有的先在局部试验，取得经验后再推广。既注意改革的循序渐进，又不失时机地在重要环节取得突破，带动改革全局。

二、转换国有企业经营机制，建立现代企业制度

（4）以公有制为主体的现代企业制度是社会主义市场经济体制的基础。十几年来，采取扩大国有企业经营自主权、改革经营方式等措施，增强了企业活力，为企业进入市场奠定了初步基础。继续深化企业改革，必须解决深层次矛盾，着力进行企业制度的创新，进一步解放和发展生产力，充分发挥社会主义制度的优越性。

建立现代企业制度，是发展社会化大生产和市场经济的必然要求，是我国国有企业改革的方向。其基本特征，一是产权关系明晰，企业中的国有资产所有权属于国家，企业拥有包括国家在内的出资者投资形成的全部法人财产权，成为享有民事权利、承担民事责任的法人实体。二是企业以其全部法人财产，依法自主经营，自负盈亏，照章纳税，对出资者承担资产保值增值的责任。三是出资者按投入企业的资本额享有所有者的权益，即资产受益、重大决策和选择管理者等权利。企业破产时，出资者只以投入企业的资木额对企业债务负有限责任。四是企业按照市场需求组织生产经营，以提高劳动生产率和经济效益为目的，政府不直接干预企业的生产经营活动。企业在市场竞争中优胜劣汰，长期亏损、资不抵债的应依法破产。五是建立科学的企业领导体制和组织管理制度，调节所有者、经营者和职工之间的关系，形成激励和约束相结合的经营机制。所有企业都要向这个方向努力。

（5）建立现代企业制度是一项艰巨复杂的任务，必须积累经验，创造条件，逐步推进。当前，要继续贯彻《全民所有制工业企业法》和《全民所有制工业企业转换经营机制条例》，把企业的各项权利和责任不折不扣地落到实处。加强国有企业财产的监督管理，实现企业国有资产保值增值。加快转换国有企业经营机制和企业组织结构调整的步伐。坚决制止向企业乱集资、乱摊派、乱收费。减轻企业办社会的负担。有步骤地清产核资，界定产权，清理债权债务，评估资产，核实企业法人财产占用量。从各方面为国有企业稳步地向现代企业制度转变创造条件。

（6）国有大中型企业是国民经济的支柱，推行现代企业制度，对于提高经营管理水平和竞争能力，更好地发挥主导作用，具有重要意义。现代企业按照财产构成可以有多种组织形式。国有企业实行公司制，是建立现代企业制度的有益探索。规范的公司，能够有效地实现出资者所有权与企业法人财产权的分离，有利于政企分开、转换经营机制，企业摆脱对行政机关的依赖，国家解除对企业承担的无限责任；也有利于筹集资金、分散风险。公司可以有不同的类型。具备条件的国有大中型企业，单一投资主体的可依法改组为独资公司，多个投资主体的可依法改组为有限责任公司或股份有限公司。上市的股份有限公司，只能是少数，必须经过严格审定。国有股权在公司中占有多少份额比较合适，可按不同产业和股权分散程度区别处理。生产某些特殊产品的公司和军工企业应由国家独资经营，支柱产业和基础产业中的骨干企业，国家要控股并吸收非国有资金入股，以扩大国有经济的主导作用和影响范围。实行公司制不是简单更换名称，也不是单纯为了筹集资金，而要着重于转换机制。要通过试点，逐步推行，绝不能搞形式主义，一哄而起。经防止把不具备条件的企业硬行改为公司。现有公司要按规范的要求加以整顿。

按照现代企业制度的要求，现有全国性行业总公司要逐步改组为控股公司。发展一批以公有制为主体，以产权联结为主要纽带的跨地区、跨行业的大型企业集团，发挥其在促进结构调整，提高规模效益，加快新

技术、新产品开发，增强国际竞争能力等方面的重要作用。

一般小型国有企业，有的可以实行承包经营、租赁经营，有的可以改组为股份合作制，也可以出售给集体或个人。出售企业和股权的收入，由国家转投于急需发展的产业。

(7)改革和完善企业领导体制和组织管理制度。坚持和完善厂长（经理）负责制，保证厂长（经理）依法行使职权。实行公司制的企业，要按照有关法规建立内部组织机构。企业中的党组织要发挥政治核心作用，保证监督党和国家方针政策的贯彻执行。全心全意依靠工人阶级。工会与职工代表大会要组织职工参加企业的民主管理，维护职工的合法权益。要加强职工队伍建设，造就企业家队伍。形成企业内部权责分明、团结合作、相互制约的机制，调动各方面的积极性。企业要按照市场经济的要求，完善和严格内部经营管理，严肃劳动纪律，加强技术开发、质量管理以及营销、财务和信息工作，提高决策水平、企业素质和经济效益。加强企业文化建设，培育优良的职业道德，树立敬业爱厂、遵法守信、开拓创新的精神。

(8)加强企业中的国有资产管理。对国有资产实行国家统一所有、政府分级监管、企业自主经营的体制。按照政府的社会经济管理职能和国有资产所有者职能分开的原则，积极探索国有资产管理和经营的合理形式和途径。加强中央和省、自治区、直辖市两级政府专司国有资产管理的机构。当前国有资产管理不善和严重流失的情况，必须引起高度重视。有关部门对其分工监管的企业国有资产要负起监督职责，根据需要可派出监事会，对企业的国有资产保值增值实行监督。严禁将国有资产低价折股，低价出售，甚至无偿分给个人。要健全制度，从各方面堵塞漏洞，确保国有资产及其权益不受侵犯。

(9)坚持以公有制为主体、多种经济成份共同发展的方针。在积极促进国有经济和集体经济发展的同时，鼓励个体、私营、外资经济发展，并依法加强管理。随着产权的流动和重组，财产混合所有的经济单位越来越多，将会形成新的财产所有结构。就全国来说，公有制在国民经济中应占主体地位，有的地方、有的产业可以有所差别。公有制的主体地位主要体现在国家和集体所有的资产在社会总资产中占优势，国有经济控制国民经济命脉及其对经济发展的主导作用等方面。公有制经济特别是国有经济，要积极参与市场竞争，在市场竞争中壮大和发展。国家要为各种所有制经济平等参与市场竞争创造条件，对各类企业一视同仁。现有城镇集体企业，也要理顺产权关系，区别不同情况可改组为股份合作制企业或合伙企业。有条件的也可以组建为有限责任公司。少数规模大、效益好的，也可以组建为股份有限公司或企业集团。

三、培育和发展市场体系

(10) 发挥市场机制在资源配置中的基础性作用，必须培育和发展市场体系。当前要着重发展生产要素市场，规范市场行为，打破地区、部门的分割和封锁，反对不正当竞争，创造平等竞争的环境，形成统一、开放、竞争、有序的大市场。

(11) 推进价格改革，建立主要由市场形成价格的机制。现在大部分商品价格已经放开，但少数生产资料价格双轨制仍然存在，生产要素价格的市场化程度还比较低，价格形成和调节机制还不健全。深化价格改革的主要任务是：在保持价格总水平相对稳定的前提下，放开竞争性商品和服务的价格，调顺少数由政府定价的商品和服务的价格；尽快取消生产资料价格双轨制；加速生产要素价格市场化进程；建立和完善少数关系国计民生的重要商品的储备制度，平抑市场价格。

(12) 改革现有商品流通体系，进一步发展商品市场。在重要商品的产地、销地或集散地，建立大宗农产品、工业消费品和生产资料的批发市场。严格规范少数商品期货市场试点。国有流通企业要转换经营机制，积极参与市场竞争，提高经济效益，并在完善和发展批发市场中发挥主导作用。根据商品流通的需要，构造大中小相结合、各种经济形式和经营方式并存、功能完备的商品市场网络，推动流通现代化。

(13)当前培育市场体系的重点是，发展金融市场、劳动力市场、房地产市场、技术市场和信息市场等。

发展和完善以银行融资为主的金融市场。资本市场要积极稳妥地发展债券、股票融资。建立发债机构和债券信用评级制度，促进债券市场健康发展。规范股票的发行和上市，并逐步扩大规模。货币市场要发展规范的银行同业拆借和票据贴现，中央银行开展国债买卖。坚决制止和纠正违法违章的集资、拆借等融资活动。

改革劳动制度，逐步形成劳动力市场。我国劳动力充裕是经济发展的优势，同时也存在着就业的压力，要把开发利用和合理配置人力资源作为发展劳动力市场的出发点。广开就业门路，更多地吸纳城镇劳动力就业。鼓励和引导农村剩余劳动力逐步向非农产业转移和地区间的有序流动。发展多种就业形式，运用经济手段调节就业结构，形成用人单位和劳动者双向选择、合理流动的就业机制。

规范和发展房地产市场。我国地少人多，必须十分珍惜和合理使用土地资源，加强土地管理。切实保护耕地，严格控制农业用地转为非农业用地。国家垄断城镇土地一级市场。实行土地使用权有偿有限期出让制度，对商业性用地使用权的出让，要改变协议批租方式，实行招标、拍卖。同时加强土地二级市场的管理，建立正常的土地使用权价格的市场形成机制。通过开征和调整房地产税费等措施，防止在房地产交易中获取暴利和国家收益的流失。控制高档房屋和高消费游乐设施的过快增长。加快城镇住房制度改革，控制住房用地价格，促进住房商品化和住房建设的发展。

进一步发展技术、信息市场。引入竞争机制，保护知识产权，实行技术成果有偿转让，实现技术产品和信息商品化、产业化。

(14) 发展市场中介组织，发挥其服务、沟通、公证、监督作用。当前要着重发展会计师、审计师和律师事务所，公证和仲裁机构，计量和质量检验认证机构，信息咨询机构，资产和资信评估机构等。发挥行业协会、商会等组织的作用。中介组织要依法通过资格认定，依据市场规则，建立自律性运行机制，承担相应的法律和经济责任，并接受政府有关部门的管理和监督。

(15) 改善和加强对市场的管理和监督。建立正常的市场进入、市场竞争和市场交易秩序，保证公平交易，平等竞争，保护经营者和消费者的合法权益。坚决依法惩处生产和销售假冒伪劣产品、欺行霸市等违法行为。提高市场交易的公开化程度，建立有权威的市场执法和监督机构，加强对市场的管理，发挥社会舆论对市场的监督作用。

四、转变政府职能，建立健全宏观经济调控体系

(16) 转变政府职能，改革政府机构，是建立社会主义市场经济体制的迫切要求。政府管理经济的职能，主要是制订和执行宏观调控政策，搞好基础设施建设，创造良好的经济发展环境。同时，要培育市场体系、监督市场运行和维护平等竞争，调节社会分配和组织社会保障，控制人口增长，保护自然资源和生态环境，管理国有资产和监督国有资产经营，实现国家的经济和社会发展目标。政府运用经济手段、法律手段和必要的行政手段管理国民经济，不直接干预企业的生产经营活动。

目前各级政府普遍存在机构臃肿，人浮于事，职能交叉，效率低下的问题，严重障碍企业经营机制的转换和新体制的建立进程，要按照政企分开，精简、统一、效能的原则，继续并尽早完成政府机构改革。政府经济管理部门要转变职能，专业经济部门要逐步减少，综合经济部门要做好综合协调工作，同时加强政府的社会管理职能，保证国民经济正常运行和良好的社会秩序。

(17)社会主义市场经济必须有健全的宏观调控体系。宏观调控的主要任务是：保持经济总量的基本平衡，促进经济结构的优化，引导国民经济持续、快速、健康发展，推动社会全面进步。宏观调控主要采取经济办法，近期要在财税、金融、投资和计划体制的改革方面迈出重大步伐，建立计划、金融、财政之间相互配合和制约的机制，加强对经济运行的综合协调。计划提出国民经济和社会发展的目标、任务，以及需要配套实施的经济政策；中央银行以稳定币值为首要目标，调节货币供应总量，并保持国际收支平衡；财政运用预算和税收手段，着重调节经济结构和社会分配。运用货币政策与财政政策，调节社会总需求与总供给的基本平衡，并与产业政策相配合，促进国民经济和社会的协调发展。

(18)积极推进财税体制改革。近期改革的重点，一是把现行地方财政包干制改为在合理划分中央与地方事权基础上的分税制，建立中央税收和地方税收体系。维护国家权益和实施宏观调控所必需的税种列为中央税；同经济发展直接相关的主要税种列为共享税；充实地方税税种，增加地方税收入。通过发展经济，提高效益，扩大财源，逐步提高财政收入在国民生产总值中的比重，合理确定中央财政收入和地方财政收入的比例。实行中央财政对地方的返还和转移支付的制度，以调节分配结构和地区结构，特别是扶持经济不发达地区的发展和老工业基地的改造。二是按照统一税法、公平税负、简化税制和合理分权的原则。改革和完善税收制度。推行以增值税为主体的流转税制度，对少数商品征收消费税，对大部分非商品经营继续征收营业税。在降低国有企业所得税税率，取消能源交通重点建设基金和预算调节基金的基础上，企业依法纳税，理顺国家和国有企业的利润分配关系。统一企业所得税和个人所得税，规范税率，扩大税基。开征和调整某些税种，清理税收减免，严格税收征管，堵塞税收流失。三是改进和规范复式预算制度。建立政府公共预算和国有资产经营预算，并可以根据需要建立社会保障预算和其他预算。要严格控制财政赤字。中央财政赤字不再向银行透支，而靠发行长短期国债解决。统一管理政府的国内外债务。

(19) 加快金融体制改革。中国人民银行作为中央银行，在国务院领导下独立执行货币政策，从主要依靠信贷规模管理，转变为运用存款准备金率、中央银行贷款利率和公开市场业务等手段，调控货币供应量，保持币值稳定；监管各类金融机构，维护金融秩序，不再对非金融机构办理业务。银行业与证券业实行分业管理。组建货币政策委员会，及时调整货币和信贷政策。按照货币在全国范围流通和需要集中统一调节的要求，中国人民银行的分支机构为总行的派出机构，应积极创造条件跨行政区设置。

建立政策性银行，实行政策性业务与商业性业务

分离。组建国家开发银行和进出口信贷银行，改组中国农业银行，承担严格界定的政策性业务。

发展商业性银行。现有的专业银行要逐步转变为商业银行，并根据需要有步骤地组建农村合作银行和城市合作银行。商业银行要实行资产负债比例管理和风险管理。规范与发展非银行金融机构。

中央银行按照资金供求状况及时调整基准利率，并允许商业银行存贷款利率在规定幅度内自由浮动。改革外汇管理体制，建立以市场为基础的有管理的浮动汇率制度和统一规范的外汇市场。逐步使人民币成为可兑换的货币。

实现银行系统计算机网络化，扩大商业汇票和支票等结算工具的使用面，严格结算纪律，提高结算效率，积极推行信用卡，减少现金流通量。

(20) 深化投资体制改革。逐步建立法人投资和银行信贷的风险责任。竞争性项目投资由企业自主决策，自担风险，所需贷款由商业银行自主决定，自负盈亏。用项目登记备案制代替现行的行政审批制，把这方面的投融资活动推向市场，国家用产业政策予以引导。基础性项目建设要鼓励和吸引各方投资参与。地方政府负责地区性的基础设施建设。国家重大建设项目，按照统一规划，由国家开发银行等政策性银行，通过财政投融资和金融债券等渠道筹资，采取控股、参股和政策性优惠贷款等多种形式进行；企业法人对筹划、筹资、建设直至生产经营、归还贷款本息以及资产保值增值全过程负责。社会公益性项目建设，要广泛吸收社会各界资金，根据中央和地方事权划分，由政府通过财政统筹安排。

(21) 加快计划体制改革，进一步转变计划管理职能。国家计划要以市场为基础，总体上应当是指导性的计划。计划工作的任务，是合理确定国民经济和社会发展的战略、宏观调控目标和产业政策，搞好经济预测，规划重大经济结构、生产力布局、国土整治和重点建设。计划工作要突出宏观性、战略性、政策性，把重点放到中长期计划上，综合协调宏观经济政策和经济杠杆的运用。建立新的国民经济核算体系，完善宏观经济监测预警系统。

(22) 合理划分中央与地方经济管理权限，发挥中央和地方两个积极性。宏观经济调控权，包括货币的发行、基准利率的确定、汇率的调节和重要税种税率的调整等，必须集中在中央。这是保证经济总量平衡、经济结构优化和全国市场统一的需要。我国国家大，人口多，必须赋予省、自治区和直辖市必要的权力，使其能够按照国家法律、法规和宏观政策，制订地区性的法规、政策和规划；通过地方税收和预算，调节本地区的经济活动；充分运用地方资源，促进本地区的经济和社会发展。

五、建立合理的个人收入分配和社会保障制度

(23) 个人收入分配要坚持以按劳分配为主体、多种分配方式并存的制度，体现效率优先、兼顾公平的原则。劳动者的个人劳动报酬要引入竞争机制，打破平均主义，实行多劳多得，合理拉开差距。坚持鼓励一部分地区一部分人通过诚实劳动和合法经营先富起来的政策，提倡先富带动和帮助后富，逐步实现共同富裕。

(24) 建立适应企业、事业单位和行政机关各自特点的工资制度与正常的工资增长机制。国有企业在职工工资总额增长率低于企业经济效益增长率，职工平均工资增长率低于本企业劳动生产率增长的前提下，根据劳动就业供求变化和国家有关政策规定，自主决定工资水平和内部分配方式。行政机关实行国家公务员制度，公务员的工资由国家根据经济发展状况并参照企业平均工资水平确定和调整，形成正常的晋级和工资增长机制。事业单位实行不同的工资制度和分配方式，有条件的可以实行企业工资制度。国家制订最低工资标准，各类企事业单位必须严格执行。积极推进个人收入的货币化和规范化。

(25)国家依法保护法人和居民的一切合法收入和财产，鼓励城乡居民储蓄和投资，允许属于个人的资本等生产要素参与收益分配。逐步建立个人收入应税申报制度，依法强化征管个人所得税，适时开征遗产税和赠与税。要通过分配政策和税收调节，避免由于少数人收入畸高形成两极分化。对侵吞公有财产和采取偷税抗税、行贿受贿、贪赃枉法等非法手段牟取收入的，要依法惩处。

(26) 建立多层次的社会保障体系，对于深化企业和事业单位改革，保持社会稳定，顺利建立社会主义市场经济体制具有重大意义。社会保障体系包括社会保险、社会救济、社会福利、优抚安置和社会互助、个人储蓄积累保障。社会保障政策要统一，管理要法制化。社会保障水平要与我国社会生产力发展水平以及各方面的承受能力相适应。城乡居民的社会保障办法应有区别。提倡社会互助。发展商业性保险业，作为社会保险的补充。

(27)按照社会保障的不同类型确定其资金来源和保障方式。重点完善企业养老和失业保险制度，强化社会服务功能以减轻企业负担，促进企业组织结构调整，提高企业经济效益和竞争能力。城镇职工养老和医疗保险金由单位和个人共同负担，实行社会统筹和个人帐户相结合。进一步健全失业保险制度，保险费由企业按职工工资总额一定比例统一筹交。普遍建立企业工

伤保险制度。农民养老以家庭保障为主，与社区扶持相结合。有条件的地方，根据农民自愿，也可以实行个人储蓄积累养老保险。发展和完善农村合作医疗制度。

(28) 建立统一的社会保障管理机构。提高社会保障事业的管理水平，形成社会保险基金筹集、运营的良性循环机制。社会保障行政管理和社会保险基金经营要分开。社会保障管理机构主要是行使行政管理职能。建立由政府有关部门和社会公众代表参加的社会保险基金监督组织，监督社会保险基金的收支和管理。社会保险基金经办机构，在保证基金正常支付和安全性流动性的前提下，可依法把社会保险基金主要用于购买国家债券，确保社会保险基金的保值增值。

六、深化农村经济体制改革

(29) 农业、农村和农民问题，是我国经济发展和现代化建设的根本问题。我国农村十多年来的改革，使农村社会经济面貌发生了历史性的变化，也为整个国民经济的改革和发展奠定了基础。近年来，农村面临着一些亟待解决的新问题，主要是农业特别是粮棉生产的比较效益下降，工农业产品价格剪刀差扩大，农民收入增长缓慢。必须稳定党在农村的基本政策，深化农村改革，加快农村经济经展，增加农民收入，进一步增强农业的基础地位，保证到本世纪末农业再上一个新台阶，广大农民的生活由温饱达到小康水平。

(30)我国农村经济的发展，开始进入以调整结构、提高效益为主要特征的新阶段。要适应市场对农产品消费需求的变化，优化品种结构，使农业朝着高产、优质、高效的方向发展。在保持粮棉等基本农产品稳定增长的前提下，调整农村的产业结构，加快乡镇企业和其他非农产业的发展，为农村剩余劳动力提供更多的就业机会。实现农业产品结构和农村产业结构调整，必须积极培育农村市场，打破地区封锁、城乡分割的状况，进一步搞活流通，增强农村经济发展的开放性，使各种经济资源在更大的范围内流动和组合。这是加快农村经济发展，提高农民收入的根本途径。

(31)以家庭联产承包为主的责任制和统分结合的双层经营体制，是农村的一项基本经济制度，必须长期稳定，并不断完善。在坚持土地集体所有的前提下，延长耕地承包期，允许继承开发性生产项目的承包经营权，允许土地使用权依法有偿转让。少数经济比较发达的地方，本着群众自愿原则，可以采取转包、入股等多种形式发展适度规模经营，提高农业劳动生产率和土地生产率。乡村集体经济组织，要积极兴办服务性的经济实体，为家庭经营提供服务，逐步积累集体资产，壮大集体经济实力。

(32)发展农村社会化服务体系，促进农业专业化、商品化、社会化。从农民实际需要出发，发展多样化的服务组织，形成乡村集体经济组织、国家经济技术部门和各种专业技术协会等农民联合组织相结合的服务网络。各级供销社要继续深化改革，真正办成农民的合作经济组织，积极探索向综合性服务组织发展的新路子。逐步全面放开农产品经营，改变部门分割、产销脱节的状况，发展各种形式的贸工农一体化经营，把生产、加工、销售环节紧密结合起来。加快农村教育的改革和发展。积极推进农科教结合，加强农业科学技术的研究和先进适用技术的推广，用现代科学技术改造传统农业。要积极面向国际市场，大力发展高附加值产品和出口创汇农业。

(33) 乡镇企业是农村经济的重要支柱。要完善承包经营责任制，发展股份合作制，进行产权制度和经营方式的创新，进一步增强乡镇企业的活力。在明晰产权的基础上，促进生产要素跨社区流动和组合，形成更合理的企业布局。加强规划，引导乡镇企业适当集中，充分利用和改造现有小城镇，建设新的小城镇。逐步改革小城镇的户籍管理制度，允许农民进入小城镇务工经商，发展农村第三产业，促进农村剩余劳动力的转移。

(34)加强政府对农业生产的支持和对农民利益的保护。各级政府要逐步增加对农业的投入，积极鼓励农民和集体增加劳动和资金投入，不断改善农业生产条件，增强农业的物质技术基础。要抓紧建立和健全粮食等基本农产品的储备调节体系和市场风险基金，实行保护价收购制度，防止市场价格过大波动。扶持农用工业发展。对农民负担的费用和劳务实行规范化、法制化管理，切实保护农民的经济利益。

(35) 扶持贫困地区特别是革命老区、少数民族地区、边远地区发展经济。中央和地方都要关心和支持这些地区的社会经济发展，进一步加强扶贫开发工作，重点搞好农业基本建设，改善交通通信状况。扩大发达地区与贫困地区的干部交流和经济技术协作。增强群众的市场经济意识，充分利用当地的资源优势，逐步形成主要靠自己力量脱贫致富的机制。

七、深化对外经济体制改革，进一步扩大对外开放

(36) 坚定不移地实行对外开放政策，加快对外开放步伐，充分利用国际国内两个市场、两种资源，优化资源配置。积极参与国际竞争与国际经济合作，发挥我国经济的比较优势，发展开放型经济，使国内经济与国际经济实现互接互补。依照我国国情和国际经济活动的一般准则，规范对外经济活动，正确处理对外经济关系，不断提高国际竞争能力。

(37)实行全方位开放。继续推进经济特区、沿海开

放城市、沿海开放地带，以及沿边、沿江和内陆中心城市的对外开放，充分发挥开放地区的辐射和带动作用；加快主要交通干线沿线地带的开发开放；鼓励中、西部地区吸收外资开发和利用自然资源，促进经济振兴；统筹规划，认真办好经济技术开发区、保税区，形成既有层次又各具特点的全方位开放格局。拓宽对外开放的领域，扩大生产要素的流动和交换，在注重工业和贸易领域国际联系的基础上，加快其他产业的对外开放，促进服务贸易的发展。改进海关、商检、运输等各项口岸工作。加强对境外中资企业的管理。认真总结经验，不断提高对外开放程度，引导对外开放向高层次、宽领域、纵深化方向发展。

(38) 进一步改革对外经济贸易体制，建立适应国际经济通行规则的运行机制。坚持统一政策、放开经营、平等竞争、自负盈亏、工贸结合、推行代理制的改革方向。加速转换各类企业的对外经营机制，按照现代企业制度改组国有对外经贸企业，赋予具备条件的生产和科技企业对外经营权，发展一批国际化、实业化、集团化的综合贸易公司。国家主要运用汇率、税收和信贷等经济手段调节对外经济活动。改革进出口管理制度，取消指令性计划，减少行政干预；对少数实行数量限制的进出口商品的管理，按照效益、公正和公开的原则，实行配额招标、拍卖或规则化分配。发挥进出口商会协调指导、咨询服务的作用。积极推进以质取胜和市场多元化战略。进一步搞好边境贸易。完善出口退税制度。降低关税总水平，合理调整关税结构，严格征管，打击走私。深化对外经济技术合作体制改革，提高综合经营能力和整体效益。统一和健全对外经济法规，维护国家利益。

(39) 积极引进外来资金、技术、人才和管理经验。改善投资环境和管理办法，扩大引进规模，拓宽投资领域，进一步开放国内市场。创造条件对外商投资企业实行国民待遇，依法完善对外商投资企业的管理。引导外资重点投向基础设施、基础产业、高新技术产业和老企业的技术改造，鼓励兴办出口型企业。发挥我国资源和市场的比较优势，吸引外来资金和技术，促进经济发展。

八、进一步改革科技体制和教育体制

(40) 科学技术是第一生产力，经济建设必须依靠科学技术，科学技术工作必须面向经济建设。科技体制改革的目标，是建立适应社会主义市场经济发展，符合科技自身发展规律，科技与经济密切结合的新型体制，促进科技进步，攀登科技高峰，以实现经济、科技和社会的综合协调发展。中央、地方和企业都要加大科技投入，逐步形成结构优化、布局合理、精干高效的研究开发体系，推动开发研究、高新技术及其产业和基础性研究的发展，促进科技成果向现实生产力的转化。要改变部门分割的状况，推进科技系统的结构调整和人才的合理分流。实行“稳住一头，放开一片”的方针，加强基础性研究，发展高新技术研究，放开技术开发和科技服务机构的研究开发经营活动。积极发展各种所有制形式和经营方式的科技企业。应用研究和开发研究机构以及科技咨询和信息服务机构要面向市场，逐步实行企业化经营，增强自我发展和市场竞争能力。

(41) 积极促进科技经济一体化。一是选择国民经济中重大和关键技术领域，统一协调组织科研力量进行科技攻关。二是建立自主开发与技术引进相互促进的新机制，搞好技术引进和技术创新。办好高新技术产业开发区，促进高新技术成果商品化和产业化。三是鼓励科研机构、高等院校和企业合作进行技术开发，支持技术开发研究机构与大型企业集团联合创办新产品、新工艺的研究开发机构，加快用高新技术改造传统产业的步伐。在企业内部建立起市场、科研、生产一体化的技术进步机制，使企业成为技术开发的主体。四是发展促进技术转让的中介机构、中间试验和工业试验，建立地区和行业的技术创新组织和技术推广网络。五是国防军工科研单位要继续贯彻军民结合的方针，进一步深化改革，转换机制，在保障国防建设的前提下，加强军民两用技术研究开发，积极推进军工技术向民用领域转移。

(42)社会主义市场经济体制的建立和现代化的实现，最终取决于国民素质的提高和人才的培养。各级党委和政府要把优先发展教育事业作为战略任务来抓，加强对教育工作的领导。切实落实《中国教育改革和发展纲要》，加快教育体制改革的步伐。确保教育投入，提高教学质量和办学效益。改变政府包揽办学的状况，形成政府办学为主与社会各界参与办学相结合的新体制。强化义务教育，大力发展职业教育和成人教育，优化教育结构。义务教育主要由政府投资办学，同时鼓励多渠道、多形式社会集资办学和民间办学；职业教育、成人教育以及各种社会教育要更多地面向市场需求，发挥社会各方面的作用。高等教育要改革办学体制，改变条块分割的状况，除特殊行业外，区别不同情况分步过渡到中央和地方两级管理的体制，扩大地方和院校的办学自主权。高等院校要在招生、专业设置、教材内容、教学方法以及毕业生就业等环节进一步改革。各类学校都要加强教师队伍建设，改善德育教育。

(43) 尊重知识，尊重人才，进一步创造人尽其才、人才辈出的环境和条件。要采取多种形式和途径，培养大量的熟练劳动者和各种专业人才，同时要造就一批进入世界科技前沿的跨世纪的学术和技术带头人。要把人才培养和合理使用结合起来，配套改革劳动人事与干部选拔制度。要制订各种职业的资格标准和录用标准，实行学历文凭和职业资格两种证书制度，逐步实行公开招聘，平等竞争，促进人才合理流动。实行“支持留学、鼓励回国、来去自由”的方针，采取多种形式，鼓励海外人才为祖国服务。

九、加强法律制度建设

（44）社会主义市场经济体制的建立和完善，必须有完备的法制来规范和保障。要高度重视法制建设，做到改革开放与法制建设的统一，学会运用法律手段管理经济。法制建设的目标是：遵循宪法规定的原则，加快经济立法，进一步完善民商法律、刑事法律、有关国家机构和行政管理方面的法律，本世纪末初步建立适应社会主义市场经济的法律体系；改革、完善司法制度和行政执法机制，提高司法和行政执法水平；建立健全执法监督机制和法律服务机构，深入开展法制教育，提高全社会的法律意识和法制观念。

（45）坚持社会主义法制的统一。改革决策要与立法决策紧密结合。立法要体现改革精神，用法律引导、推进和保障改革顺利进行。要搞好立法规划，抓紧制订关于规范市场主体、维护市场秩序、加强宏观调控、完善社会保障、促进对外开放等方面的法律。要适时修改和废止与建立社会主义市场经济体制不相适应的法律和法规。加强党对立法工作领导，完善立法体制，改进立法程序，加快立法步伐，这社会主义市场经济提供法律规范。

加强和改善司法、行政执法和执法监督，维护社会稳定，保障经济发展和公民的合法权益。依法惩处刑事犯罪和经济犯罪，及时处理经济和民事纠纷。各级政府都要依法行政，依法办事。坚决纠正经济活动以及其他活动中有法不依，执法不严，违法不究，滥用职权，以及为谋求部门和地区利益而违反法律等现象。加强执法队伍建设，提高人员素质和执法水平。建立对执法违法的追究制度和赔偿制度。

（46）加强廉政建设、反对腐败是建立社会主义市场经济体制的必要条件和重要保证，也是关系改革事业成败，关系党和国家命运的大事，必须切实抓紧抓好。反腐败斗争是长期的、艰巨的任务，要坚持不懈地进行。要加强廉政法制建设，完善党和国家机关及其工作人员特别是领导干部的廉洁自律和监督机制。执法、司法、经济管理等部门，要建立有效的约束机制，防范以权谋私，纠正部门和行业不正之风。绝不允许将商品交换原则引入党的政治生活和国家机关的政务活动，搞权钱交易。要依法严肃查处包括法人违法犯罪在内的大案要案，坚决惩处腐败分子。加强党的纪律检查机关和司法、监察、审计部门的工作，发挥法律监督、组织监督、群众监督和舆论监督的作用。

十、加强和改善党的领导，为本世纪末初步建立社会主义市场经济体制而奋斗

（47）建立社会主义市场经济体制，加快现代化建设步伐，必须加强和改善党的领导。党要肩负起新时期的伟大历史任务，必须加强自身建设。当前，党的建设要着重抓好以下工作：一是坚持用邓小平同志建设有中国特色社会主义的理论武装全党。要学习马克思列宁主义毛泽东思想，中心内容是学习建设有中国特色社会主义的理论，提高贯彻执行党的基本路线和发展社会主义市场经济方针政策的坚定性和自觉性，保持思想上政治上的高度一致。二是坚持全心全意为人民服务的宗旨，继承和发扬党的优良传统和作风，进一步密切党同人民群众的联系。三是严格执行党的民主集中制，健全党内政治生活，维护党的团结，严肃党的纪律，增强全局观念，使全党在行动上做到步调一致，令行禁止。四是加强各级领导班子的建设，深入实际，调查研究，坚决克服官僚主义和形式主义，认真学习社会主义市场经济基本知识和现代科技知识，努力提高领导现代化建设的水平。五是切实加强党的基层组织建设，努力改变一部分党组织软弱涣散的状况，充分发挥基层党组织战斗堡垒和广大党员的先锋模范作用。

（48）同建立社会主义市场经济体制和经济发展相适应，积极推进政治体制改革，加强社会主义民主政治建设。坚持和完善人民代表大会制度和共产党领导的多党合作与政治协商制度。发挥工会、共青团、妇联等群众组织作为党联系群众的桥梁和纽带的作用。加快建立健全民主的科学的决策制度，提高决策水平。全面贯彻党的民族政策，完善民族区域自治制度，促进民族地区经济文化发展，巩固和发展平等、互助、团结、合作的社会主义民族关系，实现各民族的共同繁荣和团结进步。认真贯彻党的宗教政策、侨务政策，为社会主义现代化建设服务。加强基层民主建设，完善各种监督制度，切实保障人民群众依法管理国家事务、经济事务和社会事务的民主权利。

（49）坚持两手抓、两手都要硬的方针，加强以培养有理想、有道德、有文化、有纪律的新人为目标的社会主义精神文明建设。各级党委和政府要发挥思想政治工作优势，加强对宣传思想和文化工作的领导。要加强对邓小平同志建设有中国特色社会主义理论的研究工作，加强以马克思主义为指导的哲学社会科学研究工作。要广泛深入生动地开展爱国主义、集体主义、社会主义教育，开展中国历史特别是近代史现代史和中华民族优良传统的教育，提高民族自尊心、自信心和自

豪感，发扬艰苦奋斗精神，把亿万群众的巨大创造力凝聚到建设有中国特色社会主义的伟大事业上来。积极倡导在社会主义市场经济条件下坚持正确的人生观和文明健康的生活方式，加强社会公德和职业道德的建设，反对拜金主义、极端个人主义和腐朽的生活方式。坚持不懈地进行“扫黄”和扫除各种丑恶现象的斗争，加强社会治安综合治理。坚持为人民服务、为社会主义服务和百花齐放、百家争鸣的方针，鼓励创作积极向上、人民群众喜闻乐见的文化艺术作品，丰富人民的精神生活。深化文化体制改革，完善文化经济政策，依法加强文化市场管理。要把社会效益放在首位，正确处理精神产品社会效益与经济效益的关系。对需要扶持的文化艺术精粹，国家要有重点地给予必要的资助。

(50)经济体制改革是一场涉及经济基础和上层建筑许多领域的深刻革命，必然要改变旧体制固有的和体制转变过程中形成的各种不合理的利益格局，不可避免地会遇到这样或那样的困难和阻力。必须从总体上处理好改革、发展和稳定的关系，处理好各方面的利益关系，调动一切积极因素，为国民经济健康发展创造有利条件。当前我国经济在高速增长过程中遇到的一些矛盾和问题，从根本上讲，是由于旧体制的弊病没有完全克服，新体制还没有完全形成，因此，各级党委和政府必须把更大的精力集中到加快改革上来。要紧紧抓住重点领域的改革，制订具体方案，大胆探索，勇于实践，认真总结经验，不断开拓前进。

十四届三中全会号召全党同志和全国各族人民，更加紧密地团结在以江泽民同志为核心的党中央周围，在邓小平同志建设有中国特色社会主义的理论和党的十四大精神指引下，同心同德，锐意改革，自力更生，艰苦创业，为在本世纪末初步建立起社会主义市场经济体制，实现国民经济和社会发展第二步战略目标而努力奋斗！

（新华社北京11月16日电）

政府工作报告(节录)

——1993年3月15日在第八届全国人民代表大会第一次会议上
国务院总理　李　鹏

一、改革开放和现代化建设取得伟大成就的五年

从第七届全国人民代表大会第一次会议，到这次大会的召开，已经整整过去了五年。在这五年中，我国经济蓬勃发展，社会不断进步，综合国力进一步增强，各方面都取得了举世瞩目的重大成就。大量事实充分证明，过去的五年，是我国各族人民在中国共产党领导下沿着建设有中国特色的社会主义道路继续前进的五年，是巩固和发展党的十一届三中全会以来改革开放和现代化建设伟大成果的五年。

国民经济持续发展。1992年国民生产总值接近24000亿元，五年平均每年增长7.9%。**农村经济全面发展，结构逐步调整**。农业总产值平均每年增长4.9%，粮食生产摆脱了一度徘徊局面，连续四年获得丰收。粮食储备增加，增强了以丰补歉的能力。经济作物和农副产品全面增长。“菜篮子”工程的实施，保证了城市居民的副食供应。乡镇企业保持旺盛发展势头，五年间产值增长2倍，现已吸纳农村劳动力1亿多人，成为国民经济的一支重要力量。植树造林、水利和农田基本建设取得新进展。**工业生产有较大增长**。五年间，工业总产值平均每年增长15%。1992年同1987年相比，钢产量增长42%，达到8000万吨；原煤产量增长20%，达到11亿吨；发电装机增长46%，达到16500万千瓦；原油产量继续增长，达到1.42亿吨。农用工业产品持续增长。消费品工业产品更新换代加快，花色品种增多。**交通运输和邮电通信有新的发展**。铁路货运周转量增长23%，达到11620亿吨公里；沿海港口货物吞吐量增长59%，达到5.9亿吨；公路货运周转量增长36%，达到3617亿吨公里；城乡电话总容量增长1.1倍，达到2860万门。五年间，进出口总额增长1倍，1992年达到1656亿美元。外汇储备有一定增加。五年共利用外资609亿美元，相当于前九年总和的1.6倍。**基本建设和技术改造取得新成就**。五年全社会固定资产投资完成26000亿元。一批大型基础工业和基础设施重点项目相继建成，地质勘查取得新成果，为今后经济发展增添了后续力量。城市建设有新的进展，面貌发生很大变化。

社会主义精神文明建设和各项社会事业取得新进步。**科学技术事业成绩显著**，重大科技成果比上五年大幅度增加，某些领域达到或接近世界先进水平，正负电子对撞机投入使用，“银河—II”巨型计算机研制成功，我国航天工业进入国际发射市场。创办一批国家级的高新技术产业开发区，科技成果商品化和产业化步伐加快。**教育事业有较大发展**，五年来国家财政和社会各方面对教育事业的投入达3200亿元，比上一个五年增加1710亿元。全国已有76%的县普及了小学教育，多数城市普及了初中教育。高等教育有新的发展，五年共培养本科和专科毕业生584万人，研究生17.2万人。教育结构有重大调整，职业教育、成人教育迅速发展，中等职业技术学校在校学生已接近高中阶段学生人数的50%，教育改革逐步深入，教育质量有所提高。计划生育成绩明显，出生率下降5个千分点，相当于五年少生1500万人左右。体育事业有新的发展，成功地举办了第十一届亚运会，在奥运会和重大国际比赛中取得优异成绩。文化艺术、新闻出版、广播影视、社会科学，医药卫生、环境保护等方面，都取得新的成绩。在进行物质文明和精神文明建设的同时，社会主义民主和法制建设也取得了新的进展。

改革开放迈出重要步伐。在农村，以家庭联产承包为主的责任制和统分结合的双层经营体制继续稳定和完善。在城市，为增强国有大中型企业活力，以转换企业经营机制和转变政府职能为重点，采取了新的改革措施。在巩固和发展公有制经济的同时，个体经济、私营经济、外资经济等多种经济成分进一步发展。宏观经济调控有所改善，市场机制的作用明显增强，消费品和生产资料市场扩大，金融、技术、劳务、信息和房地产等各类市场开始形成。价格改革迈出较大步伐，粮食实现了购销同价，部分地区价格已经放开；其他农副产品和工业消费品的价格，绝大部分已经放开；生产资料价格大部分也已放开，“双轨制”范围显著缩小。总起来说，目前由市场决定价格的比重，已经由五年前的50%左右扩大到80%左右。住房制度和社会保障制度的改革在较大范围内进入实施阶段。对外开放进一步扩大，初步形成沿海、沿江、沿边和内陆省会城市全方位开放的格局。经济特区、沿海开放城市和开放地区、经济技术开发区取得显著成绩，上海浦东开发开放步伐加快。外贸体制实行自负盈亏和打

破垄断经营的改革，取消外贸出口补贴，对一批企业赋予进出口经营权，促进了对外贸易持续增长。

人民收入和生活水平进一步提高。1992年同1987年相比，城镇居民人均生活费收入增加910元，达到1826元；农村居民人均纯收入增加321元，达到784元。城乡居民储蓄大幅度增加。城镇新建居民住宅9.2亿平方米，农村新建住房36亿平方米，居住条件逐步改善。市场繁荣活跃，商品琳琅满目，物价相对稳定，居民消费水平进一步提高。现在，我国蛋类、肉类、食用植物油的人均消费量已相当或接近世界平均水平，城镇电视机、电冰箱等耐用消费品的普及率达到中等收入国家水平。我国人口的平均期望寿命已经达到70岁左右，这是人民生活质量提高的综合反映。

这里要特别指出，刚刚过去的1992年，以邓小平同志重要谈话和中国共产党第十四次代表大会为标志，我国改革开放和现代化建设进入了蓬勃发展的新阶段。举国上下进一步解放思想，开拓创新，到处生机勃勃，开创了崭新的局面。广大干部群众精神更加振奋，改革开放步伐加快。转换国有企业经营机制取得新进展。价格改革有新的突破，市场作用进一步增强。其他方面的改革也有许多重要举措。对外开放的范围和领域显著扩大，新开放了5个沿江城市、18个省会城市、13个沿边城市，增加了34个开放口岸，形成了全方位开放的新格局。利用外资是改革开放以来最多的一年。国民经济实现了快速增长，国民生产总值比上年增长12.8%。社会各项事业都有明显进步。特别是党的十四大确立了社会主义市场经济体制的改革目标，对于进一步深化改革、扩大开放和促进现代化建设，具有重大的理论和实践意义。过去的一年，是我们在社会主义现代化道路上大步前进的一年。

五年来，我们完成了第七届全国人民代表大会所确定的任务。我们的一切成就，都是在中国共产党领导下，全国各族人民辛勤劳动、团结奋斗的结果。我代表国务院，向全国各族人民对政府工作的信任和支持表示衷心的感谢！

过去五年所取得的成就是来之不易的。在国内1989年春夏之交出现动乱和北京发生反革命暴乱，国际局势急剧变化的复杂情况下，我们认真贯彻执行党的基本路线，坚持以经济建设为中心，坚持四项基本原则，坚持改革开放，认真进行治理整顿，克服种种困难，经受严峻考验，保持了社会政治稳定，促进了经济发展和社会进步。五年来的实践充分展示了我国社会制度旺盛的生命力，展示了中华民族强大的凝聚力。我们伟大的社会主义祖国将永远屹立在世界的东方。

在肯定成绩的同时，我们也清醒地看到，工作中还有缺点和失误，社会经济发展中还存在困难和问题。在生产、建设和流通领域，经济效益仍然不高。产业结构不合理的状况尚未改变，农业基础比较脆弱，基础设施、基础工业和第三产业发展滞后。分配关系还没有理顺，国家财政仍然比较困难，社会主义精神文明建设和法制建设还不适应改革开放和现代化建设的需要。政府机构中存在的官僚主义、形式主义和本位主义等脱离群众的不良作风，少数公职人员贪污受贿、徇私舞弊等腐败行为，损害了政府同人民群众的密切联系。我们一定要高度重视和认真解决这些问题。

过去的五年，我们能够在国际国内复杂艰难的情况下取得新的成就，最根本的原因，就是坚持党的基本路线，走建设有中国特色的社会主义道路。为了胜利完成各项任务，今后在工作中要继续注意把握好以下几点：

必须紧紧抓住经济建设这个中心。社会主义的根本任务是解放和发展生产力。过去的五年，党和国家在处理国内外一系列复杂问题时，始终坚持了经济建设这个中心。这是顺乎潮流，合乎国情，深得民心的。天下事错综复杂，风云变幻，遇到什么问题就解决什么问题，不能偏离经济建设这个中心，各项工作都要服从和服务于这个中心。这样，我们就能够最广泛地把全国各族人民和海外爱国同胞团结起来，实现国家富强和民族振兴。

必须坚持深化改革和扩大开放。改革开放是推进我国经济建设和各项事业发展的强大动力：五年来，社会经济发展取得的成就，治理整顿任务的完成，都是由于坚持了改革开放。只有坚定不移地深化改革和扩大开放，才能解决社会经济生活中的深层次矛盾，推动经济发展；同时，只有保持经济持续发展，才能保证改革开放继续深入进行。改革与发展都要审时度势，把握时机，因势利导，积极推进。

必须保持社会政治稳定的局面。社会政治稳定是保证改革开放和现代化建设顺利进行的基本前提。保持社会政治稳定，必须坚持四项基本原则，这关系到全国各族人民的根本利益，我们要十分珍视来之不易的安定团结的政治局面。实践证明，党的十一届三中全会以来的基本方针政策，是正确的，行之有效的，必须保持政策的连续性和稳定性，正确处理人民内部的各种矛盾和利益关系，才能保护广大干部群众的积极性，实现社会政治稳定。

必须坚持两手抓的战略方针。在整个社会主义现代化建设进程中，是始终坚持一手抓改革开放，一手抓打击犯罪；一手抓经济建设，一手抓民主法制；一手抓物质文明，一手抓精神文明，两只手都要硬，不可只重视一个方面而忽视另一个方面。精神文明既是有中国特色社会主义的重要内容，也是改革和建设顺利进行的重要保证。要采取切实措施，加强社会主义精神文明和民主法制建设，认真抓好惩治腐败和勤政廉政建设。

必须进一步解放思想和发扬务实作风。我们要坚持解放思想、实事求是的思想路线，开拓进取，锐意创新。既要敢想敢干，大胆试验，又要注意稳妥，每走一步，回头总结经验，对的就坚持，不对的就改正，不足的加以完善，以避免损失，特别要避免大的损失。现在大政方针已定，关键在于真抓实干，切不可丧失发展的机遇。要善于根据形势的变化，及时研究和解决前进中的问题，创造性地进行工作，不断开创各项事业的新局面。

二、争取国民经济再上一个新台阶

今后五年是实现我国现代化建设第二步战略目标的关键性五年，经济建设方面的基本任务是：**全面贯彻党的十四大精神，抓住机遇，加快改革开放和现代化建设步伐，依靠优化结构、技术进步和改善管理，提高经济效益，努力保持社会供求总量基本平衡，使国民经济再上一个新的台阶**。现在，国内发展条件具备，国际环境有利。根据新的形势，国务院对“八五”计划的国民经济和社会发展主要指标作了必要的调整，并将着手研究制定“九五”计划和到2010年的远景发展目标。关于“八五”计划指标的调整，已经印发给各位代表。按调整后的“八五”计划，国民经济增长速度由原定平均每年6%调高到8—9%。就全国来说，保持这样的增长速度，**在今后五年内，就能够实现原定2000年国民生产总值比1980年翻两番的宏伟目标**。这对全国各族人民将是一个巨大的鼓舞。为此，在经济建设中我们要着重抓好以下工作：

加强农业的基础地位。农业是整个国民经济稳定和发展的基础，任何时候都要十分重视农业，下大力气全面繁荣农村经济。**要调整农业生产结构，在保持产量稳定增长的基础上积极发展高产优质高效农业**。争取1997年粮食产量达到4.75亿吨，棉花、油料等作物和林牧副渔各业都有较大发展，农村其他产业的比重进一步提高。**逐步增加农业投入，改善农业生产条件，加强农业基础设施建设**。兴修农田水利，改造中、低产田，加强水土保持，建设草原，治理沙漠；发展农用工业，注重提高质量，降低成本；开发科教兴农，积极推广先进适用技术，发展生态农业；禁止乱占耕地，稳定粮、棉播种面积，大力推广良种，防治病虫害，提高单位面积产量。**大力发展乡镇企业，特别要积极扶持中西部地区乡镇企业的发展**。在合理规划指导下，逐步推进乡镇企业相对集中布局和加快小城镇建设。**稳定农村经济政策，深化农村经济改革，促进农村市场经济发展**。坚持和完善以家庭联产承包为主的责任制和统分结合的双层经营体制，积极发展多种形式的农村社会化服务体系，逐步壮大集体经济实力。进一步改革农产品流通体制，建立和完善农产品多级储备制度，对重要农产品实行保护价。现在农村经济形势是好的，但也存在不少不容忽视的问题。近年来工农业产品价格剪刀差有所扩大，农民收入增长不快，特别是相当普遍存在着不合理的收费、集资和摊派，农民负担过重，影响国家和农民的关系，必须引起各级政府高度重视，并采取切实有效的措施，认真加以解决，把农民负担严格限制在国家规定的范围内。

加快基础设施和基础工业建设。随着经济增长速度加快，基础设施尤其是交通运输已成为国民经济发展的主要制约因素。今后五年，要重点加快铁路建设，新建北京经九江至深圳、南宁至昆明、宝鸡至中卫等铁路干线，同时加强对现有铁路的挖潜和改造，提高限制口的通过能力。重点建设一批新港口，改造一批老港口，增加吞吐能力。加快高等级公路的建设，发展内河航运，增加远洋和沿海运输能力。进一步发展航空运输和制造业，加快机场现代化建设，开辟新的航线。加快邮电通信事业发展，加强邮政和城乡电话建设，采用卫星、光缆和程控等新技术，逐步建成四通八达、连接国内外的通讯网络。搞好淮河、太湖等大江大河大湖的综合治理，抓紧黄河小浪底水利枢纽和南水北调工程建设。三峡水利枢纽工程已经七届全国人大五次会议批准，要做好移民工作，积极创造条件，在适当时候开工。

加强能源建设，实行开发与节约并重的方针。煤炭工业，要改造东部老矿，积极开发和合理利用中西部资源，改造和提高地方矿和乡镇矿，1997年原煤年产量达到13亿吨左右。大力发展电力工业，五年新增装机容量6500万千瓦。石油工业，要采取“稳定东部，发展西部”方针，并积极开发天然气和海上油气田。我国能源特别是石油供应紧张，一定要注意节约和提高使用效益。加强原材料工业建设，1997年钢产量达到9400万吨，并努力提高质量，增加品种，要加强老工业基地和大中型企业的技术改造。轻工纺织和其他加工工业要积极提高档次和水平。振兴机械电子、石油化工、汽车制造和建筑业，使之成为国民经济的支柱产业。加强地质勘查工作，以适应国家建设的需要。

基础设施和基础工业建设需要大量资金，要通过改革形成新的投资机制，多渠道筹集。政府掌握的建设资金，主要用于重点建设。逐步理顺基础设施收费和基础工业产品价格，建立和完善专项建设基金制度。扩大市场融资，合理使用社会资金，拓宽开放领域，引导外资投向基础设施和基础工业。

积极发展第三产业。要使第三产业增长高于国民生产总值增长速度。在重点加强交通运输、邮电通信和科技教育的同时，积极发展商业、服务业、金融业、信息业、咨询业、旅游业，增加服务项目，拓宽服务领域。发挥多种经济成份的作用，依靠社会力量兴办第三产业。逐步使企事业单位和机关团体的服务设施社会化。现有公益型、福利型、事业型的第三产业单位，有条件的要逐步向经营型转变，实行自主经营，自负盈亏。

大力发展科学技术事业。要继续贯彻科学技术是第一生产力的指导思想，提高全民族的科技意识。经济建设必须依靠科学技术，科学技术工作必须面向经济建设。科技发展要面向经济建设主战场，把应用技术研究、发展高新技术、加强基础性研究三个方面结合起来，统筹规划，合理配置力量，为经济发展作出更大的贡献。科学技术的开发与应用，要重点解决发展高产优质高效农业。促进工业技术水平和产品质量提高，节能降耗和合理利用资源等经济建设中的迫切问题。高新技术研究，要跟踪世界科技革命进程，有重点地赶超世界先进水平，组织重大课题攻关，搞好引进技术的消化、吸收和创新；切实办好高新技术开发区，加快产业化步伐，把电子信息等高新技术放到重要位置，提高投资强度，努力在各个领域广泛推广应用。基础科学研究是科学技术发展的先导，关系科技进步和社会经济发展的未来，要给予特殊扶持，稳定队伍，重点抓好一批国家级的研究机构和实验室。继续深化科技体制改革，开拓技术市场，鼓励有条件的科研单位与企业联合，参加企业集团或转变为科技型企业。

开创教育事业的新局面。提高全民族素质是国家的根本大计。必须认真贯彻《中国教育改革和发展纲要》，把教育摆在优先发展的战略位置。要坚持“教育必须为社会主义现代化建设服务，必须与生产劳动相结合，培养德、智、体全面发展的建设者和接班人”的方针。教育要从小抓起。今后五年，各级政府都要采取切实措施，大力加强基础教育，在实行义务制教育、扫除青壮年文盲方面，取得明显进展。积极发展各具特色的职业教育和成人教育，使劳动者就业和上岗前受到合格的职业训练。高等教育要改革管理体制、教育结构、教学内容和教学方法，改革招生和毕生生就业制度，努力办好一批重点院校和学科。各级政府都要增加教育投入，多渠道筹集教育经费。积极探索建立以政府办学为主体、社会各界共同办学的新体制和多种办学模式。加强师资队伍建设，提高教师的政治素质和业务水平，提高教学质量和办学效益。

知识分子在现代化建设中具有特殊重要的作用。要在全社会进一步形成尊重知识、尊重人才的良好风尚、创造有利于充分发挥知识分子作用的社会环境。下决心采取重大政策和措施，积极改善知识分子的工作、学习和生活条件，解决知识分子收入偏低的问题。继续对有突出贡献的知识分子给予特殊津贴和奖励。改革人事管理制度，促进人才合理流动。加强知识产权保护，完善专利制度。鼓励知识分子面向实际，发扬奉献精神，在现代化建设事业中发挥自己的聪明才智。对出国留学人员实行支持留学、鼓励回国、来去自由的政策，欢迎他们采取多种方式参加祖国建设。

进一步扩大对外开放。要巩固和发展现已形成的全方位开放格局，进一步扩大对外开放领域，经济特区要在建立社会主义市场经济体制方面积累经验，发挥示范作用。经济技术开发区和高新技术产业开发区，要统筹规划，合理布局，有的要同老企业和老城市改造相结合，注重实效，不要盲目追求数量和滥占耕地。沿海开放城市和地区要重点发展外向型经济，增强参与国际竞争的能力。加快上海浦东以及广东、福建、海南、环渤海地区的开放开发。充分发挥沿江、沿边和内陆省会城市在对外开放中的作用，带动辐射地区的经济发展。

对外贸易要积极开拓国际市场，进一步提高出口商品质量和档次，调整出口商品结构，大力发展机电产品、成套设备和高科技商品出口，使进出口贸易进一步增长。继续深化外贸体制改革，建立符合我国国情和国际惯例的新型外贸体制。给予更多有条件的企业和科研单位外贸自主权。加快发展国际旅游业和对外工程承包。中国的关贸总协定缔约国地位必须得到恢复，把一个具有巨大市场潜力的大国排斥在这个国际经济组织之外，是不明智的。

要采取更加灵活的方式，拓宽利用外资的领域。继续改善投资环境，保障外商投资的合法权益。按照国家产业政策积极引导外商投资，促进产业结构优化和技术水平的提高。对外商投资企业进一步开放国内市场，同时依法加强税收管理。

在发展经济的基础上改善人民生活。今后五年，争取城镇居民人均生活费收入平均每年实际增长5%左右，农村居民人均纯收入平均每年实际增长4—5%。城市要在提高衣、食质量的同时，注重解决住和行的问题，加强住宅和交通设施建设，使居住条件和交通状况有较大改善，增加家庭电话拥有量；农村在继续改善食、住条件的同时，着重提高穿和用的水平，提高家用电器普及率。实现共同富裕是社会主义制度的根本要求。要坚持允许一部分地区、一部分人通过辛勤劳动和合法经营先富起来的政策，继续克服平均主义，同时注意研究和采取具体改革措施，防止收入差距过分悬殊，带动和促进共同富裕。现在全国还有少部分地区温饱问题没的解决，解决这个问题是今后五年各级政府工作的一项重要任务。完成这项任务，首先要靠当地人民的艰苦努力。同时，国家要继续贯彻执行扶持少数民族地区、贫困地区、革命老根据地和边疆地区发展的各项政策，下大决心，采取强有力措施，增加收入，扩大以工代赈，组织人才交流、科技扶贫以及经济富裕地区对贫困地区的对口支援。我国是一个人口众多的发展中国家，只发扬艰苦奋斗、勤俭建国、勤俭办一切事业的优良传统，经过几代人的埋头苦干，才能彻底改变经济落后面貌，使全国人民都过上富裕生活。

1993年是全面贯彻落实党的十四大精神，巩固和发展大好形势，促进国民经济既快又好地向前发展的一年。目前经济发展和改革开放的形势都是令人鼓舞的。但是，我们也清醒地看到，在经济迅速增长中，还有一些薄弱环节和需要解决的问题，如固定资产投资增长较猛，投资结构不尽合理，交通运输、能源和部分原材料紧张，银行信贷和货币投放增长过快，通货膨胀的潜在压力加大。今年国民生产总值计划增长8%，是留有余地的。这个速度是就全国说的，不搞一刀切，有条件的地方可以而且应当搞得快一些。各个地区条件不一样，不要攀比速度，要把注意力放到提高经济效益上来。**今年经济工作的重点是**：加快建立社会主义市场经济体制的改革步伐，进一步扩大对外开放；保持农业生产稳定增长，力争有一个好收成；努力搞好国有大中型企业，加强交通运输建设，增加能源和重要原材料生产；努力保持经济总量基本平衡，实现速度和效益的统一。要深入持久地开展增产节约、增收节支活动。现在国家财政仍然比较困难，各级政府都要努力增加收入，严格控制支出，使赤字不突破预算。今年计划安排的信贷规模和货币投放量，都有适当增长，但仍难以满足各方面的要求，各个部门和地方办事都要量力而行，从经济发展的大局出民，支持和服从国家的宏观调控，及时发现和解决经济生活中出现的困难和问题，保证整个国民经济健康发展。要保持固定资产投资适度增长，正确引导投资方向，保证重点建设，控制新开工项目，提高投资效益。1993年改革开放和经济建设的任务是繁重的。今后五年经济建设的任务，除个别事项外，都是今年就要开始做的。我们要把广大干部群众的积极性引导好、保护好、发挥好，积极完成各项任务，为今后的发展创造更加有利的条件。

三、加快建立社会主义市场经济体制的改革步伐

我国经济体制改革的目标，是建立社会主义市场经济体制。在九十年代初步建立起新的经济体制，今后五年是关键时期。从今年开始，就要力争在以下几个方面取得突破性的进展：

加快转换国有企业经营机制。坚持以公有制包括全民所有制和集体所有制为主体，个体经济、私营经济、外资经济为补充，多种经济成份长期共同发展。各种经济成份都要与社会主义市场经济发展相适应。国有企业的改革，关键是政企分开，理顺产权关系，使企业真正成为自主经营、自负盈亏、自我发展、自我约束的法人实体和市场竞争主体。要认真落实《全民所有制工业企业转换经营机制条例》。当前实行的经营承包责任制要进一步完善。股份制是适应市场经济发展的一种企业组织形式，要使之健康发展。鼓励发展企业集团，有条件的可以跨行业跨地区或跨国经营。为了改善管理和提高效益，有些小型国有企业可以通过招标、投标、出租、出售给集体或个人经营。要完善国有资产管理制度，加强包括地产在内的资产评估，保证国有资产的保值增值，防止国有资产流失。全民所有制企业要充分发挥党组织的政治核心作用，坚持和完善厂长负责制，全心全意依靠工人阶级。

积极发展各类市场。要以建立健全市场法规，发展生产要素市场为重点，逐步建立比较完善的市场体系。继续发展各类商品市场，积极建立农产品和生产资料批发市场。在国家宏观调控下发展包括债券和股票在内的金融市场。发展劳务市场，促进劳动力资源的合理流动。发展技术市场，促进科技成果商品化和产业化。加快城镇土地使用制度改革，在各级政府统一管理下，建立规范化的房地产市场，克服目前房地产交易中的混乱现象。打破地区与部门的分割和封锁，促进商品合理流通。加强市场管理，维护市场秩序，打击制造和销售假冒伪劣商品的行为。加快社会公证机构建设，保护合法经营和公平竞争。

抓紧进行价格改革。在保持市场零售物价总水平基本稳定的前提下，继续扩大市场调节价格的范围，逐步理顺价格关系，建立健全以市场形成价格为主的价格机制和国家对市场物价的调控体系。逐步放开粮食购销价格，把国家补贴转为粮食风险调节基金，促进粮食生产稳定发展。生产资料“双轨制”价格逐步并轨，解决煤炭、电力、石油、铁路运输等基础等产业价格偏低和企业政策性亏损问题，使企业增强自我发展能力。少数稀缺商品的价格和重要基础设施、公益事业的收费，还要由国家确定或批准，但要根据价值

规律和供求关系及时进行调整。国家要通过建立价格调节基金、商品储备储备制度和其他经济手段，以及必要的法律手段和行政手段，对价格进行调控和监督。

进一步改革劳动工资制度。劳动就业制度改革，要在国家有关法律规范下，逐步实现企业自主用人，个人选择职业。国有企业要实行灵活的用工制度，推广合同用工制，逐步打破不同所有制企业职工的固定身份界限，促进劳动力资源合理配置。企业工资制度改革，要在总量控制和工效挂钩的前提下，实行符合企业特点的工资制度，体现按劳分配原则。政府机关实行公务员工资制度，执行国家统一工资标准。事业单位实行符合行业特点的工资制度，有条件实行自收自支、企业化管理的单位，可参照企业工资制度办理。结合价格、住房和医疗制度改革，把一部分福利性补贴纳入工资，实现收入货币化，增加收入的透明度。建立个人收入申报和银行帐户制度，严格个人所得税征管，开征一些新税种，避免个人最终收入过分悬殊。

大力推进社会保险和城镇住房制度改革。要逐步形成适应我国现阶段生产力水平的社会保障体系。着重健全待业保险和工伤保险，提高养老保险和医疗保险的社会化程度，建立合理负担的社会保险统筹基金制度。加快住房制度改革步伐，逐步实现城镇住房商品化，推行国家、单位、个人合理负担的住房建设投资体制，加快城镇住房建设。

改善和加强宏观经济管理。这是建立社会主义市场经济体制的重要组成部分。国家计划是宏观调控的重要手段之一，但计划工作要继续进行改革，今后主要任务是制定和实施中长期发展规划和年度计划，搞好经济发展预测、总量调控和重大项目建设，促进经济结构优化，使国民经济以较快速度稳步协调发展。要保持投资的合理规模，优化投资结构，提高投资效益。加强对投资的宏观调控，改革投资体制，充分发挥信贷、利率等经济杠杆的调节作用，加强建设项目的可行性论证和科学决策，增强投资者对投资效益和资金回收的责任。

要进一步改革财政税收体制，完善复式预算制度，强化财政预算约束。理顺中央与地方、国家与企业的分配关系，改革方向是实行中央与地方的分税制和国有企业的利税分流。要不断总结经验，逐步扩大试点范围。税收是国家财政收入的主要来源，现在国家财源流失严重，要积极改革和健全税制，充实税收人员队伍，提高人员素质，切实加强税收征管，不得越权减免。

深化金融体制改革是建立市场经济体制的重要环节。中国人民银行的职责是调节货币供给和信贷资金总量，稳定币值，抑制通货膨胀。工商银行、农业银行、中国银行和建设银行等专业银行，现在还要保持政策性与商业性双重职能，但要逐步向商业银行过渡。要成立政策性银行，从事专项贷款业务，并适当增加一些商业银行。认真办好保险公司、信托公司、财务公司、证券公司、租赁公司等金融机构。按照国际惯例和通行规则，改革银行和其他金融机构的业务制度与结算制度。积极推广通过金融机构转帐的结算办法，减少现金流通。

要综合运用各种经济手段，加强经济法制，并辅之以必要行政手段，发挥审计、监察、统计和工商行政管理等部门的作用，逐步形成比较完善的宏观调控体系。加强日常经济协调工作，保证国民经济的正常运转。

建立社会主义市场经济体制是一项开创性事业。尽管我们已经积累了一些宝贵经验，今后仍然需要在实践中探索前进。我们要以是否有利于发展社会主义社会的生产力，是否有利于增强社会主义国家的综合国力，是否有利于提高人民生活水平为标准，大胆实践，积极探索，努力完成今后五年深化改革的任务。

四、认真进行行政管理体制和政府机构改革

行政管理体制和机构改革，是建立社会主义市场经济体制和加快经济发展的重要条件，也是政治体制改革的紧迫任务。当前的突出问题，是政企不分，关系不顺，机构臃肿，效率低下。要围绕转变政府职能这个中心环节，用三年时间基本完成各级政府机构改革的任务。

这次国务院的机构改革方案，是本着转变职能，理顺关系，精兵简政，提高效率的原则制定的，重点是加强宏观调控和监督部门，强化社会管理职能部门。一部分专业经济部门转变为行业管理机构或经济实体。我国市场经济体制尚在形成过程中，某些关系国计民生的基础行业部门还不能取消，但在大力精简内设机构，减少人员，不再直接管理企业。通过改革，国务院组成部门设置41个，国务院秘书长罗干将对此作专门说明，请各位代表审议。国务院直属机构和办事机构进行了较大幅度的精简，精简后为18个。国务院的部委和直属机构、办事机构共59个，比现有的86个减少27个。非常设机构由85个减为26个。各级国家机关工作人员总数减少幅度在25%左右。省和省以下的机构，由于各地经济发展水平、所管辖的人口和面积有很大差异，在设置上要区别对待，给地方一定的自主权。国家规定机构设置和人员编制限额，区别必设机构和因地制宜设置的机构，后一类不要求上下对

口设置。地区机构改革要同调整行政区划相结合。各级派出机构要大力精简。地和地级市并存于一地的，原则上要合并。县级政府要按照“小机构，大服务”的方向，将大部分专业经济部门改为经济实体或服务实体。乡一级机构要结合加强基层政权建设和完善农村社会化服务体系进行精简，减少税产人员。在机构改革中，要建立健全各级政府机关和工作人员责任制，确定各级行政机构的职能、编制和定员。在完成机构改革的地区和部门，实行国家公务员制度。事业单位要按照政事分开和社会化的原则进行改革。

要把精简机构同改善机关人员结构，提高人员素质结合起来。政府机关工作人员一般素质比较高，有一定管理经验和业务专长，在精简中要妥善安排，进行必要的培训，实现人才分流。有的可以到基层任职，充实工商管理、税务、职法等部门。有的可以到事业单位和实体性公司，但从事经营活动的要与原单位脱钩，严禁以权经商、以权谋私。鼓励一部分人员走出机关，创办第三产业。认真清退临时人员和借调人员。严格执行离退休制度，切实从政治上生活上关心离退休人员。

国务院机构改革方案，在本次大会后要抓紧组织实施。地方各级政府机构改革方案，报上一级政府批准后组织实施。机构改革是一项艰巨复杂的任务，这次改革只是迈出了重要一步。县级机构改革已经进行多年，有比较成熟的经验，县域经济又基本上是市场调节的，改革步子可以更大一些。省级以上机构改革，经验还比较少，这次改革的措施有些是过渡性的，今后还要在不断总结经验的基础上，继续进行这方面的改革。

机构精简后，政府的责任不是减轻了，而是加重了。各级政府必须切实加强勤政廉政建设，政府工作人员都要认真学习，不断提高政策水平和业务能力。加强政务纪律和经济纪律，保证政令畅通，纠正有令不行、有禁不止的现象，使各项政策能够得到正确的贯彻落实。要进一步转变工作作风，体察民情，秉公办事，认真克服官僚主义和形式主义。在整个改革开放过程中，要坚决地把反腐败斗争作为大事来抓，重点查处领导机关、领导干部以及经济管理、执法监督部门工作人员的违法违纪问题，对贪污受贿、严重渎职等重大案件，不论涉及什么人，都要一查到底，依法惩治。要继续大力纠正部门和行业不正之风，查处那种利用职权索取钱财，不给好处不办事的腐败现象。反腐败斗争要立足于加强法制，同建立健全各方面的制度结合起来。所有政府工作人员都要全心全意为人民服务，廉洁自律，克己奉公，领导干部更要以身作则。要把勤政廉政作为考核干部的重要标准。在机构改革中，严禁突击提干和瓜分国家财产，违者严肃查处。

附1：党和国家重要经济文献索引

（1993年1月—12月）

《非银行金融机构外汇业务管理规定》

（《经济日报》1月2日）

《银行外汇业务管理规定》

（《经济日报》1月5日）

国务院关于进一步加强证券市场宏观管理的通知

（《人民日报》1月16日）

国务院批转有关部门《关于制止小煤矿乱挖滥采确保煤矿安全生产的意见》

（《经济日报》1月18日）

国务院第一百二十一次常务会议原则通过农业基本法草案

（《人民日报》1月30日）

《中华人民共和国国家货币出入境管理办法》

（《人民日报》2月1日）

《中外合资合作经营企业审计办法》

（《法制日报》2月12日）

中国人民银行关于国家货币出入境限额的公告

（《人民日报》2月14日）

国家统计局关于一九九二年国民经济和社会发展的统计公报

（《人民日报》2月19日）

国务院《关于加强水土保持工作的通知》

（《人民日报》2月19日）

国务院经贸办、财政部联合发出《关于一九九三年进一步开展扭亏增盈工作的意见》

（《人民日报》2月24日）

全国人大常委会关于惩治假冒注册商标犯罪的补充规定

（《人民日报》2月24日）

全国人大常委会关于修改《中华人民共和国商标法》的决定

（《人民日报》2月25日）

《中华人民共和国产品质量法》

（《人民日报》2月25日）

《中华人民共和国船舶和海上设施检验条例》

（《人民日报》3月1日）

国务院关于进一步加强造林绿化工作的通知

（《人民日报》3月5日）

国务院办公厅发出通知，严禁行政机关为经济活动提供担保

（《人民日报》3月10日）

国务院批转国家体改委《关于一九九三年经济体制改革要点》

（《人民日报》3月11日）

中共中央办公厅、国务院办公厅关于切实减轻农民负担的紧急通知

（《人民日报》3月23日）

国务院关于开展加强环境保护执法检查，严厉打击违法活动的通知

（《中国环境报》3月25日）

政府工作报告——1993年3月15日国务院总理李鹏在八届全国人大一次会议上的报告

（《人民日报》4月2日）

关于一九九二年国民经济和社会发展情况与一九九三年计划草案的报告——1993年3月16日国务院副总理兼国家计划委员会主任邹家华在八届全国人大一次会议上的报告

（《人民日报》4月4日）

关于一九九二年国家预算执行情况和一九九三年国家预算草案的报告——1993年3月16日财政部部长刘仲黎在八届全国人大一次会议上的报告

（《人民日报》4月4日）

国务院关于坚决制止乱集资和加强债券发行管理的通知

（《人民日报》4月16日）

国务院关于禁止印发购买使用代币购物券的通知

（《人民日报》4月17日）

《国有企业职工待业保险规定》

（《人民日报》4月21日）

《国有企业富余职工安置规定》

（《人民日报》4月28日）

《邮票发行与交易管理暂行条例》

（《人民日报》5月4日）

国务院第三次常务会议原则通过《村庄和集镇规

划管理条例》

（《人民日报》5月8日）

国务院关于严格审批和认真清理各类开发区的通知

（《人民日报》5月16日）

国务院关于促进生产企业搞好自营进出口工作的通知

（《人民日报》5月29日）

国务院第四次常务会议原则通过（反不正当竞争法（草案）和（经济合同法）修正案（草案））

（《人民日报》5月29日）

国务院关于禁止犀牛角和虎骨贸易的通知

（《人民日报》6月3日）

国家工商行政管理局关于促进个体经济私营经济发展的若干意见

（《法制日报》6月3日）

一九九二年中国环境状况公报

（《中国环境报》6月15日）

九十年代中国食品结构改革与发展纲要——1993年2月9日国务院第220次总理办公会议审议通过

（《人民日报》6月20日）

国家科委、国家体改委关于大力发展民营科技型企业若干问题的决定

（《科技日报》6月28日）

国务院关于做好粮食工作，稳定粮食职工队伍的通知

（《人民日报》6月29日）

国务院第六次常务会议审议并原则通过《长江三峡工程建设移民条例（草案）》

（《人民日报》6月30日）

《中华人民共和国农业技术推广法》——1993年7月2日八届全国人大常委会第二次会议通过

（《人民日报》7月4日）

《中华人民共和国农业法》——1993年7月2日八届全国人大常委会第二次会议通过

（《人民日报》7月4日）

《中华人民共和国科学技术进步法》——1993年7月2日八届全国人大常委会第二次会议通过

（《人民日报》7月5日）

全国人大常委会关于惩治生产、销售伪劣商品犯罪的决定——1993年7月2日八届全国人大常委会第二次会议通过

（《人民日报》7月5日）

国务院关于认真做好今年防汛工作的通知

（《人民日报》7月5日）

《证券交易所管理暂行办法》——1993年7月7日国务院证券委员会发布

（《人民日报》7月9日）

《电网调度管理条例》

（《人民日报》7月18日）

《村庄和集镇规划建设管理条例》

（《人民日报》7月18日）

《中华人民共和国企业劳动争议处理条例》

（《人民日报》7月21日）

中共中央办公厅、国务院办公厅关于涉及农民负担项目审核处理意见的通知

（《人民日报》7月25日）

国务院关于加强安全生产工作的通知

（《人民日报》7月28日）

《定向募集股份有限公司内部职工持股管理规定》

（《人民日报》7月30日）

国务院关于加强税收管理和严格控制减免税收的通知

（《人民日报》8月6日）

《企业债券管理条例》——1993年8月3日国务院发布

（《人民日报》8月10日）

《中华人民共和国水土保持法实施条例》

（《人民日报》8月12日）

《取水许可制度实施办法》

（《人民日报》8月13日）

中华人民共和国税收征收管理法实施细则

（《人民日报》8月17日）

《核电厂核事故应急管理条例》

（《人民日报》8月18日）

国务院关于开展一九九三年税收财务物价大检查的通知

（《人民日报》8月19、20日）

国务院证券委关于一九九三年股票发售与认购办法的意见

（《人民日报》8月23日）

国务院关于严格控制财政支出和社会集团购买力过快增长的通知

（《人民日报》8月24日）

《长江三峡工程建设移民条例》

（《人民日报》8月28日）

中华人民银行、财政部关于各级人民银行与所办经济实体脱钩的办法

（《人民日报》8月30日）

《中华人民共和国经济合同法》——根据1993年9月2日八届人大常委会第三次会议决定修正

（《人民日报》9月4日）

《中华人民共和国反不正当竞争法》

（《人民日报》9月4日）

《禁止证券欺诈行为暂行办法》

（《人民日报》9月4日）

国务院要求各地区各部门积极稳妥推进物价改革、抑制物价水平过快上涨的通知

（《人民日报》9月5日）

国务院批转国家计委关于加强固定资产投资宏观调控的具体措施

（《人民日报》9月6日）

《食品广告管理办法》——国家工商管理局、卫生部8月30日发布

（《中国食品报》9月20日）

《中华人民共和国无线电管理条例》

（《人民日报》9月23日）

《机电产品进出口管理暂行办法》

（《人民日报》10月12日）

《草原防火条例》

（《人民日报》10月15日）

《中华人民共和国对外合作开采陆上石油资源条例》

（《人民日报》10月18日）

中共中央在京召开农村工作会议

（《人民日报》10月19日）

中共中央办公厅、国务院办公厅转发财政部《关于治理乱收费的规定》

（《人民日报》10月25日）

中共中央办公厅、国务院办公厅转发财政部《关于对行政性收费、罚没收入实行预算管理的规定》

（《人民日报》10月25日）

关于修改《中华人民共和国个人所得税法》的决定——1993年10月31日第八届全国人民代表大会常务委员会第四次会议通过

（《人民日报》11月2日）

《中华人民共和国个人所得税法》

（《人民日报》11月2日）

《中华人民共和国注册会计师法》——1993年10月31日第八届全国人民代表大会常务委员会第四次会议通过

（《人民日报》11月2日）

中共中央办公厅、国务院办公厅通知要求今年秋季收购坚决不打“白条”

（《人民日报》11月7日）

财政部、国家计委公布第一批取消的收费项目

（《人民日报》11月9日）

《中共中央关于建立社会主义市场经济体制若干问题的决定》

（《人民日报》11月17日）

《中华人民共和国增值税暂行条例》

（《人民日报》12月14日）

《中华人民共和国消费税暂行条例》

（《人民日报》12月14日）

《中华人民共和国土地增值税暂行条例》

（《人民日报》12月15日）

《中华人民共和国企业所得税暂行条例》

（《人民日报》12月15日）

《中华人民共和国增值税暂行条例实施细则》

（《人民日报》12月28日）

《中华人民共和国营业税暂行条例实施细则》

（《人民日报》12月28日）

《中华人民共和国消费税暂行条例实施细则》

（《人民日报》12月28日）

《中华人民共和国资源税暂行条例》

（《人民日报》12月29日）

中国人民银行关于进一步改革外汇管理体制的公告

（《人民日报》12月30日）

全国人大常委会关于外商投资企业和外国企业适用增值税、消费税、营业税等税收暂行条例的决定

（《人民日报》12月30日）

《中华人民共和国公司法》

（《人民日报》12月31日）

1993年12月29日第八届全国人民代表大会常务委员会第五次会议关于修改《中华人民共和国会计法》的决定

（《人民日报》12月31日）

《中华人民共和国会计法》

（《人民日报》12月31日）

《中华人民共和国发票管理办法》

（《人民日报》12月31日）

《关于消费税会计处理的规定》

（《人民日报》12月31日）

附2：经济体制改革大事记（1993）

1月10日 国务院总理李鹏在全国经济体制改革工作会议闭幕会上讲话指出，今年的改革工作，要紧紧围绕建立社会主义市场经济体制的改革目标，进一步解决经济发展和经济体制改革中的深层次问题，既在体制转换的一些重要领域取得实质性进展，又能促进国民经济更好地发展。

2月19日 国家体改委主任陈锦华在向七届全国人大常委会第30次会议汇报经济体制改革情况时说，今年经济体制改革工作将紧紧围绕建立社会主义市场经济体制和认真贯彻落实《全民所有制工业企业转换经营机制条例》来展开。

3月11日 国务院批转国家体改委《关于一九九三年经济体制改革要点》，并发出通知，要求各地区、各部门根据实际情况，采取有力措施，认真贯彻实施。

3月15日 《人民日报》报道，国家体改委和国务院经贸办召开座谈会，并提出以社会主义市场经济新思路搞好市场建设，不能用行政命令、长官意志抓市场，这是把市场建设推向新水平的关键。

3月19日 《人民日报》发表评论员文章：《要善于抓带倾向性的问题》。文章说，搞翻牌公司不是改革，而是倒退。翻牌公司是贯彻《条例》中一个带倾向性的问题，要抓住这个问题，进行认真检查，成为贯彻《条例》中一项重要工作。

4月2日 《人民日报》全文刊登了国务院总理李鹏在八届全国人民代表大会一次会议上所做的《政府工作报告》。《报告》肯定了五年来我国改革开放取得的成就，指出要加快建立社会主义市场经济体制的改革步伐。

4月6日 《人民日报》发表题为“积极稳妥地推进政府机构改革”的社论。认为进行行政管理体制和机构改革，是建立社会主义市场经济和加快经济发展的重要条件。

4月6日 《人民日报》报道，国务院办公厅日前转发了国家体改委、国家经贸委、国务院证券委关于立即制止发行内部职工股不规范做法的意见，并要求各省、自治区、直辖市人民政府，国务院各部门立即采取有力措施，认真贯彻执行。

5月10日 《人民日报》报道，国务委员兼国家体改委主任李铁映在部分省市体改委主任座谈会上提出建立社会主义市场经济体制基本框架。

6月5日 《人民日报》报道，全国首次城市综合配套改革试点工作会议在鞍山市召开。会议总结了常州市、泉州市、重庆市、鞍山市和延吉市的试点经验，并准备继续扩大试点范围。

7月6—10日 《人民日报》连续报道了全国金融工作会议情况。会议认为，金融改革的重点是：强化中央银行的职能，加快形成统一、有效的宏观调控机制。

7月21日、24日 《人民日报》报道了全国财经工作会议情况。会议认为，财税工作的当务之急是整顿财税秩序，加快财税改革。财税体制改革应遵循四个原则：一是建立新的财税体制；二是实行中央和地方的分税和两类税收分别征收管理；三是要在明确财政职能，进一步下放财政支出责权的基础上，划分税种，保证中央必要的支出；四是要按《企业会计准则》、《企业财务通则》来规范政府和企业的分配关系。

8月2、4日 在京召开的全国物价局长座谈会提出：积极稳妥地推进价格改革，抑制物价总水平过快上涨。

8月29日 《人民日报》报道，8月25日至27日，江泽民在大连召开的华北、东北部分大中型企业座谈会上指出，大中型企业改革要重点抓好以下几个环节：第一，坚定不移地贯彻落实《条例》，转换企业经营机构；第二，加快配套改革，为企业创造良好的外部环境；第三，加强国有资产管理，逐步建立现代化企业制度。

8月29日 《人民日报》发表社论：“论加强农村工作和深化农村改革”。社论指出，首先，推进农村自身的改革。同时，建立和完善土地使用权的流转制度。对股份合作制，有条件的地方可以积极试点，逐步推广。发展、完善社会化服务体系，建立新型的产供销关系。

9月4日 《人民日报》发表了《中华人民共和国经济合同法》（根据1993年9月2日八届人大常委会第三次会议决定修正），自公布之日起施行。

9月4日 《人民日报》发表了《中华人民共和国反不正当竞争法》（自1993年12月1日起施行）。

9月4日 《人民日报》发表了1993年9月2日国务院证券管理委员会发布的《禁止证券欺诈行为暂行办法》。

9月6日 《人民日报》报道，国务院日前发出通知，批转国家计委关于加强固定资产投资宏观调控的具体措施。

10月19日 《人民日报》报道中央农村工作会议情况。会议认为，当前深化农村改革，应以培育市场主体、健全市场体系、加强宏观指导和对农业的保护为主要内容，加快建立社会主义市场经济要求的农村经济运行机制。

10月20日 《人民日报》报道，国务院召开第11次常务会议，审议了国务院关于加快城镇住房制度改革的决定（草案）。

10月28日 《人民日报》报道，国务院近日发出关于加强政府法制工作的决定。指出要进一步加强政府法制工作，推动和保证社会主义市场经济体制的建立和逐步完善。

11月11日至14日 中共十四届三中全会在京举行。全会审议并通过了《中共中央关于建立社会主义市场经济体制若干问题的决定》。全会号召：为在本世纪末初步建立社会主义市场经济体制，实现国民经济和社会发展第二步战略目标而努力奋斗。

11月17日 《人民日报》全文发表了《中共中央关于建立社会主义市场经济体制若干问题的决定》。

11月26日 国务院第十二次常务会议通过了《中华人民共和国土地增值税暂行条例》，自1994年1月1日起施行。

11月26日 国务院第十二次常务会议通过了《中华人民共和国企业所得税暂行条例》，自1994年1月1日起施行。

11月30日 《人民日报》报道，我国经济体制改革步伐加快。1993年，多项改革获实质性进展，即确立了建立社会主义市场经济体制的基本框架；企业经营机制转换进入重要阶段；价格改革迈出决定性的步伐；政府职能转换速度加快，宏观调控领域的改革逐步深化；社会保障制度和住房制度改革步伐加快。

12月6日 《人民日报》报道，全国经济体制改革工作会议于12月5日在北京开幕。会议提出明年经济体制改革的六项任务。

12月14日 《人民日报》公布了《中华人民共和国增值税暂行条例》。

12月14日 《人民日报》公布了《中华人民共和国消费税暂行条例》。

12月14日 《人民日报》公布了《中华人民共和国营业税暂行条例》。

12月15日 《人民日报》公布了《中华人民共和国土地增值税暂行条例》。

12月15日 《人民日报》公布了《中华人民共和国企业所得税暂行条例》。

12月28日 《人民日报》公布了《中华人民共和国增值税暂行条例实施细则》。

12月28日 《人民日报》公布了《中华人民共和国消费税暂行条例实施细则》。

12月28日 《人民日报》公布了《中华人民共和国营业税暂行条例实施细则》。

12月29日 《人民日报》公布了《中华人民共和国资源税暂行条例 》（自1994年1月1日施行）。

12月29日 第八届全国人民代表大会常务委员会第五次会议通过《全国人大常委会关于外商投资企业和外国企业适用增值税、消费税、营业税等税收暂行条例的决定》。

12月29日 第八届全国人民代表大会常务委员会第五次会议通过了《中华人民共和国公司法》。

12月30日 《人民日报》公布了《全国人大常委会关于外商投资企业和外国企业适用增值税、消费税、营业税等税收暂行条例的决定》（自公布之日起施行）。

12月30日 《人民日报》公布了中国人民银行关于进一步改革外汇管理体制的公告。

12月31日 《人民日报》公布了《中华人民共和国公司法》（自1994年7月1日起施行）。

12月31日 《人民日报》公布了《中华人民共和国会计法》（根据1993年12月29日第八届全国人民代表大会常务委员会第五次会议《关于修改‘中华人民共和国会计法’的决定》修正）。

12月31日 《人民日报》公布了《中华人民共和国发票管理办法》（1993年12月12日经国务院批准，财政部12月23日发布）。

12月31日 《人民日报》公布了《关于消费税会计处理的规定》。

专　论

试论小平同志市场经济理论的伟大意义

何　伟

小平同志坚持将市场经济与资本主义区别开来，将市场经济引入到社会主义制度中来，这在社会主义经济理论上是一个重大突破，是对马克思列宁主义一个重大发展，为社会主义增添了新的内容，将社会主义运动推进到一个崭新的阶段，它具有重大的理论意义和实践意义。

一、市场经济的确立，促进了社会主义理论的发展

将市场经济作为我们的改革目标，在理论上结束了将近一百年来有关计划与市场的争论，使社会主义和市场经济结合起来，推动了社会主义理论的发展。从本世纪初，即俄国十月社会主义革命胜利后，就以波兰经济学家兰格为一方所展开的计划经济与市场经济的争论。这一争论经过东欧各国有关“市场经济革命”，以及我国改革开放以来所开展的计划经济和市场经济的争论，算起来将近一个世纪。许多经济学家——不论东方的还是西方的，都把计划经济作为社会主义的同义语，把市场经济作为资本主义的同义语。只有少数经济学家，不把市场经济看作是一种社会制度的特征，认为它与商品经济一样，既可以为资本主义服务，也可以为社会主义服务，不应当将社会主义和市场经济对立起来，因而计划经济也不是社会主义制度的特征。那末公有制和按劳分配是否还是社会主义的本质特征呢?小平同志认为公有制，没有剥削和计划经济，三者都不是社会主义本质特征，而认为解放生产力，发展生产力，消灭剥削，消除两极分化，最终达到共同富裕，才是社会主义的本质。在这一本质定义中，解放生产力，发展生产力是手段，达到共同富裕是目标。目标和达到目标的手段是一致的，二者是统一的，是不可分割的。公有制，没有剥削的按劳分配，计划经济，三者只与资本主义相比才有意义，表明它们是社会主义的特征，但它们并不是社会主义的本质，因为公有制和没有剥削，在原始社会就存在，不是社会主义所独有的。消灭私有制建立公有制，消灭剥削实行按劳分配，都是为了解放生产力，也是手段，而不是目标。如果将公有制、没有剥削作为社会主义的目标来追求，就会认为所有制越公，规模越大，越符合社会主义目标的要求。在分配上会认为越平均分配越没有剥削，越符合社会主义要求。在这一理论指导下，就会出现1958年大刮“共产风”的错误，追求“一大二公”，穷过渡和大锅饭就成为普遍现象。出现这种错误的根本原因就在于没有将目标和手段区别开来，而错误地把手段当作目标来捍卫来追求，结果导致生产力的大破坏，这一历史经验教训应当牢牢记取。

将共同富裕作为社会主义的目标，证明了小平同志所讲的贫穷不是社会主义。社会主义和原始社会的区别不在于公有制和没有剥削，而看是共同贫穷还是共同富裕。也正由于过去把三个特征作为社会主义目标来捍卫，而忽视了共同富裕这一真正的社会主义目标，使一些社会主义国家人民生活水平提高很慢，社会主义制度的优越性不能充分显示，最后导致一些社会主义国家蜕变，这一严重后果应当引以为戒。

我们讲的社会主义目标是最终共同富裕，表明它有一个发展过程，既不能一步达到共同富裕，也不能同步达到共同富裕，而是要逐步达到共同富裕，在这个过程中应允许少数人，少数地区先富起来。经过先富带后富，先富帮后富，最终达到共同富裕。为此就需要不断解放生产力和发展生产力。在社会主义阶段所谓共同富裕也只能是相对的，因为按劳分配就排除了平均分配，人们富裕程度是不同的，还存在差别，存在实际上的不平等。所以，共同富裕不是绝对的。

通过小平同志对社会主义本质的论述使我们对社

会主义获得了一种重新认识，不再将三大特征作为社会主义的本质特征，而是作为达到目标的一种手段。这样，就为我们的经济体制改革提供了更大的回旋余地，只要能解放生产力，有利于达到共同富裕，一切手段都可以采用。根据小平同志对社会主义本质所下的定义，对社会主义也可以用四个字来概括，即效率和公平。解放生产力，发展生产力，主要是为了提高劳动生产率，这是战胜资本主义的根本保证，是社会主义制度本身所具有的，否则就不是社会主义。消灭剥削，消除两极分化，最终达到共同富裕，实质上是一个公平问题。虽然我们讲的公平不是绝对平均，但社会主义的共同富裕应当高于资本主义的福利国家，否则就不能显示社会主义的优越性。而效率和公平也是现代市场经济的特征，创建市场经济体制，正是为了实现社会主义的本质。

二、市场经济是实现社会主义本质的主要途径

小平同志一再强调，我们要坚持以经济建设为中心，这一总路线一百年不动摇，提出生产力标准，三个"有利于"，发展是硬道理，几年上一个台阶等等，都是为了促进我国经济快速发展。而这一愿望只能在市场经济条件下，才能实现高速度和高效益的发展。

我们知道，市场经济是价值规律、供求规律、竞争规律，即三大规律发挥作用的经济。竞争规律通过市场机制的作用，以优胜劣汰的形式对各个企业和每个人进行选择。每个企业为了在市场竞争中获胜而不被淘汰，就必须采用先进技术，改善劳动组织和经营管理，降低成本费用，提高劳动生产率。一些不适应者则被淘汰。市场的筛选，永远是强者获胜，弱者失败。这样，市场经济就能促进科学技术的进步，促进劳动生产率的提高。所以，市场经济是一种效率经济。过去我们在特定历史条件下，虽然依靠计划经济也促进了生产力的发展，但这种发展不是依靠经济内在的动力，而依靠外部行政手段的推动，结果使投入多产出少，结构失衡，存在严重浪费现象，效率低下，而产品种类单一，数量有限，式样傻大黑粗，很难满足人民的需要。因此我们要用市场经济来代替计划经济，就是为了获取高效率，实现小平同志所讲的解放生产力和发展生产力。

市场经济是优胜劣汰的经济，获胜者必然是强者。而与其相应的失败者，也就是弱者。对于破产者、失业者、丧失劳动能力者，低于一般生活水平的收入者，都应当由社会来救济和帮助，以保持他们的基本生活水平，使社会获取安定。这种社会保障制度是市场经济正常发挥作用必备的条件，是市场经济的内在要求，成为市场经济组成部分之一，否则市场经济就不能正常运行。为了建立社会保障制度，就需要对居民收入征收个人收入所得税。建立应税申报制度，以累进税的形式向高收入者征收所得税，能缩小人们收入差距，缩小人民富裕程度的不同，以便保持人际关系和谐。这样作是在一定程度上实现了社会公平，为社会安定提供了物质保证。所以，市场经济既能获得高效率，又能获得社会公平，使二者结合起来。这样就克服了在计划经济下牺牲效率迁就公平的弊端，是实现社会主义本质的最好形式。

三、市场经济是社会主义的二次革命

小平同志提出，改革也是革命。对这句话应如何理解，我认为社会主义进行第一次革命是消灭私有制，消灭剥削，建立起根本不同于资本主义制度的社会主义制度的革命，所以，它是一次定性的革命。社会主义只有定性的革命，而无有定量的革命，社会主义制度还不完善，其优越性不能充分发挥。所谓定量革命也就是用市场经济体制代替计划经济体制的革命。因为在计划经济体制下，社会主义经济各方面的关系都缺少量化，即便有一些量化关系，如承包制的承包指标的确定，银行贷款利息率的高低，人们工资数额的多少，都是人为确定，不能随着经济情况的变化而自动调节。比如在全民所有制下，企业的财产都属于国家所有，企业的收入，折旧基金的提取，国家要多少，企业必须给多少；企业需要什么国家必须给什么，由于国家和企业在经济关系上无法量化，企业也就无法对资产负责。经济体制改革，就想划清国家与企业在责、权、利方面的界线，使双方责、权、利分明，就必须使国家与企业在经济关系上量化，以便在检验时有一个客观的衡量标准，因而经济关系量化就成为企业改革的一个重要内容。改革开放以来，从放权让利、利改税，过渡到承包制都是围绕着如何使国家与企业之间经济关系量化而进行。应当说确定承包指标，是将国家和企业经济关系量化的一个重要步骤。但是这一指标往往是人为确定，而不是客观提供的，缺乏科学依据。而科学的客观标准，只能由市场经济来提供，只能在市场经济条件下形成客观标准，并且双方都能遵守。如股份制企业，国家与企业的经济关系按照股份制的原则确定下来，双方履行各自的权利和义务。国家不能任意从企业获取收入，不能对企业经营管理进行干预。它只能作为股东之一来行使权利，以股权来获取红利收入。国家如果想获取更多的收入，只能以出卖股票来换取。而股票的价格也不是任意决定的，它是与红利率成正比，与利息率成反比。所有这些标准都是客观确定，是不以人们的意志为转移，而且还会随着市场供求关系的变化而变化，不会长期不动的。在市场经济条件下，一些不能实行股份制的国有企业，也可以将企业使用国家的投资按市场原则来处理。在金融市场开放的情况下，企业使用国家的投资所交纳的利润，在企业自负盈亏的情况下，它首先

考虑的是，用国家资金交纳的利润所付出的代价，与使用银行贷款交纳的利息所付出的代价，那一个成本低，在利益驱使下它会进行选择，如果使用银行贷款的成本低于使用国家的资金，它宁肯用银行贷款不用国家的资金。同样国家也会考虑，将资金投入企业使用和将资金存入银行那一个获取的报酬高，就采取那种形式。这样银行贷款利息率就成为企业使用国家投资的一个量化客观标准。在市场经济条件下，国家与企业的经济关系只能依据市场经济所提供的客观标准，作为处理国家与企业经济关系量化的依据。因为只有经济关系量化了，才能确定各自负责的内容和范围，主体才能明晰，责任才能明确，才能各负其责。只有国家与企业之间按照市场经济要求来量化它们之间的经济关系，才能使国家与企业之间的经济关系规范化和法制化，才能排除政策多变和人为的不合理性。

按劳分配也同样如此。按劳分配只表明社会主义分配排除了按资分配的剥削关系，而实行以劳动为尺度的分配原则，它改变了几千年来对剥削阶级有利的分配原则，而确立了对劳动人民有利的分配原则，这是历史上一个巨大进步。但是所有这些只表明社会主义分配原则与资本主义分配原则有根本性质的区别，只解决了定性问题，而没有解决定量的问题。因为按劳分配原则只要求符合以劳动为尺度，至于每一个劳动单位时间付多少报酬，量化问题是不能确定的。比如说劳动1小时付给1元，劳动4小时付给4元，劳动8小时付给8元，完全符合以劳动为尺度的分配原则。假如劳动1小时付给2元，劳动4小时付给8元，劳动8小时付给16元，也完全符合以劳动为尺度的分配原则，但二者相差一倍，到底那一种分配标准符合按劳分配原则。如果将以上试例用在两个提供劳动量不同人的身上，也很难就明这种级差是合理的。因为按劳分配不能提供分配上的量化标准，只能由人们来制定，人们往往从社会主义的其他原则，如收入差别不能太大，社会公平，人人都要有饭吃，来制定工资制度。这一般都是平均主义。实际上是牺牲效率迁就公平。在这种分配制度下，制定工资制度无有客观标准可循，每个人也不知道自己得多少报酬才是合理的。这样就形成了，报酬不合理的人不满意，报酬合理的人也不满意，最后大家都对领导不满。

从我国实际情况来看，按劳分配的量化标准只能由市场经济来提供。在市场经济条件下，职工和企业都是双向选择，工资标准是受市场劳动力供求关系的影响，最后由市场来确定。也就是职工和企业在双向选择中对劳动报酬经过讨价还价最后确定，这就是按劳分配的量化过程。职工知道如果超越市场确定的这一标准，企业不会录用自己；企业也知道，如果低于这一标准，职工就不会在本企业就业。因此市场决定的这一工资标准就是客观标准，也就是市场经济为按劳分配提供的量化标准，决定了每一劳动单元时间应得多少报酬。在这种情况下，劳动报酬可以拉开差距，就能刺激效率的提高，真正实现多劳多得。由第一次社会主义革命给按劳分配的定性，由第二次社会主义革命给按劳分配的定量，使二者结合起来，按劳分配才能完善起来。

从以上的分析可以看出，改革也是革命是在社会主义第一次革命的基础上进行的，没有第一次革命就不可能有第二次的社会主义革命。但没有第二次革命，社会主义制度不会完善起来，不革掉计划经济体制的命，就不能建立起市场经济体制，社会主义各方面的经济关系不可能量化，就不能正确处理国家、企业、个人的经济关系。现在进行改革，使社会主义第一次革命和第二次革命结合起来，使社会主义经济关系的定性和定量结合起来，社会主义制度的优越性才能充分发挥出来。

四、市场经济理论使社会主义运动进入一个新阶段

将市场经济引入社会主义制度，不仅在社会主义运动史上是一个伟大创举，它还将社会主义运动推进到一个崭新的阶段，为社会主义运动开创了一个新纪元。用市场经济体制代替计划经济体制，这不是枝节末梢的改革，而是一场深刻的革命，它涉及到社会主义的整个经济基础和上层建筑，使社会主义制度与市场经济相结合。在所有制的改革上要实行以公有制为主体的多种所有制并存。对国家所有制进行改造，实行多种公有制并存，彻底改变现在的所有制结构，使各种产权主体明晰，利益关系清楚，才能确立起市场经济的微观基础。这就必然会引起社会的交换、分配和消费各个方面的变化。在上层建筑方面也要适应市场经济的要求，而作相应的变化。在意识形态，价值观念上也会改变过去那种教条主义的僵化观念，更注意经济效益和精神文明建设。社会秩序，人们的行为规范、价值判断、工作方式、生活方式都会发生变化，它会涉及到每一个家庭和每一个人。也就是说，将市场经济引入社会主义，就等于我们创建一个完全崭新的社会主义社会，它不同于原来的计划经济的社会主义，而是市场经济的社会主义，这是社会主义运动史上一次质的飞跃。如果我们过去讲，由马克思完成的社会主义从空想到科学的发展是社会主义第一次质的飞跃。由列宁领导的十月社会主义革命，实现了社会主义从理论到实践的过渡是社会主义的第二次质的飞跃。那么小平同志将市场经济引入社会主义中来，实现了计划经济体制向市场经济体制的过渡，可以称为社会主义第三次质的飞跃。

这样就为社会主义运动开辟了一个新纪元，其历史意义不亚于十月社会主义革命的胜利。

小平同志将市场经济引入到社会主义中来，也是挽救了社会主义。小平同志讲，不改革是没有出路的，不改革是死路一条。苏联东欧的蜕变不幸被小平同志言中了，使这一论断得到证明。过去有人讲，苏联东欧的蜕变是由于搞市场经济。苏联东欧的蜕变原因可能很多，但其中一个主要原因恰恰是由于他们不搞市场经济。虽然他们一再讲要向市场经济过渡，但是他们并没有真正搞市场经济。因为他们始终维持的是单一公有制，没有多种经济成分并存，实际上是排斥商品经济，也不可能有市场经济，就必然保持原有低效率的计划经济，阻碍了生产力的发展，使生产要素大量浪费，生活品非常匮乏。分配上的平均主义和高福利补贴，就把人们养懒，使人们的生活水平提高很慢，与发达资本主义国家差距越来越大。再加上党的腐败和严重脱离群众，就败坏了共产党的形象，使社会主义丧失了对群众的吸引力，最后导致社会主义蜕变，这才是最根本的原因。有人说，帝国主义的和平演变政策，导致社会主义的变质。其实帝国主义从来没有放弃过和平演变政策，为什么现在能够得逞，其主要原因是社会主义制度不能使人民过上共同富裕的生活。由于丢掉了这一社会主义目标，而去捍卫社会主义的三大特征，最后导致社会主义解体，这一严重的历史教训，应当深深记取。

我国的改革实践，也充分证明了小平同志所讲的，不改革是没有出路的，不改革是死路一条。从我国的国有大中企业目前所处的状况也可以得到证明。我国的国有企业是社会主义的物质基础，特别是一些大企业，在我国经济建设中作出了不可抹杀的功绩。但国有企业越来越缺乏活力。虽然国家每年都对国有大企业注入大量资金，采取各种优惠政策，但仍然救活不了国有企业，其根本原因是体制所致。而乡镇企业、个体经济、私营经济、“三资”企业发展很快，显示了强大的生命力，乡镇企业已支撑了半壁河山。其根本原因是它们适应了市场经济的要求，才使我国经济得到了发展，社会稳定，政治稳定。这就表明市场经济支撑了我国经济的发展，使我们避免了重蹈苏东的复辙，说明了市场经济挽救了社会主义制度。

论《决定》对我国经济体制改革的重大意义

张　卓　元

《中共中央关于建立社会主义市场经济体制若干问题的决定》，是指导我国到本世纪末深化经济体制改革和初步建立社会主义市场经济体制的纲领性文件。1992年党的十四大确定我国经济体制改革的目标模式是建立社会主义市场经济体制，并提出要在本世纪末初步建立起这样一种新体制。《决定》把一目标模式和本世纪末的任务具体化和系统化了，并且有新的突破和新的发展，从而将更好地落实十四大提出的任务，有力地推动我国经济体制改革的进程。

社会主义国家的经济体制改革是一项极其复杂的社会系统工程。由于没有任何现成的模式可供搬用，改革初期难以避免碰碰试试，摸着石头过河，各项改革不相配套甚至互相打架。但是改革发展到今天，这样一个类似自发的阶段已经过去了。我们面临的一系列深层次的改革要求我们精心设计，综合配套，整体推进，提高自觉性。这就需要我们认真总结15年改革实践的丰富经验，结合中国国情很好地借鉴外国的成功经验和做法，绘制我们自己的改革蓝图，然后有计划有步骤的付诸实践，用较短的时间，较小的代价，达到初步建立社会主义市场经济体制的目标。《决定》正是这样一个指导今后改革实践的蓝图，其历史意义将随着改革的迅速推进而日益显现出来。

一、构筑了新体制的基本框架

在确定中国要建立社会主义市场经济体制以后，这个新体制的基本框架是什么，有哪些主要环节或支柱，就成为大家关注的焦点。1993年初，有关方面组织各方面专家就此问题开展研究，提出了各自的看法。《决定》充分吸收了各方面的有益见解，概括了社会主义市场经济的基本框架：“坚持以公有制为主体、多种经济成份共同发展的方针，进一步转换国有企业经营机制，建立适应市场经济要求，产权清晰、权责明确、政企分开、管理科学的现代企业制度；建立全国统一开放的市场体系，实现城乡市场紧密结合，国内市场与国际市场相互衔接，促进资源的优化配置；转变政府管理经济的职能，建立以间接手段为主的完善的宏观调控体系，保证国民经济的健康运行；建立以按劳分配为主体，效率优先，兼顾公平的收入分配制度，鼓励一部分地区一部分人先富起来，走共同富裕的道路；建立多层次的社会保障制度，为城乡居民提供同我国国情相适应的社会保障，促进经济发展和社会稳定。这些主要环节是相互骈交和相互制约的有机整体，构成社会主义市场经济体制的基本框架。”这样就使社会主义市场经济体制目标具体化了。从而为改革的各个主要领域指明了方向和途径，有利于从整体上加速改革的进程。

《决定》所构筑的基本框架，其主要特点是根据中国的国情，把社会主义公有制同市场经济紧密结合起来。建设社会主义市场经济体制是一项前无古人的开创性事业，没有现成的模式可以照搬，而要靠我们自己探索前进。其开创性在于，我们所要建立的市场经济体制，是在社会主义条件下以公有制为主体、走共同富裕道路的。公有制如何同市场经济结合，在社会主义市场经济体制中，为何既体现市场经济的一般规定性，又体现社会主义的内在特征，这正是多年来摆在我们面前的一个难题。《决定》关于基本框架的论述，较好地回答和解决了上述难题。这就能保证我国的改革开放沿着正确的方向健康发展。

社会主义市场经济体制是以公有制为主体的。但是，对以公有制为主体，需要作某种观念更新。《决定》就此问题作了一些新的解释，使之更好地与市场经济结合。例如，《决定》提出："就全国来说，公有制在国民经济中应占主体地位，有的地方、有的产业可以有所差别。""公有制的主体地位主要体现在国家和集体所有的资产在社会总资产中占优势，国有经济控制国民经济命脉及其对经济发展的主导作用等方面。""随着产权的流动和重组，财产混合所有的经济单位越来越多，将会形成新的财产所有结构。""公有制经济特别是国有经济，要积极参与市场竞争，在市场竞争中壮大和发展。"所有这些，同过去的提法相比，都有不同程度的新意，必将有利于公有制与市场经济的结合。这些论述，显然有利于社会主义市场经济体制基本框架的建设。

二、提出了企业改革的新思路

《决定》明确把建立现代企业制度作为我国企业改革特别是国有大中型企业改革的目标，这是《决定》在改革思路上最重大的前进，对深化我国经济体制改革、建立社会主义市场经济微观基础有深远的历史意义。

大家知道，国有企业改革滞后，经营机制没有很好转换，至今还往往是只负盈不负亏，一直是困扰人们的最大难题。《决定》不再囿于承包制这种虽实行多年，但弊端突出，比较落后的形式，提出了建立适应市场经济发展的现代企业制度的目标，从而使企业改革的思路出现一个重大的转变，为中国企业改革翻开了新的篇章。

现代企业制度对许多人来说是一个全新的概念。实际上我国改革以来已开始探索。《决定》根据国际经验，结合我国前几年改革实践，提出了现代企业制度的五个基本特征："一是产权关系明晰，企业中的国有资产所有权属于国家，企业拥有包括国家在内的出资者投资形成的全部法人财产权，成为享有民事权利、承担民事责任的法人实体。二是企业以其全部法人财产，依法自主经营、自负盈亏，照章纳税，对出资者承担资产保值增值的责任。三是出资者按投入企业的资本额享有所有权的权益，即资产受益、重大决策和选择管理者等权利。企业破产时，出资者只以投入企业的资本额对企业债务负有限责任。四是企业按照市场需求组织生产经营，以提高劳动生产率和经济效益为目的，政府不直接干预企业的生产经营活动。企业在市场竞争中优胜劣汰长期亏损、资不抵债的应依法破产。五是建立科学的企业领导体制和组织管理制度，调节所有者、经营者和职工之间的关系，形成激励和约束相结合的经营机制。所有企业都要向这个方向努力。"需要指出，这个概括是迄今为止比较全面、准确的论述。其中最重要的，是提出了企业法人财产权的概念。承认企业拥有法人财产权，实行出资者所有权与企业法人财产权的分离，比过去的两权分离即所有权与经营权的分离前进了一大步。

大家知道，《全民所有制工业企业转换经营机制条例》规定的企业拥有经营权是指："企业对国家授予其经营管理的财产享有占有、使用和依法处分的权利，"不包括收益权，而"企业法人财产权"则包括收益权在内。还有，《条例》只规定了"企业以国家授予其经营管理的财产承担民事责任"，而没有明确规定国家对企业是否承担连带责任。而"企业法人财产权"则意味着国家对企业债务不承担连带责任。特别是，企业的法人财产权是企业实行自负盈亏的基础。即代表国家进行投资的机构及其他出资者依法对企业行使出资者权益，以出资额为限对企业承担有限责任。企业则以全部法人财产自主经营、自负盈亏，独立享有民事权利、承担民事责任，并对出资者承担资产保值增值的责任。

现代企业按照财产构成可以有多种组织形式，包括公司企业、合伙企业、私人企业等。其中典型形式是公司企业。国有企业实行公司制，是建立现代企业制度的有益探索。规范的公司，能够有效地实现出资者所有权与企业法人财产权的分离，有利于政企分开、转换经营机制，企业摆脱了对行政机关的依赖，国家解除对企业承担的无限责任；也有利于筹集资金、分散风险。现在看来，多数国有大中型企业可以改组为有限责任公司，有的可以改组为股份有限公司。上市的股份有限公司，只能是少数，而且要经过严格的审定。总之，进行公司制改组，是今后企业改革特别是国有大中型企业改革重要途径，表明我国企业改革已从放权让利的政策调整转变为以制度创新为主。建立现代企业制度是一项艰巨复杂的任务，必须积累经验，创造条件，逐步推进。当前，如1994年，国有企业改革的重心应当放在建立现代企业制度的各项基础性工作上来。这包括，继续贯彻《条例》，把企业的各项权利和责任不折不扣地落到实处；有关部门要负起监督职责，实现国有资产保值增值；有步骤地清产核资，界定产权，评估资产，清理债权债务，核实企业法人财产占用量；加快向科学的、符合国际惯例的企业财务会计制度过渡；加紧研究解决国有企业各种历史包袱的途径和办法，统筹考虑产业结构不合理和巨额债务负担、老职工社会保险费积累不足、企业办社会以及冗员过多等等问题解决的办法，以利于企业真正进入市场；等等。与此同时，选择若干大中企业，进行建立现代企业制度的试点，以便积累经验，发挥示范作用等。

我们相信，我国国有企业通过公司制改组，建立现代企业制度，将逐步摆脱困境，找到一条公有制同市场经济有机结合的路子，从而提高效益，提高市场竞争能力，更好地在国民经济中发挥主导作用。

三、明确了市场体系建设的重点是发展要素市场

《决定》在培育和发展市场体系部分，明确提出“当前要着重发展生产要素市场”。

中国经济体制改革的特点和优点，就在于从改革一开始，就明确改革要发展商品货币关系，扩大市场机制的作用，培育市场体系，即实行以市场为取向的改革。由于搞活了市场，整个国民经济日趋活跃，物资供应丰富，人民生活逐步提高，使改革得到公众的有力支持，成为不可逆转之势。

党的十四大确定我国经济体制改革的目标是建立社会主义市场经济体制后，改革发展到一个新的阶段。市场经济要求市场在国家宏观调控下对资源的配置发挥基础性作用。这就要求我们不仅要着力发展商品市场，更要着力发展要素市场，以便使各种生产要素在市场的导向下自由地、自动地从效益低的部门和企业，流向效益高的部门和企业，从而提高整个国民经济活动的效率，提高宏观经济效益。改革15年来，我国商品市场包括工业消费品市场、农产品市场和工业生产资料市场已有相当程度的发展，而要素市场相对滞后，所以，今后培育和发展市场体系，应以发展生产要素市场为重点。

要素市场主要包括资本市场、劳动力市场和房地产市场。

在资本市场方面，根据中国国情，近中期仍应以银行融资即间接融资为主，同时积极稳妥地发展债券、股票这种直接融资形式。有计划地扩大公开发行股票的规模，主要是选择一些条件成熟的大中型国有企业进行向社会公开发行股票并上市的试点。股票的上市要逐步走向规范化，不再实行限额控制。继续发展和完善二级证券市场，有步骤地发展合作投资基金，以减少证券投资的危险。随着汇率的并轨和建立起以市场供求为基础的有管理的单一的浮动汇率制度，建立和健全全国统一的外汇交易市场。经营外汇的指定银行为银行间外汇市场的交易主体。取消外汇调剂市场，由经营外汇业务的银行和非银行金融机构向企事业单位和居民个人提供外汇买卖，结算等各项服务。黄金市场问题这次《决定》没有提，将来随着金融市场的发展，建立黄金市场将水到渠成。

劳动力市场是颇有争论的，1984年的决定还专门说劳动力不是商品，十三大报告只提劳务市场。这次《决定》明确提出劳动力市场，理论上、实践上都有重要意义。有的同志曾提出用劳动就业市场或劳动市场的概念，但是不解决问题。因为只有劳动力才是生产要素。劳务、劳动就业、劳动都不是生产要素，因而难以形成市场。提出劳动力市场概念并不否定劳动者是社会主义国家主人翁的地位。因为劳动力和劳动者是不同的概念。劳动者只是在市场上出卖自己的使用权——劳动力，而不是出卖劳动者自己。劳动者在以公有制为主体的社会主义国家仍然是主人。提出劳动力市场概念，将更好地发挥市场机制合理配置劳动力资源的作用，有助于打破分配上的平均主义和铁饭碗。

我国是人多地少的国家，必须十分珍惜土地资源，合理利用。世界各国都对土地强化规划和管理。随着工业化和城市化的发展，人口向城市集中，城市用地大量增加。这就提出保护农业耕地和提高城市土地配置效率的问题。根据中国国情，《决定》规定国家垄断城镇土地使用权一级市场，同时放开二级市场。这是十分必要的，有利于土地资源的保护和合理使用。今后土地使用权的有偿出让，要体现公开、公正、公平的原则。对商业性用地使用权的出让，采用招标、拍卖方式进行，以提高土地的经济效率。土地使用权交易二级市场要形成正常的价格机制，使价格能反映土地的稀缺程度。规范市场主体的交易行为，通过开征和调整房地产税费等措施，防止在房地产交易中获取暴利和国家收益的流失。

四、继续推进价格改革

我国价格改革已取得实质性进展。经过15年改革，目前社会商品零售总额中，市场调节价的比重已达90%；工业生产资料出厂价中，市场调节价的比重亦达80%。这说明，市场机制在商品价格形成中已占据优势。但是不能由此得出价格改革已基本完成的结论。《决定》冷静地分析了我国价格改革的成效和面临的问题，提出了深化价格改革的四项任务：在保持价格总水平相对稳定的前提下，放开竞争性商品和服务的价格，调顺少数由政府定价的商品和服务的价格；尽快取消生产资料价格双轨制；加速生产要素价格市场化进程；

建立和完善少数关系国计民生的重要商品的储备制度，平抑市场价格。关于生产要素价格市场化问题需要专门说一下。生产要素价格市场化是发展生产要素市场的关键环节。发展市场体系重点是发展生产要素市场，相应地，今后价格改革的重点就在于生产要素价格的市场化。传统的社会主义经济理论只承认物质产品和劳务有价格（尽管这些价格是由国家制定的），不承认生产要素价格概念。有的经济学家也认为只要物质产品和劳务的价格放开由市场调节，价格改革的任务似乎也就基本完成。改革的实践否定了这种认识。因为否认生产要素有价格，没有生产要素价格的改革，不实现生产要素价格的市场化，生产要素按市场原则流动就是一句空话，市场对资源的配置就无从发挥基础性作用。这样，人们的认识就达到一个新的高度，即价格改革不仅应包括物质产品和劳务价格的改革，也应包括生产要素价格的改革，生产要素价格也应逐步实现市场化。提出生产要素价格概念，把生产要素价格市场化列为今后价格改革的重要任务，是这次《决定》超越于过去有关改革文件的一个重要方面，为深化价格改革指明了方向。

继续放开和调整某些物质产品和服务的价格。近期（比如1994年）要全部放开统配煤炭价格；提高原油计划内平价和高价，提高电价；适当提高粮食保护价和棉花价格；粮价尚未放开的地方继续采取分散决策的办法逐步放开，已经放开的地方要做好粮价放开后的各项配套改革工作，进一步完善粮食的分级储备制度和粮食调节基金制度；等等。

价格改革的难点仍然在于既要理顺价格关系，又要控制价格水平，避免有大的波动。根据中国国情，即使在集中改革时期，年物价上涨率也要控制在两位数即10%以下。这就需要实施稳健的宏观经济政策，控制货币供应增长速度（如把广义货币供应增长速度控制在Gnp 增长速度的两倍以内）。与此同时，对少数关系国计民生的重要生产资料与消费资料建立和完善储备制度，有条件的可建立危险基金或调节基金，以加强对价格水平的调控，保证价格改革的顺利推进。

五、加快推进宏观调控体系改革

现代市场经济是有国家宏观调控的市场经济，社会主义市场经济也是这样。改革以来，随着价格逐步放开，市场活跃，微观经济搞活，传统的以行政手段直接管理为主的宏观经济管理体制已不相适应了，宏观调控体系的改革日显重要。针对当前宏观调控体系改革相对滞后的实际情况，《决定》明确指出：宏观调控主要采取经济办法，近期要在财税、金融、投资和计划体制的改革方面迈出重大步伐，建立计划、金融、财政之间相互配合和制约的机制，加强对经济运行的综合协调。《决定》还对计划、金融、财政部门在宏观调控中的地位和作用，作了原则的规定。需要指出的是，作出这样的规定，不仅参照了国际经验和国际惯例，而且充分考虑了我国的国情，是可行的，有利于调动各方面积极性搞好客观调控的。

在财税体制改革方面，《决定》提出实行分税制，这就意味着不再沿袭强化地方利益、不利于全国统一市场形成的地方财政包干制度；统一企业所得税率，实行以增值税为主的流转税制，为各种各类企业的平等竞争创造条件；改进和规范复式预算制度等。这些，都表明改革迈大步，涉及到各个方面利益的重大调整，对建立适应社会主义市场经济发展的分配关系有重大意义。

在金融体制改革方面，《决定》突出了中央银行在宏观调控体系中的重要地位和独立执行货币政策的重要性，并首次明确中央银行的主要目标是稳定币值，以此来促进经济的发展；区分政策金融和商业金融，组建或改组政策性银行，将现有专业银行办成真正的商业银行，逐步发展地方商业银行和其它金融机构等，使经济学界和经济界讨论多年的金融体制改革的方向更加明确，更加符合社会主义市场经济的原则。

为了切实根治社会主义国家的投资饥饿症，《决定》对投资体制改革也作出规定，突出的是要逐步建立法人投资和银行信贷的危险责任，把投资区分为三类，即竞争性项目、基础性项目和社会公益性项目，以便进行不同的科学的管理，也有利于国家的总量控制。

还要指出，关于长期有争议的一级调控还是两级调控的问题，《决定》也作了明确的论断："宏观经济调控权，包括货币的发行、基准利率的确定、汇率的调节和重要税种税率的调整等，必须集中在中央。"这就宣布了宏观调控只能是中央一级的调控，放弃了过去流行的所谓两级调控的不恰当说法。宏观调控是总量调控，只能集中在中央是合乎逻辑的。

最后，《决定》还在不同方面提出了新的构想和论点，对深化改革、扩大开放有重要指导意义。比如，关于效率优先、兼顾公平的论述；关于造就企业家队伍的论述；关于建立有管理的市场浮动汇率制度的论述；关于改革决策和立法决策相统一的论述；关于小城镇建设的重大意义的论述；关于发展市场中介组织的重要性的论述；关于允许属于个人的资本等生产要素参与收益分配的论述；关于逐步建立个人收入应税申报制度的论述；等等，都是在公开发表的文件中首次或比较准确论述的。按照这些论述推进改革，将使我们的新体制向比较规范的市场经济体制靠拢，因此值得我们认真领会和贯彻。

1993年中国经济学研究：热点·争论·进展

晓　亮

与以往各个年度相比，1993年我国经济科学研究较为活跃。各个学科的学术会议很多，各种论坛纷纷出现，报刊上发表的经济学文章目不暇给，并且提出一系列新鲜见解。这是深化改革、扩大开放的实践推动的结果，也与邓小平同志提倡的“思想更解放一点”有关。现将几个主要方面的讨论概述如下：

（一）基本理论方面

这方面的讨论主要集中在以下问题上。

1.如何看待马克思的劳动价值论？

这是以往讨论的继续。

1992年底，苏星同志发表一篇《劳动价值论一元论》的文章，对近些年来理论界出现的非劳动生产要素决定价值的多元论观点，提出了商榷性意见。苏星同志所指的多元论，包括“恢复马克思在论述另一种含义的社会必要劳动时间时关于供求关系制约价值的形成和决定”的观点，也包括“在社会主义商品经济中，物质生产领域和非物质生产领域的劳动者都创造社会财富，都形成价值”的观点。这后面一种观点，是谷书堂同志在他的一本书中论述过的。他认为“由于劳动、资本、土地等要素在价值形成中都发挥着各自的作用，所以，社会主义的工资、利息和地租，不过是根据劳动、资本、土地等生产要素所作的贡献而给予这些要素所有者的报酬。”苏星同志不赞成这些观点。他明确指出：一方面由于价值在商品经济中隐藏很深，另一方面由于新技术革命使现代商品经济的社会条件发生了重大变化，出现多元论观点是有其客观原因的。但马克思的劳动价值论仍然是正确的。我们应从中汲取理论力量，以推动我国社会主义商品经济的发展。

1993年底，谷书堂和柳欣同志在《新劳动价值论一元论》的文章说：今天所面临的社会主义现实生活与马克思所描的社会主义原则并不相同，传统的劳动价值一元论已不能解释现实生活中的价值决定，需要在原劳动价值一元论基础上扩大劳动的外延，加入土地，资本等非劳动生产要素以及技术变动下的利益关系，以便对价值决定论作出合乎现实的说明。谷书堂同志等主张把技术关系或技术变动引进马克思劳动价值论的分析中来，扩展劳动这一概念的外延。这是对马克思主义经济学的一种新的解释。

与此同时，钱伯海教授在某一报纸上发表的《劳动价值论的新见解：社会劳动创造价值》一文认为，马克思的劳动价值论已经“不符合价值创造的客观事实了”，应当承认物质生产劳动和非物质生产劳动、活劳动和物化劳动都创造价值这种新见解。从而引起新的争鸣。张恒云教授指出，说价值是价值的源泉，就会得出一系列荒唐的结论。张学贵说，物化劳动创造价值与价值的质的规定性相悖。生产资料在生产过程中发挥作用，是物的耗费，不是劳动力的耗费，因而它不创造商品的价值。还有的读者说，劳动价值论是越不过的基点。在商品生产过程中，生产力诸要素每一项都不可少，但真正能够创造价值的只有活劳动。

我不认为目前这种讨论会取得突破性进展，但把各种观点摆出来，有利于进一步研究。

2.市场经济与商品经济的关系

这是当我国确定了经济体制改革的目标是建立社会主义市场经济体制之后，引发的一次新的讨论。我曾在有的文章中介绍过，以往有四种不同的理解：“等同论”，但在使用上有所侧重；二者既有联系又有区别，市场经济必然是商品经济，但商品经济未必是市场经济，只有商品经济发展到社会资源由市场来配置时，这样的商品经济才能称之为市场经济；商品经济是商品生产和经营活动的总和，市场经济是单指商品在流通中活动的总和；商品经济是相对于自然经济说的，讲的是交换行为具有等价补偿关系，市场经济是相对于计划经济说的，讲的是资源配置方式。1993年的讨论，似乎只剩下两种观点的争论了，这就是“等同论”和“不同论”。

其实，等同论也不是说完全等同。如果完全等同，何必用两个概念呢？例如于光远同志，他曾主张把市场经济与商品经济视为同义语，但他同时又说：“社会主义市场经济这个概念的范围的确大于社会主义商品经济。大就大在还有一些本身完全不能说是商品的东西也可以而且已经进入市场。”我则认为二者在本质上是一回事，如果硬要区别的话，那就是“商品经济是市场经济的本质规定，市场经济是商品经济的现象形态。”引号中的话不是我先讲的，是童大林同志先讲的。我认为这个说法比较准确地表述了二者的关系。即商品经济是从性质上讲的，市场经济是从现象上说的。1993年，鲁从明同志在一篇文章中说：商品经济与市场经济是同一经济形态在不同层次上的反映。作为同一经济形态的两个层次，它们是同步发展的。它们都有一个从局部到普遍，从不发达到发达的演变过程。杨坚白同志也说，商品经济、货币经济或市场经济，尽管在概念上有某些差别，但实质是对同一事物的不同称呼，只是各国用语不同，这三个用语的出现也有先有后。他认为商品经济运行是以市场机制为导向的，从来不存在不通过市场运行的商品经济，也不存在没有商品生产、商品交换的市场经济。承认商品经济而否定市场经济，在逻辑上是荒谬的。

"不同论"也不是认为二者完全不同。1993年只有个别文章认为商品经济与市场经济是两个发展不同的阶段。有篇文章说，商品经济可以有不同的运行方式，以计划调节为主，就是有计划商品经济，以市场调节为主，就是市场经济。多数学者还是从资源配置来区分的，认为商品经济发展到以市场对资源配置起基础性作用时才可以说是市场经济，否则就不是市场经济而只能说是商品经济。还有人挖苦把市场经济与商品经济等同起来，就如同土豆也叫山药蛋、白薯也叫红薯一样简单。

我总觉得只要言之成理，几种不同认识可以并存，不大可能争论出一个是与非来。

3.按劳分配在市场经济条件下的命运问题

这个问题在前些年就讨论过，只是那时是以社会主义商品经济与按劳分配为题进行的。现在当我们明确了市场经济体制的改革目标以后，就以社会主义市场经济与按劳分配为题了。主要观点大致有三种。

一种观点完全否定按劳分配，认为按劳分配是"皇帝的新衣"，是荒唐的。说"我们从来没有按劳分配过"，"将来也不存在按劳分配"，因为"我们的社会不具备马克思所说的按劳分配的前提条件"。张问敏同志认为，把"公有制与按劳分配看成因果关系是不全面的"。"市场经济下的分配的主要性质应该概括为劳动收入"，而不是完全的按劳分配。

第二种观点认为，在市场经济条件下，"按劳分配原则的作用范围不再覆盖全社会，在公有制企业内部也不再是个人消费品分配的唯一原则，但它在多种分配方式中仍居主体地位。"再就是国家不再"充当用工主体和分配主体，企业成为本企业劳动报酬基金的自主分配者。"这就是说，在社会主义市场经济体制下，仍然存在按劳分配，但按劳分配的作用范围会发生重大变化，职工的收入中未必全是按劳分配。这是吴凯泰同志的观点。

第三种观点是，在旧体制下，尽管我们强调按劳分配，但从来也没有很好贯彻按劳分配，在很多情况下是平均主义分配；只有在市场经济条件下，由于劳动力商品和劳动力市场的确立，工资分配必然市场化。"企业可以选择劳动者，劳动者也可以选择企业，那么，工资分配必然会拉开差距。""于是，工资就变成了劳动力的价格。劳动力的价值也就可以自然地得到实现了。""马克思设想的按劳分配，会在新的条件下变成现实。"这种情况表明，按劳分配规律要通过价值规律才能得以贯彻。这是我的观点。

与按劳分配有关的一个问题是：在社会主义市场经济条件下劳动力是否是商品?这个问题从1986年起一直有争论。到了1993年，赞成劳动力是商品的学者越来越多。有的同志说，劳动力不是商品，就不可能进入市场，劳动力市场的建设就是一句空话。许多人还从劳动力是商品与劳动者的主人翁地位并不矛盾，作了种种论述。但仍有人明确地表示不赞成劳动力是商品的说法。也有同志引用"国际劳工组织"所确立的"无论在法律上或事实上，劳动力都不应当被视为商品"的原则，作为论据，反对劳动力是商品的观点。

以上，因为都有公开发表的文章，这里就不展开评介了。

值得注意的是，近年来学者们对于基本理论的研究不怎么感兴趣了。不少学者下海经商了。也有不少人转向对策性研究了。所以上述问题的讨论并没有引起人们的普遍关注。这究竟是好还是不好呢?似乎也有不同看法。

（二）社会主义市场经济问题

自从党的十四大确定了改革的目标是建立社会主义市场经济体制以后，经济学界普遍认为，争论了几十年的计划与市场的关系问题就从根本上解决了。今后研究的重点已不再是中国要不要和可不可以实行市场经济，而是如何建立社会主义市场经济新体制，以及建立什么样的市场经济体制。宏观调控内在于市场经济。1993年内几乎再没有人公开反对市场经济了，只有少数人对实行市场经济有这样那样的忧虑，或者在理解上往计划经济拉。1993年研究的具体问题有：

1.关于构建什么样的社会主义市场经济框架问题。

这个问题在早些时候是以我国市场经济的结构为题来论述的。吴敬琏同志认为，中国市场经济的基本结构有三：一是以自主企业制度为基础，企业是自主经营、自负盈亏的独立主体（自然人和法人），在市场中平等竞争；二是竞争性的市场既是它们活动的场所，也是它们的联系方式，由竞争所形成的价格，则是这个经济系统的基本参数；三是政府作为社会的代表，通过经济的、法律的、行政的乃至道德的手段，对市场活动进行调节。

1993年就社会主义市场经济的基本框架为题发表

的文章很多，但大同小异，争论并不突出。就我看到的，有高尚全和林凌两位同志的观点比较全面，可以给人以启发。

高尚全认为社会主义市场经济体制的基本框架，形象地说就是要建立"五个支柱"。即，一是现代化国有企业制度；二是统一开放、平等竞争、规则健全的现代化市场体系；三是灵活有效的国家宏观间接调控体系；四是健全的社会保障制度；五是严谨、科学、完备的经济法规和监督体系。

林凌认为社会主义市场经济体制的基本框架结构由十个方面的要素组成。即：第一是市场基础，必须建立起一个多元化的所有制结构；第二是市场主体，建立、塑造起能够自主经营、自负盈亏、自我积累、自我发展的市场主体——企业；第三是市场体系，既有商品市场，也有要素市场，还有其他市场，而且市场是开放的、统一的、完备的；第四是市场机制，其中最重要的是价格机制；第五是市场规则；第六是市场中介，要有一系列中介机构来承担市场经济运行当中既不能由企业也不能由政府履行的职能；第七是市场分配；第八是市场保障；第九是市场调控；第十是市场对接，即国内市场和国际市场的对接。

十四届三中全会《决定》中关于市场经济基本框架的论述，实际上是吸收了大家的意见而形成的，所以更加全面和准确。

2.我们应当建立什么样的市场经济。

绝大多数的学者都认为，我们所要建立的市场经济，应当是有宏观调控的现代市场经济而不是早期的自由市场经济。这一点几乎没有不同意见。但在参照国际上已有的具体模式上，仍有不同主张。对于日本模式、韩国模式、德国和美国模式，有的主张通过比较，取其所长，去其所短，形成我们的市场经济，也有的主张倾向于其中的一种。另外，就已经发表的文章看，还有几种不同的说法。

一种是明确主张建立政府主导型的市场经济。十四大前江春泽同志就论述过这种观点，认为在政府主导型的市场经济下，政府的作用能体现社会的性质、方向和社会发展的阶段。1993年仍有同志发表文章，阐述这种主张。有的同志说，我们所需要的是市场管微观，计划管宏观的市场经济。还有的学者说，"我国的社会主义市场经济，仍然是计划与市场相结合的一种运行体制，市场机制主要在微观经济领域发挥它的调节作用。"

与上述主张相类似的，就是有的学者把"国家调控市场，市场引导企业"作为我国社会主义市场经济的目标模式。

另一些同志主张中国应当建立市场经济原则得到充分贯彻的真正的市场经济，而不是局部的市场经济，更不是半计划半市场的不彻底的市场经济，我也写过文章，说中国不能搞准市场经济，认为"国家调控市场，市场引导企业"的模式的主体是政府，而不是企业。在真正的市场经济下，整个经济运行和社会资源配置是以市场为底盘为基础的，国家的调控只是弥补市场的不足。还有的同志说，要谨防"计划经济从前门被赶出去，又以宏观管理的形式从后门挤进来。"

可见争论的实质还是对计划经济的态度。前一种主张保留计划经济。后一种主张用市场经济取代计划经济。

厉以宁同志以前是主张"二次调节论"的。近来他从我们要建立的社会主义市场经济体制与传统的计划经济体制的区别来进一步论述这个问题。他说二者的区别主要有五个方面：一是微观基础不一样：计划经济的微观基础是政企不分、不自主经营和不自负盈亏的企业，市场经济下的微观基础是政企分开的，企业是独立的，有自我约束、自我成长机制；二是经济运行方式不同，计划经济的特征是命令和配额，市场经济的特征是竞争和选择；三是政府和企业的关系不一样，计划经济体制下企业是政府的附属物，是"大政府，小市场"，在市场经济体制下企业是独立的商品生产者，必然是"小政府，大市场"的结构；四是计划经济以计划配额作为边界，市场经济以法律作为边界；五是指导思想不一样，计划经济体制的指导思想是政府有支配一切的力量，应该并有能力直接配置资源，市场经济的指导思想是，市场本身有一种使供求趋于平衡的力量，能够使资源得到合理配置，但是市场也有弱点和局限制，所以政府调节是必要的。市场调节是资源配置的基础性调节，政府调节是一种高层次的调节。

3.发展和完善市场体系问题。

1993年论述这个问题的文章非常多。普遍认为我国的市场还处于初期发展阶段。市场分割严重，竞争不平等，市场秩序混乱。消费品市场比较发展，已经初具规模，而整个生产要素市场还处于萌芽状态。劳动力市场因为劳动力商品化问题认识不一致以及国家包揽就业的做法基本未变而举步不前。资本市场的培育严重滞后。影响市场发育和市场体系形成的原因，既有思想认识上的问题，也有条块分割等体制上的问题，更有企业作为自主经营、自负盈亏的主体，还没到位的问题。因此，建立和培育完善的市场体系要有一个过程。但要有紧迫感，采取积极措施。至于培育市场体系重点，多数学者主张放在劳动力市场和金融市场上。因为在市场经济下，投资和融资是通过资本市场或金融市场来进行的。因此，要大力发展以债务为主、股票为辅的规范化的直接融资市场，改革银行的信贷体制。但这类问题稍为具体化，人们就有不同看法了。例如，金融体制如何改革，专业银行如何商业化，要不要发展多种经济性质的金融机构，大家的主张就很不一致。建立劳动力市场，国家要不要从工资分配的主体中退出来，认识也不统一。还有象要不要搞期货市场，有人认为中国目前还不具备条件，应当十分慎重；也有人认为期货市场的作用很大，应当积极地搞。目前人们对股票市场实行严格控制的办法认识也很不一致。

4.市场经济下政府职能和宏观调控问题。

这是1993年市场经济研究的一个重点。大家一致认为，实行市场经济，政府的经济职能的内容、方式和传统的计划经济中大不一样。朱厚泽同志说，改革在一定的意义上就是把许多过去由政府管的事情逐步回归社会。还有的说，转变政府职能必须有利于解除企业对政府的行政隶属关系，这样政企才能职责分开。薛暮桥同志说："社会主义市场经济不能没有国家的计划指导和宏观调控，但是指令性计划管理体制必须根本改变。"吴敬琏同志说，"在市场经济这个总题目下，宏观调控体系改革的关键是由行政命令的调节改为经济参数的调节。经济参数可以分为两类，即基本参数（商品价格）和调节参数（税率、利率等）。"杨启先同志说，要把过去计划经济条件下国家主要依靠指令性计划和直接控制，改为适应社会主义市场经济发展的主要靠经济和法律手段的间接调控。"逐步将政府作为国有资产所有者、社会管理者和经济的宏观调控者三种职能，合理加以分开。"至于政府宏观管理和调控的范围，戴圆晨同志提了六点：经济运行中总供给和总需求平衡；制定本国的社会和经济发展战略和规划；协调经济发展中工农、城乡、沿海内地等方面的关系，减少社会矛盾，推动经济加速增长；研究制订产业政策和技术政策，引导产业结构和技术结构的升级和优化；对市场体系的培育，市场秩序和市场规则的形成，中央和地方的分级调控系统的建立，国际经济交往协调等，都是需要政府来作的；处理有显著外部经济效益（或负效益）的部门的有关事项。我则觉得在研究政府职能时，要把推进社会主义市场经济体制改革过程中的政府职能与市场经济体制建立起来以后的政府职能适当区别开来。

除了以上四个问题以外，对于市场经济的本质规定、社会主义市场经济特征以及它与资本主义市场经济的区别等，也有争论，就不详细评述了。总之，市场经济问题的研究，越来越较为具体了。

（三）所有制问题

所有制问题包括所有制结构（例如国有制与非国有制的比重、关系，非国有经济的地位、作用等等）和公有制的实现形式，特别是国有经济的改革问题。这些都是理论界一直关注的问题，改革也在这些方面取得了进展，但国有企业（包括"二全民"式的大集体）直到现在仍然活力不强，不适应社会主义市场经济发展的需要。因此，随着社会主义市场经济体制目标的确立，经济运行问题至少在大方向上获得解决以后，所有制问题的深入研究自然就提到了日程。

1993年重点探讨了以下几个问题：

1.对马克思的社会所有、包括"重建个人所有制"的理解。

于光远同志在文章和会议上一再讲，马克思、恩格斯把资本主义制度推翻以后未来社会的所有制称为"社会所有"，并将社会所有制与一般的公有制（公共所有制）区别开来。而我们由于在马恩著作的翻译上，把马克思用德文写作时的严格区别的社会所有和公有一律翻译为公有，从而造成一种误解，以为公有制是社会主义的基本特征。于光远同志认为，任何社会都存在公有制，只有社会所有才是社会主义社会的所有制特征。社会所有表示社会主义社会所有制的性质，社会主义国家所有制、劳动群众集体所有制、企业所有制等则是社会所有制的具体形式。

唐宗焜认为，社会所有就是联合起来的个人所有。互相孤立的个人所有是私有，而直接联合起来个人所有是社会所有意义上的公有。这里的"个人"不是任何别的个人，而是劳动者（生产者）个人。社会所有制也就是社会化的、即直接联合起来的劳动者和公有的生产资料的结合。马克思的"社会所有制"的根本点正是在于作为具有独立人格的个人的劳动者的联合，而不是凌驾于劳动者之上的力量对劳动者的强制和对劳动者个人地位的否定。

但也有人把劳动者入股集资的股份合作制或集体合作经济理解为就是马克思所说的社会所有和"重建个人所有制"。

2.所有制是手段还是目的？

这个问题最早是何伟同志在1993年1月发表的文章中提出来的。他认为所有制不应当是目的，目的应当是小平同志提出的共同富裕。周叔莲同志发表在《光明日报》7月13日的一篇文章提出：所有制是发展生产力的手段，而不是目的。之后，"中国经济学家论坛"于8月下旬专门召开了"所有制是手段还是目的"的研讨会。会上，周叔莲说："所有制是不是手段，是必须解决的一个认识问题。有些同志认为，改革经济体可以调整国有制以及公有制和非公有制的结构，但是不应改革公有制本身，尤其是不应改革国有制。这是把所有制当成目的而不是当成手段了""既然所有制是发展生产力的手段，那么所有制就有一个选择问题，改革问题，创新问题，就应该使之有利于生产力的发展。"肖灼基同志说："所有制是生产关系的组成部分，是由生产力制约并为生产力服务的；也就是说，发展生产力是目的，一定的所有制形式是手段。”所有制是手段而不是目的，要求我们按照生产力发展的需要，(1)调整所有制结构。在社会经济结构中公有制的比重，不是越大越好，也不是一成不变，而必须按照有利于发展生产力的原则进行调整；(2)调整公有制形式。除现行的国家所有制、集体所有制外，还应根据市场经济的要求，创立新的公有制形式，如股份所有制、社区所有制、合作所有制等；(3)调整公有制的部门结构和规模结构，提高公有制的素质。

对于这个问题的提出，有的同志认为是一个突破，也有的给以全盘的否定。

3.对股份制、承包制、转换经营机制、理顺产权关系的研究。

这些都是作为深化国有企业改革的措施和要求而提出来的，并且都早有研究。1993年的变化是：

对股份制，赞成的人越来越多，不赞成的意见几乎在报刊上看不到了。研究的重点，已转到如何搞规范化的股份制改造上来。具体问题有：搞股份制，要不要坚持公有制为主；限制企业内部职工股对不对；国有股应不应与社会股同股同利、应不应上市流通；可否设立企业股；以及股份制企业董事长、总经理人选的产生，等等。例如有同志说，对于公有制为主，如果理解为国有股必须占到企业股的51%以上，那么对于控股来说不达到这个比例，也可以控股；另外，如果一律这样办，会不会离开规范化的要求，达不到实现转换经营机制的目的呢?在这些问题上多半都有不同意见。

对承包制，一致意见主张要完善承包办法，强化企业对公有资产保值增值的责任。但承包制解决不了政企不开、企业行为短期化等问题。因此许多同志认为承包制只是一种过渡形式，把它作为目标模式是不妥的。但也有同志仍然高度评价承包制，把它当作目标模式。

转换企业经营机制，主要指贯彻国务院关于全民所有制工业企业转换经营机制《条例》，落实企业十四项自主权问题。在讨论如何搞活国有大中型企业中，许多同志认为这个问题很重要，但是不解决产权问题，企业还是难以转换经营机制的。

对理顺产权关系的提法，不少同志认为比以前是前进了。其核心是进行企业财产关系的重组，变不明晰的产权为明晰的产权，强化所有权对经营权的约束，而不仅仅是清产核资，划清资产的归属。但是对于什么是产权，经济学界仍有不同的理解。有的理解为本质上的所有权，有的理解为财产在运行过程中的责权利界定。

4.对股份合作制的研究。

近年来由于股份合作制在城乡集体经济中出现了大发展的趋势，因而对它的研究也就自然地增多起来。绝大多数的学者认为，股份合作制在中国城乡的兴起，是为了解决集体经济在“左”的思想影响下造成的“二国营”模式，使集体经济回到合作制道路上来，使集体企业资产同个人相联系，更有利于调动劳动者的积极性，因而是一种改革措施，要充分肯定。但它只适用于老的集体企业。新的集体企业一开始就应当实行合作制。还有的学者指出，股份合作制既坚持了合作制原则，又吸收了股份制的优点，是群众在改革实践中的创造，带有中国特色。另有一些学者说，股份合作制必须落脚到合作制，不是股份制，不能作为股份制的一种形式。还有的同志说，股份制和合作制从根本上是不能结合的，硬把这两种不同的东西捏到一起，采用这样一个不伦不类的概念，是造成目前有人把它理解为股份制、有人理解为合作制的原因所在。

5.对混合所有制的看法。

混合所有制的概念在我国经济学早有人使用了。我个人认为，混合所有制是相对于基本的所有制说的。基本的所有制如国家所有制、资本主义所有制、个体所有制等，它们是原生的所有制；而混合所有制是指原生的所有制的结合，是次生的。如个体所有制的联合是合作制。股份制也是一种混合所有制。由于它可以实现优势互补，适应市场经济的需要，因而混合所有制在我国大有发展前景。于光远同志认为，要区别主导的所有制和主体所有制两个概念。在我国情况下，主导的所有制是国有制，但混合所有制可以成为大量的主体性的所有制。但是，也有同志不赞成这一概念。在十四届三中全会《决定》中，也没有采用混合所有制的概念，而是说“随着产权的流动和重组，财产混合所有的经济单位越来越多，将会形成新的所有结构。”

6.对民营经济的不同看法。

如果我们把“民营”理解为相对于“国营”的一种经营主体的概念，那么，这种经济早就出现了。例如民办科技企业，从一开始就是民营。个体、私营企业本来也是民营的。集体合作企业从它的本来意义讲，也应当是民营，但是在我国情况下，因为它长期受到“左”的思想的影响，走了邪路，结果“民办”变成了“官办”。但它应当通过改革，恢复其民营性质。1993年所以对民营问题的引起关注，是因为在探索国有制企业的改革中，在许多地方出现了“国有民营、公有私营”的新措施、新经验，并且效果很好。我对这种做法是充分肯定的，因为它在所有权不变的情况下，引进了私营的机制。除了我之外，也有不少学者研究其所以有活力的原因所在。有些地方甚至把“国有民营、公有私有”作为搞活国有中小型企业和老集体企业的主要措施。

但是，也有同志不赞成民营经济这个概念。苏东斌同志认为这个概念是混乱的，曾发表文章，建议停用

“民营经济”这一概念。李泽中同志认为，“民营同作为公有制经济的全民所有制企业是有原则区别的”，提出“国有企业民营化”是“不切实际的”。

7.对现代企业制度的研究。

现代企业制度的概念在经济学者的文章中早就提出了，但没有引起人们的注意。1993年下半年，由于大家逐渐认识到国有企业深化改革归根到底要采用现代企业制度的一些做法，加上十一届三中全会《决定》明确地提出“转换国有企业经营机制，建立现代企业制度”，因而这个问题开始成为经济学界研究的一个重点。10月下旬在北京召开的“经济形势和深化企业改革研讨会”和11月中旬召开的“中国市场经济论坛第九次研讨会”都把现代企业制度问题作为讨论的重点。从讨论中可以看出，在对现代企业制度的界定上，大计有窄派、中派、宽派三种意见。吴敬琏认为，现代企业制度就是公司制。公司是法人团体，具有法人地位。公司由一个治理机构来统治管理。有的同志说，现代企业制度还应包括符合合作制原则的现代合作企业。另一些同志认为，我国各类企业都可以改造成为现代企业制度，现在的某些承包制企业已经是现代企业制度了。正因为大家的理解不一致，所以需要从现代企业制度的特征来把握。有的同志说，仅仅用产权明晰、政企分开等界定现代企业制度是十分不够的，这是任何类型的企业都要办到的，而不仅仅是现代企业制度的要求。

关于现代企业制度的本质规定，唐宗焜同志认为有如下三点：一是现代企业制度是法人制度，二是现代企业的法人财产制度，三是现代企业的财产责任制度。有的同志说，现代企业制度的重要特点是企业产权的分离，即投资者保留了终极所有权（股权），企业作为法人团体获得了法人所有权，股权的变动不影响企业的营运。但是对终极所有权与法人所有权这一对概念能否确立，理论界的认识还很不一致：有的充分肯定，认为是认识上的进展；有的说它违背“一物不能二主”的常识；还有的说“法人财产权”的提法是一个误区。

8.非公有制经济的性质以及它们与社会主义市场经济的问题上有不同认识。

关于非公用制经济与社会主义市场经济的问题上，董辅礽同志在一篇文章中说，“社会主义经济就好象一盆八宝饭。它是以各种公有制经济的主导部分的，但是，单独地说，公有制经济并不就是社会主义经济，同样，其它各种各样的非公有经济以及各种各样的混合所有制经济，单独地说也不是社会主义经济。只有多种公有制经济、各种非公有制经济以及各种混合所有制经济组合在一起，并以多种公有制为主导，这样的经济才是社会主义经济。”有同志不赞成这种观点，说社会主义经济只能是公有制经济，把公有制经济说成是糯米，把非公有制经济比作红枣、莲子等是错误的。

对私营经济是否属于社会主义市场经济的问题，我曾写过文章说，从微观基础看当然是资本主义经济，但是不能说社会主义商品经济（市场经济）中不包括非公有制经济。私营经济是社会主义市场经济的组成部分。卫兴华同志反对我的观点，写文章引用某某领导人的话，“社会主义商品经济以公有制为基础，资本主义商品经济以私有制为基础”。说我批评的观点是中央领导人的观点。说我讲过“在商品交换中，并不分什么私营、公营、国有、私有”，就是意味着统统姓“社”了。卫兴华同志说，私营经济“显然不属于社会主义商品经济。”我当然不赞成他的观点，于是写了文章，从社会主义市场经济是一个总的提法，社会主义市场经济体制建立起来以后整个国民经济都属于社会主义市场经济，以及混合经济要大量发展等五个方面，论述了私营经济为什么是社会主义市场经济的组成部分。这场争论现在尚未结束。

9.对私有财产要不要加以保护。

1993年初，杜润生同志在接受《经济日报》记者访问时说，国有经济与非国有经济是相互依存的。国家对非国有经济，尤其是对个体与私营经济，必须立法保障所有权、财产权不受侵犯，长期不变。5月底，于光远同志在给中国私营经济研究会成立大会写的论文《很大的题目，很短的文章》中说：“社会主义社会也是私有公有并存的社会”，“社会主义国家历史上只有想早日消灭私有财产的妄想，没有把私有财富消灭了的事实。只有不论公有、私有都视作神圣财产，社会主义社会才能存在、才能进步。”稍后，我和肖灼基都写了文章，根据我国私营经济发展中存在的问题，提出明确保护私有财产的必要性的重要性。但是也有同志不赞成我们的观点。还有人说，有经济学家被私营企业家收买了，替人家说话。

10.对划分经济类型中没有合作经济地位的意见。

1992年10月，国家统计局和国家工商行政管理局公布了一个关于经济类型划分规定的文件。文件中把我国经济划分为九种类型。在九个类型中有集体所有制经济而没有合作社经济。在对集体经济的规定中，说“部分个人通过集资自愿放弃所有权”的才能认为是集体企业。意思很明显，集体企业资产如果同个人相联系，就不属于集体所有制。对于这种规定，理论界有同志发展文章说，这直接违背了宪法中关于城乡各种合作经济都是集体经济的规定。有的同志说，堂堂社会主义国家没有合作经济的地位，是奇怪的事情。还有的同志说，目前我国集体经济的资产是不明晰的。允许个人入股，实行股份合作制，允许大家入股集资成立新的合作经济组织，都是为了明晰产权关系。如果非要把个人资产归公的合作经济才算是集体经济，岂不是要把集体经济拉回到“二国营”的老路吗?这个问题目前还没有解决。

所有制研究涉及的问题很多。除了以上十个问题之外，对于国有经济比重下降，非国有经济比重上升；对于各种经济的发展要不要规定一个合理的数量界限；以及对于企业所有制等等，也有不同的看法，但是没有展开讨论。

（四）经济形势

当前经济形势究竟如何，不仅是经济学工作者关心的一个问题，也是实际部门工作者、特别决策者关心的一个问题。为了研究这个问题，许多研究单位、经济咨询机构都召开过专门的会议，也有不少研究者发表文章进行专题探索。概括地说，讨论的问题有三：一是中国是否再次出现了经济过热的现象；二是对通货膨胀的看法；三是应当采取何种对策。现分述如下：

1.对于中国是否出现了经济过热的问题，经济学界大体上有以下三种看法：

一种观点认为，1992年到1993年中国经济形势很好，经济的增长速度不能说是过快了。通货膨胀也是在群众能够承受的范围之内。有的学者甚至不赞成用“经济过热”这个词。有的研究者说，自从小平同志南巡讲话以来，特别是党的十四大确定了改革的目标以来，中国经济发展进入了快车道，工业生产速度很快，固定资产投资大增，国内市场繁荣活跃，外经外贸继续扩大，居民收入增长较快。从总体上说发展是健康的，但也出现了宏观经济运行环境日趋紧张的问题，货币投放量过大。由于发展是硬道理，只要经济发展是在承受的范围之内，就不能说是过热。

第二种观点认为，1992年下半年到1993年上半年，确实出现了经济过热的问题，但还没有达到失控制的程度。当前的问题是改革和发展的关系没有摆好，我们现在不是改革热，而是发展热。现实经济生活中出现的问题，根本上说是体制问题，是改革不快所致。也有的说，我们现在是该热的没有热起来，不该热的却热起来了。热主要表现在投资上。搞开发区，期货市场，房地产开发等等，也都过头了。还有的说，国外“泡沫经济”的教训值得我们记取。尽管发展是硬道理，但有时发展要给改革让路。对经济过热的问题不能不引起重视。

第三种意见认为，由于经济增长过快，各方面经济绷得过紧，货币过量投放，金融秩序混乱，财政困难加剧，赤字增大，加上基础产业“瓶颈”制约问题没有缓解，因而对当前经济形势的判断不能过于乐观。

2.对当前通货膨胀的看法。

有的同志认为，1993年上半年已经出现了明显的通货膨胀，当前应当治本治标双管齐下。主要的应控制货币投放，在深化改革上作文章。另一些同志采取谨慎的说法：通货膨胀的压力正在释放。还有的同志说，当前已进入了中度通货膨胀阶段。表现在物价全方位上涨，不论生产资料价格还是消费品价格，都涨势很强。可以说，新的一轮通货膨胀正在形成，虽然目前还处在警戒范围，但决不能掉以轻心。但也有同志说，不要简单一律地把通货膨胀看成坏东西。目前的通货膨胀有利于商品比价合理化。当前虽有通货膨胀，但不严重。

对于通货膨胀的成因，研究者多是从多种因素入手进行分析的。也有些学者认为主要是由于投资过猛、经济过热造成。

3.对策建议。

这个问题的讨论主要集中在对1993年下半年整顿治理的看法上。有的同志说，治理是非常必要的，但治理已经晚了；如果在92年底和93年初就采取对策，加强调控、治理，现在的经济发展会更加稳妥、扎实。还有的同志说，1993年下半年以整顿金融秩序为突破口，收紧信贷是完全正确的。不治理不得了。但也有同志认为，治理是对的，但采取了过多的计划经济的简单办法，一刀切是不好的。也有的认为对资金需求严加控制效果不好。

在对策建议中，不少同志说，要把宏观调控看成为市场经济的内生机制。不要采取计划经济的办法来搞市场经济。对当前经济生活中出现的问题，宜采取温和、微调的办法，防止大起大落。也有的同志说，既然当前的问题是经济运行中的问题，因而应以投资体制改革为突破口，加快财税、金融体制改革，采取有效措施，抑制通货膨胀。我们不仅要从产权关系入手，转换企业经营机制，更重要的是转变政府职能。还有的同志主张破除“通货膨胀无害论”，按照市场经济规律办事，用经济的办法治理经济问题。

以上我重点是讲情况，并且尽可能讲得全面、准确一些。个人的观点也有，但重点不是论述自己的见解。如果有不妥当的地方，欢迎补充、指正。

社会主义市场经济理论研究的几个问题

于　祖　尧

在我国市场化改革的实践中，深入开展社会主义市场经济理论的研究，是历史赋予我国当代经济学者的艰巨使命。近年来我们的研究工作是有成效的。本文试就这个问题说点个人看法。

一、改革要坚持市场化方向，但经济科学研究却不能以市场为导向

社会主义与商品、计划与市场是否兼容，这是个古老又新颖的话题。说古老，因为本世纪初期西方经济学家就曾经进行过争论和探讨；说新颖，因为本世纪70年代末中国经济改革起步后，我国经济学界是把这个问题作为重新选择社会主义经济模式的实践问题提上日程的。学术界对此有不同看法，按照百家争鸣的方针进行争辩，是十分正常的、有益的。党的十四大肯定了“社会主义市场经济”范畴。但社会主义市场经济对我们来说，还仅仅是改革的目标，是未被认识的必然王国。理论研究可以超前，而且应当超前。否则，理论便不可能对实践起到指导作用。我们可以根据以往的实践经验，依据事物发展的规律，对未来作出科学的预测，但科学预见的正确性最终还得要由实践来检验、修正、充实和发展。实践是真理性认识的源泉。当社会主义市场经济还处于胚胎状态时，当市场化改革才刚刚迈步时，就想马上构造完备的社会主义市场经济理论体系和范畴，那是不切合实际的空想。资本主义不经过400—500年发展的历史过程，没有成熟的发达的商品经济，《资本论》是不可能诞生的。关于未来共产主义社会，马克思和恩格斯只能根据他们所处的那个时代的资本主义发展的趋势，作出某些预想。他们本人一再重申，他们决不愿用这些预想去束缚后人的手脚；决不愿后人把他们的学说当作教条。在经济学说史上，十月革命以来，为了建立和完善社会主义政治经济学（或称关于社会主义生产方式的政治经济学），几代学者曾经倾注了毕生的精力，进行了艰苦探索，出版了无数版本的教科书和无法计算的论著。前人劳动虽然为后人的探索提供了素材、教训，但今天看来，有关社会主义政治经济学的基本范畴、体系、观点都没能经受住历史的检验。原因在于，社会主义经济作为新生婴儿在长达半个多世纪中一直处于扭曲的状态下发育和成长，远未达到成熟的程度。不成熟的经济是不可能产生出成熟的经济理论的。现在研究社会主义市场经济应当吸取这个教训，避免重蹈覆辙，把精力都花费在无效劳动上。近年来，一些出版商和写作家开足马力，什么社会主义市场经济《大全》、《辞典》、《全书》、《系列丛书》……纷纷上市。人们纳闷，社会主义市场经济无论在中国或者国外都还不是现实的存在，甚至基础还未奠定。在这块空地上怎么可能建造出社会主义市场经济的理论大厦呢？这种完全商业化了的作品究竟有多大学术价值，是很值得怀疑的。改革应当坚持市场取向，企业经营应当由市场引导，但学术研究却不能跟着市场行情走，我以为当前我们应当把精力用在研究现实问题上，踏踏实实地研究由计划经济体制向市场经济体制过渡的难点。

二、创立社会主义市场经济理论，必须立足于中国国情

战后不少国家和地区都经历了由统制经济向市场经济体制过渡的变革。它们的经验无疑我们是可以借鉴的。但是，我国的国情与它们是有区别的。撇开社会经济制度的性质不说，这些国家和地区改革前市经济就已相当发达，改革的任务仅限于实现宏观管理体制与市场经济对接。然而，我国是不发达的社会主义国家。我国改革面临双重任务：首先必须大力发展商品生产和商品交换，加速培育市场体系，在这个基础上实现管理体制的转型。因此，我国市场化改革面临着其它国家不曾遇到的诸多难题。解决这些难题恰恰正是建立具有中国特色的社会主义市场经济体制应有之义。

——协调改革与发展的矛盾。从长远看，改革是为发展创造一个稳固的长期起作用的体制条件，改革有利于促进发展；发展也有利于支持和推动改革。但是，在体制转型的过渡期，发展与改革却有无法回避的难以兼顾的矛盾。中国是发展中国家，我们面临着发达国家在经济上的严峻挑战；中国是商品经济不发达的国家，我们是在市场体系尚未形成的条件下进行改革，因此，在体制转型时期必须保持相当的发展速度。但是，改革又要求保持一个相对宽松的经济环境，要求国家有较充足的财力支持改革措施出台，要求把经济增长控制在国力所能承受的范围内，要求一定时期发展为改革让路。过去的经验证明，改革与发展的关系协调好了，改革就能较顺利地前进，发展也会因此获益。相反，二者矛盾激化，改革就会受阻，发展也会陷入困境。

——发挥市场机制的基础性作用与强化国家经济职能的矛盾。建立社会主义市场经济体制，要求培育竞争性市场，为市场机制发挥调节作用创造充分的条件和环境，使企业摆脱对政府的依附关系，实行政企分治，从这个意义上说，改革要求弱化政府对经济的直接干预。但是，我国是发展中的社会主义国家，第一，国家是国有资产的所有者，要通过对企业经营活动的干预实现自己的所有权；第二，我国经济起飞要求国家充分利用自己的政治优势和权力，集中有限的资源，加速发展重点行业和部门，争取在较短的时间赶上发达国家；第三，改革是自上而下的在政府领导下进行的，无论是破旧还是立新都要在政府的领导下，并依靠政府的权力、机制来运作。政府既是改革的对象又是改革的动力。很显然，这一切都是我们在转换政府经济职能中无法回避的难题和矛盾。

——国有经济的主导地位、公有经济的主体地位与多种所有制长期并存、平等竞争的矛盾。按照社会主义市场经济的要求必须改革所有制结构和公有制的实现形式，为各种经济成份长期并存、平等竞争、互相融合创造必不可少的环境和条件。但是，所有制改革又要确保国有经济的主导地位和公有经济的主体地位。否则，我国社会主义经济制度的基础将会动摇。不改革传统的所有制模式，便不可能有科学的社会主义，但所有制模式改革又不能突破社会主义基本制度的框架，必须沿着社会主义制度自我完善的轨道进行。历史上市场经济体制都是建立在私有制与市场经济对接的基础上。从这个意义上说，改革无疑是一项史无前例的伟大又艰巨的科学实验。

——就业和分配市场化与共同富裕、经济稳定、社会安定的矛盾。社会安定和经济稳定是改革顺利进行的必要条件，共同富裕是改革所要实现的目标。但就业体制市场化，开放劳动力市场，把市场机制引入分配体制，不可避免地引起破产、分配不公，影响社会安定和经济稳定，为深化改革设置了阻力和障碍。目前已经出现了靠发“国乱财”的暴发户。所以，劳动体制和分配体制的改革必须掌握好度，既要打破“铁饭碗”，又不能危及社会安定和经济稳定；既要让一部分人先富起来，又要防止两极分化。

——理顺价格、放开价格的行政控制与低工资、低消费政策的矛盾。改革价格形成机制，让价格反映供求和资源的稀缺程度，这是决定整个经济改革成败的关键。广义的价格包括工资及各种要素的价格在内。理顺价格，要求改革工资结构和工资形成机制，把现行的不完全工资改为包括维持劳动力扩大再生产的全部费用的完全工资制。但是，我国人口众多，现代化事业尚待时日，必须统筹兼顾经济建设和人民生活，正确处理消费和积累的关系，低工资低消费的政策不可取，高工资高消费也不符合中国国情。我们现在依然必须提倡艰苦奋斗，勤劳节俭。这个难题不能不制约经济改革和就业、工资制度的改革。

——通货膨胀与稳定协调高速增长的矛盾。我国改革是在面临着严重挑战的国际环境下起步的，形势迫使我们必须保持较高的经济增长速度。但是，由于传统的外延型粗放发展战略的惯性依然在起作用，由于物资短缺的总体格局难以迅速改变，由于企业自我约束和自我发展的机制尚未形成，在体制转型时期始终存在着需求推动和成本推进型通货膨胀的双重压力。而通货膨胀又直接威胁经济高速增长。使之难以为继。因此，如何实现高速增长，同时又能把通货膨胀控制在适度的范围内，这是一大难题。

——社会稳定与政治多元化的矛盾。发展市场经济，在经济上，实行多种经济成分同时并存；公有企业实行自主经营；每个市场行为主体都有自身特殊的利益；他们的一切经济行为都以追求自身利益最大化为宗旨；在政治上，社会会发生新的分化和改组，产生新的阶级和阶层，改变单一的公有制下人们之间相互关系的格局。因此，政治多元化的趋势是难以避免的。所谓政治多元化，表现为政治派别多元化，意识形态多样化，政治纲领和政治主张多样化。政治多元化的趋势向原有政治体制提出了的严重的挑战。如何适应社会主义市场经济这个基础改革原有的政治体制，面临着许多难题。例如，如何从体制上保证执政党的领导地位不因政治多元化而动摇？多党派长期共存如何适应新生阶级和阶层的变化？如何从体制上建立社会稳定的机制，以促进社会长治久安？如何在意识形态多元化的条件下发挥马克思主义的指导作用？这类问题是政治体制改革必须认真对待的。

——对外开放与霸权主义、强权政治的矛盾。开放是双向，而不是单方面的；是互利互惠的，而不是单方面的援助或恩赐。我们实行对外开放，目的是为了引进外国资本、技术，打进外国市场，加速我国社会主义现代化事业，但我们又必须按照等价交换、互利互惠的原则，让出部分国内市场，让外商赚取利润。外国政府和外商欢迎我国开放政策，也是出于自身利益的需要，就他们的本意来说，决不是为了培植一个自己的竞争对手。当今国家间的关系本质上是阶级关系。某些强国依然奉行霸权主义和强权政治的对外政策，借开放干涉别国内政。因此，我国对外开放政策能否贯彻，并不仅仅决定于我们自己的意愿。

——经济市场化、人际关系商品化与精神文明建设的矛盾。社会主义市场经济的形成，有利于推进社会主义现代化建设事业的发展，因而也会直接和间接地促进精神文明建设。但是，随着经济市场化，商品交换原则和金钱交易会侵蚀到人们之间的非经济关系领域，为权钱交易、唯利是图、贪污收受贿赂、投机钻营等不正之风提供滋生的土壤。目前腐败之风蔓延已经直接威胁改革。市场经济发展所带来的副效应是我们不应忽视的。

——改革的渐进式战略所带来的正效应与负效应的矛盾。我国改革选择了渐进式战略，避免了“休克疗法”所引起的社会动荡和经济不稳定，防止了恶性通货膨胀等灾难，缓解了体制转型过程中的矛盾和阻力。实践证明，渐进式改革是可行的。但是，由于体制转型经历的时间较长，在过渡期出现双轨运行的状态，特别是价格双轨制，引起经济秩序混乱，过度竞争，企业行为短期化，并给私倒、官倒提供可乘之机。因此，渐进式所带来的负效应也是不容忽视的。既要坚持渐进式改革，同时又要千方百计减少渐进过渡产生的消极后果，这是又一大难题。

总之，建立有中国特色的社会主义和社会主义市场经济体制有许多难题摆在我们面前。说到底，难就难在，一是我们要搞的市场经济是社会主义的，二是要符合中国国情。因此，我们不能照搬照抄西方的现成模式和经验。

三、改革的实践是创立社会主义市场经济理论的唯一源泉，改革是一所大学校，理论工作者应当深入实际，认真总结改革的经验和教训。

建立社会主义市场经济体制的改革大业，是前无古人今无现例的宏伟又艰巨的工程，既无现成的模式可以借鉴，又无完备成熟的理论可以学习。党的十四大肯定了社会主义市场经济，广大干部和群众对此缺乏思想上理论上的准备。如同过去武装斗争一样，改革本身就是一所伟大的学校。我们只能在改革的实践中，通过不断地总结成功的经验和不成功的教训，从中找出客观事物的规律，学会改革和驾驭市场经济。

10多年改革取得了举世瞩目的伟大成就，积累了丰富的实践经验。这是一笔巨大的精神财富。认真地总结这些经验，升华到理论，这不仅对指导今后的改革具有重要意义，而且对人类进步事业将是一个巨大贡献。但是，改革以来对总结过去的工作并未引起足够的重视，我们往往满足于已取得的成就，热衷于提出一些新概念和口号，却忽视了对广大干部和群众在实践中进行改革和社会主义市场经济的教育。

毋庸讳言，10多年改革并非一帆风顺，有过反复和曲折，在改革的具体指导和实践中有过失误，甚至重大失误。1992年下半年以来，出现了固定资产投资规模膨胀，货币投放和信贷规模失控，通货膨胀持续上升，产业结构失调，市场秩序混乱。全国性的经济过热不仅浪费了紧缺的资源，而且贻误了改革的时机，干扰了既定的深化改革部署，这使我们不得不花费时间和精力去整顿金融秩序、稳定经济、治理通货膨胀。这样，我们便不得不继85—88年之后再次为经济过热付出了代价，再次为改革环境恶化交了学费。

有的学者把这次经济过热归结为双重体制并存，认为体制转轨时期难以避免。这种看法是片面的。双轨运行仅仅是诱发经济过热的客观因素，仅为经济过热提供了可能性。只有扩张的财政政策和货币政策才会使这种可能转化为现实。试想一下，如果没有去年37.6%的固定资产投资增长率，如果没有37.6%的货币投放增长速度，会有两位数的通货膨胀吗?与1988年相比，这次经济过热的具体成因和表现形式有一定的特殊性。但根源和后果却没有什么大的区别。当时，尽管城市改革尚处在探索起步阶段，有些同志却以经济连续几年高速增长和1984年农业大丰收为根据，作出我国经济已进入高速增长的起飞阶段的判断，认为：高速增长和加快改革可以并举；改革不需要相对宽松的环境，改革只能在紧运行中进行；总量平衡已经过时，搞点通货膨胀也不要紧。结果通货膨胀居高不下，产业结构失衡加剧，市场秩序陷入混乱，社会分配不公，既定的价格改革等措施无法出台，经济形势恶化如任其发展，不仅深化改革受阻，而且已经取得的改革成果也可能被葬送。形势迫使我们不得不暂时中断改革，实施整顿治理。应当承认，三年整顿治理是必要的，是改革环境恶化所迫，是为前一时期指导工作失误付出的代价。经过治理整顿，经济过热被抑制，但出现了市场疲软。我们本可以从深化改革中寻找根本出路，却举棋不定，迟迟推不出综合配套改革措施，贻误了时机。这一时期的实践给我们提供了一个有益的启示；在实施渐进式改革战略过程中，必须正确协调增长与改革的关系，把改革置于首位，增长要服从改革，以利于为改革创造一个相对宽松的环境。这样才能保证改革持续稳步地推进，避免改改停停。从近期看增长速度虽然慢了点，但从长期看改革加快了，过渡期可以缩短，一旦新体制的主体地位确立，经济高速度增长便可以获得稳固的长期起作用的体制基础。那时，我们才有可能靠优化资源配置来实现经济高速增长。所以根本出路还在于深化改革。这似乎应是我们从中得出的恰当的认识。遗憾的是，对这个付出了代价的历史教训至今没有认真总结，因而也没能用这段曲折对广大干部进行教育。结果，现在又重蹈争贷款投资、上项目、铺摊子的复辙。中央6号文件下达了，但一些地方股份热、房地产热等并未降温。看来，人们对如何正确地协调增长与改革的关系还未取得共识。

邓小平同志告诫我们：“要谨慎小心，及时总结经验，小错误难免，避免犯大错误。”(《邓小平文选》第3卷第226页)事前诸葛亮固然有先见之明，事后诸葛亮多一点决非坏事。毛泽东同志曾经对友人说过："我是靠总结经验吃饭的，靠总结别人的经验和自己的经验吃饭。"建立完善的社会主义市场经济体制，需要几十年甚至一代人的努力。各级领导干部能否在改革实践中积累经验，学会实施改革，善于指导改革，这是关系改革能否少付代价、少走弯路，以取得更大成效的大事。

新经济体制下计划与市场关系的制约因素

卫兴华·黄泰岩

党的十四大报告中指出："我国经济体制改革确定什么样的目标模式，是关系整个社会主义现代化建设全局的一个重大问题。这个问题的核心，是正确认识和处理计划与市场的关系。"这表明，根据十四大提出的建立社会主义市场经济体制的目标模式进行经济体制改革，依然要正确认识和处理好计划与市场的关系这一核心问题。

我国计划与市场相结合的新经济运行机制的确立和完善，要受到三方面因素的制约：一是经济制度；二是计划与市场各自的功能与失灵；三是我国的社会经济环境。这三个因素直接决定着计划调节机制和市场调节机制在新经济运行机制中的基本关系和各自作用的范围与强度。

一、制约计划与市场关系的制度因素

这里所说的制度，指的是社会经济制度，即社会生产关系。社会主义经济制度要求实行生产资料公有制，坚持按劳分配和实现共同富裕。这三点是邓小平同志一再强调的。当然公有制不等于社会主义。原始社会的两三百万年中都实行公有制，但不是社会主义。但不能因此而否定公有制是社会主义经济制度的基础。没有公有制，就不会有社会主义。至于计划和市场则属于经济体制和运行机制的范畴。因此，计划与市场同经济制度的关系，实际上就是经济制度同经济体制的关系。

既然经济制度与经济体制不属于同一的经济范畴，那么二者之间是否存在一定的联系呢？在我国经济学界，对此存在着这样一种看法：认为经济体制和经济运行机制与经济制度没有直接的联系。经济体制和运行机制应适应生产力发展的需要，即受生产力发展水平的制约，而不受经济制度的制约。这样，在经济体制和经济运行机制方面，似乎就不存在反映或体现社会制度的差别问题了。就是说，资本主义和社会主义的生产力基础都是社会化大生产，尽管二者在经济制度上有本质的区别，但可以有完全相同的经济体制和运行机制。的确，就市场机制和市场调节自身来说，它在资本主义社会和社会主义社会所发生作用的机理是一样的，因此，不管社会制度有多少根本性差别，市场经济运行机制有其一般的共同的特点。但是，全社会范围的市场经济，总是与一定的社会基本制度相结合的。市场经济与资本主义制度相结合，就是资本主义市场经济，市场经济与社会主义制度相结合，就是社会主义市场经济。社会主义市场经济与资本主义市场经济，就市场经济方面来看的共性和一般特点，这里不必讲。需要探讨的是，由于制度性的制约，社会主义市场经济与资本主义市场经济究竟有什么不同。我认为，二者的不同，存在于两个方面：一方面是市场经济所依托的社会基本制度具有的不同特点；另一方面是社会基本制度影响于和渗透于市场经济所引起的市场经济运行中的某些具体特点。目前，理论界阐述社会主义市场经济与资本主义市场经济的不同点时，往往只是从第一个方面着眼的。比如，讲社会主义市场经济是公有制经济为主体；按劳分配为主体；共同富裕；国家、企业和劳动者个人既存在利益上的差别和矛盾，又存在根本利益的一致性；社会主义国家能够把人民的当前利益与长远利益、局部利益与整体利益结合起来；社会的主要矛盾是落后的生产力和人们日益增长的物质文化生活需要的矛盾；有的还加上社会生产的目的是最大限度地满足人民日益增长的物质文化生活的需要，等等。有的只强调前两条或前三条，有的再加上一两条或更多条。总之，思路是一样的，那就是用社会主义制度自身的规定和特点，说明社会主义市场经济区别于资本主义市场经济的特点。我认为，仅仅这样讲是不够的。因为它不过是对社会主义经济制度自身作了一些具体说明，就是说，它讲的是制度性特点，而没有涉及不同社会制度下市场经济运行的特殊特点。即使过去讲社会主义计划经济与资本主义市场经济的区别，也可以套入上述几条特点。既然讲的是社会主义市场经济，"社会主义"这个概念自然就包含了上述规定和特点。它可以用以说明社会主义与资本主义的不同，而难以说明在两种社会制度下市场经济的区别点。因此，我认为，强调市场经济所依托的社会主义基本制度的规定与特点，固然是必要的，因为它具体表明：我国是在坚持社会主义基本制度的特殊规定的条件下实行市场经济的，但只讲这个方面又是不够的。理论和实践还要求我们探讨在社会主义基本制度制约下，市场经济的运行具有哪些不同于资本主义市场经济的特殊特点。

我初步考虑，社会主义市场经济具有以下一些特殊特点。

第一，社会主义市场经济在其运行过程中较之资本主义市场经济具有更多的自觉性与计划性。社会主义市场经济是以公有制为主体。而科学社会主义之所以要以公有制为基础，主要是服从于以下目标：1.解放和发展生产力；2.消灭剥削，实现共同富裕；3.实现经济运行的自觉性与计划性。因此，社会主义市场经济体制的建立与发展，社会主义市场经济的整个运行过程，不能像资本主义市场经济那样在自发运动中实现。资本主义市场经济直到20世纪30年代以前的400年左右的时间中，都是在自发状态中发展的。本世纪30年代以来的国家干预和二次大战后某些资本主义国家的经济计划化，是生产社会化高度发展的要求，是生产社会化与私有制矛盾的产物，而并非资本主义私有制的要求。而社会主义经济运行的计划性，不仅是生产社会化的要求，也是公有制的要求。公有制经济特别是全民所有制经济，是不可能自发地建立的，也不可能在完全自发的状态中发展和运行。而且公有制经济为实行经济运行的计划性提供了有利条件和现实基础。建立和发展社会主义市场经济体制，所要抛弃的是传统的指令性计划经济体制，而不是抛弃经济运行的计划性与自觉性。社会主义公有制经济运行的计划性与自觉性，需要通过社会主义市场经济的运行来实现。由于社会主义市场经济以公有制为主体，因而它与以私有制为基础的资本主义市场经济相比，在其运行中能够也应该实现更为有效的计划性与自觉性。

第二，社会主义市场经济中的个人收入分配，从作为主体的公有制市场经济来看，是把按劳分配与市场分配结合起来。市场分配必然拉大分配差距，但由于公有制与按劳分配的制约，不会形成资本主义市场经济中必然会出现的那种严重两极分化现象。至于非公有制市场经济中的收入分配，由于按资分配与市场分配的结合，经济分化现象难以避免。不过它会受到两方面的制约：一是由于公有制和按劳分配为主体的存在，会限制全社会范围的、普遍的两极分化现象的形成与发展；二是社会主义国家可以也需要通过宏观调控与计划调节，限制与削弱两极分化的发展。

第三，在社会主义市场经济中，由于公有制的主体地位和国有制的主导作用，国家能够通过比资本主义国家更有效的宏观调控措施，一方面实现国民经济的持续、快速和健康发展，另一方面实现社会主义多方面多层次的经济利益关系的协调、完善与发展。社会主义市场经济中的宏观调控，包括宏观调控一般与宏观调控特殊两方面的统一。宏观调控一般是针对市场经济自身内在的局限性或“市场失灵”所必要采取的。宏观调控特殊，是针对特定时期内市场经济生活中出现的某些突出的矛盾和问题，专门采取的。社会主义国家有条件在宏观调控的这两方面比资本主义国家作得更好。但应力求加强和完善宏观调控一般、从而减少宏观调控特殊，以避免或减轻市场经济运行中不正常的起落波动现象。

二、计划与市场各自功能与失灵的制约关系

计划与市场关系的自身制约因素，是指计划与市场相结合要受到计划和市场自身功能与失灵的制约。就是说，在社会主义现阶段，计划和市场都不是万能的，它们各自都具有不可替代的调节功能，同时又都存在着一定程度的失灵，单纯依靠其中哪一种调节机制都不可能使国民经济实现合理的运行。因此，社会主义经济运行机制就需要集计划和市场之长，补二者之短，以达到资源的合理配置。

计划和市场的功能与失灵，对计划和市场相结合的制约作用主要有两个方面：(1)计划和市场各自能干什么和不能干什么直接制约着计划和市场各自作用的范围。计划干不了的事情就不能硬要计划去干，同样，市场做不来的事情也不能硬要市场去做。否则，就会导致经济秩序的混乱。这样，就需要根据计划和市场的功能与失灵设计计划和市场的结合形式，从而做到：计划干不了的事可由市场去做，而市场做不了的事可由计划完成，实现扬二者之长、补二者之短的目的。(2)计划和市场各自能干好什么和不能干好什么，会对计划和市场各自的作用范围作出进一步的规范。仅仅根据计划和市场能干什么和不能干什么还不能最终确定计划和市场的作用范围，因为有些事情计划和市场都能做，有些事情计划和市场都难做，这就需要根据计划和市场能干好什么和不能干好什么来规范计划和市场的作用范围。也就是说，要对计划和市场的作用进行效用——成本分析。在以上两种情况下，就应选择那种成本低、效用大的调节机制，从而使计划调节与市场调节相结合的运行机制获得最佳的效果。

根据计划和市场功能与失灵的长短异同，计划和市场的互补关系应主要表现在以下几个方面：

1.从计划调节机制看，它的实现离不开市场机制。我国旧的计划体制，由于排斥市场机制的作用，使计划调节的优势没有很好地体现出来。违反客观规律包括价值规律的计划，造成了国民经济严重的比例失调。市场机制对实现计划调节的积极作用主要有：

(1)市场是宏观计划管理的接受和实现机制。我国的宏观计划管理体制将由过去的直接控制为主转向间

接控制为主，即国家运用价格、利率、工资、汇率等经济手段，通过市场这一中间环节来实现对企业生产经营活动合理协调的宏观管理计划。在这里，市场作为中间环节，一方面调节企业的日常生产经营活动，割断了企业对国家的直接依赖，把企业直接推向市场，使之成为自主经营、自负盈亏的商品生产者和经营者；另一方面，它使计划管理失去能直接调节企业的作用。而只是通过市场将计划意图传导给企业，使企业生产经营活动最终符合计划目标。因而宏观计划管理，不但不否定企业的独立自主性、特殊的经济利益和特殊的追求利润最大化的直接经营目标，反而要以它们为实现自己的基础。

(2) 市场为计划调节提供了灵活、准确的信息传递系统，从而有利于提高计划的准确性、科学性和预见性。传统集中计划体制的信息系统具有两大弊端：一是计划机关不能及时收集决策所需要的足够信息并及时进行加工处理；二是依靠各级行政组织传输的信息会受到特殊经济利益的干扰而发生失真。市场机制的作用可以有效地克服以上缺陷。第一，在市场机制作用下，每个企业都与市场直接建立起信息联系，根据市场的供求信息安排生产经营活动，并根据市场的反馈信息不断调整生产经营决策，这就可以保证信息传输的时效性、准确性。同时，由于大量的微观经济信息的收集和处理交给企业完成，就可以使国家集中精力收集和处理宏观经济信息，从而可以大大减少宏观计划决策的不确定性。第二，市场作为国民经济运行的睛雨表，能够直接反映国民经济运行各个方面的实际状况，因而国家就可以直接借助市场这面镜子，把握国民经济运行的情况，并据此迅速作出决策。而且在市场竞争能够较充分展开的情况下，市场信号的变动是各个经济主体共同活动的结果，不受某个经济主体的操纵，这就有助于避免市场信号的扭曲和失真，保证信息传递的准确性。

(3) 市场机制的作用有助于提高计划工作的效率。在市场机制充分发挥作用的条件下，特别是在指导性计划形式中，企业的日常生产经营活动将主要由市场直接调节。这样，市场直接调节微观经济决策，一方面可以避免在微观经济领域中脱离实际的计划调节的无效性；另一方面可以使中央计划从大量的琐碎的微观经济决策中解脱出来，集中精力分析和解决基本的宏观经济决策，从而使计划善于解决宏观经济问题和长远的发展等问题的优势得到充分有效地发挥。

(4) 市场是计划得以不断完善的矫正器。计划的制定毕竟是一个主观的过程，计划是否符合客观实际，要受市场的检验和校正。这样，市场就为计划系统提供了必要的反馈机制。如果计划不符合实际，市场的不均衡状态就会发出信号，计划部门就可以根据这些市场信号矫正计划决策，从而使计划不断趋于合理。

2. 从市场调节机制来看，它必须由计划调节导向和规范。这是因为，市场调节存在着以下三种形式的市场失灵：

(1) 理想条件下的市场失灵。所谓理想条件，是指完全自由竞争的市场条件，它包括四个方面：一是市场上没有一个成员能够单独影响价格；二是产品是同质的：三是资源有完全的流动性；四是消费者、企业和资源拥有者有充分完整的信息。市场理论通常假定，只要满足了以上条件，市场机制就可以完全地发挥作用，使资源配置达到帕累托最优状态和实现最高的生产率。但是，即使在这种最理想的条件下，市场调节仍然不是万能的。它的失灵包括两种情况：第一，它不能解决全部经济问题。就是说，对一些问题，市场是完全无能为力的。例如，市场调节不能决定社会生产发展的基本方向，因为市场信号反映的只是过去的国民经济运行状况，而不能说明未来的生产结构和需求结构的变化。又如，单靠市场调节不能解决公用事业的发展和外部经济效用问题，不能解决生态平衡一类问题。第二，在理想条件下，市场调节会引起经济活动的自发性和盲目性。市场机制的作用，意味着每个生产者和经营者都从自己的利益出发，根据价格的波动作出决策。这样，在经济主体并不了解全部市场情况和其他经济主体决策的情况下，它的决策就不可避免地带有盲目性。可见，理想条件下的市场失灵不是产生于市场机制的不完善，而是产生于市场机制天生固有的功能局限，因而这种市场失灵也称作市场局限。

对于市场局限，即使最崇尚自由市场机制的西方经济学家也都是承认的。例如，弗里德曼认为，“某些东西市场并无能为力，所以要避开市场。例如，市场不能提供国防的需要”，这讲的就是公用事业；“市场活动会使交易的后果(盈利或亏损)对交易双方以外的其他方面产生不利的影响”，这是讲外部效应问题。①日本经济学家野尻武敏和百百和也认为，“市场调节即使是顺利地实现了，也具有事后的、短期的调节性质。”他明确指出：“即使市场机制完全地发挥作用，也解决不了全部问题。”②

理想条件下市场失灵的存在，就要求必须实行计划调节。针对市场局限的两种不同形式，计划对市场的调控方式也就不同。对于市场局限的第一种形式即市

① 弗里德曼：《论通货膨胀》，中国社会科学出版社1982年版，第65、66页。

② 野尻武敏、百百和等：《经济政策学》，陕西人民出版社1990年版，第25、24页。

场对某些社会经济活动和效应不发挥调节作用，计划机制就必须承担起调节这类活动和效应的责任。例如，制定科学的计划目标，决定社会生产发展的基本方向，实现计划目标；对于市场机制不能很好解决的公用事业必须由政府组织经营，对于由外部负效应引起的环境污染、资源破坏等，也只能由政府运用行政手段和经济手段加以解决。对于市场局限的第二种形式即市场调节的消极作用，计划不能简单地取代市场调控。因为市场调节的消极作用是与市场调节的积极作用即功能相伴而生的，它们共同构成市场调节的二重性。如果为了克服市场调节的消极作用，采取计划取代市场进行调控的方式，也就同时取消了市场的积极作用，市场调节也就不存在了。在这里，计划调节市场将采取矫正的方式。这包括两种形式：一是矫正市场行为；二是矫正市场后果。矫正市场行为是指政府采取措施限制和影响经济主体的行为。例如，政府根据所掌握的资料和政府的经济政策对国民经济的发展前景进行预测，提高市场的透明度，这就有助于各个经济主体作出正确的决策，减少市场调节的自发性和盲目性。为了保证经济主体决策的正确性，政府还可以采取措施如运用补贴和增税等手段限制经济主体某些行为的发生。矫正市场后果是指政府采取措施改变市场调节的结果，以达到克服市场调节的消极作用的目的。例如，政府运用累进税等经济手段，缩小和克服市场调节所产生的收入分配不公平。

有必要指出，政府运用计划等手段，只能缩小和在一定程度上克服市场调节的消极作用，而不可能完全消除。

（2）正常偏离理想条件下的市场失灵。所谓偏离理想条件，是指市场条件达不到完全自由竞争的程度，因而市场机制会由于其内部机理的不健全和不完善而不能完全发挥调节作用。由于偏离理想条件的市场失灵是由市场条件的不完全造成的，因而这种类型的市场失灵可以称作市场缺陷。

对理想条件偏离的一种情况就是正常偏离，或者说是现实中的市场条件的正常状态。这是因为：第一，完全竞争的市场条件是一个抽象的理想模式，现实的市场条件不可能达到这样高的纯粹程度。第二，社会经济发展使现实的市场条件也远离理想条件。因为在社会化大生产条件下，规模经济所要求的生产集中化和专业化，必然产生一些大企业，这就会形成企业垄断倾向。而且生产的社会化要求建立一些公共部门，这些部门通常就其自然性质来说，本身适合于垄断经营。由于这些垄断是社会经济发展的必然结果，因而要想回到完全竞争市场条件已是不可能的。对于现实的市场条件对理想条件的正常偏离，西方经济学者也是完全肯定的。萨缪尔森就说："事实上，对于完全竞争的很大一部分的颂扬是文不对题的。……喜欢讥讽的人对于完全竞争所说的话可能正和萧伯纳对于基督教所说的一样：它唯一的毛病是它从来没有被实施过。"①所以他认为，通过反垄断不可能建立起完全竞争市场，而只能建立起包含必要的垄断因素在内的有效竞争市场。西方经济学家一般都把垄断竞争市场看作是现代资本主义的典型现象，如美国学者认为，美国的经济体制是最接近于完全竞争体制的，但目前也已进入不完全竞争体制。对理想条件正常偏离的存在，就必然使市场机制在一定程度上和一定范围内发生失灵。例如，垄断因素的存在，就使得垄断企业可以凭借其优势地位操纵市场和价格，获取垄断利润。又如，消费者和生产者不具有完整的信息，就会加剧市场调节的盲目性，不利于资源的有效配置。这表现在，投资者缺乏有关的市场资料，资金就不会流到效益最高的地方；劳动者得不到有关的就业机会信息，就不会流到最适合的职业上，甚至失业；消费者得不到有关价格、产品质量等信息，就不可能在市场上进行合适的选择，从而达不到在既定收入下获得最大的满足，同时也不能给生产者提供正确的市场信号和促进他们之间的竞争。

由于对理想条件的正常偏离在现代商品经济中具有不可避免性，如果依靠完善市场条件使其恢复到理想状态来克服市场缺陷，只能是一种不切实际的幻想，这就决定了只能通过计划机制的调节作用来弥补市场机制的缺陷。

（3）非正常偏离理想条件下的市场失灵。所谓非正常偏离，是指不是市场运行过程中必然存在的、对社会经济发展不利的、从而能够通过完善市场机制加以克服的那些偏离。例如，相互竞争的企业通过达成一定的协议或协定放弃竞争而形成垄断；企业为牟取非法高额利润，采用各种不正当的竞争手段如假商标、假广告、行贿等造成的对竞争秩序的破坏等。又如，市场体系不健全和市场机制不完善等市场自身的不发育而造成的调节功能不全，等等。从我国目前的情况来看，我国之所以还不能充分发挥市场机制的调节作用，最主要的原因就是我国的市场条件与理想条件相比存在着严重的非正常偏离，这表现在：我国的商品经济很不发达，市场发育严重不良，市场体制尚未建立和健全，价格体系尚未理顺，市场垄断的严重存在和竞争秩序的极度混乱等。

由于非正常偏离可以通过完善市场条件使其达到正常偏离状态，因而由非正常偏离而产生的市场失灵

---

① 萨缪尔森：《经济学》上册，商务印书馆1979年版，第62页。

或市场缺陷就可以通过完善市场条件加以克服。例如，那些对社会经济发展不利的各种垄断，国家可以通过实施各种反垄断措施加以制止，以保护和促进市场竞争的有效展开。又如，国家可以通过制定各种形式的法规和制度，建立起合理的市场秩序，就可以消除和减少不正当竞争对市场机制的破坏，保证市场机制有效地发挥作用。但是，对于非正常偏离理想条件的市场失灵，有一些是可以采取完善措施立即加以克服的，而有一些虽然采取了有力的完善措施，但却不可能马上能够克服，如市场体系的建立和价格体系的合理化，就不可能在短期内完成。在这种情况下，就需要在采取措施完善市场条件的同时，运用计划调节机制弥补市场的失灵，避免经济运行陷入无调节状态。因此，市场越不发育，就不得不运用计划手段更多一点。

可见，计划和市场的功能与失灵，直接制约着计划和市场各自的作用范围和作用强度。因此，正确地把握计划和市场各自的功能与失灵，就成为我国建立社会主义市场经济体制和经济运行机制的必要前提。可以说，对计划和市场各自功能与失灵的认识和把握不同，就必然会导致对计划和市场具体结合方式的不同选择。

三、制约计划与市场相结合的社会经济环境

计划与市场相结合的具体方式还会受到社会经济环境的制约，这具体表现在以下几个方面：

（1）宏观经济环境的宽松度。在市场机制比较完善的情况下，市场机制要能够有效地发挥调节作用，还必须要以比较宽松的宏观经济环境为前提。因为市场机制的作用，就是通过供求关系的变动，从而引起价格的波动，调节资源在不同部门和不同企业间的分配，实现资源的最优配置。而比较宽松的宏观经济环境即总供给与总需求的基本平衡，恰恰是供求关系能够自由变动的必要条件。反之，在总供给与总需求严重失衡的条件下，市场机制的灵敏性调节作用就会受到破坏。

总供给与总需求的失衡通常有两种情况：一是总供给大于总需求，出现大量的生产过剩；二是总需求大于总供给，出现严重的供不应求和通货膨胀。在这两种情况下，市场机制都将难以发挥正常的调节作用。例如，凯恩斯的国家干预理论就是1929—1933年资本主义世界空前严重的生产过剩大危机的直接产物。凯恩斯经济理论的核心，就是认为单纯依靠自发的市场力量，不可能消除资本主义的经济危机和失业，而资本主义要摆脱萧条和失业，就需要依靠政府对经济的干预。同样，在发生严重通货膨胀的情况下，也需要政府运用各种经济政策，甚至直接的价格—工资管制等手段消除通货膨胀。我国国民经济中曾长期存在的短缺格局，就在一定程度上限制了市场机制的作用，多年中，我们许多应该放开的产品价格而不能放开由市场自由形成，一个重要原因就是这些产品严重短缺。可见，总供给与总需求是否平衡，产品结构与需求结构是否平衡，会直接制约着计划和市场的作用范围和作用强度。

（2）作为微观经济基础的企业制度。市场机制要能够有效地发挥作用，必须以企业能够对市场发出的各种信号作出积极反应为前提条件，如果企业对市场信号不具有这种反应功能，那么，市场也就无法实现资源的合理配置，从而也就必然限制市场机制的作用范围和作用强度。从我国建立社会主义市场经济新体制的根本要求来看，必须把作为微观基础的企业推向市场，由市场直接调节企业的生产经营活动。这可以说是我国转变企业经营机制的改革目标，也是我国经济运行机制从传统的指令性计划经济运行机制转向社会主义市场经济运行机制的根本标志之一。但是，要真正把企业推向市场，由市场机制调节，除了需要具备健全的市场体系和完善的市场机制等市场自身的条件外，还要求企业必须对市场信号作出及时、灵敏的反应。但从我国目前的情况来看，企业还远未成为自主经营、自负盈亏、自我发展、自我约束的商品生产者和经营者，尤其是企业软预算约束的严重存在，大大降低了企业对市场信号的反应程度和依赖程度。这就决定了我国现阶段还难以很快把企业全部推向市场。由市场机制调节，从而制约了市场机制的作用范围和作用强度。而且由于我国企业制度的改革绝不可能在短期内迅速完成，因而把企业推向市场，由市场调节这一最终目标的实现，也只能是一个随着各种条件逐步成熟而逐步实现的过程。只有具备了市场作用的微观基础，市场机制就可以有效发挥调节作用。

（3）现代化进程中的后发展效果。在世界各国的现代化进程中，有些国家率先实现了现代化如英国，有些国家随后才实现现代化如日本，而一些国家至今仍在努力实现现代化如广大的发展中国家，后二类国家通常就称作现代化的后来者或后发展国家。作为现代化的后来者，由于社会发展和现代化在时间上起步较晚，他们所面临的制约条件与现代化的先行者相比存在着很大的差别。这样，现代化先行者的发展道路，就并不一定适合于后来者。现代化的后来者就需要根据自己面的制约条件选择发展道路和发展方式，从而形成了不同于先行者的发展特点。从对经济调节机制的影响来看，现代化的后来者在现代化进程中有一个共同的特点：即这些国家的政府在现代化进程中要比先行者发挥更大的调节作用。

现代化的后来者在推进现代化进程中之所以需要更多的政府干预，主要是由于他们赶超发达国家、摆脱落后的强大压力。他们要赶上发达国家，就必须创造出比发达国家高得多的经济增长率。这种现代化进程的加速推进，就使得后来者的现代化不可能象先行者的现代化那样是一个自发的累进过程，而需要借助于政府的强力推动。这一方面有助于打破后来者面临的市场和资源的特殊限制；另一方面可以有效地排除反抗现代化的传统社会力量。我国是一个发展中的大国，实现现代化，赶超发达国家是我国几代人努力奋斗的宏伟目标。因此，实现现代化这一限巨的任务，就必然会对我国计划和市场结合方式的选择产生直接的影响。

(4) 社会变革中的必理障碍。一国国民心理状况也会影响到该国经济调节机制的选择。我国在一个相当长的历史时期内是自然经济半自然经济居主导地位，至今商品经济仍很不发达，由此而产生的各种国民心理，尤其是对市场力量的惧怕和不习惯，无疑是我国建立社会主义市场经济的阻碍因素，从而会在一定程度上限制市场机制的应有作用。比如，我国的价格改革和住宅商品化等项改革，其推进速度必须要考虑居民的经济与心理的承受能力。居民的心理承受能力无疑也是制约推进速度的重要因素，当居民的心理承受力低于经济承受力时，就会制约改革的推进速度。据调查，我国居民在选择职业时仍倾向于收入稳定的“铁饭碗”，许多人不愿选择那些风险大、收入高的职业。这反映了居民的求稳心理，而这种心理却不利于劳动力市场的发育。此外，我国国民的文化素质就总体而言仍比较低；由于帝王专制统治结束得比较晚，专制主义的影响至今尚未扫清，这都在一定程度上制约了民主意识的确立和社会主义民主制度的完善，从而阻碍商品经济的发展和市场机制的作用。

(5)经济体制与运行机制的选择，还要适应生产力发展的具体状况。在社会主义经济发展的不同阶段上，生产力的发展水平是不同的。这种不同的生产力发展水平，要求有不同的具体经济体制与运行机制的形式与之相适应。在新中国建立后的最初阶段，生产力的发展水平低，经济落后，经济活动也比较简单。为集中力量尽快地发展经济，在公有制经济中曾选择了传统的计划经济模式。它虽由于主观随意性和长官意志的介入存在种种弊端，但在当时历史条件下也起过积极的作用。而当我国的社会生产力有了较高的发展、经济生活日益复杂的情况下，传统的计划体制不再适应生产发展的需要，便选择了市场取向的改革。市场调节的作用日益增强和扩大。在社会主义市场经济体制中，随着经济发展与运行中不同情况的呈现，计划与市场的组合状况也会有所变化。比如，在经济整顿和调整时期，在加强宏观调控以缓和经济生活中的突出矛盾和问题的时期，计划调节的作用就会扩大一些，增强一些。

可见，社会经济环境的状况直接影响着计划和市场的具体结合方式，我国要实现二者的有机结合，也只能在我国这个特定的社会经济环境下加以选择。我国的社会经济环境，尤其是在迅速深化改革和扩大开放的时期，会发生不断的变化，有时甚至是剧烈的变化。这种变化的基本趋势是越来越有利于市场机制充分发挥调节作用。因此，随着我国社会经济环境的不断完善和发展，市场机制的作用将不断增强，从而计划和市场相结合的具体形式也将会随之发生变化。

理顺产权关系，发展混合经济

冒　天　启

产权制度的变革，早在80年代中期就已经逐步推进，党的十三大报告（1987年10月）指出：“一些小型全民所有制企业的产权，可以有偿转让给集体或个人”，为国有企业的产权交易开了绿灯。党的十四大报告按照邓小平同志视察南方的讲话精神提出：为了转换国有企业特别在大中型国有企业的经营机制，必须“理顺产权关系”。党的十四届三中会（1993年11月）按照建立社会主义市场经济体制的要求，进一步对如何理顺产权关系的问题作了具体说明：要有步骤地清产核资，界定产权，清理债权债务，评估资产，核实企业法人财产占用量；同时还指出：随着产权的流动和重组，将会形成新的财产所有结构。因此，理顺产权关系，发展混合经济，这是中国90年代改革和发展面临着的一个全新课题。

一、企业法人财产制度

15年来，我国国有企业的改革曾迈出了三步。一是实行了多种形式的利润留成和盈亏包干；二是实行了利改税；三是广泛推行了承包经营责任制。现在看来，国有企业改革迈出的这三步，基本上是在“放多少权，让多少利”的大框架内蹒跚，其效应也随着改革实践深化而利弊参半，特别是承包经营责任制，实施初期，它的确调动了企业职工和经理人员的积极性，但时效不久，就暴露了某些弊端。第四步该怎么走?来自实践的经验表明：必须解决产权制度深层次的缺陷和弊端。党的十四届三中全会关于建立社会主义市场经济体制的《决定》从理论上作了新的概括，提出了对国有大中型企业进行改革的新思路；建立以公司法人制度为主要形式的现代企业制度，实行出资者的所有权与企业法人财产权分离。由此，企业法人财产权成为在微观层面上推进产权制度改革的重要理论依据。

在市场经济运行中，企业能不能真正成为市场竞争主体和法人实体，关键是资本出资者和资产经营者的财产关系。以前颁布的《企业法》和转换经营机制的《条例》对企业的经营权又作了细化说明，但仍然没有讲清楚国家作为出资者和企业作为经营者之间的财产关系。80年代中期，经济学界曾提出了"法人所有权"的概念，其目的是为摆脱行政部门对企业经营权的侵犯，从而使企业按"法人"资格作为一个整体来独立行使民事权利和义务，独立平等地从事生产经营活动。但事实上，"法人所有权"还只是从法律上确认了企业的地位，也没有涵盖出资者和经营者的财产经济关系。"企业法人财产权"是不是就非常科学，还需要实践去验证，但至少是弥补了过去对"企业经营权"、"法人所有权"认识的不足。它的经济涵义是：(1)保证企业作为资产经营者将以法人资格以全部财产占用量自主经营，自负盈亏，对国家照章纳税，对出资者承担红利责任，使其经营风险最大化；(2)保证国家作为资本金的出资者按投入的资本额承担有限责任和享受资本金收益权，出资者的有限责任是企业法人财产权的应有之义；(3)促成经理者阶层形成，经理人员接受董事会聘请，全权行使对法定资产的经营管理。

对一些国有大中型企业实行公司制改造，是实践"企业法人财产权"的主要途径。公司制即公司法人制度是现代企业制度的一种形式，公司以法定程序设立，有独立的经营财产，并以此独立承提经济责任，享受相应的民事权利，公司法人制度中除无限责任公司、两合公司外，为市场经济国家比较普遍采用的是有限责任公司和股份有限公司。有限责任公司的资产由股东出资构成，出资者按出资比例享受权利和义务；公司不发行股票，入资后股份转让有严格限制；股东人数有下限，也有上限，以防形成垄断集团；公司帐目可以不公开。这类公司设立的程序比较简单，注册资本额不高，经营资本比较稳定。股份有限公司的资产由若干等额股份构成，公开发行股票并进行交易，股份可以自由转让；股东人数有下限，但无上限，股东按其持有的股份数享受权利和义务；公司帐目必须公开，这类公司设立的程序比较复杂，要求严格，特别是在股权分散的情况下，个别股东只要掌握了一定比例的股票，就能控制公司；股市的波动也会给经营者带来很多困难。对一些国有大中型企业进行公司制改造，目的是要在公有制的框架内，探索公有制的实现形式，使公有制和市场经济能有效结合。

二、产权理论和"私有化"

80年代中期，产权理论就已经是经济学研究的"热点"，但由于没有把产权与市场化、私有化的关系搞清楚，产权理论曾一度被当作自由化而遭到排斥，时至今日，还不能说学术界对这个问题的研究就已经很成熟了。现代产权理论源自西方经济学家对传统古典经济学的批判思考。古典经济学认为：以私有制为基础的市场经济，市场行为者的交易界线是极为明确的，因而交易成本为零，但当代市场经济的事实标明，交易成本为零，这不过是一种假设。市场运行也是有成本的，在市场行为者之间仍然会出现产权界区不清的问题。最为简单而又为产权理论加以引证的例子是：一个畜牧场与另一个农场相邻，畜牧场的牛群常常越过栅栏界区去吃小麦，从而给农场主带来损失，农场主有权向畜牧场主提出经济赔偿，他的这种权利得到了法律的认可和保护。但畜牧场主由于赔偿而加大了养牛的成本，因而在市场出售牛肉时就必须提高价格，农场主虽然得到了赔偿，但却又在牛肉的购买中丧失，从而使得双方的交易成本都加大了。这时，双方都会考虑如何通过一种权利的安排来界定牛群越过栅栏的距离，这就是产权的界定。现代产权理论认为：经济学的主要任务就是要分析研究产权界定，因为资源配置的有效性取决于产权界区的清晰度。在论述产权理论的西方经济学著作中，就我所接触的材料，对产权这一概念并没有明确的解释，但大体上有三种看法：一是为着解决企业内部的激励机制问题，而把产权看作是资产经营的收益权，二是为着解决企业外部的不经济问题，而将外部效应内部化，使所有权人格化；三是交易成本。与产权论相关，还有"厂商理论"、"规模经济"等等。因为企业的存在是为了节约市场交易费用，而企业的规模被决定在企业内部交易费用的边际费用等于市场交易的边际费用那一点上，所以，现代产权理论实际上是把市场交易者的某种权利当作生产要素来对待，通过社会来强制界定交易者对某种经济资源的多种用途进行选择的权利，从而实现资源有效配置。现代产权理论的代表人物科思指出："行使一种权利的成本，正是该权利的行使使别人所蒙受的损失"，"作产生有害效果的事的权利也是生产要素"。由此可以看出，产权理论主要是要解决市场交易行为的比较效益问题即交易成本，把那些市场解决不了的问题通过权利界定加以解决。据此，国内有一部分经济学家借鉴其理论来研究国有企业的改革，提出了一些好的思路，比如：资产经营责任制，在经营者对国有资产增值承担责任的前提下，经营自主权利最大化；承包经营责任制，在经营者对国家税利承担责任的前提下，指标层层分解，责任层层分解，经营权利人格化；租赁制，使资本所有者与资产经营者分离，激励租赁经营者的经营积极性而提高经济效益等等。

把产权看作是“私有化”而加以排斥，这是一种误解。30年代世界经济大危机后，资本主义国家执政者普遍重视政府对市场的干预，凯恩斯从经济学上论证了实施赤字，信贷膨胀政策的必要性，建议政府扩大支出，增加投资，提供就业，刺激需求，政府按此思路兴建了一大批国有企业。据资料记载，到90年代末，英国国有企业的产值已占国民生产总值的一半以上，对国有企业的投资也占全部投资额的40%以上。在一些主要工业国家中，国有经济的比重都比较高。这些国家发展国有经济主要目的并不是盈利，而是为了将社会成员的一部分收入纳入自己手中再消耗掉，以此来解决需求不足的问题。这虽然提供了劳动就业岗位，但随着科学技术的发展，由于国有企业大部分占据着传统工业部门，它的适应能力差，经济效益低，财政补贴大，国有企业逐渐成了国家的负担。这直接导致了70年代末资本主义世界又一次大危机，各国都出现了“滞涨”的局面。在这种情况下，新自由主义思潮抬头并逐渐占了上风，他们主张放弃国家对经济的干预采取货币供应量稳定增长的政策，发挥市场经济自我调节的作用。在一些国有经济比重比较大的国家大都采取了国有企业“私有化”的措施，其主要办法就是拍卖，售股，让雇员成为股东。无疑，这对治理通货膨胀，减少政府开支起了一些有效作用。从“私有化”的实际效果看，其目的是适应新技术革命的需要来调整产业结构，摔掉国家财政包袱，集中力量发展新的高科技产业。采取类似措施的国家，由于其所处的社会经济发展阶段不同，“私有化”的实际进程也有所差异。但从总体上看，西方工业国家的所谓“私有化”措施，没有任何意识形态的色彩。原苏联东欧国家向市场经济过渡中，也对国有企业进行了某些“改革”，他们毫不忌讳地称之为“私有化”。其主要办法，一是国有资产存量分散化措施即разгоеударствление，这种分散化并不是全部国有资产，而只是一部分非国计民生行业，采取租赁、拍卖等办法转为集体合作经济；二是非国家化措施即денацализация；三是民营措施即привитизация。这些措施意在配置市场经济所需要的微观基础，但由于社会的、政治的、民族的种种原因收效甚微。由此可以看出：无论是西方国家还是“改革”中的某些国家所谓的对国有经济“私有化”，无非是指用股、卖、租的办法促进产权的流动和重组，实现生产要素和经济资源的有效配置。按照三个有利于的标准，无论是现代产权理论还是“私有化”措施，只要从我国国情出发，实事求是地加以借鉴，这并没有甚么可怕！《共产党宣言》中指出：“共产党人可以用一句话把自己的理论概括起来：消灭私有制。”但同时指出：“共产主义并不剥夺任何人占有社会产品的权力，它只剥夺利用这种占有有奴役他人劳动的权力。”因此，经济学上的“私有制”和当代讲的“私有化”都有特定定义。事实上，在我国大地上，“国有民营”、“公有私营”乃至“民有民营”、“私有私营”以及“仿三资”的改革措施已纷纷出台，更具多姿多彩！因此，弄清现代产权理论形成的背景和“私有化”涵义，是拓开产权制度变革所必要的。

三、产权流动和新的财产所有结构

坚持公有制为主体，这是建设有中国特色社会主义的基本原则之一。什么是“公有制为主体”？党的十四届三中全会《决定》指出：坚持公有制为主体，“就全国来说，公有制在国民经济中应占主体地位，有的地方，有的产业可以有所差别。公有制的主体地位主要体现在国家和集体所有的资产在社会总资产中占优势，国有经济控制国民经济命脉及其对经济发展的主导作用等方面。”对市场经济条件下多种经济成份相互竞争和依存的所有制结构，我在别的文章中曾用三种方式表示。一是产值结构法；二是资产结构法；三是就业结构法。这三种方法有各自的优点，但也都难概其全貌。《决定》采纳了资产结构法，但就资产结构法来说，主要是指以各种经济成份在全社会固定资产中的比重升降来表示其变化的各自趋势，它的优点是产权界限清晰，出资者明确，是真正含义上的财产关系。但由于资本金投入运营后，还要受政治、社会以及经济政策等因素的影响，因此同量资本金不会有同样的效率和效益，这就难以表示不同经济成份在市场竞争中的实力。这里有三组数据，一是不同经济成份固定资产存量变化情况，从1980年至1992年，全社会固定资产存量中，国有经济所占的比重由90.1%下降为78.5%；集体经济所占的比重由9.6%上升至15.7%，而其它经济成份则由0.3%上升至5.8%；二是不同经济成份固定资产增量变化情况，从1983年至1992年，在全社会固定资产投资总额中，国有经济所占的比重由66.6%上升至67.3%；集体经济所占的比重由10.9%上升16.3%；而其它经济成份则由22.6%下降至16.4%。这两组数据说明，公有制经济固定资产存量比重下降，但增量的比重却呈上升趋势，这在很大程度上反映了政府对国有经济投资的倾斜和对重点工程的扶持。第三组数据是不同经济成份经济效益的变化情况，从1980年至1992年，国有企业实现的利税总额每年平均递增不到1%；而集体企业却以10%的年均速度递增；其它经济类型的年均递增速度达30%以上。这说明，不同经济成份在市场竞争中，其活力的差距是相当大的，当然，国有企业提供的利税总额的绝对值还是相当多，约占70%左右。这就出现了一种怪现象：发展，靠非国有制经济；撑大局，靠国有经济。要完整全面体现党的“十四”大对新的财产结构的论述，三个层次的问题都需要解决：一是公有资产的数量优势。就目前资产存量中，公有制经济的比重仍占94%，随着国家对重占工程投资倾斜政策进一步落实，这种结构比例不会有大的变化；二是国有经济对国民经济命脉的控制，对那些有关国家安全和具有天然垄断性的部门要坚持国有经济，比如：宇航、兵器、供水、电力、电信以及城市交通等公共工业，实行国家独资经营，但政企职责要分开，按市场经济要求实施新的经营机制；三是要真正能体现国有经济的主导作用，从财产结构上来说，就应该对大多数竞争性部门，实行公司法人制改造，发展国家参股或控股的公司制形式。对一些国有大中型企业实行公司制改造，加快了产权的流动和重组，“国有民营”经济会大量出现，“公有民营”经济即各类集体经济和公有股为主的股份制企业也会得到发展，这都属于公有制经济。这不仅没有动摇公有制的数量优势，而且还扩大了公有制对整个国民经济的控制。另外，对长期经营不善的国有小型企业还可以拍卖、兼并以至破产，发展“民有民营”和“民办民营”的经济。这种趋势告诉我们：再按不同所有制界定各类企业的经济性质，将会越来越困难，但出资者主体之间的产权界限却会越来越清晰。这正是符合社会主义市场经济运行规则的新的财产所有结构：以公有制为基础的混合经济。

理顺财产关系，发展混合经济，是通过对各种经济成份企业进行公司制改造实现的。公司制作为现代企业制度的一种形式，必须具备出资者的有限责任制度；经营者的法人财产制度；以及科学的内部治理结构等。但从目前实际情况看，不少国有企业债仅债务难以界定；企业办社会的负担十分沉重；社会保险和保障制度不健全；政府对企业的行政干预仍然存在，这使企业实行公司制改造还有相当大的困难。因此，应当从经济上认真分析出现上述困难的原因，比如：计划经济体制下，职工的一大部分劳动积累用于社会福利事业，企业在公司制改造中如何返还这部分积累给离退体职工，使其利益不受大的侵犯；老企业的折旧基金上交国库铺了新摊子，国家如何返还一部分资金给老企业，推动企业技术改造和设备更新等等。市场经济就是要算帐，国有资产不应受到侵犯，集体资产不应再去平调，“劳动者的个人所有制”应该受到保护，这是理顺产权关系的基本要求。

略论建立现代企业制度问题

李　成　勋

我们要发展的社会主义市场经济，属于现代市场经济，实现这一目标是长期而艰巨的的任务。它至少需要三个基本条件：一是宏观环境，包括社会商品化程度和政府宏观调控能力；一是法制保障；一是微观基础，即必须建立起能够自主经营、适应市场经济的现代化企业制度。可以说，没有现代企业制度，就不可能有真正的社会主义市场经济体制。目前，人们对现代企业制度的认识还很不一致，试点刚刚开始。在这个情况下，我想就现代企业制度产生的背景以及它的基本特征和国有企业如何改建为现代企业制度等问题，作些简要论述，以为引至之言。

一、现代企业制度产生的背景

企业是一种经济组织。它不是从来就有的，而是商品经济和生产社会化发展的产物。

企业出现以后，其发展大约经过了三个阶段：早期是个体企业和私营企业阶段，这是以独立的自然人为唯一主体的阶段。独立的自然人既是投资的主体、也是经营管理的主体，在起初还是劳动的主体，所以，自然人与企业基本上是统一的，而且企业是出资的自然人的。中期是合伙制企业阶段。由于生产规模的扩大，经营企业需要较多的投资，于是企业的投资主体开始多元化，由多个自然人合伙组建生产经营单位。合伙制企业的特征是共同投资、共同经营、共同分享利益和共担风险。但合伙企业常因一个企业内众多出资者的利益和关系不易协调而出现麻烦。于是出现了法人企业。主要采取公司制的企业形式，其中主要有股份有限公司和有限责任公司，这就是现代企业制度。

从自然人企业制度到法人企业制度的转变，就是由传统的企业制度到现代企业制度的转变。现代企业制度产生背景是现代化大生产和较为发达的市场经济。

现代化大生产条件下，投资项目大，组建企业所需的资金多，机器设备的更新周期越来越短，这就要求企业必须能在短期内聚积大量资金。以前的独资企业和合伙企业不能满足这种要求，所以以股份制为特征的法人企业便应运而生。因为法人企业可以向社会集资，并且由于出资人的个人财产和法人财产是分开的，能减少投资风险，更有利于广泛而大量集资。同时，随着社会化生产的发展和市场竞争的日益激烈，一方面，生产资料和劳动力必然要在社会经济各部门之间不断流动，另一方面，企业又要在自主经营、自负盈亏的情况下，独立地运用自己的资产。于是以投资者股权与法人财产权相分离的现代企业制度便产生了。

可见现代企业制度是现代化大生产发展的产物，是市场经济发展的要求，也是企业制度本身发展的结果。现代企业制度尽管产生于资本主义商品经济，但它可以为各个民族、各个阶级所利用。

二、现代企业制度的基本特征

（一）产权关系清晰。

现代企业制度的首要特征是具有明晰的产权关系。

我所理解的产权就是财产权。现代企业制度的财产权有三类明确的界定：

1.财产所有权。这是从企业财产的最终归属来判定的所有权，所以也叫最终所有权。

2.企业产权。这是出产者向企业投资后行为所形成的一种产权。出资者的财产不论是公是私，一旦投入企业后，这部分本来属于出产者的财产，就同出资者的其它财产区分开来了，出资者就不能再直接支配这部分财产了，也不能随意从企业中抽回这部分财产。只要他不出让就依法始终对这部分财产享有产权。

(3)法人财产权。企业依法成为具有法人资格的经济实体后，如前所述，出资人便不能直接支配投入企业的财产，也不能直接从企业抽回已投入的全部或部分资金。在这种条件下，由出资人向企业认缴的全部资本金及企业在经营中负债所形成的财产就构成了企业法人财产。企业法人依法对其财产拥有的独立支配权，就是企业法人财产权。企业法人凭其法人财产权而具有独立的民事行为能力，依法享有民事权利，承担民事责任，成为民事主体。法人财产权是现代企业能够成为自主经营的市场主体的经济和法律依据。

（二）权责明确。

现代企业制度中各个利益主体的权利和责任主要表现在以下几方面：

1.企业以其全部法人财产，可以依法自主经营、自负盈亏、照章纳税，对出资者承担增值责任。

2.出资者按投入企业的资本金份额享有所有者的权利，主要有三项：一是资产受益权利；一是对企业的重大决策权利；一是选择企业管理者的权利。

3.企业破产时，出资者只以投入企业的资本金额对企业债务承担有限责任。出资额之外的股东财产，对企业不承担任何责任，这就大大减少了出资者的风险。企业对社会承担的责任也只以企业的法人财产为限。

（三）管理科学。

管理科学主要是指现代企业制度下具有合理的组织制度。企业中所有者和经营者之间是授权与代理的关系。在股份制企业里，作为出资者的股东是所有者，由股东大会选举董事，由董事会选举董事长并任免经理；股东大会还选举监事，由监事会对董事会和经理人员行使监督职能。董事会实际上是将所有权职能和经营权职能结合在一起行使重要决策权的组织。

人事权与财产权相统一，财产权决定人事权；公司内部组织机构层层制约又层层对上负责，是现代企业组织制度的两个显著特点。这样的组织制度，可以使企业中的权力机构、经营机构和监督机构权责分明、相互制约、各行其道、各司其职。

以上三项是一切现代企业制度的共同特征。还有一个特征是社会主义市场经济条件下现代企业制度中所不可缺少的，即决策民主。管理科学化和决策民主化是现代企业制度的两翼，特别是在有中国特色的社会主义企业中，更应注重企业的民主管理。企业领导要全心全意依靠工人阶级，企业在生产经营的全过程中都要吸收职工参加管理和决策。企业中的职工大会和工会组织要切实代表和保护职工的权益。无股权的职工虽然对资产的处置无权过问，但在生产劳动过程中仍可发挥主人翁的作用。当然决策民主不等于企业中一切问题都须开大会讨论决定。由于市场竞争的激烈、市场变化的迅速和商业秘密等，企业经管人员应具有随机决断的权利。

此外，在我国建立现代企业制度，必须强调政企分开。

政府和企业本来具有不同的职能，但由于我们的政府长期直接经营企业，遂形成了政企不分的怪现象。在高度集权的计划经济体制下，企业不过是政府的附属物、“算盘珠”，毫无自主经营的权利，也无自负盈亏的责任，“长官意志”和行政干预无时不有、无时不在，严重妨碍了企业的正常经营。

在现代企业制度中，不存在企业和政府之间的行政隶属关系。政府不能直接干预企业的生产经营活动，企业也不再有主管部门。企业的行政级别也将消失。政府只能通过政策法规来间接调控企业的行为。

在现代企业制度下，企业可以完全按照市场需求，以提高劳动生产率和扩大经济效益为目标自主地依法组织生产经营活动。企业在市场竞争中优胜劣汰。长期亏损、资不抵债的将依法破产。

总之，现代企业制度是一种产权清晰、权责明确、管理科学、决策民主和政企分开的企业制度。如果换一种表达方式，现代企业制度就是一种具有法人财产制度、有限责任制度、合理的组织制度、民主制度和政企分开的企业制度。它可以使所有者、经营者和劳动者之间保持一种协调的关系，并形成激励与约束相结合的经营机制。

三、把国有企业改建为现代企业制度

《中共中央关于建立社会主义市场经济体制若干问题的决定》中指出："国有企业实行公司制，是建立现代企业制度的有益探索。"这就是说，我们的国有企业将通过公司制改造，实现现代企业制度。

现在的国有企业自改革开放以来，虽然经过扩权让利、利润包干、利改税、经营承包责任制等改革措施，但是，绝大多数国有企业距离现代企业制度尚远。那么，现在国有企业同现代企业制度有哪些差别呢？主要有以下几个方面：

第一，现代企业实行法人制度，而目前的国有企业由于没有法人财产权，不能自主经营、自负盈亏，不能称作真正的法人企业。

第二，现代企业实行有限责任，而目前的国有企业实行无限责任，企业亏损全由国家承担，也无期限。

第三，现代企业投资主体多元，资金来源多，且风险分散，而目前的国有企业则由国这单一主体投资。

第四，现代企业目标单一，全部活动以盈利为目标，而目前的国有企业除生产经营外，尚有社会福利、社会救济，文化教育、作者卫生和民兵训练、计划生育等目标。这些都妨碍了企业的经济效益。

第五，现代企业政企分开，而现在的国有企业从来是政企不分，使企业不能自主经营。

第六，现代企业在市场竞争中优胜劣汰，可以破产，而现在的国有企业一直吃国家的"大锅饭，"旱涝保收。

由上可见，现代企业制度远比现在的国有企业制度优越，根本区别在于前者拥有企业法人财产权而后者则没有；根本原因在于前者符合市场经济规律，后者则违背市场经济规律。十几年来，企业改革所以没有完全奏效，症结就在于尚未触及到上述根本问题。所以，国有企业要逐步改造为公司法人企业。那么，如何把大量的国有企业改造为公司法人企业呢？

（一）要分类改制。

在具备改为公司制的国有大中型企业中，对于那些有关国家安全和具有天然垄断性的企业，可以改建为独资公司。前者如宇航工业和兵器工业类的企业，后者如供水、供电、通讯、市内交通等公用事业类的企业。这样作是为了保障国家安全和维护消费者的利益。但独资公司搞不好有可能变成翻牌公司，经营机制难以转换，所以独资公司不可过多，有的也不可长期停留在独资公司形式上。

对于竞争性的国有大中型企业，可以逐步改组为有限责任公司和股份有限公司。支柱产业和基础产业中的骨干企业，国家要控股，并吸收非国有资金入股，以扩大国有经济的主导作用和影响范围。

上市的股份公司，须经严格批准，不可过多。决不是一改为股份有限公司，股票即可上市，市场经济发达的国家也不是这样。

现有的全国性总公司要逐步改组为控股公司。根据国际上的经验，只要控股20%甚至更少的股权，就可以达到控股目的。应发展一批以公有制为主体、以产权联结为主要纽带的跨地区、跨行业的大型企业集团，以提高规模效益和在国内外市场上的竞争能力。

小型国有企业也要深化改革。方式可以灵活多样，如实行承包、租赁经营，或改组为股份合作制，也可以出售给集体或个人。按合理价格出售国有小企业，不仅不等于国有资产流失，而是为了调整国有资产存量，进行新的有效投入。

（二）进行资产评估。

建国40多年来，国有资产规模已积累得很大，但家庭不清且有流失，无论从国有资产管理或国有企业改革角度来看，开展国有资产评估都是十分必要的。评估应力求全面、精确。评估的方式主要有以下三种：

第一，在行政机关主持下进行专业评估，即由国家机关委托资产评估事务所进行评估，或由国家机关直接组织专家进行评估。需要改为公司法人制的国有企业，无一例外地都须进行这种评估。

第二，利用市场机制进行评估，即在专业评估的基础上，由国家主管部门标价，在市场上通过竞价来确定企业国有资产的价格。

第三，由买卖双方对被买卖的企业的资产直接协商定价。

（三）界定产权、建立治理机构。

必须界定企业中的产权关系，清理债权债务，明确企业法人财产，正确确定国有资产的代表。在上述基础上，依照公司法建立企业治理机构，如董事会、监事会等。

（四）理顺企业内部关系。

改建中要处理好企业内部的各种关系，特别是其中的"老三会"（党委会、工会、职工大会）和"新三会"（股东会、董事会、监事会）的关系，既不能使公司法人企业制走样，又要保证党组织在企业中的政治地位。

（五）与国有企业改制同时进行配套改革。

国有企业改制不是孤立的事情，在宏观旧体制尚未得到根本改革以前，单独进行国有企业改革是难以成功的。例如，谁都知道国有大中型企业有五大包袱，即企业办社会（托儿所、学校、医院、食堂等）的包袱、负担离退休人员的包袱、容纳冗员的包袱、债务税务包袱和遭受行政干扰的包袱。不卸掉这五大包袱，国有企业就难以轻装前进，就无法同其他类型的企业平等竞争，这也是这些年国有企业发展缓慢、经济效益差的一个重要原因。改建为规范的公司制企业以后，当然可以甩掉这些包袱，但若没有政府职能的转换、社会保障体系的建立、财税体制、金融体制和投资与外贸体制等的配套改革，企业的改制也是不可能的。所以，与国有企业改制的同时，必须相应进行一系列配套改革。也就是说，必须全面改革、整体推进，才能使企业改革得到预期目的。

国有企业的改革是一场革命，它涉及到利益的调整、人事的更替、观念的转变，以及经济行为方式的再造等等。道路艰辛，决不能一哄而起，更不能在没有弄清什么是现代企业制度的情况下，就去组建所谓现代企业制度，那样作是徒劳的。所以重要的是学习、研究和试验。

1993年我国国有资产管理体制改革的理论进展

张 冀 湘

(一)

1993年是我国国有资产管理体制改革在理论上取得突破性进展的一年。在如何建立新型国有资产管理体制方面进行了许多卓有成效的探索。

进展主要表现在以下四个方面：

1.确立了“政资分开”的改革原则。

党的十四届三中全会决议指出：要“按照政府的社会经济管理职能与国有资产所有者职能分开的原则，积极探索国有资产管理和经营的合理形式与途经。”这样，就把党的十四大提出的“理顺产权关系”的认识扩展到“理顺政府的政资职能关系”，揭示了国有企业改革与政府机构改革的内在联系。同时，“政资分开”原则的确立，也是1978年以来我们党和政府在国有资产管理体制改革理论认识上的第三次突破。在此之前的两次突破是：1978年党的十一届三中全会突破“把国有企业作为政府机构行政附属物”的传统观念，确立了“政企职责分开”、“党政职能分开”的改革原则。1984年党的十二届三中全会突破“把企业的全民所有与国家直接经营企业相混淆”的传统观念，确立了国有企业资产“所有权与经营权适当分开”的改革原则。可以说，通过这三次改革理论认识的突破，我们党和政府对国有资产管理体制改革思路已经有了一个比较全面的认识。这些原则的确立，意味着今后我国国有企业改革将不再仅仅局限于企业范围，而是围绕阛理顺产权关系，渗透到政府机构内部以至国家权力机构，其顺利进行要依靠各方面配套改革来保证。

2.明确了国家与企业、企业与职工之间的双重经济关系。

正确处理国家与企业、企业与职工的关系，是1978年以来我国国有企业改革的重点，也是国有资产管理体制改革的重点，正如党的十二届三中全会决定中所指出的：“增强企业活力，特别是增强全民所有制的大、中型企业的活力，是以城市为重点的整个经济体制改革的中心环节”。“围绕这个中心环节，主要应该解决好两个方面的关系，即确立国家与全民所有制企业之间的正确关系，扩大企业自主权；确立职工和企业之间的正确关系，保证劳动者在企业中的主人翁地位。”但是，怎样认识和处理国家与企业、企业与职工的关系？对此并不十分明确。虽然提出了以“两权分离”为特点的国有企业改革思路，但实践中这个问题一直未能很好解决。一方面，政府部门的行政干预依然存在，企业普遍反映经营自主权没有真正落实。另一方面，却又出现了企业经营活动中的“所有者缺位”现象，导致国有资产的大量流失和浪费。实际是“政企不分”与“所有者缺位”并存。党的十四届三中全会确立了“政资分开”的改革原则，本身就提出了正确处理国家与企业的双重经济关系问题，即：一方面，要正确处理国家作为社会经济活动管理者与企业之间的“政企关系”；另一方面，要正确处理国家作为国有资产所有者与企业之间的“产权关系”。通过区分两种不同的经济关系，分别采取不同的处理方式，就有可能从根本上解决国有企业活力不足的体制原因。

从企业与职工的关系看，党的十四届三中全会也提出了正确认识和处理其双重经济关系的问题，即：要正确区分职工作为劳动者与企业之间的“民主管理关系”，和职工作为国有资产所有者成员与企业之间的“产权管理关系”。与之相适应，一方面，在企业管理中要全心全意依靠工人阶级，工会与职工代表大会，要组织职工参与企业的民主管理，维护职工的合法权益；另一方面，要对国有资产实行”国家统一所有、政府分级监管、企业自主经营”的体制。

关于市场经济条件下国家与企业、企业与职工的双重经济关系问题，从80年代中期开始，我国理论界一些同志就对此做了许多有益探索，党的十四届三中全会决定中的有关论述，正是对以往改革理论探索的总结，它标志着我国国有企业改革理论认识的进一步发展和完善。

3.提出了建立现代企业制度的改革方向。

国有资产管理体制改革的基本目标之一，是要使国有企业真正成为自主经营、自负盈亏、自我发展、自我约束的法人实体和市场竞争主体。这是在党的十二届三中全会上就已经确立的。但是，国有企业采取什么样的实现形式来达到这一改革目标，对此人们的认识并不完全一致。有的同志主张走非国有化的改革道路。有的同志主张走承包制的改革道路。也有的同志主张走股份制的改革道路。党的十四届三中全会决定在总结以往改革实践经验与教训的基础上，明确指出："建立现代企业制度，是发展社会化大生产和市场经济的必然要求，是我国国有企业改革的方向"。并认为："国有企业实行公司制，是建立现代企业制度的有益探索。"这样，就明确了以公司化改造为主要内容的国有企业改革方向。与之相适应，为了明确国家对企业债务的有限责任和企业法人的独立性，理顺国有资产产权关系，十四届三中全会第一次提出了"企业法人财产权"的概念。

公司化改造是国有企业财产组织制度深层次的改革，它是以往承包制改革的进一步深化。尤其值得注意的是，随着公司化改造的逐步推进，我国传统的以纯国有企业为特点的国有资产经营组织体制将发生根本性变化，国有经济将溶合于非国有经济之中，形成与市场经济相适应且更有利发挥国有经济主导作用的"混合经济"形态。因此，完全可以说，党的十四届三中全会决定标志着我国国有资产管理体制改革开始进入到一个以企业制度创新为特点的新阶段。

4.更加注重改革的规范化与法制化。

规范化与法制化，这是自1978年以来我国国有资产管理体制改革所极力追求的。但是，由于以往在认识上的局限性，也由于财政、税收、金融、工商行政、价格、社会保险、人事制度等各方面改革进程的限制，更由于改革本身有一个"摸着石头过河"的探索过程，我国国有资产管理体制改革的规范化与法制化程度一直较低。由于市场经济本身是法制经济，因此，在确立了建立社会主义市场经济体制的改革方向以后，改革的规范化与法制化就成为一个极为重要的问题。正如党的十四届三中全会决定中指出的："社会主义市场经济体制的建立和完善，必须有完备的法制来规范和保障。要高度重视法制建设，做到改革开放与法制建设的统一，学会用法律手段管理经济。"

1993年，随着改革理论认识的完善和各项配套改革的深入，以及《公司法》、《反不正当竞争法》等的出台，国有资产管理及其体制改革的法制建设问题被提上了重要议事日程。1993年8月，全国人大常委会议决定起草《国有资产法》。12月，全国人大财经委员会与国务院有关部门联合组成了《国有资产法》起草领导小组、顾问小组和工作小组，正式开始了《国有资产法》的起草工作。此外，国务院还组织国家体改委、国家经贸委、国家国有资产管理局等单位联合制定了《国有企业财产监管条例》等一系列国有资产行政法规。

（二）

随着"政资分开"改革原则的确立和《国有资产法》起草工作的展开，实践中又提出一些新的需要继续探索的理论问题。主要有以下几个方面：

1．"政资分开"如何具体实现？

在这个问题上，目前存在着四种不同的观点：第一种观点认为，"政资分开"应该在全国人民代表大会层次上分开，即建立隶属于全国人民代表大会的国有资产专职管理机构，由它承担国有资产所有权管理职能，政府只承担社会经济管理职能。第二种观点认为，"政资分开"应该在国务院层次分开，即在国务院内建立国有资产管理委员会或国有资产部，专职行使国有资产所有权职能，其他政府部门承担社会经济管理职能。第三种观点主张在财政部层次实行"政资分开"，即财政部内下设国有资产专职管理机构，代表国务院行使国有资产所有者职能，其他政府部门承担社会经济管理职能。第四种观点主张在行业管理部门层次实行"政资分开"，即由各行业管理部门作为国务院在本行业中的国有资产所有者代表，分别设专职的国有资产管理机构，对所属国有企业行使所有者职能。这些不同观点的争论反过来又迫使人们进一步思考：实行"政资分开"的改革目标是什么？"政资"能不能绝对分开？如何评价"政资"分开程度的合理性？对此，目前理论界特别是实际部门同志中还没有形成统一的认识。

2.如何正确认识中央与地方的产权关系？

国有资产要不要实行分级所有？这是理论界和实际部门近年来在国有资产管理体制改革方面争论的一个热点问题。对此，目前存在着三种不同的观点：一种观点认为国有资产可以实行分级所有，并主张按照目前企业行政隶属关系，将国有企业分为中央省、市、县、镇各级政府所有。另一种观点反对实行国有资产分级所有，认为不论哪一级政府管理的企业，其所有权均属中央政府统一所有，地方政府只拥有上级政府授予的管理权，并强调"坚持中央政府统一所有"是防止诸侯经济、维护国家统一的重要保证。第三种观点认为国有资产本身不存在分级所有的问题。因为国有本身就意味着是中央政府代表国家所有，而不是地方政府所有，这个问题不需要讨论。应该讨论的是：除了国有资产外，是否还存在所有权归地方政府的公有资产，即公营企业？是否承认和允许地方政府拥有企业产权？党的十四届三中全会指出，对国有资产实行“国家统一所有、政府分级监管、企业自主经营”的体制。这对大家统一认识起到了积极作用。但是，国家统一所有如何具体实现？国家统一所有原则与“谁投资、谁所有”的市场经济原则如何统一？各级政府监管的权责利如何界定？诸如此类问题的提出，又促使人们重新思考如何正确认识和处理中央与地方产权关系这个根本性问题。

3.如何正确认识和处理国有资产产权管理过程中政府与企业的关系？

在社会主义市场经济条件下，政府与国有企业之间存在着双重经济关系；其一是作为社会经济管理者的政府与企业的关系；其二是作为国有资产所有者与企业的关系。就第一重关系而言，政府与企业的职责范围是由法律来规定的，而两者之间的结合是通过市场来进行，即所谓“政府调控市场，市场引导企业”。就第二重关系而言，政府国有资产管理部门与企业之间有着不可分割的产权约束联系。那么，是否也要实行两者之间在国有资产产权管理方面的职责分开？对此，目前也存在不同的认识。一种观点认为，要把国有资产产权的管理与运营分开，政府国有资产管理部门只负责国有资产方针、政策的管理，国有资产经营则由企业承担。另一种观点认为，国有资产的管理与运营是分不开的。政府国有资产管理部门不仅要负责方针、政策的管理，还应该承担优化国有资产产业结构与区域结构的宏观经营管理职能。有的同志甚至认为，政府国有资产管理部门已经不是一般的行政管理部门，而是具有经营职能的政府部门。此外，目前理论界和实际部门同志大多赞同通过发展各种类型的产权经营机构（如国有控股公司、企业集团、投资公司、资产经营公司等），来衔接政府与一般国有企业之间的产权管理关系。但是，如何正确认识国有资产产权经营机构的性质、地位和作用？如何处理政府国有资产管理部门、产权经营机构与一般性国有企业三者之间的关系？这些问题的探讨还缺乏具体化。

4.如何处理政府国有资产管理部门与其他政府部门之间的关系？

按照“政资分开”的原则，国有资产应该实行产权专职管理。目前，国务院设立了国家国有资产管理局，作为国有资产产权专职管理的政府机构。由此引出了如何处理国有资产管理部门与政府其他经济职能部门的关系问题。主要包括四个方面，即：如何处理国有资产存量管理与增量管理的关系？如何处理国有资产产权管理与行业管理的关系？如何处理国有资产管理中“管人”与“管资产”的关系？如何处理国有资产管理与财政管理的关系？

5.如何界定国有资产管理的范围？

国有资产管理职能范围如何界定？首先取决于国有资产概念范围的界定。我国目前政府有关文件中的国有资产概念与国有财产概念实际上是等同的，其内涵有三大类：经营性国有资产、非经营性国有资产和资源性国有资产。更为重要的是，这些不同类型的国有财产存在着很大的差异，所要求的管理方式也有很大不同。在这样一个国有资产概念基础上，“政资分开”很难具体实施。此外，随着母子公司结构的国有企业集团的建立，国有资产的产权结构层次也逐步多元化，作为母公司的国有企业，其资产所有权直接为政府所持有，但是，作为子公司、孙公司等国有企业，其资产所有权并不直接为政府持有，这些企业中的资产是否仍应归入国有资产范围？是否也应直接纳入政府国有资产产权管理范围？也是一个没有完全明确的问题。而对这些问题的不同认识，又直接影响到国有资产管理对象、范围、方式以及管理体制的设计。因此，仍然需要在理论上做进一步的探讨。

6.如何正确认识国有经济与社会主义经济的关系？

关于国有资产管理及其体制改革各方面问题的讨论，最终都涉及到关于国有经济与社会主义经济关系的认识，联系到关于社会主义市场经济条件下国有经济的性质、地位、作用的认识。如：什么是国有经济的主导作用？怎样发挥国有经济的主导作用？如何正确认识国有经济的社会主义全民所有制性质？怎样实现人民在国有资产管理中“当家作主”的作用？怎样认识和处理全国人民代表大会、政府、国有企业之间的权责利关系？等等。这些问题都需要在社会主义市场经济框架下重新探讨，仅仅依靠以往的理论解释已经明显反映出不能满足改革实践的需要。

7.如何正确认识西方产权理论和建立社会主义产权理论？

近年来，一些同志力图通过学习和借鉴西方产权理论来分析研究我国国有资产管理体制改革问题，并进行了一些有益探索。也有一些同志对此持完全否定的态度，认为西方产权理论对于指导我国国有资产管理体制改革不仅无益，而且有害。然而，随着我国市场经济的发展，经济运行中的产权问题越来越突出，特别是党的十四届三中全会明确提出“法人财产权”概念之后，有关所有权、产权、法人财产权、经营权等概念及其相互之间关系的讨论又热烈起来，使不少同志开始注意到如何借鉴西方产权理论和建立社会主义产权理论的问题。为了促进这方面理论研究，社科基金"八五"计划已经将此列为重点研究课题。由于产权理论不仅涉及经济学问题，而且大量涉及到法学问题，因此，客观上要求经济学或法学理论工作者的共同合作，促使这两门学科研究的有机结合，而这，也正是社会主义产权理论建设的重点和难点。

对财税改革举措效果及问题的剖析

何　振　一

1994年初，我国将在财税改革方面将推出三项重大举措。这些举措不仅动作大、牵扯面广，并且都是针对财税体制深层矛盾而采取的根本性改革。这些举措的出台，标志着我国财税改革进入了战略决战阶段，它的成败不仅关系到财税改革能否冲出各种阻力跃上新台阶，更关系到建设社会主义市场经济体制目标，能否顺利实现。因此，人们对即将出台的各项改革举措可能取得的实际效果如何，和可能碰到些什么问题等等，给予极大的关注。本文就此作些粗浅分析。

一、举措的背景及内容

党的十一届三中全会以来，经过一系列的努力，我国财税体制改革已经取得明显成效，既促进了改革开放和经济发展，又增强了国家财政实力。但是，由于主客观条件所限，已有的改革并没有取得财税机制的根本性转换，现行体制与建立社会主义市场经济体制目标之间，仍然存在着根本性矛盾。它妨碍着市场经济发展所需要的新的宏观调控体系的建立，妨碍国内统一开放市场的形成，妨碍着企业经营机制转换，妨碍着国民经济持续、快速、健康发展。因此，为了加快社会主义市场经济体制的建设步伐，加大财政改革力度，在短期内取得财税改革突破性进展，就成为当前改革与发展中的一项迫切需要解决的关键性课题。针对这种情况，中央决定积极推进财税体制改革，于1994年初推出以下三项重大改革：1.改现行的地方财政包干体制为中央财政与地方财政之间的分税制，主要内容是在合理划分中央与地方政府的事权范围基础上，依照税种划分中央财政与地方财政之间收入范围，依照事权划分支出范围，建立规范的中央对地方转移支付制度；2.改革税制，包括改革企业所得税制和改革流转税制，改革企业所得税制的主要内容是统一由资企业所得税制，在规范税前扣除和费用列支标准，统一税基的同时，参照目前企业实际税负水平和便于将来与外贸企业所得税并轨，降低税负，实行合理的统一的比例税率。改革流转税制的主要内容是建立统一的、以增值税为主体的流转税制度，改变现行的营业税、增值税、产品税分立、互不交叉的做法，除非商品经营领域继续实行营业税外，其余全面实行增值税；同时改产品税为消费税，配合增值税对某些消费品进行特殊调节。统一后的流转税制适用于内外资企业，取消对外商投资企业征收的工商统一税。此外，为了适应税源的发展变化，还将开征一些新税，如土地增值税、证券交易税、遗产与赠与税等等。3.以国家的资产所有者职能与政府的社会管理职能两者分开为原则，改革国家与国有企业利润分配制度。主要内容是在统一内资企业所得税后，对国有企业不再执行所得税与利润统一承包办法；在取消向国有企业征收能源交通重点建设基金和预算调节基金，允许企业新老贷款利息计入成本的基础上，不再执行企业税前还贷制度，企业贷款还本一律用税后留用资金归还，对企业税后利润，国家作为所有者有权处置，具体办法依企业实际情况确定。

二、举措的效果和意义

此次财税改革举措，可以说是财税改革思路的根本性突破，标志着走出了"放权让利"传统思路的束缚，真正走上了转换机制，制度创新的科学之路。这无论对财税改革本身，或是对经济改革全局，都有着重大意义。由于此次各项举措，都针对现行财政体制及税制上的深层问题，及其与建立市场经济体制之间主要矛盾而采取的，可以预见这些举措推行之日，也就是克服或弱化旧体制所造成的，阻碍市场经济体制建设的诸多弊端之时。新的财税改革举措，无论对克服财政困难，或是强化财政的宏观调控功能，建立和健全宏观经济调控体系；促进企业机制转换，促进统一开放的国内统一市场形成，推动经济持续、快速、健康发展等方面，都将取得积极效果。

1.改地方财政包干制为分税制，尽管在新体制方案中不得不保留某些旧体制的具体办法，诸如基数法以及在某些侧面还要采用按企业行政隶属关系划分收支范围等等，但分税制改革毕竟是对包干制的彻底否定。这将全面克服或弱化包干体制所带来的、不利于市场经济发展的各种弊病。包干体制与市场经济发展之间的矛盾是多方面的，主要有以下三个方面：一是削弱了财政宏观调控能力，直接制约着宏观经济调控体系的建立。因为包干制首先包死了中央财政收入，导致中央财政收入的增长既不能与国民经济发展同步，又不能与财政总规模增长同步。据统计，从1988年实施大包干体制以来，中央财政从地方财政每年新增加的收入中得到的份额仅是一个零头，90%以上新增收入为地方所得。这不仅造成中央财政失去宏观调控所必须的财力，也弱化了调节地区间财力的能力，加剧了地区间财政经济发展的不平衡性。此外，由于多数地方财政也逐级实行包干办法，包干不仅包死了中央财政，也包散了地方财力，造成国家财力的极度分散，在国家财力使用上失去了财力集中与分散之间的回旋余地，加剧了财政困难，致使国家财政赤字连年有增无减，不断加剧着通货膨胀的压力。二是强化了地方保护主义倾向，恶化资源配置、干扰市场的正常发育。由于财政包干体制采取了按企业事业隶属关系划分中央与地方之间的收支范围办法，把企业的收入状况与地方财政利益拴得死死的，这样，地方出于增加财政收入考虑，就不可避免地要按本地方财政收入最大化目标配置归自己支配的资源，并且为保护地方资源和企业的销售利益，又会实行市场封锁等等。这不仅造成重复建设，结构趋同，而且妨碍了国内统一市场的形成。三是由于企业收入与地方财政收入状况栓得过死，也造成地方对企业经营的过多干预，不利于政企分开改革，妨碍企业机制转换。用分税制代替包干制后，这些弊端有的可以完全消除，有的虽然不能完全消除也会极大地弱化。(1)将弱化市场割据现象，促进国内统一开放市场的形成。因为分税制的一个重要特点，就是按税种划分中央和地方的财政收入范围，把现存各税划分为中央税、地方税和中央与地方共享税三部分，并且共享税又采取了由中央征收后返还给地方的做法，这样，尽管在企业所得税上还保留着某些按隶属关系划分的痕迹，但总体上说，已打破了旧有的按行政隶属关系划分收入的格局，地方面对企业，无论是否隶属于自己，都一样能从中取得应得的收入，从而搞重复建设，搞旨在维护隶属于自己企业利益的地区经济封锁等等，也就失去了实际意义；(2)将搞活财政全局，调动中央与地方两个积极性，恢复和增强财政的宏观调控能力。分税制另一个特点，是强化中央财政组织收入能力，扩大中央财政向地方财政转移支付的数量和范围，并采取多样化、规范化的转移支付形式，这样不仅有利于进一步扩大地方财政自主支出的财力规模，扩大地方财政自主权，又可以造成地方财政依靠自有财力及中央返还财力双重财源平衡机制，改变旧有的中央财政依靠地方财政供给来平衡收支的不合理的被动局面。从而提高了中央财政对地方财政支援能力，强化中央财政宏观调控功能。特别是中央向地方返还收入形式的多样化和规范化，更加可以提高中央财政对地方财力使用上的宏观调控效果。

2.在税制改革方面。实现统一内资企业所得税和建立统一的、以增值税为主体的流转税制改革后，也就实现了公平税负，从而既利于企业间平等竞争，又可以强化税收调节作用。因为(1)实行统一的内资企业所得税制，就消除了现行企业所得税制造成的不同经济成分企业之间税负不平等的税负不公现象，国有企业可以在税负上与其它非国有企业处于平等竞争地位；(2)实行以增值税为普遍调节和以消费税为补充调节的流转税制，加强了流转税调节作用的灵活性，针对性更强，当然也就强化了流转税的调节作用。

3.在国家与国有企业分配关系方面，实现所得税依法缴纳，不再执行所得税与利润搅在一起承包的办法改革后，国家与企业之间分配关系上，实现了税利分流，既为政企彻底分开提供分配上的条件，也克服了包税制所造成的扼杀税收调节作用的弊端，恢复、所得税的调节作用。此外，在免除国有企业利润调节税和免征能源交通重点建设基金和预算调节基金的基础上，改税前还贷为用企业税后留利还贷办法后，可以消除企业在信贷资金运用上吃国家财政大锅饭的弊端，达到硬化企业预算，利于企业自我约束机制形成。银行也随之增加了借贷风险，将促进专业银行向企业化方向发展。

总之，只要我们正确的把握此次财税改革的精神实质，坚定不移把各项改革措施落实下去，搞好新旧体制与新旧税制的过渡，改革预期的基本效果就一定会实现。

三、可能出现的问题和对策

以上财税改革三大举措的效果是肯定的。但也应当看到，由于主客观原因，在举措落实中，发生这样那样问题也是难免的。从我国现存的经济体制状况以及利益格局来看，在三大改革举措推行中，弄不好会出现以下一些问题。

1.三大举措涉及方方面面利益格局的调整，想不触动任何方面的既得利益是不可能的，因此，在各项举措推行中，必将遇到各种阻力。为了把改革顺利推行下去，就不能不实事求是地在坚持改革宗旨和原则的同时，尽可能照顾各方面的既得利益，以化解这些阻力。事实上在此次改革中，中央已充分的注意到这一点。在分税制方面，无论是在核定基数上，或是税种划分及收入分配比例等方面，都对地方作了很大的照顾。在税制改革方面，不仅坚持了重在转换机制，从总体上不增加企业税负的原则，而且还采取了诸多旨在减轻企业税负的措施，在简并企业所得税，降低名义税率的同时，又取消了国有企业利润调节税，免交能源交通重点建设基金和预算调节基金等等。此外，对盈利水平低的企业，在所得税率上还设置了过渡性税率加以照顾，在两年内对这些企业分别按27%和18%两档临时税率征收。在国家与企业利润分配关系改革方面，改税前还贷为税后还贷的同时，也采取了一些变通措施，实行新老贷款区别对待政策，即老贷老办法，新贷新办法，同时还采取了增提折旧，允许长期贷款利息进成本等增强企业还贷能力措施。应当说，在改革中对各方面既得利益的照顾，已是十分充份了。然而改革在任何条件下都必然要对既得利益的调整，舍此也就不能改革，所以在当前这场旨在转换机制的改革中，照顾既得利益只能以不损害机制转换为限，超越此限就有导致改革流于形式的危险。

2.分税制改革不能一步到位，在短期内可能带来改革效果不明显，弄不好甚至会在某些侧面出现旧体制弊端复归的危险。分税制改革是财政运行机制的根本转换，完整的、规范的分税制模式，至少要包括五个方面的改革内容：(1)科学的界定中央财政与地方财政的职能分工范围；(2)按税种划分中央与地方各自财政收入范围；(3)以规范的方法核定地方财政支出需要量和应收得的财政收入量；(4)中央财政集中大部分财力，对地方实行转移支付制度；(5)中央与地方政府预算分开，税收征管机构分设。这五个方面是一个完整的有机整体，缺少任何一个方面，或任何一个方面不按规范化要求实施，都会带来分税制整体效果难以发挥的后果，甚至会造成在分税制形式下，某些旧体制弊端的复归。可见分税制的灵魂在于权责利关系明晰化、法制化和规范化。由于当前条件所限，改革之初不得不采取诸多变通性措施和延用一些旧的办法。这样，在新的体制运作中，难免要出现非规范因素，制约分税制效果的发挥。特别是由于行政改革尚在进行之中，中央与地方政府之间事权范围还没有得到科学具体的界定，适用于我国的核定地方财政收支数量的因素法和标准法尚待研究，致使即将出台的分税制不能建立在合理划分中央财政与地方财政事权范围基础上，弄不好很可能出现中央与地方财政之间权责不清，分配关系不稳定的旧体制弊端复归的危险。为了防止这种危险性发生，在分税制改革第一步推出后，切不可停顿，应当抓紧与分税制相关方面的配套改革，积极创造条件，不失时机地将分税制推上规范化目标。首先，要加快行政体制改革的步伐，尽快完成政府两种职能分开改革，在此基础上，科学而又具体划分中央与地方政府职能范围，为实现分税制的全面规范化提供基础。其次，进一步深化税制改革，为完善分税制提供税制条件，1994年虽然将推出税制改革的重大举措，即实现建立统一的内资企业所得税，和统一的以增值税为主体的流转税制度的改革。但这些改革并不能克服现行税制中地方性税种数量过少，规模过小，适应不了分税制划分税种需要的缺欠，因此，在新的所得税制和流转税制推出后，应不停顿的开辟新税源，发展新的税种，特别是地方性税种，为加快分税制的完善化准备充分的税制条件；最后，积极开展适用于我国的、核定地方财政收支数量的标准法和因素法的研究。在财政体制改革中，依据什么来核定地方财政收入数量问题，是关系到财政体制改革效果高低的一个关键性问题，长期以来主要是用基数法来核定。这个办法虽然简便易行，但弊病很大，因为它实际上是一个承认既成事实的办法。所以，决不可忽视改革基数法这一环节，应当尽快用标准法及因素法，代替基数法。此外，还应加快中央与地方预算分开，税收征管机构分设改革步伐，以便充分发挥分税制带来的强化分级财政的积极效应。

3.税制改革从总体上看，既不会增加企业负担，也不会拉动通货膨胀。但是在价格已基本市场化的条件下，税收变动对价格是一个极其敏感的因素，弄不好就会有拉动结构性通货膨胀的危险。就即将推出的税制改革的两大举措而言，企业所得税改革无论从总体上看，或是就局部来看，除个别企业外，都将是一个减轻企业负担的改革，因为此次改革不仅在简并企业所得税同时降低了税率，并对盈利水平低的企业设置了27%和18%两档过渡性税率。在此同时，还取消了国有大中型企业缴纳的利润调节税和免除了能源交通重点建设基金和预算调节基金的缴纳任务等等；其它非国有企业的税负也有所降低，即便是私营企业的所得税率，也从35%下降到33%。至于流转税改革，从总体上看也没有增加企业负担，根据有关部门普查资料测算，改革前和改革后，工业企业流转税的平均负担率基本持平。当然由于流转税改革并不是单纯扩大增值税征收面的改革，而还是一次简并税率的改革，如内资企业增值税原税率为13个档次，其幅度是从8%到45%，产品税税率为21个档次，从3%到60%，把这么多档次税率简并为17%和13%两个档次，具体到每一个产品的税负，就必然会有升有降。据对282种工业品的初步测算，有73种产品增加负担，占全部测算品种的26%，209种降低税负，占全部测算品种的74%，这就是说，对多数行业和产品而言，不但不会因流转税改革增加税负，反而会有所减轻。就企业而言，除生产品种单一企业外，即便所生产的产品中，有的税负有所提高，也会被税负降低产品所抵销，也不会增加企业税负。因此，从总体上看，此次税制改革绝不可能增加企业税负，也不会出现像有些人耽心的那样，引起物价总水平上升的通货膨胀问题。然而，在从原来价内税改为价外税的情况下，流转税税率的有升有降调整，从而引起市场价格的结构性改变，引发物价结构性上升现象也就不可能完全避免。因此，在全面的、大幅度的进行流转税税率的转换过程中，出现某些物价结构性上升仍属正常现象,由此换来一个公平税负和税收机制的转换,为企业推向市场平等竞争创造条件,是值得的,也是必要的,我们应当正确对待。需要注意的是,在新旧税制转换中,如果物价操作上衔接不好,不能正确的把旧的含税物价调整过来,就有可能出现人为的提高物价的危险。为此要加强物价管理,和管理好新旧税制过渡中的物价调整,税收负担降低的行业和产品,应当相应下调价格,只能允许税收负担上升的个别行业和个别产品适当上调价格。要坚决杜绝那些税负降低后,不但不相应下调价格,反而借税制改革之机,自行涨价的不正当行为的发生。

4.改税前还贷为税后还贷办法后,由于采取老贷老办法,新贷新办法的变通措施,从总体上说,这项改革是稳妥的,但对那些历史上形成的债务负担很重的、或效益较差的企业来说,可能存在一些困难。这两类企业不仅还贷能力有限,面对沉重的债务包袱难以摆脱,而且由此也会带来失去筹措新债的能力。因为这些企业虽然老债可以用税前利润归还,但由于债务太大,还清债务需要时日,不仅难于举借新债,而且即便能够举借到新债,也无力归还。这些企业弄不好就会陷入经营困境之中。对这些企业应采取某些更有力的措施加以解救。但对这样的企业要分类处理,区别对待,切不可采取一刀切的办法。例如对那些经营不善、连年亏损,无力还债的企业,则应当坚决实行破产处理,对产品适销对路、经营效益有希望改善的企业,则应给予适当扶持,可以考虑采取老债转为国家投资的办法,使其迅速摆脱旧债困扰,轻装上阵,限期提高效益;对中小国营企业则应结合产权改革,通过包、租、卖、兼并等多种形式加以解决。总之,对这些企业债务问题的解决,只能结合企业机制转换来解决,切不可走传统吃大锅饭的老路。

1994年的金融体制改革

李　扬

1994年将是我国金融体制改革迈出重大步伐的一年。改革的重点,就是适应社会主义市场经济的发展,建立起三个体系,这就是:第一,建立一个在国务院领导下,独立实行货币政策的真正的中央银行以及间接调控为主的金融宏观调控体系;第二,建立政策性金融与商业性金融相分离,以国有商业银行为主体,多种金融机构并存的金融组织体系;第三,建立一个统一开放,有序竞争、严格管理的金融市场体系。

一

中国人民银行已经有了45年的历史。在1984年以前,中国人民银行既办理个人和企业的存款,发放工商企业贷款;还负责制定和实施货币政策,发行货币,清算、经理国库等中央银行的业务;同时还是代表政府管理金融业的政府机关。就是说,1984年以前的中国人民银行,担负着中央银行和一般商业银行的双重职能。从1984年开始,中国人民银行专门行使中央银行的职能,一般的存贷款业务和结算业务分给了当时分设的中国工商银行以及其他专业银行。然而,7年来的实践证明,尽管我们已经明确了要把中国人民银行办成中央银行的方向,但是,中国人民银行与真正的中央银行还相距甚远。主要表现是,中国人民银行还没有真正担负起对全国金融业实施有效兼管的职能,例如,对于各种直接融资活动以及非国有银行,至今还缺乏适当的监管手段;人民银行自身还办理了一些政策性金融贷款业务,其规模在一段时间里甚至有扩大之势;在金融宏观调控方面,还缺乏有效的间接调控手段,至今仍然沿用传统的资金切块分配办法在调控资金的总量和流量。如此等等,都与市场经济的发展越来越不相适应。这次改革,就是要改变这种状况,使得中国人民银行真正成为发行的银行、银行的银行、政府的银行,以及监督和管理整个金融业的银行。具体说,这次改革的主要内容是:第一,明确中国人民银行的两大职能,即稳定货币和加强对金融业的监督和管理。从1994年起,人民银行不再直接对工商企业发放政策性贷款;同时把货币发行权、基准利率的调节权、中央银行资金管理权、信贷总量调控权都集中到中央银行手中。与此相应,人民银行各省市的分支机构将转变职能,其主要业务,是进行金融监督管理、调查统计分析、横向头寸调剂、经理国库、现金调拨、外汇管理和联行支付。第二,改革和完善货币政策调控体系,即灵活有效地运用各种货币政策工具,对金融和整个国民经济实施有效的宏观调控。除了进一步完善存款准备金率、贷款限额和中央银行贷款等业已采用的政策工具之外,还将尝试使用公开市场操作和外汇操作等政策工具,对基础货币实行间接调控。第三,加强对金融机构的监管。金融机构所经营的是一种特殊的业务,其活动涉及广大工商企业和千家万户。金融机构的经营资金主要来自广大的居民和工商企业存款。如果金融机构经营不善,发放贷款的质量不高，存款者的利益就会受到损害，国民经济的运行就会受到损害。因此，中央银行的职责之一，就是保护存款者的利益，保护投资者的利益。其保护手段之一，就是通过严格审定金融机构的设置并监督其依法经营。为了能依法加强管理，中国人民银行正在加紧制定各种重要的银行法规，主要有：中央银行法，中华人民共和国银行法（商业银行法），保险法和票据法，等等。这样一些金融法规的通过和实施，将结束我国金融业长期无法可依的局面。

从最终目标来说，我国的宏观调控将实行间接调控。但是，考虑到各种因素，这一目标将逐步实现。这意味着，在这个过程中将采取若干过渡性办法。94年对信贷资金的宏观调控，将实行规模指导下的资产负债比例管理体制。中央银行将不再直接对信贷资金实行切块和季度监控，而将资金分配权大部分放给各专业银行总行。这样做，对于中央银行及其调控机制的改革，无疑是有意义的。但是，由于国有专业银行的商业化改革在近期内尚不能迈出决定性的步伐，在其内部实行资产负债比例管理的条件尚不成熟，加之，国有企业、各级政府和政府部门对信贷资金的传统依赖关系尚未解除，原先集中于中央银行的各种矛盾将转移到个专业银行。也就是说，传统调控体制存在的问题，并未因中央银行改变了调控方法，而有了实质性改变。对于这种情况，如果没有充分的认识，94年的金融形势将十分严重。为了在过渡期间保持货币稳定，要求中央银行严格控制信贷和货币发行的总规模是至关重要的。

二

我国的金融组织体系一向十分单一；在历史上，我们甚至只有一家银行。这与日益多样化的经济活动是不相适应的。经济体制改革以来，我国金融组织体系的发展十分迅速。现在，我们不仅有了国有银行，也有了大批非国有银行和金融机构；不仅有了类似商业银行的金融机构，也发展了保险公司、信托投资公司、财务公司、金融租赁公司和证券公司等非银行金融机构。但是，由于种种原因，我国金融组织体系的发展仍然存在若干严重问题。例如，政策性业务与商业性业务的混淆，非银行金融机构的不规范，等等。这些问题的存在，已经对金融调控和国民经济运行造成了严重障碍。因此，改革我国的金融组织体系，势必成为此次金融改革的重要内容。

（一）建立政策性银行

这次金融体制改革最引人注目的举措，就是建立若干政策性银行，即国家开发银行、中国农业发展银行和中国进出口信贷银行。这不仅是完善中国的金融组织体系的重要决策，也是把中国人民银行办成真正的中央银行，把专业银行办成真正的商业银行的重要前提条件。我国过去没有专门的政策性银行，国家政策性信贷业务，一部分由中国人民银行负担，其他则由各家专业银行来承担。这种状况对人民银行的不利影响，是使之难以真正担负起中央银行的职责；对于专业银行的不利影响，则是使之一身二任，职责不清，风险的责任也不明，从而使之难以实现自主经营、自负盈亏、资金自求平衡、自担风险和自我发展。简言之，就是使国家专业银行难以办成真正的商业银行，并使之在同其他非国有金融机构的竞争中，处于不利的地位上。建立政策性银行，将消除这些对中央银行和国有专业银行的不利因素。所谓政策性信贷，就是为国家重点建设和按照国家产业政策重点扶植的行业提供资金融通的便利，其业务主要包括：支持农业开发的贷款，粮棉油等主要农副产品的储备和收购的贷款，交通、能源、铁路等基础设施和基础产业的贷款。这些项目的社会效益是很好的，但是，由于其贷款期限较长，规模较大，风险较高，其自身效益难与一般的商业性贷款相比。建立若干政策性银行来专门对这样一些产业和行业提供融资便利，将从根本上解决上述矛盾。这样，既有利于中央银行和专业银行的改革，有利于国家控制固定资产投资和实施产业政策，也有利于中央银行对货币和信贷的调控。新成立的国家开发银行是以国家重点建设为主要融资对象的政策性投资开发银行，主要办理国家重点建设(包括基本建设和技术改造)的政策性贷款以及贴息业务。中国农业发展银行将承担国家粮棉油的储备，主要的粮棉油的合同收购，农业开发等方面的政策性贷款。国家进出口信贷银行主要是为大型成套设备的进出口提供信贷，为成套机电产品信贷提供贴息及出口信用担保。这三家政策性银行的资本金由财政拨付。另外，还将通过向金融机构发行债券来筹集资金。政策性银行不经营商业性信贷业务，其经营方针不以盈利为目标，而是实行保本经营。但是，政策性银行也要讲求资金平衡，讲求贷款有借有还，讲求贷款的质量，力求减少风险，其业务也要接受中央银行的监督。

（二）发展和完善商业银行

商业银行就是以经营存放款为主要业务，以效益性、安全性、流动性为主要经营原则的信用机构。政策性银行成立以后，现有的国家专业银行将逐步转变为商业银行，并逐步实现资产负债比例管理和风险管理。这对于我国银行业来说，是一项重大改革。

银行业是一个特殊的行业，它主要是运用广大居民和工商企业的存款，对另一些工商企业发放贷款。这也就是通常所说的，银行是信用中介。银行的经营除了要讲求效益，讲求盈利之外，必须兼顾安全性和流动性这样两个目标。所谓安全性，就是说，银行为了保证归还客户的存款，其贷款的质量要好，要保证其贷款的本息能按时足额收回。所谓流动性，就是说，银行的资金运用可以随时变成现款，及时充分地满足存款者提现和正常贷款的需要。当然，这三个目标不是时时一致的，它们往往发生矛盾。为了妥善处理三者的关系，就要求银行的资产和负债之间保持合理的比例。资产负债比例管理，并不简单地是“多存多贷”。其基本原则有四：第一，以资金的来源制约资金的运用，即要按存款额的一定比率，确定贷款的规模。第二资产和负债的结构要合理，其中最重要的是，长期资金运用必须有稳定的长期资金来源相对应，银行的资本金对其负债要保持一定的比率，银行的风险资产在总资产中不能超过一定比率，等等。第三，资金的配置要优化，要根据企业的资信和高低和企业的经营状况，实行择优限劣的信贷政策。第四，分散风险，要规定对一个客户的放款，不能超过银行资本金的一定比例，以避免贷款过于集中于个别企业。简言之，由于银行的资金来源是其对广大客户的负债，国家必须通过严格规定的各种比率，来保证银行资金有借有还，周转使用，还本付息，讲求效益。应当指出的是，国家专业银行转变为商业银行，将是一个相当长的过程。这是因为，银行体制改革同国有企业的改革密切相关，企业体制改革不可能快速完成，银行体制改革也就很难加速。如果专业银行马上就按效益和风险原则来发放贷款，马上就按照资产负债比例管理的四项原则来调整其贷款政策，那么，从实际来看，可能会引起较大的社会震荡。比如对亏损企业，按照商业银行原则，是肯定不能对之发放贷款的。但是，如果这样做，马上就有一批企业不能开工，在社会保障体系尚未建立的情况下，这无疑会导致严重的社会问题。所以，在一个相当长的时期中，国有专业银行对国有企业的贷款可能还要维持既有格局。这自然就意味着，国有专业银行的商业化改造，将是一个长期且艰难的过程。

在这次改革中，除了将原先的四大专业银行，即中国工商银行、中国农业银行、中国人民建设银行以及中国银行，改造成为商业银行之外，还要将交通银行、中兴实业银行、光大银行、招商银行、广东、深圳、福建、浦东的发展银行等较小的银行改造成为商业银行；此外，还准备筹建集体所有制性质的农村合作银行和城市合作银行。目前中国人民银行正会同有关部门抓紧制定有关条例。可以预计，待条例颁布实施后，这样一些非国有的商业银行将有一个大的发展。

（三）非银行金融机构的发展

非银行金融机构的种类多种多样，主要包括：保险公司、信托投资公司、证券公司、企业财务公司、金融租赁公司以及种类繁多的基金等等。这样一些非银行金融机构自改革以来已经有了长足发展，今后的主要任务，是根据不同的情况对它们实行管理，使之规范化。比如，在资本金的要求上，机构的设置上，管理人员的资格上和业务范围等等方面，今后都会有较严格的规定。在这非银行金融机构中，保险机构的发展可能成为重点。在保险业的发展中，重要的是要坚持社会保险和商业性保险分开经营。这里要强调的是，社会保险的资金，如养老保险金，其资金结余不能用于固定资产投资，而只能用来购买国债。这是因为，一方面，国债无论在任何国家里，信誉都是最好的；另一方面，社会保险集聚的资金，将来是要使用的，一旦投资出现问题，将来在使用这些资金时，便会没有保证。在商业性保险方面，建立一些专业化的保险公司，如人寿保险公司，将会受到鼓励。

三

改革以来，我国金融市场有了很大发展。1992年，我国证券市场上各类有价证券的发行总量为1280亿元，其中，国债410亿元，计委所属国家投资公司债券127亿元，企业债379亿元，金融债225亿元，股票110亿元。这是已报批的正规证券。另据人发银行估计，企业内部股票、计划外集资等未经批准的直接融资约2500亿元。两部分的总和，已占同期全社会未清偿债务总额的15%左右。1993年，这一比率又有提高。简言之，直接融资已经在我国的经济生活中发挥了重要作用。这种局面的发展有其必然性，主要是因为，第一，我国现有的正规金融结构已经不能适应经济发展的需要；直接融资的发展，特别是不经政府批准的直接融资的发展，正是对这种僵化的金融结构的自发冲击。第二，从我国企业的融资结构上看，内源融资约占30%，发达国家的相应比率，则在50%到80%之间。就是说，我国的企业高度依赖金融机构来提供资金。这种局面是很不正常的。它不仅使我国企业在高负债下经营，而且给金融机构带来了沉重负担。因此，现在的问题不是讨论什么直接融资和间接融资何者为主的时候，对直接融资人为限定规模更非良策。理性的对策，是在规范化的前提下，大力促进直接融资的发展。当然，我国金融市场还不够健全和规范，特别是1992年的下半年和——1993的上半年，出现了乱拆借和乱集资现象。这种现象的出现，其原因是多方面的，但在一定程度上，与金融市场缺乏正确的引导和管理有密切关系。因此，在今后的改革中，切实加强对金融市场的引导和管理，将是一项重要任务。改革的目标是建立一个有序竞争、规范化的金融市场，其内容是：

（一）规范短期金融市场，主要是规范金融机构之间的同业拆借市场，使之真正成为解决票据清算中出现的临时性资金不足和头寸短缺的短期市场。通过拆借而取得的资金，绝不能用于固定资产投资和弥补信贷资金的缺口。同时，除了清算需要的临时性资金以外，商业银行将不得向非银行金融机构拆出资金。

（二）规范长期资金市场，主要是加强对债券和股票市场的管理，使之进入规范化和科学化的轨道。要在企业股份制改造的基础上，规范股票的发行和上市，完善证券交易所和证券交易系统的管理。没有经过审批的，不规范的乱集资，将一律禁止。关于证券市场的规范化问题，要强调：（1）对于企业证券发行，只要符合发行条件，都应予以批准。应当特别注意的是，企业发行股票，要强调其公司化改造和促进其资产存量流动的意义，而不应强调其增资扩股的意义。就是说，对于企业将其资产折成若干股份，乃至将这些股份投入市场交易，都是应当允许和鼓励的。但是，对于企业的增资扩股，则应在国家确定的投资规范之内严加控制。简言之，应限制的是企业增资扩股的规模，而对于由企业原有资产折成的股份的上市，则不应限制上市，当然，上市的总规模应当考虑到市场的承受能力。（2）公司发行的股票（以及债券）并不一定要上市，即便上市，也并不意味着要在证券交易所挂牌；大部分企业证券应当进入柜台交易市场。鉴于此，我认为，我国的证券交易所不应扩展过快，但证券柜台交易市场在今后应当有一个大的发展。（3）法人股和个人股分离上市的局面应当立即结束。因为，这不仅极不规范，而且已对我国证券市场的发展造成了严重危害。解决这一问题可分两步走。第一步，从94年起，新的上市公司的股票，应一律废除公股和个股的分别。国家若想对企业实行控制，只须控制多数股票即可。这样做，是为避免旧的不规范的制度继续扩大；第二步，在保持证券市场的稳定的前提下，逐步取消现有的公股和个股的分别。（4）国家应鼓励基金投资。在这方面的政策，一是应解除对其发展的限制，二是应鼓励开放性基金和封闭性基金并举。

（三）外汇体制的改革

中国人民银行已于1993年12月29日就外汇管理体制改革发了公告。这次改革的主要内容是：实现汇率并轨，取消外汇留成，实行结汇制和售汇制，建立全国统一的银行间外汇交易市场。这项改革不仅会促进我国外贸体制的进一步改革，有利于我国进一步走向国际市场，而且有利于我国金融宏观调控体系的改革，其意义十分重大。但是，这项改革的难度也是相当高的。例如，在国内通货膨胀率高于国际社会的通货膨胀率的情况下，我们能否保持汇率基本稳定；在汇率可比较自由浮动的条件下，我们能否有效地弱化国际金融市场对国内经济的不利冲击；在经常项目可自由兑换外汇的条件下，我们能否有效地防止进口过多及外汇的大规模外流；在中央银行运用外汇买卖来实现金融调控的条件下，我们如何才能同时保持内外均衡。如此等等问题，都是摆在我们面前的新课题。

关于反垄断的几个问题

张　曙　光

建立市场制度包括两个方面的内容：一是建立制度性市场规则，二是建立运行性市场规则。前者主要是通过修宪活动，界定和保护财产权利，培育既有追求自身利益的行为动机，又有避免损失的行为约束的市场主体，建立起市场经济的制度性框架。后者主要是围绕促进和保护竞争，制定和实施一系列法律、规范，用以规范和约束各个主体的市场行为，建立和维护市场制度顺利运行的正常秩序。现在，我们已经确立了建立社会主义市场经济的目标，在建立市场制度方面也作了不少工作，但在上述两个方面仍面临着非常艰巨的任务。在前一方面，我们至今仍然没有明确确立个人的财产权利，没有宣布私有财产也和公有财产一样受到宪法和法律的保护。在后一方面，许多法律制度、规范条例正在制定，有的尚未出台，已经出台的还很不完善，其贯彻执行的问题更多。最近发布施行的《中华人民共和国反不正当竞争法》就是建立市场制度的一个重要举措，有利于促进中国市场制度的发育。但还需要制定《反垄断法》。

一、垄断行为的类型

所谓垄断，就是指一种排他性的独占。用一句通俗的话来说，就是“只此一家，别无分店”。由于垄断的具体成因、方式、情况各不相同，因而垄断的类型也多种多样。

按其形成的原因，垄断可以分为两类：自然垄断和人为垄断。前者是指由于技术上的规模经济的性质，一种产品或服务的最佳规模很大，一个产业只能容纳一个或少数几个企业，从而形成该企业的垄断地位；后者地指通过人为的方式，将一些本来可以自由竞争的市场变成寡头垄断的市场。由于人为垄断的形成又有两种情况，又可以分为两类：一种是由于企业在市场中的不正当行为，如企业兼并中的共谋、产品销售中的卡特尔协议、价格歧视等，而形成的垄断，这种垄断可以称为企业垄断或市场垄断；一种是由国家法令和政府干预形成的垄断，表面上来看，这种垄断也是企业垄断或市场垄断，实际上它是一种国家垄断或政府垄断。区分自然垄断和人为垄断有意义，区分企业垄断和国家垄断对于目前的中国来说，也许更加重要。这样会使我们的反垄断活动进行得更好，更有利于促进中国市场制度的发育。

按垄断者所处的市场地位，垄断可以分为买方垄断和卖方垄断。买方垄断即需求者的垄断，是指在一个市场中，供给者有多家，处于充分竞争和过度竞争状态，而需求者只有一家或少数几家，处于独家垄断或多头垄断状态。传统体制下的农副产品收购就是一种典型的买方垄断。卖方垄断即供给者的垄断，是指在一个市场中，供给方只有一家或少数几家，处于垄断地位，而需求方却有多家，均需要供给方提供的产品和服务，因而处于争相购买的竞争状态。这两类垄断在建立市场制度的不同方式中有着不同的情况和作用。

按照处于垄断地位的企业的数量，垄断可以分为独家垄断、双头或多头垄断和垄断竞争。独家垄断是指，在一个行业中只有一家企业，其垄断了全部产品的供给或需求。双头或多头垄断是指在一个行业中，有两家或两家以上的企业处于垄断地位，同时划分了市场范围。垄断竞争是指在一个行业中，有三、五个企业垄断了其产品的供求，相互之间形成一种竞争关系。在一些行业，如汽车工业中，垄断竞争也许是一种有效的市场结构，但无论在哪个行业中，独家垄断和双头或多头垄断之类的寡头垄断均在反对和取缔之列。

二、政府垄断的后果

在市场经济条件下，垄断虽然能够给垄断者带来超额的垄断利润，但是对于与之有关的其他人来说，垄断所带来的结果往往是不利的。因为，经验分析表明，不管各个企业的法律地位如何，不管它们是私人企业还是公共企业，占有垄断地位的企业的生产费用很少能够低于在竞争环境中发展的公司的生产费用。不仅如此，由于垄断排除竞争，破坏市场秩序，违背市场自由契约、平等交易的原则，因而，垄断往往是非法的。但是在传统计划经济条件下，垄断，特别是政府垄断不仅是合法的，而且被认为是最好的安排，甚至被传统经济理论看作是社会主义制度的优越性。其实，一种制度安排是否优越，不取决于人们的价值判断，而取决于事实判断，特别是效率判断，即取决成本和收益的比较。如果垄断节约的交易费用大于取消垄断所得到的利益，即垄断使该部门的生产费用更低，或者说使该部门更有效率，那么，垄断就是有利的。反之，如果垄断节约的交易费用小于竞争带来的收益，即处于垄断地位的公司的生产费用高于在竞争环境中发展的公司的生产费用时，垄断就是不利的和无效率的。实际上，垄断的有效性和有利性是有条件的，而且这种条件是很严格很苛刻的，比较起来，垄断的弊端往往大于它的利益。在一些公共产品部门和外部性很强的领域内，政府垄断往往能够节约交易费用，因而，它是有效的；但政府垄断的最大弊端是，限制和扼杀个人的积极性和创造精神，造成信息失真、价格扭曲和资源的无效率配置。当政府垄断造成的效率损失大于其节约的交易费用时，政府垄断就是不合理的，就应当在反对和取缔之列。

由于政府垄断的低效率和无效率，因而成为短缺和腐败的重要原因。中国经济运行的实践一再表明，那里存在政府垄断，那里就存在短缺；那里存在政府垄断，那里就存在着寻租的巨大机会。试想想，十多年来，住宅建设有了很大的发展，城镇住房依然短缺；电话成倍成倍的增长，装机还要排队等待；电力供应增加很多，用电更加紧张；等等，原因何在？就在于政府垄断，食之者众，生之者寡，即使生产增长再快，需求还会以更快的速度增长。可见，短缺是政府垄断的必然结果。再看看，十多年来，很多领域的短缺是如何消除的？无非是打破了政府垄断，允许个人进入和自由竞争。因此，总结十多年来的经验，归结到一点，就是竞争带来发展，竞争带来繁荣。还可以再试试，只要在目前仍然存在着政府垄断的领域内，稍稍引入竞争机制，其效率就会有一个明显的改观。同样，为什么改革以来腐败现象滋长和蔓延起来？难道不是由于政府垄断形成的超额利润随着垄断地位的动摇而被一部分掌握实权的官员所攫取，虽然依靠经营才干、创造精神兴业致富的很多很多，但是，依靠寻租和吃公有制而暴发的也不是少数。因此，打破和消除过多的政府垄断，也许是消除短缺，反对腐败的一个重要途径。

三、反垄断的不同情况和作法

从历史上来讲，发达国家市场制度的建立都经历了一个自然发育的过程，政府介入是后来的事情。当自由竞争发展到一定阶段，一些企业凭借在竞争中积累起来的实力，开始在市场上形成垄断，为了追逐高额垄断利润，不惜采取种种不正当的手段，挤垮竞争对手，进而损害消费者利益。面对这种情况，其他企业无法与之抗衡，消费者也无法约束其垄断行为而保护自己的利益，只能由政府出面干预，作出一种制度安排，提供一种秩序，才能减少和制止这种行为。于是，制定了反垄断法，建立了反垄断组织，专门从事企业市场垄断行为的检查、监督和取缔活动。可见，在这里，反垄断完全是一种政府行为，是政府为维护市场规则、保持竞争秩序而采取的措施。这是政府的重要职能。它针对的对象不是政府自己的行为，而是企业及其可能造成垄断的市场行为，如企业兼并形成的市场垄断，企业在销售和价格方面旨在排挤竞争对手，垄断和瓜分市场的卡特尔协议等。

在我国目前的现实生活中，市场制度的建立却是一个自然发育和人为推动相结合的过程，政府不仅从一开始就介入了这一过程，而且在其中起着重要的作用。因为，传统的国营经济和高度集中的计划制度，实际上是由政府垄断几乎一切经济活动的制度，计划经济建立和强化的过程，就是政府垄断建立和扩展的过程；从计划经济向市场经济过渡，实际上就是要使政府垄断的绝大部分经济活动市场化。因此，改革过程本身就是一个反政府垄断的过程。我国目前经济生活中出现的垄断现象既有企业垄断，也有政府垄断，其主要形式和主要问题还是政府垄断，就是企业垄断，很多也有政府行为作用其中。例如，某些产品的生产和供应往往由政府部门指定的企业承担，消费者也只能购买该企业的产品。至于地区封锁之类的垄断现象，完全是地方政府的行为。与此同时，政府垄断不仅同自然垄断紧紧结合在一起，垄断了具有自然垄断特征的所有行业，如铁路、邮电、电力以及供水、供气、供电等城市公用事业，而且在一些竞争性部门中也广泛存在着政府垄断。因此，我们目前的反垄断与其说主要是反企业垄断，不如说是反政府垄断更为恰当。

由以上的分析可以看出，如果说市场经济国家的反垄断是在市场制度建立起来之后，为了进一步维护市场规则和竞争秩序而采取的措施，是政府对企业行为的一种规范和约束，那么，中国今天的反垄断则主要是反政府垄断，其目的在于为建立市场制度清除障碍，奠定基础，它不是政府去规范和约束别人行为，而是政府的一种自我约束，是垄断者反垄断。如果说反企业的市场垄断需要制定反垄断法和建立反垄断的机构，由该政府机构负责该项法律的贯彻执行，那么，反政府垄断就不是反垄断法所能解决得了的问题，也不是任何一个政府部门能够执行得了的。以为有了《反不正当竞争法》就能够解决政府垄断问题，只能是一种天真的幻想。虽然反企业垄断和反政府垄断都是要开放市场，发展竞争，但是，所面临的条件和使用的办法却大不相同。反企业垄断可以根据反垄断法，将垄断企业一分二，或禁止兼并协议生效，或允许其他企业进入，或取缔卡特尔协议，这一切都不需要改变基本的制度规则。与此不同，反政府垄断的首要前提是改变基本的制度规则，因为，将一个国有企业分成两个国有企业，仍然形不成竞争性的市场制度，只有允许非国有企业进入，才能真正打破国家垄断。

从我国目前的实际情况出发，要做到这一点，需要创造一些相应的条件，采取一些适当的步骤。可供考虑的思路是：

1）从根本上确立和切实保障个人的经济自由权利，真正做到经济之发展就是人民自主之发展，就是个人经济自由权利的实现。这是打破国家垄断的基础一环。

2)明确确立各种不同法律形式的企业在各行各业中的平等地位，取消一切经济上的歧视性规定，允许非国有企业进入各个行业，既包括竞争性行业，也包括一些具有自然垄断特征的非竞争性行业，既包括一般生产和服务企业，也包括金融保险、信息通讯以及大众传媒等。

3）在基本制度规定建立起来以后，具体工作可以有步骤地分头实施和交叉推进，但对个人在现行安排下主动涉足和进入某些政府垄断的领域，则不应视为非法予以禁止和取缔，虽然暂时不能给予支持，至少不应干预。

4)对于竞争性行业中的政府垄断首先应当明确放弃和取消，对于具有自然垄断特征行业中的政府垄断和政府管制，也应分别情况，采取不同方式。有的可以采取政府垄断经营，有的以行政方式经营特许权，有的以公开招标方式经营特许权，有的实行价格管制和利润率管制，有的实行交易对象持股，有的实行政府竞争性经营，有的可将其中的某些活动和某些领域允许私人进入。

学习邓小平同志消费经济理论

杨圣明　张少龙

邓小平同志的消费经济理论极为丰富，贯穿于《邓小平文选》第三卷的始终，归纳起来至少包括三个方面的基本内容，即消费动力论、消费战略论和消费政策论。所有这些相互渗透，共同构成了一个完整的独具特色的消费经济思想体系。它是马克思主义消费经济理论在当代中国的发展，具有很强的现实指导性和理论意义。

一

社会主义作为一种制度的诞生至今也有七十多年，但是究竟什么是社会主义，什么是社会主义社会发展的动力，一直是一个争论不休，悬而未决的重大课题。在1956年我国社会主义改造基本完成以后，党的"八大"曾经提出，先进的社会制度与落后的生产力之间的矛盾已成为主要矛盾，发展生产力，满足人民生活需要已成为社会发展的动力。然而，这种观点很快就被遗忘。代之而起的是以阶级斗争为纲，把阶级斗争视为社会主义社会发展的动力。这种动力论，已被我国六、七十年代的实践证明是错误的。党的十一届三中全会拨乱反正，否定了以阶级斗争为纲的动力论，重新肯定了发展生产、满足人民生活需要的动力论。对于这一点，邓小平同志有突出的贡献。

按照邓小平同志的观点，在社会主义国家，一个真正的马克思主义政党在其执政之后，首要任务就是致力于发展社会生产力，并在此基础上努力提高人民群众的生活水平。1984年，小平同志在《建设有中国特色的社会主义》一文中明确指出："什么叫社会主义，什么是马克思主义？我们过去对这个问题的认识不是完全清醒的。马克思主义最注重发展生产力。我们讲社会主义是共产主义的初级阶段，共产主义的高级阶段要实行各尽所能，按需分配，这就要求社会生产力高度发展，社会物质财富极大丰富。所以社会主义阶段的根本任务就是发展生产力，社会主义的优越性归根到底要体现在它的生产力比资本主义发展得更快一些、更高一些，并且在发展生产力的基础上不断改善人民的物质文化生活。"①这是社会主义社会的基本特征，是推动社会发展的动力所在，也是衡量我们一切工作成效与否的根本标准。

我们知道，任何社会的再生产过程，总是以生产为起点的。人类要生存发展，就要消费一定的物质生活资料。而要取得这些生活资料，人类就必须首先从事物质资料的生产。从这个意义上说，生产显然是消费的基本前提，它决定着消费。与此同时，消费对生产也有能动的反作用，并在一定条件下具有决定性作用。首先，消费使产品得以最终完成，成为现实的产品。其次，消费是生产的最终目的，它为生产提供动力。从动态角度来看，消费的作用及其特点在于：一方面它从人们获得消费资料满足的程度和取得消费服务的方式上，体现了整个社会再生产运转的效果；另一方面，它又检验着各个环节运行的状况和效率，并通过自己的检验作出评价，向再生产循环发出各种信息，提供改善循环的依据和具体的要求，以便为新的再生产过程创造出新的消费需要。从这个意义上说，消费既是上一循环的终点和结果，是检验再生产循环是否正常的测量器；同时又是下一循环的起点和导向，是改进和完善整个经济运行的指示器。也就是说，消费是社会再生产过程中承上启下的关键性环节。

社会主义制度在我国建立后，正如邓小平同志所说，"我们在一个长时期里忽视了发展社会主义社会的生产力。从1957年起，我们生产力的发展非常缓慢。"②直到1978年，我们的人均国民生产总值还不到250美元。正是在这种历史背景下，我们党召开了十一届三中全会，冷静地分析了中国当时的现实，总结了经验教训。我们的经验教训有许多条，其中最重要的一条就是要搞清楚"什么是社会主义，如何建设社会主义。"③小平同志强调指出："马克思主义的基本原则就是要发展生产力。马克思主义的最高目的就是要实现共产主义，而共产主义是建立在生产力高度发展的基础上的。社会主义是共产主义的第一阶段，是一个很长的历史阶段。社会主义的首要任务是发展生产力，逐步提高人民的物质和文化生活水平。从1958年到1978年这二十年的经验告诉我们：贫穷不是社会主义，社会主义要消灭贫穷。不发展生产力，不提高人民的生活水平，不能说是符合社会主义要求的"④。

党的十一届三中全会以后，经过十多年的改革，解放和发展了社会生产力，我国国民生产总值增长很快，人民生活水平明显改善。党的十四大明确提出建立社会主义市场经济体制，十四届三中全会进一步作出了《关于建立社会主义市场经济体制若干问题的决定》。社会主义市场经济使市场对资源配置起基础性作用，使经济活动遵循价值规律的要求，适应供求关系的变化，其结果必然使消费需求受到重视。

我们认为，市场经济也是消费者主权经济，或者称消费者至上经济。市场经济要求每个生产者都要以最少的劳动耗费取得最大的劳动成果。优胜劣汰作为一种强制手段，迫使商品生产经营者必须采用新技术、降低产品成本、提高产品质量，改善服务态度，严格按照消费者需要组织商品生产经营活动。在这种经济环境下，消费者需求对商品生产者和经营者的利益将产生直接影响，在一定程度上决定了生产经营者的经济命运。也正是从这个意义上说，消费在市场经济中将显示出更明显的决定性作用。市场消费受到重视，将是不言而喻的。

二

邓小平以战略家的胸怀和气魄，提出了中国社会经济发展的战略构想，而消费经济战略作为其中的核心内容，构成了一个完整科学的体系。

邓小平在1979年提出：到本世纪末，争取国民生产

---

① 《邓小平文选》第三卷第63页。
② 《邓小平文选》第三卷，第137页。
③ 《邓小平文选》第三卷，第114页。
④ 《邓小平文选》第三卷，第115—116页。

总值每人平均达到一千美金，算个小康水平。当时还未使用"翻两番"这个概念。1980年底，邓小平同志在中央工作会议上明确提出："经过二十年的时间，使我国现代化经济建设的发展达到小康水平，然后继续前进，逐步达到更高程度的现代化。"①小平同志这一战略构想在以后的党和政府报告中加以确认。1984年5月29日，邓小平同志指出：到本世纪末，国民生产总值达到一万亿美元，人均八百美元。在这样一个基础上，再发展三十到五十年，我们就可以接近发达国家的水平。同年10月6日，小平同志在一次谈话中作了进一步的表述：我们的第一步是实现翻两番，需要二十年，还有第二步，需要三十年到五十年，接近发达国家的水平。②这样，小平同志把我国经济发展战略目标时间由二十年扩展到七十年，把参照系定在接近发达国家的水平上，从而使其消费战略构想逐渐清晰。随后，小平同志在会见西班牙客人时全面阐述了"三步走"的战略目标和战略部署。他说："我们原定的目标是，第一步在八十年代翻一番，以1980年为基础，当时国民生产总值人均只有二百五十美元，翻一番，达到五百美元。第二步是到本世纪末，再翻一番，人均达到一千美元。实现这个目标意味着我们进入小康社会，把贫困的中国变成小康的中国。那时国民生产总值超过一万亿美元，虽然人均数还很低，但是国家的力量有很大增加。我们制定的目标更重要的还是第三步，在下世纪用三十年到五十年再翻两番，大体上达到人均四千美元。做到这一步，中国就达到中等发达的水平。这是我们的雄心壮志。"③至此，邓小平同志便最终完成了关于我国社会经济发展战略的基本构想。

消费战略构想确定之后，必须紧紧抓住战略重点，这是因为战略重点是实现战略目标的关键。战略重点选择得恰当与否，关系到整个消费战略，乃至整个社会发展战略的全局。党的十一届三中全会决定将工作的重点转移到社会主义现代化经济建设上来，为了适应这个具有深远意义的战略转变，以邓小平为代表的中国共产党人，首先抓住农业这个战略重点，集中主要精力抓了落实农业政策和农村改革，使农村面貌很快发生显著变化。农林改革的成功，推动了城市的经济体制改革。在实践经验基础上，党的十二大报告明确指出：为实现我国社会主义现代化经济发展目标，"在今后二十年内，一定要牢牢抓住农业、能源和交通、教育和科学这几个根本环节，把它们作为经济发展的战略重点。"这以后的党的十三大、十四大报告，都继承和发展了这一战略思想。

如前所述，小平同志的消费战略构想是一个"三步走"的过程，在其中的每一个阶段，都有具特定的条件、任务、目标和要求。十一届三中全会以前，全国人民的温饱问题还没有很好解决。把解决人民的温饱问题，作为整个消费战略的第一步战略目标，是立足当时的中国国情，是合乎我国社会、经济的实际情况的。当然，解决温饱问题只是个基础，我们的目标是使人民生活比较富裕，最终实现共同富裕。目前，作为第一阶段的温饱问题已基本解决，而进入理想阶段的富裕生活目标还需要一个比较艰苦的努力过程，其中尚需一个过渡——小康！这是一个关键，也是小平同志整个消费战略部署及重点所在。所谓小康水平，是指在温饱的基础上，生活质量进一步提高，达到丰衣足食。这个要求既包括物质生活的改善，也包括精神生活的充实；既包括居民个人消费水平的提高，也包括社会福利和劳动环境的改善。

需要说明的是，如何评价和计量小康水平问题。对这个问题。小平同志正式明确使用了"国民生产总值"(GNP)和"国内生产总值"(GDP)的概念。这是西方常用的统计指标，与我们传统的总产值、总产量所包含的意义不同。这种概念上的变革，把我国的国民经济纳入到国际经济体系，便于与国际经济接轨，便于同西方发达国家和当今世界各国作比较。同时，这也是为小康社会确定了总体经济实力的背景，即国民生产总值翻两番。

小平同志充分肯定了实现小康战略目标的战略意义。1984年，小平同志在中央顾问委员会第三次全体会议上的讲话中指出：翻两番的意义很大。这意味着到本世纪末，年国民生产总值达到一万亿美元。从总量说，就居于世界前列了。这一万亿美元，反映到人民生活上，我们就叫小康水平；反映到国力上，就是较强的国家。因为到那时，如果拿国民生产总值的百分之一来搞国防，就是一百亿，要改善一点装备容易得很。一百亿美元能够办很多事情。如果用于科学教育，就可以开办好多大学，普及教育也就可以用更多的力量来办了。④更为重要的是，如果实现了翻两番，中国的力量真正强大起来了，中国在国际上的影响也会大大不同了。⑤"如果说中国是一个和平力量、制约战争的力量的话，现在这个力量还小。等到中国发展起来了，制约战争的和平力量将会大大增强。我可以大胆地说，到本世纪末，中国能够达到国民生产总值翻两番的目标，……达到小康水平，那时中国对于世界和平和国际局势的稳

---

① 《邓小平文选》(1975—1982年)第315页。

② 参见《邓小平文选》第三卷，第79页。

③ 《邓小平文选》第三卷，第226页。

④ 参见《邓小平文选》第三卷第88—91页。

⑤ 参见《邓小平文选》第三卷第89页。

定肯定会起比较显著的作用。"①中国应当，也一定能够为世界作出更大的贡献。

三

制订科学的政策，是一定时期社会经济发展目标得以实现的保证。在邓小平同志消费经济思想体系中，消费政策理论占据十分重要的地位，闪烁着智慧的光芒。

关于稳定发展农业的政策。民以食为天。中国共产党人把亿万农民的衣食温饱问题时刻挂在心头。毛泽东同志为解决中国农业的发展方向，方针、方法和道路问题而殚思竭虑，提出了"以农业为基础"的指导方针。邓小平同志所以强调和重视农业问题，就因为他持有一个极其简朴而又极其理性的道理——"不管天下发生什么事，只要人民吃饱肚子，一切就好办了。"②中国要以农业为基础发展经济的指导思想和政策，是从中国国情出发的。邓小平同志关于社会主义现代化战略思想，从一定意义上说，就是立足于中国现实国情的产物。

1987年6月12日，邓小平同志在会见南斯拉夫客人时谈到：中国的改革开放是从经济方面开始的，首先又是从农村开始的。"为什么要从农村开始呢?因为农村人口占我国人口的百分之八十，农村不稳定，整个政治局势就不稳定，农民没有摆脱贫困，就是我国没有摆脱贫困。"③他还说过："中国社会是不是安定，中国经济能不能发展，首先要看农村能不能发展，农民生活是不是好起来。翻两番，很重要的是这百分之八十的人口能不能达到。现在看，一系列新的农村改革是成功的。过去农村很困难，现在可以说绝大多数人能够吃饱，能够穿得比较好，居住情况有了很大的改善。农村政策见效很快，增加了我们的信心，对我们确定翻两番的目标是一个鼓励。"④

关于共同富裕政策，邓小平同志在1992年初南方重要谈话时指出："走社会主义道路，就是要逐步实现共同富裕。共同富裕的构想是这样提出的：一部分地区有条件先发展起来，一部分地区发展慢点，先发展起来的地区带动后发展的地区，最终达到共同富裕。如果富的愈来愈富，穷的愈来愈穷，两极分化就会产生，而社会主义制度就应该而且能够避免两极分化。解决的办法之一，就是先富起来的地区多交点利税，支持贫困地区的发展。当然，太早这样办也不行，现在不能削弱发达地区的活力，也不能鼓励吃'大锅饭'。什么时候突出地提出和解决这个问题，在什么基础上提出和解决这个问题，要研究。可以设想，在本世纪末达到小康水平的时候，就要突出地提出和解决这个问题。到那个时候，发达地区要继续发展，并通过多交利税和技术转让等方式大力支持不发达地区。不发达地区又大都是拥有丰富资源的地区，发展潜力是很大的。总之，就全国范围来说，我们一定能够逐步顺利解决沿海同内地贫富差距的问题。"⑤小平同志共同富裕的政策包含有以下几方面的内容：首先，共同富裕政策是社会主义的本质要求，是社会主义的生产目的之所在。正如小平同志所说的："社会主义原则，第一是发展生产，第二是共同致富。我们允许一部分人先好起来，一部分地区先好起来，目的是更快地实现共同富裕。正因为如此，所以我们的政策是不使社会导致两极分化，就是说，不会导致富的越富，贫的越贫。"⑥其次，共同富裕允许一部分人，一部分地区先富起来。共同富裕不等于平均富裕，也不同于同步富裕。小平同志说："我的一贯主张是，让一部分人，一部分地区先富起来，大原则是共同富裕。一部分地区发展快一点，带动大部分地区，这是加速发展、达到共同富裕的捷径。"⑦再次，共同富裕是一个过程，实现共同富裕是最终目标。照我们理解，共同富裕首先要消灭贫穷，解决温饱问题。在此基础上，允许一部分先富起来，但必须是通过勤劳而致富起来的。正如小平同志1978年就曾指出的："在经济政策上，我认为要允许一部分地区、一部分企业、一部分工人农民，由于辛勤努力成绩大而收入先多一些，生活先好起来。一部分人生活先好起来，就必然产生极大的示范力量，影响左邻右舍，带动其他地区、其他单位的人们向他们学习。这样，就会使整个国民经济不断地波浪式地向前发展，使全国各族人民都能比较快地富裕起来。"⑧

关于适度消费政策，是指消费必须与生产发展的水平相适应。离开生产的物质条件而提高消费显然不实际，而落后于生产发展的抑制性消费也不适当。所谓适度消费是指适应于国情国力、生产发展水平和自然资源的一种消费状态。适度消费一般又称合理消费。消费是否适度或合理的客观标准乃是消费主体的经济力量的大小。小平同志充分重视消费的作用，把消费当作社会发展的动力源，同时，小平同志也反对超前的高消费。有位日本友人曾建议我们实行高收入高消费的政策，对此，小平同志明确指出："这一点，我们国家情况有所不同，现在全国没有条件实行高收入高消费的政策。但如果将来沿海地区搞好了，经济发展了，有了条件，收入就可以高一点，消费就可以增加一点，这是

---

① 《邓小平文选》第三卷第105页。
② 《邓小平文选》(1975—1982年)第361页。
③ 《邓小平文选》第三卷237页。
④ 《邓小平文选》第三卷第77—78页。
⑤ 《邓小平文选》第三卷，第373—374页。
⑥ 《邓小平文选》第三卷第172页。
⑦ 《邓小平文选》第三卷第166页。
⑧ 《邓小平文选》(1975—1982年) 第142页。

合乎发展规律的。”①小平同志特别强调：“要注意消费不要搞高了，要适度。”②随后又说：“艰苦奋斗是我们的传统，艰苦朴素的教育今后要抓紧，一直要抓六十至七十年。我们的国家越发展，越要抓艰苦创业。提倡艰苦创业精神，也有助于克服腐败现象。建国以来我们一直在讲艰苦创业，后来日子稍微好一点，就提倡高消费，于是，各方面的浪费现象蔓延，加上思想政治工作薄弱、法制不健全，什么违法乱纪和腐败现象等等，都出来了。”③总之，我们既要反对抑制性消费，也要防止高消费。正确的选择就是：重视消费、放开消费、引导消费、适度消费！

近年来保护消费者权益理论研究的新进展

尹世杰 尹向东

我国过去，对保护消费者权益问题重视不够，对这此问题也很少进行系统的理论研究。近年来，随着社会主义市场经济的发展，消费问题越来越重要，保护消费者权益问题也越来越为人们所关注。一些专家、学者对市场经济下保护消费者权益的新情况、新问题、新变化以及如何加强对保护消费者权益等问题，作了广泛的探讨，无论在理论上还是在实际工作方面，都有了新的进展。

(一) 对保护消费者权益的重要性的认识

对保护消费者权益的重要性，不是简单地从侵权现象、从保护措施等方面进行探讨，而是把保护消费者权益纳入社会主义市场经济运行轨道之中，从整个社会经济的发展、从人的全面发展、从两个文明建设的高度进行考虑。

有的认为，应该把保护消费者权益问题提到社会主义生产目的的高度来认识。社会主义生产目的，为了满足人们日益增长的物质文化需要。如果人们买到的东西，伪劣假冒，不仅损害消费者的物质利益，甚至影响消费者的身心健康，严重损害消费者的权益，这怎么谈得上满足需要?这是背离社会主义生产目的的。

有的把保护消费者权益提到发展社会主义市场经济的高度来认识。市场经济要求等价交换，平等竞争。如果搞不等价交换，搞不公平的竞争、甚至非法的竞争，损害消费者权益，不仅会使生产者经营者信誉扫地，影响他们的经济利益，而且会扰乱市场秩序，影响市场经济的健康发展。如果消费者权益得到保护，根据消费者的需要进行生产，等价交换，公平竞争，市场健康运行，资源合理配置，会大大促进市场经济的发展。有的人还从国际市场竞争的角度提出：在国际市场上越来越重视信誉竞争，争夺更多的消费者。因此，消费者权益意识和消费者权利保护是通向国际市场的“通行证”。

有的认为，要把保护消费者权益问题提到建设社会主义精神文明、提到人的全面发展的高度来认识。市场不仅是一种经济关系，也是一种文化现象。社会主义市场，不仅应该体现社会主义物质文明，也应该体现社会主义精神文明。只有建立了社会主义市场经济新秩序，建立了平等竞争的市场环境，消费者权益得到保护，才有利于促进两个文明建设。消费者需要不断得到满足，消费层次不断上升，消费选择性不断增强，消费质量不断提高，就会大大有利于人的全面发展。

(二)关于市场经济下消费者权益保护工作面临的新情况、新问题

在市场经济条件下，资源合理配置，商品日益丰富，逐步实现买方市场，消费选择性不断增强；另一方面，企业平等竞争，提高商品和服务质量，讲求信誉，争取消费者的“货币选票”。所有这些，都有利于树立消费者的主导地位，有利于保护消费者的权益。有的更具体地指出：在市场经济下，供给导向型经济转变为需求导向型经济，投资需求推动型经济转变为消费需求推动型经济，卖方市场转变为买方市场，这些都使消费在市场经济运行中的作用越来越大，为保护消费者权益提供极为有利的条件。有的人更具体地分析了市场经济下一些新变化：例如，生产者、经营者和消费者地位都发生变化，过去是消费者跟着生产者、经营者转，“皇帝的女儿不愁嫁”;现在是生产、经营者跟着消费者转，必须讲求信誉，提高产品和服务质量，拥有更多的消费者。另外，政府职能也在发生变化，过去，政府对消费进行“包”和“统”，政企不分，甚至出现地方保护主义;现在主要运用经济杠杆进行宏观调控，从全局上合理调节生产者、经营者和消费者之间的物质利益关系，重视消费，重视消费者的利益。

但另一方面，也出现了一些新的矛盾和问题，有的人指出：由于多种经济成分、多种流通渠道和多种经营

---

① 《邓小平文选》第三卷第52页。
② 《邓小平文选》第三卷第193页。
③ 《邓小平文选》第三卷第306页。

方式的扩展，商品和服务的来源多样化。“复关”以后，外国商品更会不断涌入，这些都使消费领域和流通领域更为复杂，更容易出现侵害消费者权益的情况。与此同时，适应人们消费需求的新的消费内容和消费形式，层出不穷，加之高科技广泛运用于消费领域，商品和服务中科技含量不断增加，使消费者出现很多不适应的情况，这也不利于保护消费者的权益。

但从总的趋势来说，市场经济的发生，会大大有利于保护消费者权益。有的人在分析了市场经济下一些新情况、新变化后，认为市场经济就是人们的消费需要不断得到满足的经济，是消费居先、推动国民经济不断运转的经济，是实现消费者是主人、是“上帝”的经济；有的明确提出：市场经济就是消费者主权的经济。

（三）关于消费者权益受到损害的根源

市场经济对保护消费者权益既然有很大的功能，但我们现在为什么还出现很多侵权行为呢？不少人认为，市场经济运行中，难免出现一些自发性和不协调性，特别是在新旧经济体制转换过程中，在市场体系不完备、市场机制不健全、市场规则还不完善的情况下，更容易出现一些不健康、甚至严重侵权的现象，但这决不是市场经济带来的，而是市场经济不发达、不规范造成的。

发生侵权行为的根本原因，有的强调：主要由于商品经济不发达，商品和劳务还不丰富，卖方市场在短期内还难以转变为买方市场；有的强调，主要由于法制不健全，或者是无法可依，或者是有法不依，执法不严；有的强调：主要由于消费者历来处于弱者地位，加之不少消费者科学文化素质不高，现代商品知识和消费知识不多，自我保护意识和自我保护能力不强；有的强调：主要由于生产经营的不正之风，某些人钱迷心窍，唯利是图，不惜损人利己，毫无职业道德。有的人还揭示一些深层次的原因，如“地下经济”、“诸侯经济”和地方保护主义等等。地下经济使生产、经营者避开技术监督和质量检测，生产、经营伪劣假冒商品，牟取暴利，是损害消费者权益的策源地；“诸侯经济”和地方保护主义，保护落后，保护丑恶现象，是伪劣假冒商品的保护伞。因此，必须深化体制改革，创造平等竞争的市场条件，这是实现消费者权益的重要条件。

（四）值得进一步研究的问题

在讨论中，不少人提出了今后加强对消费者权益保护的一些对策，包括：如何根据消费需求，调整产业结构、产品结构，使消费品和劳务丰富多彩；如何建立社会主义市场经济新秩序，建立、完善保护消费者权益的法规体系，并严格执行。当前如何贯彻《消费者权益保护法》，把保护消费者权益工作纳入法制的轨道；如何转变政府职能，通过各种经济杠杆，正确调节生产者、经营者和消费者之间的关系。由于消费者历来是弱者，政府行为还应该向消费者倾斜，增加对消费者权益保护的力度；如何加强消费者教育，提高消费者的科学文化素质，提高自我保护意识和自我保护能力，等等。我们认为，有些问题还值得进一步研究。

如何提高全社会对保护消费者权益的认识，仍是一个值得研究的重要问题。我国长期以来，商品经济不发达，不少人商品经济意识、权益意识不强，消费者权益受到损害时，往往以“小事一桩”或“自认倒霉”了之，没有认识到损害消费者权益已成为一大社会公害，没有认识到满足消费需要、保护消费者权益对社会经济发展的作用。应采取各种有效措施，广为宣传，使人们认识到：消费者权益得到保护，大大有利于社会主义市场经济的发展、人的全面发展和社会主义精神文明建设，有利于形成三者之间的良性循环。三者之间如何实现良性循环？保护消费者权益在三者之间的良性循环中，如何起着媒介和纽带的作用？这是在理论上和实践中是很值得研究的问题。

如何揭示并逐步铲除诱发侵权行为的深层次的原因，如何净化市场环境，消除不平等竞争的市场原因及市场外原因，（包括“诸侯经济”和“地下经济”部门、地区保护主义等），真正使市场运行有序化、规范化，真正实现等价交换，公平竞争？如何通过体制改革，创造有利于保护消费者权益的经济环境？消费者既然是弱者，政府行为如何向消费者倾斜的原则、标准是什么？哪些应该倾斜，哪些不应该倾斜？所有这些，都是很值得研究的问题。

如何进一步明确消费者权益的内容和范围，使消费者在消费生活的各个方面都能得到保护，形成一个权益的体系？例如，消费环境是消费者进行消费的基本条件，空气、水都是人们最重要的生存资料，消费者是否应该有“要求保障有益于健康的环境的权利”？又例如，保护消费者权益，除物质消费品外，还有劳务产品，劳务产品应该包括精神文化产品。生产、贩卖低级庸俗的、甚至有毒的精神文化产品，是否属侵权行为？如何保护消费者在精神文化消费领域的正当权益？这又是很值得研究的问题。

如何从根本上提高消费者的自我保护意识和能力，如何从根本上提高消费力？如何提高全民族的科学文化水平，提高消费者的素质，使人人争当一个文明的、现代化的消费者？有人提出，文化教育是第一消费力，如何发挥第一消费力的作用？这些也都是值得研究的问题。

1993年的中国经济和1994年发展展望

胡　季

1993年的中国经济，纵观全年，是在上年高速增长的基础上，增速进一步加快。分阶段看，上半年在高速增长过程中，一些领域出现"过热"，金融秩序，流通秩序发生混乱；下半年，经过加强和改善宏观调控以后，在"降温"和"治乱"两个方面，都取得积极效果。但深层矛盾没有消除，偏热的运行态势还未"软着陆"，物价涨幅依然较高。1994年，根据国内外条件预测，仍然可以保持较快增长速度，但需继续加强和改善宏观调控，努力防止严重通货膨胀，争取经济运行态势相对平衡健康，为全面加快推进改革创造较好的经济环境。

一、1993年经济发展的基本情况

1.全年国内生产总值突破3万亿元，达到31380亿元，比上年增长13.4%，快于1992年的增速13.2%；1991—1993年，每年平均增长11.5%，大大高于8—9%的计划增长速度。全年第一产业增加值增长4%，相对平衡；第二产业增加值增长21.1%，创改革开放以来最高水平；第三产业增加值增长9.3%，略低于上年增速。

2.农业生产获得较好收成。农业总产值突破1万亿元，比上年增长5%以上，略低于上年的增速。种植业比重下降，种植业内部产业向市场需求和高附加价值为中心作了调整。

3.工业生产增速创改革开放以来最高纪录。工业总产值，按乡及乡以上工业计算，为35074亿元，增长23.6%(包括乡以下工业在内的全部工业，增长26%以上)，增速为改革开放以来最高水平。

工业经济效益随经济增速加快而有所提高。1993年工业经济效益综合指数为96.61，高于上年的89.5。预算内国有工业企业实现利税，比上年增长37%，其中实现利润增长99.4%。但是，这种"速度型"、"涨价型"经济效益，不能掩盖经济效益低下的实质。乡及乡以上独立核算工业企业，全年资金利润率只有3.9%，远低于同期工业流动资金贷款的利率。预算内国有工业企业亏损面高达31.8%，比上年上升6.3个百分点，亏损企业亏损额达319亿元，比上年增长7.2%。

4.投资需求猛增，固定资产投资年度规模特别是在建规模扩大过快。初步统计，全年全社会完成固定资产投资11829亿元，比上年增长50.6%，为改革开放以来的最高增幅，扣除价格上涨因素，实际投资量增长22%左右。其中国有单位完成投资8321亿元，增长57.8%，扣除价格上涨因素，实际投资量增长27.9%。当年投资率达38.9%，为改革开放以来的最高年份。扣除价格因素增幅过高和外资增加较多等因素的影响，投资率也高达35%左右，高于往年水平3—5个百分点。

投资结构不尽合理。在国有单位投资中，虽然第三产业投资比重由上年的38%提高到44.2%，其中运输、邮电、通信投资比重由14.7%提高到20.2%，但是，能源、原材料工业投资比重由上年的39.5%降为35.6%，农业投资比重由上年的2.8%降为2.2%。国有单位投资中，新建扩建的投资比重由上年的72%上升为75.6%，更新改造投资也主要用于扩大生产规模。投资效果是近几年中最低的。

5.消费需求旺盛，国内市场繁荣。全年银行工资性现金支出比上年增长30.3%，行政企事业管理费现金支出增长65.5%，乡镇工资性现金支出增长29.5%。消费基金的快速增长，促进了国内市场旺销。全年社会商品零售总额13593亿元，比上年增长23.6%，扣除物价上涨因素，实际增长9.4%。其中：消费品零售总额增长26.1%，扣除物价上涨因素，实际增长11.6%；农业生产资料零售总额增长5.2%，扣除物价上涨因素，实际为负增长8%。

生产资料市场购销两旺，但起伏波动较大。上半年购进和销售的平均增幅为50%左右，而下半年购进和销售的平均增幅为20%左右，特别是二季与四季的落差尤大，购进增幅相差57个百分点，销售增幅相差44个百分点。但12月又开始大量购进，主要生产资料期货价格上升，建筑材料再度抢手。

6.进出口贸易继续增长。据海关统计，全年进出口贸易总额1957亿美元，比上年增长18.2%，其中出口917.6亿美元，增长8%，进口1039.5亿美元，增长28.9%，逆差121.9亿美元。而上年顺差43.6亿美元。贸易外汇收支逆差，由非贸易外汇和其它外汇收支顺差来弥补。年末国家结存外汇比上年末略有增加。出口增幅缩小，一是国内需求旺盛、价格上扬，外销不如内销；二是有些国家对进口我国有些产品进行限制；三是我国有些产品出口竞争力较差。进口大幅增长，主要是因为投资需求猛增，需要大量进口生产资料，弥补国内供应的缺口。

7.城乡居民收入有不同程度的提高。据家计调查，全年城镇居民人均生活费收入2325元，扣除物价上涨因素，实际增长10%，高于上年的8.5%；农村居民人均纯收入921元，扣除物价上涨因素，实际增长3.2%，低于上年的5.9%。同时，不同居民家庭收入差距拉大。不但城镇居民人均收入比农村居民人均收入高152%；而且35个大中城市居民人均收入比全国城镇居民人均收入高29%，大中沿海大中城市居民人均收入比35个大中城市居民人均收入高26%，大中城市中以“三资”企业为主体的其它经济类型企业职工和个体劳动者的收入又高于国有企业职工；这些差距比上年有所扩大。尤其是城镇居民家庭减收面有所扩大，预计为40%，比上年扩大了9个百分点。全年城乡居民储蓄存款余额达14764亿元，比上年增长27.9%，高于上年的26.8%的增幅，当年新增储蓄存款共3218亿元，比上年增加781亿元。

8.通货膨胀压力加大，物价水平居高不下。全国社会商品零售物价总水平上升幅度，按与上年同期相比计算，从1月的8.4%逐月提高到8月的15.1%，9月为1992年5月以后首次降低，降为14.5%，到10月又重新恢复逐月提高趋势，升为14.6%，12月达16.3%，全年平均为13%；其中城镇物价上升13.7%，农村零售物价上升12.3%。全国居民生活费用价格总水平上升幅度各月的变化趋势同零售物价一样，从1月的10.3%逐月提高到8月的16.4%，9月为1992年5月以后首次下降，降为15.7%，10月又恢复上升，升为15.9%，12月达17.8%，全年平均为14.5%。35个大中城市全年居民生活费用价格平均上涨19.6%（其中12月上涨23.9%），其中消费品价格上涨17.2%，服务项目价格上涨38.6%。

工业品生产资料价格涨幅更高。全年平均出厂价上涨33%，原材料、燃料、动力购进价上涨35%，生产资料市场价格上涨30%。

9.经济体制改革步伐加快，对外开放继续扩大。全国90%以上的县市放开了粮油销售价格，放开了钢铁产品和部分统配煤出厂价，调整了部分原油价格。目前，国家定价的比重，在社会商品零售价格中只占5%，在农民出售的农产品总额中只占10%，在工业企业销售的生产资料总额中只占15%，大大推进了市场决定价格机制的形成。同时，一大批区域性的农副产品和生产资料交易市场相继建立，资本、劳动力、房地产、技术、信息、产权等市场也出现加快发展之势。通过《条例》的贯彻，企业的市场主体地位得到加强。产权制度改革开始起步，股份制试点开始按《公司法》和有关法规的要求进行整顿和运作，上市公司由上年的55家增加到130多家，其中5家已在香港上市。在工业产值中，国家指令性计划已降到5%左右；财税体制方面，在9个地区进行分税制试点；金融体制方面，通过调整存贷利率、加强基础货币管理，改善了金融宏观调控，推广了信贷资产负债比例贷款和风险管理经验，加强和完善了证券市场的监管，初步建立了有管理的浮动汇率制度。此外，社会保障制度和住房制度的改革也加快了步伐。

在对外开放方面，全年新增利用外资协议金额1226.8亿美元，比上年增长76.7%，实际使用金额367.7亿美元，增长91.5%。新批准外商直接投资项目8.2万多个，增长70.7%，直接投资协议金额1108.5亿美元，增长90.7%，实际投入金额257.6亿美元，增长1.3倍，接近于改革开放前14年的总和。到1993年底，累计批准外商直接投资项目近17.4万个，协议金额2172亿美元，实际投入金额569亿美元。1993年外商投资企业进出口额670.7亿美元，占全国进出口总额的34.3%。

二、加强和改善宏观调控取得积极成效

在上年高速发展的惯性作用和各地发展冲动增强的情况下，1993年上半年全国经济支出出现在强劲增长中逐月升温态势。投资需求在高位上逐月加大，全社会固定资产投资增长61.1%，其中国有单位投资增长70.7%，6月更高达76.8%，增幅之大历史罕见，并出现了“开发区热”、“房地产热”。消费需求，在居民收入增长加快（城镇居民人均月生活费收入增长28%，农民人均现金收入增长14%左右）的带动下，呈逐月加大之势。社会商品零售总额增长21.6%（扣除物价上涨因素，实际增长10%左右），其中6月高达28.4%。由此推动工业经济高速运行。乡及乡以上工业增长25.1%，其中6月高达30.2%。建设规模和工业生产的猛增，一是导致主要物资和能源（主要是电力、油品）“瓶颈”制约加大，运输特别是铁路运输“梗阻”更加突出，整个经济运行状态绷得很紧，并导致流通秩序混乱，炒买炒卖，囤积居奇现象严重；二是由于国内需求旺盛，出口增幅降低，上半年只增长4.4%，其中6月负增长9%，进口大幅增长，上半年增长23.2%。由此推动人民币汇率不断下降；三是迫使货币高投放，上半年由正常年份的净回笼变为净投放528亿元。6月末市场货币流通量比上年同期增长54.2%，创历史最高水平。同时，金融秩序混乱，金融机构之间资金乱拆借，社会上不规范的乱集资，面广量大，居民储蓄滑坡，国家银行资金来源受到严重冲击，正常的贷款发放和存款支付发生困难，国库券发行受到阻碍，财政困难加剧；四是物价不断攀高。上半年，全国社会商品零售物价上升10.5%，其中6月高达15.1%；全国居民生活费用价格上升12.5%，其中6月高达15.1%；35个大中城市职工生活费用价格上升17.4%，其中6月高达21.6%。生产资料价格涨势更猛，上半年上升30%，其中5月高达37.4%。这种高投资拉动、高投入支撑、高物价和经济秩序混乱为代价的

高增长，是难以为继的。为此，党中央、国务院从4月酝酿到6月出台了一系列加强宏观调控、深化改革的措施，旨在稳定经济，保持持续快速健康发展的好势头。

这次加强宏观调控，由于抓住了关键环节，从整顿金融秩序入手，协调使用金融、财政、投资管理、外汇管理等手段，较多采用经济办法，重点进行结构调整，规范经济主体行为，推行改革措施，堵邪门、开正门，并比较及时地把握了调控的时机和力度，因而取得"降温"和"治乱"两方面的积极成效，并保持了经济快速增长的好势头。

首先是治乱方面的成效：

一是金融秩序好转，经济形势趋于稳定。乱拆借、乱集资、乱设金融机构的现象基本得到制止。居民储蓄存款增加额由6月末比上年同期少增90亿元，恢复正常增加到年末增加额比上年末多增781亿元。国家银行清理和收回违章拆借资金共830多亿元。专业银行的备付金率回升到规定水平以上。外汇市场的人民币汇率从7月以后恢复稳定，与美元的汇率保持在1:8.8左右。过量的货币投放得到控制。全年投放1529亿元，基本实现控制目标，年末市场货币流通量比上年末增长35.3%，低于上年的增幅。银行新增贷款4846亿元，年末贷款额比上年同期增长22.4%，比上年新增贷款多增1320亿元，增长37.4%。为了堵邪门，开正门，银行贷款增加一些，也是需要的。农产品收购、重点建设项目、重点生产企业和出口创汇企业的贷款资金到位和保证情况好于往年。同时，三季度以来，企业存款大幅度下降、流动资金紧张和企业间"三角债"重新抬头的状况，经中央银行从9月开始发放再贷款，也逐步得到缓解。企业存款10月恢复增长，12月增长12.6%。

二是财政秩序好转。全年财政赤字可控制在205亿元的预算目标之内。由于清理不合理的税收减免、加强税收征管以及300亿元国库券足额发行和入库，此外，还在国外成功地发行了5.3亿美元的日元债券和龙债券，初步扭转了上半年经济高速增长、财政收入低度徘徊的局面。1—11月，国内财政收入比上年同期增长18.3%，增幅大大高于上半年的1.4%；财政支出高增长的局面也有所改变，7—10月增长10.3%，增幅低于上半年的12.5%，年终前有所反弹。值得注意的是，由于分税制改革方案确定以1993年为基数，年底前几个月各地采取各种办法抬高财政收支水平，出现财政收入负增现象，这将加大1994年财税改革和财政收支平衡的困难。

三是生产资料流通秩序好转。市场供应由紧变松，销售下降，价格回落，库存增加，中间商投机活动大大收敛。

四是股票市场、房地产市场、外汇市场、开发区秩序好转，股票热、房地产热、开发区热得到遏制，"泡沫经济"得到消除。各类开发区由原来的近2000个，清理整顿到国家级100多个、省级400多个。商品房建设投资增长率由上半年最高峰143.5%下降到三季度的26.7%。房地产价格回落，股票市场也趋向稳定。

其次是"降温"方面的成效：

一是过高的工业增长速度逐渐趋缓。全国乡及乡以上工业的增长率，从6月最高峰30.2%开始回落，11月为18.9%，12月反增到29.8%。

二是投资膨胀初步有所控制。在国有单位投资中，投资增长率，由6月最高峰76.8%降到9月的56.5%。

上述积极成效，表明经济运行中存在的尖锐而突出的矛盾有所缓解，同时也为1994年加快改革步伐、继续保持快速健康发展，创造了有利条件。

三、1994年经济发展的机遇和挑战

1994年，对于中国经济来说，无论是在今后较长时期内保持快速、稳定、健康、增长，或者是全面加快推进改革措施，都是关键的一年。

关于能够保持较快增长势头的有利条件，主要有：

一是农业原材料和工业原材料库存较多(上年末，生产资料库存增长22.3%)，原材料、能源的生产能力也有新的提高。加上进口补充，将从物质条件和供给能力方面仍能支持较快的经济增长。

二是近两年来投资规模扩大结转过来的大量在建工程，近几年来积累的消费基金和当年将新增的消费基金，以及由于实行汇率并轨、改进外汇管理体制，将有利于出口增长。这些都将从需求方面拉动经济快速增长。

三是中央银行在上年9—12月间投放的较多的再贷款，专业银行在年末保持的较高备付金率以及企业存款恢复增长的趋势，特别是在调整资金使用方向、提高资金使用效率方面都有潜力可挖，这些都将能从资金供应方面支持工业生产和固定资产投资较快地增长。

四是沿海发达地区在分税制改革中能够保持既得利益，并有较强的自筹资金能力，经济增长仍将居全国前列。

五是非国有经济部门包括"三资"企业和乡镇企业，已经成为工业增长的主导部门，由于其活力较强，增长率仍将居高不下。

六是国际方面，美国、欧洲联盟乃至东欧国家经济将走出低谷，恢复增长；亚洲周边国家和地区除日本外，仍将保持较高经济增长；同时，发达国家和地区，由于我国国内市场潜力大、开放程度也将扩大，外汇管理体制又作了变动，因而对我投资前景看好；世界范围内的产业结构和区域经济合作的调整，中美、中德、中法及与其他欧洲一些国家，与周边国家关系有了改善和发展；这些都有利于我国扩大国际贸易经济合作和增加外资流入，从而促进国内经济增长。

关于能否保持经济稳定健康增长的不利条件，主要有：

首先，突出的是通货膨胀压力加大。经过加强宏观调控，全国社会商品零售物价总水平和全国居民生活费用价格总水平，9月份从最高价位上开始有所回落，但从10月开始又恢复逐月攀升趋势，到12月反弹到全年的最高价位，分别为16.3%和17.8%，其中35个大中城市居民生活费用价格总水平为23.9%。据有关部门测算，在需求大体不变和剔除某些突发生性因素的情况下，由于上年底物价涨幅这样高，对1994年零售物价总水平上涨的滞后影响将超过5个百分点，对1994年居民生活费价格总水平上涨的滞后影响将超过7个百分点。据了解，上年年底前后，物价大幅上升的直接原因是生产者和消费者对1994年即将实施的各项改革措施不够理解而形成不同程度的涨价预期心理。这主要是对新增值税的价外概念、征收消费税的概念认识不清，以及1994年将提高粮食收购价格担心损害切身利益等。经过宣传解释、国有粮店挂牌降价、动用储备和加强对物价的监管，一度发生的对某些产品的抢购风得以平息，并稳定了物价。值得注意的是，1994年的物价总水平，除了在国家和居民的承受能力允许范围内有计划的调高和放开某些基础产业价格，将适度上涨以外；还存在某些潜在的由需求拉动和成本推动的通货膨胀压力加大而可能导致的市场物价自发上涨因素。潜在压力，一是近年来，广义货币供应量年均增长27.4%，比同期按现价计算的国民生产总值的增幅高出10个百分点；二是上年固定资产投资规模，据有关部门测算，大约偏大1000亿元。除一部分当年转化为消费基金，加大当年消费需求压力外，大部分会通过带动生产资料价格和工程造价上涨转化为以后年份的生产成本推进；三是历年来企业工资、费用成本连续上升，能源、原材料、运输价格连续调高和逐步放开，在供需关系趋紧情况下，必将导致最终产品价格上涨；四是在供需结构性矛盾突出的情况下，由于体制不顺，供大于求的商品价格上去了，而供给偏紧的商品价格也要上涨，结果导致物价总水平上涨。因此，必须深化改革，加强宏观调控，消除和缓解这些潜在的通胀压力。

其次，工业生产增幅反弹、特别是投资规模扩张的压力增强。1993年乡及乡以上工业，从6月高峰逐月回落到11月又开始反弹，12月猛升到接近6月的水平。在固定资产投资规模方面，如前所述，不但1993年度规模偏大，而且在建项目结转规模过大，所占比重达57.6%，高出正常水平近15个百分点。这种潜在的反弹、扩张的压力在由于体制不顺造成的国有部门（包括地方政府和国有企业）约束机制不足、数量扩张冲动强劲的条件下，可能变成现实；“软着陆”没有实现，却又在半空中腾飞起来。而一旦潜力释放出来，必将导致货币过量增发、财政赤字加大、国际收支逆转、经济结构恶化、“瓶颈”制约加剧以至金融秩序、经济秩序混乱，酿成严重通货膨胀，结果政府被迫采取“急刹车”、“硬着陆”措施，造成经济大起大落。这种沉痛的历史教训，必须吸取，坚决避免。

总之，必须抓住发展机遇，充分调动有利因素，坚决克服不稳定因素，巩固并发展经过宏观调控来之不易的积极成效，总结并发扬宏观调控中积累起来的宝贵经验，下功夫深化改革，促进经济以较快速度稳定而健康发展。

四、1994年经济发展展望和宏观调控政策取向

根据上述分析，1994年中国经济仍将保持较快增长势头，过快增长、加快增长是不可取的。同时，按照经济周期的规律，在连续两年超过13%的年经济增长率的高速增长、并于1993年达到峰顶以后，增速将减缓（主要由于结构性矛盾加剧），此时，适宜采用稳定经济增长的措施，而不是过大刺激措施，使经济“软着陆”，转向稳定增长期，并持续较长时间比较平滑地过渡到下一个高峰期。从处理好发展与改革的关系来说，也适宜保持适度增长局面，为改革创造较大回旋余地和较为宽松环境。

（一）经济发展预测和宏观调控目标。

整个经济保持较快增长局面，国内生产总值可能比上年增长10%以上，但宜控制在9%左右，因为这个增长率也是积极的，也是快速增长。农村经济如无重大自然灾害，将持续全面增长，并向优质高效发展。农业总产值将增长4%，粮食保持增长势头，棉花恢复增长。

工业经济呈大幅增长趋势，工业总产值增长率可能超过20%，但宜控制在15%左右。

固定资产投资规模扩张势头强劲，年度投资总额可能超过1.5万亿元，但宜控制在1.4万亿元左右。

国内市场旺盛，社会消费品零售总额将增长20%以上，生产资料销售总额增长幅度会更高。

外贸与进出口将继续增长，出口增长好于上年，进口贸易继续大幅增长。

居居收入将继续增长，增幅可能大于上年，其中城镇职工将随公务员工资调高而相应增长，农村居民将随生产增长和粮棉收购价格调高而增加收入。城乡居民收入增幅都要高于物价增幅。同时，职工收入的提高要建立在经济发展基础上，增幅要同经济发展相适应。

市场物价高幅上涨势头值得高度注意，全国社会消费品零售物价水平涨幅，要努力控制在10%以内。

相应地，财政赤字应调控在预算范围内，货币发行和银行贷款增加额及投向应调控在计划范围以内。

（二）经济工作的指导思想。

1994年的经济工作要围绕“抓住机遇、深化改革、扩大开放、促进发展、保持稳定”这个全国大局，处理好改革、发展与稳定三者关系。对于深化改革，不但已积累了15年的经验，而且上年的加强和改善宏观调控实际上已作为改革的前奏给1994年全面加快深化改革开辟了道路。毫无疑问，1994年应当抓住这个机遇，在党中央、国务院统一领导和部署下，全国上下，同心同德，精心组织，下大功夫，迈好这决定性一步。通过改革促进经济持续快速健康发展。同时，发展也要支持改革。改革是转换机制、调整利益关系，方方面面需要有一定承受能力。经济增长速度过低，难以支撑；经济“过热”，会引发严重通货膨胀、经济结构恶化，改革也难以顺利推进。无论是改革还是发展，都有赖于社会安定、政治稳定，其基础是经济稳定。因此，只有宏观经济相对稳定才能保证改革顺利推进、发展持续下去。

（三）宏观政策取向。

根据近期工业生产增幅反弹、固定资产投资规模扩张的压力加大的情况，特别是通货膨胀压力加大、市场物价涨幅较高涨势较猛的情况来看，全年应当把有效防止出现严重通货膨胀作为紧迫任务。同时，避免经济大起大落。为此，总体上，应当采取偏紧的宏观经济政策。方法仍然是适时适度调节，财税、金融、计划（投资）三大手段协调配合使用，掌握调节力度。宏观调节，要从保持总需求和总供给大体平衡着眼，从以需求管理为主入手，着重管理好投资需求，控住“源头”。同时，把好金融这个重要“闸门”。社会信用总量、银行信贷总量要控制，资金使用结构要优化。职工收入增长，也要避免指数化倾向。

经济科学研究观点简介

第一部分 经济理论

所有制问题

一、多种经济成分并存问题

（一）如何认识各种经济成分的并存

1.认为近几年来，国有经济缺乏活力、效益低下，在国民经济中比重下降过快，缺乏增长后劲。在国营单位兴办集体企业过程中，也存在侵害国有资产权益的现象。集体经济中存在着为数不少的假集体、真合营成分。非公有制经济的过快发展也带来一些非正常的因素。（丁宝山：《关于所有制问题的几点思考》，《经济学消息报》，1993年11月18日）

2.认为全民所有制经济实力增强，但比重下降，增长乏力；集体经济不断发展，比重上升，具有良好的发展态势；联产承包责任制使农村集体经济发生了重大变化；个体经济稳步发展，在某些行业比重提高很快，是发展第三产业的一支生力军；外资企业的出现和快速增长。对发展外向型经济发挥了积极作用；私营经济得到恢复和发展，但所占比重不大，发展有了波动。（王梦奎等：《我国所有制结构变革趋势与对策》（上），《管理世界》1993年第6期）

3.认为国营经济与以前相比，僵化体制逐步得到改变，经济实力有了很大增强，但在国民经济中的比重反而下降很多。而几种非国有经济成分的比重则有不同程度上升。所以，应禁止非公有制经济发展的范围，这主要指除国有经济外，不准其他经济在任何条件下以任何方式进行生产或从事经营的行业或产品，限制非公有制经济发展的范围，这主要指除国有经济外，集体经济也可以在一定条件下按一定方式进入生产或从事经营的行业和产品。（郭振英等：《关于我国所有制结构的现状、问题和建议》，《中国社会科学》1992年第2期）

4.认为在多种经济成分并存的条件下，一方面要缩小国有经济的比重，另一方面要大力扶持其它经济成分的发展。在目前情况下，国有经济除了直接掌握一些公共服务部门基础产业、重点产业的骨干企业外，一些中小企业可以拍卖、租赁、承包、转为股份制等方式，转为民有民营或国有民营。这种转变过程，只要采用合理的方法，国有资产不会流失，只不过是国有资产原有的物质形态转化为货币形态。大力扶持其它经济成分的发展，能极大地活跃国民经济，加速市场经济的发育成长。（陈维：《论中国所有制经济结构改革的含义和本质》，《社会科学》，1993年第8期）

5.认为将来我国所有制结构进一步完善，应是国家所有制为主导，集体合作经济为主体，多种经济成份和多种经营形式并存。国有制为主导，是要把国有经济搞好，提高素质；国有经济不一定要在任何地方、任何部门都在数量上占绝对优势，但国家一定要牢牢掌握重要产业和产品。公有制以外的其他经济成份的存在和发展，也是符合市场经济需要，目前不是发展多了，而是还很不够，应大胆地让它们发展，特别是第三产业领域。（晓亮：（所有制改革是建立市场经济体制的重要内容》，《商业经济与管理》1993年第4期）

（二）各种经济成分竞争条件的比较

1.认为我国各种经济成分的竞争条件是不公平的，造成这种不公平竞争的原因是，长期以来我们的宏观经济政策是针对各种经济成分而制定，即不同的经济成分实行不同的经济政策。按照所有制性质制定的经济政策，本身有难以克服的弊端。首先，难以做到公平公正，这在同一行业中表现的尤为突出，各种不同经济成分同时存在于同一行业，生产同类产品，享受各不相同的经济政策；其次，不同的经济政策，是与我们长期坚持以公有制经济为主体，国有经济为主导基础上鼓励各种经济成分长期共同发展的所有制政策相悖的，不利于调动各种经济成分的积极性。（丁宝山：《关于所有制问题的几点思考》，《经济学消息报》1993年11月18日）

2. 认为中国的市场一直是非公平非充分竞争的市场，改革中又形成了新的不公平不充分竞争。一方面是政府实行倾斜政策造成的政策不公平。国有企业享受不到“三资企业”、乡镇企业等经济成分享有的率先进入市场的优惠政策。另一方面是改革中推行的地方行政性分权及财政包干形成了地方保护性“诸侯经济”，这种“诸侯经济”不仅肢解了统一市场，还限制竞争保护落后。（洪银兴：《论建立市场经济体制的市场基础》，《新华日报》1993年10月15日）

3. 认为从外部条件看，国有资金供应好，非国有企业资金供应差。从物资供应条件看，指令性调拨计划比重大幅度下降，国家供货相应减少。国有企业得到的平价原材料越来越少，这一点上与非公有制经济差别不大。从税负条件看。不同经济成分的税负差别主要表现在所得税税率上。从财政性和非财政性负担看，国有企业税后利润要向财政上缴比例不等的承包收入，而非公有制企业则无此负担。从价格政策上看，不论是价格结构，还是价格管理。对不同所有制企业的影响有很大差别。从内部条件上看，国有企业承担着许多社会福利任务，在劳动用工方面，三资企业、个体企业和私营企业最具灵活性，国营企业吃“大锅饭”现象仍很严重。在技术方面。国有大中型企业和部分三资企业技术条件比较优越，而小型企业和集体、乡镇企业条件较差。（王梦奎等：《我国所有制结构变革趋势与对策》（上），《管理世界》1993年第6期）

（齐亚新）

二、国家所有制与市场经济

（一）国家所有制与市场经济能否兼容

周叔莲认为：国家所有制和市场经济的相容是有条件的。二者兼容的条件是，打破整个社会的独家所有制，使社会上众多企业成为有财产的、真正独立的市场竞争主体，使市场机制对资源配置起基础性作用。为使国家所有制和市场经济有机结合，作者认为：我国主要采取了两方面措施：一是实行多种经济成份和相互渗透，二是改革国有经济使国有企业成为独立的商品生产经营者。（《关于国有企业产权的几个问题》，《中国工业经济研究》1993年第7期）

廖元和认为：国家所有制与市场经济是可以有机结合的。即市场交易主体既具有独立的、排他的、可转让的产权，又不改变生产资料公有制形式。首先，我国农村产权制度的改革并没有改变土地等财产的国有制性质，仅仅赋予农民以充分的自由经营权，将剩余劳动成果由财产所有者独占，改变为和财产经营者分离，农民就可以以商品所有者的身份进行市场交易。由此得出的一条基本的经验：即使只有唯一的一个财产所有权主体，只要财产经营使用权是分散的，分属于不同的财产经营使用者，从而劳动产品也分属于不同的财产经营者，财产所有者只凭借所有权获得固定的财产收益，就能促进市场经济的发展。其次，不管进入市场交易的是私有制企业还是公有制企业，只要交易双方各自具有独立的产权就能使交易实现。我们完全可以赋予国有企业以独立的产权而不改变国有制性质。再次，国家所有制和市场经济之所以能有机结合，是因为市场经济的本质是多个独立使用价值的所有权之间的交换，作为价值形态的所有权性质并未发生变化。市场经济对国家所有制的要求是：(1) 将政权与财产权分离。(2)将所有权与经营权分离。(3)明确产权主体的权利界限。当然，国家所有制对市场经济有一定的制约作用。(1) 使联合起来的社会主义商品生产者成为市场经济的交易主体。(2) 对市场配置资源的基础作用进行宏观指导。(3) 消除市场经济所形成的收入两极分化。(4)通过自动调整分配制度影响市场供需结构，克服生产过剩和有效需求不足。（《公有产权制度和市场经济的相互联系》，《中国社会科学院研究生院学报》1993年第3期）

魏杰、张宇认为：国有制与市场经济是可以结合的。但二者之间也有矛盾。对于国家所有制与市场经济关系的认识必须从调节方式和利益关系进入到国家所有者和市场经济的本质关系，这样才能抓住问题的根本。国家所有制是适应现代化大生产的一种所有制形式，其具体形式可以根据市场经济的要求不断变化。国有制与市场经济相结合的途径主要有二。一是积极发展多种所有制形式，实现产权结构的多元化，以弥补国有经济的不足；二是改革国有企业管理体制，建立适应市场经济要求的产权形式。（《市场经济与公有制体制改革》，《经济研究》1993年第3期）

（二）市场经济的产权基础与国有制实现形式

林子力认为：市场经济需要的是开放化、社会化的产权制度，即所有者不再直接支配和使用自己的财产，它的“使用和滥用的权利”转化为取得产权转让价格或产权收入的权利。这就摒弃了财产权利的排他性,实现了支配,使用或经营与所有权的分离,这种分离普遍化和深化的结果,使得财产无论归谁所有,都可以为社会所支配和使用,即人们可以凭借其才能去获得对财产的支配权,使用权,任何财产的支配,使用者都要支付产权价格,竞争造成使用的机会平等,产权价格就象产品价格和劳动价格那样成为一种机制,即社会资源有效配置的机制。它只有在开放性、社会化的产权制度下才能生成。产权社会化使市场成为不仅包括产品和劳动市场,而且包括产权市场的完整体系。产权社会化在微观上表现为企业制度的变革,使社会化的企业模式即现代股份制获得普遍的发展。产权社会化所造成的完整的市场体系,为政府调节社会经济提供了客观条件。这种政府职能的形成和具备,可以在相当程度上弥补市场的缺陷或失败。(《现代市场经济和现代社会主义》,日山编《著名学者论社会主义市场》人民出版社1992年版)。

樊纲认为:国家所有制要适应市场经济的要求,首先要求在所有权或产权关系方面作出明确界定,并在此基础上区分不同的利益主体,形成产权明确的、多元化的所有制关系。归属不明、界限不清的产权,实际上是不能交换的产权,在此基础上商品交换也就无法进行,市场机制也就无法有效地运转。用"交易成本"的语言说,不确定或得不到保护的产权,导致市场交易成本过大或"无穷大",从而导致市场根本无法运作。(《论发展市场经济与产权关系的改革》,《改革》1993年第1期)

周叔莲认为:国家所有制要找到实现自己的恰当形式,必须要首先理顺国有企业的产权关系,即承认国有企业对自己经营管理的财产也有所有权。国家对国有企业的财产拥有最终所有权,国有企业对自己经营的财产拥有法人所有权,二者互为条件,互相制约。(《所有制是一种经济手段》——专访周叔莲教授,《经济社会体制比较》1993年第5期)。

刘西荣、顾培东认为:国家所有制所需要的产权基础是:第一,产权客体支配、产权收益享有、产权主体结构三个层次的内容;产权主体结构是产权制度最深层次的问题,产权客体支配的社会化和产权收益享有的确定化都必须以产权主体结构的合理化为前提,只有在这个前提下,谁来关心资源充分利用和优化配置以及谁对产权客体支配的不轨行为进行约束这些经济运行中的最深层问题才能得到恰当解决。第二,从现实的基本利益出发,合理的产权主体结构应当是以私有产权主体为基本内核的产权主体结构,满足三个方面的基本要求:(1),符合现实社会经济运行中最基本的经济关系;(2),资源的充分利用和最优配置,经济运行中的交易成本趋于最低;(3),各种性质的产权制度,在竞争中互相吸纳有利于促进社会发展的因素。第三,从资源配置有效性的角度看,合理的产权主体结构应当是私有产权主体与公有产权主体并存和互补的产权主体结构;产权客体的自然属性,产权客体支配的影响效应和产权收益的确定与否则是制定私有产权主体和公有产权主体各自界域的基本标准。第四,私有产权主体和公有产权主体并存和互补的产权主体结构,可以产生出一种促进私有产权制度与公有产权制度相互吸纳、自我完善的结构优化效应。总之,基于现实基本经济关系和资源配置有效性以及求解制度结构效应的要求,国家所有制所需要的产权基础是以私有产权主体为基本内容,私有产权主体与公有产权主体并存、互补和公平竞争的产权主体结构。(《社会主义所有制改革的重新思考》,《经济理论与经济管理》1993年第3期)

(三)国家所有制的改革出路

吴敬琏认为:通过法人化实行股份公司制度。这一思路的主要设想是:(1)将现有的国有大型企业改组为股份有限公司,由各种公有制法人分散持股;(2)法人组织建立以后,出资者不再保持对已入股的财产的直接控制,而是将法人财产的经营权交给董事会和董事会任命的高层主管人员行使;(3)在公司内部,建立将经理人员的工资同经营绩效联系起来的激励——约束机制,保证经理人员改善经营管理,谋求公司盈利的最大化。(《社会主义市场经济的历史沿革和现实意义》,日山《著名学者论社会主义市场经济》人民出版社1992年9月第一版)

林子力认为:国家所有制的出路在于,使封闭式的国有制转变为开放性、社会化的国有制。使国有财产所有权与行政权分离,又包括:A、所有权与政府调节社会经济职能的分离;B、所有权与工商行政管理的分离;C、所有权与国家财政的分离。以上三个分离使所有权不再从属于行政权,并使经营权不再从属于所有权,所有权和经营权都成为独立的主体。封闭式的计划体制正是和国家所有制的封闭性相适应的,所以对封闭式国有制的改革,同时也就包含着对封闭式计划体制的改革。(《现代市场经济和现代社会主义》,日山《著名学者论社会主义市场经济》人民出版社1992年9月第1版)

樊纲认为:在国家所有制的改革中,应该首先通过股份制改革,通过界定"股权"方式,将尚不明确的产权关系尽快明确起来,一方面确定所有权主体,另一方面使所有权量化,从而使所有权本身成为可转让、可交易的,使之适合于市场配置方式的要求。(《论发展市场经济与产权关系的改革》,《改革》1993年第1期)

刘西荣、顾培东认为:改革国家所有制,关键在于重塑产权主体结构，有两种选择：一是突进式推进，即将现实可替代或可再生性公有产权按照一定方式以股份的形式分配给公众变公有产权主体为私有产权主体。这是一种风险大，可行性小的选择。二是渐进平和式推进，即鼓励私人投资，发展私有经济，扩张私有产权主体的活动领域与出售国有企业、缩小和改变公有产权主体的活动领域同时并举。作者认为这种选择的现实可行性较强。（《社会主义所有制改革的重新思考》，《经济理论与经济管理》1993年第3期）

刘德用、李万民认为：国家所有制改革的设计构想是：(1)首先把国有资产管理部门从各级政府中分离出来，使产权管理职能和政府宏观调控经济的职能脱钩，使国有资产管理部门成为各级准经济组织。(2)建立股份式复合共管的企业法人产权制度。各级国有资产管理部门必须通过企业产权制度的改造构建，形成每一企业的人格化产权授权人，借助产权新制度的自身运转，实现对分存于企业中的国有资产营运过程的产权控制。(3)抓好国有资产经营者(或企业家)的培养、选配、激励和考核。（《国有企业产权人格化势在必行》，《经济师》1993年第6期）

王宗坑认为：改革国家所有制的基本思路是：(1)改革国有资产管理体制，成立国有资产管理委员会，直接隶属于全国人大，让人大拥有全国所有国有资产的终极所有权，并管理国有资产的营运与增殖，把具体的经营过程交由企业进行，政府行政机构不能再以国有资产所有者身份直接干预国有企业经营活动。(2)推行股份制，促使产权主体多元化，实现企业财产终极权、法人所有权与经营权的分离和统一。在这里，国家股的代表成为董事会成员，只能遵循公司章程，不能直接干预直接经营，切实做到政企分开两权分离。(3)坚持国有产权，实行委托经营或承包经营。对少数公益性、垄断性企业，继续实行产权国家所有，委托或承包经营。(4)对少数效益低下的国有小型企业公开拍卖，把国有产权转为非国有产权。（《改革国有产权关系与转换企业经营机制》，《福州大学学报》1993年第3期）

林正泰认为："企业股份共有制"体制是最佳的国家所有制的实现形式。(1)国家政权与产权彻底分离，国有企业资产委托国有资产的专职管理部门管理。(2)国有企业产权实行企业化、股份化、社会化改革。(3)企业实行董事会管理体制。(4)配套改革，银行建立企业化体制。(5)在企业股份共有制体制下，培植职工"资产权"，使职工变无产者为有产者。（《国有企业改革的根本出路：建立企业股份共有制》，《经济师》1993年第11期）

（周立群、刘伟）

三、产权问题

（一）产权的含义及产权结构

樊钢认为：产权是一种界定对于生产资料的权利（收入索取权）和责任（谁来承担损失）的方式。只有建立在明确界定的、能够在经济中产生最大激励，促使人们普遍地关心和追求生产资料配置效率的产权关系，才能实现资源最优配置。（《论发展市场经济与产权关系的改革》，《改革》1993年第1期）

刘诗白认为：产权是特定的人（们）在特定的经济组织中对特定的物或对象的占有权。产权首要的是所有权，即主体对物和对象的最高占有关系和权力。另外还包括现实生产中的实际占有关系和权力，即支配权。（《论产权制度及其功能》，《经济体制改革》1993年第5期）

刘世锦认为：产权是资源稀缺条件下人们使用资源的权利，或者说人们使用资源时的适当规则。完整的产权总是以复数形式出现，它不是一项权利，而是一组权利，包括：(1)使用权，在法律允许的范围内以各种方式使用财产；(2)收益权，即直接从财产本身或经由协约关系从别人那里获取收益；(3)转让权，通过出租或出售把与财产有关的权利让渡给他人。（《关于产权的几个理论（上）》，《经济社会体制比较》1993年4期）

赵晓雷认为：产权是指人们对自己所拥有的物的使用而引起的相互认可的行为规范，它偏重于说明人与人的关系，即所有者之间的行为关系。（《市场经济与产权制度》，《经济学家》1993年第3期）

刘春旭认为：产权是由社会所强制实施的并用于选择一种经济资源的使用权利。产权是界定经济活动中人与人之间利益边界的一套行为规则。（《公有制经济中的产权：初步分析》，《北京大学学报》1993年第4期）

王宇认为：产权是指财产所有权，它是由财产的最终所有权、实际占有权、使用权、收益权和处置权这样一组权利组成，集中财产所有权是最本质意义上的产权关系。（《在国有经济之外重建不同的产权主体》，《改革》1993年第3期）

廖元和认为：产权即财产权利，是对财产能够实施一定行为的经济活动主体在财产关系中所具有的权利。包括所有权、债权、股权、继承权和其他与财产所有权有关、并从所有权派生出来的其他财产权利。（《公有产权制度与市场经济的相互关系》，《中国社会科学院研究院学报》1993年第3期）

周立群认为：产权有古典与现代之分。古典产权有三个重要特征：(1)以自然人为本位的产权主体。个人（家庭）是财产主体，即使在放大或发展了的形态上，私人财产与企业之间也无实质性界限，企业盈利（亏损）即业主个人的盈利（亏损），二者间可随时转化冲抵。(2)以所有权为轴心的集权结构。产权诸权都集中于一个主体——个人业主或所有人，即“单一产权结构”或“集权结构”。(3)以保值为准则的产权运作。在非商品经济占主导地位的经济中，产权首先意味着对财富的直接的绝对占有，产权运作的目的是以财富保值为准则的。与古典产权结构不同，现代产权结构有三个特征：(1)企业产权主体的法人化。其典型形态是股份有限公司，公司是一个法人主体而非自然人。(2)产权体系的层次化、结构化。一层是原始产权与法人产权的分解，这是一种规范性均产权界定和结构按排；一层是法人产权与经营权的分解，这一分解被马克思称为所有权与经营权的分离，突出了经理决策地位。(3)产权运作市场化。在现代市场经济条件下，产权实际上是作为商品来经营和运作的。(《古典产权结构与现代产权结构》，《学术研究》1993年第4期)

（二）产权和所有权的关系

刘诗白认为：所有权涵概的是一种最高占有关系，意义在于回答生产要素的最高支配者是谁。权利性质是全权，或罗马法中所说的“为所欲为”的权利。作者认为，产权的概念是从现实出发用于分析当事人对生产要素的实际占有的性质和状况，和建立恰当的产权制度，是市场经济通行的现实需要，是各种当事人占有权的具体划分和界定。它包括和涉及到财产对象性质与载体性质，是看得见和摸得着的“财产”。所有权的概念主要揭示某种看不见、摸不着的占有关系和权利。产权指财产诸主体的权利，产权主体既包括人，也包括非人身机构、组织。所有权主体离不开人，离开了人，也就谈不上所有权。(《论产权制度及其功能》，《经济体制改革》1993年第5期)

周立群、栾诗认为：产权和所有权分属不同的理论层次范畴。(1)从体现的内容和反映的关系看，所有制是社会生产关系基质的抽象和概括，注重本质性和一般性；而产权则是在一定所有权前提下企业财产关系内在形式的概括，注重具体性和特殊性，产权并不规定或创造所有权，但却是所有权必要的表达形式。(2)从研究的目的看，所有权研究的是社会财产关系或生产关系的本质规定性；而产权不能直接规定社会经济制度，对其研究的目的是确定在既定的生产关系下为什么是这种产权而非其他。(3)从研究的侧重点看，所有权强调占有主体的地位和作用，对象本身具有同质性和稳定性特征；产权侧重于将组织视为一个系统，并深入到这一系统内部研究细化了的经过分工的产权权能，组织角色和结构层级关系，对象本身具有多样性和复杂性。(《财产组织的涵义》，《社会科学》1993年第3期)

越晓雷认为：所有权是人们之间的财产关系，侧重于说明人与物的关系。所有权和产权在本质上都是人们的社会财产关系，但偏重的角度不同。个人拥有某物即为所有权。在法律上保障私产不受侵犯即为产权。产权偏重于说明两个或两个以上所有权发生关系时的行为规范。二者的逻辑关系是，所有权的性质基本决定了产权性质。(《市场经济与产权制度》，《经济学家》1993年第3期)

刘春旭认为：产权和所有权不是对等的关系。完整意义上的产权和所有权的含义基本一致。产权内部亚层次形态，可以称为一项产权，但其对应的权力不是所有权，而是相当于所有权内部某一亚层次的具体权能，因此，所有权是一种产权，也可以说使用权是一种产权，但不能说产权就是所有权或使用权，因为产权一词并不特指一项具体的权利，而是指多种同质权利的一个组合体。从产权和所有权的客体看，产权客体的范围比所有权广泛，某些不能成为所有权内容的权利，也可能成为产权的一种形式。(《公有制经济中的产权：初步分析》，《北京大学学报》1993年第4期)

（三）产权与市场经济

1. 市场交易的实质是产权交易

樊纲认为：任何一种经济体制，既是资源配置机制，也是利益调节机制，或称之激励机制。而一种经济体制在资源配置上是否有效率，首先取决于它能否在利益分配上最大限度地为人们提供有效配置资源的动机或激励，最大限度地减少人们为争夺收益所造成的资源损耗（即所谓的交易成本）。市场经济要想有效地运行，必须要有明确的和受到保护的产权。因为商品交换本身就是产权交换，市场经济的基本环节是权利的交易，市场机制所依赖的基本动作方式就是追求自身利益最大化的企业或个人的自主决策和它们相互之间的自愿交易。归属不明，界限不清的产权、实际上是不能交换的产权，在此基础上商品交换也就无法进行，市场机制也就无法有效地运转，甚至会导致市场交易成本过大或无穷大。目前在产权改革方面要解决的问题是：公有制经济的产权不清；国有资产的所有权归属不明确；非国有经济或非公有经济的产权缺乏明确而有效的保护。(《论发展市场经济与产权关系的改革》，《改革》1993年第1期)

刘春旭认为：产权必须具有可交易性。这一特性对市场经济具有重大意义。正是由于产权具有可交易性，才有可能通过交易，使得经济物品能够得到最优利用。在产权理论中，任何一宗交易都被看作是不同产权之间的交换，即它是对两种物品使用相关的一组权利的交换。产权价值的大小取决于产权的明确程度及其强度（产权实施中所受制约的程度）。也正是一系列的产权交易，才构成市场经济的灵魂。如果一种产权是不可交易的，那么它就不能实现向最优利用的转移。社会经济效率就会下降。（《公有制经济中的产权：初步分析》，《北京大学学报》1993年第4期）

赵晓雷认为：市场经济在本质上是一个由许多独立利益主体构成、产权明确界定、交易公平自由的经济系统。在市场经济中，产权用以界定人们在交易活动中如何受益、如何交换、以及他们之间如何进行补偿的问题。市场交易的实质是产权交易，市场制度的核心是产权界定，在保障自由财产权利的基础上进行公平的交易和竞争。（《市场经济与产权制度》，《经济学家》1993年第3期）

王宇认为：市场是交换关系的总和。交易的本质是不同产权主体之间所有权的让渡和转移。没有不同产权主体的存在，就没有真正的交易，从而就没有真正意义上的市场和市场经济。市场经济的基本前提是产权明确的企业。因为，只有企业产权边界清晰，各自作为不同的产权主体平等对待、自由竞争，才能产生合理的交易行为，形成真正的市场关系和这种关系的社会表现——市场机制。（《在国有经济之外重建不同的产权主体》，《改革》1993年第3期）

2.明晰产权的思路

刘春旭认为：从产权理论的角度看，产权改革的当务之急是要使内部组织按排取得最小的交易费用；使产权界定能够给予个人劳动足够刺激，即利用产权制度建立一个激励机制，以保证制度有一个较高的生产率。现阶段必须通过财产占有方式保护公有财产，防止出现“自由进出”问题；同时，需要划定个人之间的利益边界，规定私人在经济活动中合理的收益——费用范围；最后，由于现阶段公有财产的运营者尚不能在全社会的范围内直接确定，所以仍然要具体委托给特定的一组共同劳动者（甚至是个人）进行财产使用。（《公有制经济中的产权：初步分析》，《北京大学学报》1993年第4期）

廖元和认为：现实社会主义财产关系中存在着一系列的矛盾，如何解决这些矛盾，要取决于如何创新社会主义产权制度。他认为：中国产权制度的较好选择是建立国有制为领导和骨干、企业集体所有制为主体的多元产权主体制度，并在此基础上发展股份制。（《公有产权制度的三大内在矛盾及其解决途径》，《改革》1993年第2期）

王宇认为：由传统体制向市场经济过渡关键是形成产权明确的不同产权主体。思路之一是产权界定。在国有经济内部通过企业股份制改造对国有企业产权进行界定，实现最终所有权和法人所有权的分离。使国家拥有最终所有权，企业拥有法人所有权。作者认为，通过这一思路界定国有企业的产权是行不通的。首先，目前尚不具备实行股份制的基本条件；其次，股份制本身没有界定产权或提高企业经济效益功能。思路之二是产权重建。即在国有经济之外重建不同的产权主体。通过发展非国有经济的办法向市场经济过渡。我国经济改革的实践已经走上了第二条思路。非国有经济的最大特点在于他们的产权是明确的，它的产生意味着不同产权主体的出现，它的生产经营活动诱致了真正的市场交易关系。通过非国有经济向市场经济过渡，也是成本最低的选择（包括政治成本和经济成本）。而按照第一条思路，将使改革遇到：“真空期陷井”，即新旧体制转轨引起的经济秩序混乱、人民生活水平大幅度下降的现象。（《在国有经济之外重建不同的产权主体》，《改革》1993年第3期）

胡永明认为：明确产权，使产权独立化，并不意味着建立私有产权。在公有制条件下，通过国有产权实现形式的改革，同样可以明晰产权，实现产权独立。这可以借鉴西方现代公司制度中财产所有权与控制权的分离的经验。企业法人并不是企业财产的最终所有者，但却掌握了企业的产权，可以自由支配地转移资产。国有企业可以按照这一方式，使最终所有权和法人产权分离，产权与经营权分离，建立独立的法人产权制度，实行政企分开，从而在企业之间建立起竞争机制。（《科尔纳〈通向自由经济之路〉中产权改革思想评介——兼论公有制与市场经济能否兼容》，《改革》1993年第2期）

（四）我国产权制度现状及成因

廖元和认为：我国目前公有产权制度存在着三大内在矛盾。矛盾之一：财产所有者和财产经营者不是同一行为主体而引起的经济利益冲突或差别。公有制社会的建立并没有消除财产所有者和财产经营者之间的经济矛盾，而仅是改变了财产内在矛盾的性质和形式，一方面，它属于全社会成员共同所有，另一方面，全社会成员又不可能共同使用该项财产，而总是由一部分人去使用该项财产。到底是按照财产所有主体意志还是按照财产使用主体意志来分配收益呢?这构成一大矛盾，这一矛盾是财产内在矛盾的反映。矛盾之二：在于公有产权主体本身，每一个劳动者既是公有财产的所有者，又是公有财产的所有者。当公有财产带来利益时，每一个劳动者都会声称自己有份；当公有财产需要明确责任时，每一个劳动者都不是责任主体。在传统的社会主义产权制度下，全民所有的财产的权利主体和责任主体代表是国家；但国家仅是全民财产的所有权主体的代表，而不是所有权主体本身。所有权主体是全体人民，但人们又普遍把所有权主体的代表当成所有权主体本身，从而使所有权主体代表容易失去所有权主体的控制和监督。矛盾之三：现实社会主义的产权制度中，存在着全民和集体两种公有制形式和其他非公有制形式。全民所有制的所有权主体享有单重财产权利，集体所有制和其他所有制的所有权主体享有双重财产权利并有双重经济利益，这就必然导致不公平。（《公有产权制度的三大内在矛盾及解决途径》，《改革》1993年第2期）

刘春旭认为：学术界存在着两种较为流行的观点：一种是，现有公有产权存在着"产权虚置"的问题，即名义上存在着对公有财产的国家所有权，实际上公有财产的使用和保护无人关心，形成了所谓的"无人所有制"。它涉及的是公有制经济中的共同所有者对公有财产的关心程度，由于种种原因公有制经济中共同所有者个体与整体之间契约关系在严密程度上有待提高，他们对公有财产的关心程度不具备私有者那样的水平。另一种观点是，目前公有制经济中存在着"产权不清"的问题。所谓的"产权不清"不能理解为财产归属的不清。从所有权的角度看，公有财产的归属是十分清楚地界定的，它属于全体共同所有者。但是由于内部契约关系中对涉及公有财产运营的权利没有清晰的界定，导致了内部经营效率低下，这种情况属于产权亚层次上的细分没有清晰的界定。（《公有制经济中的产权，初步分析》，《北京大学学报》1993年第4期）

沈建明、刘亚玲认为：传统的国有企业实际上属于所有者控制型。所有权和经营权紧密结合在一起。国家作为所有者直接行使占有权、使用权和支配权，并凭借剩余索取权获得全部剩余及支配权。随着改革的深入，人们开始担心"谁对国有资产负责"以及对国家所有权"失落"的担心。由于缺乏相应的制度按排，我国按"两权分离"思路进行改革停滞不前。实践证明：只要国家拥有控制权，控制权的行政化就不可避免。（《重组国有企业产权关系的若干思路》，《经济学家》1993年第2期）。

胡永明认为：企业的产权独立以及由产权独立所决定的决策独立和利益独立，是市场主体形成从而市场机制发挥作用的前提条件。改革以来，试图通过简政放权、利润留成和经营承包而赋予企业以相对独立的利益和经营权。然而实践证明，由于企业没有独立的产权，企业的经营决策权时放时收，极不稳定；企业与国家间的利益边界没有明确划定；利益不清，企业吃"大锅饭"依然如故。（《科尔纳〈通向自由经济之路〉中产权改革思路评介——兼论公有制与市场经济能否兼容》，《改革》1993年第2期）

倪吉祥认为：国有企业的改革是沿着"两权分离"的思路进行的、由于产权模糊，"两权分离"的改革思路的局限性日益明显。其中一个核心问题，是在提出"两权分离"时，忽视了企业产权这一根本问题，使得国家作为所有者行使所有权管理的标的与企业作为法人行使经营权的标的混合在一起，国家作为所有者和企业作为经营者都同时对同一个企业财产直接行使所有权和经营权，由于国家是企业财产的当然所有者，必然对企业财产经营进行直接干预和支配。其结果是：一方面国家所有者行为与企业法人经营行为相混淆，所有权和经营权难以界定清楚；另一方面造成国家对企业经营权的直接干预和剥夺，企业法人产权得不到保障。（《经营权的缺陷与法人所有权的重建》，《改革》1993年第5期）

（周立群、刘伟）

（五）如何理解法人财产权

《中共中央关于建立社会主义市场经济体制若干问题的决定》中，提出了"企业拥有包括国家在内的出资者投资形成的全部法人财产权"。如何正确理解法人财产权，对建立现代企业制度有重大意义。目前，理论界对这一概念存在不同看法或阐述：

1.关于"法人财产"。

洪虎认为，企业法人财产不仅是资本金及其增殖形成的财产，还包括企业在经营中通过负债形成的财产，它们间的关系是：资产＝所有者权益＋负债。企业法人财产从归属意义上讲是属于出资者的，但这种关系只有在企业终止时才能体现出来，并且出资者享有的权益是扣除债务后的净资本。（《明确企业改革方向建立现代企业制度》，《中国经济体制改革》1993年第12期）

吴敬琏认为，公司的法人财产，由股东所投入的股本形成，然而它一旦形成，便具有了独立的生命，公司的盈亏，表现为法人财产的盈缩。法人财产虽然归根到底仍是股东的财产。但是，法人（公司）财产和股东财产又有如下区别：(1)公司的法人财产和股东的除股金以外的财产之间有明确的界限；(2)公司以其法人财产承担民事责任；(3)股东不能以个人身份直接支配他已投入公司的资本，只有作为法人组织的一分子，通过一定组织程序，才能参与公司财产的最终支配权。现在有一种误解，就是把"法人财产"看成股东以外的什么人，比方说，"企业（即以企业领导人员为代表的职工集体）的财产。为了避免产生误解，最好不要笼统使用"企业拥有法人财产"这一类说法，只有企业法人才拥有法人财产。法人财产属于法人，法人是由股东组成的团体，企业是一个混沌概念，它包括出资人，也包括经理人员和全体职工，不加限定地说企业拥有法人财产，无异于说公司财产属于股东，经理人员和全体职工共有。（《什么是现代企业制度》，《改革》1994年第1期）

2.关于“法人财产权”

洪虎认为：企业法人财产权是企业对其全部法人财产依法拥有的独立支配的权利。同时以其全部法人财产承担民事责任。（《如何理解法人财产权》，《改革》1994年第1期）

偶轩认为，由出资者注入企业的资本金及企业在经营中负债所形成的财产即构成企业法人财产。企业法人财产从归属意义上讲是属于出资者，但出资者享有的权益却是净资产，即资产扣除负债后的剩余额。出资者向企业注入资本金，并没有把这部分财产的所有权全部让渡出去，只是把所有权的部分权能让渡给企业了。企业法人财产权是企业对法人财产依法拥有的独立支配的权利。企业要依法维护出资者的权益，保证企业财产不断增值。（《如何理解法人财产权》，《人民日报》1993年11月22日）

唐丰义提出，“法人具有财产权，是否就是企业所有?有了利润就要“归法人所有”?这是误解。法人财产权是从原始产权分解出来的派生权力，它同最终归属权不同，是一种托管性质的财产支配权。在载体形式上，投资者的原始产权表现为价值形态的股权，而法人产权则表现为实物资产的支配权（“物权”）。二者独立，只是说明它们各自成为独立的民事主体，而不是另外有一个“企业所有权”。（《法人和法人代表的名义与权益》，《中国商报》1994年1月11日）

现代企业制度调研组认为，确立法人财产权，对国有企业来说，不会改变国家的所有者地位，改变的只是国家对国有资产管理方式。企业国有资产属全民所有，即国家所有，国务院代表国家行使财产所有权。企业法人制度的实质，对国有企业而言，是确认国家拥有财产的所有权，企业拥有独立的法人财产权，并据此享有民事权利，承担民事权利，承担民事责任。（现代企业制度调研组：《建立与社会主义市场经济体制相适应的现代企业制度》，《人民日报》1993年12月21日）

吴家骏等认为，若想确立企业法人产权制度，必须把所有权进行分解，国家的最终所有权和企业法人所有权，都不是本来意义上的完整的所有权，而是经过分解的所有权。国家对已经投入企业的财产的最终所有权，只能享有收益权和转让权，既不能任意抽回，也不能占用和进行其他处分。国家的财产一旦投入企业，就成为企业的法人财产，企业也就对它拥有了法人所有权。这种法人所有权不仅享有占用和不改变最终所有权的处分权，而且还可以用来偿还债务和承担盈亏责任。（《关于我国企业制度改革的研究》，《中国工业经济研究》1993年第10期）

3.法人财产权与经营权的区别。

洪虎认为，“企业法人财产权”和“企业经营权”表述的角度是不同的。企业经营权是相对于所有权而言的，是从所有权派生出来的，是与所有权有关的财产权，侧重表述了所有权的哪些权能让渡给企业了。法人财产权则是相对于其他民事权利而言的，重点规定的是企业做为独立法人区别于其他的民事主体与企业财产之间的权利义务关系。法人财产权与企业经营权的内涵也不完全一致。企业经营权不包含收益权的内容，而法人财产权却包含收益权内容。（《如何理解法人财产权》，《改革》1994年第1期）

吴家骏等人认为，对于所有权和经营权的关系，不宜于一般地讲两权分离，应该是：企业经营权同国家最终所有权相分离，同企业法人所有权相统一。企业法人所有权确立以后，就可以形成下述一种产权关系：企业的财产是企业的，企业是投资者的（指其最终所有权）。（《关于我国企业制度改革的研究》，《中国工业经济研究》1993年第10期）

（丁宝玲）

改革的道路问题

由于中国渐进式改革在经验上取得了相当程度上的成功，所以，在1993年中，理论界关于渐进式改革道路理论问题的研究逐渐流行且日益深入，这与几年前“休克疗法”在理论界十分流行的状况形成了鲜明对比。

一、中国渐进式改革的出发点与条件

在对我国渐进式改革的出发点进行理论概括时，**林毅夫**等认为，我国传统的经济模式是由三个基本方面构成的：(1)以重工业为优先发展目标的经济发展战略；(2)以低利率、低汇率、低工资和低物价为主要特征的宏观政策环境；(3)以计划分配资源，重要部门的国有制和人民公社体制为主要内容的经济管理体制。而传统经济模式下的问题，则归结为产业结构畸形和经济效率低下。《论中国经济改革的渐进式道路》，《经济研究》1993年第9期）

钱颖一等在分析改革前中国的体制特征时认为，东欧和前苏联的组织结构是一种以职能和专业化“条条”原则为基础的单一形式（“U”型经济）；相反，中国的层级制是一种自1958年以来就存在的以区域“块块”原则为基础的多层次、多地区的形式（“M”型经济）。他们特别强调，M型是指多层次多地区的层级

制，而不是指多部门的层级制。（《中国的经济改革为什么与众不同》，《经济社会体制比较研究》1993年第1期）

樊纲认为，体制变革实际发生的前提条件，不仅是新制度运营起来之后所能提供的净收益（总收益减去运营成本）大于旧制度的净收益，而且必须满足以下条件：$W_n - TC > W_o$。其中 W_n 为对于实行制度变革的（这一代）人群来说，新制度运行起来之后能为他们提供的一生内的预期收益；TC 代表同一群人为改革制度而付出的种种代价，即"改革成本"；W_o 代表旧制度所能为他们提供的净收益。不等式表明，只有把"改革成本"也考虑进去之后新体制的收益比旧体制高，改革才会实际地发生。根据这一分析，樊纲进一步认为，在体制的初始条件（W_o 表示）和目标模式（由 W_n 表示）都给定的情况下，改革道路的选择问题将被归结为改革成本 TC 的最小化问题。（《两种改革成本与两种改革方式》《经济研究》1993年第1期）

刘世锦则将改革的条件表述为：$(W_n/W_o + T_c) > 1$，依据改革中所遇到的阻力和费用的起因差别，TC 可区分为协约成本 CC，适应为本 AC 和摩擦成本 FC。这样，公式又可以写为

$$\frac{W_t}{W_o + (CC + AC + FC)} > 1 \qquad (W_t \to W_n)$$

其中，W_t 为过渡性体制净收益，趋近并最终等于 W_n。（《中国经济改革的推进方式及其中的公共选择问题》，《经济研究》1993年第10期）他还认为只有当可预期时期内过渡性体制与新体制和的纯收益之和大于同一时期内原体制总纯收益与体制创新成本之和时，体制创新才可能实际发生。这是体制创新的充分条件。（《经济体制创新的条件、过程和成本》，《经济研究》1993年第3期）

苗壮认为，体制变迁的必要条件是，由于体制变迁的动机和生产能力等技术约束条件的变化，旧体制出现了非均衡状态，从而引起新的潜在获利机会。为了捕捉旧体制下无法得到的获利机会，有关行为主体就会产生潜在的体制变迁需求与供给。（《论中国式渐进改革道路》，《经济学动态》1993年第1期）

二、实行渐进式改革的原因

关于中国渐进式改革的原因，**樊纲**提出了一个很有解释力的理论模型。他认为，"改革成本"可以划分为"实施成本"和"摩擦成本"，前者包括改革过程开始之后一切由体制决定的"信息不完全"，"知识"不完全，制度预期不稳定所造成的效率损失（以理想的"最优状态"为参照系），后者是由于一些人"正确地"认识到自己的利益要在改革过程中受到损害而"故意"地反对改革所发生的经济损失。在数量关系上，改革的"实施成本"是改革"激进程度"的减函数，或者说，是一种改革方案（改革方式）所需时间的增函数——改革的速度越快，改革所需的时间越少，经济所面临的损失越小，反之则越大。而"摩擦成本"则是改革激进程度的"增函数"，或者说，是改革方案所需时间长度的减函数——给定改革发生时的各种初始条件和经济在改革过程中所面临的各种具体条件，改革方式越激进，越是较为迅速地打破旧体制，就越是会遇到较大的社会阻力，各阶层（特别是旧体制下的既得利益阶层）越是不会轻易接受，会引起更激烈的社会冲突，"摩擦成本"也就越大。而"分步走"的渐进改革，因其逐步地改变利益关系，在每一阶段上的"打击面"较小，每一步改革所会遇到的社会阻力会较小，引发的社会冲突也就较小，较容易受到控制，所需付出摩擦成本也就较小——不仅每一步改革上所需付出的代价较小，而且从整个改革过程看，所付出的"摩擦成本总额"也较小。如果一个经济具备首先发展新体制的条件，在其他条件相同的情况下，人们一般将会更倾向于不走激进式的改革道路。（《两种改革成本与两种改革方式》，《经济研究》1993年第1期）

周小川等认为，领导层通常是在出现某种危机时才开始改革或推动改革的。例如，中国的改革就是在"文革"危机末期开始的。除非危机极其严重，否则，领导层通常倾向于选择渐进的转轨。这也许不是一个最好的选择，但出于短期的权衡考虑，这是可以理解的。公众舆论也通常对接受激烈变革缺乏准备。在这种情况下，经济学家们就受邀来提供最小的一揽子方案，包括如何协调、安排改革行动、以解决问题。（《经济体制改革的不同道路》，《改革》1993年第2期）

刘世锦在解释中国渐进式改革的原因时认为，中国经济改革的局部推进，首先与中国经济的二元乃至多元结构性质有关，边际推进，即选择一些非"一步到位"的过渡性改革形式，很大程度上与改革指导者对改革条件的认识有关。（《经济体制创新的条件、过程和成本》，《经济研究》1993年第3期）

在讨论中还有人提出，中国式渐进改革道路的必要条件是，传统的以国有制为微观基础的集中计划体制非均衡状态的出现。中国式渐进改革道路的重要条件是传统体制的非均衡状态具有不可持续性。中国经济改革的约束条件制约着改革主体的战略选择。二者共同决定了中国式渐进改革道路的形成和发展。

三、渐进式改革中的公共选择问题

樊纲认为，第一，任何一种制度选择或变革道路的选择，都可能不单单取决于当时的统治集团的偏好，而

是社会各种利益集团“公共选择”的结果，取决于各种利益集团的相对势力及其“合力”。第二，无论社会选择了什么，在它的背后都存在着一系列的利益冲突，并且不会因作出了某种选择而马上使这些利益冲突得以平息，它们将在制度变革中继续下去。第三，公共选择的结果可能是“自相矛盾”的或“前后冲突”的，这是由改革作为一种公共选择过程本身的特点所决定的，在这一过程中，每个个人的选择都是有理性的，但公共选择却可能呈现“悖论”的特征。第四，在相似的制度起始条件下，不同社会中的不同利益结构，某些社会集团的不同的偏好体系，会导致改革道路的重大差别，虽然改革道路的差别可能还取决于其他种种原因。只有在既考虑利益结构又考虑权力结构的情况下，我们才能知道各种利益集团将在社会选择中起到怎样的作用，并最终选择出制度变革的道路。（《渐进之路》，中国社会科学出版社1993年版）

刘世锦把传统计划体制下有关当事者区分为决策层，中间层和基层，并把中国经济分解为农村、城市非国营和城市国营三个部门。根据这种划分来讨论改革中的公共选择问题。由于农村和城市非国有部门具备了改革的公共选择条件，在改革中兴起的乡镇企业，城市集体企业、私营企业以及三资企业在短短几年间迅速扩张，形成了一个主要以市场导向的非国有经济部分，这样就出现了“新体制”与主要由国营部门构成的“旧体制”空间并存的局面。（《中国经济改革的推进方式及其中的公共选择问题》、《经济研究》1993年第10期）

张宇燕认为，欧森关于“个人理性不构成集体理性的充分条件”的概括，对分析今天中国的制度变迁极富启发性。说得近一点，它等于在告诉世人，对全国人民均有好处的制度改革可能不会自发地产生，而解决此困难的可行途径之一，便是对制度创新者给予某种制度刺激或补偿。说得远一点，它可以讲是对亚当斯密那只“看不见的手”的挑战。货币是一种制度安排，受“货币非中性”的启发，张宇燕提出制度非中性的概念，它指特定制度安排对不同的人意味着不同的事。张宇燕还特别探讨了“制度悖论”问题，他认为，“制度悖论”滥觞于个人行动向集体行动的过渡，起因于人们不同偏好的汇总，导源于信息不对称和不确定性。（《有关公共选择理论的几点想法》，《经济学动态》1993年第12期）

四、渐进式改革道路的特征与实质

林毅夫等认为，我国渐进改革方式具有三个特征：增量改革、试验推广与非激进改革。增量改革是一种不从对资产存量的再配置入手，而着眼于在资产增量的配置上引入越来越多的市场机制的改革方式。在矫正不合理的产业结构时，这种方式可以避免一个调整成本，而且，增量改革也有利于维持改革过程中稳定与速度两种要求之间的平衡。但增量改革是一种次优选择，且经济当事人倾向于通过寻租获得收益。试验推广的优点则表现为：(1) 尽可能地减少改革风险；(2) 与增量改革相结合，能够及时提供在哪些领域进行改革具有最大收益的信号；(3)为市场的建设和发育创造一个过程。试验推广的缺陷则表现为：①改与未改之间的人为隔绝所引起的摩擦；②出现区域发展不平衡，收入分配不均等一系列问题；③配套改革措施滞后而形成的调节机制上的真空；④局部的改革方式使宏观政策环境的改革相对滞后，是造成改革不断陷入“活乱”循环的根本原因。至于实行非激进式的改革，首先能够充分利用已有的组织资源、保持制度创新过程中制度的相对稳定和有效衔接；其次，可以避免大的社会动荡和资源的浪费；最后，避免了资产存量再分配过程中出现的不公平以及由此产生的冲突。（《论中国经济改革的渐进式道路》，《经济研究》1993年第9期）

钱颖一等将中国的改革与中国非国有部门进入与扩张联系在一起进行考察，指出其中的两个特征：一是非国有部门的持续进入与扩张不是因为中央政府改革方案中有意识的设计造成的，相反在很大程度上是来自地方的积极性，走的是一条演化式的而非革命式的路线。二是非国有企业的组织和发展模式在各个地区之间存在极大的差别。他们进一步认为，在中国经济M型结构下进行更多的试验，不同地区的人们就会有更多的机会发展多种多样的“变种”，并可在多种选择中进行比较和挑选。从这个意义上说，M型组织在制度变迁过程中更灵活。（《中国的经济改革为什么与众不同》、《经济社会体制比较研究》1993年第1期）

在论述中国渐进式改革的实际经验时，周小川等认为，第一，改革的进展是伴随着领导层与公众的思维方式的逐渐变化而来的。改革要求思维方式发生实质性的转变，但这些转变历来是争论不休的。在政策变化的每一重大步骤后面，都给出一段时间实现被释放的效益，从而给公众带来好处，由此使改革者在争议中能赢得公众的支持。现有的生产与贸易一直没有被明显破坏。第二，市场化过程相对缓慢，错过了一些更有效地推进改革、取得更好效益的好机会。转轨中集中型计划经济和市场经济的同时并存使改革不可避免地伴生出通货膨胀、寻租、腐败和不公正的收入分配，这也会损害政治与经济稳定性以及改革的决心。（《经济体制改革的不同道路》，《改革》1993年第2期）

关于经济体制改革的实质，**樊纲**认为就是要改变人们之间的利益关系，在这当中总会有人受到一定的损失，而不是只有人获益而无人受损。原因有三：一是由于体制变革导致一部分人将失去在旧体制下的种种既得利益而反对改革。二是由于改革虽然最终说来能使社会上绝大多数人获益，但大家最终获益的相对多少是不同的，只要有人收入的相对水平下降了（或者“社会地位”相对下降了），他们也会反对改革。三是即使把“补偿”的因素也考虑进来，也还是不能完全解决问题。所以，改革只是一种“非帕累托改变”。（《两种改革成本与两种改革方式》，《经济研究》1993年第1期）

胡汝银认为，一个人之所以要赞成和支持经济改革，是因为根据他的预期，改革可使他们的境况得到改善。当存在着多种改革路径时，尽管“条条道路通罗马”，但理性的人们不会舍近求远或舍快求慢，而会极其现实地选择一条预期净收益最大的路径，选择一条最能使自身境况不断得到改善的路径。个人境况的普遍改善，即是一种帕累托改善。在博奕论中，这即是一种正和博奕。（《经济增长中的改革决策与宏观政策选择》，《经济研究》1993年第6期）

（刘文通）

市场经济中的政府角色

政府改革的滞后已经成为我国改革的瓶颈。正是在这样一个背景下，我国学术界及社会各界逐步展开了对市场经济下政府角色的研究，国内几乎所有的报纸杂志都程度不同地对政府角色进行了讨论。如《经济日报》设立了“政府之窗”专版。可以说，1993年的热点之一就是对市场经济中政府角色的研究。

一、政府角色的共性

对政府角色的研究，在逻辑上自然包含三个层次：共性，即任何国家的政府都具有的品质；特性：即不同类型国家政府的差异性；个性，即某一国家政府的专有品性。下面首先介绍学者们对政府角色共性的研究结论。

政府这一概念源自资本主义国家。在英文中是*government*，表示政府是管理机构，其功能是对国家进行统治、指导、控制、支配、调节等管理。对于政府概念的外延，有些学者持狭义的观点，有些学者（如樊纲等人）持广义的观点，广义的政府等价于国家（机关），包括权力机关（立法机关），行政机关（执法机关），审判机关（司法机关）；狭义的政府是指国家行政机关，包括中央政府与地方政府，多数情况下主要指代表国家的中央政府（樊纲《论市场中的政府》，《改革》1993年5期）。

关于政府的一般职能，**周思源**等人认为包括两个方面，一是社会管理职能，一是促进经济职能。社会管理职能是政府的基本职能，它保证社会的“稳定”。主要内容包括：保卫国家主权和国家经济能力，维护社会秩序，保护公民、法人的政治权利与经济权利，提供交通、通讯、市政等基础设施，保护环境，保障社会福利，消防救灾等。促进经济职能是政府的第二层次职能，它实现社会的“发展”。主要内容包括：提供一定的文化、教育、科技设施，利用财政手段与货币手段及行政法律手段对经济运行进行干预，通过参股、资助、授权、订货等方式直接参与某些行业与产品的经营，诱导民间行为向理性发展，生产传播信息，制定发展规划等（周思源，《论政府机构的重新定位》，《经济体制改革》1993年3期；郑秉文，《试论外国政府对公共产品供给的介入方式》，《中国社会科学院研究生院学报》1993年5期）。

关于政府在市场中的定位，**宋涛**，**胡乃武**等同志认为，政府是市场的干预者，它与市场的关系是看得见的手与看不见的手的关系，政府或国家干预可以补救市场失灵（市场缺陷）。市场具有自发性，政府具有自为性，因此，政府对市场应实行有限干预或适度干预。借助于政府的力量，可以对物价、就业的剧烈波动实施控制，对垄断进行限定，对分配不公、外部不经济等现象进行约束。而厉以宁同志则认为，市场与政府都是资源配置的调节者。市场对资源配置起着基础性的调节作用，是第一次调节；政府对资源配置起着补充性的调节作用，是第二次调节。政府调节要适度，政府须把市场可以做并且能做好的事情交给市场去做，政府只是对市场进行再调节（宋涛等：《市场失灵和国家干预》，《经济学家》1993年4期；胡乃武等，《论市场经济条件下的适度政府干预》，《经济学家》1993年2期；厉以宁：《社会主义市场经济与政府对资源配置的调节》，《财贸经济》1993年1期）。

二、不同类型国家政府角色的特性研究

政府角色在不同经济社会环境中，其地位、作用是有差别的。除了国土面积、人口数量、历史基础、资源状况等影响因素外，不同国家的经济发展水平高低对政府角色具有重要影响。学者们认为，发达国家的政府角色与发展中国家的政府角色应有显著差别。

胡鞍钢、**宋冬林**等学者认为，发展中国家应建立强势政府，强化国家调控能力。所谓强势政府是指：这样的政府能够有效地控制经济运行，能有效地引导产业结构调整，能有效地规范市场主体的行为，能积极参与

市场机制的创新，能主动地为企业创造迅速成长的内部条件与外部环境。综观世界上经济发展速度最快的国家与地区，绝大多数都是强势政府执政。在新兴工业化的国家与地区，强势政府对经济起飞的推动作用更为明显。强势政府必须强化国家能力。这种国家能力包括：汲取财政能力，经济调控能力，合法化能力，强制能力。其中，政府吸取财政能力是最主要的国家能力，是实现其他国家能力的基础。强化国家能力就是强化国家动员和汲取社会资源的能力（胡鞍钢等，《论国家能力》，《上海改革》1993年12期；宋冬林，《强势政府和竞争性市场》，《社会科学战线》1993年6期）。

魏杰、王海军等人认为，发达国家实行的是政府干预型体制。所谓政府干预型体制是指，这样的政府在经济社会中只有相当有限的权力，政府是配角。政府通过财政、货币、人力、产业、收入等一系列政策工具从宏观上实现经济增长、充分就业、稳定通货、国际收支平衡。这种政府干预可分为两大类型及六个小类。这两大类型是指：调节型与计划型。在政府调节型体制中，国家干预的主要目标是通过总需求的控制维持总供求的平衡，为市场机制的作用创造条件，政府不对经济发展作总的计划。这种模式以美国为代表，也可以称作间接宏观协调的市场经济模式。所谓政府计划型体制，是指政府不仅控制总需求以维持经济的平衡，而且对国民经济发展的方向作统一的计划，以促进经济的发展。这种模式以法国和日本为代表。这六个小类是：法国的政府指导性计划体系，德国的独立货币政策体系，日本的政府产业政策体系，瑞典的社会福利体系，意大利的政府国有经济体系，美国的财政和货币松紧政策交替应用体系（魏杰等，《政府主导型市场经济模式的选择》，《学术月刊》1993年5期；王海军，《发达市场中的国家干预》，《经济学动态》1993年11期）。

三、中国社会主义市场经济中政府角色的个性研究

对中国社会主义市场经济中政府角色的研究可以说是热点中的热点。**魏杰**等人提出，政府改革是中国经济体制改革的中心环节，政府在讨论中，比较一致的看法是：社会主义市场经济中的政府角色必须重新定位，政府机构必须消肿，政府权力必须限定，政府责任必须明确，政府组织必须严密，政府职能必须转变。政府在市场经济中应主要起配角作用。在具体思路上，则看法不尽相同。

1. **宋涛、胡乃武、戴园晨**等主张，在社会主义市场经济中，应建立起“适度干预型政府”。因为我国的市场体系不仅存在一般的市场失灵，而且还存在着由于发育不成熟所产生的市场失灵。我国的政府适度干预主要内容是：提供公共服务，包括公共交通、公共卫生、公费教育等基础设施，以及国防建设、外交活动；维护市场秩序，做好经济警察角色；直接参与某些特殊领域的经济活动，如重要原料及能源产业等；合理利用资源；实施特殊时期必要的政府管制；调节收入分配；保护生态环境。（宋涛等：《市场失灵和国家干预》，《经济学家》1993年4期；胡乃武等：《论市场经济条件下的适度政府干预》，《经济学家》1993年2期；戴园晨等：《论我国市场经济发展中的宏观调控与政府职能》，《经济研究》1993年6期；曾牧野：《转变政府职能，实现有效调控》。《亚太经济时报》1993年11月25日；江小娟：《市场运转效率与政府职能转换》，《改革》1993年1期）

2. **魏杰**等主张，在社会主义市场经济中应建立“主导型政府”。因为我国经济现代化的任务是长期而艰巨的，需要能协调长短期的计划调节，需要尽快追赶发达国家，需要以公有制为基础。政府主导型市场经济模式特点是：政府确定经济发展战略，调节城乡关系，进行间接的需求管理与直接的供给管理，利用各种手段（经济、政治、法律、文化等）推动经济发展。（魏杰等：《政府主导型市场经济模式的选择》，《学术月刊》1993年5期）

3. **宋冬林**主张，在社会主义市场经济中应建立“强势政府”。因为我国是发展中的社会主义国家，政府在经济起飞过程中理应发挥更大的作用。作为发展中的中国，面对外部压力和内部变革的挑战，迫切需要一个能够外抗列强，内治割据、凝聚民心、治国有方，把落后的民族经济搞上去的强势政府。这种强势政府必须与竞争性市场相结合，必须处理好各级政府的关系，必须处理好政府与企业的关系，必须处理好政府与市场的关系。（宋冬林：《强势政府与竞争性市场》，《社会科学战线》1993年6期）

4. **周思源**主张，在社会主义市场经济中应建立“小政府”。这种小政府不是简单地指政府规模的小或机构的少，而是指相对于社会来说，政府应该小，即政府不是万能的，政府的权力、政府的功能、政府的行为都是有限的，政府的存在、政府的权力都是以社会的需要、以法律为前提的，政府必须精干、高效、廉洁，尽可能降低行政成本，政府只作社会做不好的事。（周思源：《论政府机构的重新定位》，《经济体制改革》1993年3期）

5. **樊纲**等主张，在社会主义市场经济中应建立“公共型政府”。这种公共型政府只负责安排“公共物品”的供给。这里的公共物品包括：保护产权，稳定宏观经济，提供经济基础设施、环境保护、城市规划、社会福利等公共服务，制定对外政策，保护国内市场，巩固国防，负责公共安全。目前，我国的政府是过多地干预了私人

物品的供给，而在组织公共物品供给方面则做得很不够。（樊纲：《论市场中的政府》，《改革》1993年5期；王保畬：《社会主义市场经济中的产权制度与政府职能》，《经济科学》1993年2期；刘泽民：《抓紧转变政府职能》，《经济日报》1993年11月30日）

6. **林凌**、**郭元晞**等主张，在社会主义市场经济中，应建立“非主导型政府”。应该由计划体制下的政府主导型经济转变为市场体制下的企业主导型经济。各级政府既是改革的领导者，又是处于被改革的地位。政府是改革的动力，但弄得不好也可能成为改革的阻力。要摆正政府在新体制中的地位，重塑政府的权力结构，解决旧体制造成的政府的权力垄断问题、权力混乱问题、权力无法可依问题、权力商品化问题、权力失去制衡问题。通过改革，要打破政府权力垄断，即消灭一部分权力，归还一部分权力，下放一部分权力，转移一部分权力，强化一部分权力。（林凌、郭元晞：《建立社会主义市场经济体制政府要勇于自我革命》，《经济体制改革》1993年1期）

7. **李泽中**主张，在社会主义市场经济中应建立“分权型政府”。应该在全民所有制经济体系内部对国家（政府）与企业实行三个分权。这三个分权的内容是：对全民生产资料的所有制关系实行分权，对全民制经济的经营权关系实行分权，对企业的收益分配关系实行分权。这种“分权”不等于“分离”。适应于这种分权，政府必须进行职能转变，精减机构。（李泽中：《全民所有制经济内部分权和政府转变职能问题》，《经济学动态》1993年10期）

8. **厉以宁**、**沈庆**等主张，在社会主义市场经济中应建立“再调节型政府”。这种政府再调节是对资源的第二次调节，是在市场进行基础性调节之后所进行的调节。这种调节是从供给与需求两个不同的方面对社会总需求与社会总供给之间的平衡关系施加影响，例如，在社会总供给大于社会总需求的情况下，为了避免供大于求的缺口继续扩大，政府可以运用税率、利率等手段来限制新企业的建立和限制原有企业增加投资、扩大生产规模，以防止某些产品的供求缺口继续朝着不平衡方向扩大。又如，在劳动力资源闲置、待业人数增加的条件下，政府可以采取各种调节手段鼓励建立劳动密集型工厂和发展第三产业，以减少待业人数。再如，在产业结构、产品结构不协调的场合，为了使资源较有效地配置，政府可以根据不同行业的具体情况，采取差别税率，差别利率等调节手段，限制某些过剩的产品的增产，增加某些短缺的产品的供给，这些都将直接或间接影响资源配置。政府这种再调节与计划经济中的政府调节有本质的差别，在后一种调节中，市场是配角，政府是主角，在前一种调节中，市场是主角，政府是配角。（厉以宁：《社会主义市场经济与政府对资源配置的调节》，《财贸经济》1993年1期；沈庆：《“市场缺陷”和政府经济职能的层次性》，《财经研究》1993年7期）

（顾海兵）

个人收入分配问题

一、社会主义市场经济条件下按劳分配规律还起不起作用

有人认为，在市场经济条件下“根本不存在按劳分配问题”，并说：按劳分配是“皇帝的新衣”。因为我们的社会根本就不具备马克思所设想的前提条件，按劳分配从来就没有真正实现过。改革前严重的平均主义加上种种不合理的因素，使得多劳者不多得、少劳者不少得。现在，计划内系统的分配平均主义日益严重，计划外系统的分配差别日益扩大，等量劳动也是不可能获取等量报酬。今后实行市场经济，劳动力进入市场，工资高低由劳动力供求状况决定，按劳分配规律更不会起作用了。（见杨继绳：《按劳分配—皇帝的新衣？》，《南方周末》1993年1月22日）

有人反对上述观点。认为经济规律是以经济条件为前提，社会主义市场经济是建立在生产资料公有制基础上的，按劳分配的基本经济条件仍然存在。在这种情况下，劳动者仍有按照自己提供的劳动、平等地获得相应的个人收入的权利。其理由有以下几点：(1) 多种收入分配形式存在并不排斥按劳分配。物质生产是一种投入产出行为，从所有制关系角度看，不同的生产要素所有者转让要素使用权，进行生产投入总是有偿的。市场经济是以多元化的利益主体存在为基本前提的，在劳动力、资金、生产资料、经营力、科技、信息等生产要素分属于不同的利益主体、生产要素由市场进行配置的条件下，投入任何一种生产要素都要取得相应的一份报酬，如投入劳动力获取劳动收入、投入资金获取资金收入、投入经营力获取经营收入等。这些分配形式的存在，并不排斥劳动者在企业根据为企业提供的劳动数量和质量得到报酬，根据按劳分配原则获得工资。（见沈卫平：《社会主义市场经济中的收入分配问题》，《江淮论坛》1993年第3期）(2) 按劳分配可以通过市场经济来实现。因为在市场经济条件下，市场价格和价值背离并没有否定价值规律；市场价格与生产价

格的背离也没有否定平均利润率规律；等量资本带来等量利润规律是通过商品竞争，市场价格波动来实现；所以社会主义市场经济条件下按劳分配规律也可以通过劳动力供求、劳动力价格的波动来实现。(3)劳动力市场的供求关系决定工资高低并不是对按劳分配的否定。在劳动力市场上，企业作为需求方可以根据市场上同类人员的比较，对劳动者的劳动进行评估，提出责任目标，并以此作为确定工资高低的依据；而劳动者作为供给方也可以选择自己满意的、工资较高的企业和岗位，使自己的劳动支出得到相应的评价和报酬。这种在市场竞争条件下由供求双方谈判决定工资的机制，其根本依据仍是劳动者的素质和所提供劳动的质和量。这不仅不是对按劳分配的否定，而恰恰是按劳分配在市场经济条件下的一种更好体现。(见工鹤、学敏：《按劳分配是皇帝的新衣吗?》，《劳动世界》1993年第11期)

还有人认为，在社会主义市场经济中实行按劳分配具有许多积极作用，具体可归如下五点：(1)按劳分配运行机制与社会经济运行机制同性同功，有利于社会经济总体运行的协调高效；(2)它可以较合理地确定劳动者为社会承认和被自己认同的有效劳动量，使劳动者收入与实际劳动相联系，各行业的劳动者投入等量劳动可以获得大致等量收入，既可以克服各部门之间实际存在的分配不公平，又可以有效提高劳动者的积极性；(3)有利于克服各企业职工收入互相攀比，实现消费基金与劳动生产率同步增长；(4)有利于政府运用工资杠杆，优化产业结构；(5)有利于劳动力的供给结构和需求结构在动态中实现平衡。(见何诚颖等：《社会主义市场经济几个理论问题》，《中国经济问题》1993年第1期)

有人提出，由于我国社会主义市场经济模式与马克思原来设想的社会主义产品经济模式有显著区别，因而新形势下的按劳分配具有一些新的特点。(1)按劳分配的主体是企业；(2)按劳分配体现着国家、集体和个人的多元利益；(3)按劳分配计量尺度的非单一性，既有社会平均劳动时间也有企业平均劳动时间；(4)按劳分配的非纯性，即在社会主义市场经济中，只能在公有制企业内部大体和近似地实行“同工同酬”，在不同的公有制企业之间，“同工不同酬”的情况客观存在；(5)按劳分配的媒介货币化；(6)按劳分配在个人收入分配制度中居主体地位。(见郭飞：《试论社会主义市场经济中按劳分配的特点》，《高校理论战线》1993年第2期)

二、社会主义市场经济条件下的公平与效率问题

1.公平与效率的关系

有人认为，市场经济条件下的工资分配，首先执行效率优先的准则，以效率定分配。因为在价值规律作用下，企业和职工提供的产品和劳务必须是有效的，能在数量和质量上符合市场需要，这样才能占有较多的市场分配额并获得较多的收益，否则将按市场的效率性原则遭到淘汰。(见王朝明：《论企业工资分配的市场基础》，《财经科学》1993年第4期)

有人认为，市场经济导致效率，同时也不排斥公平。相反地，市场经济的等价交换原则所追求的机会均等、平等竞争，体现的正是人们所赞誉的经济学意义上的公平。这种公平，具有鼓励先进、鞭策落后的功能。(见赵履宽：《按劳分配必须与市场机制相结合》，《经济日报》1993年8月6日)“效率优先，兼顾公平”也是社会主义的本质要求。社会主义的本质在于：解放生产力，发展生产力；消灭剥削，消除两极分化，最终达到共同富裕。而“解放生产力，发展生产力”实质上便是提高生产效率问题，而“消灭剥削，消除两极分化，最终达到共同富裕”实质上则是社会公平问题。只有在社会主义生产力发展到一定水平的基础上，才能实现共同富裕。也就是说，只有优先追求高效率，才能为解决公平问题提供充分的物质基础。(见王锐生：《效率优先，兼顾公平》，《光明日报》1993年3月8日)

在讨论中，大家认为，一个社会可以容忍结果的不均等，但不能容忍规则和过程的不公正。不公正，社会就不会安定，经济就不会有效率。而且没有竞争机会的平等这一条，市场经济就不是名符其实的。因此，在建立社会主义市场经济体制的过程中，必须重视市场规范和竞争规则的建设，在收入分配上，逐步规范收入的形成机制，促进和保护公正的市场竞争，尽可能减少人为的垄断因素，减少少数人利用特殊地位或特权获得超额利润的机会。(见李元：《向市场经济过渡中的分配体制改革》，《中国经济体制改革》1993年经8期)

2.是否存在分配不公

一种观点认为，我国当前的分配不公，根源在于经济体制的双轨制：一方面，计划经济体制的集中统一分配功能大为削弱；另一方面，市场经济体制的公平竞争、优胜劣汰功能又未形成。双轨之间的空隙即成为滋生功酬不符、逆向流动等分配不公现象的温床。随着社会主义市场经济体制的确立，双轨制全面并轨，就可以消除产生分配不公的根源。而根源既除，也就不存在分配不公问题了。(见赵履宽：《按劳分配必须与市场机制相结合》，《经济日报》1993年8月6日)

还有一种观点认为,“收入分配不公”这个概念不妥当,因为工资是自己挣的,这就不存在公和不公问题。尤其是市场经济条件下收入分配呈多元化趋势,更无所谓公不公平。而且从效率原则来讲,差别拉大是合理的。(见1993年第1期《中国经济体制改革》第47页戴园晨文)

还有一种看法是,市场经济条件下的分配不公仍然成立。依据是:(1)尽管评价“公平”的标准是历史的,但“公平”却始终是人类的基本精神需求。作为一种基本需求,就象衣食住行等基本物质需求一样,社会公平并不是可有可无的奢侈品。(2)虽然“收入分配不公”这个概念属于价值判断的主观范畴,但它却是一种客观存在。(3)市场经济强调和追求效率,但也不能完全忽视社会公平。即使是西方市场经济国家,也要通过征收个人所得税和遗产税来缓解收入差距过份悬殊的矛盾。因此,平均主义应当坚决摒弃,但绝不能用市场经济来抹杀公平。(见赵磊、单丽莎:《向市场经济过渡必须正视的几个问题》,《经济学动态》1993年第9期)

2.市场经济是否导致两极分化。

有人认为,只要竞争的起点是公平的,市场经济就不会导致两极分化。

有人反对上述观点。认为:(1)竞争的起点难以真正做到公平;(2)即使“起点公平”这一前提成立,收入差距逐渐拉大的总趋势也是难以避免的。因为,在价值规律这一市场经济的基本规律作用下,若无外力的影响,参与市场的主体在激烈的竞争过程中就不可避免地会沉浮起落,推动收入分配不断向贫富两极逆向运动。这一规律不仅早已为马克思所揭示,而且也为西方资本主义的发展史所印证。(3)“两极分化”不过是对“收入悬殊”的动态描述而已,两个说法实质上是一样的。问题的关键不在于我们要不要承认市场经济会导致两极分化,而在于社会主义市场经济应当怎样解决收入差距过份悬殊。应该相信社会主义市场经济不仅能够充分发挥市场的积极作用,而且也能够克服市场的消极作用。(见赵磊、单丽莎:《向市场经济过渡必须正视的几个问题》,《经济学动态》1993年第9期)

3.市场经济条件下怎样解决分配不公问题。

有人认为,既然市场这只“看不见的手”不能解决收入分配不公的矛盾,那么政府的适当调节就成为必要的选择。但是在实践中政府如何调节是一个非常复杂的难题。目前看来,“二次分配”可以说是解决该难题的有效办法。二次分配的大致思路是:政府通过税收调节、扶贫工作和统筹社会保险基金等途径,在兼顾公平与效率的前提下,来解决收入悬殊。(见《历以宁谈分配》,《光明日报》1993年1月6日)这个思路被大家认为具有较强的可操作性,但有些人对此也存有疑虑。他们所担心的是:(1)税收是否可以真正解决收入悬殊问题?如何合理确定税率?假如税率过高,税收的调节作用就有可能异化为“平调”(即拉平看齐);而假如税率过低,税收的调节作用则又无法体现。(2)政府扶贫与社会保险针对的是生存和温饱问题,即便解决了生存和温饱问题,其与大款富翁们的悬殊差距也依然存在。所以,要使政府的调节作用真正有效地发挥出来,仅仅从理论上确立“二次分配”的思路是远远不够的,尚需进一步深入研究和探讨更科学、合理的办法。(见赵磊、单丽莎:《向市场经济过渡必须正视的几个问题》,《经济学动态》1993年第9期)

(潘大鹏)

劳动力市场问题

一、建立劳动力市场的必要性和可能性

(一)必要性

1.劳动力市场的形成和发展,是社会化大生产的客观要求,马克思曾经指出:“大工业的本性决定了劳动的变换,职能的更动和工人的全面流动性”,并指出这是“社会生产的普遍规律”。这个规律在社会主义条件下也起作用。因为社会主义是建立在社会化大生产基础上的,在实现工业化、现代化的过程中,社会分工不断发展,生产技术不断革新,这就要求劳动者不断提高知识技术水平,并能自由择业、自由流动,就需要建立和发展劳动力市场,通过市场机制来合理配置劳动力资源。

2.完善的市场体系不能没有劳动力市场。作为生产力诸因素主体的市场体系既包括商品市场也包括生产要素市场。在生产要素的序列中,劳动力是居于首位的要素。因此在整个市场体系中,劳动力市场是首要的要素市场,完善的市场体系绝不能没有劳动力市场。只有在建立商品市场和其他要素市场的同时不断发展和完善劳动力市场,才能实现资源的优化配置,使劳动力与生产资料有效结合起来,不断提高生产效率和效益,促进国民经济协调迅速地发展。(纪明山:《试论我国劳动力商品和劳动力市场》,《南开经济研究》1993年第6期)

3.建立和发展劳动力市场是劳动工资制度改革的需要。多年来的实践表明,统包统配和平均主义使人失

去了工作的兴趣和动力；终生的就业保险使人没有失业的压力；人人有份的补贴和福利使人产生依赖心理。（王芳：《社会主义市场经济中的劳动力问题探讨，《理论导刊》1993年第6期）要把这种僵化的传统体制搞活，必须开放劳动力市场，让劳动者和用人单位在市场上见面，进行双向选择。这将：第一，有利于劳动力同生产资料的最佳结合和重新组合，解决企业人浮于事和职工学非所用的问题；第二，有利于农业剩余劳动力的转移，加速实现农村人口城市化和农业现代化；第三，有利于调整就业结构，从而调整不合理的产业结构；第四，工资水平受市场机制的调节，每个人的劳动报酬由市场来评判，可以缓解工人与厂长的对立，既能拉开工资分配档次，又有利于贯彻按劳分配原则。（何伟：《建立劳动市场的构思》，《江西社会科学》1993年第5期）

（二）可能性

1. 改革以来，从劳动力的需求主体看，我国实行以公有制为主体多种经济成分共同发展，个体经济、私营经济和三资企业近年发展很快，使劳动力的需求方多元化了；更重要的是，在国有企业的改革中，变国家用人主体为企业用人主体，使国有企业作为劳动力的需求方也呈现多元化趋势。从劳动力的供给主体看，我们现在承认劳动力归个人所有，劳动者有选择职业的自由，理论上已经确立了劳动者作为劳动力供给方的主体地位。这为劳动力市场的建立提供了最基本的前提条件。（宋晓梧：《有关劳动力市场国际比较的几个问题》，《中国人力资源开发》1993年第2期）

2. 我国现实经济生活中已经存在的劳动力市场，尽管尚处于自发的、分散的、无序的初步状态，但具有符合市场规律和现代市场发展趋势的一些特点，对培育和发展全国统一的现代劳动力市场积累了一些可资借鉴和参考的经验。（冯兰瑞：《关于中国劳动力市场的几个问题》，《改革》1993年第1期）

3. 党的十四大对建立社会主义市场经济新体制的明确描述，发展社会主义市场经济已被全社会所接受，加快劳动力市场的培育和发展，既是市场经济体制的必然要求，也能得到其他要素市场发展的有力支持。

4. 前十几年市场化取向的改革在方针政策，法规建设、管理体制、乃至人才队伍等方面均为新制度的形成奠定了基础。同时，改革的社会承受能力已大为增强。这些都为培育和发展劳动力市场新举措的出台与实施，创造了良好的社会环境。（劳动部就业司、劳动部劳科所课题研究报告：《我国劳动力市场培育与发展研究）》

二、劳动力市场机制及其运作条件

（一）劳动力市场机制的内涵

劳动力市场机制是指价值规律在人力资源配置过程中发挥调节作用的内在功能和外在表现，它和其他市场机制一样具有自我启动、自我调节、自我约束、自我结合和自我实现五大功能。具体来说，劳动力市场机制主要表现在三个方面：一是公平合理的价格。劳动力市场上的价格表现为工薪（包括福利性收入）的高低，它是评价劳动力质量与劳动能力及劳动效果高低的测量指标，也是自发调节人力资源在不同地区、行业和岗位之间配置的经济杠杆。二是优胜劣汰的竞争机制。劳动者收入最大化和企业获利最大化目标及随之而产生的劳动者与用人单位之间双向选择的优胜劣汰机制，一方面成为劳动者努力向上、不断促使自己适应社会和工作岗位需要的“激发器”，另一方面促进了人力资源与物质资源的有效配置。三是劳动力供求平衡的调节器。劳动力市场是一个不断由供求不平衡——平衡——新的不平衡——新的平衡连续变动的动态过程，正是这种动态的变动，才使人力资源在不同地区、行业和岗位中得以合理配置。当市场运行存在较大障碍、秩序紊乱时，需要政府出面干预，以维护市场秩序，推动市场运行。（刘传江：《市场经济中的人力资源配置》，《中州学刊》1993年经5期）

（二）劳动力市场机制的运作条件

1. 劳动力市场供求双方主体地位的确立及为达到各自的利益目标而进行双向选择，这是劳动力市场运行的前提条件。只有“具有理性行为的自由人”——劳动者和“具有独立自主权的经济人”——厂商同时出现在劳动力市场上，方有可能发生符合市场经济原则的井然有序的劳动力市场运作，即以支付劳动力价格为媒介的劳动力使用权转让与购买的自由交易活动。

2. 工资收入反映劳动力价值和市场供求状况，这是市场上进行交换的评判标准和市场运行的调节杠杆。劳动力供求双方在市场上的交易是否平等互利，客观的评判标准即是看工资是否反映了劳动力价值和供求关系。工资代表了劳动力的价格，它也象其他要素市场上的价格一样，其形成的基础是价值规律和竞争规律。劳动力供求关系在很大程度上决定着市场工资率的变动，而工资率的变动又反过来客观地调节劳动力的供求状况，并由此奠定劳动力流向、流量的内在调节机制的一般基础。

3. 劳动力市场规则的建立是市场运行的基本保障。从一般意义上讲，规则分四种类型：其一是界定市场主体责任的规则；其二是界定市场主体事权的规则；其三是惩罚的规则；其四是确定双方交易价值量的规则。制定规则的目的在于告诉当事人关于行为约束的信息，并通过对市场主体权力的保护，对侵权的摒除，对市场机制运行的引导产生积极影响。（卢受红：《劳

动力市场运行的内在要求刍议》，《经济理论与经济管理》1993年第6期）

4. 要构成一个富有效率的劳动力市场机制，还需要一系列社会配套措施。包括：有一个比较健全的失业保险体系，当劳动者失业时可以为他们提供基本的生活保障；有一个比较完善的职业技术培训体系，可以为失业者提供高质量的再就业或转业训练；有一个高效率的劳动交易组织，以帮助众多的要素所有者参与市场交易、减少交易摩擦、节约交易成本。（刘传江：《市场经济中的人力资源配置》，《中州学刊》1993年第5期）

三、培育和发展劳动力市场的障碍

（一）理论障碍

一些学者认为，我国对劳动力市场的培育遇到了重大的理论障碍，这便是社会主义条件下劳动力是不是商品的理论。人们自然会提出疑问：既然劳动力不是商品，又怎么可能有劳动力市场呢？再就是，现在不是有劳务市场么，还要搞什么劳动力市场呢？这些理论问题不解决，无疑会在实践中对市场的培育造成人为的障碍。

（二）体制障碍

许多同志都指出，自我国经济体制改革以来，对我国劳动工资制度虽然做了不少改革，但这些改革基本上还是在原经济体制基础上的改革，属于放权让利性质的变化，对原来的劳动工资体制并未做根本性的改变。从目前的状况看，职工个人没有实现择业权，企业没有实现用人自主权；劳动力无法自由流动，其症结都在于没有突破劳动力统包统配这个旧体制。而作为劳动力需求方的企业和作为劳动力供给方的劳动者都处于无权的被动地位，这怎么能把劳动力资源配置好呢？在这种状况下又如何去发展劳动力市场呢？（“中国劳动力市场及工资改革”课题组：《培育劳动力市场必须承认劳动力是商品》，《经济研究》1993年第3期）

（三）结构障碍

不少同志都论证了二元经济结构对劳动力市场的制约，认为：国家通过城乡劳动力隔离的户籍制度把农民固定在土地上，阻碍农业劳动力向城镇和第二、第三产业转移，这种方式虽然减少了农村剩余劳动力对城镇就业的压力，但这种方式排斥市场机制作用，也消减了农村剩余劳动力对城镇就业人员的替代压力。由于历史已经形成的格局，想在短期内取消户籍制度，使农村劳动者自由进出城镇是不现实的。但如果不解决这一问题，又该怎样培育和发展社会城乡一体的劳动力市场呢？（宋晓梧：《有关劳动力市场国际比较的几个问题》，《中国人力资源开发》1993年第2期）

（四）利益障碍

劳动力市场形成和发育所面临的困难，无论是制度的障碍，还是结构的障碍，归根到底都不能不涉及利益问题。这些阻碍劳动力市场形成和发育、阻碍劳动力流动的制度和结构，无一不与人们的物质利益相联系，无一不是以物质利益加以支持和巩固的。要克服这些困难，突破这些障碍，不能不触动一部分人的利益。要想人人都得利、人人的利益都不触动、人人都满意，这是不可能的。可以说，利益障碍是阻碍劳动制度改革的最根本的障碍。（冯兰瑞：《关于中国劳动力市场的几个问题》，《改革》199年第1期）

（五）其他障碍

（1）社会保障体制不健全；（2）占城镇就业人员70％的国有企业经营机制远未根本改变；(3)与劳动力资源市场化配置相适应的法规和法津不健全；(4)劳动力资源供大于求和整体素质低下；(5)政府职能远未根本转变，等等。这些问题的存在，对劳动力市场的培育自然具有较大的难度，迫使改革措施在出台时要对效率原则与稳定原则作出考虑和抉择，也影响着改革的彻底性。（谢晓凌、辛仁周；《对劳务市场若干问题的看法》，《经济日报》1993年8月3日）

四、政府在培育和发展劳动力市场中的职责

(一)充分发挥政府的作用是劳动力市场运行机制的客观要求

劳动力市场能够通过市场机制实现资源的有效配置，但劳动力市场并不是万能的，它尚需充分发挥政府的作用来弥补市场的不足。首先，从劳动力市场的功能性缺陷看。劳动力市场追求优胜劣汰，淘汰的劳动者作为活的人体，必须得到保护，而市场本身却不具备这种功能。市场缺陷说明了其固有的局限性。其次，从劳动力市场的缺损来看。认为市场能完全平等、充分竞争，不过是理论上的描述或人们的想象而已，实际上并非如此。现实生活中，不完全竞争是市场运行的一种常态，市场主体也总是受制于一系列客观因素以真正完全确立，市场覆盖面、调节力度等问题也总是存在。市场缺损说明了运行中市场机制的不健全。再次，从市场准入看。市场运行不仅存在交易成本，而且存在社会成本。一方面，市场波动不可避免地会造成部分劳动力资源的闲置和浪费；另一方面，市场机制无法直接兼顾收入分配，而收入分配不公又会造成许多社会问题，加大资源配置的成本。这种社会成本可描述为市场运行的“噪声”。市场本身无法及时有效地消除这种“噪声”。这些不足之处，客观上要求政府来予以弥补。（卢爱红：《劳动力市场运行的内在要求刍议》，《经济理论与经济管理》1993年第6期）

（二）政府在培育和发展劳动力市场中的职责

1.劳动立法与监察。现代市场经济在一定意义上说是法制经济，对劳动力市场来说更是如此。政府需要制定必要的法律法规，保护市场主体的产权，界定市场调节的范围，规范交易行为，维护交易秩序，保证劳动力市场能够健康顺利地发展。政府劳动部门在劳动立法方面都起重要作用，并负责监察执行。（纪明山：《试论我国劳动力商品和劳动力市场》，《南开经济研究》1993年第6期）

2.纠正市场偏差，调节劳动力市场的供求平衡。政府不参与劳动力市场的直接竞争，但可以从一些方面刺激劳动力需求和控制劳动力供给，在调节劳动力供求平衡中起一定作用。如果市场机制能够较好地发挥调节功能，市场秩序依靠内在力量得以维护，则政府基本上不必干预，只对市场实行间接监控即可。当市场运行机制失灵、供求失衡、秩序紊乱时，即需要政府出面干预，包括使用一些有力度的调控手段，来纠正市场偏差，维护市场秩序，以推动市场顺利运行。（劳动部就业司、劳动部劳所课题研究报告：《我国劳动力市场培育与发展研究》）

3.社会保障。完善的社会保障体系是劳动力市场运行的“稳定器和安全网”。社会保障体系不是企业或工人在竞争中可以自发建立起来的，必须由政府出面组织和协调。

4.个人税收补贴。为调节市场分配机制带来的个人收入差距过大问题，政府须采取征收遗产税、累进所得税等平抑高收入，同时对低收入者给予住房、儿童等各种补贴。这是调节社会总供给与总需求的重要手段之一，也是调节收入过于悬殊、实现社会公平的主要途径。

5.劳动力市场信息服务。政府可以提供劳动力市场宏观信息，以提高劳动力资源配置的效率，减少劳动力盲目流动。如在政府劳动部门设立就业服务机构，对私营职业介绍所进行指导，从企业收集职位空缺，登记求职人员的技能情况，利用计算机网络在地区以及全国范围内为劳动力供求双方提供服务。这可以大大减少劳动力流动过程中的滞留时间，降低交易成本。（宋晓梧：《有关劳动力市场国际比较的几个问题》，《中国人力资源开发》1993年第2期）

五、劳动力市场的发展模式

（一）对我国劳动力市场目前状况的估价

从总体上看，我国劳动力市场目前正处于发育的初步形态，具有符合市场规律和现代市场发展趋势的一些特点。但是，我国劳动力市场的发育具有不均衡性。表现在：劳动力市场的发育程度，在不同类型所有制企业有所不同；从不同的经济区域看，沿海市场发育程度高于内地，中部地区又高于西部；从城乡来看，农村市场的机制活力大于城市。另外，我国劳动力市场目前还具有分割性和规则的不统一性。表现为不同企业之间、不同身份劳动者之间、不同区域之间、城乡之间劳动力市场运行的规则不统一或不协调。劳动力的配置、流动和调节障碍甚多。

（二）培育与发展我国劳动力市场的中期目标

有些学者认为，培育与发展我国劳动力市场的中期目标（1994—2000年）可以概括如下：以充分开发利用和合理配置劳动力资源，最大限度发挥劳动者的积极性与创造性为出发点，通过劳动领域的改革和劳动部门的职能转变，初步实现就业公平竞争，工资杠杆灵活，劳动关系法制，风险社会保障的劳动力市场新格局，做到运行规则协调，宏观调控规范，服务体系健全。（劳动部就业司、劳动部劳科所课题研究报告：《我国劳动力市场培育与发展研究》

（三）我国劳动力市场发展的远期目标模式

有的学者主张以“大市场”模式作为我国劳动力市场发展的远期目标模式。所谓“大市场”模式，其主要特点是：(1)市场是进行劳动力资源配置的基础和主要手段。劳动力供需双方通过劳动力市场进行交换和选择是劳动力资源与生产资料进行合理配置的主要途径。(2)市场具有完备的体系，覆盖全社会和劳动力管理的各个方面。(3)市场工资是劳动力市场运作中最重要的杠杆，社会劳动力的流向与企业劳动力资源的配置主要靠价值规律引导，劳动力载体（劳动者）的一系列行为都具有商品所有者的特点，如“名份”观念淡薄、按酬付劳、追求高收入就业岗位等。(4)计划权威被市场权威所取代，政府只是依靠法制的、经济的和行政的手段对诸如规范市场行为、健全社会保障机制等关系全局的重大问题进行适当干预。（蒋学毛：《我国劳动力市场的模式选择》，《生产力研究》1993年第6期）

六、培育与发展我国劳动力市场的若干政策建议

围绕如何培育与发展我国劳动力市场这一中心议题，学术界和实际工作部门的同志在深入研究分析的基础上都谈了各自的观点，并且提出了许多有价值的政策建议，现择其重要者概述如下。

1.解放思想，提高认识，转变观念，树立以培育和发展劳动力市场为主线的改革观。劳动力市场是劳动力资源配置的基础，它是一个大系统。从具体的劳动工作看，就业关系劳动力市场的供求问题、工资关系劳动力市场的价格问题、社会保险关系劳动力市场的稳定

问题、职业安全卫生关系劳动力市场的安全问题、职业技术培训关系劳动力市场上劳动力的素质问题、劳动法规关系劳动力市场的规则问题，等等。它们构成了劳动力市场的不同侧面，分别是劳动力市场的子系统。只有明确树立以培育和发展劳动力市场为主线的改革观，劳动部门的改革才能收到提纲携领、纲举目张、事半功倍的效果。（宋晓梧：《主线、主体与政府职能转换》，《中国劳动科学》1993年第11期）

2.把劳动力供需信息的传导作为市场机制的主要生长点，尽快建立起有权威和全国统一的劳动力供需信息交流系统及其管理制度。培育与发展劳动力市场，必须抓好劳动力供需信息网络建设，在城镇进一步完善行业登记制度，在农村开展劳动力资源调查，掌握现状，搞好预测，做好信息收集、整理、储存、交流和咨询工作。同时把着重点放在建立全国统一的供需信息交流系统与制度上，依靠信息传导功能的作用来模糊各地市场边际，延伸市场直径，以冲破地方保护、行政分割和城乡分离的樊篱，从而促进运行有序的统一的劳动力市场的形成。为此，当前要着重抓好劳动信息队伍建设，制定信息工作规则，完善信息管理手段，健全全国统一的信息工作秩序、制度及交流系统，使之形成部门分工协作、城乡纵横相联的劳动力信息供需网络。（蒋学毛：《我国劳动国市场的模式选择》，《生产力研究》1993年第6期）

3.大力发展社会服务体系，使之成为劳动力市场运作的支撑点。劳动力市场上的社会服务体系，主要由就业服务体系、职业安全卫生检测服务体系、劳动信息服务体系、社会保障服务体系等组成。就业服务体系，主要有职业介绍、就业训练、失业保险、劳服企业等方面的内容；职业安全卫生检测服务体系，主要指技术咨询、检测等方面的服务；劳动信息服务体系主要指统计指导、数据分析、信息交换等；社会保障服务体系，主要指预测、退休人员管理服务等。这方面的工作，一是要建立完善服务功能，使之形成体系；二是要扩大服务范围，使之涵盖所有企业和劳动者；三是要加强协调管理，使之形成合理布局，满足劳动力市场运行的需要。（劳动部就业司、劳动部劳科所课题研究报告：《我国劳动力市场培育与发展研究》）

4.加强劳动力市场管理的立法和执法，依靠法制手段规范市场行为。市场体制说到底是"法制体制"。实行劳动力市场体制以后，劳动部门不能象以往那样直接管理用人单位和劳动者。劳动关系双方的日常活动，只能依据劳动法律、法规进行。国家的政策，也必须变成法律制度，否则无法推行。目前我国劳动力市场管理立法的现状是：尚无全国统一的和专门的劳动力市场管理的立法；行政性法规、规章多，有权威性的法律文件少；立法的超前性和导向性不够，造成某些环节在一定程度上无章可循、无法可依。这种状况亟待改变。根据改革的发展趋势和劳动力市场发展的实践，完善劳动力市场管理的立法，首先须确立如下指导思想：(1)有利于发展社会主义市场经济，(2)保护劳动者的合法权益，(3)符合劳动制度改革的发展趋势，(4)保障劳动力市场正常运作和健康发展；其次应坚持以下原则：(1)平等竞争、优胜劣汰的原则，(2)强化保护弱化管理但宏观可控的原则，(3)公平与效率相统一的原则，(4)遵循国际惯例、与国际劳工公约和建议书的规定接轨的原则；再次应选择如下基本思路：(1)在进行《劳动法（草案)》的修改和充实过程中，补充有关劳动力市场管理的原则性规定，并争取早日出台，(2)依据《劳动法》的基本准则和原则规定，对诸如劳动力市场管理等现时劳动关系方面根本性的、全局性的主要问题，迅速研究和制定出一系列单项劳动法律或全国性的专门法规，形成一个门类比较齐全、功能比较完备的劳动法律法规体系，(3)为保证上述法律法规的贯彻实施，国家劳动部和地方人民政府还要根据本部门和各地的具体情况，有针对性地研究、制定一批有份量、可操作的劳动规章和地方法规、规章，从而使各项劳动法律、法规得以延伸和细化。（蒋学毛：《论我国劳动力市场的管理立法》，《天津社会科学》1993年第3期）

5.深化三项制度改革，形成新制度体系。一是深化工资制度改革，建立与劳动力市场相适应的市场工资形成机制，使企业人工成本、劳动者工资收入与劳动力资源配置相互影响、相互制约。二是加速社会保障制度改革的步伐，为培育劳动力市场提供支持。三是深化劳动用人制度改革，落实劳动者择业和企业择人自主权，打破劳动者的身份界限和职业终身制，采取市场化办法消除劳动力流动中的制度性壁垒，通过全面推行劳动合同制来理顺和调整国家、企业和劳动者之间的责权利关系。同时，要加强职业技术培训和职工转业训练工作，面向市场，提高培训效益，以利于提高劳动者的综合素质和市场适应能力，形成劳动力资源合理开发和利用的新格局。适应发展市场经济的需要，劳动用人与工资分配这两方面改革的方向是分散决策，以利于企业和劳动者成为市场主体和竞争者；而社会保障制度改革的方向却应是全方位、一体化、管理集中、办法统一，即集中决策，以利于为市场运行提供比较稳定的社会环境。（蒋学毛：《我国劳动力市场的模式选择》，《生产力研究》1993年第6期）

6.加强劳动部门自身建设，更新强化劳动部门的职能。适应劳动力市场发展的需要，劳动部门的职能需进一步转变。首先，要强化服务意识。一方面，劳动部门的日常工作应体现服务的精神，为此要加强职业咨询、职业介绍、信息指导、退休人员管理等方面的工作；另一方面，劳动部门要建立适应市场需要的中介组织和服务实体，面向全社会，按专业化、产业化、一体化要求形成网络，为市场主体双方提供优质服务。其次，全面加强劳动监察。要建立健全劳动监察的制度，扩大劳动监察的范围，特别是加强对非国有企业的劳动监察。再次，加强宏观调控。一般说来对劳动力市场的调控，主要分为调控劳动力总供给、解决劳动力资源配置过程中的问题、调控劳动力总需求三个方面。尽管在特殊时期和特定的领域对劳动力市场要采用行政手段进行直接调控，但主要是依靠经济和法律手段进行间接调控。由于在劳动力年龄人口既定的情况下，调控劳动力总供给的余地是有限的；而依靠来解决问题的法律和法规又具有相对稳定性；所以，应把调控劳动力市场的重点放在间接调控劳动力总需求上来。总之，对于培育和发展劳动力市场，劳动部门的主要职能是：统筹规划、信息引导、制定规则、组织协调、提供服务和检查监督。（见劳动部就业司、劳动部劳科所课题研究报告：《我国劳动力市场培育与发展研究》）。

（潘大鹏）

寻租问题

一、腐败的含义与实质

什么是腐败?**鄢利民**认为：腐败是指思想上、行为上的堕落，以及组织、机构、措施等方面的黑暗与混乱。他归纳了有关腐败定义的三种意见：(1)以公职为轴心的定义，着眼于政府官员背离职责。(2)以市场为轴心的定义，把职权作为谋取私利的资本，获利多少取决于市场行情，即政府能提供的服务和社会对这种服务的需求。(3)以公益为轴心的定义，即为特殊利益而侵犯共同利益。（《腐败的实质以及对市场经济条件下腐败现象的认识》，《真理的追求》1993年第8期）

对腐败的实质，各种论述多集中于权力腐败，表达各有不同。**鄢利民**指出：腐败的核心问题是以权谋私。无论腐败以何种形式表现出来，其实质都是运用公共权力来谋取私利。以权谋私的核心又是钱权交易。（《腐败的实质以及对市场经济条件下腐败现象的认识》，《真理的追求》1993年8期）**单丽莎**、**赵磊**指出：“政府官员违背公约的准则以谋取私利的行为”就是权力腐败，最典型的是以权力换取财富。公有制社会发生的腐败，本质上是人民委托的权力成为谋取私利的工具。（《论权力腐败》，《江汉论坛》1993年第3期）**巫继学**认为：腐败行为是一种现象，本质是权力资本。权力资本是“化公为私”的剥削。权力资本的问题不在于权力与金钱的结合，而在于以公权换取私利形式的结合。权力资本是一种经济关系，一种公权的拥有者转化为所有者剥削价值源泉的所有者的关系。（《权力资本四析》，《当代经济科学》1993年第5期）

腐败现象的根源是什么?**江泽民**在中纪委二次全会上的讲话中指出：腐败现象本质上是剥削制度、剥削阶级的产物。进一步的说明是：几千年封建社会和上百年半封建半殖民地社会的历史，给我们留下的曾是一个充斥贪脏枉法、营私舞弊的黑暗世界。（评论员文章《反腐倡廉与改革开放》，《经济日报》1993年9月11日）

赵磊、**单丽莎**认为：权力腐败的根源在于权力所有者与权力使用者相分离可能导致的公有权力的私有化。权力使用者的个人利益有可能诱使权力的使用背离权力所有者的利益。（《向市场经济过渡必须正视的四个问题》之四，《当代经济科学》1993年第5期）**巫继学**认为：公权作为对公共利益的支配力量，一是权中有利，二是权与利是公共的。在一定条件下公权会产生种种私利。其客观条件是：人民缺乏对公权的控制能力，管理监督系统失效；主观条件是：社会公仆思想变质。（《权力资本四析》，《当代经济科学》1993年第5期）

还有人认为：腐败是西方反动势力的和平演变战略的产物，是搞资产阶级自由化的骨干人物反党反社会主义的社会基础。他们的破坏和干扰构成反腐败斗争的阻力。（评论员：《把反腐败斗争进行到底》，《真理的追求》1993年第10期）

二、腐败的作用

在这个问题上值得思考的是，腐败是否是某种社会发展的“润滑剂”?**单丽莎**、**赵磊**在文章上提到，外国学者（亨廷顿）认为，处于现代化过程的国家中，由于传统法律或官僚制度还非常强大，阻碍着经济发展，因而腐败行为常常是逾越这些障碍的有效手段。换言之，在传统准则仍很强大的农业社会，一定程度的腐败是帮助它踏上现代化道路的润滑剂。**单丽莎**、**赵磊**认为，这种作用只是体现于某一特定时期，从根本上讲，权力腐败的弊端大于其润滑剂的作用。（《论权力腐败》、《江汉论坛》1993年第5期）他们还指出，从社会发展的长远观点来看，这个“润滑剂”的代价相当沉重：在政治上，它会扰乱公共权力的正常运行，最终危及国家政权的生存；在经济上，它会破坏公平竞争的原则，抵销市场配置资源的效力；在文化上，它会导致精神文明的衰落。（《向市场经济过渡必须正视的四个问题》之四，《当代经济科学》1993年第5期）

在讨论腐败现象是否是搞改革开放必然要付出的代价时，**周景堂**、**张武**否认腐败是现代化的“必要成本”，认为腐败作为社会的病毒，对改革开放和市场经济只是一种腐蚀剂和破坏力量。(《论腐败现象及对策思路》,《江汉论坛》1993年11期)有的文章还指出腐败的危害是：(1)防碍建立起公正、效率原则的市场经济体制；(2)对外来投资者有吸引力的社会环境。(评论员：《反腐倡廉改革开放》,《经济日报》1993年9月11日)

关于腐败作用的论述还有以下提法：**江河**认为腐败将使社会主义经济异化为一种“权力市场经济”。腐败行为会成为集聚不安定因素并促使其汇合爆发的催化物、助燃剂，破坏安定团结这一建设社会主义的前提。(《权力对市场经济发育的干扰》,《经济学家》1993年6期)

卢现祥提到在中国所形成的富有阶层中，可分为白色富有阶层(靠合法经营起家)，黑色富有阶层(靠刑事犯罪起家)，灰色富有阶层(其形成处于合法与不合法之间)。权力关系是这类阶层致富的“源泉”，多种双轨制以及商品短缺等因素是这类阶层形成的基础。这也是关于腐败的一种作用。(《论中国的富有阶层》,《财贸经济》1993年第6期)

三、腐败产生的原因

关于腐败产生的一般性原因有以下论述：

1.处于现代化进程的国家比传统社会国家的腐败更为普遍。原因是现代化开创了财富和权力的新来源，而政治体系不能迅速适应其变化，传统准则未明确财富和权力新来源与政治之间的关系。(单丽莎、赵磊：《论权力腐败》,《江汉论坛》1993年第3期)

2.随着经济体制的变化，市场主体的发育，权力分离出经济领域，由过去经济生活中的当事人变为仲裁者。同时也产生了制约行政权力并使之彻底同金钱绝缘的必要。这是世界各国在迈向现代化市场经济体制中极为重大的政治制度建设。各国相继完成这一制度转换的时间差，就造成它们在工业化过程中所付出社会腐败的代价大小的差异。(曾昭宁：《“全民经商”悖论》,《经济改革》,1993年第4期)

关于腐败产生的具体原因，主要是针对我国当前的社会实际来分析。有以下几类：

1.新旧体制转换的原因。**江泽民**指出，腐败产生的一个重要原因是：当前我们经历一个艰难的新旧体制转换过程，由于制度和机制不健全、不完善、工作中存在一些漏洞和薄弱环节，给腐败现象以可乘之机。对这条原因展开分析的有：打破旧体制的条条框框之后，适应新体制的各种制度还没有建立和完善，体制的夹缝中存在着各种漏洞。(评论员：《反腐倡廉与改革开放》,《经济日报》1993年9月11日)**侯宗宾**认为，由于新旧两种体制共存，有关法制建设相对滞后，难免在政策、法规和社会管理方面出现空档。(《理直气壮反腐败，保证社会主义市场经济健康发展》,《求是》1993年14期)**秦剑**认为，我国当前社会生活中出现的大面积腐败现象，主要是市场经济不到位、不配套和不彻底所造成的。(《反腐败斗争与发展社会主义市场经济》,《光明日报》1993年10月7日)**鄢利民**进一步认为，在转变过程中，新事物新问题不断涌现，许多经济行为还不尽规范，一些经济行为，在试和闯的尝试中容易滋生出腐败。江泽民同志对此曾作过透彻的分析：“在商品经济开始趋于活跃，而行政行为、市场行为和企业行为尚未通过法制形式严密规范的时候，权力和金钱交易等腐败行为容易滋长蔓延。”(《腐败的实质以及对市场经济条件下腐败现象的认识》,《真理的追求》1993年第8期)**尉健行**也有个概括：腐朽的东西往往是千方百计依附于新事物而滋长，很多腐败正是改革还不够深入的结果，这是两种体制交替时期的特有现象。(《适应市场经济要求，深入开展反腐败斗争》,《党建》1993年第8期)

有的文章提到这两个“时间差”：改革实践超前，政策制度滞后；对外开放的实践超前，有关的政策制度滞后；学习、借鉴国外发展市场经济的经验超前，学习、借鉴人家反贪倡廉的经验滞后。这两个改革与开放的时间差越大，出现的漏洞也越大，腐败就易于滋长。(《反腐败与改革开放》,《人民日报》1993年10月8日)

2.有关权力制约机制失衡的论述有：在经济体制改革中，旧的管理手段弱化了，而旧的管理结构未变、亦即每个公共职位点上的权力作用未变，这就为谋私者提供了比过去方便得多的机会。(鄢利民：《腐败的实质以及对市场经济条件下腐败现象的认识》,《真理的追求》1993年第8期)经济生活中货币化程度大为提高，权力结构依然如故，至今仍渗透于已经相当货币化的社会经济生活，这就不可避免地出现权力与金钱的联姻。(曾昭宁：《“全民经商”悖论》,《经济改革》1993年第4期)**巫继学**指出：掌权者由于所处的特殊地位，对于社会造成的漏洞和空子有优先钻营的机会。而民主体制不完善，劳动者无法遏制。(《权力资本四析》,《当代经济科学》1993年第5期)

3.权力经商，权力介入市场：这是许多论述提到的。它来源于党政机关办经济实体。有的指出：直接运用原来的机关行政权力来经商办企业，就是使权力介入市场经济。有权力经商的地方，就会排斥等价交换、平等竞争的市场经济原则；国家对经济运行的宏观调控也会在局部地区因地方和部门的权力介入而失效。

(《正确认识和处理党政机关干部经商办企业问题》,《真理的追求》1993年第4期)**曾昭宁**断言:只要政府部门办实业,无论采取什么形式,权力与金钱都会不同程度地联姻,导致腐败。(《“全民经商”悖论》,《经济改革》1993年第4期)

张伟认为,权力进入市场的突出表现是产生了半行政半企业的怪胎——翻牌公司,它由行政部门转变过来,以原有的行政权力作为生产经营手段。(《搞市场经济谨防走样》,《经济体制改革》1993年第4期)**杨开保**指出,借权营私把正常的服务工作变为必须由机关的官办实体承担,有偿服务费高得吓人。(《谨防“官商”又重来》,《经济管理》1993年第6期)

4.“全民经商”是腐败产生的重要原因。**曾昭宁**认为这是指:不允许市场交换原则介入的社会公平领域,如国民收入再分配部门(政府、军警、政党、基础教育、卫生保健、基础理论研究、社会保障等),也跨入经济效率领域,让市场原则对这些部门全面侵入。结果导致社会大面积地丧失公平和稳定,出现经济混乱、职业道德滑坡和社会腐败。(《“全民经商”悖论》,《经济改革》1993年第4期)

5.**唐昌黎**认为,腐败是一种“家贼现象”,是由市场经济本身的损公肥私弊端与公有制迭加而造成的。(《推行市场经济会怎样?——市场经济深虑论》,《市场经济研究》(银川)1993年第3期)

6.还有人认为腐败是在资产阶级自由化思潮的基础上发展起来的。不想下决心清除腐败,是迎合国际反动势力和平演变的要求。(《把反腐败斗争进行到底》,《真理的追求》评论员文章,1993年第10期)

四、腐败与市场经济的关系

1.从腐败现象的发生看其与市场经济的关系。对这个问题的不同答案如下:

(1)**周景堂**、**张武**认为市场经济具有负效应,诱发商品拜物教和拜金主义。(《论腐败现象及对策思路》,《江汉论坛》1993年第11期)**秦剑**认为市场经济的竞争原则会刺激一些人的投机心理和不正当的竞争行为;等价交换原则会渗透到人际关系和党内的政治生活中;市场经济中适度投机的合法性导致某些人的投机诈骗行为;商品经济的价值取向在讲效益、讲盈利激励人们时也会使人滋生极端利己主义思想。(《反腐败斗争与发展社会主义市场经济》,《光明日报》1993年第14期)

(2)认为腐败只与市场经济的不成熟有关。在市场经济的不成熟阶段,有这样那样的疏漏和空隙,滋生这样那样不规范或反规范行为(包括腐败)。(张晓林:《市场经济与行为规范》,《求是》1993年第2期)发展市场经济会出现一些问题,但问题又会在进一步发展中得到解决。比如计划经济体制下形成的商品垄断部门,改革初期几乎都成为腐败的高发区。但垄断一打破,其行业不正之风就失去依存的条件。(鄢利民:《腐败的实质以及对市场经济条件下腐败现象的认识》,《真理的追求》1993年第8期)

(3)**赵磊**、**单丽莎**指出:认为权力腐败是市场经济的必然产物或认为权力腐败是市场不规范的产物,这两种看法都有片面性。权力腐败的根源不在市场经济本身,而在于公有权力的私有化。但腐败与市场经济二者有某种程度的关联,因为在等价交换法则的支配下,一切有使用价值的东西(包括良心、名誉以及权力)都具有转化为商品的内在冲动。这种冲动要有法律来制约。市场的规范与否,只是权力腐败发生的外部条件。总之,市场经济增加了权力腐败的可能性,而不规范的市场使权力腐败获得广阔的范围和影响。(《向市场经济过渡必须正视的四个问题》之四,《当代经济科学》1993年第5期)

赵磊、**单丽莎**还认为市场经济使腐败由“隐形化”向“显形化”转变。在市场经济的背景下,政治权力与经济权力分化,权力与财富的勾结更多地要通过“交换”的途径才能实现。分化愈明显,以权谋私的交换特征也就愈明显。(《向市场经济过渡必须正视的四个问题》之四,《当代经济科学》1993年第5期)。**巫继学**也认为,在计划经济条件下,公权招致私利主要表现为不正之风。因为各种利益未达到商品化程度,无法明码标价。而在商品经济条件下,权力商品化,权力的供方、需方都有交换的意愿,也有交换的条件、场所,于是不正之风转化为腐败,各种腐败行为无不以商品交换为内涵。(《权力资本四析》,《当代经济科学》1993年第5期)

(4)认为在市场经济和计划经济并存条件下,它们分别对腐败起着不同的推进效应。一方面,发展市场经济,金钱的作用、金钱的诱惑力急剧增大;另一方面,长期计划经济形成的权力过份集中的状况还未根本改变,容易滋生权钱交易等腐败现象。(《反腐败与改革开放》,《人民日报》1993年10月8日)

(5)**顾伟中**认为,传统经济体制和市场经济体制都未改变产生腐败的根源:权力对经济的侵蚀。鉴于权力因素对我国经济的长期影响,有人干脆称传统经济体制为权力经济体制,改革以来何尝不是如此?就权力对一国社会经济基础的侵蚀看,新体制是不能令人满意的。(《市场化改革中的非经济因素影响》,《经济改革》1993年第4期)

2.从腐败的作用看其与市场经济的关系。

(1)市场经济与腐败是不相容的,反腐败是社会主义市场经济运行中的必然要求。理由是：市场经济是竞争经济，公平的竞争原则与行业、部门的垄断行为、不必要的行政干预、尤其是搞权钱交易是不相容的。市场经济是法制经济，必须使政府、企业和个人的经济活动规范化。（侯宗宾：《理直气壮反腐败，保证社会主义市场经济健康发展》，《求是》1993年第14期）市场经济是社会分工高度发展的产物，“官商不分”是封建社会经济特征之一。市场经济的形成就要以官商分开作为一个前提条件。（《认真搞好领导干部的廉洁自律》，《求是》1993年20期评论员文章）腐败是对竞争规律的背反。（刘衡生、章远新：《社会主义竞争与活力》，《改革战略》1993年第1期）在通行收受贿赂的情况下，供求关系不真实，竞争不平等，市场经济的优胜劣汰反而被“假的打败真的，劣的挤走优的“代替”。”（张晓林：《市场经济与行为规范》，《求是》1993年第2期）有的文章说，以权谋私等经济领域中的腐败现象本质上是与旧体制的弊端相联系的，同时也是与市场经济的公平、公正、效率原则相违背的。（评论员：《反腐倡廉与市场经济》，《经济日报》1993年9月21日）

（2）**方一心**认为，不能把腐败现象统统推到旧体制即计划经济体制上，把目前的市场经济体制洗刷得干干净净、清清白白、与腐败现象毫无关联。文章质问：在高度集中的计划经济体制、计划经济和市场调节相结合的体制，确立实行社会主义市场经济体制等几个阶段中，到底哪个阶段腐败现象少而轻，哪个阶段腐败现象多而重呢：（《也论反腐倡廉与市场经济》，《真理的追求》1993年第11期）

五、关于“寻租”

1.“寻租”产生的原因。

江河认为，寻租活动的根本原因是行政权力对经济与市场的管制和干预。大量官办行政性公司，既保留原有管理权力，又获得干预和控制企业的合法外衣，还有明确的赚钱指标。“下海”的官员能很方便地找到领导批条子，要到种种优惠，实在是一块高产“租金”的“自留宝地”。企业为了寻租向官员行贿，从租金中得利的权力拥有者力求保持原有的租金制度和设立新的租金制度，扩大租金规模。（《权力对市场经济发育的干扰》，《经济学家》1993年第6期）

李欣广认为，政府干预太多容易产生寻租行为，因为政府本身不是单一的，而是由不同的部门和级别组成的。从干预的内容看，属于发放特许权和给予优惠政策的干预特别应减少。因为企业要千方百计地获取，而政府由于内部利益多层次，有可能抵制不了企业的诱惑，在运用这些干预时违背整个社会的利益。逐步盛行企业对政府机构“进贡”之风，就是这一表现。（《经济体制选择中的社会历史因素》，《改革与战略》1993年第4期）

张曙光认为，如果稀缺的商品和资源不是通过市场机制而是用行政办法来分配，且规定的价格低于市场机制下应有的水平，获得这样商品和资源的配额后就可降低成本。掌握分配权的少数管理人员，就会受到买方的收买，而这是获得这种稀缺商品和资源时所能有的超额报酬中的一部分。（《腐现现象的经济分析》，《经济日报》1993年10月8日）

2.“寻租”的范围。

江河认为，由于大多数价格的放开，双轨价带来的问题少了，但权力与金钱的结合，权钱交易并未减少。“倒风”、“炒风”越来越大。房地产、进口许可证、批文、免税指标、低息贷款等只要是能牟利的都在“倒”、“炒”之列。土地批与不批，租给谁用，价格多高都不是通过市场程序决定。“合资”热导致中国驻外机构在当地办的公司又回本国合作投资，享受合资企业的优惠。（《权力对市场经济发育的干扰》，《经济学家》1993年第6期）

王旭章认为，地产经济中的寻租者有三：（1）地方保护主义者，利用国家吸引外资的优惠政策分享税利，几乎无条件向境外投资者批租土地。（2）“经济集团”，通过优先占有土地使用权获得额外收益，其中以房地产开发公司为最，把本该属于全民所有的地产收益归本单位。（3）个人寻租，利用职务之便、裙带关系，分配偏好，给予特定户优惠合同和价格。（《地产经济中的非理性行为》，《社会科学》1993年第9期）

六、反腐败的思路

对于开展反腐败斗争，从各种论述及所提的对策中可归结为如下思路：

1.认为不能停留和满足于沿用计划经济时期反腐败斗争的思路和办法去办哪些习惯于办的传统案件，而回避当今大量出现的新问题。（尉健行：《适应市场经济要求，深入开展反腐败斗争》，《党建》1993年第8期）

2.主张要认识腐败的特性。认识了共同性——腐败现象发生于任何阶级社会，腐败活动的后果对一切社会都是破坏性的，才能把反腐败斗争放到政治斗争的应有位置；认识了特殊性——腐败内涵的界定，受一定社会的文化、制度、风俗和心理特征所制约，才能据以制定出适合我国国情的反腐败措施；认识了动态性——腐败行为与非腐败行为之间的界限不是一成不变的，才能在反腐败斗争中较好地把握“度”的问题；认识了可控性——一切腐败行为都是可以遏制的，才能坚定我们反腐败斗争必胜的信念。（鄢利民：《腐败的

实质以及对市场经济条件下腐败现象的认识》，《真理的追求》1993年第8期）

3.认为经济上反腐败要与深化改革相结合。从体制的弊端找出腐败的多发原因，以深化改革的办法去解决突出问题。只有按照市场经济的规律和原则，积极推行公开拍卖、公开招标、公开招聘等公开竞争方式，各领域广泛建立公开、公平、公正的竞争机制，才能从体制上创造遏制腐败蔓延的条件。（秦剑：《反腐败斗争与发展社会主义市场经济》，《光明日报》1993年10月7日）

4.认为要完善权力制约机制，对权力进行有效的制约。（赵磊、单丽莎：《向市场经济过渡必须正视的四个问题》之四，《当代经济科学》1993年第5期）

5.认为要规范政府行为，其中一类是规范政府工作人员业务行为，切实反腐倡廉。（《市场经济中的政府规范》，《中南财经大学学报》1993年第4期）

6.主张形成一支廉洁奉公的执法者队伍，主要是公、检、法、财税、海关、工商等部门人员。对他们要“高薪养廉”。从目前沿海经济发达地区的收入水平来看，这些执法者的月工资不能低于一千元，这样才能使其在社会上有应有的地位，有某种荣誉感。试行高薪后，对执法者须严格要求。（余碧成：《经济改革深化需要推进政治改革》，《经济社会体制比较》1993年第5期）

7.主张禁止非盈利部门市场化。在这一领域通行的不是效率优先的市场交换原则，而是公平稳定原则。政府、军警、基础教育、卫生保健等不能推向市场。（曾昭宁：《“全民经商”悖论》，《经济改革》1993年第4期）

8.主张从反自由化、反和平演变来反腐败。认为不能从加快改革、建立市场经济、发展经济方面来找治好腐败病的药方。因为客观事实是：近几年来伴随生产的发展和生活的改善，腐败现象却更为严重。只能从反自由化，反和平演变上下功夫。（评论员：《把反腐败斗争进行到底》，《真理的追求》1993年第10期）

（李欣广）

中国经济思想史

一、中国田制与政策思想的演变

钟祥财认为，“总观中国古代田制和土地政策的发展轨迹，可以看出国家的土地管理能力呈现出下降的势态。”

中国古代的田制及其相关政策思想是漫长封建社会经济基础的产物。中国封建社会始于春秋战国之交，中央集权统一的国家体制则是从秦汉时创立的。封建土地所有制的基本模式在那时已经形成，但由政府正式颁行的田制则始于西晋的占田制，此前新朝的王田制由于偏于空想，脱离实际而为时短促。

西晋的占田制和始于北魏终于唐朝的均田制都取得了一定的效果，但随着社会生产力的发展，它们逐步失去了发挥效用的客观条件。

两宋至明清，政府不再立田制，而是通过土地政策来对既有状况进行维持，这些政策思想包括北宋的方田法、南宋的经界法、明代的土地清丈和清代的更名田立法等。

这种下降的势态，究其原因，一般认为由于封建土地私有化程度提高，有关抑制土地兼并的思想从唐以前的甚嚣尘上变为宋以后的日益微弱。但钟祥财进一步认为“中国古代从频繁颁行田制到不立田制，是与整个国家的财政状况密切相关的。一般来说，占田制和均田制侧重于土地分配，虽有财政税收上的考虑，但主要目的是安定流民，恢复生产；而宋以后的方田、经界、清丈、核查诸项政策固然也有抑富济贫、促进生产的客观效果，但政府的根本目标是通过对土地状况的了解掌握、扩大田赋税收、以满足日益膨胀的国家机器的开支需要。（《中国古代田制及其政策思想的演变》，《江淮论坛》1993年第2期）

董仲舒“不与民争利”的经济思想体系

陈嘉珉认为，董仲舒“不与民争利”思想根源在于《春秋》中的大一统社会思想。董仲舒是在封建国家中央集权专制政权得到巩固，地主土地私有制业已确立以及国家实施轻重政策以后，封建国家与社会各方面在经济领域中“与民争利”的现象日多之际提出他的“不与民争利”这一经济思想的。

董仲舒为使其“不与民争利”思想具备明确的政策针对性，他首先确认了“与民争利”的三方面含义：(1)国家与民争利、即封建国家直接从事工商业活动与民争利以及徭役过度“夺民食、夺民利”。(2)食禄者与民争利，即封建官吏和诸侯王等经营工商业和兼并土地，与工商业者和小农争利。(3)地主与民争利，即地主对自耕农的土地兼并。由此可见，与民争利与大一统的和谐安定社会是不相容的。董仲舒认识到了与民争利的危害性，但他却不是从经济的角度，而是从伦理的角度来论证的。他认为与民争利的危害有三：(1)“与民争利”损害了“义”，而“义”首先是对人君和统治集团的要求。(2)“与民争利”破坏了等级伦理规范，因为他认为上与下各有其等级的利益，不应互相侵犯。

(3)"与民争利"违背了仁义之礼，从而违背了天意。据此，董仲舒提出了他的"不与民争利"的经济主张：(1)"盐铁皆归于民"；(2)"薄赋敛、省徭役"；(3)"受禄之家"宜"食禄而已"；(4)"限民名田，以澹不足，塞并兼之路。"董仲舒的"不与民争利"思想在历史上产生了深远影响，为巩固中央集权的国家政权起了很大作用，另一方面它在客观上也起了保护人民利益的作用。(《试论董仲舒"不与民争利"的伦理经济思想》、《江淮论坛》1993年第1期)

先秦儒家人性论与现代管理理论之异同的比较

黎红雷认为，先秦儒家之论人性善恶，与现代管理中的"X理论"、"Y理论"、"超Y理论"等有异曲同工之妙。而强调塑造人性以实施管理，正是先秦儒家人性理论的独特之处。

黎红雷认为，以孟子学说为代表的儒家性善论与现代管理中麦格雷戈等人的"Y理论"有许多异同，其共同之处在于：(1)二者都承认人性假设是管理活动的必要前提。(2)二者都肯定了人性本质上是善良美好的。(3)二者都把管理工作寄希望于人们的精神追求。而这二者除时代背景、社会环境及管理种类的不同外，还存在如下三点差别：(1)道德评价与行为描述的区别。"Y理论"着重于后者，仍属行为科学范畴；"性善论"则立足于前者，从而将对人性的研究纳入道德形而上学的体系中去了。(2)管理者行为与被管理者行为。"Y理论"立足于对后者的研究进而提出管理对策；"性善论"则将对人性的研究成果直接运用于国家管理者的行为选择上。(3)对于人性中恶的一面的分析。麦格雷戈认为，人们的恶劣行为是由于管理工作不当而引起的，而孟子并未排斥人的天性中也有恶的一面。黎红雷还比较了荀子的"性恶论"与现代管理的"X理论"。认为虽然二者都承认人性本恶，但管理方式不同，荀子主张以礼义教化进行管理；而"X理论"则认为，一般人均对工作具有天生的厌恶，故只要有可能，便会规避工作。鉴于人们这种好逸恶劳的本性，在管理过程中就必须对之予以强制、控制、监督乃至惩罚性的威胁。唯此才可促使他们为达到组织目标而努力。作者在该文中还比较了世硕的"性有善有恶论"与现代管理学中的"超Y理论"。"超Y理论"认为，人们有不同的需要，有人喜欢"X理论"的管理方式，有人喜欢"Y理论"的管理方式，实际管理活动必须兼顾二者。在这一点上"性有善有恶论"与之相同，但在对待的手段上，前者强调管理适应人性，而后者则强调管理塑造人性。而这一区别恰恰是儒家管理人性论与现代行为科学理论的根本区别。(《先秦儒家人性论的管理学意义》、《中山大学学报》1993年第3期)

二、荣、张企业集团经营管理思想比较

苏全有等认为，在本世纪20年代出现了国内外的市场萎缩。在此情况下，荣敬宗、荣德生兄弟在无锡、上海等地创建的茂新面粉系统和申新纺织系统（荣氏集团)，果断加强内部管理，提高生产效率而安度难关；而张謇在南通创办的以大生纱厂为中心的一系列企业(大生集团)，虽在资产总额和社会影响方面居于荣氏集团之上，却继续因循守旧而至一蹶不振，终因债务过重而由他人接收。两家集团的结局不同，与其经营管理思想有很大的关系。

在资本积累在投资方向选择上，荣氏集团注重企业积累，积累率年平均在达6.9%，而张氏集团同期由于利润分割过多、年均积累率只有0.7%。荣氏集团扩、购新厂较慎重、多着力于引进生产设备；而张氏集团长期不购置新设备；且在建新厂时又造成严重的投资失误。在企业内部管理方面，荣氏集团积极引入新式簿记，建立了国内民族企业的第一家现代型的会计部，还派人出洋学习西方先进管理经验，并在厂内推行先进管理方式，建立新型的与之相适应的管理机构。张氏集团则一直未能建立会计部门、同时仍延用落后的小生产管理方式治理现代企业。在人才的培养和使用方面。张謇虽重视教育并投入了比荣氏为多的资金，却由于只重一般教育而不重视职业教育和职工培训而饱尝人才匮乏之苦；荣氏集团则面向实际，一方面他们着眼基础教育以提高工人素质，另一方面则建立工商中学，培养了大批的管理干部。张謇"用人有地方思想"，不敢擢任新人，而荣氏集团则通过1922年的改革，改为以技术人员主持厂务，并多次派人出洋学习、考察，更兼对外招聘高级人才和对内激发工人潜力，使荣氏集团形成了人才济济充满活力的局面。此外，张謇作为实业家，仍有更多的本末论之包袱，更兼多有政治活动，造成其精力分散，且他利用其特殊政治地位造成自己企业的垄断地位，而一旦这一特殊身份不再，大生的生存很快就受到了威胁。荣氏兄弟从小读书不多，但多年的帐房钱庄学徒生活练就了他们的经济头脑和敏锐的商业眼光，荣氏集团在1908、1912年和1922年三次危机中濒临倒闭而最终都起死回生，很大程度上得力于荣氏兄弟从市场竞争中获取的企业家智慧与胆识。(苏全有、汤爱民：《荣、张企业集团经营管理思想之比较》，《河南师范大学学报》1993年第2期)

三、"相地而衰征"辩

"相地而衰征"是我国历史上最早提出和实行的按土地肥瘠分等课征实物租的制度。

巫宝三认为，春秋时期管仲提出的"相地而衰征"

的改革措施，是指按照土地肥瘠和产量的不同，区分等级征收租税。而且根据《管子·大匡篇》中的记载，齐桓公十九年、即公元前667年，齐国已实行了什一税率按产量分等征税的先进税制。

在西周公田制消亡以后，领主对授予农民的土地一律按固定比率征收实物租，实物地租制度由此产生。该制度鼓励了农民的劳动积极性，同时也会增加领主的收入，对双方均是有利的，因此说，从公田制度和劳役租制度转变为对授予土地收取实物租制度是社会经济的一大变革。而"相地而衰征"进一步提出的按土地肥瘠不同产量分等征税，这种税制在租税负担的公平问题上优于"初税亩"，因而它是我国历史上最早提出和实行的按土地肥瘠分等课征实物租的先进制度。不仅如此，"相地而衰征"制度先于鲁国的"初税亩"73年。

管仲"相地而衰征"的理论意义也很重要，因为它最早提出了差额征收土地税的公平原则及其必要性。管仲在早期封建社会土地所有制条件下提出的"衰征"原则，仍然具有级差地租的意义，但它所"征"的不仅包括地租，还包括封建国家凭借土地所有权对农民的各种课征的赋税及徭役。管仲提出的根据土地不同等级分等课征租税的级差地租理论。完全适用于封建主对农民的各种课征。它是针对封建主横征暴敛和按土地面积课征租税的不公平方法，提出一种使农民生活和生产发展得到保证的公平课征原则，它在租税理论上作出了杰出的贡献。（《管仲"相地而衰征"的历史意义与理论贡献》，《河南师范大学学报》1993年第3期）

四、明代外贸思想发展的三个阶段

吴丽红认为，明代统治者继承了明以前的朝贡贸易思想，并把它发展为与闭关禁海相配合的、更为保守、落后的明朝封建朝贡贸易思想。而随着私人海外贸易的崛起，一种反映民间私人商业资本对外扩张、代表商人利益的贸易开放思想产生了，这两种思想的斗争贯穿明对外贸易思想的始终，再根据明代社会经济和对外贸易的阶段性，明代的对外贸易思想分为三个阶段。一是朝贡贸易占主导地位时期的外贸思想。这一阶段由明初（1368）至嘉靖中期（1540）、该阶段中朝贡贸易思想体现在明代设置市舶司严格管理外贸事物，防止自由贸易。丘浚和林富则对朝贡思想和海禁政策提出了批评，丘浚认为，市舶司已失去了经济上通有无，收税利的意义而沦为处理进贡事物的政治部门。林富更进一步认为，私人海上贸易有四利：对番舶除贡物外抽解私货以为国家财政收入；抽解之外部分可充军饷；财政收入可以支援邻近财政困难省份；可使老百姓"自肥"。二是朝贡贸易衰落、私人海上贸易兴起时期的外贸思想，从嘉靖中期至隆庆二年（1540—1568）。该阶段外贸思想的争论围绕"倭冠之患"问题展开，以王抒归有光等为首的禁通番、严剿杀论者认为：(1)私人下海通番是导致这场战争的祸首；(2)"寸板不许下海"的祖宗之法不可改变；(3)贸易开放对国家财政"无补国计之分毫"；(4)严禁下海通番，对海商武装集团严刑剿杀。以唐顺之、钱薇等为首的复市舶、收利权论者认为：(1)关闭市舶司造成贡路不通，从而迫使日本人"为冠不止"；(2)坚持"寸板不许下海"；(3)市舶司除政治功能外，还具不可忽视之经济功能；(4)恢复市舶司、禁绝私人海上贸易、放松对朝贡贸易的一些限制。以唐枢为代表的宽海禁、通有无论者认为：(1)政府的海禁使商人失其生理，于是转而为冠；(2)祖宗之法必须适应时宜；(3)开市可以收税并有助于社会秩序的安定；(4)认为开放海禁比如何镇压和处置海商更重要。三是私人贸易占主导地位时期的外贸思想，从隆庆二年至明末（1568—1644）。在该阶段中，许孚远通过论证开禁与沿海治安、贸易开放与国计民生等关系，提出"于通之之中申禁之之法"即国家管理下的贸易开放政策；徐光启提出"开关制倭"论，即以开放对外贸易换取沿海的太平；张位主张恢复中日朝贡贸易，许中方民间商船前往日本贸易的"贡商合一"思想；傅元初则提出对外贸易可以互通有无并可促进劳务输出，这对国计民生均大有益处。在该阶段唐学聚反对荷兰殖民者侵占澎湖及谴责西班牙殖民者屠杀华商的反殖民侵略的外贸思想反映了明对外贸易思想发展的时代新动向。（《明代对外贸易思想》，《经济科学》1993年第1期）

（魏　众）

中国经济史

一、二元经济模型与中国经济史实

吴承明等通过对中国经济史实的考察，从以下几方面对W·A·刘易斯等西方学者的二元经济模型提出了质疑：

（一）中国传统农业与二元经济模型

吴承明认为，当代西方的二元经济模型都只考察农业的剩余劳动力怎样转移到现代产业部门。50年代刘易斯模型把传统农业看成是完全消极的东西，它的边际劳动生产率等于零。（W·A·刘易斯：《二元经济论》北京经济学院出版社1989年版4—11页）70年代末刘易斯在《再论二元经济》（同上，第149—156页）中论述现代部门与传统部门的相互关系时，仍不讲传统农业对现代部门的作用。费—拉尼斯模型和乔根森的理论虽然对传统农业边际劳动生产率的看法有所改进，但仍然都把传统农业看作单一的粮食生产，它的机会成本等于零。吴承明指出，事实上各国农业都有非粮食作物，并与畜牧业和家庭手工业相结合。中国至少在宋以后，小农经济是一个农业与家庭手工业互补的体系。而奇怪的是，西方学者在讨论原始工业化（*proto-industrialization*）很注意这种互补作用，而在现代工业化模型中把它一笔勾销了。吴承明通过对自鸦片战争到抗日战争前中国传统农业的考察，认为这段时期中国传统农业基本上能够满足人口增长的需要，基本上能够满足工业发展对农业原料的需要，能满足我国当时工业化对粮食的需要，因此中国传统农业不是像刘易斯模式所设想的那种完全消极的东西，而是应该在中国近代化过程中，发挥其积极作用。就是今天的家庭承包制，仍然在利用传统农业的积极因素。（论工场手工业》，《中国经济史研究》1993年第4期；《中国资本主义发展史》第3卷，人民出版社1993年版第10页）

其他一些学者讨论了明清时期中国传统农业的生产率以及传统农业和小农经济在现代化中的作用。**董恺忱**指出，中国明清多熟制已有相当的发展，农业技术也有相应进步，从这个意义上看，中国有自己的农业革命。方行认为，我国小农经济的劳动生产率，不能光从粮食产量计算，因为小农经济除种粮食外，还有经济作物，家庭手工业等，应全面计算这些生产项目的收入，按总产值比较定其增减。明清以后农业结构有调整，复种有发展，劳动生产率可能是提高而不是下降。**魏金玉**指出，明清时代不但生产技术、小农经济结构，而且封建生产关系均有发展变化，如押租、永佃的发展，就是封建租佃关系史的一大变化，反映了一种姑称之为中农化的倾向，对生产不无促进作用。**林甘泉**提出了两个基本观点：一、小农经济与社会大生产不相容，对社会生产发展有局限性，应加以改造；二、传统农业、小农经济的潜力还没有发挥尽，还有容纳生产力发展的余地。今天中国农村的家庭联产责任制，实际上是传统农业经营方式在生产资料公有制条件下的延续，是小农经济仍有潜力的反映。对这种潜力应加以利用。佟屏亚指出，现在的实际情况是传统农业技术仍被普遍采用，这种状况在以后三十年以至两三代人恐怕难以改变。依靠传统农业技术与现代科学技术的结合，我们现在不但有大面积的吨粮田，而且出现上百亩上千亩亩产三千斤的农田，这是中国的创造。（《“传统农业与小农经济”学术讨论会纪要》，《中国经济史研究》1993年第3期）

（二）手工业与二元经济模型

吴承明指出，自刘易斯提出二元经济模型以来，论者都是讨论传统农业，而于手工业绝少置论。吴承明认为，二元经济中的传统部门应包括所有传统产业，其中包括手工业。世界上稍晚实现工业化的国家，都有个或长或短的机器大工业与手工业并行发展的时期。他着重考察了近代中国与日本手工业的发展，他用大量统计分析和历史事实表明，近代中日两国手工业的发展，尤其是工场手工业的兴起，是与近代机器工业的创建同步进行的，手工业与机器大工业的互补作用超过两者间的对抗。在近代化过程中农业释放的劳动力多为手工业吸收，手工业成为吸收剩余劳动力、满足就业需要的巨大力量。在中国近代化过程中，手工业这种传统经济并不完全是个消极因素，在中国本来可以有一条土洋结合、再进一步现代化的道路，以及通过工场手工业过渡的道路。它可使工业建设接近原料和市场，协调生产，均衡布局。本世纪初，张謇以大生纱厂的资力，创办起包括农、工、商、运输、金融的“南通实业”体系，就是上述道路的一个典型。但是在当时中国半殖地地条件下，张謇的乡土建设道路失败了。吴承明认为中国70年代末80年代初勃兴的乡镇企业实际是工场手工业的复兴，它证明了手工业对现代化产业部门的不可缺少的补充作用。还指出，工场手工业在二元经济中的地位如何，作用何在，是个新课题。在二元经济中，虽已不会出现工场手工业阶段，但工场手工业（包括散工制）的发展仍是不可避免的，在一些行业甚至是不可逾越的。70年代末中国乡镇企业的勃兴从正面说明了发展工场手工业的必要性。（《论工场手工业》，《中国经济史研究》1993年第4期；《中国资本主义发展史》第3卷，人民出版社1993年版，第8—9页）

史建云从市场角度论证了中国近代农村手工业对民族工业的促进作用。她认为，过去人们常常认为农村手工业阻碍了近代工业开辟农村市场，对抗了机器工业的发展，这种观点是相当片面的。首先，由于使用工业产品作原料或工具，农村手工业直接成为近代工业的市场。这方面，最明显的就是华北农村手织业造成的对机纱的巨大市场需求。同时中国农村棉织业、丝织业和轧花业等手工业行业从国外引进了以人工作动力的工具机，这种工具机已不再能由乡村中的木匠制造，因而出现了对机器制造业的巨大市场需求，促进了机器工业的发展。例如在华北农村手工业造成的市场需求刺激下，天津的机器制造业和铸铁业在20年代上半叶得到迅速的发展。农村手工业不仅自身成为近代工业的市场，更重要的是，由于它提高了农民的收入，从而扩大了农村对工业品的有货币购买力的需求。她认为近代中国农村手工业对于民族工业的发展，促进作用是主要的，而竞争、对抗则是次要的。(《从市场看农村手工业与近代民族工业之关系》,《中国经济史研究》1993年第1期)

(三) 中国的三元经济结构

陈吉元、胡必亮通过对近几十年中国经济史实的考察认为刘易斯、费景汉等人的二元经济模型(《劳力剩余经济的发展》,华夏出版社1989年版)无法解释中国近几十年来的经济现象,为此他们提出了"中国三元经济结构"这样的新概念,即整个国民经济由维持生计的小农经营部门、运用现代生产方式进行生产的城市工业部门以及发源于农村但与城市现代工业紧密联系的农村工业部门(主要体现为乡镇企业的发展)这三种具有不同性质的部门组成，他们用"三元经济结构模型"来分析中国农业劳动力转移机制。他们认为,刘易斯、费景汉等人的二元经济模型忽视了制度方面的障碍分析，忽视了制度因素在二元经济结构背景下对农业剩余劳动力转移与国民经济发展的互动过程中的意义。他们指出，50年代形成的中央计划制度、主要农产品统购统销制度、价格剪刀差政策、人民公社制度以及户籍制度等一系列制度，一直维持到80年代，有些现在仍对中国的经济生活起着十分强有力的影响。这使农业剩余劳动力向城市部门自由转移的理论在中国失去了其全部的制度基础。而"农村中的小型工业"与上述制度背景相适应，在50年代"大办钢铁"的历史条件下迅速得到发展，其后虽历经磨难，但到了1978年农村改革开始前，以农村工业为主的社队企业已发展到了152.4万个，通过就地转移农业剩余劳动力的形式吸收了约10%的乡村劳力，为国家的工业发展创造了约10%的份额。至1992年，乡镇企业已经发展到了2079.2万家，总产值为17584亿元，分别占全国社会总产值、农村社会总产值的1/4和2/3,其中农村工业总产值已占到了全国的1/3。它吸收了1亿多农村劳动力，占当年乡村总劳力的24%，与城市全民所有制企业职工人数大致相等。在农村经营系统内,乡镇企业产值已超过了"半壁江山"的份额;在工业经济体系内，它已是"三分天下有其一"。它不仅具有强大的经济实力，还具有不同于农业部门及城市工商业部门的制度特征,可以把它当作国民经济三元中的一元。还认为在中国特有的制度环境中，城镇对农村劳动力的吸收能量不大，而以农村工业为主体的农村非农产业却对吸收农业剩余劳动力具有决定性的作用。这使中国经济结构出现了三元经济格局。只有从根本上把握这种"三元经济"的特征,才能真正搞清楚中国农村工业发展与农业剩余劳动力转移的互动机制。应根据中国的实际情况，把农村发展及农业剩余劳动力转移的基点主要放在农村工业发展上，并以此带动整个国民经济的发展。(中国的三元经济结构与农业剩余劳动力转移》,《经济文献信息》1993年第10期)

二、比较经济史研究与中国的现代化

厉以宁认为，经济史学是以人类经济活动的历史过程,即以经济制度的演变、生产力的发展以及二者之间相互作用的历史过程作为研究对象的学科。比较经济史学是经济史学的一个分支，它考察世界上各个不同国家和地区经济史过程的差异和共同点，分析这些差异和共同点的原因与后果，以加深对人类社会经济活动的历史过程的认识。现代化是一个经济、社会、政治、文化的持续发展的过程,而以经济发展过程作为其主要内容。目前正在进行现代化的国家特别需要总结本国和其他国家这些年来经济发展的经验和教训，否则现代化过程中就会重复自己走过的和别人走过的错误道路。从这个意义上说,不仅现代化的研究与比较经济史的研究是一致的，而且比较经济史研究还为现代化研究的深入准备条件，比较经济史研究甚至可以被看成是现代化研究的一项不可替代的基础性研究。

厉以宁指出，进入80年代后，中国社会各阶层都对现代化问题感到浓厚兴趣。这种兴趣不仅反映于对中国现代化的途径和前景的关切，而且反映于对世界上其他许多国家和地区的现代化过程的注意。比较经济史学在80年代日益被中国学者所重视,与对其他国家现代化过程中经验和教训的总结是分不开的。在中国学术界的比较经济史研究中，一种有深远意义的思路是：对人类社会经济发展而言，重要的不是经济增长,或者不仅仅是经济增长,而是经济与社会发展的协调,或主要是这种协调。根据这样一种思路,在对西方国家的工业革命进行评价时，十分自然地出现了如下的看法,这就是:18世纪末和整个19世纪内所经历的工业化主要以生产技术的革命作为特征，而不曾把智力的解放、智力资源的开发作为特征,与现代化有关的教育投资问题到很晚才被摆到恰当的位置上，这正是后进国家在现代化过程中必须吸取的教训。中国的现代化如果忽略这一根据比较经济史研究所得出的经验、教训，仍然象18至19世纪某些国家的做法那样，开始时把人仅仅看成工具,看成机器设备的附属物,直到后来才重视智力的解放、智力资源的开发,那就会拖延现代化的进程，并以经济与文化差距的扩大作为现代化的沉看代价。(《比较经济史研究与中国的现代化》,《社会科学战线》1993年第1期)

在中国现代化的研究中，对经济波动进行历史比较也成为一个新的课题。80年代内，有关近40年来的中国经济周期波动的过程和原因的分析，尽管观点不一致，仍有两个基本结论是大体接近的。一个基本结论是：中国和其他已经实现现代化或正在进行现代化的国家一样，在经济发展的道路上不可能是直线上升的，经济的波动在所难免；另一个基本结论是：同其他国家一样，中国在现代化过程中发生经济波动的原因应当主要从内部去寻找，来自国际市场的影响虽然存在，但却是次要的。厉以宁认为，中国现代化过程中的经济波动具有自身的特殊性，不仅不能用西方国家、东南亚国家的情况来类比，甚至也不能用原苏联、东欧国家的情况来类比，这一切都有赖于研究的继续深入。比较经济史研究可以为此提供较多的依据。（比较经济史研究与中国的现代化》，《社会科学战线》1993年第1期）

在谈到经济体制的比较研究时，中国的现代化研究者们倾向于两种看法：(1)中国的经济体制与原苏东的经济体制有较大可比性，特别是与原苏联的经济体制在历史上有较大的可比性；(2)按人均国民收入和农业人口在总人口中所占比例来看，中国的经济体制（就社会经济结构、市场组织、价格体系等方面而言）可能更类似于现代化程度较低的某些发展中国家，中国同它们之间有较大的可比性。厉以宁认为，以上两种看法都是有道理的，而且它们之间也没有什么不能相容之处。

厉以宁还指出，对于研究中国现代化问题的人来说，有关中国传统社会结构对现代化制动作用的研究具有十分深刻的意义，它不仅与中国的经济体制改革的设计与进程有关，而且与中国的政治体制改革的设计与进程有关。格辛克隆（A. GerschenKron）的比较经济史论著，梅洛蒂（V. Melotti）关于第三世界与多线发展模式的研究，都可以作为我们的参考。中国的比较经济史研究者在分析各国现代化过程中发展与传统社会结构之间的关系时，虽然见仁见智，各持一端，但有一点是一致的，这就是：全都承认传统社会结构对中国现代化事业有着不可忽视的制动作用，因此必须正视这一问题，慎重地选择对策（《比较经济史研究与中国的现化》，《社会科学战线》1993年第1期）

关于传统社会结构是否由外部力量所破坏的讨论，研究者们表述过不同的看法。厉以宁认为，一种对中国现代化进程的研究可能有较大借鉴意义的见解是：外部力量的侵入所能破坏的只是传统社会结构的表层，传统社会深层结构的瓦解则是内部力量作用的结果。拉丁美洲是较早的例证，西班牙的入侵和占领并不曾摧毁当地的社会经济结构。印度是较后的例证，直到20世纪40年代中期为止，印度的传统社会深层结构也未被英国经济力量所破坏，广大农村仍旧维持传统的社会结构。南朝鲜在第二次世界大战前长时期受日本统治，并没有破坏其传统社会结构，而从60年代以来南朝鲜经济有较快发展，传统社会结构解体的速度大大加快。从这些例证可以看出，所谓没有外来入侵就没有东方传统社会结构的解体，从而也就没有东方的工业革命和现代化的论点，是片面的、肤浅的。不从传统社会的深层结构进行分析，不对社会内部力量的作用进行研究并给予足够的重视，既说明不了东方传统社会结构解体的实际过程，也说明不了世界历史的多样性和现代化过程的多样性。

厉以宁认为，悉尼·波拉德（Sidney Pollard）的“发疹”假设对于我们研究现代化进展的不平衡性有参考价值。波拉德把工业化过程比作“发疹”过程：新兴工业城市好象一个个小红点，隔了一段时间后，有些地方红点增多了，红点与红点之间连成片了，而另一些地方的红点仍然是稀疏的、点缀性的。波拉德认为对工业化过程的研究不能采用国别研究方法，而只能采取区域研究方法，即用红点的分布和红点的扩散作为工业化进展的标志。厉以宁指出，波拉德的假设有助于说明一国内部现代化进展的不平衡性，例如，在研究明清两代较大型雇工企业的地区分布状况时，在研究19世纪末和20世纪初的近代工厂的地区分布状况时，都可以参考波拉德的假设，避免得出简单化的论断。（《比较经济史研究与中国的现代化》，《社会科学战线》1993年第1期）

三、近代中国社会经济发展阶段划分

沈毅认为胡维革等关于1840—1895年为中国封建主义延缓和衰落期，1895—1927年为资本主义发展和停滞期，1927—1949年为新民主主义产生、发展和胜利时期的中国近代史三段分期法（《东北师大学报》1991年第3期）不科学，他赞同夏东元以资本主义酝酿、发生和发展这条主线和反帝反封建斗争相结合，以“戊戌变法”为分段线的划分方法（《历史研究》1989年第4期）认为“戊戌变法”前58年为中国资本主义酝酿、发生和初步有所发展时期，“戊戌变法”后52年为政治改革以期适应资本主义更好地发展时期。（沈毅：《也谈中国近代资本主义的历史地位》，《学术月刊》1993年第8期）

吴泽认为近代中国社会经济发展可分为6个阶段：

(1) 1840—1895年是半殖民地半封建化时期。这一时期国家、民族的独立逐渐被半殖民地形态所取代，腐朽的封建制度逐渐被半封建形态所取代，封建主义在一切领域仍然是主要的，占优势的。

(2) 1895—1914年是半殖民半封建社会形成时期。这一时期封建主义对外完全失去抗御能力，对内仍占优势，对资本主义因素在政治上、经济上予以承认。

(3) 1914—1927年是半殖民地半封建社会深化时期。封建主义受到工商资本主义因素的剧烈冲击和农村土地改革的初步冲击，在政治上、经济上退居劣势，但在大部分农村的地主经济和城市的官僚资本、买办资本方面仍顽固地表现着自己。

(4) 1927—1937年是半殖民地半封建社会衰落和资本主义化起步时期。中国实行了关税自主，一定程度上强化了国家主权而减弱了半殖民地色彩。实行了币制改革。四大家族为代表的官僚资本体系形成，成为中国资本主义的基本力量，又制约了中国资本主义化的未来发展方向。资本主义性质的经营地主、富农、农垦公司在这一时期有较大增加。农村封建经济尚未受到彻底清除。工商资本主义受到国际金融寡头的控制而举步维艰。

(5) 1937—1945年是殖民地、半殖民地、半封建社会的资本主义化延续时期。敌占区资本主义化过程转入殖民地轨道。解放区新民主主义经济极大地遏制了封建、半封建的经济关系。国统区民族工业有较大发展，官僚资本的势力跃居统治地位，农村封建经济受到较低限度的遏制。

(6) 1945—1949年半殖民地半封建社会崩溃和资本主义化发展时期。随着解放区不断扩大，封建经济陷入绝境。国统区本国工业资本已占主导地位，半殖民地色彩显著减弱。中国社会形态无疑已跨入资本主义社会。中国经历过资本主义阶段，但经历得是那么艰难、短暂，那么不彻底，而且又是那么特殊。(《中国半殖民地半封建社会与“资本主义化”社会阶段》，《江海学刊》1993年第5期)

四、近代中国政府和金融货币

(一) 财政与银行合一

关于近代中国财政与金融的关系，过去论著中曾多次进行讨论，而**杜恂诚**用“财政与银行合一”这一提法作了新的概括，并认为这是近代中国经济的悲剧。他指出：在西方国家，金融业独立于政府财政之外，两者有严格的区别。而在中国，新式银行产生伊始即从属于政府的财政需要。清末中央政府设立了中国通商银行、户部银行、交通银行，其主要功能为协助管理财政。地方银行业务则同地方财政相连接。清末金融市场由外国银行和钱庄所控制，银行依托财政方能立足。北洋初期政府大量举借内债，银行承销内债获利丰厚，这刺激了银行业发展。北洋政府把中国、交通等银行作为财政的出纳机关，经销巨额公债尚犹不及，还不时索取垫款，中、交两行不得不滥印钞票，充当财政工具。后来的南京政权组建了新的国家金融机构，并不断向私营金融业实行渗透和兼并，把银行当作榨钱的工具。

杜恂诚认为在中国的特殊国情下，对于新式银行的从无到有，政府是起过积极作用的。但当银行业发展到相当规模以后，政府仍一味将其作为财政出纳机关，那就同市场经济背道而驰了。在银行业社会功能的重要性日益显著的情况下，银行与财政合一，就是扭曲了市场经济机制。政治变动(包括军阀战争)就会对经济造成巨大的，甚至是毁灭性的影响。今天，在我国银行与国家财政脱离之前，还不能说已经确立了国家的宏观协调机制，还不能说已经建立了比较理性的市场机制。在金融自主实现之前，还不能说已经实现了企业自主，还不能说经济的长期稳定的改革和发展得到了保障。《近代中国经济的悲剧——财政与银行合一》，《上海经济研究》1993年第4期)

(二) 北洋政府与“信交风潮”

1920年中国工商业发展出现滑坡，投资者们对工商业失去兴趣，大量社会游资转向投机事业，于是在1921年出现了中国历史上一次较大的金融风潮——“信交风潮”。过去学者们曾对这一风潮本身进行过分析。**陈争平**从新的角度考察了风潮之前及风潮过程中政府行为，指出在风潮发生前北洋政府曾参照外国经验，制定有关法规，对交易所这一市场经济新事物一方面鼓励创办，一方面又要加强管理，以防弊端发生。当风潮乍起，一些政府官员对其潜伏的危机已有所察觉，北洋政府曾试图依法进行管理。但是交易所大多设在租界内，由于外国侵略势力的阻碍及地方军阀与中央某些部门的掣肘，北洋政府有法不能依，有令不能行，以致信托公司与交易所实际上在无政府状态下盲目发展。在人们投机热潮中，中国设立的交易所数居然“冠绝全球”，大大超过美国这一世界经济强国的好几倍。当“泡沫”破灭，大崩溃到来时，“倾家荡产，断送性命者，不知凡已”，给近代金融和商业造成恶劣影响。陈争平认为，随着社会化大生产的发展，政府在市场经济中，特别是在金融问题上的宏观调控作用日益重要，但是在近代半殖民地半封建社会条件下，中国不能建立起一个能有效地发挥宏观管理职能的政府。当前我国社会主义市场经济的发展，也对政府宏观调控职能提出新的更高的要求。在我国现实经济生活中，这“风”那“热”仍然常常出现，它们可能会冲击和破坏社会经济的正常运行。我们应记取1921年信交风潮以及政府有令不能行，有禁不能止，因局面失控而造成严重后果的历史教训，加强和改善国家对经济的宏观调控。(《“信交风潮”——一个特大的经济“泡沫”》，《光明日报》1993年9月13日)

(三)清末铜元制度推行中的中央与地方政府行为

清末铜元制度作为一种有进步意义的新辅币制度曾在全国推行，但却以失败而告终。**黄成**也从政府行为角度对清末铜元制度进行了新的考察，他指出铜元制度失败的原因根源一是在于清末中央政府与地方政府的矛盾，二是铜元倾销与封建区域的矛盾。由于铜元铸造权起初下放给各省，铸造铜元颇有余利，各地方政府为追求铜元余利而盲目铸造，并想尽方法将铜元向外地倾销。1905年后清朝中央政府为集中铜元铸造权和夺取铜元余利，采取了一系列措施，都遭到来自地方督抚的种种阻力。几次较量的结果，中央对辅币铸造的失控局面依然如旧。本应全国通用的铜元，也由于各地方利益冲突，由于封建区域保护主义而妨碍了全国统一市场的形成。黄成指出，清末铜元制度的失败表明，不打碎腐朽封建的政治统治，任何孤立的经济型改革都将毫无出路，（《清末铜元制度述评》，《杭州大学学报》1993年第2期）

五、当代中国资本效率、工资水平和技术进步状况的历史分析

段宾、张瑞对中国1952—1990年间资本、资本生产率、资本利润率、平均工资、就业量、就业者资本装备率等进行了逐年估算，得出表1：

表 1

年份	资本总额① T 亿元	社会劳动者②人数(就业) L 万人	按可比价③格计算的国民收入 Y 亿元	平均工资④ E 元	资本⑤生产率 $t=\frac{Y}{T}$ %	就业⑥者资本装备率 $\tau=\frac{T}{L}$ 元/人	资本⑦利润率 $\pi:=\frac{Y-L\cdot E}{T}$ %	$\frac{E}{\tau}$⑧ 或 $t-\pi$: %	就业⑨者资本装备率增长率 τ: %
1952	2000.0	20729	589.0	202.5	29.45	965	8.5	20.95	—
1953	2120.3	21364	671.5	218.5	31.67	993	9.7	21.97	2.9
1954	2267.2	21832	710.3	223.0	31.33	1039	9.9	21.43	4.6
1955	2433.4	22328	755.7	240.1	31.06	1090	9.0	22.06	4.9
1956	2623.1	23018	862.3	257.9	32.87	1140	10.2	22.67	4.6
1957	2835.8	23771	901.2	262.1	31.78	1193	9.8	21.98	4.6
1958	3107.4	26600	1099.7	252.4	35.39	1168	13.8	21.59	−2.1
1959	3471.6	26173	1189.8	227.2	34.27	1326	17.1	17.17	13.5
1960	3899.3	25880	1172.7	243.3	30.07	1507	13.9	16.17	13.7
1961	4286.4	25590	824.6	239.5	19.24	1675	4.9	14.34	11.1
1962	4587.1	25910	771.0	244.0	16.81	1770	3.0	13.81	5.7
1963	4834.4	26640	853.5	241.0	17.65	1815	4.4	13.25	2.5
1964	5067.6	27736	994.2	253.6	19.62	1827	5.7	13.92	0.7
1965	5320.7	28670	1162.7	269.6	21.19	1856	6.7	14.49	1.6
1966	5625.2	29805	1360.6	288.4	24.19	1887	8.9	15.29	1.7
1967	5949.2	30814	1262.2	294.9	21.22	1931	5.9	15.32	2.3
1968	6283.3	31915	1179.8	267.7	18.78	1969	5.2	13.58	2.0
1969	6634.7	33225	1407.7	295.8	21.22	1997	6.4	14.82	1.4
1970	7076.8	34432	1735.2	309.4	24.52	2055	9.5	15.02	2.9
1971	7616.5	35620	1857.1	312.2	24.38	2138	9.8	14.58	4.0
1972	8215.7	35854	1910.1	330.4	23.15	2291	8.7	14.45	7.2

（续）

年份	资本总额① T 亿元	社会劳动者②人数(就业) L 万人	按可比价③格计算的国民收入 Y 亿元	平均工资④ E 元	资本⑤生产率 $t=\frac{Y}{T}$ %	就业⑥者资本装备率 $\tau=\frac{T}{L}$ 元/人	资本⑦利润率 $\pi:=\frac{Y-L\cdot E}{T}$ %	$\frac{E}{\tau}$⑧或 $t-\pi:$ %	就业⑨者资本装备率增长率 $\tau:$ %
1973	8882.8	36652	2068.6	344.3	23.29	2424	9.1	14.19	5.8
1974	9603.9	37369	2092.1	343.1	21.78	2570	8.4	13.38	6.0
1975	10368.2	38168	2265.9	353.1	21.85	2716	8.8	13.05	5.7
1976	11180.4	38834	2205.8	352.5	19.73	2879	7.5	12.23	6.0
1977	11994.9	39377	2377.8	366.9	19.82	3046	7.8	12.02	5.8
1978	12897.0	40152	2670.5	376.1	20.71	3212	9.0	11.71	5.4
1979	13887.9	41024	2857.2	397.4	20.57	3385	8.8	11.77	5.4
1980	14942.3	42361	3041.0	432.5	20.35	3527	8.1	12.25	4.2
1981	16009.2	43725	3189.4	463.7	19.92	3661	7.3	12.62	3.8
1982	17108.6	45295	3450.4	478.7	20.17	3777	7.5	12.67	3.2
1983	18271.5	46436	3794.3	506.1	20.77	3935	7.9	12.87	4.2
1984	19554.7	48197	4310.9	532.9	22.05	4057	8.9	13.15	3.1
1985	21094.9	49873	4892.2	548.2	27.93	4230	15.0	12.93	4.3
1986	22895.9	51282	5268.6	576.8	23.01	4465	10.1	12.91	5.6
1987	24930.7	52783	5805.8	625.8	23.29	4723	10.0	13.29	5.8
1988	27206.1	54334	6462.5	673.1	23.75	5007	10.3	13.45	6.0
1989	29674.8	55329	6675.7	682.3	22.50	5363	9.8	12.70	7.1
1990	32291.4	56740	6996.1	695.	21.67	5691	9.5	12.17	6.1

资料来源：

①《经济研究》1991 年，第 4 期，第 17 页。

② 国家统计局编《中国统计年鉴·1991》，第 95 页，中国统计出版社，1991 年第 1 版。

③ 根据上书第 34 页按可比价格计算的国民收入指数求得。

④《中国经济史研究》1991 年第 3 期，第 45 页。

⑤=③/① ⑥=①/② ⑦=（③－②×④）/① ⑧=⑤－⑦ ⑨由⑧求得

他们在表 1 基础上进行了分期分析，认为：

1. 在第一个五年计划时期，我国资本生产率和资本利润率水平较高且十分稳定。1953—1957 年间，我国资本生产率保持在 31%以上，资本利润率保持在 9%以上，变动较微小。平均工资水平和就业者资本装备率（即技术水平）稳步提高。实际平均工资由 1953 年的 218.5 元上升到 1957 年的 262.1 元。就业者资本装备率则由 1953 年的 993 元/人，上升到 1957 年的 1193 元/人。

2. "二五"时期我国资本生产率、资本利润率经历了先上升，而后猛跌的过程。资本生产率最高达到 1958 年的 35.39%，最低只有 1962 年的 16.81%，相差近 20 个百分点。资本利润率最高达到 1959 年的 17.1%，最低只有 1962 年的 3%，相差 14 个百分点。我国实际平均工资由 1957 年的 262.1 元下降到 1962 年的 244 元，这期间最低的 1959 年仅 227.2 元。"二五"计划结束时，资本生产率和资本利润率水平远低于"一五"时期的正常水平。平均工资占就业者资本装备率的比重，即 E/τ，或资本生产率与资本利润率之差 $t—\pi$：呈逐渐缩小趋势。由于资本生产率大幅度下降，出现了在就业者资本装备率大幅度提高的情况下，平均工资呈下降趋势这样异常的经济现象。

3. 1963—1965 三年调整时期，我国平均工资、资本生产率、资本利润率、就业者资本装备率均呈稳定的上升趋势，充分显示了恢复性经济增长的特征。

4. "三五"时期，由于"文化大革命"的冲击，我国发生了较大的经济波动。1966 年我国资本生产率达到 24.19%，资本利润率达 8.91%，均已接近"一五"时期的平均水平；平均工资已提高到 288.4 元，高于以前的任何时候。但是 1967 年后资本生产率连续两年大幅度下降，1969 年国内逐渐趋于稳定后，又开始回升。资本利润率也呈同样升降趋势。工资水平除 1968 年下跌外，其他各年均有较大幅度提高。就业者资本装备率提高缓慢，但非常稳定。

5.1971—1977年，这一时期我国经济发展的特点是：高积累、低效率、低增长。这一时期的积累率均在30%以上，而国民收入增长率平均仅为5%，这证明资本生产率，特别是投资生产率偏低。资本生产率由1970年的24.52%稳定地下降到1977年的19.82%，资本利润率由1970年的9.5%稳定地下降到1977年的7.8%。随着高积累，就业者资本装备率快速上升，由1970年的2055元/人，稳定而快速地上升到1977年的3046元/人。由于就业者资本装备率的快速上升和资本生产率的缓慢下降这两个相反力量的作用使平均工资以十分缓慢的速度上升，由1970年的309.4元上升到1977年的366.9元。

6.1978—1990年，这一时期又可分四个阶段：1978—1981年，主要是为了所谓的向国民还帐而实行的倾向于消费的政策，积累率下降，从而使资本生产率和资本利润率下降，且资本利润率下降幅度较前者大，而工资水平得到大幅度提高。1981—1984年积累率不断提高，资本生产率从1981年的19.92稳步上升到1984年的22.05%。资本利润率上升幅度较小，由1981年的7.3%上升到1984年的8.9%，这说明在国民收入分配上仍存在倾向于消费情况。1984—1988年，主要是由于以促进经济增长为目的的高度通货膨胀促使资本生产率和资本利润率大幅度提高，1985—1988年我国资本生产率保持在23%以上，资本利润率保持在10%以上，这是改革时期的最好水平。可见适度的通货膨胀有利于经济增长和提高资本利润率。1988—1990年，主要由于学潮国际贸易环境而变得不利，国内经济政策又开始以通货紧缩和治理通货膨胀为目的，致使资本生产率和资本利润率下降。平均工资从1977年的366.9元提高到1990年的695.2元，就业者资本装备率从1977年的3046元/人提高到1990年的5691元/人。

从1952—1990年总趋势分析看来有如下特点：(1)经济增长不稳定。资本生产率是一个总量指标，它的波动极大，特别是在1958—1978年间处于极不稳定的大幅度波动时期。(2)资本生产率水平偏低。(3)资本利润率与资本生产率具有相同的变动特点。从表1第⑧栏还可以看出，1952—1990年间资本生产率与资本利润率之差或平均工资在变业者资本装备率中的比重有缩小的趋势，这一点是技术进步条件下各国经济的共同特征。(4)平均工资增长缓慢，且很不稳定。(5)就业者资本装备率持续稳定提高且速度不断加快。

从表1第9栏还可以看出，1952—1990年间就业者资本装备率增长率大致可分为四个时期："一五"时期是稳定增长时期。"二五"时期是大波动时期。1962—1970年是低速增长时期。1971—1990年是稳定高速增长时期。1952—1990年间我国就业者资本装备率仅有一年的负增长（1958年），总的看来增长稳定，表明技术水平的持续提高。（《中国资本、资本效率、工资水平和技术进步状况的历史分析（1952—1990）》，《中国经济史研究》1993年第4期）

（苏　平）

第二部分　宏观经济问题

宏观调控问题

一、宏观调控与宏观管理

关于宏观调控与宏观管理问题，1993年的研究主要是集中于宏观管理的必要性和范围、宏观管理体制所存在的问题、宏观调控体制与宏观管理体制的发展方向、宏观调控手段的有效性等。

（一）宏观管理的必要性和范围

李京文认为，在社会主义市场经济中，宏观调控之所以必要和重要，主要是因为市场并非万能。对于市场的缺陷或失效，必须由政府的适当干预来加以弥补。宏观调控作用的领域和目的主要是：建立市场规则、制止垄断对市场功能的破坏、解决经济的外部性带来的外部问题、解决经济发展中的盲目性问题、纠正收入分配不公问题、减少事后调节的损失问题、协调国家集体企业个人物质利益。（《加强宏观调控与向市场经济过渡》，《数量经济技术经济研究》1993年第11期；《论加强宏观调控的意义、方式和手段》，《中国社会科学院研究生院学报》1993年第6期）

廖季立认为，在社会主义市场经济条件下，宏观管理的范围是：(1)管宏观规划和发展战略。主要解决好中长期发展战略，总量平衡，重大比例关系，重大产业政策以及生产力的合理布局。(2)管政策。主要是界定市场和企业的行为标准。(3)管经济杠杆。运用经济杠杆和经济参数调整利益关系，调整产业结构，调整经济活动。(4)管市场。主要是培育和完善市场体系，打破地区、部门分割和封锁，建立和完善竞争平等、规则健全的全国统一的市场体系。(5)管公共设施、公益事业和提供有关的社会服务。(6)管社会保障。主要是养老保险制度、待业保险制度，以及医疗保险、工伤保险、生育保险制度。(7)管法制建设。(《社会主义市场经济条件下宏观管理若干设想》,《中国经济体制改革》1993年第3期)

王梦奎等认为，没有强有力的包括运用计划在内的宏观管理，我国的社会主义市场经济就无法正常运行。(1)社会化大生产和社会主义的公有制经济，必然要求有一定的计划管理。在总量关系的协调方面，在长期的资源配置和产业结构的优化方面，市场机制很难顺利做到，而且容易造成严重损失。(2)市场绝不是万能的。一些社会效益很高而经济效益很低的领域，如果完全依靠市场调节，将会被忽视而陷入完全的落后。(3)市场是一个体系，建立完善的市场体系，需要一个相当长的过程，而在这个过程中，市场的不完善性就可能产生消极作用。(4)世界范围的经验还证明，落后国家经济现代化的成功，既不必要又不可能简单重复欧美的历程，即明显的自发过程，而必须走另一条道路，这是一个较为自觉的过程，国家必须发挥非常积极的作用。(5)社会主义经济还必须在商品经济允许的范围内或不破坏商品经济运行机制的前提下，最大程度地实现收入分配的公平，这需要国家主动采取一系列的计划和政策，调节初次分配和再分配的各个环节和领域。(《新时期我国经济的宏观调控》,《中国社会科学》1993年第3期)

戴园晨认为，从中国来说，它不同于西方国家的是中国面临的不是政府如何进入以弥补市场调节的不足，而是政府如何退出以便让市场机制发挥其调节和自组织作用。客观上不存在万能的市场机制，政府适度地介入市场，准确地调节市场，是市场力量发展与完善的必要条件。因此，政府不能从过度干预的“泛政府”状态下退出到“无政府”状态。政府行为应具有弹性化的“边界。”(《中国宏观经济管理的几个问题》,《经济学动态》1993年第8期)

(二) 宏观管理体制所存在的问题

楼继伟认为：适应市场经济的宏观调控体制基本上还未建立起来。宏观经济管理改革滞后已成为整个改革框架中的“瓶颈”，应引起高度重视。这种滞后状态，首先表现为政府对国民经济总量调控能力不强，出现国民经济发展的“大起大落”。更为深刻的表现是宏观经济调控体制基本上不适应已经部分市场化的经济运行机制。(《当务之急：加快宏观调控体制改革》,《中国经济体制改革》1993年6期)

王梦奎等认为，宏观调控领域的改革步伐相对较慢，目前的宏观调控体系与国民经济的现实格局很不适应。(1)宏观调控方式仍然过多地依赖于传统的计划管理和直接行政控制。(2)依然偏重于对国有经济的管理，而在整个国民经济中，国有经济的比重已不足一半，这不是完整意义上的宏观经济管理；(3)对国有经济的管理，指令性计划的覆盖范围只有一少半，这部分总体上采用承包或包干制，基本执行手段是“谈判”或“讨价还价”，(4)一些可以扩大运用的手段，没有受到应有的重视，例如建立健全信息系统，为企业提供更好的信息咨询服务等。与此同时，我国现有的宏观调控方式也已远远落后于客观需要，突出表现在：(1)计划仍然没有完全突破过去的计划概念范围，主要是指令性计划和国有经济计划，还没有找到对其它经济形式有效的计划调节办法。(2)财政在宏观调控中作用弱化的趋势尚未扭转。(1)税收不规范，税负不公，没有起到有效调节产业结构和个人收入差距的作用。(4)财政仍向银行透支，国债在宏观调控中应有的作用没有得到发挥。(5)金融宏观调控的完善程度与金融在实际经济生活中的作用不相称。(6)有相当一部分基础产品和服务的价格管制尚未取消，价格仍在我国现阶段的宏观调控中起着不容忽视的调节作用，这与市场经济的要求不相符。(7)行政手段还显得过多而且形式单一，主要是行政命令，对另一种具有相似功效的行政说服办法没有给予应有的重视。(8)法律调节的作用远未发挥(《新时期我国经济的宏观调控》,《中国社会科学》1993年第3期)

(三) 宏观调控体系与宏观管理体制的发展方向

王梦奎等认为，90年代宏观管理体制的发展方向或目标是：(1)宏观管理覆盖全社会，不同经济成分，不同行业，都应纳入宏观调控的范围，宏观调控本身必须是统一的、集中的。(2)由过去的以直接管理为主转变为以间接管理为主，新型宏观调控以市场机制为基础，以维护市场的合理性、克服市场的缺陷为前提。(3)实现短期目标与长远目标的有机结合，短期目标是维持总量平衡，远期目标是实现国民经济的最优增长。(4)建立健全涉外经济的宏观调控机制，按照国际通行的方式处理有关事务。(5)健全全社会会计、审计监督体系。(6)建立灵敏而客观地反映全社会经济活动的信息系统。(7)建立健全协调而具有权威性的综合调控体系，进一步理顺计划、财政、银行之间的关系，使综合调控体系内部职责分明，且具有统一协调性。(《新时期我国经济的宏观调控》,《中国社会科学》1993年第3期)

李今早认为，适应社会主义市场经济的宏观调控手段应以金融为主导。理由在于：(1)计划是调节供给的一种比较有效的手段，金融则是调节需求的一种比较有效的手段。而在社会主义市场经济中，宏观经济调控的重要对象是需求，主要通过金融以及财政调节需求，进而影响供给。(2)计划是一种事先调节，同时也是长期资源配置的重要手段，但是，在市场经济中，需要对复杂多变的经济运行进行灵活有效的即期调节，在现有宏观调控手段中最适于这种调节的手段首推金融。(3)计划手段的有效实施，往往更多地需要行政手段、实物分配及其他直接调控手段与之配套，虽然在社会主义市场经济中不可能完全放弃计划，但是，不能把计划作为经常性的最重要的调节手段。从规范上说，金融是一种间接调控手段，是一种价值量调节手段，更符合市场经济体制的要求。(《体制转轨时期的宏观经济政策和宏观调控体制》，《财贸经济》1993年第9期)

刘国光认为，金融部门在宏观管理中的地位和作用应进一步加强，这是由于：(1)随着国民收入分配格局向企业和个人倾斜，居民的金融资产迅速增长，经济建设资金来源从政府积累型向社会积累型的转换成不可逆转之势，这就突出了金融部门在宏观调控中的地位；(2)作为宏观管理主导的直接计划的作用在削弱，中央财力下降，金融政策的影响越来越举足轻重。(《走向市场经济过程中的宏观调控》，《经济日报》1993年7月5日，《价格理论与实践》1993年第8期)

(四)我国宏观经济运行的基本特征和宏观调控的基本政策取向

樊纲认为，在当前体制条件下，由于国有企业的基本行为特征没有变，国有经济在国民经济中的主导地位没有变，因而就决定了我国宏观经济运行的基本特征、总供求关系的基本特征也还不会有根本性改变。这突出表现在：经济一旦走出低谷，总需求的扩张是很容易的，并且会自动加速，即使遇到供给方面的限制，遇到各种"瓶颈"，也很难自动停止下来。(《当前改革过程中的宏观调控问题》，《管理世界》1993年第1期)

吴晓求认为，现阶段，我国的需求形成机制与供给增长机制之间的功能互动效应存在严重的不对称，需求始终处在亢奋状态，而供给则呈现出明显的滞后和相对不足，这种由于利益结构等深层力量决定的不对称的供求互动效应，客观地决定了我们必须选择一种以收缩性为基本特征和主导倾向的宏观经济政策为我国的主流宏观经济政策。(《论我国的主流宏观经济政策》，《经济理论与经济管理》1993年第5期)

戴园晨认为，我国宏观经济管理的重点是抑制需求避免过热，因为强烈的扩张冲动和普遍的投资饥渴使得我国很容易出现投资扩张和经济过热(《中国宏观经济管理的几个问题》，《经济学动态》1993年第8期)

张塞认为，在宏观调控中，要始终坚持总量平衡的调控原则。我国经济中每一次出问题，都是总量失控所造成的。总量控制失灵，就会出现经济过热、通货膨胀；过紧就会出现生产回落，经济效益滑波。只要能做到总量基本平衡，就可以避免经济的大起大落，避免对社会产生大的震动。控制总量，主要就是要控制好信贷总量、财政支出的总量和固定资产投资在建规模的总量(《关于我国宏观调控和宏观决策的几个问题》，《经济与管理研究》1993年第1期)

(五) 宏观调控手段的有效性

樊纲认为，在当前和今后一段时期内的改革过程中，我们能够运用哪些调控手段对经济进行有效的宏观调控是需深入研究的一个问题。在当前体制条件下，由于国有企业的基本行为特征没有变，国有经济在国民经济中的主导地位没有变，因而通常在市场经济中有效的一些"间接调控手段"，比如通过利率浮动调节投资需求的货币政策，在我国经济中的实际效果仍会是很有限的。而财政政策，即通过调整政府支出来调节总需求的手段，在目前财政赤字已经不小的紧张状态下，基本上无法作为抑制需求的政策工具加以利用。与此同时，随着投资审批权的进一步下放和企业融资自主权的扩大，以往还多少有效的一些"直接的宏观控制手段"，如控制"贷款额度"和投资限额，其有效性也会大大降低，甚至都有可能不再成为一种可利用的有效宏观调控手段。(《当前改革过程中的宏观调控问题》，《管理世界》1993年第1期)

张曙光在体制转轨中的宏观经济稳定问题理论研讨会上的论文提出，改革以来，我国宏观经济调控方式和手段的一个主要变化，就是从单一的计划财政调控转向同时进行货币金融调控。我国现阶段的宏观调控手段可分为三种类型，一是直接的计划或行政控制，以投资规模的计划控制为主，包括工资奖金的计划控制和政府支出的行政控制等；二是货币金融的计划控制，以贷款规模的计划控制为主，包括对货币金融活动的其他计划和行政控制；三是货币金融的政府调节，以各种利率自由变动为基础，包括中央银行再贷款利率、准备金率和公开市场业务等。在这三种调控手段中，只有第三种调控手段才能称为间接调控，直接的计划或行政控制，至今仍是对国有经济进行宏观调控的最有效方式，但对非国有经济，特别是私营经济不起直接作用。货币金融的计划调控是一种过渡形态的调控方式，不仅作用于国有经济，而且作用于非国有经济，随着非国有经济所占比重的增大，这种调控方式的重要性也在增加。货币金融的政策调节是市场经济的调节方式，它的作用普及于一切经济活动，但在目前国有经济的制度条件尚无根本变化的情况下，它的作用只有在非国有经济中有较为灵敏的反应，而在国有经济中，由于软预算约束，因此失去了作用。

（六）1993年宏观调控的对策

针对1993年上半年我国经济中出现的问题，究竟应如何采取调控措施，主要有以下一些观点：

樊纲等认为，面对当前这一轮经济波动，我们要"综合地"使用各种手段，对经济进行"综合调控"。单纯使用一种方法，不可能收到预期效果。因为现在没有哪一种宏观调控手段，无论是直接的还是间接的，也无论是"市场的"还是"行政的"，也无论是"货币的"还是"计划的"手段，能够十分有效地对整个经济进行调控，但反过来说，现在各种调控手段哪个也不是完全没有用处，都多少能在一定程度上、在一定范围内起到一定的作用。"综合调控"在"双轨过渡"时期具体体现为"双轨调控"，其基本思路是：(1)针对非国有经济，运用已经开始有一定效果的间接调控政策，如货币政策和税收政策，特别是要加强对利率的运用；(2)针对国有经济部门，继续在一定程度上运用行政性的直接控制手段，特别是要及时地对投资行为和公款消费进行直接控制；(3)不易实施过紧的控制信贷措施。在目前的体制条件下，若实行过紧的信贷控制，基本上属于"一刀切"的行政金融控制，会产生较强烈的"逆选择"效应，结果是该卡的没卡住多少，不该卡的反倒是首当其冲。(4)在市场化进程中，不必"忌讳"继续运用直接控制的"行政手段"，但要特别注意不要对整个经济实行"一刀切"式的行政控制，更不要对非国有经济实行行政管理。(《双轨过渡与"双轨调控"——当前的宏观经济与对策》,《经济研究》1993年第10、11期)

苏宁认为：针对1993年上半年出现的问题，宏观调控必须控制固定资产投资规模过度增长。可以采取的措施有：(1)新增固定资产投资贷款一律改为税后还贷。(2)建立财政投融资制度，增加国家的调控能力。(3)控制中央银行对专业银行的再贷款，执行适当从紧的货币政策。(4)停止财政向银行透支。(5)控制不合理的高利率集资。(6)适当提高银行存贷款利率。(《控制投资总需求膨胀、保持经济稳定增长》,《数量经济技术经济研究》1993年第6期)

张曙光在体制转轨中的宏观经济稳定问题理论研讨会上的论文提出，面对新一轮经济波动，宏观调控应遵循的原则为：适当坚持计划行政控制，调整货币计划控制的方向，逐步扩大货币间接调控的范围。

二、金融宏观调控

金融宏观调控与通货膨胀问题是1993年理论研究的热点。研究的内容主要是金融宏观调控的目标、当前金融宏观调控体系所存在的问题和解决的途径、我国通货膨胀的原因和治理对策等等。

（一）金融宏观调控的目标

金融宏观调控究竟是应该以稳定通货为目标还是以稳定通货、促进经济增长为目标，在我国理论界始终没有形成统一的认识。今年的讨论主要是集中于分析为什么要以稳定通货为目标。

吴敬琏认为，按照经济运行要求，中央银行应该有一个独立的目标，即对稳定货币独立负责。目前，由于我国中央银行的独立性不够，因此承担了过多的目标，一些本应该是政府的事，也成了我国的中央银行责任，如维持高增长率、维持社会稳定，这使得中央银行无法有效地承担稳定货币的职能。(孙尚清、吴敬琏等,《向市场经济过渡中的宏观调控问题研究》,《管理世界》1993年第4期)

谢卫认为，金融宏观调控应选择稳定通货为目标，其理由在于：(1)如果中央银行既管经济增长又管货币稳定，最终的结果是两者均管不好，这一点已为改革开放以来的宏观调控实践和经济发展历史所充分说明；(2)虽然经济增长离不开贷款支持，但从长远来看，决定经济增长的真正因素是企业制度、技术水平和体制条件；(3)目前，我们面临的宏观形势十分严峻，采取稳定通货的政策是宏观金融当局的必然选择。(《金融宏观调控的几个问题》,《财贸经济》1993年第9期)

（二）我国金融宏观调控所存在的问题

1. 金融宏观调控的方式和手段。

通过行政手段直接控制专业银行的贷款规模是我国进行金融宏观调控的主要方式。在1993年的讨论中，对这种金融宏观调控方式所存在的问题进行了深入的分析。

楼继伟认为，随着我国金融机构多元化、信用工具多样化，以行政分配信贷规模为基本手段，已不能控制住总需求，专业银行存入中央银行的超额存款可以通过多种渠道变成货币购买力，比如拆给非银行金融机构、银企联营、财政放款、帐外资金拆借、超用途或超期限贷款、变相贷款等等。(《管住货币、改善调控——总需求体制若干问题》,《改革》1993年第1期)

王兆星认为，贷款限额管理已遇到严峻的挑战，这种调控方式的负效应有：(1)贷款限额不断被突破，倒逼中央银行调整限额，使限额管理的严肃性、权威性和有效性不断下降；(2)贷款限额管理与金融机构自主经营、自求平衡的要求相矛盾，使中央银行承受越来越大的压力;(3)为了逃避限额管理,一些金融机构将放不出去的存款资金通过其他途径转到企业和地方的基本建设投资上去,形成了信贷资金的"体外循环"和贷款规模的"限额外使用"。(《建立与社会主义市场经济相适应的金融调控体系》,《当代经济科学》1993年第2期)

谢卫认为,针对几家国有专业银行所进行的金融宏观调控,实际上并不是严格意义上的宏观调控。这种调控方式的问题在于:(1)它否定间接调控手段的尝试和运用;(2)调控效果不理想;(3)由于靠规模的分解和分配来调控,使宏观调控带有很多人为的因素,给宏观调控决策的民主化、科学化设置了障碍;(4)由于这种人为的因素,使各部门、各地区面临不同的资金松紧环境,不利于宏观经济稳定、均衡地发展。(5)随着我国商业银行、非银行金融机构、证券业的迅速发展,这种调控方式的有效性已受到干扰。(《金融宏观调控的几个问题》,《财贸经济》1993年第9期)

2. 金融宏观调控体系。

刘国光认为:中国人民银行与真正中央银行的标准和要求还相距甚远。突出表现在:(1)中国人民银行仍从事具体的金融业务;(2)由于财政对中国人民银行还考核盈利指标,实行利润留成,所以中国人民银行及其分支机构都具有强烈的利益冲动;(3)中国人民银行从上到下受行政干预太多,缺乏应有的独立性,如中央财政经常向中国人民银行透支和借款;(4)中国人民银行的宏观调控机制不完善,缺乏行之有效的调控工具;(5)制定和执行货币政策的独立性也不够,"发展经济、稳定货币"的双重目标经常使中国人民银行被动地适应"经济发展"的需要而不能达到"稳定货币"的目标;(6)中国人民银行对全国金融的运行缺乏有效的监管,这也是造成当前金融秩序混乱、金融纪律松弛的重要原因。与此同时,我国金融组织体系也不完善、不健全,还存在许多问题。主要表现在:(1)专业银行"一身二任",既办理政策性业务,又经营商业性业务;(2)专业银行之间缺乏竞争,缺乏生机与活力;(3)不仅在分工的领域中有专业银行进行垄断,而且在整个金融体系中,也由国有专业银行实行高度垄断。(《关于金融体制改革的几个问题》,《财贸经济》1993年第11期)

谢卫认为,目前金融宏观调控体系存在的问题是:(1)由于受地方政府压力的驱使,中央银行的分支机构不能很好地执行总行的调控指令。(2)中央银行的地方分支机构掌握部分临时贷款权,在对专业银行与其他非银行金融机构发放临时贷款时,不能从实际需要出发。(3)在区域性商业银行、城市信用社、信托投资公司、财务公司等新型金融机构的审批管理过程中,中央银行的地方分支机构不是从本区实际情况出发,也很少考虑全国一盘棋,一味地为本地争机构。(4)中央银行分支机构从省到市、从市到县,过度密集的设置,使相当部分中央银行地方分支机构无事可做,机构的层层设置,也使宏观调控的指令容易失真。(《金融宏观调控的几个问题》,《财贸经济》1993年第9期)

(三)完善我国金融宏观调控的途径

转变金融宏观调控方式、改革宏观调控体系、发展金融市场是完善金融宏观调控的主要途径。

1. 转变金融宏观调控方式和选择适当的中介目标。

刘国光认为,随着市场经济由低级到高级、由不发达到发达的发展演变,中央银行的调控方式也应由以直接调控为主向以间接调控为主转换。在目前条件下,应该创造条件,积极尝试、改革和完善中国人民银行进行间接调控的手段和方法,包括逐步实行利率市场化、逐步实行多档次的存款准备金制度、扩大再贴现业务、试办公开市场业务等等。(《关于中国金融体制改革的几个问题》,《财贸经济》1993年第11期)

金维虹认为,我国金融宏观调控应努力实现三个转变,一是由对金融的直接调控向间接调控转轨,并且基本上放弃和淘汰直接调控手段,而充分运用间接调控手段;二是由以信贷总量为货币政策的中介目标向以利率及汇率为中介目标转换,通过对利率的调节进而影响汇率,达到控制通货膨胀的目的;三是由金融管制向放松管制转化,强化稽核监督,允许银行和其他金融机构既营信贷业务,又营证券业务,公平竞争,打破垄断。要实现上述三个转变,近期必须做好以下几方面的工作:(1)逐步弱化限额管理,中央银行应逐步把调控的重点从信贷限额向再贷款转换;(2)提高利率在金融调控中的地位,充分利用利率来调节信贷总量及其供求平衡,同时要加快官方汇率与市场汇率的并轨,争取使人民币在3—5年内成为自由兑换的货币;(3)逐步下调准备金,把重点转移到调节超额储备上;(4)把财政赤字的融资推向市场,在法律上应明确规定财政赤字不得向中央银行透支或借款(《努力实现我国金融宏观调控的三大转变——赴国际清算银行及瑞士、瑞典、荷兰三国考察的启示》,《管理世界》1993年第4期)

朱新开等认为,中央银行应建立以"市场利率——基准利率"为核心的调控机制,通过调控基准利率——再贷款利率、再贴现利率来控制基础货币的吞吐量,达到对信贷总规模的控制。这一调控机制包括三个有机联系的环节,(1)以市场利率为基础的利率决定机制;(2)以利益约束为基础的利率传导机制;(3)宏观的间接利率调节机制。引入利率调控机制的改革应与专业银行和企业的所有制改革相互配套交错进行,可以分为两个步骤，第一步是放开市场利率，实行有限幅度浮动，给专业银行贷款、存款一定的利率浮动弹性，下放一定的外汇汇率浮动权和一定的证券转让收益率浮动权。第二步是在条件成熟的情况下，全面放开利率、汇率和收益率（《市场经济与转换中央银行宏观调控方式》，《财贸经济》1993 年第 2 期）

张新泽认为，目前应当将货币供应量作为金融宏观调控的主要中介目标，贷款规模辅之。在货币供应量中，M1 与短期经济波动相关程度要比其他层次货币高，因此，M1 应是中介目标的主要指标。而 M2 可以作为监测经济长期发展趋势的中介目标（《货币概览变化分析和货币政策操作》，《经济研究资料》1993 年第 9 期）

楼继伟认为，金融宏观调控的中介目标应当是广义货币量，也就现金和可以支付现金、支票、转帐的存款，不应当是贷款规模。因为货币购买力是有支付能力的存款，而不是贷款本身。调控广义货币量的手段，主要是中央银行资金运用和利率调整。（《管住货币、改善调控——总需求管理体制若干问题》，《改革》第 1 期）

谢卫认为，金融宏观调控必须对全社会信用进行调控。（《金融宏观调控的几个问题》，《财贸经济》1993 年第 9 期）

2. 改革金融宏观调控体系。

金融宏观调控方式的转变要以金融宏观调控体系改革为前提。关于金融宏观调控体系的改革主要有以下一些看法：

谢卫认为，专业银行应该进行彻底的改革，必须打破高度垄断的专业银行组织体系，建立一个竞争性、多元的金融体系，这是中央银行进行间接调控的必要条件（《金融宏观调控的几个问题》，《财贸经济》1993 年第 9 期）

凌涛认为，金融调控方式能否实现由以直接调控为主向间接调控为主的转变，最突出的问题并不在于调控主体——中央银行行为方式的转变，而是在于调控客体行为方式的转变。要改变调控客体的行为方式，就必须发展商业银行。商业银行的发育在我国需要通过两条途径，一是使国有专业银行转变为商业银行；二是在国有专业银行之外发展商业银行。由于国有专业银行目前的经营业务大部分具有政策金融的性质，所以它们能否转变为商业银行，从根本上来说需要取决于那些依赖于政府金融生存的国有企业的改革进程，这显然还需要有一个较长的时间过程。在这种情况下，当前金融改革的着重点，应该转向在国有专业银行之外，积极培育和发展商业银行。（《积极发育金融间接调控的微观基础》，《财贸经济》1993 年第 11 期）

刘国光认为，要使中国人民银行成为真正的、名副其实的中央银行，目前必须妥善解决以下几个问题：(1)制定法规，明确规定中国人民银行的职责，规范其行为。(2)理顺财政与银行的关系，割断财政赤字与货币发行之间的联系。(3)强化中央银行的独立性，政府应保证中国人民银行有权有责，独立实施货币政策，自主调节货币流通，保证人民币的基本稳定。(4)强化中国人民银行对货币政策执行、金融市场操作及金融机构行为的监管，以建立正常的金融秩序。（《关于金融体制改革的几个问题》，《财贸经济》1993 年第 11 期）

朱国华认为，要使中央银行真正成为“银行的银行”，必须做到：一是理顺政府和中央银行的关系，赋予中央银行相对独立的地位。二是建立中央银行直接向人民代表大会负责制度；三是摒除与中央银行独立不相符合的因素，主要是解决中央银行企业化问题。（《金融宏观调控中的主要矛盾及其对策，《经济科学》1993 年第 4 期）

3. 发展金融市场。

朱国华认为，我国目前的金融市场还不能很好地为中央银行宏观调控提供良好的操作环境。今后应加强金融市场的培育和发展，从而使金融宏观调控逐步立足于金融市场。首先应按国际惯例建立各种行为规则，使金融市场规范化；其次应丰富金融市场工具，扩大金融市场的容量；其三，应加快金融法制建设，加强对金融市场的监督与管理（《金融宏观调控中的主要矛盾及其对策》，《经济科学》1993 年第 4 期）

刘国光认为，货币市场应成为中央银行运用货币政策工具、调控基础货币和货币供应量的主要场所。建立全国统一的、开放的、竞争的、有序的金融市场已成为当务之急。完善金融市场特别是要加强法制建设，健全金融市场管理，对金融市场的进入条件、市场主体的行为等要通过法律、规章的形式提出规范性的准则。

（四）关于 1993 年金融宏观调控问题的研究

针对 1993 年上半年我国经济中出现的问题，金融宏观调控应如何进行？基本一致的观点是：在当时的情况下，贷款限额管理还不能取消。原因是我国还不具备完全依赖经济办法管理货币的条件，西方国家所采用的“三大法宝”（公开市场业务、再贴现和准备金率调整）在我国尚缺少操作运行的基础。关于整顿金融秩序等问题所提出的观点主要有：

刘文等认为，金融秩序紊乱、金融市场不规范，是造成国民经济偏离正常轨道的重要原因。为了稳定当前经济，必须要整顿金融秩序，规范金融市场，刹住愈演愈烈的社会高利集资，银企联营，帐外资金拆借，超用途、超期限拆借，变相贷款等严重干扰正常金融秩序的歪风。另外，还可以适当上调专业银行的备付金率，

以便保证专业银行的支付能力。(《当前市场物价形势和抑制通货膨胀的对策》,《价格理论与实践》1993年第9期)

江春泽认为:中央采取整顿金融秩序、严肃金融纪律的措施是非常必要的,这些措施从表面上看似乎是与市场相悖的行政命令,实际上恰恰是为了消除银行内部的腐败行为,是为了维护公平竞争的市场秩序,是为了保证要素市场的正常发育。(《中国经济的市场化进程与当前的宏观经济形势》,《经济科学》1993年第5期)

樊纲等认为,对金融市场的秩序进行整顿是必要的,但是,在整顿金融市场的过程中,应避免“一刀切”的作法,而应该采取“有收有放”的战略。对于“资金第二市场”,不应一概取消;对非国有的民营金融机构,应该加强管理,但不应限制其发展。(樊纲、张曙光、王利民,《双轨过渡与“双轨调控”——当前的宏观经济问题与对策》,《经济研究》1993年第10期、第11期;樊纲,《当前发展改革过程中的宏观调控问题》,《管理世界》1993年第1期)

楼继伟认为,金融宏观调控要设法利用目前已有一定条件的间接控制手段,并创造条件使更为先进的间接控制手段得以运用。已经可以利用的间接调控手段大致有:(1)加强对专业银行再贷款的管理;(2)专业银行申请再贷款,可要求用国库券作抵押;(3)财政临时性资金周转不灵时,不再向中央银行借款,要通过发行短期国债弥补;(4)提高利率;(5)稽核金融机构资金来源,非金融机构不得参加同业拆借,拆借只能用于补充头寸;(6)中央银行资金直接向社会放款应严格控制(《管住货币、改善调控——总需求管理体制若干问题》,《改革》1993年第1期)

(五)通货膨胀问题

1.1993年通货膨胀的原因。

孙尚清认为,这一轮物价上涨的直接原因是货币支持的需求超过了即期有效供给,但仍有一些比货币投放过多更为特殊和更为深层的原因。一是投资规模过大;二是价格改革力度加大;三是汇率下跌。(《加强调控、深化改革、遏制通货膨胀》,《管理世界》1993年第5期)

刘文等认为,目前物价涨幅较高的原因有:上年物价上涨的翘尾影响较大;价格改革带动物价总水平上涨;各地普遍调高了一些商品和服务收费价格;居民通货膨胀预期心理增强。(《当前市场物价形势和抑制通货膨胀的对策》,《价格理论与实践》1993年第9期)

林明福认为,当前通货膨胀发生、发展的直接动因是需求拉上、结构性价格调整、成本推动、经济秩序混乱、居民的涨价预期。在目前物价上涨中,大部分是由于需求扩张过猛以及经济秩序混乱等因素引起的市场自发涨价。(《对当前通货膨胀的估价及宏观政策选择》,《财贸经济》第9期)

梁华认为,在形成当前通货膨胀的需求、成本、结构等诸因素中,成本推进因素居于主导地位。(《当前通货膨胀的实证研究》,《管理世界》1993年第5期)

2.治理当前通货膨胀的对策。

孙尚清认为,抑制通货膨胀要按市场经济规律办事,决不能搞“全面紧缩”和“急刹车”。14年的经济改革已打破了传统的行政性调整的体制基础,应当主要用经济手段调控,但必要的行政手段也不应排斥。同时要走深化改革抑制通货膨胀之路,特别是深化金融体制、财政体制、计划体制和投资体制的改革。(《加强调控、深化改革、遏制通货膨胀》,《管理世界》1993年第5期)

李晓西认为,治理当前通货膨胀应在继续大步推进经济改革和谨慎地保护经济发展势头的条件下,采取“减压分流”的方法,而不宜选择以反通货膨胀为中心的政策。在目前的情况下,对通货膨胀“减压分流”是有可能性的,首先,证券市场的发展,住房制度的改革,对居民购买力的分流起了相当大的作用,这已为1992年的实践所证明。第二,价格上涨是在银行储蓄已成为负利率条件下发生的,提高利率的调控政策尚有相当大的操作空间。第三,适度控制新投资和货币投放,也会起到控制通货膨胀的重要作用。第四,“分流减压”也有政府的责任,主要是如何减少赤字问题。(《对1993年通货膨胀的一点看法》,《数量经济技术经济研究》1993年第6期)

李拉亚认为,治理通货膨胀的政策要分步到位、逐步调整。由于通货膨胀具有非线性和不确定性,同时人们对这些因素的认识还很肤浅,因此,政策分步到位、逐步调整是一种较为稳妥的方法,它可避免较大的损失,减轻经济的波动幅度。这种治理通货膨胀的方式要求紧缩贷款的过程要足够长,不能一见通货膨胀下降便立即放松紧缩,同时也要求治理通货膨胀不能急于求成,1993年反通货膨胀的政策目标拟以消除通货膨胀的加速势头为宜。(《怎样抑制当前通胀势头的思考》,《通货膨胀问题》研讨会论文)

林明福认为:治理当前通货膨胀的宏观调控政策选择,必须把握两个极其重要的基点:一是适度遏制投资需求膨胀,整顿经济秩序混乱的状况;二是应吸取三年治理整顿期间因收缩力度过大造成经济急剧跌落、较长时间难以恢复的教训,收缩力度一定要避免过猛、过急以及一刀切,同时不因噎废食,坚持推动价格改革和企业体制改革。(《对当前通货膨胀的估价及宏观政策选择》,《财贸经济》1993年第9期)

刘文等认为，为了抑制当前的通货膨胀，应采取的对策为：一是要严格控制投资规模，合理引导资金投向；二是要整顿金融秩序，规范金融市场，严格货币管理；三是要认真贯彻落实中央加强农业的政策措施，力争今年农业有个好收成；四是要综合运用经济的、法律的、行政的手段，加强对放开价格的管理。(《当前市场物价形势和抑制通货膨胀的对策》，《价格理论与实践》1993年第9期)

3.90年代我国的通货膨胀压力与防治对策。

梁华认为，在90年代，我国将面临成本推进型通货膨胀加剧的局面。其原因是：(1)工资成本迅猛增长；(2)进口依赖度居高不下和汇率大幅度下跌使生产投入成本增加；(3)投融资机制不健全使资金投入价格暴涨；(4)房地产热使土地价格巨涨。(《当前通货膨胀的实证研究》，《管理世界》1993年第5期)

《防治通货膨胀财政政策》课题组认为：90年代我国面临严重的通货膨胀压力，理由是：(1)农产品短缺；(2)目前的基础工业品价格过低；(3)在90年代，随着对外开放步伐的加快，特别是关贸总协定缔约国地位的恢复，必然促使中国市场向国际市场价格靠近；(4)从计划价格过渡到企业自主定价会导致价格总水平上升；(5)产业结构调整会促使物价上涨；(6)地方政府追求速度的内在冲动会推动物价总水平上升。针对上述情况，90年代防治通货膨胀的基本政策取向应是：(1)既要积极地防治通货膨胀，同时又不能过于企望价格稳定；(2)不能采取政策性通货膨胀以推进经济的增长；(3)摒弃粗放外延型的经济发展道路，建立资源节约型国民经济体系；(4)调整个人收入分配政策，扭转分配向个人倾斜过度的趋向；(5)运用中长期财政政策，包括逐步建立有弹性的税制结构、理顺财政分配关系、实行有效的支出紧缩政策、加强财政政策与银行货币政策的协调(叶振鹏、丛安妮、苏明、刘尚希，《九十年代防治通货膨胀的理论思路与政策取向》，《管理世界》1993年第2期)

(余根钱)

财政体制问题

一、财政职能范围的界定

陈兰认为，当前在我国界定财政的职能范围，首先应以经济体制的转轨为依据，可以根据市场和财政所满足的不同的社会需要来界定财政的职能范围。市场主要是满足个人和企业的个别需要，而财政是一种政府行为，是满足市场所不能满足的那些需要，概括地说，可称为社会公共需要。在社会主义市场经济下，财政的职能范围不能囿于满足社会公共需要，而要在满足社会公共需要的同时对市场经济的运行发挥调控作用。(《明确财政职能范围、加快财政体制改革》，《财政研究》，1993年第3期)

有人认为，实行社会主义市场经济，我国财政的职能范围应具备市场经济国家的一般特征。但由于特殊的国情，在未来的改革与发展中，政府宏观调控能力要加强，而财政的作用较之一般市场经济国家也更为突出，今后，财政必须承担起以下职能：一是保证国家机器正常运转和各项公共支出需要；二是保证基础产业、重点建设的投入，支持“瓶颈”产业的发展；三是公平社会分配，调节行业之间、地区之间的收入分配水平；四是运用财税政策和经济杠杆，调整产业结构，促进生产要素的优化配置和经济效益的提高；五是通过财政政策和货币政策的协调运用，调节社会供需总量，使之基本平衡。财政只有充分履行上述职能，才可能建立起社会主义市场经济新体制，才能完善国家宏观政策调控体系。(财政部科研所财税改革调研小组：《进一步转变财政职能的基本设想》，《财政研究》1993年第10期)

安体富认为，财政的职能范围决定于国家的职能范围，在计划经济体制下，总的来说存在着大政府、小社会的问题，现在应根据市场经济的需要转换职能。财政的职能范围应仅限于：第一，国家政权和行政管理机构的需要；第二，不能或不完全能通过市场满足的一些社会公共需要，如社会保障、义务教育、防疫保健、基础科学研究、生态环境保护等；第三，基础产业和公共设施等方面的投资。(《社会主义市场经济下的财税改革》，《中国人民大学学报》，1993年第2期)

梁尚敏认为，随着政府管理经济的宏观调控权、国有资产所有权、社会行政管理权的三权明确分工，财政职能转变的重点是两个：一是不再直接干预国有企业的生产经营管理，而是界定和理顺产权关系，加强对国有资产及收益分配的监督管理；二是强化财政调控分配，形成合理的利益分配格局。(《市场经济中的财政问题》，《中南财经大学学报》1993年第5期)

邓子基认为，社会主义财政职能应根据社会主义市场经济的要求，并从整体上考察，确定为分配职能、配置职能、调控职能和监督职能为宜。并认为财政职能与财政部门职能既有一致之处，又有所区别。(《经济研究》，1993年第9期)

刘克崮认为，在市场经济条件下，财政有以下7项基本职能：保证国家政权建设和社会管理职能所需的资金；保证良好的市场经济运行秩序，调节社会结构和经济结构；促进地区发展的协调和均衡；调节国民收入分配结构；调节社会供求总量关系和经济发展周期；保护国家资源，保证国有资产的增值。（《强化财政在市场经济体制下的宏观管理职能》，《改革》，1993 年第 5 期）

叶振鹏认为，在中国，国家行使着双重经济职能，即社会经济管理职能和全民生产资料所有者职能，这决定着国家财政是由两个部分即公共财政和国有资产财政组成。对于公共财政来说，有 4 个职能：(1) 保证集中性公共需要的职能；(2)调节和稳定社会经济的职能；(3) 规范社会分配秩序的职能；(4) 从财力分配和管理角度积极参与政府各项重要决策的职能。对于国有资产财政来说，有以下职能：(1) 价值管理职能；(2) 调节国家与国有企业利益关系的职能；(3) 国有资产再投资的管理职能。（《适应社会主义市场经济要求重构财政职能》，《财政研究》，1993 年第 3 期）

卢洪友认为，在社会主义市场经济体制下，应按以市场配置资源为基础，政府宏观间接调控的客观要求，明确界定市场与政府的职能范围，根据政府职能与市场职能的区分以及政府职能结构的变化，我们就可大体确定不能由市场调节或市场不能有效调节的领域，即政府职能范围包括：1. 有效地提供行政管理和国防服务，维持国家独立、统一、安全，保护企业和居民的正当权益；2. 提供不能进行商业性开发和经营的基础设施，如水利设施、普通公路、机场、港口、水运航道整治和城市基础设施建设等；3. 提供教育、科学、社会保障等公共服务；4. 调节经济总量以及大的产业结构平衡，维持充分就业，稳定物价和国际收支平衡，促进资源有效配置和经济稳定增长；5. 调节国民收入在地区间、居民间的分配关系，既要发挥地区、企业、个人的积极性和创造性，又要为每个地区、每个企业和每个劳动者提供均等的竞争机会，促进收入公正合理地分配；6. 制定市场经济运行的基本规范及其法规制度，建立社会保障体系，强化监督协调，维护市场公平竞争秩序；7. 负责生态平衡、环境保护、人口控制等。（《试论社会主义经济中的政府职能与财政体制》，《财政研究》，1993 年第 3 期）

何振一认为，随着政府职能转换，政府的行政管理职能与国有资产所有者职能分离之后，财政作为政府的一个部门，它与国有资产的关系也要作相应的转变，不过，财政职能转换与其它政府部门应有所不同，那就是不必从全部国有资产管理领域退出去，因为国有资产就其经济社会性能而言，大体可分为：经营性资产和公共性资产两类。经营性资产是指那些处于企业生产经营活动中的资产，如企业的固定资产、流动资产、无形资产等等；公共性资产，是指用于满足社会公共事务需要的资产，如城市公共设施、政府机关办公用房及设备等等。我们所说的财政职能与所有者职能分开，并不是泛指这两类资产，而是特指经营性资产。公共性资产的形成，本是财政实现其职能投入资金的结果，其管理当然属财政职能范围之事，不必也不应当分离。（《财政职能转换中的国有资产体制问题》，《财政研究》，1993 年第 9 期）

二、转变和强化财政职能的基本思路

有人提出，按照社会主义市场经济的要求转变财政职能，财政的理财观念、工作方法、调控方式和调控手段等都要实行大的变革。具体讲，近中期财政转变职能应采取以下措施：1. 加快推进国有企业转换经营机制，使其真正成为市场主体；2. 实行中央地方分级调控，增强财政调控总体效应；3. 搞好财政与货币政策的协调，促使社会资金供需总量平衡；4. 加强国有资产管理，切实保障国家所有者权益；5. 拓宽财政宏观调控领域，发挥财政政策调控作用；6. 加强财政监督管理，实行依法理财。（财政部科研所财税改革调研小组：《进一步转变财政职能的基本设想》，《财政研究》1993 年第 10 期）

刘克崮认为，为了强化财政的宏观管理职能，应做好 7 个方面的工作：第一，调整支出和财源政策，支持经济发展、培育壮大财源；第二，以税利分流为中心，全面理顺国家与企业的分配关系；第三，完善推行分税制，理顺中央与地方的分配关系；第四，完善、推行复式预算；第五、改革完善税收制度，加快税收征管；第六，严格控制支出，减轻财政负担；第七，改革国有资产管理体制，提高国有企业经济效益。另外，还要加强国债管理，发展财政信用。（《强化财政在市场经济体制下的宏观管理职能》，《改革》，1993 年第 5 期）

刘溶沧认为，要使我国财政的宏观调控功能得以逐步增强和有效发挥，就应着力研究解决下述几个问题：(1) 下决心尽快扭转国家财政收入在国民收入中，中央财政收入在全部财政收入中所占比重过低的不正常局面，为改善和强化我国财政的宏观调控功能提供必要的财力基础；(2) 在扩展财政收入规模的同时，积极调整、改革我国财政特别是中史财政的支出范围和支出结构，探索和正确运用相关的财政政策手段，切实加强其公共保障职能，并借此强化国家财政的宏观调控功用；(3) 与国家信用的发展相结合，可考虑积极创造条件，逐步推进我国的“第二财政预算”建设，借以增强国家财政特别是中央财政赖以进行宏观经济调控的财力基础，扩展财政的调控领域和调控手段。（《加

强和改善我国财政的宏观调控功能》，《财贸经济》，1993年第6期）

崔正华指出，在社会主义市场经济体制下，财政调控职能的实现途径有三个：税收调控、国有资产运营调控、财政信用调控。这三者相互联系，各有侧重。税收是财政调控经济最基本的形式和途径，国有资产运营的社会主义市场经济体制下财政调控经济最有效的途径，财政信用是财政调控职能的补充形式。（《实现财政职能转化，建立财政运行新机制》，《财政研究》，1993年第6期）

赵秀英提出，要按照市场经济要求调整现有财政职能范围，为此，应采取如下的措施：(1)强化国有资产的价值管理、宏观间接调控和对微观经济活动的监督。(2)扩增社会保障支出、基础产业与基础设施投资、国土整治与保护投资。(3)弱化财政补贴程度，缩减行政管理费开支。(4)重新界定科教文卫事业中的财政职能范围，改革财政统包大揽的供给体制。(5)严格界定财政支出范围。（《市场经济体制下财政职能范围初探》，《财政研究》，1993年第9期）

（陈辉）

三、财政的宏观调控

陈兰认为，财政调控具有三种功能：配置、分配、稳定和发展，要求达到三种目标：优化资源配置、公平分配、稳定并协调地发展国民经济。财政的宏观调控体系包括三个层次：调控目标、调控政策、调控手段。财政调控手段有税收、公共支出、政府投资、补贴、国债等，各种调控手段的具体功能、力度以及发挥作用的方式是不同的，必须根据既定的调控目标和调控政策整体搭配运用。（《明确财政职能范围、加快财政体制改革》，《财政研究》1993年第10期）

梁尚敏认为，市场经济条件下财政宏观调控的基本内容：一是确保政府各项公共消费和公共投资的资金需要；二是以多种方式筹集必要的财力，用于保证基础产业、基础设施的投入，三是运用财税杠杆调节产业结构，促进生产要素的合理流动；四是调节行业、地区、个人之间的收入分配水平；五是协调财政、货币两大政策，调节社会供需总量均衡。并认为，为有效地强化财政的宏观调控，需要建立若干调控的基本防线。（《市场经济中的财政问题》，《中南财经大学学报》1993年第5期）

樊丽明认为，财政除在协调供求总量、加速结构调整、基础设施投资等方面发挥调节作用以外，还要进行国有资产的宏观管理。在社会主义市场经济条件下，财政调节方式将有如下几个特点：第一，财政间接调节具有更加重要的意义，第二，财政直接调节将有较大改进，第三，形成中央和地方多层调节的格局。（《论社会主义市场经济中的财政调节》，《山东大学学报》。1993年第3期）

叶振鹏认为，社会主义市场经济体制就是要使市场在社会主义国家宏观调控下对资源配置起基础作用，而资源配置是以社会财力分配为前提和媒介的。因此在市场经济体制下，国家宏观调控对象主要应是社会财力分配。国家财政作为国家在社会财力分配领域的总管，必然在国家宏观调控中居于重要地位。这是国家财政分配作为政府的分配行为的性质和地位所决定的。因为在各种分配手段中，唯有财政分配是代表全体人民的利益和国民经济整体利益，能够参与社会财力分配的全过程，并对工资、价格、利息等各种分配的结果进行再调节。国家财政对社会财力的宏观分配和宏观调控，是一个宏观经济问题，是实现国家宏观调控，保证社会主义市场经济有序运转的客观要求。（《适应社会主义市场经济的要求重构财政职能》，《财政研究》，1993年第3期）

吴英指出，建立社会主义市场经济体制离不开财政的宏观调控，财政的宏观调控作用具有如下积极的意义：(1)强化财政的宏观调控职能，分清财政作为社会管理者和国有资产所有者的职能，将国有企业放开搞活。(2)建立公平的竞争环境，保证市场机制发挥正常作用。(3)通过安排财政支出引导市场方向。(4)进行总量调控，搞好社会总供求平衡。（《论社会主义市场经济体制下财政的宏观调控》，《财政研究》，1993年第8期）

姚凤民提出了发挥财政宏观调控作用应注意的几个问题：第一，财政是调控经济的一个重要手段，在诸手段中起着关键作用，但是，要注意财政调控作用并不是无限的，它要受到自身如财政体制等和其它经济关系的制约。第二，财政宏观调控手段的运用需要有一个良好的经济环境。第三，财政宏观手段的运用需要其自身有一个重要的内部结构，特别是需要有一个较为完善的财政体制。第四，财政宏观调控手段的运用需要有一个健全的法律体系。（《市场经济体制下我国财政宏观调控的任务及手段》，《财经问题研究》1993年第6期）

四、分税制问题

1. 关于事权划分。

有同志认为：搞分税制必须明确各级政府职能，而充分认识企业与市场的关系是一个必要的前提。市场经济条件下，政府不再干预企业，企业应成为市场的主体，凡是市场机制能够发挥作用的范围均由市场来调节，这是划分中央政府与地方政府职能的基本前提。基于此，中央政府与地方政府经济事权的划分大体应是：中央负责经济的稳定，全国市场的统一，经济结构的调整优化，负责全国性和跨地区的基础设施的建设与组织等。地方政府负责与本地社会、经济和文化发展直接相关的事宜，如地区性基础设施建设、环境治理、初等教育、文化、卫生、增加就业等。（《中国经济体制改革总体设计》课题组：《建立一个规范、有效的财政新体制》，《改革》1993年第6期）

另有同志认为：政府的职能不是任意规定的，政府执行什么职能，并非政府自己选择的，而是整个社会经济关系客观规定的。在市场经济条件下，政府的基本职能是组织"公共物品"的供给，政府可以不去管"私人物品"的供给，因为个人与个人、企业与企业、企业与个人之间直接的市场交换，就可以实现私人物品生产当中资源的合理配置。需要由政府提供的公共物品首先是宏观经济稳定。此外还有经济基础设施、公共服务、制定对外政策等。在经济基础设施方面，中央政府应组织跨省市的交通、通讯系统的建设、规划，地方政府负责地方上的市场建设。（樊纲：《话市场中的政府》，《改革》1993年第5期）

还有一些学者则深入到具体事权的划分。例如有些学者较为深入地探讨了中央与地方在财政支农中的财权与事权划分。这些学者认为：从属中央财政支农事权范围的工作应是大型农田水利工程、大规模农业资源综合开发、大江大河的治理、跨流域的农业基本建设项目、自然保护区的设立、面向全国或多个省份的农业科学技术项目等。从属地方财政的事权范围应是中小型农田水利工程、投资规模较小的农业开发和农产品商品基地建设、省辖区内的小流域治理、区域性农业开发、省内的服务性项目等。（欧阳旭初、袁伯涛、邹树林、陈言新：《中央与地方在财政支出中的财权与事权关系》，《中南财经大学学报》1993年第3期）

2. 关于财权划分。

谢景开、洪训昌认为：我国的分税制应设立中央税、地方税、中央与地方共享税。分享税应成为地方税收体系的主体税责。应在统一税法、税目、税率的前提下，合理划分收入，逐步扩大地方税收入的规模。资源税的征收范围应扩大，并成为共享税。此外，应把单项性地方税种的管理权限下放给地方。（《社会主义市场经济体制下税收工作的若干思考》，《税务与经济》1993年第3期）

还有的同志从税源属地与整体经济管理间关系的角度对税种进行了划分，认为可把具有全局效应、有利于发挥中央政府宏观调控职能的税种划归中央，把税源分散便于地方征管的税种划归地方，把有利于中央和地方政府职能相互协调的、具有较强"弹性"和调节功能的某些税种划为中央和地方共享税。采取"分率"的办法，由中央和地方分别按比例征收。（《吕书奇：《九十年代的财政政策选择》，《当代财经》1993年第3期）

另有学者结合国际经验比较分析研究提出：凡是容易导致地方政府偏离整体经济效率的税种应由中央征收，而具有地方信息半径，统一征收成本较高的税种则应由地方征收。因此增值税应由中央征收，而象资源税和车船使用税等与地方公共设施发展有关的税种应由地方征收。（课题组：《税收体系与财政体制：国际经验及其及比较》，《经济社会体制比较》1993年第3期）

3. 关于转移支付。

有些学者指出：我国政府支出面临转移支付增长问题，但对如何确定各地补助金额一直没有规律可循，通过一对一的谈判方式来确定，造成预算拨付中的主观随意性，因此，转移支付必须走向规范化。走向规范化的关键是实现转移支付的公式化。课题组：《税收体系与财政体制：国学经验及其比较》，《经济社会体制比较》1993年第3期）

还有学者提出：我国应更多地通过财政转移支付手段的有效运用，从宏观上对区域经济的协同有序发展，对财政资金的统筹安排加以引导和调节。此外，还可利用转移支付来公平居民之间的收入分配。（刘溶沧：《加强和完善我国财政的宏观调控功能》，《财贸经济》）

另有学者指出：我国的转移支付可采用两种形式：一是一般性拨款；二是特殊拨款。前者不指定用途。后者指定用途。可以公式化的一般拨款为主。对一些重大项目，中央可直接对县市进行转移支付。（《中国经济体制改革总体设计》课题组：《建立一个规范、有效的财政新体制》、《改革》1993年第6期）

（白景明）

价格改革问题

一、关于价格新体制

马凯认为，我国价格改革的目标模式是建立社会主义市场价格体制。这是由价格的本性决定的。价格作为商品价值的货币表现，是通过市场交换形成和实现的，只有让价格回到交换中去，在市场竞争中形成，才能恢复价格表现价值和反映供求的本性。建立社会主义市场价格体制也是建立社会主义经济体制的要求，因为这种体制的核心是市场，而市场的核心是价格，没有合理的价格形成机制就不能形成合理的价格，从而就不可能实现市场优化资源配置的导向作用。社会主义市场价格体制的框架应该包括“企业自主定价，市场形成价格、政府间接调控，社会全面监督”四项内容。(《关于建立社会主义市场价格体制的几个问题》，《财贸经济》1993年第1期)

张炳富认为，价格改革最终目标是建立一个以市场形成价格为核心，以价格自由运行为基础，以价格计划调控为手段的社会主义市场价格体制，是一种由价格形成机制、价格运行机制和价格调控机制共同组成的“政府调控市场、市场形成价格”的新模式。其基本特征是：价格形成的自主性、价格运行的自由性、价格调控的计划性，三者的关系为价格运行自由性是市场价格体制的基础，价格形成自主性是实现价格运行的前提，价格调控计划性是实现价格运行自由性的保证。(《社会主义市场价格体制的基本特征》，《价格理论与实践》1993年第7期)

高铁生、李晓西等认为，我们所要建立的价格机制，并不是完全放任自流的市场价格制度。而是有计划指导和宏观调控的市场价格制度，首先，这种价格制度并不是把全部商品价格放开，而是把大部分商品价格放开，少数自然垄断产品，关系国计民生而又长期短缺的产品价格，仍需保留国家定价。其次，对放开的价格也不是完全放任自流，还要用相应的市场法则加以约束，在特定的情况下，还可做必要的、短时间的行政干预。第三，国家对物价总水平和一些广义范畴的价格如利息、工资、汇率，运用经济手段进行宏观控制，避免出现严重的通货膨胀。(《迎接价格改革新阶段》，《成本与价格资料》1993年第15—16期)

周春认为，在市场经济体制下，经过改革的新的价格管理体制，既不是单纯的计划价格体制，也不是单纯的市场价格体制，而是计划与市场相结合的价格管理体制，其中市场起着主要的基础性的作用。市场价格机制和计划价格机制可以共同运行的原因是它们之间存在一些共性：(1)具有共同的价格基础；(2)构成共同的价格体系；(3)具有相同的价格功能。(《社会主义市场经济体制下的市场价格》《经济学家》1993年第2期)

曹茉莉、李强认为，市场经济条件下的价格体制必须建立在供求决定价格的基础上。在市场经济条件下，现实的价格是在市场供求关系中形成的。价值作为价格的本源，只能从抽象意义上决定价格，并且只能从长期的趋势中表现出这种单向的决定作用，而供求关系对价格的决定作用具有具体的含义。(1)在短期内或某时点上的价格决定和变动都是由供求关系来完成的，供求关系是决定市场价格最基本的因素，而且正是在竞争中通过供求关系的变动来引导价格趋向于价值。(2)供求与价格的关系是双向的。必须放开绝大多数商品和劳务价格，让企业根据市场供求和自身状况自行定价。企业定价成为新价格机制的核心部分。国家定价方式的科学性主要应由市场来评价，政府定价仍要以市场为依托，脱离不了供求关系。同时，市场经济条件下的价格运行机制的基点，是供求关系。(《我国的价格体制新探》，《价格理论与实践》1993年第2期)

二、深化价格改革

成致平认为，中国的价格改革至少有五个特点，即渐进性、配套性、兼顾性、规律性、基本稳定性。深化价格改革，不仅仅是物价部门的工作而是全党、全社会范围内的工作，要做好下面几个结合：(1)把抑制物价过多上涨与持续、快速、健康地发展国民经济结合起来，运用多种经济手段，调节供求，保持物价的基本稳定；(2)把建立健全以市场形成价格为主的价格机制与加强改善国家对市场物价的调控体系结合起来；(3)把制止乱收费与反腐败斗争结合起来，这不仅是经济问题，而且是关系到全局的重大政治问题；(4)把国内价格改革与国际市场价格对接结合起来；(5)把做好价格工作与钻研价格理论结合起来。(《当前有关物价的几个认识问题》，《价格理论与实践》1993年第11期)

张卓元认为，在社会主义市场经济条件下，必须积极而又稳步地推进价格改革，重点应该推进要素价格改革。生产要素价格改革同货物与劳务价格改革相比明显滞后，是近期产业结构调整进展不大的一个重要原因。在生产要素价格中，资金(资本)的价格利息最为重要。因为资金是每个市场经济社会最重要和最稀缺的经济资源，往往成为经济增长的“瓶颈”，资本的配置和使用效率对经济增长影响最大。因此，生产要素价格的市场化，首要的是实现利息率的市场化。至于劳动力的价格工资，土地的价格地租和地价，人民币的利率等的市场化改革，也决非一朝一夕能够完成。此外，深化价格改革，还应进一步放开能够进入竞争性市场的商品价格，理顺政府管理的价格，建立有效的价格调控体系。(《中国价格改革仍面临艰巨任务》，《管理世界》1993年第1期)

路南认为，今后的任务是在积极理顺价格关系的同时，进一步发展和完善已经初步形成的社会主义市场价格体制。(1)进一步放开价格，建立与完善市场形成为主的价格机制。(2)建立市场价格运行的正常秩序。价格放开后，并不等于完成了价格形成机制的转换，更不能自动形成市场的正常秩序。(3)通过完善宏观调整制度，保留一定的价格补贴，完善重要商品的市场储备和价格调节基金制度，改进政府对市场物价直接干预制度等手段，完善政府对市场价格的间接调控制度。(4)建立较为灵活的政府管理价格制度。(5)通过理顺生产资料价格、农产品价格、居民住房出租租金，生产要素价格来解决价格扭曲问题。(《谈深化价格改革的思路》，《价格理论与实践》1993年第7期)

李书田认为，价格改革作为市场发育和经济体制改革的关键，是项长期艰巨而又复杂的“系统工程”，决非一朝一夕就能够完成，价格改革有待于深化。之所以这样说，是因为：(1)国家定价商品价格偏低，价格结构不合理的状况依然存在，说明价格改革任务的完成极其复杂；(2)价格法制建设滞后，市场体系不完善，说明价格改革任务的极其艰巨性；(3)宏观调控体系不健全，调控手段乏力，说明价格改革有待于深化；(4)新形势下，思想、作风尚不适应，价格管理的新领域有待开放，说明价格改革任重而道远。(《价格改革的任务完成了吗?》，《价格月刊》1993年第8期)

张宇认为，深化价格改革需要一系列的政策配套措施，包括：(1)控制货币供给和总量的增长，保持总供给和总需求的大体平衡；(2)制定合理的产业政策，实现产业结构的合理化；(3)深化国有企业制度改革；(4)进一步完善市场体系；(5)推进要素市场的发育和要素价格的改革；(6)建立完善社会保障制度，提高居民对价格改革的承受能力；(7)价格改革与工资改革相配套；(8)制定合理的利率政策，协调利率与物价的关系。(《市场经济的形成与价格改革问题》、《成本与价格资料》1993年第7期)

曹玉书认为，目前，价格改革难度最大又亟待解决的问题，主要集中在能源，交通、粮棉三大基础产品或基础设施上。深化价格改革，必须首先解决这些问题。从态度上讲，要坚决、果断、积极、稳妥；从途径来看，少数采取调价形式，多数采取放开形式；从策略来看，不同品种运用不同办法，统筹安排，妥善处理对各方面的影响。其次，要素价格改革和各项收费标准的改革也日益迫切。最后，目前价格改革已从打破旧的体制为重点，转移到建立新的价格机制上来。(《进一步推进价格改革完善社会主义市场经济》，《价格理论与实践》1993年第1期)

高铁生、李晓西等认为，我国价格改革目前已进入了深化改革的新阶段，在这一阶段价格改革将从表层转向深层。(1)价格改革从以“破”为主转为以“立”为主。在这一阶段，虽然同时存在价格形成机制和运行机制改革，价格结构性调整两大任务，但其重点已转到健全新的价格管理体制及完善新的价格形成机制和运行机制上，通过健全价格的自动调节机制，理顺各种价格关系，实现价格体系的合理化。(2)价格改革的作用已经从改变价格严重不合理及由此造成的企业苦乐不均的问题，转到正确运用价格手段，为经济体制改革和市场发育服务，为合理配置资源服务。为此，价格改革应与其他改革统筹安排，协调推进。(3)通过深化价格改革，继续推进市场发育，逐步形成统一的社会主义市场，成为这一阶段价格改革中需要同时完成的任务。同时，这一阶段价格改革从狭义的价格改革转为广义的价格改革。广义价格改革不仅指农产品，工业消费品、生产资料和生产要素在内的所有价格改革的全面展开，而且包括这些价格改革之间的协调和配套。(《迎接价格改革新阶段》，《成本与价格资料》1993年第15、16期)

三、农产品价格剪刀差问题

1. 剪刀差的概念

张国藩、邹伟进认为，研究剪刀差应该把比值剪刀差和比价剪刀差结合起来。剪刀差是指工农业商品交换中不利于农民的不等价交换及其变化趋势的形象概括，这种不等价交换的变化趋势用图表画出来，呈现出剪刀张开状。(《我国剪刀差问题新探》，《价格理论与实践》1993年第1期)

张广文认为，在市场经济条件下，剪刀差就是指农产品的市场价格偏离某生产价格以及由此所产生的价格差额。因为在平面直角坐标系上，按时间序列画出市场价格动态曲线和生产价格动态曲线，将呈现张开的剪刀差，因而就将这两种价格之间的差距称为剪刀差。(《剪刀差形成与消除问题我见》，《价格理论与实践》1993年第12期)

王忠海认为，剪刀差的概念必须沿袭“超额税”的提法，指政府通过征税强制压低农产品价格，提高或相对提高工业品价格，即通过工农产品不等价交换的形式实现农业和农民收入向国家和工业的流入，以加快国家工业化步伐，这就是剪刀差的本来面目。以工农业产品的价格背离各自的价值定义为剪刀差是站不住脚的。因为以价值为基础的价格不一定是现实经济生活中的合理价格，以此来讨论问题就犯了前提谬误的错误。长期以来，国内有将剪刀差概念任意扩大的趋势。(《走出“剪刀差”的误区》，《经济研究》1993年第1期)

张西营、邢莹认为，在市场经济条件下，工农产品价格将主要由市场机制生成和决定，其价格水平及其比价关系作为经济运行中的内生变量，要受到政策工具的作用和影响。如果把政策目标实现所要求的工农产品比价关系定义为合理的比价标准，实际市场价格与该标准的偏差就成为工农产品价格剪刀差。(《新时期的"剪刀差"与"剪刀差"研究的新时期》,《经济研究》1993年第5期)

2. 剪刀差存在的形式

韩元钦认为,市场经济中剪刀差存在的形式有四种:(1)市场上现实的比价差,即直观的价格剪刀差。包括两类,一是政府价格和市场价格的差异;二是农产品与相应的工业品在价格指数上的差异。(2)以价值为基础的比价差,即以工农业产品的价值比例为依据的价格差。(3)以生产价格为基础的比价差,即以工农业产品的生产价格为依据的价格差。(4)考虑到供求关系的比价差,即工农产品的实际价格同反映供求关系的"合理价格"的差异。(《粮食产品剪刀差的存在形式,成因和对策》,《农业经济问题》1993年第8期)

张国藩等认为,剪刀差有两种存在形式:(1)绝对剪刀差,指单独以价格计算的剪刀差,用工农业商品交换的价格指数来表示。它反映农产品价格绝对偏低,等值的农产品所能交换的工业品数量愈来愈少,所以农民对此十分敏感。(2)相对剪刀差,指工农业商品价格没有同其价值(主要以净产值计算的劳动生产率来计算)相应变化,出现农产品价格相对偏低,工业品价格相对偏高而形成的剪刀差。(《我国剪刀差问题新探》,《价格理论与实践》1993年第1期)

张西莹、邢莹认为,市场经济条件下,剪刀差的存在形式是"动态目标组合"剪刀差。说它是"组合",是因为用以界定工农产品合理比价的标准是一种多维目标的组合。说它是"动态",是因为不仅经济目标自身因时期而异,即使在相同的目标组合下,一个时期被认为合理的比价在另外的时期也可能变得不合理了。与工农业产品比价关系密切的基本经济目标有四个:(1)工农业协调发展与经济增长目标;(2)物价稳定目标;(3)农村剩余劳动力适度转移与城镇充分就业目标;(4)城乡居民收入公平目标。(《新时期的"剪刀差"与"剪刀差"研究的新时期》,《经济研究》1993年第5期)

3. 剪刀差的形成原因

王忠海认为,剪刀差是经济政策的产物,它以一种产品经济的价格理论为基础,强调工农产品的价格扭曲是计划经济的结果。所以说剪刀差的形成原因是政府的行政干预和强制定价。在没有政府定价的情况下,是不可能出现剪刀差的。(《走出剪刀差的误区》,《经济研究》1993年第1期)

孙钊平认为,市场经济条件下剪刀差的产生,同市场经济运行的内在机制有关。依据竞争条件程度的差别,市场可以大体划分为竞争市场、寡头市场、垄断竞争市场、垄断市场。由于市场经济内在机制的作用在不同的市场结构中,其产品的价格以及因此获得的利润存在着差异。农产品特别是大宗农产品的生产者进入的市场,与其它产业相比,最为接近竞争市场。因而农产品价格及其生产者的利润就比较低。这是农产品与非农产品、劳务交换存在剪刀差的根本原因。(《市场经济条件下剪刀差产生的原因及量的测定》、《价格理论与实践》1993年第12期)

张广文认为,在计划经济条件下,剪刀差的形成主要是国家价格政策取向和价格决策失误造成的。在市场经济条件下,剪刀差存在的原因与农产品的供求规律和农产品成本及收益变化规律有关。由于农产品需求价格弹性小,边际成本随产量的提高不断上升以及地力递减规律等原因,产量的增加抑制了价格的上扬,甚至迫使价格下降,结果使农业部门平均利润率下降,直至低于社会平均资金利润率。与此同时,市场价格也就低于生产价格,这就是剪刀差存在的根源。追求高产是农业的既定目标,随着产量的不断提高,市场价格与生产价格不断反向变化,市场价格与生产价格相背离的间距也就越来越大,因而剪刀差也有不断扩大的趋向。(《剪刀差形成与消除问题我见》,《价格理论与实践》1993年第12期)

韩元钦认为,概括地说,我国的粮食生产供应进入市场经济过程中,剪刀差的形成原因是:(1)由于种种原因,商品粮消费者对粮食销售价格上涨的抵制能力比粮食生产者对粮食出手价格下跌的抵制能力要大得多。(2)商品粮经营者的多元化格局远未形成,国家粮食购销系统处于商品粮经营的垄断地位。(3)商品粮生产者在粮食出售与收购双方的较量中,软弱无力,(4)国家对于实行粮食市场经济体制,缺乏调控经验。除了上述基本原因外,还可引伸出下列原因:(1)流通主体的外在性;(2)外在流通主体的垄断性;(3)垄断主体的沉重包袱和不相适应的流通能力;(4)甩包袱的强烈欲望和机遇;(5)粮食生产者的不完全商品性地位和经济资源的流动困难;(6)粮食生产者的合作社难题;(7)年度内粮食供求矛盾和经营性储备的费用转嫁;(8)年度间丰歉调节和后备储存的费用转移。(《粮食产品剪刀差的存在形式、原因和对策》,《农业经济问题》1993年第8期)

4. 剪刀差的计算方法

张国藩等认为,剪刀差可通过以下两组公式来计算:一是比价指数公式,计算绝对剪刀差;二是比价指数与比值指数结合计算的指数,计算相对剪刀差。①农产品换工业品比价指数=农产品收购价格指数/农村工业品零售价格指数;②农产品换工业品比值指数=计价工业劳动生产率指数/计价农业劳动生产率指数①-②=相对剪刀差。如果得数为零,表示相对剪刀差与绝对剪刀差持平，价格与价值同步变化；得数为正，相对剪刀差比基期缩小；得数为负，相对剪刀差比基期扩大。（《我国剪刀差问题新探》，《价格理论与实践》1993年第1期）

孙钊平认为，生产要素价格论是市场经济条件下测定商品价格，从而也是测定剪刀差量的更为现实、经济、有效的方法论。以生产要素价格论为基本方法来测定剪刀差的量，首先是根据诸生产要素一般的市场价格，求出农产品的一般均衡价格或公平均衡价格P，P同通过市场竞争形成的农产品市场价格（以P'表示）的差额，就是剪刀差的量，即$D=P-P'$。（《市场经济条件下剪刀差产生的原因及量的测定》，《价格理论与实践》1993年第12期）

龚道广认为，剪刀差定量研究的要害是等量劳动创造等量价值的原因，而决不是可比劳动力的折合系数。工农折合系数不是反映剪刀差大小的指标，反映剪刀差大小的指标仍应是工农产品综合比价比值指数，其计算公式是：工农产品综合比价比值指数＝［（工业劳动生产率指数×农村工业品零售价格指数）/（农业劳动生产率指数×农副产品收购价格指数）］×100%该指数大于100，表示存在剪刀差，超过100越多，剪刀差越大，反之亦然。（《关于剪刀差研究中的几个问题》，《农业经济问题》1993年第8期）

5. 剪刀差的缩小对策

周春认为，今后要进一步放开余下的少数农产品的价格，改革粮食的购销体制，供应城镇居民的粮食在国家宏观调控下放开经营。粮食价格要随行就市，保持一定的购销差率，要使粮食企业走向市场。在农产品的价格完全放开以后，多年来人为造成的工农业产品交换的“剪刀差”也就自然消除了。（《社会主义市场经济体制下的市场价格》，《经济学家》1993年第2期）

王忠海认为，党的十一届三中全会召开以后，以市场为取向的我国经济体制改革的开始是我国消除剪刀差进程的开始。十多年来价格形成机制的改革历程就是我国消除剪刀差的历程——提高农产品的统购价格，减少统购品种，取消统派购，放开部分农产品的价格等。随着社会主义市场经济体制的确立，以市场形成价格的价格体制成为根除剪刀差的必要途径。（《走出“剪刀差”的误区》、《经济研究》1993年第1期）

张国藩等认为，缩小剪刀差的对策应该是：(1)对于绝对剪刀差，应该采取基本稳定，保证不扩大，继续逐步缩小的政策。要控制农业生产资料的涨价势头，重点提高偏低的农产品价格尤其是粮价。(2)今后主要应采取缩小相对剪刀差的办法来逐步解决剪刀差问题，这需要千方百计地提高农业劳动生产率。主要措施：一是转移农业剩余劳动力；二是国家增加农业投入；三是科学兴农，完善农业服务体系。（《我国剪刀差问题新探》，《价格理论与实践》1993年第1期）

张广文认为，在市场经济体制下，政府仍然应将消除剪刀差作为主要的农业政策目标。为了使农产品市场价格与生产价格无限趋近直至趋同，可以通过刺激有效需求来促使农产品价格上升；通过发展科技和发展集约化经营来降低农产品生产成本。这样通过农产品价格的上升和成本的有效降低，来达到缩小和消除剪刀差的目的。（《剪刀差形成与消除问题我见》《价格理论与实践》1993年第12期）

韩元钦认为，政府应该采取的剪刀差对策是：(1)扼制剪刀差扩大的势头。主要是抑制工农业产品的价格指数差，努力使农村工业品零售价格指数的上升比例，不大于或者能够等于粮食收购价格指数的上升比例。(2)稳定剪刀差，粮食价格指数不仅要大于工业品价格指数，而且要大到足以弥补二者劳动生产率变动的客观差异所引起的新的比值差。(3)缩小剪刀差，要使历史遗留下来的比值差得以缩小。从目前的情况看，应立足于稳定模式，并相应采取缩小剪刀差的步骤。（《粮食产品剪刀差的存在形式、成因和对策》，《农业经济问题》1993年第8期）

四、“复关”对国内商品价格的影响及对策

1. “复关”对我国价格形成机制的影响。

高铁生、张旭宏认为，“复关”以后，产品的价值量将由国际社会必要劳动时间决定，受国际市场供求影响；产品的质量、档次、技术水平对价格水平的影响作用将加大；国家对价格的干预要参照国际市场状况和国际惯例。（《重返关贸总协定与我国的价格改革》，《中国物价》1993年第8期）

李东方、吴萍认为，“复关”将加速我国价格形成机制市场化的进程。目前，我国的价格形成机制还不适应“复关”的要求，其表现为：①进出口商品的非市场价格；②生产资料国家定价范围仍过大；③三种价格形成方式都不尽合理；④价格“双轨制依然存在，有背无歧视原则。因此，必须参照国际惯例，加快价格改革步伐。（《复关对国内市场价格的影响与我国价格改革的取向》，《成本与价格资料》1993年第21、22期）

王延杰认为，“复关”将成为加快形成我国市场竞争型价格机制的强大推动力。“复关”对于形成市场竞争型价格机制既是机遇又是挑战。机遇表现为，我国的市场经济将融入国际市场经济的整体发展之中，价格形成机制与国际上并轨；挑战表现为，与价格改革配套的一系列措施尚不健全，一次到位式的改革方案不可能行得通。我们应尽快“复关”，从根本上实现价格主体的转换。（《“入关”对我国价格的影响》，《价格理

论与实践》1993 年第 1 期）

2.“复关”对我国价格总水平的影响。

孙泉、张显斌认为，从短期看，由于国际市场优质低价的商品进入国内市场和我国关税水平降低，引起一些进口品国内销价下降，所以，“复关”将影响国内市场价格水平下降。从长期看，保持市场价格总水平基本稳定的难度加大，“引进的通货膨胀”可能性加大。（《“复关”对国内价格的影响及对策》，《价格理论与实践》1993 年第 4 期）

马松认为，“复关”对国内价格总水平的影响将是既有升又有降：由于降低关税及改革国内税费体制，将使价格水平有所下降；由于人民币汇率双轨制及外汇分配体制的改革，人民币汇率的进一步调低，进口商品价格将上升；同时，成本上升，服务费用上涨，出口商品收购价格也会提高。国内原材料、加工产品以及个别农产品价格远比国际市场价格高，它们将受到冲击，呈现出与国际市场价格靠近的趋势。（《“复关”对中国价格影响与对策思考》，《价格理论与实践》1993 年第 6 期）

有人认为，从本质上讲，由于进口调节机制的变化和多种因素的存在，“复关”后我国价格总水平将呈上升趋势。影响价格上升的因素主要有：(1) 汇率变动将推动国内物价水平上升；(2) 在国内、国际双重通货膨胀作用下，价格水平必然上涨；(3) 供需总量变动对价格的影响；(4)“复关”后关税实际税率总水平变化不大，通过降低关税来降低价格的做法是行不通的。（《“复关”对我国产业和价格的影响》，《价格理论与实践》1993 年第 12 期）

3.“复关”对我国价格结构的影响。

高铁生、张旭宏认为，“复关”将有利于推进我国价格结构的合理化。“复关”后，国内加工工业企业被迫通过提高效益来降低成本和价格，初级产品的价格结构也趋于合理，并逐步向国际市场价格靠拢。在内力与外力的共同作用下，我国价格扭曲现象，必将得到根本的改观。（《重返关贸总协定与我国的价格改革》，《中国物价》1993 年第 8 期）

王延杰认为，判断一国价格结构是否合理的标准有两条：一是产品的价格结构是否有利于产业结构的优化；二是一国价格结构是否适应国际价格结构的变化。“复关”后，我国产品受到国际竞争的压力，必须以国际市场的价格结构为参照系，彻底调整我国多年来因行政计划定价而扭曲了的价格结构。（《“入关”对我国价格的影响》，《价格理论与实践》1993 年第 1 期）

李东方、吴萍认为，“复关”将有利于我国价格结构的优化。“复关”将使国内市场和国际市场对接，国内价格结构与国际价格结构趋同。其途径是：(1) 国内市场低价向国际市场价格趋同，从根本上解决我国基础原材料价格偏低的问题；(2) 国内高价趋同于国际市场价。（《“复关”对国内市场价格的影响与我国价格改革的取向》，《成本与价格资料》1993 年第 21、22 期）

4. 我国“复关”的价格对策。

马松认为，“复关”后，我国必须贯彻价格由市场决定这一方针，具体的对策有：(1) 加快与进出口商品价格有关的价格改革。进口商品方面，要取消价格补贴，控制流通费用；出口商品方面，要推行出口代理制和放开出口商品供应价格。(2) 加快第三产业、生产要素价格的改革。(3) 引入市场经济国家有效的、有利于开展市场竞争的定价方法与定价原则。(4) 强化企业特别是大中型企业的价格行为。（《“复关”对中国价格影响与对策思考》、《价格理论与实践》1993 年第 6 期）

孙泉、张显斌认为，我国迎接复关的价格对策主要有：(1) 深化价格管理体制改革，加快价格形成机制转换，具体措施是：减少国家定价品种，解决价格“双轨制”问题，改革某些不符合协定中国民待遇原则的做法。(2) 合理调整国家管理的垄断性、资源性商品价格，改善不合理的价格体系，逐步缩小国内外价格结构反差，实现与国际市场的对接，初级产品价格的安排略低于国际市场同类产品价格为宜。(3) 建立健全价格的宏观调控体系，减低国际市场价格波动对国内市场的影响，保持价格总水平中的基本稳定。(4) 树立国际市场观念转变物价工作职能，协调好行业进出口价格。（《“复关”对国内价格的影响及对策》，《价格理论与实践》1993 年第 4 期）

五、价格宏观调控与管理

1. 加强价格宏观调控与管理的必要性。

曹玉书认为，在市场经济体制下，政府对价格的调控是必要的。其原因是：(1) 纯粹的市场调节，完全的自由竞争在现实社会经济生活中是不存在的；(2) 价格机制发挥作用是有前提的；(3) 市场调节具有其自身的弱点和不足，限制着价格机制的正常运行；(4) 运用价格机制配置资源存在消极方面，包括滞后性、盲目性、波动性、破坏性、不公平性等。（《市场经济并不排斥政府对价格的调控》，《中国物价》1993 年第 5 期）

孙广明、李岭认为，价格不能完全由市场调节。完全由市场调节价格的危害和后果有：(1) 区域性，它在全局范围内比较迟钝和效力不高，甚至发生失真的价格信号，为生产经营者提供颠倒的供求信息；(2) 时差性，它使生产被动地适应市场需求，出现生产与需求的时空；(3)近期性，它所形成的近期价格信号，使生产者追求近期利益；(4)波动性，它带有频繁变动并且大幅度升降的性质，使市场价格暴涨暴跌；(5)分配不公性。(《价格不能完全由市场调节》,《价格月刊》1993年第6期

2. 价格宏观调控与管理的任务和目标。

邹向群认为，价格调控的目标是：控制物价总水平，防止出现恶性通货膨胀；保持重要商品价格基本稳定，防止出现价格剧烈波动；规范企业价格和市场交易行为，实现平等竞争，公平交易、正当经营，建立良好的市场价格秩序。(《建立社会主义市场经济体制中的价格对策和观念转变》,《价格理论与实践》1993年第1期)

曹玉书认为，价格调控的目标是补充、完善、维护、保障市场机制的正常运行，使竞争的作用充分发挥，使经济运行取得最大效率，并保证社会生活的安定。价格调控的任务主要有：(1)维护市场环境，保证市场的公开、公平、公正竞争；(2)矫正市场失灵；(3)弥补市场缺陷；(4)抑制市场波动；(5)减轻市场成本，以尽量小的代价换取尽量大的效率。(《市场经济并不排斥政府对价格的调控》,《中国物价》1993年第5期)

有人认为，市场经济形成中物价管理有三项基本任务：(1)价格总水平的有效控制，价格政策的着眼点应放在导致物价升降的因素上。(2)政府定价的科学管理。政府定价的目标不是消极地反映市场供求，模拟市场进行调节，而是为了从国民经济的全局和整体出发，克服单纯市场调节的不足，实现资源配置的合理化。(3)市场价格的间接调控。政府对价格管理只能以间接干预为主要方式。首先，要开展各类服务活动，规范企业价格行为；其次，建立市场价格新秩序，创造公平竞争的环境；最后，在选择和确定市场物价“警戒线”的基础上，完善间接调控手段，矫正市场调节的偏差。(《社会主义市场经济条件下的价格改革观点综述》,《成本与价格资料》1993年第14期)

3. 价格宏观调控与管理的方式。

讨论中有人提出，价格调控的方式，手段，应该以宏观调控为主，间接调控为主，经济调控为主。控制物价总水平，防止恶性通货膨胀的主要手段有：(1)搞好经济总量控制，包括货币总量，固定资产投资规模，财政收支，外汇收支，做到综合平衡；(2)运用产业政策，优化产业结构，从而使主要商品能够均衡供应；(3)运用利率，税率、汇率等经济杠杆进行综合调控，保持重要商品价格基本稳定，规范市场交易和企业价格行为，需要从流通领域和市场价格方面，逐步完善经济调控和法律监督手段：①在流通环节建立重要商品储备，通过吞吐稳定市场，建立重要商品价格调节基金；②提供信息服务，引导企业按市场需求组织生产经营；③健全法律法规等。

刘家声、刘力认为，在新的市场价格体制下，国家对价格的管理必须实行国家直接管理和间接管理相结合的方式。其基本内容是：对绝大部分商品价格实行间接管理，对极少数市场不能有效发挥作用的商品实行直接管理。直接管理包括长期管理和短期管理两大类，前者是针对垄断性商品而言的，后者则适用于对暂时供求严重失衡商品的管理。间接管理则与直接管理不同，它不是要取代市场的作用，而是通过稳定宏观经济环境、提供信息指导、健全市场体系、制定市场规则、规范竞争秩序来保证市场价格机制的正常运行。(《论新的价格体制下国家对价格的直接管理和间接管理》《经济管理研究》1993年第3期)

4. 价格宏观调控与管理的内容。

查日胜、朱俊明认为，随着我国市场的发育和不断完善，社会主义市场经济体制的逐步建立，价格调控的客体不应是宏观经济参数和企业，而应是市场，即要以建立以市场为中心的价格调控模式。这一模式的基本构想是：在市场经济体制和市场价格体制下，以市场为主要调节客体，通过调节市场供求，规范市场交易，强化市场服务等手段，实现对市场价格水平的调控。(《我国市场发育的道路和价格调控模式的选择》《价格理论与实践》1993年第4期)

有人认为，在市场经济条件下，国家对价格进行调控、管理可以分为三个层次：(1)对宏观经济的调控，包括经济总量的结构比例调控，目的在于完善宏观经济环境，实现价格总水平的基本稳定。(2)对市场的调控和管理，包括培育市场体系，完善市场机制，调节市场供求，目的是使之形成合理的价格，促进国民经济的协调发展。(3)对商品生产者，经营者的调控与管理，包括制定有关的经济政策、法规、规范生产者，经营者的价格行为，引导其合理定价，目的是帮助他们正确运用价格自主权，使微观效益同宏观要求相一致。(《社会主义市场经济条件下的价格改革观点综述》,《成本与价格资料》1993年第14期)

陈智、左延栋认为，新的价格调控体系包括两个内容：一是市场物价的宏观调控系统，就是运用信贷、利率、汇率、财政、投资等经济政策，以调节国民经济总需求与总供给的基本平衡，实现市场物价总水平基本稳定的目标。二是加强物价的微观管理，包括明确定价权限，明确价格管理职责，明确企业价格制度，建立市场价格信息网络，建立价格协会和民间价格事务所等内容。(《建立市场价格调控体系的思路》,《中国物价》1993年第11期)

(刘家声、张伟)

金融体制改革问题

一、建立金融组织体系

中国社会科学院经济学科片课题组认为，今后金融体制改革的重点选择是建立以中央银行为领导，国有商业银行为主体，多种金融机构分工协作的、竞争性的金融组织体系。之所以如此，原因是：(1) 目前的金融组织体系垄断性太强，它使任何改革方式包括间接调控方式难以实现。(2)目前的金融组织体系融资效率不断下降，难以支撑起未来经济增长的需要。(3) 目前的金融组织体系难以摆脱地方政府干预，金融秩序日趋混乱。据此，改革目前的金融组织体系，主要内容是：专业银行改造为国有商业银行；成立政策性银行；大力发展信托、租赁、证券机构；改革保险体制，发展保险市场；发展城市信用社，组织城市合作银行；适当引进外资银行。当前一段时期金融改革的重点是：整顿、规范现有金融机构，推动金融机构多元化；对上述金融机构实行分类资产/负债比例管理。从而，通过金融机构多元化，促进利率的市场化，在此基础上再辅之以存款准备制度以及公开市场业务，逐步形成货币供应的间接调控体系。(中国社会科学院经济学科片课题组：《建立社会主义市场经济体制的理论思考与政策选择》，《经济研究》1993 年第 8 期)

周正庆认为，下一步深化金融体制改革的基本内容是：建立一个在国务院领导下的独立执行货币政策的中央银行体系；建立一个政策金融与商业金融分离、国有商业银行为主体、多种金融机构并存的金融组织体系；建立一个统一开放、有序竞争、严格管理的金融市场体系，并且对外汇管理体制按照国际惯例进行分阶段改革。具体是：(1) 确立强有力的中央宏观调控体系。首要任务是把中国人民银行办成真正的中央银行，转换人民银行职能，明确职责；改革和完善货币政策体系；强化 中央银行对全国金融业的监督管理。(2) 建立政策性银行。实现政策金融和商业金融分离，以解决国有专业银行身兼二任的问题；割断政策性贷款与基础货币的直接联系，确保人民银行调控基础货币的主动性。政策性银行要加强经营管理，自担风险，坚持保本经营、不与商业性金融机构竞争的原则，业务上受人民银行监督。(3) 把国有专业银行办成真正的商业银行。在政策性业务分离之后，现国有专业银行要转为国有商业银行，按现代商业银行经营机制运行。我国商业银行体系包括：国有商业银行、交通银行以及中信实业银行、光大银行、华夏银行、招商银行、福建兴业银行、广东发展银行、深圳发展银行、上海浦东发展银行和农村合作银行、城市合作银行等。所有商业银行都要按《银行法》完善和发展。(4) 建立统一开放、有序竞争、严格管理的金融市场。(3) 改革外汇管理体制，协调外汇政策与货币政策。实现汇率并轨，建立以市场汇率为基础的、单一的、有管理的人民币浮动汇率制度。取消外汇留成，实行结汇和售汇制；实现经常项目下有条件可兑换；严格管理和审批资本项下的外汇流出和流入；建立全国统一的外汇交易市场，外汇指定银行为市场的交易主体。(6) 正确引导非银行金融机构稳健发展。要明确规定各类非银行金融机构的资本金、管理人员要求及业务范围，并严格审批，加强管理。(7) 加强金融业的基础建设，建立现代的金融管理体系。(《社会主义市场经济与深化金融改革》《北京日报》1994 年 1 月 11 日)

何德旭认为中国人民银行于 1984 年行使中央银行职能，时至今日没有忠实地履行其基本职能，与真正中央银行的标准和要求还有很大的距离。比如，中国人民银行仍从事具体金融业务，办理经济技术开发、老少边穷、扶贫、黄金生产等专项贷款，难以从一般货币信贷业务中解脱出来；由于财政对中国人民银行还考核盈利指标，实行利润留成制，使总分行各级机构都具有强烈的利益冲动，创办各种类型的经营性公司，与“民”争利，失去了超然地位；中国人民银行从上到下受行政干预太多，缺乏应有的独立性，中央财政经常无约束地向中国人民银行透支和借款，特别是各级地方政府对中国人民银行分支机构的干预，都严重地影响其履行中央银行职能。为此需妥善解决下列问题：(1) 通过立法形式明确规定中国人民银行的职责，规范其行为。(2) 强化中国人民银行的独立性，政府应保证其独立实行货币政策、自主调节货币流通，确保货币稳定。(3) 完善中国人民银行的宏观调控机制。(4) 理顺财政与银行关系，建立起相互协调、相互制衡的宏观调控机制。《如何造就真正的中央银行》，《经济学消息报》1993 年 11 月 4 日)

高尚金认为，我国近期金融改革将迈出重大步伐。金融体制改革的重点：(1)要把中国人民银行办成真正的中央银行，主要用经济办法调控货币供应量，保持币值稳定，即从主要依靠信贷规模管理，转变为运用存款准备金率、中央银行贷款利率和公开市场业务等手段进行管理；(2) 现有专业银行要逐步转变为商业银行；(3)组建政策性银行，实行政策性业务与商业性业务分开；(4) 改革外汇管理体制，建立以市场为基础的有管理的浮动汇率制度和统一规范的外汇市场。(《九十年

代经济体制改革的纲领》,《经济参考报》1993年12月5日)

二、组建政策性银行

刘国光认为,要尽快组建政策性银行。这是分离政策性金融与商业性金融。解决国家专业银行身兼两类业务问题的关键。它对于割断政策性贷款与基础货币的直接联系,保证中央银行调控基础货币的主动性,对于理顺财政与银行的关系,对于切实转换专业银行的经营机制,使其成为真正的商业银行,对于构建适应社会主义市场经济需要的金融体系,都有着不可低估的作用。政策性银行是专门办理政策性贷款的金融机构,因此,所有的政策性贷款都应纳入其业务范围,目前主要有:(1)国家对投资开发基础产业、基础设施的重点建设投资贷款;(2)国家为了稳定农业生产,指定银行发放的粮棉油储备、农副产品合同收购及农业开发等贷款;(3)为我国大型成套设备进口提供买方信贷和卖方信贷;(4)国家为了扶持、促进某些地区的经济开发、发展,指定银行发放的一些重要专项贷款等。这些业务都应由组建的政策性银行来承担。办好政策性银行的一个关键是加强对政策性贷款的管理与监督,尽可能提高政策性贷款的使用效益。一方面,要划清政策性贷款中的责任范围,银行与贷款使用者都要承担贷款的风险与责任,避免目前存在的政策性贷款责任不落实,风险和损失完全由国家承担的状况。另一方面,要健全政策性贷款的监控体系和监督机制,中国人民银行及有关部门要对政策性银行的经营方针及国有资本的保值增值情况进行稽核、监督、检查。虽然,政策性银行不参与商业性金融机构竞争,但仍要加强经营管理,以确保国有资本的保值或增值。(《关于金融体制改革的几个问题》,《财贸经济》1993年第11期)

赵海宽认为,成立政府银行,专办由中国人民银行办理的一般银行业务和各国有专业银行办理的必须由政府直接管理和控制的银行业务,是改变我国目前"中央银行不像中央银行,商业银行不像商业银行"这一状况的最可行的办法。政府银行的具体任务,除现由几家国营大银行承担的不能考虑盈亏和必须由政府直接管理并控制的银行业务外,还应包括:现由中央银行办理的专项贷款等一般银行业务;现由财政部门经营的一部分信用业务和现由中央银行基层机构办理的必须保留的业务。政府银行由基层人民银行改建,即把人民银行现在的二级分行以下机构改为政府银行的基层机构,再从人民银行总行和分行分出一部分干部成立政府银行总行和省、市、区分行。政府银行不实行企业化,业务活动可以上市,但不依靠市场调节。这样,中央银行不再办理具体银行业务和考核利润,也分离了二级分行以下基层机构,按省、市、区或按经济区设分行,成为规范和超脱的中央银行。(《转换银行机制,参与社会主义市场经济》,《金融研究》19993年第1期。)

李争平认为,政策性金融和商业性金融分离,承担各自的使命,政策性银行与商业性银行在国民经济中各司其职,这是市场经济的一般规则。我国专业银行由于政企不分,银行业务极易受到地方政府的行政干预,致使全国性银行的信贷业务地方化,资金被块块分割,国家重点建设资金无法保证。而且专业银行常常以政策性贷款资金需求为由,倒逼中央银行提供更多的基础货币,使中央银行无法有效地控制货币供应量。更为严重的是,由于银行的政策性业务和商业性业务不分,使专业银行行为扭曲,这既不符合市场经济的效益最大化原则,也无法形成金融宏观调控的微观基础。面对迅速发展的社会主义市场经济,全面改革我国金融组织体系,最终建立政策性金融与商业性金融分离的金融体系已刻不容缓。(《政策性银行与商业银行各司其职》,《经济日报》1993年12月1日)

赵效民认为,一些同志对于单独成立政策性银行来办理政策性信贷业务持反对意见,理由是银行信贷业务都是在国家政策指导下完成的,不好界定哪些是、哪些不是政策性业务。其实是:(1)我们所说的政策性贷款,不是泛指执行各项经济政策的贷款,而是专指根据国家产业政策对国家鼓励发展的产业、企业、项目和产品发放的一种政策优惠贷款。这种政策性贷款与经营性贷款有明显的区别,界定起来并不困难。(2)国家产业政策主要是一种中长政策,不会经常频繁地变动,从而也不需要经常调整政策性信贷业务的范围。(3)政策性信贷业务过去、现在和将来都是一种客观存在,为了经办这种信贷业务总要花费一定的人力、物力和财力。究竟是像现在这样把它分散到各个专业银行去办,还是单独成立政策性银行去办更有利于节省人力、物力和财力,无疑是后者而不是前者。(《论我国银行体系的完善和再造》,《财贸经济1993年第2期)

林涛、**李学明**认为,先分帐管理政策性和商业性两种贷款资产,是专业银行向商业银行过渡的第一个举措,待条件成熟时再单独设立政策性银行,去专营政策性信贷业务。首先,要明确界定政策性贷款的范围,在向社会主义市场经济体制转轨的初期,政策性贷款的范围不宜划得过小,棉、粮、油贷款,国家重点建设项目贷款,"老"、"少"、"边"、"穷"地区贷款,"安定团结"贷款,国家重点物资储备,政策性清欠,扭亏贷款,国有大中型企业的技改贷款等,都应列入政策性贷款之列,不这样实事求是界定,就会影响企业经营机制的顺畅转换。随着向市场经济转轨的不断推进,政策性贷款的范围应随之逐步减少。企业经营机制已经转换,其贷款就不应再列入政策性贷款。其次，对专业银行现有的资金存量中的风险贷款，也要划分开政策性和商业性，属于政策性的贷款其最终风险由财政承担，属于商业性贷款的最终风险由银行负责。(《怎样划分政策性贷款和商业性贷款》，《经济与消息报》1993年9月2日)

何德旭认为，政策性银行是专门办理政策性贷款的金融机构，因此，所有的政策性贷款都纳入其业务范围。但是，随着经济体制改革的深化，尤其是价格关系逐步理顺，政策性贷款的总量可能呈逐步缩减的趋势。比如，过去一部分政策性贷款用于弥补企业亏损甚至用于企业发放工资，将逐步消除；有一部分政策性贷款会减少，如对外贸企业的贷款原来曾在专业银行的政策性贷款中占有相当大的比重，但随着外贸体制改革的深化，现在仅保留对大型成套设备提供信贷；还有，农副产品的购销环节和价格将逐步放开，农副产品收购所需的国家资金也会相对减少，这部分政策性贷款也将会随之减少。(《论组建政策性银行》，《经济学消息报》1993年11月11日)

三、专业银行向商业银行转换问题

改革开放以来，银行的地位得到了空前提高，在现代化经济建设中发挥着举足轻重的作用。但是，目前我国专业银行资金占压多、周转慢、效益差、沉淀率高的问题日益严重，专业银行经营与发展面临极大困难，已成为金融体制改革的主要矛盾。专业银行如何改革，经营机制怎么转换，理论界认识不尽一致：

1. 专业银行向商业银行转换的基点与策略。

徐开东认为，我国专业银行已变异成一个性质、职能、目标、责任、业务范围都十分模糊的金融组织，一个集金融、财政、民政、计划、行政职能于一身的政企不分、职责不清、权力不明的货币供应者，从一个信用中介嬗变为行政机关和经济组织的捏合体。从本质上考察，是国家政治功能与经济功能合二为一的反映；从表现形式上分析，是社会经济生活中银行、财政、社会保障三大职能不分的结果。这种变异不仅窒息了专业银行自身活力，形成巨额的呆帐贷款包袱，强化了信贷资金财政化趋势；也带来了微观金融缺乏主体和活力、宏观金融调控缺乏中间传导和弹性，调控僵硬乏力等一系列弊端，极大阻碍着企业经营机制的转换和社会主义市场经济体制的建立。因此，专业银行向商业银行转换的当务之急是现有专业银行要实施职能剥离，“净身”归真，还原其货币经营者的本色使之取得独立的经济法人地位。但是，专业银行向商业银行转换，不能回大家专业银行一哄而上，纷纷攘攘齐念“转换经”。这样无形中增加了转换工作的难度。因为从改革全局看，在利益主体多元化，诸侯经济业已形成的双重体制转换时期，直接控制经济的一些机制已不存在，银行的任何微观改革都意味着动摇宏观调控的基础，所以金融改革必须稳健，慎之又慎，先易后难，逐步出台，循序渐进。目前四大专业银行不能都向商业银行转换。建设银行反而倒是要走向更加规范的专业银行——中长期信用银行，并衍生出政策性专业银行——住房信贷银行和开发银行；农业银行在目前应强调做好政策性银行业务，至于向商业银行转换，则应缓行；中国银行业务需要一分为二，即分为进出口银行(政策性银行)和中小商业银行；现阶段只有工商银行才是真正改革转换的对象。明确这一点，就为转换提供了起步基点。(《向商业银行转换的基点与策略》，《财贸经济》1993年第11期)

王智认为，专业银行向商业银行的转轨将是一个很长的过程，不可能一纸令下便商业化成功。影响这一进程的关键因素，就是未来的国有商业银行能否真正做到自主经营。过去在单一的计划经济体制下，企业和银行都吃国家的“大锅饭”，企业没有破产制度，专业银行也没有实行打销呆帐制度，加上银行本身没有建立起严格的信贷资产管理责任制和有效的审查、监督、制约机制，重贷轻管，重放轻收，信贷部门和信贷人员只有权力而没有相应的责任和压力。因此，各家专业银行拥有的不良资产比率大大高于国际大银行的水平。特别是当资金十分紧张的时候，常有些地方政府领导强迫当地银行对企业发放贷款，而不考虑这些企业的效益如何、能否偿还借款与利息，这就不可避免地影响资产质量的提高。鉴于这些因素，考虑到中国地域辽阔与经济发展的不平衡，专业银行商业化的有效途径，应该是分层次、分地区、分阶段进行。各家专业银行全系统共同实现向商业银行转型也许是一种理想的途径，但从全局来看，这种改革既不可能一步到位，又不可能采用齐步走的同一模式，而只能是一个复杂而渐进的过程。(《银行商业化：任重道远》，《经济日报》1993年12月7日)

余让三、胡导认为，实行专业银行商业化的改革，是金融工作中的一项重大改革，其成败与否，要受诸多因素制约。当前，不仅与之逐步配套的市场运行机制远未形成，而且微观基础、人员的素质等客观条件也还不成熟。因此，对专业银行商业化改革，不能企图毕其功于一役，需要采取渐进式的推进。其对策是分三段进行：(1)理顺关系阶段。这一阶段是现有体式不变，以理顺关系为主，实行一些配套改革，为下一步改革打基础。各专业银行从总行、分行、中心支行再到支行，在中央银行领导和管理前提下实行多级经营、多级核算的模式。(2)半商业化阶段。是以第一阶段为基础，再增加一些市场因素大的金融机构与之相对应，初步创造一个有利于竞争的格局。按市场要求，重建一批既有全民的、又有地方的、也有集体的金融机构，形成“多点”经营模式。(3) 完全商业化阶段。各金融机构全部独立，上下脱钩，实行完全的独立经营、独立核算、自负盈亏、独立完税的模式。(《论专业银行商业化的几个问题》，《金融研究》1993 年第 8 期)

中国农业银行常州分行课题组认为，专业银行向商业银行转换，需要理顺各方面关系：(1) 理顺与国家关系。专业银行由“既像机关、又像事业、还像企业”变成名副其实的企业；政府部门要迅速转变职能。尤其是应改革和调整货币政策与财政政策的关系，把政策性金融业务与经营性业务彻底分开。国家应迅速组建政策性银行，专门承担政策性贷款业务。并加快立法保护专业银行的经营向商业银行的转换。(2) 理顺与中央银行的关系。应参照国际上中央银行与商业银行之间的普遍原则：中央银行以经济手段调控与管理专业银行，灵活运用利率、汇率、贴现率、准备金率与公开市场操作等经济手段和法律手段进行金融调控，专业银行要无条件接受中央银行的监督。(3) 理顺与财政的关系。主要解决上缴利税过重，致使专业银行发展后劲不足，与外资、合资银行不能平等竞争的问题。(4) 理顺与地方政府的关系。要尊重专业银行的经营自主权，地方政府不能行政干预贷款。(5) 理顺与企业的关系。应该是一种平等合作与相互制约和互惠互利的经济关系。(6) 理顺专业银行之间的关系。它们之间应是一种相互平等竞争和业务往来关系。(7) 理顺专业银行系统的关系：专业银行系统内部各级机构之间在转换初期仍保持一种行政上领导、业务上指导、经济上隶属的关系，以利于社会主义市场经济条件下金融的调控。(《专业银行向国有商业银行转换的策略研究》，《财贸经济》1993 年第 9 期)

杨仲元、周策群认为，我国国有专业银行转化的途径是，在总行（中央）一级，可由国家控股公司或国有资产管理局作为控股主体，联合有关部门（如财政或大型企业集团）参股，组成商业银行股份公司；以下采取逐级控股的方式，即总行对省分行控股，省分行对地市分行控股，地市分行对县支行控股。控股股份宜占股金总额的 51% 以上。各级银行设国家股、法人股、企业集体股和职工个人股四部分。但现有各专业银行的全部自有资产均作为国家股份，只有在实行股份制以后企业的积累才作为集体股处理。实行股份制后，各级银行均成为相对独立的法人，各自设立董事会、监事会和股东大会，按股份制规范进行管理。为了避免国家股占优势的情况下政府对银行经营的行政干预，国有股应放弃对银行经营的参与权，而作为优先股处理。国家对银行的控制，只限于委派法人代表（董事长）及批准（或撤换）总经理（或行长）人选。以便让职工和参股法人真正行使主人翁权利。(《关于专业银行向国有商业银行转变的思考》，《财贸经济》1993 年第 8 期)

钟起瑞、王煜认为，我国专业银行必须改变现行的“三级管理、一级经营”的机关式管理体制，实行总行、省行、地（市）行、县行的多级经营。无论哪一级专业银行，都要办理具体的信贷业务，实行独立核算、自负盈亏，成为经济实体；上级行对下级行既是行政隶属关系，又是业务管理关系，也是独立经营的往来关系，赋予下级行充分的经营自主权，逐步形成企业集团式的银行集团，彻底打破下级行吃上级行“大锅饭”的状况。(《专业银行转换经营机制》，《金融研究》1993 年第 1 期)

2. 化解目前专业银行风险资产存量。

目前，在几家国有大银行的贷款中，有不小一部分是根本无法收回的坏收，烂帐，它的物资保证已不存在。究竟有多少？有人估计最低占贷款总额的 40%。这既是企业的包袱，也是银行的包袱。不解决这个问题，企业的银行都不可能轻装走上市场，参与平等竞争。怎么办？

赵海宽认为，可否考虑采用以下办法：(1) 已决定转为股份制的国有企业，把这部贷款转换为银行向企业的投资，即把相应借款凭证改变为股票，银行由债权人转变为股东，参与对企业的管理和监督。(2) 对将来有可能改为股份制的企业，可把这部分贷款转变为可转换债券，待实行股份制时再转变为股票。(3) 对不可能实行股份制的企业，可转换为低息、分段偿还的长期企业债券，由企业每年从利润留成中抽出一部分资金；逐步归还。(4) 对于借款人已不存在，或无人负责归还的贷款，应核实数额，由银行报损。这样，银行和企业就都可以轻装走上市场。(《转换银行机制，参与社会主义市场经济》，《金融研究》1993 年第 1 期)

徐开东认为，化解专业银行风险资产存量包袱是专业银行顺利实现向商业银行转换的保证条件之一。当前，在国家不豁免企业对银行承担的风险债务的给定条件下，除用呆帐准备金冲销部分损失外，银行应采取有力措施，区分不同情况，将现有的风险资产分别实行“证券化”、“股份化”、“实物化”处理，盘活资产，减轻包袱。对于新的业务经营风险，可采取两条基本政策措施：一是建立存款保险机构，强制实行存款保险制度；并对金融机构实施严厉的风险管理，事先防范经营和信用风险的发生。二是开设贷款资产保险业务，建立资产拍卖互换市场。对商业银行实行多样化的资产负债组合，分散银行风险经营。(《向商业银行转换的基点与策略》，《财贸经济》1993 年第 11 期)

3. 培育我国商业银行体系的思路。

马能泽认为，从社会主义市场经济改革的本质要求出发，我国专业银行向国有商业银行转变的目标模式是：(1)国有商业银行是我国金融体系的主体，是有明确的经营目标(即追求利润最大化)和健全的经营机制(即自主经营、自负盈亏、自担风险、资金自求平衡、自我约束和自我发展)的企业。(2)国有商业银行是业务范围更广泛、服务功能更全面的“金融百货公司”。在不断改进和创新传统业务的同时，全方位开拓国际金融、信托、租赁、投资、房地产、信息咨询、代理融通和代客保管等新业务，努力为客户提供多功能、全方位、系列化的金融服务。(3)国有商业银行是统一管理，分级经营，按经济发展需要设置的综合性银行。各总行、分行和基层县(市)行都搞经营，都实行经济核算。设置分支机构的依据是经济发展的客观要求和符合经济核算原则，而不是单纯按行政区划的需要设置。(《关于我国专业银行向国有商业银行转变的对接问题》，《财贸经济》1993年第6期)

杨仲元、周策群认为，我国的国有商业银行应该有些什么特点呢？它首先应具有商业银行一般的本质特征(资金商品化、利率市场化、业务国际化、服务多样化、手段现代化)，至于与私人商业银行的区别，大致体现在：(1)由于它是国有或国家控制的，因此，其最终经营方针、目标和政策，要受国家的制约，即国家拥有对其经营方针、政策的“最后决策权”。(2)在其与中央银行和国家的关系上，不像私人商业银行那样纯粹的控制被控制关系，而是在坚持商业银行经营原则的前提下，相互配合、协调的关系，因为它们在根本利益、根本目标上是一致的。(3)从我国目前情况看，作为国有商业银行的专业银行，还承担一定国家政策性业务，即使在将来，也不能排除在特殊情况下国家赋予一定政策性任务的可能性。(《关于专业银行向国有商业银行转变的思考》《财贸经济》1993年第8期)

刘慧勇认为，专业银行应当向集团化发展。集团化的含义不仅是要设立全资的或者控股的子银行、所属金融公司，还包括向一些发展前景好的实业公司参股，吸引企业集团向自己的子银行或证券公司、投资公司参股，与外国银行合办跨国金融机构等。在市场经济发育较早的国家里，银行与企业之间往往结成彼此具有股份联系的财团，含有客观必然性，是市场经济竞争条件下求生存、求发展的需要。金融寡头、垄断财团，在我国是两个被批臭了的概念，在市场经济发达的国家中却是实力不断增强的经济组织。在大力培育社会主义市场经济机制的今天，需要对这个问题重新进行反思：或许我们也应当搞银行集团和财团。银行与企业通过互相参股而结成财团，未必就形成垄断，不一定能成为寡头。我们应看其好处：既壮大银行实力，又促进企业发展。只要积极因素大于消极因素，就应当允许其发展。目前，我国的专业银行实际上已经开始走向集团化，最突出的表现是各家专业银行总行与各地分行相继办起了投资信托公司，有的还办了合资或全资的证券公司、城市信用社、与外国金融机构合办金融租赁公司等，还有以合资或参股、控股方式建立所属房地产开发公司或城镇房屋开发建设公司，以及拥有控股甚至全资的实业公司等。问题是目标尚未十分明确，行动还不完全自觉。要真正实现高效率和高效益的集团化，就需要在子银行、所属非银行金融机构、实业公司和咨询服务公司等方面全方位地推进。必须让“外人”参加进来，扩大股份联系，扩大合资面。这样才能有吸引力，才能够逐渐凝聚为以大银行为核心的实力强大的高效率财团。(《专业银行应当向集团化发展》，《金融研究》1993年第1期)

林志远认为，银行改革的基本思路是以银行所经营业务的特点为基础，建立流动性、风险性标准比率监督体系，取代传统体制的总额控制和行政约束。具体设想是，把工、农、中、建四大专业银行的总行连同它们的分行分别改组成若干国际性大商业银行，参加国际金融市场的竞争。鼓励各大商业银行在国内和国外的重要金融中心组织银行集团。集团内的银行和金融机构实行专业分工、独立经营，保证各大银行继续拥有充分的资本规模实力并能够采取更为灵活的经营方式，以适应国际金融市场的变化。同时，把各大银行的区、县级分支机构改造成上级行控股、地方政府注册、独立经营的地方性银行，为当地的经济发展提供服务。并在原有银行资本的基础上，根据市场需要，逐步组建新的清算银行、城市银行、商业银行和行业性、政策性银行，专门服务于贸易结算，城市建设、房地产开发、新兴产业扶植和专项投资等经济活动。(《论取向市场的银行管理体制改革》，《金融研究》1993年第4期)

刘自强、周立认为，培育我国商业银行体系，有三种可供选择的思路：一是对现有国家专业银行进行改造，使其商业银行化；二是由政府直接组建一些全国性商业银行；三是从发展区域性商业银行入手。这三种选择可以相辅相成，逐步推时。但就近期而言，应以发展区域性商业银行为重点。理由是：(1)对专业银行进行彻底改造的时间性和难度要有充分的估计。专业银行的职能转换是和国营企业经营机制转换密切相关的。在企业的产权制度改革之前，银行信贷资金财政化、业务政策化等问题难以避免，银行的改革不得不滞后于企业制度改革，这意味着专业银行商业化将不是一个短期过程。从理论上讲分设政策性银行与商业银行的思路是可取的，问题是在操作上比较困难。因为在企业的经济法人地位没有真正确立，破产机制、失业机制没有真正形成下，政策性业务与商业性业务的界定和操作就十分复杂，专业银行商业化必将付出相当的社会经济代价。(2)直接组建全国性商业银行，由于存在一些(政府行政干预和政策性贷款的困扰等)难以克服的弊端，不宜过多地发展。(3)培育区域性商业银行应作为近期内建立我国社会主义商业银行体系的重点。首先。区域性商业银行是经济发展的必然产物，这在东南沿海经济发达地区得到了印证。其次，区域性商业银行的成长，可为整个金融体系注入新鲜血液，有助于打破由于专业银行行政上条块分割而形成的超稳态的垄断局面，促进合理竞争，改善银行体制的“系统效率。”再次，从各国的银行制度看，多种银行机构并存的局面已成为普遍特征。例如美国有12000多家银行，地方银行(州银行)占70%以上；日本地方银行几乎是都市银行的6倍。可见，我国银行制度的创新，有赖于对区域性商业银行的培植。(《论我国商业银行的生成与发展》，《金融研究》1993年第3期)

陈彩虹认为，将现有专业银行的政策性业务分离出去，完全地转为商业银行，这种改革从中国现实的经济运行与体制特征看，带有某种被动性。可以预期的是，改革完成后形成的格局并不是中国金融体制改革的理想结局。理由：(1)经济体制改革的整体进程。尤其是企业体制的改革进程缓慢决定了目前银行机构重组的走型。因为企业的固定资产投资仍由国家财政负担，流动资产则是80%以上由银行贷款，在国有企业的流动资金几乎全部占用国家银行贷款资产的情况下，信贷业务银行想进行银行资产负债的任何调整与变动都不可能实现，进而使中央银行的货币管理与调控难以实现。(2)国家财政困难，债务负担与年俱增，财政赤字扩大，极大地左右着银行的信贷与货币发行。在财政国难的情况下，最终就会向银行大量地透支，长期并且是无规则地占用银行资金，也使目前银行体制改革难于达到理想境地。(3)利率二重化，推动了信贷市场、货币市场、证券市场、外汇市场和房地产市场上的巨大投资，压迫中央银行货币超量发行，造成中央银行调控货币量的困难。近年狂升的股市、狂升的房地产价格、狂升的其他保值商品和外汇，都刺激了各种投机力量涌向银行，逼中央银行货币超量发行，1992年底1158亿元现金货贷币的增加发行，就是最为明显的证明。利率二重化下的银行体制改革是艰难的。(4)中央银行的调控机制没有很好地建立和完善，1984年建立了现代化的中央银行组织机构，却没有相应的现代化的调控手段，原来体制下的利率统一管理、信贷指标管理，以及变相的计划性管理——存差与借差管理等，又被拾来运用，结果对于新的经济运行的货币管理机制没有到位，新的金融调控体系改革不可能成功。(5)中国开办信贷业务银行的数量有限，没有形成全面竞争机制。由于垄断，信贷业务银行并不需要特殊的经营与服务就可取得相当高额利润，商业银行就会有对于中央银行货币发行资源的特殊偏好，而当中央银行无法管理时，国家的商业银行又会被迫地行使行政性的管理权，并运用行政的力量进行自我约束，改革很容易由此进入“怪圈”。从以上现实情况看，目前改革所要建立的以中央银行和政策性银行为主体的宏观调控体系，以及纯粹性的商业银行为主的银行经营体系，并不能很好地解决中国金融中的所有问题，尤其是政策性银行的设立，带有明显的当前金融形势下短期对策的性质。这种银行的存在时间不宜过长，一旦金融形势有所缓和，它的历史使命便告结束。

为此，中国需要较大幅度地增加商业银行的数量，形成信贷业务银行全面竞争的格局。专业银行分离开的政策性业务与商业性业务，如果没有较大数量的银行存在为前提，这种分离不可能形成市场经济条件下的银行全面竞争态势，垄断下的商业银行经营，更容易失去控制。这是因为，利润的唯一性和强烈冲动，加上垄断的力量，必定会有更为强烈的投资行为和对中央银行的“反逼行为”，使商业银行的资金运用更为独立化，中央银行调控力所难及，建立更多的商业银行已经成为中国金融改革成功与否的一个重要方面。建议在现有银行的基础上，通过裂变和全新银行的组建，增加更多的商业银行，尤其是成立众多的股份制银行，这是自然的历史的选择。(《中国金融改革任重道远》，《经济与消息报》1993年9月2日)

四、发展民营银行问题

樊纲认为，金融体制改革中的一个严重“滞后”，是非国有的民营金融机构发展滞后。我国迄今为止仍然采取的是限制而不是鼓励民营金融机构（合作或股份制的信用社、银行及私人钱庄等），结果是在整个经济中，各种形式的非国有经济所创造出的国民收入，已占国民总收入的约50%，而在金融活动中，民营金融机构所占的比重仍然微乎其微，与整个非国有经济的发展极不相适应。限制民营金融机构发展的一个主要理由是：这些金融机构会“扰乱正常的金融秩序”。但问题在于：什么是“正常的金融秩序”？在金融领域内，最基本、最重要的一种秩序是“借钱还钱”。正是在这一点上，民营金融机构恐怕是最遵守“正常秩序”的。很难想象一个民营银行会把钱无休止地不断借给一家亏损严重、屡借而不还的企业。而正是在这一基本点上，我们的国有银行难道不是最不遵守“正常秩序”的吗？问题是：我们要维护的是哪一种秩序？要不要建立起符合市场经济规律的新秩序?事实上,中央银行很难对各种国有银行实行有效的管理,其原因就在于中央银行、国有商业银行与国有企业、各级地方政府一样,都是国有的,谁对谁都难动“真格的”,具体问题上总会有一万条理由可以相互“融通”;而代表国家的中央银行对民营的金融机构进行管理,相对来说会是较容易、更有效的,双方的利益划得清,中央银行货币调控措施也会更具权威性。因此,在整顿金融市场的过程中,对非国有的民营金融机构,应该加强管理,但不应限制其发展,相反,为了进一步发展市场经济,应采取更开放的政策,允许和鼓励非国有金融机构的发展。(《症结究竟在哪里》,《金融研究》1993年第9期)

王智也认为,允许建立民营银行将是中国银行业体制改革的一个突破口。庞大的私营经济缺乏相应的金融机构和融资渠道,这在发展市场经济的今天已是一个严重脱节。相对于民营经济在我国的迅猛发展,银行业对民营银行还有许多禁忌,这一点首先需要观念的更新。(《专业银行改革目标:商业化》,《经济日报》1993年11月16日)

(赵一新)

社 会 保 障 问 题

一、养老保险

1. 社会养老保险基金的筹集模式。

侯文若认为保险基金的筹集应根据不同的保险对象,实行不同的保险模式。对城镇工薪人员由过去的国家保险改为投保资助式社会保险。企业职工的保险基金由国家、企业和个人共同负担,统一收取,统一支付,国家承担最后责任;对城镇个体经营者实行强制性储蓄式社会保险。国家立法强制他们按期交出定量保险存入社会保险机构,类似储蓄一样,记入个人帐户,除提取少部分作为这部分人的共济基金外,其余全部属个人所有,国家不直接提供资金,也不承担最后责任;农村可以实行多层次、多形式的社会保险。同时要建立部分积累基金模式,但积累比例不宜过高,要与国家财政、企业效益与职工承受力相适应;但农民和城镇个体经营者应采取完全积累模式。(《社会保障制度改革初探》,《管理世界》1993年第1期)

也有人认为由于过去我们对职工养老基金及医疗基金实行现收现付体制,以后实行资金预筹积累制,就需要从国有资产中划出一部分作为养老基金和医疗基金。因为国家过去把一部分将来要用于职工养老和医疗保健的资金先用于了生产,并形成了一定量的资产,这部分资产虽然看起来是国有资产,但实际上国家不能分享这部分资本收益。因此,在计算并界定后,把这部分资金分给退休的人作为养老基金和医疗保健基金,或把这部分资产卖掉,作为退休职工养老基金和医疗保健基金。理顺关系后,基金筹集以设立职工个人帐户的方式为宜,职工养老和医疗基金的来源应当主要是取之于民,自存自用,每个月企业和职工都要按照一定比例缴纳一定的预筹金。基金发放在保障职工基本生活的基础上,要有差别。贡献大,收入高,储蓄多的职工,最终受益也应该多。(中国经济体制改革总体设计课题组:《企业社会保障职能的独立化》,《经济研究》1993年第11期)

张福庆等人认为,社会保险改革目标是将目前的企业负担改为社会负担,建立国家、企业和个人三方共同负担的社会保障基金机制。养老保险实行国家基本养老保险、企业补充养老保险和个人储蓄性养老保险相结合的制度。建立国家、用人单位和职工三方共同负担医疗费用的新型医疗保险制度。(《当前社会保障制度现状及改革思路》,《经济师》1993年第3期;李键:《建立与市场经济相适应的社会保险体系》,《中国劳动科学》1993年第12期)

杨团认为,未来筹集社会保险基金的模式是从国家保障结构向自助、互助型的社会保障结构转变,其中自助、互助形式将占主要地位,由国家或其他社会组织进行资助等他助形势将占次要地位。(《中国社会保障的前景与障碍》,《管理世界》1993年第2期)

2. 社会保险基金管理体制。

黄范章认为,应设立国务院社会保险部或委员会,组织研究和制订社会保险的方针、政策和发展计划,进行部门间的保险宏观协调工作。同时成立不以赢利为目的,执行社会保险法规的国家事业型的社会保险经办机构,专门负责法定社会保险费用的征收、支付及资金的投资运用和服务等业务工作,地方相应成立社会保险局。统一制度,实行分级、分类管理。(《建立全社会统一的社会保障制度——关于成立社会保障委员会的建议及其它》,《中国工业经济研究》1993年第4期)

易卜仁在讨论中提出,我国社会保险管理体制从50年代一建立就是政府劳动部门管理政策和监督,独立的社会组织负责执行业务管理(当时是工会),这种富有制约机制的社会化管理体制是成功的,深受职工群众和社会各方面的欢迎,因此这种做法应该加以继承。

丁大健在讨论中提出，应该建立由政府有关部门、工会和企业经营者代表三结合的社会保险委员会，这一机构是社会保险业的最高领导机关，从规划、政策、法规等方面协调有关部门的工作及重大问题的决策。地方建立社会保险基金管理机构，如叫社会保险基金会或社会保险福利局，是具有法人地位的社会自治机构，也是最高管理机构，设立董事会，董事会成员由企业经营者代表和工会组织代表组成，政府委派理事长或直接领导，主持理事会工作。

令狐安在讨论中提出，基本社会保险必须集中决策，由国家统一立法，主要由政府劳动部门管理，同时对社会保险、社会福利、社会救济等具体项目，实行职责分工明确，相互协调配合的分级分类管理体制，充分调动社区组织、工会等群众团体及各方面的积极性。针对有些人提出的由营利性商业单位经营社会保险的观点，认为许多国家实践证明，由以营利为目的的商业保险公司或企业管理社会保险是不符合社会保险原则的，也是行不通的。

也有人认为，应该首先对国有企业进行公司制改造，建立公有制委员会，由其直接组建和拥有持股公司和投资公司。其次，保险基金筹集要以设立职工个人帐户为基本模式。这样，社会保障基金可以交给由公有制委员会的一级持股机构所设立的退休基金和医疗健康基金机构代为经营，而且允许具有流动性。企业职工可以根据自己对各个持股机构的调查与了解，及各机构基金增殖的情况，选择自己认为合适的持股机构，把自己的帐户委托其去经营，以获得最大程度的保障。国家只进行某种程度的规制，通过立法，规范基金的投资运作，保障职工的利益。（中国经济体制改革总体设计课题组：《企业社会保障职能的独立化》，《经济研究》1993年第11期）

3. 养老保险基金计发办法。

周俊梅认为，应根据权利与义务对等，给付与缴费挂钩原则，实行以指数化平均工资作为养老金的给付基数，以缴费年限确定发放比例的方法，并随物价上涨而调整。（《深化社会养老保险制度改革的思考》，《劳动经济与人事管理》1993年第5期）

丁大健在讨论中提出，社会保险费用支出的增长速度绝不能超过国民生产总值的增长速度，各项保险待遇水平占工资收入的比例不应过高，应将按标准工资计发保险待遇办法改为按本人实得工资收入为基数计发。在不降低原待遇实际水平的前提下，基数扩大，比例适当下调。同时应建立职工长期保险待遇与物价挂钩，与国民收入或职工平均工资挂钩的制度，使之与物价的变化和生产发展、社会进步按期进行调整。

二、失业保险

1. 失业保险的范围。

在讨论中，一种观点认为现有社会保险制度的主要问题是覆盖面不全，待遇标准不统一。这种状况不利于劳动力流动和社会生产力的发展。因此，应该进一步完善制度，扩大保险范围。应从目前规定所含盖的破产企业职工、破产企业法定整顿期间的职工、解除劳动合同的工人和企业辞退的职工，扩大到关停并转企业和集体企业及“三资”企业中方职工。

潘烽等在讨论中提出，应该是全方位的，即凡是城镇非农业部门以工资收入作为主要生活来源的劳动者都应包括在内。它包括私营企业职工和个体经济雇工。

卫功琦认为，失业保险的范围应是全体劳动者，且不受所有制的限制，应从目前享受失业津贴的“四种人”，扩大到企业中的富余人员，混岗集体工和小时工，延伸到关、停、并、转等情况下出现的失业人员。（《“饭碗”丢了怎么办：由找政府到找保险》，中国人民大学复印报刊资料《劳动经济与人事管理》1993年第1期）

2. 失业保险金的筹集。

杨体仁认为，按不同环境的特点分别把提供失业保障的责任界定给雇主或雇员的失业保障制度是交易成本最小的体制，它比目前实行的不分企业大小，一律由企业缴费，同时把社会保障责任完全界定给国家的失业保障制度为优。认为应该按企业规模分别设计缴费方式。所有大企业都实行由雇主缴费的失业保险，这种办法有助于在经济不景气的情况下，促使大企业尽可能地自我消化富余人员；在小企业中，应实行由雇员缴费的失业保险制度，使雇员认识到一旦失业，必须积极寻找工作和珍惜工作机会。中型企业，通过雇主与雇员的谈判，自愿选择两种制度中的一种。（《中国失业保障体制新探》，《管理世界》1993年6期）

潘烽等在讨论中提出，应该实行国家、企业和个人合理分担原则筹集失业保险金。强调让劳动者个人在业期间缴纳少量失业保险费，一方面有利于减轻国家财政负担，同时也有利于增强职工的保险意识，珍惜就业机会。在保险金是否实行积累制问题上，支持取之有度，用之有效原则，认为应该根据劳动制度改革力度和失业人员的多少，合理确定交纳比例，以交定收，不搞积累，实行现收现付，略有结余。

辛仁周认为，应拓宽失业保险金的筹集渠道，主要办法一是通过将目前按企业职工标准工资提取失业保险金改为按企业全部职工工资总额提取；二是选择适当时机，让职工本人缴纳一定数量的失业保险基金；三是把减少国家财政对部分亏损企业的补贴的一部分拿

出来，用于失业保险基金。（《完善我国失业保险制度的对策》，《经济研究》1993年第1期）

还有一种观点认为失业保险可由省市一级统筹管理，失业保险基金的筹集可以考虑与将要进行的税制改革结合起来，以工薪税作为基本来源，即在工薪税中要按一定比例拿出部分资金，专门用于失业保险金。当失业保险金不敷使用时，应当由地方财政补贴。给付失业保险金的期限不宜过长，最长可为1年，以刺激就业。失业保险金一部分要用于转业培训和生产自救基地；以尽可能扩大就业和减少失业保险金的支出。由于中国国情突出，不能随意扩大失业保险所覆盖的范围。（中国经济体制改革总体设计课题组《企业社会保障职能的独立化》，《经济研究》1993年第11期）

3. 失业保险金的管理体制。

潘烽等在讨论中提出，目前管理体制不完善，导致失业保险基金支出很不合理，管理费用比例过高，主要原因是许多地方各自为政，自行开支，缺乏监督。因此，应该建立管钱和管事分开的管理体制，同时成立一个失业保险金管理委员会，负责审批年度预算和决算。

杨体仁认为，我国应该建立以社会救济为主，以低水平的、短给付期的缴费保险为辅的双重保障体制。政府财政将不对保险基金的赤字进行担保。主张失业保险金最好不由政府机构承担，而应分别由雇主和雇员代表参加的公共团体承担。认为这是避免浪费，保证基金合理使用的最有效办法。（《中国失业保障体制新探》，《管理世界》1993年第6期）

4. 失业救济发放标准和期限。

辛仁周认为，目前失业救济金标准太低，失业救济金是企业或职工的一种投保，失业救济金应当比社会救济水平高一些，但不能高于企业内部待业人员发放的生活费水平。计发办法主张实行统一的发放标准，不与原收入挂钩，标准相当于当地政府规定救济水平的120—150%。但应当根据工作年限划分一定档次，因为一般地说，工龄不同，家庭负担人口也不一样，其中对于被除名人员标准应有所差别。（《完善我国失业保险制度的对策》，《经济研究》1993年第1期）

王轶豪认为，失业救济金的给付条件应该是：一是非自愿失业；二是参加失业保险达到一定年限并履行了缴费义务；三是无资产收入；四是经历了等待期，等待期是指自失业登记到核准领取失业保险金的这段时间；五是在失业救济有效期间内，对于超过了失业救济期而仍不能就业的失业者，应终止其失业保险待遇。（《我国失业保险制度的完善》，《财经理论与实践》1993年第4期）

卫功琦认为，失业保险金给付标准应坚持兼顾公平与效率原则。给付标准低，失业者的基本生活无保障，违背公平原则，但可以体现效率原则，能调动在业者积极性；给付标准高，能保障失业者基本生活，体现公平原则，但会违背效率原则。我国失业保险应以工资收入为基数发放失业保险津贴，给付期限为一年，发放采取逐月累退原则。（《“饭碗”丢了怎么办：由找政府到找保险》，中国人民大学复印报刊资料《劳动经济与人事管理》1993年第1期）

（王学力）

区 域 经 济 问 题

一、加快西部经济发展，缩小东西差距

魏后凯认为，占国土面积55%的西部地区，自改革开放以来，人民生活水平有了较大的提高，以社会生产总值为例，1991年比1980年增长1.9倍，这是一个历史性的大突破。然而，和本部相比，西部在经济发展速度和经济发展水平上，明显滞后于东部地区，东西差距在不断扩大。

东西差距的不断扩大，对于保持国民经济持续稳定地高速增长，发展社会主义市场经济，对于全国生产力的合理布局，加强民族团结和社会稳定，都会产生消极的影响，因此，加快西部的开发，意义重大。（《加快西部开发的战略意义及政策建议》，《中国经济体制改革》1993年第9期）

如何加快西部的发展，魏后凯、温成学和国家体改委调查组，分别从不同角度发表了各自的看法，归纳起来主要有以下几点：

1. 西部地区要解放思想，转变观念，打破封闭和封锁。和东部相比，西部地区的思想解放程度仍然不够，西部地区的开发应借鉴沿海地区和国外内陆地区开放的经验，走以改革促开放，以开放促开发的新路子。国家对于西部应（1）率先进行超前改革试验；(2)实行全方位开放。首先，要进一步扩大沿边开放的地域范围，对于有条件开放的沿边口岸，应尽早开放。其次，逐步开放长江沿岸、陇海——兰新沿线的市（县），以促进西部地区对外开放向纵深方向发展。第三，要积极开发古丝绸之路沿线的旅游资源，发展旅游观光业。(3)选择一些资源丰富的地区，如攀枝花—六盘水地区、黄河上游地区，建立“资源综合开发试验区”，吸引国内外资金、技术和人材，对资源进行多层

次的综合开发和利用。

2. 西部要加快改革开放的步伐。当前，应全力抓好以下几个环节。一是要重点搞好一批国有大中型企业，增强他们的活力，提高效益，这是振兴西部地区的经济基础。二是围绕搞活国有大中型企业，积极推进养老、待业、医疗等社会保障制度的改革，三是积极调整所有制结构，大力发展集体、个体和私营经济。四是要发展市场搞活流通。不仅要大力发展商品市场，还要大力发展劳动力市场、生产资料市场、资金市场、信息市场和各种要素市场。

3. 西部地区的干部群众要加速实现自身的思想转变。西部地区推进改革所遇到的特殊困难来自于西部是受传统计划经济思想影响很深的地区。经过10多年的改革，虽有所转变，但思想观念上的禁锢没有彻底打破。因此，西部地区的干部群众必须在思想观念上有彻底转变，否则，改革的步伐迈不开也迈不大。

4. 国家要在政策上对西部地区给予一定的支持。中央在宏观政策的制定上，对不同地区要区别对待，在制定防止过热的紧缩政策时不要“一刀切”，给发展较慢的西部地区创造较为宽松的条件，特别是在资金投向、税收、对外开放、外资项目的审批和企业外贸出口等方面应给予西部更多的优惠。

5. 实行产业倾斜与地区倾斜相结合的双向调控。国家在投资和政策等方面给予西部的优惠和支持必须集中在国家重点发展的特殊产业和优势产业上。

6. 由于受多种因素制约，西部地区在当前乃至今后一段时间里，不应同东部攀比速度。要看到西部地区存量资产效益低，是制约经济发展的最根本因素，而体制和机制则是影响经济效益的关健。根据这一现实情况，西部地区当务之急要彻底转变重发展，轻改革的思想，集中精力在体制和机制等重要领域内推进改革，这样，才能为彻底改变落后面貌，加速经济发展创造条件，打好基础。此外，对制约西部地区经济发展的农业和交通运输业也应大力发展。(《缩小东西差距的根本出路》、《加快西部开发的战略意义及政策建议》，《中国经济体制改革》1993年第9期；《改革应是西部地区经济工作的主旋律》，《中国经济体制改革》1993年第10期)。

二、加速实现全方位的对外开放

80年代中国经济的高速发展，是得益于沿海地区的对外开放，90年代中国经济要上一个新台阶，必须加快改革开放的步伐，实行全方位、多元化的对外开放，建立沿江、沿边、沿桥开放带，并向内陆省区全面推进。

王一鸣认为，长江流域是我国最大的产业密集带之一，长江两岸已形成了上海、南京、武汉、重庆等综合性工业基地和一批专业化基地，工业技术实力雄厚，腹地范围广阔，90年代党中央决定以浦东开放开发为重点，使上海成为远东地区的经济、金融、贸易中心之一，这势必对长江沿岸地区经济发展起到较强的辐射带动作用。长江流域运输便利、当前，应抓住机遇、扩大开放，最大限度地利用国际资源，使本地区经济腾飞，长江这条巨龙腾飞了，对全国的经济发展和改革开放，将会产生不可估量的影响。

目前，我国沿边地区的对外开放基本限于边境贸易，90年代，这一地区发展经济的基本构想应为：实行全方位开放，以向周边国家开放为重点，在巩固原有贸易市场的同时，以发展边境贸易为突破口，向全面经济技术合作领域推进，以开放为契机，扩大与沿海、内陆省区的经济交流与协作，增加经济要素向边境省区的流动，强化在国际分工中的竞争力，促进优势资源开发，加速工业化进程，缩小与沿海省区经济发展水平的落差。

加快沿边开放应采取的政策措施包括：(1)加强边境口岸建设，创办多种形式的边境开放试验区。(2)建设出口商品生产基地，组建各种类型的出口集团。(3)国家对边境省区开放的自主权，出口商品种类规模、出口商品奖励、出口退税等方面应给予更多的优惠，并应加强对外贸公司的引导，减少内部竞争。(《中国对外开放的区域格局：进程和展望》，《未来与发展》1993年第2期)

曹寿田认为，陇兰经济地带地处我国中部，从东到西横穿三个经济发展地带，地域辽阔、人口众多、资源丰富、潜力巨大，有着广阔的发展前景。发展这一地带，不仅在全国范围内而且在整个经济格局中，都具有不容忽视的重要地位和战略作用，陇海—兰新铁路是连接这一地带的重要干线，起着不可替代的中枢神经作用。(《陇海兰新经济带协作和联合的几点设想》，《淮海论坛（徐州)》1993年第2期)。

我国著名经济学家**马洪**说：“亚欧第二大陆桥的贯通和开拓国际联运，不仅仅是一条运载铁路，而且是前景广阔的促进商品经济大流通，东西经济大融合的纽带。它的地位和作用，不仅应从我国经济社会总体发展战略的高度，而且应从亚太经济、环太平洋乃至世界发展的战略去评价、去展望它的重要意义和潜在的功能”。因此，有关专家呼吁早日“以贯穿我国东中西部的陇海—兰新铁路沿线的重要城市为依托，建立“沿桥开放地带，使之享受沿海沿边开放地区的优惠政策”，不仅可以加快内陆省区对外开放和经济建设的步伐，而且还可以使全国绝大部分地区利用大陆桥开展东西双向开放，促进本地区外向型经济的发展，走向国际大

市场。(刘葵华、郝发亭:《专家建议:建立"沿桥开放地带",加快内陆经济起飞》,《中国经济体制改革》1993年第1期)

王一鸣还认为,内陆地区开放步伐的大小,对于我国在90年代形成全方位多元化的对外开放格局,具有重要意义。当前,内陆地区对外开放存在以下有利条件:(1)地处中国经济腹地,联结东西南北,可兼得多方之利。(2)有丰富的矿产资源,而且资源的空间组合比较理想。(3)有三线建设时期形成的庞大的固定资产存量及大量的科技人才。(4)以武汉为中心的江汉平原,以西安为中心的关中地区和以重庆、成都为中心的成渝地区,其经济实力、加工工业能力和科技力量都比较雄厚,有条件发展成为中国的进口替代工业基地。因此,90年代内陆地区发展对外经济的总体战略应是:坚持对外开放与经济开发相结合,以开放促开发,以开发支持开放。抓住中国对外开放重点转向长江三角洲地区并向整个长江流域推进、以及开展边境贸易的有利时机,充分利用沿长江产业密集带与陇海兰新铁路沿线地区的区位优势,发挥能矿资源和三线地区庞大资产存量的潜在优势,进一步提高对外开放度。结合加快地区工业化进程的目标和背景,对外经济发展的重点放在促进资源的工业性开发与转换方面,最大限度地获取优势资源和优势产业的开发关联效应和开发性收益,形成对外贸易、技术引进对地区产业的带动作用,在提高工业化水平,优化出口产业结构、扩大出口创汇的同时,积极有效地利用外资,注重结构合理和经济效益;继续引进适用的国外先进技术和管理经验,搞好消化、吸收、创新工作,增强技术引进的整体扩散效果;广辟商品销售市场和资源资金供给渠道,建立出口生产基地和专业厂家;大力发展非贸易创汇;改善投资环境和运行机制,将内陆地区经济在更大程度上和更广范围内纳入到国际、国内分工与交换的体系中,逐步由内向型经济向内外结合型经济、由封闭的半自然经济向开放的商品经济转换,实现内陆地区经济的崛起。(《中国对外开放的区域格局:进程和展望》,《未来与发展》1993年第2期)

三、区域发展与生产力布局

张德霖认为,经过十多年的改革开放,中国的区域经济已发生了深刻的变化,各经济区域及区域之间的协调发展都取得了显著成就,逐步形成了各具特色的七大经济发展区域。一是以上海为中心、特别是以浦东开放开发为龙头的长江沿岸工业区。这将是中国发达的加工工业、金融业,以及部分重化工业的重要其他。二是珠江三角洲经济区,这是以发展外向型经济为骨干,并具有极大发展活力的地区。未来的发展目标是,争取用20年的时间赶上亚洲"四小龙"。三是京津唐沿线的环渤海经济区。这是一个资源丰富、发展潜力巨大的经济区。四是西南、华南经济区,它包括云贵川三省及广东、海南的一部分,是自然资源丰富、亟待开发的地区。五是东北经济区,它包括黑龙江、吉林、辽宁、内蒙东部。它是中国最大的工业基地,也是农林牧的重要基地。六是中原经济区,它包括山西、河南、陕西、内蒙中西部。它是中国最大的能源、重化工结合开发的地区。七是西北经济区,它将以甘肃、青海、宁夏等地区的丰富水资源等开发为特色,形成一个颇具实力的经济区。(《中国区域经济发展对策研究》《陕西经济》1993年第4期)

刘甫兴认为,90年代中国生产力布局的总体框架应为:(1)重点建设"一环"和"三个三角",将环渤海区、长江三角洲、闽南三角洲、珠江三角洲建设成为全国性的四大经济核心区和开放开发的骨干区域。(2)以上海为龙头,推动长江干流(重庆以下)产业带的建设。(3)以环渤海区为依托,以黄河及陇海——兰新铁路为纽带,重点建设中、上游两大能源、原材料工业带。(4)以珠江三角洲为依托,以西江、南昆等交通干线为纽带,建成一个大型综合性的能源重化工带。(5)以沿边开放为突破口,启动边疆地带的发展。(《九十年代中国生产力布局与区域的协调发展》,《江汉论坛》1993年第2期)

继92年以浦东开发开发为龙头,带动长江三角洲及长江沿岸经济发展成为中央和地方密切关注的热点以后,93年建立"环渤海经济圈"又成为人们关注的另一热点。

宋红岗认为,中国是个大国,中国的经济是典型的大国经济,经济增长中心的区位选择,是大国政府宏观政策的重要内容。建国40多年来,我国经济中心的区位有过三次移动:50年代北移,60年代西进,70年代末开始南下。从自然资源看,从经济发展模式和速度看,从对整个国民经济的带动力度看,从全国经济发展的均衡效果和后劲看,从相关的国际经济环境看,环渤海经济圈将成为中国在下世纪之初的经济增长中心。(《经济日报》1993年9月15日第一版)

至于环渤海经济圈的范围,计平认为,应在1987年环渤海地区的十五个城市已经组建的市长联合会基础上,加快扩大联合范围形成大环渤海区域,包括河北、辽宁、山东、山西四省和北京、天津两个直辖市。

大环渤海区域在我国经济发展中所具有的整体优势有以下几点:首先,工业基础雄厚、交通运输发达,钢铁工业、石油加工和石油化学工业,海洋化学工业、机械电子工业、建材工业和轻纺工业都很发达。论交通、它是我国华北、东北各省和西北部省份进入太平洋、走向世界最便捷的海上门户，同时，也是山西、陕北和内蒙西部能源基地外运通道，全国东中部南北运输通道，是我国铁路网、公路网、航空网、通信网的中枢和海上航运的重心。第二，科学研究和技术开发力量强，综合科技实力居全国第一，是全国科技文化中心。第三，国家建设急需的多种自然资源在全国占有重要地位。第四，旅游资源丰富多彩，第五，利用外资、对外开放发展迅速，已逐步形成了包括天津、大连、青岛及18个地级市，57个县（市）在内的不同层次的沿海开放区。

大环渤海区域的组建与联合势在必行，应该迅速行动起来，抓住难得的机遇，突破计划经济的旧体制，按市场经济的运行规律，组合力量，搞好环渤海区域的联合与发展。一是，加速扩大联合，实施全方位开放的沿海发展战略，南联北开，带动中西部，面向东北亚、组建国际贸易大通道，开拓国际大流通，大规模地外引内联，嫁接国内外产业，发展双向展开的跨国合作；二是，以环渤海地区各港口为依托，把加工城市和内地资源优势结合起来、发展外向型经济并以组建金融性的"环渤海区域经济联合发展股份公司"为突破口，提高环渤海地区的凝聚力；三是，以名优产品为龙头，发展跨地区的企业集团，谁有优势，谁当龙头，形成发挥优势的企业层体，提高开拓两个市场的竞争力；四是，以三线（京广、胶济、沈大）、五港（天津、大连、青岛、秦皇岛、烟台）为主体，发展水陆联合协作，提高环渤地区联结内外、辐射全国、服务全国的能力。（《环渤海区域联合需要战略升级》，《环渤海经济瞭望》1993年第2期）

（刘 楷）

农业保护问题

一、农业保护的涵义

蔡昉认为，"所谓农业保护政策一般指政府为了把一国农产品价格维持在一个高于国际市场价格的水平而采取的一系列外贸壁垒和价格、收入支持等干预手段。……使国内农产品价格的形成与国际市场农产品价格相脱节，这种政策体系可称作农业的扭曲政策。当执行这种扭曲政策是为了维持国内农产品价格高于国际市场价格，并通过使农业生产有利可图而保护农民收入时，这种扭曲政策则为农业保护政策"。（《论农业保护及其替代政策》，《农村经济与社会》1993年第2期）

李玉珠认为，"农业保护政策，本质上是一种产业政策，它强调一个国家在处理农业产业和其它产业的关系时，对农业这个基础产业部门，在政策上给予扶持和保护"。因此"农业保护政策的基本涵义可概括为：政府为了保证国民经济协调稳定发展、社会安定和良好生态环境，对农业所采取的一系列支持与保护政策的总称"。（《要保护，但要适度》，《中国农民》1993年第10—11期）

二、目前是否需要实行农业保护政策

第一种意见：需要实行农业保护政策。

有的人是从农业与国民经济增长的关系及借鉴发达国家的经验的角度来分析的。**程国强**认为，"90年代应实现由歧视农业向保护农业的政策转变"。其理论依据是：(1)农业作为工业化的母体能为经济增长作出巨大的资源贡献，如果农业萎缩，农产品供给短缺，也会导致工业化的停滞，使经济增长落入"李嘉图陷井"。我国工业化实践已充分地表明了这一规律：建国以来，我国国民经济已分别在1958—1963年、1969—1975年、1978—1981年及1985—1988年落入"李嘉图陷井"，每次均以国民经济的滑坡为高昂代价，政府不得不调头采取临时支持农业的应急措施。因此，要保持我国经济长期持续稳定的增长，就必须从根本上纠正过去资源倾斜配置的工业化偏好，实现工农业协调发展。(2)我国农业受自然条件冲击较大，每隔5—7年就有一个波动周期。如从1985—1988年农业停滞算起，1993年以后将很有可能出现新的一轮农业徘徊，如果对农业继续采取旧的资源配置形式，新的经济增长极有可能重新落入"李嘉图陷井"。显然，我们面临转变政策倾向的选择。(3)借鉴经济发展获得成功的国家和地区的经验。他们农业政策是在人均*GNP*超过300美元之后即开始转向保护农业，人均*GNP*达到1000美元时基本上完成政策转变。我国80年代初人均*GNP*就已超过300美元（1980年美元，下同），进入90年代，我国经济已相当于日本60年代初、韩国和台湾省70年代初(即农业政策开始由歧视转向保护时期)的发展水平。并且，自1978年以来，我国实际国民生产总值年平均增长率保持在9%的高速度，距人均1000美元的小康目标已为期不远。尽管农业为工业化贡献资源的历史还远未结束，但现在已到了该保护我国农业的时候了。（《农业保护与经济发展》，《经济研究》1993年第4期）

林后春还认为，发达国家实行农业保护政策确实起到了抑制土地的非农化的规模和速度，实是具有战略意义。（《对农业保护必要性的理论探讨》，《北京日报》1993年11月2日）

还有的人是从农业走向市场的角度来分析的。**张仁春**认为，“农业走向市场要求政府实行全方位保护政策”。其理论依据：一是由农业生产的特点所决定的。农业同其它产业部门相比具有明显特点或弱点：(1)农业生产受自然条件强烈制约，走向市场后，要冒自然和市场双重风险。(2)农业生产周期长，资金周转速度慢、效率低。(3)农业具有季节性，固定资产利用效率低，价值转移时间长，无形损耗大。(4)农业存在报酬递减规律。(5)农产品消费弹性小，总供给量的增减对社会影响大。(6)农业生产实现优质、高产、高效益一致性难度大，(7)农产品具有鲜活特点，销售不及时，将大幅降低经济效益，甚至造成亏本。上述特点决定了农业在市场竞争中与其它产业部门相比处于不利地位。如果政府不给予全方位保护，农业不仅不能重视高效益，且自身创造的价值也会在市场交换中大量流失，农业萎缩不可避免。二是由农业基础地位决定的。农业是决定整个国民经济发展规模和速度的基础产业，也是关系国家安全和社会安定的特殊部门。在市场经济条件下，价值规律对农业既具有调节供求、满足社会多种需要的积极作用，也会产生不利因素，有可能使主要农产品出现较大波动，对经济发展和社会安定造成重大影响。因此，政府必须对其实行全方位优惠政策，巩固农业的基础地位。三是我国农业发展现状的迫切要求。(1)农业物质技术基础落后，同其它产业相比差距大。(2)农业经营规模小，不易发挥规模效益。(3)农业剩余劳动力多，自身消化困难。农业的现状决定了农业无力同其它产业竞争。因此，政府必须对农业实行特殊的保护和扶持政策。四是当今发达国家对农业保护越来越强，农业补贴日甚一日，充分证明了对农业实行特殊政策的必要性。（《农业走向市场要求政府实行全方位保护政策》，《农业经济问题》1993年第10期）

第二种意见：要保护，但要适度。

李玉珠认为，在市场经济下，资源配置由市场来调节，但绝不是政府对农业可以不加任何干预和保护。因为：一是农业作为国民经济的基础产业部门，具有本身独特的弱点：(1)农业生产中，资金的周转速度慢，直接经济效益：劳动所得、利润率、资金积累和扩大再生产的能力都比较低。投资于农业的土地、资金和劳动力，往往得不到平均利润率和平均劳动报酬，从而引起土地、资金和劳动力的大量外流。(2)农业生产依赖的条件，常常是投资大、时间长、涉及面广，且许多带有公共利用性质，个别生产者、生产单位甚至生产地区往往承担不起或不愿承担。(3)农产品需求相对稳定，但受自然条件影响，供给稳定性极差。农民要承担自然和市场双重风险。(4)市场经济下，农民追求利润最大化，极易产生短期掠夺式经营，从而造成农业公共资源的减少及生态环境的破坏。二是我国是有11亿人口的大国，在未来相当长时期内，对农产品需求呈刚性增长。因此，农业的稳定协调发展是事关国计民生的重大问题。从当前和今后很长时期看，对农业的保护，特别是对主要农产品的保护，不仅是必要的，而且是可能的。还认为，国家对农业稳定和农业贸易条件的保护，既有所得，也有所费。关键是保护要适度。注意防止保护过度。为使保护适度，应把握以下三点：(1)对农业的保护，不是取代市场或否定市场的作用，而主要是在发挥市场作用的基础上，弥补其不足，修正其失灵的倾向，实现农业稳定发展。(2)要以保证农产品的供求平衡为主要目标。(3)既保护生产者和消费者利益免受市场价格突然大幅波动的影响，又使其不脱离市场变动的基本趋势，政府必须把握农业发展目标和实际情况，灵活地采取保护措施。（《要保护，但要适度》，《中国农民》1993年第10—11期）

第三种意见：我国经济发展尚未达到对农业实施保护政策的阶段。政府目前不宜采行农业保护政策。

冯海发、**李薇**认为，“我国的经济发展尚未达到对农业实施保护的水平和阶段，目前的发展政策转换不是由农业挤压取向转向农业保护取向，而是由农业挤压取向转向农业平等取向，再由农业平等取向转向农业保护取向”。其根据是：(1)经济发展“三阶段理论”表明，农业保护只存在于经济成熟阶段。根据他们研究的工农业相互关系演化规律，从工业化角度确立的经济发展“三阶段理论”，政府的发展政策应与工农业相互关系变化所引起的农业扮演角色的有序变化相适应，在经济成长的不同阶段，发展政策应有不同取向。第一阶段，工业化初始时期，政策取向应是“农业挤压”，即从农业中调动剩余于工业。第二阶段，工业化中级时期，应是农业平等”，即工业化不再从农业中汲取剩余，农业剩余基本上全部用于农业自身发展，工农业的贸易条件由不利于农业转向农业与工业平等。第三阶段，工业化成熟时期，应是农业保护”，即从工业中调动剩余于农业。这一阶段，一则工业成长已趋于成熟，有了补贴农业的基础。二则工业化推进所致的农业调整问题突出，任凭市场机制自行解决，农民利益会受损。因此，政府的农业保护政策成为这一阶段发展政策的基本取向。(2)经济发展成熟阶段应具有的结构性特征是：①农业在国民经济中相对地位下降，在国民生产总值结构中，农业份额已降到15%以下；在工农业增加值结构中，工农业份额的比例大约为80%：

20%。②农业部门的劳动力人数在社会总就业人数中所占比重已下降到30%以下。③城市人口在全国人口中所占比重已上升到50%以上。④人均收入达到较高水平，人均国民生产总值按1980年美元计算基本达到2000美元。我国目前尚未达到对农业实施保护的水平。统计表明，1991年我国农业在国民生产总值中所占份额为27%，工业与农业的生产值比例数为60%：40%；农业劳动力人数在社会总就业人数中所占比重为60%；城市人口在全国总人口中所占比例不足30%；人均*GNP*为1725元人民币，按官方汇率折合尚不及350美元。(3)农业保护政策的超前实施，对我国经济发展极为不利。①它会制约我国工业化向更高水平发展。由于工业产品成本中人工费用仍占很大份额，食品价格的上升通过影响人工费用影响总成本水平，进而影响工业产品在国际市场上的竞争能力、工业部门的资金积累和扩张，最终影响工业化水平、效率和速度。②它会延缓我国农业的结构变革和现代化进程。在农业就业份额和农村人口份额都很大的情况下，对农业超前保护，使城乡居民收入差距超前缩小，必然会减小农业剩余劳动力向非农业部门转移的内在动力，从而延缓我国农业的技术改造、规模扩大、农村人口城市化等诸多结构调整和现代化进程。③它会削弱政府对宏观经济的调控能力。在城市居民生活消费的恩格尔系数仍然很高的情况下，消费者对价格的较低承受能力会使价格缺口形成的农业保护费用主要转化为政府的财政负担，这无凝会削弱政府对宏观经济的调控能力。总之，在我国经济发展尚未进入工业支援农业发展阶段的情况下，对农业的超前保护只会损害我国经济。因此，政府目前不能采行农业保护政策。由于目前我国的经济发展正处于农业与工业平等发展的第二阶段，所以，正确的政策取向应是：实行农业与工业平等发展政策。(《论经济发展过程中的农业保护问题》，《农村经济与社会》1994年第1期)

第四种意见：主张放弃农业保护政策，选择替代政策——农产品贸易自由化政策。

蔡昉认为，多国经验表明，实行农业保护政策，人为地把国内农产品价格维持在高于国际市场的水平，会加重消费者和纳税人的负担；造成一个低效率、难以自立的农业经济，并阻碍产业结构变化；加重政府财政负担，妨碍政府经济职能的转换；扭曲了产品和要素的价格从而扭曲资源配置的信号；产生既得利益集团，成为经济发展过程中制度变革的障碍。显然，实行农业保护政策同实行农业剥夺政策一样都是扭曲的政策。它既是一种代价颇高的政策取向，对于国家福利也是一种净损失；同时又是一种缘木求鱼式的政策取向，并无助于农民收入的增加。在我国农业比较优势趋于丧失、农业相对收益下降的目前阶段，应避免错误的政策选择。从历史上看，以比较优势原则为理论依据的贸易自由化，从来是贸易保护主义的天然替代物。因此，选择替代农业保护政策的新的政策支点，应该从比较优势原则出发。还认为，在经济发展到农业比较优势下降乃至丧失的关头，如果政府不是选择对农业进行保护而是选择实行农业自由贸易来规避本国劣势，通常会产生与保护政策截然不同的经济流程。无论初始的国内农产品价格是否高于国际市场，都可能引起农产品的进口，从而通过资源转移实现生产结构的调整。这种调整过程，首先是一国利用国际贸易获得福利收益的过程；其次是产业结构优化，；实现现代经济增长的过程；第三是农民追求资源边际报酬最大化的过程。农民可通过实行符合比较优势的专业化生产增加收入。因此，我国利用国际贸易发挥比较优势，可按照资源比较优势和国际竞争实力实行出口替代；根据要素禀赋和产品特征加快农业生产结构调整；根据区域特点实行地区农业生产的专业化和产业分工。这种利用比较优势增加国家总福利和改善农民收入的政策取向，要求放弃对农业实行保护的政策意向，按着市场经济的规律和开放经济的特征重建我国的农业经济。(《论农业保护及其替代政策》，《农村经济与社会》1993年第2期)

有人不同意上述观点。李玉珠认为，农产品贸易自由化确实可以从世界的整体上提高经济效益和福利水平，但这仅是问题的一个方面。另一方面，还有许多因素限制着国际农产品贸易自由化的发展。基本因素有二：(1)经济利益关系是决定各国利用比较优势和采取国际农产品贸易政策的经济背景。国际农产品贸易自由化所带来的各国农业的调整，尽管会增加世界整体福利，但其利益在各国的分配并不均衡，其结果必然是一部分国家受益，另一部分国家利益受损。因此，能够受益的国家就主张贸易自由化；相反，则主张国际农产品贸易保护，阻碍和延缓国际农产品贸易的自由化。(2)国际农产品贸易自由化难于实现不同国家的不同的社会政治目标。贸易自由化只是为达到一定经济目标的手段。各国在社会经济发展中，不仅有经济目标，还有自己的收入分配、食物供给保障和社会稳定等社会政治目标，单靠贸易自由化很难实现上述社会政治目标。我国农产品国际贸易的策略选择，只能是一方面适应国际农产品贸易自由化的潮流，逐步有选择地放开国内农产品市场，另一方面对某些关系国计民生的重要农产品，给予适度的保护。(《要保护，但要适度》，《中国农民》1993年第10—11期)

林后春认为，首先，经济史没有证明过高的农产品价格会不利于农业劳动力的转移和产业结构的调整这一论断。这不仅是因为在发达国家内部存在着一种促进和鼓励农民离开农业和土地的机制，而且也由于城乡社会福利的差异吸引和诱使农民不断地、大规模地涌入城市，以至出现过度城市化和农业后继无人的问题。当农民在农业保护条件下获得的总福利或总收益低于他在城市或社会其他部门中的预期总收益时，他仍有可能离开农业部门。而实际情况也正是如此。我们即使实行农业保护政策，也不可能一下就填平工农业收入差额，而只能是缓和或缩小这种收入差额。其次，国际农产品贸易自由化的政策主张是不可行的。第一，在农产品国际贸易保护主义盛行并呈刚性的情况下，要求发达国家首先取消贸易保护主义其前景不容乐观。第二即使实现了农产品全球贸易自由化，我们也不能完全按自然资源禀赋和比较优势来配置生产要素。（《对农业保护必要性的理论探讨》，《北京日报》1993年11月2日）

（王慧敏）

中央与地方的经济关系

一、经济利益关系

魏后凯认为，区域利益和国家利益都具有一定的相对独立性，二者之间的关系并不是一种简单的部分与整体的关系，而是一种相互耦合与协调的关系。首先，区域利益与国家利益的主体不一样。区域利益的主体是区内全体居民，国家利益的主体是全体国民。由于地方政府和中央政府各自作为维护区域利益和国家利益的全权代表，因而二者的经济决策与行为有一定差异。地方政府的经济决策与行为，在贯彻中央宏观政策，不违背国家利益的大前提下，主要考虑的是本地区而不是其他地区或者全国的利益；而中央政府的经济决策与行为，考虑的主要是国家利益和区域利益的协调，而不是某一部分地区的利益。中央政府从全国整体利益的角度出发，通过法律和规章制度规定各地方政府的活动空间，但如果要求各地方政府与中央政府一样，完全站在国家的角度进行经济决策也是不现实的。其次，国家利益是区域利益的有机耦合而不是简单相加。区域利益的实现是获取国家利益的前提和基础，没有区域利益就无从实现国家利益。但是，区域利益只是实现国家利益的必要条件而并非充分条件。即使完全获取了区域利益，也不一定能充分保证国家利益的实现。因此，实现国家利益要以尊重区域利益为前提和基础，而实现区域利益又要考虑到国家利益，二者必须同进兼顾，不可偏废。此外，区域利益和国家利益之间存在着矛盾，二者需要相互协调。（《论区域经济利益及其协调机制》，《经济纵横》1993年第1期）

张可云也认为，中央政府不能无视企业与地方经济利益的客观存在。中央政府应以规划、服务、监督、法规等而不是单一的行政干预作为谋求国家利益的手段。同时，地方经济利益不能恶性膨胀。地方应在国民经济利益最优的框架内寻求自身利益，不能以干预企业内部经营或牺牲其他地区利益为谋利手段。（《中国区域经济调控体系研究》，《学术研究》1993年第1期）

曹茉莉、胡长青则认为，地方政府作为市场调控的主体，具有自己独立的利益要求。首先，地方政府是公有资产最终所有者的成员。只要这种所有者身份存在，不管市场经济发展到什么程度，也不管这些公有企业采取何种方式经营，地方政府总会关心这些资产的运动及增殖，并要求这种运动和增殖不能损害自己的利益。其次，地方政府必须对所辖地区的经济稳定增长、人民生活水平的不断提高、社会环境改善及充分就业等问题负责，并通过主要从本地区取得财政收入来满足自身运转和社会所提出的需要，还要为本地区的经济发展提供基础设施和其他服务。再次，在宏观经济总体格局中，地方政府总是代表本地区的整体利益，作为独立的或相对独立的利益主体与其他地区和中央政府发生经济关系，从而也决定了各级地方政府的经济职能具有一定的独立性。因此，否认地方政府存在自身独立的经济利益，并认为地方利益是导致“诸侯经济”的根本原因，这是失之偏颇的。（《我国市场经济体制形成时期地方政府的经济功能》，《南开经济研究》1993年第3期）

二、经济权限的划分

王爱文等认为，过去十几年的“放权让利”为主的改革，虽然具有显著的正面效应，增进了市场的发育，加快了经济的发展。但它确实也带来了一些严重的负面效应，造成对改革与发展的危害。一是造成经济秩序的混乱和市场的分割；二是损害了国家的长远利益；三是资源不能按照优化原则配置。为此，必须摒弃这种单纯“放权让利”的做法，按照“双向运动”的原则，实行权力下放与上收的有机协调与结合。具体地说，就是要围绕“块块”的权力做文章，把地方截留的企业自主权交给企业，把下放得过了头的权与利收归中央。一句话，该下放的就得下放，该集中的还得集中。（《政府职能转换中权力下放与上收的双向运动》，《南开经济研究》1993 年第 3 期）

张启聪认为，中央和地方应分层担负起协调经济发展的任务，以使资源在全社会范围内得以合理有效的配置。中央负责协调整个国民经济，维护全国统一市场，地方负责区域经济的协调发展。在市场经济条件下，在加强中央统一领导的同时，应该充分发挥地方分级管理的作用，扩大地方财权。中央财政侧重承担全国性交通、邮电、能源、大江大河治理、原材料工业、全国性自然资源和环境保护、全国性重点教育和重大基础科研事业的投资。地方财政侧重承担地区教育、科研、城镇住宅、公用事业、基础设施以及区域性交通、邮电、能源、农田水利和原材料工业的投资。（《社会主义市场经济的中央与地方财政之关系》，《财政研究》1993 年第 12 期）

韦伟认为，在社会主义市场经济条件下，中央与地方权责关系的重建必须遵循单一制、加强中央宏观调控、讲求效率和事权与财权相对应四项原则。按照这四项原则，中央政府的主要职责是保证和维护国家的独立和安全，保障农民的基本权利，促进国家政治、经济、社会的整体协调和稳定发展。在经济管理方面，主要负责涉及全国的资源、基础设施的开发建设、管理和保护，掌握对经济的宏观调控权、对国有资产的管理权等。地方政府的主要职责是保证中央政令畅通，贯彻执行中央政府的一系列宏观调控政策，确定一定时期内本地区经济、科技、社会事业的重点，制定适合本地区实际的地区政策并予以监督，将本地区执行中央政策的情况和问题及时反馈中央，负责协调区域内基层地方政府之间的行政、经济、社会关系，兴办由单个基层地方政府难以独立承办的公用事业。（《中央与地方权责关系的重建》，《经济研究》1993 年第 9 期）

三、地方保护主义问题

陈甬军认为，从根本上说，以市场封锁为特征的地方保护主义是反“市场”的。我国地区间市场封锁，是在经济发展和改革中，地区经济利益矛盾和市场容量增长波动的综合反映，也是流通发展和市场发育滞后的一个直接后果。其中利益矛盾冲突是产生的基础，市场容量增长波动是引致的诱因，流通发展滞后是发展的条件，这三者构成了市场封锁生成的三大主导因素。但从具体产品观察，农产品和工业品这两大类产品在市场封锁中的表现形态和地方政府采取的措施是不同的，它们各有其特殊的生成机制和运动规律。（《农产品与工业品市场封锁的生成机制比较》，《经济研究》1993 年第 7 期）目前，我国正在推行的分税制将有助于打破地区封锁，但并不能完全消除地区封锁。首先，现行的分税制实际上还是与包干制结合在一起的。1992 年在 9 省区市试行的分税制办法，实际上是一种“分税＋包干”的体制，或者说是“分税制的身子，包干制的腿”。这个体制就决定了在调动地方增收积极性的同时，地方政府仍受包干办法所决定的利益机制驱动，要抓自己一块的税收收入，包括固定收入和共享收入。特别是地方企业的所得税纳入地方固定收入，尽管税率降低，但联系程度更紧密。其次，公有制企业与政府的分配关系不仅表现在税收分配上，更主要的是表现在利润分配上。分税制直接解决了中央与地方的财政关系，间接调整了地区之间的经济利益关系，但并没有也不可能解决国家与企业在利润分配上的规范化问题。因为在企业交税和还货之后所形成的纯利润，仍须以各种不同方式和比例上交给公有产权的代表——各级政府，并构成各级政府财政收入的重要部分。这样，政府与企业的经济利益联系纽带依然存在。在这种利益纽带牵动下，政府关注企业，企业盯住政府是合乎逻辑的行为。因此，在市场急剧变动，以致严重影响地方的税收收入以及企业收入和盈利时，仍然会再采取市场封锁或类似市场封锁的措施。要消除地区封锁，关键是调整公有产权关系，实行政企分离和政府职能分离。（《实现国内市场从封锁到开放的若干对策探讨》，《财贸经济》1993 年第 4 期）

张启聪认为，近年来出现的地方保护主义是经济发展必然经历的过程而不是分权所致，只要存在地区差异，这一现象就会或强或弱地表现出来。消除这种差异的根本出路不是回到集权的老路，而是加快市场发育，提高市场的发育程度。因为市场力量弱小，地方才能够以调控主体的权力分割市场，以保护本地方的利益。（《社会主义市场经济的中央与地方财政之关系》，《财政研究》1993 年第 12 期）张冀湘也认为，目前某些地区采取行政手段实施地方保护主义政策，其原因是多方面的，但恰恰不是因为实行了国有资产分级所有导致的。地方政府实施保护主义政策主要不是凭借其产权管理手段，而是其他社会经济管理手段。因此，地方政府是否拥有企业财产所有权，并不是影响当今我国经济、政治统一性的主要因素。（《关于地方政府企业产权若干问题的探讨》，《经济研究》1993 年第 7 期）

魏后凯则认为，从前几年的情况看，各地采取的保护措施主要包括贸易保护和产业保护两个方面。虽然二者都是为了保护本地区产业的发展，但其作用的环节是不相同的。前者主要作用在流通环节，后者则主要作用在生产环节。显然，地方贸易保护是一种反商品经济的行为，它违背了商品经济的一般原则，因而应该严格禁止，坚决取缔。至于地方产业保护，则是有一定的合理性的。在符合国家产业政策和区域政策的前提下，地方政策在其职权范围内，对本地区那些具有动态比较优势的产业实行适度的保护政策，应该是合理的，也是中央政府所允许的。(《论区域经济利益及其协调机制》,《经济纵横》1993年第1期)许兆广等也认为，在市场经济体制下并不完全排斥适度的地方保护，特别是经济欠发达县域对自己的名特优新产品，对一些有优势有潜力的企业有时必须采取必要行政手段、法律手段加以扶持、保护。但是保护不是无选择、无限度的，保护是为了开放，保护应寓于竞争之中，如果把发展经济的希望寄托在地方保护上，那将是南辕北辙。(《谈欠发达县域尽快走出地方保护主义的误区》,《经济管理》1993年第10期)

四、投资关系

黄志凌等认为，当前我国中央与地方的投资关系主要存在以下几方面的问题：第一，中央政府负责投资的范围过宽。中央负责的投资不仅包括关系国民经济全局的重大项目，特别是基础行业的重大建设，而且包括许多加工工业的建设项目、非骨干项目。第二，中央政府和地方政府的财力与各自承担的建设任务不相协调。中央政府现在拥有的财力难以承担其已有的投资任务。第三，中央对地方投资的支持缺乏规范，存在着一定程度的随机性。第四，中央参与地方投资或中央与地方联合投资缺乏一套完整、科学的管理制度。具体表现在：(1)许多地方倾向于多安排短、平、快的加工项目，而把本应由地方承担的基础设施项目尽量推给中央；(2)在中央与地方联合投资建设中，有许多都属于地方的“钓鱼项目”；(3)中央与地方联合投资项目建成后，中央投资的回收缺乏保证；(4)中央与地方联合投资项目产权的归属问题尚未得到解决；(5)中央对地方投资活动干预过多与调控不力的现象并存。(《我国宏观经济调控机制与体制研究》,《改革》1993年第2期)

五、金融关系

在西方发达国家，联邦政府通过中央银行调控国民经济运行，地方政府无金融调控权。**葛华勇**等人则认为，在我国目前条件下的金融宏观调控必须是分层次的调控。首先，从金融宏观调控的目标看，国家金融宏观调控主体能够根据其对宏观经济的判断，对货币政策的总量目标做出规定，但很难对差别较大的各地结构指标做出具体量化。这些结构指标还必须由区域金融依据总的定性规定来具体量化。其次，从货币政策工具和手段看，由于统一的货币政策工具在一定时期内难以实现货币政策的结构指标，而且实际执行当中“一刀切”的做法给不同发展程度、不同发展时期的地区经济带来了不必要的震荡。因此，分层次的调控是必要的，也就是说区域金融在一定范围内和一定程度上具有自主操作的货币政策工具与手段。(《关于区域金融宏观调控问题的研究》,《中州学刊》1993年第6期)

(魏后凯)

利率市场化问题

随着我国市场经济体制改革向纵深推进，国有专业银行向商业银行的转化已迫在眉睫，“利率市场化”作为我国金融改革的取向与长远目标之一，不可回避地成为了经济、金融界探讨及涉及的热点问题。现将有代表性的观点综述如下。

一、利率市场化的内涵

金家宝等认为，利率市场化是指利率的高低主要由市场供求关系确定。市场上资金供小于求，利率就会上扬，市场上资金供大于求，利率就会下调，市场调节的成份越高，表明利率市场化的程度越强。与利率管制相比较，利率市场化强调市场在资金配置中的主导作用，强调遵循价值规律，真实地反映资金成本与供求关系，实现等价交换，因此是一种比较理性、符合现实需要的作法，它有助于活跃市场，推动社会公平竞争，提高资金运作效益，从而实现资源的合理流动与优化配置。(《社会主义市场经济与利率市场化》,《武汉金融高等专科学校学报》1993年第2期)

陈志弘认为从方法论出发研究利率市场化，利率市场化实质上是一个利率自由化的过程，它指中央银行缓和或消除对于金融机构存款及放款利率的管制状态，由金融机构结合资金供求状况，自由决定利率。事实上，这绝非绝对化的自由利率，而是尽量结合市场资金供求的实际情形，并加上中央银行的宏观调控(如规定存、放款利率的上下限)，使各种利率形成一个弹性变动的利率体系。(《我国利率市场化问题探析》,《黑龙江金融职工学院学报》1993年第4期)

白效锋认为利率市场化的完整含义应该是：金融机构同储户和借款人之间的利率由市场形成，中央银行必须也能够通过再贴现率的灵活运用来间接控制市场利率的走势。当市场利率水平偏高时，说明资金市场上供不应求，此时中央银行可以通过调低再贴现率来增加对金融机构的再贷款，最终增加市场上资金供给量，抑制市场利率水平，反之则相反。（《从美国利率管理体制的历史变迁谈我国利率管理体制的现状与出路》，《金融理论与实践》1993年第7期）

刘永功认为金融理论界所提的利率市场化，应有严格的理论界定：即利率市场化是利率管理体制改革的一个趋势，是国家商业银行的利率确定逐步加大市场确定的比重，最后过渡到全部由商业银行自主决定，即西方的利率自由化。（《利率市场化之我见》，《四川国际金融》1993年第7期）

许家富等认为，利率市场化是以通过市场发挥作用的间接金融管理手段取代以靠行政力量确定利率的方式。利率市场化不是利率完全或全部由市场决定，而是在国家一定的控制和行政干预下，依据市场各经济因素自动调节和自我调整。因此，利率市场化就是国家控制基准利率、以差别利率体系作为其操作方式和表现手段、其它利率基本放开由市场决定的一种新型市场化的利率机制；是在整个社会资金的运动过程中形成的一个相对独立的、以基准利率为核心、以差别利率体系为主体，多层次、充分体现和反映社会主义市场经济特点及要求，以价值规律的自发调节为主，能灵活调节货币供给；既具有国家宏观调节的功能，又具有市场自我调节功能的利率控制反馈运动系统。（《90年代中国深化金融体制改革的一个现实抉择》《金融科学——中国金融学院学报》1993年第4期）

人民银行四川省分行课题组认为银行信贷利率市场化，或者说银行利率决定的市场化，包括两层含义。一是银行存贷款利率的水平其变化能影响资金的供求和储蓄、消费的关系。二是银行利率差别结构要能体现出不同的资金来源和运用在“流动性、安全性、收益性”上的差异，体现出与其它金融工具利率（或收益）在这“三性”上的差别。（《逐步实现银行信贷利率的市场化》，《四川金融》1993年第12期）

二、实现利率市场化的条件

普遍认为目前尚不具备实现利率市场化的条件。应必备的条件如下：

李正兴等认为：(1)中央银行要放开利率的刚性管制，实行以间接调控为主的软性管理，让专业银行拥有更多的利率自主权。(2)企业作为资金运作的载体必须真正走向市场，以获取最大效益为目标，成为经济生活中名副其实的利益主体，对资金和利率能产生灵敏的反应。(3)建立开放的金融市场，开展有序的同业竞争，让利率以金融市场为依托，让同业竞争成为利率趋衡的杠杆，但必须依靠严肃的法制来加以规范和保障。（《略谈利率市场化的必要条件》，《安徽城市金融》1993年第8期）

周建认为实现利率市场化的必备条件是：社会主义市场经济体制基本确立；价格体系业已理顺；专业银行向商业银行转化取得实质性成果；中央银行间接调控体系基本完善。商业银行存贷款利率完全与市场资金供求关系和贷款的期限、风险度挂钩。至于政策性业务，则完全从商业银行分离出去，由政策性银行按照政策性银行那套经营原则去组织经营。（《论利率市场化》《重庆金融》1993年第11期）

刘永功认为利率市场化实现的主要条件还应有：(1)充裕的资金；(2)平等的竞争环境；(3)素质较高的员工队伍。（《利率市场化之我见》，《四川国际金融》1993年第7期）

三、实现利率市场化的障碍

利率市场化作为我国金融改革的方向，在现阶段还存在许多阻力，主要的影响因素有：

向德旭认为，在我国不可能完全实行市场利率，甚至在一定时期内还不能把它作为利率的主要形式。因为，(1)我国实行的是社会主义市场经济，市场利率还必须在一定程度上受到计划的制约，以便克服其自发性和盲目性；(2)在目前新旧体制转轨时期，矛盾和摩擦剧烈，经济杠杆的运用不够灵敏，新的宏观控制机制刚刚建立，也难以有效地发挥作用；(3)目前一些基本的经济关系尚未理顺；(4)价格机制扭曲，市场信号失真；(5)资金市场尚在发育之中，市场机制很不健全；(6)作为资金市场主体的工商企业预算约束软化，专业银行也尚未企业化；(7)资金短缺将是一个长期面临的现实，放开利率有可能引起整个利率水平的大幅度上升。（《重塑市场化的利率机制》，《金融理论与实践》1993年第6期）

罗春林等认为利率市场化的困境与障碍有以下几点：(1)资金缺口和资金的非商品化；(2)市场化的利率结构无助于产业结构的优化和调整；(3)企业难以承受和消化市场化的高利率；(4)分割市场的信贷资金管理体制；(5)银行商业化尚需时间；(6)规模狭小的国债市场无力导向市场利率；(7)僵化的利率管理体制和乏力的金融宏观调控；(8)股票的成长阶段需要低利率环境（《利率市场化的困境与障碍》，《深圳金融》1993年第4期）

孙明春认为：如果放开利率，资金供需的巨大缺口必然导致极高的利率，很可能造成经济秩序的极度混乱。而且，我国企业的产权不明和经营机制不健全造成的投资对利率的低弹性也会加剧利率的飞涨。（《人民

币利率市场化问题初探》,《金融研究》1993年第11期)

金家宝等认为从目前看:(1)利率市场化缺乏坚实的市场基础。成熟的市场需要具备四个方面的特征。一是市场主体的专业化和自主化;二是市场客体的社会化和统一化;三是市场运行的规范化与可控化;四是市场信息的灵敏化和有序化。我国目前市场的发育状况,离这些标志还相距很远。(2)利率管制及观念根深蒂固。从某种意义上讲,我国能否实现利率放开,最大的困难不在于市场体系的不完善,也不在于体制上的严重束缚,关键在于我们能否革新传统的、习惯的与保守的观念,真正认识到利率市场化对推动金融业发展所具有的革命性的意义。观念上一旦真正取得突破,管制性利率就会解放成为市场型利率。(《社会主义市场经济与利率市场化》,《武汉金融高等专科学校学报》1993年第2期)

四、利率市场化的实施思路

从我国实际情况出发,利率市场化改革不可能一蹴而就,只能采取循序渐近的方式慎重进行,这点在学术讨论中基本上达到了共识,但也有一种观点认为:利率市场化改革可"一步到位",即撤消自上而下的利率行政管理机构,取消对利率的行政控制,金融机构利率全面放开,利率档次由金融机构根据市场需求自行确定,利率随行就市,自由竞价。(《利率改革面面观》,《重庆金融》1993年第11期)

认为利率市场化应逐步进行的人提出了如下的改革思路。

人民银行四川省分行课题组认为,在今后一段时期内,银行利率市场化改革目标是建立和完善有管制的弹性利率制度,其后,随着我国经济发展、积累的增加、资金供求缺口的缩小,逐步放松管理,增加银行利率管理的弹性,直至取消管制,实现银行利率的市场化。建议:(1)逐步提高银行信贷利率水平,反映价值规律和资金供求关系。(2)逐步放宽利率管理,扩大商业银行的利率决定权限。①实行有一定管制的弹性利率制度。②实行利率部分自由化制度。③实行利率自由化制度。(3)健全金融法规,加强利率管理。(4)加强对利率的调查和研究工作。(5)协调配套运用各种经济杠杆。(《逐步实现银行信贷利率的市场化》,《四川金融》1993年第12期)

陈志弘则结合我国的实际情况,提出一个可供选择的利率体系——中央银行基准利率控制下的市场利率调控体系。在这个体系中,中央银行的基准利率制约着市场利率,即基准利率→中央银行对专业银行再贷款利率(中间传导目标)→专业银行在资金市场上运用时利率(市场利率);反过来,市场利率反弹于基准利率,即市场资金供求状况→市场利率→基准利率。基准利率与市场利率相互影响,相互作用,其作用结果使利率发生杠杆功能,这就是我国利率市场化改革的目标。(《我国利率市场化问题探析》,《黑龙江金融职工学院学报》1993年第4期)

金家宝等认为我国利率改革可分为三个阶段:(1)管制型利率阶段。这国目前虽然在利率管制上有所放宽,但仍处于这一阶段。(2)管理性利率与市场性利率并存阶段。在这一阶段,中央银行一是要改革自身再贷款利率政策,改变目前再贷款利率远远低于专业银行贷款利率的现状,使再贷款利率基本接近或反映市场利率。二是要继续缩小管制性利率的比重,使其面向市场,自主确定价格。三是要逐步发展公开市场业务,充分运用再贷款利率调控经济金融运行,防止金融机构利率过低或过高,造成经济出现过热或经济衰退,避免社会震荡。四是积极创造条件,使国家重点保护的产业、产品、项目乃至区域面向市场,为向利率市场化过渡创造条件。(3)利率全面市场化阶段。在这一阶段,随着全国统一大市场的形成,现代运行机制的确立,利率将完全由市场自发确定,利率市场化的目标也就达到了。中央银行在利率问题上,所要做的工作就是对市场信息作出迅速反映,并根据经济发展的需要,正确制定并及时调整自身再贴现利率,有效调节社会资金运行。(《社会主义市场经济与利率市场化》,《武汉金融高等专科学校学报》1993年第2期)

向德旭认为,根据现实情况可将一定范围内的资金供应实行市场利率,并使利息支出与各方面的利益挂起钩来。就目前情况看,各家专业银行和其它金融机构之间的资金同业拆借利率、民间借贷利率以及商业票据贴现利率等要适当放开,由借贷双方直接议定。(《重塑市场化的利率机制》,《金融理论与实践》1993年第6期)

许家富、**李琦峰**提出的思路是:(1)改革利率管制,放开利率统管,由中央银行的指令性控制向弹性控制转换。(2)制定和拉大利率差别,以差别利率的表现形式和操作方式反映利率市场化的要求。从长期发展趋势看,在今后相当长的一段时间内,我国银行逐步所要实行的利率市场化,必须是基准利率、差别利率和市场利率并存,所不同的是,三种利率在市场化的利率机制中的比重不同时期有所不同。今后,随着经济体制和金融体制改革的深化,市场机制的完善,差别利率的表现形式和操作方式将逐步被放弃和取消,最后走向国家一定控制下的随行就市、完全放开的市场利率。(3)按照市场金融的要求,健全经济主体的风险和利益机制,真正发挥利率的杠杆作用。(4)发展金融市场,为利率发挥对经济的调控功能创造良好的环境。(5)改善资金市场运行秩序，制定通用型的市场规则。(《90年代中国深化金融体制改革的一个现实抉择》，《金融科学》1993年第4期)

胡永庆等认为现阶段利率市场化的基本思路应是：管住存款利率，放活贷款利率，放开拆借利率，统筹其他利率。(《关于利率市场化两个理论问题的探讨》，《湖北金融调研》1993年第11期)

五、几个有关认识问题

有人认为利率需要市场化，但这只是一个目标，现阶段的利率管理仍然只能按“调放结合、先调后放”的思路进行。郑先炳认为这种思路的主要毛病表现在：(1)在利率管理权下放之前，利率调整权只可能掌握在国家手里，而长期的实践证明，这样做的效果并不好。(2)将利率水平从不合理的位置调整到合理的位置究竟需要多长时间，这是一个不太容易回答的问题，因为“合适的利率水平”本身只可能是一个动态的概念，它依不同的经济背景，不同的资金供求状况而不相同。这样，利率管理权的下放就会遥遥无期。(3)如果利率水平已经调整到了合适的位置，利率体系也理顺了，那么，利率管理体制的改革也就失去了其必要性和现实意义。(4)这种做法与国际潮流不相符，不利于我国加入世界经济一体化进程。(《中国金融产业应该摒弃的十大利率教条》(下)，《金融体制改革》1993年第6期)

一些人担心实行银行利率市场化后，会导致国家宏观失控。针对此问题**许家富**等认为，在市场经济体制下，银行自身经营不可避免地带有自利性和自发性。这种利率市场化条件下的银行经营缺陷，确实会给中央银行的宏观调控带来一定的困难。但是，一方面银行利率在调节经济上起着重要的微观作用，各专业银行掌握利率调整的这个调控手段，对建立社会主义市场经济有极大的促进作用；另一方面，由于银行利率微调经济的局限性，中央银行有能力采取有力的调控手段，按照市场经济运行的实际和国家发展经济的政策要求，调整和影响各专业银行决定利率的基础，从而达到控制银行信用量、引导资金流向、防止需求膨胀和结构失衡的宏观调控目标。只要中央银行把主要精力放到控制货币供应量上面来，管粗不管细，把一些矛盾下放到基层，让各类经济主体通过间接手段接受调控，是完全可以实现宏观上控得住，微观上放得活这个目的的。(《90年代中国深化金融体制改革的一个现实抉择》，《金融科学》1993年第4期)

针对利率市场化是不是自由化问题，**胡永庆**等指出：现在有一种倾向，利率市场化就是自由化。理由是：市场经济的发展和完善，客观上需要资金相配套，既然资金已经作为商品登上市场经济的大雅之堂，而体现资金价格的利率理所当然也应全面放开，完全由市场操纵和调节，随行就市，各取所需，实行无限制的自由交易。这种观点是片面的，利率市场化绝不是无管制的自由化。理由是：(1)利率高低根本上取决于社会平均利润水平；(2)利率处在社会经济、金融生活中的重要地位，决定了利率市场化不是自由化，放任自流必然造成混乱。(《关于利率市场化两个理论问题的探讨》，《湖北金融调研》1993年第11期)

有一种观点认为，利率市场化就是普遍提高利率水平，这会增加企业的负担，导致经济效益降低。**李健**、**徐毓蓉**不同意这种观点，理由是：利率市场化从总体上来讲，有利于降低资金成本，不可否认在某些特定条件下，利率水平可能上升，但随着市场机制的建立与完善，会在一定水平上稳定下来，并围绕资金供求而上下波动，有利于资金供求的动态平衡。有些人把利率市场化误解为单纯提高利率，这是我们宣传工作不够，道理未说清楚所致。(《银行利率市场化初探》《金融理论与实践》1993年第8期)

(金　菲)

外贸体制改革

适应社会主义市场经济要求，重构符合国际贸易规范的外贸体制新框架是93年的热点问题，许多论文在回顾外贸体制改革的基础上，提出了深化改革的各种构想。

一、外贸体制改革的目标

有人认为，目前以外贸企业承包经营制为特点的外贸企业经营机制已越来越不适应形势发展的需要，以专业外贸公司为主体的外贸企业体制面临日益严峻的挑战。面对90年代国内外的新形势，适应社会主义市场经济要求，重构外贸体制新框架，寻求制度创新的途径，是我国外贸体制改革的核心问题。新形势下我国外贸体制改革，应立足于获取国际分工利益和促进国内经济发展，核心是重构外贸的微观基础和制定宏观控制方法，造就一种具有自我调节能力、能及时灵活对动态比较利益作出正确反映的外贸运行机制。当前我国外贸体制改革的重点是深化企业内部改革，其关键是尽快实现经营机制的根本转变。转换旧的企业经营机制，重造高效、灵敏、富于活力、完全自负盈亏的新经营机制，是深化外贸体制改革的中心任务。外贸企业推行股制是众望所归，是外贸体制改革的大方向和战略选择（胡淑珍：《适应社会主义市场经济重构外贸体制新框架》，《经济学动态》1993年第1期）

二、重构外贸新体制的思路

这方面的文章比较多，概括起来有代表性的观点主要有以下三个方面：

1. 外贸企业必须从出口创汇为根本出发点转变为以经济利益为根本出发点。有人认为，长期以来，把出口创汇作为外贸企业的根本出发点，虽然在一定程度上保证了中央财政的外汇收入，但更暴露了许多弊端。(1) 以出口创汇作为外贸企业的根本出发点，是导致我国出口以量取胜、出口商品结构不合理的根本原因。外贸企业为了完成承包指标，必须争取多出口，因而没有在提高出口商品质量和优化出口商品结构上下功夫，极大地影响了外贸出口经济效益的提高。(2) 以出口创汇作为外贸企业的根本出发点是造成肥水外流、出口产品换汇额下降的直接原因。外贸企业为了完成创汇任务，在国内抬价抢购货源，造成出口成本上升和国际市场上多头竞销，互相搏杀，肥水外流，出口换汇额下降。结果，国内市场秩序混乱，国际市场上经过多年建立起来的销售网络被打乱。可见，以出口创汇作为外贸企业根本出发点是计划经济体制下的产物，不符合社会主义市场经济发展的要求。社会主义市场经济下的外贸企业首先是自主经营、自负盈亏、自我发展和自我约束的法人实体，这正是新型外贸体制的核心内容。只有把经济效益作为出发点，外贸企业才能由国家计划的执行者转变为商品出口的经营者，才能更自觉地面向市场，参与竞争，按照市场规律建立一整套经营管理机制，在竞争中求得发展和壮大。（王国卫等：《构筑市场经济条件下新型外贸体制的思考》，《财经研究》1993年第9期）

2. 外贸企业承包制使短期化行为日益明显，应大胆探索经营股份制。有人认为，我国外贸体制改革近几年取得很大成就，同时也存在一些亟待解决的问题。外贸经营承包制已经不能完全适应社会主义市场经济条件下外贸企业发展的要求，它已不能完成外贸企业经营机制的转换，外贸企业股份制是深化外贸体制改革的重要步骤。它的意义在于：(1) 有利于深化外贸体制改革，为整个外贸行业的生存和发展探索一条有效可行的企业组织模式。有利于理顺产权关系，可以解决外贸国有资产名为国家所有，实际无人负责，企业缺乏动力、压力和活力的问题。(2) 有利于外贸企业向实业化方向发展，解决发展实业缺乏资金的矛盾，通过兴办实业，取得稳定货源，提高合同履约率，提高企业信誉。(3)有利于外贸企业按照国际惯例进行经营和管理，实行国际化经营。(4)有利于国有外贸企业经营机制的转换，政府对企业的控制干预改为通过董事会、监事会进行监控，实现政企分开，企业自主权得到落实，以市场主体参与竞争，增强了企业活力。(5) 有利于国有外贸企业改善经营管理，提高经济效益。(6) 有利于贸工(农、技) 结合，通过定向募集法人股，使有实力的工业、农业、科技企业参股外贸企业，增强外贸企业在国际上的竞争实力。(7) 有利于加强国有资产的管理。(8)有利于外贸企业自我发展和壮大，外贸企业通过发行股票，迅速筹集大量社会资金，改变我国外贸企业的资金几乎完全依赖银行的局面。(9)有利于促进多种生产要素的流动和组合。(10) 有利于外贸企业行为的长期化，而企业短期行为是承包制最大的缺陷。(11) 有利于实现劳动者与生产资料的紧密结合，通过吸收本企业职工入股，增强职工主人翁意识，改变目前外贸国有企业分配关系，改变人才流失的状况。（刘山在：《深化外贸体制改革，搞好外贸企业股份制试点》，《国际商报》1993年5月23日）

3. 外贸体制应向符合国际贸易规范方向转变。有人认为，随着我国恢复“关贸总协定”缔约国地位，必然对我国进一步对开放和对外经贸发展产生巨大影响。这就要求作为关贸总协定成员国的对外贸易体制必须符合关贸总协定的规定和国际贸易规范。我国提出要建立社会主义市场经济体制，这在根本上是符合关贸总协定的总体要求的，也为我国对外贸易体制进一步朝着国际贸易规范的方向改革奠定了理论基础。但也应看到，我国现行的对外贸易体制与国际贸易的规范和关贸总协定的要求，在某些方面尚存在着一定的差距。主要表现在现行的进出口管理体制上，行政性审批和各种进出口许可证限制过多，对外贸经营范围限制过严；特别是进口管理体制长期以来采用以行政手段为主的管理方法，关税在进口管理体制中一直未起到主导作用；尤其是我国的外贸制度缺乏透明度等等。这些差距不仅不符合国际贸易规范的要求，而且也不符合社会主义市场经济发展的要求。因此，必须对现行的进出口体制进行必要的改革，建立一种符合国际贸易规范的新的外贸体制（袁文祺：《建立新型外贸体制的若干思考》，《国际商报》1993年4月3日）

（安晓枫）

外汇、外债问题

一、外汇管理体制问题

季崇威认为，外汇管理体制的改革应将现行的外汇留成额度制改为现汇留成制。为了预防现汇留成后的风险和解决外贸企业所需增加的人民币资金问题，建议适当扩大现已在深圳、海南和上海部分企业实行的外汇留成试点，在此之外，其余大部分地区的企业，可先实行有期限的结汇证制，将结汇证作为可以买卖和转让的票据，在调剂市场上流通，以加强外汇留成额度的流通性，促进全国统一的外汇市场的形成。建议尽快在上海(或北京)建立开放性的全国性的外汇调剂市场，全国各地外汇供需双方都可以通过银行或各地外汇调剂中心在该中央市场进行调剂，并以法律禁止各地方政府封锁外汇的调进调出。中央外汇市场的价格以电讯向全国及国外及时发布，作为各地外汇交易价格的准绳。总之，我国已有条件也有必要早日建立一个规范化的、全国统一的外汇市场，按市场机制来形成外汇的价格。(《改革外汇管理体制完善外汇市场》，《财贸经济》1993 年第 8 期)

关山认为，双重汇率应并轨，应开放外汇市场。在我国恢复关贸总协定缔约国地位和外贸体制大改革的背景下，双重汇率将会引发一系列的经济和法律纠纷，会受到日益强大的国际压力，双重汇率并轨已势在必行。这是使汇率对市场的变化做出灵活反应和建立高效率的公开外汇市场的前提。改革外汇管理体制有几个方案，第一，实行自由浮动汇率。这种汇率完全反映本币价值和供求关系，适应性强。第二，钉住汇率。鉴于我国对外支付大多数以美元计算，可以钉住美元实行固定汇率。第三，对浮动汇率实行上限管制，即对浮动汇率实行时限/比例管制。无论采取何种实施方式，均需重新核定换汇成本。开放外汇市场即是变外汇调剂市场为外汇交易市场，政企分家，使管理部门与市场经营脱钩，使企业自主经营、自负盈亏。在开放的外汇市场中，所有正当的外汇收支一律准入，外汇管理部门只保留制定管理法规的权力和检查的权力，不得对企业的正常经营进行干预，但对市场中的投机因素，可通过经济手段进行干预。(《对我国外汇管理体制改革的初步设想》，《管理世界》1993 年第 3 期)

黄健认为，应建立以中央银行为中心的外汇市场调控体系。中央银行对外汇市场外汇量的调控应具有灵活多样的措施和手段。中央银行自身必须掌握一定量的外汇，视市场供求进行吞吐，使供求达到平衡。因此，可考虑从留成中拿出一定比例的外汇作为中央银行的市场干预基金。同时，改革现行外汇留成的分配体制。现行留成分配是按中央、地方(计委)、企业(外贸公司)三级分配，这种“计划型”分配体制已不能适应当今“市场型”经济的发展。计委的外汇实际从事着场外交易，其执行的外汇价格和政策与调剂市场相违背，加剧了市场供求矛盾。因此，建议将计委留成部分的外汇统归中央银行，实行中央、出口供货企业、中央银行及外贸公司之间的比例分配留成体制，让创汇企业在外汇使用上有直接的灵活性和自济性。(《当前外汇市场价格上升的原因、影响及对策》，《中国城市金融》1993 年第 6 期)

毛晓威认为，深化外汇体制改革的核心，是建立起以市场为基础的外汇资源分配机制和以人民币汇率为中心的外汇调节机制。最终目标是建立规范的外汇市场，按照市场规律确立单一的人民币汇率制；健全中央银行间接调控外汇的职能，形成灵活有效的外汇宏观调控体系；基本取消行政性外汇直接管理，实现人民币自由兑换。实现这一目标意味着我国的外汇体制从部分管制型转入无管制型。为实现上述总目标，深化外汇体制改革要分五个步骤进行：(1)完善外汇市场，培育市场导向的汇率形成机制。(2)取消人民币汇率和外汇资金分配双轨制，实行单一汇率制并逐步形成以市场为基础的外汇资金配置体系。(3)逐步完善国家间接调控外汇的手段。(4)在国际收支经常项目，主要是商品贸易范围内，实现人民币自由兑换，相应地放松对非贸易收支和资本项目收支直接行政管理。(5)伴随新的外汇宏观调节体系的形成和外汇市场机制的确立，以及综合国力，特别是对外经济实力的增强，取消直接的行政性外汇管制，实现经营项目与资本项目范围的人民币自由兑换(《关于深化我国外汇体制改革的几点意见》，《管理世界》1993 年第 3 期)

汪涛认为，为了适应市场经济的发展，在外汇管理体制改革过程中应体现以下几个原则：(1)有利于市场经济体制的建立和市场经济的发展。(2)有利于国家对外汇的宏观调控和国际收支平衡。(3)有利外汇管理方式从直接管理为主向间接管理为主转变。(4)有利于实现人民币自由兑换。根据这些原则，应该逐步建立这样一种新的外汇管理体制，国家在制定外汇管理政策和法规、为居民和非居民确定一个比较宽松的自主经营的行为规范后，主要通过各种经济手段和经济扛杆来调节其行为，并辅之以必要的法律手段和外汇查处来保障国家外汇管理政策和法规的正确执行，从而达到在汇率稳定下的国际收支均衡和促进国民经济稳定发展的目的。具体来讲有这样一些调节方法：通过建立单一的人民币浮动汇率制来调节外贸进出口；通过干预外汇市场调节外汇供求关系；通过严格的资产负债管理调控金融机构外汇资金的规模和投向；通过外汇储存制度保障必要的国际储备。（《外汇管理体制改革的目标模式》，《金融研究》1993 年第 3 期）

二、外债规模问题

杨大楷认为，应适度扩大现有外债规模。最近世界银行提出了发展中国家债务规模的临界值，它是(1)债务余额与国民生产总值之比为 50%；(2) 债务余额与出口额之比为 27.5%；(3) 偿债额与出口额之比为 30%；(4) 利息支付额与出口额之比为 20%。在操作上：(1) 如果一国有三项指标超过临界值，则该国被定义为债务沉重。(2) 如果一国有三项指标达到临界值 60%，则被定义为债务负担适中。(3) 其他情况则被视为债务负担较轻。我国的各项指标值仅及世界银行标准的 1/4 左右，属于债务负担轻的国家。因此，倾向于适度扩大我国现有债务规模。因为：(1) 在战略发展态势上，我国正处于调整与改革并重的时期，经济结构的调整已牵涉到对能源、交通、通讯的大量投资，需大量的国外资金。(2) 从经济增长态势看，我国经济进入快速发展阶段，要素投入持续增加。(3) 对外融资正越来越成为国家宏观经济调节的重要手段。(4) 更为重要的是，据关键性指标显示，中国现有债务规模不是偏大而是偏小，近几年我国获得的优惠债比例逐年增高，这就加厚了偿债的“缓冲垫”。（《国家外债规模的理论与实践》，《财经研究》1993 年第 4 期）

任会中认为，应采取有效措施控制外债规模。根据国际经验，外债增长速度不能长期超过国民生产总值和国民收入的增长速度。我国外债增长速度已大大快于同期国民生产总值和国民收入增长速度，这在国际上是罕见的。这种情况值得我们高度重视。如果从我国基本国情出发，再考虑到我国近年来外债利用的经济效益较差和出口创汇能力不强，以至整个国民经济效益仍处于较低水平上这些情况，若继续高速发展，那么在“八五”期间可能出现债务危机。因此，立即采取有效措施，控制举债规模，防止盲目举债的负效应，使外债规模保持合理水平，与国力相适应，已成为当前我国外债管理的当务之急。（《“八五”期间我国外债管理战略的思考》，《投资研究》1993 年第 1 期）

史明强等认为，在合理的外债规模前提下，尽可能多地筹措外资。在不造成债务危机的前提下，尽量筹措外资，增加我国国民经济关键部门和优先产业的资金投入，促进企业的技术改造，提高经济效益。但是必须制定合理的外债规模，以此条件下尽可能多地筹集外资。理由：(1) 按一般债务控制标准，外债增速不应高于国民经济增长速度，但我国经济建设处于初期阶段，投资收益率高，借贷发展较为有利，并且目前外债数也较低，远低于国际公认的 20%的安全线，还有一定发展余地。(2) 我国出口创汇能力有所增长，为外债偿还提供了保证。(3) 我国国际收支状况有所改善，外汇储备大量增加。这些都为扩大外债规模提供了良好条件。（《90 年代外债管理初探》，《投资理论与实践》1993 年第 4 期）

（安晓枫）

第三部分 微观经济问题

现代企业制度

1993 年是我国企业改革取得明显进展的一年。在实践方面，突出地表现为全面认真地贯彻落实《全民所有制工业企业转换经营机制条例》（以下简称为《转机条例》）、《企业会计准则》和《企业财务通则》（以下简称“两则”），加快了股份制等国有资产重组和结构调整等为内容的改革试点步伐，颁布了带有基本法特点的《中华人民共和国公司法》；在理论和政策上，提出了建立现代企业制度，并围绕着这一改革方向和目标，以及相应的改革实施方案和操作规范等重大理论和现实问题，进行了更广泛、更深入地探索。

一、建立现代企业制度问题

（一）现代企业制度的内涵、内容、特征

1. 为“多种制度综合论”。由国家经贸委牵头组织的现代企业制度课题组认为，我国所要建立的现代企业制度，是适应社会主义市场经济要求，以规范和完善的企业法人制度为主体，以有限责任制度为核心的新型企业制度。基本特征是：政企职责分开，产权关系明晰，企业中的国有资产所有权属于国家，企业拥有法人财产权，是自主经营、自负盈亏的独立法人实体；企业以包括国家在内的出资者投资形成的全部法人财产依法享有民事权利，承担民事责任，并对出资者承担资产保值增值的责任，出资者按投入企业的资本额依法享有资产所有者的权益，承担有限责任；企业按市场需求组织生产经营，以提高劳动生产率和经济效益为目的，政府不直接干预企业的生产经营活动；企业制定章程，建立科学规范的领导体制和组织管理制度，调整节所有者、经营者和职工之间的关系，形成激励和约束相结合的经营机制；企业依法经营，照章纳税，接受政府监督，适应国家宏观调控。（国家经贸委现代企业制度调研组：《建立与社会主义市场经济体制相适应的现代企业制度》，《人民日报》1993年12月21日）显然，这种观点把现代企业制度概括为包括财产制度（或产权制度）、责任制度、组织制度、管理制度等在内的一种制度。

与此相类似的观点又有两种：(1)"三制度（特征）说"，其中一种看法是：一是企业法人制度；二是有限责任制度；三是科学的企业组织结构和管理制度。（《转换国有企业经营机制建立现代企业制度——国家经贸委主任王忠禹就现代企业制度问题答记者问》，《人民日报》1993年11月24日；郭振英：《积极稳妥地推进现代企业制度的建设》，《经济日报》1993年12月10日）。另一种看法：新的企业产权制度、新的企业财务会计制度、新的企业组织制度、新的企业管理制度。它有三个基本特征：一是企业是自主经营、自负盈亏的独立的法人实体；二是企业完全面向市场，按照市场需求来组织生产经营，以追求市场活动效益最大化为主要目标；三是政府对企业实行间接调控和服务。这三个基本特征也是我们建立新的企业制度应遵循的基本要求。（赵俊杰：《发挥好"基石"的作用——全国转换企业经营机制工作会议综述》，《经济工作通讯》1993年第17期）(2)"四制度（特征说）"。其中一种看法是：一是企业是自主经营、自负盈亏的独立法人实体；二是企业适应市场于对资源配置的基础性作用，面向市场，并按照市场要求组织生产，从事经营，追求经济效益；三是企业产权关系清晰，责任制度明确，内部管理和经营机制健全；四是政府对企业实行间接调控和服务。可见，现代企业制度是社会主义市场经济的基础，其核心是企业法人制度和产权制度。（王龙一：《深化企业改革建立现代企业制度》，《经济工作通讯》1993年第19期）另一种看法是：企业法人制度、纵向授权的企业领导制度、利益均沾的企业分配制度、和能够合理流动的企业人事劳动制度。我国要建立现代企业制度，也必须在这四个主要方面进行彻底改革。（陈佳贵：《建立现代企业制度再造企业机制》，《经济工作通讯》1993年第18期）

有人从经营方式和企业制度的比较分析出发，认为《转机条例》颁布实施以来，促进了企业经营机制的转换，但是企业自主权不落实或落实不到位，仍然是突出的问题。企业改革进展不快，一个重要原因就是相对重视改革经营方式，对改革企业制度重视不够。经营方式和企业制度既有联系又有区别。经营方式一般是指企业归谁经营（归所有者经营还是归其他人经营）以及如何经营，企业制度则包括产权制度、政企关系、经营目标、自主权限、盈亏责任、会计制度、劳动制度、领导制度、破产制度、法律形式等内容。当前贯彻《转机条例》，既要继续改革经营方式，又要着力改革企业制度，把改革经营方式和改革整个企业制度结合起来，重塑国有企业制度。（周叔莲：《既要贯彻〈条例〉又要发展〈条例〉》，《经济工作通讯》1993年第10期）

有人从制度创新的角度出发认为相对于我国原有的国有企业制度或者说是目前正在运行中的企业制度而言，建立适应社会主义市场经济体制要求的现代企业制度，实质上就是企业制度的创新，即：企业产权制度创新、法律制度创新、组织制度创新、管理制度创新、结构格局创新、外部制度创新。（张德霖：《产权：国有企业改革与国有资产监管》，中国财政经济出版社1993年版）

2. "公司本质论"。有的同志认为，从基本意义上说，现代企业制度就是所谓的公司制度，其主要形式是"有限责任公司"，其基本特征是通过明确地界定财产权利与责任，使资本的效率获得真正广泛在关心，使产权的转让与交易得以有效地进行，并通过这种转让与交易，实现资源的有效配置。提倡对企业进行公司化改造，就是希望把人们的注意力尽可能地从"股票上市"这个狭义的问题上转移开来，更集中于企业产权关系改革这个更一般、更基本、更重要的问题上，抓住产权改革这个关系到中国改革前途命运的根本环节，不失时机地将改革推向前进。（樊纲、钱颖一：《论企业公司化改造》，《经济日报》1993年11月23日）吴敬琏认为，企业改革的目标是建立现代企业制度。国有企业首先要改制、公开设股、持股转让；建立股东大会、董事会、经理制的法人统治的相互制约的组织机构。不应首先在第二、三环节上即炒股上下大工夫，而要首先改制，走国有企业公司化的道路。（《建立市场经济的基础：现代企业制度——中国当前经济形势分析和深化改革研讨会专题纪实》，《黑龙江日报》1993年11月22日）

有人从产权的角度出发，认为企业改革的核心是产权主体的正确设定，也就是解决企业产权结构问题。产权结构为财产（尤指生产资料）所有权、产权、经营权各权能的界定及其关系和和各权能主体的设定。产权主要指对企业资产的市场交易权，常常在法律上界定为法人所有权。要解决产权主体虚化问题，就必须要求在股份制改造中吸收非国有股，并不断扩大非国有股的比重，实现产权主体的多元化。只有这样才能建立真正的股份制企业制度。（塞风、黄明：《企业改革的核心是产权主体的正确设定》，《经济工作通讯》1993年第17期）

有人从企业内、外关系及发展规律的角度出发，认为现代企业制度的形式是股份有限公司。其内容可从两方面谈：一是内部组织制度，一是与外部的关系。就前者来讲，它包括三方面的关系：一是财产所有者的代表，即通常所说的董事会；二是经营者代表，即经理及经理以下的管理阶层；三是工会，即劳动者的代表。这三者组成一个总体，其中起决定性作用的是董事会。就后者来讲，就是法人所有权问题。这里所说的所有权包括所有权、占有权、支配权、使用权、分配权五种权力，它与通常所讲的所有权不一样。产权关系就是这五种权力，如何组织、分配的问题，所以建立现代企业制度必须要理顺产权关系。在社会化大生产条件下，主体分解，变成多元化，这是社会生产力发展对财产提出的要求，是客观规律。现代企业制度，就是产权主体多元化的结果。社会化大生产和市场经济对财产提出四种要求：一是财产边界要清晰；二是财产责任要明确；三是财产要流动；四是财产效益要最大化。现代企业制度就符合这四项要求。所以，改革企业制度的前提是理顺产权关系，这实际上是国家财产管理体制的改革。从目标来说，必须把财产所有权职能同政府分开，所以，理顺产权关系的关键是政府。政府转变职能主要是从“三职”变“两职”，即应把财产所有权职能让出去，只保留社会行政管理权和宏观经济调控权。（王珏：《建立现代企业制度是市场经济发展的结果》，《经济工作通讯》1993年第18期）

3. “广义制度论”。**吴家骏**认为，相对于自然人的个人或合伙经济而言，公司法人制度是现代企业制度，从这个意义上来说，建立现代企业制度就是要实行公司制。但是，绝不能认为，把企业冠以公司的名称就建成现代企业制度。现代企业制度的最本质特征，在于企业以其拥有的法人财产承担有限责任。因此，要建立现代企业制度就必须界定企业产权，承认企业法人财产，并且把企业法人的财产同出资人的其他财产划分开，只有这样才能以企业拥有人法人财产承担有限责任。企业制度改革相对于建立现代企业制度的任务来说，其内容要广泛的多。因为企业制度的内涵极为广泛，它包括企业形态和企业管理制度两个方面。从广义上理解企业形态，是指企业的所有制关系和反映这种经济内容的法律表现。具体地说，企业的经济形态是以出资的主体来划分的，其核心是产权问题，即通常所说的所有制形式；企业的经营形态也即通常所说的经营方式；企业的法律形态就是指依法确立的企业形态，如股份公司、有限公司等。企业管理制度主要是指企业内部的组织结构、领导体制和经营管理制度。由此可见，建立现代企业制度只是整个企业制度改革的一个重要组成部分而不是它的全部内容。因此，企业制度改革的任务，远不只是解决如何实行公司制的问题，而是全面着眼于转换企业的经营机制。（吴家骏：《对改革企业制度若干问题的思考》，《经济工作通讯》1993年第22期）。

还有的同志提出，研究现代企业制度应该有大视角，在宏观上需要处理好三个方面的关系：一是现代企业制度同现代市场经济的关系。现代企业制度无疑是适应市场经济的需要而产生的，但是我们搞的市场经济是二十世纪末的市场经济，因此应当立足现代，结合国情。二是现代企业制度与我国社会主义根本制度的关系。公有制和按劳分配是我们坚持的社会主义的基本特征。但应当适应时代的要求对这两者赋予新的含义，这样才能使现代企业制度与社会主义根本制度很好地结合起来。三是现代企业制度与社会主义精神文明的关系。企业制度本身是一种文化现象，从某种意义上讲，现代企业制度建设也是一种精神文明建设。因此，要用建设有中国特色的社会主义理论来指导企业制度建设。（许中田：《从大视角上研究企业制度》，《经济日报》1993年11月15日）

（张德霖）

（二）如何建立现代企业制度

1. “转机建制论”。认为建立现代企业制度应与转换国有企业经营机制相结合，并简单地概括为四个字“转机建制”。首先，要继续贯彻落实好《条例》，把企业的各项权利和责任不折不扣地落到实处。《条例》是建立社会主义市场经济体制的一块基石，只有落实得好，才能为建立现代企业制度打好基础。同时要做好贯彻即将出台的《国有企业财产监督管理条例》准备工作。《监管条例》是《转机条例》的发展和完善。其次要把财税、金融、投资、计划体制的改革与深化企业改革衔接起来，让企业尽快适应改革后的新体制。第三是引导企业转换内部机制，在调整结构，强化内部管理，深化劳动、人事、工资三项制度改革上下功夫。第四，要有步骤地清产核资，界定产权，清理债权债务，解决企业由于外部原因造成的不合理负担，核实企业法人财产占用量；还要坚决制止向企业乱集资、乱摊派、乱收费；减轻企业办社会负担等等。总之，要从各方面为国有企业稳步向现代企业制度转变创造条件。(《转换国有企业经营机制，建立现代企业制度——国家经贸委主任王忠禹就现代企业制度答记者问》,《人民日报》1993年11月24日；郭振英：《积极稳妥地推进现代企业制度的建设》,《经济日报》1993年12月10日)

2. “试点论”。认为建立现代企业制度是一项艰巨、复杂的系统工程，需要通过试点稳步推进。其试点的重点是：理顺国有企业的产权关系；建立企业法人财产制度；实行政企职责分开；确立适应生产力发展水平的多样化的企业组织形式；建立健全科学的企业内部管理制度；实行新的企业财务会计制度；等等。建立现代企业制度的试点工作，既要解决现行企业制度向新的企业制度过渡中的难点，又要处理好国家宏观调控和国有资产管理等方面改革与企业改革相配套的关系。因此，试点工作要加强领导，协同组织，周密筹划，精心指导。(《国有企业改革进入新阶段，现代企业制度在百家试点》,《经济日报》1993年11月23日)

（三）建立现代企业制度的途径

1. 人们普遍认为，建立现代企业制度应根据企业制度发展的一般规律，并结合我国的国情，进行多种形式的选择。例如，有人提出，有四条出路可供选择：一是按《企业法》和《转机条例》进行，切实落实14项经营自主权；二是将国有资产委托或授权给企业经营；三是实行股份制；四是将小型国有企业通过招标、投标、出租、出售给集体或个人经营。(郭振英：《转换企业经营机制的有效形式》,《求是》1993年第7期）虽然这种观点具有普遍性，但对这几种方式强调的侧重点又有所差异。

2. “公司制论”。这种观点比较普遍，认为建立现代企业制度应当选择公司制，特别是股份制。持这种观点的同志较多的是从股份制企业的内在特征加以论证的。认为股份制企业的特征，一是企业具有独立于出资人的地位，包括企业可以作为民事主体和拥有法人所有权；二是股东对企业债务承担有限责任，即以出资额为限对企业债务承担责任；三是股东委托董事会经营，董事会承担信托责任，以全体股东的利益为经营准则。这样，国有企业的产权就可以明确起来，企业经营权有了财产权作保障，企业也可以实行自负盈亏，同时有利于解决国有企业的政企不分问题。当然，这并不排除转换企业经营机制的其他形式。只要是这样的企业组织形式，它有利于实行政企分开，有利于明确企业产权，有利于法人企业的独立，有利于改进企业经营管理，就都是可行的企业转换经营机制的形式。而且股份制也不是万能的，单靠股份制也不能解决企业转换经营机制中的许多问题。(周叔莲：《既要贯彻〈条例〉又要发展〈条例〉》,《经济工作通讯》1993年第10期)

还有人从宏观和微观两个方面作了分析，认为股份制作为企业制度发展处于特定阶段上的组织形式，有其特定的内涵，它是资金筹集制度、产权组织制度、经营管理制度相统一的一种制度。我国推动股份制的主要目的在于转换机制。从企业方面看，实行股份制可为企业构造一个作为商品生产者和经营者所必备的具有基础地位的自主机制、自负盈亏机制；可以有效地增强企业财产增值保值机制；可以强化企业对职工凝聚力机制；可从公司内部建立起对消费基金进行强有力的抑制机制；可以充分发挥企业之间的联合、兼并、优胜劣汰机制的作用；有利于强化企业对外竞争机制。从宏观管理方面看，实行股份制，可以增强抑制通货膨胀的机制；可以有效地实现投资主体机制的转换；可以强化国家对国民经济宏观调控机制。(宋养琰：《股份制重在转换机制》,《经济日报》1993年11月23日)

有人从市场的角度出发，认为股份制是把企业推向市场的最佳形式，其积极作用主要体现在：一是实现了两权分离，政企分开，扩大了企业自主权；二是冲破条块封锁，有利于企业直接走向市场；三是对企业的经营活动形成有效的约束机制；四是开辟了一条吸引外资的渠道；五是有利于完善金融市场，筹集建设资金，促进资金的良性循环。(张天惠：《股份制是把企业推向市场的最佳形式》,《经济工作通讯》1993年第8期)

关于股份制改造中的主要误区问题，**韩志国**认为，当前我国股份经济发展中的最主要问题，是仍然没有摆脱传统的计划经济的行政管理模式，用计划经济手段来搞市场经济。主要表现在以下几个方面：(1)企业在股份制改造后一步上市问题。这种作法弊大于利。①企业在股份制改造后一步上市，主要由政府主管部门审批，哪一家企业能公开发行股票并上市，既取决于企业的“公关”能力，又要取决于政府主管部门的偏好。这样，股份经济这种在本质上归属于市场关系和市场选择的经济形式，就被行政权力严重扭曲了。②由国有企业或其他企业改造成股份有限公司，对企业和企业家来说，是一个巨大的跨越，需要有一个“磨合”过程，因此，匆忙上市，既无法保证上市公司的质量，也无法真正保证股东的合法权利和利益。(2)企业在股份制改造中的资产折股问题。同股同价，是股份经济中通行的最基本原则，但目前，我国的许多企业特别是公开发行股票并上市的企业，把重新评估后的净资产全部按股票面值折价入股，或象征性地提取一点资本公积金，而向社会公开发行的股票，却几乎都采取比较高的溢价额来发行。这种利用股票供求关系失衡的状况而采取的同股不同价的发行方法，严重地违反了股份经济的本质要求。(3)定向募集与社会募集的关系问题。把股份有限公司分为定向募集公司与社会募集公司，从实践结果来看，这种方式弊多利少。(4)股票流通市场的建设问题。股票的发行和流通，是股份经济中相辅相成的两个方面。必须有股票流通和投资变现的场所，建立正规的市场。不允许定向募集公司内部职工股转让是违反股份经济的本质要求和股票本身特点的。把公司的股票划分为国家股、法人股和个人股，进而按不同类别股票确定它们的交易条件和规则，也是不科学的。(5)股份制企业的转轨不转制的问题。由于很多国有企业只把股份有限公司作为筹集资金的手段或使职工发财致富的途径，因而在改组成为股份有限公司或股票上市后，管理方式和行为方式还是旧的一套。(6)股份有限公司派息率过高且相互攀比问题。有的股份有限公司派息加送股，派息率高达90%左右。各公司间互相攀比愈演愈烈，因而出现了利润不足用公积金来弥补的现象，使公司面临日益严峻的经营和分配格局。(王坚：《中国发展股份经济的路子应该怎样走？——访青年经济学家韩志国》，《中国证券报》1993年8月11日)

唐丰义认为，我国目前推行股份制过程中存在四大误区：(1)观念误区。在观念上目前不少人对到底什么是股份制、为什么要搞股份制，认识上有偏差。因此，出现这样几种情况：一是热衷于搞上市公司；二是热衷于搞内部股；三是热衷于换牌子。(2)结构误区。目前在公司结构发展上存在“四多、四少”：一是控股公司过多，一般的非公有股参股公司比较少；二是公有股占比例大的公司多，一般公司少；三是追求上市的公司多，不准备上市的公司少；四是股份制试点企业流通领域的多，产业领域的少。(3)管理误区。首先，股份公司成立以后，其管理办法仍是旧的一套；其次，股份公司本身具有的三个层次，即股东大会、董事会、总经理，职能都不能规范执行；再次，上市公司的财务公开流于形式；最后，资产评估不实。(4)交易误区。其表现是：第一，国家股、法人股不能流动；第二，分级市场没有解决。(沈志渔、贺师尧：《推行股份制过程中出现的四大误区——访唐丰义教授》，《经济导报》(香港)总2321期)

蔡金汉认为，股票市场存在以下问题：(1)新股上市过快，股票二级市场严重“缺血”。1993年中国股票市场扩容速度明显加快，二级市场股价一跌再跌，资金严重不足，大多数投资者赚少赔多，信心不足。(2)上市公司行为不规范。主要表现在：其一，国有股由谁代表难以确定；其二，董事长和总经理仍由组织部门行政任免；其三，没有严格按照招股说明书、公司章程以及国家制定的法律法规办事。(3)法人股市场与个人股市场分割，A股市场与B股市场分割。不允许同样做为普通股的法人股和个人股之间流通；违背了同股同权、同股同利的基本原则，抑制了公有股的增殖能力。(4)股市自律性差、虚假欺诈、内幕交易、股市投机盛行。(蔡金汉：《中国股票市场的问题与对策》，《光明日报》1994年2月11日)

关于企业股份制改造中主要误区产生的原因问题，**唐丰义**对股份制改造过程中存在四大误区的原因分析提出，(1)产生观念误区是由于一般对股份制的认识较浅，目前不少人对到底什么是股份制、为什么要搞股份制，认识有偏差。如认为搞股份制就是为了集资；为了给职工谋福利或为了赶时髦等。(2)结构误区主要是由于各政府部门热衷于办行业公司；至于追求上市，纯系舆论误导的结果：一是上市搞得热闹，转移了视线；二是从主管部门领导到企业家，还不重视扎实经营。又因为过分强调盈利性造成流通领域多而产业领域少。(3)产生管理误区的原因在于，政府管理上，没有把股份制看作是独立主体，还是老办法管理。组织变了，职能未变，观念未变，权力与利益的关系两不分明。在股份制设计时，不是为企业、为股东负责，往往是照猫画虎、走形式。甚至有的“股份制”只是主管部门批了，并没有进行规范改造就挂牌子，发股票。(4)国家股、法人股不能流动的原因：一是国家股产权主体不实、不具体，仍然表现为政府的产权，“国家股”这个名字本身就是模糊的。二是国家股的国有资产数额巨大。国家股份公司中都占很大比重，因此，流动起来就困难。三是认识上有两个障碍：第一是对“主体”的误解。认为国家股在所有企业中都应占到50%以上，才是公有制占主体，怕国有股流动后影响“主体”。第二是认为卖国家股就是国有资产流失。以上错误的认识是违反商品经济基本常识的。(沈志渔等：《推行股份制过程中出现的四大误区——访唐丰义教授》，《经济导报》(香港)总2321期。)

韩志国认为，我国在发展股份经济中出现问题的原因是多方面的，既有人们对股份经济的基本属性和本质要求不了解、不熟悉、不适应的问题，也有传统经济体制的惯性仍在起作用的问题。从宏观的角度来看，我国在发展股份经济中出现的矛盾和问题，主要是新旧两种体制磨擦和碰撞而导致的。(王坚：《中国发展股份经济的路子应该怎样走？——访青年经济学家韩志国》，《中国证券报》1993年8月11日)

针对我国股份制试点中存在问题，**董辅礽**认为，国有制同市场经济是不能兼容的。因为市场经济必须是两个独立的财产主体在市场中发生的交换行为，实际是财产权利的转让。如果没有独立的财产主体，就不会有真正意义的市场交换。而现在国有产权不明，国有企业不可能成为独立主体，所以必须改革国有制。但现在推行股份制已经变形，因为国有股不仅占大股，而且又不能转让，所以优化资源流动的功能就丧失了。同时国有股股权不清，谁来履行股东权益、承担股东风险的问题始终解决不了。最好的办法是把国有资产转让出去，保留少量的国有独资企业。(《建立市场经济的基础：现代企业制度——中国当前经济形势分析和深化改革研讨会专题纪实》，《黑龙江日报》1993年11月22日)

有人还提出，股份制改造要有所突破，要突破传统的国家与企业的关系，使具备作为商品独立生产经营者的全部权力；要突破银行与企业的传统关系，加快金融体制的改革，打破银行一统天下的局面；要突破国有资产目前凝固化的现状，通过法人股上市、加强产权兼并与产权交易、发展破产机制来打破这种局面。在发展方向上应注意三点：一是股份制要规范化，要做到"四同"：国家股、法人股、个人股要同股同权同钱同名，"三公"：公开、公正、公平；二是法人主体化，其特点是法人是企业的主人，企业不受外部环境的干预；三是走向国际化，只有向国际化靠拢，才能成功。(晓章：《股份制改造及现代企业制度研讨会述要》，《人民日报》1994年1月10日)

韩志国认为，进一步发展我国的股份经济，当前应抓好以下几个方面：(1)制定和完善我国有关股份经济的法律和法规。(2)取消定向募集方式，在股票的发行上，一律采取社会募集方式，让投资者自己来选择投资方向和投资对象。(3)股票流通市场的建设。一方面，对目前的"两所""两网"的运行规则加以统一；另一方面，应同时推进三个层次股票流通市场的建设：股票的柜台交易，区域性的证券交易所、中央证券交易所。(王坚：《中国发展股份经济的路子应该怎样走？——访青年经济学家韩志国》，《中国证券报》1993年8月11日)

蔡金汉针对目前我国股票市场存在的一些问题，提出以下对策：(1)加强股票市场的管理。转变管理思想，统一认识，反对以一定时间内上多少盘子的计划经济管理股票市场，认真调查股市现状，量力而行，严格按照市场经济的规范管理股票市场。(2)企业股份制改造必须规范化，上市公司的行为更要规范化。必须做到：第一，对现有公司按规范化要求加以整顿，成熟一家，上市一家，对确实不规范的上市公司，要取消其上市资格。第二，理顺企业经营机制与股份制改革的关系，股份制改革要以企业转制为中心。第三，按照系统论思想，正确处理好股份制改革与股票市场发展的关系。(3)解决法人股与个人股分割问题的对策：第一，要充分认识完善法人股市场对建立现代企业制度的重大意义，尽快出台"法人股流通转让办法"。第二，必须采取分步到位的措施，通过先开通法人股市场，个人以投资基金形式进入法人股市场，最后个人股与法人股市场价位较为接近，再实现并轨。(4)解决股市自律性差等问题的对策：第一，减少管理环节，处理好中央管理与地方管理的关系，完善配套各项法规，完善股市监管系统。第二，整顿股市秩序，严肃股市法纪，坚决打击虚假欺诈、内幕交易、大户暗中操纵股价的行为，进一步做好股市范规行为的调查和处理工作，强化舆论监督的作用。第三，规范行政官员、证券管理人员和证券商的行为。第四，规范上市公司行为，完善证券评级系统。第五，改革股票发行方式，降低发行成本。第六，鼓励投资，淡化投机。(蔡金汉：《中国股票市场的问题与对策》，《光明日报》1994年2月11日。)

(张德霖、丁宝玲)

2.“承包制论”。持这种观点的人大都以首钢为实证加以分析的。**何建章**明确提出，"我主张搞承包制，对于股份制，我赞成试点，不赞成把它作为企业改革的模式。因为经营承包责任制较好地解决了所有权和经营权分离，政企分开，使国有企业以具有充分权力的国有资产所有者的身份投入市场经济的海洋中谋求自我发展，显示公有制的优越性。"(《国有企业转换经营机制才是出路》，《经济工作通讯》1993年第12期)有人从利益角度出发，认为企业改革的主要矛盾是理顺国家与企业的利益关系，其核心是"还利于企业"，也就是理顺国家与企业的产权关系，即：在国家层次上实行所有权与经营权分离，明确界定国家拥有最终所有权、收益权，企业拥有扩大再生的经营权，包括占有权、使用权、收益权、处置权。同时国家要求企业承担资产不断增值的责任。承包经营责任制就是沿着这条思路的理论与内涵形成和发展起来的。它以利益制约为动力，以两权分离为特征，以资产增值为责任，可以说，是一条有中国特色的国有企业改革的重要道路。(李忠凡：《国有大中型企业改革的重要道路——谈首钢承包经营责任制》，《经济工作通讯》1993年第6期)有人从国情出发，认为企业经营承包制符合我国国情，反映了现阶段我国生产力发展水平的客观要求，是转换企业经营机制的一种较好形式。因此，主张在建立社会主义市场经济体制的过程中，逐步解决承包制存在的问题与矛盾，以充分发挥它在转换企业经营机制中的作用。(戴石安：《要进一步完善企业经营承包制》，《求是》1993年第11期)反对意见认为，不能把现行的企业承包制作为转换企业经营机制的目标模式。因为实行企业承包制虽然规定承包双方"坚持平等、自愿和协商的原则"，是一种平等的契约关系。但企业承包制并未使企业摆脱对政府的隶属关系，契约关系仍是从属于隶属关系的。这种政企结合状态使企业难以自主经营、自负盈亏。企业承包制也没有解决企业产权问题，企业没有自己的财产，当然不能自负盈亏。所以，承包制难以使企业普遍成为真正独立的商品生产经营者，也难以实现转换企业经营机制的目标。（周叔莲：《既要贯彻〈条例〉又要发展〈条例〉》，《经济工作通讯》1993年第10期）

3. “利税分流论”。这种观点前几年就已提出，并在实践中进行了试点。是否把这种形式作为建立现代企业制度的主流形式，有的同志提出了反对意见，认为虽然这种形式有利于转换企业经营机制，但是它只是一种国家和企业的纯收入分配关系，而不是一种明确的企业制度。不管企业制度如何，都可以实行利税分流。而现行的“税利分流、税后还贷、税后承包”制度则仍是一种企业承包制度，它基本没有解决企业承包制中的政企不分问题，也没有解决承包企业产权不明确的问题。因此，它也不能作为转换企业经营机制的恰当的企业制度。（周叔莲：《既要贯彻〈条例〉又要发展〈条例〉》，《经济工作通讯》1993年第10期）

4. “租赁制论”。认为国有小型企业的出租、出售给集体或个人经营，可以称之为“国有民营”或“国有私营”。这种形式是搞活国有企业的良药；是确保国有资产保值增值的良方；是减轻财政负担的良法；是避免机制转换中引起社会过大震荡的良策。（戚和平：《加快小型企业“国有民营”、“国有私营”的改革步代》，《经济工作通讯》1993年第10期）还有人从实践的角度出发，认为所谓国有民营，就是按照所有权与经营权分离的原则，不改变国有资产的所有制性质，但在经营上引入个体经营的机制，将国有资产以租赁的形式交给职工个人去经营。从实行这种方式的企业来看，效果都比较明显，但也存在营业执照、税负、用工、资产保值增值等管理问题。这需要进一步规范化。在保值增值问题上，一是在核定租赁费时要充分考虑对国有资产的保值增值问题，凡涉及国有资产的项目，都要按规定核定；二是承租者对国有资产的保值有一定的抵押，并明文规定损坏赔偿；三是要明确对所租赁的国有资产没有任何形式的处置权。通过这些规定，强化对国有民营企业的产权关系的约束，形成权属关系明晰、利益界限清楚的公有产权实现形式。（孙裕：《对国有民营企业若干问题的看法》，《经济工作通讯》1993年第12期）有人从责权利的角度出发，认为租赁制是中小企业国有民营的有效形式。所谓租赁制，是指全民所有制现有的资产都属于国家所有，而由个人或多数人组成的集团对国有资产实行有偿使用，按照合作者的意愿，组织经营运作，经营结果好坏完全由经营者负责，责任的载体实际是经营者个人的资本保证金（或叫风险金）及其经营资本，不是没有载体实质的人。经营者只对国有资产按照商定的指标负责增值责任，除此以外的对国有资产增值与损失全部由经营者自己负责、享有和承担。这就可以真正体现权、责、利的统一。（郑华成：《租赁——中小企业国有民营的有效形式》，《湖南企业》1993年第8期）

二、转换企业经营机制问题

（一）如何评价《条例》

1. “两分法”。认为《条例》从1992年7月23日颁布实施一年来，取得了初步的成效：对《条例》的重要作用的认识不断提高，思想进一步转变；《条例》赋予企业的14项经营自主权逐步落实；政府转变职能的步伐加快；企业组织结构调整取得进展；积极探索了新的经营形式，如净资产承包、税利分流、股份制、仿三资、国有民营、租赁经营等。《条例》落实中存在主要问题是：政府部门转变职能滞后，企业自主权落实的难度依然很大；不少企业缺乏竞争意识，忽视眼睛向内、苦练内功；配套措施进展迟缓；执法不严，对违法行为检查监督处理不力；国有企业负担沉重，缺乏参与平等竞争的条件。（陈清泰：《加大力度　加快进度　坚定不移地全面贯彻落实〈条例〉》，《经济工作通讯》1993年第17期）这种观点对《条例》本身是肯定的，认为“《条例》是建立社会主义市场经济的一块基石”，所存在的问题主在是《条例》没有得到很好地贯彻落实。

2. “缺陷论”。认为《条例》虽然在四个方面取得了进步（一是对企业的经营自主权作了具体详尽的规定。二是具体规定了厂长和职工对企业的盈亏责任。三是规定了政府在企业转换经营机制中的任务和责任。四是强调保障国家对企业财产的所有权），但是，《条例》本身也有其缺陷：一是对有些企业自主权仍加以不必要的限制。二是没有具体规定企业如何自负盈亏。三是没有规定企业作为法人对财产有法人所有权。四是没有完全解决政企职责分开问题。这说明《条例》“还没有完全摆脱政府办企业的指导思想”。正因为存在着这种缺陷，所以又必须在贯彻《条例》的同时，发展《条例》（周叔莲：《既要贯彻〈条例〉又要发展〈条例〉》，《经济工作通讯》1993年第10期）与此相类似的观点认为，对于《条例》本身，要坚持历史的、辩证的和发展的观点。（张德霖：《产权：国有企业改革与国有资产监管》，中国财政经济出版社1993年版）有人还特别指出了产权方面的缺陷，认为《条例》虽然是我国企业改革长期探索的结果，但是《条例》对产权的意义却一直没有真正的认识，未能认识到产权应与所有权和经营权相互分离而独立运动于市场经济运行之中，未能认识到确立企业产权主体的必要性，从而在推行企业制度改革中遇到诸多障碍。（塞风、黄明：《企业改革的核心是产权主体的正确设定》，《经济工作通讯》

1993年第17期）

（二）如何贯彻落实《条例》并切实转换企业经营机制

1．“配套落实论”。认为进一步落实条例需做好十个方面的工作：一是增强法制观念，提高对条例作为建立社会主义市场经济的一块基石的重要地位的认识；二是尽快转变政府职能；三是引导企业眼睛向内，苦练内功；四是继续推进企业三项制度改革；五是采取有力措施，为企业解脱历史包袱；六是大力推进企业组织结构调整；七是完善国有企业的资产经营形式；八是加强对国有资产的监督管理；九是积极研究建立产权关系明晰、责任明确的现代企业制度；十是加强领导，知难而进。（陈清泰：《加大力度　加快进度　坚定不移地全面贯彻落实〈条例〉》，《经济工作通讯》1993年第17期）

2．“解决认识论”。认为贯彻《条例》，转换企业经营机制确非易事，它涉及人们思想、观念和切身利益，涉及到许多方面的改革和深层次的经济体制，是一项庞大的系统工程。但是，首要的还是要端正思想，解决观念转变的问题。那种认为“《条例》好是好，就怕落实不了”，缺乏信心；或认为《条例》不过瘾、不解渴，企望改革一步到位；或简单地认为把权力放下去了就是转变政府职能；等等观点都是不全面的。（朱焘：《贯彻〈条例〉重要的是解决认识问题》，《经济工作通讯》1993年第15期）

3．“政企并进论”。认为搞活国有大中型企业，已经喊了很长时间，然而到今还没有达到预期的要求。其中，政府和企业没有很好地发挥主动性和重要原因。有的企业领导认为，政府转变职能是企业转换经营机制的前提，政府不放权，不减少干预，不积极服务，企业经营机制就难以转换。有的政府领导人认为，企业是转换经营机制的主体，企业不以改革精神努力实现经营机制的转变，纵然放权，又有何用？这两种看法都有片面性。企业转换经营机制要求政企双方都主动进行职能和机制的调整。“在转换企业经营机制中政企两方面都要主动互相配合，同时也要互相制约、监督”。（万良适：《政府、企业都要主动为转换企业经营机制出力》，《求是》1993年第5期）

4．“内因决定论”。有人从“转制”的角度出发，认为转换企业经营机制既有外部环境，又有内在因素。但其“主动权和着重点已转向企业方面，而主要不在于外部环境”。因为转换企业经营机制实质上是从以计划为导向转变为以市场为导向，由政府附属物转变为自主经营、自负盈亏的商品生产者和经营者，成为参与市场竞争的主体。如果企业单纯依靠和等待外部环境的改善，光指望继续让权放利，而忽视自身的改革，到头来纵然有良好的外部环境，企业也终因自身改革的迟缓而抓不住机遇，在激烈的市场竞争中处于被动的地位，甚至被淘汰。而企业转换经营机制的关键是要“尊重市场经济的规律，面向市场进行生产经营”，并抓好三个方面的问题：企业要有面向市场转换经营机制的自觉性；要牢牢抓住把握市场竞争的主动权；企业领导者必须解放思想，更新观念，提高自身的素质。（刘进军：《转换机制重在自身》，《求是》1993年第5期）

有人从建立自我约束机制的角度出发，认为在转换企业经营机制的过程中，必须把建立企业自我约束机制作为一项重要内容，否则就会导致企业的不合理行为。合理的企业自我约束机制形成的主要标志，是企业能够适应市场经济要求，使生产经营行为合理化，能正确处理当前利益与长远利益、局部利益与整体利益、企业效益与社会效益的相互关系。要实现这一点，一是要理顺企业分配关系，使企业真正具有自我约束力。从目前企业现状分析，一些企业自我约束力不强，出现短期行为，企业发展后劲不足，主要是企业没有建立起有效的分配机制，缺乏自觉规范企业行为的内在动力。二是要搞好产权改革，加强职工对企业资产的关切程度，建立企业自我约束机制。（王星琪：《国有企业走向市场必须建立自我约束机制》，《求是》1993年第10期）

有人从建立和完善企业内部竞争机制的角度出发，认为当前企业在这方面存在主要问题，一是对企业内部竞争缺乏积极性；二是企业内部竞争市场发育不完善；三是企业内部竞争保障体系不健全。企业内部竞争机制，就是企业为了适应社会主义市场经济和竞争的需要，将竞争机制运用在企业内部生产经营和管理活动进而形成的一整套运行规则、运行方式和各项相关的组织措施，其主要内容有：“生产经营任务招标竞争机制”、“干部竞争聘任机制”、“工人竞争上岗机制”、“人才竞争录用机制”、“收入竞争分配机制”。为此，一要强化企业内部竞争意识，造就有利于企业内部竞争的积极和宽松的环境。二要开展多层次、多方位的竞争，使竞争更加规范化、制度化。三要全面提高企业对内部竞争的管理水平，逐步形成、完善有利于企业内部竞争的生产、技术、经营、管理等方面相互协调配套的科学管理体系。四是抓好配套改革，使企业内部竞争机制的优势充分发挥出来。（李家庭：《建立和完善企业内部竞争机制》，《求是》1993年第10期）

有人从自负盈亏的角度出发，认为转换企业经营机制的关键是自负盈亏。所谓自负盈亏，“就是企业以国家授予其经营管理的全部财产承担以收抵支、欠收自补的责任和以资抵债、清偿到期债务的责任。”只有做到自负盈亏，才能真正改变长期以来作为政府附属物的地位，扭转政府对企业统负盈亏的局面，使企业成为市场竞争的主体；也才能克服短期行为，使企业真正做到自我约束，并有条件自我发展。（于吉：《关键是实现自负盈亏》；《求是》1993年第11期）

有人从自主意识的角度出发，认为在转换企业经营机制的过程中，企业强化自主意识至关重要。首先要强化企业领导者的自主决策意识。其次要强化企业职工的自主意识。（曹在堂：《企业要强化自主意识》，《求是》1993年第8期）必须进一步提高职工的主人翁地位，不仅使主人翁精神成为企业对职工思想素质的要求，而且成为职工对自身的要求。这种要求主要体现的两个方面：一是以“优化组合”为主要形式的企业内部竞争所形成的主人翁意识。二是以“生存与发展”为前提的同类企业之间的竞争所形成的职工主人翁意识。同时，还“必须从体制上造成客观要求，使职工真正认识到树立主人翁精神与确立主人翁地位是‘两位一体’的。有了这样一种机制和客观环境，再加上行之有效的思想政治工作，我们的社会主义企业就一定会越办越好。”（韩海明：《引入竞争机制 强化主人意识》，《求是》1993年第7期）相类同的观点认为，企业转换经营机制的实质，就是由过去高度集中的计划经济体制下行政机构的附属物转变为“四自”的商品生产经营者，这都必须通过企业的自主决策来实现。因此，企业自主决策就成为机制转换的保证。相应地，就要实现决策思维方式、决策程序、决策内容的一系列改变。（宁建业：《企业自主决策是转换机制的保证》，《求是》1993年第11期）

5.“外部环境论”。这种观点虽然也认为企业改革需要坚持“系统论”和“内因论”，但同时又特别强调解决外部环境问题。有人从解决国有企业历史包袱的角度出发，认为这是加快企业组织结构调整步伐，深化国有企业改革的重要内容。国有企业特别是国有大中型老企业的历史包袱重，是一个普遍性的问题，这主要表现在装备老化；债务包袱；亏损挂帐、潜亏难以自行消化；社会负担重等。造成这个问题的原因是复杂和多方面的，既有企业内部的因素，又有企业外部宏观环境方面的原因，但主要是体制方面的原因。一是企业严重缺乏自我积累和自我改造能力；二是宏观环境（如引进政策、外部监督等）不利的影响；三是国有企业承担保障财政收入、社会稳定等职责和较高的改革成本；四是企业自身内部管理问题。解决这个问题要综合处理，一是要加快老企业的改造和调整，二是要改革和完善税制；三是要改革银行体制和投资体制；四是要结合清产核资，解决企业潜亏包袱；五是要完善社会保障体系。（国家经贸委企业司：《关于解决国有企业历史包袱问题》，《经济工作通讯》1993年第8期）

有人提出，真正落实条例必须采取放水养鱼政策，给困难大、包袱重的企业一个休息养生的机会。除行政手段的支持，如过去的贷款连本带利给予必要的减免、挂账，以适当注入启动资金以外，要下决心进一步完善各种形式的承包责任制，包括投入产出总承包。实践证明，投入产出总承包（按规定上交税金）是帮助企业摆脱困难，并保证国家财政收入不断增长的有效办法。（曹伯纯：《给企业一个休息养生的机会》，《求是》1993年第5期）

有人从建立和完善市场机制和市场环境的角度出发，认为关键在于各级政府要切实转变职能，把应该属于企业的权力真正还给企业，找准位置，搞好服务，集中精力办好应该由政府办的事。当前很重要的一条就是要把“大服务”的着力点放在组织市场上。具体来讲，一是要树立大流通、大市场观念，切实搞好市场建设的发展规划。二是要实行放开经营，鼓励公平竞争。三要支持国有企业进入市场交易，鼓励企业举办或参与举办市场。四是要搞好配套服务，建设一批规模较大、功能齐全的专业批发市场。五是要加强市场管理，制止违法经营和不正当竞争。（柴松岳：《把大服务的着力点放在组织市场上》，《求是》1993年第8期）

有人从政策平等的角度出发，认为我国现行的企业政策是不统一的，不同的所有制、不同的地区有着不同的政策，不利于全国统一市场的完善和企业地区间的公平竞争。发展社会主义市场经济需要某些政策上的倾斜，但是这种政策不应再按不同所有制、不同地区来制定，而主要应该从产业上来考虑，通过全国统一的产业政策，将资源配置到效益高的产业中去。这样才能开展公平竞争，完善市场规则，堵住不正之风，使我国社会主义市场经济逐步完善起来。（董绍华：《发展社会主义市场经济要求有统一的企业政策》，《经济工作通讯》1993年第8期）

6.“分权管理论”认为企业经营机制转换，客观上要求调整企业的组织结构，企业内部实行分权管理，是一种有效方式。企业内部分权管理，有利于对市场需求变化做出快速反应；有利于提高企业决策效率和决策的科学性；有利于创造浓郁的竞争气氛。当然，并不是所有的企业都适宜于搞分权管理。一般来说，它适用于规模较大，生产品种多，市场变化大，中层干部能力较强的企业。并且，在实行分权管理时还要注意两点：一是坚持两个分离，即宏观决策与微观决策的分离；经营职能与管理职能的分离。二是要为企业、人事、用工、分配制度改革创造条件。（陈忠、华国琴：《浅谈企业内部的分权管理》，《求是》1993年第10期）

（三）如何看待“翻牌公司”

“翻牌公司”是近期特别是1993年改革过程中出现的一个比较突出的问题，由此引起了理论上的探讨。

所谓"翻牌公司"，是指原来的行业、企业主管部门，换牌子变成了经济实体，改成公司。这样的"公司"既有原来的行政权力、管理权力，又有企业的运行机制。它们利用行政权力上收企业，向企业要权，并使企业成为翻牌公司的附属机构；利用企业的机制进行垄断性盈利性经营。翻牌公司一般具有双重性、强制性、非独立性、垄断性、隐蔽性等特征。对于翻牌公司的负效应，有的概括为：不利于市场主体的形成；不利于资产的合理重组和企业组织结构的优化；不利于形成公平竞争的机制和环境；不利于政府转变职能。（张德霖：《产权：国有企业改革与国有资产监管》，中国财政经济出版社1993年版）也有人将其归纳为：一是取消了企业法人，收走了法人权益，使企业的自主权被剥夺；二是翻牌公司与企业集团"形似而神不似"，破坏了企业经济活动的有序性和内在联系，使社会生产力的发展受到严重影响；三是翻牌公司成立后，往往用行政手段实行行业垄断和封闭，干扰市场的开放和统一，成为社会主义市场建设的障碍。（蒲淳：《"翻牌"公司是怎样产生的》，《经济工作通讯》1993年第7期）

产生翻牌公司的原因是复杂的，有人认为，首先，政府机构必然涉及权力和利益关系的调整，已有的权力格局可以作为向新经济体制过渡的力量，也可以成为维护既得利益的力量；其次，在我国政府和企业关系不规范，政府主管部门既是行业、企业的管理者，又是国有企业产权代表者，这两种身份、两种职能，使翻牌公司的产生具有充分的条件。（筱林：《转换政府职能加快机构改革》，《经济工作通讯》1993年第7期）有人认为，其原因一是新旧经济体制冲突的必然结果；二是"官本位"文化对建立社会主义市场经济体制的梗阻；三是物质利益的驱动；四是企业及企业家的社会地位低下。（蒲淳：《"翻牌"公司是怎样产生的》，《经济工作通讯》1993年第7期）还有人认为，其主要原因一是缺乏明晰、完善、规范的产权制度；二是现行的利益机制不合理、不协调；三是法律体系（制度）不健全。（张德霖：《产权：国有企业改革与国有资产监管》，中国财政经济出版社1993年版）

（四）如何发挥党组织在企业改革中的作用

随着企业改革的不断深入，这个问题变得越来越突出。有人认为，发挥党组织的政治核心作用，增强党组织活力，是转换企业经营机制题中应有之意。国有企业是我国社会主义制度的重要物质基础，理所当然要接受共产党的领导。国有企业接受共产党领导的一个重要方面，就是保障和发挥企业党组织的政治核心作用。转换企业经营机制，只是对企业经营和生产方式的转换，不是企业性质的转变，不能削弱党的领导、削弱企业党组织的政治核心作用。当然，在转换企业经营机制过程中，也要改进党对企业的领导，改革企业党组织的工作方式方法，但目的是为了使企业党组织更充分地发挥作用，而不是相反。任何以转换企业经营机制为由，提出怀疑、削弱、否定党对企业领导作用的观点与做法，都是根本错误和十分有害的。（闫爱民：《党组织要在转换企业经营机制中有所作为》，《求是》1993年第19期）

在企业转换机制的过程中，就如何发挥党组织的政治核心作用，人们提出了不少看法。有人从发挥作用的内容。角度提出：一是企业党组织应发挥领导与引导的作用；二是应充分发挥保证与保护的作用。三是应发挥造血与输血的功能。四是应发挥监督与督促的作用。（尹学东：《党委如何发挥政治核心作用？》，《求是》1993年第10期）

有人从方式的角度提出，党组织充分发挥政治核心作用的一个重要途径，就是参与企业重大问题的决策"。这就需要党组织以"三个有利"为标准，解放思想，转变观念，创造性地开展工作，从指导思想、活动内容、活动方式、机构设置等方面进行全方位的改进。并切实提高企业领导干部的素质，提高党委参与重大问题的决策水平。（杨学思：《党组织充分发挥政治核心作用的一个重要途径》，《求是》1993年第19期）

有人从特点的角度提出要做好四个方面的工作：第一，全面理解政治核心作用，是发挥政治核心作用的前提。对此，一是核心作用既不等于"以党代政"，也不等于"党只管党"；二是核心作用既不等于"个人说了算"，也不等于"说了什么都不算"；三是核心作用既不等于"政治挂帅"，也不等于"经济一好百好"。第二，有效地参与对企业重大问题的决策，是发挥政治核心作用的方向和突破口。第三，充分发挥党员在企业生产经营中的先锋模范作用，是企业党组织政治核心作用的源泉。第四，开展行之有效的思想政治工作，是发挥企业党组织政治核心作用的主战场。（李俊"《对坚持和完善企业党组织政治核心作用的几点思考》，《求是》1993年第21期）

有人从新形势出发，认为关键是要选准"三个结合点"：一是在发挥党委政治核心作用和实现企业经营目标上选准结合点；二是在抓好党建工作重点和解决企业经营的难点上选准结合点；三是在领导思想政治工作和培育企业精神上选准结合点。（任肃等：《选准结合点加强企业党建工作》，《求是》1993年第21期）

有人从观念的角度提出要特别注意破除三种思想障碍：一是要破除把生产经营和党的建设对立起来的思想障碍；二是要破除在"中心"与"核心"问题上存在的思想障碍；三是要破除在检验党建工作的标准上存在的思想障碍。（纪友伟：《关于增强企业党组织活力

的思考》,《求是》1993年第23期)

三、国有资产管理体制改革

1. 主张实行“双重产权结构”式的管理体制。这种观点认为,从国有资产(财产)的国家终极所有权与企业法人所有权的“双重产权结构”出发,建立两级管理和两级经营的国有资产管理体制。所谓国家的终极所有权是指国家对企业国有资产拥有实质性的最终所有权,只对授予企业经营的资产承担有限责任和收取一定收益。所谓企业法人所有权是指国家通过委托的方式,把一部分国有资产委托授予企业全权经营,企业既有一定的所有权,又有完全的经营权,享有完全的支配、自由处置资产的权利,包括物权、债权、契约、合同。同时企业还应有偿还债务、承担投资风险、履行契约、合同引起的责任义务的权利。按照这样一种双权结构,对国有资产实行两级管理和两级经营。两级管理是指中央和地方两级管理国有资产的机构。国有资产管理是行政职能,属于宏观经济管理,现有的国有资产管理局不适合,应成立国有资产管理委员会,直属于全国人大,负责对国有资产进行清产核资。结构调整等方面的规范、宏观领导。国有资产两级经营是指一般性的生产经营与资本金的经营。目前我国多数国有企业是生产经营型企业,因而要多成立一些大的中介机构,受国有资产管理委员会的委托,对一般性生产经营性企业的财产进行经营。一般性生产经营企业与资本性经营企业都是法人实体,是商品关系,是投资与被投资的关系,没有隶属或上下级关系。实行两级经营有利于企业的生存和发展,有利国有资产的有效利用。(刘光弟:《国有企业出路在于建立双重产权结构》,《信息汇报》1993年9月8日)

2. 主张“两种职能分离”式的管理体制。首先,实行政企分开,政府并不是只要行政权而不要所有权,而是要在政府内使行政权与所有权分开,使行政职能与所有职能分开。工商管理、商业税务、劳动等等,是政府施行经济行政和经济监督的机构,是行使行政权的;另一方面,资产管理机构,国家土地管理机构等,则是行使所有权的,它们得到人大和政府的授权,可以对国有企业的资产进行配置重组和进行最终处置。所以,政企分开应使那些掌握行政权的政府部门不再与企业维持纵向的隶属关系,而专管所有权的那些政府部门则仍需要掌握住应该归于所有者的权益,国家必须继续用法律和政策保障这种权益的不可侵犯性。其次,政府的资产管理部门、国土部门与政府架构以外的资产经营部门分开,使所有者的职能与经营者的职能分开。国有资产管理部门不直接经营企业的国有资产,它可以对信托投资公司、基金管理公司、企业集团等实行资产的委托经营或出包(承包)经营,由后者全权处理承包经营或委托经营的营运事宜,保证资产的增值,向国有资产管理部门上交利润。国有资产的管理部门应当把工作的着重点从“看管好”资产,转移到资产的增值上面,要通过资产的合理配置、对委托经营者和承包经营者的正确选择和监督,使国有资产获得最有效益的经营。总之,必须首先使所有权从行政权中分离出来,成为一种独立行使的权利;然后再使经营者的职能从所有者的职能中分离出来,最终实现“政企分开”的改革构想。(参见张德霖:《产权:国有企业改革与国有资产监管理》,中国财政经济出版社1993年版)

3. 主张“三层次国有资产管理体制”。这是目前深圳市实行的国有资产管理办法。所谓三层次管理体制,首先是政府所有者的职能与社会管理者的职能的分离。目前深圳市的市国有资产管理委员会是全市国有资产的决策机构,是国有资产的产权管理部门,行使所有者的职能,主要是从政策、法规、办法等方面对国有经营性资产、非经营性资产、淘汰性资产进行宏观的、全方位的管理和监督,并从价值总量上保证国有资产的安全与增值。其次是资产管理职能与资产经营职能的分离。市投资管理公司改造成为市属经营性国有资产的中介机构,受市资产管理委员会的委托,行使所有权代表的职能,同时也是市属国有企业的控投公司,具有法人资格。它通过管理、监督、投资、服务四大职能的发挥,保证由其经营的国有资产增值。再次是在产权登记的基础上,解决企业内部产权主体不明的问题。对国有企业或国有参股、控股企业,按照投资到哪里,管理到哪里、收益到哪里,管资产与管人相结合,认投资、认派人、认管理的原则,通过选派的产权代表,从企业内部强化资产的管理,保证国有资产保值增值。(参见张德霖:《产权:国有企业改革与国有资产监管》,中国财政经济出版社1993年版)

4. 主张“分级分类管理模式”。分级管理主要是在中央与地方政府之间划分产权责任,可以通过划定范围和数量进行管理。分类管理主要是政府分别不同类型的企业法人进行所有权委托管理。对于特大型的国有企业,关系国计民生的国有企业(大都是垄断性行业),政府直接授权经理或经营者委员会进行产权管理。对于其中股份化或公司化改组的企业,政府则可以通过直接委派董事或监事行使或监督行使股权。对于大量经股份化或公司化改组的企业法人,国有资本只作为企业法人资本的一个成份,政府只能按股权地位及股权规则进行管理。这类国有产权管理的研究应是重点。国有产权管理制度的建立需要做好配套工作。一是建立国有产权法规体系;二是继续推进国有企业股份化和公司化改革;三是建立国有产权执法监督体系;

四是建立国有产权经营考核评价体系。培育国有资产经营公司是这方面改革的重要内容。这样的公司必须依法设立，履行法定责任、义务和风险，同时享有法定的权利。但这种公司不是“翻牌”公司。它不同于一般的企业法人。首先，它兼有政府国有产权管理中介机构的职责，具有特殊使命；其次，其经营利润具有排它性，一般不宜办成股份公司；再次，对其经营者的考核和监督相当严格；最后，它同样具有竞争性，对现有国有存量资产，可以由政府组织跨部门、跨地区的招标授托经营，同一企业的国有资产也可以授权多家国有资产经营公司经营。这样的公司可以采取两种模式：一是纯粹国有资产经营公司；二是混合国有资产经营公司。（李量：《对解决国有产权问题的一些想法》，《经济工作通讯》1993年第12期）

5. 主张“分层管理”。认为产权管理体制改革的理论基础是“三权分立”或“两权分离”。“三权混行”既是原有产权管理体制的弊端所在，也是改革所使然。理顺产权关系，改革产权管理体制，首先，产权责任关系应是垂直、单一、单线、连贯、和法定的。其次，在产权管理的每一个层次和环节上，实行责、权、利的统一。再次，双向的约束制衡机制。从这一原则出发，国有企业产权管理体制改革的基本框架是分为四个层次：全国人大行使国有资产所有权；政府行使国有资产管理权（由财政部具体承担国有资产管理职能，财政部内设国有资产管理局）；在政府和基层企业之间形成一批资产经营中介机构（可以是纯资本经营性的投资公司和控股公司，也可以是特大型企业集团，还可以是纯国有资产的公司）；基层企业层（大多数改组为有限责任公司，少数改组为股份有限公司，少数维持国有独资。）（刘克崮：《国有企业产权管理体制改革的建议》，《经济工作通讯》1993年第12期）

还有人虽然也坚持“分层论”，但分层的内容和管理方式则不同。这种观点认为，产权制度改革的核心是落实所有权与经营权，变虚置为实置。其改革思路是：第一建立分层次的资产委托管理机构。应当分层次建立起政策性和商业性的金融机构或资产财团，使之成为资产价值形态的管理主体，代表资产所有者行使所有权。各级政府的国有资产管理部门作为资产所有者，只能对这些金融机构或财团实行监督，协调他们与企业的关系，不再直接管理企业。第二，分别不同类型的企业法人进行所有权的委托管理，使国有资产产权从虚置转为实置，使国有资产人格化，产权明晰化。一是对关系国计民生的大型企业（或应由国家垄断的行业），政府可直接授权政策性金融机构或财团行使资产产权管理。其中对股份化或公司化的企业，要实行董事会领导下的经理或厂长负责制，政策性金融机构或财团则可以通过直接委派董事或监事行使股权。二是对大量一般性的股份制或公司的国有资产，政府可以直接委托商业性金融机构或财团行使资产产权管理。这时国有股权只作为企业法人股权的一个成份，商业性金融机构或财团，只能按股权的地位和股权规则进行管理。第三，金融机构或财团作为货币形态的资产经营者，应当实行市场化经营，或通过租赁等各种形式把资产有偿地转让给它认为合适的企业，使资产在更大范围内配置；经营中所取得的股权收益或利息应归国家，在经营纯收益偿付本息后的积累形成它们的资产，即归全体股东所有。第四，对中小型国有企业，在有条件的情况下，或以通过租赁、承包等经营形式转为民营、私营或直接拍卖，通过这些形式把实物形态的资产转换为货币形态，应存入商业性金融机构或财团，由它们进行投资经营。（董泉：《对加快产权制度改革几个问题的思考》，《经济工作通讯》1993年第22期）

6. 主张“分级管理、分工监督”。这种观点实际上是前几种观点的兼容。所谓分级管理，是指对国有资产实行国家与地方两级管理。国家国有资产管理部门是国务院的国有资产的行政管理机关，将依法会同有关部门制定国有资产管理法规和规章；汇总并整理国有资产管理的有关材料和情况；建立国有资产的统计报告制度和分析体系；组织有关国有资产的清产核资、产权登记、产权界定、资产评估等基础性管理工作；加强对国有资产运营状况的分析，依法对国有资产的保值增值进行监督检查；对违章违法问题依法进行行政处罚；依法解决国有资产纠纷问题；等等。地方各级人民政府根据需要，可设立国有资产管理部门，对其所辖地区的国有资产依法行使行政管理职责。所谓分工监督，是指国务院指定有关经济部门或委托其他有关的监督机构，对国务院管辖的企业和国务院认定的需要直接监督的地方管辖的企业实行分工监督。国务院有关经济部门对国务院指定其监督的企业和企业集团，以及全国性总公司受国务院委托对其所属企业，其资产的监督管理职能主要是：依法对企业财产的保值增值状况进行监督；对所监督管理的企业，可根据需要提出并设立专门负责企业国有资产监督的监事会；依法参与所监督企业的厂长（经理）的任免的有关事宜。（参见德德霖：《产权：国有企业改革与国有资产监管》，中国财政经济出版社1993年版）

7. 主张“国家所有、授托运营、企业经营”。这种观点认为，在新旧体制转换过程中，由于产权管理改革滞后等原因，国有资产流失问题日益突出。其流失的主要渠道一是企业经营管理不善造成的亏损和超支挂帐；二是由于产权界定不清，化大公为小公，甚至化公为私；三是产权变动过程中的“模糊转移”，主要表现为合资合作中的资产评估不实，股份制改造中的乱设“企业股”、“内部职工股”，以及同股不同利等。因此，必须加快改革国有资产管理体制，其思路是：按政资分离的原则，努力建立“国家所有、分级管理、受托运营、企业经营”的新体制。国家所有，是指国务院代表国家行使国有资产所有权，国家对企业国有资产享有独占性、排他性和不可分割性权利；分级管理，要求中央政府和地方政府分别设置专职机构，管理所辖企业的国有资产；受托运营，是指国家把国有资本金交给国家授权的经营组织运营；企业经营，是明确国有企业独立法人实体和市场竞争主体，依法对国家授予其经营管理的财产享有经营自主权。（家憧：《理顺产权关系实现国有资产保值增值》，《经济工作通讯》1993年第19期）

8. 主张“银行代理制”。这种观点认为，国有资产管理制度改革，应以国有资产有偿使用为中心，以银行代理制为依托，进行全新的整体开拓。其思路是：国家将全部国有资产的形态进行转换，成为货币或其他价值形态的所有者，然后把价值形态的国有资产存入银行或其他资产经营机构，获得稳定的利息收入，成为“食息者”；而受存国有资产的银行或其他资产经营机构，则按照一般信贷方式，向企业租赁经营这部分资产，建立与企业之间的纯粹经济关系。（陈乃醒等：《关于国有资产管理制度改革的思考》，《经济工作通讯》1993年第12期）

9. 主张“企业代管制”。这种观点认为企业代管是推动企业转换经营机制的好形式。所谓企业代管，就是在存在兼并条件，但又不好一步到位的企业之间，采取由优势企业对劣势企业的党、政、群、人、财、物，产、供、销诸方面实行全面管理，从而在改造和挽救劣势企业方面的过程中过渡到企业兼并。在产业上具有相容性或经营上具有互补性的前提下，政府出面穿针引线，企业之间做到利益互惠、优势互补。实行企业代管，能够为企业生产要素的合理流动以及企业结构的重组提供有利条件，成为推动企业机制转换的中间环节；能够强化企业间的竞争意识和市场意识；也在一定程度上规范了政府行为。（刘国选：《企业代管推进了企业经营机制的转换》，《求是》1993年第8期）

10. 主张“经理集团制”。这种观点认为，社会主义国有企业的财产所有权归人民所有，所有权应当通过人民代表大会这种政体形式来行使。而真正行使好所有权，必须委托其他机构和组织来行使这种权利，由国有企业的厂长具体经营管理，可以考虑设立经理集团。国家在明确行使资产管理的机构和组织以后，要明确规定其责任和权力，然后由经理集团具体负责组织实施。经理集团要上对人民代表大会或其权力机构负责，并定期就其企业的财产经营状况向权力机构述职；对下要定期检查企业各种计划的执行情况，并作出相应的调整。这样，才能将国有企业的所有权真正落到实处。（高秀明：《浅谈所有权的实现形式》，《经济日报》1993年10月5日）

四、发展企业集团

关于发展企业集团的目的、要求和条件。有人提出，组建企业集团的目的，是建立适应市场环境的，以企业集团为主体的新型企业组织结构，从而形成规模经济，实现规模效益。它应该满足三个方面的要求：一是实现企业资产存量合理性重组，社会扩大再生产资金的竞争性分配，企业市场份额的竞争性划分，从而使企业具有长远发展的动力和能力；二是形成以企业集团为运行主体的专业化协作网络；三是具有适应市场环境变化要求的不断重新组合生产要素的内在机制。目前我国企业集团有四种发展模式：一种是以资产为纽带的企业集团；第二种是以主导产品的生产协作、技术协作为纽带的企业集团；第三种是以技术开发为纽带的企业集团；第四种是承包项目和提供成套设备为纽带的企业集团。发展企业集团一般需要六个方面的社会条件：一是形成统一的市场体系，这是企业发育成长的必要条件；二是要政企分开，使企业真正成为独立的商品生产经营者；三是建立与市场经济相适应的企业产权制度，使企业联合具有内在动力和外部的强制力；四要有一套适应市场经济和社会化大生产发展的财政、税收体制，促进资产在全社会范围优化组合，以便企业集团跨部门、跨行业、跨地区的联合与组建；五是普遍推行股份制，社会保障制度和劳动制度改革到位，从而使企业的联合与兼并成为可能，企业集团通过控股参股形成紧密、规范的产权关系；六是要有健全的政策法规，立企业集团法，从法律上确立企业集团的概念和法律地位，使其创立和发展有章可循，有法可依。（李兆基：《对企业集团问题的思考》，《经济工作通讯》1993年第15期）

关于企业集团授权经营问题。有的同志指出，1991年国务院做出了关于选择一百家左右的大型企业集团进行试点的决定，并于同年8月开始了第一批55个企业集团的试点改革工作。因此，现时期我国国有企业集团的发展，已不仅仅是国有企业出于经营战略自发联合的结果，而是在一定程度上带有政府干预的色彩，是国家以提高国民经济整体效益为目的，有计划对国有企业资产实行重组的过程。企业集团国有资产授权经营也正是在这种背景下产生的。按授权经营实施办法的规定，国有资产授权经营是指由国家资产管理部门将企业集团中紧密层企业的国有资产统一授权给核心企业（集团公司）经营和管理。但对授给核心企业什么权，又有不同的看法。有的认为，授给核心企业的权利应是所有权或产权，如果仅给经营权，那这与“行政性公司”没有什么本质区别。前一授权所形成的产权关系是：政府拥有母公司所有权，母公司拥有子公司所有权。另有人认为，国有企业集团母公司（或授权的核心企业）应是法人，也是各类参股公司的所有者。所以，产权管理是集团母公司区别于一般企业的显著特征。一些专家学者和政府部门的同志认为，企业集团的授权经营应该有严格的限制条件，这些条件包括：核心企业（即集团公司）不兼有政府行政、行业管理职能；核心企业在国民经济、区域经济中地位重要，而且属于竞争性、非垄断型行业；集团成员企业之间有内在的技术经济（含产品、成套、工艺流程、贸工等形成）联系，以及具备国家有关部门规定的一般企业集团条件。只有严格把握好这些条件，才能避免又走到政企不分的老路上去。（咨文：《促进企业集团产权改革搞好国有资产授权经营——记第一期企业集团国有产权管理研修班》，《经济工作通讯》1993 年第 14 期）

关于进一步发展企业集团的方向和原则问题。有人认为，下一步发展企业集团应着眼于三个方面：第一，要积极发展以资产（财产）为纽带的企业集团，即本着以产权组合为纽带、以公司制改建为方式。其优越性：一是可以增强企业集团的财产约束力和向心力，真正有效地防止“拉郎配”式的集团繁衍；二是可以合理划分各方利益，减少地方对企业集团的干预和束缚；三是可以合理地划分主导企业与集团的关系，解决政企分离及企业内部的权责关系；四是可以促进金融资本与产业资本的融和，增强集团的主体功能，促进集团的资本输出和更好参与国际竞争与合作。第二要积极通过兼并的方式发展企业集团。这种方式一方面可以通过资产的重组来扩大企业的规模，进而通过规模经济来提高其资源的配置效率和运行效率；另一方面可以有效地防止因集团规模过大而增加管理费用，导致规模效益的下降，这两个方面都要求发展企业集团给终必须以效率优先为原则。第三，要积极发展功能互补的综合型、外向型的企业集团。所谓功能互补的综合型集团，主要是指要大力发展技、工、贸、金融等一体化的集团。这种集团具有功能互补的特点，更适应当代社会生产力和市场经济发展的要求，具有更强的竞争力和应变力。大力发展外向型集团，既是我国对外开放战略的客观要求，也是提高我国企业在国际市场上竞争力的需要。其发展途径：一是直接组建外向型企业；二是从内向型集团逐步转变为外向型集团；三是以“龙头”为核心组建集团；四是由我国在海外投资设厂的若干企业为龙头，选择国内企业为主体，组建外向型企业集团。（张德霖：《产权：国有企业改革与国有资产监管》，中国财政经济出版社 1993 年版）

（张德霖）

乡镇企业问题

一　发展的动力

吴象等认为，乡镇企业的具体形式以及与国有企业的差别，都表明乡镇企业的运行机制更接近市场机制；市场经济的规律，在更大的程度上规范着乡镇企业的行为准则。因此可以说，市场经济、市场机制和市场化的行为准则，是乡镇企业迅速发展的“秘密武器”。“秘密武器”的关键在于市场主体的出现。农村联产承包之后，农户成为市场中的经营主体。在这个基础上发展起来的乡镇企业，与国有企业相比，是更接近于负盈又负亏、预算约束较硬的真正的市场行为主体。这样，乡镇企业就有了发展市场经济的主观条件，主观条件与改革的客观条件相结合，形成了巨大的冲击力，推动了乡镇企业的崛起。（《乡镇企业：市场取向改革的产物与动力》，《改革》1993 年第 2 期）

郑红亮认为，乡镇企业得以成功发展的主要原因是：制度构造特点及与其相关的运作机制。乡镇企业在制度构造上有其自身的特点，主要包括：企业之间不存在行政级别不同的等级差异，相互都是作为平等的经济组织进行活动；与上级行政部门之间不要求层层对口，机构设置可以因地制宜；干部制度上通行能进能出、能上能下的原则，不搞终身制；企业党政关系处理上一般无“中心”、“核心”之争；等等。与这种制度构造相适应，乡镇企业的运作机制也具有自身的特点：市场调节的经营机制，优胜劣汰的竞争机制，自负盈亏的约束机制，自我发展的积累机制，优化组合的组织机制，多劳多得的分配机制，等等。（《乡镇企业制度构造特点及其对国有企业改革的启示》，《经济理论与经济管理》1993 年第 1 期）

朱广富认为，把乡镇企业发展的主要原因归结为其经营中的“歪门邪道”，或归结于灵活的经营机制，或归结于其得天独厚的发展优势等，说服力是不足的。乡镇企业蓬勃发展，靠的是劳动的力量和规律的力量。要想知道乡镇企业发展的秘密，只要细心观察乡镇企业的劳动，就可以找到答案，这个答案就是马克思的劳动价值论和剩余价值论。抽掉它反映的资本主义性质，其科学真理仍能解释我国社会主义市场经济下乡镇企业蓬勃发展的原因。规律的力量是无穷的。乡镇企业在创办、经营和发展过程中所遵循的基本经济规律有三：一是生产关系必须适应生产力发展的规律；二是剩余价值规律；三是价值规律。（《论推动乡镇企业发展的两大力量》，《农村经济与社会》1993年第2期）

二、运行机制

程守义认为，80年代以来，乡镇企业异军突起，目前已无可争议地成为农村经济的支柱产业，国民经济举足轻重的组成部分。从改革的角度来看，更重要的是它自身在发展中形成了一个富有活力的机制，就是市场经济的机制。主要表现为三个方面：一是生产以市场为导向；二是经营独立自主、自负盈亏；三是生产要素合理配置。这不仅奠定了市场经济的微观基础，而且成为市场经济发展的先导力量。（《论乡镇企业在建立市场经济体制中的先导作用》，《中南财经大学学校》1993年第3期）

周淮南认为，乡镇企业的市场运行机制尚存一系列深层次的内在矛盾：(1)企业实行厂长负责制，享有企业资产经营权，然而乡镇企业的集体资产属谁?责权利不明确，决策者不经营，经营者难决策。(2)政企分开后，集体资产所有者、经营者的职能分别由谁来行使?(3)实行政企分开后，谁是"人人有份"的集体资产的代表者，谁来承担企业集体资产保值增值的职能?以上种种矛盾说明，乡镇企业的市场经济运行机制尚未建立，建立和完善社会主义市场经济体制，是一个长期的发展过程，转换经营机制仍然是当前乡镇企业的重要任务。（《乡镇企业资产经营问题》，《农业经济问题》1993年第4期）

严从怀等认为，乡镇企业机制的本质特征是自主经营、自负盈亏、自我约束、自我发展。这是符合商品经济规律的机制，是市场经济机制。它代表了我国企业改革的方向。目前有些地方乡镇企业机制的退化，尽管不是必然现象，但它却是机制运行中一种过渡特征，其时间是短暂的，而且不会酿成普遍现象，它将随着改革的深化和市场经济的完善而逐渐消失。对此，我们没有理由产生疑虑，失去信心。（《完善乡镇企业机制的若干思考》，《中国乡镇企业报》1993年1月15日）

三、产权关系

刘宇认为，从理论上讲，乡镇企业的产权关系本身是可以且应该明确的。然而，实际上却处于模糊、分割和缺位状态。其产权关系的现状是：一方面，社区政府利用对乡镇企业拥有无形特殊权力而控制了大部分企业的人事任免和劳动用工权，决定和控制着乡镇企业的利润分配与再生产投资规模。另一方面，社区政府本身并不具备在资金、物资等基本方面保护乡镇企业的能力，这决定了乡镇企业拥有产供销的自主权，进而在运行方式上表现出完全的市场经济特征。乡镇企业产权关系理论与现实的不一致，实际上把它推向了生存和效率不能兼得的两难困境。产权关系模糊对乡镇企业的发展有一系列消极影响：(1)归属关系不明确，谁都可以是所有者，但并无具体责任人；(2)法人代表与企业的关系界限不清，责权利不统一，作为法定财产所有者的职工群众的权力和利益没有得到有效落实。(3)强化厂长（经理）的依附意识，淡化了企业的开拓和创新精神；(4)阻碍要素市场发育，强化区域封闭意识。(5)给不正之风可乘之机，使部分乡镇企业沦为少数社区干部以权谋私的重要场所。（《乡镇企业产权关系初步研究》，《经济体制改革》1993年第2期）

霍风篁认为，乡镇企业产权模糊程度，远较国有企业严重，绝大多数乡镇企业的土地属无偿占有，土地所有权虚无化，集体土地所有权在经济运行中是模糊的；由乡、镇等创办的企业，在财产关系上存在着严重的政企不分，其资产归属关系处于模糊状态；乡镇企业对无形资产的积累与评估尚未重视，使这部分企业资产处于非明晰化状态。显然，乡镇企业的这种产权模糊状态，与市场经济的发展要求是不相容的。因此，乡镇企业在发展中必须按现代企业产权制度要求，明确各种财产的归属关系。（《向产权关系明晰化的现代企业制度转变》，《中国乡镇企业报》1994年1月31日）

林毅夫认为，乡镇企业搞股份制所产生的好处要比国有企业搞股份制所产生的好处大得多。原因是：乡镇企业的产权范围是明确的。这个东西或这些财产属于谁是明确的，是属于这个村里人的。国有企业的产权是不明确的。（《林毅夫博士答本报记者问》，《中国乡镇企业报》1993年1月4日）

郑红亮认为，与国有企业相比，乡镇企业的产权制度构造明显地具有三个特点：(1)产权的界区较清晰。乡镇企业实际上是乡、镇或村这一社区全体成员所有的企业，相对于其他社区来说，产权归属是明确的。(2)产权的链条较短。虽然乡镇企业的产权关系也很复杂，但总的来看，其终极所有权在乡镇政府一级，实际上是由它代表整个社区的成员行使终极所有权职能。(3)产权的约束较硬。一方面，清晰的产权界区明确地划定了所有权权能作用的边界，为社区内部权、责、利关系的确定奠定了基础；另一方面，较短的产权链条减少了所有权对经营权制约的不必要的中间环节，从而强化了约束的硬度和力量。上述三个特点，对乡镇企业经济的成功运作具有十分重要的意义。（《乡镇企业制度构造特点及其对国有企业改革的启示》，《经济理论

与经济管理》1993年第1期)

四、制度建设

(一) 股份合作制

郭书田认为,乡镇企业中的乡办、村办集体所有制企业,产权是不清晰的。目前在农村出现的股份制,特别是股份合作制,是解决集体所有制产权不清的一个主要途径,也是个体企业、私营企业和联产企业走向合作的一种好形式。股份合作制把合作制的特点和股份制的特点结合在一起,既发挥了合作制的优越性又发挥了股份制的优越性,有人说股份合作"非驴非马",实际上,正是这种"非驴非马"才会有"杂交优势",才有可能产生出一种新的经营方式。(《论中国农村工业化问题》,《农业经济问题》1993年第12期)

韩俊认为,股份合作制为乡镇企业的制度建设提供了一种重要选择。但从长期看,股份合作经济很难成为一种独立于合作经济与股份经济之外的新的组织形式,它在内部制度构造上带有过渡性,今后会朝着合作制和股份制两个方面演变。合作制在农业上会有较强的生命力,在现代市场经济条件下,股份制在工业上是一种非常普遍的企业制度。我国近年来农村非农产业中兴起的各种类型的股份合作企业,一部分与股份制企业已比较接近,许多基本上属于合伙企业。之所以都被冠以股份合作企业,在很大程度上受传统观念影响,即认为合作企业具有社会主义属性。在我国,农村集体企业也好,私营企业也好,将来更多的是向股份制企业转化,而不是向合作企业转化。还认为,在发展股份合作经济过程中,为了便于管理,强调其规范化是必要的。规范化并不意味着政府用一个统一的模式,对每一个具体企业进行"改造"。考虑到今后变化的趋势,视不同情况,分别按合作制和股份制的一般原则来进行规范。(《崛起的中国农村股份合作经济》,《改革》1993年第5期)

胡必亮认为,无论是哪种类型的(乡镇)企业,对于股份合作制选择的主要基点都出于不必要的政治担忧。目前有很多人认为,股份合作制同时具有股份制及合作制的优点。但实际上,这些不同的原则混在一起,不会产生和谐的效果,只能是矛盾的叠加。这种矛盾必然发生冲突,主要因为集体企业实行股份合作制后仍主要按照合作制原则行事,而私营企业实行股份合作制后则主要按照股份制原则行事,也就是说,现实中并不存在股份合作制原则。还认为,股份制就是股份制,合作制就是合作制。我们不应该创立一种股份合作制理论。目前我国农村广泛发展的股份合作制,实际上是一种不规范的股份制而已。股份制本身就具有很强的合作特点,它是一种联合所有制。所以,应该支持乡镇企业实行股份制并为其创造条件以向规范化过渡。不能用股份合作制取代股份制,否则,就会将一些关系越搞越模糊,越搞越乱,最后偏离规范化股份制的方向,陷入迷途。(《乡企:股份制还是股份合作制》,《中华工商时报》1993年9月1日)

许惠渊认为,股份合作制虽然引用了股份制的一些适用规定,但仍属于合作经济范畴,是原有合作经济的延续和完善。股份合作制在调动广大劳动者的积极性方面优于股份制,因为,股份合作企业是通过股东大会以"一人一票制"民主选举董事会和监事会,民主决定企业的重大问题,而股份制企业实行的是"一股一票制",企业职工一般持股比例小,民主权利得不到保证,劳动者的表决权不过是"名义表决权",他们处于附属地位。因此,股份制并非是股份合作制的最高形式。论公有化程度,股份合作制明确企业要留有一块不可分割的公共积累,所以它不亚于股份制。股份合作制是合作经济组织引入了股份制的一些适用做法,使自身更有生命力。谈不上规范不规范,也不存在谁是低级形式,谁是高级形式。因此,不存在股份合作制过渡到股份制的问题。(《股份合作制是股份制的过渡形式吗》,《农业经济问题》1993年第12期)

(二) 企业存量资产的量化

周俊昌等认为,乡镇企业股份合作制改造中应注意以下几点:(1)应因厂制宜,不能硬性规定、统一要求。(2)优先股不能过多过滥。(3)不宜设置企业股。按"谁投资、谁所有、谁受益"的原则,企业积累应以企业的原始投资构成情况为依据,界定要各个原始投资主体。(4)不宜限制股金分红比例。(5)不宜设置不可分割的公共积累。股份合作制的一个基本原则是产权明晰化。设立不可分割的公共积累,这一块产权的主体处于模糊状态。(《亚太经济时报》1993年12月2日)

王珏认为,要使集体所有制的乡镇企业有秩序地规范发展,就必须加快股份制或股份合作制的改革,重点明确产权。集体经济是农民共同劳动积累起来的,原则上应把它作价作股,明确到每个劳动者的名下,变成全体成员的共有经济。(《乡镇企业上新台阶的三大障碍》,《经济日报》1993年7月12日)

韩俊认为,建立合理的产权制度是农村股份合作经济发展中的一个核心问题。特别是在乡村集体企业股份化改革过程中,如何对现有资产存量的产权归属进行界定,当前有较大的争议。他认为,目前比较通行将企业存量一部分作为集体股(一般占50%),一部分作为职工股,按一定方法量化到人,作分红的依据,但不准抽走,转让或继承。这种做法,在很大程度上是一种妥协的产物,这样一种产权构造是极不规范的,只能具有过渡意义。从今后发展趋势看,股份化以后的乡镇企业,其产权关系应当明晰,资产结构中债权与股权界限应当清晰,一般应把股份资本明确划分为普通股和优先股。如何解决乡村集体企业存量资产权属关系?可采取以下办法:一种方法是将集体股逐步过渡到优先股,集体凭借股权获取红利,而不直接参与管理。第二种方法是取消集体股,将企业全部存量资产折股量化到职工名下。这种做法更有积极意义,如笼统地把乡村集体企业的财产所有者界定为乡村范围内的全体农民,在实践中无多大意义,很难避免产权的模糊性。如笼统地把乡村集体组织界定为企业的财产主体,则使企业无法摆脱对乡村行政组织的依附性。第三种方法是通过将乡村集体企业的存量资产全部拍卖给企业职工、社区成员以及社会上的团体或个人,从而取消集体股。(《崛起的中国农村股份合作经济》,《改革》1993年第5期)

查振祥认为,股份合作制企业中三种股份比重并不相等,集体股占有较大的比重,处于"控股"地位。集体股比重较大的原因,一是由于股份合作制来源于对集体企业的改造,二是实行股份合作制的目的,是为了借助股份集资的功能,壮大集体经济。因此集体股必须占有控制的地位。集体股处于控制的地位,不但保证了股份合作制企业的集体性质,在经营决策上合作组织也处于主导地位。(《论股份合作制的基本特征》,《农村经济》1993年第5期)

马鸣棠认为,企业性集体所形成的积累,大都是其内部成员共同劳动创造的。因此,在对这部分资产确权时,应将其中多数份额量化到劳动者个人身上,在总体上形成"劳动者产权占大头,集体产权占小头"。在设集体股的前提下,企业股可以不设。国家对企业的投资和减免税部分,既不能界定为集体股,也不要界定为个人股,可留给企业周转使用。(《界定农村股份合作制产权应坚持劳动者产权占大头》,《经济参考报》1993年12月1日)

周锦廷等认为,折股量化到合作组织成员名下的股权仅仅拥有享受分配利益的权力,属残缺产权。解决的根本出路是实行分配股权产权化,就是将原来由合作组织成员共同创造的共同资产进行评估,然后一次量化到每个成员名下,发给产权证书,这部分产权不准退股,但允许流转、抵押、馈赠和继承。由于股份合作制企业在分配前都有提留公积金、公益金和生产发展基金的约束,再留集体股没有实际意义。另一方面,集体(企业)是一个动态的、不断变化着的成员组合体,这部份股权十分模糊。其做法是在资产评估后不设集体股,只设个人股,量化到个人,变成完整产权。(《经济发展与制度变迁》,《农业经济问题》1993年第3期)

申忠一认为,现有集体企业的财产归属问题,从理论上说,乡镇(办)企业,乡办乡有,其所有资产应该属于举办该企业的社区合作经济组织。(1)但对国家减免税、税前还贷及原县办大集体企业,下放乡镇办的企业资产,由于企业已下放多年,性质已从大集体变为乡镇企业,属于现有集体企业改制前形成的,作为国家对农村集体经济的扶持,可划归乡村集体股。不存在什么国家股。股份合作制企业设立以后形成的,应为企业不可分割的积累,归全体股东共有。(2)对一些福利基金等结余所形成的资产,可以全额转入股份合作制企业的公益金以及相应科目,也可以设置职工集体股,参与税后按股分红。(《乡镇企业推行股份合作制的问题》,《农村改革与发展》1993年第2期。)

丁建中认为,在股份合作制企业中设立不可分割的公积金恰恰使企业产权关系作逆向变动——模糊化。理顺产权关系,其关键是明确各生产要素所有者在投入要素后对联合要素——"下蛋鸡"所下的蛋的占有权,即企业补偿物质耗费后的毛收益理应分别由投资者、管理者、劳动者占有。目前公积金的占有权属不清,已成为各类股东、管理者、生产者的异己物,它在不少地方已成为无规则争夺的对象。他又认为,公积金的存在酿成了新的产权纠纷,影响股份合作制企业向规范化的股份制企业的发展。而"消化"无主公积金的难点是思想障碍。因此,将股份合作制企业划归集体所有制企业以及硬性规定公积金不可分割以表明企业的集体所有制性质均是不必要的。(《浅论股份合作制企业公积金产权归属问题》,《中国农村股份合作经济理论·实践·政策》,经济管理出版社1993年版)

张路雄等认为,在股份合作企业发展中仍有一些急待解决的问题:造成了新的产权关系不清、所有制性质不清。农户联办企业挂上集体所有制的牌子,在贷款和税收方面得到一些利益,但也造成了企业财产权属不清,实际上企业主不承认财产是集体的,也不敢讲都属于自己。在乡村集体企业实行职工股份制中也出现权属不清的矛盾。社区公有制与职工公有制是两种范围不同的集体所有制,有的乡村集体企业把原资产全部折股给企业职工,这等于改变了所有制性质,侵犯了一些人的利益,即等于剥夺了其他非职工社员的利益。乡村集体企业属社区公有制,企业财产归社区全体劳动群众所有。企业股的最终所有权还是属社区,故设企业股没有意义。(《农村股份合作企业的发展情况及政策建议》,《中国农村经济》1993年第6期)

五、面临的问题

潘熙宁认为,当前乡镇企业的发展面临八大矛盾:

(1)“四轮驱动”的发展方针与相对聚集的原则的矛盾；(2)生产社会化与组织结构血缘化、地缘化的矛盾；(3)机制退化与竞争日益激烈的矛盾；(4)自身发展能力不足与社会承载过重的矛盾；(5)顺向开发与市场的矛盾；(6)规模经济要求与规模偏小的矛盾；(7)经营的灵活性与管理规范化要求的矛盾；(8)过高的发展速度与基础产业支撑力有限的矛盾。(《乡镇企业发展中面临的八大矛盾》,《经济参考报》1993年7月5日)

王珏认为，乡镇企业上新台阶必须跨过三大障碍：(1)产权边界不清晰。目前不少企业集体经济产权界定比较模糊，仍是一种人人有份、人人不管的干部经济、政府经济、这种状况带来的问题是：①部分地区企业的经营机制出现了不同程度的退化，使企业不再是市场主体；②使集体企业变成少数当权者的私营经济；③党政不分、政企不分；④致使投资渠道单一，经营风险集中，很难适应市场经济发展的要求。(2)农村经济、社会结构欠优化。由于乡镇企业空间布局分散，小城镇发展快但规模小、功能不全，从而带来农村的兼业化，影响了农村分工分业和第三产业的发展，造成了新的城乡经济社会的分割。(3)领导体制不适应。农村各级党政机关的体制改革滞后，机构重叠，办事拖拉，官僚衙门作风比较严重，已成为乡镇企业大发展的一个重要障碍。(《乡镇企业上新台阶的三大障碍》,《经济日报》1993年7月12日)

国农认为，乡镇企业高速发展中存在着三个不容忽视的问题：(1)随着经济升温，乡镇企业结构不合理的问题日益突出。乡镇企业取得高速增长的同时，存在着加工工业超前发展，能源、原材料等基础工业严重滞后的矛盾。(2)乡镇企业布局分散。这不仅对少占用农田、防止污染不利，更主要的是难以使工业化进程起到推动城市化进程的作用。(3)地区之间的差距进一步拉大。中西部地区由于本身基础条件薄弱，与沿海地区相比，乡镇企业发展的差距在拉大。(《乡镇企业高速发展中的隐忧》,《中国信息报》1993年7月9日)

卢文认为，从新形势的要求来看，乡镇企业存在以下问题：(1)社区的局限性；(2)分散性；(3)分布和结构不合理；(4)大多数企业技术水平不高。(《乡镇企业面临的新形势和发展的新要求》,《中国农村经济》1993年第1期)

杨任远认为，“结构”是乡镇企业高速高效发展的“瓶颈”。目前，乡镇企业中伴生的结构性失衡的问题，产品结构、产业结构、企业组织结构等都不尽合理，这已成为乡镇企业持续快速发展的“瓶颈”。(《“结构”——乡镇企业高速高效发展的“瓶颈”》,《中国乡镇企业报》1993年5月12日)

陈武认为，乡镇企业在迅猛超常规增长、日益成为农村经济的主要支柱和国民经济重要组成部分的同时，其离农现象却愈来愈严重。随着乡镇企业的高速推进，农业却出现连续的回落的萎缩，二者之间的良性循环遭到破坏，乡镇企业以促农发展到离农，最后演变为与农业相对立的经济势力。在城乡之间的二元经济结构之外，现在农村内部又成长起来一个新的二元经济结构，即落后的农业与依靠落后农业成长起来的、并异常强大的乡镇企业相并存。造成这种现象的深层原因是：(1)农业比较经济利益进一步下降；(2)乡镇企业产权关系不明确，企业缺乏自我激励和约束机制；(3)乡镇企业产业结构不合理，与农业关系日益疏远；(4)乡镇企业劳动生产率和利润率连年下降。(《乡镇企业离农现象透析》,《农村经济与社会》1993年第1期)

(丁宝玲)

金融市场问题

一、发展模式及其特点

郑志瑛认为，我国市场金融运作模式应是：(1)货币商品化。市场金融体制要求我们真正按照商品经济的规律去重新认识货币问题，破除在货币经营和管理中存在的产品经济观念，把货币真正当成一种商品去经营管理。(2)利率汇率市场化。中央银行一般不直接规定利率和汇率的高低，利率和汇率由各货币经营机构与资金需求者根据资金的质量和市场供求状况自主灵活地确定，形成根据市场变化自动调节的机制。(3)中央银行行政化。中央银行应是一个独立管理全国金融活动的非盈利性的国家行政机关，是发行银行、政府的银行、银行的银行。(4)经营企业化。各类经营性金融机构包括各专业银行的分支机构均应按照“自主经营、自负盈亏、自求平衡、自担风险、自我约束、自我发展”的原则，依法独立自主地开展各种货币经营活动，“把银行办成真正的银行”。(5)机构多样化。中国应适应不同的资金供需要求，分别组建不同的金融机构，尤其是要大力发展各类非银行金融机构和非国有金融机构，以建立健全合理的金融组织体系。通过多样化的金融机构，开展适应社会主义市场经济发展的金融同业竞争。(6)业务多元化。中国市场金融运作模式的重要内容就应是打破“专业分工”的限制，允许金融机构开展综合性经营，既可办理传统的存贷款业务，也可办理各种代理业务和非信用业务，既可办理本币业务，也可办理外币业务。这不仅有利于金融机构之间的竞争，也有利于提高金融资产的盈利性、安全性和流动性。(7)资产证券化。随着企业自主权的逐步到位，国家银行不应再是唯一的资金供应者，企业也应更多地面向社会包括各种金融机构直接发行股票和债券，各金融机构也应逐步增加证券融资的比重。这既是构建中国市场金融运作模式的重要内容，又是中央银行通过吞吐有价证券进行公开市场业务操作的首要前提。(8)经营国际化。随着中国恢复关贸总协定地位，金融业应以更快的步伐在国际金融市场上拓展，既坚持以在岸金融业为主，又要适当发展“两头”在外的离岸金融业务。与此同时，人民币也应走向世界成为国际可兑换的自由外汇。(9)市场法制化。建立健全包括中央银行法、商业银行法、票据法、贴现法、证券法、保险法、外汇法管理法等一系列法规在内的金融法规体系，是建立适应我国社会主义市场经济发展的金融秩序的必然要求。(10)手段电脑化。通过电子计算机联网，实现全国以至全球融资、证券交易等金融业务的瞬时操作，将成为现实。(《我国市场金融运作模式初探》，《经济学消息报》1993年11月4日)

许健认为，社会主义市场经济的发展必须建立在金融深化的前提下，扫除金融深化的障碍必须首先建立一个全国统一、开放、竞争、规范的金融市场体系。当务之急是要将拆借、货币、资本市场区别开，进行规范管理，将宏观管理间接化纳入市场体系的建设中：(1)迅速改变我国拆借市场的混乱局面。规范同业拆借市场，将拆借市场改变为真正的头寸市场。(2)扩大货币市场和资本市场的容量，通过市场性金融工具集中资金，严格区分长期资金与短期资金市场，通过二级市场保证其各类市场金融工具的流动性。通过利率和市场管理以及立法措施切断货币市场与资本市场的直接联系，允许资本市场的资金流入货币市场，不允许货币市场的资金流向资本市场。(3)规范进入各类金融市场的主体，明确界定和规范其行为，发展各类不同性质的金融市场中介组织，依法对其进行管理。(4)理顺直接融资与间接融资的利率结构，制定以市场利率变化为基本依据的基准利率。形成流动性较强的货币市场体系，以利于中央银行宏观调控。(5)中央银行宏观调控需要发展货币市场和资本市场。中央银行通过货币政策工具主要以货币市场为主体调控货币供应量。只有实现了以货币供应量为货币政策中介目标的转化，才可能使得整个金融业市场化，才能促进我国经济持续稳步地增长。(《中国金融深化的障碍及金融市场治理》，《金融研究》1993年第11期)

秦池江认为，金融市场不单纯是证券市场，更不是单一的股票市场。没有发达的货币市场，就改变不了资金供给制。企业的资金需求，绝大部分还是短期资金需求；短期资金需求，属于货币市场的范畴。货币市场不会给投资者带来多少资本收益，但可以保证社会资金的有效循环。贴现、押汇、拆借业务，是货币市场的主要交易工具，中央银行对金融市场的调控，最基本的传导渠道也是货币市场。因此，优先发展货币市场，既能够使企业尽快进入市场，掌握市场筹资要领，增强市场应变能力，又为中央银行的宏观调控搭起一个舞台，使中央银行的调控功能得以发挥。片面地扩张股票市场，只对少数上市企业有利，对绝大多数企业而言，仍然是“望市兴叹”。就股票市场而言，上市企业在市场筹集的资金是有限的，绝大部分货币资金与股票资本收益，落在“炒”家的手中，相对于真实资本来说，是泡沫经济的兴起。(《遵循市场准则重组信用制度》，《金融研究》1993年第1期)

熊京南认为，适度扩大证券规模，逐渐形成证券经济是明智选择、意义深远。中国现阶段金融发展水平低下，据计算1985—1990年我国证券发行占GNP之比，年均不足1%，根本无法有效地利用证券金融之特殊作用服务于经济发展。若按现在的规模和速度，要想在本世纪末形成有一定规模效益的证券市场，改善“银盛证衰”的金融结构，恐怕是无法实现的。因此，建议有关部门适当放松管制，在规模和速度上多下功夫，特别是在规模上应优先考虑。根据我国国情，这不仅必要而且可行：(1)理论及政策条件已逐渐完备。(2)政府部门对证券资产具有特殊的规模要求。(3)企业部门作为中国证券市场的主力，尚未开发的潜力极大。(4)个人部门积累份额的持续高涨为证券市场扩大提供了巨额资金来源。(5)国外部门对我国有价证券的持购兴趣有增无减。(《以证券金融业为龙头推动金融发展》，《金融研究》1993年第8期)

杨文有认为，在改革中重新构造的中国金融市场的基本特点是：扩大货币市场和资本市场的容量，建立统一市场。在中央银行监管下，进入市场的主体及其行为均被明确界定及规范。货币市场利率放开，切断货币市场和资本市场的直接联系，在中央银行调控下保持这两大市场的基本平衡，货币市场将成为中央银行运用货币政策工具、调控货币供应量的场所。在资本市场上，对一级市场上的发行主体和发行总量严加监管，二级市场价格放开。(《人民银行要成为真正的中央银

行》,《经济日报》1993年12月7日)

二、开拓和完善金融市场

刘国光认为,随着我国社会主义市场经济的发展,建立一个全国统一的、开放的、竞争的、有序的金融市场已成为当务之急。首先要在各地区逐渐形成的同业拆借市场的基础上,尽快建立全国统一的同业资金拆借市场体系,加强全国同业资金拆借的监控,使同业资金拆借走上法制化、规范化和科学化的轨道,消除资金拆借秩序混乱的现象。其次,在完善货币市场方面要明确界定和规范进入市场的主体及其行为,切断货币市场与资本市场的直接联系,防止短期资金的长期运用;使货币市场成为中央银行运用货币政策工具、调控货币和货币供应量的主要场所。另外,要完善证券市场,包括完善国债市场,规范债券市场,特别是健全股票市场。要在企业股份制改造的基础上规范股票的发行与流通,创造条件统一法人股与个人股市场、A股市场与B股市场。国家要按照金融市场运行的内在要求,对金融市场进入条件、市场主体的行为等通过法律、规章的形式提出规范性准则,对资金交易活动进行控制、引导、协调和监督,避免因金融市场行为紊乱对整个整个经济产生不良影响。(《关于金融体制改革的几个问题》,《财贸经济》1993年第11期)

陆百甫认为,大胆开拓金融市场,认真抓好规范化管理。对证券业的发展,既不要"因噎废食"也不要一哄而起,应一开始就实行规范建立和规范运作。要使中国证券业健康发展,保证社会资金合理运动,应当处理以下六个方面的关系:(1)处理好直接融资与间接融资的关系。过份强调储蓄融资作用,贬低证券融资作用是不合适的,但过份强调证券融资作用,贬低储蓄融资作用也是脱离我国目前现实国情的,必须走两者相辅相成的道路。(2)处理好发展债券与发展股票的关系。发展证券市场,不仅要发展债券市场,同时也要发展股票市场。但从我国现实情况考虑,中近期。应当以发展债券市场为主,而且尤其要以国债市场为主。(3)处理好吸收国内资金与国外资金的关系。采取内向型融资与外向型融资相结合的方针是必要的,但从中近期看,还应采取以内向型融资为主的方针,同时,采取积极开拓外向型融资的政策步骤。(4)处理好长期证券与短期证券的关系。应当根据投资的需要和我国资金运动状况,使我国证券融资保有一个长短结合的结构。今后我国证券融资,应当逐步地由中短期为主,向中长期为主转变。(5)处理好投资性与投机性的关系。证券运作本身或多或少带有某种程度的投机性。因而,发展证券业既要注意利用投资者的这种投机性,推动证券市场的发展,又要注意防止这种投机性冲击证券业健康运行。办法是,要严格证券发行许可及上市资格的审查,排除投机性的"垃圾证券"的上市;要有严格的市场规则,注意窗口指导,避免或减少"盲市"现象,使证券业一开始就纳入健康运行轨道。(6)处理好运作的灵活性与管理的规范性的关系。中国对证券业的管理应当采取法律方式与行政方式管理相结合,自律管理与政府协调相结合的做法,保证证券市场正常运转与控制。(《向社会主义市场经济过渡的金融机制再造》,《金融研究》1993年第1期)

黄达认为,面对有价证券在经济生活中的领地必将日益扩展的形势,必须解决好在它们进一步发展中所碰到的问题。其中主要有两个:一是规范化的问题,一是宏观调控的问题。所谓规范化是指按市场经济要求的规范化;至于应如何规范,西方市场经济国家经过反复碰壁、摸索,已形成成套的经验和作法。当然国情不同,不能全盘简单照搬。不过,最近掀起的这次股票热,其所以能成为股份形式发展的起点,其中的重要一条,就是在改革进一步深入的基础上,其操作的原则和方法已基本注意到了国际的通例。另外,就形式上说,不论怎样规范,如果不符合市场经济体制改革方向要求的规范,那就规范得不对路,因而也是个规范化的问题。规范化的问题也同时包括具体作法必须与国际接轨的要求。现在我们的股票有A股、有B股,债券有国内发行的本币债券、有在国外发行的外币债券,进一步的发展还会有本币外币、境内境外、本国公民与非本国公民交叉进行有价证券交易的要求。显然,没有符合国际作法的规范化,这些要求是无法予以满足的。另一个问题是宏观调控问题。就中国的实际情况看,股票、债券较大数量的增发立即影响货币供给并形成追加的市场需求,对社会总供给与总需求的均衡构成明显的压力,因而在宏观调控中成为具有关键意义的环节之一。然而对于这样的过程,人们通常不甚了了,即使知其结果也搞不太清其作用机制。至于在我们自己的有关文献中,相当流行的一种观点是:股票、债券的发行不会引发货币供给量的变化。但纵然货币供给总量不变,货币供给的结构,如M1占总量百分比也会变;而且货币供给总量不变的论断是否成立也还成为问题。不论如何,生活现实证明给我们的是:与有价证券热相伴随的是总需求的明显增大。这个问题如在理论上得不到明晰论证,宏观调控则不易解决好。(《中国证券发展中的规范化和宏观调控问题》,《财贸经济》1993年第9期)

三、股票市场

(一)对中国股票市场发展现状的分析

厉以宁认为，我国股份制在发展过程中虽然出现了一些风波，基本上还是正常的。但中国的股票市场不活跃，其障碍在于：(1)国有股能不能上市。到现在为止，上市股都是个人股，国有股比重很大，既不准上市，又不能转让，个人股炒来炒去整个股市当然不会活跃。要尽快争取国有股上市，国有股上市是卖不是送，卖的钱可以再去投资，有利于国家股的增值。(2)国家股是不是一定要占51%。仅仅把国家股当成是公有股不对。非国家股中有很多是公有股，如企业相互参股形成的法人股、各种基金会的股、乡镇企业股都是公有股。这些股加起来并不妨碍企业以公有制为主。另外，51%的杠也不妥当，从西方国家的经验看，33%就能控股。因此，国家股只要占33%就能保证企业以公有制为主。(3)居民手持外币能否买B股。现在的B股主要是为了吸引外资，只有外国人才能买。股市不活跃与B股的规定有关。问题是居民手中持有外汇，大概有几十亿。外币的存款利率很低，只有3%，这样的利率吸引不了外币存款，导致大量外币闲置个人手中。如果中国人的外币也能购买B股，有利于B股市场活跃，这反而更能吸引外资。(4)海外上市的股票不在50亿配额之内。最近有9家大型企业如马鞍山钢铁公司、仪征化纤公司到香港上市。这不是个好办法。这些企业到香港上市，活跃的是香港的证券市场。此外，股票的每一笔买卖都要抽税，税费很高，这笔税收损失了。(徐元凌：《不能用计划经济方式管理股票市场—厉以宁谈我国股份制发展现状》，《中国经营报》1993年4月20日)

刘光第认为，股市的建立和发展是市场经济发展的必然产物，也是市场经济进一步发展所不可少的条件。但由于主、客观条件的欠缺，我国股市的试验，并没有取得多少成功的经验，而是教训多于经验，艰辛多于甘甜，可以说，代价太大，成就太小，其主要表现：(1)利益驱动，上下争利，股市的作用被扭曲，基本上没有显示出其调整产业结构、地区结构和产品结构以及企业经营机制转换的作用。(2)投机猖獗，投资不足。我国股市开业两年来，经历了多次暴涨暴跌，说明股市极富投机性，很少投资性。(3)以权谋私，扰乱股市。社会主义公有制股票市场如何搞？有许多问题尚未解决。我国的证券公司及兼营证券业务的数百家信托投资公司，绝大多数都是国家主办的，主持人都是国家官员，他们资金充足、信息灵通、独享垄断权。这些证券官员搞幕后交易和以权谋私比谁都容易。1992年8月深圳的认购股票风波，有内部职工4000余人涉及舞弊，这只是暴露出来的突出一例。(4)造成社会心态不平衡，影响社会安定。(《关于发展股票市场的几个问题》，《经济研究》1993年第3期)

吴先满认为，中国证券市场目前发展到何种程度？对此理论界和实际部门的专家学者的看法不尽一致。厉以宁教授一直倡导股份制改革并对中国证券市场发展评价持积极态度，而刘光第教授则认为中国十余年开放股票市场的实践其教训多于经验。但有一点是共识，即中国证券市场目前还不发达、不成熟、不完善，尚处于发展之中。具体表现在：(1)市场组织体系尚处于成长发育阶段。不健全，甚至可以说还不成体系，一个突出表现就是国内横向联系差，很不统一，基本处于区域市场发展阶段。(2)市场交易当事人(法人和自然人)行为扭曲，未走上真正的市场经济轨道，运作机理不规范，不合乎市场经济内在逻辑，如机构炒股者缺乏产权制约等。(3)市场宏观监督薄弱，调控乏力。(4)市场立法司法滞后等，致使证券市场出现某些紊乱现象。从普遍反应的情况看，近年来中国证券市场发展中遇到的突出问题有：一是权力渗透市场，某些权势者炒股严重，导致一些腐败现象；二是信息披露不充分，甚至不真实，透明度差，大户联手操作，内幕交易、知情者交易多，使市场机制扭曲，不能做到公开、公平、公正，中小股民权益受损；三是信贷资金投入炒股过度，银行业与证券业关系处理不当，加大了银行资产的风险性，加剧了信贷资金紧张度。据统计，1992年全国约有3200亿元资金从银行存款分流出来转入证券、房地产投资。如果说中国证券市场的不发达，主要是受中国现阶段社会生产力发展的一般水平的制约，那么我们可以说，中国证券市场的幼稚性、不成熟性，则主要是受制于生产关系、经济利益关系方面的因素，基本是中国经济体制目前所处的转轨阶段以及在双重体制转换过程中产生的利益矛盾与行为摩擦，特别是由于整个经济体制改革以及某些环节的政治体制改革未能取得重大的突破和实质性的进展，更为直接的是财政、金融、投资体制以及政府行政管理体制改革推进缓慢、浅层化，某些措施落入不痛不痒的形式主义俗套，这就给某些不健全甚至是腐败力量向金融领域包括证券领域渗透、蔓延以可乘之机。(《证券市场发展评估与现实问题》，《经济学消息报》1993年11月4日)

陈玉海认为，我国股市的创建并没有达到促进企业转换经营机制的目的。因为我国企业股份制改造行政干预较多，缺乏必备法制，股市供求严重失衡，股民风险意识淡薄，股价起伏较大，往往出现优良股票股民惜售，致使交易量达不到涨价限度，价格上涨缓慢；而企业管理差、经营情况不好的股票，却因有人抛售，交易量达到涨价限度，股价反而上涨较快，大大超过优良股的涨价幅度，而且，股市试点总体市盈率高达几十倍甚至上百倍。由于股市价格信息受到严重的扭曲，股东难以对企业经营业绩作出确切评价，无须关心股票发行的基本经济因素，而是只关心资本的利得收益，股市对企业经营机制的转换没有足够的外在压力。这些背离了股份制和股市创建的初衷。正如吴敬琏同志指出的那样，无论是国家所有制企业，还是合股经营企业，只要以价格普遍扭曲为特征的经济环境不改变，就不可能有效率。（《对我国股市若干问题的认识》，《金融研究》1993年第2期）

（二）关于控制股票发行规模问题

夏斌认为，从理论上讲，控制股票规模与市场经济是相违背的，但在中国目前的状况下，在企业股份制度规范化问题、股票市场监管制度问题，以及整个股票市场的运行机制等问题尚未完全解决以前，股票发行的规模不能完全放开。当然，发展方向上应是完全放开，我们可望在90年代末达到这一目标。（《实事求是地加快改革步伐》，《金融研究》1993年第1期）

李麦秋、**辛光磊**、**阙方平**认为，中国股市在近期内需要处理好股票供给与股票需求之间的关系。当前最主要的任务是增加股票的有效供给，具体可从以下几个方面入手：(1)加快企业股份制改造步伐，允许一部分资金投入量大、回收周期长的能源、交通领域的企业，试行股份制改造，增加公开发行股票的股份公司数目，从而扩大新股发行量。(2)在一些经中央批准的中心城市开辟股票场外市场交易，允许已发行但不够进入交易所上市交易条件的股票在场外市场上市交易。(3)允许上市公司相当数量的法人股上市流通。(4)允许处于向股份公司过渡的企业以及现有股份公司发行"准股票"，即发行"可转换公司债"，以缓解强大的股票需求压力。（《中国股票市场：数量与质量》，《金融研究》1993年第1期）

刘光第认为，当"股票热"蔓延时，一些理论工作者指责上市股票太少，应再多上市一些股票，这又是一种不切实际的想法。殊不知股票与一般商品不同，商品供不应求时，可以通过增产来调节供求，避免出现大涨大落；而股票因有投机作怪，很难调节供求。在股市中，股价越涨，往往供者越少，需者越多；反之，股价看跌时，股价越落，需者却越少，供者则越多，从而出现狂涨狂落。因此，股票试点不能随便铺开，股票上市不能随便扩大，要按严格的法规进行。再则，股票上市总是有限制的，如日本有股份公司近100万家，能够上市的只有2000多家，占0.2%；香港公司有30余万家，股票上市公司只有365家，只占0.12%。我国股份制试点企业达3600多家，上市公司达50家，上市占1.4%，比日本和香港都高。（《关于发展股票市场的几个问题》，《经济研究》1993年第3期）

陈玉海也认为，有的人提出扩大股票发行，增加股市运作筹码是推动我国股市正常发展的唯一政策选择，这种看法是不够确切的。首先，应当看到我国经济处于高速增长时期，经济增长导致了资产升值，支撑了股市繁荣。其次，我国居民家庭储蓄和大量手持现金不断增多，由于缺少合适的投资途径，加之利率水平低，居民投资于证券市场更有吸引力，这也是股市供不应求的重要原因。目前，我国股市供求不平衡，缺乏风险意识；欠缺必备的法制，企业行为和股市运作不规范；上市公司会计制度与国际标准差异极大，企业提供的报表缺乏可比性，投资者难以通过它判断企业经营状况，使得国际通行的判断股市方法和手段难以发挥应有的功效。因此，单纯地认为只要扩大股票试点面，增加股市运作筹码，供求可以达均衡的观点，不利于我国股市的健康发展。（《对我国股市若干问题的认识》，《金融研究》1993年第2期）

（三）关于国营大企业能否实行股份制问题

李守荣认为，股份制既然是社会化大生产和市场经济的必然产物，是适应市场经济发展的一种理想的企业组织形式，它就不仅仅适用于一般中小企业，也适应于关系国计民生的大企业；否则，国有大型企业就缺乏竞争机制，没有活力，靠国家财政补贴过日子。在理论界研讨股份制问题中，有人认为关系到国计民生的国营大企业，比如钢铁公司、航空公司、铁路、通讯等，不能实行股份制，必须牢牢掌握在国家手中，实行高度垄断，由政府直接管理。其实不然，1982年日本国有大企业国铁（地铁）由政府垄断经营，亏损严重，1987年国铁实行股份制，经济效益大为提高，增强了企业活力，摘掉了亏损帽子，有了新的发展。我们应当破除一些旧的思维方式，吸收国外有益经验和做法，一些国营大企业也可以逐步推行股份制，以扭转其长期亏损和靠补贴过日子的状况。（《股份制若干问题思考》，《财贸经济》1993年第9期）

倪吉祥认为国家股长期不能上市运作的障碍主要有四点：(1)意识形态障碍。有人认为股份制是典型的化公为私的形式，国家股上市，卖给个人了，外商了，私有化了。这种认识看不到国家股的运作是一个价值形态的运动过程，国家股转让出去了，收回比原来价值多几倍甚至几十倍的货币资金，可以投资于新兴产业，用于结构调整，用一部分变现的国有资产换回更多的国有资产。(2)担心崩掉股市。有人认为一旦国家股上市，由于数量、规模巨大，股民势必产生恐慌心理，引起股市动荡。这种担心没有看到由散户股民为主体形成的股市永远不可能是成熟的股市；国家股不上市，机构、法人不成为股市运作主体，股市永远不会形成内在稳定机制；国家股越晚上市，累积的国家股存量就越多，对未来股市的冲击就越大。将来就越难运作。(3)担心国家股会操纵股市，损害众多的分散的小股民的利益。这种担心可以理解，但却是不必要的，国家股上市运作时要受到政府证券管理部门和证交所的准则、规章和管理办法的约束，对如何制止大股东操纵股市有明确政策规定。(4)担心实际操作引来很多麻烦，例如，谁来充当国家股持股单位？国家股变现收入归谁所有？如何处置等等？一旦国家股上市运作，诸多问题便纷至沓来，使有关方面知难而退，限制了政府运用经济手段调控股市的功能。(《国家股运作：若干理论与政策问题探索》，《经济研究》1993年第8期)

王国刚认为，近年来，中国股市暴涨暴跌、入市者热于“炒股”冷于“藏股”、股市机制发育艰难等，均与公有股不可入市直接相关。如果公有股不入市，股市本身发育不良，它的多项功能也就不能有效发挥。具体是：(1)股市强调股市平等、买卖自由。通过股票买卖，原来由政府部门持有和法人持有的股票可能转移到社会公民手上，而后者持有的股票也可能转移到前者手中。这在深层关系上则是打破了传统经济中各种经济成份之间的所有制壁垒，使资源能够在全社会范围内流动和有效配置。使企业从所有制的封锁中解脱出来，走上市场，接受社会的监督和约束。公有股不可入市，一方面使政府部门可利用控股地位对上市公司继续实行“政企不分”的管制，另一方面使广大公民感到其在上市公司中势单力薄，只能将自己的注意力从关心企业的运营业绩转向股市，通过股价波动来获取自己的收益。从一定意义上说，公有股与个人股在股市上的不平等与它们在企业中的股权能力不平等、所有制关系中地位不平等是相互对应的。这种不平等既是股市不允许的也是市场经济所反对的。(2)股市的一个重要功能是调节资源在各产业部门和各企业的配置。公有股不入市给人们的信号是，政府部门和法人机构为了维护自己的利益不会置上市公司于不顾，企业不会被淘汰。因而，人们可以放心地把对上市公司的经营寄托于公有股的股东，大胆地“炒股”。在这种格局下，各上市公司股票市价既不是社会评价的结果，也不充分反映股民对上市公司经营状况的评价，与此对应，股市对促进产业结构优化和企业进步的功能也大为弱化。(3)在股市中，法制的“公平”以股市、上市公司及股东行为的公开与公平为前提。公有股不入市意味着公有股运作处于非公开状态。机构与大户联手操动与这种公开和公平的不充分性密切相关，各种内幕人员的内幕交易也与此相关。公股不入市在相当程度上维护着传统经济中的行政管制机制和“人治”，影响着与股市的公开性和公平性相适应的各种法律机制及社会监督机制的形成。(《公有股进入交易市场的难点与对策》，《财贸经济》1993年第8期)

欧阳卫民认为，假定由于国有股通过上市转让或别的原因，国家丧失了对企业的控股权，那也没有什么可怕。国家没有控股权，不等于企业可以无法无天。起码税得征；股份再少，只要有一股，也得分一股的股息或红利。只要股份有限公司遵纪守法，是由国家直接指挥企业，抑或由企业自我约束即间接调控，是无关紧要的。而从几十年计划经济实践来看，国家倒宁愿放弃控股权，将现有国家股上市转让给个人，成为个人股。我们从改革的第一天起，不就在追求政企分开吗？(《中国股票市场若干问题之思考》，《财贸经济》1993年第1期)

四、直接融资与间接融资

刘光第认为，我国应采取以间接融资为主，直接融资为辅的模式。因为：(1)间接融资符合商品经济不甚发达的条件，直接融资要求信息灵通，市场机制灵敏，信用制度发达，人们判断能力强。这些条件，短期内我们还不具备。(2)间接融资比较便于宏观调控。(3)间接融资可以减少社会震荡。在条件尚不具备的时候，过早过快地发展股票市场，容易引起社会震荡。(4)间接融资符合我国人民的储蓄习惯。(5)从融资效益来看，现在我国银行用较低的存款利率吸收大量资金支援建设。根据日本的经验，这是一个特别有利的条件，如果急于大搞股票市场，在战略上恐怕也是一个失误。(《关于发展股票市场的几个问题》，《经济研究》1993年第3期)

曾康霖认为，以银行信用为代表的间接融资在社会融资中起主导作用，是因为银行信用有着不同于证券信用的特点以及其他信用对银行信用的依存关系决定的。在一个经济处于发展中的国家，常采用“间接融资为主，直接融资为辅”的融资政策。以此作用于资源的合理配置和产业结构的调整。我国在相当长的时期内，也要采取这样的政策。因为，从信用创造的角度说，是贷款创造储蓄存款而不是储蓄存款创造贷款，银行大力吸收储蓄存款不是创造资金来源，而是减少由贷款而产生的现金量，并把其中相当部分转化为潜在性货币。如果流通中相当一部分货币转化为潜在性货币，就为增加贷款提供了可能的余地。再说，股份制的直接融资能否真正积累资金需要进一步分析：(1)直接融资能够将收入转化为资金，但也能够将资金转化为收入。作为货币的资金存在于生产流通领域，是能带来价值的增值，作为货币的收入存在于消费领域，是不能带来价值的增价，就不是真正的积累资金。(2)从微观来说，增加了资金；从宏观来说，未增加了资金。(3)增加了货币资金，未必就作用于价值的增值。这要看如何用这部分钱，如果置于效益好的项目，则能够增值；否则，未必能增值。(4) 增加了价值，即货币资金增值了，未必就增加了社会物质财富。比如，将没有使用价值或打了折口的使用价值的产品，通过“歪门邪道”销售出去赚得了钱，不能认为这样便增了值。现实生活中，人们“炒股票”，而且使一些股票的价格大大超过了它的面值，这与积累资金有什么关系呢?可以说基本上没有关系。(《怎样看待直接融资与间接融资》，《金融研究》1993 年第 10 期)

夏长文认为，鉴于我国目前商品经济尚不发达，市场经济体制的建立刚刚起步，人们金融意识还不强的情况，在寻求直接融资与间接融资相结合的途径时，必须考虑中国的国情，在今后相当长的时间内，银行间接融资仍将是融资的主体形式，这是培育发展社会主义资金市场体系的正确选择。在当前许多改革措施尚不配套，各种相应的法规制度还未健全的情况下，盲目或不恰当地发展直接融资只会造成对经济运行的损害。因为间接融资的好处在于：能有效地集中社会闲散资金；有利于控制社会资金需求总量；有利于产业政策推行和产业结构的转变；有利于保护投资者的利益；有利于抑制利率上升，为经济发展提供较好的金融条件。在这方面，日本坚持以间接融资方式为主筹集资金的做法值得我们学习和借鉴。(《证券市场与银行储蓄》，《金融研究》1993 年第 3 期)

林毅夫、**沈明高**也认为，以银行间接融资为主渠道，配合以其他融资方式，是我国金融改革与发展的长期选择。股票直接融资作用的发挥需要一定的制度环境条件，多数国家的经验证明，在经济发展初期这样的条件难以具备。如果在条件不具备时盲目发展股票直接融资，不仅不会增加社会的总供给，而且还会影响社会的稳定。与股票直接融资相比，在我国现阶段，银行间接融资能够利用其制度上的优势在对付因市场发育不健全产生的不确定性等方面起到积极作用，有利于整个国民经济的平稳发展。我国目前出现的股票热、证券热不能证明股票直接融资的必要性和迫切性，而是反映了由于金融体制方面存在的弊端造成银行间接融资供给不足。只有改革这些弊端才能真正发挥银行间接融资的积极作用。(《股票直接融资与银行间接融资的比较和选择》，《金融研究》1993 年第 5 期)

李麦秋、**辛光磊**、**阙方平**认为在今后一段时间内，随着我国股票市场的发展，扩大股票发行量将是大势所趋，这必然会导致现有金融资产格局发生根本性转变。从静态看，新股发行可能会引起局部居民储蓄存款下降，这是正常的、暂时的。从长远看，扩大股票发行，不仅有利于改善居民金融资产结构，而且有利于减轻银行信贷资金压力，降低银行信贷资金风险，使全社会金融资产朝着多元化的方向发展，这是世界各国普遍出现的趋势。世界上许多国家，随着金融创新，居民金融资产结构处于不断变化之中，但每一种金融资产的总量却是年年增长的。我国 1983—1988 年，现金（通货性存款）在金融资产中的比重由 32.5%下降到 28.5%，储蓄性存款比重保持相对稳定，基本上在 62%左右（但储蓄存款总量是增长的），有价证券比重由 2.9%上升到 8%，由此可见，扩大股票发行与居民储蓄稳定增长并不矛盾，而是相互促进、协同发展的关系。(《中国股票市场：数量与质量》，《金融研究》1993 年第 1 期)

（赵一新）

期货市场

一、目前存在的主要问题

（一）发展过猛，重要建设。

从我国期货业发展的总体现状看，我国期货市场发展过快，期货交易所太多，交易量分散，存在一个城市同时兴办多家交易所和同一品种多家办理的不正常局面。现建成的有色金属系统的交易所有北京、上海、深圳、四川、甘肃等地，已上报主管部门拟建、待建的还有十几家。**路彦**认为，从世界范围看，在期货市场发展已有百年历史的欧美各国中，也设有如此之多的交易场所。我国在短短几年之间，建立如此之多的交易所，既与我国经济发展水平不相适应，也违反了事物本身的发展规律，在重复建设中，浪费了资源。现已出现许多交易所生意清淡，有场无市，难以为继的状况。(《期货热—问题与对策》，《国际金融导刊》1993 年第 4 期)。

据《中国信息报》**马建华**报道，目前全国交易所多是专业性的，交易面窄，有的甚至是变相的远期合同或批发市场，按某些国外专家的观点，就是上海金属交易所和深圳有色金属交易所也只是远期现货交易，不是严格意义上的期货交易。(《'93中国一大热—期货热》，《中国信息报》1993年6月11日)

(二) 经纪公司超前发展。

据**黄真**报道：目前我国期货市场发展太快另一表现是经纪公司太多，太滥，难免鱼目混珠。经纪人素质较差，致使期货风波迭起，客户损失惨重。"1992年深圳百事高期货事件，1993年南京金中富国际期货风波，给期货热敲了警钟，与前几年相比，深圳在经历了风波之后，对期货的热情已明显减弱。"有人据此担忧，作为改革先锋的期货市场会因风波迭起而受到负面影响。此外，为数众多的地下经纪公司的存在，也扰乱了正常的期货市场，使正规挂牌的期货公司生意受损。同时侵吞保证金，自己做庄、自己对冲坑害投资者携款而去事件时有发生。1993年4月国家工商局颁布了《期货经纪公司登记暂行办法》，办法规定，各期货经纪公司一律由国家工商局核准注册，各地工商局不再办理，只进行初审，已登记注册的期货公司应重新办理登记手续，以此加强国家对期货经纪公司注册登记管理。从某种含义上讲，这是将期货经纪公司的审批权收回中央，管理期货市场的发展应注重质量。(《期货市场：百花齐放并非春色满园》，《中国信息报》1993年9月8日)

(三) 地方争建，权为参与，国有资产流失严重。

有关资料显示，不少地方政府把建立期货交易所做为加强行政管理和控制的手段，政府机构、军队、武警、公安部门、金融机构竞相开办。权力机构的介入，带来很多弊端，首先造成产权关系不明确，国有资产受损被侵现象。这些公司的投资多为公有资产，但收益却作为机关团体的"小金库"或对机关承包，助长了腐败之风。在讨论中**陶琲**等说，有些交易所的高层管理人员由有关部门的领导担任、显然这种关系使竞争缺少公平性，也使某些非法经营的现象披上了合法的外衣。再次，国有企事业单位从事期货买卖，无责任及风险的约束，盲目委托他人代理，造成巨大经济损失。(陶琲、杨尚想、周功华：《我国期货市场发展中存在的主要问题及政策建设》，《财贸经济资料》1993年9月)

(四) 法规滞后，管理混乱。

第一，**陶琲**等认为，迄今为止，对期货市场缺乏全国统一的立法，各地区、各交易所的管理办法是依据自身的现状制订的，彼此难以协调，市场分割严重。第二，没有全国性的专门对期货市场的监督，管理机构，无法进行有效管理和监督，致使我国期货经纪业比较混乱，阻碍了期货业的发展。第三，**柳荫**等认为，我国法律规定，合同禁止买卖、转让，而在期货交易中，交易对象是标准期货合约，现行法规与实际运作相抵触；此外，买空卖空与期货市场的投机行为也应给予正确的认识，否则，没有法律保障的期货交易难以正常运转。(《中国期货：市场经济在呼唤》，《投资理论与实践》1993年第8期)

(五) 交易行为规范化水平低，期货意识差。

我国比较有影响的交易所均是按国际通行组织体制和运行机制建立的，目前这些交易所正在参照国际及国家标准制订标准化合约。郑州商品交易所从1993年5月开始实行标准化合约交易，深圳有色金属交易所于1993年中推出特级铝合约，上海金属交易所推出一号铜标准合约。然而据**龚冰**报道，在期货交易行为上规范性还相差甚远，内幕交易，舞弊行为时有发生。不少经纪人素质低下，这也是期货市场风波迭起的原因。目前，人们对期货的认识还停留在较低水平上，很多人把远期交易与期货交易混为一淡。把一些不适于标准化的商品进行期货。期货的风险意识也显薄弱。(《中国需要更多符合规范的期货经纪公司》，《首都经济信息报》1993年6月1日)

(六) 政策限制，体制不配套。

有的资料介绍，金融体制不配套，外汇管制过严，使许多交易无法进行。例如，外汇管理上要求用汇者填写买汇用途，不允许投机现象存在。此外，利率控制、交易者无法异地贷款等都限制了期货市场的进一步拓展。税收体制上，异地交税受限；价格上部分生产资料的限价及价格补贴政策不利于期货市场的活跃；交通运输能力落后，限制了合同按时履约；企业不是自负盈亏，自主经营的法人，缺乏风险及竞争意识，也限制其进场交易的积极性。(辛珣：《关于建立和完善我国期货市场的若干问题综述》，《江西资料参考》93、3)

二、对期货市场发展的建议

针对目前我国期货市场发展的状况及存在的问题，有关部门及学者提出一些对策建议。概括起来有二方面：

(一) 加快步伐，为期货市场的发展创造良好的外部条件，宽松的宏观环境。

1. 社会主义市场经济体制的建立是发展期货市场的关键条件，但是在新旧体制交替中建立市场体系需要不断地完善。期货市场的进一步发展更有利于整体宏观环境的改善，特别是经济改革的进一步深化。对此众多学者取得共识。具体讲，(1) 在金融体制上建立公开市场，健全证券市场，尽早实现人民币的自由兑换，改革结算制度，发展多种金融工具为繁荣金融期货市场创造先期条件。(2) 在税收上要建立异地税收制度。(3) 价格上进一步放开搞活，减少直接干预，除必要的军备物资及口粮予以支持外，由市场决定价格，使期货市场上的交易价格成为市场价格的导向。(4)实行政企分家,把企业推向市场,使企业成为真正的自主经营,自负盈亏的法人实体,具有价格风险意识,自己寻找回避价格风险的手段和场所,积极参与期货交易。对一些国有企业以及产权不清的企业,首先应解决体制上的问题,使之自负盈亏,以免国有资产的流失。

2. 统一管理,加快立法,规范市场。众多学者认为目前我们抓紧要做的是按国际规范标准建立全国性的期货管理机构和行业协会,统一登记,统一管理。做为高度组织化的市场管理机构,应由国务院指定有关部门和社会上的专家联合组建成非政府系列的权威机构,同时,也应成立民间期货市场协会,实行自律管理。期货市场的建设必须立法先行,以使市场的整体运行纳入有序的法制轨道,避免无法可依造成的市场混乱的局面。应尽早出台我国期货市场的交易规则包括:商品期货交易规则、经纪业务规则、结算等保证规则,会员组织规则等等。(管同伟、李银珠:《我国期货市场的现状与前瞻》,《广东金融》1993年第5期)

(二)寻求一条适合中国期货市场发展的道路,注重期货市场自身建设。

1. **黄真**报导很多人士认为目前我国期货市场发展过快,寻找一条适合中国国情的期货市场发展道路已成当务之急。总体上讲,期货发展应采取分阶段,分步骤推进的道路,一步到位的想法不切合实际。期货发展应遵循少而精的原则,注重发展质量,打破地区分割,建立全方位、规范、统一、具有代表性的大市场。改变各自为政局面,消除人为障碍。对目前交易所及经纪公司进行清理整顿,取缔非法经营,打击违法经营,维护公平竞争,并限期权力机构在组织机构及人员上与期货业脱钩,并在产权上明确关系。也有一少部分人的观点是目前我国的期货市场尚处于探索,试办阶段,期货市场发展不是过热,而是过滥,应有对现有期货市场进行全面的整顿。坚持"一种期货一个市场"的原则,加强试点作用。试点工作要先范规、后运行,再推广。(《中国信息报》1993年9月8日)

2. 对于金融期货的发展问题,**肖武标**等认为,金融期货与商品期货相比,更难掌握价格变化的规律,应先发展商品期货,再推向金融期货。目前,金融期货在我国发展存在许多障碍。特别在体制改革上远远落后于市场经济,因此,更重要是深化金融体制改革,逐步为发展金融市场创造一个宽松的环境。金融期货推出的时机上应在商品期货市场运作相当基础下,地区选择上应以上海、深圳等具有实践经验和地理优势的地区。另一种观点认为我国建立金融期货市场虽然面临很大障碍,但基本条件是具备的。发展金融期货市场是市场发展的必然选择,早建比晚建好,应通过发展市场来促进改革。应积极开展设计,稳妥地从准备工作做起,分阶段地推出比较适合我国目前情况的金融期货品种。(《发展金融期货市场的难点与对策思考》,《广东金融》1993年第5期)

3. 对于国际期货问题,大多数人认为就中国目前的发展状况,对于国际期货这样技术性、专业性要求很高的业务,应有计划地分步骤地开展。中国期货市场创建时间很短,宏观立法及人才上都不配套,目前我国仍应以现货及远期交易为主,逐步过渡到期货交易,交易的目的应是保值,投机成分应少。待国内期货市场发育成熟以后,由国家选择有实力的国内期货公司开展此项业务。

4. 在期货市场内部机制上。(1)**黄真**等认为,期货交易所应遵循"少而精"的原则,削弱地方色彩。国家对期货交易所的设立及经营品种,分布区域应综合考虑,对目前一区多家和多家经营同一品种的局面应予调整,逐步改造。期货市场的起步阶段,不应办理太多同类期交易所,应建立统一的,集中的综合性期货市场以便众多供求关系集中市场内,形成统一的交易价格。但对一些交易量大,流通辐射面广的商品,则应保持专业市场或单个商品交易所的特色,目前应做的是取缔非法交易所;整顿权力部门介入的交易所状况,限期脱钩;帮助和引导没有发展前途的交易所从期货转向做现货,利用现有的先进设备,培育和发展有组织的高级现货市场。(期货市场,百花齐放并非春色满园》,《中国信息报》1993年9月8日)(2)**路彦**等认为,对期货经纪公司和经纪人,一些专家认为,目前,审批权力集中在中央是适应我国期货市场发展状况的。应有计划地发展我国期货经纪业,尽早成立全国性的期货管理机构和行业协会,统一登记,统一管理,对经纪人资格考核发证,对违反职业道德的公司及个人坚决予以取缔。(《期货热:问题与对策》,《国际金融导刊》1993年第4期)(3)建立稳定的结算机构及保证金制度是期货市场能否正常运行的关键。目前我国期货市场的建设中还没有独立的期货结算公司,**陶琲**等在讨论中提出,建立分层次的结算制度,以分散风险,减少信用危机并实行标准化,加快建立计算机自动结算系统,逐步过渡按日结清办法。**田源**等在讨论中提出,鉴于我国长期由银行进行结算的现状,现阶段应成立一个由交易所与银行或保险公司合作的结算中心,也有人建议由国家工商银行等专业银行共同出资组建全国性的结算机构,负责全国期货交易的结算和保证。目前看第一种办法更为可行。(4)建立指定仓库,保证必要的实物交割,是商品期货交易所必不可少的条件,尽管现代化期货交易中实物交割的比例很少,但我国目前发展的初级阶段商品期货交易中实物交割会占很大比重,因此对于我国目前期货市场发展讲，这一环也是十分重要的。(5)人们一致认为应尽早培养期货市场上的管理人才及经纪人才，加强期货知识的宣传，以提高人们对期货行业的认识。(田源、卢建、张新华：《我国期货交易的发展现状、趋向及政策建议》，《经济研究参考》93、27) （吴颖）

企业工资体制改革问题

党的"十四大"报告提出在我国建立社会主义市场经济体制，给理论界带来了一次思想的解放，也给劳动工资体制改革提出了新的要求。围绕在社会主义市场经济体制下，确立什么样的工资体制改革目标，理论工作者和一些实际工作者展开了理论探索与争鸣，提出了各自不同的观点。

一、改革的目标

何平等认为，在社会主义市场经济条件下，企业工资体制的目标模式应描述为："市场机制决定、企业自主分配、政府监督调控"。市场机制决定是指生产要素以市场机制为基本配置的手段，工资由劳动市场机制决定。企业自主分配主要指自主决定工资总量、工资制度、工资关系等。政府监督调控主要是政府处于双方当事人之外，起规划、协调、引导、监督作用。(《社会主义市场经济下的企业工资体制》、《经济研究》1993年第10期。)

葛寿昌在讨论中认为，在社会主义市场经济条件下的工资目标模式应表述为："国家调控市场，市场决定工资，企业自主分配，分配层次多元，国家征税控制"。国家调控市场，主要是为企业创造一个平等竞争的外部环境。市场决定工资，是指由商品等市场决定企业的经济效益和工资总额水平（即企业可以承受的工资水平），由劳动力市场决定企业及各工种的平均工资水平。分配层次多元是指在劳动力市场上，按劳动力价值和供求关系确定劳动力的市场价格，这是第一层次；劳动者在企业中确定的岗位技能工资是第二层次；根据劳动者最终成果所确定的工资是第三层次；根据经济效益确定的效益工资是第四层次的分配。国家征税控制是指国家通过法律手段和税收手段确定最低工资标准和控制最高工资水平。

解书森认为，企业分配的目标模式可以概括为："市场引导企业，国家调节劳动力市场；企业决定劳动需求，劳动力决定劳动的供给。工资水平、工资差异、工资增长幅度，实际是诸主体协商的结果。其运行机制是企业自主分配、国家依法征税"。在市场型分配中，国家（政府）运用各种手段调节劳动力供求关系，引导企业和个人对劳动支出与劳动收益进行选择，企业拥有独立的工资分配决策权，劳动者也有自主择业自主权。企业通过买方价格，提供劳动力需求信号，劳动力供给者则通过卖方价格，提供劳动力供给信号。这些信号都在劳动力市场上显示出来，这样劳动报酬便在劳动力进入生产过程之间，通过市场关系得以决定。(《社会主义市场经济下工资模式的重塑》，《经济管理》1993年第4期)

鲁世海提出，"劳资协商谈判、市场平衡调节、国家规范监督"。认为企业劳资双方利益是有差别的，资方追求资产增殖和利润的最大化；劳动者追求的是工资福利的最大化。市场经济中的这一矛盾必然要求劳资双方通过协商、谈判来决定工资增长。市场平衡调节是指通过劳动者与劳动者、劳动者与资方及资方与资方之间的竞争，形成各类人员的均衡工资率。国家规范监督是指国家保证分配的公正。：《谈市场经济条件下企业工资分配的目标模式》，《北京市计划劳动管理干部学院院刊》1993年第1期)

王永江提出，"工资市场决定、企业自主分配、国家立法调控"。工资市场决定就是由市场对工资作出评价，即由社会经济发展水平、劳动力生产和再生产的费用、劳动力供求关系和物价变动情况等因素所决定的劳动力价值或价格，作为劳动力的交换价格，在就业者和企业双方自愿结合的基础上，预先确定劳动者进入企业的基本工资。

二、市场经济体制下分配的基本原则

董国樹在讨论中提出，在社会主义公有制内部，仍要以按劳分配作为进行个人收入分配的基本原则，只不过按劳分配实现的过程和方法与计划经济体制下有所不同。按劳分配的实现要经历流通和生产两个过程。在流通过程中，由企业和劳动者按照等价交换原则，根据市场评价的劳动力价格，首先确定劳动者的基本工资。其次，在生产过程中，还要根据劳动者在生产中的劳动贡献和劳动成果的大小，支付具体的工资报酬。

潘惠弘在讨论中认为，社会主义市场经济的基本分配原则应为"按照生产要素的占有、使用和实现，进行社会财富的分配”。分配的对象是生产要素的占有者,分配的依据是生产要素投入后的产出。在国有企业中,国家作为资金占有者而获得利润,职工作为劳动力占有者获得工资。

赵履宽认为，市场经济分配原则就是凭投入取报酬,即投入的要素种类决定报酬种类,有效投入量决定报酬量。各种投入的报酬差别决定于它们各自的边际生产力(各自创造的收入在总收入中的比重)。(高路：《按劳分配必须与市场机制相结合——访中国人民大学劳动人事学院院长、教授赵履宽》、《经济日报》1993年8月6日)

解书森认为，不同层次的劳动报酬取决于劳动力形成的社会必要劳动时间，同一层次的劳动报酬则取决于劳动力的稀缺程度。不同层次的劳动如精神劳动与物质劳动，复杂劳动与简单劳动，在市场机制作用下,只能由社会必要劳动时间这一统一尺度来度量,等量劳动获得等量报酬。同一层次社会劳动的报酬以人力资本收益值为中准线,通过价格波动实现。每个劳动者的货币工资水平除基本取决于人力资本投入量外,还直接受该种人力资源稀缺程度的制约。(《社会主义市场经济下工资模式的重塑》、《经济管理》1993年第4期)

葛寿昌在讨论中提出，在社会主义市场经济条件下,应建立和形成市场经济的工资理论,主要包括以下内容：一是决定工资的规律和因素不是象原来所理解的是单一的按劳分配规律和单一的劳动量因素，而是由多种规律和多种因素决定的。而且随着情况的不同,时而这个规律占优势,时而那个规律占优势。决定工资运动的规律既有按劳分配规律，还有劳动生产率不断提高规律,社会主义积累规律,劳动力消耗补偿规律,劳动力按比例分配规律,价值规律,供求规律,竞争规律等。决定工资的因素主要有国民收入(净产值)及其分配比例,企业的经济效益,劳动生产率,劳动力价值,劳动力供求关系,岗位及技能,劳动量及成果,国家的产业政策和收入政策等等。二是等价交换与等量劳动交换相结合。企业之间集体劳动成果(商品)的交换是等价交换,通过等价交换,实现其价值,它是工资分配的基础和依据。在企业内部,劳动者之间才是等量劳动交换。等价交换在先,然后才是等量劳动交换。按劳分配是通过按价值分配实现的。三是工资内容多样化。市场经济条件下,有按基本生产需要分配的收入,有按技术、能力分配的收入，有按岗位劳动强度、劳动条件、工作责任分配的收入，有按实际提供的劳动量及成果分配的收入,有按最后实现的经济效益分配的收入(包括劳动分红)。

三、分配的主体

操龙灿认为,市场经济体制下分配的主体是企业,企业不仅有内部分配权，而且在保证上交和国有资产保值增殖的前提下，可以自主决定工资的提取。(《浅谈国有企业工资制度改革目标模式》、《中国企业报》1993年10月8日)

鲁世海认为，企业自主分配有可能造成厂长经理的独断专行,分配主体应该是劳动者与企业双方,即由劳动者或其代表与企业资产所有者或其代表的协商谈判确定。当双方协商谈判难以进行下去或发生破裂后,政府或其他社会组织可以在其中起调节与仲裁的作用。(《谈市场经济条件下企业工资分配的目标模式》、《北京市计划劳动管理干部学院院刊》1993年第1期)

四、模糊工资问题

1. 模糊工资的概念分歧。

(1) 一些人认为所谓模糊工资制就是企业对职工工资收入的发放采取保密形式，如信用卡、红包等等。每个工人只能知道自己当月的工资收入水平，而无法知道、也不许打听他人的工资收入的多少,形成职工相互之间收入的横向模糊。(沈开艳:《论“模糊工资制”》,上海市劳动学会企业工资委员会编《企业工资研究》1993年第1期)

(2)也有人认为模糊工资就是企业职工的工资、奖金的多少由厂长或经理决定,并秘密发放,不是按照经职代会讨论同意的分配方案进行。(陈军:《模糊工资分配不符合＜企业法＞》,《工人日报》1993年5月18日)

(3) 还有人认为模糊工资是介于全透明分配和全保密分配之间的一种半透明分配。(汪惠明:《“模糊分配”初探》,《上海企业》1993年第3期)

2. 模糊工资的利与弊。

(1)认为模糊工资有利于打破大锅饭,克服平均主义，能较好的贯彻按劳分配原则。有利于克服“纯透明”分配存在的一些弊病。(汪惠明:《“模糊分配”初探》,《上海企业》1993年第3期)

(2) 认为弊大于利，不应提倡。因为：一是模糊工资难以保障工资、奖金分配的公平合理,单靠少数几个领导者很难对职工的劳动成果作出科学的评价。二是模糊工资具有随意性,很难避免人际关系的困扰。三是模糊工资具有雇佣性,职工的主人翁地位得不到保证。(李大霞：《浅析＜模糊工资＞的利与弊》,《经济消息报》1993年9月27日;《“模糊工资”弊大于利——上海市总工会关于部分企业“模糊分配”情况的调查与思考》,《工人日报》1993年5月7日)

(3) 认为模糊工资不符合《企业法》。《企业法》规定:厂长提出工资调整方案、奖金分配方案和重要的规章制度,提请职工代表大会审查同意。而模糊分配由厂长或经理个人说了算,秘密发放,职工代表大会就难以进行审查。(陈军:《模糊工资分配不符合<企业法>》,《工人日报》1993年5月18日)

(4)认为对模糊工资的认识不能绝对化。企业是否选择模糊工资,关键是看它是否适合企业的实际情况,是否有利于调动职工的积极性,是否有利于促进企业经济效益的提高和企业管理素质的升级。(陈平杰:《关于"模糊工资"的几点看法》,《工人日报》1993年4月16日)

(王学力)

利用外资问题

一、利用外资政策选择

江小涓认为,判断外商直接投资是否合理的标准应从结构优先政策转到效率优先政策。70年代末期,我国经济结构失衡问题十分严重,国家在推进产业结构调整的同时,制定的吸收外商直接投资的政策大部分与产业结构调整的目标和产业政策的指向一致。而当前我国产业结构发生很大变化,使得在吸引外商直接投资中坚持结构标准碰到许多困难,以往判断外商直接投资方向是否合理的一些结构标准变得含糊不清,不但不能有效地判断外商直接投资合理与否,反而可能变为给予外商过度优惠政策的借口。效率优先的政策应该成为鉴别外商直接投资是否合理的主要标准。即将外商投资企业置于国内企业,平等的条件下,通过市场竞争决定其生存与发展。虽然愈来愈多的行业对外国投资者开放,但各个投资者能否寻找到机会并求得发展,不能再指望能否得到优惠政策,而要看项目的竞争能力,看其生产经营的效率如何。(《从结构优先到效率优先》,《财贸经济》1993年第9期)

卢中原在讨论中提出,贸易自由化是吸引外国直接投资的关键性促进措施。80年代,我国主要采取各种优惠政策作为吸引外国直接投资的刺激手段。进入90年代以来,我国加快了对外开放和外贸体制改革的步伐,努力建立一个符合国际惯例的外贸运营机制。这对我国贸易自由化的加速和引进外资的扩大是一个强有力的刺激因素;同时,也使我国引进外资面临着新的形势:以优惠政策为主要手段吸引外资的做法要转向注意创造符合国际惯例的、自由开放的经济环境。推进我国现行经济体制包括外贸体制的市场化改革,采用符合世界市场导向的国际惯例和竞赛规则,是进一步吸引外资的最重要的条件。这涉及取消进出口的多重贸易限制,设定现实的汇率,开放外汇市场,实现人民币的自由兑换,允许国内生产企业享有进出口自主权,取消内贸与外贸的人为分隔等重大的贸易自由化措施。今后改善投资环境的重点应放在贸易自由化(包括金融自由化和要素市场自由化)上,优惠政策则作为补充手段,运用时要注意合理性、统一性和适度性。

高中仁认为,引进外资要从数量型向质量型转换,重点应向提高引进外资的质量和水平转型。一是提高外资的技术层次,应当引进一定数量的现代最新技术的外资;二是要讲究外资企业的规模,发挥企业的规模经济效益;三是要大胆引进国外第三产业资金,优化外商投资结构,外资企业中第三产业的比重,特别是金融、信息、贸易性企业比重的提高,将意味着引进外资工作质的飞跃。(《14年:如何评价我国外资引进》,《中国投资与建设》1993年第6期)

刘光溪认为,应进一步确立以"市场吸引外资",以"市场换技术"的战略。一些国际上有影响的跨国公司所以选择中国作为投资场所,主要是看中了中国巨大的市场潜力。从这点看,今后能否吸引更多有雄厚资本和技术实力的跨国公司来华投资,增加资本和技术密集型的大中型项目,在很大程度上取决于国内市场对外商投资企业产品的"开放度"。因此,确立以市场引进外资、以市场换技术的政策是一种务实的必然选择。首先,对国内急需而又不能生产的或生产能力不足的高技术产品,应放宽限制,兴办外商投资企业在国内生产和销售。其次,开放国内市场可以换取先进技术和管理经验,从而直接促进现有企业的技术改造,提高国民经济的整体素质。再次,外商投资企业产品进入国内市场,可形成对国内企业必要的竞争压力,而且外商投资企业在产品、技术、管理、经营和营销机制上对国内企业的发展和内部经营机制转变,还能起到强有力的示范作用,促使国内企业加快技术进步和产品升级换代。(《从美国对华投资看我国吸引外资软环境存在的主要问题及政策性建议》,《对外经贸研究》1993年第19

期）

李海舰认为，应实施以股份制度吸引外国资金的战略。采用国际股票筹资可以在保持国家外债总体规模不变的情况下引进更多的国外资金。它实际上是通过外商的股票投资来实现的。与国际直接投资相比较，国际股票筹资可以容纳更多的小额资本，具有风险高度分散、来源十分广泛的特点，只要控制单个股东的投资比例，企业的所有权和经营权就不会发生转移。可见，利用股票筹集外资，既不形成国家外债负担，又扩大利用外资来源。这是90年代我国拓展利用外资方式的现实选择。为此，必须加快中国现行股份制度的全面改造，使其在制度、法律、政策和业务规范方面向国际上通行的惯例靠拢，使国内股市的培育和发展从一开始就走上国际化的轨道，实现国内股市和国际股市全面对接，从而适应金融市场证券化、证券市场国际化的大趋势。（《90年代我国利用外资的新战略》、《中国社会科学院研究生院学报》1993年第3期）

胡景岩认为，应进一步拓宽外商投资领域。目前，外商在华投资遍及一、二、三产业，但以第二产业中轻工业项目居多。我国政府对外商投资领域实行了鼓励、限制、禁止几种不同政策。在实际执行过程中也比较严格，许多限制性项目实际上处于禁止状态。要进一步放宽对外商投资领域的限制，过去视为禁区的商业、金融、保险、航空、律师事务所、会计事务所要进一步扩大试点范围；过去限制投资的土地开发、房地产、宾馆、饭店、信息咨询等，也要逐步放开和扩大吸引外商投资。此外，还有一些领域有待进一步开放，如期货、进出口贸易、矿产资源的开采等。（《对我国吸收外商投资地区倾斜政策和产业倾斜政策的思考》，《对外经贸研究》，1993年第23期）

邱陵认为，应根据国家产业政策，优化外资投向。外资的投向结构要与我国产业结构调整和国民经济长期发展战略相结合。因此必须（1）明确外资投向的重点。由于能源、交通等基础工业投资较大，利润率低，建设周期长，不太可能吸引大量外商直接投资，因此这些部门主要靠借债筹资，外商直接投资的重点可放在机械、电子以及其他可以扩大出口创汇和进口替代的部门，以提高外资的整体效益。（2）加强宏观管制。要尽快重新制定颁布关于引导外资投向的规定，编制吸收外资的产业规划和计划并纳入国民经济发展计划。（3）调整有关政策，如推行产业倾斜政策，运用信贷、税收、利率等经济手段引导外资投向。（《90年代我国利用外资政策的探讨》，《国际贸易问题》1993年第5期）

二、引进外资的重点

焦素芬认为，应进一步吸引大的跨国公司来华投资。近年来跨国公司来华投资的特点：（1）在确定对华投资项目时，绝大多数从企业的长远战略出发，注重长期利益，不强求近期的利润率和投资率。（2）在作大规模投资前的论证上，特别注重中国政局是否稳定，改革开放政策是否能长期坚持，注重所在城市的地理位置、基础设施、配套条件、资源分布、文化素质和开放意识。目前不少项目带有试探性。据统计，美国大跨国公司13年累计对华投资额尚不到它们在1992年一年海外投资额的1%，其潜力是很大的。（3）以打入中国市场为主要目的。（4）跨国公司对外直接投资一般是资本、技术、管理等要素的一揽子输出。它们在华投资项目的技术水平较高，管理比较先进，比较注重职工培训，因此生产率和利润率都比较高，综合经济效益较好。（5）要求对企业的控股权。为此，要吸引跨国公司扩大来华投资，应有相应政策，鼓励跨国公司投资于资本、技术密集型项目；允许跨国公司来华设立投资性公司；进一步放宽投资领域；鼓励兴办股份制公司，为跨国公司来华投资开辟新的渠道；进一步帮助跨国公司投资的企业解决外汇平衡问题；加强投资的促进工作。（《吸引跨国公司来华投资》，《国际贸易问题》1993年第10期）

李晓西在讨论中提出，把我国引进外资重点放在跨国公司上的主张固然有一定道理，但近中期、港台资本仍将是中国引进资本的主要来源。因为：（1）技术先进对中国固然是重要的，但形成能消化和吸收现代技术的基础更是第一位的问题，就我国多数地区情况来看，技术首先应是实用的，不一定是高精尖的。（2）港台也有不少跨国公司，其中不少在观望，我国鼓励港台资本来大陆，就含有鼓励跨国公司来的意思。（3）跨国公司虽然有雄厚的实力，但大批引进它们来华投资的时机尚未成熟。而世界上中小企业比例占80%以上，它们的决策更为灵活，它们的大批流向肯定领潮流之先，没有大批中小企业来华，我们难以动员大企业。（4）外资不仅是经济范畴，吸引外资要能鼓励起民族信心和志气，最好的办法就是吸引台资、港资。台资来大陆，不仅带来资金，且往往带来一种振兴中华的民族力。而且成片的土地开发、批租，让港台商人承包是最能让中国人从感情上接受的。沿边开发，华商也是最可靠的。

魏宗仁等认为，应加强我国在亚太地区争取外资的竞争地位。我国作为亚太地区最大的发展中国家，主要贸易伙伴和投资来源都在这一地区，与该地区经济的融合度和对经济集团的渗入度，都将直接影响我国吸引外商投资的竞争力。我们应一方面根据港澳回归背景和台湾海峡两岸往来增加，及港澳台粤闽经济日益一体化趋势，以积极主动的姿态，采取实效措施，推动“中国经济圈”的形成；另一方面利用我国劳动力资源和自然资源，以及日本、新加坡等国的资金、技术、管理经验和国际市场网络，使双边经济合作向多边经济合作发展。随着我国与东盟各国关系的改善，还应大力发展与这些国家的经贸关系，扩大我国在亚太地区的影响，以推进“东亚经济圈”的形成，从而加强我国争取国际直接投资的竞争地位。(《试析我国利用外资的策略》，《甘肃城市金融》1993 年第 7 期)

(安晓枫)

经济学著作、译著、工具书选介

改革——面向新世纪丛书

主编 薛暮桥 副主编 刘国光 吴敬琏

天津人民出版社 1992、1993年出版

本丛书第一批四本已于1992年出版（本年鉴1993年卷已作介绍，即：《经济体制转轨与宏观调控》、《中国财税体制的问题与出路》、《中国的金融深化与金融改革》、《住房改革：理论的反思与现实的选择》）。

第二批四本：《走向开放型经济》、《中国市场经济的萌发与体制转换》、《大中型企业改革：建立现代企业制度》、《中国农村改革：回顾与展望》。

走向开放型经济

周小川 马建春著

天津人民出版社 1993.11 30万字

本书共六章：走向开放型经济的要求；外贸体制和发展战略的逐步转变；价格体系与外贸体制改革的关系；对外贸易的经济政策体系；外贸有关的企业制度改革；外贸体制改革的外部配套关系。

全书涉及的问题较多、较广，对我国的外贸、银行、甚至国务院的一些工作均有论述。作者认为，建立社会主义市场经济体制，应与"开放型经济"模式相适应，即把国内经济和整个国际市场联系在一起，尽可能参加国际分工，并在国际分工中发挥本国经济的比较优势。我国对外开放的程度如何，主要看贸易体制，首先看贸易模式。作者根据国内外的实践，对西方古典经济学及现代经济学有关反映市场经济规律的理论，作了明确阐述，以便吸取现代文明的成果，避免"导致许多思维上的混乱"，以利于搞好对外开放。

（王镜德）

中国市场经济的萌发与体制转换

谷书堂等著

天津人民出版社 1993.12 23.6万字

该书从纵横两个侧面、从理论和实践两种角度，系统地分析了市场经济在中国的萌生及其发展的客观必然性，勾画出了中国市场经济框架。在此基础上重点剖析了由双层体制向市场经济体制转换的几个关键环节。

全书十章，由两大部分组成。一至五章为第一部分，主要分析了各社会主义国家都面临对计划经济体制和市场经济体制的选择问题，并用实证方法，对国际上不同经济体制的运行效率加以比较，论证中国实行社会主义市场经济体制是不可替代的选择。六至十章为第二部分，着重论述社会主义市场经济的重大实践问题，探讨在社会主义市场经济条件下计划和市场的结合、企业产权制度的目标模式、收入分配的平等与效率问题、政府职能的转变以及向市场经济过渡的重点、难点和基本进程等问题。

（王镜德）

大中型企业改革：建立现代企业制度

吴敬琏等著

天津人民出版社 1993.12 25万字

该书共十章。第一章是导论，综观现代企业理论的主要命题，为全书提供了一个分析框架；第二章介绍马克思主义经典作家对社会主义体制下企业制度的设想以及社会主义各国实际建立的国有企业体制，并对其缺陷进行剖析；第三至六章分别论述国有大中型企业改革的四种基本模式，分析它们提出的缘由、实施情况、体制特点和失败的原因；第七章论述现代企业制度的产生和发展，现代公司两种主要类型，公司法人财产制度和法人治理结构，不同国家公司制度的特点等；第八章评价中国国有大中型企业股份制试点经验，分析对公司制的种种认识误区和试点工作存在的问题；第九章提出国有大中型企业公司化改造的具体设想，重点阐述建立层级持股的国有持股公司和实现公有产权重组的步骤以及如何创建法人治理结构；第十章论述与国有大中型企业改制相适应的配套改革措施。

（王镜德）

中国农村改革：回顾与展望

陈锡文著

天津人民出版社 1993.12 17万字

该书在总结80年代中国农村改革已取得的成就和经验教训的基础上，着重分析了我国农村经济进入90年代所面临的新矛盾。作者认为，当前农产品供求关系方面的主要矛盾已从数量问题转化为品种、质量问题。乡镇企业由于市场竞争日趋激烈，已较快地出现了资本替代劳动的趋势。因此，尽管乡镇企业的产值增长速度很快，但其吸收新增就业者的能力却明显下降，致使农业剩余劳动力向非农产业的转移遇到新的困难。作者认为，上述两个矛盾是导致近年农民收入增长缓慢、农村市场缩减的主要原因。要解决上述矛盾，只有按社会主义市场经济体制的要求，深化农村的经济体制改革。

全书共十章：导言；农村改革的背景；农村改革已取得的成就；农村经济改革与发展所面临的转折；农村土地制度建设；农村财产制度建设；农村基层经济组织制度建设；农业市场制度建设；乡镇企业制度建设；农村改革与发展的综合度量指标：农民收入增长。

（王镜德）

走向市场经济丛书

厉以宁 何伟主编

中国人民大学出版社1993年出版

本丛书共四本：《市场经济新观念》、《市场经济新体制》、《市场经济新机遇》、《市场经济新秩序》。

市场经济新观念

向松祚 朱文晖等编著

中国人民大学出版社 1993.7 27.7万字

本书分三篇：（一）市场经济：强国富民的唯一方略；（二）财富之源：市场经济中的人；（三）大师睿语：市场经济的哲理。

全书以新的视角，生动有力的说理，从转变观念入手，阐述了市场经济的基本特征和运行规律；论述了在市场经济中，人的自由选择，人的智慧、预见性、创造力和冒险精神是最为宝贵的财富；通过世界不同时代著名经济学大师的精彩论断和发达国家的实践，印证了市场经济是资源配置效率最高的经济体制。

（闻洁）

市场经济新体制

向松祚 韩小明编著

中国人民大学出版社 1993.7 21.7万字

本书分三篇：（一）源头活水：产权制度与市场经济；（二）激发活力：国有企业的改革与重塑；（三）竞争取胜：市场体系的建立与发育。

全书从"三位一体"——明晰的产权、自主的企业和竞争的市场这个市场经济体制基础的角度出发，系统地论述了产权制度决定着个人和企业的经济行为，从而是一切经济体制的基础；通过对企业制度演变和发展过程的探讨，引出国有企业的改革与重塑、必须建立现代企业制度；论述了各类要素市场的建立与发育在我国市场经济体系中具有举足轻重的作用。

（闻洁）

市场经济新机遇

贺耀敏 刘振亚 陈明理等编著

中国人民大学出版社 1993.7 25.5万字

本书分三篇：（一）中国大走势：市场经济与发展新格局；（二）"复关"冲击波：中国经济与关贸总协定；（三）银行的觉醒：金融改革与市场经济。

全书从中国经济改革发展演进的角度，多层次地论述了建立市场经济体制，为我国经济的繁荣振兴提供了良好机遇；论述了在当今经济国际化的大趋势中，要抓住"复关"的机遇，迅速与国际市场接轨；建立市场经济体制和"复关"，为我国金融业冲破樊篱、实现金融多元化、企业化和国际化带来了良好的发展机遇。

（闻洁）

市场经济新秩序

雷达　李锴　罗桂芬等编著

中国人民大学出版社　1993.8　23.1万字

本书分三篇：（一）市场与秩序：市场经济中的政府；（二）民富与国强：市场经济中的税收制度；（三）风险与安全：市场经济中的社会保障制度。

全书介绍了市场经济发达国家的成功经验和做法，结合中国实际，论述了市场经济中政府的作用是：纠正市场的偏差，弥补市场的缺陷，维护竞争秩序、经济运行秩序和社会生活秩序；税收制度是规范、调整市场经济中社会经济利益、维护效率和公平的重要手段；建立社会保障制度是保证市场经济运行效率、规避竞争风险的有效方法。

（闻洁）

向市场经济体制转轨丛书

主编　刘国光　　副主编　牛仁亮　宋光茂

中国财政经济出版社 1993年出版

本丛书共七本：《财税：体制突破与利益重组》、《金融：体制变迁与松紧转换》、《投资：主体多元化与方式多样化》、《汇率：多轨合并与适度管制》、《产权：国有企业改革与国有资产监管》、《劳力：冗员失业与企业效率》、《房地产：先导产业与泡沫经济》。

财税：体制突破与利益重组

郝昭成等　编著

中国财政经济出版社 1993.12　20.6万字

本书首先回顾了建国以来财税体制改革的过程，指出过去实行的许多改革有其历史的积极作用，但不少内容不能适应发展社会主义市场经济的需要。在第二轮改革中，财税体制改革具有综合性、全局性，其改革重点是把现行的地方财税包干改为在合理划分中央与地方事权基础上的分税制，实行中央财政对地方的返还和转移支付制度，推行以增值税为主体的流转税制度。

全书共8章：改革以来的税制变迁；税制改革的进展与缺陷；推进税制改革的障碍；税制改革的目标（包括政策目标、法制目标、科学目标）；改革税制，建立税制新结构；分税制：重塑中央和地方的利益格局；新时期的财政体制改革；财政改革；突破与发展。

金融：体制变迁与松紧转换

秦池江等　著

中国财政经济出版社 1993.12　17万字

本书试图就中国金融改革14年来金融业所出现的主要变化因素以及货币政策的实施过程，作简明的历史回顾和实证分析，为进一步研究和讨论提供一些线索。

作者认为，金融改革大致可分为三个较大的阶段，三次改革高潮。1979～1984年为第一次改革高潮。改革的主要目标，是把银行从财政的附属地位中解放出业，更多地发挥其在发展经济中的作用；金融机构在这个时期也空前大发展，金融系统内部的管理体制也从高度集中的统存统货的大锅饭体制中转向以计划为主、市场调节为辅的新轨道。1984～1988年为改革的第二次高潮。建立中央银行制度是这一阶段最重要的成果，是对传统银行制度的大变革。1989～1992年实际上也可纳入第二阶段。1993年7月开始的加强宏观调控、整顿金融秩序，从根本上来说，是金融改革第三次浪潮的前奏。此次浪潮必然会为中国经济的发展和金融体制的完善创造一个最有利的全新环境。

投资：主体多元化与方式多样化

田江海等　著

中国财政经济出版社 1993.12　17.8万字

本书是国家计委投资研究所承担的国家计委经济研究中心重点课题——《投资体制改革研究》的课题报告。

在我国经济体制向市场经济体制转轨的过程中，投资（主要指固定资产投资）体制改革是其重要的具有本身明显特点的组成部分。本书力求在总结中国15年来投资体制改革经验和借鉴国外有关经验的基础上，依照社会主义市场经济体制目标模式，探索一条具有中国特色的投资体制改革的道路。

本书提出的投资体制目标模式可简要概括为："以企业投资为主，以市场调节投资行为和以投资主体决策自主、风险自负为基础的、政府实行间接调控的资本要素配置机制和管理制度"。走向这一目标模式，势必经历相当长的过程。如何逐渐接近目标模式直到最后全部实现，需要采取很多切实步骤，本书对此提出了若干具体方案。

汇率：多轨合并与适度管制

尹艳林 著

中国财政经济出版社 1993.12 22万字

从建立社会主义市场经济体制的要求出发，人民币实现自由兑换，走向国际化，是汇率改革的最终目标。作为进一步改革的起点，汇率双轨制的改革即汇率并轨成为第一目标。近几年汇率改革的讨论也就主要集中在汇率并轨和人民币可兑换性问题上。本书正是沿着这一线索，从改革过程、改革效应和改革目标三个方面全面系统论述汇率改革所涉及到的各种问题。第1—4章为1979年以来汇率改革过程的回顾，包括改革的背景，贸易内部结算价的试行，单一汇价制的实行和人民币汇率的部分市场化；第5—7章为改革效应的分析和经验总结，包括汇率改革的反思，贸易内部结算价的政策分析，人民币贬值的效应分析；第8—10章为下一步改革中几个主要问题的讨论，包括人民币汇率定值问题、人民币自由兑换问题和人民币汇率并轨问题；第11、12章为在借鉴国际经验的基础上，讨论汇制改革的具体步骤和稳定当前及近期汇率的对策措施。

产权：国有企业改革与国有资产监管

张德霖 著

中国财政经济出版社 1993.12 17.6万字

本书共7章：线索与进展——国有企业改革的回顾；问题与难点——国有企业改革与国有资产监管；前提与关键——产权与产权制度改革；现实与起点——贯彻落实《条例》；出路与目标——建立现代企业制度；保值与增值——加强国有资产的监管；衔接与协调——企业改革与资产监管的配套工程。

改革国有企业的目标是建立充满生机与活力的、符合社会主义市场经济体制要求的现代企业制度。本书首先分析了以往企业改革的轨迹：放权让利，承包制，股份制试点，企业财产、组织结构重组的其他方式，转换国有企业经营机制；探讨了国有企业改革中的资产流失与产权重组问题。作者认为，现在企业改革的首要问题是理顺产权关系，使国有企业改革与国有资产监管制度相互配套。

劳力：冗员失业与企业效率

牛仁亮 著

中国财政经济出版社 1993.12 15.2万字

本书除导言外，共分8章：无效劳力要素的性质；劳力配置效率的市场失灵；劳力配置的计划陷阱；二元经济与劳力配置；中国无效劳力的估计与分析；劳力配置失当的若干经济后果；劳力重新配置的八大政策选择；社会保障：提高劳力配置效率的根本基础。

传统体制下企业效益低下的根源之一，是企业按行政要求吸纳劳力。现在，改革进入了两难选择境地：要效益还是要稳定？有没有第三选择？本书从不同经济机制，以及生产力发展的不同阶段入手，分析探讨劳力要素配置的内在机理，然后为解决中国的劳力配置积弊，提出能为社会接受的政策建议。作者提出的中国劳力的利用战略是：现代部门工时下放，扩展乡镇企业和城镇个体经济，实行国有企业冗员过渡。

房地产：先导产业与泡沫经济

包宗华 著

中国财政经济出版社 1993.12 16.6万字

本书共11章：概论；我国房地产业发展的历史回顾与展望；土地：从无偿占用到有偿使用；房屋：从非商品化到商品化；住房中的问题和住房制度改革；房地产市场；房地产的开发与经营；房地产与政府的财政收入；房地产金融；房地产的法律体系；我国房地产和房地产业的发展目标。另有附录：对日本“泡沫经济”的分析。作者详细论述了我国房地产业活动的条件与结构，总结了我国房地产业实行商业化以来的经验教训，特别是对前一阶段由于炒买炒卖房地产形成的虚假繁荣最终会给经济造成损害的情况进行了剖析。作者认为，“泡沫经济”迟早要崩溃的。为此，作者提出了深化我国房地产业改革的目标、原则、方法及其实施步骤。书中有许多新的观点可供探讨。

社会主义市场经济研究丛书

主编 何炼成

副主编 徐怀东 邹东涛 左中海

西北大学出版社 1993 年出版

本丛书共十本：《中国市场经济理论与实践》、《市场经济体制与高速发展战略》、《中国市场经济的所有制基础及其实现形态》、《市场经济与劳动力资源配置》、《经济发展中的计划与市场》、《中国市场经济发展的无序与有序》、《社会主义市场经济学》、《社会主义市场经济下的私营经济》、《通向市场经济工业国之路——工业化比较研究》、《市场信息经济导论》。

中国市场经济理论与实践

何炼成 主编

西北大学出版社 1992.12 33.6 万字

本书是国家"七五"社会科学研究重点项目"建立社会主义商品经济新秩序"的成果之一。

全书共分十章，内容包括三部分：总论；社会主义市场经济下的商品生产、流通、分配与消费；社会主义市场经济下的体制与运行机制、对外经济关系、增长与发展以及发展战略等。

全书贯穿一条主线，就是社会主义商品经济和市场经济体制问题。据此论证了我国社会主义初级阶段商品经济的各个环节以及市场经济体制、运行机制、对外开放、增长与发展战略等问题，从而比较全面地勾画出了中国特色的社会主义经济的基本蓝图。

本书在一些问题上提出了新的看法。例如：关于社会主义商品经济存在的原因，关于所有制结构和分配原则等。

市场经济体制与高速发展战略

左中海 著

西北大学出版社 1993.7 20 万字

本书从经济发展战略的制定及其实现的角度来研究市场经济体制，从市场经济体制的角度来研究高速发展战略。作者认为，市场经济型高速发展战略，市场经济体制是其根本保证，高科技是其支撑点，非均衡推进是其策略选择，对外开放是其外部动力。

什么是市场经济秩序？作者从市场主体秩序、市场客体秩序和市场规则秩序三个方面进行了探讨，认为社会主义市场经济秩序其本质是有计划的市场经济秩序。市场经济发展秩序是资源配置活动与人们利益活动的统一，是生产要素配置的技术秩序与社会秩序的统一，它包括经济发展秩序和经济运行秩序两大内容。

作者认为，社会主义之所以存在市场经济，根本在于生产力发展水平低下和公有制的不完善。

作者还就国有企业如何走向市场、如何培育市场等问题作了论述，并提出"价格不宜作为经济杠杆"的观点。

市场经济与劳动力资源配置

夏永祥 著

西北大学出版社 1993.7 22.7 万字

本书分为两部分：第 1—4 章主要是规范分析（收入分配与人力资源配置关系总论；收入分配研究中有待澄清的几个理论问题；关于人力资源配置的几个理论问题；收入分配与人力资源配置的调节机制），目的在于澄清有关的理论问题，奠定本书的理论基础。第 5—11 章主要是实证分析，重点在于对我国各种（包括部门行业、脑体劳动、地区、工农城乡、多种所有制）收入分配关系和人力资源配置进行研究，找出存在问题，提出治理建议。

本书的特点：(1) 用系统论的观点和方法分析，既把收入分配与人力资源配置作为两个子系统来分析，同时又把两个子系统结合起来作为一个大系统来研究。(2)分析和提出了在社会主义市场经济下收入分配关系与人力资源配置的比较和调节准则体系。(3)规范分析与实证分析相结合，历史分析与现状分析相结合，理论分析与对策分析相结合。

中国市场经济发展的无序与有序

何炼成 邹东涛 主编

西北大学出版社 1993.10 30.3 万字

本书是国家"七五"社会科学研究重点项目"建立社会主义商品新秩序"的最终成果。

无序还是有序，这是古典市场经济（即资本主义早期市场经济）与现代市场经济的重要区别之一。中国社会主义市场经济的建设和发展不能再走"从古典市场经济到现代市场经济"的路子，而要一开始就建立在现代市场经济这个交叉点上。而社会主义市场经济的建成，有待于市场经济秩序的成熟。因此，建设社会主义市场经济新秩序，是一项内容极其丰富而又十分艰巨的任务。本书试图为此提供一些有价值的参考意见。

全书共七章：市场经济秩序概论；中国市场经济秩序的历史基础；中国经济改革中秩序的摩擦、冲突和混乱；中国市场经济秩序混乱的表象背后；中国市场经济秩序的构建；非经济因素与市场经济秩序的整合；世界市场经济秩序与当代国际经济新秩序。

社会主义市场经济下的私营经济

刘恒飞　著

西北大学出版社 1993.4　15.5 万字

本书共十章：社会主义初级阶段私营经济为什么会死而复生；社会主义初级阶段私营经济的性质和作用；社会主义初级阶段私营经济的历史地位；社会主义初级阶段私营经济的法律地位与法律规范；关于私营经济划分标准的研究；关于私营企业投资者的研究；关于私营企业中的雇佣劳动者的研究；加强对私营经济的引导、监督与管理；加强对私营企业主的思想政治工作和统一战线工作；私营经济何时了。

作者认为，私营经济不仅可以与社会主义初级阶段共存亡，而且可以与社会主义社会共存在。私营经济的灭亡将不用社会主义改造的办法，而用经济的办法，关键有三条：一是引导私营企业主在任何时候都不要脱离管理劳动，二是不断提高私营企业主的投资收入用于再投资的比例，三是调节和控制私营企业主的消费水平与其他同等劳动者的消费水平的差距。

通向市场经济工业化之路
——工业化比较研究

赵　伟　等著

西北大学出版社 1993.8　31.7 万字

本书共四篇十五章。第一篇工业化的历史与模式，包括四章：早期资本主义工业化；晚期资本主义工业化；发展中国家的工业化；中央计划经济国家的工业化。第二篇工业化的理论，包括四章：工业化的条件；计划、市场与工业化；工业化过程中的产业结构；工业化与人口流动。第三篇工业化的政府政策，也包括四章，与第一篇是对应的。第四篇中国的工业化问题，共三章，分别论述中国工业化的现状、面临的问题、道路与前景。

本书的特色：(1) 把世界主要国家与地区的工业化，包括已经完成和尚未完成的工业化置于同一个体系之中进行比较研究，这是个创举。(2) 按照工业化的模式叙述工业化演进的历史，是一种新的尝试，是有意义的。(3) 以中国工业化为出发点研究全球工业化问题，这也是一种新的、有意义的探索。

市场信息经济导论

郑英隆　编著

西北大学出版社 1993.9　20.7 万字

本书试图从欠发达这一综合性规定出发，构建与中国国情相适应的信息经济理论体系，同时以追求 21 世纪经济发展为主线，恰如其分地分析中国作为一个发展中国家在信息经济成长中所显示出来的种种问题与困难，并进而探索中国信息经济乃至整个国家经济社会进步的基本思路。

全书内容由 11 章构成：中国经济与世界经济接轨提出的新命题；欠发达的基本规定；经济决策与信息经济的理论和实践；信息的社会商品形式；消费需求：信息经济发展的原动力问题；信息供给：信息产业的结构成长；信息流通与信息市场发育问题；信息经济的宏观理论；信息经济效益与企业信息进步；90 年代的世界信息经济与中国；走向 21 世纪的中国信息经济发展构想。

青年经济学博士研究丛书

谷书堂主编

陕西人民出版社 1993 年出版

本丛书第一批六本：《总需求变动规律与宏观政策选择》、《中国公共经济初论》、《资产积累的来源、途径及配置效果》、《公有制商品经济中的收入分配》、《旅游的空间经济分析》、《国际债务·经济增长与政策选择》。

总需求变动规律与宏观政策选择
——中国（1952—1990 年）经验的理论分析

刘迎秋　著

陕西人民出版社 1993.6　29.5 万字

本书以马克思主义为指导，以我国近 40 年经济发展的经验材料为背景，对我国总需求变动和实现国民经济持续、稳定、协调发展的宏观政策选择进行了系统的、比较细致的分析和论证。其理论贡献：对我国近40年总供给与总需求的测定，具有开创性；运用实证材料和统计分析说明了我国总需求变动的周期性；论证了消费需求的不断上升必需以保持一定的储蓄（投资）为前提；提出和阐明了投资需求合理增长的理论模型及其数量界限；科学地阐明了"逆霍夫曼定理"发展战略的二重效应；第一次以实证方法描述了需求总量变动的供给效应曲线。

本书的研究方法也有所创新：它把唯物辩证法进一步具体化了；在对总需求变动规律进行实证分析的过程中，把总量分析与结构分析、短期分析与长期分析、静态均衡分析与动态非均衡分析等结合起来，而且突出后者。

中国公共经济初论

李　军　著

陕西人民出版社 1993.7　21.6万字

市场机制与公共机制的有机结合是当代经济高效运转的必由之路。但是，我国改革以来，比较重视引进市场机制而相对忽视了对公共机制的研究。

本书集中探讨了公共经济中特有的运行规律与规范准则。作者结合我国的具体情况，对如何建立、完善现有的公共机制，如何促进公共事业的发展，以及如何调动国有大中型企业的生机与活力等，提出了富有参考价值的新思路。特别是作者提出的，国家通过建立有效的公共机制（包括经营、管理、定价以及界定财产关系等），除直接管好一部分大型骨干基础部门以外，把多数小型、分散直接为消费者服务的公共企事业单位，交给或放手让民间经营，同时也不排除国有企事业单位对这些领域的参与或直接经营，这是一种提高公共部门经营效率的新构想。

资产积累的来源、途径及配置效果
——中国积累问题的现实分析

王光伟　著

陕西人民出版社 1993.5　23.4万字

社会主义经济的积累问题是个老问题，本书从一个全新的角度进行了分析，具有不少新意。例如，传统观念把积累视为一个一成不变的量，实际上，从个人储蓄，特别是定期存款看，消费基金的一部分已转化为投资。作者由此提炼出了一个新的概念：工资动态积累（V_m）。同时，V_m 在进入生产时，取得它的一方要向其所有者支付报酬，于是剩余产品向个人直接分配的机制就形成。因此，产权分散和积累源的分散是社会主义初级阶段的必然趋势。本书对我国"剪刀差"所集中的农业剩余的定量计算方法，是以往的研究中所没有的，它比过去的所有方法都更具有客观性。又例如，在要素瓶颈的条件下，利用通货膨胀刺激积累和经济增长的"代价"模型问题，税收在中国社会主义经济积累中的影响的分析等，不论对理论研究还是对实际经济工作，都很有意义。

公有制商品经济中的收入分配

蔡继明　耿明斋　著

陕西人民出版社 1993.5　20.8万字

本书是天津市"七五"重点科研项目。

作者首先考察了以经济剩余范畴为核心的分配理论和以要素贡献为基础的分配理论的基本内容，通过这两种理论的分析和比较，提出了有关收入分配的若干一般原理和基本规定，从而为全书的研究提供了必要的现论基础。然后逐章分析公有制产品经济中的分配关系、商品化过程中企业外部分配关系的变化、商品化过程中企业内部分配关系的变化和社会主义股份经济中的收入分配。最后，作者从规范分析的角度探讨了我国现阶段的收入分配不公问题，论证了我国现阶段的公平原则只能是按贡献（以劳动贡献为主）分配，并以此为标准全面考察了目前收入分配不公的两大表现，揭示了分配不公的现实根源，在此基础上提出了进一步深化分配制度改革的政策建议。

本书内容涉及到个别敏感的理论观点和提法，这是可以讨论的。

旅游的空间经济分析

楚义芳　著

陕西人民出版社 1992.12　20万字

本书从空间分析的角度，对中国旅游经济发展过程中所遇到的旅游资源和旅游地评价、旅游环境容量、旅游的经济影响三个问题进行了理论探讨和科学实证。

全书共九章。第1章讨论全书涉及的基本概念和旅游空间经济分析的方法论。第2—5章论述旅游资源和旅游地评价问题。作者认为，旅游地开发评价可以分为三个相互独立而又最终关联的部分：旅游资源评价，旅游地区域条件的评价，以及旅游地区位特性的评价，并运用层次分析方法、特尔斐法和分级标定评分法，尝试建立第一个中国观赏型旅游地的评价系统。第6、7两章探讨旅游容量问题。作者在综合前人成果的基础上，首先将旅游容量的概念规范化、系统化，然后就其量测和应用作进一步探讨。第8、9两章采用国际上通用的方法，对国际旅游的经济影响进行了定性与定量相结合的探讨。

国际债务·经济增长与政策选择

张志超 著

陕西人民出版社 1993.5 23.7万字

本书侧重分析国际债务与经济增长关系中的政策模型。首先分析了发展中国家从结合外债的经济增长过程过渡到自主自力经济增长过程的可能性，和变化了的国际资本性质，认为通过国内经济政策的调整，发展中国家的政府基本上可以解决结合外债的经济增长过程中出现的任何问题。作者在进一步的分析中，指出在经济增长与偿还债务之间并不存在什么矛盾，进而根据发展中国家实践债务经济的主要经验，规范了在外部资本资助的经济增长过程中政府政策的基本取向和政府行为的标准。以上分析对我国都有借鉴和指导意义。

关于中国的债务问题，本书的论述集中在四个方面：80年代中国债务经济的主要成就与不足；中国90年代的债务经济研究；债务经济条件下的财政政策的调整；旨在保证债务经济正常运行的资源转移政策的形成。

剩余价值发现史

刘永佶 王郁芬 著

北京大学出版社 1992.8 34万字

本书除导论外，共三篇十二章。篇名是：对剩余价值特殊形式的规定——上升时期资产阶级的剩余价值学说；对上升时期资产阶级剩余价值学说的反思和否定——地主阶级、小生产者、工人阶级对剩余价值的认识及资产阶级经济学的庸俗化；剩余价值规律的系统规定——马克思恩格斯对剩余价值的研究。最后有附论；从剩余价值发现史看现代经济学研究。包括：一、作为剩余价值发现史的继续的对当代资本主义经济特点的研究；二、从剩余价值发现史看当代资产阶级经济学；三、从剩余价值发现史看社会主义政治经济学研究对象；四、剩余价值发现史对社会主义政治经济学的方法论意义。

本书采取历史论述和逻辑分析相结合的方法，提出完整的剩余价值理论的历史过程，探讨了其发展规律和现实意义。

毛泽东经济思想与实践研究

主编 张六琥 张跃庆

经济时报出版社 1993.11 40万字

本书共五篇：毛泽东经济思想的形成和毛泽东经济思想体系；关于新民主主义和过渡时期的经济思想；关于社会主义经济思想；毛泽东经济思想在新的历史条件下的发展；毛泽东经济思想的哲学基础。

本书的特点：(1)严格按照党的十一届六中全会关于建国以来若干历史问题的决议精神编写的，严格把毛泽东思想和毛泽东本人后期的错误区分了开来。毛泽东思想是以毛泽东为首的中国共产党人智慧的结晶，我国老一代无产阶级革命家都对毛泽东思想的形成和发展作出了重大的贡献。(2)比较全面系统地对毛泽东思想作了论述。(3)对邓小平同志关于建设有中国特色社会主义理论和关于社会主义市场经济理论问题，作了比较深入的论述，指出这是邓小平同志在新的历史条件下对毛泽东经济思想的重大发展。

毛泽东经济思想研究

陈益寿 著

经济科学出版社 1993.3 16万字

本书贯彻了《关于建国以来党的若干历史问题的决议》精神，充分肯定了毛泽东在中国革命和建设中的历史地位，对毛泽东在我国新民主主义革命、社会主义改革和社会主义建设时期的经济思想进行了深入、系统的分析研究。该书指出，中国的基本国情，是毛泽东经济思想的出发点；一切为了群众，是毛泽东经济思想的核心；独立自主、自力更生是毛泽东经济思想的立足点。当前我国的经济建设已进入新的历史发展阶段，要建设有中国特色的社会主义，就必须坚持毛泽东一贯提倡的实事求是的思想路线，就必须结合中国建设的实际发展毛泽东思想。

（王蜀伟）

政治经济学原理（修订本）

卫兴华　顾学荣　主编

经济科学出版社 1993.8　46.5万字

本书力求贯彻党的十四大精神，以建设有中国特色的社会主义理论为指导，按照建立和完善社会主义市场经济体制的要求，对内容进行了全面的修改和调整。本书加强了对当代资本主义的分析，对垄断资本主义的形成和基本特征、国家垄断资本主义、垄断资本主义国际化、垄断资本主义的历史作用与地位等问题作了专门论述，特别是对当代垄断资本主义的特征和发展趋势进行了较为深入的分析。在社会主义部分，围绕社会主义市场经济问题，对社会主义经济体制、转换企业经营机制、培育市场体系、加强和完善宏观经济调控体系、健全社会保障制度、转变政府职能，以及社会主义农业问题作了专门论述。

（赵东远）

政治经济学（社会主义部分）

谷书堂　宋则行　主编

陕西人民出版社 1993.1　30万字

本书是1988年初版，现为1992年修订的第五版。全书除《前言》外，共分四篇十五章。四篇的篇名是：总论（即经济制度和经济体制的前提）、社会主义企业与直接生产过程、社会主义社会的市场和流通过程、社会主义再生产过程和国家对经济的宏观调控。与第四版相比，本版的主要特点是：第一，阐述了社会主义市场经济理论，并贯穿于全书。指出市场经济是现代社会人类文明的成果，是当代世界一种"效率"型的经济。第二，强化了对公有制和市场经济条件下企业产权关系的分析。把企业的财产关系分拆为最终财产所有权、法人产权和经营管理权三个部分。企业法人产权是产权界定和产权关系调整的轴心。第三，阐述了市场经济条件下国家对经济进行宏观调控的模型。相对于传统的宏观调控模型来说，本书在阐述"间控型"模型方面有明显的进展。第四，在经济增长和宏观总量运行部分，本书首次采用并论述了新的核算指标体系。本书是一部理论上有开拓、体系结构和内容上有创新的教科书。

（朱　玉）

新体系政治经济学

——市场经济论

张绍俊　吴飞鹏　主编

中国商业出版社 1993.8　32.4万字

为了克服传统政治经济学理论体系的弊端，本书打破了政治经济学分为资本主义和社会主义两部分的框子，把市场经济的一般原理和范畴抽出来，重新组合，构建以市场经济运行规律为主线的理论体系。这个体系按照商品的生产、交换、分配、消费和社会再生产的顺序安排章节，既阐述市场经济的一般原理，又阐述这些原理在不同所有制下的特殊性质和表现形式。因此，这本书定名为《新体系政治经济学》，以表示它不同于传统政治经济学的理论体系；副标题为"市场经济论"，表示它以市场经济的运行规律为主线。

作者认为，以市场经济为主线构建理论体系，不会改变政治经济学的研究对象是生产关系及其发展规律，不会改变马克思主义政治经济学的基本原理，也不会削弱政治经济学的政治思想教育的功能。

公本论

马仁典著

人民出版社 1993.3　37.6万字

本书是研究社会主义公本阶段生产方式以及与之相适应的生产关系和交换关系的政治经济学专著，是利用《资本论》的逻辑来考察社会主义经济问题。资本和剩余价值是《资本论》研究的两个最基本的范畴，与此相对应，公本和公共价值则是本书考察的，或者说属于社会主义公本阶段的两个基本经济范畴。公本是能够带来公共价值的价值。我国的社会主义初级阶段包括在社会主义公本阶段之中，到商品经济不复存在之后，即进入社会主义产品阶段，称之为社会主义公产阶段。

全书分四部分、十五篇、四十二章。第一部，总论。包括三篇：商品、货币、资本；资本向公本的转化；公本的两种形式及其内外关系。第二部，公本的生产过程；第三部，公本的流通过程；第四部，公本生产总过程。

本书思路新，体系结构新，理论观点新，理论联系实际，对改革开放中遇到的一系列理论和实践问题，作了多方面的有益探索。

西方经济学教程

梁小民　编著

中国统计出版社 1993.6　31.8 万字

作者认为，本书的书名其实应该是《现代经济学教程》。因为市场经济是现代经济，为市场经济服务的西方经济学当然就是现代经济学。就市场经济，或者说就经济的运行与调控而言，我们与现在实行市场经济的各国是相同的。这就决定了我们所用的经济学也应该是西方经济学。作者相信，不用多长时间，我国各级学校所学的经济学原理就只能是西方经济学这一套了。

本书共十七章：导言；需求、供给、价格；弹性理论；消费者行为理论；生产理论；成本与收益；厂商均衡理论；分配理论；微观经济政策；国民收入核算理论与方法；国民收入决定理论；失业与通货膨胀理论；经济周期理论；经济增长理论；宏观经济政策；开放经济概论；开放经济中的国民收入均衡与调节。

简明西方经济学教程

朱　善　利

经济科学出版社 1993.8　28.6 万字

本书除导论外，由两大部分构成。第一部分是微观经济学，共七章：需求、供给与局部均衡价格决定；边际效用理论；无差异曲线理论；生产理论；成本与收益理论；市场与定价；要素定价与收入分配。第二部分是宏观经济学，共六章：总需求、总供给以及总产量与价格水平的决定；国民收入的决定；国民收入变动与经济周期波动；失业、通货膨胀以及政府调节总需求的宏观经济政策；开放经济条件下收入水平的决定与两种市场的均衡；总供给及长期经济增长。

本书对西方微观、宏观经济学中理论分析的内容介绍得较多，政策分析介绍得较少。这并不是政策分析不重要，而是因为政策分析建立在理论分析基础之上，比起理论分析来，政策分析要易懂得多。

帝国主义理论形成史

马健行著

中国社会科学出版社 1993.2　25.2 万字

本书除前言外，共分九章：19 世纪 70—90 年代世界资本主义向帝国主义的过渡；马克思恩格斯对资本积累历史趋势的论述；在反对伯恩斯坦的斗争中探索资本主义发展的趋势；希法亭对科学帝国主义理论形成的贡献；卢森堡关于帝国主义的理论及其在国际工人运动内部引起的争论；考茨基关于帝国主义的理论及其与库诺夫的论战；帝国主义是资本关系国际化和资产阶级利益民族化的产物——希哈林关于帝国主义的理论；科学帝国主义理论的形成——列宁论帝国主义；资本主义经济政治发展不平衡规律与社会主义革命在一国或数国首先胜利。

第二次世界大战后，世界资本主义又出现了许多新特点。如何认识当代资本主义又成了世人关注的焦点，对它的认识，当然首先要以现实为前提，而对以往思想材料的批判研究则可以帮助我们认识现实。本书的目的即在于此。

当代资本主义论

李　琮　主编

社会科学文献出版社 1993.5　60.7 万字

本书除导言外，共 5 篇 20 章。篇名是：当代资本主义与生产力的发展；当代资本主义的生产关系；当代资本主义的政治与社会；当代资本主义世界体系；国家垄断资本主义的历史地位。

本书研究的对象是当代资本主义，即第二次世界大战后的资本主义。这主要不是时间的概念，而是因为战后的资本主义已在过去一般垄断资本主义的基础上发展到了一个新的阶段，即国家垄断资本主义的阶段，本书指出了这一阶段的一些重要的、新的特点。作者对国内外学者关于当代资本主义的其他提法，也做了评价。

作者最后指出，我们正经历着从资本主义向社会主义过渡的伟大历史时代。我们今天对当代资本主义的分析、借鉴与批判，一方面，将有助于创造性地建设社会主义，另一方面，也将有助于加快这一过渡的进程。这正是我们研究当代资本主义的目的和意义所在。

现代资本主义论

吴　健　主编

江苏人民出版社 1993.3　40.8 万字

本书是全国哲学社会科学“七·五”规划重点课题研究成果。

全书除绪论外，分上、中、下三篇共 11 章。上篇是基本矛盾篇，从生产力、生产关系（即经济基础）与上层建筑三者的关系，剖析现代资本主义社会基本矛盾的运动及其特点。中篇是体系矛盾篇，分别从劳资、资资、南北与西西四种基本关系，剖析现代资本主义世界体系矛盾的运动及其特点。下篇是矛盾综合篇，以现代资本主义矛盾系列的总体运动为基础，剖析现代资本主义经济、政治的发展态势、规律性以及它的发展总趋势。

本书的中轴线就是资本的矛盾运动及其曲折性。全书围绕此线展开不同层次、各个方面的分析考察，得到的基本结论是：现代资本主义是以“动荡—稳定—动荡”的基本态势向前发展，而制约和规定着这一发展过程的则是资本矛盾运动“激化—缓和—激化”的规律性。

金融资本论

吴大琨　主编

人民出版社 1993.12　28万字

本书共十章。其逻辑体系是：金融资本理论史；美国、日本、德国的金融资本；现代金融资本的运行机制；现代金融资本的国际扩张；金融资本的历史趋势。

作者认为，金融资本理论是列宁的帝国主义理论的核心。金融资本依然是当代发达资本主义国家的经济基础和统治力量，列宁关于金融资本的科学理论决不过时。然而，从本世纪初迄今近一个世纪以来，发达资本主义国家的社会和经济发生了很大变化，当今金融资本出现了新结构、新特征、新运行机制和新国际扩张方式，对此作深入研究和作出科学解释，是理论工作者的一种高尚追求和应尽的义务。本书的目的即在于此。

本书突出理论性，不回避有争议的问题；同时，大量使用西方国家书刊的最新资料，务求以事实立言，实事求是地讨论当代金融资本的新发展。

论国家垄断资本主义

宋　涛　陈耀庭　主编

安徽人民出版社 1992.8　23.3万字

本书是国家教委博士点研究课题。

本书根据垄断资本主义发展的历史和现实，以60年代以来国家垄断资本主义高度发展为主线，共设置了十章。第一章探讨和阐明当代资本主义的最新发展——从一般垄断资本主义发展到国家垄断资本主义；第二、三、四章分别考察国家垄断资本主义的三种基本形式——国家调节经济、国私合营经济和国有经济；第五、六章探讨国家垄断资本在当代资本主义再生产过程中的作用；第七章考察国家垄断资本主义条件下的“社会福利制度”；第八章以国家垄断国际联合为基础，探讨和论述当代资本主义经济一体化、集团化和多极化的趋势；第九章阐述国家垄断资本主义和向社会主义转变的关系；第十章对西方的“趋同理论”作了评析。

本书的特点：以当代西方发达国家经济发展的实际资料为基础，理论联系实际；力图揭示国家垄断资本主义发展的规律和趋势；对有争议的问题，作者都表示了自己的见解。

现代资本主义的新发展

张秋舫　主编

经济科学出版社 1993.8　26万字

本书是国家社会科学基金资助的“七五”科研项目。

第二次世界大战以后，新科技革命兴起，随之而来的是现代资本主义国家的经济、政治、人民生活、阶级关系以及对外关系等方面出现了一系列的新现象和新特点。有人利用现代资本主义的新变化大肆否定马克思主义的基本理论，粉饰资本主义，掩盖资本主义的本质。本书力求把马克思列宁主义的有关基本理论和现代资本主义经济呈现出来的新现象和新问题紧密联系起来进行研究和分析。

全书共十章，它以战后新科技革命的发展为主线，论述了新科技革命对现代资本主义经济的影响；科技革命与马克思劳动价值论；科技革命与资本和雇佣劳动的关系；福利国家；私人垄断资本；国家垄断资本主义；国际垄断资本；跨国公司；现代资本主义世界经济的新格局；南北关系以及资本主义经济危机等重要问题。

当代资本主义在西欧的发展

朱正圻　晏小宝　主编

中国社会科学出版社 1993.8　29.2万字

本书论述当代西欧资本主义的发展，分析西欧主要国家为缓解其资本主义根本矛盾所采取的一系列对策措施，并对有代表性的四种类型的经济运行机制进行了详细阐述。全书分上下两篇共14章。上篇9章所涉及的问题主要包括：近10年来西欧资本主义经济的发展演变历程；科学技术的作用与动力；劳动者在现代资本主义生产中的作用；经济运行机制；经济发展中的空间配置；西欧跨国公司以及反映现阶段资本主义处境的西欧政治思潮。下篇5章涉及的问题主要包括：西欧国家之间的经济矛盾、协调与联合；西欧国家之间的政治关系；德国统一及其对欧洲的影响；西欧同前殖民地国家的关系以及全欧经济区与泛欧结构。本书论述内容的时间跨度以80年代为主。书中刻意选择一些迄今介绍论述较少的具体命题、领域或角度，着重加以分析。

（郭　媛）

现代经济哲学

王　进　主编

中国青年出版社 1993.8　27.2万字

经济哲学是关于社会经济运动及其发展的一般规律的科学。它既是马克思主义的经济观，又是人们认识社会经济运动和经济关系，从事经济活动的方法论。

本书除导言外，分15章：经济——人类历史的发源地——谈经济与人类；“人间正道是沧桑”——谈社会经济运动；“要命令自然就必须服从自然”——谈经济主体与经济客体；一张模糊而又清晰的巨网——谈经济系统；“酒好亦怕巷子深”——谈经济空间；一种无形的经济资源——谈经济时间；“茂林之下无丰草”——谈经济制约；“谁挥鞭策驱四运”——谈经济规律；“理性何等强大，就何等狡猾”——谈经济意识；“利用情绪的力量”——谈经济行为；并非“不可思议的魔法”——谈经济管理；又一只看不见的手——谈经济文化；“恃德者昌，失德者亡”——谈经济道德；“按照美的规律来建造”——谈经济美；“医方千卷，犹未尽其理”——谈经济观。

开发经济学导论

潘照东　著

经济科学出版社 1993.8　19万字

本书是国家社会科学基金规划课题“开发经济研究”的阶段性研究成果。之所以名之为“导论”，而不是“概论”或“通论”，是因为本书尚不是开发经济学的本体论，而是重点分析我国80年代不发达的少数民族地区与沿海先进地区的差距加速扩大的社会历史原因及其内在运行机制，在此基础上进行理论与政策的反思，对问题的症结进行剖析，在关系少数民族地区经济开发的若干基本理论、政策问题上阐明自己的观点，从而为创立具有中国特色的开发经济学进行先导性的探索。

全书共分六章：开发——跨世纪的主题；战略模式与道路选择；资金与投资效果评价；技术进步的战略选择；开放；目标与战略；运行机制与经济改革。

信息产业经济学论纲

金　建　著

北京出版社 1993.9　33.8万字

本书作者力图总结世界各国信息产业形成和发展的经验与教训，对比中国信息产业成长的各种条件和现实状况，在前人研究成果的基础上，主要从经济学的角度，对中国信息产业的形成过程、功能作用、结构组织、运行机制、变化规律、管理体制、规模效益、发展战略以及政府政策等各方面进行了广泛的系统的分析与论述，提出了促进我国信息产业发展的具体建议。

全书共八章：导论；信息产业的形成过程与发展；信息产业在国民经济中的地位与作用；信息产业与信息生产力；信息产业与信息技术产业化；信息产业与信息经济规模；信息产业结构的变动规律；信息产业与信息市场。

作者努力使理论结合实际，初步形成了一门新兴边缘学科——信息产业经济学的理论框架和结构体系，从而为我国产业经济学的研究再增添一个新的领域。

产业发生学引论

宋　毅　张　红　著

中国社会科学出版社 1993.7　20.4万字

产业发生学是考察和研究社会生产发生发展过程、形态、模式和规律的学科，是以物质生产活动的产生和社会化发展为主要研究内容的科学。

本书探讨产业发生学的基本理论，阐述对该学科初步的框架性认识。全书共分五章。第一章生产中的社会联系，主要论述当代社会生产联系的基本内容和生产社会联系存在的方式；第二章产业概念论，介绍产业概念思想，阐述产业概念的定义、产业的结构与划分以及技术源泉产业的发生学研究；第三章回顾产业的历史发展；第四章是冶金、化学、模具、硅谷等具体技术领域生产活动的案例分析；第五章论述生产发生的基本模式与特征以及方式的概念与范畴。其中技术与物质社会联系内容的发现，是本书的主要贡献。

（郭　媛）

文化经济学

程恩富　主编

中国经济出版社 1993.9　28.7万字

本书属于上海现代市场经济研究服务中心的课题成果。

文化经济学是一门新兴学科。本书是我国第一部"大文化"经济领域的专著,它广泛探讨了文化与经济、文化资源、文化供给与需求、文化投资、文化消费、文化市场、文化商品、文化商品价格、文化劳动生产率和劳动报酬、文化经济效益和经济核算、文化发展计划、文化经济管理体制等一系列文化经济领域的经济学范畴,科学地分析了文化生产力和文化生产关系的矛盾运动,揭示出社会主义文化经济运行机制及其发展规律,在文化与经济关系的系统研究方面获得开拓性成果。

本书充分利用现代经济理论如乘数作用、成本效益分析、供求弹性、经济核算等,对文化与经济的关系均作了适当的分析,还大量汇集国内外的统计资料和具体事例来论证,议论言之有物。

中国房地产法学

丘金峰等　著

中国统计出版社 1993.8　24万字

本书内容共八编三十四章。编目是:房地产法概述;房建与房修法律制度;房地产物权;房地产债权;涉外和涉华侨房地产法律制度;房地产行政管理法律制度;违反房地产法的责任;房地产仲裁及房地产诉讼。

本书以房地产的政策法规和房地产的实践活动为研究对象,其理论体系则参考了民法学原理,但房地产法学不完全属于民法学,它还包含着行政法学、经济法学的内容。

本书的特点:(1)重视理论联系实际。其本身就是法学理论工作者和房地产实际工作者共同研究的结晶。(2)体系新颖,不拘一格。它既有对解决房地产共性问题起统帅作用的总论,又有解决不同房地产问题的分论。(3)充分运用民法学等理论,概括房地产法学的范畴、体系。这种尝试虽是大胆的,但是有益的。

现代国际营销学

钟玉发　李　立　张鲁锦

中国统计出版社 1993.10　32万字

本书在15章的篇幅中,系统地阐述了国际贸易理论与世界贸易态势,国际营销的经济、文化、政治和法律环境;国际营销调研;国际产品策略(包括包装、商标、品牌和售后服务)以及新产品计划和开发;国际分销,国际分销渠道及其管理,国际广告,国际促销组合与公共关系,国际定价,国际营销规划,国际营销的机构组织与控制策略等内容。

本书不偏重于只做一般性理论探讨,而是用大量篇幅描述实际经营各个环节的操作问题,并且列举了许多成功与失败的国际营销典型案例。

国际营销学

黄燕　主编

中国对外经济贸易出版社

1993.11　19.5万字

国际营销学是市场营销学的延伸;它是研究对外经贸企业从满足国外市场需求出发,指导企业制定经营管理整体营销活动,以提高经营效益的学科。

本书分上、下两编;上编为国际营销学的基本理论,下编为国际营销因素组合策略。上编包括四章:概述;国际营销环境分析;国际市场细分、目标营销和市场定位;集团购买行为分析。下编包括七章:国际营销因素组合的概念和作用;其他六章分别为国际营销的产品策略、渠道策略、促销策略、公共关系策略、定价策略和国际市场竞争策略。

金融市场策略学

谭立刚　著

中国金融出版社 1993.10　19.5万字

金融市场策略学是将市场学的原理与金融业务和金融市场的活动相结合,专门研究金融市场策略的学科。

本书对策略与政策的关系和区别,对我国金融企业的经营思想发展过程,对金融市场经营规律的认识作了独创性的概括。

全书重点是分章阐述金融市场十大策略,即资金策略、利率策略、存贷款策略、金融宣传策略、社会保险策略、征信与咨询策略、租赁与信托投资策略、货币发行与外汇控制策略、金融管理策略与开办外资金融机构策略。金融十策只是无数金融策略的高度概括，本书实际上已涉及金融市场各个方面的策略。

本书与市场学有密切相关，但与市场学没有丝毫雷同之处；它不脱离各项金融活动，但没有重复金融业务的内容。

证券投资学

吴晓求　著

北京理工大学出版社 1993.5　46.2万字

本书系统阐释了证券投资的基本知识、基本技能和基本理论，全面考察了证券市场的运行过程和资源配置功能，深入分析了证券组合投资及其收益与风险的比较，简要探讨了怎样对证券市场和证券投资进行宏观管理和法律规范调整。

本书体系规范、结构严谨，具有很大的知识容量，是我国目前比较规范的一本研究、分析和阐释证券市场和证券投资的著作。

（理工）

金融经济学新论

李德宣　著

中国金融出版社 1993.8　33.4万字

本书共四篇三十五章。篇名是：绪论：货币论（第2—16章）；中国钱币学（第17—19章）；金融经济管理体制与运行（第20—35章）。

本书以专题论文形式出现，从金融经济范畴论到金融经济的运行机制。从各个专题看，是各自独立的论文，但把各个专题串连起来，从整体上看，又是一本有系统的金融经济科学。

本书以马克思主义为写作的理论基础，旁及中外古今的学术观点。首先是对马克思主义经济基础理论进行研究，并将涉及到金融理论方面的学说，尽可能地反映出来；同时对我国社会主义经济运行机制、经济改革、经济发展中的重大课题也尽可能反映出来。书中论证的各个金融经济观点，均有作者一定的独立见解。

社会经济统计学原理教程

李成瑞　主编

中国统计出版社 1992.10　41万字

本书提出了包括理论基础、统计认识活动一般过程、具体步骤、统计方法技术这四个层次相互结合的社会经济统计学理论方法体系。这个体系认为，社会经济统计认识活动的一般过程是："定性——定量——定性与定量相结合"，它与认识活动的具体步骤，即"统计指标和统计分组的设计——统计调查与统计整理——统计分析"是统一的。根据这一理论框架，本书分为五篇（共十八章）：总论；统计指标与统计分组；统计调查与统计整理；统计分析；统计组织管理与统计现代化。

本书特点：在继承原有教材精华的基础上努力创新，新设的章节约占全书的30%，有些原有章节也充实了若干新内容；对新形势下社会经济统计学面临的许多新课题作了开拓性阐述；力求全面地、自始至终地体现社会经济统计学的社会性与技术性有机结合的特点；力求运用唯物辩证法的系统观来研究社会经济统计学。

社会场论导论

——中国：困惑、问题及出路

潘德冰　著

华中师范大学出版社 1992.8　26万字

社会场论，是关于非实物态的场态（社会性）物质——社会场的一般理论。它是在马列主义基本原理指导下，吸收自然科学最新成果（如新老"三论"）而提出的一门新学科。其导论则从社会体制结构出发，提出了（包括中国在内的）不同类社会的运行、控制、有序性、稳定性及演化理论；论证了社会场的存在性；建立了社会事物与社会场之间深刻的内在联系：从而揭示了宏观社会现象（如东西方文化）之间的本质差异及其产生的深层根源；探索了中国变革及现代化的成功之路——社会的保性稳态演化。在方法论上，则是对人文科学中传统的线性思维模式与分析还原方法的重大扬弃与进步。从某种意义上讲，本书可以认为是一本（全新意义而言的）组织理论的专著。

全书共六章：组织理论：由来、问题及发展；系统与结构，社会的层次分析、运行与控制；结构分析与系统优化；社会场初步；社会变革：决策、思路与模式。

现代点石成金术
——价格转化工程

黄锦奎　著

湖南出版社 1993.6　20.6万字

本书吸取了前人与多学科的研究成果，提出了一个崭新的价值学的学科体系。作者认为，真正意义的价值学，不仅要研究价值哲学问题，更重要的是要研究人类各个领域特别是经济领域等价值发展变化规律问题，应当对各个领域的价值变化规律特别是价值转化规律进行统一的研究，成为一个由价值哲学、价值学、价值转化学与价值转化工程四个层次组成的价值学体系。

本书的特点：(1)学科的独创性与开拓性。本书提出了价值转化工程若干基本原理，分析了宏观价值与微观价值、显价值与潜价值、硬价值与软价值等转化关系，概括了价值转化的一般规律、宏观价值转化规律与软价值转化规律。(2)发挥多学科优势，立论有据。全书涉及哲学、经济学、政治学、决策学、系统科学、系统工程、技术科学等。

商品经济理论在改革中的发展

慕锡凡　编著

陕西人民出版社 1993.11　20万字

本书作者本着实事求是的科学态度，对于从1978年起到1991年这十多年时间内我国经济学界关于商品经济问题的大讨论中的观点及进展，作了较为全面的介绍和评价。按顺序共五部分内容：价值规律的讨论揭示了社会主义商品经济理论讨论的序幕；商品经济存在原因的探讨奠定了社会主义经济具有商品经济属性的基础；关于社会主义经济是商品经济的讨论，动摇了计划经济的地位，为改革的市场取向开辟了道路；计划调节和市场调节关系的研究探讨推进了对社会主义经济运行机制认识的逐步成熟；市场经济的争鸣掀开了历史的新篇章。回顾这十多年的讨论，把讨论整理和记录下来，不仅是一项思想史资料，而且有助于人们加深对问题的认识，获得一个新的起点。

（梁来明）

国际经济法原理

谢邦宇　张劲草　主编

世界图书出版公司 1992.8　38万字

本书共九章：绪论：国际投资法；国际贸易法；国际技术转让法；国际工程承包；国际金融法；国际税法；国际经济贸易仲裁；国际经济组织法。

国际经济法是一门新兴学科，它不仅涉及许多理论问题，而且也是一门应用性很强的科学。例如，为了利用国际资源，允许外国投资者在我国举办“三资”企业，就会涉及国际投资法；为了开拓国际市场，发展对外贸易，就涉及到国际贸易法；为了从国外引进先进技术，就涉及到国际技术转让法，等等。针对以上种种法律问题，本书除在理论上分章节论述外，还在如何正确运用国际经济法为维护我国正当权益方面作了精辟的剖析。

产　权　新　论

刘诗白

四川财经大学出版社 1993.11

32开　240千字

本书系刘诗白同志近些年来围绕所有制改革的研究成果。主要内容分两大部分。第一部分比较系统，包括第一章市场经济与产权制度；第二章财产权及其形式；第三章，财产结构及其变化；第四章商品经济条件下的财产权；第五章现代股份公司产权制度的特点；第六章社会主义国有企业产权制度。第二部分为分论，包括作者发表的有关论文和谈话。由于我们建立的经济体制是社会主义市场经济体制，这种体制所要求的市场主体必须是产权主体，因而对原有的公有制特别是国有制企业必须进行深层次改革，理顺产权关系。建立现代企业制度也要进行产权关系的重组。所以本书的出版将推动人们对这个问题的研究。

（梁来明）

经济发展中的资本积累

吴　强　著

中国金融出版社 1993.11　30.3万字

本书以马克思主义基本理论观点为指导，吸收借鉴西方经济学中的合理内核，以发展中国家的经济条件为背景，分析资本积累的理论和政策措施，着重分析了我国40多年资本积累的状况和矛盾；并对建立我国社会主义市场经济体制的资本积累模式，增加资本积累，提高效率，促进经济实质增长的对策等问题，作了开拓性的探索。

全书共八章。第1—7章主要从理论分析和国际经验比较的角度，分析了发展中国家资本积累的一般理论和方法，探索资本积累的共同规律；第8章运用实证分析方法，集中分析了我国资本积累的历史、现状，提出了建立市场经济体制下资本积累模式和运行机制的设想和若干政策建设。

国际投资论

王东京　著

中国经济出版社 1993.2　29.9万字

本书从理论、运行、操作三个层次研究国际投资。作者认为，国际投资活动的形成最初是由国际投资力推动的，所以前三章从理论层次上分别研究国际投资动力、国际投资引力和国际投资惯性等问题；然后进入运行层次，即上述三种国际投资力是如何决定国际投资的规模和结构的，并依据前三章所揭示的国际投资力的三大基本定律（国际投资引力定律、国际投资惯性定律、国际投资适度规模定律）分析了国际投资的动态规模和结构趋势；最后，作者深入到操作层次来研究国际投资的效应和政策协调问题。

全书不仅运用了大量有关美国、日本、西德、法国、加拿大、英国等发达国家对外投资的实证材料作为立论的根据，而且也进行了充分说理的规范分析，运用马克思、列宁的资本输出理论来分析当代国际投资的新情况、新特点。

中国投资环境

张敦富　主编

化学工业出版社 1993.9　104万字

本书是将生产布局、国土规划、区域开发同投资决策相联系、相融合的区域经济学的一个新分支，是我国第一部较全面阐述各类型地区、各类型产业的投资环境的论著。

全书分六篇。第一篇对投资环境的理论与方法进行了开创性的分析、归纳与综合，第一次提出了中国投资环境的理论框架。第二篇投资环境因素分析，针对影响与作用投资环境存在与发展的几个主要方面，从多角度与多侧面进行了分析、论述。第三篇中国投资环境综合分析，主要是从国家级宏观角度对中国投资环境的过去、现在和未来作出分析、评价。第四篇区域投资环境分析评价，除运用定性、定量相结合的方法，对九大经济区和相应的省、市、区作了投资环境的剖析、评价外，还对经济特区、经济开放区、沿海沿江开放城市及陆地周边开放点的投资环境进行了分析、评价。第五篇中国重要产业投资环境分析与评价。第六篇是投资环境的案例分析。

投资项目社会评价方法

王五英等主编

经济管理出版社 1993.8　34.3万字

本书是国家科委软科学重点课题成果。

项目评价一般分财务评价、经济评价与社会评价。改革十多年来，我国已逐步建立了前两种评价方法，本书即是对后一项评价方法研究的尝试。

全书包括投资项目社会评价研究总报告和八个分报告。总报告的内容：项目社会评价的理论方法问题；对“我国投资项目社会评价方法”的建议；社会评价方法的应用前景及今后研究方向。分报告包括工业、交通、农业、林业、水利、社会事业、城市基础设施和综合计算方法共8个课题。

这套评价方法参照费用效益分析原理、社会影响评价与社会分析的理论方法，从实际出发，采用定量分析与定性分析相结合、参数评价与多目标分析相结合、科学性与适应性相结合、通用与专用相结合、统一性与灵活性相结合等原则制定的。

本书提出的项目社会评价方法，从已试评的三个案例看，具有可操作性。

社会主义流通经济研究

张卓元　王绍飞　主编

中国社会科学出版社 1993.6　28万字

为适应社会主义现代化建设需要，中国社会科学院把社会主义流通经济研究作为“七五”计划时期一个重点研究课题，由财贸经济研究所组织课题组进行专门研究。本书就是这个课题的最终成果。本书力图为建立社会主义流通经济学打下一个基础。

本书除总论外，分三篇十五章，分别从23微观、宏观和国家经济职能方面系统阐述流通过程，对社会主义流通过程的内在规律及其在社会再生产过程中的地位和作用，对如何提高经济效益，以及国家对流通经济管理的政策体系进行了全面阐述，为社会主义流通过程的组织管理、调控与改革提供理论依据。本书是一部从全新角度来系统论述社会主义流通经济问题的专著。

中国社会主义流通系统研究

李震寰　薛维君　著

中国商业出版社 1993.5　15.3万字

本书通过对传统的流通理论在我国改革开放的今天日渐暴露的弊端的反思，通过大量的理论论证和实践材料指出，流通过程始终是社会再生产过程中最为敏感、最易变化、最难把握的环节；流通作为商品经济关系的总和，作为人类劳动的物质、能量和信息的不断运动变换的过程，已经远远超出了单纯商品交换的范围，它渗透在社会再生产的各个环节，在更深层次上影响、制约着整个经济运动过程，其本身也体现着复杂的内部联系。

基于现代系统科学方法论的广泛应用，作者把流通看作一个动态开放的系统，从总体上全面考察了我国现代流通系统存在的客观基础、系统功能、系统结构、系统运动及其模式、系统效率、系统控制、系统秩序和系统建设等重要理论和现实问题；同时对如何加快我国流通系统建设，使之与国民经济大系统协调一致等问题，提出了建设性意见。

（刘树林）

生产资料流通经济效益研究

周玉新　主编

中国社会科学出版社 1993.7　15万字

本书共分六篇十三章。篇名是：生产资料流通；生产资料流通经济效益；科学技术是取得流通经济效益的根本保障；生产资料流通企业经济效益；流通经济效益数学模型；生产资料流通宏观经济效益。

本书是物资部“八五”科技发展规划中的重点科研课题成果。鉴定委员会的专家认为，本课题的研究报告是一项重要的软科学成果，填补了物资流通经济效益这一空白，学术水平处于国内同类研究领先地位，对物资体制深化改革和国民经济宏观决策与调控有积极的意义。评委们建议课题组继续深入研究，力争提出更完备的资源优化配置的宏观经济数学模型。

分配系统论

高书生　著

中国经济出版社 1992.2　17.5万字

本书借鉴系统科学理论，将各种分配活动纳入一个系统中加以整体研究，开拓了全方位研究社会主义分配理论和现实问题的新领域。

全书共4篇20章，内容涉及建立社会主义分配经济学，社会主义分配系统的特征和规律，分配体制改革的总体推进战略以及企业工资改革、税制改革、社会保险福利制度改革和建立产权收入分配制度等分配理论和现实的各个方面，并就分配体制的总体改革和单项改革提出了政策主张。

作者提出，应该在分配问题研究的方法论上进行一场革命，逐步确立分配问题的基础研究（政治经济学）、系统研究（分配经济学）和应用研究（部门经济学）三大层次，并主张从总体上把握和推进收入分配体制改革。

中国国民收入实证分析

杨坚白　余广华　主编

经济管理出版社 1992.10　39.5万字

本书研究我国国民收入四十年来的发展变化。作者把国民收入放在社会再生产体系中进行考察。由于国民收入是个综合性范畴，所以研究国民收入，实际上就是以国民收入为中心来考察、分析我国宏观经济诸方面的发展。

本书的结构，大体说来，是先综合分析全国和地区国民收入运行的过程与特点；再重点阐述与我国国民收入相对应的总供给和总需求，既着眼于宏观，又兼及微观；最后，结合对外经济关系，主要讨论怎样通过深化改革，运用各种经济机制、经济政策及经济措施，在国民收入总供给与总需求的非均衡的长河中达到相对均衡。

考虑到国民收入的概念及其计算上的口径范围，不同学派、不同国家历来有不同的理解和运用，因而在本书的开头，首先对我国和一些主要学派关于国民收入的学说和口径范围作了说明，以免人们把我国的国民收入同其它国家不同口径范围的国民收入混为一谈。

模式转换时期的收入流程分析

孙祁祥 著

中国金融出版社 1993.7 24万字

收入流程即国民经济收入的形成、分配和使用的过程。

本书除导言外，分上、下两篇共11章。作者依据马克思主义经济理论，借鉴西方经济学的某些分析方法，研究了收入流程的一般性和特殊性，建立了一个收入流程的分析框架，从静态到动态、宏观到微观、单项收支运动到综合收支运动、国内收支运动到国际收入运动、传统模式下的收入流程到模式转换时期的收入流程，进行了全景式、多层次、多角度的分析。本书更着重于理论的创新，提出了许多命题，如“总量膨胀、结构失衡的三大循环效应”、“经济主体收入量影响资源配置律”、“风险约束最佳宏观控制假说”等，见解独具。本书还密切结合我国情况设计了一个以“收支自主、运行规范、流程可控、运营高效”为内容的我国收入流程的目标模式。

消费需要论

尹世杰 著

湖南出版社 1993.8 21.1万字

本书从市场需要出发，分析影响消费需要一些因素，论述消费需要在社会主义市场经济运行中的作用，揭示消费需要的变化趋势及其对消费生活和国民经济循环的影响，提出如何调整产业结构、产品结构，以适应需求结构的变化；如何提高消费主体的素质，以提高消费的层次和质量，促进人的全面发展。全书不是就消费需要谈消费需要，而是从社会再生产总过程、从国民经济的运行考察消费需要及其层次性上升对生产、流通、分配的作用，从而揭示消费需要的内在规律，促进社会主义市场经济的健康发展。

本书提出“文化教育是第一消费力”、“发展精神消费力”等新观点，还提出消费需要应该包括“生态需要”，提出“应该把免于环境污染，保护生态平衡作为消费者一项基本权利”等新论断。

（晓东）

生产率：理论分析与实证研究

张德霖 著

人民出版社 1993.4 29.4万字

本书分三篇十一章。上篇史论篇，从学说角度追溯和考察马克思主义生产率理论与西方生产率理论，以及两者的异同，旨在系统而准确地把握马克思主义生产率理论的精髓，科学地辨析和扬弃西方生产率理论。中篇理论篇，从规范经济学的角度分析生产率范畴的内涵、外延以及由此构成的生产率网络系统，进而阐发了生产率与其相关联的理论范畴的相关意义。下篇实证篇，对1952—1988年中国生产率实践进行系统考察，目的在于通过透析中国生产率的变动趋势，探求进一步大力发展生产力和加速生产率长期稳定高速增长的战略途径和对策。本篇分析的生产率内容包括生产率指数、平均增长率、弹性系数和相关性、贡献率、变量排列与经济类型的变动趋势。

工资改革新思路

刘国光主编

经济科学出版社 1993.10 32开 24.6万字

1991年8月，在人事部赵东宛部长和中国社会科学院刘国光副院长的主持下，成立了两个单位的联合课题组。然后在调查研究的基础上，重点对国家机关、事业单位工资制度改革，进行了新的理论探索，提出新的改革思路，设计新的改革方略。本书就是课题组的集体研究成果。书中共分两部分。第一部分是课题的总报告及十一份系列研究报告。第二部分是课题组成员在调查研究过程中形成的论文。这些研究报告和论文之间，既有联系，又可以独立成章。

（梁未明）

工资理论与工资改革

杨时旺 主编

陕西人民出版社 1993.7 39.7万字

本书是国家社会科学基金资助项目。全书由历史回顾篇、基础理论篇、工资理论篇、工资运行篇、工资改革篇、借鉴篇共23章组成。作者从各个不同的角度来研究工资问题，既有对马克思主义关于分配基本理论的深入研究，又有对工资理论的系统论述；既有对工资运行问题的开拓性思考，又有对工资改革目标模式的大胆探索；既有纵向的从工资问题历史发展过程总结经验教训，又有横向的从中外工资制度的比较中进行鉴别。

该书的显著特点是理论结合实际，立意新颖，结构严谨，思路开阔。

（常平阳）

社会保障指标体系

朱庆芳　主编

中国社会科学出版社 1993.8　17.5万字

本书按社会保障的内涵分14章，分别论述了社会保障与经济社会发展的关系；社会保障事业的发展和社会保障指标体系；老年社会保障制度；社会医疗保障制度；社会福利制度；社会救助制度；社会优抚保障制度；社会失业保险制度；社会工伤保险制度；残疾人社会保障制度及指标体系；妇女儿童社会保障制度；农村社会保障；职工对现行社会保障制度的评价和意向以及世界各国社会保障制度概况。其中绝大多数专题都列出了主要指标的统计数据，并对改革以来的发展情况、存在的问题和今后改革的思路，进行了简要的分析。本书力图为研究社会保障的结构、比例　速度等提供全面、系统的分析框架和翔实的数据，并力图为主管社会保障的业务部门提供科学的决策依据。

（郭媛）

秩　序　论

邢建国　汪青松　吴鹏森

人民出版社 1993.7　27.2万字

本书内容共六篇：总论：经济秩序的演变；政治秩序的推进；社会秩序的变迁；开放社会总体秩序的协调；秩序与控制。

第一篇总论，分析了秩序的本质、结构（要素）及其功能，这是把握本书主题的入口。作者认为，人类社会秩序本质上是主观与客观的统一。主客观的统一体现了人类社会秩序同自然秩序的全部本质差异。秩序具有历史性和阶级性。秩序不仅是自由的前提和基础，而且秩序本身也包含着自由。秩序是有序与无序的辩证统一。秩序的要素包括社会实体、社会规则和社会权威。

第二篇经济秩序的演变，分析了自然经济秩序、资本主义市场经济秩序和社会主义市场经济秩序的建立。第五篇论述了建立国际经济政治新秩序和社会秩序与自然秩序的关系问题。

国外25种经济模式

范恒山　著

改革出版社 1993.3　201万字

本书分为上下两篇。上篇为国外社会主义经济模式理论引评，论述了社会主义经济模式理论探索的发展过程，对社会主义经济模式理论探索特点进行比较分析；下篇为国外社会主义经济模式理论简述，分别介绍和评述了25种经济模式，例如意大利经济学家帕累托、巴罗尼的“资源最优配置”经济模式，美国经济学家泰勒的“反复试验法”计划经济模式等。作者将25种经济模式分为四种类型：一是前苏联、东欧国家经济学者（传统意义上概称马克思主义经济学者）以所有制为重点所设计的社会主义经济模式；二是前苏联、东欧国家经济学者以经济运行原则为重点所设计的社会主义经济模式；三是西方国家经济学者以所有制为重点所设计的“社会主义”经济模式；四是西方国家经济学者以经济运行原则为重点所设计的“社会主义”经济模式。作者认为，集中有关经济模式加以深入研究，对于在理论上深入研究社会主义经济的运行规律，在实践中探索社会主义生产关系实现的各种具体形式，十分必要。

（袁晖）

市场经济全书
——理论与实务

王　珏　王林生主编

中共中央党校出版社 1993.11　233万字

本书由国内一些知名的理论工作者和实际工作者参加编写，是我国第一部集经济理论分析与实务操作于一体的市场经济百科全书。其内容分为六部分：1.总论，阐述市场经济的含义、功能、构成要素、运行机制以及市场经济发展的历史。2.分析考察市场主体，阐明居民（个人）和企业要成为市场主体必须具备的条件和市场主体的经济行为对经济运行的影响。3.分析考察各类市场产生与发展、功能与作用、交易规则、运作程序、管理制度等。4.介绍对外经济贸易的理论与实务。5.阐述宏观经济管理理论、目标、政策、手段。6.阐述和介绍保障市场经济正常运行的法律规则和管理制度。

该书的特点：一是全面性，力求包括市场经济理论与实务的基本问题。二是新颖性，突破传统理论框架，按照市场经济的基本特征和规律设计新的体系。三是实用性。

（刘扬名）

中国市场经济全书

胡 平 贺名仑 著

华夏出版社 1993.4 190万字

本书从市场经济的发育、完善着眼，全面总结了市场经济在世界各国包括中国的历史演变、运行、调控等方面的经验教训。全书分为四篇：

第一是市场理论篇。主要是运用历史发展同逻辑分析相结合的方法系统、全面地分析研究了市场经济的产生和发展，市场理论的各个流派的观点以及各类市场模式，还从理论上概括阐述了市场经济的要素、机制与运行等基本内容。第二是市场主体篇。主要是对作为市场运行主体的企业，从不同方面进行了分析研究。第三是市场运行篇。主要是从不同角度对商品市场和生产要素市场进行分析研究。第四是市场调控篇。政府是宏观调控的组织者。本篇以政府的干预理论为基点，系统剖析了政府职能，经济利益关系和宏观经济政策，进而分析研究了调控手段的运用和调控体系的建立，以便建成高效、畅通、可调控的市场。

（华夏）

社会主义市场经济论

魏 杰 张 宇 著

中国青年出版社 1993.3 16.7万字

本书主要阐述的问题是：中国到底能不能实行市场经济？中国实行的市场经济应该是什么样的市场经济?中国如何按照市场经济要求深化改革?围绕这些问题，本书对于市场经济的实质及市场经济模式选择等问题，进行了较为全面的论述。尤其是对如何按照市场经济要求深化改革，做了较为广泛和详尽的探讨。作者自己认为，“这本书还是较为有分量的”。

全书共分15章：对市场经济的再认识；市场经济与社会主义理论的发展；市场经济模式的选择；建立完善的市场体系；形式完善的市场机制；市场经济与公有制经济的矛盾及其协调；市场经济与政府体制改革；市场经济与国有制经济体制改革；市场经济与分配体制改革；市场经济与财政体制改革；市场经济与金融体制的变革；市场经济与投资体制变革；市场经济与农业体制的改革；市场经济与宏观调控体制的变革；全面加快市场经济体制的建立。

社会主义市场经济概论

卢希悦 刘能坚 主编

中国财政经济出版社 1994.1 30.8万字

本书除导论外，共18章。导论概述了社会主义市场经济学的研究对象、地位和任务，社会主义市场经济在理论研究上的由来和发展以及实践上的发展。第1—4章分析社会主义市场经济的属性和基础、市场功能、市场主体、市场体系。第5—10章分析社会主义市场经济的商品市场、房地产市场、金融市场、科技市场、信息市场、劳动力市场。第11章论述社会主义市场经济与国际市场的关系。第12、13章分析社会主义市场经济的运行方式和动力。第14—16章分析社会主义市场，包括分析其供求关系、价格和竞争。第17章论述社会主义市场经济与计划的关系。最后一章论述社会主义市场经济的宏观调控，包括宏观调控概述、宏观调控手段、宏观经济政策和宏观调控的综合运用。

中国社会主义市场经济导论

金 建 著

中山大学出版社 1993.3 28万字

本书分绪论、社会主义市场经济发展的客观必然性、社会主义市场经济的基本特征、社会主义市场经济规律、社会主义市场经济的微观基础：企业及其所有制结构、社会主义市场体系与结构、市场价格机制、社会主义市场经济的宏观调节、健全社会主义市场经济体制是市场经济运行的条件等共九章。

本书对社会主义市场经济学的研究方法有其鲜明的特点：历史唯物主义与辩证唯物主义相结合，实证分析与规范分析相结合，定性分析与定量分析相结合，宏观分析与微观分析相结合，静态分析与动态分析相结合，比较分析与重点分析相结合。书中对构造社会主义市场经济体制的几个主要方面，如在市场经济规律、企业及所有制结构、市场体系、市场运行机制等方面都作了较深入的探索。

（蔡浩然）

市场经济总构想

曾国祥 彭 森 主编

改革出版社 1992.11 23.5万字

本书分为19章，并附录有国内外关于市场经济问题的有关资料。在前4章中，论述了社会主义市场经济的历史必然性、基本内涵、本质要求及基本框架；在后

15 章中，具体分析了市场经济条件下的产权关系、企业经营机制、证券市场、劳动力市场、社会保障制度、财税体制、金融体制、法制建设等，以及 90 年代改革的推进方式。作者认为，建立一个法制健全、规则完善的社会主义市场经济体制，大体上要再花 30 年的时间。作者详细分析了以社会主义市场经济体制为中国经济体制改革的目标模式所必须建立的若干基本制度，如现代企业制度、市场制度、社会保障制度等。

（袁晖）

中国：市场经济与宏观调控

项怀诚等　编著

中国财政经济出版社 1993.12　29.5 万字

本书共 11 章：中国经济体制创新的总体框架；市场经济运行中政府宏观调控的原则和范围；国际上政府调控经济模式及其借鉴；市场经济体制下宏观经济管理的新转变；建立完善的、统一的、开放的市场体系；实现三个转向是宏观经济管理效率递增的基础；政府宏观调控和宏观管理的基本手段；中国国际贸易面临的机遇与挑战；加速市场经济体制改革的步骤；我国宏观经济运行的现状及宏观调控的政策选择；我国当前经济发展的若干热点问题。作者认为，理论和实践都已证明，世界上不存在完全自由的市场经济，没有政府的宏观调控，市场经济不可能平稳地运行，更不可能实现经济的腾飞。在各国市场经济发展的进程中，市场机制和政府的宏观调控起着互为补充的作用。

现代市场经济

——变革时代的挑战

徐小杰　著

社会科学文献出版社 1993.8　14.7 万字

本书内容共分三部分十二章。第一部分（第 1、2 章）从总体上概述市场经济的一般性质，纵观传统市场经济向现代市场经济的发展过程，提出并比较现代市场经济的若干模式。作者认为，现代市场经济是一种比较有序和协调的经济，是战后西方发达国家经济相对稳定发展和新兴工业化国家（地区）崛起的基础。第二部分（第 3—10 章）具体从自主企业制度、政府的作用、现代银行的特征、现代资源的配置趋势和现代企业的经营行为以及现代市场经济对社会稳定与发展的作用等方面，来阐明现代市场经济的具体运作方式和作用。作者认为，现代市场经济的微观基础是以民间经营为主的自主企业制度，而不一定是私人的自由企业制度，但也需要有适度的国有经济相配合，形成适度的企业结构。第三部分（第 11、12 章）提出探寻具有中国特色的市场经济模式的约束因素、目标模式和改革方式以及今后改革的基本走向。

中国社会主义市场经济与统计

郑家亨　著

中国统计出版社 1993.9　22.5 万字

本书是作者 1991 年以来的文集，分经济问题和统计问题两部分。前者记录了从 1991 年以来对在培育和发展社会主义市场经济问题上的最新探索，同时探讨了收入分配、第三产业、股份制、边境贸易、城市评价、市场经济与宏观调控等重大问题。后者则反映了作者近两年来对统计整体功能、统计改革、统计制度、统计分析方法等领域的最新认识。最后一文则探讨了本书的主题——社会主义市场经济与统计改革问题。

市场·国家·国际协调

——资本主义市场经济是怎样运行的

陈秀山　雷　达　著

中国青年出版社 1993.2　19.3 万字

本书对战后资本主义出现的许多新现象、新变化、新特征进行了研究、探索。作者从经济运行机制角度入手，考察了资本主义生产关系的局部调整同经济运行机制演变的关系。他们认为，虽然资本主义生产关系的每一次局部调整，都能产生出新的调节手段来弥补旧的调节手段的缺陷，使资本主义运行机制中的矛盾得以缓和，但新、旧调节手段之间的冲突和效应的抵销，说明在资本主义私有制条件下，任何一种调节手段都不可能成为社会化大生产的最终调节形式，而且，从历史发展趋势来看，资本主义生产关系的局部调整余地会变得越来越小。

全书共七章：导言；资本主义经济体制与经济运行；资本主义经济运行机制中的矛盾及现实表现；社会市场经济的运行及其矛盾；理论的困境与现实中的矛盾；资本主义开放模型与国际协调；建立社会主义市场经济运行机制。

德国社会市场经济

董　峰　叶　森　主编

改革出版社 1992.5　字数：16.3 万字

在 1986—1991 年期间，中国经济体制改革研究会先后六次组团，对联邦德国社会市场经济体制进行了深入的考察，本书是在历次考察报告的基础上汇集有关资料，按时间脉络与内在逻辑进行重新编写而成。本书全面反映联邦德国社会市场经济体制的形成、发展与成熟的各个历史阶段，系统介绍社会市场经济体制的基本框架，以及联邦德国的企业制度、社会保障制度与宏观调控体系。与此同时，本书还着重介绍了联邦德国两次重要的体制转轨时期(第二次世界大战以后，从纳粹德国高度集中的战时经济体制向社会市场经济体制的转变；两德统一后，联邦德国与民主德国经济体制的转轨)，所面临的各种问题和困难，以及解决这些问题和困难所采取的各种措施。

（袁晖）

有中国特色的社会主义经济·政治·文化

刘国光　汝　信　主编

中国社会科学出版社 1993.1　54 万字

本书是一本全面、系统地论述有中国特色社会主义理论的学术专著。作者认为，建设有中国特色的社会主义道路的核心是："以经济建设为中心，坚持改革开放和四项基本原则"；有中国特色的社会主义的基本特征是：在经济上实行以公有制为主体、多种所有制并存的开放性市场经济体系，在政治上实行中国共产党领导的多党合作、政治协商制度和以工农联盟为基础的人民民主专政，在文化上要以马列主义毛泽东思想为指导，坚持"百花齐放、百家争鸣"的方针，吸收传统文化和外来文化的一切优秀成果。

全书史论结合，以论为主，将经验总结与规范分析相结合，对有中国特色社会主义理论的形成和发展以及它在当代国际共产主义运动中的地位和影响作出了较为详尽的评介，具有较高的学术水平和理论层次。

中国经济概论

肖灼基　主编

经济日报出版社 1992.3　58.8 万字

本书以解放以来主要是改革开放以来的经济发展为经，以国民经济的主要领域和部门为纬，纵横结合，改革与发展结合，理论与实践相结合，对我国的基本国情、经济发展战略、经济体制改革的历程与现状，对资源、人口、就业、农业、工业、商业、乡镇企业、运输、建筑、房地产、市场、物价、财政、金融、积累与投资、消费与储蓄、对外经贸、国家宏观调控等重大经济问题，作了全面、系统、周密的分析和论述。

本书实际上是一部我国经济体制改革全过程、全方位的"百科全书"，所有经济领域的各项改革的出台政策及其产生的效应和影响，却有清楚的论述。

（杨林林）

中国宏观经济的实证分析

厉以宁　主编

北京大学出版社 1992.10　32 万字

本书是国家哲学社会科学重点科研项目的研究成果。本书的特征是宏观经济的实证研究。通过投资、储蓄、消费、货币流通、金融调控、城乡就业、通货膨胀与经济增长的模型的建立和分析，得出了有关中国宏观经济运行的一系列论断。

本书主要想说明三个问题：第一，中国宏观经济运行的症结究竟何在？第二，当中国宏观经济运行发生困难的时候，政府并不是没有采取经济调节措施，但为什么经济调节措施的效果总是不理想？其真正原因何在？第三，怎样才能使中国的宏观经济运行摆脱目前的困难状态而转入良性循环？换言之，中国经济的出路何在？我们主要应当从哪些方面着手，才能在经济发展中比较迅速地取得成效？

虽然每一章的结尾部分都提到了目前或以后应当采取的改进宏观经济运行状况的措施，但在本书的最后部分，即第十二章，作者仍根据实证研究的结果，把政策建议作了一高度的概括。

中国经济改革与股份制

厉以宁　著

北京大学出版社

香港文化教育出版社 1992.8　19.5 万字

本书是作者近几年关于中国经济体制改革与股份制试验的一些文章和演讲稿。作者把这些文章和演讲稿分为五部分：经济改革思路与股份制；计划、市场与资源配置；企业活力、企业素质与企业家；金融改革；经济改革与经济发展。

本书深入浅出地阐述了作者一贯坚持的以企业改革为主线的观点，多方论述了实行股份制，使企业真正自主经营，自负盈亏是当前经济改革的首要任务。

中国经济改革

沃尔特·加勒森　主编

社会科学文献出版社 1993.12　24 万字

“中国经济改革”这一重大研究项目由美国“一九九十学社”和旧金山联邦储备银行倡议并资助，由 20 位美国和中国学者共同进行。本书是第一阶段的研究成果。

全书除前言外，包括 8 篇文章：经济改革综述；农业，过去与未来；财政与经济分权；在变迁中的国营企业，对外贸易；价格：经由双轨制的转变；劳动力市场；宏观经济：波动与转变。作者们以坦率的、客观的态度指出了这些方面的成功与失败，进步与倒退，所取得的成就以及尚未解决的、新发生的、阻碍改革继续前进的问题。

发展的效益型与改革的市场型

汪海波　著

经济管理出版社 1993.10　37.2 万字

本书分四部分：把社会主义经济建设进一步转移到以提高经济效益为核心的轨道上来；建立社会主义市场经济体制；进一步解放思想；社会主义的初级阶段。

我国经济正在实现两种模式的转换：经济发展由以速度为中心的战略向以效益为中心的战略转变，经济改革由计划经济体制向市场经济体制转变。本书的第一、二两部分就是作者在 80 年代末和 90 年代初在这两方面的研究成果。

由于以上两种转变都是以进一步解放思想作为思想前提、以社会主义初级阶段的理论作为理论基础，本书的第三、四部分便是作者在这两方面的研究成果。

由于新民主主义社会论是社会主义初级阶段论的一个思想来源，我国社会主义初级阶段的社会又是从新民主主义社会过渡来的，作者便把《新民主主义社会论》一文列入了第四部分。

苍茫中的选择

——社会主义公有制实现形式探索

张大军　著

改革出版社 1993.4　71.7 万字

本书为国家社会科学基金研究课题。全书分为四篇 21 章。作者认为，随着生产力的发展和改革的深化，以及承包制内部基本矛盾的发展，承包制就逐渐地由它的初级形式发展到高级阶段，其经过的历程是：滚动承包——部分全员承包——全员承包——全员资产承包。这在客观上就为它进一步过渡到“一企三制”的现代股份企业制度创造了物质基础和精神条件。“一企三制”的现代股份企业制度是社会主义所有制结构改革的目标模式，它将以公有制为主体、全民所有制为主导的多元所有制结构，移植到国有大中型企业内部，从而使原来的清一色的全民所有制结构的僵化状态，变为由国家股控股，企业集体股次之、职工个人股占少量份额的多元动态结构，由此也产生了耗散结构效应，因而能够创造出生产经营上的高效益。

（袁晖）

现代公有制模式选择

李连清　许文建　薛维君　著

中国商业出版社 1993.10　15.5 万字

本书指出了公有制改革的大趋势，提出了现代公有制模式的理论构想和公有制改革的现实选择的设想。

本书以马克思主义科学的公有制理论为指导，全面地、历史地、系统地探讨了公有制关系的内涵及其实质，劳动交换关系的本质及运行机制的客观形态选择，提出了“A”的移位与重新建立劳动者个人所有制的理论；关于劳动力资本化的劳动主体理论。阐述了社会主义选择市场经济体制的客观历史必然性。

本书从一个新的角度探索了公有制改革的目标模式，提出了“社会所有、全员经营、法人承包”的体制模式，并根据现代产权理论，提出了现代公有制的产权社会性、全员经营性和法人主体性理论，还根据我国现实的特定条件和现代产业组织结构的产业组织化、一体化、联合化的趋势，提出了三级法人产权经营体制，为公有制改革提出了一种新的现实可行的目标选择。

（刘树林）

外国国有企业管理与效率

朱懋光　张久达　编著

改革出版社 1993.2　19 万字

本书分为 7 个部分，从多重视角介绍了世界各国国有企业的历史改革、国外不同类型国家对国有企业的管理特征、国有企业的股份制、国有企业组织结构与形式、各国国有企业改革情况、国有企业的绩效评价等。资本主义国家的国有企业，主要是在第二次世界大战后的"国有化"浪潮中建立和发展起来的，它们在战后经济发展中起过重要作用，尤其在发展公共事业、基础产业、调整产品结构、改善落后地区经济和解决就业等方面的作用更为显著。随着世界经济的发展，国有企业的弊端也不断暴露出来，为了提高国有企业效率，各国政府都不同程度地采取措施改善对国有企业的管理，尤其是 70 年代以后，对国有企业的管理改革形成一个世界潮流。

（袁晖）

私营经济论

——对中国现阶段私营经济的系统考察

晓　亮　主编

四川人民出版社 1993.8　23.4 万字

本书是国家"七五"规划哲学社会科学重点研究课题。它对私营经济产生的基础、形态特征　作用、企业内部关系、对私营经济的政策和今后发展趋势，以及当前人们普遍关心的问题，做了理论上的阐述。

全书分为四篇十六章。各章依次为：中国资本主义经济产生、发展和改造的历史回顾；现阶段私营经济的发展过程和现状；私营经济在我国再生的必然性；私营经济成长的环境；私营经济的形成途径和主要形式；私营企业的分布；私营经济的性质和总体特征；私营经济的作用和地位；私营经济与发展商品经济的关系；私营企业的企业主、雇工、资金和技术；私营企业的经济管理；私营企业的收入分配；私营企业的劳资关系；有关私营经济的几个理论问题；国家对私营经济的基本政策；私营经济的发展趋势和历史命运。

变革中的农村与农业

——中国农村经济改革实证研究

郭书田　主编

中国财政经济出版社 1993.3　24.9 万字

此项研究受联合国粮食与农业发展组织资助。

农业部根据与联合国粮食与农业发展组织的协议安排，于 1991 年组成专门课题组，开始了以中国农村土地制度变革与农业结构调整为主题的农村改革实证研究。课题组先后到我国十多个省市，就中国农村土地制度变革、经济组织形式、乡镇企业发展、农产品流通情况、产业结构调整、农民收入变动、农村人口变迁以及农业资源情况等进行了实地考察，并走访了农村基层领导干部和农民。在实地考察的基础上，课题组结各部门的实际工作，应用了大量先期研究成果，并采用了农业部系统的大量抽样调查数据，最后完成了包括一个主报告和十个背景报告组成的课题研究报告，即本书内容。研究报告提交联合国粮食与农业发展组织后，受到委托部门专家的高度评价。

农村工业区与农村发展新阶段

杜闻贞　张二震　主编

江苏人民出版社 1992.11　28 万字

本书是国家社会科学基金项目"农村工业区开发与新城镇体制问题研究"课题的研究成果。

我国乡镇企业的兴起和蓬勃发展，对于中国农村经济的发展和繁荣起着举足轻重的作用，在农村发展上具有战略意义。但乡镇企业的分散布局，已经不能适应进一步发展的需要，也不能适应日益激烈的市场竞争环境。在江苏农村，出现了农村工业区这一新现象。作者先后赴江苏南通、昆山、吴江、吴县、无锡等市（县）乡镇工业发达地区进行调查研究，获得了大量第一手资料，并在此基础上进行了理论上的思想考，对农村工业区这一新的农村工业经济发展模式进行了有意义的探索。

作者认为，农村工业区的开发和建设，不仅在于为乡镇工业和小城镇建设的进一步发展提供条件，还有利于农业生产的规模经营，逐步实现农业现代化，有利于根本改变二元经济结构的格局，有利于加快农村剩余劳动力转移，实现农村人口的城市化。

（王田）

中国农业劳动力转移

陈吉元　主编

人民出版社 1993.9　27.1万字

本书是国家社会科学“七五”规划重点研究课题——农业剩余劳动力利用与转移研究成果之一。

本书借鉴国内外的历史经验和农业劳动力转移的理论,结合我国的实际,着重从理论上探讨了我国农业劳动力转移的有关问题。

全书共14章:研究农业剩余劳动力转移的理论与方法;农业劳动力的供给与需求;农业剩余劳动力转移的速度与规模;农业剩余劳动力转移与产业选择;农业剩余劳动力转移的技术选择;农业剩余劳动力转移的地域选择;农业剩余劳动力转移方式;资金与农业剩余劳动力转移;农业剩余劳动力转移的经济效益;农业剩余劳动力转移与劳动力素质;农业剩余劳动力转移的宏观调节;中国农业剩余劳动力转移的历史经验;农业劳动力转移的国际经验;西方迁移、兼业理论与我国农业劳动力转移。

中国畜牧业一体化十年

李易方　主编

农业出版社 199310.　40.4万字

全书包括五方面的内容:(1)牧工商一体化事业发展综述;(2)各种类型牧工商一体化经营的成绩、特色和经验介绍,包括中国牧工商总公司直属及联营企业,种畜进出口公司,地方牧工商企业,畜牧场站一体化经营,农垦、外贸、乡镇企业、集体企业、私营企业,以及中外合资企业一体化经营等共数十个单位的经验介绍;(3)畜牧业一体化管理6个改革试点经验介绍;(4)牧工商一体化理论研究;(5)有关重要政策法规。

在我国农村经济改革大潮中,十年来我国畜牧业经历了从产品经济向商品经济的转变,从传统的饲养方式向集约化、现代化转变,从家庭副业向大农业中一个独立产业的地位转变。改革以来,农业是在曲折中发展的,但畜牧业则连续十多年稳定增长,畜产品的质量、数量、经济效益不断提高。本书详尽地阐述了我国各种类型的畜牧业一体化事业成长和发展壮大的历程,并从实践上、理论上总结了十年来。从计划经济向市场经济转轨过程中,开展牧工商一体化经营与一体化管理实践的成就和经验。　(贺宏善)

论运输化

荣朝和　著

中国社会科学出版社 1993.8　28.8万字

本书收入《中国社会科学博士论文文库》。作者以翔实的历史统计资料和独创的逻辑分析,高度概括了运输与经济发展之间的关系,揭示了伴随工业化而发生的运输化过程。全书共分7章,除对前人有关理论和文献的回顾及对本书研究方法、研究范围的介绍之外,作者重点提出并阐述了经济运输化的理论,对发达国家运输化的新动向、运输化在中国的发展及存在的问题,进行了详细的分析。作者认为,我国目前处于运输化的初级阶段,运输业发展不足与工业化的进一步成长产生了尖锐矛盾,必须加快运输化步伐,才能使经济尽快走上持续高速、稳定、协调发展的轨道。

(郭　媛)

关贸总协定与中国经济

汪尧田　主编

中国对外经济贸易出版社 1993.9　35.2万字

为给我国重返关贸总协定作好准备,加强对关贸总协定全面系统的研究,经贸部邀集上海和华东近百位老专家、教授,组成了关税与贸易总协定上海研究中心。中心曾出版《关税与贸易总协定总论》(本年鉴1993年卷已作介绍)及其他刊物。本书是研究中心的又一成果。

本书共分14章,分别论述了中国外贸体制如何适应关贸总协定国际规范、关贸总协定关税减让谈判与中国的参与、关贸总协定对非关税措施的规定与我国非关税措施的改革、多种纤维协定与我国纺织品及服装出口贸易、关贸总协定农产品谈判与中国农产品对外贸易、乌拉圭回合知识产权谈判和中国对知识产权的保护政策、乌拉圭回合多边服务贸易谈判与中国的对策、乌拉圭回合对与贸易有关的投资措施问题的谈判与中国的投资法规、关贸总协定对发展中国家的特殊优惠与为享受优惠我国应做的工作,还有有关金融外汇、反倾销法、贸易技术壁垒和进出口商品检验等问题。

关贸总协定与中国经济

王　军　著

中国金融出版社 1993·4　41.4万字

本书共三篇十五章。第一篇（前4章）从总体上阐述关贸总协定的情况。第1.2章完全集中在关贸总协定本身，包括总协定框架及其框架下的历届多边贸易谈判。第3章考察总协定对发展中国家的特别规定及相关问题。第4章重心开始转向中国。第二篇（第5—9章）是本书的核心层次，即关贸总协定与中国经济问题，顺序研究关贸总协定与中国贸易体制、外汇管理、价格体系会计制度和知识产权等问题的经济涵义。第三篇（第10—15章）主要分析微观经济主体——企业和行业，包括关贸总协定与中国机电企业、中国重化工业、纺织工业、轻工业、金融业。最后一章探讨关贸总协定与中国技术进步和技术引进问题。

本书的研究是比较广泛和深入的，作者提出了自己的一些新观点和分析的体系。

关贸总协定与各行业的对策

周可仁　李德水　张超英　主编

中国社会科学出版社 1993·5　81万字

本书在深入浅出地介绍关贸总协定基本内容的基础上，重点分析了"复关"后我国货物进出口管理制度、海关制度、外汇管理制度等将发生的变化和计算机、汽车、机电、轻工、化工、纺织、冶金等行业面临的挑战。全书共分三篇21章。第一篇4章对关贸总协定的产生、基本规则、组织机构、解决争端的程序以及乌拉圭回合，进行了详细析说。第二篇6章介绍了关贸总协定各条款、关贸总协定文本、非关税壁垒措施协议、关于指导国际贸易体制的协议、东京回合多边贸易谈判守则以及乌拉圭回合部长宣言。第三篇11章论述重返关贸总协定对我国经济的影响以及我国各行业所面临的挑战，并在借鉴某些国家经验的基础上，提出了可供参考的对策。

（郭　媛）

经贸概论与政策体制

孟宪刚等　编著

中国青年出版社 1993·5　21.2万字

全书共七章。第一章介绍对外经贸基本理论，包括对外经贸理论发展梗概、国际贸易的基本概念与类型、西方国际贸易学说、有中国特色的社会主义对外经贸理论。第二章分析资本主义国家对外经贸政策措施，指出其政策是通过采取各种具体措施来实现的，如关税壁垒措施、非关税壁垒措施、鼓励出口措施、出口管制措施、促进对外经贸发展的经济特区措施等。第三章论述了国际经贸中的自由竞争与垄断保护，包括国际经贸组织、国际商品协议和生产国卡特尔组织、区域性贸易方案、世界贸易中心。第四章介绍关税与贸易总协定。最后三章分别论述中外经贸条约与协定，中国对外经贸的发展和中国对外经贸政策体制。

国际贸易与系统工程

李创荣　编著

中国对外经济贸易出版社 1993·7　26万字

作者把系统工程的理论和方法运用于国际贸易，把国际贸易视为一项大系统工程，这是研究国际贸易的一种新思路和新方法。现代国际贸易正朝着多元化、复合型、多功能、工程化方向发展，利用系统工程的理论和方法来研究、来开拓，将会收到事半功倍的效果。

全书共分十章，第一章阐明了现代国际贸易的特点是工程化、系统化；第二章以新的思路论述了国际贸易功能与效益；第三、四、五章，充分论述了现代国际贸易是一系统工程；第六、七章分别从金融、价值方面论述了国际贸易与金融、价格的关系；第八章论述了国际贸易与跨国公司的关系；第九章论述了国际贸易与人才的关系，第十章以系统工程的理论和方法阐述了国际贸易的战略与策略。

作者敢于冲破旧框框，发展新科学，大胆向人们提出了一个富有启示意义的新的学术思路。

跻身国际市场的艰辛起步

董志凯　著

经济管理出版社 1993.9　17.2万字

从50年代初到70年代，美国对中国实行了长达22年的“封锁”和“禁运”。本书以大量生动的史料和确凿的数据反映了这一重要历史过程。从本书论述的十七个问题中可以大致看出全书的内容：一、中国的发展与世界；二、对新中国的经济“封锁”和巴黎统筹委员会的设置；三、新中国外贸方针的制定和外贸机构的建立；四、人民海关的创建；五、初步封锁与外贸情况；六、经济封锁的升级；七、及时抢运物资，多方减少损失；八、“先进后出、出入平衡”的易货贸易方针的实施；九、外贸运输事业的恢复和发展；十、“一边倒”方针和对外贸易方向的调整；十一、在东南亚突破贸易封锁；十二、积极发展对香港、澳门的直接贸易和转口贸易；十三、莫斯科国际经济会议；十四、努力开拓对日本、西欧、北美的民间贸易和政府贸易；十五、“封锁、”“禁运”中的对外经贸效应；十六、首次“封锁”、“禁运”的终结；十七、历史的几点启示。

期货贸易理论与实务

王忠民等　编著

西北大学出版社 1993.7　22.7万字

期货作为一种商品，对于大多数中国城市居民来说，还很陌生。然而，期货交易是市场经济的必然产物，是市场经济规范化、特别是交易过程规范化的高级形式，同时它又将经济活动者的避险和投机功能有机地融为一体，促进了经济运行的平稳和市场的活跃。

本书除序言外，共分十章：期货市场概况；期货市场的组织结构和交易规则；期货交易要则和操作程序；商品期货交易形式；期权概念及交易策略；期货市场价格走势预测Ⅰ——基本性因素分析；期货市场价格走势预测Ⅱ——技术性分析；金融投资期货交易；中国期货市场现状与走势；国际主要商品交易所简介。

书后附录有我国建国以来第一个期货经纪公司登记管理暂行办法（1993年4月28日颁布实行）和世界主要期货商品一览表。

期货市场教程

常　清　主编

陕西人民出版社 1993.7　33.5万字

全书共21章。它比较系统地分析了期货市场的基本结构和运作原理，详尽地介绍了期货交易的基本原理和操作技巧；同时，还对我国期货市场发展的进程和前景作了展望。

该书的主要特点：(1) 知识性和可操作性相结合。不仅系统介绍了有关期货市场的基本知识，而且详细地介绍了进行期货交易的基本策略和技巧。(2)理论性和实践性相结合。在研究国外期货市场发展实践和期货市场理论的基础上，力图归纳出期货市场发展的一般规律，概括出期货市场的一般理论，并以此指导中国期货市场的建设。(3) 理论上有一定的创新。书中论述的社会主义市场经济与期货市场的必然联系、中国期货市场的研究与设计、中国期货市场的现状及存在的问题、中国期货市场的趋势展望等方面，都有一定的创新。

（李晓锋）

金融改革与经济发展

张玉文　主编

中国财政经济出版社 1993.6　30.5万字

本书受国家社会科学基金活动。

货币金融与经济发展的关系怎样？能否通过金融活动调节经济？这是一个溶实践、理论、政策于一体的研究课题。这项研究，既可以为我国深化金融改革提供对策，也可为建立具有中国特色的金融发展经济学贡献一份力量。本书志在于此。

全书共13章，大体分为四部分：第一部分（第1—4章）是综合论述，包括导论、资金的形成、开放中的资金融通，以及西方盛行的肖与麦金农的“金融深化论”实施的条件；第二部分（第5—7章）是回顾与反思，包括对建国后前30年“大一统”的金融体制的认识，近10年金融改革的成效；第三部分（第8—11章）是论金融改革，包括对金融深化改革的思路，分别按金融市场、金融宏观调控、金融微观运行机制，探索具体改革的途径；第四部分（第12、13章）是借鉴与协调，研究借鉴他国经验和改革中的整体协调问题。

经济体制改革与货币政策

——改革开放条件下，如何稳定货币的研究

王佩真　主编

中国财政经济出版社 1993.7　27.5万字

本书是国家社会科学基金资助项目。

在改革开放的条件下，如何保持货币的基本稳定，为改革开放的顺利推进、经济持续稳定协调发展创造良好的货币金融环境，是中国经济体制改革中面临的一个非常重要而又棘手的问题。本书为这个问题的解决提供了思路和探索途径。

本书的研究，是以我国40年来的社会主义建设、新旧体制的变换、政治和经济生活的变化为背景，围绕经济体制改革的总战略和货币政策的目标、措施，经济建设的成就和稳定货币的关系为中心展开的。全书对我国改革开放以来各个领域——计划、农业、工业、商业、外贸、价格、财政、金融、收入分配以及外汇、外债管理等体制改革取得的成就和经验教训，及其对货币供求和稳定的影响进行总结研究，并对90年代深化改革和稳定货币的政策及其具体途径进行了探索。

银行信用管理与货币供应

尚　明　吴晓灵　罗兰波　著

中国人民大学出版社 1992.4　27.9万字

本书是国家"七五"重点课题研究成果，是黄达主编的货币供求问题研究系列专著之一。

本书以实证分析为主，考察分析了建国40年来银行信贷计划、贷款原则及管理办法、结算汇兑制度的演变过程，运用货币信用原理分析了这些制度的演变对货币供给的影响，并在此基础上提出了改进银行信用管理的政策建议。作者是从银行管理的实践出发研究货币的供求问题，从非常具体的存、放、汇业务管理办法出发研究银行管理对货币供给的影响。这是一项尝试性的工作。

全书共分5章：银行信用管理与货币供应概述；新中国金融体系的建立和货币供应；国民经济恢复时期的银行信用管理与货币供应；指令性计划经济中的银行信用管理和货币供应；有计划商品经济条件下的银行信用管理与货币供应。

现代货币供给理论与实践

盛松成　著

中国金融出版社 1993.11　20.4万字

本书共六章：货币供给量的决定理论——货币乘数分析；货币基数；货币乘数；金融创新与货币供给；货币供给理论中的"新观点"；美国法定准备金制度与货币供给。

本书以货币供给的过程为主线，以当代西方主要的货币供给理论及有关的史实为基本内容，以美国的货币供给过程为主要分析对象。在资本主义各国中，美国的货币供给机制最发达，也最具影响和代表性。

本书的基本素材取自美国《圣·路易斯联邦储备银行评论》这一著名杂志，它发表了大量有关货币供给的论文，包括一些经典之作。本书作者对货币供给的一些重大理论和实际问题也提出了自己独立的见解。

当代金融市场

朱宝宪　赵家和　编著

中国统计出版社 1993　45万字

本书共十章：金融市场导论；中央银行与储蓄机构；非储蓄金融机构；金融工具的价格决定；期货、期权及其价格决定；短期债券工具；中长期债券工具；抵押与利率工具；股票市场中的金融工具；外汇市场与全球化的金融市场。

本书力求对当代金融市场的各个方面作一较为全面和详细的考察。书中详细讨论了当今通行于主要市场经济国家的各种储蓄机构、非储蓄金融机构和中央银行的组织结构、业务特点和运行机制，并论及我国金融机构的发展、现状及改革的前景；全书更以3/5左右的篇幅介绍了货币市场、资本市场、抵押证券市场、股票市场、外汇市场和期权与期货市场中各种金融工具的形式、特点、发行和交易的机制、收益和风险状况。

信　用　论

曾康霖　王长庚　著

中国金融出版社 1993.3　40.2万字

本书内容共十二章：早期的信用形式和信用思想；古典学派的信用学说；马克思的信用学说；近现代西方经济学中的信用学说；货币、信用、金融；商业信用；

银行信用；财政信用；股份信用；租赁信用；民间信用；国际信用。

本书除专门论述不同的信用形式在融通资金中的运行机制外，还从国内外的现实出发，概括了货币与信用、信用与金融、金融与经济的关系。既指出它们的共性，又指出它们的个性；既指出它们的现状，又指出它们的发展趋势，这有利于正确评价货币、信用、金融在社会经济生活中的地位和作用。本书还着重论述了各种信用形式与银行信用及货币流通的关系，试图说明货币资金融通实际上是货币的供给和需求。

本书在研究方法上注意质的认定和量的规范、微观的阐述和宏观的分析，并比较分析了各种信用形式的内部和外部特点。书中有不少作者的新思考、新概括。它们不仅反映在对信用学说的评价方面，也反映在对各种信用形式运行机制的研究方面。

各国政策性金融机构比较

白钦先　曲昭光　著

中国金融出版社 1993.9　25.1万字

本书是国家“八五”重点社会科学研究项目成果。

全书除绪论外，分四部分（四篇）：第一篇总体综合比较，分别从政策性金融机构的涵义与特征、界定与分类、理论依据、职能与作用、资金来源与运用、盈利比较分析、资金运用规模及作用等不同层次和角度进行比较；第二篇国别体系比较，包括美、法、日、韩、泰、印度、巴西和尼日利亚；第三篇是各国政策性金融机构的专业分类比较，分别比较各国开发性、农业、进出口、住房、中小企业的政策性金融机构；第四篇是中国的选择与对策，是在前三篇比较的基础上阐述构筑中国政策性金融机构体系的必要性和紧迫性、基本模式、构造途径和方法论选择。本篇是全书的出发点与归宿。

人口与社会经济发展
——国际专家研讨会论文集

李慧京　主编

陕西人民出版社 1993.2　23.7万字

本书是研讨会论文选编。

国家计划委员会经济研究所于1991年8月在西安市召开的“人口与社会经济发展”国际研讨会，来自新西兰、泰国、南朝鲜、荷兰、美国、中国等国家的50多名著名的专家、学者，就“中国90年代人口增长与社会经济的发展趋势”、“人口与经济的关系”、“劳动力资源的开发利用与就业问题”、“农业剩余劳动力转移”、“人口迁移与城镇化”、“老年养老保障”等专题展开了讨论，专家们在会上提交的论文，有25篇入选本书。

（常平阳）

现代政府的经济行为

苏东斌　著

黑龙江教育出版社 1993.2　45万字

本书以政府为主体，赋予其人格化的地位，分析了政府行为的功能与利益走向。

书中提出的新鲜观点有：(1) 只有把产品变成商品，把计划变成市场，企业才能从政府的“父爱”般的“相濡以沫”的困境中解脱出来，从而走向“相忘于江湖”的竞争性共同富裕道路上来。(2) 为了创造市场经济的基础，作者从挽救当代资本主义、弱化资本主义基本矛盾和形成自主经营、自负盈亏主体两个角度，说明股份制企业就是现代市场经济的典型企业制度。(3) 作者重申了“目的高于手段”的思维方式，认为只有把社会主义看成社会公正、共同富裕的理想，从价值判断上而不是从具体制度上考察社会主义本质，才能使中国摆脱贫困，走向现代化。

现代管理理论与方法

何晓明　刘金墀　编著

中国社会科学出版社 1992.12　22.6万字

本书共三编八章。第一编总论，介绍现代管理理论与方法的内容与特点。第二编现代管理理论（第2—4章），介绍系统论、信息论、控制论。第三编现代管理方法（第5—8章）介绍系统工程、价值工程、控制技术、预测技术。

本书的特点：把现代管理理论以及方法、技术作为一个整体进行介绍；力图全面反映现代管理科学的最新成果，反映管理科学同自然科学、技术科学日趋紧密联系及管理科学在科学之林中的重要地位；本书所阐述的现代管理理论与方法、技术，既适用于企业管理，也在许多方面适用于宏观经济管理。

中外合资企业管理

梁世彬　主编

中国对外经济贸易出版社 1993.9　33.7万字

为切实做好经济和企业干部培训工作，为我国经济建设培养出一大批跨世纪的社会主义实业家、企业家，国家经贸委组织各地各部门的专家和教师编写了一套教材。本书即是其中之一。

本书内容以岗位规范为依据，突出针对性、实用性和科学性，有选择地借鉴和吸收国内外企业管理的先进理论和方法，知识新，跨度大。全书共16章，除导言外，分别论述了中外合资企业管理的性质与任务，经营环境与经营战略，组织与领导，中外合资企业的计划管理、生产管理、技术管理、信息管理、营销管理、人事管理、财务管理、外汇管理与贷款，涉外经济法与涉外经济仲裁，税务、海关与商检，中外合资企业的企业文化，中外合资企业的档案管理。

投入产出宏观经济分析

李　强　主编

中国统计出版社 1993.10　24万字

本书是国家统计局国民经济平衡统计司和投入产出办公室，部分省、市、自治区、计划单列市统计局投入产出办公室近几年运用1987年投入产出表，对宏观经济进行分析的过程中所产生的部分优秀研究报告，共33篇。其中不少研究报告把定量分析与定性分析科学地结合起来，对各级政府的科学决策起到了重要的咨询作用，产生了重大的经济效益和社会效益。

按照投入产出表应用领域的不同，全书内容分成十部分：计划论证分析；适度投资规模分析；经济（产业）结构分析；价格变动影响分析；消费分析；出口分析；能源分析；经济效益分析；第三产业分析；经济预测分析。

本书的显著特点是运用投入产出方法对宏观经济进行分析，文章构思新颖，方法独特，结论有创见。

经　济　预　测

——理论、方法及应用

侯文超　著

商务印书馆 1993.8　43.7万字

预测是一门新兴的实用性很强的学科。本书讲述经济预测的一般知识及经济预测的各种方法。经济预测大体上可分定性预测和定量预测两大类。前者主要是调查预测法，特别是专家意见法；后者又分为因果关系预测即（回归预测法）与时间序列预测（即传统分解法、指数平滑法和博克斯——詹金斯法）。关于指数平滑法，本书介绍了它针对各种类型数据的表现形式，使其应用范围更加广泛。对时间序列预测方法的研究是本书的重点。本书末章概括地介绍了来自其他学科的某些预测方法，目的是使对这些不大熟悉的读者也有所了解，以开拓他们的思路。不具高深数学知识的读者，也能读懂本书。

（吴衡康）

经　济　数　学

刘亚禄　李忠兴　编著

中国对外经济贸易出版社

1993.12　34.9万字

当前，经济理论研究和经济管理中数量分析愈显重要，特别是战后生产和科技的发展，促使企业生产和经营管理技术也得了迅速发展，使管理理论和方法由本世纪初的管理科学，发展到了当代的管理科学的新阶段，而经济数学则是当代管理科学的重要基础。

本书共14章，分别论述了微积分在经济上的应用、矩阵代数及应用、概率统计方法、投入产出分析、数学规划方法、模糊数学及其应用、经济预测方法、经济对策方法、经营决策方法、网络技术　存储方法、设备更新理论、数学优选法和财务数学。

本书起点适中，对广大数学水平参差不齐的经济理论工作者和经济管理人员的适用；保持系统性，内容由易到难，循序渐进。

台湾经济介评

刘建兴　黄文真编著

中信出版社 1993.10　27.5万字

本书是一本经济学的学术著作，重点研究近40多年来的台湾经济：一是比较系统地介绍台湾经济及其主要部门的发展概况，二是简要地评析台湾经济，诸如它有什么成功的经验和失败的教训，目前面临的困难和问题及其发展趋势等。

全书共九章，可分为四部分。第一部分（第1、2章）在介绍台湾的自然、人文、历史和经济概况的基础上，着重分析现阶段台湾社会经济制度的性质和特征；第二部分（第3、4章），较系统地介绍台湾40多年来经济发展的过程及其发展迅速的原因；第三部分（第5—8章），分别介绍台湾发展农业、工业、财政金融和对外贸易等方面的理论、政策、现状和问题；第四部分（第9章），就90年代台湾经济面临的问题和发展趋势进行一定的分析和预测。

世界经济运行机制

朱立南　主编

中国人民大学出版社 1993.6　23.3万字

本书是国家青年社会科学基金项目。

全书内容由四部分组成。第一部分是对世界经济各运行机制的个别考察，由第1—4章构成，即国际商品流动、国际资本流动、国际劳动力流动和国际技术流动。第二部分是从一个国家的角度，对世界经济各运行机制的综合考察，即第5章：国际经济关联的综合分析。第三部分是对世界经济运行机制的总体考察，由第6—8章构成，即世界经济的传导机制、协调机制、增长机制。第四部分是对世界经济运行机制的功能与特征的考察。即第9章：世界经济运行机制的功能与机制调整。本书的全部分析实际上都是为了改革现行国际经济秩序这一课题做理论准备。在此基础上，作者提出了改革现行秩序、建立国际经济新秩序的原则和基本思路，强调在秩序改革中应大大强化国际协调机制，进一步向发展中国家转移资金和技术，尽最大努力来消除南北差距。

美国经济周期研究

陈宝森等　著

商务印书馆 1993.9　25万字

美国是当今世界第一经济大国，它的经济波动必然要发生世界性的影响。世界各国无不对美国经济的周期性波动予以关注。本书的主旨即是对此问题进行研究。本书由五章组成。第一章研究西方经济周期理论在美国的发展，扼要介绍美国各派周期理论，并对这些理论进行评价。第二章研究美国经济周期的内在根源、运动规律和传动机制。第三章对美国经济周期进行历史的考察，分析不同历史时期经济周期波动的特点以及影响周期变形的因素。第四章研究美国政府反周期波动的政策与实践，对政府干预经济的历史作用和得失给以评价。第五章介绍美国对经济周期进行预测的各种方法。

（张宗理）

美国劳动市场

梁晓滨　著

中国社会科学出版社 1992.10　30.7万字

本书除导论外，共四篇十二章。导论分析了美国劳动市场形成的特点和它的发展阶段。第一篇劳动市场结构，阐述了劳动市场的供给方式、需求方式和交换方式。第二篇劳动市场机制，分析了劳动市场的流动选择机制和工资价格机制。第三篇劳动市场运行，论述了劳动市场的就业方式和失业方式，劳动市场歧视问题，以及技术进步条件下的劳动市场。第四篇劳动市场调节，分析了政府对劳动市场结构和运行的调节干预，介绍了劳动市场的结构更新。

作者认为，美国劳动市场由八个要素构成，即劳动力供给方式、劳动力需求方式、劳动交换、就业、失业、流动性、工资报酬以及政府调节干预，并存在相应的机制。八种机制互相联系，不可或缺。

奥地利国有工业企业的改革

朱志刚　编著

中国社会科学出版社 1993.9　11万字

本书系作者赴奥地利考察所辑资料整理而成。全书共分三部分，第一部分奥企业改革概况，从整体上介绍奥地利国有企业的历史沿革和改革情况；第二部分国家有关重要法规，包括有关奥地利企业的两个重要的联邦法的原文和概要；第三部分公司章程选辑，收入改革后奥地利国有工业控股公司监事会、董事会的章程和议事规则。其中后两部分资料，是作者针对如何使企业的行为符合市场运行的规律且不受其它方面的非正常的干预这一问题而特意搜集的。作者试图通过上述资料的编辑，展示奥地利国有企业改革的成功经验以及实现这种成功的途径。这对我国的国有企业改革具有十分重要的借鉴意义。

（郭　媛）

东盟国家经济发展与社会经济形态

廖少廉　王　勤　吴崇伯　著

社会科学文献出版社 1993.4　14.6万字

本书是国家教委“七五”社会科学研究项目。

全书共10章。除第1章（独立时的社会经济状况）外，大致可分为三部分。第一部分（第2—5章）一方面全面介绍国家在经济发展中所起的作用，突出资本积累过程和政府在其中的作用，另一方面分析了主要的资本占有形式和农村的土地所有制。第二部分（第6—8章）除了全面介绍产业结构的变化与工、农业的发展外，还比较分析了这些国家为发展外向型工业和扩大出口而普遍建立的出口加工区，通过比较其成效，总结出可资借鉴的经验与教训。除了肯定这些国家在生产力发展和产业结构变化方面所取得的成就，还着重分析了其生产力在地域分布上的不平衡和城市化过速问题。第三部分（第9、10章）通过对外贸易、利用外资和外债以及区域经济合作来反映对外经济关系的变化及其对经济发展的影响。

拉丁美洲外债简论

张宝宇　周子勤　吕银春　著

社会科学文献出版社 1993.11　22.2万字

本书共5章：外债史；负债发展经济论，从外债危机到增长危机；债务调整与解决债务危机的方略；外债问题国别研究。本书以外债史的叙述为开端，进而对一些国家六七十年代负债发展经济的利弊得失进行国际比较，然后分析80年代债务危机爆发的原因及其表现和影响，并对债权者和债务国的债务战略进行评析。另外，专设一章以国别为对象进行研究，目的是更具体、更详细地展示出外债的国别情况，突出各国债务特征的分析，补充综合部分论证之不足。全书所论，若从拉美国家对外负债开始算起，时间跨度近两个世纪；若从本次债务危机爆发算起，也达10年之久。

拉美债务危机给我们的启示是：(1)借债规模要适度；(2)外债使用必须有效；(3)经济发展模式要作相应转变以促进出口增长。

中韩经济特区比较研究

［韩］朴贞东　著

中国社会科学出版社 1993.7　21.8万字

本书是韩国学者在中国运用实地调查的研究方法，对中国经济特区进行比较研究的专著。全书共分五章，分别阐述了经济特区的形成、经济的发展及其因素、企业结构和技术、管理方式的引进、中韩经济特区效应和结构比较以及经济特区对中国经济的意义。作者从不同的角度，运用多种分析方法和大量资料，对诸如作为改革开放政策象征的经济特区本身的情况，从毛泽东时代的社会主义体制向新的经济体制转变而实行的改革开放的背景，及其在中国经济中的地位等问题，进行了重点考察；并为此使用了以往对华研究中几乎从未用过的“内部发行”资料。作者在比较全面地了解和掌握目前有关中国经济特区的研究成果的基础上，提出了过去的研究者未曾涉及的关于特区经济发展过程中所存在的各种问题、原因及其防止和解决的办法。书后附有中、英、日、韩参考文献。

（郭　媛）

国外经济科技社会发展考察与研究

中国社会科学院外事局编

中国社会科学出版社 1993.10　45万字

本书系中国社会科学院对外学术交流成果集编粹，收入专家、学者国外考察报告和研究文章共58篇。其中对日本经济社会的考察有15篇，内容包括日本的宏观经济管理，政府的产业政策，价格体系与价格管理，财政运营与管理，跨国企业，防治通货膨胀的财政政策，企业的竞争机制与人事考核，中央与地方财政转移支付制度以及当代妇女的就业，等等。对美国经济社会考察的专文有12篇，分别介绍了美国的劳动工资、国家实验室，研究院、航天事业、城市土地的规划和使用、住房政策和投资决策、商品市场发育与运行情况以及家庭的居住现状及政府的住房政策调整，等等。本书还收入对印度、印尼、伊朗、巴西、澳大利亚、泰国、马来西亚、韩国、荷兰、以色列等国的考察报告若干篇，对亚太地区产业、贸易、人口的分析、对拉美私有化的述评以及对东盟国家经济发展趋势的预测若干篇。全书从不同角度、不同侧面反映了国外近年来经济、科技和社会发展的情况。

（郭　媛）

新民主主义革命时期的中国资本主义

（中国资本主义发展史第三卷）

许涤新　吴承明　主编

人民出版社 1993.8　60.5万字

本卷的时限是1921—1949年，分别考察外国在华资本、官僚资本和民族资本在这期间的发展变化。其中又以1937年和1945年为界，划分为三个阶段，即二三十年代、抗日战争时期和解放战争时期，分别构成第二、第四和第五章。第三章是专门考察农业中的资本主义生产关系。第六章即最后一章是探讨中国资本主义发展的速度和水平。

同前两卷一样，在本卷的编写中，作者力求避免“事件构成历史”的传统方法，注重清理脉络。同时，不去强调历史分期的原则性意义，而是根据不同课题，便宜行事。如对官僚资本的考察是从1927年开始（在此之前已叙入第二卷）；对东北经济的论述是以1931年为界；对农业中资本主义关系的考察是自鸦片战争起直叙到1949年；对新民主主义经济的介绍是从建立中央革命根据地起直叙到全国解放前夕；而探讨中国资本主义发展的速度和水平，又是从甲午战争起，按照另定的五个基期进行的。

明清时代封建土地关系的松解

李文治　著

中国社会科学出版社 1993.4　47.8万字

本书辑录了八篇文稿：明清时代封建土地关系的松解；明清时代的地租形态；明清时代的地租剥削；明清时代的学田地租；清代前期地租形态发展变化的一个典型事例；明清时代租佃契约制的发展；论清代前期土地关系的变化及庶民地主的发展；论中国地主经济制与农业资本主义萌芽。讨论的中心问题，是明清时代封建土地关系松解的问题。这里所谓松解，是指封建土地关系发展的趋势。第一篇是对全书的概括。其他各篇都环绕松解问题进行论证，但均能独立成篇。

本书论述的主题，是尊卑贵贱等级及隶属关系的变化，封建所有制形式及土地所有者身分地位的变化。以上变化又集中反映于土地所有者与生产劳动者相互关系的变化。

中国近代纸币

戴建兵　著

中国金融出版社 1993.2　43万字

本书是一部系统研究、介绍1840—1949年间我国近代纸币的专著，以近代官银钱号、省、市银行纸币为研究对象。全书分上下两篇。上篇从总体上综述了中国近代地方纸币的管理及其与国家银行、商业银行、外国银行纸币和地方私票的关系，阐述了中国近代纸币的沿革历史，分析了中国近代社会经济与近代货币的关系。下篇汇集了近代各地方银行纸币发行的史料，按地区和银行成立时间为序，将地方银行纸币的发行、流通、券别、回收等情况加以整理归纳，勾勒出近代地方纸币的基本面貌。全书编有纸币目录，涉及纸币几千种，附有纸币实物照片150余幅。书末附列有关中国近代纸币的书籍、报刊目录，供查阅。　（金　融）

宋金纸币史

刘　森　著

中国金融出版社 1993.6　26万字

全书共12章：世界最早的纸币—交子；陕西交子；北宋的小钞；宋代流通时间最长的纸币—钱引；流通区域最广的纸币—会子；湖会；川陕地方会子；淮交；宋代最后一种纸币——关子；宋代纸币的印刷与禁伪；宋代的纸币理论，金朝的纸币。书末列3个附录：宋金收取纸币印造工墨费表；宋金纸币名称面额一览表；宋金纸币大事年表。本书论述了11至13世纪中国纸币产生、发展、、消亡的原因和作用，以及纸币的版（票）式、印刷、防伪、发行量、流通区域、币值、纸币管理制度和思想、纸币与他种货币（铜、铁钱和银）的关系等，并运用钱币学与货币史、经济史、印刷史、文化史等其他学科相结合的研究方法，对探索古代纸币的发展规律，纸币与社会经济、政治、军事等的相互作用与影响，进行了有益的尝试。本书有作者的一些新观点。

（金　融）

政治经济学要义

[英] 詹姆斯·穆勒 著 吴良健 译

伦敦亨利·博恩出版公司 1844 年版

商务印书馆 1993.6 11.8 万字

詹姆斯·穆勒(1773—1836),英国著名经济学家,东印度公司高级官员。

本书系作者的长子、年仅 13 岁的约翰,根据其父每天散步时口授的政治经济学的内容追记、整理而成。此书被西方经济学界誉为第一本用英文写成的经济学教科书,列为世界学术名著。詹姆斯·穆勒在本书中把政治经济学并列地划分为生产、分配、交换和消费四个部分,即所谓"四分法"。本书探讨四大问题:1. 什么是决定商品生产的规律;2. 什么是社会劳动所生产的商品进行分配的规律;3. 什么是商品彼此进行交换的规律;4. 什么是决定消费的规律。作者仅把生产、分配、交换和消费看作是一般形态,看不到资本主义私有制下它们的特殊性,看不到资本主义私有制对这四部分运动的决定作用。

(吴衡康)

现代制度主义经济学宣言

[英] G. M. 霍奇逊 著 向以斌等 译校

北京大学出版社 1993.3 27 万字

本书除前言外,共十一章:导言与提要;方法论和假设论;在个体主义方法论背后;最大化假设;理性主义的行为观;行为与体制;契约与产权;作为制度的市场;企业与市场;预期与凯恩斯的局限性;目标和政策含义。

本书通过对经济学方法论、基本假设和前提条件的分析,指出了当今流行的新古典主义经济学中存在的缺陷,着重论述了习惯、社会制度、市场、交易与产权在现代经济生活中的作用,并由此提出了相应的政策建议。立意新颖,论述清晰,有不少论点引人深思。

激进经济学

[澳] 布鲁斯·麦克法莱恩 著

朱宝宪 王季平 译

商务印书馆 1993.6 19.8 万字

本书除序言和绪论外,分为四部分:正统经济学与它的问题;激进的反应;马克思主义经济学;社会主义的不同选择。

在绪论中,作者提供了 19 世纪以来,当时的正统理论和激进理论争论的历史情况。然后重点说明双方有关边际生产率理论和社会主义经济计划有效性的争论,以及正统学派关于公共领域理论中所表现的社会主义思想。

第一、第二部分(各三章)主要是介绍新剑桥学派经济学家的理论,第三部分(三章)介绍马克思主义经济学,第四部分(二章)第十章价值规律在苏联。作者指出,1943 年苏联开展了社会主义制度下价值规律的讨论,而 1945 年沃斯涅辛斯基在其著作中赞同价值规律,主张苏联应放松一些过度中央化的计划体制时,却被斯大林以复辟资本主义的罪名枪毙了。最后一章重点分析南斯拉夫实行工人自治的成就和产生的问题。作者认为东欧势态的发展会与扩大市场力量的努力背道而驰。

激进政治经济学基础

[美] 霍华德·谢尔曼 著 云 岭 译

商务印书馆 1993.8 26 万字

霍华德·谢尔曼是一位著作颇丰的左派经济学家。本书是其主要著作之一。

激进政治经济学是一种对现行制度与理论进行批判并提倡进行根本变革的理论。作者在书中对资本主义制度及正统理论进行了深刻的批判,在此基础上提出了比较系统的变革设想,即替代资本主义的可行性社会主义和共产主义模式。在此种构想模式中,作者提出了经济民主原则,论述了有关计划与市场关系等,这些对于我们进行社会主义的体制改革颇有参考价值。本书已成为研究激进经济学的一本教科书。

(张宗理)

宏观经济学

[美] 奥利维尔·琼·布兰查德

斯坦利·费希尔 著 刘树成等 译

经济科学出版社 1992.3 66.5 万字

本书内容共 11 章:绪论;消费和投资:基本的无限期界模型;交叠世代模型;货币;多重均衡、泡影和稳定性;最优消费、投资和存货行为;竞争均衡经济周期;名义刚性和经济波动;商品市场、劳动市场和信贷市场;一些有用的模型;货币政策和财政政策问题。前七章主要介绍被绝大多数宏观经济学家所使用且意见一致的一般的传统原理、概念框架和一套模型(可将这七章视为一部均衡经济学教科书)。后四章主要介绍宏观经济学前沿领域的最新研究成果，并展示出研究者们正在探索的种种方向。

本书所探讨的中心问题是经济波动问题。这对于研究中国经济增长与波动问题具有一定的参考作用。层次高，内容新，是本书的两大特点。

(陈　捷)

国际经济学

[美]多米尼克·萨尔瓦多　著

张二震　仇向洋　译

江苏人民出版社 1992.2　35万字

本书共四篇20章。篇目是：国际贸易纯理论；贸易政策；外汇市场、汇率和国际收支；开放经济宏观经济学：国际收支调节和国内稳定。

本书的主要特点：1.内容广泛而新颖。举凡国际贸易理论和政策、国际金融和国际生产要素流动理论，都有明晰而系统的论述，特别是概括了80年代以来国际经济领域发生的重大事件，并进行了理论分析。2.克服了同类国际经济学著作叙述过繁过简的缺点，提供了透彻理解国际经济问题的所有基本概念和理论。体系新，注意概念的渐进性和章节之间的内在联系。在每章后面有附录，对本章的理论提供严格的佐证。3.在叙述方法上也颇具特色。例如在涉及相同的概念和原理的不同章节中，都使用了相似的图解和相同的数字例子，大大方便了读者阅读。

(王　田)

经济计量学理论与实践引论

[美]乔治·G·贾奇等　著

周逸江　赵文奇　主译

中国统计出版社 1993.5　100万字

本书是经济计量学教科书，在西方各国广泛使用，评价颇高。5位作者都是世界知名的经济计量学家。

全书分为六篇二十二章，从概率统计的基本内容讲起，自成体系。不仅系统阐述经济计量学的基本方法，而且还包括国内教材中没有涉及的许多新内容，如贝叶斯分析、变参数模型、合并时间序列和截面数据的估计、似不相关回归模型、随机回归自变量模型、时间序列分析、定性和受限应变量模型、合并样本信息和非样本信息的估计、有偏估计、统计模型的选择准则和稳健估计等。本书的优点和特点：内容全面系统，丰富、新颖，设计合理，吸收了80年代的最新研究成果；重视模型设定问题；对概念和方法的介绍，既强调经济意义，又给出矩阵和向量形式的数学表述和论证；注意理论与实践相结合。

项目分析经济学
——实践者指南

[美]W·A·沃德等　著，杨秋林等　译

农业出版社 1993.5　28.7万字

本书包括新古典经济学和公共部门理论、转换因数的计算和说明、多目标项目评估的战略计划方法、项目动态分析的实用方法、项目经济评价案例等五部分。共21章：经济效率的定义，市场失败和政府作用，政府失败和影子定价的必要性，支付意愿衡量标准，外汇衡量标准，两种衡量标准中的汇率，两种经济效率衡量标准的比较，项目分析与政策分析；现金流量和实际资源流量，转换因数的意义，转换因数的类型，转换因数的应用，选择衡量标准与决策标准；多目标计划中的成本—效益分析，战略计划方法在成本—效益分析中的运用，实际工作中的战略计划与成本—效益；通货膨胀与财务帐户，实际工作中影子汇率的预测，时点及期间核算惯例，价格不可预见费的计算，项目评估中的贴现率。该书集中探讨项目分析中的重要难题——影子定价问题。理论与实践相结合紧密，对我国开展项目管理工作有很大参考价值。

(贺宏善)

莫迪利亚尼论文选

[美]F·莫迪利亚尼　著　林少宫　译

商务印书馆 1993.7　30万字

莫迪利亚尼著述甚丰，本书选编的文集，经著者认可。全书由7篇论文和作者的诺贝尔奖演讲词组成。首篇是作者1976年在美国经济学会发表主席演讲词《货币学派的争论或我们是否应该放弃稳定政策?》，此文代表了他对凯恩斯经济学所持的观点，对全书起到了提纲挈领的作用。其余7篇包括论述生命周期假说基本理论的《效用分析与(总量)消费函数》；和作者有代表性的经验论证论文《储蓄的生命周期假说与储蓄率的国与国之间的差异》；对公司财政理论的最原始论述《资本成本、公司财政与投资理论》等等。其理论用于解释资本主义市场经济数据有一定的灵验性。作者研究方法的三部曲为：1.寻找宏观经济学的微观基础；2.完善经济计量方法；3.理论研究的目的在于应用。此方法论颇值得我们借鉴。

（吴衡康）

经 济 体 制

——比较·理论·批评

［捷］奥塔·锡克 著 陈秀山 译

德国施普林格出版社 1987 年第 1 版

商务印书馆 1993.10 19.3 万字

本书著者锡克(1919—)曾任捷科学院经济研究所所长、捷经济改革委员会主席、捷副总理兼经济部长。

本书用简明的语言阐述资本主义市场经济和社会主义计划经济的基本特征，并对两种经济体制进行了系统的分析和比较。作者赞成社会主义公有制，确信两种体制的基本特征一直处在不断变化之中。锡克指出，人民总是有意识或无意识地追求那种能把自己从难以承受的折磨中、压迫中和危机中解放出来的社会变化。在此追求中会受到挫折，并遇到新困难；但毕竟今天比昨天更自由。本书的任务是要揭示人民遭受困难和挫折的根源，寻找避免它们的道路。作者认为，苏联共产主义体制给人民带来难以承受的损失和压迫；资本主义市场经济体制也使人们陷入周期性循环的困境，应该探索改革来加以克服。

（吴衡康）

国家兴衰探源

——经济增长、滞胀与社会僵化

［美］曼库尔·奥尔森 著 吕应中等 译

商务印书馆 1993.5 21.7 万字

本书所要阐明的是一种重要而独特的分析经济社会发展问题的理论和方法。作者用考察分利集团(院外活动集团、卡特尔、工会、行会等)对经济社会的影响，并分析其作用机理这根主线来贯穿全书，认为一个国家的经济增长和社会发展的最终原因取决于分利集团，从而以自己独特的观点，解释了诸如国家为什么会有兴衰、不同的国家为什么会有不同的经济增长速度、同一国家在不同时期为什么经济发展有快有慢、西德和日本等在第二次世界大战中遭受严重破坏后为什么能如此迅速崛起、英国为什么会衰落、印度半个多世纪以来奉行自由贸易政策却为什么未能给它带来繁荣和发展等等一系列问题，由此，作者得出结论，为了经济社会的发展，必须限制分利集团。并进一步指出，采用限制分利集团的法规，不需耗费大量的人力物力，明智而坚决的政策本身就能大大增进经济繁荣和社会效益。

（王湧泉）

农 业 发 展

——国际前景

［日］早见雄次郎 ［美］弗农·拉坦 著

吴伟东等 译

商务印书馆 1993.9 30.2 万字

本书是一本关于在现代经济中，如何保持农业持续发展、欠发达国家如何改造传统农业这一课题研究的新成果。作者从寻求世界各国农业生产与资源利用的变化规律出发，集中论述技术变革对农业发展的贡献。作者总结了以往有关理论，并与其丰富实践相结合，提出了技术和体制变革模式，又称“诱导发展模式”。作者认为农业生产力水平是由自然条件、工业技术投入水平、人力资本状况决定的。作者为论证诱导发展模式，对世界上 43 个国家农业发展的历史过程进行了比较分析。分析了各国在农业生产率方面的差别及其产生差别的根源。特别注重美国和日本农业增长所提供的经验。同时也评价了各国的农业发展政策，对欠发达国家农业落后的根源进行了深入的探讨。

作者的理论对我们制定促进农业发展的政策有极大参考价值。

（王淑荣）

民 主 财 政 论

——财政制度和个人选择

［美］詹姆斯·M·布坎南 著 穆怀朋 译

美国北卡罗来纳大学出版社 1987 年

商务印书馆 1993.9 24.1 万字

作者曾获 1986 年诺贝尔经济学奖。布坎南著述很多，但被诺贝尔奖委员会所特别列举的就是《民主财政论》一书。

作者认为，与市场中的非政治决策相比，政治决策是一个更为复杂的过程。私人成本和收益之间的简单对应关系，在政治学中并不存在。但是，在某一最终阶段或层次上，个人必须以某种方式“选定”公共商品和私人商品的供给规模。本书的基本宗旨，就是考察个人对公共商品的选择传递、集合与转化为集体选择的过程，分析特定的财政制度对集体选择中的个人行为的影响，也就是说明不同的税收制度对个人参与公共选择决定时的影响。

（泱）

金融结构与发展

［美］雷蒙德·W·戈德史密斯 著

浦寿海等 译

中国社会科学出版社 1993.2 36.4万字

本书对比研究了35个国家百余年的金融史料与现实数据，采用定性与定量分析相结合的方法探讨各国金融结构与金融发展问题。作者指出，不同类型金融工具和金融机构的存在、各自的性质、分布及相对规模构成了金融结构。金融结构反映金融部门在国民经济中的重要性。它有多种形态，体现金融发展乃至经济增长的不同程度。作者用大量篇幅阐述了金融工具、金融机构以及金融结构的性质、特点、构成和意义，创造性地提出并验证了衡量金融结构演变程度的一系列数量指标，其中最重要的是金融相关比率。在此基础上，作者就决定金融发展的因素，金融结构对经济增长的引致效应以及各国金融发展中带有规律性的趋势提出了独到的见解。

本书创立了现代金融学语言体系，填补了金融上层建筑与经济增长关系理论研究的空白，奠定了金融与发展理论的基础，是国际金融和国际经济理论的经典性名著。

通货原理研究

［英］托马斯·图克 著 张胜纪 译

伦敦大学经济学和政治学学院 1959年

商务印书馆 1993.4 10.9万字

图克是19世纪自由贸易运动的杰出代表，英国银行学派的创始人和主要代表。

1844年，英国首相向议会提交了改进银行管理的《银行特许状法》，围绕着这一法案，“银行学派”和“通货学派”展开了激烈的辩论。本书就是对该法案的评论。以图克为代表银行学派的主要观点是：(1)按照英国银行业的做法，特别是在英格兰银行的正确领导下，银行券具有可兑换性，就是以稳定币值；(2)即使情况不是那样，也没有理由来单独管制银行券，因为存款会引起同样的问题。总之，图克竭力主张以信用保证来增发银行券，以满足流通的需要，反对通货学派对银行纸币的发行给予严格限制的主张。图克在本书中用大量资料说明，物价涨落造成货币流通量增减的重要规律，被马克思誉为李嘉图以后的英国经济学家的唯一功绩。本书已列入商务印书馆汉译世界学术名著丛书。

（商经）

宏观经济计量模型史

罗纳德·G·伯德金 劳伦斯·R·克莱因

肯塔·玛瓦 著 王慧炯 李善同等 译校

中国财政经济出版社 1993.7 53.8万字

本书共5篇：绪论；美国的经验；比较经验；模型体系；总结。

本书是第一部论述自本世纪30年代以来构建宏观经济模型发展史的权威性文献。它可以帮助我们了解世界其他各国模型的发展过程，并借此找出我国模型开发所面临的问题中，哪些是带有普遍性的，有哪些成熟的解决办法；哪些是我国所特有的情况，需要我们联系我国的实际创造性地来加以解决。它可以帮助我们理解我国模型工作所处的发展阶段及今后应改进的方向。本书在介绍经济计量学、经济学及相关科学史发展的同时，尤其注重于各个时期世界各国构建整个经济数量统计模型，根据国民核算和其他经济数据对模型进行估计，并且也阐述了相关的理论背景。尽管本书只着重于经济计量方法，但对于从事控制论，系统动力学，模糊理论，混沌理论等研究与应用的人员来说，也有一定的参考价值。

世界人口经济史

［意］卡洛·M. 奇波拉 著 黄朝华 译

美国哈维斯特出版社 1978年第7版

商务印书馆 1993.2 8.2万字

本书认为，人口与经济问题是整个世界所面临的一个重大问题，它影响着全人类。以前人们只是从一个地区或一个国家的角度来探讨人口与经济发展的关系；由于交通运输的发展以及国家和地区间人们联系的加强，出现了全球一体化现象，人口与经济发展的关系也就成了全球性的问题。本书正是从全新的角度，探讨了全球人口与经济的发展问题，内容包括人类历史上的农业和工业两次革命，各个社会的人口特征以及人口爆炸危机，人口数量、人口质量以及人口与生活水平之间的关系等等，对我们研究人口与经济问题有参考价值。

（杨宝兰）

国际会计准则

国际会计准则委员会发布 孙昌湘等 译

财政部会计事务管理司编

中国财政经济出版社 1992.9 27.4万字

为适应经济业务国际化和全球资本市场发展的需要，提高会计报表信息在国际间的可比性，协调各国会计事务，1973年6月，澳、加、法、日、英、美等9国的16个主要会计职业团体在伦敦发起成立了国际会计准则委员会，其目标是制定和发布国际会计准则，促进各国会计事务在国际上协调一致。目前，国际会计准则委员会已发展到拥有80多个国家专业会计组织的100多个会员。到1990年底止，该委员会已发布了31项国际会计准则。

本书除序言、引言和国际会计准则公告前言外，分三部分：(1)关于编制和提供财务报表的框架，包括前言、引言、财务报表的目的、基础性假定、财务报表的质量特性、财务报表的要素、财务报表要素的确认、财务报表要素的计量、资本和资本保全的概念；(2)国际会计准则；(3)国际会计准则主要内容摘编。书后附录国际会计准则委员会的目标与程序。

论财务会计概念

［美］财务会计准则委员会 娄尔行 译

财政部会计事务管理司编

中国财政经济出版社 1992.9 23.4万字

财务会计准则委员会是美国现在为私营企业财务会计制定准则的权威机构。它不仅有权发布准则，而且可以对它的前任机构的正式文件作出解释。

该委员会成立伊始，便宣布它将从事财务会计概念体系的研究。它认为，为了推导和制定各种财务会计和报告准则，首要的是把财务会计的各种目的和概念确定下来。为此，从1978年起陆续发表了《论财务会计概念》共五辑，即本书的全部内容。

第一辑，《企业编制财务报告的目的》(1978年11月)；第二辑，《会计信息的质量特征》(1980年5月)；第三辑（原为第六辑），《财务报表的各种要素》(1985年12月)；第四辑，《非营业机构编制财务报告的目的》(1980年12月)；第五辑，《企业财务报表项目的确认和计量》(1984年12月)。

我国制定会计准则的工作业已开始，本书可供借鉴参考。

改革与借鉴

——会计准则国际研讨会

财政部会计事务管理司编

中国财政经济出版社 1992.5 26.3万字

本书是财政部举办的会计准则国际研讨会文集。该会于1992年2月26日至28日在深圳召开。中国会计专家杨纪琬、娄尔行、葛家澍、阎达五、蒋岗等分别就中外会计准则的比较、制定中国会计准则如何借鉴国际经验、中国会计准则的模式与结构等专题等作了学术报告；国际会计准则委员会主席亚瑟·怀特、秘书长大卫·凯恩斯以及约瑟夫·叶斯比、刘万森、谢孝衍等，分别就国际会计准则委员会的建立和发展、组织和结构，国际会计准则的制定程序和机制、结构和内容，会计准则国际协调的进展和进一步计划，会计准则与商法（公司法）、税法的关系等专题作了报告。会议讨论的几个主要问题是：(1) 关于中国会计准则的特色；(2) 国际会计准则委员会在协调各国会计准则方面所作的努力及对我们的借鉴意义；关于会计准则与其他经济法规的关系；(4) 关于几个具体技术问题；(5) 关于制定中国会计准则的建议。

1919—1939年美国经济结构

［美］沃西里·里昂惕夫 著

王炎庠 邹艺湘等 译

英国牛津大学出版社 1951年

商务印书馆 1993.3 19.4万字

本书第1版名为《1919—1929年美国经济结构》，出版于1941年。1951年增订的第2版改名为《1919—1939年美国经济结构》。本书总结了作者主持编制的美国1919、1929、1939年的国民经济投入产出表的主要成果，从而检验和充实了他的投入产出理论，为研究美国经济问题指出了一个新的方向，为广泛应用这种方法奠定了基础。

全书由四部分共十章组成。第一部分叙述1919—1929年美国经济系统的投入产出数量关系；第二部分讲述了理论体系；第三部分列举了1919—1929年美国经济系统的数据与变量；第四部分阐述投入产出方法在1939年美国经济系统中的应用。书末附有作者悉心编制的1919年、1929年、1939年美国经济系统的投入产出数量关系的三张大表。据不完全统计，根据里昂惕夫的投入产出理论，1960年世界上大约有60个左右的国家编制了国民经济投入产出表。到1980年已有

90个左右的国家编制了国民经济投入产出表。1973年里昂惕夫因此而获得诺贝尔经济学奖。

（杨宝兰）

日本现代经济发展史

［日］竹内宏 著 吴京英 译

中信出版社 1993.5 22万字

本书原名《怡和经济史》，即介绍昭和时代（1926—1988年）的经济发展史。

全书涉及经济、政治、社会、文化等领域的发展状况及第一次世界大战、重工业化、日中战争及太平洋战争、战后复兴、高速发展、两次石油危机、世界经济秩序转换和日本经济转型等重大课题，介绍了日本经济的发展过程和每个阶段的特点，以及不同时期日本政府的政策运行情况。

作者认为，日本是采用市场经济的工业国家中经济政策最具计划性特征的国家。所谓计划经济，即争取国民的共同意向，逐步地发展经济。日本现在已成为世界上工业最发达的国家，其原因，一是计划性经济政策，二是引进国外技术，三是能够调动职工积极性的企业经营管理方法，经济发达是三者共同作用的结果。

东洋奇迹
——日本经济奥秘剖析

日本经济新闻社编 王革凡等 译

经济日报出版社 1993.9 46.9万字

本书除第一章和最后一章外，各章都细分为三个部分，组成全书的三个“横向”内容。第一“横向”“今日日本经济”介绍了日本经济发展的简史、现状及面临的挑战；第二“横向”“学点历史和理论”对各种经济问题作了历史的考察，阐述了有关的基本理论及不同学派的各种假说。第三“横向”对经济问题的诸项指标、指数给予统计分析。以上三个横向的内容分别串连起来，又构成各章内在的纵向联系。

作者运用凯恩斯、熊彼得、索洛等各著名学派的有关基本经济理论和所掌握的大量资料、数据、图表，深入探讨了“东洋奇迹”得以实现的社会、历史原因，深刻揭示了风靡世界的全面质量管理取得成功的奥秘，形象系统地描述了当今世界新技术革命浪潮给日本经济带来的挑战，并展望了日本经济顺应新潮流，迎接新时代的前景。本书对我国当前的改革开放和经济建设有重要的参考价值。

（李 越）

现代中国经济
——日中的比较分析

［日］小宫隆太郎 著

北京大学现代日本研究班 译

商务印书馆 1993.9 18万字

本书运用现代西方经济学原理和分析方法，对我国的国营企业进行了剖析，并和战后日本典型的大企业进行比较考察。作者认为，中国大中型企业只要经过彻底改革，掌握现代科学知识，完全有可能具备强大的市场竞争力。

本书共分四章。第一章谈战后日中经济发展战略并对日中经济的发展进行比较，探讨了今天的中国应走什么样的经济发展道路，及采取什么样的经济战略。第二章，对日中企业的经济体制、改革进行比较，从两国的经济差异中分析经济体制改革问题。第三章谈日本企业结构上的若干特征，论述了日本典型大企业与欧美同类企业的几个不同的显著特征。第四章，1984—1987年的“经济过热”，改善宏观经济管理的问题，本章对1984秋以来的通货膨胀情况进行了分析，论述了改善宏观经济管理的对策。

（张胜纪）

重要经济贸易法规资料选编
（1986—1992）

国家计委政策研究室编

中国统计出版社 1993.10 518万字

1986年原国家计委经济条法办公室曾编辑出版了《重要经济法规资料选编（1977—1986）》一书。本书录入了1986年以后全国人大、国务院及国务院有关部门发布的各类重要法律、法规和文件共800余件，并沿用前书体例（根据内容编排需要作了适当调整），分为：综合，经济体制改革和经济管理，农、林、水利，工业，交通、运输、邮电，固定资产投资与城乡建设，财政，税务，金融，保险，科技、教育，商业，物资，对外经济贸易与技术交流，统计，物价，工商行政管理，海关，标准、测绘、计量，审计，知识产权，国土资源与环境保护，劳动工资，文化、旅游，医药、卫生，国际关系和附录等25大类。各类法律、法规和文件的编排基本以发布的时间为序，但为查阅方便，对某些修改“决定”和“实施细则”则辑于对应文件之后。同时，在同一大类中，对于一些内容相近的法律、法规和文件也作了适当集中编排。

中国最新经济法律法规全书

本书编委会编著

改革出版社 1993.12 450万字

本书分为上下两篇，上篇为基本经济法律制度释疑，下篇为经济法律法规辑录。上篇主要介绍了市场经济主体法律制度、市场经济管理法律制度、市场经济合同法律制度、市场经济司法与仲裁法律制度；下篇主要辑录有市场经济主体法律法规、市场经济管理法律法规、市场经济合同法律法规、市场经济诉讼与仲裁法律法规、国际经济法。本书还附录有即将出台的法律法规简介、中美经济法律法规体系比较、近几年经济法律法规主要书目等。本书对法律法规的辑录严加选择，凡已失效的法律法规一概剔除。本书的一个突出特点，是按建立市场经济体系的要求，对中美两国的经济法律法规体系加以比较，使读者便于借鉴，能更深入地了解市场经济法律法规体系问题。

（袁 晖）

经济管理国际惯例大全

刘东汶 邹振旅 主编

改革出版社 1994.3 373万字

本书分为上下卷，计18个部分：总则；国际区域组织与经济合作；国际经济机构与国际法院；国际开发银行、金融、保险公司及开发组织；国际货物销售；国际货物运输；本票、汇票、期票、支票及跟单信用证；国际投资与多国企业；国际海关；关税与贸易；民商事仲裁和调解；民商事诉讼；国际邮政；国际电信；地球资源和环境保护；国际水法；探索和利用外层空间；知识产权。

本书收录的资料，绝大多数为联合国等国际组织所通过的国际经济管理方面的国际公约、条约、惯例等，并已为世界大多数国家和地区所承认和执行。为了便于读者了解其历史背景及大致内容，本书对一些主要的国际惯例做了简介，对我国已参加和承认的国际惯例作了重点介绍。

（袁 晖）

中国涉外知识全书

杨发全 王景荣 黄天平 主编

中国社会科学出版社 1993.11 360万字

本书系我国有关涉外事务及其政策法规的大型工具书。全书分外交、经济、对外经济贸易、政党交往、军事、金融、保险、邮电、海关、旅游、环境保护、妇女、侨务、宗教、科学技术、留学、新闻、体育、卫生、中外文化知识、对外开放地区、台、港、澳、节日、出入境、涉外人员、涉外法律、国际组织、国际会议以及国外生活常识等30篇。各篇分专题详细列述有关知识，包括机构、组织、业务术语和专门词汇、政策、法规、各类条款和管理办法，等等。此外，该书还针对驻华人员和涉外人员的不同情况，以及出国留学、讲学、经商和劳务出口等实际问题，提供了比较全面的信息和可操作性的知识。与同类出版物相比，本书的特色在于它内容上的全面、系统和完备。

（郭 媛）

西方企业规范管理集成

高程德 主编

华夏出版社 1993.10 195万字

本书除引论“西方企业组织形式概观及管理实务要点”外，由十编组成：西方企业经营与发展战略；西方企业生产管理；西方企业营销管理；西方企业人力资源管理；西方企业财务会计；西方企业财务管理；西方企业进出口业务；西方企业国际金融市场融资；西方国际企业经营管理；西方企业的国际法律环境。

本书系统全面，涉及了西方企业经营管理的各个方面，取材基本上是以80年代末90年代初西方企业为基本描述对象，集中反映了西方企业经营管理的基本制度、规则和作法、程序。

（华 夏）

股票债券全书

金建栋 吴晓求 朱仁学 主编

北京理工大学出版社 1992.8 350万字

本书是国内第一部以实用性为原则，全面、系统地介绍股票债券知识和投资交易技巧的大型工具书。全书共4卷（上、下册），22篇。内容包括：股票基础知识，股份制和股份公司实务，股票发行，股票交易，股票市场的股票业务管理；债券基础知识，债券发行，债券交易，债券投资技巧，债券业务管理；世界各国的证券交易所；股票、债券纠纷的防范、对策和诉讼方法等，并附有国内外有关证券的主要法规。

股份经济知识大全

钱中涛　岳福斌　丁邦石　主编

吉林人民出版社 1993.9　330万字

本书是一本大型工具书。正文由八大部分内容构成。依次是：股份经济基本范畴；基本理论问题；股份公司管理；证券交易务实与技巧；主要政策法规；马克思、恩格斯、列宁关于股份经济的论述；经济学家论股份经济；主要股份制企业和证券交易监管部门介绍。其中的经济学家论股份经济，都是约请他们重新撰写的，共有33篇，代表了他们在这个问题上的研究成果和新鲜见解。

（梁未明）

'92中国发展报告

国家统计局编

中国统计出版社 1993.5　54万字

本书的任务是为了进一步发挥统计工作的整体功能，加速社会主义市场经济体制的建立。本书的主题是综合国力，内容包括自然概况与资源，人口与劳动力，经济概况，第一、二、三产业，对外开放，科技，环境保护，法制建设，国际比较等十一章。另有统计表86个，各章插有专栏短文若干篇。本书集社会、经济、科技主要年度指标于一书，充分体现系统全面的统计数据的数量性，真实记录每年社会、经济、科技发展变化的轨迹。同时，本书汇集各方面的专家学者对社会、经济、科技问题的实证分析，揭示其内在的规律。本书兼收各种经济年刊之优，采众家之长。

外国经济学家辞典

李善明　周成启　赵崇龄　主编

海天出版社 1993.2　115万字

本书共收入1706个人名条目。其特点：（1）人名条目比较齐全。比目前已出版的同类书籍所收集的人名要多，且绝大部分是近现代经济学家。（2）内容充实。参考了英、俄、德、法、日各语种数十种工具书和大量译文资料，并在自己研究的基础上，作出介绍评述。（3）评价客观严谨，实事求是。不作主观臆断，随意褒贬，反映了撰写对象的真实面貌。（4）资料准确。

应用统计方法辞典

周概容　主编

中国统计出版社 1993.6　56万字

本辞典是一部介绍应用统计方法的工具书。全书根据知识体系，分为16个专题（篇），共收入2198个词条。

各专题的名称是：统计学的基本概念和范畴，概率论，常用概率分布，总体·样本·统计量，统计估计方法，统计检验和统计比较方法，变量关系的统计分析方法，多元统计分析方法、经济计量学方法，统计指数方法，抽样调查方法，时间数列的分析方法，统计预测方法，投入产出分析方法，统计质量管理方法，统计学派和名人。

本书附录有常用统计数值表和数学符号。除汉语拼音索引外，还有英文词目索引。

知识产权应用指南

吴伯明等　编

经济科学出版社 1993.4　58万字

我国知识产权保护制度自改革开放以来不断完善，相继颁布和实施了商标法、专利法、著作权法和计算机软件保护条例，并积极参与有关知识产权领域的国际合作，先后参加了世界知识产权组织，保护工业产权巴黎公约，商标国际注册马德里协定，保护文学艺术作品的伯尔尼公约以及其他一些国际条约。

知识产权通常分为两部分，即工业产权和版权（著作权）。本书就是指这两部分分别论述其各个方面的基本内容，对有关知识产权领域的国际条约也作了概述，还就与贸易有关的知识产权问题作了详尽的说明。

全书分为综合篇、专利篇、商标篇、著作权篇和贸易与知识产权篇。为了便于查阅，本书以条目方式撰写。书后附录中外有关知识产权的法规、条例、公约等。

中国股票上市公司（1990—1993）

厉以宁　主编

中国统计出版社 1993.8　200 万字

本书共分五编：上海上市公司（1990—1992）；上海上市公司（1993）；深圳上市公司；法人股上市公司；证券交易机构。前四编分别详细全面准确地介绍了 1993 年 6 月 30 日以前在上海、深圳两个证券交易所和 NET 系统、STAQ 系统两个法人股流通市场上市的 115 家股份公司的概况、经营业绩、财务状况、利润分配和分红派息方案、溢利预测和市场交易实况，对上市公司的财务状况进行了客观公正的分析评价。第五编介绍上上海、深圳两个证券交易所、NET 系统、STAQ 系统的基本情况、交易规则和入市程序，并列出了上述四个交易机构全部会员证券商名录。此外，在附录中还收入了现行和最新的证券交易法规和监督条例。本书提醒人们：股市风险莫测，抉择务请慎重。

中华人民共和国经济档案资料选编

（工商体制卷，1949—1952）

中国社会科学院　中央档案馆编

中国社会科学出版社 1993.2　80.8 万字

《中华人民共和国经济档案资料选编》是一部大型经济学术资料工具书，全书按经济发展的各个历史时期顺序编排，按专题立卷。专题包括综合、工商体制、农村经济体制、工业、农业、交通邮电、商业、外贸、基本建设投资和建筑业、财政、金融、劳动工资、物资等卷。

本卷共分八部分，可概括为六个方面的内容：党和国家关于工商体制的理论及方针政策；工商业生产资料所有制的变革；国家对工商业的宏观管理体制；工商企业微观管理体制；国家调整工商业的历史过程及效果；各种经济成分发展变化情况。此外，本卷还专门选辑了有关 1949 年至 1960 年外国人在华企业变化情况的资料，使读者能够对外资企业的变化有更为全面、深入的了解。

由于按专题立卷设纲目，并为确保材料精炼，增加信息量，对档案资料大部采用节录、摘录处理。

中国 1990 年人口普查资料

（第 1—4 册）

国务院人口普查办公室
国家统计局人口统计司　编

中国统计出版社 1993.4　685 万字

我国以 1990 年 7 月 1 日零时为标准时间进行了第四次人口普查。这次人口普查数据分三批汇总并编辑出版：第一批为手工汇总数据，共 15 种表；第二批为计算机 10%提前抽样汇总数据，共 74 种表；第三批为计算机全面汇总数据，有 536 种表，共计汇总 852 个表。本资料是从第三批电子计算机 100%汇总的资料中选取的部分主要数据，共 216 张表，分为四册。第一册内容包括人口概况、人口城乡分布和民族人口；第二册包括人口年龄状况、人口文化程度和人口职业、行业；第三册包括人口婚姻状况、家庭户人口和人口生育状况；第四册包括死亡人口状况、人口迁移状况、中国人民解放军现役军人状况和表式的英文译释。

附：部分经济学著作、译著、工具书索引

著　作

政治经济学、经济思想史

马克思主义经济理论在当代中国的发展　宋　涛主编　西南财经大学　1992.6　399页

马克思主义经济理论导论　杨建培　王力编著　广东人民　1992.11　124页

马克思主义经济理论全书　宋　涛主编吉林人民　1992.7　1114页

普照之光的经济理论：《资本论》第一卷与社会主义商品生产　李基固等主编　浙江大学　1992.10　298页

列宁经济思想新探　杨会春著　解放军 1992.11　422页

邓小平社会主义经济思想论　刘　鹏等编著　中共中央党校　1992.6　368页

有胆有识改革开放：学习邓小平关于改革开放的思想　邢贲思主编　河北人民　1992.4　154页

经济理论比较研究：马克思主义政治经济学与当代西方经济学　罗节礼著　四川大学　1993.2　347页

马克思主义与社会主义经济建设　洪朝栋主编　云南大学　1993.1　338页

政治经济学方法论　刘永佶著　上海人民　1992.8　651页

旷日持久的论战：经济学的方法论之争　陶永谊著　陕西人民教育　1992.9　236页

社会主义经济理论与实践　徐位碧　易可法主编　中山大学　1992.6　284页

建立社会主义市场经济新体制　马　洪著　河南人民　1993.3　425页

建立社会主义市场经济新体制　王　珏等著　黑龙江人民　1992.10　294页

通向市场经济之路　吴敬琏著　北京工业大学　1992.8　276页

社会主义市场经济概论　姜作培　屠国春主编　华东师范大学　1992.12　227页

社会主义市场经济概论　张志祥等主编　重庆大学　1993.2　269页

社会主义市场经济概论　刘世义主编　吉林人民　1992.12　264页

社会主义市场经济学要义　王传藩　谭坚著　西南财经大学　1993.1　524页

著名经济学家论社会主义市场经济　黑龙江日报社编　黑龙江教育　1992.10　210页

社会主义有计划商品经济理论问题争鸣梅忠德等主编　湖北教育　1992.9　436页

社会主义市场经济概论　吴健安　洪华喜主编　云南民族　1992.12　425页

社会主义市场经济　蔺常瑚　常柱良主编中南工业大学　1992.12　250页

迎接市场经济挑战　钟朋荣等编著　中国人民大学　1992.11　228页

社会主义市场经济学　社会主义市场经济学编写组编　广西师范大学　1992.12　379页

中国市场经济理论与实践　何炼成主编　西北大学　1992.12　417页

政治经济学新编：社会主义市场经济理论　夏兴园　胡逢吉主编　兵器工业　1993.2　253页

社会主义市场经济新探索　深圳市委宣传部　深圳市社会科学研究中心编　海天　1992.11　347页

社会主义市场经济论　胡福明　洪银兴主编　江苏人民　1992.12　156页

漫话社会主义市场经济　宗　寒　马　镔主编　江苏人民　1992.11　236页

社会主义经济理论探索　潘　石著　吉林大学　1992.6　389页

实用经济学　欧阳洁编著　国防工业　1992.8　211页

市场经济导论　周本顺　刘　健编著　中南工业大学　1992.11　329页

经济发展与制度选择：对制度的经济分析　张宇燕著　中国人民大学　1992.10　322页

市场经济学　黄焕山著　武汉工业大学　1993.2　230页

市场经济入门：实用市场理论 冯 清著 北京工业大学 1993.2 154页

社会主义经济运行分析：从供求角度所作的考察 吴晓求著 中国人民大学 1992.11 363页

市场价格运行新理论 白暴力著 陕西人民 1992.10 428页

曲折的历程：1949—1978年经济运行纪实 董英辅主编 改革 1992.7 232页

宏观经济分层调控研究 顾松年 沈立人主编 江苏人民 1992.7 419页

N型体制研究：计划与市场结合的理论和实践 马里平著 浙江人民 1992.9 225页

社会主义中观经济学 张朝尊等著 成都 1992.7 375页

微观经济运行中枢：市场运行分析 褚时健 魏杰著 中国金融 1992，4 459页

社会主义股份经济学 俞友康编著 广东高等教育 1992.6 300页

计划·市场与经济波动 方加春著 中共中央党校 1992.6 222页

必要价值论 第二卷：流通、再生产与市场 王珏主编 人民 1992.6 312页

竞争学 宋玉昆 尹邦杰主编 大连理工大学 1992.7 343页

当代经济竞争学 连国璋著 广西教育 1993.1 285页

低效率经济学：集权体制理论的重新思考 胡汝银著 三联书店上海分店 1992.4 218页

生产力标准研究 王正萍 罗子柱主编 中共中央党校 1992.6 262页

科学技术是第一生产力 张 毅 赵维亭主编 陕西科学技术 1993.2 336页

社会主义分配通论 李 斌著 人民 1992.5 359页

平等与效率 朱荣科著 黑龙江教育 1992.10 267页

规模经济理论与应用研究：规模经济与经济规模分析 刘光大编著 化学工业 1992.5 180页

市场经济实务 肖灼基主编 中共中央党校 1993.1 394页

西方经济学 范家骧 高天虹著 中国经济 1992.12 700页

当代西方经济学原理 黄绍彬编著 中国地质大学 1992.9 347页

西方经济学名著述评 李宗正主编 中国青年 1992.11，432页

西方基本经济理论 王晓芳编著 陕西人民 1992.12 253页

现代西方基本经济理论及思潮评介 李天章 沙献玉主编 河南大学 1992.9 341页

当代西方经济学 许纯祯 耿炸石编著 吉林大学 1992.7 533页

战后国家垄断资本主义条件下的经济周期与危机 熊性美等主编 经济科学 1992.6 204页

后凯恩斯主义 刘涤源 王平洲编著 商务 1992.10 223页

宏观经济分析：西方经济学 下册 黎诣远主编 清华大学 1992.7 238页

技术经济学 李定銮主编 上海交通大学 1992.12 324页

发展经济学 左中海 陈克明主编 兰州大学 1993.2 424页

区域经济学 陈栋生主编 河南人民 1993.4 355页

科学技术是第一生产力：科技成果转化为直接生产力典型案例 苑广增等主编 人民 1992.10 455页

发展经济学概论 谭崇台主编 辽宁人民 1992.6 402页

新发展经济学 张培刚主编 河南人民 1992.9 505页

开放中的经济运行与发展：开放经济学导论 徐康宁 于新生编著 东南大学 1993.3 325页

现代政府的经济行为：主体经济学的宏观考察 苏东斌著 黑龙江教育 1992.7 547页

技术经济学 石连运 鲍丽荣编著 山东大学 1992.6 340页

现代西方人口经济学 彭松建著 人民 1992.2 248页

各国国防经济潜力比较研究 钱大林等编著 国防大学 1992.5 419页

生态经济学通论 姜学民 徐志辉著 中国林业 1993.2 325页

知识经济学 张和生著 辽宁人民 1992.10 455页

现代家庭消费 郑树清等主编 上海科学普及 1992.11 328页

无形价值论：精神生产、科技进步的价值理论 王书瑶著 东方 1992.11 329页

科学技术是第一生产力 陶承德主编 中国经济 1992.8 218页

第一生产力原理 金绍培 王 健著 科学普及

1992.6 166页

优秀企业家谈第一生产力 王一义主编 浙江大学 1992.11 274页

中国著名经济学家论改革 何 伟 魏 杰主编 北京 1992.12 907页

著名学者论社会主义市场经济 日 山编人民 1992.9 398页

我的经济观（3）：当代中国百名经济学家自述 江苏人民出版社编 江苏人民 1992.5 1039页

我的经济观（4）：当代中国百名经济学家自述 江苏人民出版社编 江苏人民 1992.7 1027页

当代中国百名经济学家自述：我的经济观（5） 江苏人民出版社编 江苏人民 1992.7 1044页

张闻天经济思想研究 马文奇等著 青海人民 1992.12 221页

薛暮桥学术论著自选集 薛暮桥著 北京师范学院 1992.7 737页

陈吉元选集 陈吉元著 山西经济 1992.4 775页

熊映梧选集 熊映梧著 山西经济 1993.3 803页

何炼成选集 何炼成著 山西经济 1992.8 799页

成致平选集 成致平著 山西经济 1992.12 492页

陈如龙文选 陈如龙著 中国财政经济 1992.6 488页

孙越崎文选 孙越崎著 团结 1992.9 374页

何伟选集 何 伟著 山西经济 1992.12 683页

张培刚经济论文选集 上卷 谭 慧编 湖南 1992.8 343页

张培刚经济论文选集 下卷 谭 慧编湖南 1992.8 312页

从小算盘到大算盘：余心言经济论说集余心言著 吉林人民 1992.8 222页

西南财经大学获奖著作选：1984—1991年 西南财经大学科研处编 西南财经大学 1992.9 606页

社会主义市场经济的理论与实践：广西“社会主义市场经济”研讨会论文选 中共广西壮族自治区委员会宣传部理论处 中共柳州市委宣传部理论科编 广西人民 1993.4 263页

马克思主义经济思想史 商德文主编 北京大学 1992.5 479页

世界经济思想文库 薛敬孝主编 吉林人民 1992.4 1401页

剩余价值发现史 刘永佶 王郁芬著 北京大学 1992.8 408页

社会主义政治经济学史：从非商品经济论到商品经济论的发展史 杨永华著 广东人民 1992.11 451页

布哈林经济思想 陈其人著 上海社会科学院 1992.4 199页

法国重农学派学说的中国渊源 谈 敏著 上海人民 1992.4 386页

经济管理思想史 鲁荣寰 韩丽杰主编 哈尔滨工业大学 1992.7 314页

中国近代民族企业家经济思想史 钟祥财著 上海社会科学院 1992.10 512页

世界经济·中国经济·经济史

·经济地理

世界经济概念 吴金林 肖治合主编 中国物资 1993.3 360页

走出战后体系的世界经济 罗 龙主编 中国财政经济 1992.12 361页

国际经济学 李广和主编 哈尔滨工业大学 1992.9 344页

世界经济学 逄秀贞等主编 山东大学 1992.6 284页

国际格局：世纪之交的转换 上海市国际关系学会编 上海社会科学院 1992.12 190页

世界经济自由区大观 谷源洋等著 世界知识 1993.1 241页

世界经济展望：1992年10月 国际货币基金组织编 中国金融 1993.3 180页

国际经济技术合作 谢 赤 李 彪编著 湖南师范大学 1992.11 365页

国际资本论 朱玄南著 中国人民大学 1992.1 296页

世界经济展望：1992年5月 国际货市基金组织编 中国金融 1992.10 186页

发展中国家经济发展的理论和实践 谈世中主编 中国金融 1992.12 607页

中国与发展中国家的经贸合作 经贸部国际贸易研究所编 中国对外经济贸易 1993.1 321页

西方七国高峰会议与国际经济政策协调 钱国荣著 辽宁大学 1992.10 487页

市场中的政府：美、日、德宏观经济决策 刘振亚编著 人民 1992.11 289页

世界经济区域集团化与亚太经济合作 中国现代国际关系研究所 浙江省亚太研究所编时事 1992.5

255页

亚太2000合作与发展　傅骊元　赵书彦著　北京大学　1992.12　247页

亚太经济新格局　赵文骝　王　勤著　广西人民　1992.11　207页

亚太地区产业结构变化及外资的作用　赵文骝　吴崇伯著　厦门大学　1992.12　302页

东北亚经济圈与中国的选择　金振吉著　中共中央党校　1992.8　255页

东北亚经济圈的魅力：中国的选择与策略东北亚研究丛书编辑部编　大连理工大学　1992.8　225页

东北亚地域开发研究论文集　延边大学国际地域间交流中心编　延边大学　1992.4　210页

东北亚经济开发战略研究：国际学术讨论会文集　李绍庚主编　吉林人民　1993.1　415页

东南亚国家的外资政策　周庚鑫　张光平主编　云南人民　1992.12　224页

走向开放的世界：兼论中国与东南亚的经济贸易合作　许宁宁主编　南海出版公司　1992.3　358页

东盟六国经济纵横　蔡北华主编　上海人民　1992.12　237页

欧洲共同体经济教程　杨逢珉等编著　兰州大学　1993.5　354页

变化中的中东经济：现状与前景　张俊彦主编　北京大学　1992.11　349页

非洲经济社会发展战略问题研究　张同铸主编　人民　1992.6　539页

拉丁美洲现代化　金计初等著　四川人民　1992.5　135页

南朝鲜经济发展战略演变　刘永焯著　广东人民　1992.4　329页

日本经济：昨天、今天、明天　金明善著　辽宁民族　1992.10　887页

日本的“第二次袭击”　崔或臣　马再华著　四川人民　1992.9　295页

“四小龙”经济发展启示录　李小满等著　上海人民　1993.4　197页

亚洲四小龙起飞始末　谷源洋等编著　经济科学　1992.10　235页

四小龙腾飞之谜　魏　杰　贺耀敏编著　人民　1992.11　135页

巴基斯坦经济发展　李德昌著　四川大学　1992.12　378页

新加坡的宏观经济管理　陈乔云　曹云华著　广东人民　1992.4　302页

红河的诱惑　越南市场：敞开机会之门　许期卓等编著　广东高等教育　1992.7　222页

战后意大利“经济奇迹”　戎殿新　罗红波主编　经济科学　1992.5　290页

德国的技术经济　鲍琳洁著　科学技术文献　1992.11　229页

德国经济体制和经济政策　肖　捷著　中国计划　1992.4　227页

比利时的市场经济　李海燕　魏丽军编著　人民　1992.11　121页

国际经济惯例丛书　周成启主编　贵州人民（共60多种。已出版的有：商品经济与国际惯例、贸易国际惯例、金融国际惯例、租赁国际惯例、外汇市场国际惯例、统计国际惯例、航运国际惯例、各国商业银行管理与运行等）

大潮新起：邓小平南巡前前后后　余习广等主编　中国广播电视　1992.7　392页

有中国特色的社会主义经济研究　苏　星著　中共中央党校　1992.8　518页

中国社会主义理论经济学概论　刘桂斌著　华中理工大学　1992.12　312页

中国的现代化和经济改革　周叔莲著　经济管理　1992.10　403页

经济体制改革与经济发展战略探讨　张奎著　山西经济　1992.12　286页

改革与发展　左小平主编　广东人民　1993.2　253页

论改革也是解放生产力　翟泰丰　李连仲著　中国工人　1992.7　60页

九十年代中国经济发展与改革探索　薛暮桥等著　经济科学　1992.4　476页

经济改革与理论思维　冯子标著　山西人民　1992.8　436页

中国经济的回顾与展望　王梦奎著　中国财政经济　1993.3　283页

中国经济改革的市场体制　宋　则著　陕西人民　1992.11　215页

改革开放加快经济发展的探索与实践：论文集　毛　旭著　西北大学　1993.3　232页

九十年代中国的经济改革与发展：两院博士生论文集　中国社会科学院研究生院　厦门大学研究生院编　厦门大学　1992.8　401页

市场化的宏观调控体制　魏　杰著　陕西人民　1992.12　300页

中国经济发展前景展望　国世平主编　湖南　1992.11　483页

宏观经济与决策：来自国家计委经济研究中心的

报告(1992) 桂世镛主编 上海人民 1993.5 343页

中国经济形势与展望:1991—1992 马洪 孙尚清主编 中国发展 1992.6 438页

加快改革开放 加快经济发展 《加快改革开放加快经济发展》编委会编 新华 1992.9 399页

猛醒的中国:关于中国经济的哲学 史仲文著 改革 1992.8 407页

抓紧有利时机加快发展经济 中共中央党校进修部编 中共中央党校 1992.10 343页

独特的经济 姚望 黄然著 四川人民 1992.8 351页

发展·变革·反思:中国体制改革的进程和趋向研究 姚钢等著 中国人民大学 1992.11 253页

中国经济改革与发展的理论思考 何建章主编 兰州大学 1992.10 384页

论经济发展的新路子 覃平著 广西人民 1992.12 306页

圈层开放:扩大开放的新战略 李海舰等著 中国财政经济 1992.11 186页

中国社会主义经济制度立论 侯文贤著 山西经济 1993.4 167页

改革开放的新起点:建立社会主义市场经济体制纵横谈 刘国光等著 吉林人民 1993.1 214页

改革开放之路 武中宪 姜山清主编 文津 1992.8 216页

解开改革的联立方程:论配套改革 钟朋荣著 中国财政经济 1992.11 232页

机遇与挑战 黄剑雄主编 广东人民 1992.12 259页

十字路口上的中国:问题·探索·艰难的选择 邹东涛 崔全宏著 兰州大学 1992.8 391页

宏观经济体制研究 宁怀芳等主编 中国矿业大学 1992.6 298页

中国:双重转换中的波动趋势 杜辉著 上海人民 1992.8 190页

中国经济周期实证研究 卢建著 中国财政经济 1992.10 209页

中国商品经济运行机制 厉以宁主编 中国经济 1992.5 336页

裂变·聚合·转化·二元经济结构转换研究 陈典模等主编 山西经济 1992.11 298页

中国经济的非均衡发展 何伟 魏杰主编 中国人民大学 1992.12 227页

经济发展与结构转换 刘伟著 北京大学 1992.9 256页

经济结构与分配政策 傅继军著 经济科学 1992.8 311页

外向型经济的决策与管理 方民生主编 浙江人民 1992.9 345页

外向型经济概论 庄季希 卢少辉主编 中国经济 1992.8 475页

外向经济论 王珺著 广东人民 1992.6 337页

外向经济概论 田葆贤编著 海洋 1992.6 184页

外向型经济通论 简乃强 韩彤编著 华南理工大学 1992.8 269页

国际经济与中国对外经济关系:1991—1992 《国际经济与中国对外经济关系》编写组编中国金融 1992.8 444页

结构·规模·效益 徐宪明 于海涛编著 中国建材工业 1993.4 158页

中国经济调节的理论和实践 国家计委经济研究中心组编 中国人民大学 1992.10 344页

宏观经济与社会问题研究:1989—1990 国家计委经济研究所编 中国财政经济 1992.12 500页

中国经济发展战略初探 马洪著 江苏人民 1992.8 451页

中国工农业协调发展研究 陈伯庚主编 华东师范大学 1992.7 231页

重大战略决策——加强发展第三产业 罗干主编 中国政法大学 1992.7 956页(2册)

第三产业与中国现代化 沈柏年 卢健主编 中共中央党校 1992.8 291页

自然资源开发利用中的经济问题 王锡桐主编 科学技术文献 1992.9 317页

开源与节约:中国自然资源与人力资源的潜力与对策 中国科学院国情分析研究小组编科学 1992.12 233页

中国:经济过渡时期的产业政策 世界银行经济考察团 国务院发展研究中心编著 中国财政经济 1992.9 290页

科技投入论:关于我国科技投入统一口径和投资体系的研究 程振登等著 科学技术文献 1992.8 271页

解放和发展科技生产力 徐晓春主编 湖北科学技术 1992.12 214页

发展高新技术 改造传统产业 杨东乔主编 重庆大学 1992.3 593页

科技进步与地方经济发展 姜成厚主编 中国华

侨 1992.7 218页

走向市场：科技与经济结合新机制 中国科学院编 科学 1992.12 129页

科技兴区初探：科技兴区的理论与实践 胡永川等主编 河南科学技术 1992.11 360页

存量资源的再配置：中国经济面临的新课题 宋宁著 云南人民 1992.12 323页

横向经济的理论与实践 黄求燕著 云南大学 1992.9 196页

中国经济效益研究 王华新等编著 武汉工业大学 1992.6 358页

经营权论 覃天云主编 四川人民 1992.8 421页

现实经济问题研究 廖丹清著 中国经济 1992.5 314页

中国经济效益研究 王华新等编著 武汉工业大学 1992.6 358页

第三种疯狂：中国灰色经济扫描 贺晓林著 漓江 1992.10 315页

经济模式转换论：科技、经济、人中走向与对策 解书森等著 经济管理 1992.11 413页

中国当代私营经济的现状和发展 韩明希 主编 改革 1992.4 396页

国中之"国"：中国个体经济圈社会透视 袁志新编著 暨南大学 1992.5 315页

中国经济改革与股份制 厉以宁著 北京大学 香港文化教育 1992.8 241页

股份经济的规范与运作 王 珏等编著 中共中央党校 1993.1 196页

股份制浪潮 孙祁祥等著 中国财政经济 1992.12 196页

股份制试点最新文件汇编 《股份制试点最新文件汇编》编辑组编 改革 1993.4 217页

股份制在中国的实践 刘鸿儒 孙效良著人民 1993.1 142页

股份制经济新探 郑绍尧著 湖南师范大学 1992.12 180页

现状·难点与出路：中国股份制实践剖析 李德伟编著 企业管理 1993.1 216页

中国股份企业与股市运作实务 彭志强 郑强高主编 企业管理 1992.9 368页

中国股份制理论与实践 高尚全主编 改革 1992.11 239页

股份制经济的理论与实践 卢克群主编 中信 1992.10 325页

股份制初探 黄金瑞 邓利云著 花城 1992.9 207页

公有制为主体的股份制 陈根长等著 重庆 1992.12 264页

企业股份制改造原理与实务 唐自清等主编 兵器工业 1993.1 391页

股份公司的创立与运作 王柱成主编 当代中国 1992.9 381页

国有企业股份制 纪尽善著 西南财经大学 1992.8 420页

股份制经济的理论与实践 李乃洁主编 吉林人民 1992.11 505页

林蔚然论少数民族地区经济文集 林蔚然著 内蒙古人民 1992.8 200页

民族经济与文化协调发展研究 王文科 潘正才编 贵州民族 1993.1 177页

来自特区的报告：学习邓小平同志关于经济特区的谈话 中共中央党校进修部编 中共中央党校 1992.9 200页

区域开发导论 吕拉昌编著 云南大学 1992.7 277页

区域发展战略研究·总论 费孝通 钱伟长主编 人民 1992.10 378页

中国地区经济增长比较研究 蒋 岳 刘垠主编 辽宁人民 1992.6 470页

中国沿海与内地经济发展关系 魏世恩 郭志仪主编 兰州大学 1992.11 266页

中国沿海经济开放区十年概览 金其桢主编 科学 1992.7 290页

成长与发展：中国经济特区问题探索 周运源著 暨南大学 1992.8 239页

贫困与发展道路选择 何承金等主编 四川大学 1992.9 371页

巨人的跛足：中国西部贫困地区发展研究 邹蓝著 黑龙江人民 1992.9 216页

西部地区资源开发与发展战略研究 中国自然资源研究会编 中国科学技术 1992.7 250页

内陆对外开放探索 李爱民主编 河南人民 1992.5 336页

走出封闭：中国内陆省份改革开放大思路 王茂林等著 湖南 1992.12 222页

论地方经济利益 全治平 江佐中著 广东人民 1992.8 272页

25强县发展之路 刘忠泉主编 山东人民 1993.4 406页

中国环渤海地区产业发展与布局：中国环渤海地区开发研究 赵令勋主编 科学 1992.12 289页

黄土高原整治研究：黄土高原环境问题与定位试验研究 山西大学黄土高原地理研究所编 科学 1992.8 231页

横看成岭侧成峰：长江下游城市近代化的轨迹 茅家琦等著 江苏人民 1993.1 410页

华南地区自然环境及其开发利用 韩渊丰编著 高等教育 1992.7 361页

珠江流域经济社会发展研究 张江垠等主编 广西人民 1992.6 554页

珠江三角洲经济发展回顾与前瞻 中山大学珠江三角洲经济发展与管理研究中心编 中山大学 1992.8 386页

珠港澳经济一体化 冯 平等著 广东人民 1992.6 269页

天津市社会经济科技的投入产出分析 天津市科学技术委员会编 天津科技翻译出版公司 1992.11 165页

观念·速度·效益：九十年代河北省经济发展思路研究 严兰绅 孙宝存主编 中国统计 1992.9

县乡经济研究与探索：河南经济发展状况调查与思考 张志欣等主编 农业 1992.5 215页

山西改革与建设十年回顾 王森浩著 山西经济 1992.8 856页

现状与出路：加快山西改革开放步伐的研究 山西省统计局编 山西经济 1992.10 398页

河西走廊经济综合开民研究 王 杰等著 甘肃人民 1992.7 229页

走向二十一世纪：九十年代甘肃经济发展基本思路研究 陈宝生主编 中国经济 1992.9 302页

甘肃国土资源 甘肃省计划委员会编 甘肃科学技术 1992.9 399页

希望之光：青海经济在改革中崛起 中共青海省委宣传部编 青海人民 1992.12 336页

青海省科技经济社会发展研究 《青海省科技经济社会发展研究》课题组编 兰州大学 1992.6 1册

青海省资源·区划·发展论文集 青海省农牧业综合区划研究所编 青海人民 1992.12 496页

中国青藏高原研究会第一届学术讨论会论文选：青藏高原资源·环境·发展 中国青藏高原研究会编 科学 1992.7 319页

新疆1991—2000年经济体制改革基本思路 谢海平 杨苏民主编 新疆人民 1992.10 417页

山东省黄淮海平原综合治理优化模式的研究 李永昌主编 青岛海洋大学 1992.10 153页

江苏市县经济：1992 江苏省统计局编 中国统计 1992.6 493页

江苏经济持续稳定协调发展问题研究 张锋主编 江苏人民 1992.8 373页

上海经济区区域经济研究 杨万钟主编 华东师范大学 1992.11 263页

上海重大工程建设：1991 杨小林主编 上海科学技术文献 1993.2 352页

探索上海科技与经济优化组合之路 第三卷 翁征洋 林起章主编 上海科学技术文献 1992.7 476页

挑战与希望：浦东新区开发开放的足迹 马颖华等编 上海人民 1992.12 236页

中国浙江海盐企业概览 中共海盐县委宣传部等编 上海人民 1993.1 291页

湖北十年发展纲领：1991—2000 湖北省计划委员会编 湖北人民 1992.9 659页

回顾与探索：厦门经济特区十年建设理论征文集 《厦门日报》编辑部 建设银行厦门市分行编 鹭江 1992.12 229页

台湾经济发展的历史与现状 史全生主编 东南大学 1992.10 434页

当代台湾经济研究论丛 李宏硕主编 山西经济 1993.5 371页

升龙经济——广东大飞跃 许立言主编西北大学 1992.8 443页

改革开放中的广东经济 张志铮 石祖培主编 中山大学 1992.6 284页

广东改革开放评说 王 琢等著 广东人民 1992.8 469页

广东财经改革论丛：南粤中青年的思索：1989—1991 广东省中青年财政研究会编 广东高等教育 1992.7 431页

起飞的轨迹：广东经济发展实证分析 梁桂全等著 广东人民 1992.6 414页

励精图治：广东经济发展揭秘 王 廉编著 广东科技 1992.11 128页

春潮集：湛江农村改革与发展研究；1980—1992 何文里著 广东高等教育 1993.1 272页

深圳股份制改革 王 林 宋宏宇编著 海天 1992.7 304页

经济管理的挑战与回应：香港经济发展研究 段樵著 经济管理 1992.4 377页

海南开发 司徒尚纪著 广东省地图 1992.8 113页

桂西北经济发展战略研究 区济文主编 广西人民 1992.11 584页

广西不发达地区经济开发与金融策略 梁积汉 钟兴武主编 广西人民 1993.2 319页

科技兴黔对策研究 贵州省科学技术协会编 贵州科学技术 1992.11 281页

桂林经济研究：文选 杨清莲主编 广西人民 1992.12 435页

云南多民族特困地区脱贫致富研究 袁德政 赵俊臣编著 云南人民 1992.10 540页

云南省滇西地区资源开发和生产布局 王义明主编 云南科技 1992.9 396页

外国近代经济史 刘天怡著 刘元露 刘新陆整理 甘肃人民 1992.6 499页

苏联社会主义经济七十年：苏联经济发展史 樊亢主编 北京 1992.4 234页

宋代地域经济 程民生著 河南大学 1992.8 358页

清代经济史研究 吴量恺著 华中师范大学 1992.

简明中国近代经济史 徐蕴庆主编 西南交通大学 1992.5 277页

近代中国经济变迁 黄逸平著 上海人民 1992.8 470页

中国近代少数民族经济史稿 况浩林著 民族 1992.5 263页

锦州经济史话 牛广臣编著 春风文艺 1992.7 196页

彼岸的起飞：台湾战后四十发展历程 刘明著 黑龙江人民 1992.10 434页

战后台湾经济发展史 李非著 鹭江 1992.10 360页

北京手工业社会主义改造资料 中共北京市委党史研究室 北京市档案馆编 中共党史 1992.7 539页

伟大的历史创举：中国资本主义工商业社会主义改造学术讨论文集 《中国资本主义工商业的社会主义改造》资料丛书编辑部编 中共党史 1992.4 371页

中国资本主义工商业的社会主义改造：辽宁卷 辽宁卷编纂委员会编 中共党史 1993.1 624页

中国资本主义工商业的社会主义改造：山西卷 中共山西省委统战部 中共山西省委党史研究室编 中共党史 1992.9 557页

中国资本主义工商业的社会主义改造：陕西卷 张优民等主编 中共党史 1992.8 782页

中国资本主义工商业的社会主义改造：甘肃卷 本卷编委会编 中共党史 1992.8 574页

中国资本主义工商业的社会主义改造：江苏卷 尹法声 周豪主编 中共党史 1992.6 1379页(2册)

中国资本主义工商业的社会主义改造：安徽卷 中共安徽省委党史工作委员会 中共安徽省委统一战线工作部编 中共党史 1992.7 637页

中国资本主义工商业的社会主义改造：江西卷 中共江西省委统战部等编 中共党史 1992.8 473页

中国资本主义工商业的社会主义改造：浙江卷 浙江省委党史研究室 中共浙江省委统战部编 中共党史 1991.1 992页(2册)

中国资本主义工商业的社会主义改造：福建卷 中共福建省委统战部等编 中共党史 1992.11 573页

中国资本主义工商业的社会主义改造 河南卷 张玉鹏 李健主编 中共党史 1992.2 598页

中国资本主义工商业的社会主义改造：湖北卷 中共湖北省委党史研究室 中共湖北省委统战部编 中共党史 1993.3 645页

中国资本主义工商业的社会主义改造：湖南卷 中共湖南省委统战部 中共湖南省委党史委编 中共党史 1993.3 744页

中国资本主义工商业的社会主义改造：广西卷 中共广西壮族自治区委员会统一战线工作部 党史资料征集委员会办公室编 中共党史 1992.9 421页

中国资本主义工商业的社会主义改造：四川卷 四川卷编辑组编 中共党史 1992.10 560页

中国资本主义工商业的社会主义改造：四川卷：重庆分册 张钧陶等编 中共党史 1992.9 494页

中国资本主义工商业的社会主义改造：贵州卷 贵州卷编写组编 中共党史 1992.8 554页

中国经济地理新编 苏明武等主编 成都科技大学 1992.3 266页

中国产业地理 李玉江 张宏武主编 山东省地图 1992.1 374页

地理与经济建设 江苏省地理学会编 中国科学技术大学 1992.9 253页

国民经济计划与管理

国民经济计划原理 李文新 刘树森主编 吉林大学 1992.8 307页

国民经济计划管理概论 丁世昌等主编 青岛海洋大学 1992.5 263页

《资本论》与管理科学 施本植 周学文著 云南大学 1992.7 243页

新编经济管理概论　吴贻谷主编　武汉　1992.7　497页

竞争时代的管理　李　昶　何翔皓主编　人民　1992.12　607页

新时期中国社会主义经济理论：经济管理基础　张贵孝编著　陕西科学技术　1992.9　222页

社会主义管理经济学导论　戚　译主编　大连理工大学　1992.8　270页

中国经济管理学新论　傅兴儒等主编　中国地质大学　1992.9　352页

中国社会主义经济管理模式探索　王　浩等主编　河南人民　1992.11　493页

现代市场经济与宏观经济管理　刘振亚著　中国审计　1992.9　261页

宏观经济管理　盛宇华著　中国广播电视　1992.5　456页

经济管理伦理学　杜建国　申志明主编　中国经济　1992.6　483页

管理经济学　任若恩等编　北京航空航天大学　1992.10　289页

中国工商行政管理学　陈金刚　徐宏锦主编　东南大学　1992.12　384页

改革之路：经济管理论稿　温　锋著　华南理工大学　1992.7　260页

经济预测与决策方法　彭曙光等主编　江西科学技术　1992.8　388页

决策之友　国务院研究室编　经济科学　1992.10　448页

经济学家论国有资产管理　国家国有资产管理局科研所编　经济科学　1992.4　312页

经典作家论国有资产　国家国有资产管理局科研所　经济科学出版社编　经济科学　1992.8　311页

国有资产管理　麦履康　李　燕主编　中国物资　1992.4　336页

国有资产管理概论　郑洪扬　杨继瑞主编　四川大学　1992.9　382页

资产评估原理·实务·管理　王子林著　中国财政经济　1992.6　572页

外商投资的经济社会效益评价——理论与方法　王洛林等著　鹭江　1992.11　355页

中国国民经济核算体系：理论·方法·应用　国家统计局国民经济核算编写组编　中国统计　1992.12　309页

国民经济核算通论　钱伯海主编　中国统计　1992.12　575页

国民经济核算概论：中国新国民经济核算　刘述远主编　大连海运学院　1992.9　252页

当代中国投入产出应用与发展　李　强主编　中国统计　1992.10　421页

信息工作与经济发展　向　东　昌伶芬主编　文津　1992.5　254页

技术改造经济学　周广平主编　经济管理　1992.9　366页

宏观科技政策研究：中国R&D投资国际分析　徐士钰等著　同济大学　1993.3　272页

建设项目后评价理论与方法　任淮秀　汪昌云著　中国人民大学　1992.9　203页

经济效益考核与评价　朱　杰主编　兰州大学　1992.12　266页

清产核资原理与实务　周　品编著　中国财政经济　1992.11　269页

市场经济统计　福建省统计学会编　中国统计　1992.12　417页

国民经济统计学　夏一成　肖传桂主编　云南大学　1992.7　576页

国民经济综合统计学　莫曰达　刘长新主编　中国统计　1992.11　583页

宏观经济统计分析　赵彦云编著　中国统计　1992.11　403页

乡镇企业统计学　李素桂　王德绵主编　农业　1992.8　318页

现代会计新编　俞　察等编　西安交通大学　1993.3　466页

会计学原理　汤业国等编著　山东大学　1993.3　284页

国际会计：比较与发展　朱水平　陈亚民主编　西南财经大学　1992.5　462页

国际惯例财务会计原理与实务　胡文镐等编　企业管理　1993.3　349页

国际会计　王得升等主编　中国审计　1992.9　513页

国际会计准则　国际会计准则委员会发布财政部会计事务管理司编　中国财政经济　1992.8　358页

改革与借鉴：会计准则国际研讨会（深圳，1992）　财政部会计事务管理司编　中国财政经济　1992.5　345页

国外会计学　严乃宽编著　东北财经大学　1992.7　539页

西方财务管理　王庆成　王化成编著　中国人民大学　1993.4　355页

新知识　新探索：企业财务改革研讨文集　财政部工交司　深圳市财政局编　湖北教育　1992.12

391 页

现行成本会计论　裘宗舜　吴　茂著　辽宁人民　1992.10　147 页

计算机会计导论　杨德春　杨永平主编　吉林大学　1992.8　392 页

新编会计实务：企业会计准则应用　彭玉书主编　中国审计　1993.3　475 页

会计控制论　杨宗昌等著—西南财经大学　1992.11　160 页

企业会计实务新编　北京市经济管理干部学院等编　世界图书出版公司　1993.4　278 页

外商投资企业会计学　李现宗　郑锦桥主编　河南人民　1993.2　467 页

外商投资企业会计　罗新运主编　西安电子科技大学　1993.2　659 页

中华人民共和国外商投资企业会计制度：中英文对照本　财政部制定　法律　1992.9　78 页

中华人民共和国外商投资企业会计制度财政部制定　中国财政经济　1992.7　31 页

股份制试点企业会计制度　中华人民共和国财政部制定　中国财政经济　1992.7　146 页

股份制企业会计与审计　庄恩岳著　辽宁大学　1992.8　421 页

股份制企业会计　吴晓根等编著　北京大学　1992.12　345 页

股份企业会计学　林钟高主编　煤炭工业　1993.3　512 页

简明西方会计发展史　杨宗昌等著　辽宁人民　1992.10　161 页

现代审计学　李德章　王存炎主编　河南人民　1992.8　447 页

审计学概论　奚淑琴主编　地震　1993.1　455 页

审计学原理　张振文　曾永华主编　中国经济　1992.9　329 页

现代审计原理与方法　《现代审计原理与方法》编委会编　黑龙江人民　1992.7　251 页

审计方法概论　周　慎等编著　中国审计　1992.12　458 页

最高审计机关亚洲组织第五届大会暨第四次国际研讨会论文集　吕培俭主编　中国审计　1992.1　364 页

审计定性与处理　温兆文　谢德海著　中国审计　1992.7　289 页

内部审计理论与实务　崔洪涛等编著　中国审计　1992.10　517 页

内部控制论　徐政旦等著　辽宁人民　1992.10　306 页

现代内部审计实用大全　崔建民主编　辽宁人民　1993.2　1988 页

现代企业管理原理　曹　煦　金延平编著　东北财经大学　1992.9　409 页

企业经济管理学　杨志全著　河南人民　1992.11　324 页

企业管理概论　樊而峻等主编　山西经济　1992.5　321 页

现代企业管理学　陈家芹　陈冀豫主编　电子工业　1992.7　418 页

国际企业管理　金润圭著　山东人民　1992.5　264 页

企业发展:理论、实践与政策　隋映辉主编　青岛海洋大学　1992.8　428 页

孙子兵法与管理　杨洪益编著　西南交通大学　1992.6　134 页

孙子兵法与经济谋略　邱复兴著　白山　1992.6　270 页

企业软管理　王载珏　李树英主编　中国工人　1992.6　377 页

企业集团学　迟树功著　中国广播电视　1992.5　217 页

中国跨国公司论　林　叶著　山东人民　1992.6　225 页

市场中的国有企业:法、韩、意国有企业运作模式　魏礼群等编著　人民　1992.11　198 页

日美欧中小企业理论与政策　李玉潭著　吉林大学　1992.6　230 页

微观经济运行供给主体—多重企业制度分析　诸时健等著　中国金融　1992.5　454 页

思路与信息：对中国式企业管理的探索　潘承烈著　企业管理　1992.6　369 页

公有制条件下的企业管理　董连胜　高同利主编　大连理工大学　1992.8　195 页

西方企业战略　解培才　徐二明编著　中国人民大学　1992.4　243 页

企业管理咨询新论　信庆轩著　吉林大学　1992.7　535 页

圆峰管理模式　黄如峰主编　企业管理　1992.12　133 页

创造有效的管理　韩庆祥主编　北京科学技术　1993.1　209 页

企业深化改革的热点难点　王才强等主编　重庆大学　1992.8　167 页

企业行为研究　于良春等著　山东大学　1992.7　351 页

企业领导概论　钱厚贵主编　上海科学技术文献　1992.12　163 页

企业战略计划　王德民著　大连理工大学　1992.8　242 页

企业生存发展与信息系统　钱士钧主编　东南大学　1992.11　94 页

市场开发与企业活力　曹怀刚等著　人民　1993.1　203 页

孙子谋略与竞争　杨燮仪著　中国财政经济　1992.9　174 页

技术经济与企业管理　陈　宪　贺　琳主编　中国建材工业　1992.8　327 页

企业劳动制度综合配套改革　陈桂兰主编　大连理工大学　1993.1　273 页

企业劳动制度改革　史景星　胡逢云主编　上海人民　1992.10　186 页

企业公共关系概论　刘佳环等主编　山西高校联合　1992.11　284 页

企业投资决策　黄磊等编著　青岛海洋大学　1992.6　262 页

现代企业筹资理论与实务　仇庆德等主编　青岛海洋大学　1993.1　396 页

市场经济与企业负债经营　李胜兰　刘彤海著　兰州大学　1993.5　208 页

企业举债必备：企业债书研究　林钟高等编著　经济科学　1992.12　341 页

企业改革与财税对策　姜伟民等著　武汉工业大学　1992.6　213 页

社会主义市场经济下的企业会计与财务　走向社会主义市场经济丛书编辑委员会编　中国国际广播　1993.1　692 页

两权分离与企业会计改革研究　汤业国著　山东大学　1993.1　299 页

企业金融决策　田泽建等编著　河南人民　1993.1　237 页

社会主义企业收入分配论　姚先国著　浙江大学　1992.11　302 页

企业的上帝：论企业文化建设的核心　张　毅　伊　敏著　辽宁大学　1992.8　177 页

易经与当代企业家　贾志贷　张　毅编著　山东人民　1993.1　394 页

竞争·效应与创新：企业家素质才能心理透视　王振民著　辽宁大学　1992.8　137 页

当代企业家概论　刘太昌主编　改革　1992.8　417

跨国公司经营学　裴　平编著　南京大学　1992.4　347 页

跨国公司战略管理　滕维藻等主编　上海人民　1992.6　427 页

跨国经营之路：中国海外企业的发展与前景　欧志伟　金　芳编著　上海社会科学院　1992.7　213 页

纵横捭阖：林立于世界经济体系中的跨国公司　蒋益军等著　江苏人民　1992.10　327 页

跨国公司与中国企业国际化　刘　研著　中信　1992.12　180 页

全民所有制企业的活力与发展　卫兴华等编　四川人民　1992.8　414 页

搞好国营大中型企业研究：中共中央党校进修部学员毕业论文选　中共中央党校进修部编　中国经济　1992.5　343 页

九十年代企业改革与发展　厉　璠等主编　复旦大学　1992.9　377 页

转型中的中国企业：　国有企业组织创新论　李培林等著　山东人民　1992.9　404 页

中国大中型企业改革与发展之路　《中国大中型企业改革与发展之路》编委会编　中共中央党校　1993.1　1134 页（2 册）

路在何方：大中型企业的挑战与出路　荀大志著　四川人民　1992.6　442 页

中国百家知名企业的经营管理特色　张重庆主编　中国统计　1993.1　452 页

增强国营大中型企业活力的研究：上海部分国营大中型企业的调查　周开达主编　中国轻工业　1992.　264 页

市场化的国有企业制度　韩小明　林　岗著　陕西人民　1992.12　282 页

企业怎样破三铁　吴俊洲主编　山西经济　1992.6　158 页

中国企业集团　孙效良主编　改革　1992.5　514 页

中国企业集团组织与管理原理研究　左昌鸿　唐拥军著　广西师范大学　1992.7　289 页

企业经营管理探索：上海部分国营大中型企业经验选编　高　行主编　立信会计图书用品社　1992.12　210 页

武汉组建和发展企业集团的理论与对策　冯传武等著　中国地质大学　1992.6　325 页

南粤雄风：从成功企业中看社会主义制度优越性　冼为广等主编　广东高等教育　1992.3　343 页

我的企业观:北京天安:现代高科技与古今文化精粹的交响曲 吕克健著 中国经济 1992.8 359页

中国企业文化的理论与实践 邹和平 马郑刚主编 重庆大学 1992.9 294页

合资企业总经理论合资企业 李雪根主编 中国经济 1992.8 349页

怎样组建股份制企业 厉以宁等编著 北京大学 1992.12 302页

如何开办私营企业 安同久等编著 中国物资 1993.1 263页

中国公有制企业管理发展史:1927—1965 徐之河 徐建中著 上海社会科学院 1992.8 421页

中国企业民主管理发展史略 王持栋 李平编 中国工人 1992.12 270页

安徽近现代实业家 洪心忠 钱 进主编 改革 1992.7 141页

海外华人实业家发家秘诀 荆 生等著 辽宁人民 1992.10 266页

劳动经济学 方亦元 谢荣安主编 浙江大学 1993.5 306页

劳动经济问题研究 苏树厚等著 北京 1992.3 290页

人力资源概论 姚裕群著 中国劳动 1992.5 254页

劳动力调节论 何干强 柬瑞和主编 东南大学 1992.6 224页

劳动工资研究 曾献国著 广西科学技术 1992.12 222页

岗位评价与劳动报酬 张殿业等主编 冶金工业 1992.12 275页

世纪末的挑战:中国20世纪90年代面临的就业问题与对策 中国劳动学会编 中国劳动 1992.3 288页

论商品型按劳分配 王克忠著 复旦大学 1992.9 439页

中国物资市场学 董德信等主编 辽宁人民 1992.6 531页

当代中国物资流通 《当代中国》丛书编辑部编 当代中国 1993.2 721页

物资计划与市场概论 冯宗容主编 四川大学 1992.12 337页

物流新策 姚佩玉等主编 河北科学技术 1992.5 335页

如何发展物资配送 王嘉霖等主编 中国物资 1992.8 198页

物资市场经济活动分析 郝渊晓 蔡燕农主编 海洋 1992.7 300页

物资企业股份制和集团试点问题探索 物资部政策体制法规司编 中国物资 1992.8 102页

构造黑龙江省生产资料流通新格局 顾玉堂著 中国物资 1992.12 395页

西方城市经济学:理论与方法 孟晓晨编著 北京大学 1992.11 182页

城市化——人类生活大趋势 钟荣魁著 四川人民 1992.5 177页

城市建设综合开发理论与实践 郭付人 曲以才主编 四川大学 1992.12 257页

城市开放开发实务研究 林汉川 刘可风主编 兵器工业 1992.8 310页

城市中心作用研究 贵州省城市中心作用研究课题组编 贵州人民 1992.12 292页

中心城市综合改革论 林 凌主编 经济科学 1992.9 596页

中国——世纪之交的城市发展 王育琨等著 辽宁人民 1992.12 637页

中国的城市群 姚士谋等著 中国科学技术大学 1992.10 280页

奔向21世纪的中国城市:城市科学纵横谈 陈为邦等主编 山西经济 1992.8 529页

中国城市调查理论与实践 国家统计局城市社会经济调查总队编著 中国统计 1992.10 641页

城郊型经济探索 《城郊型经济探索》编委会编 中国物资 1992.9 252页

中国城乡经济投入占用产出分析 陈锡康主编 科学 1992.8 550页

城乡经济融合发展研究 肖 梦 王品潮主编 大连理工大学 1992.5 180页

1991年中国城镇居民家庭收支调查资料 国家统计局城市社会经济调查总队编 中国统计 1992.9 291页

房产经济学概论 曹振良主编 南开大学 1992.9 284页

房改学引论 陈椿年著 光明日报 1992.8 251页

房改:无限需求的终止 张 京等著 中国财政经济 1992.11 200页

房地产热点透析 金正直主编 辽宁人民 1993.2 586页

房地产投资与开发 毕建洲 王大军主编 青岛海洋大学 1992.11 285页

现代房地产开发经营 曹振良主编 中信 1993.4 296页

房地产投资分析与决策　刘圣欢　丁克炎编著　武汉工业大学　1993.1　186　页

房地产综合开发　蔡育天主编　上海社会科学院　1992.9　310页

土地估价理论与实务：我国城市土地估价实践探讨　张　瑜主编　企业管理　1992.9　355页

房地产投资与消费　李洲等编著　中国物资　1992.10　311页

不动产估价原理与实务　张波编著　经济管理　1992.6　375页

中国产地产业透视　周治平等著　广东教育　1992.10　287页

当代中国住宅经济　刘　岐著　中国建筑工业　1992.9　223页

住宅商品化与金融　董寿昆著　中国金融　1992.12　358页

'92上海市房地产市场　上海市土地使用制度改革领导小组办公室编　上海人民　1992.11　145页

十年探索与改革：大连市房地产经济研究论文选　大连市房地产经济学学会编　大连　1992.10　580页

中国城市发展史　戴均良主编　黑龙江人民　1992.5　484页

农　业　经　济

农村经济管理研究　王维忠主编　中国国际广播　1992.9　289页

中国农村经济管理　苗培恩　刘虎星主编　河南人民　1993.5　319页

农村政策学　刘佑庭　韩德乾编著　湖北科学技术　1992.10　288页

农村政策概论　高　儒主编　湖南　1992.10　301页

农村经济调查与研究　徐迪林主编　云南人民　1992.12　241页

农村经济统计学　孙文生　吴斌主编　中国统计　1993.3　337页

生态经济建设探讨　山西省西山黄土高原综合治理优化开发考察组编　山西科学技术　1992.7　272页

土地生态经济学　王万茂等著　科学技术文献　1992.7　320页

土地理论与实践　张保令主编　山西科学技术　1992.6　347页

土地经济理论与实践　丁之江主编杭州大学　1992.12　319页

土地管理学概论　胡继连　王兴祥主编　青岛　1992.9　423页

土地开发整治理论与实践　河北省国土经济学研究会编　河北科学技术　1992.5　256页

土地评价　梁朝仪主编　河南科学技术　1992.11　450页

农业技术经济理论与实践　赵胄豪等主编　山西经济　1992.8　423页

农业推广学　汤锦如等编著　东南大学　1993.1　444页

当代中国农村社会发展大趋势——农村社会学研究　龚水林　张业清编著　广西师范大学　1992.4　200页

建设中国特色的现代化农业　农业部编　农业　1992.5　772页

当代中国的农业　《当代中国》丛书编辑部编辑　当代中国　1992.7　784页

农村改革的现实选择　张长珍　郭裕怀主编　山西经济　1992.8　224页

农村经济改革与发展　王叔云编著　西南财经大学　1992.10　219页

农村改革与发展　康火南编著　中国统计　1992.12　236页

改革　挑战　发展　河南省农村经济工作委员会　河南省农村发展研究中心农村战略研究室编　河南人民　1992.6　495页

农村改革的新方略　刘福垣著　中国财政经济　1992.11　166页

改革　发展　探索　林师舜　王锡鹏主编　南海出版公司　1992.10　474页

农村经济改革与发展　吴为汉著　济南　1992.9　262页

变革中的农村与农业：中国农村经济改革实证研究　郭书田主编　中国财政经济　1993.3　328页

赶超的基石：中国西部地区深化农村改革研究　龚晓宽　刘西荣主编　经济科学　1992.12　352页

中国农村合作经济　向德楷　杨崇德编著　中国财政经济　1992.8　368页

农村合作经济理论与实务　孙志安　刘宇虹编著　山西经济　1992.12　639页

中国农村股份合作经济实践与探索　李国书主编　北京工业大学　1992.12　265页

中国农户家庭经营经济效益评价的理论与实践　冯中朝等著　湖北人民　1992.10　225页

农垦农工商综合经营问题研究　孙秀禄主编　黑龙江人民　1992.12　244页

国营农牧团场经济问题研究　新疆兵团党委政策研究室编　新疆人民　1992.8　269页

中国农户经济行为研究　胡继连主编　农业　1992.7　384页

中国农业问题研究　第二集　农业部农业政策研究会主编　农业　1992.9　488页

农村经济研究文集：1991　山西省农村经济研究所编　山西经济　1992.5　231页

农业预警系统——宏观农业管理的新思路：全国首届农业预警系统研讨会论文集、陶骏昌等主编　中国统计　1992.9　191页

农业现代化的实践与思考　上海市农业局主编　上海人民　1992.10　258页

中国农村巨变　何焕炎主编　山西经济　1992.12　447页

崛起与徘徊：十年农村的回顾与前瞻　肖冬连著　河南人民　1992.4　301页

全国农村社会经济典型调查数据汇编：1986—1990　中共中央政策研究室农村固定观察点办公室　农业部农村固定观察点办公室编　中国中央党校　1992.11　482页

中国分县农村经济统计概要：1991　国家统计局农村社会经济调查总队编　中国统计　1993.1　548页

论小康　福建省农业委员会等编　中国统计　1992.11　339页

农村小康问题研究　郝敬恒等编著　中国统计　1992.10　208页

小康工程：中国农村的振兴之路　方晓宇　刘汝焯主编　改革　1992.11　253页

兴农对策文集　康　民主编　甘肃人民　1992.4　610页

制度、技术与中国农业发展　林毅夫著　三联书店上海分店　1992.4　291页

农村经济发展模式比较研究　王贵宸等著经济管理　1992.12　348页

中国农村经济的未来格局　张留征等著　中信　1992.7　164页

农村经济结构调整与农业机械化优化　万鹤群主编　北京科学技术　1992.9　233页

中国农业的效率评估：理论·方法·实践　冯海发著　农业　1992.12　272页

中国土地资源的人口承载能力研究　石玉林主编　中国科学技术　1992.9　184页

农业投资与管理　罗兴林主编　气象　1992.7　249页

农地规模与农业发展　国务院发展研究中心土地课题组编著　南海出版公司　1992.5　198页

中国耕地资源及其开发利用　中国农业科学院农业自然资源和农业区划研究所　农业部全国土壤肥料总站编著　测绘　1992.11　450页

中国耕地递减问题的数量经济分析　耕地问题研究组编　经济科学　1992.5　176页

中国农村工业化研究　杜海燕著　中国物价　1992.4　254页

农村工业化：国际经验与中国道路　刘传哲　朱成名著　甘肃人民　1992.5　216页

农业经济与科技发展研究：1992　中国农业科学院农业经济研究所编　农业　1992.7　207页

农业科技管理认识与实践　曾明信主编　农业　1992.6　292页

农业科技成果管理概论　闵际雨主编　江苏科学技术　1992.4　239页

科技农业园：中国农业持续发展理论与实践探索　中国科学院科技农业园研究组编　农业　1992.5　237页

高产优质高效农业开发　孙　甲主编　黑龙江人民　1992.12　107页

农村教育综合改革大趋势　宋玉岫主编　山西高校联合　1992.10　383页

农村社会化服务理论与实践　罗以振　孙自铎主编　上海社会科学院　1992.5　190页

论农业社会化服务　国务院研究室课题组编　中国财政经济　1992.9　528页

农业社会化服务研究　马能泽主编　农业　1992.9　468页

中国农业价格政策分析　高小蒙　向　宁著　浙江人民　1992.9　302页

粮食经济导论　汤标中主编　中山大学　1992.8　361页

农村粮油购销　赵凌云主编　中国商业　1992.10　256页

中国农垦经济学　刘以雷著　新疆人民　1992.12　394页

中国林业发展的环境目标战略研究：2000年中国森林发展与环境效益预测　蒋有绪等著　中国科学技术　1992.12　101页

一九九〇年全国林业系统国营林场普查资料　林业部编　中国林业　1992.10　1185页

中国林业传统引论　张钧成著　中国林业　1992.6　303页

林业计划学　黄　清主编　东北林业大学

1992.12　463页

畜产经济概论　史志诚编著　农业　1992.5　291页

当代中国的乡镇企业　《当代中国》丛书编辑部编辑　当代中国　1992.8　613页

中国乡镇企业发展论　张　奎等著　中国经济　1993.1　385页

中国乡镇企业论　杨继瑞著　四川大学　1992.10　281页

乡镇企业管理学　朱成胜等编著　上海科学技术文献　1992.6　307页

乡镇企业的产权与发展战略　郝思恭等编著　山西人民　1992.11　269页

陕西乡镇企业发展战略理论研究　陕西省乡镇企业管理局　陕西省社会科学院编　陕西人民　1992.7　464页

农户经济行为及劳动时间利用调查资料集　庾德昌主编　中国统计　1992.6　382页

华东农垦经济研究论文选　蚁行守主编　江西科学技术　1992.12　238页

区县经济研究与实践　贺　锐著　山西经济　1993.4　262页

中国县级综合改革战略　昌曰周等著　当代中国　1992.6　237页

90年代县级经济发展研究　李松玉等编著　河南人民　1992.8　279页

县级土地利用总体规划　国家土地管理局规划司组织编写　中国财政经济　1992.6　200页

行行重行行：乡镇发展论述　黄孝通著　宁夏人民　1992.8　611页

黄土高原地区重点县综合治理与经济发展战略规划问题研究：黄土高原地区综合治理开发研究　中国科学院黄土高原综合科学考察队编　科学　1992.6　144页

黄土高原地区综合治理开发总全方案及重大问题研究简要报告集　中国科学院黄土高原综合科学考察队编　中国经济　1992.6　501页

（中国科学院黄淮海平原综合治理研究1986—1990）淮北地区综合治理与农业开发　余之祥主编　科学　1992.9　155页

西北民族地区畜牧业商品经济研究　王　瑜　罗耀辉主编　甘肃人民　1992.12　338页

中国沿海开放地带农村经济发展新论　魏双凤主编　华南理工大学　1992.9　591页

人口·粮食·生态：山区农业综合开发之路　贵州省农业综合开发领导小组办公室编　贵州人民　1992.4　197页

山区农村庭院经济的发展　童　浩等编著　华中师范大学　1992.12　166页

山区科教兴农的调查与研究　刘辉汉　李爱生主编　山西高校联合　1993.1　226页

山区农村特产资源开发　余展深主编　华中师范大学　1992.10　255页

中国贫困山区发展的道路　严瑞珍　王　沅著　中国人民大学　1992.12　276页

边缘地带的小农：中国贫困的微观解理　沈　红等著　人民　1992.9　219页

科技兴农实施方略：对辽宁农业发展的新探索　曲　阳　李黎明主编　辽宁科学技术　1992.11　256页

充满希望的事业：吉林省农业综合开发理论研讨会文集　高光祖　崔立兴主编　吉林人民　1993.1　268页

黑龙江省耕作制度与区划　黑龙江省农牧渔业厅编　黑龙江人民　1992.7　221页

平衡与发展：河北省粮食问题研究　牛凤瑞等著　河北人民　1992.12　715页

山西食物发展战略研究　阎文　等著　山西经济　1992.11　382页

山西水资源现状与战略研究　苗佩芳　郝永和编　山西经济　1993.1　440页

山西农业科技发展战略与对策　刘耀宗　李茂岚主编　山西经济　1992.11　259页

山西渔业发展战略研究　侯文正主编　山西经济　1992.5　155页

论陕北开发　陕西省人民政府经济研究中心等编　陕西科学技术　1992.12　399页

甘肃省农村经济区划　牛叔文　李树基主编　甘肃人民　1992.7　321页

山东省农村经济发展十年规划及第八个五年计划　本书编委会编　山东人民　1993.2　580页

江苏省农业资源综合开发利用研究　余志祥　高亮之主编　上海科学技术　1993.1　410页

农村经济良性循环之路：吴江农工贸三业协调发展综论　陆云福　沈荣法主编　中国经济　1992.5　289页

上海城郊农村经济研究　孙仲彝等编　上海科学技术　1993.1　187页

上海市农业后备资源调查与开发研究　上海市农业区划委员会办公室编　上海科学技术　1992.6　244页

湖北农村经济研究　杨春亭著　湖北教育

1992.6 263页

三峡门户开发之路 高秉琁 著 武汉大学 1992.11 315页

川中丘陵地区农业技术综合开发 王德洪主编 科学技术文献 1992.7 260页

滇西地区农业资源评价与农业生产布局研究 袁德政 姚乃哲主编 云南人民 1992.11 403页

云南农业社会化服务体系研究 景庆云主编 云南大学 1993.1 224页

艰难的崛起：深化贵州农村改革研究 龚晓宽著 四川大学 1992.4 294页

西藏自治区土地利用 西藏自治区管理局编 科学 1992.6 463页

广西农村改革与发展 郭 明 朱其镔主编 广西人民 1992.6 554页

深圳外向型农业 林伟雄 梁俊乾主编 海天 1992.12 331页

日本农村工业化史研究：兼及中日比较 周维宏编 人民教育 1992.6 335页

泰国的农业工业化道路 林志鹤著 广东人民 1992.6 269页

苏俄农业政策的演变 阮大荣 段和森编著 兰州大学 1992.8 231页

中国农业发展史 阎万英 尹英华著 天津科学技术 1992.7 447页

明清封建土地所有制论纲 傅衣凌著 上海人民 1992.6 229页

清代土地开垦史资料汇编 彭雨新编 武汉大学 1992.12 756页

山西农书 郭裕怀 刘贯文主编 山西经济 1992.10 750页

广西农村合作经济史料 续编 王祝光主编 广西人民 1992.10 536页

吴江丝绸志 周德华主编 江苏古籍 1992.9 473页

宁夏农业合作制发展简史 宁夏农业厅 宁夏农业经济学会编 宁夏人民 1992.9 271页

内蒙古农牧林副渔产品价格概论：1947—1992 《内蒙古农牧林副渔产品价格概论》编辑委员会编 内蒙古人民 1992.6 817页

工 业 经 济

新编工业经济 程延杰等主编 河北科学技术 1992.8 325页

工业微观分析学 任玉平主编 山西科学技术 1993.1 231页

现代化管理模式研究 中国煤炭工业企业管理协会组织编写 煤炭工业 1992.5 303页

工业企业科技进步学 殷起鸣编著 大连理工大学 1992.7 303页

矿广资源经济学 贾芝锡著 地震 1992.12 340页

矿广资源综合开发利用评价理论与方法 关凤峻 杨福田主编 地质 1992.12 322页

航空航天经济学概论 黎发源 李兰芝编著 海洋 1992.5 225页

地质技术经济学 关凤峻主编 地质 1993.2 271页

地质勘查经济学 王希凯编著 地震 1992.6 254页

建筑经济与企业管理 金书润等编著 大连理工大学 1993.3 312页

现代丝绸工业企业管理学 第四分册：丝绸企业技术管理 李南筑主编 东南大学 1992.7 419页

纺织企业转换内部机制的实践与思考 庞群主编 上海科学技术文献 1992.4 305页

世界蚕丝业 中国农业科学院蚕业研究所主编 江西科学技术 1992.10 439页

国际石油经济研讨会论文集 中国石油学会石油经济学会编 石油工业 1993.3 366页

世界的石油 钱今昔主编 江苏教育 1992.5 235页

国际锡市场概论 刘 春等编著 中国社会 1992.10 97页

中国工业经济的改革与发展 吕 东编著 经济管理 1992.8 604页

中国工业的发展和2000年展望 余建亭 王佩琨主编 山西经济 1993.6 381页

迈向新台阶：90年代中国工业发展大趋势 许刚主编 改革 1993.4 303页

改革创业之路 中共江西省委党史研究室编 中共党史 1993.2 196页

中国工业产品经济规模 中国产业经济技术研究联合会等编著 企业管理 1992.6 432页

中国的工业化与外国直接投资 樊勇明著 上海社会科学院 1992.6 192页

中国老工业基地改造与振兴 国务院研究室课题组编 科学 1992.12 324页

中国企业技术发展战略 刘铁民著 中国发展 1992.8 230页

全民所有制工业企业转换经营机制条例 湖南省经济委员会综合研究室编 湖南 1992.10 84页

工业企业管理学　娄炳林主编　中国商业　1992.7　446页

现代工业企业管理原理　高洪波编著　青岛海洋大学　1992.12　317页

工业企业管理与企业管理教育改革　樊光鼎主编　陕西人民教育　1992.7　269页

区域工业管理信息系统及其使用　李应正等著　中国地质大学　1992.4　211页

工业企业经营管理　郑成龙主编　蓝天　1992.4　422页

搞好工业企业对策论　丁建明　宁丹阳主编　中南工业大学　1992.4　373页

工业企业目标管理　邢吉辰著　企业管理　1992.9　244页

工业企业标准化　李春田主编　中国计量　1992.11　453页

实用工业工程　沈阳市工业工程学会编　东北大学　1993.4　329页

工业企业现场管理　李广奇　刘广清主编　辽宁科学技术　1992.10　208页

工业企业物资管理　陈大方编著　同济大学　1993.7　334页

工业企业经济活动分析　孙玉凤主编　东北工学院　1993.2　309页

工业企业经济效益分析　蔡建民编著　立信会计图书用品社　1992.10　348页

工业企业资产负债管理　杨建人主编　东北工学院　1992.10　287页

工业企业购销管理　葛长庠　王　杨主编　中国物资　1992.7　430页

工业企业财务制度　中华人民共和国财政部颁布　煤炭工业　1993.1　36页

中国现代工业企业管理会计学　范业骏　唐祖彬主编　河南人民　1992.7　738页

股份制工业会计　黄恭信等编著　陕西人民　1992.8　434页

新旧工业企业会计制度比较与转换　中国人民大学会计系编写组编　企业管理　1993.4　280页

统计学原理与工业统计　韩月娥　任若恩编　北京航空航天大学　1992.10　399页

石油化工企业管理学　周知术主编　东北工学院　1992.10　430页

中原油田大事记：1975—1991　中原石油勘探局史志编委会编　石油工业　1993.2　243页

中国煤炭大全　中国煤炭城市联合发展促进会编　中国物资　1992.9　750页

活力源：中国第一个现代化矿务局潞安企业文化模式初探　尚海涛主编　经济日报　1992.11　452页

中国轻工业经济问题探索　贡发信著　经济科学　1992.5　244页

中国造纸工业发展战略　黄企南　柏东海主编　中国轻工业　1992.7　286页

中国烟草企业发展的典范：云南玉溪卷烟厂十年改革总结和未来发展战略　褚时健　黄求燕主编　云南人民　1992.9　232页

中国建筑业的改革　杨　慎著　中国建筑工业　1992.6　429页

电力企业现代化管理　倪书洪　胡亚东编著　武汉测绘科技大学　1992.10　336页

沈阳机械工业　沈阳市机械工业管理局　《沈阳机械工业》编委会编　沈阳　1992.10　543页

北京市大中型工业企业改革与发展研究　沈宝昌主编　北京科学技术　1992.12　269页

创新之路：江苏企业技术成果集萃　杨晓堂主编　江苏人民　1993.1　369页

新上海工业统计资料：1949—1990　上海市统计局编　中国统计　1992.5　203页

新昌工业改革实践录　黄志益主编　杭州大学　1992.6　283页

福建能源　郭其朝主编　福建科学技术　1992.6　592页

(湖南)工业经济效益研究　朱森林等编　中南工业大学　1993.5　201页

潮州市工业经济发展战略研究　魏清潮主编　广东科技　1992.6　322页

美国工业与政府政策　冯泽峰著　经济科学　1992.6　415页

中国工业经济史　高继仁编著　河南大学　1992.12　262页

中国工业史：近代卷　刘国良著　江苏科学技术　1992.8　1008页

汉代手工业　宋治民著　巴蜀书社　1992.6　158页

井盐史探微　吴天颖著　四川人民　1992.8　339页

上海汽车工业史：1901—1990　《上海汽车工业史》编委会编纂　上海人民　1992.10　331页

中国风机工业发展史：1949—1984　机械工业部石化通用机械工业局编　机械工业　1992.6　175页

山东省盐业志　山东省盐务局编著　齐鲁书社　1992.6　597页

湖北省志:工业志稿:二轻 湖北省地方志编纂委员会编 中国轻工业 1992.9 456页

长芦盐志 长芦盐志编修委员会编 百花文艺 1992.7 457页

玉烟之光——云南玉溪卷烟厂发展史 王懿之主编 云南人民 1992.12 448页

夹江手工纸与中外经济文化 刘少泉主编 四川大学 1992.10 214页

吴蕴初企业史料:天厨味精厂卷 上海市档案馆编档案 1992.4 449页

交通运输经济、旅游经济

交通经济学 张薰华等主编 上海社会科学院 1992.8 309页

交通运输布局概论 张务栋编著 华东师范大学 1993.3 180页

货运与保险实务 薛华业 王志浩编著 吉林科学技术 香港万里书店 1993.3 282页

中国公路运输的计划与市场 赵永铮主编改革 1992.8 292页

汽车运输企业管理基础 杨弼亮主编 人民交通 1992.9 545页

西南大动脉 成都铁路局 四川民族出版社西南大动脉编辑委员会编 四川民族 1992.5 104页

现代港口经济 彭维友等著 海洋 1992.7 160页

港口企业管理 肖钟熙主编 大连海运学院 1992.11 215页

东北区港口货流与布局研究 王淑琴等编著 大连理工大学 1992.7 172页

厦门港口纪事 邓孙禄主编 大连海运学院 1992.6 226页

澜沧江:湄公河国际航运 车志敏 刘大清主编 云南民族 1992.9 375页

中国民航的改革开放:1979—1991 蒋祝平主编 国际文化出版公司 1992.12 890页

从统计看民航:1992 中国民用航空局计划司编 中国统计 1992.12 111页

天下水陆路程 (明)黄 汴著·天下路程图引 (清)憺 漪子辑·客商一览醒迷 (明)李晋德著 杨正泰校注 山西人民 1992.9 514页

长江航运史:近代部分 江天凤主编 人民交通 1992.5 689页

抗战时期西南的交通 西南地区文史资料协作会议编 云南人民 1992.8 481页

天津港史:现代部分 贵义和主编 人民交通 1992.8 454页

保定地区公路运输史 《保定地区公路运输史》编纂委员会编 河北人民 1992.6 344页

秦皇岛市交通志 秦皇岛市交通局编 河北科学技术 1992.5 312页

张家口地区公路运输志 张家口地区公路运输志编纂委员会编 河北科学技术 1992.6401页

黄石港史 詹世忠主编 中国文史 1992.9 295页

浙江古代道路交通史 《浙江古代道路交通史》编写组编 浙江古籍 1992.6 298页

重庆内河航运志 重庆市交通局交通史志编纂委员会编 科学技术文献 1992.10 355页

上海交通话当年 周源和编 华东师范大学 1992.8 147页

江西交通古今大事记述:先秦—1990 傅凤翔主编 人民交通 1992.6 245页

新疆古代道路交通史 张少初 樊金林主编 人民交通 1992.5 205页

青海公路交通史志编纂文集 青海公路交通史志编委会编 人民交通 1992.5 281页

旅游学导论 孙文昌主编 青岛 1992.5 234页

旅游经济与管理探讨 蔡万坤著 经济管理 1992.9 297页

面对21世纪的选择:中国旅游发展战略 孙尚清主编 人民 1992.12 367页

中国旅游文化 高立成主编 复旦大学 1992.9 250页

民族地区旅游资源开发 王 蕴 忻 海编著 甘肃民族 1992.9 168页

辽宁旅游地理 尹德涛主编 测绘 1992.10 244页

走向跨世纪的上海旅游业 上海市旅游事业管理局编 上海科学技术文献 1992.6 291页

福建旅游业开发论 林惠滨编著 福建科学技术 1992.12 623页

中外旅游企业实用财务管理 梅伯周编著 广东科技 1993.3 456页

中国旅游史 章必功著 云南人民 1992.8 425页

邮 电 经 济

社会主义邮电经济学 王永江等编著 北京邮电学院 1992.7 383页

新时期邮电通信发展与建设 张凤生 刘广生主

编　北京邮电学院　1992.5　650页

县局电信经营与管理　王其新等编著　北京邮电学院　1992.8　333页

邮电通信企业经济核算　郭瑞昌　徐　岩编著　北京邮电学院　1992.4　234页

贸易、国际贸易

社会主义商业经济学　左培林等编著　科学技术文献　1992.10　242页

商业经济学　赵植业主编　山东大学　1992.10　269页

商业经济活动分析　刘建中主编　海洋　1992.8　272页

商业工种分析与评价　杨树德　陈重信主编　湖南科学技术　1992.8　193页

商检管理学　佟海山主编　浙江大学　1992.8　242页

魅力·活力·动力——再论商业文化　胡平著　中国商业　1992.6　160页

90年代国营商业改革与发展　冯宛平主编　河南人民　1992.8　315页

商业统计学　谢雨德　杜家龙主编　中国商业　1992.7　607页(2册)

市场学概论　李本荣　赵艾晨主编　企业管理　1992.9　319页

市场学　赵景卓编著　中国财政经济　1993.2　282页

中国市场概论　黄守登主编　广东高等教育　1992.4　406页

中国市场发育探索　中国社会科学院财贸物资经济研究所《财贸经济》编辑部编　中国物资　1992.7　345页

当代市场管理概论　刘景增编著　经济科学　1992.6　352页

技术市场论　石柱成　杜肯堂主编　四川大学　1992.9　422页

市场营销学　李传景　简新华主编　武汉测绘科技大学　1992.9　270页

现代市场营销学　巩少伟主编　哈尔滨工业大学　1992.8　286页

现代市场营销学　陈　兵主编　东南大学　1992.10　468页

新编市场营销学　刘景林　常绍荣编著　中国物资　1992.10　416页

社会主义营销学　杨凯东　许杰编著　山东大学　1992.6　317页

实用营销学　李天瑞　王守祯主编　山西经济　1992.9　260页

市场机制与经济效率　樊　纲著　三联书店上海分店　1992.12　209页

市场弄潮儿:成功者的启示　陈　博　孙福喜编　西北大学　1993.1　155页

市场经营战略与策略　钱晓莉等主编　浙江大学　1992.7　329页

计划与市场的思考和借鉴　刘志庚　李万寿编著　科学　1992.4　321页

市场信息学　郑瑞林主编　科学技术文献　1992.12　256页

市场经营方略　薛　烽等主编　南京　1993.1　291页

当代国际资本市场　陈彪如等著　华东师范大学　1992.9　273页

资金市场理论与实务　刘玉华　宋学全主编　蓝天　1992.9　238页

期货市场学　陈拔中　王新政主编　中国物资　1993.3　292页

期货市场　张丽娟　李玉亮主编　山东大学　1993.3　255页

期货交易战略　何富贵主编　河南人民　1993.4　320页

期货交易与期货市场　倪克勤编著　四川人民　1992.8　222页

期货批发市场研究　靖明玉等主编　河南人民　1992.12　661页

集贸市场发展战略与管理艺术　魏占武主编　吉林大学　1992.6　202页

中国乡镇企业市场营销学　张在渊主编　山东大学　1992.7　512页

决胜世纪末:有关产品市场的探索　郭九弘　崔坚主编　新华　1992.5　245页

产品文化导论　龙鹏武著　企业管理　1992.11　305页

农产品流通体制改革与政策保障　国务院研究室课题组编著　红旗　1992.11　249页

中国农产品流通　中国经济体制改革研究会　国家体改委农村司、流通司编　湖南　1992.11　509页

粮食流通体制改革　刘朝正等主编　中国商业　1992.10　351页

第三产业经济分析　石柱成等著　四川人民　1992.7　363页

第三产业发展导引　银　路等编著　电子科技大学　1992.10　241页

福建省第三产业发展规划研究　福建省计划委员会编著　中国轻工业　1992.12　324页

深圳第三产业　张思平主编　海天　1992.7　402页

市场价格学　樊秀峰　常福珍主编　西北工业大学　1992.9　314页

市场化的价格改革　张　宇等著　陕西人民　1992.12　206页

中国价格改革的理论与实践　曹玉书主编　中国物价　1992.10　231页

中国物价通论　韩金鉴等编著　山西经济　1993.1　679页

中国生产资料价格改革　张卓元主编　经济科学　1992.12　410页

价格与企业活力　屈校民主编　吉林大学　1993.1　244页

企业定价的理论与应用　李文江主编　中国物价　1992.10　419页

中国涨价风波：实况、原因、影响、对策　钟明荣著　河南人民　1992.4　321页

价格监督检查学　高思伟　乔世波主编　中国物价　1992.9　302页

战后日本物价变动与物价政策：复旦大学日本研究中心第一届国际研讨会　复旦大学日本研究中心编　复旦大学　1992.6　257页

中日消费者保护制度比较研究　许思奇著　辽宁大学　1992.12　691页

商业企业财务学　陈金耀主编　中国商业　1992.4　404页

商业企业会计新编　李大诚主编　经济科学　1992.6　502页

民国价格史　贾秀岩　陆满平著　中国物价　1992.5　577页

掮客·行商·钱庄：中国民间商贸习俗　王　静　许小牙著　四川人民　1993.5　197页

中国海关密档：赫德、金登干电汇编（1874—1907）第四卷：1885—1888　中国第二历史档案馆　中国社会科学院近代史研究所编　中华书局　1992.6　843页

上海商业：1919—1989　《上海商业》1949—1989编辑部编　上海科学技术文献　1992.11　1099页

市场机制与社会变迁：18世纪广东米价分析　陈春声著　中山大学　1992.5　338页

国际贸易概论　周宝廉　尹炳文主编　南开大学　1992.12　297页

国际贸易原理　王亚星著　吉林大学　1993.2　330页

国际贸易原理　李子江编著　中山大学　1992.10　220页

国际经济贸易理论与实务　刘　洪等编著　天津科学技术　1992.7　317页

国际贸易与国际金融　何泽荣主编　西南财经大学　1993.1　361页

国际贸易：理论·政策·实务　王　跟主编　中国对外经济贸易　1992.12　412页

新编国际营销学　戴子贤　梅清豪编著　立信会计图书用品社　1993.3　244页

国际营销学　王学成编著　天津科学技术　1992.7　354页

国际市场营销战略与过程　金润圭等著　华东师范大学　1992.12　342页

关贸总协定概要　朱乐尧等编著　红旗　1992.11　324页

关税与贸易总协定概说　薛荣久编著　对外贸易教育　1992.12　261页

关贸总协定与中国　马晓野等编著　社会科学文献　1992.12　264页

关贸总协定与中国经济　李天德主编　四川大学　1993.4　263页

关贸总协定与中国经济　天　西主编　山西经济　1992.12　272页

《关贸总协定》与中国经贸　张启人著　广东高等教育　1993.1　298页

关贸总协定与中国市场　程远忠等编著　海潮　1993.1　313页

迎接入关的挑战：中外专家学者纵谈横论关贸总协定　焦金虎主编　河南人民　1993.1　301页

机遇·挑战·对策：关贸总协定问题纵横谈　马海金　杜泽生主编　河南人民　1992.11　204页

机遇·挑战·竞争：中国重返关贸总协定　白钦先　曲昭光主编　辽宁人民　1993.3　380页

走向世界：中国重返关税与贸易总协定（机遇·挑战·对策）　刘培华　陈华东著　浙江大学　1993.3　287页

重返关税与贸易总协定纵横谈　卢烈英主编　西安交通大学　1993.1　225页

大冲击：中国重返关贸总协定　杨继瑞等主编　四川大学　1993.1　247页

入“关”前后：谈中国重返关贸总协定　杨瑞　王丹彦主编　中国人民大学　1992.11　171页

中国：入关·市场·消费　小木子编著　河南大学　1993.1　237页

关贸总协定与中国经济的开放和发展　胡昌生主编　湖北科学技术　1992.12　609页

经济大风暴:关贸总协定对中国的大冲击　施冰主编　湖南　1992.12　249页

入"关"后的中国:关贸总协定与中国市场经济大趋势　张卫东主编　中国地质大学　1993.1　250页

重返关贸总协定:"入关"与对策　徐柏熹等著　中国经济　1993.2　273页

良机·挑战与对策:关贸总协定与中国　杨志　侯书森编　企业管理　1993.1　281页

中国加入关贸总协定的利弊及对策　孙燕君著　中国经济　1992.10　276页

重返关贸总协定与企业对策　唐石毅主编　广东人民　1993.1　307页

恢复我国关贸总协定地位的影响和对策　国务院研究室财金贸易局组织编写　中共中央党校　1992.9　358页

关贸总协定及其对我国的影响　仇向洋　周晓梅编著　东南大学　1992.11　259页

中国对外经济贸易概论　肖海泉编著　南京大学　1992.6　359页

中国边境贸易概论　杨德颖主编　中国商业　1992.9　312页

中国工业化进程中的对外贸易　周泽喜　胡金根主编　中国物价　1992.6　221页

对外技术经济贸易　靳培智等编著　科学技术文献　1992.4　154页

外贸财务体制改革与管理　胡传秀主编　中国物价　1992.10　350页

货物暂准进口公约概论　程德钧　汪　波编著　中国人民大学　1992.7　419页

当代中国海关　《当代中国》丛书编辑部编　当代中国　1992.11　547页

新疆对外经济贸易口岸　白平治等主编　新疆人民　1992.8　272页

广东对外贸易研究　关其学　朱慧强主编　华南理工大学　1992.12　292页

财　政

财政金融学　杨瑞丰编著　中国科学技术　1992.10　301页

财政理论研究　邓子基著　山东人民　1992.4　976页(2册)

财经理论与实践研究　叶振鹏著　中国财政经济　1992.5　436页

财政理论与实践　潘沛海主编　大连理工大学　1992.6　300页

财政与金融　李　伟主编　东北财经大学　1992.5　497页

财政经济纵横谈　余天心著　经济科学　1992.7　324页

财经职业道德概论　刘国忠主编　内蒙古人民　1992.6　270页

农村财政经济学　韩长纲等著　中国经济　1992.10　302页

改革与发展中的财政问题　黄菊波著　经济科学　1992.6　414页

当代财经问题探索　王道振主编　电子工业　1992.4　313页

财政、企业改革的理论与实践　赵玉瑞等著　陕西人民　1992.12　292页

财政与股份企业　蒙丽珍著　广西民族　1992.4　346页

财政金融与外贸改革和发展　刘山在主编　中国财政经济　1992.10　358页

老一辈无产阶级革命家论财政经济　曹必惠主编　山西人民　1992.8　234页

李先念论财政金融贸易:1950—1991上卷　李先念著　中国财政经济　1992.4　510页

李先念论财政金融贸易:1950—1991下卷　李先念著　中国财政经济　1992.5　584页

理财研究　姜其温编著　江苏人民　1993.2　425页

比较财政管理学　姜维壮主编　中国财政经济　1992.6　419页

预算理论与实务　斯柏青　朱为群主编　中国发展　1992.9　279页

国家预算新论　陈高峻等编著　山西经济　1992.4　383页

国家预算与税收　杜峻峰主编　中国金融　1992.5　412页

地方财政预算管理　熊　风编著　武汉　1992.7　378页

新时期的吉林财政工作　吉林省财政厅办公室编　吉林人民　1992.9　628页

江苏财政发展战略研究　于恩凤等著　南京　1992.4　227页

特区财政理论与实践　陈锡桃等著　海天　1992.5　404页

经济特区财政与税收　邱华炳主编　厦门大学　1992.9　273页

深圳财政金融宏观问题研究　陈应春主编　海天

1992.6 278页

危机与反危机：中国物价·财政实证分析 吕福新等著 四川人民 1992.6 344页

当代西方财政 陶继侃著 人民 1992.5 438页

巧用理财之手：日、德、香港财政管理特点 张扣娣等编著 人民 1992.11 251页

深化改革振兴财政：全国财政预算系统第二期干部培训班论文选 财政部地方预算管理司编 企业管理 1992.12 293页

第十次全国财政理论讨论会文选 中国财政学会编 中国财政经济 1992.9 1062页

十年回顾 十年展望：全国财政综合计划工作十周年文集 朱福林主编 黑龙江人民 1992.12 332页

财源建设论文集 陈水文主编 湖北人民 1992.9 498页

耕耘与收获：广西中青年财政科学研究成果集 佘国信主编 广西教育 1992.7 344页

税收经济学 金世和主编 青海出版公司 1992.5 380页

税收与社会 赵峰等主编 吉林人民 1992.10 376页

国际税收 张美兰主编 企业管理 1992.6 306页

国际税收 黄济生编著 华东师范大学 1992.6 255页

国际税收协定通论 唐腾翔编著 中国财政经济 1992.4 407页

国家税收 朱庄勤等主编 山东人民 1993.2 349页

中国现行税制 梁文忠 王乔主编 江西高校 1992.10 401页

实用中国税制 朱焕然等主编 中国财政经济 1992.11 494页

税务行政复议理论与实践 张新德主编 河南人民 1992.10 334页

税收实践与理论探索 李德义主编 黑龙江人民 1992.12 453页

税收实践与探索 刘琦主编 山西经济 1992.9 348页

现行税收优惠政策咨询 程琪主编 湖北科学技术 1992.10 247页

国家税收和企业税务 王水根 李辰龙编著 立信会计图书用品社 1992.8 262页

税收减免政策与管理 韩昭初主编 中国物资 1993.1 468页

中国税务管理 文伯安主编 中南工业大学 1992.8 420页

税务管理 董庆铮主编 中国财政经济 1992.6 262页

农业税收 韩长纲主编 山东人民 1992.9 314页

所得课税论 解学智著 辽宁人民 1992.12 213页

特区税收概论 邵明均著 中国经济 1992.5 671页

涉外税收理论与实务 葛惟熹主编 立信会计图书用品社 1992.12 341页

税务统计分析 杨靖春 董秀薇主编 大连理工大学 1993.1 249页

税收财务物价大检查理论与实务 柳标主编 企业管理 1992.9 555页

个体税收管与查 吴纪侠主编 同济大学 1993.2 282页

深圳经济特区企业所得税改革文集 深圳市税务局编 中国财政经济 1992.9 232页

税收文集 杨文进主编 山西经济 1992.5 486页

财产税万花筒：海外财产税征管 石坚等编著 人民 1992.11 107页

中国古代税种治革史简编 段春茂主编 山西经济 1992.10 337页

中国工商税收史资料选编 第三辑：随唐五代部分 蔡次薛编 中国财政经济 1992.9 262页

中国工商税收史资料选编 第六辑：明代部分 王奕编 中国财政经济 1992.7 859页

金　融

金融理论与实践 赵海宽著 中国金融 1992.10 413页

多维视野中的金融理论与实践 于伟佳 李斌主编 吉林大学 1992.7 381页

金融研究方法通论 卿旭著 黑龙江人民 1992.10 376页

金融六论 胡安泰著 武汉工业大学 1992.4 230页

国际金融理论与实践 李富有 唐全录主编 陕西科学技术 1992.9 238页

国际金融新论 黄有土 朱孟楠编著 厦门大学 1992.9 432页

国际金融市场 高嗣福主编 浙江大学 1992.5

234 页

西方金融理论　周延军编著　中信　1992.12.406 页

我国金融体制改革的理论与实践　韩　雷著　中国经济　1992.7　299 页

实用金融预测与决策　周格成等编著　中国财政经济　1992.3　426 页

现代金融制度与业务　林益森主编　浙江大学　1992.10　692 页

金融改革新潮　张玉吉主编　山西经济　1992.9　465 页

金融问题争论与分析　陈文林编著　中国金融　1992.8　545 页

金融市场概论　王建亭等主编　大连理工大学　1992.4　512 页

金融市场的发展与管理　燕兴德主编　湖南　1992.9　305 页

中国社会金融意识透视　傅新跃等主编　浙江大学　1993.1　354 页

金融调控的对策与实务　贾冠俊编著　山西经济　1992.11　159 页

金融总量成长与结构转换　邵伟恩著　山东大学　1992.10　167 页

中国金融改革与货币政策　沈柏年主编　经济管理　1992.9　371 页

金融稽核　黄靖泽主编　南京　1992.7　405 页

宏观金融管理分析：中央银行导论　刘锡良　王志刚著　西南财经大学　1992.4　488 页

中国工商银行：共和国金融业的巨子　黄玉峻主编　经济管理　1992.11　333 页

农业银行经营管理理论与实践　杨普文著　中国金融　1992.4　222 页

房地产金融学　齐国相主编　辽宁人民　1992.8　348 页

变幻莫测的面纱：上海金融改革纪实　俞天白著　中国金融　1992.12　207 页

特区金融发展模式论　蔡木生著　河南人民　1992.5　311 页

台湾金融与经济发展　王家骥　傅　敏编著　中国金融　1992.4　205 页

英国金融制度　陈国庆著　中国金融　1992.4　317 页

货币银行学　俞天一主编　中国金融　1992.8　457 页

货币银行学原理　龙玮绢　郑道平主编　中国金融　1992.6　324 页

现代货币银行学　闻岳春　王维安主编　浙江大学　1992.9　283 页

现代货币经济学：西方货币经济理论研究　盛松成等著　中国金融　1992.4　437 页

改革·增长·货币政策　中国金融学会等编　中国金融　1992.11　299 页

货币发行量与 2010 年的中国　罗运贵著　广西民族　1992.4　1797 页

通货膨胀新论　甘本佑等著　西南财经大学　1992.11　195 页

中国通货膨胀形成的研究　蔡重直著　中国人民大学　1992.5　277 页

资金形成与金融发展　黄志凌著　中国金融　1992.5　284 页

实用银行学　董彩珊主编　河北大学　1992.10　351 页

银行实用心理学　张福荣　苏爱军编著　大连海运学院　1992.7　540 页

银行现代管理学　席德应　章根江主编　浙江大学　1992.2　539 页

银行服务学概论　陈景波编著　山东大学　1992.8　282 页

投资经济学　张仲敏　任淮秀主编　中国人民大学　1992.8　472 页

国际投资学　任淮秀　汪昌云编著　中国人民大学　1992.4　353 页

国际投资学概论　李东阳　祖砚馥编著　中国财政经济　1992.6　275 页

当代投资体制改革　吴援朝主编　黑龙江人民　1992.8　817 页

投资种类与谋略　王新斌编著　江西高校　1993.1　304 页

投资统计分析学导论　翟应龙著　中国统计　1993.3　260 页

企业投资决策与证券发行　欧阳令南著　河北人民　1993.3　422 页

证券投资论　陈云贤著　北京大学　1992.4　290 页

地方政府投资行为研究　倪家铸等著　中国经济　1993.1　238 页

外资的利用与管理　邱志钢著　广东人民　1992.12　280 页

日本的投资管理　杨书臣主编　经济管理　1992.10　290 页

银行信货理论与实务　廖友明主编　江西科学技术　1992.8　473 页

信托与租赁 王桂芝等主编 中国经济 1992.6 392页

信托与租赁 李际田等编著 中国经济 1992.9 283页

信托投资与租赁 檀景顺主编 甘肃人民 1993.2 365页

贷款管理通论 沈传智 张裕凯主编 企业管理 1992.11 266页

银行资产负债管理论 黄铁军等编著 西南财经大学 1992.10 384页

银行经营活动数量分析方法 阎虎勤编著 西北大学 1992.9 265页

银行成本管理学 刘承成主编 黑龙江人民 1992.7 302页

银行信息咨询理论与实践 易序钰主编 中国金融 1992.8 332页

银行经济信息概论 姚得骥 王 顺主编 中国财政经济 1992.8 234页

银行信用管理与货币供应 尚 明等著 中国人民大学 1992.4 340页

计算机在银行中的应用 潘硕健 向重伦主编 中国金融 1993.1 413页

外汇经营管理 叶永刚编著 武汉大学 1993.2 244页

人民币汇率研究 陈彪如等著 华东师范大学 1992.6 274页

中国预算外资金管理理论与实践 项怀诚主编 黑龙江人民 1992.12 415页

中国汇率的理论与实践 王华庆著 上海人民 1992.10 265页

储蓄目标管理新论 郭福才等主编 吉林大学 1992.9 299页

当代储蓄理论与实践 魏仕贵等主编 中国金融 1992.5 496页

银行储蓄概论 王兆金 董 野编著 东北财经大学 1992.6 229页

利率机制论 金雪军著 浙江大学 1992.12 278页

利息学概论 刘永功等著 西南财经大学 1992.12 471页

信用卡理论与实务 曹其祥主编 经济日报 1992.10 222页

银行实用管理方法：运筹学及应用 李 毅主编 吉林大学 1992.7 308页

发展资金论 洪银兴等著 人民 1992.6 401页

农业银行计划与统计 谭永清主编 气象 1992.11 343页

农村信用社信贷管理学 明 建等编著 武汉工业大学 1992.9 283页

企业内部银行之发展 蔡忠贵著 改革 1992.9 337页

深圳经济特区信贷资金管理改革与实践 王喜义主编 中国财政经济 1992.6 587页

英法银行业务法 沈达明 郑淑君编著 中信 1992.9 324页

证券经济学：中国社会主义证券经济研究 金雪军著 浙江大学 1992.7 343页

证券市场 汤仁荣主编 立信会计图书用品社 1993.2 435页

崛起的证券市场 董力为著 中国财政经济 1992.11 171页

海峡两岸和香港证券交易与管理 中国注册会计师协会编 中国财政经济 1992.11 267页

中外证券市场概览 朱闵铭等著 人民 1992.11 214页

亚洲证券与基金实务 王瑞平等编 中信 1992.10 262页

中国股市总览 管金生 吴振标主编 文汇 1992.8 599页

股份公司与股票市场 池元吉主编 吉林大学 1992.6 341页

股票债券与银行新业务 赵文艺 王金富主编 东北工学院 1992.10 282页

债券与股票 罗建南主编 陕西人民 1992.5 269页

股票与股份制 章迪诚主编 贵州人民 1992.5 307页

股票上市公司：上海、深圳最早上市公司介绍 蒋铁柱 朱海根编 中国金融 1992.10 523页

台湾股市及证券交易所 《台湾股市及证券交易所》编写组编 中信 1992.6 239页

保险心理学 康启全 崔 佳编著 河南人民 1992.8 275页

社会保险比较论 邓大松著 中国金融 1992.11 386页

保险统计分析 《保险统计分析》编写组编 蓝天 1992.7 226页

社会保险与职工福利 潘忠弟 谢荣安主编 浙江大学 1992.6 429页

涉外保险 周国良 王明初编 上海外语教育 1992.8 430页

城镇职工社会养老保险 李华明主编 湖南科学技术 1992.10 343页

独生子女与父母养老保险的理论与实践 田雪原主编 四川大学 1992.6 327页

后顾之忧：国外社会保险税 袁 源编著 人民 1992.11 168页

译 著

经济学的革命与发展 [英]哈奇森著 李小弥等译 北京大学 1992.5 401页

增长与发展 [英]A·P·瑟尔瓦尔著 金碚等译 中国人民大学 1992.6 409页

制度分析与发展的反思：问题与抉择 V·奥斯特罗姆等编 王 诚等译 商务 1992.9 401页

通货膨胀理论 [奥]弗里希著 费方域译商务 1992.9 250页

得失相等的社会：分配和经济变动的可能性 [美]瑟罗著 李迈宇译 商务 1992.10 207页

能量、环境与经济：系统分析导引 [美]欧登著 蓝盛芳译 东方 1992.10 272页

竞争的经济、法律和政治维度 [美]哈罗德·德姆塞茨著 陈 郁译 三联书店上海分店 1992.7 113页

情感剥削 [美]麦肯齐·塔洛克著 金德瑞等译 北岳文艺 1992.6 182页

经济周期理论：方法和概念通论 [德]G. 加比希·H·W·洛伦兹著 薛玉炜 高建强译 三联书店上海分店 1993.2 274页

资本理论及其收益率 [美]罗伯特·索洛著 刘 勇译 商务 1992.6 63页

资产积累与经济活动十年后的稳定政策 [美]托宾著 葛 奇 乔依德译 商务 1992.11 155页

公共选择 [美]丹尼斯·缪勒著 王 诚译 商务 1992.4 292页

经济学方法论 [英]布劳格著 商务 1992.10 294页

关于经济学现状的三篇论文 [荷]库普曼著 蔡江南译 商务 1992.10 234页

微观经济学：理论与应用 [美]E·曼斯菲尔德著 钱国荣等译 中国金融 1992.7 822页

微观规制经济学 [日]植草益著 朱绍文等译 中国发展 1992.10 322页

微观经济理论：数理分析方法 [美]詹姆斯·M·亨德森 理查德·E·匡特著 舒 元 马海燕译 上海译文 1992.6 513页

"发展经济学"的须因 [英]狄帕克·拉尔著 刘泸生译 三联书店上海分店 1992.11 161页

地下经济学 [美]艾德加·法伊格编著 郑介甫等译 三联书店上海分店 1993.1 458页

当代十二位经济学家 [英]沙克尔顿 洛克斯利编著 陶海栗等译 商务 1992.10 278页

现代非马克思主义经济学史 [匈]马加什著 张晓光 李新华译 商务 1992.10 704页(2册)

经济史上的结构和变革 [美]诺思著 厉以平译 商务 1992.10 218页

经济分析史 第二卷 [美]约瑟夫·熊彼特著 杨敬年译 商务 1992.10 555页

向坂亚男文集 张云方主编 中日经济知识交流会译 中国青年 1992.6 424页

政治与市场：世界的政治——经济制度 [美]查尔斯·林德希洛姆著 王逸舟译 三联书店上海分店 1992.12 547页

防不胜防：国际经济间谍大曝光 [白俄]P·M·哈桑诺夫著 俞维家等译 中国文联出版公司 1993.4 254页

四小龙的工业化 [美]傅高义著 凌可丰译 广东人民 1992.11 141页

发展的难题：亚洲与拉丁美洲的比较 纳谷诚二等著 陈家海等译 三联书店上海分店 1992.8 373页

中国：亚洲的下一个经济大国 [美]D·H·珀金斯著 金志有译 学林 1992.8 74页

中国比较优势的变化 [澳]凯姆·安德森著 经济合作与发展组织发展中心 中国国家计委技术经济研究所译 经济科学 1992.6 155页

中国：90年代的扶贫战略 高鸿宾等泽 中国财政经济 1993.5 133页

韩国经济贸易的国际化发展论 [韩]张和洙著 张 英等译 吉林大学 1992.5 225页

2000年越南社会经济：目标、方向及主要对策 越南国家计划委员会编著 李 伟译 广西人民 1992.11 266页

日本的企业制度与政府宏观调控 [日]小宫隆太郎著 李建勇 刘锡良泽 西南财经大学 1992.6 227页

俄国经济发展问题的评述 [俄]司徒卢威著 李尚谦等译 商务 1992.9 236页

德意志联邦共和国经济政策及实践 [德]迪特尔·格罗塞尔主编 晏小宝等译 上海翻译 1992.4 394页

中世纪晚期欧洲经济社会史 [美]汤普逊著 徐家玲等译 商务 1992.10 705页

另一条道路 [秘]费尔南多·德·莱多著令狐安等译 辽宁人民 1992.6 294页

国民经济政策 [德]库策拉 米勒—哥德福罗伊著 唐咸正 郭明雄译 中国地质大学 1992.10 168页

数学科学·技术·经济竞争力 [美]詹姆斯·格林姆主编 邓越凡译 南开大学 1992.5 95页

经济学数学导论 [英]Alasdair Smith著 王天明 李 壮译 大连理工大学 1992.6 240页

劳动剩余经济的发展——理论与决策 费景汉 古斯塔夫·拉尼斯著 赵天朗等译 经济科学 1992.2 248页

企业经济学 [英]贝茨 帕金森著 沈志彦 张新华译 上海译文 1992.6 332页

企业的劳动经济学 [日]藤井得三著 蔡尚文 鲁学艺译 机械工业 1992.11 125页

企业活力和企业家精神 [日]上野明等著 王伟军等译 上海翻译出版公司 1992.4 265页

三论世界发展中的跨国公司 联合国跨国公司中心编 南开大学国际经济研究所译 商务 1992.5 591页

农村规划与发展导论 [以]沙米尔·波奥雷斯著 全国农业区划委员会办公室区域规划处译 中国林业 1992.7 180页

土地信息管理 [英]戴尔 (加拿大)麦克劳林著 赵方策等译 科学技术文献 1992.7 329页

论资本用于土地 [英]爱德华·威斯特著 李宗正译 商务 1992.6 45页

中国农村的过密化与现代化:规范认识危机及出路 [美]黄宗智著 上海社会科学院 1992.11 181页

美国农业与食品政策 叶裕惠等编译 广西民族 1992.7 477页

南朝鲜工业的过渡性转变:世界银行国别研究报告 石 京译 中国财政经济 1992.7 338页

项目分析经济学:实践者指南 [美]W·A·沃德等著 杨秋林等译 农业 1993.5 354页

项目预算投资管理 [美]费·波姆莱斯 吴莹译 煤炭工业 1992.8 151页

香港1991年航运统计 香港调查与统计处贸易调查与航运统计科编 成圣复译 人民交通 1992.6 198页

游憩地理学:理论与方法 [加拿大]史密斯著 吴必虎等译 高等教育 1992.9 276页

汉俄外贸口语词典 于兴义等编译 外语教学与研究 1992.9 484页

国际许可证贸易指南 约翰R·培根 詹姆士E·阿姆斯特朗著 北京大学知识产权教学研究中心译 北京大学 1992.9 324页

国际经营的战略行动 [日]林 昇一著 狄小光等译 复旦大学 1992.4 201页

超一流的行销战略战术:日本战胜美国 [美]菲力浦·柯特勒等著 蒋 涛 莫 凡编译 中国经济 1992.7 268页

经营战略的内在逻辑:看不见资产的动力论 [日]伊丹敬之著 杨春明译 中国审计 1992.10 279页

经营革新的艺术 [日]立石一真著 王保祥译 北京大学 1992.7 258页

越南经贸手册 广西东南亚经济与政治研究中心编译 广西人民 1992.5 393页

社会市场经济:一种适用于发展中国家的经济体制 [德]Winfried Jung等著 罗浩夫译 广西科学技术 1992.4 136页

怎样开拓美国市场 [美]韦斯著 孙希光等译 中信 1993.4 188页

民主过程中的财政:财政制度与个人选择 [美]詹姆斯·M·布坎南著 唐寿宁译 三联书店上海分店 1992.10 348页

增值税国际实践和问题 爱伦·A·泰特著国家税务局税收研究所译 中国财政经济 1992.7 417页

发展中国家的税收理论 [英]大卫·纽伯里 尼古拉斯·斯特恩编 中国财政经济 1992.9 833页

最新国际金融工具 日本银行研修社编 佟郁祥译 中国金融 1992.10 377页

亚洲国家的金融自由化、货币需求和货币政策 曾万达 罗伯特·科克著 黄兴海等译 中国金融 1992.11 49页

经济自由化的顺序:向市场经济过渡中的金融控制 [美]罗纳德·I·麦金农著 李若兴 吴红卫译 中国金融 1993.3 226页

货币理论 [德]H·J·蒂默编 徐黎鹰译 沈阳 1992.4 300页

货币理论与财政政策 [美]阿尔文·H·汉森

著　李风圣等译　山西经济　1992.6　269页

货币、银行与经济活动　[美]小劳埃德·B·托马斯著　孔繁敏等译　中国财政经济　1992.11　799页

货币可兑换性和中央计划经济的转变　乔舒亚·E·格林　彼得.伊萨得著　张　杰　黄兴海译　中国金融　1992.7　20页

日元的崛起　[日]宫崎义一著　安邦富译　中国金融　1992.11　250页

成百万美元和飘荡:拉丁美洲及其债务危机　杰克·罗迪肯著　陈拥军等译　山西经济　1992.7　293页

投资原理　杨秀苔　刘星主编译　重庆大学　1992.4　413页

股票市场与概率　[美]约瑟夫·E·墨菲著　张　勇等译　中国经济　1993.1　139页

华尔街股市探秘　[美]杰弗里·B·利特尔　卢西恩·罗兹著　孙冠群等译　上海译文　1992.2　217页

国家财政监督：历史与现状：1714—1989　普鲁士会计总署建立275周年纪念文集　[德]海因茨·君特·扎维尔伯格博士主编　刘京城等译　中国审计　1992.9　543页

保险规章经济学:跨国研究　孙玉祥译　吉林人民　1992.12　278页

保险的原则与实务　[英]约翰T·斯蒂尔著　孟兴国等译　中国金融　1992.7　210页

出口融资与保险　宣家骥等编译　湖南　1992.8　351页

工　具　书

马克思主义政治经济学辞典　王儒化　张新安主编　中国经济　1992.6　690页

社会主义市场经济手册　何家银主编　重庆大学　1993.1　243页

简明社会主义市场经济实用辞典　走向社会主义市场经济丛书编辑委员会编　中国国际广播　1993.1　848页

简明经济百科辞典　张文杰等主编　山东人民　1992.8　959页

经济大辞典　于光远主编　上海辞书　1992.12　2539页

实用经济辞典　谢明干主编　人民　1993.1　994页

当代分配经济辞典　刘平量主编　山西经济　1992.6　630页

合作经济管理词汇：英汉对照　中华人民共和国商业部教育司　中华全国供销合作总社蚌埠培训中心编　中国商业　1992.7　329页

股份经济辞典　蒋一苇主编　中国发展　1992.7　552页

英汉经济计划词典　顾海兵主编　中国人民大学　1992.10　253页

中国社会主义经济建设简明辞典　王书文等主编　河北科学技术　1992.6　686页

中国市场经济大辞典　杨卓舒主编　中国经济　1993.2　1421页

中国市场经济全书　胡　平主编　华夏　1993.4　957页

股份制经济实务指南　孙延祐主编　国际文化出版公司　1992.11　1072页

股份制企业实务指南　黄文祥等主编　延边人民　1992.10　374页

中国企业管理年鉴：1992　中国企业管理年鉴编委会编　企业管理　1992.11　652页

实用投资指南　张　玉主编　四川大学　1992.9　306页

全国主要社会经济指标排序年鉴：1992　国家统计局综合司编　中国统计　1993.2　273页

中国经济科学年鉴　1992　李京文等主编经济管理　1993.11　468页

中国经济科学年鉴　1993　李京文等主编　中国统计　1993.11　436页

中国物价统计年鉴　1992　国家统计局城市社会经济调查总队编　中国统计　1992.7　365页

中国地区发展数据手册：1978—1989　国务院发展研究中心编　中国财政经济　1992.12　598页

中国西部地区开发年鉴：1979—1992　刘江主编　改革　1992.12　705页

天津经济年鉴：1992　《天津经济年鉴》编辑部编　《天津经济年鉴》编辑部　1992.9　853页

河北经济统计年鉴：1992　河北省统计局河北省社会科学院经济研究所编　中国统计　1992.8　672页

长春经济统计年鉴：1992　长春市统计局编　中国统计　1992.5　349页

福州经济年鉴：1992　《福州经济年鉴》编辑委

员会编　中国统计　1992.8　557页

福建经济年鉴：1992　《福建经济年鉴》编辑委员会主办　福建人民　1992.8　775页

齐齐哈尔经济统计年鉴：1992　齐齐哈尔市统计局编　中国统计　1992.6　626页

山西经济年鉴：1992　王森浩主编　山西经济　1992.10　1册

河南经济统计年鉴：1992　河南省统计局编　中国统计　1992.6　730页

辽宁经济事典　岳岐峰主编　人民　1992.9　758页

黑龙江经济统计年鉴：1992　黑龙江省统计局　中国统计　1992.8　744页

汕头经济特区年鉴　1992　汕头经济特区年鉴编纂委员会编　岭南美术　1993　448页

厦门经济特区年鉴　1992　《厦门经济特区年鉴》编辑委员会编　中国统计　1992.9　393页

中国当代经济科学学者辞典　刘晓东主编　上海社会科学院　1992.4　1163页

中国近百年经济史辞典　张海声主编　兰州大学　1992.4　281页

经济大辞典：中国经济史卷　陈绍闻主编　上海辞书　1993.3　672页

美国经济统计手册　宿景祥编著　时事　1992.5　447页

简明实用经济管理词典　金人庆主编　天津科学技术　1993.3　625页

新编工商行政管理实用指南　李政行主编　山西经济　1993.2　721页

最新英汉审计、会计、金融大辞典　马怀平　邵伯歧主编　中国审计　1992.7　1005页

新会计核算与财务审计手册　马英麟　庄恩岳主编　辽宁人民　1993.5　658页

新旧会计核算对比实用手册　王庆文　庄恩岳主编　辽宁人民　1993.5　706页

新编现代会计实用手册　王利群等主编　辽宁人民　1992.9　1230页

审计作业规范化指南　李春阳　李洪第主编　辽宁人民　1993.1　331页

审计辞海　侯文铿主编　辽宁人民　1992.9　1459页

劳动科学辞典　赵健杰　彭恒军主编　企业管理　1992.6　639页

企业股份化改革指南　万解秋主编　复旦大学　1992.10　242页

企业管理实用手册　徐建新等编著　企业管理　1992.12　194页

涉外企业常用经济手册　郭庠林　陈甫华主编　复旦大学　1992.6　311页

中外企业管理谈判合同签约知识全书　陈时恩　肖学文主编　华文　1992.5　1160页

新企业财务会计制度应用指南　伍应琏　蔡斌主编　国际文化出版公司　1993.4　1635页

房地产业常用语典　北京市房地产管理局主编　中国建筑工业　1992.11　216页

房地产指南　王　康主编　陕西科学技术　1993.3　344页

房地产经济与金融工作手册　田椿生　王加春主编　中国物资　1993.3　549页

中国房地产投资全书　张元端　邱霈恩主编　中国统计　1992.12　448页

房地产管理实用手册　谭克文　张元端主编　中国财政经济　1992.8　1519页

上海房地产指南　杨小林主编　上海人民　1993.3　345页

中国农业年鉴：1992　中国农业年鉴编辑委员会编　农业　1992.11　624页

中国农业统计资料：1991　农业部编　农业　1992.11　505页

中国农村统计年鉴：1992　国家统计局农村社会经济统计司编　中国统计　1992.11　409页

中国农村住户调查年鉴：1992　国家统计局农村社会经济调查总队编　中国统计　1993.1　204页

中国乡镇企业年鉴：1992　中国乡镇企业年鉴编辑委员会编　农业　1992.12　463页

土地管理和实用手册　张勇勤主编　中国经济　1992.5　657页

农业社会化服务体系建设指南　张留记编著　中国社会　1992.9　339页

林业企业管理实用手册　张宝玉　谢天任主编　中国林业　1993.1　654页

中国水利年鉴：1991　中国水利年鉴编辑委员会编　水利电力　1992.5　710页

福建农村统计年鉴：1992　福建省统计局农村处编　中国统计　1992.5　376页

湖北农村统计年鉴：1992　湖北农村统计年鉴编辑委员会编　中国统计　1992.6　410页

河南农村统计年鉴：1992　河南省农村社会经济调查队编　中国统计　1992.9　592页

甘肃农村经济年鉴：1992　甘肃省统计局甘肃省农业委员会编　中国统计　1992.10　468页

中国工业年鉴：1992　《中国工业年鉴》编辑委员会编　《中国工业年鉴》编辑部　1992.9　1279页

中国工业经济统计年鉴：1992　国家统计局工业交通统计司编　中国统计　1992.11　465页

工业统计工作手册　卢春恒主编　中国财政经济　1992.8　1296页

工业企业技术进步指南　戴伟农主编　浙江大学　1993.1　240页

工业企业涉外经济贸易工作指南　刘孝奇　楼望渭编　陕西人民　1992.7　333页

职工经济技术工作辞典　张志林等主编　山西经济　1993.3　370页

汉英工业产品译名词典　李凡　程柯力主编　东北工学院　1993.1　1630页

中国饲料工业年鉴：1991　农业部全国饲料工业办公室　中国饲料工业协会编　机械工业　1992.7　1册

北京工业年鉴：1992 北京市经济委员会编　北京　1992.6　696页

福建工业经济统计年鉴：1992　福建省统计局编　中国统计　1992.7　403页

新编工业会计实用手册　韩殿文主编　大连　1992.9　601页

甘肃交通年鉴：1992　甘肃交通年鉴编辑组编辑　兰州大学　1992.10　394页

中国邮政县市地名手册　宋大可编　人民邮电　1992.8　427页

经贸大辞典　黄运武主编　中国对外经济贸易　1992.10　1470页

汉英俄经贸分类词典　杨其乡　娄旭辰主编　辽宁民族　1992.6　634页

汉俄俄汉经贸词典　顾作华　轩振钧主编　黑龙江人民　1992.6　963页

汉英英汉实用外经外贸辞典　陈峰等编　辽宁大字　1992.5　652页

俄汉经贸词典　对外经济贸易大学俄语教研室编　北京　1992.7　989页

英汉国际经贸缩略语手册　李汝陶等编　中山大学　1992.9　437页

涉外经济对策指南　董建中　王宜民编著　南京　1992.8　231页

边境贸易与投资指南　邹漳主编　中国物资　1992.12　258页

亚太经贸事典　亚洲太平洋地区经济研究所编　中国对外经济贸易　1992.12　527页

上海市对外经济贸易统计年鉴：1992　王祖康主编　上海科学技术文献　1992.11　273页

台港澳经济贸易辞典　毓朗主编　山西经济　1993.1　217页

汉俄俄汉商品大词典　顾中华等主编　黑龙江人民　1993.6　804页

海关通关大全　杨涣章等编著　人民体育　1993.6　423页

关贸总协定实用知识全书　剧锦文　武力主编　中国物资　1993.5　699页

关贸总协定实用业务全书　《关贸总协定实用业务全书》编委会编　企业管理　1993.3　681页

关税与贸易总协定大辞典　夏中　储祥银主编　对外贸易教育　1993.4　906页

关税与贸易总协定业务手册　对外经济贸易部国际联络司编　经济管理　1992.8　358页

关税与贸易总协定及其主要协议汇编　国务院法制司法规编纂室编　中国物价　1992.9　296页

简明英汉财经百科词典　第4辑：成本·价格·利润　胡式如主编　中国财政经济　1992.11　728页

中国财政统计：1950—1991 财政部综合计划司编　科学　1992.10　377页

中国财政　税收　财务　会计实用全书　许毅主编　经济科学　1992.12　932页

实用税收计算手册　周亮　何成梁编著　浙江大学　1992.12　401页

税收业务实用袖珍手册　贾培承主编　山西经济　1992.9　829页

中国现行税种税目税率手册　龚平编　经济科学　1992.12　119页

中国涉外税收与财务会计手册　王选汇　丁弼昆主编　中国财政经济　1992.5　765页

中央银行知识辞典　陈耀先　张耀主编　中国经济　1992.6　570页

银行货币金银管理实用手册　张治坤主编　中南工业大学　1992.9　356页

银行结算实用手册　宋兆玉　杨秀琴主编　中国统计　1992.12　337页

金融计算实用手册　曾庆金等主编　中国金融　1992.7　349页

企业实用结算指南　张业万主编　经济管理　1992.12　248页

进出口融资指南　钱益明编著　吉林科学技术　香港万里书店　1993.3　208页

外汇实务指南　童憬　黄康力编著　吉林科

学技术 香港万里书店 1993.3 143页

外商投资企业外汇管理指南 张本正 刘学胜编著 中国金融 1992.9 201页

家庭金融知识手册 中国工商银行北京市分行编 机械工业 1993.2 222页

中国金融统计:1952—1991:汉英对照 中国人民银行调查统计司编 中国金融 1992.12 114页

中国农村金融统计年鉴:1992 中国农业银行编 中国统计 1992.12 385页

辽宁金融年鉴:1990 《辽宁金融年鉴》编辑部编 辽宁大学 1992.5 651页

证券大辞典 夏斌等主编 山西经济 1993.1 1744页

证券交易与银行业务术语词典 倪克勤 解川波编著 四川人民 1992.8 559页

证券发行暨投资指南 陈建林等主编 河南人民 1992.11 317页

实用证券法规汇编 财政部条法司 国务院法制局法规编纂室编 经济管理 1992.12 634页

中国证券手册 刘鸿儒主编 辽宁人民 1992.7 979页

中国证券市场大全 王墨春等主编 东北工业学院 1993.1 640页

上海证券年鉴:1992 《上海证券年鉴》编辑部编 上海人民 1992.12 485页

1991深圳证券市场年报 中国人民银行深圳经济特区分行编 中国金融 1993.2 77页

股票证券全书 张念宏等主编 中国国际广播 1992.11 1105页

股票证券投资指南 黄世武主编 广西人民 1992.8 194页

实用股票债券交易大全 华志 冯阳编 春风文艺 1993.1 560页

中国保险百科全书 魏原杰 吴申元主编 中国发展 1992.9 932页

中国职工社会保险实用手册 屈祖荫 陈平主编 辽宁人民 1992.6 1012页

农业保险知识手册 刘恩正主编 农业 1992.12 357页

（刘厚成 葛鑫芳）

经济学论文选介

论培育和发展统一、开放、竞争、有序的市场体系

张卓元　（载《财贸经济》1993年第10期）

文章认为，发达的市场体系是社会主义市场经济正常运行的基础。培育和发展统一、开放、竞争、有序的市场体系需要从以下几方面进行。

(1) 价格改革是市场体系形成的关键。市场机制的核心是价格机制，由于有宏观调控的价格机制尚未完善，市场体系就不可能形成。具体表现在生产要素市场价格还未形成，部分重要生产资料仍存在双轨价格，部分产品的国内市场价格严重偏离国际市场价格，价格调控体系不健全、平抑市场的物质手段不完备。

(2) 重点发展生产要素市场。要素市场的发展是市场机制对资源配置起基础性作用的必要条件。要发展资本市场，逐步实现利率市场化，中央银行根据基准利率进行调节。要进一步实行土地有偿有限期使用制度，发展土地市场，建立起竞争、公开的土地使用的价格的市场形成机制。逐步形成劳动力市场，进一步发展技术、信息市场、产权市场、住房市场等。

(3) 大力发展市场中介组织。包括：行业自律性组织；经纪行、典当行、拍卖行；会计师事务所、审计师事务所、律师事务所、价格评估机构；仲裁机构，计量、质量检查机构等。

(4) 加强对市场的管理和监督。为保证市场经济的健康发展，必须制订一套完备的市场法规，并建立有权威的市场执行和监督机构。要优先考虑建立保护和促进公平竞争的法律，使市场交易在法律保护和规范下公平、公开和公正竞争下进行。要改革流通部门的管理体制，加强对流通和市场的统一管理。要加强对市场的监督，建立一个有权威的机构统一执法、最终执法，对市场各种行为和活动进行监督和仲裁。

（晓　东）

社会主义市场经济与政府资源配置的调节

厉以宁　（载《财贸经济》1993年第1期）

作者指出，社会主义市场经济与政府对资源配置的调节是相互统一的。相对于市场调节而言，政府调节是第二次调节，第二次调节的作用是通过影响微观经济单位的资源配置选择，使其作出符合政府意图的选择，在市场对资源配置起基础性作用时，市场运转的能力主要来自内部，而政府调节不应当挫伤这种动力。

政府调节是从供给与需求两个不同方面对社会总需求与社会总供给的平衡关系施加影响。当社会总需求与社会总供给出现缺口时，政府调节则可以从这两方面运用多种经济手段进行平衡。政府调节是与公平竞争的市场机制相适应的，政府对不同地区、部门、企业的政策应该相同，使其处于市场竞争的公平起点。这样企业对未来前景的预期才会稳定，使企业能从长远利益和近期利益结合的角度来配置资源。政府调节还应该创造出良好、有序的市场秩序，在市场由无序向有序的转化过程中，政府调节可以避免资源闲置和资源浪费，而且有序的市场环境才能促使政府的第二次调节发挥有效的作用。政府调节在调整地下经济活动方面的作用也是不同的，对浪费资源或破坏有效资源配置的地下经济应加以取缔，对某些为社会需要的地下经济可以加以引导。

文章还指出，计划经济与市场经济的政府调节是截然不同的。在市场经济的角度看来，政府调节是在市场调节即基础性调节无法进行的方面加以调节；而计划经济则认为政府有能力去配置资源以解决经济中的各种问题，只有当政府不能解决其中的问题时才由市场对剩余的部分加以调节，这两种思考角度的根源在于前者认为政府行为存在非理想化根源，而后者则常常将政府行为理想化，认为政府无所不能。

（晓　东）

新劳动价值一元论
——与苏星同志商确

谷书堂　柳欣　（载《中国社会科学》1993年第6期）

苏星在《劳动价值论一元论》一文（载《中国社会科学》1992年第6期）中，批评了谷书堂主编的《社会主义经济学通论》一书中劳动价值论多元论的观点，此文再与苏星商确。

本文认为，今天所面临的社会主义现实生活与马克思所描述的社会主义原则并不相同，传统的劳动价值一元论已不能解释现实生活中的价值决定，需要在原劳动价值一元论的基础上扩大劳动的外延，加入资本、土地等非劳动生产要素以及技术变动下的利益关系，以便对价值决定做出合乎现实的说明。

在《资本论》中，马克思为了分析的需要，首先抽象掉了使用价值和劳动生产率的变动，来讨论价值决定问题，即马克思的“社会必要劳动时间”所表示的平均的劳动强度和生产条件，当抽象掉了各个生产者之间的劳动差别，商品的价值将与劳动生产率成反比。马克思采用这种抽象分析的目的在于，通过引入劳动力商品来说明资本家的剩余价值来自于对工人的剩余劳动所创造价值的无偿占有。

如果扩展了劳动或价值的定义，即“劳动＝劳动时间×劳动生产率”，则可以推论出价值与劳动生产率成正比。这就改变了原有的以个人劳动为基础的人们之间的劳动差别的竞争，而变为以新技术的占有为基础的垄断竞争。

对马克思的劳动价值论的重新解释，只是把马克思在分析了资本主义利益关系之后再加入技术变动的分析，改为直接把技术变动作为前提假设来讨论技术关系与利益关系的相互作用。因此，对马克思劳动价值论的逻辑否定并不构成对马克思主义经济学的否定，而是对马克思主义经济学的一种新的解释。

文章还依照对劳动价值论的新解释，对市场经济中的收入分配及各种收入的来源进行了分析。

（欧　阳）

马克思对外开放理论的三个层次

龚唯平　（载《学术研究》1993年第五期）

文章认为，马克思从近代资本主义国际关系分析中得出的结论，奠定了社会主义对外开放的理论基础，马克思的对外开放思想按一般、特殊到个别的逻辑分析，主要有三个层次：(1)世界历史整体性的思想。这是马克思对外开放理论的根源。马克思认为，每一个单独的个人的解放的程度是与历史完全转变为世界历史的程度相一致。单独的个人只有同整个世界的生产发生实际联系，才能摆脱各种不同的民族局限和地域局限，获得全面、自由的发展。因此，随着社会的发展、人类必然由封闭走向开放，由某一地域，某一同度走向世界。根据这种世界历史整体性的思想，任何国度、封闭则衰亡，落后会挨打；无论是何种社会制度的国家，只有跟随世界潮流走向开放，才能富强。(2)社会化大生产与经济关系国际化。马克思对外开放问题的研究对象是资本主义社会，论述的核心问题是资本的社会化的国际化。资本作为一种特殊商品，它不仅体现着价值关系的普遍社会性，而且具有无限扩张的内在动力，必然要求冲破地区或同度的局限而在全世界的范围内发展。由于马克思的对外开放的问题的研究前提是社会化大生产和普遍的商品生产，因此其中包含着社会化大生产与经济关系国际化的相互关系的理论对社会主义对外开放具有理论指导意义。(3)国际贸易和国际价值理论。马克思研究国际经济关系问题的突出成果，是对李嘉图的国际贸易理论进行了批判性研究，阐述了有关国际贸易的若干重要理论问题，特别是提出了国际价值理论。

文章指出，马克思虽然没有对国际经济关系进行专门研究，没有建立较为完整的对外开放理论体系。但是，马克思作为一个彻底的开放论者，其对外开放理论具有极其深邃的思想内涵。

（晓　东）

《国富论》内在体系中的交换价值理论

孟捷　（载《经济学家》1993年第5期）

文章认为，斯密的交换价值理论，迄今为止一直是持不同理论背景的经济思想史家注释的难点；其困难在于斯密的有关交换价值的各种规定，尽管彼此矛盾，却又处于一种有机的相互联系之中，而这种联系又不曾为斯密本人所意识到。《国富论》为我们留下了一个以生产性劳动和资本积累学说为核心、以交换价值理论为基础的内在体系，虽然这个体系还是以一种不自觉的方式表述出来的，但却是这部著作的最后成果。

《国富论》中的内在体系的存在是由于斯密不自觉地采用了有机整体的方法论。斯密对生产性劳动的基本定义是与资本直接交换的劳动力，是新增价值的源泉，这样劳动在对资本的关系上一变而成为主体。但斯密又将其看作雇佣劳动，将资本与雇佣劳动的对立变成了资本与实体化劳动的对立。这样生产性劳动和雇佣劳动以及资本的概念是前后矛盾的。而且斯密进一步将社会劳动看作交换价值实体，他不加说明地用劳动来规定交换价值，使他不可能形成作为无差别人类劳动凝结的价值概念，从而也不可能把交换价值看作是价值的外在表现形式，只能另辟蹊经将劳动引入交换价值的规定，他把劳动规定为"辛苦和麻烦"，交换过程荒谬地变成了"辛苦和麻烦"在交换者之间的彼此让渡。他认为商品的真实价格取决于它所能购买或支配的劳动量，购得劳动是衡量商品交换价值的真实尺度。由此形成了以三种收入（利润、地租和工资）决定交换价值的理论。统观斯密在《国富论》各章节中流露出的关于交换价值理论的观点，可以看出斯密的内在体系之间存在着彼此矛盾而又相互联系的特点，其根本原因在于他的研究方法和哲学思想，在于他从未将社会形式的劳动理解成价值实体，从而未能抽象出价值规定。

（晓　东）

价值转化规律论

黄锦奎　（载《学术研究》1993年第1期）

文章认为，价值转化规律是价值按自身本质特点，在主客体与环境的相互作用下发展变化的规律，是价值学研究的核心。价值转化规律分为：(1)价值转化一般规律。价值转化的一般规律是价值转化的宏观规律、微观规律、软价值规律等的共同规律，是这些规律的抽象，带有普遍的指导意义。作者认为，价值转化的一般规律包括价值转化能力律、最小量律、最大量律、时态律、稀有价值律、风险价值律、空间价值律、相关效应律、滚动增值律、良性循环律、信息律、系统律等十二条规律。(2)价值转化宏观规律。价值转化宏观规律指宏观层次的价值转化规律，也是一个地区、社会、国家这样的宏观层次的价值转化规律。作者认为，包括宏观价值转化系统配套规律、宏观价值转化系统开放规律、宏观价值转化速度规律、宏观价值转化的区域发展规律、宏观价值转化大循环规律。(3)价值转化微观规律与特殊规律。价值转化的微观规律是指微观层次中的价值转化规律，价值转化的特殊规律是指不同领域、各个行业、专业、部门不同的价值转化规律。(4)软价值转化规律。软价值是指不可计算与不可估量的无形之物与无形的价值。软价值转化规律比其它的价值转化规律具有更高层次的复杂内涵。

作者认为，价值转化学体系中的价值转化规律是研究价值转化工程的起点，而价值转化工程又是价值学体系中的重要组织部分，因此价值转化规律论是填补这一空白的重要内容。价值转化规律论中的各个层次的价值转化规律还需要做连续深入的研究。

（晓　东）

公有产权制度的三大内在矛盾及其解决途径

廖元和　（载《改革》1993年第2期）

文章认为，现实社会主义中的公有产权制度存在三大矛盾：(1)财产所有者的财产经营使用者不是同一行为主体而引起的经济利益冲突或差别。(2)公有产权本身所具有的每一个劳动者同时是公有产权的所有者，又不是公有财产的所有者。(3)生产资料全民所有制和生产资料劳动群众集体所有制两种公有制形式和其他非公有制形式同时存在于公有产权制度中。全民所有制的所有权主体只享有全民财产这种单重财产权利，集体所有制和其他所有制的所有权主体享有双重财产权利，由此产生了具有双重财产权益和具有单重财产权益的劳动者之间的经济利益矛盾。

作者认为，解决公有产权内在矛盾的较好途径是建立以国有制为骨干，企业集体所有制为主体的多元产权主体制度，并在此基础上发展股份制。集体所有制其资产来源于劳动者的初始投入和积累，劳动者的财产权利是平等的，实行按劳分配，解决了国有企业劳动成果中含有全民劳动的因素的矛盾。集体所有制追求收入最大化，而这种收入最大化是建筑在集体财产增值的基础上，积累和消费间也没有矛盾。集体所有制也适合于中国生产力水平低、农业人口比重大的特点。作者指出，企业集体所有制既能体现社会主义公有制性质，又能完全满足市场经济的需要。

在企业集体所有制和国有制基础上发展股份制有利于解决传统体制下公有产权制度的三大矛盾。在企业集体所有制中，财产所有者和财产使用者成为同一行为主体，企业财产成为劳动者的共有财产。而且每一劳动者既有劳动收入，又有财产收入，避免了单重财产所有权私双重财产所有权所引起的矛盾。劳动共有股份制能够解决全民所有制和集体所有制之间的矛盾，其关键在于明确了财产所有者有财产收益权，劳动主体有劳动收益权。

（晓　东）

社会主义所有制改革的重新思考

刘西荣　顾培东　（载《经济理论与经济管理》1993年第3期）

文章认为，马克思主义经典作家对社会主义所有制的论述悖于社会主义实际，因而不能成为重构我国产权制度的理论依据。

作者就现代商品经济的产权制度基础作了探讨。(1)产权制度包括产权客体支配、产权收益享有、产权主体结构三个层次的内容；产权主体结构是产权制度最深层次，产权客体支配的社会化和产权收益享有的确定化都必须以产权主体结构的合理化为前提。(2)从现实的基本利益出发，合理的产权主体结构应当是以私有产权主体为基本内核的。(3)从资源配置有效性的角度看，合理的产权主体结构应当是私有产权主体与公有产权主体并存和互补的产权主体结构；产权客体的自然属性、产权客体支配的影响效应和产权收益的确定与否，则是判断私有产权主体和公有产权主体各自界域的基本标准。(4)私有产权主体与公有产权主体并存和互补的产权主体结构，可以产生出一种促进私有产权制度与公有产权制度相互吸纳、自我完善的结构优化效应。

关于我国所有制改革方向和产权主体结构合理化现实道路，作者指出，目前所有制改革面临的主要任务不是简单的"两权分离"，也不是公有产权主体内部组合方式的改变，更不是一味地否定和取消公有制，而是寻找公有产权主体与私有产权主体的最佳综合，重塑产权主体结构。使公有产权主体逐步退出可替代或可再生性产权客体领域，让私有产权逐渐在这些产权领域生长发育起来。重塑产体结构可以有突变式推进和渐进平和式推进两种选择。从现实条件看，以鼓励私人投资，发展私有经济，扩张私有产权主体的活动领域与国家出售部分公有产权的渐进平和式推进的可行性较强，风险较小。

（刘　伟）

论生产资料产权与劳动产品产权

黄少安　（载《江海学刊》1993年第2期）

文章认为，产权关系的性质是指狭义所有权即归属权主体的状况。产权关系的格局即是归属权、占有权、支配权和使用权的分离组合状况。劳动产品的产权关系，无论其性质还是格局、无论是对劳动产品的总体分配原则还是分配前后的产权、无论历史上还是现实中，都以生产资料产权关系为基础。

生产资料产权关系决定劳动产品产权关系，表现在：(1)后者是前者派生出来。没有生产资料就不会有生产活动，从而不会有劳动产品及其产权问题；只要有生产资料，就全社会而言，总有生产活动并生产出产品，从而必然有对它的产权关系。(2)前者的性质决定后者的性质。一方面，劳动产品产权关系在性质上不可能独立于或不同于生产资料产权关系，不可能生产资料归自己，劳动产品却归别人；另一方面，为了保证生产资料所有制及其产权关系的再生产，在劳动产品上必须再现或延续它的性质。这是由所有制的生命运动规律决定的。任何一种、特别是占统治地位所有制，都有相对长期和稳定的生命期；如果在劳动产品上不能再现其性质，那么，随着生产资料价值向劳动产品转移完毕，很快就会消失。(3)生产资料产权是什么格局，劳动产品产权也是什么格局。

劳动产品虽然是劳动创造的，但是劳动不是劳动产品所有权的基础。因为：(1)虽然劳动者的地位、劳动的性质和方式直接影响劳动者对劳动产品的产权，但是这些因素本身首先是由生产资料所有制及其产权关系决定的；(2)马克思的劳动价值论揭示的是劳动产品价值的源泉，并没有得出"产品由谁的劳动创造就归谁所有"的结论；(3)劳动有具体形态、抽象形态、物化形态、活动形态，既不能笼统地说劳动、又不能确定哪一种劳动是劳动产品所有权的基础。

（栾　涛）

对按劳分配的新认识

高伟梧　（载《学术研究》1993年第2期）

文章认为，新创造的价值在劳动力、资金与土地三方面分配是市场经济的共性，即一般的分配关系。只有在资本主义所有制下才存在剥削。而在社会主义公有制条件下，虽然因为存在着不同的经济主体会对价值产生分割，但生产资料归全民所有，价值也就只能在社会劳动者中进行分配。承认按资分配并不是对社会主义的否定。

由此，现实的社会分配与传统的按劳分配是不同的：(1)从整个社会经济来说，社会主义公有制同样是按要素贡献分配，按劳分配存在于从属于生产要素分配；(2)企业是社会分配的主体，不可能实现社会的直接分配；(3)以货币的替代物，它可以通过市场进行再分配，也可以投资而变成资金或资本；(4)工资是劳动力价值或价格的转化形式，直接决定于劳动者所必需的生活资料的费用，工资受市场生活消费品价格和劳动力供求的影响；(5)劳动不是唯一的分配尺度，其它生产要素也要参与分配。取得收益，除按资分配外还有按岗位分配、按能力分配等多种标准与方法。

作者认为，市场经济条件下传统的按劳分配的形式、按劳分配的经济体制是被否定了的，但是马克思创立的恩格斯列宁发展起来的按劳分配的根本原则是不应当也不可能否定的。我们要坚持社会主义就要坚持马克思主义按劳分配的根本原则和思想，而不应局限于具体的方案和体制。

作者认为商品经济不能否定按劳分配的另一个原因是，物质要素和资金参与分配和实现收益权也可以看作是一种社会扣除。劳动报酬仍以劳动为尺度，只不过劳动是劳动力的价值，而不是个别的自然的劳动时间或劳动量。按劳分配为主应当是劳动者或劳动者个人经济收入以劳动收入为主，不应把按劳分配为主理解为以活劳动为主，更不能认为坚持按劳分配就是坚持传统的分配制度。

（吉　飞）

重新认识高工资

高书生（载《改革》1993年第3期）

前些年，经济界曾有人呼吁在我国实行“高工资、高消费”的政策，但不久便在一片“不符合中国国情”的反对声中，以及“消费需求膨胀”的恶劣经济环境下销声匿迹。作者认为，我国目前正在从计划经济转向市场经济，提出重新认识“高工资”具有重要意义，因为“没有高工资，就没有成熟的市场经济”。

作者认为，“高工资”和“低工资”是相对而言的，所谓“低工资”是指劳动报酬部分工资化、货币化，所谓“高工资”是指劳动报酬全额工资化、货币化，二者主要在职工获得货币工资数量、职工消费选择的自主程度、市场向职工开放程度、职工对市场价格波动的承受能力以及职工合理流动的制约条件等方面具有很大区别。基于此，作者从市场发育、生产要素流动和价格信号三个方面，论证了“没有高工资，就没有成熟的市场经济”的观点。作者指出，以“高工资”取代“低工资”，劳动报酬全部以货币工资形式分配，职工持有的货币量定会大幅度增加。职工向市场投放的货币量越多，市场规模越大；货币投向越广泛，市场发育越全面。以此还可以建立一种以市场为轴心的货币——资金大循环机制。受全面化生活消费的制约，职工将会把货币工资分别投向种类齐全的市场，有利于建立价格新机制。

针对“低工资可以广就业”的传统观点，作者提出了否定意见，认为“低工资”严重地阻碍了产业全面发展，恪守“低工资”不利于创造更多的就业机会。相反，实行“高工资”可以带动经济发展，因而可以创造更多的就业机会。

略论建立现代企业制度

刘国光　（载《人民日报》1993年11月22日）

现代企业制度是社会主义市场经济体制总体框架的一个重要桥梁和支点。

国有经济与市场经济结合必须以明晰产权为主要内容，实现企业制度创新。公司法人制度是一种现代企业制度，它的主要特征是：(1)产权关系明晰，它使最终所有权和法人产权分离，企业成为法人实体和竞争主体，而国家仍可保证资金的公有制性质；(2)责权利明确，出资人以共投入企业的资本额享有所有者权利，对债务负有限责任；(3)通过公司治理机构的设置和运作，形成制衡和约束机制，(4)它是实行资本化的一种有效形式。

国有企业改组为现代法人企业，要实行政资分开，即把国有资产所有者职能同作为社会经济管理者的职能分开。政资不分与政企不分互为表里，要同时解决。国有资产的管理和运营也要分开。国有资产管理部门，执行对国有资产的行政性管理职能；并授权或委托一些大型企业集团，通过共投资控股能力，在一定范围内行使国有资产的运营职能。建立一批国有资产经营机构和国有资产监管机构，确保国有资产的增殖，防止国有资产的流失。

作者认为，要通过配套的政策措施和改革措施为国有企业改为公司制和现代法人企业创造良好的外部环境。同时公司制改造过程本身，也有利于整个社会改革。公司制改组要规范化，《公司法》的制定刻不容缓。在公司制改造过程中，要建立健全管理制度，确保国有资产不受侵害。

（刘　伟）

自主企业制度：我国市场经济体制的基础

吴敬琏　（载《中国工业经济研究》1993年第1期）

文章指出，市场经济基础结构中最为重要的是自由企业制度。现代企业理论和现代产权理论表明，市场经济要求的企业性质必须是：(1)企业产权界定清楚。(2)企业有充分的自主权。(3)要以经营单位的个人财产或法人财产对企业债务负责。而传统国有企业并不符合这个要求，我国经济体制改革采取的从“体制外”到“体制内”的策略，使原有国有经济的改革面临很大困难，现在应该抓住时机对旧体制的主体部分即国有企业进行“攻坚”。

文章通过对比单个业主制企业、合伙制企业、法人组织三种企业制度的基本形态，指出只有公司制度是最适于公有为主的所有制基础的企业组织制度，应该大力推进企业的法人化改革，实行股份有限公司制度。其主要设想是：(1)进行企业资产评估，由各种公有制法人分散持股，同时向社会公开募股。(2)法人组织建立以后，出资者将法人财产交由董事会和纪理人员经营而不再对财产进行直接控制。(3)建立有效的激励机制保证公司盈利最大化目标。法人化改革的思路是可行的，因为，公司的法人财产从全民财产中独立出来，其产权结构是合理的；将股份公司按照公司法人追求盈利最大化行为运转，而与持股人的性质无关，创造出公有制的新的实现形式；这一思路排除了继续由上级部门经营管理的非规范的股份制形式，使股份制从一开始就以现代形式起步，符合企业理论和产权理论的要求。

文章指出，法人化改革思路还需要从理论上和实践上进行研究，如股份制改革的步骤和时序、股份制企业的规范化问题、适合中国国情的企业组织模式等等。要建立完善的市场经济体制就需要从企业制度“攻坚”，而企业制度改革是一个非常复杂和漫长的过程，其具体实施方案还需要深刻的研究。

（晓　东）

论产权制度及其功能

刘诗白　（载《经济体制改革》1993年第5期）

文章认为，产权是指人们在指定的经济组织中对特定的物或对象的占有权。产权包括所有权，所有权是主体对物和对象的最高占有关系和权力。产权还包括支配权，它指现实生产中的实际占有关系。实际占有和支配关系随着生产社会化和经济商品化的发展越来越复杂而且越来越重要，产权概念用于分析具体占有形式和关系也越来越重要。

文章认为，产权制度对于分工高度发展和社会生活高度复杂化的现代市场经济有重要意义。产权制度的构建包括所有权的制度化和实际占有关系的制度化。前者巩固社会制度，后者则通过赋予实际占有者责、权、利，以便处理所有者和占有者的关系并达到维护与巩固某种生产方式与经营方式的目的。实际占有关系的复杂多样性要求人们对资产实际占有权力主体进行定位和对占有权限进行界定，以约束和规范各种生产当事人的行为，这是产权构建的重要内容。

文章认为，产权制度是维系微观生产组织的利益纽带，产权制度可以构造出所有权、占有权、利得权等关系的产权结构，由此起到借助于责、权、利关系来巩固和维护生产组织的利益。产权制度是市场机制形成的前提，构建一个恰当划分和界定各种生产与经营当事人的权益的完善的产权制度，是形成发达的商品交换和形成包括各种生产要素的完备市场体系的前提，是形成市场机制的法权基础。构建恰当的产权制度，可以建立起与特定组织形式相适应的决策机制和动力机制，从而激发微观生产者的活力，提高微观经济效益。产权制度也是生产资源得以合理使用和优化配置的重要条件。根据不同产品性质可以选择与确定一种恰当的产权制度来最有效率地组织生产和配置资源。

（晓　东）

美国市场经济中的现代企业制度

李兆熙（载《企业管理》1993年第11期）

从现代企业体制及其演变趋势看，美国已有95%的企业演变为由股东持股的股份有限公司。在美国把国有以外的企业统称为私人企业，这是为了减少政府对企业的干预。西方学者认为，国有制关系中所造成的行政性垄断同私人资本垄断一样，会限制公平竞争和导致低效率，并成为解决宏观经济问题的障碍。随着市场经济的发展，促使大多数企业确立了法人治理的组织结构，其实现形式就是股权式或股份式的有限责任公司，以此实现政企分开、所有权与经营管理权的分离。

美国市场经济中法人治理结构的现代化企业体制

呈现两大发展趋势：(1)所有权结构从过去高度集中向广泛的多元化、分散化转变；(2)董事会作用从管理向监督转化，首先是监督和评价高级管理班子，其次是与之相应的任免，再次是进行战略指导和咨询。

从政府、市场和企业的关系看，在操作上，联邦政府的调节手段，主要是用经济杠杆作用于市场，运用立法、执法对市场经济运行的环境、过程和后果进行适度的干预，引导企业的投资行为和行为战略。因此，政府和企业关系是通过市场的中介联合起来的，企业根据由政府调节所产生的市场信号进行自主调节，并在法制约束和自由竞争中力求生存和发展。

在此基础上，联邦和各级政府还与企业建立了合作关系，对企业发展起到支持、服务、监督作用，以弥补和校正市场机制缺陷。

（刘 伟）

关于公司化

吴敬琏 钱颖一 （载《经济日报》1993 年 8 月 24 日）

作者指出，所谓公司化，是指将现有的非公司类型的企业(特别是国营大中型企业)改组成为公司法人组织。公司的主要形式有有限责任公司和股份有限公司两类。公司化包含三方面的基本内容：(1)明确公司的法人性质；(2)界定产权关系，明确投资者对公司法人财产的股权；(3)建立“公司治理结构”。其中，建立公司治理结构是最为关键的，文章就此作了进一步分析：(1)公司治理结构中“信任托管”关系和“委托代理”关系的区别；(2)公司治理结构的要旨在于明确划分股东、董事会和经理人员各自的权利、责任和利益，从而形成三者之间的制衡关系；(3)公司治理结构具有灵活性；(4)各国的公司治理结构具有不同的特点。

对于公司化，为避免平生不必要的歧义，还必须注意把握三点：(1)所有权嵌套关系(全资附属和控股关系)；(2)公司化不等于股份高度分散化，(3)公司化不等于股票上市。

公司化在推进企业制度改革方面具有极其重要的作用，当前急需推进公司化，其中最重要的原因是：(1)公司化是制止国有企业经营状况恶化、资产加速流失的迫切需要；(2)公司化是国有企业改革的合理起点；(3)公司化有利于解决国有企业改革中的其他难点；(4)公司化为企业所有权的多元化准备条件。

（文 广）

职工股——传统股份制的创新

王文立 （载《经济师》1993 年第 7 期）

目前资本主义各国企业界正力图通过多种利益激励方式及组织革新形式来解决生产者“动力真空”现象。如美国企业通过工人福利制度；日本则采取终身雇佣制、年功序列、企业组织工会制等。其目的都是为了弥合传统股份制的制度性缺陷。传统股份制的制度性缺陷只能通过制度性创新来弥合。经职工股弥合的现代股份制在保持传统股份制基本功能的前提下至少要增添如下几种功能：(1)能够界定职工行为，形成职工行为自我约束的新机制，旨在消除不合理的提高收入的要求；(2)能够在制度上保证社会公正，消除初次分配中的不公平；(3)能够建立起稳定可靠的资本来源渠道，扩大资本形成的社会基础。

职工股的形成和运行方式是：(1)职工股是企业在职职工用于分享资本收益、承担资产风险的一种特殊股权，它只能由本企业在职职工拥有；(2)每位职工持股多少取决于对企业贡献的大小，可设计不同层次的职工(含经营者)购买股票的数量具有差异性；职工股份的多少可根据其实际贡献的大小定期调整；(3)职工股可采取记帐方式或在企业内部发行特殊股票作为其股权凭记；(4)当企业出现资产增殖时，职工股和职工资本追加利益便自动形成；相反，当企业出现资产亏损时，职工股和职工资本追加利益则自动丧失；(5)职工还可按规定购买一定数量的普通股。

作者认为，职工股是优化职工行为和企业行为的产权基础。职工股的设置能够使职工对企业产生认同感，有助于企业优化劳动组合，增强主人翁感，将形成一种使职工自动按经营者的合理要求行事的内在机制，将使管理水平和管理效率提高到一个新的水平。

（雪 凌）

再论国有资产价值化管理

蒋一苇 （载《经济研究》1993 年第 4 期）

文章指出，我们完全不必因为资本主义社会有资本这个概念就害怕使用它，完全可以象利润一样放心大胆地使用，让它为我们服务。所谓价值化，首先就是资本的分离。

传统的企业金融体制是以资产为核心的，资金来源依附于资金运用即资产。换句话说，资金运用即资产构成是主要的，而资金来源构成不是主要的，反正都是国家的。

市场经济中企业存在的前提是有经营风险，所以，在资金来源方面就要区分为资本和负债，资金运用构成了总资产。因而，资本与资产在性质上是不同的，资产与实物相联系，资本与出资者相联系。资产所有是对物的所有，只能是一物一主；资本所有是对企业的所有，它可以容纳“一金多主”。资产与资本是否为同一主体，便成为划分不同类型企业的重要依据。现代企业的特征是资产所有与资本所有相脱离，是企业法人享有的财产物权与出资者的出资权（在股份公司就是股东权）相分离。就是在现代资本主义国家的国有企业中，国家也不是直接掌握所有资产，而只是作为大股东控制着企业，这也就是价值化管理的主要形式。

文章指出，非生产资料的实物成品成为商品，仅仅是商品经济或市场经济最外表的形式，本质应该是存在着资产市场（即生产资料市场）和资本市场。企业拥有独立的财产物权，成为了资产市场主体，是企业成为商品生产经营者的前提，因此可以说，资产市场的存在是商品市场存在的前提。而资本市场，也就是股票市场，是真假市场经济的试金石；设有资本市场，就设有价值化管理。

作者还区分了两类企业，一是资产经营企业，其对外投资（出资）的数额小于资本的数额；反之则是第二类企业，即资本经营企业。投资公司属于后者。国家对投资公司、投资公司对被控股企业的考核，是国有资产价值化管理的基本组织形式。

（文　广）

论国有资产的流动性

易敏利　薛　建　（载《国有资产研究》1993年第4期）

资产是一种稀缺性的经济资源。现代商品经济中，货币、股票、债券等价值手段和有价证券形式的广泛存在，使资产的实物形态与其价值形态之间的分离有了可能，这就为资产在其不同用途之间的洗择和转移创造了条件。资产的流动性特征产生于资产所有者为了最大限度地获取资产收益而对资产进行的配置和再配置行为。

国有资产的流动具体表现为国有资产产权的转让或易手。在社会主义市场经济中，国有资产产权的转让也需要从两方面去把握，一是使用产权的转让，二是所有产权的转让。国有资产所有权的转让是一次性转让。表现为国家作为资产所有者放弃对被转让资产的所有权，同时获得与资产市场价值等值的货币额。国有资产使用权的转让是国有资产流动的重要内容。在“两权分离”的模式下，国家作为国有资产的所有者，不再直接参与生产经营活动，而是在保留财产终极所有权的同时，把资产的使用权转让给具体的使用者即企业，使用方则向资产所有者缴纳相应的资产使用费。国有资产使用产权也可以再转让，这是指在一定时期内获得国有资产使用权的经济主体将使用权再出让的行为，有关的权利与义务也相应转移。

由于历史的原因，我国国有资产增长本身不具有自我调节的机制，现存国有资产虽然在数量上已达7000亿元左右，但国有资产配置格局却十分不合理。据估计，国有资产闲置率达33%；国家用于追加投资的资金又十分有限，解决这一矛盾的有效方式是使沉淀在社会基层的国有资产流动起来，使之由效益差的企业转移到效益好的企业中去。国有资产的市场化流动不仅是实现国有资产收益权并使资产收益最大化的前提，而且它还有助于使国家与企业之间建立起一种崭新的市场平等交易关系。国有资产流动起来后，将打破旧体制带来的条块分割，切断国家与企业之间旧有的资产纽带，硬化企业约束，从而提高国有资产的使用率。

（雪　凌）

资源配置方式与我国经济体制改革

周叔莲　郭克莎　（载《中国社会科学》1993年第3期）

本文首先用经济增长速度、经济增长效率与代价、经济稳定性和收入分配作为指标体系，从规范研究和实证研究的结合上，比较分析了战后实行市场经济和实行计划经济的两类国家在资源配置上的不同方式和效果，得出的结论是：从经济增长的速度和稳定性看，两种资源配置方式的效果没有明显差别；从价格水平波动（通货膨胀率）、生产满足社会需要（经济短缺度）、失业率（公开与潜在失业）以及收入分配状况（不平等程度）的比较看，两种资源配置方式各有利弊，但市场配置资源的弊端可以通过宏观调控而加以减少，计划配置资源的弊端可以通过增加市场调节而得到一定克服；从经济效率的水平和经济增长的代价看，市场配置资源的效果要比计划配置资源好得多，即前者在高效率和低代价方面具有显著优势。总体结论是：单纯由市场或计划来配置资源都是行不通的，唯有宏观调控(计划调节)的市场经济比引进市场调节的计划经济具有更好的资源配置效果。

文章还用同样的指标体系进一步考察了我国体制改革中资源配置的方式和效果，用实证分析方法将改革开放以来的11年与改革开放以前的25年进行了对比，表明在经济体制改革和资源配置方式演变的过程中,我国资源配置的效果得到了显著改善,特别是经济增长速度和增长效率大大提高，经济波动程度和经济增长的代价明显降低。

但是,在改革的过程中也出现了一些新的问题,其中的突出问题是通货膨胀、产业结构失衡、收入分配不公平等。这些问题不是发展市场经济和市场配置资源所必然要发生的,更不是不能防止和克服的。只要我们迅速而稳妥地推进经济体制改革，使市场体系和市场机制不断完善，使企业成为具有独立性和灵活性的市场主体,使宏观经济政策和调控机制发挥有效的功能,同时使各种经济法规日益健全起来，就能不断提高配置资源的效果并减少其弊端。　(欧　阳)

两种改革成本
与两种改革方式

樊　纲　（载《经济研究》1993年第1期）

两种基本的改革方式，即“激进式改革”（“休克疗法”）和“渐进式改革”，究竟孰优孰劣？这是当前制度经济分析和“过渡经济学”的一个焦点问题，作者支持后一种改革方式。

文章指出，经济体制改革实质就是要改变人们之间的利益关系，在这当中总会有人受到一定的损失，而不是只有人获益和无人受损，因此，要将改革作为一个“非帕累托改变”过程中所必然会遇到的“社会阻力”进行研究。

文章指出，存在两种改革成本，一是“实施成本”，它是改革“激进程度”的减函数——改革的速度越快，改革所需的时间越少，信号扭曲的问题越是尽快得到彻底的纠正，社会越是较快地建立起新的体制以使人们尽快地形成关于新制度的“知识”，并在此基础上形成新的稳定预期，经济所面临的损失就越小。反之则越大。这在理论上是支持“激进式改革”的。另一种改革成本是“摩擦成本”，即因社会上某些利益集团对改革的抵触和反对所引起的经济损失，它可以被看作是改革激进程度的“增函数”。

不同的选择取决于不同的具体条件，这主要包括：(1)旧体制的状态或改革的“初始条件”。改革进程开始得越早，越是在旧体制经济还没有彻底恶化的时候就开始改革进程，一个社会就越是可能走上“渐进改革”道路，避免用“剧变”的方式打破旧体制，走上“激进”的道路。(2)“外援条件”。缓和利益冲突、减轻社会阻力的一个一般的办法，是对那些暂时受到损失的公众进行一定的“补偿”。外援越多，越能对改革过程中特别是最初“阵痛”时期公众所付出的改革成本进行及时的补偿，社会上对改革的阻力就越小。(3)“新体制经济”成长的条件。新体制的成长有利于减少摩擦成本，主要是由于它可以提供不断增长的“收入增量”，从而为旧体制的改革提供必要的“补偿”。

(文　广)

论中国经济改革的渐进式道路

林毅夫　蔡　昉　李　周　（载《经济研究》1993年第9期）

对于集中计划经济和统制经济向市场经济转变的改革，一般来说，存在两种不同的策略或方式，即“激进的”和“渐进的”，作者认为，中国经济改革必须选择渐进式的改革方式。

作者指出，我国传统的经济模式是由三个基本方面构成的：(1)以重工业为优先发展目标的经济发展战略；(2)以低利率、低汇率、低工资和低物价为主要特征的宏观政策环境；(3)以计划分配资源、重要部门的国有制和人民公社体制为主要内容的经济管理体制。传统模式的这三个主要内容具有形成上的历史因果关系和运作上的相互配合、相互依赖的逻辑联系。它们共同作用，导致了中国经济改革前的产业结构偏斜和效率损失。这主要表现在：(1)产业结构背离资源比较优势压抑了经济增长速度；(2)计划管理体制造成效率降低和生产激励不足；(3)劳动激励不足。

作者指出，激进式的改革存在一些弊病，包括：(1)计划经济之所以缺乏效率，在于计划者不能获得充分而准确的必要信息，在计划经济向市场经济的过渡中，激进式改革的设计人和执行人同样面临这一难题；(2)激进式改革可以废除旧的规则和惯例，却无法一下子建立起新规则；(3)改革通常要支付实施成本和摩擦成本，后者是改革激进程度的增函数，对改革具有毁灭性。我国应尝试渐进式改革，它具有三方面特征：(1)增量改革；(2)试验推广；(3)非激进改革。

总结我国渐进式改革道路，可以得出如下经验：(1)处理好结构与效率的关系；(2)把握改革的初始条件；(3)权衡速度与稳定。由此可知，这种改革方式具有普遍意义，能使我国改革最终获得成功。

(文　广)

新时期我国经济的宏观调控

王梦奎等 （载《中国社会科学》1993年第3期）

文章认为，改革以来，我国的经济体制和经济运行机制发生了实质性的变化，但宏观调控领域的改革步伐相对较慢，目前的宏观调控体系与国民经济的现实格局很不适应。

作者认为，90年代宏观管理体制的发展方向或目标是：宏观管理覆盖全社会，不同经济成分、不同行业都应纳入宏观调控的范围，宏观调控本身必须是统一的、集中的；由过去的以直接管理为主转变为以间接管理为主，新型宏观调控以市场机制为基础，以维护市场的合理性和克服市场的缺陷为前提；实现短期目标与长远目标的有机结合，短期目标是维持总量平衡，远期目标是实现国民经济的最优增长；建立健全涉外经济的宏观调控机制，按照国际通行的方式处理有关事务，改进宏观统计指标、方法以有利于经济的国际比较，计量和各种技术经济标准向国际规范靠拢；健全全社会会计、审计监督体系，普遍建立会计核算制度，对于经济活动中的违章行为，要通过审计监督体系及时掌握和纠正，对于特殊行业主要是垄断和自然垄断行业，还要成立特殊的机构进行专门监督；建立灵敏而客观地反映全社会经济活动的信息系统，加快引入新国民经济核算体系的步伐，提高信息收集和处理的效率，提高信息分析的质量，使宏观调控建立在可靠的信息统计基础之上；建立健全协调而具有权威性的综合调控体系，进一步理顺计划、财政、银行之间的关系，使综合调控体系内部职责分明，且具有统一协调性。实现这一目标的关键，一是处理好计划与市场的关系，二是把政府的所有者职能与其宏观管理者职能有效分离开来。

作者分别论述了对计划与市场、投资、金融、财政、国有资产管理、劳动就业、工资、住房制度、保险制度、对外贸易、外汇问题、利用外资、调整产业结构等的宏观调控的原则构想。

（欧　阳）

关于我国的宏观质量战略及对策研究

“中国宏观质量战略研究”课题组
（载《中国工业经济研究》1993年第1期）

文章认为，随着我国整个国民经济和体制改革进入一个新阶段，工业增长速度加快，但产品质量问题也日益严重。因此，在目前形势下，鲜明地提出“质量第一”是一项基本国策，明确地把质量战略作为制定国民经济发展战略的核心内容，全面推行宏观质量战略已经到了刻不容缓的地步。

作者认为实施宏观质量战略应遵循以下几个原则：(1)系统性原则，即要把投入、生产、产出等方面联系起来，作为一个系统性问题来考察；(2)综合性原则，即要求把各种力量协调起来，发挥经济手段、行政手段和舆论手段，有效地贯彻质量战略；(3)阶段性原则，质量发展有明显的阶段性，因而要明确阶段性目标，并使各阶段目标有机地结合；(4)区别性原则，质量发展包含着不同层次的内容，应针对不同的层次采取不同的对策，区别对待，有重点有步骤地实施质量战略。

在上述原则的基础上，作者提出了宏观质量战略的基本内容。在质量发展的战略方向上，文章认为应选取具有发展潜力和发展前途的重点产品，以社会最需要的质量方面或指标作为主攻方向；在质量发展的战略目标上，应该在质量预测的基础上形成较为系统和明确的、数量化、国际化的质量发展目标；在质量发展的规则方面，我国的质量发展规划和质量投资的重点是集中力量提高重要部门和重点产品的质量，以及尽量促进乡镇企业提高和改进质量水平；在质量发展的政策上，应着力于给企业创造一种能够调动它们的积极性、发挥它们能力、规范它们的行为的宏观环境，使企业在市场竞争中能自觉地把质量放在第一位。

在实施宏观质量战略过程中，应强化政府对质量的宏观管理；提高全民的质量意识，更新质量观念；加快技术进步，增加质量投资；加强质量立法，明确质量责任；建立和完善我国的标准化、质量保证和质量监督体系等。

（吉　飞）

宏观经济计划在宏观经济管理中的地位和作用

胡　季　（载《财贸经济》1993年第7期）

文章首先论述了我国宏观调控模式从传统模式到板块模式、双覆盖模式、二次调节模式、最后到社会主义市场经济体制下的宏观调控模式的演变过程。指出，在新模式下，宏观计划是在宏观高层次上进行的计划调控，是以市场为中介的间接管理，它同财政、金融等手段结合在一起，并通过它们来实现其宏观调控职能和任务。文章接着阐述了宏观经济计划在宏观平衡调控中的作用，认为国家经济社会发展计划确定经济社会发展目标、发展战略、基本方针和政策手段体系，为宏观调控指示方向和提供重要依据。国家计划应发挥综合平衡和综合协调的作用；国家计划应根据不同的发展阶段或景气状态，合理选择具体目标和政策手段，保持宏观调控的总体协调一致；国家还要发挥宏观调控目标与政策手段之间的有效配合作用。

文章还指出改革计划体制的关键在于，缩小和改造指令性计划，除保留极少数必要者外(最终达到基本取消)，逐步由预测性计划、指导性计划、政策性计划取代。国家计划应是粗线条的，有弹性的。要改革投资体制，竞争性行业的投资决策权应直接交给企业；非竞争性的基础产业和公用设施建设，应鼓励地方投资；对国家重点建设，要尽快建立规范化的稳定的和良性循环的国家投资基金制度，国家可以通过扩大控股、参股、贴息、合资、合作以及金额投资等方面对重点建设项目进行投资，并通过发行债券、股票筹集社会资金。

为此，计划职能必须在工作重点上、计划管理上、管理方式上、计划与市场的关系上、资源配置和生产力布局上进行根本性转变。

(刘　岱)

市场经济与政府干预
——评西方经济学新古典学派和新凯恩斯学派的论战

吴易风　(载《中国社会科学》1993年第2期)

本文认为，从70年代初到90年代初的大约20年中，西方宏观经济学发生了巨大变化。凯恩斯主义独领风骚的历史已经结束，代替它的是新古典经济学和新凯恩斯主义经济学论战的新局面。

论战围绕着资本主义市场经济周期波动这个中心展开，争论的理论观点和政策主张是市场出清还是非市场出清、政府失灵还是市场失灵、政策无效还是政策有效。

文章首先分别考察了新古典主义货币经济周期理论、新古典主义实际经济周期理论和新凯恩斯主义理论，在解释资本主义经济周期波动的根源与传导机制时所提出的假设、前提、命题、模型以及它们的政策含义，指出各派在阐述自己的理论时都在工资、价格的灵活性或粘性的分析上刻意求新，提高分析的技术，建立了许多数学模型，然而都没有提出多少真正有科学依据的新见解，都不敢深入到资本主义制度内部去揭示其经济周期波动的根源。

两派之争的实质在于如何看待资本主义的市场经济。新古典学派相信市场经济有充分的自我调节的力量(工资和价格有充分的灵活性)，市场能连续出清，经济能经常处于均衡状态。新凯恩斯学派则与此相反。新古典学派既然相信市场经济能连续出清，因而能经常处于均衡状态，就必然得出政府失灵的结论。新凯恩斯主义既然不相信市场经济能连续出清，因而不能处于均衡状态，就必然得出市场失灵、主张政府干预的结论。同经济理论相联系的是政策主张的分歧。新古典学派断言政府干预经济的宏观经济政策无效，新凯恩斯学派则坚持认为政策有效。由于新古典学派存在着浓重的理想主义色彩而新凯恩斯学派较为面对现实，因而无论从社会需要还是从统计检验看，未来都将有利于新凯恩斯学派。

(欧　阳)

论我国的主流宏观经济政策

吴晓求　(载《经济理论与经济管理》1993年第5期)

文章指出，所谓主流宏观经济政策，指的是一个国家占主导倾向的、与社会经济运行的自然冲动或经济主体主要的行为倾向相逆的一种宏观经济政策。决定一国主流宏观经济政策性质根本性原因，是该国现实经济运行中供求形成机制的功能特征，即需求形成机制和供给增长机制的内在功能及其相互间的互动效应。现阶段，我国的需求形成机制与供给增长机制之间存在功能上的内在不对称：需求始终处在亢奋状态，而供给则呈现出明显的滞后和相对不足。这决定了我们必然要选择一种以收缩性为基本特征和主导倾向的宏观经济政策，这是一种需求管理政策。其基本功能表现为，在不损害产业的基础上，防范和控制总需求的过度扩张。

我国的需求形成机制与供给增长机制之间功能互动效应共有严重的不对称性。其根本原因在于：(1)经济主体利益不透明，利益边界不确定；(2)经济体制内部市场信号之间缺乏一种内在的自动传递机制，从而大大降低了市场信号的经济效率；(3)我国生产力系统的结构水准和工业化水平较低，经济发展阶段仍处于工业化过程中，这一方面制约着我国现有的供给水平，另一方面也使我们面临着巨大的发展压力。

在比较了各种经济政策的特点后，文章指出，在我国主流宏观经济政策中作用顺序和基本搭配格局是：货币政策为先、财政政策次之、收入政策最后。其中，货币政策居主导的、核心的地位，财政政策起经常性的、主要的宏观配合使用，收入政策则主要是一种选择性的。而在现阶段，在我国主流宏观经济政策中起主导作用的货币政策的不规范性较为明显，因此，按现代市场经济要求规范完善我国的货币政策已成为当务之急。

（文　广）

90年代防治通货膨胀的理论思路与政策取向

叶振鹏　丛安妮　苏　明　刘尚希

（载《财政研究》1993年第2期

文章认为，80年代，中国经济发展出现了高经济增长与高通货膨胀并存局面。经过治理整顿，上述矛盾虽然有所缓解，但形成问题的原因并未完全消除，这包括政策、体制性因素，也包括中国经济发展的内在压力。这里有两个问题需高度重视：(1)有效供给不足是制约经济速度、形成通货膨胀压力的根本原因；(2)粮食供需矛盾长期化、扩大化是推动价格总水平上升的关键因素。

作者认为，不能采取政策性通货膨胀来推进经济增长。这是因为发展中国家的经济是非均质的，结构二元化的特征十分显著，资源流动性和重组配置的可能性较小，通货膨胀却扩大了这种可能性空间，对资源流动和重组起"启动"作用。因此，资源短缺和"赶超"压力常常使政府有意无意地搞点通货膨胀来刺激经济，问题也就由此产生了。政府若以通货膨胀政策带来的短期繁荣为依据，那就有可能导致通货膨胀政策长期化，从而引致恶性通货膨胀。作者还认为，在未来改革进程中，过于企望价格稳定也是不现实的。因为，农产品短缺，必然推动农产品价格上涨；基础工业品价格的调整和放开，也必然推动价格总水平上涨；在90年代，随着对外开放步伐的加快，特别是关贸总协定缔约国地位的恢复，中国经济与国际经济的联系日益紧密，这必然促使中国市场价格向国际市场价格靠近。

文章指出，近中期中国的改革和发展仍然面临着通货膨胀的困挠，所以，90年代国家宏观经济调控应该采取积极有效的措施，包括：坚持反通货膨胀的政策方针，在指导思想上变被动治理为主动防治，变急于求成为在追求效益、比例协调和适应市场需要的基础上力求国民经济的高速增长；调整个人收入分配政策，扭转国民收入分配向个人过渡倾斜的问题；坚持财政收支平衡的方针，加强财政政策与货币政策的协调运用，这也是防治通胀的重要一环。

（苏　明）

我国失业水平及其变化趋势和治理对策研究

黎玉柱　（载《江汉论坛》1993年第7期）

文章认为国家统计部门定期发布的待业率指标是偏低的，不能代表80年代我国社会失业率的实际水平。(1)它仅仅包括了我国城市失业人口，没有包括广大农村地区的失业人口；(2)它仅仅包括于城市公开失业人口，没有包括城市隐蔽性失业人口，即国有企事业单位和政府机关中的在职失业人口；(3)它仅仅反映了部分失业人口的数量，没有反映平均失业期的长短，而后者也是衡量失业严重程度的一个重要指标。作者根据上述因素进行调整测算的结果，认为我国80年代的实际失业率当在9.42—10.60%之间。

90年代我国的劳动就业将比80年代更加严峻。一方面由于人口总量的继续增加和经济活动人口比重的提高，农村剩余劳动力的继续大规模转移，企业机制转换所带来的劳动用工方面效率意识的增强，以及部分离退休人员的再就业行为和部分在职人员的第二职业行为的影响等等，使劳动力的供给存在着进一步急剧增长的趋势。另一方面，技术进步和社会资金平均有机构成水平的提高，经济增长的就业弹性将趋于下降，从而使劳动力的需求则处于相对不足的状态。劳动就业形势将更为严峻。

文章从劳动力供给和需求两个方面提出了缓解失业压力的对策。在供给方面主要有：实行严格的计划生育政策，控制人口的过快增长；合理安排工作时间，减少人均工时占用量；实行妇女自愿就业和阶段性就业制度；进一步拓宽农村就业门路和适度引导和控制离退休人员再就业以及在职人员第二职业范围等等。需求方面主要有：尽可能提高经济增长率，扩大经济运行规模，增加整个国民经济的就业容量；调整经济结构，提高边际就业效应较大的产业特别是第三产业的比重；奉行合理的技术政策，尽可能采用有利于替代和节省资本。增加劳动就业的中间适用技术等等。

（雪　凌）

论投资需求及其变动特点

郭克莎　（载《天津社会科学》1993年第2期）

投资需求是指总投资（包括固定资产和流动资产投资）对于生产资料的需求。随着体制改革的推进和市场经济的发展，投资需求与资金需求越来越突出地分离开来。投资需求的实现程度主要取决于以下三个条件：(1)社会总供给与总需求的关系；(2)生产资料的供给总量、结构和质量；(3)生产资料市场的运行状况。在计划经济体制下，后一个条件不存在，前两个条件的约束也是软的，因为指令性计划可以通过挤压消费需求和产品强制替代来实现投资需求。但随着市场机制的作用不断增强，投资需求的实现程度越来越受到以上几个条件的制约。

投资需求可分为名义投资需求与实际投资需求，使这两方面产生差别的是投资价格指数。投资价格指数是名义投资需求膨胀的结果，它反过来又对名义投资需求起了缩减作用。从经济发展过程的连续性看，投资需求的变动是与经济增长的状况相联系的。追求过高的经济增长速度，会引起投资需求过大，如果在这种条件下经济增长效率下降，或产品质量水平降低，或产出结构失衡，则会导致投资需求膨胀。同时，第二次产业的增长速度太快，也会引发投资需求膨胀，因为这个产业的投资（特别是流动资产投资）对于投资品（包括投资设施）的需求较大。1984—1988年我国投资需求膨胀的发展，正是由以上原因造成的。实际上，投资需求的变动更直接地取决于投资的速度、结构和效益。如果在经济高速增长的过程中，投资增长速度持续大幅度高于经济增长速度，投资又过多地集中于工业部门尤其加工工业部门，并且固定资产投资交付使用率降低和产业部门（尤其加工工业部门）的物质消耗比重上升，那么投资需求膨胀就会日趋严重。

因此，在新一轮经济发展热潮已经掀起的情况下，注重投资需求的变动特点而防止其再度膨胀，是很有必要的。

（信　欣）

我国中长期财政政策取向的研究

财政部科研所《中长期财政政策》课题组
（载《财政研究》1993年第3期）

文章根据建立社会主义市场经济的目标模式，分析了90年代中长期财政政策的基本任务和定位基点：(1)加快发展，90年代经济增长速度的目标要调整到年均9%左右，力争在提高效益的基础上“隔几年上一个台阶。”(2)加快改革，争取尽快形成社会主义市场经济新体制的基本框架。(3)扩大开放，进一步实行沿海、沿边、沿江和不同区域的开放措施，加入关贸总协定后，更全面地与国际竞争对接。(4)以市场经济为取向，实现政府职能、财政职能、理财方式、调控系统的转轨。(5)更好地发挥宏观调控的作用，在使市场对资源配置起基础性作用的同时，抑制其弱点和消极方面，引导市场健康发展。

依次，90年代的中长期财政政策要以支持市场化取向改革的实质性深化，支持结构优化效益提高基础上的经济增长和维护社会经济稳定的核心目标，同时促使政府调控转入完善宏观间接控制的轨道。主要的政策取向可归纳为：(1)健全与完善市场机制，实行税利分流和分税制。(2)平抑经济发展中的周期波动。财政收支不再固守年度平衡原则，而是明确树立旨在实现长期、动态中的综合平衡的年度弹性控制、灵活配合的原则。(3)进一步扩大开放，积极利用外资，大力促进外贸。(4)努力支持基础产业、基础设施重点建设。(5)改进和完善税制，增强税收的宏观调节作用，完善财政信用。(6)合理调节地区间、社会成员间的收入分配。改进社会公共服务，促进各项事业发展。(7)加强货币政策、产业政策等各项经济政策的协调配合，增强政策效应。

（雪　凌）

国税漏失的原因与对策

刁仁德　（载《光明日报》1993年10月13日）

文章认为，我国国家应收税款的非法截留与漏失的严重程度，是我国财政困难的重要原因。

导致国税被大量截留的原因，首先是人们观念上存有误区。将照章纳税说成“义务”是一大误区。税收是国家凭借政治权利而实施的一种强制性再分配行为。要改变税收严重漏失的现状，必须让人们懂得：纳税是一种不容逃避的法律责任；“取之于民，用之于民”的观念则是对市场机制的否定，它将政府与企业的关系固定在传统的计划模式上；政府和税务部门对漏失税金的“永久流失，无法追回”的观念，是对国有资产和税金征收的不负责。对以往截留税金，必须视作偷税企业与国家之间一种病态信用关系，这是一种必须偿还的债务。

税收工作软化的根源是立法与执法两方面软化。立法者没有树立起“无法抗拒的绝对责任”观念，在法律上一再将纳税规范为“义务”；法律对偷抗税者处罚太轻。因此；必须抛弃纳税“义务说”。修订税法要体现税收的强制性。此外，还必须从根本上解决执法者有法不依、知法犯法、违法者逍遥法外、护法者得不到应有的保护和奖励等问题。

大量税款被截留涉及到经济体制改革和其它社会问题。税收体现某种特定的生产关系。国有企业的偷逃税根源于传统的政府和企业关系。从根本上改变国税漏失的先决条件是：通过税收实现政府与企业的互为市场关系，政府必须树立服务观念，用法律规范政府在市场经济中的权利。

国税被大量截留和漏失的状况表明，国家宏观管理和调控处于严重的"政府缺位"状态。这不仅使财政连年陷入困境，而且已经并继续引发大量的社会问题。因此扭转"政府缺位"状态，已是迫在眉睫的任务。

（刘　伟）

社会主义市场经济下的财税改革

安体富　（载《中国人民大学学报》1993年第2期）

作者认为，在财政性质上，我国财政要向现代公共财政转弯。财政职能的转换主要包括三方面内容：(1)重新界定财政的职能范围；(2)财政要由组织收支的分配职能为主转弯到调节经济职能为主的轨道上来；(3)财政的调控方式要由过去的利用行政手段进行直接调控为主转到运用经济杠杆进行间接调控为主的轨道上来。

财政体制和制度的改革包括两方面：(1)改革国家与国有企业之间的财政关系。这包括：进行国有企业产权制度的改革，使国有企业成为具有法人产权的独立的经济实体，通过税收规范国家与企业的财政关系等。(2)改革中央与地方之间的财政关系。

作者指出，现行税收制度同市场经济的要求还相差甚远，突出表现在：(1)税制结构不合理；(2)企业所得税存在不少问题；(3)现行产品税、增值税互不交义的流转税制，不能适应调整产业结构和消费结构的需要。(4)现行关税制度与关贸总协定存在很大差距。

税制改革的目标，是在我国逐步建立起一个具有中国特色的、符合社会主义市场经济要求的税收体系。其基本原则是：统一税制，简并税种，公平税负，为建立平等竞争的市场机制创造条件；用统一的所得税规范国家与企业的分配关系，使企业成为真正的法人经济实体；设置税种、确定税率和税收政策要体现国家产业政策的要求，引导资源的合理配置；建立地方税系，为实现"分税制"创造条件。

（文　广）

西方国家是如何干预外汇市场的

张德宝　（载《国际金融研究》1993年第8期）

自从1973年实行浮动汇率以来，西方各国货币的汇率几乎每时每刻都在发生变化。各种因素随时都会冲击市场，导致汇率的大幅度波动，进而对世界经济造成一定的影响。如汇率不稳定、波幅过大会增加国际贸易的风险。一国货币的过度贬值或升值会加重该国的通货膨胀压力。一国货币的过度贬值会被其它国家视为外汇倾销而遭到攻击。货币竞相贬值有可能促发或加剧贸易保护主义。货币汇率剧烈动荡会使人们对货币失去信心，甚至引起局势的不稳定。正因如此，西方国家的金融当局采取多种手段和措施，维持金融市场的正常运行，稳定本国货币汇率。西方国家干预外汇市场，稳定汇率所采取的措施既有经济手段，也有行政手段；既有单项措施，也有货币政策、财政政策在内的综合性一揽子措施；既有一国的单独行动，也有数国的联合协调行动。其中直接入市干预是西方国家中央银行管理和监督外汇市场，平稳汇率的主要手段之一。

对外汇市场的干预能否成功除了取决于基本的经济因素外，干预的时间、方式、数量及配套措施是否能跟上等，即干预的艺术对干预成功与否也是至关重要的。作者指出，在对外汇市场进行干预中应当注意以下几方面的问题。(1)对干预的作用不能估计过高，(2)干预行动要有其它政策措施和行动手段的配合，(3)干预行动一定要选择合适的时机，(4)市场干预要有明确的目标，(5)干预行动要分阶段进行，(6)联手干预增加干预力度。

80年代中期西方国家在外汇市场的协调行动对遏制美元的涨势及平稳外汇市场起到了一定的作用。进入90年代，由于各国经济利益关系的冲突，协调机制出现裂缝，协调力量减弱，从而也使西方国家外汇市场上的联合干预行动无论从数量和频率上都不如过去，这也在一定程度上加剧了外汇市场的动荡。

（王海涛）

我国若干宏观经济问题的定量分析

张守一　葛新权　（载《数量经济技术经济研究》1993年第3期）

文章用定量分析的方法探讨了市场经济条件下宏观经济调控的方向和力度问题。

从宏观经济数量关系上看，国家要有意识、有计划、有目的地运用经济、行政和法律等手段对国民经济运行及时地实施调节和控制，把握调控的方向和力度，就必须对利率（i）、收入（Y）、投资（I）、边际消费倾向（α）、资本边际效率（β）、货币量（M）等经济变量间的数量关系进行研究。作者由 $C(i,Y)-Y+I=\alpha$，$F(i,Y)-I=\beta$，$L(i,Y)=M$ 通过差分方程分析，并利用我国经济原始数据建立起 Y,i,I 的线性估计方程（其中 α，β，M 为解释变量），然后得出结论：即边际消费倾向对利率和收入的影响作用较大，资本边际效率对投资的影响作用较大，货币量对收入的影响要比对投资的影响大一些的结论。

从工业周期生产函数看，宏观经济调控目标之一，是保持国民经济持续、稳定、协调发展，但以前国内外研制的工业生产函数无视周期波动，产生较大误差。考虑到周期波动，作者通过建立估计方程，得出的结论是，改革前经济增长不仅慢而且不稳定，属升降型周期波动，改革后经济增长快而且稳定属增长型周期波动。与传统的工业生产函数相比，目前使用的模型与经济周期相联系，消除了大起大落的相互抵销，符合实际情况；样本不连续；加入邮电业，反映了这个产业对工业生产的制约作用。

通过对通货膨胀的分析，作者作出如下判断：经济增长可分成两类，均衡地和按比例的增长对通货膨胀没有什么影响，而不均衡地和比例不协调的增长会受到"瓶颈"制约通货膨胀有较大影响。而我国属于后者。作者还就加速经济增长的同时降低通货膨胀提出了对策。

（武洪波）

论公有制经济运行中的总量失衡与结构失衡

樊苗江　（载《天津社会科学》1993 年第 6 期）

公有制经济中总量短缺的归因，主要有需求决定论和供给决定论两种思路和观点。两者的基本差异体现在各自的前提假设、模型构造、解释与预测能力和理论含义等方面，但是前提设定的差异，具有决定性的意义。需求决定论是在"给定潜在总供给"这一前提下集中从需求方面去分析短缺的基本经济原因，即"需求分析"。而供给决定论则是在"总需求一定"的逻辑前提下集中从供给方面去找原因，即"供给分析"若考虑到需求决定论着眼于短期分析，并假定体制不变，则采用需求分析方法，在其确定的理论范围内，具有逻辑一致性的特点。但这并不意味着当它用于解释我国宏观经济运行的实际情况时，必定具有理论效力。因为"潜在总供给给定"的假设的有效性，有赖于"体制不变"这一更为基本假设的严格成立。

无论是需求决定论，还是供给决定论，都不恰当地对科尔奈的短缺概念作了超出其确定理论范围的发挥，把短缺定义为"总量短缺"，而仍沿用科尔奈"短缺是社会主义经济常态"的判断，不仅在逻辑上说不通，而且与我国宏观经济运行的实际情况不相符。我国近 40 年的社会主义经济发展中，总需求过度与总需求不足，又是交替出现的。总量短缺（即总需求过度）只是在 80 年代才成为一种"常态"。

公有制经济中的结构问题本质上具有"宏观"性质，因此对宏观经济运行进行理论实证研究和经验分析时，既要考虑总量关系，也必须考察结构关系；宏观分析不仅是总量分析，而且也应包括结构分析。这是由公有制经济的特殊性质、运行状态和我国所处的发展阶段所决定的。无论是需求决定论，抑或供给决定论，沿袭了凯恩斯经济学的总量分析传统，因此有着重大的理论缺陷。

（雪　凌）

中国市场化过程的非均衡与均衡——兼论推进市场经济的重点

洪银兴　余利平　（载《经济学家》1993 年第 5 期）

经济体制各个环节是相互联系和制约的整体。体制的某个部分和环节过分超前或滞后，可能造成整个经济体制系统的灾变。因此，现阶段推进市场经济，必须采取均衡的市场化战略，将重点转向现行的不均衡体制中的"瓶颈"环节和薄弱环节，以实现经济体制的整体转换。

作者认为，中国市场化过程的非均衡与均衡表现在三方面。(1) 进入市场的不均衡和均衡。改革 10 多年来，我国不同的经济成份的市场化次序是不均衡的。在国有制企业"改不动"的情况下，先让非国有制经济成分市场化。在国有制企业进入市场后，又遇到新的不均衡，既不在同一起跑线上的不公平竞争。既使在企业按市场取向转换经营机制后仍会出现新的不均衡：产权制度的改革落后于经营机制的转换。(2)市场发展的不均衡与均衡。市场发育程度低，市场发展的不均衡成为限制企业进入市场的瓶颈。这表现为放开的计划渠道不能及时得到市场替代的不均衡，各类要素市场放开程度的不均衡，各类市场形成和发展过程中出现的新的不均衡，即市场的软件建设滞后于硬件建设。(3)

宏观调控机制转换的不均衡和均衡。首先是政府宏观调控方位的不均衡，政府没有完全退出已经交给市场调节的领域。其次是宏观政策调控系统和法制约束系统建设的滞后。

针对市场化过程的不均衡，作者提出了现阶段推进市场化均衡要求的各项具体整改措施。作者强调，新旧体制的交织、并存，不仅造成经济的混乱和无序，还使腐败现象日益严重。因而我国目前的非均衡体制不能拖得太长，必须加大推进市场经济的力度，早日实现市场经济体制各个环节的均衡。否则，很有可能市场经济体制尚未建立，整个社会就腐败了，责任也可能归之于市场经济。

（王海涛）

我国工业增长与结构变动的若干新特征

江小涓　赵　英　任纪军　柳　红　熊　云
（载《中国工业经济研究》1993年第8期）

从1991年下半年开始，我国工业进入新一轮高速增长时期，但这一次的高速增长与历次不同，中国工业增长和结构变动的动因和方式正经历着一次蓄势已久的变化，出现了若干意义深远的新特征，预示着我国工业发展将进入一个新时期。

作者指出，我国工业增长和结构变动的新特征表现在：(1)在竞争比较充分的某些行业中大企业和企业集团作用显著增强，大企业主导时期开始到来；(2)以投资品需求为主带动的高速增长，促使基础产品和加工产品比价关系及区域结构趋于合理；(3)资源配置刚性使“存量调整”难度增加；(4)加工工业进入新一轮产品与设备更新高潮期，使“长线”现象不可避免；(5)市场协调体制的低效率成为发展的主要制度障碍。

新的工业发展态势对目前的宏观经济政策和产业政策的效果会有明显影响，作者认为，对工业发展问题有必要重新探讨和认识：(1)我国的基础产业能够支持工业保持多高的增长速度？作者认为，如果我国90年代国民生产总值的增长速度不超过80年代，能源工业的增长速度不低于80年代，尽管能源短缺现象仍将存在，但不会成为增长的主要障碍；(2)重复生产重复建设问题应该由政府还是由市场来解决？作者倾向于后者；(3)规模经济是初始条件还是竞争的结果？作者认为，规模经济应是市场竞争的结果，如果在较早发展时期就以规模经济为由，只允许建设由政府规划的大项目，其结果可能更不理想。

工业发展新阶段，国家经济政策要作必要调整，包括：(1)对宏观经济形势的监测从增长速度为主转向以市场运行状况为主；(2)减弱政府采用直接干预方式调节经济运行；(3)缩小产业政策的范围以增强产业政策的有效性。

（文　广）

90年代我国双重工业化协调发展的政策

荀大志　（载《经济理论与经济管理》1993年第5期）

90年代我国工业发展面临着同时推动城市工业化和农村工业化的双重任务。如何克服两者之间的矛盾，使之相互协调发展、相互促进，是我国90年代发展所要解决的关键问题之一。本文着重论述了三个方面的政策。

第一，城市工业高级化发展政策。它是90年代推动我国双重工业化发展的关键。作者认为：我国城市工业高级化发展政策应包括：强化市场竞争、转换企业经营机制、扶持战略性产业、鼓励和推动企业技术进步、促进和加快企业产品升级换代等内容。

第二，城市一般传统产业向农村转移的剥离政策。作者认为政府关于城乡两个工业化层面的剥离政策，主要包括：(1)引导城市的一般传统工业向农村转移；(2)对农村工业发达地区和刚刚起步地区实行差别政策；(3)适应城乡协调发展的要求，采取多样化的剥离政策，政府综合运用各种经济、法律和行政手段，促进城市传统产业向农村转移；(4)鼓励农民购买城市一般加工工业企业。

第三，农村加快工业化发展政策。90年代加快农村工业化发展，一是要促进已经发展起来的农村工业尽快走向高级化，不断提高自身的素质和产业层次，并适当向一些区域增长点集中，发展中小城镇，以发挥工业化发展的“聚集效应”；二是加速工业不发达地区的农村工业化进程，促进农业剩余劳动力更快地向非农业转移，缩小二元经济差距。这就更需要政府采取扶持和保护政策，如鼓励在农村发展劳动密集型产业，建立乡镇企业开发银行，实行税收优惠政策，鼓励农村非农产业适当集中等。

（马春辉）

改革开放前后中国经济发展区域结构的比较

李京文 樊明太 （载《中国工业经济研究》1993年第5期）

文章运用实施分析的方法，详细分析了我国区域结构的历史、现状、变迁等问题。第一，我国改革开放前后经济发展区域结构。作者通过计算国民收入、工业净产值等指标，得出结论：改革开放以来我国大多数省、区、市国民收入、工业净产值年均增长速度都加快。比较各省、区、市国民收入年均增长速度与全国的国民收放年均增长速度，结合考虑各省、区、市工业净产值年均增长速度与全国工业净产值年均增长速度，我们可以将全国28个省区市经济增长速度按改革前后的变动格局大致分为如下三类：Ⅰ类：京、津、沪、辽宁、黑龙江、陕西、青海、宁夏。改革以来，该地区经济增长速度低于全国水平。Ⅱ类：江苏、浙江、安徽、福建、山东、广东、云南、新疆，改革以来该类地区国民收入、工业净产值年均增长速度高于全国水平。Ⅲ类：河北、山西、内蒙古、吉林、江西、河南、湖北、湖南、广西、四川、贵州、甘肃。该类地区有的省区年均增长速度减缓有的加快。

第二，经济发展区域结构变迁的原因。作者认为主要有两个因素起作用。一是区域经济发展政策，二是市场机制导向。

第三，经济发展区域结构变迁的政策启示。作者认为要使我国经济协调发展，就要制定一些具体政策。(1)要继续坚持总体效率优先、协调发展、合理分工、利益兼顾的原则，以促进地区经济的合理布局和协调发展。(2)地区经济发展和布局政策要与产业发展政策相结合，实现区域布局政策产业化，产业倾斜政策区域化。(3)区域经济发展和布局政策推进，要充分考虑市场和计划两种资源配置的方式。(4)进一步扩大开放范围，加快地区经济与国际经济接轨。(5)选择时机转换重点发展地区和产业。

（马春辉）

从我国经济增长方式的转换看当前的经济形势问题

王 建 （载《管理世界》1993年第5期）

作者以实证方法分析中国经济发展，得出中国已经从1991年9月开始，经济增长方式发生了重大转变，进入到经济增长新阶段的结论。即中国经济增长方式从以消费需求和轻工业打头的“轻型化”增长方式，转换为重工业为主导的经济增长方式。

作者以上述结论为基础，具体分析了中国经济发展中的工业速度、投资、通货膨胀等重大问题。认为，由于经济增长方式的转换，打破了以前经济过热中的投资、消费“双膨胀”格局，出现了以投资拉动、重工业主导增长的新格局。在此情况下，工业高速增长将持续相当长的时间。在此期间，全社会将保持一个较高的投资率。同时，当前推动物价上涨的最主要因素是短线生产资料价格的上涨。由于新的增长方式的出现以及新价格结构的产生，这个通货膨胀的主要推动因素将会受到强烈抑制。

作者认为，经济增长方式的转换对经济体制转换的重大影响。在轻型发展阶段，大量收入转化成消费，因此资金市场难以发展，其他要素市场的发育也受到制约。中国经济增长方式的逐步转型和目前已形成的大量金融剩余，就为以市场为取向的经济体制改革推进到要素市场发育阶段准备了条件。但是，由于对经济增长方式的转换缺乏预见和心理准备，以至1992年以来要素市场的强劲发育势头，带有极显著的自发特征，导致了要素市场运行中的严重混乱现象，并引起一系列经济运行中的严重问题。所以，增长方式所带来的体制变化，并不可能使中国经济自动走入一个健康而完善的市场经济体制，为达到这一目标，还需作出极为艰苦的努力。

（蒋东生）

在经济周期中如何适应周期

薛家骥 （载《江苏经济探讨》1993年第7期）

文章指出，从许多迹象上看，我国经济高潮时期的特征正越来越明显地表现出来。一方面是经济形势大好，需求旺盛，生产繁荣；另一方面，也出现了供求差扩大，资金供应逐渐枯竭，瓶颈制约、资源制约严重，通货膨胀压力加大等等现象。根据一般测算，建国以来，我们已经历了八个经济周期，现在正处于第九个周期的扩张期。要适应周期，亟力避免大起大落，超前动作是有效的措施，它包括超前意识、超前措施和提前调控。

把握周期要有超前意识和超前感受，要善于超前地把握周期的发展趋势。其中重要的是，要超前意识到，扩张自身不断形成制约扩张的条件，而收缩自身也会积蓄阻止收缩的力量。只有增强预见性，才能把握主动性。政府调节要有超前意识，作为经济主体的企业更应该有超前感受。

超前动作和超前措施，在严格的意义上，应该是企业的行为，企业根据自己的超前意识确定自己的超前措施，是适应周期、对付波动的必要手段。不同地区、不同行业在经济周期波动中处境不一，对付波动的超前动作也不一样。善于运用不同的时间差、地区差、行业差，适应周期采取不同的超前行动，可以缓解波动的影响，尽可能取得平稳的过渡。在当前经济高涨阶段，苏南、苏中一些先行地区以及这些地区的企业，已经开始采取一些超前措施，表现出先行地区和企业逐渐在周期中成长和成熟。

在成熟的市场经济条件下，间接调控已成为调节的基本机制。政府不能直接规定最终目标变量，政府所能控制的只是初级工具变量。从初级工具的变化，经过中间目标的变化，到最终目标变量的变化，有一定的时滞，政府不提前使用初级工具变量，就难以达到最终目标适时适度的变化。所以，成熟的调控，实际上不是针对现在，而是针对未来来制定调节政策。

（文　广）

中国推行产业政策的公共选择问题

江小涓　（载《经济研究》1993年第6期）

文章指出，在决定采用产业政策的解决产业结构问题之前，需要考虑几个方面的问题：(1)政府有没有足够的愿望制定和实施合理的产业政策；(2)政府有没有能力制定和实施合理的产业政策；(3)产业政策解决结构问题是不是比市场解决问题的成本更低；(4)产业政策是一种配置性政策还是再分配政策。从中国10多年的经验看，将政府视为“全局利益”的代表，认为政府能“公正客观”地制定政策的前提，是经不住检验的。当然，政府也不是只根据自身利益，而是介乎二者之间。

文章指出，那种仅仅以“结构失衡”为理由，认为凡是存在短缺或过剩、规模不经济、技术进步慢等等问题的领域，都需要制定相应的产业政策解决问题的思路，是过高地估价了政府的作用，而过低地估价了市场机制的作用。对产业政策问题处置失当，除了不能解决存在的结构问题外，还可能引起新的问题或成为通过市场机制解决问题的障碍。例如，为了解决短缺问题，将短线行业置于政府直接管理、控制之下，就有可能阻碍了竞争性高效率经济活动的进入，这反而延缓了短缺行业的发展。再如，为了解决生产过于分散的问题，采用行政手段改组企业，反而阻碍了通过竞争可能达到的生产集中过程。尤其在一些竞争性行业中采取明显干扰市场机制还常发挥作用的产业政策时，其代价可能超出了结构变动的范围，需要特别慎重。

文章最后指出，产业政策目标合理性与产业政策执行过程合理性是两个相互影响但又有显著差别的问题，故而，产业政策手段的设计、选择和配合是一个值得专门研究的问题。

（文　广）

二元结构矛盾与90年代的经济发展

国家计委经济研究新课题组

（载《经济研究》1993年第7期）

文章首先分析了我国二元结构矛盾的历史由来与现状，指出在二元结构不断拉大的背景下，实现90年代加快发展要求存在着巨大矛盾，具体表现在：(1)农业生产增长将越来越难以同加快工业化的要求相适应；(2)工业生产发展将面临市场需求不足和重化工业发展中资金积累源枯竭的矛盾；(3)服务业的发展将受到极大制约。

文章指出，二元结构所导出的发展矛盾，是在二元结构基础上产生了城乡二元工业化目标，核心问题是城市与农村经济在城市产业升级前的产业层面的激烈竞争，即城市经济要以区部分层面向农村扩展以缓解结构升级矛盾，并为产业升级积累资金；而农村经济也只能在这个层面上与城市经济展开争夺，求得发展空间。改革中的两个阶段资金增密过程均以此为源。而农村资金增密的结果是进一步缩小了原有层面的消费市场，从而更增加了城乡间的市场争夺与农村资金增密压力，陷入恶性循环。故此，文章提出一种“双层分离式”工业化战略设想，即政府通过行政手段和经济政策的引导，形成传统轻工业的生产能力与市场向农村转移的势头。也就是说尽量把城乡工业发展剥离成两个层面：城市层面逐渐走上高级化道路；农村层面，作为工业化的初步阶段，发展劳动密集型为主的轻纺产业。具体措施是：(1)对技术档次低、劳动密集度大、且便于农村生产的产业和产品，应让位于农村经济；(2)结合城市企业产权制度的改革，引导上述产业向农村转移；(3)通过税率和利率的差别，用政府力量形成农村上述产业和产品的比较优势；(4)加快发展小城镇；(5)对城市企业在转产升级中发生的困难，要从政策和利益关系方面妥善解决。

（文　广）

公有经济中减低贫困的理论与实践

陈宗胜 （载《南开经济研究》1993年第6期）

文章认为，在假定价值观念，生活习俗等一定的条件下，社会贫困状况（P）主要受制于经济发展水平（I）和收入分配差别水平（D）两个主要因素，这就建立了一个简单的贫困率理论模型；该模型可通过几何图形进行严格的逻辑阐释，其核心内容是贫困率与收入差别正向相关，即在收入水平一定时，收入差别越大贫困率越高；而贫困率与经济发展反向相关，即在收入差别一定时，发展水平越高贫困率就越低。该模型的统计检验方程为 $p=c+a_1\log(I)+a_2\log(D)$，检验结果表明，中国及其它国家的贫困状况的变动的确主要受这两个变量的制约。收入差别又受经济增长的影响，也受经济制度的影响，其基本格局是由经济制度制约的。就是说公有经济属于低收入差别的经济类型，而私有经济则属于高收入差别类型，因而在发展水平一定时，公有经济的贫困率通常较后者低些。经济发展水平是划分经济发展阶段的主要标志，因而在同一社会中，低收入阶段比高收入阶段的贫困率要高些。

文章根据理论模型讨论了某些学者的不同观点；使用大量统计资料确定了中国城乡贫困线，并进而估计1990年中国城乡及全国的人口贫困率分别为7.5%、15.1%和13.1%，全国总计有贫困人口约1.5亿。这一估计同国内外按其它标准估计的不同。文章进一步将中国的贫困率同前东欧各国、印度及发展中国家的一般情况进行了比较分析，比出了中国的成就、差距及改进的途径。最后文章预测中国2000年时的贫困率约为5%，并特别指出实现这一预测值的途径在我国现阶段不应是降低收入差别，因为这一途径过去已走到了极端：平均主义加普遍贫穷；而应是集中全力提高经济发展水平，提高综合国力，使之抵销收入差别扩大导致的贫困率上升而有余，同时也要积极采取措施抑制人口增长，并应充分注意市场机制引进过程中城市中某些阶层居民的贫困状况。

（淑　娟）

当前社会收入分配的趋向与对策

黄延凤　岳颂东　（载《管理世界》1993年第3期）

文章认为，随着改革的深入进行，社会成员的收入水平分化、差距扩大。从理论上讲是基于经济起步阶段的生产要素短缺。但更重要的是，许多改革不到位及新旧体制之间的摩擦导致了分配过程的许多层面处于一种无序状态。它使许多社会成员的收入状况不取决于个人努力及个人理性选择，而是基于各种非正常的环境条件。这一方面使得许多的分配过程和结果与“按劳分配”原则相矛盾，导致了收入差异的非正常扩大及其它不合理的分配模式出现。同时也使得理性的、能为绝大多数社会成员所接受的分配模式无法建立，进而导致了社会各界的广泛困惑和不安。

目前收入分配领域中规则的不合理性首先表现为机会垄断，它对于公开竞争的影响和破坏作用是十分巨大的，对于分配结果的影响也是可想而知的。其次是存在竞争初始条件的不平等分割问题。通过分析作者指出，上述两种表现的原因是传统计划体制下不均衡的权力分割状况和权力运行状况，是不同群体和不同成员间对相对稀缺有限的和各种资源支配、控制能力的差异和对分配干预能力的差异。机会与起点的不平等加上竞争过程中规则不合理，最终导致分配结果的不合理差异。其中权力作为一种“起生产要素”的加入也影响着收入分配不合理性。

由于存在分配的不合理，人们的不满情绪可以说一直居高不下，并使道德观念受到影响。分配矛盾给与我们的启示是：(1)尽可能为所有社会成员提供尽可能平等的机会与条件，保持竞争的公平性；(2)强化对结果具有调节能力，以弥合因无法避免的机会与起点差异所造成的结果的悬殊。

作者还从多方面给出了对分配不公的治理政策。主要是：打击违法行为及钱权交易，打击非法收入，加速劳动、人事制度的改革；调整产业、区域政策；理顺产权关系；提高金融、审计、监察手段的功能；加强税收和社会保障体系建设；并且逐步使非货币分配形式货币化。

（武洪波）

建设社会主义中国的规范化金融市场

陈观烈 （载《复旦学报》1993年第1期）

文章认为，规范的金融市场是社会主义统一市场体系的核心，非此不足以保证资源的优化配置。建设规范化的金融市场应从四个方面着手：

一、形成资金借贷的竞争机制。当前的资金市场上存在着国营银行作为"借方集中"和"贷方集中"的双头垄断，资金的配置不是通过市场而是由几家国营银行和国家计划机关决定的，这是造成资金配置失当，利用率低下的主要原因。作者认为，在目前股份制尚处试行阶段的情况下，直接融资不可能得到普遍和迅速的发展。因此，尽快使间接融资非垄断化是在融资中形成竞争局面的捷径。间接融资的非垄断化的主要步骤为：(1)资金借求主体多元化；(2)增加金融工具的品种；(3)打破少数国营银行垄断金融中介业务的格局；(4)国营专业银行企业化。

二、按市场经济的规范，建立新的利率制度：(1)放开利率，使其能适应市场上资金供求关系的变化而浮动；(2)中央银行应该把更大的注意力放在利率的调控上；(3)增加利率的档次，使之同融资的期限、风险和流动性相适应；(4)强化利率的约束性。

三、建立利益和风险相对称或相补偿的机制以及金融风险避让机制。利用各种风险管理技术，如银行的资产负债统一管理策略，银行存款保险制度，发展金融期货交易、期权交易和互换等对衡业务。同时要由政府制定相应法规和设立专门机构，防止金融业过度冒险。

四、根据我国的同情建立有效的宏观金融调控体系。我国的宏观金融调控的首要目标应当是促进经济的较快增长，中间目标是控制货币供应量。宏观金融调控手段则主要是贴现率和准备比例（公开市场业务短期还难以大规模使用）。同时辅之以再贷款手段以及必要或紧急时的行政命令性调控手段。我们可以根据以上几点来构建有效地宏观金融调控体系。

（吉 飞）

市场经济与利率机制的市场化

何德旭 （载《经济学家》1993年第3期）

文章指出，要充分发挥利率机制在市场经济中的分配功能、调节功能、示向功能，就必须具备放松利率管制，提高借款者、贷款者和储蓄者三方的利率弹性，硬化利率约束这三个条件。而从我国利率改革的实践来看，利率机制的功能仍未充分发挥，其原因也就是不具备上述三个条件，归根到底，就是利率机制运行的外部环境和自身素质两方面的缺陷而造成的。就利率机制自身而言，利率结构不合理和利率管理机制缺乏弹性，而利率机制的外部环境则是制约其功能发挥的决定性因素，有赖于整个经济体制改革的深化。

文章指出，市场化利率机制就是国家控制基准利率，其他利率基本放开，由市场决定。市场化利率机制包括三个层次：(1)基准利率。它是在整个金融市场和利率体系中起决定性作用的利率。基准利率会影响商业银行向中央银行融资的资金成本，改变货币供应量的变化，影响社会预期心理。但目前我们尚不具备运用利率机制影响金融活动的直接条件。(2)浮动利率，指商业银行在中央银行规定的存款最高限利率与贷款最低限利率的区域自由浮动的利率。浮动利率目前是利率机制发挥作用的较好方式。有必要通过扩大利率浮动的范围、提高利率变动的幅度、创新利率浮动形式和下放利率浮动权限来完善浮动利率机制。(3)市场利率，是一种随行就市，完全放开的利率。市场利率虽然在目前还不能成为主要的利率形式，但是，市场利率将是利率形式发展的趋势。我国在很长一段时间内将同时并存三种不同利率，在现阶段和今后一段时期内，要以中央银行的基准利率为轴心并注意扩大浮动利率的使用范围，进而逐渐过渡到中央银行只控制再贷款利率和再贴现利率，其他利率由市场资金供求自发调节、灵活变动。

（晓 东）

试论增强大中型企业活力的价格政策

胡海峰 （载《贵州社会科学》1993年第1期）

企业活力与价格政策、企业活力与价格环境以及企业活力与价格改革之间存在着密切的联系，搞活企业必须重视价格政策、价格环境、价格改革对企业活力的影响，做到科学、合理地制订和正确运用价格政策，积极改善价格环境，不失时机地加快价格改革步伐，为增强企业活力服务。

作者系统分析了企业活力不足的价格成因，认为，目前的价格政策、价格环境及价格改革在以下几方面限制了企业活力的发挥：(1)企业自主定价权不落实，(2)价格结构不合理，(3)价格管理不对称、政策不配套，(4) 价格环境不稳定，(5) 价格政策不配套，(6) 价格改革步子过快、过大，(7) 价格法制不健全。

价格因素对企业活力的影响是巨大的。然而在价格改革的实际操作上，无论是采取“调”(大幅度提高政策性亏损行业产品的价格)与“放”的改革措施，都面临着搞活一批企业的同时也搞死一批企业的两难选择。作者认为，在这两难选择中，要坚持价格改革小步走的方针，逐步扭转不合理的价格结构。只有在价格调整中对其它行业产品价格和收费以及工业企业上游产品的调整依据市场供求状况，并把握时机，适度推进，充分考虑工业企业和下游产品企业的消化能力，才能防止比价复归，为搞活全民所有制大中型企业创造良好的价格环境。

从价格角度看，搞活大中型企业还必须采取以下措施。(1) 进一步落实企业定价自主权；(2) 改革国家定价的管理办法，建立灵活的国家定价机制；(3) 整顿价格秩序，清理乱收费现象，切实减轻企业负担；(4) 尽早制定《价格法》、《市场交易法》、《禁止垄断法》等一系列价格和市场法规；(5) 转变职能，积极为搞活全民所有制大中型企业服务。

(王海涛)

中国证券发展中的规范化和宏观调控问题

黄　达　(载《财贸经济》1993 年第 9 期

近两三年，掀起的证券热仍有增温趋势。面对这种趋势，必须解决好两个问题。一个是规范化问题，一个是宏观调控问题。

所谓规范化，是指按市场经济的要求规范化。至于如何规范，西方市场经济国家经过反复碰壁、摸索，已形成成套的经验和作法，我们应予借鉴并努力使我国证券市场纳入归范化的轨道。规范化要求我们做法与国际接轨，即按国际惯例行事。这方面还有一个突出的问题，就是有价证券交易方式的迅速变换和演进。过去只有现货交易与期货交易，后来有了期权交易和指数交易。这先后利息、外汇的期货交易也成了有价证卷市场的交易内容，这些新的内容都大大加深我国证券市场规范化的难度。

宏观调控问题就中国的实际情况看，股票债券较大数量的增发立即影响货币供给并形成追加的市场需求，对社会总供给与总需求的均衡构成了明显的压力，因而在宏观调控中成为具有关键意义的环节之一。虽然从微观上看证券的发行有利于筹集资金，促进企业发展，也有利于个人收益的增加。但从宏观角度去观察则可能引起整个社会的失衡，因此对股票和债券的发行数量要有一定的限制。有价证券的增多，如何作用于货币供给和市场需求的问题也是我们急待解决的问题，否则宏观调控问题不易解决好。其次，值得我们注意的是：不仅要注意经济行为的直接效益，而且还应扩展眼界去考虑其宏观后果，以利于提高对国家宏观调控措施的预见及理解，从而使自己参与任一投资行为浪潮时，可以增加自觉性。

总之，有价证券市场，是市场经济体制的有机环节，甚至可以说，没有它也没有现代的市场经济，我们应该努力培育它，发展它。

(武洪波)

关于发展股票市场的几个问题

刘光第　(载《经济研究》1993 年第 3 期)

文章指出，股市的建立和发展是市场经济发展的必然产物，也是市场经济进一步发展必不可少的条件。但在我国，开办股市以来，缺点大于成就，这表现在：(1) 利益驱动，上下争利，股市的作用被扭曲；(2) 投机猖獗，投资不足；(3) 以权谋私，扰乱股市；(4) 造成社会心态不平衡，影响社会安宁。这些问题的原因在于，发展股市的客观条件久缺。这里所说的客观条件包括：市场经济一定程度的发展，信用制度的发达，政府职能的转变等。从主观条件来看，我国开办股市的准备工作也显得很不充分。如宏观管理不善，舆论宣传失当等等。

作者认为，我国股市发展应采取的战略是：(1) 存在股市发展的两种模式，即自然演进型发展模式和政府推动型发展模式，作者认为我国应采取后一种模式。(2) 应以间接融资为主，直接融资为辅；(3) 应以债券市场为主，积极发展股票市场；(4) 在发展股份制和健全股市的过程中，对国有企业与非国有企业应一视同仁，同等对待，打破公有制企业的一统天下。

文章指出，现在我们处于两难困境之中，一方面市场经济不发育，就很难推行股份制；而另一方面股份制不推进，市场经济也很难发育。唯一的办法是从两方面做工作，从规范市场经济和规范股份制试点两方面互相促进互相结合。从规范股票市场方面看，以下几点应特别重视：(1) 调整管理机构，统一全国法规；(2) 改革管理方法，加强对企业监督；(3) 明确股市发展的目标，精选上市股票；(4) 改善股票投资方式，防止过度投机；(5) 加强对证券官员的教育；(6) 正确宣传，防止片面。

(文　广)

试析证券投机的经济功能

吴海涛　（载《经济师》1993年12期）

作者认为，证券投机的存在具有客观必然性，这表现在：一方面证券投机存在的最重要的物质基础是市场经济。有市场经济就有投机，投机就是投准时机，获取利益的意思。只要存在价差利差，就会存在投机。另一方面证券运行机制的影响。由于成交和交割在时间上、空间上的分离，为投机的产生提供了可能。

证券投机的经济功能主要表现在以下四个方面：(1)资源配置和再配置功能；(2)分散、吸纳风险的功能；(3)平衡证券供求，稳定证券交易价格。一方面，证券投机可以缓和证券供求矛盾。另一方面，证券投机者的预期对未来证券价格提供了预警信号，并产生自动调节机制。(4)维持证券市场存在和发展的功能。目前我国国债交易市场相互分割、一潭死水，与缺乏投机因素有直接关系，股票市场交易活跃和投机者参与其中有很大关系。从这个角度看，没有投机就没有证券市场的维持和发展。

作者认为，证券投机虽然在证券市场上有活跃市场、促进流通等特定作用，但过分投机的危害作用也极其严重。因此应从几个方面引导证券投机活动。(1)规范股票市场，促使证券投机兴利抑弊。主要是要抓紧立法，尽快为证券投机创造良好的法律环境；(2)改善股票投资方式，防止过度的证券投机。如积极发展可转换债券，发展投资合作基金，确定证券投机主体，较多地发展法人股；(3)要区别正当投机与有害的恶性投机，保证投机活动正常运行；(4)建立证券投机交易的保证金制度，对证券投机活动加以控制。目前，我国的证券经营机构资本金实力薄弱，在这种情况下，如果没有保证金制度，对发挥正当投机的功能和作用是十分不利的，使证券投机处于低级化阶段，无法向规范化和高级化过渡。

（雪　凌）

我国金融体制改革的目标取向：金融市场化

曹茉莉　马晓军　（载《求索》1993年第2期）

文章认为，目前金融体制的改革总体上是滞后的。表现在：银行及其他金融机构的经营自主权和竞争的自由度尚未放开；由国家制定的利率难以准确反映资金市场的供求关系；国家对金融的调控仍偏重于直接的计划手段等。我国持续14年来的改革开放，一方面催促金融体制跟上改革的步伐，另一方面也为金融体制改革创造了良好的环境。因此，现在正是实行金融市场化的最佳选择时机。

作者认为，如果暂且撇开外部环境的改革，我国金融体系内部市场化的改革内容和措施大致包括五个方面。(1)使利率正确地反映市场供求关系。先在中央银行存贷款基础利率的水平上，配合一个较大的波动幅度，然后随着国库券市场、短期金融市场的发展，再过渡到中央银行全面放开利率，以最终使利率成为市场供求和政策意向的综合函数。(2)确立中央银行的相对独立性和权威性。从国际比较看，根本措施在于立法，为了摒弃政府直接干预货币政策的行为，建议中央银行应直接对全国人大、而不是对国务院负责。但是中央银行的独立性又是相对的，即其独立性又有必要被限于保证政府长期经济发展战略的实现，支持政府的各项经济政策。其独立度以杜绝货币财政发行为宜。(3)逐步推行金融机构的企业化经营。重点是对各专业银行松绑。从纵向看，中央银行对各专业银行的控制应逐步向间接调控过渡；从横向看，各专业银行应分解职能，实现职能和利益的单一化。(4)加快金融市场建设的步伐。重点是加快长期资本市场的建设，主要着眼于完善股票市场和长期债券市场，发展方向在于扩大业务、提高效率、完善机制。(5)放开外汇市场使国内外两大市场及时接轨。首先需要创造一个相对稳定的、低通胀、少波动的经济环境，以利于两大市场对接；其次是需要有足够的外汇储备以具备调控外汇市场的能力；再次是宜先放开个人外汇买卖，然后对企业开放外汇市场，以避免企业对外汇需求强烈而冲击市场。

（雪　凌）

市场经济与竞争机会的平等

孙祁祥　（载《经济研究》1993年第8期）

文章指出，竞争机会的平等的涵义是，它不重视结果，但强调程序，即每个人都有参与竞争的机会。也就是说，它强调和重视在承认竞争起点可能不平等的前提下，竞争活动的参与、竞争规则的公正、竞争过程的透明、竞争结果的有效。市场经济体制与传统的计划经济体制之间的根本差异之一，就在于个体选择的得与失和平等竞争机会的有与无。因此，传统体制的失败，从表面上来看，是因为否定商品经济，排斥市场机制，但更为深刻的原因，则在于它忽略人性，缺乏竞争机会平等这一催人奋进的机制。从某种意义上说，衡量市场经济体制是否在中国真正建立起来了的标志，就是看竞争机会平等的机制是否在经济生活中运行。

平等与效率的关系是理论和实践中的一对矛盾。作者指出，事实上存在着两种平等与效率的关系：一是收入平等与效率的关系，一是机会平等与效率的关系。在市场经济条件下，由于价值规律的作用，追求效率的结果必然会产生收入的不平等。强行拉平收入差距，必然会挫伤劳动者的生产积极性，损害效率原则的实施，从而阻碍经济效率的提高。由此，追求结果的均等，既无公平可言，也无效率可言。而竞争机会平等则体现着一种公平，所以竞争机会均等与效率在通常情况下是同步进行的。机会平等产生效率，更高程度的机会平等产生更高的效率；机会不平等导致非效率，机会不平等程度越高，非效率程度也就越高。

（文　广）

我国城乡利益关系格局及其调整

易炼红　（载《贵州社会科学》1992年第6期）

作者评述了我国城乡利益关系格局演变的历史与现状，指出，由于我国城乡实行的是两种截然不同的分配体制，且分配政策过于向城市倾斜，加上历史上长期形成的城乡二元经济结构，因而我国的城乡利益关系格局一直表现出明显的不合理性。

作者认为，调整我国城乡利益关系格局的具体对策可按以下思路来设计：首先，完善分配体制，转换分配机制，优化分配政策，将城乡经济关系真正建立在商品经济的基础上。城乡分配体制的完善应以社会福利制度为突破口，即先对城市无所不包的社会福利制度进行改革，如改革城市住房制度、医疗保健制度、养老保险制度等，适当增加城市居民在这些方面的自我支出，减少国家的福利负担，并把由此节省下来的费用转化为农业投资。除此之外，围绕完善分配体制，还应该：(1)转换分配机制，将市场机制引入城乡之间的利益分配过程之中，遵循等价交换原则，消除城市居民对农民收益的不合理“占有”现象；(2)适当平衡有关政策，改变过去分配政策过于向城市居民倾斜的现象，逐步为城乡居民创造平等竞争的政策环境；(3)进一步调整和完善工农业产品的比价，努力缩小“剪刀差”，以抑制农民收益向城市居民的不合理转移；(4)逐步缩小城乡人均资产存量的差距。其次，以宏观上加强对城乡产业结构和产业政策的研究，运用政策手段将工业积累适当转入农业，实现城乡产业结构合理化，推动城乡经济协调发展，逐步改变城乡二元经济结构的基本格局。为此，要适当调整农业与非农业之间的比较利益；要调整农村产业结构，进一步发展农村的非农产业，积极扶植、促进乡镇企业的发展；制订出符合我国国情、切实可行的人口转移方案。作者指出，必须尽快促使部分农民在从事非农产业的同时彻底离开土地；而达到这一目的的根本途径是，在推进农村以工业为主的非农产业发展的过程中，逐步实现乡村的城镇化。

（雪　凌）

试论外国政府对公共产品供给的介入方式

郑秉文　（载《中国社会科学院研究生院学报》1993年第5期）

文章认为，外国政府对公共产品供给的介入有两种类型：政府直接生产和政府间接生产。前者分为三种：(1)中央政府直接经营：许多西方国家的中央政府直接经营造币厂、中央银行、邮政服务业、电力、医院、学校、自来水等。(2)地方政府直接经营：在欧洲许多国家，地方政府直接经营一些保健事业、医院、自然资源保护、警察、防火、上下水道等。(3)地方公共团体经营，以日本为例，地方公团经营的国有企业从事自来水、工业水、铁路、汽车运输、地方铁路、电气、煤气等有利于地方居民福利的事业。

地方政府经营公共产品一般有六种方式：(1)签订合同。采用与私人公司签订合同经营公共产品是外国使用最普遍、范围最广的一种形式。适用于这类的公共产品大部分为基础设施，还包括一部分公共服务行业。(2)授与经营权。在发达国家，许多公共领域都以这种方式委托私人公司经营，如自来水公司、电话、电台、电视台报纸、杂志书籍等。(3)经济资助。欧美国家对民营公共产品经济资助的途径和方式主要有补助津贴、优惠贷款、无偿赠款、减免税收、直接投资等。经济资助的主要公共领域有科技、教育、卫生等。(4)政府参股。参股的方式主要有收益分享债券、收购股权、国营企业经营权转让、公共参与基金。参股的领域有：桥梁、发电站、铁路、电讯等。(5)法律保护私人进入。许多国家允许民营厂商进入公共产品部门，调动社会力量，甩掉财政包袱。(6)社会自愿服务。许多国家鼓励市民组成志愿小组，免费提供消防安全、住宅安全、成人教育，提倡积极健康的娱乐活动。

文章最后指出，适当扩大在公共产品生产中的政守的间接生产，会促进我国公共产品的发展和繁荣。

（刘　岱）

对当前开放“热”中的若干问题的冷静思考

熊性美　陈漓高　（载《南开经济研究》1993年第2期）

文章指出，1992年，我国对外开放产生了各种各样的“热”：一曰“开发区热”；二曰“引进外资热”；三曰“全方位开放热”；四曰“入关热”。对各种“热”的利弊应具体分析。

文章指出，从以上的各种开放“热”中，我们首先应看到积极的因素。它反映了举国上下对中央将改革开放引向深入的方针的认同和拥护，说明改革开放是不可逆转的历史潮流。然而从开放“热”中也看到一些令人深思的问题。

首先是许多人对开放的理解还停留在浅层次上，把对外开放仅仅理解为引进了多少外资，扩大了多少外贸额，办了多少开发区等。而没有从深层次上认识到，这些作法本身都不是目的，而是使中国经济体制与国际惯例接轨、溶于世界经济和国际市场，参与国际分工与国际竞争的途径；是充分利用国际资源配置机制，促进我国产业结构优化和升级，加速国民经济发展，提高人民生活水平的方式。如果能这样认识，就能提高对外开放的自觉性，减少盲目性。

其次，我国对外开放还面临着从传统体制向市场经济体制转轨过程中的体制性冲突和障碍。如以行政命令方式层层下达兴办开发区的指标；不讲实效只图表面轰轰烈烈，不顾质量只求数量地去办开发区或引进外资以突出行政官员政绩的作法；在办开发区或引进外资当中不讲经济效益而大搞粗放式、外延型经营的风气；在利用外资中反被外资利用却视而不见或假装糊涂的心态；为了本地区局部利益而不惜展开优惠竞赛造成肥水外流的举措，等等。

最后，开放“热”中出现的一些问题，也反映出国家对于某些开放政策和领域有失控现象；国家对对外开放的全局在某些方面缺乏有效的宏观管理和统筹安排。说明国家对宏观经济实行间接调控的各种经济、法律制度的建设和完善，尽管刻不容缓还面临相当艰巨的任务。这些都有赖于经济体制改革的进一步深化。

（栾　涛）

生产要素的价格扭曲与外贸效益

张幼文　（载《国际商务研究》1993年第2期）

作者认为，要素价格扭曲导源于要素市场的不完善，具体表现为：（1）要素价格差异特别是工资差异。（2）要素的不流动性。（3）要素价格的刚性。

要素价格扭曲产生两种结果：一是在两个不同产业中要素的边际替代率不相等。另一种结果是商品市场价格比与生产的边际转换率不一致。在要素不流动和产品价格可变的情况下，生产可能性曲线会收缩。要素价格扭曲的原因有体制原因与政策原因。在一般发展中国家，要素价格扭曲的一个重要原因来自于政府的调节政策，即对资本与劳动力市场的各种政策。体制原因导致贸易下降：贸易发生后，要素使用需求将因产业结构变动而变动，但是要素价格是呆滞的。在分权制下，要素存在着一定程度的市场分割，主要原材料仍在很大程度上由行政调拨，价格不反映稀缺程度，计划的错误配置不可避免，“出口优先”原则必然会使边际要素报酬率不相等，从而形成扭曲。出口企业会过多地获得要素配给而不成比例地低效使用。地区性差别政策引起资源不合理流动。

文章还分析了外汇的国内资源成本扭曲。对后进国家来说，外汇的获得或节约是一个重要目标。如果把获得或节约单位外汇所费的国内资源成本看作一组投入要素，那么，两者的不等也具有要素扭曲的性质，即等量外汇资源的国内资源成本不等，这一情况来自于有效保护率与名义保护率的背离。有效保护率理论认为，当对一最终产品和各投入品均征关税时，一国最终产品的有效保护率并不一定等于其名义保护率。运用有效保护率分析法可以看到，当关税结构存在不合理时，会出现失真的比较利益结构，形成扭曲。名义保护率与有效保护率的背离具有价格扭曲相似的性质。

（马春辉）

国际投资的商业惯例及其在我国实践中的应用

初保泰　（载《管理世界》1993年第5期）

作者认为，与国际投资活动密切相关的主要国际惯例可以归纳为五条。

一、国家主权原则。即国际社会的所有国家都自主决定对外来投资是接受还是不接受；东道国对外来资本拥有全部的，充分的管辖权；国家无论大小强弱，在参与处理国际投资事务中，都享有平等的权利；每个国家有权制定自己的法律、法令，以指导外国资本的经营活动使其符合本国经济发展的需求；任何资本、任何公司都没有超越所在国国家法律之上的权利。这是国际投资活动必须遵循的基本国际准则。

二、保持外国投资者合法权利的原则。此项原则不仅载于各国的宪法、民法、商法、公司法，也载于国际条约，是国际公认的准则。这些权益不仅包括有形产权，尤其是动产、不动产及其它物权，如抵押、留置、用益及质权等；而且包括公司的股份及其它形式的权益；还包括请求权、版权、工艺流程、商品或商誉等各种形式的权利。

三、平等竞争和互惠原则。此原则对国际贸易和国际投资皆适用。多国企业应遵守营业地国家制定的官方竞争条例和政策，反对他们滥用市场势力的支配地位，并且反对竞争性获利和对竞争对手掠夺。拒绝买卖、滥用工业产权、歧视性定价等手段达到垄断目的。同时国际间的投资，金融信贷应以等价、有偿、平等互惠为基础，力争做到公平竞争。

四、最惠国待遇和国民待遇原则。这个原则要求所有东道国对各国投资者一视同仁，给以相等的待遇；要求东道国对国外投资企业和本国投资企业一视同仁，给以相同待遇。在国际投资中实施最惠国待遇和国民待遇原则，是实施公平竞争原则的需要。

五、可以征用外国财产并给以补偿原则。这是国家主权原则延伸。东道国为了社会的公共利益，需要征用或征收某项外国资产时，可以依本国法律征用、征收，并给被征者以补偿。

（武洪波）

国际资本市场的发展趋势与我国利用外资政策取向

鄂志环　（载《国际金融研究》1993年第8期）

文章指出，近年来，随着国际政治、经济格局出现重大调整，国际资本供给和需求结构发生显著变化，国际资本市场出现了一些新的情况：(1)国际资本流量明显减少，资本供求失衡，国际资本缺口加大；(2)资金流向有所改变，一些发达国家成为国际资本投入的热点；(3)国际融资向证券化发展，国际债券市场、股票市场在国际资本融通方面发挥越来越大的作用。

上述趋势表明我国引进外资将面临融资困难，成本高昂等新问题。针对对外筹资环境的变化，我国利用外资政策也应相应调整：(1)应进一步加强对利用外资工作的宏观管理。首先，根据国际资本市场的变化情况，结合我国经济发展的需要，制定利用外资的整体战略。坚持利用外资政策与我国的财政、金融政策及产业政策相协调的原则；适当调整直接投资与间接投资的比例；提高利用外资的使用效率。其次，要掌握直接投资的主动权，以产业导向为中心，引导外资投向能源交通、原材料、基础设施等瓶颈部门的重点建设项目以促进我国经济产业结构的优化和经济效益的提高目前，在外商投资中，存在投资规模不大，技术水平偏低，一般加工项目所占比重较大等问题，应进一步改善投资环境，优化我国外商投资的规模结构和产业结构(2)开辟引进外资的新渠道，实现利用外资形式的多样化和全面化。应根据国际市场融资证券化现实，积极利用国际证券市场，开辟融资新途径。这包括：利用国外基金，引入外资；国内企业利用国外股票市场，直接筹集资金等。

（文　广）

工业化中期阶段的农业增长方式

国家计委经济研究所农村室

（载《农业经济问题》1993年第4期）

文章运用国内外的数据，指出我国已进入工业化中期阶段，以此为基础，探讨了工业化中期阶段的农业增长。

作者运用发达国家工业化过程中农业增长时间序列的数据和世界银行资料，分析了60多个国家198年横截面数据。指出，工业化中期阶段的农业有两个明显特征：一是食品需求明显加快，二是农业增长趋于滞缓。在我国个人收入与食物需求增长的关系方面，作者认为，我国的食物需求与国际趋势一致，农业面临严峻的需求压力。在中国农业增长趋势方面，由于农业资源数量和质量趋于下降，工业化基础薄弱，活劳动的过量投入，人均国民生产总值低，积累能力低，农业技术推广差等原因，农业增长也将与国际趋势一样趋于停滞

文章指出，在中国工业化进程中，解决供求矛盾和避免停滞趋势，主要应依靠国内农业增长。为此，必须探求中国农业的增长模式，其特征应是：以市场引导资源流动并调节农业产品流通与消费，国家扶持农产品供给。在国家扶持下依靠具有劳动密集与土地生产率较高的技术，发展地区优势和国际优势产品。同时正确处理好国家、农民、市场三者之间的关系。

为达到上述目的，作者提出了5条具体对策及措施：(1) 改变国家强制转移农业资源的传统措施；(2) 推进农业市场化改革，使农产品流通与消费处于市场引导之下；(3) 增加国家对农业的扶持能力；(4) 推进农业技术进步，提高劳动生产率；(5) 加强宏观调控，引导农民从事农业生产，增加农业投入。

(孙宗奎)

农业为工业化资本积累提供剩余使命完成标志的研究

冯海发　李　溦　(载《学术月刊》1993年第6期)

文章指出，在整个工业化过程中，农业与工业的关系不能始终停留在农业为工业提供剩余积累的格局上。随着工业自我积累和发展能力的不断提高，农业充当提供剩余的角色会发生规律性转换。农业提供剩余使命完成的理论标志应当是工业部门的发展在资本来源上已经具备了自我积累的能力。这一理论标志可具体化为：(1)工业部门已经建立相对完整的工业生产体系，(2) 工业部门在国民经济中的主体地位已经确立，(3) 工业部门的劳动力份额已有大幅度上升，(4) 人口城市化已达到一定水平，(5) 人均GNP已达到一定水平。

文章分别研究了世界上具有代表性的和工业化比较成功的美国、日本和台湾的工业化过程。实证研究指出，不同国家或地区，虽然工业化起步时的各个经济结构数值不尽相同，但工业具备自我积累的发展能力所处的工业化阶段大致相同。其中农业提供剩余使命完成标志为：(1) 产业结构已经以工业为主，工农产值为60%：40%，农业份额不低于40%，不高于50%；(2) 农业部门的就业人数占社会总就业人数比重不超过55%；(3) 人口城市化水平不低于35%；(4) 人均GNP在1 000美元左右。文章还指出，国际经验表明，工业化起步越晚，农业提供剩余持续的时间就越短，从国民经济结构转换的临界点到农业提供剩余使命最终完成的时间间隔也就越短。

作者结合我国的国情指出，我国工业化的成长在80年代中期已经显示出了第一阶段结束的基本特征，特别是以乡镇企业为代表的农村工业的兴起，为国家工业依靠自身积累求得发展提供了可行性先例，创造了工业企业在市场机制下运行的基本经验。另外我国人均GNP也已接近工业化第一阶段结束时标准的低限水平。

(孙宗奎)

对当前农业问题的若干看法

陆学艺　张厚义　(载《中国农村经济》1993年第3期)

作者认为，现在的农业形势又出现了与1984年、1985年相类似的状况，如不及时调整政策，可能会出现新的农业徘徊。文章从三个方面进行了阐述。(1) 粮食问题不可掉以轻心。第一，我国的农业家底并不厚，拿粮食来说，虽然已有2 400亿斤的库存(其中国家储备700亿斤)，人均约为205斤，可供全社会消费约6个月，超过了粮食安全线。但与发达国家比还存在很大差距，如东邻日本，整个80年代，粮食库存人均都在400斤以上。第二，这2 400亿斤国家库存，有的实际已经动用，但帐面未动，出现账库不符的问题。第三，这2 400亿斤库存粮食，有的已库存三年以上，发黄变质了。第四，中国现阶段的一个基本农情是小生产大市场，农户众多，一起卖粮，或者一起买粮，任何粮食市场也经不起这样的冲击。这个特点，我们应该有个认识。

(2) 对当前农业形势不容乐观。第一，耕地急剧减少。第二，谷贱伤农，严重挫伤农民务农种粮的积极性。第三，近三年全国农民实际收入增长停滞、缓慢，引发了很多严重的经济社会问题。第四，农民不合理负担愈来愈重。第五，干部无心管农业。第六，实行了近40年的主要农产品统购统销的体制。为改革旧的传统体制，国家已经作出了分区决策逐步放开的决定，这个方向是完全正确的。问题在于目前农村的干部和农民都在这种体制下生产生活过来的，有些已经形成了“传统”、形成了“习惯”。从旧体制向市场经济新体制如何过渡好，还是要做很多工作的。

(3)关键在于保护农民利益。第一，及时调整政策，稳定发展农业。应明确指出，要保护耕地、保护农民利益、保护农业。只有保护了农业这个基础，整个国民经济才能够持续、稳定、协调地发展。第二，在建立社会主义市场经济体制的过程中，要有保护农业的政策和措施。在财政上要有支持农业的拨款，在资源配置上要保护农业发展的需要，在分配上要保护农民的利益。

(秦　理)

乡镇企业改革开放十五年的历程回顾与前景展望

李炳坤　（载《管理世界》1993年第5期）

乡镇企业异军突起，是中国改革开放中最令人注目的成就之一。到1992年，乡镇企业职工人数在农村劳动力和全国社会劳动力中所占比重，分别达到24.2%和17.8%，乡镇企业总产值在农村社会总产值和全国社会总产值中所占比重，分别达到66.4%和32.3%，其中，乡镇工业产值占全国工业总产值的比重达到34.4%。

乡镇企业对国民经济和社会发展的重大贡献是：推动经济总量增长，促进经济结构变革，提高国民经济总体效率，促进农业持续稳步发展，推进农村社会发展。

乡镇企业强劲崛起的基本因素有四：充分利用改革开放的政策环境，始终保持市场调节的运作方式，不断完善富有活力的企业机制（自担风险的发展机制、高效快速的决策机制、催人奋进的分配机制、能者为上的用人机制），逐步优化各级政府的支持体系。

目前全国乡镇企业的不足和问题是：(1)地区之间发展不平衡，差距继续拉大；(2)整体经济技术基础仍然较差，与提高国民经济发展水平的要求不太适应；(3)投入水平与现实需要很不相称，妨碍着技术进步的更快发展；(4)相关法规体系不健全，侵犯乡镇企业合法权益的行为时有发生。

今后，乡镇企业年增长速度将保持在15%以上，2000年其产值将比1991年增长251.8%，超过4万亿元。乡镇企业的发展要以提高经济效益为中心，抓好五个方面的工作：(1)继续深化体制改革，明晰产权关系，实行规范化管理，加快组建企业集团，建立健全商品和要素市场体系。(2)继续扩大对外开放，逐步实现大型化、国际化和产业、技术的高度化，增强国际市场竞争能力。(3)积极推进均衡发展，加快发展中西部地区乡镇企业，实行因地制宜的产业政策，“多轮驱动、多轨运行”的企业组织形式，加强国家扶持及与东部沿海地区的横向经济联系。(4)逐步改进企业布局，建立乡镇工业小区，加速小城镇建设。(5)不断增强发展后劲，更有效地开发利用资源。

（程漱兰）

中外第三产业结构比较研究

张德霖　（载《中州学刊》1993年第3期）

作者认为，中外第三产业的比较包括静态的结构比较和动态的结构比较。

从动态比较中的产值结构比较来看我国服务业具有以下特点：服务业产值增长率高居各国榜首；服务业产值增长率以更快的速度超过农业产值增长率；服务业产值增长率相对于工业产值增长率趋向减缓；服务业产值增长率呈下降势态；服务业推动经济增长的作用减弱。究其原因主要是因为中国处在工业化进程阶段，这一阶段整个经济增长速度比较高，服务业增长水平也就较高，但人均GNP水平和城市化进程制约了第三产业发展所以呈下降趋势。从就业结构的动态比较来说我国的特点如下：第一产业劳动力就业比重居高不下，“脱农化”进程缓慢；第二产业劳动力增长速度偏低，劳动力结构“工业化”进程亟待加速；同时第三产业劳动力增长速度太慢，劳动力结构的“服务化”进程和速度亟待加快。但只要我们遵循产业结构演进规律，采取积极的宏观指导，有计划地加快劳动力结构的“服务化”是完全有可能解决就业与效率矛盾的。

从产业结构的静态比较来看，第三产业的发展水平与国外相比差距还是很大的。除了历史和体制原因、人均GNP水平较低外，一个很重要的原因是农业劳动生产率太低。把农业劳动生产率提高到既能保证非农产业部门及自身的自我需求，又能保证传统部门转移出来的剩余劳动力对农产品的需求，成了中国实现结构转变、推进工业化进程和加快发展第三产业的必要条件。从就业结构的静态比较来看：中国第一产业就业比重过高，第二产业就业比重偏低，第三产业就业比重太低。中国的经济发展长期陷入高人口自然增长率、高就业率、低效率和低工资的恶性循环中，不切实际的疏分就业以牺牲劳动生产率增长为代价。解决这些矛盾的方法就是：控制人口增长率、选择适宜的资本替代劳动政策，提高劳动者素质，大力发展第三产业。

（武洪波）

论当代西方发展理论的危机

曾智华　（载《世界经济与政治》1993年第7期）

文章指出，从二战结束到60年代后半期，是当代西方发展理论的早期阶段，主要包括“发展经济学”和“现代化理论”两大主流学派。它们都以近代以来西欧和北美国家的现代化历史经验为基础，从各自学科角度对这两个地区的经验进行单层次的实证归纳和描述。认为现代化历史过程就是西方国家特别是美国那种经济、政治、社会和价值观念体系产生和向外传播的过程；其他国家要实现现代化就必定是西方化，甚至就是美国化。而联合国“两个发展十年”计划和许多发展中国家的实践表明：单靠国民生产总值和经济增长率的提高不仅不能解决发展问题，反而会引起一系列的经济、社会和政治问题。理论和现实的困境使西方发展理论自60年代后半期便进入了被修正与被否定的阶段。对此进行批判和修正的主要有依附论、世界体系论及“另一种发展观”。作者认为，在众多学者对发展理论所做的批判与修正中，值得一提的是“布莱克学派”和摩尔的理论观点。他们都试图对现代化历史过程的某种“共同的”因素进行探讨，特别是摩尔看到了广大农民在现代化进程中的历史作用。然而，由于社会历史观的局限，使他们最终并未提出一个科学的现代化理论体系以取代他们所批判的欧洲中心主义的发展理论。

基于上述的比较考察，作者指出，当代西方发展理论在对现代化和发展问题的探讨中确实已取得了很大的进展，提出了许多颇具启发性的理论观点。但由于它们都没有能从终极原因上提出并回答现代化历史发展过程的最终的因果必然性和普遍的规律性这样一些重大的理论问题，仅限于对若干西方国家的历史经验或某些第三世界的发展实践做单层次的经验描述和事实归纳，并把由此得出的所谓“经验法则”奉为现代化的“普遍模式”。这样就使他们无论在理论上还是在实践上都陷入了不可自拔的困境之中。

（漓　高）

按生产要素所有权分配与按劳分配

陈秀华　（载《社会科学》1993年第10期）

按生产要素所有权分配，分为按劳动力所有权分配必要产品价值（v），按生产资料所有权分配（m）。这是马克思对资本主义生产总过程的分析得出的结论。

按生产要素所有权分配，是社会主义市场经济必然要求。它存在于国民收入（v+m）之中。由于全民所有制企业，生产资料所有权属于国家，经营权属于企业，劳动力属于劳动者个人。企业创造的国民收入的初次分配，作为劳动力所有者的工人从中取走劳动力价值等价——工资（v），剩下的m，一部分作为生产资料所有者的国家以税利形式取走，另一部分作为经营者的企业以留利形式取走。还应从企业留利中拿出来一部分为劳动者进行分红，以体现出每个劳动者在经济上对企业生产资料的一份权利。国家作为土地的所有者还以地租形式从m部分取走一部分。生产资料和劳动力价值通过货币表现为资金，企业在生产经营中还必须同银行通融资金。国民收入还要再次分配，作为资金所有者以利息形式从企业利润中取走一部分。中央与地方经济利益划分，也是按对生产要素所有权程度和大小确定。还需联系对生产资料管理程度和大小来决定。

按劳动力所有权分配、按劳动力价值分配和按劳分配是同一的。按劳动力所有权分配，还需进行量化，这就是按劳动力价值分配。按劳动力价值分配与按劳分配也是同一的，在社会主义市场经济中，按劳分配转化为按劳动力价值分配。(1)劳动力商品是按劳分配的经济条件。(2)劳动力价值决定与按劳分配中“劳”的决定是一致的。劳动力价格还受劳动力供求影响。

在社会主义初级阶段，在分配制度上表现为以按劳分配为主的多种分配形式并存，都是按生产要素所有权分配原则的不同表现。按生产要素所有权分配能理顺中央与地方、国家与企业、集体与个人利益的分配以及个人消费品分配的客观依据，它是人们区分劳动收入与非劳收入的准则、合法收入与非法收入的界限。

（栾　涛）

论“社会工资”

赵立人　（载《四川大学学报（哲学社会科学版）》1993年第1期）

文章首先对社会工资的概念和性质进行了分析论述，认为，社会工资能更好地概括政府向人们提供的福利和津贴的总和。社会工资的构成和来源从理论上说，主要是社会消费基金中的文化教育基金和社会保证基金。作者在作了实证研究之后，指出，社会工资属非劳动报酬，在一定条件下会侵蚀劳动收入。社会工资膨胀会导致按劳分配的失效。

当前社会工资膨胀主要表现为：(1)宏观消费基金总量增长过快，(2)财政补贴收入手段频繁使用，(3)住房补贴、隐形个人收入分配占很大比重，(4)集团消费转化为个人消费，(5)滥发实物挤占生产成本，(6)银行工资支出大于统计报表的工资总额。

国民收入向个人倾斜是社会工资膨胀的根源。作者从国民收入的使用额、企业的内部分配和寻租现象三个方面进行分析。指出，社会工资膨胀的危害是极其严重的，表现在：(1) 收入结构畸型，背离按劳分配原则；(2) 助长了平均主义，降低了劳动效率；(3) 截留生产发展基金；(4) 不利于扩大再生产，不利于劳务出口，不适应改革开发需要。

作者认为，国家应对社会工资膨胀进行宏观调控。首先，要理顺初次分配与再次分配的关系，即整顿工资外收入。其次，要调整社会消费基金的比例和使用方向，把好“总闸门”。具体对策为：(1) 研究职工年收入与社会消费基金转化为个人收益部分的比例，(2) 对社会保障性收入进行清理整顿，(3) 加快房租改革，推进住房商品化，(4) 完善社会保险制度。

（孙宗奎）

我国工资成本的现状和发展趋势

郑宗寒　（载《上海社会科学院学术季刊》1993 年第 2 期）

文章运用实证分析和动态分析的方法，通过对我国 40 多年来的工业工资总成本的分析，论证了，从帐面工资成本看，工资总成本是正常的，工资的增长低于劳动生产率的增长；但从实际工资总水平看，工资总成本增长较快，工资成本在总成本中已占到相当高的比重，单位产品工资成本呈上升趋势。

文章认为，对工资成本逐步上升具有某种必然性。由于社会生产力的发展，劳动者生活水平逐步提高，劳动力再生产费用就会提高，工资也将逐步上升。另一方面，生产力的发展、技术进步和资本有机构成提高，会导致单位产品消耗的活劳动绝对量和相对量逐步下降，单位产品工资成本也会逐步下降。这是两种相互矛盾、相互促进的发展趋势。工资成本是否上升，取决于两种趋势相互消长的结果。作者从一定时期工业产品工资成本绝对量的角度进行了理论探讨，认为在合理的比例范围内，工资的增长率应小于或等于劳动生产率的增长。作者还结合我国和世界各国的情况，阐述了工资成本上升的必然性。我国目前的现状是工资成本上升过快，这与一些不合理因素如劳动力增加过多、技术进步慢、管理水平低等有直接关系。

文章认为，提高“工资成本效益”具有重要意义。“工资成本效益”水平可从单位工资成本形成的总产品、净产品和剩余产品三方面来考核。我国目前工资效益低下，远远不如西方工业发达国家，劳动力实际上并不便宜。针对这种效益低的问题，作者认为，工资成本是决定劳动生产率和经济效益的重要因素，降低工资成本势在必行。从实行社会劳动保险、发展生产、加速技术进步等方面入手，降低工资成本，有助于提高成本效益。

孙宗奎

市场工资论

陈乃醒　胥和平　王延中　（载《经济管理》1993 年第 7 期）

文章对社会主义市场经济条件下的工资体制作了探索。市场工资是以市场调节为基础形成的工资。这种工资形式随劳动力市场的发展，会成为工资管理的主要形式。市场工资具有水平弹性大、随机性较强、供求双方相互选择余地大、机遇平等、体现平等竞争、反映劳动供求双方意愿等六个特点。市场工资的功能是：(1) 具有自动调节的机制，(2) 有利于调动劳动者的积极性，(3) 有利于提高企业经济效益，(4) 能促进劳动力合理流动，(5) 体现按劳分配原则。

市场工资的运转以市场为中心。作者从生产和消费两个层次分析了市场工资的运行。从工资的生产看，劳动需求—工资水平—企业利润—物价状况是一个相互制约的循环。从工资的消费看，工资水平—消费比重—物价状况—储蓄利率也是相互制约的。市场工资最终会影响国民经济的各个比例关系，因而必须对其进行宏观调控。

文章在阐述了市场工资的宏观环境之后，指出，形成正当合理的市场工资需做好 7 个方面的工作：(1) 转变政府职能，(2) 办好职业介绍所，(3) 改革劳动管理体制，(4) 落实用工单位的自主权，(5) 建立健全劳动法律制度，(6) 建立健全社会保障体系，(7) 实行终身教育。由于市场工资以市场调节为主，为弥补市场调节的偏差与不足，需要国家的宏观调节。调节的主要手段是经济立法和经济政策。为了确立市场工资的微观基础工作须与宏观环境改革同步，以形成宏观微观对接的合理的工资制度。

（孙宗奎）

关于社会养老保障制度改革的反思与建议

李一帆　（载《当代财政》1993 年第 2 期）

作者首先对社会养老保障经济属性的认识提出了自己看法。指出，企业职工、行政事业单位职工的养老保障金的实质是其在职期间创造的应得而未及时得到的劳动报酬，而并不是外来的物质帮助。基于此，作者对目前流行的“三条腿走路”的方案提出了质疑。指出，(1)“三条腿走路”的方案不适用于行政事业单位职工养老保障和其他公民养老保障，(2)就企业养老保障来说，这种方案也不可取，(3)这个方案也不符合改革的总体原则。作者认为，我国养老保障体系的目标格局应该是立足于建立“双系网络体制”即一方面大力发展多层次、多形式的商业性社会养老保障机构网络体系，本着自愿的原则，采取灵活多样的措施积极示范，引导国民投保，加强宣传，不断强化国民的自我保障意识，进而逐步推广普及个人储蓄保障。另一方面要加快步伐建立统一的政府社会养老保障体系。政府养老保障主要包括职工养老保障、国家行政事业单位职工养老保障和其他公民养老保障三项内容。政府养老保障制度的基本框架就是要建立两种基金。一是企事业行政单位职工养老保障基金，二是其他公民养老基金。对这两种基金的来源，文章也进行了探讨。

对于管理机构的设置及其基本职能、养老金的具体统筹范围、标准、步骤和方法以及管理的程序和方法等问题作者也提出了自己的看法，认为，设立社会保障局、向生产单位征收社会保障税、划分管理权限等政策措施，有利于实现新老制度平稳过渡。

（马春辉）

中国社会保障的前景与障碍

杨　团　（载《管理世界》1993 年第 2 期）

中国社会保障制度建设，正面临以市场经济作为新体制框架的社会发展时期。抵御各种经济风险，降低社会经济发展的成本，促进市场经济以更快的速度成长，是这个时期对社会保障制度所提出的历史性要求。

若以最有效率地满足中国经济发展时期的社会需要作为社会保障结构选择和目标设计，其要点是：(1)在相当长的历史阶段，中国社会保障将稳定在自助、互助形式占主要地位，他助形式占次要地位的系统结构上；(2)在基本完成国家保障向社会保障转变的过渡时期的目标后，社会保障结构演变的主要形态，是自助、互助、他助三个分系统的自身形式和本体功能不断完善，从低级阶段走向高级阶段的东亚模式；(3)在如何促进社会保障结构演化的问题上，最重要之点是放开市场；(4)在发展互助形式的问题上，最重要的是推进市场机制，而不是政府机制；(5)政府在社会保障事业中的主要功能，应是市场机制难以发挥作用的领域尽到政府的社会责任；(6)在中国是否必须建立由政府担保的强制性的社会保险制度，要以能否有效率地实现预达的目的而定。

中国社会保障的实际走向有两个可能：一是中央集权制，即从中央到地方，实行社会保险项目的分类管理，有关部门各据一方，划定各自的权力和市场，形成部门垄断的新体制。二是中央指导下的地方分权制，即社会基本养老保险制度由中央统一制定，地方可在一定范围内自行调整。第二种做法可以因权力的分散化而有利于市场机制的生长，但缺乏推动国家保障向社会保障尽快进行制度转换的动力，这一动力源于劳力私有化。

（罗桂芬）

论宏观级差地租

夏永祥　（载《农业经济问题》1993 年第 9 期）

文章从三个方面分析了宏观级差地租的类型、测定及分配关系并作了论述。

一、宏观级差地租的含义、类型和测定。宏观级差级地租是指在不同的地区之间，一部分地区由于在经济发展要素占有上的优势所产生的超额收入而转化的级差地租。形成宏观级差地租的条件，必须具有天赋性和客观性。根据地租形成条件及其产生，宏观级差地租可分为四类：宏观级差地租 I，它的形成条件是丰富的自然资源；宏观级差地租II，它的形成条件是优势的对外开放位置；宏观级差地租III，它的形成条件是不同地区在交通和信息传播方面的差异；宏观级差地租IV，形成条件是不同地区在旅游资源上的差异。对于宏观级差地租的测定，理论上的公式为：甲地区宏观级差地租＝甲地区总收入－资本收入－劳动收入－（乙地区总收入－资本收入－劳动收入）。

二、中国宏观级差地租的分配与区域经济关系。作者认为在改革开放前，我国三大地区在宏观级差地租的分配上使用同一标准：全部归中央政府所有。改革开放后，我国形成了双重体制，在宏观级差地租的分配中，缺少一个统一而公平的分配原则与标准，而是双重原则与标准，结果造成了分配上的苦乐不均。同时，造成了对我国地区之间的发展和收入急剧拉大，自然资源浪费。

三、作者提出了未来的对策。要统一宏观级差地租的分配原则与标准，或者对自然资源实行有偿开采，提高地方政府在开发中的分配比例；或者对东部地区另设一种或数种税，把地区的宏观级差收入也收归中央财政所有。最后文章还就三个问题作了澄清：(1)这种政策建议是否违宪，(2)是否会助长地方主义，消弱中央政府在自然资源开发上的权力；(3)是否会减少中央财政收入，恶化中央财政状况。作者都一一作了回答。

（马春辉）

改革和完善我国土地制度论纲

曹振良　（载《南开经济研究》1993年第5期）

土地制度的研究既涉及现实经济运行问题和政治经济学理论问题，同时还涉及到自然生态环境和科学文化问题，是属于总观经济范畴。文章对与此有关的几个基本思路性问题进行了分析。

(1)我国的土地问题不亚于人口问题，改革和完善我国土地制度要从这一现实出发，作者从静态和动态两个方面论述了我国当前及将来一个时期与人口问题紧密联系的严峻的土地问题。

(2) 关于在改革和完善我国的土地制度中如何坚持和发展马克思主义土地经济理论问题。文章认为，对此应分三种情况：一是经典理论中某些具有普遍意义的原理和方法可直接用来分析和处理当前的土地经济关系和土地问题；二是对经典理论中关于未来社会土地问题的直接论述，今天能否直接应用要进行具体分析，有的能直接应用，有的则不能照搬；三是对当前出现的新的土地经济问题要运用马克思主义的基本理论原则和方法，借鉴西方经济学的有关理论方法进行实事求是的探讨。

(3)明确和完善我国土地所有制结构体系，界定土地产权关系。文章指出土地所有制结构体系是指土地所有制外部结构和内部结构的总和。从发展趋势看，我国土地所有制外部结构将实行单一全民所有制，而土地所有制内部结构，即所有权、占有权、支配权、使用权，它们之间不是“多权平行结构”，而是以所有权和使用权为主的“多权主从结构。”

(4) 按照土地的自然经济属性改革我国土地使用制度。文章提出了改革我国土地使用制度的基本思路：一要象重视我国人口问题一样来重视我国土地使用制度的改革；二是坚持法律意义上的土地所有权和经济意义上的土地所有权实现的统一，即土地要有偿使用；三是在土地使用中要把遵循自然规律和遵循经济规律有机地结合起来；四是土地开发利用与土地养护治理相结合。

（冯宇辉）

论我国城市房地产开发模式的转换

赵传葆　（载《财经研究》1993年第3期）

文章就我国城市房地产开发体制改革的现状作了剖析，提出现阶段我国城市房地产开发主要存在以下特点：(1)城市房地产开发业发展迅速，(2)开发投资来源呈多元化格局，(3)部分房地产开发用地实行有偿使用，(4)外商投资房地产开发呈辐射状态。同时认为目前我国城市房地产开发主要存在以下问题：(1)房地产开发用地供给的“双轨制”导致开发企业之间的不公平竞争和国有工地收益的大量流失；(2)房地产开发资金来源渠道未能理顺，造成开发企业开发成本的混乱和房价的大幅度攀升；(3)管理体制不顺，政企不分，政出多门，妨碍城市房地产开发的有效运行；(4)法规制度不健全，不合理，不稳定；(5)房地产开发企业自身素质有待提高，基础管理亟须加强。

文章认为，我国城市房地产开发模式的设计原则是：(1)坚持社会主义土地公有制，(2)体现社会主义市场经济特征，(3)政府的社会管理职能和土地所有者职能分立，(4)国有土地所有者代表与产权主体相互分离，(5)有助于提高城市房地产开发投资效益。据此提出我国城市房地产开发目标模式的三大内容：管理体制的重构，即建立权责分明的城市房地产开发管理体系；房地产开发企业制度的创新，即确立企业独立法人地位，规范政府与企业的关系；运行机制的转换，即垄断土地供给，竞投土地发包，竞价土地转让。

基于以上构想作者提出目前应采取的动作：(1)深化城市土地使用制度改革；(2)加快提租步伐，理顺租售比价，促进房屋商品化；(3)建立房地产金融信贷体系；(4)完善各类中介服务机构，为城市房地产开发提供适宜的配套服务；(5)强化行业管理，健全经济核算，提高队伍素质；(6)健全有关政策法规，并保证其科学性、权威性和稳定性。

（冯宇辉）

中国城市土地市场的发展、问题和对策

George S. Tolley　郝寿义　（载《天津社会科学》1993年第1期）

近年来，以使用权的出让、转让、抵押、经纪为主体的城市土地市场体系在中国已初步形成。

中国城市土地市场及其运行的基本特征是：(1)市场中的交易客体主要是城市土地使用权，而不是所有权。(2)在市场的运行中，国家对土地的所有权和使用者对土地的使用权分别得到强化。国家作为所有者在市场上不断地有偿出让、出租城市土地使用权。使用者通过按市场价格向国家支付使用权出让费的有偿形式获得作为一种可转让的财产权的城市土地使用权。(3)国家作为城市土地市场上的交易主体起着主导的决定作用。国家是市场运行的起点，是农村土地的唯一购买者，是城市土地使用权的最终供给者，也是城市土地资金的主要提供者；国家始终是土地市场的参加者。所有这些，决定了中国的城市土地市场是一个政府主导型的市场。

但从总的看，中国目前的城市土地市场仍处在其发展的初级阶段，存在的主要问题是：(1)以城市土地所有权与使用权分离为主要特征的城市土地产权制度还不清晰；(2)城市土地利用规划和管理不健全；(3)城市土地价格及其变动很不规范，城市地价异常地迅速上涨；(4)国家和企业间、中央政府和地方政府间的城市土地收益分配关系不顺。这些都在很大程度上限制甚至阻碍了中国城市土地市场的进一步发展。

为此，中国应进一步完善和明晰城市土地产权制度，在相关法律中对城市土地财产权加以明确而一致的界定，对城市土地使用者所获得的土地产权都要有有效的法律文件加以保护；改善和加强城市土地利用规划和管理，建立与城市土地市场相应的规划体系，并把规划实施管理与市场管理和经营管理有机地结合起来；通过扩大和理顺城市土地市场的供给渠道，硬化企业的预算约束和实行对城市土地的价值化管理，排除非正常因素对地价形成机制的干扰，促使市场运行的规范化；改革和调整现行的财政税收体制，理顺国家和企业间以及各级政府内部间的城市土地收益分配关系。

（信　欣）

关于地下经济的研究

夏兴园　（载《江汉论坛》1993年第6期）

文章指出，所谓"地下经济"，一般是指未向政府申报收入、未被政府统计和逃避政府控制和管理的合法与非法的所有经济活动。这是一个世界性的现象，在各国被冠以诸如"影子经济"、"黑市经济"、"隐形经济"、"地下经济"等等称谓。

地下经济，一般可分为以下三种类型。(1)非法的经济活动。主要指经济主体从事违反国家法律、规定的经济活动。这类非法经济活动往往构成经济犯罪。(2)合法经营获取非法收入的经济活动。这类地下经济活动又称未申报经济，主要指经济主体所经营或从事的职业本身是合法的，但不按国家法律、法令规定进行申报，或将部分甚至全部收入隐匿不报，逃避国家税收；或无照经营，逃避国家的控制管理等。因此，对这类地下经济活动，既要允许其合法经营并加强管理，又要对其获取的非法收入采取有效的制裁措施。(3)未统计经济。主要指国家统计机关没有进行统计或统计遗漏，以及由于错报、谎报等所导致的"统计错位"，而没有真实反映在有关统计报表上的经济活动。

形形色色的地下经济活动，渗透到社会经济生活的一些领域，造成了各种消极的影响，这些问题如果不及时予以解决，将会严重妨碍我国经济改革和开放的健康发展。因此，对我国的地下经济进行分析和探讨，无论在理论上还是实践上都有着重要的意义，具体表现在：(1)研究地下经济有助于开拓经济科学的新园地；(2)研究地下经济有助于优化社会资源的配置和使用；(3)研究地下经济有助于有效地控制货币流通量；(4)研究地下经济有助于完善分配体系和分配机制；(5)研究地下经济有助于完善宏观经济调整体系。

（文　广）

科技成果商品化：形成条件及转化形式

贝兴亚　（载《求索》1993年第3期）

文章指出："科技成果商品化"有两种含义。第一种含义是在宏观层次上使用，着重于科技成果应用于市场经济条件下的社会再生产总过程，转化为现实生产力。第二种含义是在微观层次上使用，着重于科技成果进入其应用领域时采取有偿转让的社会转化形式。并指出，在科技成果开发应用的历史过程中，第一种含义的"科技成果商品化"，出现于早期资本主义商品经济发展时期；第二种含义，出现于商品经济普遍发展时期。科技成果商品化转化机制形成的条件是：(1)科学研究和技术开发已成为社会劳动分工的独立分支；(2)已形成多学科研究的社会组织；(3)教育制度已具备不断输送相当数量专业技术人才的能力；(4)社会主要产业已完成向大工业技术及工艺规范的转变；(5)已出现为科研提供技术装备的企业或行业；(6)商品生产和交换是社会再生产中的普遍现象；(7)承认和保护知识产权、规范技术贸易的法律、法令、制度已建立。

社会主义市场经济条件下的科技成果转化采取两

种基本方式是：以商品形态有偿转让和非商品形态无偿转让。文章从科技成果进入不同应用领域时，社会用于科技开发的资金循环过程的差异，对上述两种基本方式作了区分。在微观层次上，则讨论了成果出让方和受让方之间的成果有偿转让、无偿转让、以及介于二者之间的成果"内部化"转让。由于社会再生产各领域的相互联系特征，在不同应用领域之间和宏观、微观层次之间，科技成果的有偿转让和无偿转让，既有区别又相互联系。文章指出，科技成果转化的两种基本方式，并不是区分计划调节和市场调节的依据。相反，在科技成果的两种转化基本方式中，计划调节和市场调节均发生直接和间接的作用。

（雪　凌）

统计：如何迎接市场经济的挑战

石良平　（载《统计研究》1993 年第 2 期）

计划经济条件下形成的统计体制，可以用四句话加以概括：纵向联系，全面调查，层层上报，遗漏不补。它的弊病主要表现在：(1) 经济活动越分散，统计数据越不准；(2) 统计地位低下，统计军心不稳；(3) 统计科研无用武之地，统计人员的技术素质日益退化。经过十几年的经济改革，统计的这种体制性弊病不仅没有得到改善，反而有强化之虞。这是因为，经济体制改革的一项重要任务是改变政府的管理职能，即从过去对企业的直接控制，转变为间接调控。政府部门的间接调控首先需要的是信息，信息从何而来？向企业发报表，这是政府部门获得信息的唯一本领。其结果是，政府职能转变的成本转化到了企业统计人员的身上，进而形成了这样一个怪圈：经济体制越改革，政府职能越转变，统计报表越多乱，企业负担越沉重，可称之为"统计陷井"。

文章认为：统计体制改革的根本目标是为新经济体制提供有效的信息保证。统计体制改革的基本指导思想应是：以解放统计生产力为根本宗旨，大规模开展统计抽样调查；政府统计应面向国际，企业统计应面向市场，充分利用民间力量，大力培育统计信息市场；组成统计信息产业集团，提高统计信息的规模效应；全面公开统计数据，努力提高统计数据的利用效率，使统计信息真正为全社会服务。具体说：(1) 建立各级政府直属的统计调查部（局），变过去依托行政层次往下颁发报表让基层企业填报为自己派调查员调查；(2) 彻底摈弃笨重的全面统计调查制度；(3) 本着解放企业统计生产力的基本宗旨，简化统计调查指标；(4) 在上级统计报表负担大大减轻的同时，不失时机地向企业管理型和市场调查型转轨，以适应企业走向市场、参与市场的竞争；(5) 积极扶植民间的统计调查机构；(6) 完善统计法规，统一调查规则。

（雪　凌）

市场分化理论中的企业集团竞争

张胜荣　（载《四川大学》1993 年第 4 期）

作者认为，企业集团迅速成长是对付市场过度竞争、经济效益低下的一种有效的企业组织形式。从市场抽象的规定性看，市场具有三个特性：主体异质性，即市场交易的主体都从各自利益出发个别计算，然后通过市场形成共同的社会评价水平；主体同权性，即参加市场交易的经济主体有平等的交换权力；交易竞争性，交易主体从各自利益出发自由选择竞争对手的基本规定性。因此一个完善、规范的市场体制就必须派生出界定异质主体的交易规则，即可统称为"制度"。

文章认为，有两种观点值得重视。一种是"权力分析说"，它认为，企业联合是交易主体外部市场交易权力内部再分配的一种整合形式。另一种是"交易费用说"，即交易主体将在市场组织的边界寻找节约交易成本和管理成本的折衷方法，而企业联合集团化就是其中一种制度安排。

企业与企业集团具有内在联系。一个完整的企业概念包含有三个方面的内容即企业归谁所有、分配方式对企业剩余索取权的拥有和企业与市场的关系。而企业集团的概念是一个行为概念，指企业间通过组织安排来联结成有一个稳定的关系，且行为指向协调一致的企业集合。因此可以定义为企业集团内部和外部竞争两种类型。企业集团内部竞争有如下形式。一是阻扼竞争与替代竞争。双边企业通过阻扼竞争提高交易对手的资产专用性，达到排斥对方潜在交易对象的目的。同时企业集团内替代竞争强度反映了企业集团的离心力。替代竞争在企业集团内越弱，企业集团就越具有生产技术的规模经济。二是序位竞争与积分竞争。集团内部的投资分配、信息共享、甚至市场份额都与企业在集团内的位置有关，集团内部存在以序位为标志的等级排列。而积分竞争的特点在于竞争者之间不存在彼此消涨的关系，集团纵向联结，企业的产品具有互补性。三是形象竞争与说服竞争。企业组织作为交易主体的形象是源于市场其它交易主体的主观评价。而从管理的角度考察市场，客观上它存在一个市场组织者和协调者即说服者。

（武洪波）

非均衡理论与管理科学

刘少成 （载《经济科学》1993 年第 1 期）

文章认为，经济的均衡（亦即瓦尔拉均衡）不符合经济现实；现实中经济的非均衡证明了非均衡理论的正确性和非均衡分析的合理性。中国经济正处于第二类非均衡即市场不完善以及企业缺乏利益约束和预算约束的非均衡状态之中。

文章进而从科学哲学的高度探讨了非均衡理论与现代物理学以及其他自然科学的相通之处。基于此种深刻的认识，作者认为非均衡理论的提出和完善向管理科学提出了三大挑战：第一，管理科学如何把非均衡分析纳入自己的方法论体系，或者，管理思想和管理理论如何将非均衡理论内化成其藉以形成的基础；第二，管理科学的研究如何解决经济现实中非均衡所提出的更高难的课题；第三，管理科学如何借鉴非均衡理论对人的心理因素的重视，促使人力资源管理及政治教育理论进入管理科学的殿堂。

为迎接上述挑战，有必要在管理实践中以非均衡理论为指导，创立和发展符合非均衡经济现实的管理科学理论。具体做法是：(1) 在学科体系的建设上，应建立一些以非均衡理论为基础的新学科；(2) 在理论研究方面，管理科学应把非均衡理论视作准哲学方法论或具体科学方法论，并与系统科学方法论更加紧密地结合起来。作为示范，文章举出了一个非均衡经济计量模型加以阐述；(3) 在应用研究方面，管理科学的研究应置于非均衡经济实际的前提下，密切关注我国目前的经济由第一类非均衡向第二类非均衡过渡的过程。(4) 管理科学的理论和应用研究，在注重人和价值准则，文化等软因素方面，应大力推行内部亲和的中国文化和道德观念，加强组织凝聚力，协力发展经济。

（雪 凌）

企业组织成长论

周立群 （载《河北学刊》1993 年第 4 期）

分化组织功能是企业组织向市场经济转轨、进而实现企业组织成长的第一个必要条件。所谓组织功能分化，就是其目标的单一化。传统体制所塑造的企业具有多功能合一的性质。企业组织同时承担和执行着经济、社会、政治等多种功能。而多种功能合一的特性是逆社会化的。分化组织功能是当务之急，这主要包括三个方面的内容。(1) 健全和强化经济功能，使企业组织成为名副其实的商品生产者和经营者。这包括，强化企业追求资产增殖和资产积累的意识，增强其能力；强化企业的技术进步和创新功能；强化企业满足市场需求的应变力；强化竞争意识和竞争能力。(2) 建立健全社会服务和社会保障体系，使企业组织内部的服务和保障功能社会化。变“企业办社会”为“社会办企业”；变“企业保障”为“社会保障”。(3) 界定企业与党政组织的关系，使企业成为享有充分自主权的法人组织。

建立和完善企业与企业、与国有主体、与要素所有者之间的平等契约关系，是企业组织成长的第二个必要条件。其主要有四个内容：(1) 企业间的契约关系；(2) 企业与国有权主体间的契约关系；(3) 企业与经营者的契约关系；(4) 企业与劳动者个人之间的契约关系。

通过企业资产的重组来优化企业组织是企业成长发展的第三个必要条件。其有两层涵义：一是企业资产组合的合理化；二是企业产权关系的明晰化。前者主要指企业如何适应外部市场的变化通过要素流动转移和资产重组来壮大自身，实现内部资源的最优配置。后者是指企业的要素流动转移和资产重组过程，同时也就是企业间产权关系的明晰化过程和产权结构优化过程。

上述三个必要条件是发展市场经济对国有企业的基本要求，只有同时完成这三个方面的根本转换，深化企业改革才能有实质性进展，企业经营机制才能与市场机制有机对接。

（雪 凌）

中国企业经营管理合理化研究

中国企业经营管理合理化研究课题组
（载《管理世界》1993 年第 5、6 期）

此文是一项研究项目的研究总报告，从不同所有制形式和不同区域等多重角度，对企业的技术力量、管理系统及经济效益进行相关分析，分析采用定量分析与定性分析相结合、以定量分析为主的方法进行。通过分析和研究，把握中国企业的管理现状、探索推进工业企业管理合理化的方法，并着重对推进企业管理现代化、提高技术水平提出建议。

作者认为，目前中国企业经营管理的主要问题：(1) 企业活力不足。国有企业留利数额偏低，企业很难有自我发展能力；企业折旧费用支出比例 呈下降趋势，企业设备更新改造缓慢；利息支出占成本的比例不断上升，一些大企业靠贷款完成利税上缴任务；国有企业社会负担过重。(2) 劳动生产率与经济效益不高。(3) 人的资源开发与管理薄弱。

针以上述问题，文章从政府的角度和企业的角度对中国企业改革与经营管理现代化，提出了建议：加强宏观配套改革；落实企业经营自主权，深入进行经营机制改革；注重发挥企业集团的作用；重视国有资产的经营效益；提高企业对市场的适应能力；切实提高管理质量；重视人的资源的开发与管理；致力于培养企业家。

作者认为，中国今后的企业发展和管理现代化无论从区域，还是从行业，或是从不同所有制形式看都应是有层次的，改革的政策要因地制宜，不能一刀切、一哄而上；大中型国有企业要寻求大的发展，必须认真借鉴、引进合资企业、乡镇企业的经营机制，严格按国际惯例、市场经济的要求管理，绝不能按行政惯例管理；中国经济与中国企业的发展，离不开国际经济舞台，必须虚心学习别人的长处。

（王　芸）

社会主义市场经济体制下的企业风险管理

赖小琼　（载《厦门大学学报》1993年第3期）

文章认为，建立风险机制，进行风险管理，是市场经济发展对企业的要求，它有利于企业各项决策的科学化、合理化，降低风险，减少风险损失，有利于提高企业的经营水平，并且能够为企业提供和创造一个安全稳定的生产经营环境。

建立风险管理机制，首先要树立风险意识，充分认识生产经营活动中处处面临着各种风险。

设置企业风险管理机构和专职管理人员是进行风险管理的关键。在发达国家中，许多企业都设有专门的风险管理部门和企业风险总管理人。风险管理部门的主要职责是组织企业的风险信息网，及时发现企业生产经营中的风险因素，并提出处理方案。企业风险总管理人即风险经理是企业风险对策的总制定人和各种风险处理行为的总负责人，其主要职责包括鉴别和估算风险，对不同风险采取最适当的对策加以控制和处理、协调与企业其他管理部门的合作等。

企业风险管理最重要、最根本的内容和中心环节是风险管理的实施。实施风险管理主要包括四个步骤：(1) 风险的识别。利用财务分析法、生产流程分析法、环境分析法、缺点分析法等方法明确企业可能面临哪些风险及引起风险的主要原因。(2) 风险的衡量。利用概率和概率分布方法，估计和测量风险发生的可能以及可能造成的损失范围和程度。(3)风险管理对策的选择。风险处理对策主要分为风险控制对策和风险财务处理。风险控制对策又包括避免风险和损失控制两类风险财务处理可分为自担风险和转嫁风险两种类型企业应根据实际情况，选择最适当的对付风险的方法(4)风险管理决策的执行和评估。在前几个环节的基础上，协调地配合使用风险管理的各种工具，实现最佳的组合效应。在风险对策实施后，定期给予评价和修正

（吉　飞）

企业创造力开发论

李志强　（载《生产力研究》1993年第6期）

文章认为，近年来我国不少企业内外交困、陷入窘厄之境的根本原因在于我国企业普遍患有“企业创造萎缩症”。企业的本质在于创造，创造是维系企业生死存亡、兴衰成败的生命线。

重视企业创造力开发抓住了人的素质中最核心最重要的东西——创造力，不创造即死亡是企业在其生存发展过程中必须恪守的最高的和铁的法则；企业能否具有真正的活力，关键在于企业能否有效地激发劳动者的创造力；在竞争激烈及低成长时期，企业的唯一生存之道就是创造。

作者认为，企业创造的行动固然可贵，但创造的观念更为重要。企业创造意识不足，企业创造力开发必定软弱无力，企业创造机能自会日趋萎缩。要清除思想阻障，强化企业创造意识，必须力行“五破”，即一破企业创造的神秘感；二破自我评价上的自卑感；三破习惯性思维的局限性；四破忽视群体创意的片面性；五破重硬轻软、重大轻小、重短轻长（期）的倾向性。要有效进行企业创造力开发还需引入创造技法，加强企业创造管理组织，拓宽企业创造力开发范畴。此外，企业创造力开发还需要一定的外部环境条件，唯有在一定的外在因素的刺激和鼓励下，创造意识才能得以萌发和强化，创造能力才能得以充分发挥，企业创造素质才能得以不断提高。作者提出在构建和完善企业创造力开发环境时应做到，在完善企业创造力开发环境过程中不断进行企业创造力开发，在不断进行的企业创造力开发过程中逐渐完善企业创造力开发环境，在优化与完善企业创造力开发环境应遵循整体、动态、竞争、激励、协调、容错、层次、结构、交流、互补十大原则再建企业创造力开发环境的措施要围绕有利于激发企业职工创造潜能，促进企业发展这个中心，并提出了六

个方面的可行措施。

（吉　飞）

论空间经济

卢嘉瑞　（载《河北学刊》1993 年第 5 期）

文章认为，人类开始把眼光瞄向空间，正在把科学和经济活动的领域从平面空间扩展到立体空间直到宇宙空间。

空间经济，就是在立体空间和太空所进行的物质生产和再生产活动以及服务于经济目的的活动。其特点是：(1)空间经济是特指人类经济活动从横向空间向垂直方向的立体空间的延伸和在太空的继续；(2)从效益来说，空间经济是一种高效益经济，具有独特的生命力和竞争力；(3)从前景来说，空间经济是一种最有前途的经济，对于满足人类的需要来说，具有特殊意义。

文章将空间经济分为两类。一是立体经济，它包括：(1)立体农业。即能比较好地利用自然资源；建立一种稳定、协调的生态系统和生物链，并有利于资源保护和充分利用的农业。(2)立体工业。即在立体空间从事的生产资料加工生产和生活资料加工生产。二是太空经济。它是指利用太空环境资源和太空物质资源从事的生产活动。发展太空经济的关键是解决能源问题。

作者认为，发展空间经济，开发利用空间资源能够为人类带来巨大的经济效益和社会效益。(1)发展空间经济能够促进地球上产业结构和产品结构的优化。太空经济与地球经济的相互依赖、相互促进，将促进二者同时发展。(2)发展空间经济能够为人类的生存和发展提供丰富的生活资料和生产资料，也是人类维系自身生存和发展的一种理想的、最后的选择。(3)发展空间经济能够为人类带来巨大的经济效益和社会效益。据统计，空间技术作为一个产业，其投放比为 1∶10—1∶20，可见效益是十分可观的。

（刘　伟）

熵与经济过程的不可逆性

许志晋　于伟佳　（载《工业技术经济》1993 年第 5 期）

文章指出，由生产、分配、交换、消费等环节组成的经济过程是一个不可逆的过程。经济学发展至今，虽然存在着各种流派，但它们的研究范式及其社会局限性都具有明显的一致性，即都深受牛顿力学的机械论思想的影响，奉行可逆性假设为研究的基础。如新古典微观经济理论的一般均衡模型及其一系列严格的形式条件，都是建立在牛顿——拉普拉斯范式基础之上的。

可逆性与不可逆性是指一个变化过程对时间的不同依赖关系而言的，在变化过程中，时间不能反演变换的是不可逆过程，反之是可逆过程。不可逆性对经济学研究具有重要意义，不仅在于如何使经济学更加具有科学性，更重要的是需要用新的理论去指导人们的行动，解决人类发展所面临的重大问题，如资源问题、环境问题、技术创新等等。无视经济过程的不可逆性，必然会导致一系列诸如通货膨胀、失业率上升、生产收益下降、环境恶化等社会问题的发生和发展。

基于此，作者认为，如果经济学不放弃它的可逆性公设，那么，无论是计划还是市场，都不能使传统经济学摆脱困境。熵作为人类首次发现的不可逆过程的量度，与经济系统的不可逆性发展密切相关，引入熵于经济过程之中，为研究经济系统的宏观不可逆性打开了一个窗口。文章从寻找熵流过程与经济过程的联系中介入手，分析了在熵流作用下的经济过程不可逆性的种种表现。如，货币体系的对称与破缺及其引发的经济系统的不确定性、随机性变化；通货膨胀与自然熵变过程的联系；生产收益递减规律；赤字增长的不可逆性；以及“真实经济”与“符号经济”不可逆性的对应映射关系等。

文章还就经济学研究中比较明显地触及到时间不可逆性问题的理论进行了分析与评价。

（栾　涛）

论台湾经济结构的变化

林长华　（载《厦门大学学报（哲社版）》1993 年第 2 期）

作者认为，所谓经济结构，从生产力的角度说，是各个物质生产部门的比例构成以及与之相应的交换、分配和消费；从生产关系的角度说，是适应于一定社会生产力发展的社会生产关系，特别是各种生产资料所有制的比例构成。40 余年来，台湾经济结构发生了重大的变化。

从生产力的角度看，台湾 40 年来各经济部门的比例关系以及部门内的结构都发生较大的变化。50 年代重点发展农业，农业成为当时台湾经济的基础，成为培养工业的基础；60 年代和 70 年代重点发展加工出口业，使工业成为台湾经济的主导产业；80 年代以来，在工业内部增加重化工业比重的同时，发展第三产业，使第三产业在台湾经济中占一半产值以上。上述变化反映了台湾经济从50年代农业社会向70年代工业社会发展过程，也反映了台湾市场经济的发育过程。受国际经济环境和岛内投资环境的影响，近年来经济发展出现一些问题，解决的根本出路在于产品升级。

从生产关系的角度来考察，40年来台湾经济结构也发生了一些变化。第一产业农业基本上属于小私有农业经济。第二、三产业是国家垄断资本、台湾本身的民间私人资本和侨外资本的三足鼎立。其中，国家垄断资本一方面在推行民营化，另一方面通过90年代的六年国建计划的实施又将加强。民间私人资本的发展壮大将涉足金融业和发展重化工业。侨外资本则将集中投资于电子通讯等技术层次较高的部门。总之，台湾经济关系中各种经济成分虽然未根本改变，但正在调整中，正在经济“自由化和国际化”的道路中行进。

（王海涛）

当前转型期传统经济观念的更新

朱家桢　（载《经济研究》1993年第7期）

文章指出，当前我国社会处于从传统的社会主义计划经济体制向社会主义市场经济体制过渡的重要转型时期。十多年来，随着经济改革的逐步深入，已经并正在引起一系列传统经济观念的更新，而新经济观念与理论的形成，必将有力地推进我国社会经济变革的进一步深化。

文章指出，对现实经济生活影响最大的观念，是在计划经济制度模式下形成的一系列经济观念。这种经济观念形成于1949年新中国成立后至70年代末实行改革开放以前，它是对现实经济生活起支配作用的经济观念，主要是产品经济观、计划经济观、平均主义大锅饭经济观、贫富观和价值观。

30年来，视产品经济为社会主义，商品经济为资本主义的观点，对人们思想的束缚十分普遍而牢固，成为现实经济生活中广泛起作用的指导思想，严重地阻碍了我国商品经济的发展。而今，商品经济观念已成为现实经济生活中不可逆转的潮流。

小平同志南巡讲话，结束了市场经济“姓社姓资”的长期争论，从根本上更新了传统的计划经济观念。

平均主义在我国有根深蒂固的传统，只有深入改革现行的计划经济体制，使企业真正摆脱行政机构附属物的地位，使企业和职工同时走向市场，才能从根本上改变这种传统观念。

传统的贫富观是“怕富”和“穷光荣”，发展市场经济，使求富脱贫成为人们普遍的要求和信念，成为当前人们经济观念变化的最明显标志。

传统的价值观念不尊重（不承认）个人主体价值，随着市场经济的逐步发展，人们的自我意识开始增长，个人主体价值观念开始萌发。

（文　广）

西方财政学的一个重要转变
——析边际效用学说对西方财政理论的影响

张　馨　（载《财政研究》1993年第11期）

文章指出，“边际革命”对于西方经济学的巨大影响，已为我国理论界所熟知，但对于西方财政学的巨大影响，至今在我国财政理论界未得到很好的认识，为真正理解和有效借鉴西方财政理论，必须了解边际效用学说对西方财政学的主要影响。

第一，政府服务是具有价值的“公共产品”。这是西方财政理论由于边际效用学说产生的首要的和基本的变化。在此之前，西方学者尽管实际上已提出过公共产品的概念，但都未能从经济学基本原理上说明公共产品具有“价值”的问题，而边际效用论则解决了这一问题。作为一种边际主义学说，它将稀缺性与效用性结合起来，它使得原有的关于公共服务价值的思想明晰和精确起来。

第二，财政服务与个人纳税间存在等价交换关系。“利益赋税”思想西方早已有之，但唯有边际效用价值论才从经济学基本原理上解决了这一问题。政府服务具有价值，可与纳税产生的价值让渡之间建立等价关系；这一等价关系建立在个人对边际产品的效用评价基础上；它说明了在政府同一的公共服务下，不同的个人主观效用评价有着不同的边际效用感觉，享有不同的价值而应交纳不同的“税收价格”。

第三，私人经济的效率原则也适用于公共经济，这使得整个社会资源都能按照统一的市场效率原则加以配置，这就为公共产品最佳供应问题的解决，提供了经济学上的依据。

第四，财政活动的目的是满足个人需要。边际效用论的引入，使西方财政学对财政活动目的分析，从公共需要、政府需要转到个人需要上来。因为无论是私人提供的个人产品还是政府提供的公共产品，都依个人的需要来确定。

西方思想界完全接受了财政在市场经济基础上存在的合理性，这就为20世纪西方政府收支规模大幅度增长，以及政府全面广泛地介入和干预社会经济生活，提供了财政理论上的基础和准备。

（雪　凌）

试析中心外围式资本主义的国际生产关系

郭寿玉　（载《资本主义与当代经济》1993年第1期）

文章指出，《资本论》及其手稿考察国际性资本主义经济制度的基础观点有三“它是从事以国际分工为基础的商品生产的世界经济体系；其国际分工呈中心外围模式，外围依附中心并为之服务；其国际生产关系由原生的、一级的和派生的、转移来的第二、三级资本主义生产关系构成。作者将上述观点概括为马克思主义中心外围观。并据以观察自由竞争时期国际生产关系。(1)国际生产关系分为中心区原生的和外围区派生的生产关系两大类。前者通过两头在外的出口工业剥削外围区，后者依附于前者并向中心区输送经济营养。(2)国际生产关系具有三大机制，即将外围区可用于发展民族工业的农业基础；市场、劳动力；积累转化为替中心区原生的及其在外围区派生的工业服务。(3)国际生产关系内在机制的优越性集中体现在使中心区走上了“迅速实现工业化及经济结构升级”的独特工业化道路。但这条依赖剥削外围区致富之路是“以一国夺万国之利”的道路。(4)在中心外围国际生产关系中，资本主义积累一般规律在世界范围的实现形态，集中表现为中心区对外围区剥削的加深和中心区与外围区的两极分化加剧。

作者认为，国际生产关系的本质是中心剥削外围，中心区相当大部分财富代表其对外剥削力，不代表其生产力。但因它对外围的剥削日趋隐藏于商品交换之下，故具有中心靠自创价值致富的假象。又因中心区工人生活水平高于外围区人民，而外围有二元经济结构且派生的资本主义经济往往接种在前资本主义经济之上，故具有“非资本主义环境”的假象。这就使这个剥削面最广、剥削率最高的制度，具有最能造福人民的假象。故考察这一制度对人民生活的影响应以生活于其内的绝大多数外围区人民的状况为主要标志。

（雪　凌）

世界经济一体化的若干思考

罗肇鸿　（载《世界经济》1993年第6期）

经济一体化是在经济国际化基础上产生的，也就是随着经济国际化愈益加强，各国间依赖关系愈益密切，一些国家间的共同利益愈益增多的基础上产生的。随着经济国际化的发展，世界经济一体化正在成为不可遏制的趋势。它首先表现为世界经济区域集团化。这表明，经济国际化已经发展到很高的程度，以致要求建立必要的机构，制定适当的规则来规划其进一步的发展。

区域经济集团化之所以成为一种趋势，有其一定的客观基础与必然性，表现在：(1)建立区域性经济集团，首先是在新技术革命条件下各国间相互分工与依赖日益加深的需要，是生产与经济国际化发展的产物；(2)区域性经济集团，是资本主义发展到国家垄断阶段的产物；(3)世界经济的不平衡发展也是推进区域集团化的重要因素；(4)当代资本主义世界市场的剧烈竞争，是区域经济集团化的直接动力。

区域性集团的形成和发展，改变着世界各国原有分工与联系的条件，形成了世界经济中相互依赖的新格局。就实际状况看，大致可以把当前的相互依赖分为以下几个层次：(1)由发达国家组成的区域性集团内的相互依赖，这是当代世界经济中依赖程度最为紧密的一个层次；(2)发达国家组成的区域性经济集团之间，以及这些集团与其他发达国家和地区之间的相互依赖属第二层次；(3)由发展中国家组成的区域性经济集团成员国之间的相互依赖，一般说来它尚处于相对较浅的层次；(4)经济发展水平不同的各类区域性经济集团之间，以及尚未形成区域性集团的国家之间，在各个领域与不同地区之间广泛国际交往与相互联系，构成松散的浅层次的相互依赖。

（文　广）

西方跨国公司的全球战略与现代新型国际分工体系

唱　新　（载《世界经济》1993年第3期）

文章指出，所谓全球战略，并不单纯指企业的经营活动越出了国界，而且还包括如何将这些越出国界的经营活动有机地结合起来，使某一企业在某一国家的竞争地位直接影响着该企业在其它国家中的竞争地位。跨国公司的全球战略具有以下特点：(1)目标指向发达国家的高技术产业；(2)目的是在世界范围内构造企业的竞争优势；(3)形式转向非股份安排下的国际合作；(4)确立全球型企业经营方式。

西方跨国公司全球战略的发展，形成新型国际分工体系，在这一体系内出现了几种新的国际分工模式，如企业内的国际分工，协议型国际分工，网络型国际分工等。

与国际分工的传统格局相比较，新型国际分工体系出现了不少新特点：(1)各国在工业制成品领域里的生产分工是新型国际分工体系的主要内容；(2)跨国公司企业内特殊优势是新型国际分工的决定性因素；(3)跨国公司国际直接投资是新型国际分工得以实现的重要条件。

现代跨国公司在开展全球战略时，并不受任何民族利益和国家疆界的限制，也不考虑某一子公司的盈亏得失。新型国际分工体系是西方跨国公司全球战略发展的必然结果，也是跨国公司企业内特殊优势在全球范围内的重新组合，它的形成对增强跨国公司的国际竞争能力及促进其发展发挥着多方面的作用。新型国际分工体系带来如下经济效应：(1) 规模经济效应；(2) 经验经济效应；(3) 范围的经济效应。

（文　广）

我国与世界银行关于贷款项目评价方法的比较研究

邹一峰　（载《南京大学学报（哲学·人文·社会科学）》1993 年第 2 期）

文章指出，“世行”项目评价方法以西方项目评价理论为基础而形成，我国项目评价方法是在自身特有经济背景下学习、借鉴西方评价理论和方法的产物，两者渊源颇深，但在评价方法和参数选用上存在不可忽视的差异。

文章以国家计委颁发的《建设项目经济评价方法与参数》为一方，以“世行”编写的《发展中国家项目评价和规则》（简称 OECD 法）和《项目评价准则》（简称 UNIDO 法）为另一方，在财务评价和经济评价两个方面进行了比较。

财务评价方面，主要表现在：(1) 基本财务报表的种类和具体编制要求不同，“世行”对企业财务的考察更加科学、合理、清晰；(2) 财务指标上，“世行”主要采用清偿能力比率、效能比率、盈利能力比率，我国仅对中外合资项目采用的资产负债率、流动比率、速动比率三项，而国内项目不曾要求使用；(3) 投资估算方面，我国仅考虑“物质不可预见费”，“世行”除此之外还考虑“财政不可预见费”即通货膨胀因素。

国民经济评价方面，两者的差异主要反映在国家参数的确定上：(1) 影子价格，“世行”主要采用国内市场价格体系法和国际市场价格体系法，我国按货物类别确定影子价格；(2) 影子汇率，“世行”的 UNIDO 法采用边际外贸货物比价法和外贸逆差收入比率法确定，我国采用出口换汇成本法；(3) 影子工资，“世行”主要采用劳动力流出部门的边际劳动力效益值测算方法确定，我国基本上采用综合影子工资换算系数进行粗略测算。在有这些差异的同时，两种评价体系都近似地以市场价格（包括国际市场价格）为均衡价格。就此意义而言，两者在国民经济评价方面的差异基本上是技术性的。

为与世界经济接轨，我国应以“世行”评价方法为参照系，寻求一套既适应国情又适应国际惯例的投资项目评价体系。

（陈　胜）

清代中叶岭南区域市场的整合
——米价动态的数理分析

陈春声　（载《中国经济史研究》1993 年第 2 期）

市场整合 (market integration) 是一个经济学界尚未有明确定义的概念，但在经济史学界的应用已日见普遍。它指某一市场或市场区域各组成部分和组成要素协调和相互关连的情况，即市场结构的有机统一。市场整合程度越高，其在维持商品供需平衡的有效性也越高。本文利用中国第一历史档案馆和台北故宫博物院所藏清代广东和广西的雨雪粮价折和米价单中约 70 000 个米价数据进行分析，讨论了这一区域市场内部各地区间价格变动的同步性、米粮地区差价和年均米价离差程度的变动情况，试图在此基础上重构这一市场内部的联系并揭示其若干特质。

价格相关和价格差相关分析主要用于考察各地区价格变动的同步性。一般说来，就同一市场内部的各个地区而言，其相互间的整合程度越高，价格变动就显示越明显的同步性。本文用于进行的两种分析的主要是乾隆十五至三十四年（1750—1769）广东全省 13 个府州和广西东部桂林、平乐、梧州、浔州、柳州 5 府的米价数据。分析表明，当时广东省内各府州的米价变动存在着复杂而明显的相互作用关系，除孤悬海外的海南岛外，每个府州都与两个以上的府州有较强相关或强相关关系，这些关系所构成的错综复杂的网络意味着一个统一的全省内米粮市场的存在。

价格方差相关分析用于估计整合市场的整合程度，其结果可用于不同市场间的比较。分析表明也许可以认为，就市场结构的有机性和市场功能和有效性而言，18 世纪的广东可能并不比同时代的法国逊色。

年均价格和地区差价离散程度阶段性分析研究市场整合的历时性。一般说来，市场在维持商品供需平衡方面的有效性越高，米价波动的幅度越小。研究表明，

18世纪广东年均米价的标准差系数是逐渐缩小的，说明这近100年间广东米市场的整合程度有越来越高的趋势。

（王玉茹）

经济学学术会议选介

社会主义市场经济条件下的人力资源开发座谈会

中国人力资源开发研究会、国家计委人力资源开发利用研究所和北京市经济管理干部学院于1月中旬在京联合举办。

与会者认为，社会主义市场经济条件下的人力资源开发是一个十分现实和紧迫的问题。市场竞争实质上是人才的竞争，人力资源开发的重点是人才开发，为此要把人力资源开发提高到基本国策的战略地位来认识。近几年来，“重物不重人”、“重钱不重人”的现象很普遍，这种思想不从根本上转变，将不利于社会主义市场经济的建立和发展。

与会者探讨了劳动力资源开发利用如何实现最佳结合，认为传统的计划经济实现不了，通过社会主义市场经济有可能实现，但涉及的问题很多，要解决这些问题应该有一个过程。我国劳动力资源总体上供大于求，素质较低，而且城乡分布不均匀。实现最佳结合：(1)加强教育、培训，提高劳动力的素质；(2)农村劳动力要向城镇转移；(3)优化劳动力结构和产业结构；(4)完善就业服务体系；(5)加紧劳动立法；(6)建立和健全社会保障体系。

与会者探讨了劳动力市场问题，提出如下看法：(1)社会主义市场经济条件下的人力资源开发，离不开劳动力市场，也不能没有劳动力市场，并认为“劳务市场”的提法是一个模糊的概念，既不科学，也无法与国际市场体系接轨。(2)劳动力市场形成的关键是确定运行主体，主体应该是劳动需求方(企业)和劳动供给方(劳动者)，现在主要问题是让主体归位，政府应该是劳动力市场的“裁判员”，而不是“运动员”。(3)劳动力是不是商品问题，有不同意见。有的主张劳动力是商品；也有人认为公有制经济中职工、农民以及个体劳动者的劳动力不是商品。(4)劳动力市场有两个基本的原则，一是双向选择，以竞争为基础，充分发挥劳动者的积极性；二是广义工资在竞争的基础上形成，使收入分配相对趋于公平。

与会者还指出，在社会主义市场经济条件下，人力资源开发遇到的主要问题，一是国营企业富余人员如何解决，二是农村剩余劳动力的出路，解决这两个问题既要充分发挥市场的作用，也要充分发挥政府宏观调控的功能。

（矣　理）

投资领域的宏观调控讨论会

2月9—11日中国基本建设经济研究会在郑州市召开第六届年会。会议探讨了投资体制和运行机制等问题。

与会者认为，投资行为与整个国民经济活动的关系非常密切，离开整个国民经济的综合改革来谈投资领域的改革是很难的。投资领域的改革比其他领域的改革还有些超前度。正是因为这样，现在整个改革不配套，如某一领域的改革稍为深化一点，势必出现其他方面的制约。因此，要随着整个经济改革的不断深化来解决投资体制的改革。根据当前的实际情况，与会者在建立基金制、逐步建立起科学的投资决策体系、政企分开、实行股份制、业主责任制和建设项目管理市场化等问题上取得了共识。

与会者还就加强投资领域的宏观调控问题提出具体意见，认为由直接行政手段调控过渡到以间接的经济手段调控为主，根本性问题是要提高国家财政收入在国民生产总值中占的比重，以增强国家宏观调控实力。在实行谁投资、谁决策、谁负责的机制中，国家要控制预算内投资以保证预算平衡；控制银行投资贷款以保持信贷平衡；控制利用外资投资以保持国际收支平衡。

（吴兴国）

社会主义市场经济与机构改革研讨会

2月25—26日，中国行政管理学会、中国工业经济协会、《中国机构与编制》杂志社、首钢研究与开发公司在京联合举办。

与会代表认为，机构不精简，企业难生存，难发展。长期以来，由于机构庞大，严重阻碍了我国生产力的发展，也使企业无力搞扩大再生产。因此，改革开放，就要解放思想，改变观念，从客观实际出发，根据市场经济的要求，精简机构。

与会代表认为，造成《全民所有制工业企业转换经营机制条例》很难实施的关键是政府职能的不改变。在我国，行政低效和腐败现象，主要是超度的政府职能和官本位两个原因造成的。而转变政府职能最要害的问题是从直接行政性管理转向间接管理。因此，机构改革必须确立目标模式，建立宏观间接调控体系。

与会代表还认为，要想发展经济，当务之急是加强经济法规的建设。法制建设与政府机构改革要同步进行。

（瑢）

农业形势分析与对策研讨会

《中国农村经济》编辑部与农业部软科学委员会市场经济研究所于3月在京举行。

与会者认为，对农业形势作出准确的判断是很困难的。如何看待农业形势，特别是对目前农业形势的分析，要跳出以前的唯粮食论的观念。我国农业主要存在以下问题：耕地面积迅速减少；农业投资少；农产品贸易条件恶化；农产品结构不适应经济发展需要；农民收入相对下降；农民负担重，农业发展中的地区间差异迅速扩大。

农业问题的根源在哪里，与会者认为是工农关系不协调。新的表现为：(1)工业发展速度太快，造成农业投资不足。(2)乡镇企业过早走上资金密集型的道路，一方面使资金流入非农产业，一方面使农业劳动力流不出去。(3)在供过于求的情况下放开粮食市场，一方面使粮食价格下跌，另一方面工业品的价格提高很快，造成农产品贸易条件的恶化。(4)盲目搞开发区，占用大量耕地，所需资金多由农民负担。(5)认识上忽视农业、忽视农民收入和劳动力转移等。

如何解决当前农业存在的问题。与会者一致认为，目前国家出台的一些措施是必要的，而要紧的是怎么不损害农民利益，为此政府应做以下几项工作：(1)解决非农占地问题。(2)制定租税征管制度。(3)改革农村财政、金融制度。(4)制定农村产业结构政策等。总之，我国农业的出路在于发展小城镇，发展非农产业。

（金　泓）

韩国问题研讨会

韩国研究中心（上海）于3月在上海召开。各地学者就中韩经贸前景作了全景式展望。

一些经济学家认为，中韩双边经贸关系进一步发展的内在动力，是两国经济现状、发展条件等差异的存在。韩国作为一个资源贫乏和市场狭小的国家，又是出口主导型的加工经济，对外贸易占极为重要地位，因此能否拓展双边经贸关系，提高在中国市场占有率，是韩国90年代实现第二次经济腾飞的关键之一。中国也需要拓宽和加深对韩国的经贸关系，这是中国继续坚持深化改革，扩大开放的需要。

与会者指出，韩国发展与中国经贸关系的有利因素有：(1)两国建交后，韩国掀起了新的“中国热”，并期望进一步巩固和发展双边关系。(2)发展双边经贸关系是促进东北亚经济合作的必然要求。(3)1992年韩国政府通过“对华投资法案”，大大放宽了对华投资的政策性限制。(4)韩国外汇银行在北京开设办事处后，其他银行也纷纷欲来，必将有利于促进对华投资的增长。(5)韩国的中间技术、应用技术和一些加工、制造技术对中国有较强的适用性。(6)韩国的储蓄率仍保持在35%，有较充足的资金投入中国。(7)产业结构正向资本、技术密集型转换，一些劳动、资本密集型产业需要向海外转移。(8)韩国在实现大型企业规模经济效益，发展基础设施和第三产业方面具有丰富的经验，可以借鉴。(9)韩国从贫穷落后的农业国一跃跨入新兴工业国的管理和经营经验，对我国更有借鉴意义。

（一　理）

如何引导农民走向市场座谈会

中国社会科学院《要报》编辑部、社会学所、农村发展所于3月9日联合召开。会议就当前农村形势的总体判断、90年代引导农民走向市场的障碍因素及对策进行了讨论。

与会者对当前农村形势的总体判断，提出不同看法：(1)虽然中央及时出台了扶持农业生产的措施，但今年农业形势不容乐观，粮食生产可能出现滑坡；(2)在现有农村生产结构下，农民收入将呈低速增长；(3)今后一个时期我国粮食供给不会出现大问题。

二、障碍农民走向市场的因素，与会者认为有以下两个主要方面，一是农民自身的问题。长期计划经济体制下农民，难以完全改变依赖国家计划的心态；而家庭承包后的农户是小生产者，无法进入现代意义的市场经济体系；农民文化、技术素质普遍较低。二是政府行为的障碍。政府利用放开价格甩包袱，让市场盲目地调节；政府宏观政策忽视农民收入目标、忽视农产品供给的结构改善；政府全盘保护和补农工业的发展，使农产品成本利润率大大高于非农产品；重视乡镇企业而忽视农业。

三、90 年代发展农业、引导农民走向市场的途径：第一，保护农民利益和生产积极性，稳定发展农业。及时调整经济政策，向农村和农业倾斜；在财政上要有支农拨款，资源配置上要保证农业发展需要，分配上要保护农民利益。第二，调整农村产业结构，加快农村市场经济体制的发育。为此应关注以下问题：(1)要有明晰的微观产权构造；(2)防止形成政府对市场的垄断；(3)政府对市场的干预不能脱离市场需求的变化，对农业的保护政策必须从国情出发。第三，转变政府职能。政府应凌驾于市场之上去培育、调节市场，让市场去引导农民。

四、对策与建议。与会者提出从以下方面来有效引导农民走向市场。1. 尽快建立与完善农业宏观经济监测系统，改进农业统计数据的质量。2. 建立粮食储备调节系统，以备用于调节居民消费和平抑粮价。3. 改革金融体制，建立政策金融、商业金融、合作金融的保证农业投入。4. 理顺国家、社区和农民之间的租税关系，减轻农民负担。5. 提供生产、经营和销售的社会化服务，减少农民进入市场的风险。6. 组建农业公司，利用公司作为政府与农民之间的联系纽带和支点。

（金　泓）

市场理论与市场形势高级研讨会

中国市场学会和经济日报社于 3 月 13 日在北京召开。

与会者认为，当前我国经济形势大好，在邓小平同志视察南方的重要谈话和党的十四大精神鼓舞下，我国的改革开放和现代化建设进入蓬勃发展的新阶段；但也潜存着不可忽视的严重问题，喜中有忧，不能掉以轻心。

与会者指出，当前市场形势存在的问题主要有：(1)市场主体——企业缺乏活力，《条例》规定的企业自主权没有落实；(2)货币投放增长过猛，外汇调剂价升幅过大，现行外汇留成办法不合理，潜伏着通货膨胀的危险（有的认为通货膨胀已经存在）；(3)固定资产投资规模偏大，增长速度过快，潜伏着经济过热的危险，如果控制不住，将会出问题；(4)今年物价不容忽视，由于成本推动可能导致某些商品价格上扬；(5)市场发育中存在着地区和部门封锁问题，行政干预问题，政企不分问题，以及国内外市场脱节问题，市场缺乏规范化、法制化管理，市场自动调节组织没有形成。有的对当前市场态势概括为五热五冷：城市热农村冷，翻牌热转换冷，洋人热国人冷，大买卖热小交易冷，假打热真打冷。

与会者针对存在问题提出对策：(1)加强对社会主义市场经济的理论研究和宣传，清除理论误区，解放思想，突破传统计划经济观念的束缚；(2)加快政府职能的转变，彻底实行政企分开，把生产经营权真正交还给企业，加强政府的宏观间接调控和经济监督职能；(3)从严控制货币投放量，控制财政支出，控制投资规模增长幅度，提高存贷款利息率，务必把货币控制在不出问题的限度内；(4)加速企业经营机制的转换，真正落实《条例》规定的企业 14 项自主权，切实增强企业活力，组建企业集团必须坚持自愿原则；(5)明晰产权关系，给国营企业松绑，使国营企业与乡镇企业、三资企业等享受同样待遇，进行平等竞争。有的还建议撤销主管局，小型国营企业实行民营，大中型国营企业推行股份制；(6)改革外汇留成办法，变额度留成为票据流通，建立外汇平准基金，利用市场机制平抑汇率，逐步实现人民币的自由兑换；(7)加强市场管理，建立健全法律法规；尽快出台市场竞争法、商法、打击假冒伪劣商品规则，加快对各类证券交易和期货交易规则的建设，加强市场中介组织的建设，明确行业协会的职责，避免形成新的行业垄断。

（一　理）

商业国有资产经营方式研讨会

河南省商管委、河南省商业经济学会 3 月 16 日至 17 日联合在郑州召开。

与会者认为商业改革经历了三个阶段：1983 年以前，主要是扩大自主权，实行利润留成。1984 年至 1987 年为第二阶段，通过两步利改税，调整国家与企业的利益分配关系，并进行包、改、转、租、卖的多种改革形式。1987 年后为第三阶段，在大中型企业实行承包经营责任制，推行“四放开”。目前国有商业企业改革进入了新阶段，主要标志是触及产权制度改革，要求探索国有资产多种经营方式。

与会者认为商业国有资产经营方式多样化。一是承包制，包括国家对企业投入产出承包，商业系统对财政总承包，公司门店直接对财政承包等；二是租赁制，把国家或集体财产租赁给集体或个人经营；三是股份制；四是将国有企业转为集体企业；五是拍卖；六是国有民营。

与会者还认为，国有民营是小型商业企业改革的新突破。对国有民营，各地做法尽管不一致，但其共同特点是把国有企业的资产优势与个体灵活经营优势结合，能充分调动职工当家作主的积极性，有较强的生命力，应该作为小型国有商业企业资产经营方式的重要选择。

（李新年）

产权理论与社会主义市场经济研讨会

北京经济学总会、中国工业经济协会调研部、首钢研究与开发公司3月下旬在北京联合举办。

与会者探讨了西方产权理论。有两种观点：一种观点认为，西方产权理论研究的产权关系，是财产所有者使用和配置资源的权利，即在财产的一系列委托代理关系中，如何降低代理成本，建立激励和约束代理人的机制，以提高效率；另一种观点认为，西方产权理论研究的产权关系，不是指所有权，而是指人们对财产的使用所引起的相互认可的行为关系。对西方产权理论有三点可资借鉴：(1)明确不同利益主体之间的责权利关系，通过契约形式，可以建立一种激励和约束机制；(2)明确责权利关系时，要注意成本与效益的比较；(3)处理不同所有者之间受益和受损的民事纠纷时，应遵循明确责任和社会效益最大化原则。

与会者对我国公有制产权理论有不同看法，一种观点认为，全民所有制中的产权问题主要表现在所有权模糊和所有者代表不明确，因此在一系列的委托、代理环节中就出现低效和不负责任的情况。另一种观点认为，公有制产权理论应该研究如何界定或划分全民所有制内部国家、企业和职工三者之间的责权利关系，因此要给企业以法人所有权，给职工当家作主的权利。还有一种观点认为，应按照马克思的所有权理论来构造社会主义公有制产权理论的基本框架，即所有权、占有权、支配权、使用权和收益分配权在全民所有制内部国家、企业和劳动者之间的分离和统一。

如何理顺国有经济的产权关系，与会者有不同见解：一种观点认为，目前承包制已经落后，股份制是理顺产权关系的最好形式，是今后企业改革的方向。另一种观点认为，通过承包制界定政府、企业和职工之间的责权利关系，也能理顺产权关系。也有的认为，股份制可选择少数效益好的企业，而承包制在大部分企业仍可以实行。还有的认为，股份制和承包制并不矛盾，各地方、各企业可根据实际情况择定，承包制和股份制也可以在企业中结合起来。

关于产权管理的组织形式，有两种意见：一种意见认为，由国务院代表国家行使企业财产的所有权，国务院委托国有资产管理局负责管理国有资产，下设若干投资公司或控股公司，分别向企业参股或控股，企业股权由不同投资公司掌握，企业具有法人所有权；有的建议由人大常委会代表国家行使企业财产的所有权；有的认为应由各种基金会组织掌握企业大部分股权。另一种意见认为，上述的设想不仅在实践中难以操作，且会变形，所以没有必要搞中间机构，企业的上级是市场，企业直接向财政交税，其余绝大部分留在企业，保证企业的自我积累和自我发展，就可以把企业搞好。

（矣　周）

全国高校国民经济核算教学教材建设研讨会

3月21—26日在北京召开。

与会者认为，世界各国和我国的实践表明，国民经济核算体系是反映国民经济运行过程和发展过程的科学理论与方法，无论在经济分析、理论研究，政策模拟、制订规划等方面，还是在微观企业经营管理方面都具有重要的使用价值。国民经济核算体系是实证经济学的基础，不掌握这门知识，学生不可能有较强的实证分析和研究能力，所以对经济学各专业开设国民经济核算体系课程非常重要。

与会者指出，目前关于国民经济核算的教材有两类，一类是国民经济核算，一类是国民经济统计，已出版和使用的这类教材有数十种，这对我国国民经济核算的教学发展起了很大的推动作用。但各种教材不同程度地存在一些问题，主要是：(1)教材的规范性较差，实用性相对较弱；(2) MPS的内容过多；(3)理论研究不足；(4)教材内容深浅不一。

关于国民经济核算的教学内容，与会者认为应包括：五大核算、帐户体系、指数和分析应用。但在教学及教材体系上则有不同意见，一种观点认为应按再生产环节设计教学及教材体系，另一种观点认为应按国内生产总值核算、投入产出核算、资金流量核算、国际收支（平衡表）核算、资产负债核算的五大核算，经济帐户体系，国民经济核算指数体系，国民经济核算体系的分析应用设计教学及教材体系。

（高　理）

深化财政改革、完善市场经济体制研讨会

3月24—29日，财政部财政科学研究所和《经济日报》理论部在京联合举办。

与会者认为，构筑全新的社会主义市场经济体制，首要是让占国民经济主体的国有企业真正成为自主经营、自负盈亏的商品生产者，这主要取决于(1)实行政企分开，摆脱过多的行政干预；(2)产权关系明晰化，实现两权分离；(3)在明晰产权关系的基础上，推行税制分流，规范国家与企业的分配关系。

与会者认为，要按照市场经济要求改革财政和金融体制。财政体制改革，除了在国家与国有企业之间逐步推行税利分流外，关键是建立有利于市场公平竞争的税制结构和税收制度。金融体制改革，一是将现有的专业银行逐步向商业银行过渡，实现银行企业化目标；二是成立政策性银行，从事政策性投资业务和专项贷款业务，具有财政和银行双重职能；三是发展融资市场和融资工具，运用股票证券等多种工具调节市场，发展经济；四是加强金融立法和监督，确保金融市场规范运行。

与会者还就社会主义搞市场经济这个选择的正确性、股票市场运作、价格改革、社会保障制度建设及当前经济形势等问题发表了许多有益的见解。

（瑢）

90年代南通暨沿江地区经济发展战略研讨会

中国经济体制改革研究会、中国国土经济研究会、国务院发展研究中心农村部等5家发起，4月在南通市召开。会议就如何使整个长江下游三角洲“黄金水道”沿岸地区经济的快速发展展开讨论。

与会者认为，加快长江流域的开发开放和经济发展，将会对全国经济的腾飞产生重大影响。长江流域是中国经济的一条主动脉，素以“黄金地带”而著称于世。改革开放以来，长江流域经济取得了进展，但相对于东部沿海地区，则发展滞后。90年代初中央决定以上海浦东开发为龙头加快长江三角洲及沿江地区的开发开放和经济发展，无疑为长江流域经济跃上新的高度创造了条件。

与会者指出，浦东的开发开放与长江流域经济发展的关系，犹如80年代深圳开放对珠江流域经济发展的大面积带动，在改革的示范性、开放的渗透性、产业的影响和市场容量的扩大等方面，具有直接可观的促进效果。为此，与会者呼吁沿江各省市必须加强合作，形成合力，共同推动这一地区的繁荣和发展。

与会者还指出，南通港口群是长江下游的重要航运枢纽，在整个长江流域的交通和对外联系中具有举足轻重的地位和无可替代的作用，充分发挥其区位优势，努力建设成为东方国际大港，不仅是本地富民兴市的需要，而且对整个长江流域经济的发展具有重大意义。

（一　丰）

社会主义市场经济条件下工资改革研讨会

中国劳动学会工资专业委员会于4月1日至3日在苏州召开。会议探讨了社会主义市场经济条件下工资体制改革目标，当前工资体制改革的问题和对策。

与会者认为，在社会主义市场经济条件下，市场机制必然进入工资分配领域。在提法上，有人主张“市场决定工资”；有人认为，工资属于分配范畴，它是生产决定的，主张提“市场调节工资”；有的同志还提出，为了用语准确，应为“市场机制调节”。

与会者认为，工资体制改革目标模式的第一层次是市场机制决定，经过劳动力市场的中介，劳动力由流通领域进入生产领域；工资体制改革目标模式的第二层次是企业自主分配；国家属于社会上层建筑，国家政府职能决定于经济基础，在工资体制改革目标模式中，政府职能则属于第三个层次。在确定劳动力市场机制，确定劳动者和用人单位两个利益主体，以及企业工资分配自主权的前提下，政府职能主要是监督调控。

（练　岑）

私营企业发展中的问题与对策座谈会

北京市工商业联合会于4月初在京召开。

与会者反映了北京市私营经济遇到的困难，为贷款难；使用土地难；税负重、获利难；吸收人才难；人身安全无保障，寻求政府保护难；宣传工作跟不上，社

会舆论偏颇，取得社会的理解和支持难。

与会者认为，北京市发展私营经济的主要障碍是思想观念问题。有的说，党中央对发展包括私营经济在内的国民经济有紧迫感，北京市一些人们由于受老脑筋的束缚，对发展私营经济的必要性和重要性的认识很差。有的认为，除思想观念外，还有非公平竞争环境、“翻牌”公司的冲击。

与会者提出如下解决意见：(1) 加快金融体制改革，鼓励工商联筹组信用社，解决私营经济的资金不足困难；(2) 不论国有、私营，都可征用土地。(3) 加快税制改革，对盈利不分红的私营企业实行减免，对盈利用于消费的课重税，并改进对私营企业的税前列支办法。(4) 建议部队参与私营企业财产与人身安全的保护。(5) 加强对私营经济的宣传舆论工作。

(龚　平)

中国农村奔小康经验研讨会

国家计委、农业部和国务院研究室 4 月中旬在北京联合召开。出席会议的主要是来自全国 100 多个农民人均年收入超过 1 000 元的县（市）负责人。

与会者认为，小康是介于温饱与富裕之间的一个相当长的经济社会发展阶段，我国用了大约 40 年的时间解决了温饱问题，到本世纪末实现小康，时间紧、任务重。

李鹏总理在会上说，使有 9 亿人口的农村实现小康，是我们为之奋斗的重要战略目标之一，没有 9 亿农民的小康，就谈不上全国的小康。农村如何奔小康不仅是理论问题，更重要的是实践问题，要探索农村奔小康之路。

农业部刘江部长指出，农村小康建设的重点是把农民人均年纯收入提高到 1 200 元，要实现这一目标，必须坚持开源节流两手抓，一方面大力发展经济，把可分配的蛋糕做大；另一方面要努力减少农民各方面的利益流失，把本来属于农民的利益留给他们。这就需要努力加快农村经济发展速度，90 年代农业和乡镇企业必须分别保持 3.9%和 15%以上的年均增长速度。

(矣　周)

建立社会主义市场经济体制理论讨论会

北京开达经济学家咨询中心、中国民主建国会北京市委员会、中华工商时报 4 月 13 日在北京联合召开。会议就建立社会主义市场经济体制的理论认识问题展开讨论。

关于建立社会主义市场经济的意义，有的认为，确立社会主义市场经济决不单纯是一种配置资源的手段，一种经营机制，它在社会主义运动史上还占有重要地位，是一个伟大的创举，是社会主义制度与市场经济对接的飞跃，其意义不亚于十月社会主义革命的胜利。有的认为，党的十四大在理论上的最大贡献就是提出了要建立社会主义市场经济新体制，这是对马克思主义的重大发展，也是使中国从此走上繁荣昌盛的重要保证。

关于在我国应建立什么样的市场经济，有的指出，中国只能走真正的市场经济之路，而要防止搞成准市场经济。真正的市场经济是：(1) 整个社会经济的运行以市场为基础，国家的调控是在市场经济运行的基础上进行，政企要彻底分开；(2) 企业和经营者个人是市场的主体，有完全的经营自主权，开展平等的竞争，政府只是监测者，管理者和服务者；(3) 对以往的计划经济彻底否定。有的对中国建立市场经济体制的基本条件和国情概括为：(1) 生产力水平不高，商品经济还不发达；(2) 向市场经济过渡的起点是计划体制；(3) 我国是一个“后发展国家”，在世界竞争中处于不利地位；(4)我国有公有制经济的雄厚物质基础，其中既有积极因素，也有消极因素；(5) 我国具有东方文化传统；(6) 缺少法制传统和法制观念。因此，我们在建立市场经济上面临的选择是：第一，应当是社会主义市场经济，而不是资本主义市场经济；第二，应当是政府主导型和计划引导型的市场经济，而不是自由放任的市场经济。

(一　伟)

国有企业贯彻《条例》转换经营机制座谈会

中国社会科学院《要报》编辑部和工业经济研究所于 4 月下旬在北京召开。

与会者认为，《条例》对企业的经营自主权作了全面具体的规定，在贯彻过程中各级领导高度重视，取得一定成效，但有些深层次问题还没有从根本上解决：(1)《条例》的有关规定还不完善。如对一些企业自主权加以不必要的限制；没有对企业作为法人如何自负盈亏作出具体规定；没有明确企业资产所有权；企业厂长任免、资产收益分配、生产投资立项均要由政府决定或批准。(2)《条例》的贯彻，只是在现有体制下使企业经营机制有所改善，但达不到转换经营机制的目的。

(3) 企业一些主要的自主权还未落实，如外贸权、投资决策权、劳动用工权和人事任免权等。

与会者指出，企业转换经营机制遇到障碍，其原因在于：(1) 认识上的片面性，不能仅仅围绕“放权”作文章，政企不分，政资不分才是企业经营机制难以转换的根本原因；(2) 产权关系不理顺，国有企业作为法人没有独立的财产权。

与会者对进一步贯彻《条例》提出建议：(1) 对企业转换经营机制要实行分类指导；(2) 制订“政企职责分开”的条例，对政府行为加以约束；(3) 明晰国有企业财产的国家终极所有权和法人所有权；(4) 企业负责人要提高素质，抓好管理；(5) 建立现代企业法人制度，推进股份制改造。

(企　理)

利用外资对我国经济发展的影响研讨会

国家计委外事司、国家信息中心经济预测部、国家计委经济研究中心国际组和杭州市计委 4 月 24—28 日在杭州市联合召开。

与会者认为，从总体上看外资对一个国家的经济和社会产生的影响是错综复杂的，我国引进外资带来的正面效果要大于负面效果。14 年的实践表明，我国引进外资的政策是成功的，表现在：(1) 缓解了国内建设资金不足的困难；(2) 促进了经济增长；(3) 扩大了国内的就业机会；(4) 增加出口创汇；(5) 提高了经济效益和技术水平。

与会者指出，当前利用外资中还存在一些问题，突出的是：(1) 外资立法法规不够严密，互相矛盾；(2) 外资的数量还不多，项目规模也很小，质量也有待进一步提高；(3) 相当多的外资企业出现亏损；(4) 优惠政策的负效应开始出现。

与会者针对上述问题，提出建议：(1) 进一步加强对利用外资工作的宏观管理，要制定利用外资的整体战略，坚持利用外资政策与我国的财政、金融政策及产业政策相协调，当前要逐步提高直接投资在利用外资总额中的比例，要引导外资投向能源、交通、原材料、基础设施等瓶颈部门的重点建设项目，并要加强外资引进和全过程管理。(2) 切忌“运动式”的引进外资。引进外资的布局应集中在开发区和开放城市，不能“遍地开花”；引进外资要从数量型向质量型转换，提高引进外资的水平。(3) 消除、弱化国内企业与外资企业的差别待遇，要建立起公平竞争的秩序，保证各种经济类型的企业处于基本平等的竞争地位。 (世　进)

计划学革新与发展研讨会

全国高等院校计划学研究会于 4 月 24—28 日在郑州市举行。会议对市场经济与国家计划的关系、社会主义市场经济条件下如何革新与发展计划学、高校国民经济计划专业设置等问题进行了研讨。

关于市场经济与国家计划的关系问题，与会者认为，社会主义市场经济体制是对计划经济体制的否定，但不是对国家计划的否定，计划和市场都是资源配置的方式，市场经济和国家计划不是对立的，国家计划是宏观调控的重要手段。大家还认为，作为反映国家宏观计划调控实践经验的理论并指导实践的计划学，有其存在的客观必然性和必要性。

关于计划学的革新与发展问题，与会者认为，现今的计划学已不能适应社会主义市场经济的需要，必须以建设有中国特色社会主义理论为指导，以社会主义市场经济体制为依据进行改革和发展。革新的主要方向是：(1) 破除计划和市场对立的观念，以二者相结合作为立论的出发点；(2) 加强实证分析和定量研究，突出学科的实用性；(3) 以宏观调控整个过程为研究范围，加强宏观计划实现规律的研究。

关于计划专业设置问题，有两种意见：一种意见认为应拓宽专业方向，改为“国民经济管理”专业，把单纯培养计划管理人才改为培养具有全面专业知识和技能的宏观管理人才；另一种意见认为，为了保证国家计划部门对专业人才的需要，仍应设置“国民经济计划”专业。

(刘成瑞)

邓小平特区建设思想研讨会

由中国社会科学院主办、中国新闻文化促进会和海南《投资与合作》杂志社承办，于 5 月在北京举行。会议探讨了邓小平特区建设思想的深刻内涵，并着重研究了 90 年代经济特区如何抓住机遇，重上新台阶。

与会者探讨了特区面临新的挑战和机遇：在国际上，由于发展中国纷纷实行全方位开放和投资优惠政策，将给经济特区拓宽外资来源带来不利影响；在国内，全国形成了全方位开放的格局，“内地特区化”的趋势增强，特区的政策优势逐步丧失，内地的低劳动成本还会吸引特区的“三来一补”企业和劳动密集型外资项目向内地转移，这是严峻的挑战。但也要抓住难得的机遇：(1) 90 年代亚太地区政治比较稳定，经济很有活力，这将波及和带动我国经济尤其是特区经济的快速发展；(2)随着特区投资环境的改善，海外直接投资不断增加；(3)香港90年代末回归祖国，香港与特区的经济关系会更加密切，将促进特区进一步扩大开放。

与会者还探讨了特区在新形势下的优势与对策。认为在新形势下沿海特区还具有三大优势：(1)区位优势，(2)先行优势；(3)体制优势，将在90年代继续作为对外开放的“窗口”，率先与国际市场对接；作为全国改革的试验场，为深化改革不断提供新思路，率先塑造和完善社会主义市场经济新体制；继续与内地保持紧密联系和强大的辐射力，成为我国社会主义市场经济与国际经济接轨的桥梁。与会者就特区建设从不同方面提出一些对策建议：(1)进一步提高开放度，要加强基础设施建设，改善投资环境，打开直接走向国际市场的通道；要采取切实措施促进企业到国际市场上去开拓和竞争。(2)以高新技术为龙头，发展技术先进型工业；(3)外引与内联并重；(4)完善特区经济法制建设；(5)在建设物质文明的同时建设精神文明，真正做到“两手硬”。

（一　理）

社会主义市场经济条件下分配理论研讨会

5月，由中南财大经济研究所、荆州师专和经济日报理论部在荆州联合举办。

与会者认为，在我国现行的市场经济体制下，并没有真正做到按劳分配，其分配原则实际上是“基本平均，略有差别”。在探讨几十年以来我们实行的“按劳分配”究竟是“分配原则”、“分配制度”、还是分配的客观规律，大家意见不一。

一些代表认为，从传统意义上的按劳分配理论来分析当今社会主义市场经济体制下分配关系，按劳分配很难实现；而从劳动力作为一种资源通过交换关系来实现自身的价值上来说，在社会主义市场条件下，按劳分配可以实现，并且可以成为主体分配方式；另一种意见认为，按劳分配与市场经济不相容，它在市场经济体制下难以存在。

与会者对市场经济条件下工资由谁来决定也发表了不同看法。一些代表认为，在市场经济体制下，工资是由劳动力商品的价值所决定；另一些代表则认为，在社会主义市场经济体制下，工资是由劳动力的使用价值所决定，即劳动力所能创造价值和剩余价值的实际功能所决定。

关于如何理顺分配关系，一些代表认为，在计划经济体制下，分配对个人的功能主要是作为劳动力主体的再生产的功能，并不具备作为投资主体的资本积累功能；另外一些代表认为，当今社会分配不合理，这是由于人的劳动差别、能力差别和合法机会差别而形成的。而且地下经济的泛滥是我国当前分配关系最严重的问题。

此外，会议还讨论了建立和完善个人消费品分配制度等问题。

（瑢）

新疆推进股份制试点研讨会

新疆体改委与新疆日报编辑部5月在乌鲁木齐联合召开。

与会专家认为，新疆的市场经济已经起步，完全有条件推进股份制试点，但要注意解决可能出现的问题：(1)如果企业所筹资金大于居民持币量，就会出现挖空银行的现象，要处理好这方面的供求关系。(2)要引导股市健康发展。目前新疆股民缺乏股票知识，投资意识薄弱，不关心股票价格的基础——公司经营状况。这不但会影响公司将来的经营，也会使股市朝不健康的方向发展，对此要加强宣传，正确引导。(3)要充分发挥资金的效益。企业实行股份制，把个人手中的闲置资金吸收到企业中来，能起到防止资金外流的作用，但如果把筹集到的资金又投入沿海地区搞房地产开发，实际上仍造成了资金外流。同时，有些公司投资目标不明确，虽然筹集到了资金，却无好的目标项目。因此，政府部门对股份制、股份合全制试点企业要选择适当，进行大体规划，有步骤、分层次进行，股份制是法制经济，要依法行事。对那些技改后能产生较大效益的企业要予以优先考虑。（赵慧琴）

市场经济与产权制度改革研讨会

广东省社会科学院等单位于5月4—6日在南海市举办。

与会者认为，我国传统的公有制产权制度存在着如下的弊端：(1)财产的“大锅饭”；(2)缺乏财产权界定；(3)资产的封闭凝固性；(4)两权合一、主体唯一。因此，对它进行根本性的改革，已成为无法回避的一个重大问题。

与会者提出改革的方向——产权社会化。通过产权的社会化改革，使社会产权既不集中于少数人手里，也不集中于国家手里，而是分散于企业、团体和广大民众手里，使社会财产权真正社会化、人民化。

与会者提出产权制度改革的理想模式——股份制。历史经验表明，资源的产权关系明晰化、主体化、商品化、货币化是发展市场经济的条件，而股份制就是这样一种科学的产权制度。我国当前主要是创造新型的股份公有产权制度，把分散性的各级政府产权、各类公有企业产权、广大公民的产权等，通过股份制组合成股份公有财产制度，使国家、企业、劳动者都成为公有制的产权主体。这样不仅能调动各方面的力量，而且能增强企业的凝聚力和向心力，促进生产的发展。

（穗）

国有大中型企业与社会主义市场经济研讨会

山西省经委、省委政研室与经济日报编辑部5月在太原市联合举办。

与会者认为，《条例》规定的企业自主权在很多方面还没有落实，特别是由于产权关系不清晰，致使国家、企业和职工的责权利关系难以规范，企业难以成为全体职工的利益共同体，职工缺乏对企业命运和关心和热情。

与会者提出，当务之急在于改造或重塑企业的发展机制，尽快实现四个转变：(1) 转变企业经营机制，把企业推向市场，关键是改革公有制内部的产权组织和产权管理，实行原始产权和法人产权分离而又相制约的产权形式，还应加快国有企业规范化的股份制试点步伐；(2) 转变企业内部管理制度，建立以市场为中心的管理体制；(3) 转变企业的领导体制；(4) 转变企业干部、职工的思想，要使他们理解和支持企业走向市场。

（晋）

两岸房地产投资研讨会

大陆北洋咨询集团、人民日报社《市场报》和台湾中外不动产顾问有限公司于5月上旬在北京共同主办。海峡两岸200多位房地产界的实业家和专家参加。

会议交流了两岸房产业投资开发和市场营销的经验，并为企业家洽谈合作意向、寻找合作伙伴创造条件。

（导　之）

上海青浦私营经济发展模式研讨会

上海私营经济研究会、上海市农村经济研究中心和青浦县委等于5月5日联合举办。会议对青浦县蒸淀乡的“上海富民私营经济开发小区”进行研讨。

青浦县蒸淀乡的“富民模式”经济开发小区，具有如下特点：(1) 统一规划，成片开发；(2) 政策配套，优化服务；(3) 自主经营，综合管理。

与会者认为，上海这个特大城市，有社会化发展程度高和科技、信息、人才、市场等方面的优势，有必要也有可能大力发展私营经济，而目前上海市私营经济的比重，同它可能对生产力发展所作的贡献，还很不相称。

上海市副市长孟建柱认为，在把上海建成国际经济、贸易、金融中心之一的大背景下，私营经济作为社会主义市场经济的重要的有益的组成部分需要获得一个相当程度的发展，这是必然趋势，不要为此担心、怀疑和犹豫。上海郊区的个体经济、私营经济不是发展多了，而是还不够。

（扈　青）

转换企业机制讨论会

北京开达经济学家咨询中心、工人日报社、秦皇岛艺术创作村于5月8日在北京召开。

与会者认为，在确立市场经济体制的改革目标后，国有企业的改革显得更为紧迫，《条例》并不能解决企业的所有问题，但其确定的原则非常可贵，即企业转换机制、政府转变职能，企业走向市场，都是带有方向性的问题。

关于转换企业机制，有人指出至少有如下四个突出问题需要解决：(1) 政企分离问题。由计划经济向市场经济转换，就是应由原来的集中角色转向分散角色，要形成一个独立的经济主体，这个问题不解决，市场经济就无从谈起。(2) 国有资产的管理问题。现在的关系含糊不清，名义上是全民所有，实际上无人负责，对这一部分资产谁有运作的权利也是不明确的，而且是被分割了。(3) 企业制度问题。现在有望比较成功的是股份制，但在实践中由于种种原因有可能被扭曲。(4) 企业内部机制问题。这是个大问题，要摸索规律，做艰苦工作，不能指望一剂灵丹妙药包治企业的“百病”。

关于转换企业机制的条件，有人提出最根本、最起码、最必要的条件有五个：(1) 产权必须明确；(2) 政企必须分开；(3) 所有制与经营权必须分离；(4) 让企业面对市场；(5) 必须减轻企业的负担。这五个条件，单靠企业是实现不了的，必须由政府下大力气搞综合配套改革，要打破传统的思维定式，要脚踏实地地干，在改革问题上不能有短期行为。（一　伟）

企业扭亏研讨会

经济日报社于5月15日在京召开。

与会者指出，我国企业当前亏损面继续扩大，亏损额不断上升，值得重视，各级经济工作部门应把它作为一件大事抓紧抓好。

与会者认为，造成企业亏损的原因是多方面的。既有外部问题，如体制转换过程中的结构性和机制性矛盾，使企业亏损呈现一些新的特点；也有微观方面的原因，如经营管理不善，浪费严重，忽视技术改造，滥发钱物等。有的还认为，企业亏损不仅仅是经济运行问题，而且反映出体制问题，如产权管理制度不明确，政府对企业的事情管得太多太具体，有些企业经营者缺乏责任感，缺少必要的压力和动力。

与会者提出，要从更深层次寻找企业扭亏对策。当前要加快国有资产管理体制改革，大力推进股份制；在企业内部经营管理方面，目前应重点解决因管理不善造成的浪费，解决技术改造问题。有的还提出，要严格控制固定资产投资规模，有取有舍，保证重点，要整顿金融秩序，清理和整顿银行非正常贷款和社会集资。有的提出，扭亏需要理顺价格关系，当前企业亏损的主要原因是政府对其产品定价偏低。

（莫　土）

新时期产业政策座谈会

国家计委、国家经贸委、国家体改委和国务院发展研究中心于5月下旬在京召开。会议围绕产业政策在新时期经济发展中的地位、作用、制定和实施机制等方面进行探讨。

与会者认为，制定和实施产业政策，对加快我国的经济发展具有重要作用。当前我国已处在经济快速增长和新旧体制转换时期，同时也面临着“复关”后国际竞争和挑战，迫切需要从改革与发展相结合的角度，推出新的产业政策，增强企业竞争力，加快市场发育，促进产业结构的合理化和现代化。

（欣）

搞活国有大中型企业研讨会

中国工业经济协会、中国企业管理协会、经济日报社、首钢总公司于5月下旬在京联合举行。这次会议是纪念小平同志视察首钢一周年，以及研讨小平同志的搞活大中型企业思想。

与会者达成的共识是：实践一再证明，国有大中型企业之所以缺少活力，归根到底，是沿袭了高度集中的计划经济体制的弊端，把企业卡得太紧，把企业的钱收得太多的结果。

与会者认为，落实企业自主权和自主钱的根本出路，还在于深化计划、投资、财政、金融、外贸体制的改革。企业改革本身，应继续坚持和完善承包制，现在有些企业在搞投入产出总承包，已显效果；其他形式如合资经营、试行股份制等也应积极发展。深化企业改革还必须理顺产权关系。

（矣　周）

社会主义地产市场与地租地价问题研讨会

5月24日至26日中国土地学会土地经济分会在浙江省温州市召开。会议集中讨论了影响地产市场发育的因素和社会主义市场经济中的地租与地价等问题。

与会者认为，目前我国正处于由传统的计划经济向社会主义市场经济体制的转轨过程中，经济体制改革的深化程度决定了地产市场的发育程度，特别是国有大中型企业经营机制的转换和政府职能的转变，都影响着地产市场的培育和规范。1992年下半年开始出现的“开发区热”，并非地产市场发展的内在要求，而是典型的政府行为，大量资金向房地产业倾斜，也都是政府部门干预的结果。一些同志认为，规范政府的土地出让行为，培育有独立经济利益的企业作为市场主体，是规范地产市场的关键。关于土地使用权出让，有的同志提出，因为出让的主体是国家（或各级政府），所以土地出让本质上属于政府行政行为，而不是市场交易。如果强调出让土地是市场行为，政府就会追求土地收益的最大化，而忽视规划和产业政策，这正是目前一些地方政府出让土地行为不规范的原因所在。一些同志在会上提出，只有土地使用权转让才是真正的市场行为，要以城市存量土地是否进入市场作为地产市场是否形成的标志。

关于社会主义市场经济中的地租、地价问题，与会者对目前土地出让价格的确定脱离地租而与城市建设资金挂钩的做法提出异议，认为当前迫切需要重新讨论土地经济学的基础理论即地租理论。地价的真正意义是地租的资本化，而地租只是土地所有者凭借土地所有权对社会总剩余价值的分割。在社会主义市场经济中，国有企业不再是政府的附属物，但在其资产仍是国有、土地所有权也是国有的前提下，地租和地价应是资源合理配置的手段，而不是建设资金的"摇钱树"。地租确定的依据应是社会的经济发展水平，土地的用途和区位，企业的性质和盈利水平。土地出让金则以地租为基础，并在对出让年期内出让地段周围环境以及城市宏观经济增长进行科学的土地增值预期后确定。

（邵捷传）

民营经济讨论会

上海社会科学院部门经济所、《上海经济》杂志编辑部、《团结报》社于6月在上海联合召开。

与会者认为，私营经济在我国存在的历史环境是社会主义初级阶段，不发达的多层次的社会生产力必然要求多元的所有制经济形式与其相适应。随着市场经济的发展，私营个体经济与市场机制之间的天然联系更加明显，从私营经济的行业分布可以看出市场异向特征：一是为农业生产产前、产中、产后服务的行业；二是城镇服务业；三是新兴的以技术专利投入和信息服务为主的产业。这三者都是国营经济成份薄弱的领域，一般投入的原始资本相对较小。现阶段鼓励私营经济的发展，并实行与国营企业的相互合作与渗股，将有利于推进国营企业、经营机制的转换。

与会者指出，目前我国私营经济呈现较快的发展势头：(1)改革开放为私营经济提供了广阔的资金积累渠道；(2)私营经济在中国的发展速度同各类经济成份相比较，基本上是直线上升，亿元户在中国数以百计，有的私营企业雇工上百人；(3)私营经济有集团化的苗头，开始认识到集团化的益处；(4)私营企业家的素质在提高。

（朱云雁）

中国私营经济研究会成立大会暨学术研讨会

中华全国工商业联合会、中国社会科学院等于6月在太原联合召开。

与会者认为，中国改革开放的实践，迫切要求有中国自己的、适应改革要求的、反映时代特征的理论，而社会实践已经证明，理论和政策的滞后，对中国私营经济发展尤为不利。中国私营经济研究会的建立正是顺应了历史潮流。

中国私营经济研究会的目标，将是以是否有利于发展社会主义社会生产力作为标准，不断开拓视野，自觉克服各种局限性。

（导）

世界经济格局与大国政策研讨会

世界发展研究所于6月初在北戴河举办。会议就冷战后世界经济格局演变、世界经济的国际化趋势、世界大国在此进程中的作用与政策等问题进行了讨论。

与会者认为，当前国际政治关系与经济关系处于错综复杂的转换过程中，但主导的潮流是振兴和发展经济，大多数国家都把集中精力发展经济放在战略首位。世界经济大国都在加紧推行经济外交政策，强调外交为经济服务，以求在未来的世界市场和综合国力的竞争中处于更有利的地位。

与会者指出，从80年代起世界经济国际化的进程加快，各国在经济上的相互依赖关系加强，但同时经济的地区集团化趋势也在迅速发展。二者并不矛盾，因为跨国直接投资的大量增加，在客观上推动了国际化的发展，这是世界经济发展不平衡和世界市场竞争加剧的结果。

与会者还认为，在世界经济国际化进程中，西方大国作用得到加强，美国、欧共体和日本已构成世界经济的三大支柱，并围绕国际经济的主导权展开激烈争夺，但三方实力并非稳定不变。

关于西方国家之间的矛盾问题，与会者有不同意见。部分学者认为，从现阶段看西方国家间的矛盾已成为主要矛盾；有些学者认为，尽管西方国家间的竞争与摩擦日趋激烈与表面化，但同时在经济上的互相渗透与依存也在加深，在冲突发生时更多地倾向于通过谈判达成妥协。

与会学者还强调指出，在今后世界经济发展中，科学技术起着越来越重要的作用，这将是一场"无硝烟的战争"，任何一国如不注重科学技术将被无情淘汰。

（莫　土）

当前的通货膨胀问题讨论会

北京开达经济学家咨询中心、中央财政金融学院、中国商报社、于6月11日在北京举办。

当前通货膨胀，与会者有的认为正在加速释放，已进入中度阶段，现在物价是全方位上涨，涨幅提高，涨势增强，可以说新一轮的通货膨胀正在形成，不过目前还处在警戒范围，还没有达到危险和失控的程度，但不可掉以轻心。有的认为，要摆好改革和增长的关系，改革应赶快有所突破，发展速度不一定要到百分之十几，但物价增长应控制在10%以下。有的认为，通货膨胀是否存在和达到什么程度，一切由数字去说明，该怎么说就怎么说，但不要简单地把在任何情况下对任何程度的通货膨胀都视作一种不好的经济现象。

与会者探讨了通货膨胀的成因及对策。有的认为，最直接的因素是过于扩张，货币供应超经济增长。本来只有银行才能把住信用和货币供应闸门，但现在银行无能为力，原因是缺乏自主权以及银行机制不适应市场经济的发展。有的认为，现在应一手抓控制需求增长，一手抓改革，只有同时推进才能有效控制住通货膨胀，为此，(1)控制投资；(2)控制货币；(3)稳定农业；(4)加强税收征管；(5)改善政府行为。有的认为，如治标，可采用再提高一点利率和放缓物价改革步伐两个办法，单靠银行控制贷款额度恐难见效，为此，建议国务院建立宏观调控小组，共同协议物价调升水平、储蓄利率和贷款利息水平，实行全面的有效的宏观调控。有的认为，根本问题在于体制，是改革不快所致，比如现在还实行的利率双轨制，必然会出现贷款流失，造成一部分自由资金到处乱窜，而企业正常生产却没有资金。

(一　伟)

投资形势及对策座谈会

中国基本建设经济研究会于6月12日在北京召开。

与会者认为，随着我国宏观环境和投资政策的放开，从1992年下半年开始，固定资产投资增势强劲，这对国民经济发展再上一个台阶无疑起到了积极作用，但是投资增长速度偏快，增幅偏大，结构不尽合理，已引起各方面的重视，中央出台了一些政策措施是正确的。如何贯彻和落实，一是要在金融改革上做文章，解决金融秩序混乱，集资不规范的问题；二是要在金融结构迅速变化和资金结构趋于软化的同时，国家采取有效的利益诱导政策，使资金按政策要求自动流入“瓶颈”产业；三是要加强房地产管理，使房地产管理规范化。

(吴兴国)

广东省海陵岛及阳江市区域发展政策论证会

中国国土经济学研究会和广东省阳江市委、阳江市人民政府于6月15—18日在阳江市召开。

与会者普遍认为，海陵岛及阳江市具有特殊的地理位势和丰富的旅游资源，具有广阔的开发前景。在目前改革开放的新形势下，选择在广东西翼的阳江市海陵岛建立自由贸易试验区是必要的、可行的。这不仅有利于探索中国海岛开放和开发的路子，推动沿海经济与世界经济的衔接，而且有利于使海陵岛及至阳江市在90年代南中国沿海开放体系中，成为继深圳、珠海、汕头、海南之后具有整体开放优势的国际化海滨新城。

专家们还对“设立海陵岛国家级保税区”、“设立海陵岛国家级旅游特区”、“建立海陵岛国家级旅游科技贸易试验区”等必要性、可行性进行具体科学论证。

(瑢)

海峡两岸经贸与科技发展学术研讨会

南昌大学主办，台湾《远见》杂志社协办，于6月16日至17日在南昌举行。来自大陆、台湾和美国的专家、学者、企业家与社会知名人士50多位出席。

与会者就两岸经贸关系与发展前景，中国市场经济的理论与实践，国际科技进步及其对经济发展的影响等问题进行了交流和探讨。

(联　子)

新制度经济学与中国经济体制改革研讨会

北京大学经济学院、外国经济学院研究中心于6月26日在北京举办。

关于改革过程和改革战略，与会者认为，我国的改革目标问题经过十几年的争论，到党的十四大为止已基本解决，现在的主要问题是改革过程的问题，关键是坚持成本——收益分析方法，寻找一条成本最小的改革道路。成功的改革战略，必须使当事人在追求自身利益的特点中产生有利于整体利益的体制安排。但对改革战略中的“渐进”与“突进”问题，与会者有不同看法。有的认为，激进战略实质上是由政府来直接改变利益格局，而渐进战略则是尽量避免对某一方有重大的利益损益，从而使改革成本最小化；有的认为，在整个体制结构中，各项体制安排的变迁不可能同步，从而使激进战略难以奏效；有的认为，改革战术上的突进，不但是必要的而且是可能的，在改革过程中存在着各种说服效应、示范效应、学习效应以及竞争效应等等，这些因素的累积就使得改革过程在战术上可能突进。

关于国有企业改革和非国有企业发展，有的认为，中国经济改革的成功是以国有企业改革的最后成功为标志，但这个成功是以非国有企业的大发展为条件。有的认为，国有企业面临的主要问题并非产权界定不清晰，而是代理问题。有的认为，目前非国有企业出现了产权模糊化和分配福利化的倾向，为此必须尽快以产权关系和社会保障等方面的改革为突破口，深化非国有企业的改革，扭转非国有企业的退化趋向。

关于农村改革与发展，与会者认为，随着经济的发展，农业在国民经济中就业人数和产值所占比重都在下降，并产生不利于农业的贸易条件，中国土地资源稀缺，不能采用美国、加拿大的做法，应该允许农民根据比较优势选择种植什么作物，以提高农民收入，进一步实现农业的市场化，这样，农业就能成为新一轮改革的起步环节和突破口。

与会者还探讨了新制度经济学的研究，提出从如下三个角度出发：(1) 体制对经济发展、收入分配和资源配置的影响；(2) 机制对经济发展的影响；(3) 现有的制度安排是怎么产生和被选择的。这样，所得出的东西将会大大丰富新制度经济学和西方主流经济学。

（西　经）

当前经济形势座谈会

上海社科院改革开放中心 7 月在上海举办。会议就中国经济能否摆脱大起大落展开讨论。

会议认为，我国 1993 年上半年投资增长达 61%，从 1992 年 7 月以来连续 12 个月工业平均增长率超过 20%，这都属历史上少有。在我国，周期性起伏确已成为经济发展过程中客观存在的现象，改革开放以来经济出现过 4 次高潮——80 年、84 年、88 年、92—93 年，平均 4 年一次。这里有两个问题：(1) 市场体系发育过程中条块经济的迅速发展与宏观调控滞后之间的矛盾；(2) 地方政府的行为。

有的认为，我国经济正面临着传统体制下“计划性通胀”与市场经济过程中“货币化通胀”的历史性会合。因此在加强宏观调控的过程中，在行使行政手段的同时，更要靠深化改革、完善市场机制来解决。

与会者认为，中央宏观调控措施出台的时间虽短，但已起作用：(1) 城乡居民储蓄率提高；(2) 外汇市场调剂汇率回升；(3) 重要生产资料如钢材、水泥的价格回落；(4) 房地产、期货、股票和开发区“四热”有所降温。多数人对此次宏观调控的效应持乐观态度，认为不会引起经济上的大起大落。理由是：(1) 消费市场由于供应充沛和消费者心理趋于成熟而不会受太大影响；(2) 相当多的地区地方投资比重较大，因而受冲击较轻；(3) 在当前的投资规模和结构中有相当部分属基础设施或“瓶颈”项目，国家应当加以扶植和保护。因此，对此次宏观调控的加强不应理解为全面紧缩，而是根据国家的产业政策，及时迅速地调整资金投向，确保国民经济持续稳定地发展。

（一　理）

第七届全国高校经济理论教学改革研讨会

7 月 4 日在武汉大学举行。会议围绕社会主义市场经济理论和改革经济理论教学问题展开讨论。

与会者认为，传统的政治经济学是适合传统计划经济体制需要的理论体系，极不适应现在发展社会主义市场经济的要求，革新传统政治经济学已摆在我国政治经济学理论研究者和教学工作者面前，刻不容缓。这种革新，不是改革一下提法，更换几个概念，增加一点新内容，调整一下章节顺序，而是从体系到内容的大改大革，以适应发展社会主义市场经济的需要。

怎样革新传统的政治经济学？有的认为，新的政治经济学必须全面辩证地分析资本主义经济：(1)要看到它与社会主义互相对立和斗争的一面，更要看到它与社会主义互相利用和合作的一面；(2) 要批判和揭露，更要学习和借鉴；(3)要注重分析研究资本主义经济的运作和管理；(4) 要分析现代资本主义的新变化。有的认为，要用社会主义市场经济学取代传统的政治经济学社会主义部分。

与会者提出了一些革新政治经济学必须探索的重大理论难题：(1)如果说资本主义社会生产的无政府状态在一定程度上消失，那么生产过程的经济危机是不是还会发生？(2) 假如不会发生，资本主义的腐朽性又表现在哪些方面？(3)假如资本主义私有制是社会生产无政府状态产生的重要原因，现代资本主义私有制经济又为什么能在一定范围内克服社会生产的无政府状态?(4)假如资本主义私有制不是社会生产无政府状态产生的原因，为什么又说资本主义私有制不适合社会化大生产的要求?(5)市场经济能不能真正与公有制结合,市场经济的发展会不会损害社会主义公有制经济,建立社会主义市场经济体制是不是要求改变社会主义公有制的性质?(6)市场经济的发展会不会搞乱社会主义经济?(7)市场经济会不会造成贫富悬殊、两极分化，能不能最终达到共同富裕? 怎样才能切实做到公平与效率的统一?(8) 市场经济的发展会不会引起通货膨胀,造成大量的失业人口?(9)社会主义市场经济如何才能真正做到既发挥市场经济的优点和积极作用，又有效地克服市场经济自身的弱点和消极方面，实现计划与市场的有机结合、优势互补?(10) 我国现在搞市场经济是不是适应西方国家的要求，会不会导致和平演变,引起政治的多元化和自由化,滋生更多的腐败现象?与会者认为只有深入研究，正确回答这些问题,新的政治经济学才更科学，更有指导意义。

（一　理）

转换企业经营机制研讨会

国家经贸委、中国企业管理协会等于7月5—6日在京联合举办。

与会者中许多代表认为，转换企业经营机制仅仅停留在放权阶段是不够的,理顺产权关系已无法回避,今后的任务是建立产权关系明晰、责任明确的现代化企业制度。

袁宝华认为，国有企业要实现真正意义上的自负盈亏,必须有经营权，又有所有权,产权关系不明晰已成为落实经营自主权的一大障碍。产权问题在制订《条例》时有意回避了，现在必须正视并研究解决。

王忠禹认为，当前贯彻落实《条例》势头很好，在有些地区成效明显,但在发展过程中遇到一些新问题,如政府如何进一步转变职能，如何加快建立市场体系和社会保障体系,如何理顺产权关系,如何减轻企业负担,如何推进配套改革，如何建立现代企业制度等，都需要深入探讨并提出可操作性的意见。

深圳等地的代表认为,放权之所以难,因为这是利益调整，是一场革命;但光放权还不够，还要解决产权问题。企业作为法人、没有可支配的财产，不可能真正自负盈亏。

（欣）

中国高等财经院校政治经济学研讨会

中国高等财经院校政治经济学研究会主办，7月下旬在山西太原举行。

与会代表一致认为,经济发展已经过热。一些代表认为,这种过热主要是固定资产增长过猛、货币投放增长过多、借贷规模过度增长、投资结构不合理、城市物价上涨双位数、经济效益低下造成的；另一些代表认为,经济发展过热是就不同地区不同部门而言,主要表现为投资热、开发区热、房地产热、股市热、金融热等。对于经济过热产生的原因，代表们主要有3种不同看法：(1) 它是新旧体制转换时期的必然产物；(2) 既有旧体制的“旧病复发”，又有新体制和市场经济发育不完善所造成的混乱和空位;(3)它完全是旧体制作用的结果,是改革滞后或不到位的结果,不能把它归结于新体制。

谈到政治经济学的改革与建设时,与会代表认为,随着社会主义市场经济理论的发展和市场经济新体制的建立，必须彻底打破传统政治经济学的制度模式和体制框架。政治经济学的出路在于改革。对于改革的思路，主要有3种意见；(1) 小改。保持基本框架、体系，进行修修补补。因为社会主义需要有一个实践过程,而市场经济的理论也要有一个发展阶段。(2) 中改。从政治经济学体制和框架上入手,全面、深入和公正地分析资本主义经济的企业经营方式、市场运行机制以及国家对市场的调控,对资本主义经济的新变化、新现象、新特点和新问题进行认真研究，吸收西方经济学中有益的成分和因素。同时，对社会主义市场经济的运行、管理和调控，对社会主义市场经济的发展以及社会主义市场经济的结构比例、效益和速度,作进一步的探索和研究。(3) 大改。主张取消政治经济学资本主义和社会主义两大部分，建立统一的“经济学原理”，以适应国内改革和发展的需要，达到与国际经济接轨的客观要求。

与会代表还就当前理论上出现的热点问题进行探索,认为不能以发展来代替改革,不能以开放来代替改革,不能用体制外的改革来代替体制内的改革,要正确处理好它们互相之间的关系,加强管理体制的转轨,加快改革的步伐，加大体制内改革的份量，积极利用、借鉴体制外改革的成果、经验和教训，以促进体制内改革。

（瑢）

私营经济的理论与实践讨论会

北京开达经济学家咨询中心、中国工商行政管理学会、北京市工商行政管理学会于7月21日在北京联合召开。

与会者指出，私营经济发展快，但西部地区低于东部地区。1992年底，全国私营企业达139 633户，从业人员232万人，注册资金221亿元；农村的私营企业占52.7%，仍然高于城镇；东部地区的户数、从业人数、注册资金分别占全国的69.8%、65.9%、72.7%，仅广东、浙江、山东、辽宁四省就占全国总数的一半。

与会者认为，私营经济在中国出现不是偶然的，有其客观社会原因和经济环境，社会主义初级阶段应当允许其存在和继续发展。当前要解决一些理论问题和实践中的问题：(1)社会主义初级阶段，公有制、私有制并存，公有财产和私有财产都应视为神圣财产，都应保护；(2)不能把现阶段的私营经济视为资本主义经济，不能与解放初期的私营经济同等看待。(3)私营企业家的劳动是一种稀缺性复杂劳动，不同于简单劳动，其辛苦劳动应得到较高的报酬。(4)私营企业家除劳动性收入外还有产权收入，应予肯定和许可。(5)完善税收体制和法规，公有经济与私有经济在法律上应一律平等。

（安同久）

批发市场建设理论研讨会

7月27—28日，河南省社科联、省商管会、省商业经济学会在郑州市联合举办。

与会者认为，批发市场是合理配置生产要素和社会商品资源的中心环节，是市场体系的核心，建设批发市场是代替计划经济层层分配体制的重要改革举措。批发市场的功能主要有：(1)合理配置社会资源，有效调节社会商品供求；(2)聚散市场信息，引导产品结构、产业结构调整；(3)形成均衡价格，作为生产、经营者决策的依据；(4)打破各种界限，推进全国统一市场形成；(5)规范商品的交易，提高商业道德水平，实现商品流通现代化。

与会者指出，政府要根据批发市场的性质建立相应的管理体制。目前的批发市场按其功能可分为企业型、事业型和混合型。作为政府组织商品流通的主要形式，批发市场应办成事业型的。因此，应由政府组织批发市场建设资金；投资者、市场主办者。经营者、配套服务者、政府管理者要实行“五公开”。政府还要做好市场立法工作。

（李新年）

中国市场竞争理论与实践研讨会

中国工业经济协会、《光明日报》理论部、辽宁大学、辽宁省经济发展研究中心、黑龙江经济发展战略研究会共同主办，8月在辽宁省丹东市举行。

专家们认为，市场竞争应以研究市场、适应市场作为基本的出发点，建立提高市场竞争力的系统工程。在社会主义市场经济条件下的竞争准则是：(1)自由竞争；(2)有效竞争；(3)平等竞争；(4)正当竞争。

专家们认为，当前我国市场竞争存在很多问题，主要表现为企业缺乏市场竞争意识，这是由现行经济体制和运行机制不合理造成的。因此要提高企业的竞争力，就必须彻底转变旧的生产经营观念，强化企业的市场意识、名牌意识、质量意识和促销意识，转换国有企业的经营机制，加快政府职能转变，理顺政企关系。同时，要尽快制订我国的产业组织政策，加强企业的专业化协作和横向经济联合，建立健全统一的市场体系、市场规则和社会保障制度，建立现代企业管理制度，全面提高企业素质和管理能力。只有这样，企业才有能力使产品打入国际市场，参与国际市场竞争。

（瑢）

为人民服务与市场经济研讨会

中国发展战略研究会于8月在京召开。

与会者认为，为人民服务是我党一贯遵循的根本宗旨，而邓小平同志指出的“三个有利于”，把为人民服务思想明确规定为改革开放的根本宗旨和发展市场经济的现代价值取向，这就继承和发展了为人民服务的思想。它对我国市场经济的发展将产生巨大影响：(1)它将成为当前进行宏观调控的思想导向；(2)它将为进一步深化改革提供精神动力和思想保证；(3)它将为精神文明建设注入新的内容；(4)它将为我国市场经济的建立和发展提供相应的思想文化条件。

与会者还认为，在当前注入新时期为人民服务的新内涵及其与现实接轨点，是我们亟待解决的大问题。目前为人民服务的基本内涵和社会环境及其动力机制都发生了巨大变化，这就要求我们对这一思想的内涵作出科学的解释。而为人民服务思想与现实的接轨点，首要是为人民服务与市场经济真正科学的接轨；其次是确立市场经济条件下为人民服务的价值标准，重塑雷锋精神，建立新的科学的人格化摹本，肯定有偿服务的价值，承认无偿服务的道德，全方位地提高人的素质，提高市场经济条件下为人民服务的水平。

（瑢）

加快财税体制改革座谈会

国务院研究室财金贸易局、国家体改委宏观司、人民日报经济部于8月在北京联合召开。

与会者认为，加快财税体制改革，理顺中央与地方、国家与企业的分配关系，建立适应社会主义市场经济的财税新体制，已是当务之急。改革开放以来，我国财税体制发生了深刻变化，对搞活企业、发展地方经济和增强国民经济实力起了巨大作用，但现行财税体制存在不少弊端。有的认为，当前的通货膨胀、金融秩序混乱等都与财政体制改革滞后有关。

与会者提出财税改革的目标是，按照社会主义市场经济要求，理顺分配关系，完善分配机制。当前主要任务，一是以分税制为基础健全分级财政体制，正确处理中央和地方的分配关系；二是税利分流，以《企业财务通则》《会计准则》规范国家与企业的分配关系；三是建立统一、公平、规范、有效的税收体系。

（莫　土）

社会主义市场经济理论和操作难点，研讨会

国家体改委、中宣部《时事报告》杂志社于8月在京联合举办。

与会者认为，传统产权制度的特点是产权模糊，产权混乱，其弊端是：(1)所有权代表不明确，政府部门缺乏约束机制和责任机制；(2)政企不分，企业成了政府机关的附属物；(3)企业没有自主权，因而也没有生产的积极性和主动性；(4)企业缺乏产权意识、投资意识和资产增值意识；(5)职工对企业的资产关切度低，主人翁责任感差。

与会者对理顺产权关系和改革产权制度，提出如下意见：(1)把资产的所有权、管理权和经营权分开，并明确行使各种权力的代表者。(2)理顺产权关系要与其他配套改革相结合，如要与实行政企分开、转变政府职能相结合，要与理顺分配关系相结合，要与理顺银行关系、财税关系、外贸关系相结合，要与建立市场体系、社会保障体系、法规体系相结合。(3)积极实行股份制试点，促使企业中的产权明朗化、具体化、分散化、多元化。(4)建立国有资产转让制度和产权交易市场，实行产权商品化。

（一　理）

提高企业投入产出水平研讨会

“中国经济效益纵深行”组委会于8月在京召开。

与会者指出，企业投入产出水平的提高和资金利润率的提高，是持续、快速、健康地发展我国经济的根本保证，也是解决当前经济生活中突出矛盾和问题、缓解资金紧张和短缺局面的根本出路。为此，所有企业都必须提高自身的投入产出水平，眼睛向内，苦练内功，全面提高产品质量、提高企业的经济效益水平。

（经）

通货膨胀问题研讨会

国家信息中心、中国人民银行金融研究所于8月上旬在京召开。会议针对当前通货膨胀的特征、形成原因及治理通货膨胀的措施等问题进行探讨。

在分析通货膨胀的发展势态及其特征时，专家们认为，通货膨胀在大范围内明显加剧，物价上涨的幅度、范围与1988年相比都发生了质的变化。高强度、大范围、各种类的物价上涨，已牵动着整个经济过程。它的特征是：(1)生产资料价格上涨幅度大、时间持续长，成本推动的作用力不断扩张；(2)这次通胀由市场较活跃的地区转向市场欠发达地区；(3)这次通胀是在宏观上可控资源有限的情况下出现的，适应市场经济的宏观经济调控手段尚未完善；(4)这次通胀分散了外汇的压力，致使人民币贬值幅度增大。

在分析当前通货膨胀的成因时，专家们认为，当前通货膨胀的产生，既有直接的政策性原因，也有深层的体制性原因，而最根本的是由于体制原因造成的。

在抑制当前通货膨胀的措施时，专家们指出，治理通货膨胀的措施必须基于变化了的宏观环境而产生，宜治标为先，治本为主，并形成近期、中期、长期性的治理措施的组合。

专家们还认为，由于促使通货膨胀的一些机制仍将在较长时间内发挥作用，当前通货膨胀在惯性作用

下还要持续一段时间，如何尽快抑制，将取决于宏观经济调控的进行程度。只要我们灵活调控，抓住时机，改革体制就可把通货膨胀的损失降到最小程度。

与会学者还就金融改革的基本思路展开讨论。不少学者认为只靠现在国有银行的改革是不够的，必须有民办银行、外资银行等参与市场活动，进行金融竞争，才能搞活金融、促使银行改革的深化。

（瑢）

中国当前经济形势的分析与对策讨论会

北京开达经济学家咨询中心、中国财经报社、北京物资学院于8月3日在北京举办。

与会者认为，1993年上半年国民经济运行的基本态势是：(1) 工业生产调整增长，经济效益逐步改善；(2) 农业形势看好；(3) 外汇进出口继续扩大；(4) 居民收入增长较快。但也存在一些困难和问题，主要是：固定资产投资规模过大；投资结构不合理；物价涨势过猛；财政金融形势严峻。

与会者提出解决上述问题的对策是：用温和、微调的办法加强和改善国家的宏观调控。国家宏观调控体系是社会主义市场经济体制的重要组成部分，在体制转轨中，要从总体上协调好各方面的利益关系。但是，加强宏观调控不是采用急刹车和紧缩，也不意味着恢复过去的老办法，而主要是运用符合市场经济规律的经济手段、法律手段和必要的行政手段，用改革的办法引导经济结构保理化。当前应采取的宏观调控措施：一是以投资体制改革为突破口，加快财税、金融体制的改革。当前要运用好货币政策，严格控制信贷，整顿金融秩序，强化税收征管。二是转换企业经营机制。主要抓住有利于提高经济效益，优化产业结构等环节，引导股份制试点规范化，理顺产权关系。三是转变政府经济管理职能。搞好各级政府机构改革，加快建立间接调控体系的步伐。四是抑制通货膨胀。要用经济手段、法律手段辅之以必要的行政手段，采取及时而又经常的“微调”措施。

（一 伟）

东欧中亚国家经济转轨与对外经济贸易研讨会

中国东欧中亚经济研究会、南斯拉夫经济学会、罗马尼亚经济学会等5个单位，于8月10—14日在呼和浩特市召开。

会议全面地探讨了当前东欧国家经济转轨问题，肯定了一些国家如波、匈、捷取得的成绩和某些积极因素，如市场经济体制初步形成并开始发挥作用，所有制结构发生明显变化，产业产品结构得到一定调整。与会者认为，经过三年的实践，他们已渡过最困难的时期，在目前的深化和完善阶段，虽然仍面临不少问题，如生产、流通和消费处于不利状态，投资及消费超前萎缩，政治上仍不稳定等，但成功的机遇在增多。

有的专家指出，不能以其“休克疗法”成败论改革成败，也不能认为是渐进成功激进失败，俄罗斯采用“休克疗法”属迫不得已，而在波兰“休克疗法”的目标则已基本实现，匈牙利改革的激进程度不亚于其它国家。与会者认为，“休克疗法”仅是局部措施，市场基础的形成及所有制的调整是关键，东欧国家特别是波、匈、捷通过一揽子计划明确改革目标，目前的市场主体基本形成，整体经济处于新体制条件下的磨合阶段。

关于对东欧中亚国家的对外经贸关系，与会者认为，我们对其搞经贸合作要有中长期战略考虑，扩大合作领域，加强口岸基础设施的建设，建立出口商品生产基地或集团，并以高质量产品打入和占领经互会解体后出现的新市场。

（欧 经）

国民经济动员理论研讨会

8月10日—16日，国家计委、兵器工业总公司、国防大学、军事科学院、后勤指挥学院等单位在牡丹江市召开。

与会者认为，国民经济动员准备应当深入进行战略调整，国民经济动员的战略目标应由全面战争动员准备向局部战争动员准备转变；动员方向由主要为陆军服务向主要为海、空军服务转变；动员的技术基础由一般技术动员准备向高技术动员准备转变；动员的布局由“遍地开花”向重点地区、重点方向转变。

与会者指出，在社会主义市场经济条件下，国民经济动员面临的主要问题是，动员目标的政治性与经济利益的多元性存在矛盾；动员手段的计划性与市场经济的自发性存在矛盾；动员行为的强制性与企业行为的自主性存在矛盾；动员时间的紧迫性与市场活动的时滞性存在矛盾。要解决这些矛盾，必须采取以下措施：一是广泛深入地开展国防教育，强化社会主义市场经济条件下全民族的国防意识；二是制定、颁布和深入贯彻国民经济动员法规，规范国家、部门、行业、企业及个人在动员中的责任、权利和义务；三是把计划调节和市场调节紧密地结合起来，凡是通过市场可以办而能够办好的事，尽量运用市场调节的方法去办；四是制定国民经济动员预案，建立必要数量的动员基金，把动员准备工作与平时的国防经济建设项目紧密结合起来。

与会者还指出，在当前的国际环境中，必须做好高技术条件下局部战争的动员准备。高技术兵器的动员准备要占较大比例，并在短时期内要能紧急筹措出巨额战争经费；同时要求陆、海、空、天等各种运输、通讯、侦察工具一齐动员，还要有较多的高技术储备。为此必须对全国性高技术产业进行普查，在国防科研规划中有意识地拨出一些经费，把有发展前途的高技术研究项目引导到国防领域；要对国防工业结构和布局进行大力调整，坚决将那些多余而又技术落后的调整下来；要集中全国的力量对目前高技术兵器存在的弱点大力攻关，以便形成具有自己特点的“杀手锏”。

（张洪辰）

第四次全国中青年统计科学研讨会

中国统计学会、国家统计局统计科学研究所和中国人民大学统计学系联合于8月15日至19日在安徽省黄山市召开。

会议重点讨论了我国统计领域的改革；统计信息社会化、商品化、产业化、国际化的前景及可行性；统计教学的现状和对策；统计学科体系建设；统计学未来的发展方向；统计服务与监督的关系等问题。对当前社会主义市场经济条件下统计的前景和出路表现了极大的关注，普遍认为统计体制、统计方法制度、统计教育和培训、统计科学研究必须进行深刻的变革，由单一的为计划经济服务模式转变为为多方面、多层次的开放式模式。但是统计领域的改革必须与其他领域的改革相衔接，也必须注意外部的社会经济条件。

（统计科研所）

金融形势和金融体制改革讨论会

北京开达经济学家咨询中心、中国证券报社、唐山市豪门集团公司于8月19日在北京召开。

与会者认为，金融体制改革的焦点问题是：(1)中央银行如何进行宏观调控。中央银行是国民经济的神经中枢，要真正掌握国民经济动态，要成为国家的信息调查和研究中心。中央银行进行宏观调控的手段应该是：利率、存款准备金、再贷款，而不应该是行政指标。目前中央银行以控制贷款指标的办法来控制贷款规模，结果适得其反；而专业银行存款多、贷款指标少，资金在银行体外循环，指令性计划将中央银行处于无能为力的状态。也有的认为，中央银行直接控制信贷规模的调控方式是为了适应当前的企业状况和财政状况，不得已而为之。(2)中央银行与政府的关系。有的认为，应该把银行系统从政府系列中分离出来，银行不应是政府机构的一部分，不能执行政府职能。有的认为，中央银行脱离政府，隶属人代会，目前看来还行不通，但中央银行一定要加强独立决策能力，完善调控体系。(3)中央银行与专业银行关系。中央银行与专业银行的职能要分开，政策性金融和商业性金融要分开，中央银行专事宏观调控职能，专业银行成为真正的商业银行。目前，我国的中央银行步入误区，与专业银行争利。

关于股份制改革和证券市场问题。与会的企业家认为，国有企业实际操作股份制的好处是：(1)从产权制度上解决了政企分开问题；(2)产权关系明确，个人股、法人股、国家股都有特定的代表；(3)股份制这种公司制适应市场竞争的需要；(4)淡化了官本位、权本位，行政干预会自然减少与消失。但也存在一些困难：一是从主管部门和企业领导人怕搞股份制后国有资产流失，怕搞乱了经济秩序；二是人们对股份制产生过高的期望值，股东的胃口吊得过高，给企业带来不应有的压力；三是行政干预。

与会者指出，股份制改革至今仍存在着许多误区：(1)将企业实行股份制等同于公开发行股票，等同于股票上市；(2)将股票上市单纯视为持股者的发财方式；(3)企业内部职工股的社会化，通过亲戚、朋友等人情关系，大约有1/2流到企业外；(4)法人股的私人化，即企业买法人股分给个人；(5)党政干部在股份制企业兼职，官商合一，政企更加难分。为此，与会者指出，进行股份制改革一定要规范化，要从国际惯例来规范，以市场经济发展的要求来规范，而不能以现有的政策来规范。

（一　伟）

社会主义市场经济与个体私营经济研讨会

《经济研究》编辑部、《经济日报》理论部、《安徽日报》理论部等单位于8月下旬在安徽省芜湖市举办。

与会者指出，在邓小平同志南巡谈话和党的十四大以来，我国个体私营经济发展出现强劲的势头，表现在：(1) 个体私营经济的户数显著增加；(2) 在投资规模上开始跳出传统的“小本经营”窠臼，渐次步入增加投入，扩大规模的发展轨道；(3) 吸收就业人员剧增；(4)产值在国民经济体系中的比重显著上升。但也不能估计过高，如私营企业的户数、从业人员、注册资金仅相当于国有、集体企业的 2.5%、1.1%和 0.8%，离“三分天下有其一”还相当遥远，所以个体和私营经济不是发展多了，而是远远不够。

与会者分析了个体私营经济发展的特点：(1)人员构成发生变化。1992 年以来加入了大批党政机关、科研部门、国有企业和其它方面的“下海”者、估计超过 10 万人，这一变化，使得个体私营经济的人员构成、素质、科技开发、经营管理水平大为改观，向高层次、高水平演进。(2) 产业结构发生变化。个体私营经济开始向第一、第二产业进军，经营领域扩大到电子、机械、化工、农副产品加工，甚至高新技术开发，且涉足教育、咨询、信息、法律事务以及医疗保健等领域，改变了国有经济独占天下的局面。(3)个体私营经济与其它经济成分的组合形式有新的发展，如在农村的以个体私营为主的股份合作制、公私合营企业、个体私营企业与外资合资经营的新型合资企业等。(4) 全国发展不平衡，东西部地区差距拉大。东部地区的个体私营经济正进入新技术投入、改善经营管理和向外扩大市场的起飞阶段，而西部和中部地区的发展则明显滞后。

与会者探讨了个体私营经济进一步发展的对策思路。普遍认为，发展个体私营经济是建设社会主义市场经济的长期举措，绝非权宜之计，当前进一步发展个体私营经济要从改善外部环境与提高自身素质入手。但在资本积累问题和宏观管理问题上，与会者有不同见解。在资本积累问题上有两种思路：(1) 一方面，通过自身发展和自我积累来增大资本实力；另一方面，通过混合经济形式，与国有资本融合，以提高资本效益来获得更大的积累；此外，通过拍卖、兼并、租赁、承包来扩大积累。(2) 在社会财富重新分配中，国有资本向个体私营流动、转移，来加速个体私营经济的资本积累。在宏观管理问题上也有两种不同的观点：一种认为，应当象管理乡镇企业那样管理个体私营经济；另一种认为，上述思路没有摆脱传统计划体制的框架，应按照“政府调控市场、市场引导企业”的方针，实行间接调控。

（莫　土）

体制转轨中的宏观经济稳定问题理论研讨会

经济研究编辑部主办，海南物业股份有限公司协办，8 月 20—22 日在北京举行。会议围绕我国体制转轨时期的经济波动、通货膨胀、宏观调控手段、当前宏观调控的政策选择等问题展开讨论。

关于我国宏观经济失稳的制度性原因，有的认为，条块分割的行政隶属关系，是其弊病的症结所在。因为行政隶属关系必然造成企业的预算约束软化和数量扩张冲动，造成企业领导跟从上级意图局面，造成地方政府和部门的利益局部化和职能异化与错置。

关于我国改革以来的经济波动，有的认为，从 1978—1991 年共出现三次周期性波动。波动的起因主要有两种：一种是计划者冲动，另一种是“软约束竞争”。尽管三次波动起因有所不同，但制止经济过热的调控手段和紧缩措施却始终相同，主要是依靠行政手段进行直接控制。其基本原因在于预算软约束条件下没有什么经济变量的变化足以改变经济主体的基本经济行为方式。稳定当前宏观经济的有效措施，除通过行政手段直接控制外，也要加强“间接调节”手段的运用，特别是利率手段的运用，还必须处理好宏观调控与发展市场之间的关系。

关于宏观调控政策，有的认为，我国的需求形成与供给增长机制之间的功能互动效应存在着严重的不对称，需求始终处在亢奋状态，而供给呈现出明显的滞后和相对不足，这就决定了我们必然选择一种以收缩性为基本特征的主导倾向的宏观经济政策。有的认为，在过去的 10 多年中，产业结构调整的目标呈不断扩展的趋势，形成了一组多方向的结构目标，这样多目标的结构政策，在实践中已经很难起到筛选投资项目的作用，如再坚持结构优先的标准，将会有损于控制总量和改善效率这两项目标的实现，因此今后应相对收缩政府的结构目标，把结构调整的大部分内容交给市场机制去处理。有的指出，我国的一些宏观调控措施值得考虑，在国外，为了制止过热，一般是砍长期投资，保正常运行，而我国却是保重点项目；在经济高涨阶段，进口增加，外汇下降，这是利用国际市场来调节国内市场，而我国却特别害怕出现逆差和外汇储备下降，总是强调外汇储备必须达到多高水平。

（一　理）

所有制是手段还是目的讨论会

北京市场经济研究所主办的《中国经济学家论坛》于8月23日在北京召开。

与会者认为，研究所有制是手段还是目的是个很好的命题，在理论上搞清楚对于指导实践特别是对今后改革的主导思想的转变，有着重要意义，很可能带来第二次思想解放。根据马克思主义的观点，所有制是手段而不是目的，目的只能是提高人民的生活水平。但是，改革以前有相当一段时间，我们把公有制当成目的，追求一大二公，这个问题已统治了我们国家几十年，现在还不能说已经解决了，还需要转变观念换脑筋。

与会者指出，当今把所有制当作手段对经济改革和经济发展有重大意义。这里涉及两个方面的问题：(1)从全社会的所有制结构来看，把所有制作为一种手段，那么为了能适应和促进生产力发展，提高人民生活水平这个目的，就应该积极发展多种经济成份。(2)从公有制经济本身来看，如果把公有制当作目的，那就不能改革；如果当作手段，就可以改革。而实际上我们正是面临着全民所有制经济的改革问题，它之所以能改、要改，就因为它不是目的，而是一种手段，它要适应生产力的发展。

与会者还对公有制的地位与改革进行了讨论。

（一　理）

市场经济与商业发展研讨会

内贸部经研所、社科院财贸所、中国人民大学、中国商业经济学会于8月26—31日在北戴河联合举办。

与会者对市场经济的概念和内涵有不同观点：(1)“高级阶段”论。虽然市场经济和商品经济同属一个经济范畴，但它们属于不同的发展阶段，市场经济属于高级发展阶段。(2)“交换经济”论。这种意见认为“阶段论”似是而非，不符合逻辑。商品经济和市场经济本质上都是交换经济，只是从不同的侧面或角度反映交换经济这同一事物的本质，商品经济主要是从产品的商品化过程及随之引起和扩展到的各种生产要素的商品化过程来反映交换经济本质的；市场经济则主要从空间存在形式和经济运行方式的角度反映交换经济本质的。(3)“资源配置”论。市场经济的内涵就在于资源优化配置的方式和方法。(4)“市场中心”论。市场经济是指一切经济活动都以市场为中心，以市场取向和市场调节为转移的社会经济形式。(5)“运行方式”论。市场经济是现代商品经济高度发达条件下的经济运行方式。(6)“资本增值”论。这种观点认为市场经济是资本增值经济，有的认为应是平均利润经济。

关于市场经济的特征，与会者有如下四种观点：(1)市场经济有八大特征，即自主性、平等性、开放性、竞争性、市场性、效率性、趋利性、信用性。(2)市场经济“三不”特性，即：不规定社会性质和所有制，只是组织经济的经济形式；不是商品经济个体(生产者和商品、货币经营者)，而是社会经济的组织和调节方式；不是搞资本主义，不能认为凡是实行市场经济就是搞资本主义。(3)市场经济的四大特征，即自由公平的竞争；通过市场形成价格；政府间接干预；企业优胜劣汰。(4)市场经济的五大特征，即富有活力的市场主体；包罗万象的市场客体；灵活健全的市场机制；真实灵敏的市场信号；法制保障的市场秩序。

关于市场经济的认识误区：(1)认为是搞资本主义；(2)认为是无政府经济；(3)要受自发的、盲目的商品经济规律所支配；(4)政府什么都不用管了；(5)导致社会财富的浪费；(6)不能使个别劳动直接成为社会的有效劳动；(7)必然要否定计划经济；(8)会使资产阶级思想泛滥，不利于社会主义精神文明建设。与会者指出要消除上述思想障碍，市场经济有五个不等于，即市场经济不等于排他经济，不等于资本主义，不等于私有化、无政府主义和两极分化。

（矣　周）

中国企业家调查系统成立暨首次调查研讨会

9月在北京举行。

从中国企业家调查系统的调查数据表明：市场存在不公平竞争、行业主管部门行为不规范、激励机制不健全，是当前制约中国企业家健康成长的三大主因。有74.2%的企业家认为本企业在市场竞争中受到不公平待遇；有64.6%的企业家认为当前第一位的重点改革任务是转变政府职能，第二位改革任务是改革产权制度，第二位改革任务是健全市场体系。

许多企业家提出要求：尽快转变政府职能，加快建立和完善市场环境，进一步落实企业自主权，及早建立适应社会主义市场经济的企业制度。

（企）

中国民营经济发展研讨会

国务院发展研究中心、国家体改委等单位于9月联合在西安召开。

与会者认为，民营经济的生成发展反映了现阶段我国生产力水平的内在要求，它以多种产权形式打破了我国企业产权主体长期以来的单一化，为市场经济奠定了微观基础。

与会者认为，民营企业确以产权问题也是不可忽视的。社会主义社会同其他社会一样，其稳定发展必须建立在财产关系的稳定发展之上，否则势必影响创业者和员工的积极性，以致发生内外部的种种纠纷。因此理顺产权关系是保证民营企业健康发展的一个关键问题。

对平等竞争问题，与会者指出，现在虽然有了各种经济成份平等竞争、共同发展的要求，但政策法规调整的滞后，已成为民营经济发展过程中诸多怪症的主要病根。因此根据党的十四大精神，按照市场经济发展的内在规律，及时调整有关政策法规，是促进民营经济和市场经济繁荣的关键一环。

对国有民营将带来什么问题，与会者认为，国有民营既为国有财产权的实现提供必要的制度保证，又为经营者权益的实现创造了必要的制度条件，恰好弥补了承包制的不足。国有民营是避免企业行为短期化，提高经营效率的一种基本制度选择，国有民营也是保证国有资产不断增值的一种特殊机制。（瑢）

全国地产市场理论研讨会

中国土地学会土地经济分会于9月8日至11日在兰州召开。会议就地产市场与宏观调控问题进行了讨论。

与会者认为，目前我国政府对地产市场的管理是一种市场参与型的宏观调控。在这现阶段，政府不能退出地产市场，而应规范其行为，以消除其在地产市场运行中所出现的权钱交易、压低地价等消极现象。

关于农村地产市场，部分同志认为农村土地不宜市场化；也有同志认为，从目前业已存在的集体土地兼并，集体与国有土地之间的交易，集体内部与集体之间的土地使用权交易看，农村地产市场是客观存在的。随着农村工业化、城市化及农业规模经营的发展，农村地产市场将日趋活跃，从而实现城乡地产市场一体化。

（邵捷传）

社会主义市场经济与林业改革学术讨论会

9月21—23日，由中国林业经济学会和黑龙江省森工总局在哈尔滨市联合召开。

关于加强林业宏观调控问题，与会者认为，林业管理要实行分类指导政策。对国家具有重大社会公益效益的建设等，要由国家实行直接调控；对全社会造林绿化，国有林区企业恢复发展，要在政策和资金上给予支持；对林业工业，通过产业政策给予指导。

关于发育林区市场问题，与会者认为，建立和发育林区市场是推动林区建立社会主义市场经济机制的重要内容之一。要把林业企业推向市场：一要冲出计划经济体制束缚，增强市场经济意识；二要把“政企分开”作为体制改革重点；三要实行林业产业市场化运营，完善林产品价格体系，加强木材等产品市场培育，加强林业科技、资金、林地、劳力等生产要素市场，加强林业信息咨询服务体系建设。

与会者对建立林业经济机制的基本思路是，企业行为自主化，资源配置市场化，宏观控制间接化，市场体系完善地，经营管理法制化。有的提出改革林业企业所有制结构，建立以公有制经济为主体，个体、私营和外资为补充，多种经济成份并存，共同发展，平等竞争的所有制结构。

（穆志明）

加速江苏经济国际化研讨会

江苏省哲学社会科学联合会、江苏省国际经济贸易学会等于9月21—23日在无锡市举办。

与会者认为，随着经济和科学技术的迅速发展，世界各国之间的经济联系日益密切，科学技术交流日益扩大，因此，经济国际化是当代生产社会化发展的一种必然趋势。

与会者探讨了经济国际化的基本内容，有不同见解。一种意见认为，应是两个一体化（即世界经济一体化和区域经济一体化）并存和三个浪潮（即国际投资、产业结构升级、科技革命）相互推进。另一种意见认为，应包括产业国际化、市场国际化、信息国际化、人才使用国际化，以及经济管理体制与国际体制接轨。

关于江苏如何从实际出发推进经济国际化，与会者有几种思路：

一种思路是：发展多路开拓的大经贸，进一步实施外向带动战略。另一种思路是:在长江区域性大开放格局下,与上海建设成国际化大都市相呼应,把南京苏州、无锡、常州等大中城市建设好,使之与江苏中小城市、小城镇相联结,形成聚集规模比较高的、以江苏沿江城市连绵带为依托的、推进沿江经济国际化的协同机制和整体优势,再向南北辐射、渗透,带动全省经济国际化。还有一种思路是:以上海——浦东为依托,按国际通行的市场经济原则的国际惯例,建立起内外"接口"的管理制度和运行机制,包括企业经营机制、市场机制、管理机制等。

(赵东荣)

全国小城市经济社会问题研讨会

9月21—24日在延安市召开。

与会者认为,小城市经济的迅速发展,关键是冲出传统计划经济体制的束缚,按社会主义市场经济的客观规律办事。小城市经济的进一步发展,根本出路在于加强社会主义市场经济体制的建设。

与会者指出,建设社会主义市场经济体制必然要求在所有制结构上与之相适应,而加快发展多种非国有、非公有经济,是小城市建设社会主义市场经济体制的必然要求,当前我国城市特别是小城市的非国有、非公有经济的发展不是过头,而是还很不够,需要大力去发展,尤其是要在发展乡镇企业上下功夫。

与会者还指出,转换政府经济职能,是小城市建立社会主义市场经济体制的需要。政府的经济职能主要是做市场做不到的事,对市场配置资源进行补充、干预和调节。具体抓好以下的工作:(1)统筹规划,宏观调控;(2)培育市场,保障竞争;(3)组织协调,当好仲裁;(4)生产公共产品,满足社会需要;(5)信息引导,提供服务;(6)完善社会保障,调节收入分配;(7)健全法制,加强监督。

与会者对培育小城市市场体系提出对策:(1)加速培育和发展要素市场。有的认为一些小城市应创造条件发展的初级金融市场;有的认为小城市的劳动力市场可以搞得更灵活更开放一些。(2)大力发展技术市场,用先进技术开发新产品。(3)加强市场组织和法规建设。

(矣 理)

新形势下金融宏观调控研讨会

《财贸经济》编辑部与中国金融学会金融改革与发展战略研究会、新疆金融学会于9月23—27日在乌鲁木齐市联合召开。

与会者对当前金融形势进行了分析和判断。认为今年6月以来整顿金融秩序、加强和改善金融宏观调控的一系列政策措施出台,已收到短期效应。但从发展市场和培育市场机制的角度看,又出现了一些新的问题和矛盾:(1)在宏观调控措施上,存在着重新强化集权计划管理的倾向;(2)在宏观调控方式的运用上,由于我国经济和金融都不具有存量结构调整机制,只能进行增量调整,在实际上形成一刀切的全面紧缩局面;(3)在信用秩序整顿上,新的一轮"三角债"有重新膨胀和泛滥的危险;(4)在资金供求关系上,由于资金存量不能调整,导致储蓄存款回升,企业存款下降;(5)中央银行宏观调控仍然不能摆脱"放一胀一紧一死一放"的恶性循环。

与会者认为在新形势下改善金融宏观调控的基本原则是:(1)有效性。金融宏观调控应准确把握现实经济金融运行的特征,采取适时适度的调控措施。(2)市场性。金融改革要为市场化金融改革创造条件。(3)综合性。金融宏观调控作用的发挥要与计划、投资、价格、收入体制及调控手段和政策相配合。与会者还提出改善金融宏观调控的措施:(1)既控制总量扩张,更要调整结构;(2)中央银行要以稳定通货和控制社会总需求作为最基本的独立调控目标,彻底改变中央银行宏观调控目标对计划、财政和经济增长的依附地位;(3)中央银行金融宏观调控范围应扩展,以综合调节社会信用总量平衡;(4)尽快实现由控制贷款规模和现金向控制货币供应量过渡;(5)调控方式应更多地运用经济和法律手段,逐步实现向间接调控转变;(6)强化中央银行的系统调控职能,建立资金借贷关系和横向流动机制。正确处理银行与财政的关系,促进金融宏观调控模式向市场化过渡。

与会者认为深化金融改革应建立市场金融调控体系。1.重新构造金融组织体系,建立商业银行;2.成立政策性金融体系,落实资金来源;3.重建信用制度,构造规范的债权债务约束机制;4.重新调整金融市场的发展顺序;5.建立健全金融法规和制度体系。

(金 泓)

市场经济下的所有制问题讨论会

北京开达经济学家咨询中心,北京机械局党校,中国市场经济杂志社于9月24日在北京举办。

与会者认为,如果所有制问题没有大的突破,社会主义市场经济就不可能建立。但这项改革,同市场经济问题一样也要经过一段探索、争论、实践的过程,本世纪是完不成的。

关于改革所有制的设想,有的认为,包括两方面的问题,一是当前的问题,即解决国家所有制问题,必须把国家所有的产权从单一的主体中分解开,然后重新组合。国家财产可以统一管理,但必须分散经营,不是由政府而是由经济组织、民间组织去经营,即建立法人所有权制度,企业变成一种混合经济,法人投资的可以占主导地位;二是将来的问题,目标是重建个人所有制,即劳动者个人所有制。它是符合社会主义本质要求的,劳动者在经济上成为主体,有了财产才会去关心财产,财产也才能发挥效益。有的认为,一是所有制结构,它随着改革的发展显得越发重要,如果仅是单一的公有制不可能有市场经济,若公有制占很大比重也不可能有真正的市场经济,社会主义经济在所有制上应是一桌“八宝饭”,公有制和非公有制都是社会主义经济的有机组成部分;二是公有制形式,公有制不等于国有制,国有制同市场不能兼容,国有产权不解决,股份制就不可能运作,因此最好办法是把国有资产转让出去,保留少量的独资企业,其他企业可有少量的国有股。有的认为,国有制改革应解决“三个层次”和“一个系统”的问题,“三个层次”指国有产权的管理、国有产权的经营、工商企业的经营。“一个系统”指国家所有权职能的运作系统,这个系统必须通过国家立法来授权。

（一　伟）

社会主义市场经济与保护消费者权益理论研讨会

由中国社会科学院经济学科片、国家工商行政管理局、中国消费者协会于9月25日至27日在北京联合召开。

会议主要对以下两方面内容展开了讨论:

一、社会主义市场经济条件下的社会消费问题。包括市场经济对社会消费的影响,社会消费水平、消费方式、消费层次、消费结构及整个市场环境的变化。对2000年社会消费趋势的研究和预测。

二、在社会主义市场经济条件下对消费者权益的保护问题。立法、司法、行政部门、社会组织,特别是工商行政管理部门在保护消费者权益中的地位和作用。

（金　泓）

专业银行向商业银行转轨研讨会

中国金融学会金融企业转换经营机制研究会、湖南省农村金融学会、中国农业银行湖南省分行于10月7—12日在大庸市联合召开。

关于专业银行向商业银行改革取向的模式选择。与会者在以下几个方面发表了不同的看法:(1)在业务职能方面,是采取专营自偿性短期资金融通的单一性,还是采取兼营证券投资、房地产投资等多功能的综合性;(2)在产权结构方面,是实行股份制还是保持单一的国有制;(3)在组织形式方面,是实行总行一级法人制还是实行多级法人制;(4)在经营目标方面,是确立单指向的还是保持多方位的。

关于专业银行向商业银行转轨的难点。与会者指出,专业银行向商业银行的转轨是一场金融革命,它牵动的历史深度和对现实状况的触及广度,以及与国际金融规范的啮合度都将是空前的。其难点主要是:(1)政府职能难以转换;(2)大中型国有企业的机制难以转换,效益难以提高;(3)政策性业务和经营性业务难以划分;(4)专业银行的历史包袱难以消化;(5)企业法规体系还很不完善;(6)机构和人员结构难以调整。

关于专业银行向商业银行转轨的步骤。有人提出,第一步是经营机制转换,即将政策性业务分离出去,确立风险约束下的利润最大化目标;第二步是产权机制转换,即成为国家股为主,由法人股、地方股、个人股、外资股构成的股份制形式;第三步是成长机制转换。

关于专业银行向商业银行转换的措施。与会者提出:(1)对政策性信贷业务的界定在操作上应根据三条原则,即有特定资金来源的、有贴息政策规定的、由政府部门明确指定用途和数量的。(2)尽快出台“银行法”。(3)取消规模控制,实行资产负债比例管理。(4)彻底打破专业银行按部门划分业务范围的管理方式,实行银行与企业的双向选择。(5)发展和完善银行同业拆借市场,强化银行支付功能。(6)提高呆帐准备金率,增强银行应付风险的能力。(7)增加银行资本金。

(8) 建立全国银行系统电脑中心。(9) 按经济核算原则调整银行分支机构。(10) 加强贷款质量管理。(11) 开放国债市场，增强银行融资能力。(12) 组织专门机构对银行进行清产核资和对债务债权进行重新评估。(13) 建立银行同业公会，加强行业管理。(14) 放弃银行对企业的现金管理职能。(15) 建立商业银行优惠利率体系。(16) 取消贷款专户管理办法。(17) 强化银行票据融通功能，允许银行开期票、本票，减少货币发行。(18) 增强存款业务的灵活性。

(融 理)

改革十五周年理论与实践研讨会

国家体改委经济体制与管理研究所等单位于10月在湖南召开。

代表们一致认为，当前我国所有制改革重点是国有制改革。关于改革的思路，一种意见认为，国有企业应推行股份制，各种形式的法人机构占有主导比重的股权、国家与个人占有辅助比重股权的股份公司；另一种意见认为，国有资产可以实和中央、省、地县多级所有。对于那些长期亏损或微利的国有小型企业，可以采取兼并或出卖的办法。

与会代表认为，妥善处理好体制改革、经济发展与总量平稳三者的关系，是促进我国经济稳定、健康与高速产长的关键。对此，应以建立和完善社会主义市场经济体制为目标，认真规划、协调体制改革工作，重视解决农村工业化进程中出现的问题；加强对反周期和国内均衡与国际均衡的研究与对策设计，采用多种手段及时地纠正总量与结构的偏差。

与会代表一致认为，目前还要加强经济理论研究，发扬理论联系实际的优良学风，切实加强实证研究和对策研究，以促进经济体制的改革。

(瑢)

分税制问题讨论会

中央党校《党校论坛》编辑部于10月在京召开。

与会者认为，分税制是市场经济宏观调控间接化、规范化的要求，是市场经济分级提供公共产品以利资源优化配置的要求，是社会主义经济集权与分权相结合的国家组织形式的要求，是我国经济体制进行改革配套的要求。

与会者指出，不能把分税制简单化与理想化，对遇到的困难和问题要有足够的思想准备和相应的举措。(1) 实行分税制要有许多条件，要做许多工作，还要摆脱政府与企业耦合过紧的关系等。(2) 不宜过分集中。(3) 不宜搞“一刀切”。(4) 财税体制改革要与其他方面的改革配套进行。(5) 要实行效率优先，兼顾公平的原则。

(一 理)

农村改革与农业发展新思路讨论会

由中国社会科学院社会学所邀请国务院研究室、农业部、国务院发展研究中心专家和新闻单位的记者于10月在北京召开。会议讨论了当前我国农业徘徊反复的症结与对策。

与会者提出了当前应引起注意的困扰农业发展的几个问题：(1) 农业基础至今十分脆弱；(2) 农业发展不稳定；(3) 农民利益保护不住，白条绿条普遍存在；(4) 农民负担年年加重；(5) 买难卖难此起彼伏；(6) 乱占滥占耕地严重，抛荒撂荒现象出现；(7) 民工潮有增无减；(8) 农民花巨款购买城镇户口；(9) 扶贫工作进展缓慢，东西部差距越来越大。

与会者认为，目前农村诸多问题解决不好的深层次原因是，结构性矛盾和体制性矛盾并存。由于历史原因形成的城乡二元社会结构已成为当前经济社会持续稳定发展的桎梏，一方面大量剩余劳动力向城市和经济发达地区找出路，另一方面体制和社会政策等原因又限制农村劳动力进城，体制上的最大问题是限制了农村生产要素的流动，阻碍了农村市场经济的发展。

与会者认为，要使农业持续稳定发展，解决农业现存问题的根本对策是，发展非农产业，并大力推进城市化。

关于加速城市化进程，与会者认为需要解决以下几个重要问题：(1) 转换观念，确立城市改革和发展的新思路。城乡必须融合为一体，建立统一的国内市场体系，改变过去城市二比八的人口格局。(2) 全面规划确定好城市发展的新方针。改变的农为本的战略，改变二元社会结构，实现区域现代化。(3) 创造多种形式，逐步改革城乡分治的户籍管理制度。

(金 泓)

民营企业与市场经济座谈会

经济日报评论部与中华工商时报于10月在京召

开。

与会代表认为,民营经济的发展,除了靠党的政策外,主要靠自珍自爱,团结奋斗,不断提高自身素质,树立良好的社会形象。目前民营企业发展较快,为市场经济做出了贡献。但是,现在民营企业的所受的压力也越来越在,不得不把大量精力放在应付各种关系上。

与会者指出,今天的民营经济与建国前的民族资本主义从内涵到形式都有了根本的变化,有些人对民营经济的认识还停留在过去的时代,尽管民营企业大有发展前途,但它的发展还有待于整个国家对民营企业的政策调整和观念改变。因此,要在法律上、政策上、体制上、管理上给民营企业一个宽松的环境,使之能参与平等竞争,在社会舆论上也能得到公正的评价。

(瑢)

“迈向21世纪的上海”研讨会

“迈向21世纪的上海”课题组于10月在沪召开。

与会者认为,世界经济中心在下个世纪将转向东亚地区。世界经济中心的转移,一般是从生产中心转移开始,然后逐步发展成为金融中心、贸易中心。其基本条件,一是比较利益高,二是潜在市场大。东亚地区不仅具有广阔的购买力、旺盛的市场,而且也是世界经济增长最快的地区,具备成为新的世界经济中心的条件。

与会者还认为,上海有可能成为东亚地区发达的经济中隆起的一座大城市。中国沿海地区是东亚地区经济增长最快地区,是未来世界经济增长新的火车头的组成部分。上海虽然面临东亚地区东京、香港、新加坡和国内城市的激烈竞争,但由于依托经济增长迅速、市场容量不断扩大的长江三角洲,有可能成为东亚地区隆起的一座城市,形成具有世界能量级的经济中心城市。

(沪)

中国经济走向世界学术研讨会

中国现代国际关系研究所《现代国际关系》编辑部于10月在北京召开。

与会者认为,当前的国际环境给中国提供了机遇,有利于中国经济走向世界。机遇主要是:(1)西方发达国家越来越重视与亚洲国家发展经贸关系,尤其愿意同中国加强经贸合作;(2)东亚地区政治上相对稳定,经济发展迅速,有利于中国与周边国家扩大经济合作与交流;(3)独联体国家缺乏实用价廉的轻工业消费品,为中国的日用品和生活资料出口提供了机会;(4)许多第三世界国家正在进行经济改革或调整,也有利于中国的某些商品、劳务和技术设备的出口。

(经)

陕西经济发展新思路研讨会

陕西省生产力经济学研究会于10月邀请省委和地厅级主要领导干部理论研讨班和理论界的专家学者,就加快陕西经济发展的战略思路和战略措施进行探讨。

会议认为,解放思想,实事求是,分析省情,扬长补短,探索陕西经济发展的新思路,是加快陕西经济发展的关键。

有同志提出,陕西作为资源较丰富省,要争取中央给予资源开发的地方立法权。最近联合国工发组织要研究资助陕西工业发展,陕西要超常规发展,就需大力引进外资,可借鉴苏州与人合资搞大园林的工业园区经验,陕西可以搞中外合资的生物工程工业园,并吸引外资对城市进行成片开发。

有同志认为,陕西要超常规发展必须有超常规的思路,应把陕西省的优势放在市场经济体制下再认识,建议抓国有企业改组改造工作;抓基础产业的发展;商业发展不能停留在“高级个体户”阶段,要发展适应现代市场经济的大商业。

在分析省情、开发新思路的基础上,有同志想出陕西经济发展模式为:以西安为“龙头”,以其它中小城市为依托,沿主要交通干线重点发展优势产业。也有同志建议应施行:“整体推进,中间突破,积极协调、优势互补,连锁劳动”的战略。

(侯廷娴)

上海面对1994年改革新形势的新思路

上海市计委、市府研究室、市经济信息中心于10月在上海联合举办经济形势分析研讨会。

关于1994年的宏观配套改革,有的认为在理论上需要研究三个问题:(1)改革与发展的关系。(2)在宏观管理层次上,中央与地方的事权怎样划分;(3)宏观调控与企业改革或企业化是什么关系。

关于培育市场体系，有的认为这对上海经济发展至关重要，要解决的问题有：银行的企业化和市场化；证券市场的发展；黄金市场的开放等。

关于金融改革，有的认为应有超前设计，上海要成为国际金融中心，急需做好五方面的设计：(1)国债交易中心需要重新设计；(2)企业如何收购、兼并要超前设计；(3)社会各种基金会为何设置要抓紧设计；(4)外汇市场如何进一步发育要重新设计；(5)国有资产存量如何搞活要重新设计。

如何发挥上海“龙头”作用，与会者认为，上海经济增长速度应保持在12—15%之间，为此，需要寻找新的增长点，要从发展第三产业中去寻找，同时要在利用外资方面下功夫。

（沪）

沿海沿江地区建设银行改革与发展战略高级研讨会

中国建设银行总行和上海市建设银行于12月10日在上海联合举办。

与会者认为，沿海沿江地区建设银行要抓住机遇，携手合作，发挥地区优势和服务功能，促进区域经济，带动腹地发展。

（融）

市场经济下的产权问题讨论会

北京开达经济学家咨询中心、中国企业管理协会首都企业家俱乐部、中国市场经济研究会于10月13日在北京召开。

与会者认为，界定产权是市场经济运行的基础和前提，积极开展产权问题的研究是当前理论界一项迫切的任务。

与会者指出，明确界定产权有三方面的内容：(1)资产使用权有明确的界定；(2)资产使用的收益权有明确的界定；(3)资产的转让权有明确的界定。

与会者认为，国有企业产权制度问题是一个根本问题，不解决这个问题国有企业就难以成为自主经营、自负盈亏的市场活动主体。我们现行的承包制未能解决这个问题；实行股份制虽然为国有企业进入市场经济轨道创造了条件，但目前试行的股份制普遍未解决国有资产的流动问题，而国有股不流动则国有资产存量的优化配置问题就无法解决。有的认为，要把两权分离的理论向前推进，对所有权再分离，使得国家在保持对国有资产的终极所有权的前提下，让企业作为法人获得其运用的资产的法人所有权。有的指出，目前试行的股份制，很多是不规范的，一些地方搞的股份制实际上是旧体制的复归，新瓶装旧酒，如董事长由组织部门任命，而不是由股东大会选举产生，经理由主管部门选派，仍然搞政企不分；还有些地方搞股份制主要是为了集资，而不是研究如何采用股份制的经营机制，这都是误区，应当严格按照规范化的股份制办事。有的指出，在产权明晰的基础上，要建立起一套科学的机制，强化所有者对经营者的约束，使投资者能够获得回报，使公有资产不但保值还要不断增值。

（一 伟）

发展和完善中国证券市场研讨会

中国人民银行金融研究所、深圳振业股份有限公司等于10月中旬在北京联合举办。

与会者认为，随着建立社会主义市场经济步伐的加快，我国的证券市场也在迅速发育，证券发行逐年扩大，证券交易渐趋活跃，证券市场组织初步形成，证券市场政策法规建设开始起步，但从总体上看，我国证券市场仍处于试验阶段，还面临着一些亟待解决的问题。

与会者还认为，我国有着巨大的发展证券市场潜力，前景十分广阔。

（融）

工商行政管理理论研讨会

受中国工商行政管理学会委托，由天津市工商行政管理局、天津市工商行政管理学会承办的11城市工商行政管理学会第二次理论研讨会，于10月14—16日在天津召开。会议主题是：如何建立和完善社会主义市场体系、充分发挥市场运行机制的作用，以及工商行政管理部门如何监督管理社会主义统一大市场等问题。

与会者认为，目前我国在培育市场体系，发挥市场机制作用方面的改革不断深化，取得明显成效。表现在：各类市场均有程度不同的发育；市场主体逐步确立；市场规则初步确立；国内市场与国际市场联系加强；价格机制的作用范围不断拓宽；供求机制作用日趋显著；竞争机制作用明显加强。但从总体上看，我国市场体系的发育还处于不平衡、不完整和不稳定的初期发展阶段，市场运行机制也存在缺陷，影响和制约了全国统一的市场体系的形成。

与会者指出，工商行政管理机关在当前和今后一段时期，围绕建立社会主义市场体系，需要从以下几个方面做好工作：(1)坚持三个推进的工作思路，即坚持从东部商品经济发达地区向中西部经济欠发达地区推进；坚持从消费品市场、生产资料市场向生产要素市场推进；坚持从初级市场向高级市场推进。(2)继续培育完善各类市场，坚持“多方兴建，工商部门统一管理”的原则。(3)塑造有活力的市场主体，综合利用工商行政管理职能促进国有企业转换经营机制；支持发展非国有经济；支持发展多种企业形式。(4)加快市场管理体系立法，制订市场市体规范、市场行为法律规范、国家宏观调控行为的法律规范等。此外，要加快工商行政管理自身改革，理顺体制，提高队伍素质，培养一支适应社会主义市场经济发展的高层次管理队伍。

（一　久）

全国金融体制改革研讨会

中国社会科学院中国经济技术研究咨询公司与国家计委中国社会经济决策咨询中心，于10月20日至25日在北京召开。

会议研讨了以下几个问题：1. 金融体制改革在整个经济体制改革过程中的地位和作用；2. 如何强化中央银行宏观调控，保证币值稳定的职能；3. 如何区分商业银行和政策性银行的职能；4. 如何通过贴现率、准备金、公开市场业务，建立起间接调控为主的金融调节机制，实现资金的优化配置。

（金　泓）

加快金融体制改革研讨会

10月23日《中国经济学家论坛》杂志社在京召开。

与会者认为，我国经济体制改革已取得重大进展，但金融体制改革明显滞后，宏观经济调控基本上还采用计划经济的老办法，从而给经济生活带来一系列严重问题：一是宏观经济一再失衡；二是资金使用大量浪费；三是市场信用严重破坏。因此加快金融改革已成当务之急。

（瑢）

中国当前经济形势分析和深化改革研讨会

由上海东方研究院汪道涵和刘吉、《中国市场经济论坛》于光远、世界观察所童大林、中国市场经济研究会王珏、中信国际研究所董辅礽、《改革》杂志社吴敬琏六方七位经济学界知名人士发起，于10月25日至26日在北京召开。会议就经济形势、宏观调控、建立现代企业制度、所有制方面等问题展开讨论。

关于经济形势，王珏认为，主流是好的，不亚于农村改革初期。投资、通货两个膨胀，房地产、开发区、股票三个过热只是支流。吴明瑜提出，经济是否过热是判断经济形势绕不开的焦点。童大林认为，过热不是当前中国经济中的主要问题。肖灼基认为，当前中国经济处于快速增长阶段，快速不等于过热。刘吉提出不能简单地说速度，主要看结构。于光远提出，应科学地理解速度，谋求我国经济持续、稳定、快速增长。多数与会者认为，判断经济形势好不好，要分清主流与支流。

关于宏观调控。肖灼基提出宏观调控应注意避免恢复和强化计划经济和指令性计划以及对企业运行的直接干预；不能过份强调集中统一，实行“一刀切”。王珏提出要警惕变成计划经济的宏观调控。

关于建立现代企业制度。吴敬琏认为，目前唯独企业改革的轮廓不清晰，要建立与市场经济相适应的现代企业制度，应实行公司制。周叔莲认为明确企业法人财产所有权是国有企业建立现代企业制度的前提条件，他重申关于股份制的优点。与会者多数主张选择股份制道路。

关于所有制，林子力认为所有制不是社会经济的基础，也不是企业制度的基础，提财产的支配或使用方式是社会经济制度的基础更为合适。苏东斌认为，纯粹的国有经济建立不了市场经济。

（金　泓）

中国外贸发展与改革研讨会

10月26—29日，由中国国际贸易学会与重庆对外贸易学会联合在重庆召开。

与会代表认为，改革开放15年，我国外贸体制已发生巨大变化，其出口管理和经营管理也基本上符合市场经济发展要求，但还需解决以下几个主要问题：(1)进口管理体制严重滞后，审批程序复杂；(2)许多外贸企业经营机制转换缓慢；(3)外贸立法工作薄弱；(4)外贸协调服务机制不够完善；(5)一些地方基层外贸经营体制问题尚未得到解决；(6)地区封锁没有彻底消除。

与会者认为，要想进一步深化外贸体制改革，首先必须树立外贸总体改革思想，加强配套观念和措施，使外贸体制改革与国家总体经济体制改革特别是金融外汇、财政、税收、投资、国有资产管理等体制改革相一致。其次，进一步完善外贸宏观管理调控体制，运用经济、法律、政策以及必要的行政手段，对外贸进行有效的宏观调控，使之持续、快速、健康地发展。

与会代表指出，转换外贸企业经营机制，就是要在经营运作上以自主经营为前提，以市场为导向，自负盈亏；以经济效益为中心，优化组合。国有大中型外贸企业经营机制的转换。要加快，要建立全面的配套的决策机制，开拓发展机制，经济核算和财务管理机制，信息收集以及反馈机制，加强企业内部管理，积极推行企业结构重组。

（瑢）

全国统计科学研讨会

中国统计学会第四次代表会议暨第七次全国统计科学讨论会于1993年10月30日至11月3日在山东省泰安市召开。

关于社会主义市场经济条件下的统计改革问题。与会者认为，必须抓住时机，勇于探索，加速转轨，应形成由国家、民间、企业统计构成的信息产业体系。统计将呈现二元化发展趋势，即按国家法规运行的政府统计体系和按市场法规运行的社会化统计体系。

关于统计学基本理论问题。与会者认为，统计学是一门交叉于自然科学和社会科学并具有横断性、边缘性、交叉性与综合性的独立学科，应加强统计理论的逻辑研究。

关于国民经济核算体系。与会者认为，国民经济核算与会计核算、社会再生产核算表与经济循环帐户都具有密切的联系。准确地把握这些联系，在实施新国民经济核算体系的过程中可以大大节省工作量，收到事半功倍的效果。

关于国民经济发展的速度和效益问题。与会者认为，统计上应突出反映实现了的效益，应强调资源有效利用形成的效益。

关于微观统计信息的建设。与会者认为，企业统计要由单一服务型向多向服务型转变，不仅要为宏观决策提供统计资料，而且要把主要精力放在为企业经营管理服务上去。

（统计科研所）

“93—94”改革研讨会

中国体制改革研究会和北京企业家联谊会于11月在北京联合举办。

与会者回顾和总结了1993年经济运行的整体状况，并针对当前宏观调控的发展态势，及1994年即将实施的一系列财税、金融、外汇体制改革、产权改革及建立现代企业制度等问题进行探讨。

（一　理）

全国经济学说史学会学术讨论会

11月在西安举行。

会上专家们认为，建立社会主义市场经济体制，就要注意坚持在市场经济和社会主义基本制度结合过程中的创新问题，同时还要认真吸收和借鉴人类社会的文明成果。

与会专家认为，在深化改革的过程中，还要坚持公有制经济的主体地位，使公有制经济适应市场经济发展，同时在改革中应允许进行不同的探索和试验，加强和改善宏观调控。

一些专家还就《资本论》对我国建立社会主义市场经济体制的指导意义等问题进行了有益的探讨。

（瑢）

金融发展战略研讨会

11月在大连市举行。

与会者认为，根据大连的地理位置、经济和金融的优势，把大连建成一个繁荣昌盛的“北方香港”，建成“东北亚国际金融中心”是不成问题的。但还要解决一些问题，如需要一系列宽松的税收和优惠政策；要有一系列高水准的通讯、交通设施，并要有一批金融、经济人才。

与会专家建议：(1)按照国际金融中心所必须具备的条件，加速改革和建设的步伐；(2)进一步优化产业结构，以奠定金融发展的坚实基础；(3)引进外资金融机构，开展竞争，增强企业活力；(4)进一步向外辐射，扩大影响。

（瑢）

发展中国跨国公司理论研讨会

11月，国家经贸委和对外经贸部等单位联合召开。会议探讨了我国发展跨国公司的必要性和发展前景以及面临的问题。

与会者认为改革开放使我国企业的跨国经营有了很大发展，但是目前还没有一家真正符合跨国公司的要求。中国经济要想与世界经济接轨，必须大力发展跨国公司和国际化经营，以提高自己的竞争实力。我们要借鉴世界跨国公司的经验，以少走弯路。

与会者指出，在我国不宜大规模发展工业型跨国公司，而应借鉴日本和韩国的方式，走以商社为基础带动跨国公司大发展道路。

与会者强调，由于我国国有企业内部经营机制与世界市场机制不协调，直接影响到我们跨国公司的经营，必须从产权改革入手，使大中型企业迅速建立起现代企业管理制度，为它们发展跨国经营铺平道路。

（瑢）

转换国有企业经营机制座谈会

11月在京召开。

与会者指出，经济体制落后、机制死板、负担沉重，已严重阻碍了作为国民经济基础力量的国有企业转换经营机制。他们认为，各种国有企业改革措施的不断出台，仍然看不见企业有很大效益，关键还在摆脱不了计划经济的束缚。

如何保证企业成为“四自”主体，专家们强调，政府不能作为赋予权力的主体，永远控制着企业，企业必须真正成为产权的主体，才能使企业适应市场经济的运行规则，同时还要进一步转换经营机制，迅速建立企业管理制度。

（瑢）

市场经济与中国大中型企业研讨会

11月在北京召开。会议讨论了市场经济条件下的企业改革。

与会者认为，企业要在市场竞争中生存发展，而市场竞争是市场经济的基础，没有竞争就没有市场经济。要适应市场经济，必须建立起现代的企业制度。现代企业制度的特点是：(1)企业的一切活动都要以市场为中心，成为市场活动的主体；(2)改变政府附属物的地位，使企业真正成为自主经营的主体；(3)企业要围绕利润转，实现自负盈亏，自我约束；(4)企业在市场机制中的平等竞争，实现自我发展和优胜劣汰。

与会者指出，企业是社会主义市场经济的微观基础，把企业推向商品市场、要素市场和产权交易市场，是建立社会主义市场经济体制的最重要方面。重新构造社会主义市场经济的微观基础，就是要深化企业改革，使企业成为政企分开、自主经营、自负盈亏的商品生产者，并使企业有了自我约束、自我积累和成长的机制。只有实现这一转换，企业就会把商品质量的高低优劣看成是与企业生死存亡直接有关的大事，就会着手从管理方面与生产技术方面解决商品质量问题。

与会者还指出，这场体制的转变，不仅涉及观念、思维方式的转变，而且长期以来形成的以计划经济为中心的一整套政府职能分工、组织结构、所有制结构、法律规章、工作程序等，也都要受到冲击和深入的改革，这将是一次权力和利益的重新调整，也可能引起某些抵制和阻碍，但这种改革的历史潮流是不可抗御的。

（经）

中国国情与市场经济研讨会

《中国国情国力》杂志社主办，11月在北京召开。

与会者认为，中国国情是一个动态系统，现在经常有人用是否符合中国国情来衡量改革中涌现的新生事物，这是一个误区。现在要解决4个新的国情问题：(1)企业制度更新；(2)政府职能重构；(3)社会保障体系再造；(4)法制体系强化。

与会者指出，在我国建立社会主义市场经济法制，面临三大国情难题：一是宏观调控体系与经济市场化如何保持同步；二是怎样在一部分人先富起来的同时，保持农村社会秩序的稳定；三是如何协调工作效率逐步提高与人口众多的关系。

（莫　土）

市场经济与现代管理研讨会

中国管理科学研究院管理哲学所等单位于11月联合在京召开。会议就深化改革、转换机制、提高宏观经济管理效率和微观企业效益问题展开讨论。

与会专家们指出，打破传统的计划经济管理模式，建立与市场经济相匹配的管理制度与体系，是深化改革、转换机制、提高宏观经济管理效率和微观企业效益的一个重要问题。市场经济要求有一套全新的管理机制、手段和方法，为此需要对传统的管理体制进行深入的剖析，结合我国具体实际，在市场经济体制的总框架内，建立新的管理理论基础，实现管理职能的转变，以适应市场经济的发展要求。

（瑢）

江苏市场体系、市场机制研讨会

11月由江苏省经济学会在徐州召开。

与会同志认为，江苏商品市场的广泛建设和迅速发展，不仅扩展了商品流通，适应了供销“两头在外”的加工工业蓬勃发展的需要，而且催化了要素市场的发育，在市场经济运行中起着越来越重要的作用。但总的说来，市场发展还是低层次的，结构上表现为小型、低档、分散、雷同。其原因在于着眼点不高，条块利益介入使市场发展目标扭曲，规范化管理没有跟上。

如何建立和健全市场体系，多数与会者认为，既要在金融市场、劳动力市场等薄弱环节上搞突破，又要在整体推进上下功夫。有人提出在市场体系中商品市场是基础，金融市场是枢纽，信息市场是贯穿各类市场的纽带，劳动力市场等其它要素市场都有其不可缺少和替代的作用。各类市场的相互配合，协调发展，才能产生循环联动的整体效应。

关于完善与健全市场机制相对接的宏观调控问题。有的同志认为，放开商品、生产要素的自由流通和国家调控市场必须统一起来。二者的结合都是利益分配。只有在宏观调控与市场机制中围绕利益分配统筹协调，多方兼顾得体，才能使市场机制与宏观调控机制相对接，在有效的宏观调控下，最佳发挥市场机制在资源配置中的基础性作用。

（张君诚）

上海如何扩大开放超前发展研讨会

上海市经济研究中心、市府研究室、市体改委、上海社科院等于11月在沪举办。

与会者认为，上海经济有可能超越80年代以来的周期波动，明年下半年仍可能出现一次“点刹车”，上海经济能否烫平周期，关键看明后年。明后年扩大开放面临着全新的形势：(1)欧洲联盟形成和西雅图会议表明，冷战后的国际经济局势已初具轮廓；(2)中国将恢复关贸总协定地位，世界经济趋于回升；(3)国际对华投资呈现新格局：多边投资取代一对一投资，跨国公司对华投资热出现。

与会者提出扩大开放、超前发展的对策思路，认为应该为上海建成“一龙头三中心”(以浦东开发开放为龙头，国际经济、金融、贸易中心)战略目标打好基础，启动小配套战略。这些配套战略，一是实施超前型发展战略，二是实施跨越式建设战略，三是实施整体性改革战略，四是实施双向型的开放战略。有的提出，要寻找新的经济增长点，加速城市化进程。

一些学者对于加快发展中的资金问题，提出：(1)进一步吸收国外资金；(2)建立产权市场；(3)调动和集纳民间资金；(4)尽可能利用政策资金。

（沪）

重振上海金融中心研讨会

社会科学报于11月在沪召开。

与会者认为，深化金融改革应把金融业推向市场，专业银行应靠自己吸收存款来发展业务。银行对企业的贷款则根据其经营好坏及发展前景来决定，对经营不善的企业不能再“喂奶”了。这样的改革使专业银行真正拥有自主经营权，金融业和企业均进入市场，都有竞争感和压力感。

与会者还认为，重振上海金融中心雄风，引进外资银行是必不可少的，现在已有一些国际著名大银行在沪开设分行，也必然会加剧竞争，一旦外资银行也可以做人民币业务，其竞争可想而知，要引起银行界的重视。此外，健全金融性法规，也是上海成为世界级金融中心的必要条件。

有的还提出作为大金融一部分的保险业的发展，认为下一轮热潮可能是“保险热”，因为随着股份化企业的增多和个人私有财富的增长，以及企业家的承保风险，企业待业、养老、医疗等社会保障的发展，市场经济的客观条件都要求建立发达的保险业。

（融）

上海中青年学者探讨现代企业制度

上海市委研究室。上海中青年经济工作者研究中心于11月在上海召开。

与会者认为，没有现代的市场制度，就谈不上现代的企业制度，而建立新型的所有者与经营者的委托关系，则是建立现代企业制度的重要一环。

如何建立新型的所有者与经营者的委托关系，与会者提出应考虑以下方面：(1)经营者活动目的与所有者最大限度的一致性，能确保二者的活动形成合力；(2)所有者对经营者的适度监督，能使经营者按委托要求行事和有足够的自由度；(3)足够高的合理“出价”(经营者的收入)，能吸收最优秀的职业企业家来接受委托，并能保证所有者的资产不发生流失；(4)针对我国的企业状况，应通过合适途径建立委托关系。

(沪)

建立现代企业制度研讨会

上海市体改委等单位于11月在上海联合召开。

与会者认为，要真正搞好国有大中型企业，必须从“放权让利”的政策倾斜思路，转到明确产权的制度创新的思路上来。

与会者提出了不少，建立现代企业制度的设想，可概括为：明确产权主体，核实法人财产，实行公司制度，完善领导体制，盘活存量资产，优化组织结构。

会上有人建议：(1)成立国有产权登记中心；(2)对企业进行分类管理，如竞争型企业、政策性垄断企业、自然垄断企业等。

(沪)

建立社会主义市场经济新体制研讨会

上海市社联世界经济学会和上海市对外文化交流协会于11月8日在上海召开。会议主题是：借鉴外国市场经济经验，促进上海率先建立社会主义市场经济新体制。

与会者首先比较了美、英、法、日和德国的五种市场经济模式，并且分析了发达资本主义国家和发展中国家(地区)政府的做法，探讨了我国和上海如何促进市场经济的发展。

(沪)

国有大中型企业走向市场研讨会

国家体改委综合司、国家经贸委研究室、人民日报理论部和改革月报杂志社于11月中旬联合在北京召开。

与会者认为，国有大中型企业是国民经济的支柱，只有它们进入市场，我国的市场体系才会发育、健全和发展，宏观调控体系才能建立并发挥作用。国家经贸委主任王忠禹认为当前要做好两个方面的工作：(1)要为国有大中型企业创造良好的外部环境，让企业都能平等竞争；(2)国有大中型企业本身要苦练内功，使企业成为市场的主体。

与会者指出，对于国有大中型企业走向市场的“市场”要有准确的理解，即包括产品市场、生产要素市场以及资产经营市场。只有将企业的国有资产推向市场，按市场经济规律运营，实现效益最大化和价值最大化，进行国有资产的整个管理体制和运营机制的改革，才能从微观上和宏观上解决企业改革的根本问题，并带动整个经济体制深层次改革，促进体制转轨。

与会者还认为，国有资产进入市场的有效途径，就是按照公司制度来改造现有的国有企业，建立起适应社会主义市场经济体制要求的现代企业制度。

(一　理)

社会主义市场经济下的劳动体制改革研讨会

河南省劳动厅与省劳动学会于11月22—24日在郑州召开。

与会者认为，建立和培育社会主义劳动力市场的三大支柱，是劳动力商品化、工资市场化和保险社会化。当前劳动体制改革的核心，就是要建立、培育、发展和完善劳动力市场。

关于市场经济条件下的工资分配问题，与会者提出：(1)作为劳动力的价格，工资水平应根据劳动力生产和再生产的费用来确定，从数量上看，它应当是劳动者的生存、享受和发展需要的总和；(2)社会主义初级阶段收入分配的实质是生产要素所有权的分配，其内在要求和表现就是以按劳分配为主体的多种分配方式并存，就必须真正体现效率优先、兼顾公平的原则；(3)工资改革目标应是市场决定工资、企业自主分配、政府监督调控。

关于市场经济条件下社会保险问题，多数同志认为，建立社会保险体系是劳动体制改革的关键，但目前存在的问题很多，需要由国家统一立法，全盘规划，整体推进。

（李新年）

全国边疆少数民族地区第五届基本建设经济研讨会

中国基本建设经济研究会于11月24—27日在南宁市召开。会议就加强边少地区发展，缩小同沿海地区的经济差距问题进行讨论。

与会者认为，改革开放十多年来，边少地区的经济实力有了很大提高，但与沿海省市的差距却继续拉大。究其原因，主要是思想解放不够，基础设施落后，建设资金短缺等。为了进一步加快边少地区的经济建设：(1)必须花费比沿海地区更大的气力，解放思想，转换脑筋；(2)要充分发挥地区的优势，发展资源加工业，大力支持乡镇企业的发展，形成各具特色的地区产业结构，获取分工效益；(3)建立边少地区基础设施建设专项基金，加快基础设施建设；(4)增加边少地区信息贷款总额，大力扶植边少地区基础产业发展；(5)加强教育设施的建设，增加教育投资，加强基础教育，提高边少地区劳动力的素质。

（吴兴国）

私营经济研讨会

贵州省工商行政管理局、工商行政管理学会和私营经济研究会于11月25—27日在贵阳市联合召开。

与会者认为，我国的个本、私营经济在邓小平的南巡重要谈话和党的十四大之后，出现了迅速发展的势头，但在发展中也存在一些问题，主要是：(1)思想认识上存在偏差，一是有的基层领导对其作用认识不足，担心其壮大会代替公有制的主导地位；二是私营企业主有疑虑。(2)竞争环境不够平等。(3)管理体制尚未理顺。(4)“三乱”（乱收费、罚款、摊派）严重。(5)经营者的整体素质不够高。除了上述的老问题外，目前个体、私营经济在发展中还出现许多新情况、新问题：如由过去自发发展转变为由各级党委和政府有组织、有领导地去发展；经营范围和领域逐步扩大。此外，私营经济的经营形式也由独资企业向股份合作制和企业集团方向发展，出现了各种经济成份相互参股和联合的混合经济。

与会者指出，我国个体、私营经济的发展，使理论工作者和实际工作者对个体、私营经济的理论认识有了新的发展，表现在：(1)对其地位的认识有了新的突破，已不满足于“补充”地位的提法，而主张提“是社会主义市场经济的重要组成部分”；(2)对其作用也有了新的认识，认为它不仅是社会主义生产力新的生长点，而且是社会主义市场经济的先导力量。

与会者还认为，实践向理论工作者提出了如下新课题：(1)民营化问题。有两种观点：有人主张用“民营经济”取代“私营经济”；有人反对，认为其说法不能说明所有权问题。(2)各种经济成份发展比例问题。个体、私营经济在其发展中要不要掌握比例？如何认识比例和范围的关系？(3)对不同地区的私营经济的政策策是否有一个差别的问题。理论上讲，越是经济落后的地区越适宜发展个体、私营经济，但现实是越是经济落后地区个体、私营经济发展越缓慢，原因何在？(4)如何正确估计私营经济今后的发展趋势及其前途？

（莫　土）

现代企业制度理论与实践研讨会

中国社会科学院工业经济研究所于11月30日至12月3日在北京召开。

与会者认为，现代企业制度的内容很广泛，基本可以概括为：(1)科学的产权制度，合理的组织制度，完善的内部制度。其中包括自负盈亏的法人制度，纵向授权的企业领导制度，规范化的财会制度，利益均沾的分配制度，双向选择的劳动人事制度等。(2)企业活动围绕市场和利润进行。它的特点是产权清晰、权责明确、政企分开、管理科学，实现真正法人制度。

关于建立现代企业制度的难点。与会者认为，主要有以下方面：(1)在认识上，把股份制改造看作所有制改变，是搞私有化。(2)产权的科学界定。(3)资产的正确评估。(4)国有资产的管理。(5)如何合理选择股份制形式。(6)如何妥善解决企业债务、社会负担、企业办社会、乱摊派等问题。(7)建立新型的企业内部管理制度，包括劳动用工，管理的组织、方法、手段的现代化，新财会制度，企业经营行为规范，领导制度改革等。(8)加速各项配套改革，完善企业外部环境，包括转变政府职能，深化价格改革，统一税制，培育市场，建立各种中介组织，完善法制，建立多层次的社会保障体系等。

关于国有企业公司化改造的具体方式与途径，与会者一致认为采取一般的扩权方式难以根治痼疾，而多种所有制形式的发展，投资主体和利益主体的多元化则为股份制的发展创造了条件。因此国有企业应通过股份制来实现公司化改造，建立现代企业制度。多数企业应采取有限责任公司或股份有限公司的形式，只有少数企业成为独资公司。实现途径主要有法人相互持股、外资入股、债权转为股权、社会各类资金等。

（金　泓）

金融改革讨论会

广州日报社于12月在广州召开。

与会者认为，广州金融业大有可为，完全有条件建成一个区域性的金融中心。为此，应抓好以下工作：(1)进一步更新观念，确立市场经济意识，建立资金商品化、利率市场化、银行金融机构企业化机制。(2)加快金融机构多元化进程，建立健全金融机构体系，吸引国内外银行和金融机构来穗设分行，让广州的金融机构到省内外、海外设立分支机构。(3)深化银行体制改革，实现专业银行向国有商业银行的转化，并加快产权制度改革，划分政策性和经营性业务，改革银行信贷资金管理制度，推行内部激励机制，建立一级管理、多级经营体制。(4)发展多样化金融工具，活跃市场。(5)建立和发展各种金融市场，完善金融市场体系。(6)加强和完善金融法规，努力培养专业人才。

（穗）

推行分税利研讨会

国务院发展研究中心国际技术经济研究所上海分所于12月在上海召开。

与会者认为，推行分税制是深化我国财税体制改革的方向和目标模式，它是处理中央与地方政府财政分配关系的一种较为规范的方式，其实质是根据各级政府的事权确定相应的财权，并通过税种的划分，形成中央与地方两个收入体系，为各级政府提供稳定的财政收入来源。

与会者指出，对推行分税制的期望值不能过高，而要有一个科学的估计。理由是：(1)划清中央与地方政府事权和财权界限需要经历几次反复，而我国现在尚处于新旧体制转换之中，产权至今尚未理顺，政府职能也未相应转变。(2)通过分税制的实施来提高中央财政收入的比重也需要有一个过程，它有赖于经济持续平稳发展，企业经营机制和政府职能的转变，税制的改革和征管制度的加强，以及金融体制、投资体制和外贸体制等改革相配套。(3)建立规范的分税制财政体制是一项复杂的系统工程，还需要根除地方主义和经济割据、旧体制的惯性、人治因素等痼疾，还要待以时日。

（融）

亚都公司股份制改造及现代企业制度研讨会

经济日报、中国青年报、北京标准股份制咨询公司、北京恩波智业顾问公司于12月在北京联合举办。

有的认为，亚都公司提出优化结构，构造产业链条，实现共有民营的股份制改造模式，具有以下特点：(1)促进关联企业形成一种稳定的协作关系；(2)保持企业的稳定性；(3)有利于股市的稳定；(4)有利于促进国有经济和非国有经济的制度创新。

有的提出，股份制的改组离不开国家的大背景，对于企业来说要有新的突破，如突破传统的国家和企业的关系，突破银行和企业的传统关系，突破国有资产目前凝固的现状等。

有的认为，中国股份制的发展要注意三点：(1)规范化，要做到“四同”，即国家股、法人股、个人股要同股、同权、同钱、同名；“三公”，即公开、公平、公正。(2)法人主体化。(3)国际化。

（一　理）

上海如何深化市场体系改革研讨会

上海一些专家学者于12月探讨1994和1995年上海深化市场体系改革问题。

与会者认为，上海要成为“一个龙头（浦东开发开放）、三个中心（国际经贸、金融、贸易中心）”的国际大都市，关键取决于能否率先建成高层次的市场体系中心，必须以更高的标准加快上海市场体系的发育。

与会者提出了深化上海市场体系改革的若干思路：(1)尽快筹建产权交易市场，主要从事上海和市外非上市公司的企业产权买卖；(2)率先建立完善的劳动力市场，促使劳动力有效、合理地流动；(3)拓宽金融市场的业务，提高层次；(4)让商品市场广泛吸引外省市和国外工商机构进入市内。

（沪）

上海外贸体制改革研讨会

《社会科学报》编辑部于12月在上海召开。

与会者认为，1994年将进行的外贸体制改革，对准备建成为国际贸易中心的上海来说，既是新的机遇，更是一场挑战。上海不仅要组织好本地区的进出口业务，而且要成为长江三角洲乃至整个长江流域的外贸"龙头"，就必须拓展外贸途径，树立大外贸思想。

与会者还指出，外贸体制改革要解决好企业出口的动力和后勤问题，要解决好出口导向产业或出口支柱产业，鼓励企业走自由贸易之路，同时配之以金融、税制改革，方能使外贸走出困境。

有的还认为，外贸专业公司也可与生产、外贸、金融等行业组成股份化公司；同时，国家应有外贸立法，既有激励政策，也有竞争规则。

（沪）

广东加快建立社会主义市场经济体制研讨会

广东省委宣传部、体改委、社会经济发展研究中心于12月在广州举办。

与会者认为，广东要建立社会主义市场经济体制框架，应把国有企业改革与金融改革作为重点，加快资源配置市场化的进程。

（穗）

广东省第五次经济特区理论研讨会

12月9—11日在珠海市召开。会议探讨了新时期经济特区如何继续发挥改革开放"排头兵"的作用。

与会者认为，特区在原有特殊政策地位的逐步丧失后，应在扩大对外开放和具体模式的选择中，考虑谋求"更规范"的发展，充分考虑自身与市场经济体制的兼容性与国际一般准则的一致性。

（穗）

现代企业制度暨产权流动研讨会

中国光大国际信托投资公司、中国国际信托投资公司等于12月11日在成都市召开。

与会者认为，产权流动问题是企业改革10多年来没有解决的问题，产权界定、产权交易被当作禁区，一直不敢碰。党的十四届三中全会关于建立社会主义市场经济体制若干问题的决定公布后，为解决产权流动问题奠定了基础。

与会者指出，中国西部有许多重要三线企业，如果没有现代企业制度，很可能成为政府的包袱，东西部严重失衡也将使中国经济的躯体分离，应防止这种后果的发生。《破产法》公布和实施，使市场的兼并与收购行为成为必然，这是大势所趋。

（矣　周）

综观经济与市场经济学术研讨会

12月12—14日在广东惠州市召开。

与会者认为，综观经济学把经济运行看成一个大系统，通过综合、协调的方法，对宏观经济、中观经济、微观经济进行整体和系统研究，以期取得经济效益、社会效益、生态和环境效益的统一。

与会者围绕运用这一理论解决市场经济发展中的实际问题展开讨论。

（穗）

展望1994年经济前景座谈会

中国社科院《要报》等6家经济刊物编辑部于12月14日在北京举行。

多位专家预测，中国经济增长率明年将有所回落，但仍将保持在10%左右的较高水平。

与会者认为，经济增长速度的适度回落，使整个经济生活已经绷得很紧的弦放松一下，有利于改革的推进，而保持一定的增长速度，使经济增长率平稳地回落，有利于熨平经济波动，防止过度下滑引起社会再生产各环节之间大的连锁反应和震荡。

（矣　理）

两岸经济合作和浦东与长江经济带开发研讨会

中国新闻社、上海万国证券公司主办，台湾《中国时报》协办，于12月14—16日在上海举行。

与会者共同探讨了如下问题：(1) 从宏观理论角度，探析浦东、长江流域经济发展趋势及两岸经贸合作的可能性；(2) 从金融和科技、企业与市场层面，探讨务实问题；(3) 从工程、工业、交通的层面，阐述两岸合作与发展的前景；(4)从中小企业、民营经济的层面，讨论两岸经贸互动与促进长江经济腾飞的可能性。

（莫 土）

加强水利经济改革宏观战略研究座谈会

中国水利经济研究会、北京水利水电管理干部学院于12月16—17日在北京联合召开。

与会者认为，水利作为国民经济的基础产业，必须改革才能适应社会主义市场经济的形势。首先是战略思想和战略目标要超前，其次是理论上的探讨，为制定水利方针和产业政策做好前导工作。

与会者认为，水利产业是一种生产性产业，其产品有有形的物质产品和无形的非物质产品。有形的物质产品，如原水、电能、水产品等；无形的非物质产品，如提供防洪安全保障服务。

与会者还指出，防洪是社会生产力的必要组成部分。防洪为社会提供安全保障服务，企业支付河道防洪工程维护管理费可以列入产品成本，不进入国民收入的第二次分配。国家运用预算中的税赋收入去兴建防洪工作，那是国民收入的第二次分配。

（李文治）

天津市建立自由港问题咨询研讨会

开益国际咨询研究中心与天津市社联于12月17日在天津召开。

与会者认为，社会主义市场经济体制目标模式的选择为在中国建立自由港区创造了条件。天津作为“中后卫”角色，已为全国的改革开放做出了贡献。现在是天津建立自由港最好的时期，这不仅是天津一个市的事，更是我国北方经济发展的一个重要环节。

与会者认为，天津具有良好的地理位置，现代的港口，良好的基础设施，稳定的社会秩序，丰富的人才资源，交通发达，通讯便利，科技力量雄厚。更重要的是天津已开辟一个保税区，实行自由港区某些基本政策，在立法上也通过了全国第一个有关保税区的法规。这均是建立自由港有利条件。

与会者还指出，天津应迅速组织各方面力量，加快对自由港建设的研究，尽快制定出建立自由港建设和发展的规划及具体动作方案，争取早日建立自由港。

（陈祯权）

’93环渤海地区科技与经济发展研讨会

由天津科协、天津社科联、天津社科院发起，北京、辽宁、河北、山东、山西及沈阳、大连、青岛等省市科协、社科联、社科院共同筹备，于12月18—20日在天津召开。

与会者认为，环渤海地区处于辐射“三北”，贯通欧洲，立足东北亚，面向太平洋地区的重要位置，首都就在这个经济区内。环渤海地区经济的崛起和腾飞，对扩大对外开放和带动我国北方经济的发展都有极其重要的意义。环渤海地区地缘优势明显，自然资源丰富，工农业基础良好，交通通讯发达，金融商贸繁荣，科技、教育、人才实力雄厚，我们必须抓住当前国内外有利时机，加快环渤海地区开放开发步伐，加快改革开放的力度，充分发挥区域整体优势，尽快带动我国北方经济起飞。

与会代表提出了很多新的思路与建议：(1)彻底摒弃各种旧的传统观念，进一步解放思想，树立市场经济观念和主动开拓、积极进取的观念，加大环渤海地区的开放力度，联合发展滨海新区；制定一些有利于地区经济整体发展的相关政策；充分发挥环渤海地区的科技人才优势，实现区域经济总体优化。(2)培育和发展开放、竞争、有序的市场体系。目前应重点发展商品、物资、科技、资金四大市场，积极探索创办区域化、股份制的环渤海银行，尽快在环渤海地区建立北方证券交易中心，加速第三产业的发展，使环渤海地区成为比较发达的北方国际金融、商贸、信息中心和国际风景文化旅游中心。(3)充分利用环渤海地区现有的港口、机场、铁路、高速公路优势，建成便捷、高速、现代化和具有国际意义的海、陆、空立体交通体系，争取尽快形成我国北方具有较强产业优势和科技基础的能源、冶金、化工、电子、机械、轻纺、食品、建材、海洋等工业基地。

(4) 尽快召开由环渤海地区有关省市主要领导同志参加的高层次经济协调会议，并积极组织环渤海地区"两科联盟"的常设科研联络机构。

（陈祯权）

劳动力市场问题讨论会

北京开达经济学家咨询中心、北京新型建筑材料总厂于12月21日在北京联合举办。

与会者认为，在市场体系的培育和完善中，劳动力市场是具有决定性的一个生产要素市场，虽然建立劳动力市场遇到很大难度，但它是经济体制改革发展的必然。

关于劳动力市场的建成和启动运转，有的认为，必须完善以下构成要素：(1) 全部劳动力的供给进入市场；(2) 全部劳动力的需求都由市场满足；(3) 要有完备的劳动力供求信息传递方式及机构；(4)要有劳动力素质开发信息及劳动力培训的机构；(5)劳动力的价格及其调整的机制；(6) 国家和地区政府的宏观调控体系。有的认为，(1) 要制订有关劳动工资的法规，如劳动法、工资法、就业法等；(2) 要建立起有效的社会保障制度。有的提出，企业必须建立具有自我约束的机制，国家才能放开对分配的控制，否则企业滥发工资奖金，还会引起消费膨胀。有的则建议建立纳税申报制度。

会上讨论了劳动力的所有制问题和劳动力的商品性质问题。有的认为，应当勇敢地承认现阶段的劳动力归个人所有，个人有权自行支配，这意味着劳动者是可以支配自己劳动力的自由人；劳动力个人所有的根本原因，在于劳动力的生产和再生产费用，完全或主要是由劳动者家庭和个人承担的。有的认为，在商品经济条件下，劳动力为个人所有，就必然要采取商品的形式，才能与公有的或私有的生产资料相结合，劳动力采取商品形式也不会影响劳动者是国家和企业的主人的地位。

（一　涛）

'94 世界经济前景与中国的机遇讨论会

中华工商时报世界经济论坛于12月24日在北京召开。

与会者对世界经济总体形势的看法是：西方主要发达国家经济衰退，使世界经济处于不景气之中，而发展中国家，则经济形势较好。

与会者认为，技术进步，制度变革，将使经济发展模式从总量增长型转向质量效益型，增长速度不是唯一的衡量标准。

与会者还认为，1994年世界经济将有所好转，中国的处境是机遇多于挑战。跨国公司的对华投资将成为中国吸引外资的主要目标，中国应完善外资政策，"国民待遇"应成为新的外资政策。与会者还强调指出，中国面对的挑战更多的是自身的挑战，建立完善的现代市场体系、改革金融、财税体制是调整中国经济结构和建立市场经济体制的关键。

（一　理）

附：

全国学术性会议（部分）一览表

（1993）

会议名称	时间	主办单位	地点	主要议题
个体经济发展研讨会	1月	中国管理科学院乡镇所、北京朝阳区个体劳动者协会等	北京	社会主义市场经济建设过程中如何发挥个体经济的作用
'93中国大中型企业国际资本市场研讨会	1月8日		北京	尽快加速中国企业走向国际资本市场及用股本方式大量引进外资问题
乡镇企业迎接“复关”研讨会	2月	经济日报社、江苏省省级乡镇企业集团——红豆集团	北京	“复关”后乡镇企业面临的挑战和机遇
体制变革理论研讨会	2月3—5日	经济研究编辑部	北京	制度变迁的动因、道路选择、国有产权的改革
90年代中国经济发展与改革研讨会	2月25—26日	香港中华文化促进中心、香港社科研究会		中国十四大后的经济新形势以及中国南方的发展与改革
如何向社会主义市场经济过渡研讨会	2月28日—3月1日	特区经济杂志社、南方工贸深圳公司	深圳	市场经济的基础建设、商品流通和金融市场体系、企业体制改革、我国市场经济与国际经济接轨
社会保障制度改革理论讨论会	3月3日	探索与争鸣杂志社		社会保障制度的现状、存在问题及其改革对策
产业结构调整及产业政策座谈会	3月3日	中国社科院工业经济研究所	北京	产业结构的现状、调整及其对策
企业改革与企业文化研讨会	3月中旬	人民日报社、广东省文学创作出版基金会	广州	(1)企业文化的意义及内涵；(2)文化发展与企业活力；(3)市场经济下的文化建设
河道防洪工程维护管理与收费研讨会	3月15—19日	中国水利经济研究会、中国水情研究会	广州	防洪工程有偿服务理论探讨与经验交流
海峡两岸企业家交流研讨会	3月18日	光明日报社、厂长经理日报社、中国企业未来研究会、台湾工商联合会	上海	海峡两岸企业经营管理的谋略与交流
企业思想政治工作与企业文化研讨会	4月	中国职工思想政治工作研究会、广东省职工思想政治工作研究会	深圳	在市场经济条件下如何开展思想政治工作和企业文化建设
侨资企业经营与管理研讨会	4月	国务院发展研究中心《现代企业导刊》、北京市侨办、台湾华业公司等		侨资在中国的地位及前景等
社会主义市场经济与高科技园区建设研讨会	4月	北京市经济学会、北京实创高科技发展总公司	北京	在市场经济条件下如何发挥高科技的作用及高科技园区的建设

续表

会议名称	时间	主办单位	地点	主要议题
华南发展和港台经济关系研讨会	4月	香港大学经济研究中心、香港中文大学香港亚太研究所		我国华南经济发展现状与趋势及其与港台经济的关系
全国企业管理工作座谈会	4月3—6日	国家经贸委	北京	企业管理工作的状况与经济交流
房地产投资咨询研讨会	4月25日	上海福地房地产投资咨询有限公司	上海	房地产市场近期发展趋向
海峡两岸第三产业研讨会	4月26日	海峡两岸《经济日报》	北京	第三产业的现状与合作前景
向世界经济过渡中的宏观调控研讨会	5月	管理世界杂志社、现代企业导刊杂志社	北京	宏观调控的理论与我国宏观调控的对策
社会主义经济中的公共选择问题研讨会	5月21—23日	上海三联书店	上海	(1) 改革过程与制度选择；(2) 政策制定与寻租；(3) 公共支出与税收
中国市场经济学研究会成立大会暨第一届研讨会	5月23日	中国市场经济学研究会	北京	市场经济理论与我国建立社会主义、市场经济目标模式
全国关贸总协定研讨会	5月25日—6月2日	中国社会经济决策咨询中心	北京	复关对我国社会经济的影响与对策
中国乡镇企业与世界中小企业对接研讨会	5月26日		北京	中国乡镇企业和世界中小企业对接与合作问题
中国市场经济新体制与开创当代马克思主义研究新局面理论研讨会	6月	当代马克思主义研究会筹备组	北京	马克思主义与市场经济的关系
私营企业的今天与明天研讨会	6月	中国青少年研究中心、首都青年编辑记者协会	北京	私营经济的发展态势、法人地位及法律保护问题
中国企业如何更好地走向世界市场研讨会	6月		北京	中国企业走向世界市场的路子与对策
股份制理论与实践研讨会	7月	新华社中国经济信息社	北京	股份制的理论及其在我国的实施与对策
社会主义市场经济与劳动体制改革研讨会	7月	广州劳动学会	广州	市场经济新形势下劳动力市场发展面临的问题、完善措施及劳动立法与司法等

续表

会议名称	时间	主办单位	地点	主要议题
中南六省（区）市场经济与农村发展研讨会	7月6—9日	广东省农经学会、农研中心等	惠州	确定市场经济发展中农业的位置、工业化过程中的农民、农民面临的困难，以及引导农民进入市场等
'93中国股份制理论与实践研讨会	7月28—30日	南方经济杂社等	广州	如何建立产权交易市场体系、公有制股份应不应上市、中国股市如何走向国际市场等
水利经济信息交流会	8月5—10日	中国水利经济研究会、海河水利经济研究会	北京	水利走向市场经济的路子
宏观经济波动与对策研讨会	8月18日	国务院发展研究中心、管理世界杂志社、财政部财政科研所	北京	我国宏观经济波动的原因、特点；近期宏观经济的走势；保持宏观经济稳定应采取的财政、金融对策等
90年代经济发展形势专题研讨会	9月	改革与理论杂志社	北京	加强宏观调控的必要性等
上海商业与国际接轨研讨会	9月18日	劳动报社等	上海	上海商业如何参与国际、国内大流通；上海的零售企业如何在管理上与国际接轨等
军事经济理论讨论会	9月24—27日	中国人民解放军军事经济研究中心	昆明	军事如何适应社会主义市场经济的发展；毛泽东的军事经济思想
工农关系研讨会	10月	唐山钢铁集团公司、农民日报社	唐山	市场经济条件下如何建立新型的工农关系
社会主义市场经济与保护消费者权益理论讨论会	9月25—27日	中国社科院、中国消费者协会	北京	社会消费问题和消费者权益保护问题
中国国情与市场经济座谈会	10月22日	中国国情国力杂志社	北京	国情概念的更新、选择、政府与市场的分工等问题
企业与社会公益事业发展研讨会	10月29日	中国社科院发展研究中心、武汉钢铁公司	北京	企业与社会公益事业的关系
两岸经贸研讨会	11月	台湾工商时报、大陆中华工商时报	台北	21世纪的大中华经济体制发展宏图
国有大中型企业公司化改革与股票市场问题研讨会	11月	中国国际文化书院、宁波城隍庙实业股份有限公司	宁波	国有大中型企业改革的方向及其股票进入市场问题
社会主义市场经济和价值观理论研讨会	11月初	国家教委社科发展中心、广东省企业文化研究会等	深圳	发展社会主义市场经济与价值观的关系

续表

会议名称	时间	主办单位	地点	主要议题
全国高校社会主义经济理论与实践研讨会	11月5日—9日	复旦大学经济学院	上海	社会主义市场经济体制目标模式等问题
浦东新区首届街镇经济管理研讨会	11月30日	上海浦东新区管委会、浦东新区经贸局	上海	街镇经济管理体制与发展模式
深化商业银行改革研讨会	12月	国务院研究室、中国光大银行	海口	市场经济条件下商业银行的经营机制、产权关系、分配制度和经营方针等
乡镇企业股份制改造讨论会	12月	北京南华股份有限公司	北京	股份制的理论及其对乡镇企业改造的意义与途径
投资基金与中国投资制度改革研讨会	12月	中国投资公司	北京	投资基金设立、管理、运作规范化；投资基金与中国证券市场的发展；加快投资基金立法等
沿海农村发展社会主义市场经济研讨会	12月	上海市农委党校、国务院发展研究中心农村经济部	上海	沿海农村发展社会主义市场经济的方向与对策
欧洲统一市场与中国研讨会	12月2日		北京	欧洲统一市场与中国经济发展的关系
中国现代企业制度理论与实践研讨会	12月8—9日		上海	现代企业制度的演变、内涵，以及中国建立现代企业制度的途径与难点
中国外商投资企业研究成立大会暨学术讨论会	12月13日—15日	中国管理科学院	广州	(1)总结14年来我国外商投资企业发展的经验教训；(2)进一步发展外商投资企业的途径和方法
两岸经贸合作与浦东、长江经济带开发研讨会	12月14日	中国新闻社、上海万国证券公司、台北中国日报社	上海	上海经济高速增长、浦东开发以及上海与台湾企业家合作等
新的一轮改革大潮与国有大中型企业对策研讨会	12月17日	上海哲学学会经营哲学专业委员会	上海	国有大中型企业如何适应社会主义市场经济
中国财政学会1993年年会暨第11次全国财政理论讨论会	12月20日	中国财政学会	北京	社会主义市场经济条件下的财政运行机制，以及深化财税改革等问题

（杜瑢整理）

经济学新学科介绍

比较经济体制学

江春泽

比较经济体制学是处于发展过程中的一个独立的经济学分支。作为独立的分支学科，比较经济体制学运用所谓“现代”方法把经济体制从基本经济制度中抽象出来，把它看作是不断变化的中性事物，并进行纵向与横向的比较研究，通过评价经济体制与经济效果的关系，从而达到对经济体制进行择优的目的。

拓殖比较经济体制学的先驱者们注意到，当今世界各国或地区在解决自身的经济问题中的途径不是单一的，那么，哪一种途径以及它在何种环境下是更可行的和更有效的呢?这就需要抽象出一些概念、术语来对各类经济体制及与其相关的环境因素，以及它们与经济效果之间的关系进行比较研究和评价，目的是为了使某种特定环境下的经济体制优化。当他们试图在这样做的时候，就已经把这一领域推进到经济学前沿而形成了一门崭新的学科——比较经济体制学了。

比较经济体制学与地区、国别经济的研究密切相关，但后者不可取代前者。二者的区别首先在于，地区、国别经济通常是在特定的地区、国别范围内进行研究，而比较经济体制学则一般要明确地，或至少是隐含地进行跨地区、跨国别的研究。其次，地区、国别经济通常是在特定的体制框架内可以对该国别、该地区的任何经济现象进行研究，它们并不总是把经济体制作为中心问题来研究，而比较经济体制学则要求把经济体制置于分析的中心，而把其他经济现象以及经济体制所由以产生和在其中运行的社会现象、历史条件、民族文化传统、人口因素、政治和意识形态的反作用等等，都视为与经济体制密切相关的环境因素和外在变量来进行综合研究。总之，比较经济体制学不能等同于地区、国别经济，它有自己明确的研究对象和独特的研究方法，它是一门综合性的、跨学科的边缘学科。

西方比较经济学者都承认最早对经济体制进行现代分析的是V·帕累托和E·巴罗内。从经济学说史的角度来看，美籍奥地利经济学家熊彼特认为，完成“社会主义”经济是否可行答案的第一个，便是巴罗内。他所得到的肯定答案及其达到的理论水平，使他成为“最早对经济体制进行现代分析”的人物之一，而另一位则是他的老师帕累托。① 直到本世纪20年代以前，资产阶级经济学家在“社会主义”经济学领域中的讨论很少超出巴罗内论文的内容。这一时期的成果也可视为比较经济体制学的拓殖阶段。

如果说，本世纪初的帕累托与巴罗内的论文是比较经济体制学这块“新殖民地”的拓殖阶段；30年代兰格与米塞斯及哈耶克的大辩论则促进了研究的深入和理论水平的提高；那么，自60年代后期以来，比较经济体制学的研究对象更加明确化，尤其是研究方法的演变，则标志着这一新的学科渐趋形成。

西方比较经济学界认为，60年代以前，他们在这一学科中运用的是传统的研究方法，即所谓“主义”(ism)方法②，例如，洛克斯与霍特合著的《比较经济体制》③一书，是将世界各类经济体制贴上“主义”标签，以此为基础进行比较分析。同时代进行的上述影响久远的关于资源配置方式的大论战，也没有脱离“主义”的轨道。

随着经济实践的变化发展以及诸如博弈论、计量经济学、组织理论、信息论、系统论、控制论等新的科学成果的应用，西方有关学者于1967、1968年聚会，专门讨论比较经济体制的研究对象和方法。会上，有人大声疾呼要打破以“主义”来划分经济体制的传统。其理由是:传统方法是从资本主义、社会主义和共产主义三种制度的原型出发的，而现在这三种原型体制内部已经发生了一定的变化，各种原型之间相互借用了若干

---

① 美国《经济学百科全书》第164页。

② “ism”作为英语名词的尾缀，有很多词义，据韦伯斯特新国际词典第三版，共有八解，这里作“主义”解。

③ 于1938年出版，书中把世界经济制度分为资本主义、法西斯主义、社会主义和共产主义四个类型进行比较。

策略和形式，再加上发展中国家的各种体制问题也引起了与日俱增的注意，体制与组织形式方面丰富多采的变化使人们难以再简单地根据几个原型来分类，而应当代之以一整套描述和比较经济体制的新的术语和概念体系，用以阐明经济体制的功能，并对其结构与效果进行比较。这种呼声得到了比较经济学界的普遍响应，这就是从所谓“ism”方法向“现代”方法的演变。自六、七十年代以来，沿袭“现代”方法的比较经济学者队伍不断壮大。

最早和系统地用“现代”方法取代“主义”方法的是J·E·库普曼和J·E·蒙台斯合作的著名论文：《论经济体制的描述与比较：理论与方法的研究》①，它为新的研究方法奠定了理论基础，受到西方比较经济学界普遍的重视。随后，J·M·蒙台斯又发表了《经济体制的结构》②一书，更加系统严密地发展了他与库普曼最初合作的思想成果，对“现代”方法作了最精深的阐明。③他们基于“新的环境要求新的方法”这一信念，力求避免先验地按“主义”原则分类，“而代之以对具有特殊的经济功能的组织安排的比较为开端”。④他们提出了经济效果与经济体制间的函数关系公式，即：

O＝f（ES、ENV、POL）⑤

这个公式还可具体图解如下：

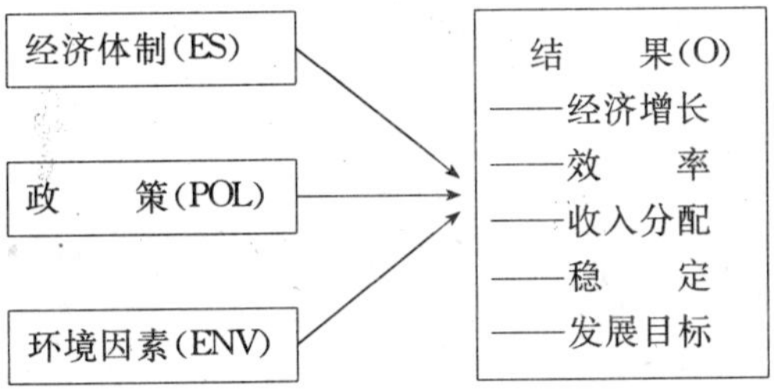

到1976年蒙台斯著作问世之时，纽伯格和达菲合著的教科书《比较经济体制：决策与方法》也出版了，该书提出了一个与1971年库普曼一蒙台斯论文观点类似而相关的分析体系。所谓决策方法，就是把经济体制看成是由三项基本结构组成，即：决策、信息和刺激（或动力）结构。经济体制作用于经济环境，其产生的经济效果是能够依一定标准或权数函数加以评价的。这一方法在比较经济学领域里已广为人知。

L. 赫威茨与D. 科恩为比较经济学专业文献撰写了完整的述评。早在1960年，赫威茨作为数理经济学家发表了他的“副产品”，一篇题为《资源配置机制中的最优化和信息效率》的著名论文。⑥他研究的重点是经济过程中的信息结构，即认为经济活动由信息转换而来，进而这种结构又隐暗地决定了权力结构。这种研究思路实际上与纽伯格后来发展而成的决策、信息、动力（DIM）⑦结构是吻合的。其差异在于：纽伯格等比较学者主要关心的是发展一种适合于多种经济体制进行实证研究的一般理论，而赫威茨等则强调设计体制的可能性，尤其是设计一种能满足某些福利标准的体制的可能性；在分析特定经济体制三项构成的结构时，侧重点的差异也显示出来。赫威茨强调的是信息结构，最近又强调刺激结构，而比较学者则强调决策结构，即决策权在经济当事人中间的分配以及上述三结构间的内在联系。赫威茨在70年代以后还贡献了《经济过程中的集权与分权》⑧、《论信息分权化的体制》⑨、《资源配置的机制设计》⑩等重要论文。在上述著作中，赫威茨同时还对决策结构，特别是资源配置的刺激结构进行了深入的研究。D. 科恩所提供的文献同赫威茨一样，大多是以数学语言表达的，但他用标准的经济学语言提出了著名的“最优经济体制存在定理”，⑪研究了受制约条件下的经济体制如何达到最优化。另外，他还撰写了《最优中央计划经济体制的设计》和《不确定环境下的最优刺激结构的特征分析》⑫等重要著述。所以，蒙台斯、纽伯格、赫威茨、科恩的著述是进入比较经济体制领域的有益入门，同时也概述了该领域的进步历程。

上面，我们提到了在这一领域内耕耘的两组学者在研究角度和侧重点上的某些差异，但他们对经济体

---

① 此论文载于A. 埃克斯坦主编的《经济体制的比较：理论和方法的研究》一书，1971年美国伯克利加州大学出版过单行本。

② 美国耶鲁大学出版社，1976年。

③ P·格雷哥莱与R·斯图亚特：《比较经济体制》1980年，英文版第11页。

④ J·康普曼与J·蒙台斯：《论经济体制的描述与比较：理论与方法的研究》第27—28页，英文版。

⑤ J·康普曼与J·蒙台斯：《论经济体制的描述与比较：理论与方法的研究》第35页，其中O为经济结果，E为环境，ES为经济体制，POL代表政策。

⑥ 载K. 阿曼等人主编的《社会科学中的数学方法》一书，1960年，斯坦福。

⑦ “DIM”分别为英文Decision-making，Information，Motivation的头一个字母。

⑧ 载A·埃克斯坦主编：《经济体制的比较》一书，1971年，美国伯克利加州大学出版。

⑨ 载C·B·麦克格尼奥和R·兰德主编：《决策和组织》一书，荷兰阿姆斯特丹。

⑩ 载《美国经济评论》1973年5月号。

⑪ D·科恩：《关于最优经济体制的理论》，载《比较经济杂志》1977年第4期。

⑫ 均为未出版的研究报告印刷本。

制性质上的一致看法以及他们之间的相互影响，对于这一学科的发展是更重要的。至少有三个会议——1967年的伯克利、1968年的恩阿伯和1978年的威恩斯蒂特会议——把主要的经济理论家和比较学家聚到了一起，对经济体制和比较研究的方法逐渐形成了统一的看法。

"现代"方法尽管提供了一套不带"主义"色彩的术语，但并不意味着对经济体制的比较研究可以同意识形态、政治与社会体制等一刀两断，而是把他们视为影响经济体制不同特征及实现其功能的外在变量，即环境因素，这已经体现在O=f（ES、ENV、POL）这一公式中。况且，生产资料所有制仍然被视为经济体制最重要的特征，因为一般地说，所有制为其所有者提供决策权，包括从其所占有的对象中获取收入的权力的机制。如果抽象掉它的意识形态内容，西方学者则把它看成是用于体制分析的决策方法的一部分。

总之，"现代"方法标志着这一学科的对象明确化，而且作为独立的经济学分支渐趋成熟。"现代"方法在很大程度上代表了比较经济体制理论在西方的未来发展趋势。

在西方的比较经济学界并不存在什么不同的流派，因为相互之间并没有很大的歧见争论不休，但在研究方法上主要有两大流派。一派是搞抽象的模型研究，即对各种经济体制作理论分析，制定各种各样的模型，这些模型往往是建立在"纯粹"的经济体制的假设之上，而现实的经济体制则丰富、复杂得多。另一派是搞现实情况的研究，称之为"案例"研究，这类著作往往局限于对某种经济体制的描述，而未能透过千差万别的现象进行抽象和上升。研究工作的趋势是把模式研究与案例研究结合起来，模式研究为案例研究提供框架，而按模式分类的案例比较又可导致模式的修正与改进。

这里还要顺便提到的是，"体制"一词译自英文"Systems"，有"制度"、"体系"、"系统"等涵义。一般地，"Comparative Economic Systems"可被译为"比较经济体制"或"比较经济制度"。通过前面的介绍我们已经了解到，比较经济体制学的发展经历了两个不同的阶段，即强调意识形态区别的，按"主义"对经济制度进行分类比较的传统阶段和着重从社会化大生产所具有的技术特征的角度（如DIM）去进行比较分析的"现代"阶段。如果说本世纪60年代是两阶段时间坐标上的界线，那么，"比较经济制度"和"比较经济体制"则是两个阶段研究内容和方法上的区别标志。另外，将"Systems"一词译为"体制"还有如下好处：它暗含了经济运行机制的意思；它和"制度"的区别避免了把我们的兴趣单纯地吸引到对不同社会制度进行比较研究的狭窄范围；再有，美国亦有一称之为"制度经济学"（institutional economics）的流派，故使用"体制"译名就基本上排除了概念混淆的可能。

至于比较经济体制学和比较经济学，按照西方说法，其差异在于前者的研究包括整个经济体制本身的结构和功能，并着重研究经济体制各部分之间的联系；与此对照的是，比较经济学则是仅从一个局部或部门的观点来比较各种经济的某一组成部分，如劳动市场、大企业的性质和运转，农业组织和对外贸易等。这样看来，两者的差异仅体现在研究的侧重面上，而在研究方法上和基本思路上两者则毫无二致。也恰恰在这一意义上，部门或专题经济的比较研究与整个经济体制的比较研究是两种相互补充而非相互排斥的方法。一方面，部门或专题经济的比较研究需要从整个经济体制的角度来考察，因为某个国家特定经济部门的特征是由它作为其部分的整个经济体制来决定的；另一方面，对部门的比较分析可以加强我们对各个经济总体上的了解。比较经济体制学和比较经济学间的这种互补的、相辅相成的关系，表明将两者综合称为"比较经济研究"是很贴切的。①

还需要补充一点，"比较经济体制学"是否是经济学的一个分支在西方也是有争议的。有的经济学家坚持认为，"比较经济体制"不过是经济学研究的一种方法而已。②当然，笔者是赞成把比较经济体制学当作经济学的一个重要分支来对待的。

比较经济体制学在现阶段的研究重点是比较从中央计划经济向市场经济体制转轨中面临的一些共同问题，比如：国有企业向产权改革和经营机制创新；宏观调节机制的改革（包括财税、金融、投资等体制）；政府职能转换；社会保障体系的改革等等。对转轨进程中这些重大问题的探讨，国际学术界又在酝酿着一门新兴学科——过渡经济学的产生，其实，它只不过是比较经济体制学发展的又一个新阶段而已。

跨国公司经营学

裴　平

跨国公司的迅猛发展是20世纪后半期国际经济发展中最显著的现象之一，并且对各国经济乃至世界

① 上面的论述可参见M·博恩斯坦：《比较经济体制：模式与案例》第16—17页，1979年英文第四版。此文亦载于《现代国外经济学论文选》（第九辑）第29—48页。

② 美国经济学家J·艾里奥特持此观点。见其《比较经济体制》一书第二章，1973年英文版。

经济产生了举足轻重的影响。随着跨国公司的发展壮大，专门研究跨国公司生产经营活动的跨国公司经营学悄然崛起，终于从企业管理学的理论框架中脱颖而出，成为一门相对独立的新兴学科。

一、跨国公司经营学的产生与发展

“跨国公司”这个词最早出现在美国。19世纪60年代后，资本高度集中，在形成垄断的同时还出现了资本的相对过剩。为给过剩的资本谋求出路，在更大的空间和范围实现利润最大化，许多企业开始向海外直接投资，走上跨国经营之路。其中最著名的企业是法国的弗里法里克·拜耳化学公司(1865年)、瑞典的阿佛列·诺贝尔公司(1866年)和美国的胜家缝纫机公司(1867年)等。继这些公司之后，有越来越多的公司加入到跨国经营的行列。20世纪50年代末，在卡奈基工业大学工业经济管理学院创立100周年纪念大会上，美国田纳西河管理局局长莱索尔称，跨越国界、从事生产经营活动的经济组织已不再是单纯一国的企业，而是“跨国”的企业了。1960年，他发表了题为“跨国公司”的论文，随后美国《商业周刊》出版了以“跨国公司”为主题的专辑。从此，“跨国公司”这个词便流行起来。1974年，联合国经济及社会理事会在为设立跨国公司委员会和跨国公司中心分别做出的1908号(LVI)和1913号(LVII)决议中，正式用“跨国公司”来泛指从事跨国生产经营活动的经济组织。

在跨国公司发展壮大过程中，人们发现，跨国公司与国内企业有着明显的差别：(1)国内企业的战略目标以本国市场为导向，偏重于在本国范围内有效地组织生产经营，以实现利润最大化；而跨国公司的战略目标是以国际市场为导向的，公平看待国内外市场上的机遇与挑战，以实现全球利润最大化。(2)国内企业通常是把生产经营过程的所有阶段放在国内进行，至多也只是把产品销售阶段部分地放在海外进行，其运行机制基本上是内向、封闭型的；而跨国公司通常是把生产经营过程的各阶段部分或全部地放在海外进行，其运行机制是外向、开放型的。(3)国内企业很少或几乎没有设在国外的、由自己直接控制的生产经营实体，其地理分布相对狭小；而跨国公司则在海内外建立庞大的生产经营网络，其地理分布十分广阔。(4)国内企业的组织结构是向国内业务管理倾斜的，从事国外业务管理的部门数量不多、权力有限，在整个企业的组织结构中处于次要地位；而跨国公司的组织结构带有浓厚的全球性色彩，从事国内外业务管理的各部门在整个公司的组织结构中占有同等重要的地位。(5)国内企业主要在国际流通领域，单独地从事一、两种(如商品出口或劳务输出)涉外经济活动，并且这些活动一般不涉及在国外投资建立经济实体；而跨国公司则在世界经济各个领域，全面地进行资本、商品、劳务、技术、管理和信息等交易活动，并且这些涉外经济活动是在母公司控制之下，由海内外众多子公司和附属单位进行的。在上述情况下，源于国内企业生产经营管理的企业管理学已不足以解释跨国公司的行为。

实践呼唤着理论。30多年来，西方发达国家的专家学者热心于研究跨国公司的理论与实践，出版了数量众多的专著、教材和论文，从而奠定了跨国公司经营学的理论基础，并且使跨国公司经营学逐步得到充实和完善，发展成为一门相对独立的新兴学科。具有开创性的著作是S·海默的博士论文：《一国企业的跨国经营活动：直接投资研究》(1960年)和C·P金德尔伯格的专著《美国海外企业》(1969年)。S·海默和C·P金德尔伯格较早地把跨国公司作出特定的研究对象，并从企业管理的角度对跨国公司向外扩张的动机和行为进行了系统、深入的分析，其成果对往后跨国公司经营学的发展影响很大。国外研究跨国公司经营学的主要理论成果包括：产业组织理论(S·海默，1960年)、寡头均势理论(S·海默和C·P金德尔伯格，1960年)、国际产品生命周期理论(R·维农，1966年)、区位理论(W·艾萨德和S·赫尔施等，1960—1967年)、内部化理论(P·J·巴克利和M·C·卡森，1976年)、国际企业折衷理论(J·H·邓宁，1977年)和边际产业扩张理论(小岛清，1977年)。这些理论成果及其延伸共同勾勒出当代跨国公司经营学的基本框架和内容，而且对跨国经营的具体实践具有指导意义。

在中国，由于长期以来局限于传统的意识形态和实行封闭的计划经济，人们往往用批判或怀疑的眼光看待跨国公司。80年代后期，经历了改革开放洗礼的中国人越来越深刻地认识到：在跨国公司成为国际交换与竞争主体的当今世界，中国企业必须善于和外国的跨国公司交往，中国必须组建自己强大的跨国公司。伴随着对外经济开放的深入和国际学术交流的增多，研究跨国公司经营学的热情如春潮涌动，迅速在全国漫延。1986年10月，在天津召开了“跨国公司与中国改革开放国际研讨会”；1990年10月，在北京召开了“国际化经营研讨会”；1991年10月，在上海召开了“90年代企业跨国经营研讨会”，同年11月又在北京召开了“中国企业跨国经营政策研讨会”；1992年11月，在青岛召开了“中国企业跨国经营发展战略研讨会”，同年12月在南京召开了“企业跨国经营国际学术研讨会”；1992年12月，在上海召开了“中国企业跨国经营研讨会”。与此同时，全国高校的涉外经济专业相继开设了跨国公司经营管理方面的选修课，一些研究单位和学术团体也相继成立了跨国公司研究所或研究中心。

近几年来，我国经济理论与管理工作者以马克思主义为指导，一方面对外国跨国公司生产经营的理论与实践进行科学分析，取其精华、去其糟粕；另一方面又紧密结合基本国情，探索我国企业跨国经营的途径和方法，取得了可喜的研究成果。其中影响较大的著作有：《遍及全球的跨国公司》（叶刚，1989年）、《跨国公司经营与管理讲座》（林康，1990年）、《跨国公司经营学》（裴平，1992年）、《企业跨国经营——兼论中国企业国际化》（赵曙明，1993年）和《中国企业跨国经营的理论与实践》（王春涛，1993年）等。这些著作的出版，标志着富有中国特色的跨国公司经营学的诞生。

二、跨国公司经营学的研究对象和主要内容

虽然对跨国公司定义的表述不尽一致，但大多数专家学者认为，准确的定义至少应包含三个要素：(1)是指在两个或两个以上国家从事生产经营活动的经济组织；(2)这个组织有一个中央决策系统，组织内部各单位的活动都是为全球战略目标服务的；(3)组织内部各单位共享资源和信息，共担责任和风险。

跨国公司经营学是全面研究跨国公司生产经营活动特点、规律和方法的一门理论与实践相结合的学科。跨国公司经营学研究对象的选择，应有利于揭示跨国经营规律，提高跨国公司管理水平。出于这样的共识，许多学者主张将跨国公司经营学的研究对象和内容包括下列各方面：

1. 基本概念，即跨国公司专有名词的提出、跨国公司的定义、界定跨国公司的具体标准，以及跨国公司的类型与特征。

2. 发展过程，即跨国公司产生的历史背景和主要原因、跨国公司在不同历史阶段的状况与特点。

3. 经营环境，即影响跨国经营的，由自然、政治、经济、文化和法律等因素构成的外部环境。

4. 运行机制，即保证跨国公司正常运行的内部机制，如战略管理、组织结构、内部控制、生产管理、财务管理和人力资源管理等。

5. 经营活动，即跨国公司对外直接投资、商品输出、加工制造、技术转让和劳务合作等的具体形式及其特点。

6. 竞争策略，即跨国公司在股权结构安排、目标市场选择、产品标准化程度、转移价格制定、销售与促销、技术转让和知识产权保护等方面所采取的策略。

7. 经营风险管理。即跨国公司防范与克服政治、商业、外汇和其它风险的具体方法。

8. 对国别经济的影响，即在生产经营中，跨国公司及其子公司对所在国资本规模、技术进步、国民收入、就业水平、进出口状况和经济政策自主性等所产生的影响。

9. 对世界经济的影响，即跨国公司生产经营活动对国际资本流动、国际贸易、国际技术转让和国际劳务合作等世界经济的各个领域所产生的影响。

三、研究和发展跨国公司经营学的意义

研究和发展跨国公司经营学，从根本上说，在我国就是为了提高企业的组织和管理水平，培育与发展跨国企业，使我国能够在国际分工与交换中充分获取比较利益，推进我国社会主义现代化建设的发展。特别是在大力发展社会主义市场经济、全面扩大对外经济开放的今天，研究和发展跨国公司经营学更具有重要的意义。

第一，有利于在本土上与外国跨国公司交往。欢迎外国跨国公司来华投资与合作，是我国对外经济开放的重要内容，而且它们带来的资金、技术和管理方法等已对国民经济的发展发挥了积极作用。但是，一些外国跨国公司只图自己牟利，而置我国政治主权和经济利益于不顾的现象屡有发生。研究和发展跨国公司经营学，熟悉跨国公司的经营活动和竞争策略，我们才能做到知己知彼，善于在本土上与外国跨国公司交往，进而在发挥外国跨国公司积极作用的同时，克服它们可能造成的消极影响。

第二，有利于加快我国企业跨国经营步伐。我国对外经济开放的另一个重要内容是动员成千上万的企业走向海外，全方位、多层次地开展涉外经济活动，力求在更大的空间和范围优化资源配置，实现利润的最大化。然而，我国在制定跨国经营政策法规，特别是在加强跨国经营宏观调控方面是缺乏经验的；我国企业至今还主要以国内市场为导向，对跨国经营的理论与实践尚不熟悉。因此，研究和发展跨国公司经营学，普及跨国经营的知识和方法，将加速我国企业跨国经营的进程。

第三，有利于组建中国的跨国公司。目前，跨国公司在世界经济舞台上扮演着极其重要的角色，它们不仅是所在国参加国际经济竞争的中坚力量，而且还对国际经济关系的形成发挥决定性作用。在这种情况下，光凭我国中小企业散兵游勇似地走向海外，是不能与强大的外国跨国公司相抗衡的。为保证我国对外经济开放的顺利进行，我们必须组建自己强大的跨国公司。研究和发展跨国公司经营学，可以使我们更加自觉地遵循跨国经营的一般规律，结合本国的基本国情，积极、稳妥地组建能在国际市场上叱咤风云的中国跨国公司。

第四，有利于培养跨国经营人才。不论是在本土上与外国跨国公司交往，利用它们的资金、技术和管理方法，又不让它们损害我国的政治主权和经济利益，还是

加快企业的跨国经营步伐，组建中国的跨国公司，使我国在国际经济竞争中立于不败之地，都要求培养出一大批知识丰富，头脑灵活，竞争意识强，熟悉跨国公司发展过程、运行机制、经营活动和竞争策略的跨国经营人才。研究和发展跨国公司经营学，普及跨国经营知识，对跨国经营人才的培养无疑是必不可少的。

作为一门相对独立的新兴学科，跨国公司经营学年青而又生机勃勃。虽然我国对跨国公司经营学的研究还处于起步阶段，但这门学科因符合扩大对外经济开放的需要，在我国将有广阔的发展前景。

股份经济学

李 铁 峰

股份经济又称股份制经济，是现代经济的基本组织形式。股份经济以投资入股的方式把分散的属于不同所有者的资金集中起来，统一经营使用，自负盈亏，投资人按入股的份额参与管理和分配。股份经济学就是以股份经济为研究对象的揭示股份经济运行一般规律、基本机制和经济功能的经济学。

股份经济的产生和发展经历了一个漫长的历史过程。经济史学家认为，在古罗马包税人所组织的股份委托公司中就已经含有股份经济的成份。不过一般认为最早的较为完善的股份经济是在资本主义国家为资本原始积累所进行的海外掠夺性贸易中产生的。16世纪初期，欧洲的很多合股性贸易公司比如东印度公司等等，已经初步具备了现代股份公司的基本特点。随着社会生产力和商品经济的发展，股份经济也随着资本主义生产关系的成熟而发展壮大。从19世纪50年代到20世纪初，由于第一次和第二次产业革命的发生，独资与合伙也不能满足社会化大生产在资金、技术和管理等方面的要求，股份经济迅速发展，并逐步成为占主导地位的经济组织形式。这一时期的股份公司活动开始规范化，股票市场日趋完善和成熟，同时股份经济逐渐成为社会化经济。从20世纪30年代开始，股份经济进入现代化股份经济阶段，其显著特点就是国家加强了对股份经济的管理，有关股份经济的法律制度日益完备。现代股份经济还出现国际化趋势以及股票小额化、分散化倾向。

随着股份经济日益成为社会经济的主要经济组织形式，许多著名的经济学家对此进行了深入的研究。马克思在《资本论》中指出：股份公司是与私人企业对立的社会企业，是资本主义生产方式在本身范围内的扬弃；在资本主义发展过程中，有过政府经营的企业转化为股份企业的现象；在股份制企业中，企业实现了两权分离，即所有权和经营权的分离。这些论述具有很高的科学性，但这以后股份经济自身又有了突飞猛进的发展。

19世纪初以后，西方学者对股份经济的研究也日趋深入和广泛。著名的《现代股份公司与私有财产》一书于1933年出版，引起广泛的重视和讨论。著作者A. A. Berle和G. C. Means认为：巨型股份公司的发达已经使股票高度分散，作为公司法律上的所有主的股东已经失掉其对公司的支配权，几乎未握有股份的管理者取得了对于公司的实际控制权。在这以后，Robert Aaron以及Burnham James等人继续对股份公司的运行机制以及各种权力关系做了有价值的研究和探讨，出版了诸如《大公司的经营领导制》等著作。当代学者在研究股份经济时，对如何加强股份经济的法规管理、如何进行股份经济的投资决策等较为具体的问题也进行了深入研究，比如1990年诺贝尔将获得者马尔科维茨和威廉·夏普等人都对股份经济的投资决策理论做出了杰出贡献。

20世纪80年代中期，随着我国改革开放的深入进行，如何改革企业制度以及建立符合生产力发展需要的产权关系变得十分迫切，于是股份企业制作为一种企业改革的模式被一些经济学家提出来。在这种背景下，80年代后期，"股份经济学"这一概念作为一门独立的经济分支学科的名称开始见诸经济学刊物，并受到日益广泛的重视。

股份经济学的研究对象是股份经济。对于股份经济的研究，有的学者认为至少可以从三个角度进行，即社会生产关系角度、社会经济运行角度和社会经济发展角度。若从生产关系角度来研究西方股份经济，就应该讨论西方股份经济的社会性质，所有制关系，劳资关系，资本剥削关系，资本分割剩余价值的关系，股份经济的历史地位等等。但是从研究股份经济的主流来看，大部分学者是从社会经济运行的角度入手来对股份经济运行机制、运行状态和基本经济功能等进行研究的。

一般来说，股份经济学的内容包括：

1. 股份经济发展的一般规律性研究。包括：(1)一般概念研究，诸如股份，股份制，股份制企业，股份经济等等；(2)股份经济的性质、特点和功能；(3)股份经济演进的研究，包括股份经济存在和发展的普遍原因或一般条件，股份经济发展的历史阶段以及未来的趋势和发展前景等等。

2. 股份制企业的微观分析。包括：(1)股份制公司组织结构分析，主要研究股份公司的类型和特点，股东和股东大会以及董事和董事会等权力机构和各种管理人员；(2)股份公司资金结构分析。主要研究股份和股票的概念，股票的发行和股份的转让，公司债，公司财务等；(3)股份公司经营生命周期分析，主要研究股份公司成立时必需的法律程序，公司合并、转让、分割时的各种规定，公司倒闭时的整顿以及破产清算等等。

3. 股票交易与股票市场研究。包括股票价格及价格指数分析；股票投资的选择、计划、心理、策略研究；股票发行的条件、方式、类型、程序；股票市场的结构；股票交易的程序及规则等等。

4. 股份经济宏观管理研究。包括政府管理股份经济的性质、目标、手段；涉及股份经济管理的经济立法；政府管理股份经济的管理体制和运行机制；政府对股票市场的调控等等。

5. 股份经济的产权关系研究。包括股份经济发展中产权演变分析；股份公司内部关系分析等等。

6. 企业股份制改造研究。这是我国学者按照改革的需要着重研究的课题之一，包括企业股份制改造的必要性、方法、步骤和意义等等。

股份经济学是随着社会经济领域内新现象的出现而产生的一门实用性较强同时又有较深理论的经济分支学科，它与许多其它经济分支学科相互联系、相互交叉，尤其与投资学、货币金融学、经营管理学、产权经济学等存在水乳交融的关系。

一般来说，研究股份经济学应特别重视规范分析与实证分析相结合的研究方法。一方面，股份经济学同现实联系紧密实用性极强，必须采用大量事例、数据以及各种模型具体地研究股份经济运行的内部机理和外部运行状态，在某些问题的研究上（比如股票价格指数，投资模型等），还需要运用大量的数学方法。另一方面，股份经济学同时具有相当深刻的理论意义，需要研究者以严谨的规范分析来对产权关系这一类“是什么”的问题做出科学、准确的回答。研究股份经济学时还应避免只重视微观分析而忽视宏观分析的研究方法。从我国目前的研究现状来看，对股份经济的微观分析较为充分，而对宏观管理的研究尚存在一定欠缺。

研究股份经济学具有重大的理论和实践意义，一方面是对一种相当复杂的经济现象的根据、总结和归纳，另一方面又可以指导人们的经济实践使其更具目的性、有效性。尤其在我国建设社会主义市场经济体制的时候，研究股份经济学既可使我们认清西方发达国家经济运行的现状，又可以为改革提供理论依据以及改革方案。

微观规制经济学

胡 曙 光

一

微观规制经济学是当代西方经济学的一个分支，是西方各国政府对经济实行管理、干预的产物，它主要研究政府行政机构（包括立法机构）对微观经济主体主要是企业的活动所作的管理、规定和限制。经济规制一般分为宏观规制和微观规制。宏观规制主要是从保证分配的公平和经济增长与稳定为目的的政策——如财政、税收、金融和收入政策；而微观规制则是指与微观经济有关的政策，按其目的和手段一般包括下列三种形式：

(1) 公共供给政策，政府以公共品的供给为目的，取得财政收入而提供纯公共品、社会公共服务、社会间接资本等政策性行为——如公共事业投资、福利政策等。有人将其称为“政府的投资政策”。

(2)公共引导政策。它是以解决不完全竞争和风险等造成的市场失灵问题为目的，用货币和非货币手段（财政金融和行政指导）引导经济主体活动的政策行为，如产业政策、科学技术政策等。

(3) 公的规制政策。它是政府为解决信息偏差、自然垄断、外部不经济和非价值性物品等造成的市场失灵问题而依据法律权限制约经济主体活动的行为。有人将其称为“政府的规制政策”。

由于政府干预经济主体决策的程度、手段不同，公的规制又可以分为间接规制和直接规制。间接规制是指政府以形成和维持竞争秩序的基础为目的，不直接介入经济主体的决策，主要以反垄断法、商法、民法等为代表的有关法律作为规制手段来限制不公平竞争，完善有秩序竞争的市场机制。直接规制具有直接介入经济主体决策的特点，以防止发生同自然垄断、外部不经济及非价值物品有关的、不期望在社会经济中出现的市场结果为目的，规制的手段是政府对经济主体发放认可、许可证、直接制定各种具有限制性的法律等。

直接规划又可以分为经济性规制和社会性规制。经济性规制是指在自然垄断和存在信息偏差（即信息的非对称性，指交易主体中的一方能够充分掌握和利用相关信息，而另一方则不能，致使另一方的交易主体处在不确定的环境中）的领域，主要是为了防止资源配置的效率降低和确保利用者的公平利用，政府机构用法律权限，通过许可或认可、申报等手段，对企业的进入和退出、价格、服务的数量和质量、投资、财务会计等有关行为加以规制。如保护消费者的权益、公开信息、对广告和说明的制约及知识产权的赋予等。社会性规制主要是对有害物品等所作的规制，如防止公害、保护环境、健康、确保安全、取缔麻药、火药等规制。

微观规制经济学就是研究直接规制尤其是其中的经济性规制的一门新兴学科。

二

资本主义进入垄断阶段以后，西方发达国家出现了大企业的垄断，它不仅没有消除竞争，反而使局部出现过度的市场竞争，使社会经济资源的合理配置失去效益，社会消费的公平原则也遭到破坏，即出现了市场失灵。1929—1933年的资本主义世界大危机严重地冲击了资本主义经济及其传统的古典经济理论。于是有些经济学家抛弃了古老的萨伊定律，而转向对经济制度的分析，企图从中找出摆脱资本主义经济危机的方案。1960年以后，从经济学的角度分析所有权制度、环境规制、消费者保护制度、产品责任制度、损害赔偿制度等的理论研究开始兴盛起来。经济学家们发表了一些有影响的论文和专著，主要有北久一的《公益企业论》(1961年)、J·施蒂格勒和弗兰德的《规制者能规制什么：电业的案例》(1962年)。有关规制收费理论的著作有博瓦托伊的《高峰负荷定价》(1960年)。这一系列论著对微观规制经济学的形成和发展起到很大的推进作用。与此同时，在实践上，自60年代以来，西方主要资本主义国家逐步采用法律、行政、规章等手段，按照市场经济原则和微观经济理论对大型公益性企业、事业单位实行规制，以纠正市场失灵所招致的各种社会经济的弊端。

随着实践的发展，规制经济学在70年代逐步发展成为一门较完整的学科。被誉为规制经济学和信息经济学创始人的施蒂格勒于1971年发表了《经济规制理论》(这是他获得1982年诺贝尔经济学奖的原因之一)，首次尝试用经济学的基本范畴和方法分析规制的产生。1970年卡恩出版了《规制经济学》，较系统地论述了规制经济学的理论问题。在收费问题方面比较卓越的著作是费尔德斯坦的《在公共部门定价中的公平与效率：最优的二部收费制》(1972年)、《公平分配与公共价格的最优结构》(1972年)和乔斯科的《经济学原理在公共效益收费体系中的运用：电力事业案例》(1975年)。进入80年代，微观规制经济学日趋成熟，其主要著作有伯格和奇尔哈特的《垄断规制的性质》(1988年)，乔斯科和诺尔的《规制的理论与实践：概论》(1981年)，日本学者植草益的《微观规制经济学》则是这一领域的最新代表作。

三

微观规制经济学的核心内容是收费(即价格，在规制产业中价格称为收费)水准和收费体系。

一般地说，经济性规制有四大管理目标：(1)达到资源的有效配置；(2)确保企业内部效益；(3)避免收入再分配；(4)稳定企业经营财务。为了实现这四个目标，从理论上说，应以达际成本形成收费水准作为最优的定价方式。但是，在现实经济生活中，往往由于企业性质不同而无法采用这种方式。如在自然垄断部门，由于规模经济的作用，成本随产量上升而下降，如以这种方式确定收费，企业就会出现亏损。反之，如果企业是具有竞争性成本递增的企业，采用这种方式则会出现超额利润。因此，往往采用在收支平衡条件下以能够使经济福利最大化的平均成本形成收费水准的方式，实际中则是采取公正报酬规制的方式来确定收费水准。公式如下：

$$\phi = D/V \cdot i + E/V \cdot \rho$$

式中 ϕ 为公正报酬率，D/V 为负债资本比率，

i 为负债资本利率，E/V 为自有资本比率，

ρ 为自有资本利润率。

这种方式，是以企业在生产、销售和筹资等方面能进行有效率的经营为前提的次优方式。公正报酬率管理包含着激励企业进行有效经营的机制，但也包含着企业能把成本上升轻易地转嫁给消费者的机制，而且企业还有在已决定报酬率的前提下为了获得更多的报酬而保持过大事业资本的倾向。这就是著名的阿巴契—约翰逊模型(A-J模型)。公正报酬规制属于次优的前提是信息的完全性，但是在现实中政府规制部门对被规制企业的价格、费用、企业战略等不能掌握完全信息，即存在信息偏差。在这种情况下，收费水准的决定往往对被规制的企业有利，因此，要求被规制的企业公开企业信息是非常必要的，否则，政府和企业之间缺乏相互了解和信赖，很容易导致“规制失败”。

收费体系是指在单一服务的产业中把费用结构(固定费和可变费的比例)和需求结构考虑进去的各种收费的组合。确定收费体系的目标是：(1)限制不正当的价格差别和内部相互补助，以防止收入再分配的发生；(2)必须以保持收支平衡为前提条件，实现经济福利最大化。收费体系大致可分为线性收费和非线性收费。线性收费包括同一从量收费和定额收费，这种收费比较简单、明了。非线性收费是企业为了把成本较公平地分配给用户，根据用户的需求量、使用时间、利用机器(如计量仪表)以及提供服务所需设备的负荷率的不同，定出各种各样的收费体系，它已不是单纯的线性收费。非线性收费主要有二部收费制、复合二部收费制和三部收费制。在收费体系中实际采用的、理论上也可以给予高度评价的是高峰负荷收费。法国对工业用电大户实行的绿色收费就是一个例证。高峰负荷收费也叫可变收费，它对设备利用效率的提高和服务的多样化

都有重大的促进作用。

在以公正报酬率为基础的现行收费规制中还存在一些问题。如企业没有充分具备提高内部效率的动力机制，规制费用趋于大幅度增加等。因此，必须在现行规制的范围内采取改革措施，尽可能提高企业内部效益和降低规制费用。这种措施泛称为“激励规制”，它包括刺激竞争和奖励先进两大类。

随着近年来技术革新的发展和国际经济合作的加强，以及规制本身存在的问题（如规制成本上升、规制企业内部效益不高）所导致的规制失败，西方各国都有放松规制的趋势，即放松或取消全部或部分规制条款，这意味着在受规制产业中引进竞争机制。美国从70年代开始的放松规制包括了从参加、价格到业务内容和范围的全面放松，主要是以结构性竞争产业如运输（航空、公路）、金融（银行、证券）、广播（有线电视）、能源（天然气、石油）为对象进行，已取得一些成就。

由于放松规制大部分是部分放松而不是全面撤消规制，所以出现了规制与竞争并存的局面。在这种情况下，新加入的企业往往仅参加到那些收益高的地区或行业中去，从而减少原有企业的收益，引起新老企业的矛盾。比较有效的解决办法是进一步放松规制，鼓励竞争，实现价格体系的再均衡。在规制与竞争并存的局面下，也可能发生老企业将新企业排挤出市场或采取削弱其竞争力的“排他性行动”。对此，必须有禁止垄断的政策。为了完善竞争条件，还可以采取将老企业分割分离的办法。

在微观规制经济学中，受规制的公有企业也受到注意。公有企业具有二重性，即公共性与企业性。公共性主要是指所有的公共性与规制的公共性，它追求的是公平与国民福利的提高；而企业性主要是指经营的自主性及企业内部效率性，它追求的是效率和资源的最优配置。公有企业的二重性具有相互对立的一面。加强公的规制会削弱经营的自主权，从而减弱企业提高效率的积极性。为了消除公有企业的公共性所产生的非效率性，微观规制经济学主张尽可能按照接近于私营企业的形态对公有企业进行组织上的变动，甚至通过这种变动将其转为私营企业。

微观规制经济学是一新兴的经济学分支，它的一些理论对我国深入进行社会主义经济体制改革，特别是公有企业的改革，具有一定的参考价值。

安全经济学

李欲晓

安全经济学是研究安全的经济形式（包括安全投资、安全收益等）和条件，通过对人类安全活动的合理组织、控制和调整，达到人类、技术、环境三者的最佳安全效益的学科。它是从安全科学技术发展中分离出来的一门新学科，因而具有自然科学的特点，但它又是研究和解决安全中经济问题的，又具有社会科学的特点，所以安全经济学是一门经济学同安全科学相交叉的综合性学科。

20世纪80年代以来，一方面，“技术逆演化现象”愈益严重——由技术失控导致的灾害或事故不断增多，人类为实现某一目的而从事活动的生命和健康、损失和消耗的代价越来越高，社会越来越难承受；另一方面，由于人类文化、社会经济的发展和财富的增加，人们对安全和健康的需要越来越大，对生命和健康的代价越来越敏感。为了解决这一矛盾，在世界范围内，特别是在经济发达国家，兴起了一门新的交叉学科——安全科学。1981年德国学者库赫曼发表了《安全科学导论》一书。1985年，我国的许庆斌在《技术经济》1985年第5期发表文章，首次明确提出要建立安全经济学。他认为，安全经济学是研究事故在经济上可能造成的损失以及获得最大可能的安全保证的经济评价。80年代末90年代初，关于安全经济学的讨论更加频繁，这一时期发表的论文中比较重要的有成自维的《安全经济学探索》（载《机电安全》1989年第3期）和苗若愚的《建筑安全经济学理论初探》（载《中国安全科学》1991年第1期）。1992年我国召开了“首届全国安全经济研讨会”。这次大会汇集了许多论文，为我国的安全经济学的建立和发展起到了很大的推动作用。1993年6月，罗云发表了国内第一部安全经济学专著《安全经济学导论》。

人们一般认为，科学的安全经济理论和方法应遵循下述几个基本原则：第一，避免事故或危害有限性原则，即事故虽可避免但难以完全或绝对避免；第二，安全的相对性原理，从另一侧面（风险角度）可以理解为免除风险（或危险）和损失的相对状态或程度；第三，安全的极向性原理，即要么安全，要么危险。按照上述三个原则，可以看到，安全在经济上具有两大经济功能：第一，“减损功能”，即直接减轻或免除事故或危害事件给人、社会和自然造成的损害，保护人类的财富，减少无益的消耗和损失；第二，“本质增益”功能，即保障劳动条件，维护经济增值过程，实现其间接为社会增值的功能。由此得出安全经济收益规律这一基本原理，用公式简单表示则为：负担期（或称投资无利期）—微利期—持续强利期—利益萎缩期—无利期（失效期）。

安全经济学是一门新兴的学科。它研究的内容相当广泛，大体说来，可以分为下列三个层次。

(1)基础理论。主要是指确立安全经济学的哲学原理，如安全经济观、安全经济认识论和方法论。其次，充分吸收一般科学和一般经济学的现有的理论和方法，如安全科学、系统科学、数学、宏观经济学、微观经济学和数量经济学等，使安全经济学具有坚实的支柱。第三，发展符合自身学科需要的理论科学。

(2)应用理论。这是安全经济学的技术科学。它研究和探讨安全经济的基本原理和规律，提出控制和管理安全经济的理论。主要包括安全经济原理、安全经济预测理论、安全经济分析理论、安全经济评价理论、安全价值工程和非价值量的价值化技术等。

(3)工程技术，即安全经济学的技术手段和方法。它是安全经济学的基础理论和应用理论运用到安全实践中的具体表现形式，主要包括有关安全经济的政策和决策、安全经济标准、安全经济统计、安全经济分配、损失计算技术、安全投资优化技术、安全成本核算和安全经济管理等。

这三方面的内容，从纵向看，是由宏观到微观，由抽象到复杂；从横向看，它们是交错在一起、密不可分的，如一项安全经济政策的制定不仅涉及安全经济分析和评价等应用理论，而且涉及安全经济观这带有一定价值取向的基础理论。

安全经济学作为一门综合性很强的学科，决定了它具有如下特点。从研究方法上讲，安全经济问题往往是多目标、多变量的复杂问题，所以在解决这种问题时要系统、综合地考虑安全因素、经济因素、社会因素等相关的因素，充分掌握各种必要的信息，选择出最优的安全经济决策，以使安全经济效益处在最佳状态。这就决定了安全经济学具有系统性、优选性和预见性。从学科本质上讲，安全经济学是一门交叉边缘学科，是在解决具体问题的实践中产生和发展起来的，所以它又具有部门性、边缘性和应用性。

安全不仅能带来直接的经济效益和间接的经济效益，而且对社会经济的稳定和人类幸福的增进具有重大意义，因而必须处理好安全经济和社会经济发展的关系。首先，要坚持安全投入同社会经济状况相统一的原则。其次，要坚持发展安全同发展经济的比例相协调的原则。第三，要坚持发展安全的超前性原则。第四，要坚持宏观协调和微观协调辩证统一的原则。

总之，安全经济学是用社会有限的投入去实现人类尽可能高的安全水平，在获得人类可接受的安全水平下，尽力节约社会的安全投入的科学，其目的在于实现人类生产和生活的最优安全化和取得最佳的安全活动和工作效益，从而极大限度地保障人类的身心安全、健康和发展，促进社会和经济的繁荣昌盛。

政府经济学

陈 翔 云

政府经济学是研究政府的作用、公共部门内部选择范围的限度、政府对私营部门各种决策的影响程度等的一门学科。

政府经济学的主干是财政学（又称旧政府经济学）。它诞生于200年前，其研究对象是政府的经济行为及财政收支行为。随着本世纪以来政府经济行为的迅速扩展，即从财政收支行为扩大到对私人市场经济的管理和调节，以及直接介入生产领域并形成一定规模的公共生产部门，也随着本世纪以来许多经济学新领域的诞生和发展，特别是宏观经济学和福利经济学的发展，到本世纪60年代，在财政学的基础上出现了政府经济学(又称新公共经济学)。从1966年起，西方有些国家创办了以政府经济学命名的学会和杂志。

由于政府的财政收支行为仍然是公共部门的主体，因此，财政学依然是政府经济学的核心内容。然而，同传统的财政学相比，政府经济学更侧重于研究财政收支对整个经济的影响，更注重严格的数理经济分析。政府经济学还研究公共部门本身存在的合理性，说明为什么需要有公共部门，其活动领域应当包括哪些范围。这实际上涉及了私有经济部门和公共经济部门之间的界限问题。此外，政府经济学还涉及公共部门产品的定价、政府对宏观经济的管理和调节等问题。总的来说，政府经济学的研究领域可以大致有以下三方面：政府参与哪些活动和这些活动是如何组织起来的；了解和预测政府这些活动的全部结果；评价各种政策。

政府经济学通常运用局部均衡和一般均衡的方法对各种税收和支出所产生的影响进行实证分析，并将政府行为本身作为模型的内生变量，由此构筑研究政府经济行为的完整经济模型。政府经济学还运用最优方法和次优方法，对政府的各种经济行为进行规范分析，由此为政府经济政策的选择建立一种评价体系。

政府经济学首先考察政府的职能。传统的政府经济学(旧政府经济学)把税收和支出作为两个主要的经济活动来研究。目前，政府职能已经发生戏剧性的变化。

第一，政府作为立法机构，制定一系列构成体系的法律，使得个人和企业之间可以进行经济交易。立法机构的职能不只是保护财产，它还保证个人之间的契约生效，同时也对一些法律上成立的合同加以限制。

第二，政府作为调节者，在管理企业活动上具有越来越多的发言权来保障工人、消费者的利益，防止环境污染，同时保障买卖双方的公平交易，还用补贴政策鼓励一些企业，用征税限制一些企业。

第三，政府具有生产职能。政府生产的产品大多直接用于公共设施和自由消费，其生产总量用它所提供的产品的价值同它所购买的物品和服务的价值之差来衡量。政府本身不仅生产产品，还提供贷款，销售货物，提供保险。政府保险项目分两类：一类是社会保险，包括社会保障、医疗照顾、失业保险、残疾保险、工人赔偿保险；另一类是商业风险方面的保险。

第四，政府作为消费者，直接购买商品和劳务，用于国防、交通、教育、公安、消防及园林事业。此外，政府还对私有企业的产品和劳务给予补贴。

第五，政府在收入再分配上起着重要作用。主要是通过公共补助和社会保险，把一些人的钱分配给另一些人。公共补助的主要形式是提供现款，或提供特殊服务和商品。政府也可以通过税收影响收入的再分配。

为保证政府职能的行使，政府必须有公共收入来源。政府的主要收入来源是个人所得税、工资税、企业税、海关税和（国内）货物税。

政府经济学的另一主要任务是考察政府干预经济活动的必要性。政府经济学认为，竞争市场要促使资源配置达到帕累托最优，必须具备某些条件，否则就会出现"市场失灵"，从而需要政府进行干预。市场失灵的主要原因是：1. 竞争的缺点。竞争的结果往往产生垄断，垄断（无论是自然垄断还是其他垄断）将会限制产量以获得较高的价格，这会导致福利损失；2. 市场不提供公共品或提供的数量很少；3. 外部效应，即由市场进行的资源配置不一定总是有效率的；4. 市场不完善，私人生产者不愿提供某些特殊产品或劳务（如缺乏保险市场）；5. 信息不足，一系列政府活动是由消费者方面的不完全的信息和市场单独提供的有限信息量所引起的；6. 失业、通货膨胀和失衡；7. 竞争市场可能带来很不公平的收入分配，这会使一部分人缺乏基本生活资料，这就需要政府干预以实现再分配；8. 有些人不能对消费的商品作出正确的判断，这为政府限制消费某些商品、供应优效品（政府强制人们消费的物品，如初级教育）提供了一个基本依据。前六个原因描述了市场经济机制有可能达不到帕累托最优的一些情况；后两个原因则表明：即使市场经济达到了帕累托最优，政府也有干预经济的正当理由。

由于政府要通过一系列公共政策来对经济进行调节和控制，因而评价改变公共政策的各种方案是政府经济学的中心任务之一。为此，必须描述每种政策的后果，并在此基础上初步判断哪些政策是最合意的。对于讨论中的方案，主要考虑它对经济效率的后果和它在分配方面的后果，即方案能提高（或至少不干扰）经济效率吗？方案公平吗？所有这些构成了福利经济学的主要内容。在判断各种方案合意程度的标准的形成和应用方面，帕累托原则和社会福利函数是衡量效率和公平的两个主要工具。

政府经济学还要研究政府支出理论。在这一研究领域，政府经济学不仅探讨了公共品、政府抉择等问题，还探讨了公营生产和私营生产的异同。政府经济学认为，政府企业和私营企业的主要区别在于：1. 私营企业是以最大利润为目标，而政府企业则还有其它目标，政府可以通过税收政策、补贴政策来影响就业、工资和布局，也可以利用对私营企业的政策影响私营企业。2. 政府企业不必象私营企业那样考虑竞争和破产的威胁。正因为如此，政府机构的工作效率要比同一业务的私营部门的工作效率低一些。此外，政府经济学还研究政府在控制一系列重要外部效应的不利影响（如空气和水污染）方面所发挥的积极作用，并探讨了各种公共改善办法的优点。

政府经济学还从实践的角度论述政府支出计划，逐一分析了政府支出的五大长处：国防、卫生、教育、社会保险、福利待遇，并运用成本收益法分析政府支出政策的得失。

税收问题是政府经济学的又一重要研究对象。政府经济学认为，一个好的税收制度应具有五个特征：1. 经济效率，即税收制度不应破坏有效率的资源分配；2. 管理简单，即税收制度应该便于管理并且管理费较低；3. 可变性，即税收制度应该能够容易地（有时是自动地）适应经济环境的变化；4. 政治代表性，即税收制度的设计必须使人们可以知道他们为什么缴税，以便政治体制能更准确地反映人们的偏好；5. 公平性，即税收制度对不同人的区别对待必须公平。税负是加在生产者头上，还是加在消费者头上并无实际差别，造成事实上差别的是供给曲线与需求曲线的弹性，以及市场是垄断的，还是竞争的。在竞争市场下，如果供给曲线是完全无弹性的或需求曲线是完全弹性的，税负就全部由生产者承担；如果供给是完全弹性的，或需求是完全无弹性的，税负就全部由消费者承担。

政府经济学还考察了税收对经济效率的影响。政府经济学认为，非一次性总缴的税收会导致低效率。任何税收的效应可以分解为收入效应和替代效应，一次性总缴的税收存在着收入效应，但不存在替代效应，因此和任何税收相联系的扭曲程度与替代效应的量有关。替代效应越大，效率损失越大。既然除了一次性总缴的税收以外，其它一切税收都会造成效率损失，那么我们为什么不只征收一次性总缴税呢？这便涉及最佳税收问题。政府经济学认为，政府在设计税收制度时要在分配目标和效率之间作出选择，而最佳税收制度就是使社会福利最大化的一种税制；它要平衡收入再分配平等程度和效率损失。

政府经济学不仅研究有关税收的基本原理，还应用这些基本原理详尽分析个人所得税、公司所得税、资本税的确立及其对效率和公平的影响，进而探讨税收对家庭和资本的影响程度。

社会主义国家的政府在经济领域中的作用很大，开展这方面的研究对于促进国民经济的发展，以及规范和评价政府行为，都具有重要意义。

目前，在国内出版的有关政府经济学方面的著作主要有：美国学者约瑟夫·斯蒂格里兹所著的《政府经济学》（春秋出版社 1988 年版）、英国学者安东尼·B·阿特金森和美国学者约瑟夫·E·斯蒂格里兹合著的《公共经济学》（上海三联书店 1992 年版）。

住宅经济学

蔡 德 容

在我国，住宅经济学是一门新学科，还处于创立之中。

一、住宅经济学产生的背景和形成过程

住宅经济学的在我国产生，是与城镇住房制度改革、住宅业的兴起，住宅经济的发展和住宅经济理论的研究密切联系的。

住宅问题是一个重大的经济社会问题。住宅业是国民经济的重要产业，以住宅业为基础的房地产业、建筑业，是推动国民经济持续稳定增长的支柱产业。但我们长期把住宅当作福利，否认住宅的商品属性，实行住宅由国家包、实物分配、无偿分配的住房制度。这不仅使住宅业成为一个长期亏损的行业，也使人们的居住水平得不到应有的提高。在这种情况下，住宅经济理论的研究基本上是个空白。

党的十一届三中全会以后，改革经济体制改革、改善人民生活，提高人民的居住水平逐步提到议事日程。政府开始重视住宅投资，强调发挥各方面的积极性解决住房问题。“七五”计划的建议，把积极推行住宅商品化作为一项重大政策，着力推行住房制度改革，出现了国家、地方、企业和个人共同建造住宅，共同发展住宅经济的好势头。一大批住宅建设开发公司兴起，成为开发住宅的新兴经济实体，大大促进了住宅经济的发展。在城镇住房制度改革和住宅经济的发展过程中，出现了许多急需解决的新问题，需要从理论上加以系统的、深入的研究，这就为住宅经济学的创立提出了更紧迫的任务。

我国住宅经济学的产生，也是与住宅经济理论的发展密切联系的。建国初期，有的学者认为：要解决住房问题，还是应该把住宅作为商品经营。从 50 年代中期开始，针对房租开始下降的状况，经济理论界开始讨论社会主义住宅经济理论问题。遗憾的是由于当时的历史原因，这场讨论没有展开，更没有深入下去。

从 50 年代后期到 70 年代末，基本上是把住宅当作福利看待的，认为住宅的经济属性是福利，否认住宅的商品属性，住宅经济理论的研究曾一度中断。从 80 年代初，随着改革开放政策的逐步实施，随着对社会主义商品经济和价值规律的认识逐步深入，对住宅经济理论的研究也逐步重视。

我国住宅经济理论的研究，首先是从讨论住宅的经济属性开始的。1978—1984 年，理论界和房产部门开始对住宅“福利属性论”提出异议，并对这种观点进行了尖锐批评。许多同志由传统单一的住宅“福利属性论”转向“二重属性论”，即认为住宅不仅具有福利属性，也具有商品属性。另一种观点认为，福利是一种政策，住宅的经济属性就是商品。1984 年党的十二届三中全会，提出了社会主义经济是公有制基础上有计划的商品经济。

在探讨住宅经济属性理论的同时，理论界也在探讨住宅所有权理论、住宅分配理论，住宅租金、价格理论，住宅市场理论等等。这些理论的探讨，推进了城镇住房制度改革，旧的僵化的住房制度开始被触动，各地都推行了住房制度改革的综合试点或单项改革试点，进行商品房的开发，住宅建设开发公司、房地产开发公司逐步发展，住宅生产部门作为一个独立的产业部门逐步形成，住宅经济得到了迅速发展，住宅经济理论的研究也空前活跃。

住宅经济理论研究的不断深入推动了住宅经济的发展，而住宅经济的发展，又使住宅经济理论的研究不断深入。住宅经济学，就是在这样的历史条件下产生和建立起来的。它以马克思主义经济学理论为指导，以社会主义商品经济、市场经济理论为基础，以我国住宅经济的迅速发展为依托、以住房制度改革及其基本理论为背景，综合了学术界住宅经济理论研究和住房制度改革研究的成果，逐步形成了我国住宅经济学的大体轮廓。

二、住宅经济学的研究对象和主要内容

住宅经济学作为一门独立的学科，其研究对象是住宅经济的运动规律以及住宅生产、分配、流通、使用、管理过程中的经济关系。

住宅经济学的主要内容，大体包括以下几个方面。

（一）住宅的经济属性和住宅所有制理论。这是住宅经济学的两个基本理论。从理论上探讨住宅经济属性和住宅所有制理论，就为在实际工作中改革城镇住

房制度、推行住宅商品化奠定了理论基础，为住宅经济的发展，建立住宅经济学这一学科奠定了理论基础。

(二)住宅生产和再生产理论。如何加速住宅建设，促进住宅发展，是一个十分重要的问题。住宅经济学，必须探讨住宅再生产的实现条件，探讨租赁住宅的再生产，以及住宅再生产过程中的价值补偿和实物替换，探讨如何运用商品经济、市场经济规律促进住宅发展，使住宅生产部门具有自我改造和自我发展能力，探讨住宅经济产业良性循环的基础和条件。

(三)住宅价格、住宅租金理论。住宅价格、租金以及租买比价的变化规律和内在经济联系，是住宅经济领域的重要变化规律和经济关系。

(四)住宅市场理论。在社会主义市场经济条件下，按住宅经济的内在联系，绝大多数住宅是要进入市场进行交换的。住宅经济学，就必须揭示住宅市场的内在要素，揭示住宅市场的特征，揭示住宅供需双方的矛盾发展变化及其住宅市场机制，分析影响住宅市场的经济因素及其发展变化规律。

(五)住宅金融理论。住宅市场与住宅金融是密切联系的。住宅市场与住宅金融市场融合，成为住宅经济运行的主体。住宅经济的循环、运动，离开了住宅金融是不可能的。住宅经济学，应该揭示住宅金融在住宅经济发展中的作用，在住宅资金运动、循环中的作用，在住房制度改革中的重要作用，揭示住宅金融的特征和发展规律。

(六)住宅分配理论。住宅分配究竟应遵循什么规律，住宅分配与工资之间有何内在联系和数量依存关系，如何理顺住宅分配关系，既促进个人消费品分配的合理化，又促进住宅经济关系合理化等。这些都是住宅经济学所必须研究的内容。

(七)住宅消费理论。住宅消费是否应纳入个人消费的范围，住宅消费支出在居民消费支出中应占据何比重，住宅消费合理化有何标准，如何促进住宅消费合理化，等等。

(八)住宅资金循环理论。这是住宅经济学重要的基本理论。住宅资金的循环与住宅价格、住宅租金、住宅金融、住宅市场、住宅分配、住宅消费等等，都有十分密切的关系。住宅资金的良性循环，是住宅经济良性循环的前提和条件，是促进住宅发展的条件。住宅经济学，必须揭示住宅资金循环运动的规律及其地位和作用。

(九)住宅经济循环理论。住宅经济循环，不仅包括住宅资金的循环，住宅再生产的各个环节、住宅经济产业循环，还包括住宅经济产业与其他产业部门、与整个国民经济之间的良性循环。住宅经济学，必须研究住宅资金循环与住宅经济产业循环之间的内在联系，研究住宅再生产各个环节与国民经济循环之间的内有联系，从而为住宅经济的正常发展，为住宅经济产业的崛起，为住房制度改革，为建立新的住宅经济新秩序提供系统的、科学的理论依据。

三、建立和发展住宅经济学的意义

建立和发展住宅经济学，有很重要的理论意义和实际意义。

第一，建立和发展住宅经济学，不仅能为住房制度改革(包括配套改革)提供理论依据，而且有利于住宅产业、房地产业的发展。我国的住宅业，历来被当作福利事业，没有自我改造和自我发展的能力。重要原因之一，是我们违背住宅经济发展的客观规律，否认住宅的商品属性、否认住宅个人所有制、否认住宅市场等等。建立和发展住宅经济学，探讨住宅经济发展的内在规律性，就能为推行住宅商品化提供依据，为开拓住宅市场提供依据。促使住宅生产部门把住宅当作商品来生产，实行等价交换，促进住宅生产部门收回住宅投资，具有自我改造和自我发展的能力。有利于使住宅生产部门成为国民经济中的一个独立的物质生产部门，使住宅业成为为国家提供财政收入、增加积累的重要经济产业。

住宅经济产业的形成和发展，还能带动相关产业的发展，如建筑业、建材业、装饰业、房地产业、冶金、化工业、金融业等等。这不仅有利于产业结构合理化，还有利于加速我国现代化建设。

第二，住宅经济学的建立和发展，能够为总结过去住宅经济工作中的经验教训，制定正确的住宅经济政策提供理论依据，为制定住宅发展战略方针提供理论依据。促进住宅生产部门提高经济效益和社会效益，促进住宅建设的发展，更好地满足人们日益增长的住宅需要，实现社会主义生产目的。

第三，住宅经济学的建立和发展，有利于促进社会主义经济理论的发展，大大丰富经济学的理论内容。比如，能丰富政治经济学、市场经济学、金融学、财政学、投资经济学、价格学、分配经济学、消费经济学、建筑经济学、城市经济学、土地经济学、房地产经济学等学科的内容。

四、加强住宅经济学的建设需要进一步研究的问题

住宅经济学是一门新学科，加强这一学科的建设，还有许多问题需要深入研究。比如住宅建设、管理的社会化问题，现在各企业、单位自建、自管住宅比重较大，如何从这种状况过度到住宅生产部门担负起整个社会住宅生产的职能，实行住宅的社会化管理，这其中不仅涉及管理体制，还涉及投资体制。又如，租赁住宅的再生产问题，住宅商品化，不仅包括住宅的买卖，还包括住宅的租赁。住宅租赁，资金回收慢，如何建立住宅基金，实行租赁住宅的价值补偿和实物替换，以顺利实现租赁住宅的再生产，对促进住宅经济的发展，促进住宅维修业、装饰业、租赁经营业的发展，丰富住宅再生产理论，有很重要的意义。再如，住宅市场和住宅金融市场问题，是住宅经济学中十分重要的问题，建立多级住宅市场，拓展住宅金融业务，建立适合我国国情的住宅市场和住宅金融体系，对促进住宅经济的发展，丰富住宅经济学的内容，关系极大。还如，完善住宅经济学，还应考虑技术因素对经济因素的影响，特别是建筑、设计技术，对降低成本，加速住宅建设，促进住宅市场的扩大，满足人们居住需要，有直接的关系。此外，如何借鉴国外发展住宅经济的经验和理论，如何运用数量分析方法，以丰富和发展住宅经济学，都有待进行深入研究。

文化经济学

程恩富　徐惠平

一、文化经济学形成的背景和过程

文化作为一种社会现象，它在远古时代就已存在。由于生产力的发展，尤其是商品经济发展的促进，文化活动日益与社会经济相融合。西方资本主义国家的文化活动早已高度商品化了。可是，文化领域的经济问题一直受到轻视，对它的独立研究，长期被市场学、劳务经济学和政治经济学等学科的研究所替代。目前，尽管西方国家学术界的主流仍将文化经济与服务业、商业和娱乐业视为等同，但有越来越多的学者已经感到有必要单独建立文化经济学，来专门分析文化活动中的经济问题。日本名和太郎写的《经济与文化》分析了经济与文化的关系、日本的文化时代、文化力和文化立国等问题，阐述了文化在经济发展中的作用。日本另一位学者并木信义曾发表过《日本文化的经济学》的专著。美国布林克曼撰写的《文化经济学》一书，则依据文化发展的理论来分析各种经济现象的实质，阐释合适的经济发展道路，从宏观上说明文化与经济的相互关系。不过，包括本世纪初德国马克·韦伯的《经济与社会》在内的书籍，都没有建立系统的文化经济学理论体系，主要局限于探讨文化与经济的各种联系。只有美国舒尔茨探讨了大文化领域中的教育经济学问题。

前苏东国家大体从70年代末开始注重对文化经济理论与实践的研究。东德霍·马廷和雷·瓦尔特合写的《文化领域经济学的迫切问题》一文、前苏联沙洛特科夫主编的《非生产领域经济学》教科书，是80年代初两份重要的研究成果，曾引起较大的反响，属于文化经济学的早期思想素材。

在我国，改革开放的春风吹拂着社会主义文化经济学这门新学科的出土。80年代中期以来，上海、广州等地为配合经济发展而先后开展文化发展战略的研究，《文化经济与文化管理》《文化市场》、《现代精神生产方式与管理导论》、《障碍与动力——文化经济学研究》等，均从不同的侧面研讨了文化领域中的经济问题；而且，作为分支学科的教育经济学、文艺经济学、科技经济学、图书馆经济学、出版经济学等也不断涌现，为系统的文化经济学奠定了研究基础。在经济学家于光远倡导创建我国自己的文化经济学之后，目前，国内第一部大文化领域的经济研究专著已经问世(《文化经济学》，程恩富主编，中国经济出版社1993年)，它标志着大文化经济学这门新兴学科的正式形成。

二、文化经济学的研究对象和基本结构

关于文化经济学研究对象及其性质有以下几种表述：

——它是研究文化领域利用经济规律的形式、特点及社会的文化需要与社会物质基础相互关系的科学。

——它是一门研究文化领域经济关系和文化经济活动及其规律的学科。

——它探讨的是经济规律在国民经济文化领域中的内容、作用及作用条件。

——它不仅要从经济学的观点开展对文化经济的整体研究，而且还要从文化领域的各个部门出发研究经济问题，例如电影经济、戏剧经济和图书馆经济学。

——它是指通过研究文化投资的数量、分配、使用和经济效益，来研究文化适应和促进生产发展的水平、速度和规模。

——它是关于研究文化艺术生产、流通和消费中的经济现象及其发展规律的科学，是以研究文化活动过程中的文化生产关系及其文化发展规律为对象的。

——它研究的对象是文化活动中的经济行为——文化生产力和文化生产关系，研究的目的是要科学地揭示文化经济的运行及其发展规律。

这些表述和概括的侧重点有较大的差异，但基本精神是共同性，即文化经济学要以整个社会的文化生产力和文化经济关系为对象，科学地揭示文化的生产、交换、分配和消费诸领域的运行机制及发展规律。

关于文化经济学的基本内容和结构，主要有五种概括：

第一种，共分五个部分来论述：第一部分阐明文化与经济两大系统的共生互动关系；第二部分从文化资源配置角度，阐明文化资源配置和开发、文化供给与需求、文化投资与消费的现象及其规律；第三部分从流通

角度阐明文化市场、文化商品及其价格的特点和运行规律；第四部分从微观角度阐明文化劳动生产率、文化劳动报酬、文化经济效益和文化经济核算的基本原理和方法；第五部分从宏观角度阐明文化发展战略、主要比例关系和计划管理问题，并提出建立符合市场经济要求的新型文化经济管理体制。

第二种，依次阐述文化艺术事业在社会发展中的地位、文化产品的属性、文化生产与物质生产的相互关系、社会主义文化生产的目的、社会效益与经济效益的关系，以及文化艺术产品的生产、分配、交换和消费，文化资金运动和文化经济政策。此外，还要探讨文化企业、文化市场、以文补文、文化产品的成本和价格、文化管理体制、对外文化关系等问题。

第三种，依次论述文化经济学对象和作用、文化经济思想的形成和发展、文化经济管理的任务和原则、文化和经济的必然联系、文化投资、文化经济计划和文化体制、文化经济信息和价格管理、文化领域的经济效益问题、补文助文活动的经济意义。

第四种，认为文化经济学可分为基础理论研究和应用研究两大块。前者主要分析文化部门的性质和特点、经济规律在文化领域的反映、文化部门在国民经济中的地位、文化部门在国民经济中的各种比例关系；后者包括文化发展规划、文化部门的效益评价、物质技术条件的最优使用、文化部门的经济管理及方法。

第五种，主张文化经济学的研究内容和结构应由下列几个方面构成：文化产品的使用价值和价值、文化产品和商品经济、文化活动的经济效益及其指标、文化的社会经济功能、文化生产和物质生产的比例、文化消费和社会消费结构、文化在经济发展中的作用、文化和未来经济发展、文化建设和精神文明、文化经济的管理及体制改革，等等。

上述对文化经济学基本内容的不同看法，反映了它作为一个新学科还有一个走向成熟和取得共识的过程。

三、建立文化经济学的现实意义

社会主义文化活动属于非物质生产领域。随着社会生产和精神文明的发展，相对于物质生产来说，文化生产将发展较快。而社会主义现代化建设的内涵，显然是包括文化事业这一重要组成部分的。具体说文化经济学的建立，对现代化建设的意义主要有如下几个方面：

第一，文化经济学揭示了文化与市场经济的共生互动效应，一方面，文化建设能有力地推动社会主义经济增长，促进产业结构合理化和高度化，改变社会消费结构和提高劳动力素质，另一方面，公有制市场经济发展的要求又从根本上规定着文化生产的性质和方向，市场经济发展的水平从总体上制约着文化建设的状况。在深刻把握文化生产与市场经济发展不平衡演化和同步前进的共生互动关系之后，可以使人们从理论与实践相结合上正确认识文化事业现代化的极端重要性，提高全社会各部门对发展文化生产力的自觉性和积极性，从而促进文化事业的大繁荣。

第二，文化经济学通过探讨文化与经济、文化资源、文化供求、文化投资、文化消费、文化市场、文化商品、文化商品价格、文化劳动生产率和劳动报酬、文化经济效益和经济核算、文化发展计划、文化经济管理体制等一系列文化经济领域的经济学范畴，科学地分析文化生产力和文化生产关系的矛盾运动，从而揭示出社会主义文化经济运行机制及其发展规律。这有助于广大文化管理干部深刻认识文化领域的经济现象和经济规律，增加分析和解决新问题的能力，从而实现领导决策科学化，推进文化事业的改革开放进程。

第三，文化经济学强调文化资源的最优利用，坚持以文化市场为中心组织文化经济活动，揭示了社会主义市场经济条件下文化经济效益与社会效益的辩证关系。这对于提高文化企事业单位的经营管理水平，以最小的成本向社会提供价廉物美的优质精神产品，从而更好地满足人们日益增长的文化方面的需要，有着极为重要的作用。

第四，文化经济学的建立，有助于繁荣经济科学。传统的政治经济学只限于物质生产领域的分析，这对于文化生产只占极小比重的近代社会来说，是必然的。但对于文化生产日新月异和比重不断提高的现代社会来说，显然是不足的。政治经济学必须扩展到各个文化领域。而文化经济学的创立，既为经济学苑开辟了一个新空间，增添一门新学科，同时又为政治经济学的拓展和充实提供了一定的有价值的素材，从而对整个经济科学的不断现代化，具有重要的意义。

四、文化经济学的完善和发展

首先，要进一步明确文化经济学的研究范围。目前有不同外延的文化概念同时并存："小文化"经济学只研究文学、艺术，实质上是文艺经济学；"中文化"经济学把研究扩展到图书、音像制品、出版社、书店、文物、博物馆等；"大文化"经济学则涵盖文学艺术、新闻出版、广播电视、图书馆、博物馆、文化展览馆、宗教、教育、科技、建筑园林、体育和旅游等内容，但不包括医疗卫生。如何将不同范围的研究给予科学的命名，需要统一认识。

其次，要区别文化经济学与经济文化学。前者分析的应是各个文化领域的经济问题，而后者分析的应是各种经济活动中的文化现象，如企业文化、计划经济条件下的文化、现代市场经济条件下的文化。

再次，要不断完善文化经济学的范畴体系和学科体系。既要引进一般经济学的范畴，又要创造反映文化经济领域独特性的新范畴。目前文化经济学的系统研究尚不多见，在学科体系创新上仍需继续努力，百花齐放。

最后，要更加贴近社会主义市场经济的现实。既要科学地反映国家对文化经济领域宏观调控的主导作用，又要认真遵循市场经济的一般规律，反映现代市场经济条件下文化经济运行的特点和机制。这是完善文化经济学及增强对现实指导意义的重要方面。

知识经济学

张 和 生

知识经济学是系统研究知识物化过程客观规律的一门新兴经济学科，它以分析知识劳动在现实物质财富的创造与价值增殖过程中的作用为主题，通过对知识由间接生产力转化为直接生产力过程的研究，剖析知识渗透与经济发展的关系。

一

自本世纪后半叶，新技术革命蓬勃兴起，对世界各国政治、经济、教育乃至社会各方面发生了这样或那样的影响。在当今世界性新技术革命问题的研究中，就未来社会物质财富的创造与价值增殖过程中的决定因素是什么，国内外出现了若干种不同的理论，其中有代表性的是美国未来学家约翰·奈斯比特，阿尔温·托夫勒。奈斯比特认为："劳动价值论已经过时，价值创造不是依靠马克思所设想的劳动，是依靠知识"，"在工业社会初期诞生的马克思劳动价值论必须为新的知识价值理论所取代"①。这就是价值源泉"知识决定论"。

在国内，由于受西方思潮的影响，理论界对马克思劳动价值论持怀疑态度的观点也屡见不鲜。究竟知识是否创造价值，"劳动价值论"到底有没有过时，未来社会经济发展过程中，劳动的形式，劳动力输出内容，就业结构等方面有何特点，在现实物质财富创造与价值增殖过程中，知识与劳动的关系如何，知识进展对社会经济发展有何影响等一系列问题，需要从理论上给予明确的回答。于是一门以研究知识与劳动的关系为核心，通过对知识劳动，知识生产、知识在劳动过程中的物化、知识物化与社会经济发展的联系等方面分析，阐明知识进展在社会经济发展中作用的学科——知识经济学便应运而生。

二

知识经济学产生于以电子计算机的问世，新技术革命兴起的时代，它必然反映一系列具有时代精神的鲜明主题。

（一）知识经济学的研究对象

知识经济学的研究对象是知识物化过程中的客观规律。具体地讲，就是知识在物质生产过程中，通过劳动者的应用，创造物质产品的过程。它包括三个方面的含义：(1)知识通过对劳动者的渗透，提高其劳动技能；(2)通过对劳动资料的渗透，提高生产工具的使用效率，最终达到提高劳动生产率的目的；(3)通过对劳动对象的渗透，提高资源利用率，扩大生产领域，创造更多的物质产品。

在人类改造自然与社会过程中，随着科学技术的发展，生产力水平不断提高，社会经济不断发展，这一切都是科学技术推动的结果。科学技术作为知识形态，本身不是直接生产力，而是潜在生产力，它要成为直接生产力，有一个转化过程，这个过程是理论转化为实践的过程，也就是知识物化的过程。

（二）知识经济学基本结构及与相关学科的关系

知识经济学以"知识"作为始点范畴，"劳动"作为始点经济范畴，"知识劳动"作为主体经济范畴，其理论体系的构建，通过范畴的演变分层次展开，以知识劳动的分析作为贯穿理论体系的主线，其逻辑体系严格遵循这样的主题：知识劳动的形成与发展是科技进步、知识增进、生产力发展的结果，知识经济的形成是知识劳动发展到一定阶段的产物。

知识经济学由八个部分组成：知识经济学学科的构建、知识劳动价值论、知识劳动具体形式分析、知识劳动宏观分析、知识劳动过程透视、知识经济论、知识经济与中国现实、知识经济与未来。

知识经济学是横断政治经济学和生产力经济学学科的一门综合性经济学科。它与信息经济学、劳动经济学、发展经济学、思维科学与哲学既有联系又有区别。劳动经济学侧重于劳资理论研究，而知识经济学侧重于知识劳动创造知识产品思维活动的研究，发展经济学侧重于经济增长影响因素的分析，而知识经济学侧重于知识劳动的前提条件和劳动效果的经济价值。信息经济学侧重于信息产业理论的研究，而知识经济学不仅研究信息产业部门的劳动，而且研究其他部门的知识劳动，因而比信息经济学有更广泛的内容。知识经济学与其它学科的关系也大体如此，各有分工、各有侧重，有交叉但不重复。

三

知识经济学理论的基本内容包括：

1. 知识劳动价值论

---

① （美）约翰·奈斯比特《大趋势——改变我们生活的十个新趋向》新华出版社 1984年版，第21页。

“知识”与“劳动”的关系，知识劳动在物质财富的创造与价值增殖过程中的作用，是知识劳动价值论的核心。

知识是以人为主体对客体(客观事物)认识活动的成果。劳动是人类生存与发展最基本的实践活动，它体现人与自然的物质变换过程。知识与劳动不能等同，知识是一种认识现象，劳动既有主观内容又有客观内容，知识与劳动的关系犹如理论与实践，精神与物质二者关系一样，知识产生于劳动但又不等同于劳动，劳动离不开知识。在物质财富创造过程中，知识本身不创造价值，是依靠知识的劳动创造价值。知识劳动则是由知识进步引起的，为满足社会发展需要的一种智力集约化的创造性活动。在社会经济发展过程中，知识劳动创造价值的直接表现是科学技术在生产过程中的应用。

2. 知识劳动的具体形式

知识劳动的具体形式可以分为两类：一类是生产劳动，另一类是非生产劳动。属于生产劳动的有科学劳动，技术劳动、管理劳动、信息劳动等。属于非生产劳动的有艺术、文教、医疗卫生、新闻、行政等部门的知识劳动。只有直接服务于物质生产部门的知识劳动才创造价值。

科学劳动只有与物质生产部门相结合才创造价值；技术劳动则是知识物化最典型的形式；信息劳动只有满足物质产品生产与价值创造的需要才创造价值；管理劳动是物质生产劳动中的一部分。

3. 知识生产力理论

生产力有直接生产力与潜在生产力之分，我们说科学技术是生产力，并不是说科学技术就是直接生产力。科学是关于自然的知识体系，要转化为直接生产力还要有一个转化的过程，这过程就是知识物化的过程。在生产力系统中以科学技术与现代教育等知识形态生产力构成生产力系统的基础层，物质生产力构成中间层，管理要素构成最高层，在各个层次间，信息要素起润滑作用。知识生产力系统的运行方式表现在：(1)通过科学劳动生产知识，通过教育和训练传播知识，提高劳动者的劳动技能；(2)通过技术劳动的发明创造，将知识物化在生产工具中，提高生产工具的使用效率；(3)通过创新、利废、扩大劳动对象的数量，通过探求和开发新能源，扩大劳动对象范围；(4)通过管理优化生产过程要素的组合；(5)通过信息的传递、处理、反馈、控制与调节物质生产要素。知识生产力系统运行的核心是劳动者劳动技能的提高。

4. 知识劳动过程

知识劳动过程是知识变换的过程。知识劳动从知识输入、知识加工、知识产品的输出是一个复杂的思维过程。一个知识劳动者在知识输入过程中，要经过基础知识、专业知识，知识结构的构建、理论与实践知识的交融、知识结构的重组等阶段。在创造性知识劳动过程中，知识的运用经过知识劳动目标的产生，问题的提出、问题的分析和解决、效果的检验五个环节。

知识产品是人类在改造自然和社会的实践中，通过支出脑力劳动，依靠知识、智力等要素进行创造性活动的成果。它的使用价值具有间接性、再生性、共享性与增殖性。其价值的特殊性表现在：生产知识产品的劳动时间不可比、输出的劳动力内容不可比、价值量计量模糊。因此，计量知识产品价值量可用价值工程原理从定性与定量两方面综合分析。

5. 知识经济论

知识劳动的深化推进知识进步，促进社会经济的发展。从经济学角度看，知识进步促进了社会经济量的增长与质的提高。知识劳动日趋在社会生产过程中占主导地位的社会经济形态，将成为未来社会经济发展的必然趋势。这种以知识为核心，通过创造各种智力、智能技术及智能工具，扩大劳动的功能，从而生产出高质量、低消耗、知识集约化的实物产品，并实现社会生产过程高效率管理的经济形态就是知识经济。它有三个最基本的特征：(1) 科学化经济；(2) 信息化经济；(3) 开放型经济。其具体表现是：(a) 一国或一地区的经济总体发展水平较高，技术密集型，智力、知识密集型产业部门较多；(b) 高新技术产业与高新技术产品占较大比重；(c) 经济“软化”程度高，信息、服务业发达；(d) 经济增长以技术进步为动力。

6. 知识经济社会预测

向知识经济社会过渡是走向未来的必由之路，未来社会将呈现以下几方面图景：

(1) 社会生产力变革以知识物化的周期日趋缩短为标志；生产发展与科技进步联为一体。

(2) 社会经济结构中，知识、信息等“软化”产业的产值占国民生产总值 2/3 以上。

(3)社会生活中，智能化家庭设备和个人工作学习用的微电脑改变着人们消费结构。

(4) 因通讯、航天技术的应用，国家、地区之间的距离在缩短，国际间协作日趋紧密，同时战争由地面伸向太空。

7. 知识经济与中国现代化

随着新技术革命的兴起，智能技术、智能工具的广泛应用，未来社会将是智力劳动占主导地位的社会，中国要实现现代化，首先人们的观念要现代化，在奔向四化的征途上，中国长期发展的根本问题不是取决于资源是否丰富，而是取决于对人智力的开发，取决于对知识劳动量的发掘，取决于国民素质的提高。因此，中国面向世界，走向未来必须走智力推动型经济增长之路。

科研——教育——生产一体化是制定社会经济发展战略的主攻方向。“科技兴国”的核心是推动知识进步，缩短知识物化过程的周期。

知识经济学是经济科学园中的一株新苗，稚气尚存，这门学科的问世还需要人们在探索中去完善，许多理论尚要作深入研究。比如，关于知识产品的价值量计量、知识产品交换，科学劳动与物质生产劳动相结合的形式，技术劳动如何走向社会，知识劳动与人工智能的关系，科技、经济、社会发展战略系统协同动力模型的应用等还有待于人们进一步研究。

国外学术动态

微观经济分析

在微观经济学的基本理论方面出现了下述的新发展：传统的垄断竞争理论认为，厂商通过使它们的产品具有差别而使竞争最小化，P. 克莱姆坡尔则通过分析对种类的需求而对这一论点提出质疑。他认为，相互竞争的厂商可能提供非常近似的产品系列以防止消费者为了增加购买的种类而向别的厂商购买，这样就会提高均衡价格并减少市场的竞争性。K. 克瑞施那则论证了，如果生产能力的许多单位都变成可以连续地得到的，那么垄断能否持续下去就取决于获得生产能力的时间和该产业生命周期的长度等因素。R. P. 麦克阿非等人还用数学推导论证了集体垄断的下述行为规则：那些不能在其成员间搞转移支付的卡特尔至多只能使其成员遵守同一个卖价，而那些能够排斥新的进入者并在其成员中搞转移支付的卡特尔则会在其成员中间重新拍卖物品。

为了使微观经济学的理论分析能够更完整地说明现实，西方经济学家们改进或设计了许多数学模型来说明一些较为细节性的问题。在工资和劳动市场问题上，一些美国经济学家设计的模型说明了美国关于工资的集体谈判的一个突出特征：在工资合同期满后，常常是谈判继续下去而不发生罢工。这时生产继续进行，工人则按已经期满的合同而得到工资。该模型证明，罢工更可能发生于实际工资下降或失业降低之后。还有人用最优行为模型说明了为什么在西方国家中盛行的是有固定生效期的劳动合同。这种模型指出，如果使工资率对消费物价指数指数化，就会把不同类型的冲击都指数化进去，这样作给厂商造成的损失是随着劳动合同持续期间的可变性而增长的。这就使厂商宁愿有固定生效期的劳动合同。

近年的微观经济分析更注重研究交通高峰时的拥挤问题。新出现的理论模型探讨了高峰负荷需求所造成的道路拥挤，研究了对价格敏感的弹性需求，以考虑能否利用价格手段来调节高峰期的交通需求。有人还研究了运力有限的垄断性航线在需求高峰期的最优订价问题，考虑这种航线如何能使需求从高峰期转向非高峰期。这一研究表明，一种特殊的预购贴现政策是使卖票利润最大化的方法。

象过去一样，研究国家对垄断行业的管理和调节是应用性的微观经济分析关注的重点。这方面的讨论集中在是否应当迫使垄断企业根据成本来制订价格，而拆散美国电话电报公司则为这种讨论提供了机会。1984年美国拆散了美国电话电报公司，取消了它对长途电信的垄断，而美国的联邦通讯委员会对电讯的管理也从管理以成本为基础的报酬率变为管理价格帽。所谓价格帽管理，是指允许厂商自行选择指定的服务的一套价格，但是这套价格的指数不得超过某一水平。统计和计量分析表明，拆散后电话收费更能反映成本状况，这增大了电话的渗透率；但是，长途电信市场上的竞争虽然降低了美国电话电报公司的市场份额，不过，既没有降低整个市场的价格水平，也没有降低居民和小企业客户支付的价格。有人认为，价格帽管理可能是走向完全解除管制和充分竞争的最有效的过渡步骤。但是另一方面，有人指出短期边际成本难于测量，这意味着根据它难于规定合法的价格。还有人用数学推导证明，要推动受调节的公用事业提供并改善基本的服务，最优的调节计划就要依据调节者可支配的信息而作出很大变动，可能需要把最优的基本服务价格扭曲得高于或低于其边际成本。

发达国家的工资和收入分配问题是受到关注的又一热点问题。统计分析表明，澳大利亚、加拿大、法国、荷兰、瑞典、英国和美国等工业化国家收益的不平等近年来都在增大；这是不同因素共同作用的结果，但在其中起首要作用的是工资率不平等的扩大、是技术较不熟练的工人的小时工资的停滞不变以至降低。经验分析表明，在过去50年中，美国劳动力市场对工资最低的那部分人的需求大大降低，而对工资最高的那部分人的需求则大大提高，这表明了对技能的需求大大增加。结果是低技能者的失业增加，教育程度较高的工人的工资贴水增长。这一趋势在80年代仍在继续。由于技术变化的偏向改变了劳动需求的熟练结构，使得平均的实际工资在80年代虽然停滞不变，但受教育程度高的工人的相对工资却大大增加。近年来的统计估算还一致指出，美国长期收入的代际相关性至少为0.4，过去的研究所估算的收入代际相关性太小。

近年来在就业歧视问题的研究上也取得了一系列进展。许多经济学家用数学推导或计量分析论证了女性、有色人种（即使是资深的教授）在就业或工资上之所以得不到平等待遇，是由于雇主在这方面有歧视行为。近来讨论的又一个焦点是美国的反歧视立法和政策在消除歧视上所起的作用；不少经济学家在讨论经济学家如何帮助实施反歧视立法，甚至有人设计了计量模型，以便依据数据用计量方法来验证在就业上是否存在歧视。

近年来还有一些利用统计的甚至试验的数据来验证微观经济学原理的计量研究。如有人在分析不同城市汽车保险费差别时指出，在汽车保险市场的某些参数化情况下，可以同时存在所有的人都保了险的有效率均衡的部分司机没保险的高价格均衡；还有人根据对美国软胶合板工业的分析证明，基点定价这种垄断行为对经济福利的有害影响完全反映在非基准地点厂商的行为中；甚至有人根据在中华人民共和国所作的实验，指出货币激励的水平在统计上对显示的风险偏好有显著影响。

宏观经济分析

近年来在宏观经济理论中出现了下述发展：劳伦斯·J·克里斯蒂亚诺等人提出了流动性效应模型，该模型假定家户用来购买消费品的基期货币存量具有刚性，这阻止了增加的货币供给按比例地分配于所有的当事人中。这就产生了显著的流动性效应。这样，注入的货币就有大得不成比例的一部分被厂商吸收，以便为不同的投入提供资金。这一模型支持了凯恩斯主义的看法：扩张性的货币政策冲击持续地降低名义利率，提高就业和产出水平。这与实际商业周期模型相矛盾，而且否定了弗里德曼主张的货币按固定百分率增长的规则。如果存在着流动性效应，那么，当私人当事人面临实际生产机会出现没有预料到的变化、货币需求或金融媒介成本上升等类冲击时，增加货币供给就会增加经济上的福利。还有人把对劳动市场的存量分析改变为流量分析，从职位创造和摧毁职位这样的流量来分析劳动市场。有人还证明，较紧的货币政策导致改变企业的外部筹资构成：增加发行的商业票据并减少银行借款。这就意味着紧缩政策确实可以减少借款的供给。

近年来出现了许多新的数学模型来说明宏观经济波动。有人提出了一种静止的理性预期均衡，在这种均衡下，是“血气冲动”这种外部随机变量引起失业的波动。还有人用数学模型证明，即使人们拥有正确的经济模型，用这些模型来作预期计算的成本也使他们不能马上完全调整到长期的理性预期均衡。这样，计算技术导致货币政策长期的非中性和滞后效应，而预测规则的不完全调整则引起了放大了的产出波动。在这一类的研究中，更多的人在使用非线性的数学模型。有人指出，如果把调整的损失不变的模型变为损失递增的模型，就会使部分调整模型一般化，使它能够同样很好地对正常时期和大冲击时期作动态跟踪，更好的说明为什么厂商和消费者们不是经常对它们环境的变化作出反应。还有人用数学模型来证明：如果政府开支服从一种向上倾向的随机过程，而公众相信当这一过程达到特殊的“触发点”后就可能急剧下降，那么最优化的消费行为和简单的预算约束就会暗含着私人消费与政府开支之间的一种非线性关系。对协调问题的数学模型分析也有新发展。过去的模型往往包含着零活动水平均衡，而最新的发展证明，只要制度结构上作了小的变化，就可以不出现凯恩斯的失业，但仍有潜在的低产出均衡，这证明不完全竞争可以导致低于最优水平的产出。

近年宏观经济分析的模型推导和计量分析有很大一部分是围绕着新古典宏观经济学的两大支柱——实际商业周期理论和理性预期假说的。实际商业周期理论根据新古典的均衡论，把经济波动归因于各种“实际”因素的外生冲击。近来有人提出，如果把技术的外生冲击看作导致商业周期的唯一推动力，劳动的小时数与平均生产率就应当强烈地正相关。可是实际上却并非如此。这些人根据经济计量分析的结果而主张修改实际商业周期模型，允许政府消费冲击影响劳动市场的动态。有人根据对汽车制造业中石油冲击所造成的部门变动，强调诸如沉没的资本和工程知识缺乏之类的微观经济效应决定了对部门冲击的宏观经济反应的速度。还有人根据实际商业周期理论，把技术冲击作为引起经济波动的关键因素，设计了模型对美国1990—1991年的衰退进行计量分析。但也有人指出，在这次衰退期间，并没有什么较长期的外部力量在起作用，可厂商还是减少了投资和生产。这种作法并不合乎新古典模型所预言的行为类型。更有人用经济计量证明，这次衰退主要的近似原因是一次“消费休克”，即消费相对于它的正常决定因素而减少；至于造成这次消费休克的原因则难于确定。

理性预期假说本来是为新古典宏观经济理论辩护而提出来的，但是近来新凯恩斯主义者也在使用它。结果是理性预期革命在经济计量学上产生了两个副产品——实际商业周期模型和新凯恩斯模型。这些模型讨论如何最优地设计财政与货币政策规则、从一种政策规则到另一种政策规则的过渡以及政策规则的运作。在理性预期的基本理论方面，有人检验了用“推断”活动（它包含对他人的“预测的预测”）为理性预期假说辩护的理由，解释了协调各种相信的条件。这一分析所论证的“推断稳定”符合这样一些直觉：当工业产品差别增加时，以及当决策是连续的并可观察的时候，稳定就会增加。近来还盛行对30年代大萧条时的资料进行计量以检验理性预期假说。有的计量得出结论，认为在大萧条初期人们对通货紧缩是作了事先预防的，当时事前的短期实际利率非常高。这否定了卢卡斯的下述论点：是没有预防的通货紧缩造成了30年代就业的低水平。这些结论支持了货币主义者的论点：货币紧缩是从背后推动经济下降的力量。不过有人根据对期货市场的分析指出：在大萧条的大部分时间里，大部分商品的期货价格大大高于现货价格，显然农产品价格的急剧下降使许多人感到十分意外。而在大萧条的后期，市场则对通货紧缩预先作了准备，但没有预料到实际发生的紧缩是那样严重。尽管如此，这种预料也阻碍了借款和投资，加大了破产的风险，从而加剧了大萧条的严重性。在按照理性预期的精神研究经济政策方面，有人分析了当货币当局掌握一些私人信息时，平衡政策中的灵活性和纪律的好处，以及决定多时期货币政策的最优目标的因素。还有人设计了通货膨胀的动态最优化模型，以说明在哪些限制条件下政府政策事先约定了最优通货膨胀率以便使代表性个人的福利最大化。还用统计数据测度了这些假设条件的可信性。

在用经济计量方式测度某些宏观经济变量之间的关系方面，近年来取得了下述成果：有人证明，美国的联邦资金利息率极能为实际的宏观经济变量提供信息，这是因为它敏感地记录了对银行储备的供给的冲击。这证明货币政策至少部分地既通过“信贷”（银行放款）也通过“货币”（银行存款）起作用。还有的计量结果表明，当美国联邦储备委员会规定的准备金较低时，这种规定对准备金市场的反复无常似乎就没有很大影响。更重要的计量结果是：在战后美国的时间序列中，在货币量(不管是怎样定义的)与名义收入之间、在货币与实际收入或是价格之间都分别有着显著的关系；但是如果将80年代以来的数据包括进去，就会大大减弱表明这种关系的证据。如果集中注意1970年以来的数据，就会完全破坏这种证据。如果把样本扩大到包括80年代，就会恶化那种表明实际收入与实际货币余额的紧密结合关系(这里适当扣除了利息率的作用)的证据；而商业票据率与国库券率之间的差距一直包含着有关实际收入的未来运动的高度显著的信息。有的计量检验还表明，美国的工资目前实际上仍然象100年以前那样对周期敏感，也许甚至还更敏感，只是数据处理上的问题才造成了这一偏见：名义工资在第二资世界大战后变得对商业周期更不敏感、更加自相关了。有的数据分析还揭示了美国战后时期起作用的两种性质截然不同的因果结构：看来在60年代中期以前是税收引起支出，而在那以后税收与支出就在因果关系上相互独立。对10个国家过去一个世纪的统计资料的回归还表明，在产出的波动中，实际量之间的关系引人注目地始终不变，而不同时期价格水平的特点却有着显著的差别。价格水平的波动在第二次世界大战前是典型地顺周期的，战后则是反周期的。在第二次世界大战后，通货膨胀比以前更有持久性，货币的波动比较不与产出高度相关，但也不比过去更有持久性。

近年美国宏观经济政策中的一个重要动向是重新出现了实行宏观经济市场激励计划的建议。主张这种计划的人公开声称他们继承的是70年代初的以税收为基础的收入政策的传统，反对靠失业来控制通货膨胀，而认为可以达到没有通货膨胀的充分就业。这种主张的代表是威廉·威克瑞，他宣称，可支配的实际资源方面没有什么内在的原因能够阻止美国在两三年内迅速达到真正的充分就业并且继续无限期地保持在这一水平上。他提出了一个全面的经济政策计划，以便在保持自由市场体制的基本特征的前提下实现没有通货膨胀的充分就业。这个计划包括实行超额毛利税，通过政府的活动重新周转超额的储蓄，以及一种控制通货膨胀的方法。

为了使宏观经济分析具有可靠的微观基础，近年来的西方经济学界盛行代表性当事人分析法，直接从对代表性当事人行为的分析结果中得出宏观的结论。在这方面，华裔澳大利亚教授黄有光所创立的“综观经济学”获得了特别突出的成就（本栏另有专文介绍“综观经济学”）。不过也有人对这种代表性当事人分析法提出异议，认为它模糊了在个人层次上有效的那些陈述与应用于总量的陈述之间的差别。这种异议论证了概率论对不是完全同步的大数目单位的联合行为所给予的强限制，并强调漠视这些限制会产生许多萨缪尔逊所说的“合成谬误”。

制度分析

制度分析在西方经济学中本来不居主流，但近年来却有越来越多的西方经济学家在从事制度分析。科斯在1991年获得诺贝尔经济学奖时，把他在《企业的本质》和《社会成本问题》中的贡献概括为对生产的制度结构的分析。而近年来又出现了大量的运用数学模型和经济计量方式进行制度分析的研究成果。

在基本的制度方面，有人以数学模型论证了，在缺乏产权的条件下，如果当事人在生产的与强制的活动之间进行权衡，那么，冲突并不是他们之间一次性的相互作用的必然结果，而合作则与一个当事人对其他当事人的统治相一致。在其他条件相同的情况下，一个当事人的权力与他的按边际生产力理论评价的资源有相反的关系。美国经济学家的经验分析表明，工人合作社在其经济环境变化时更倾向于调整支付的报酬而不是调整雇用的人，因而合作社的成员资格极为有利可图。道夫则论证了，资本支配劳动的厂商典型地出现于那种需要对特殊的物质资产进行非合同化投资的地方，因为在这种领域工人的控制会在事后把准租金从资产所有者那里转移开；而在适当的工作要求特殊的人力资本和一般用途的资产时，就倾向于出现由劳动者管理的企业。总的来说，即使劳动者管理的企业能产生更多的总剩余，资本家的企业也可以在竞争性的市场上存在下去。有人还证明，工会选举活动所带来的损失干脆就代表着财富从股东向工人们的转移。

在其它方面，使用数学模型和经济计量方法的制度分析也取得了许多进展。在委托人一代理人关系方面，有人论证了，在多个代理人之间组织竞争对委托人有利，说明了再谈判时检查合同履行情况对合同谈判的影响。在货币银行业方面则论证了近代初期政治不稳定与铸币利差的正向联系；论证了当负责调节银行的政府官员主要关心自己的声誉时给银行政策所带来的影响；说明了节俭行业中的规章管理对相应机构处理风险的态度的影响；论证了一个小经济加入货币联盟的条件。在农业方面则论证了，平分土地的改革对生产和贫困的影响取决于人均肥沃土地数量；中国学者林毅夫还证明了中国的家庭承包责任制提高了农业的全要素生产率。

在政治与经济的关系方面，近年来的制度分析使用数量模型、计量分析甚至模仿试验，证明了市场可以很好地作为信息聚集人来运行；论证了再当选的压力在决定经济政策上会起什么作用；检验了在美国的国会表决中多大程度上存在着互投赞成票的行为；论证了寻租技术高的国家为什么会在经济上受到损害。在这方面，有些人很走极端，强调发展中国家的成功的经济政策取决于一个关键的个人集团，而另外一些人则强调，不可能将一切成功的经济增长的经验都强压进一种制度模式中去。

国际经济理论与规模收益递增模型

对外贸易理论近年来的发展与一种规模收益递增的经济分析模型有很密切的关系，它又与对国与国的关系、经济增长和制度的分析结合在一起。因此这里把对外贸易理论方面的问题扩大为国际经济理论问题，并与规模收益递增的经济模型结合在一起来谈。

80年代对外贸易理论中最重大的事件就是克鲁格曼等人提出了一种以规模收益递增的生产函数为基础的国际贸易模型。该模型的最大长处就是它成功地解释了为什么国际贸易大部分在发达的工业国之间进行，为什么产业内贸易（如日本向美国出口省油的轿车，美国则向日本出口大尺寸轿车）在国际贸易中是如此重要。这场革命不但至今仍在推动对外贸易理论的发展，而且对于其它方面的理论研究也有着革命性的影响。如华裔澳大利亚学者杨小凯利用规模收益递增的生产函数建立了“新版古典微观经济学”（详见本栏另外的专文），解释了许多过去不能说明的问题。

围绕规模收益递增的国际贸易模型的研究还在继续。通过经济计量，有的人证实了以产品差别为基础的产业内部贸易模型，有的人却认为内在规模收益递增对经济福利的直接作用不大。但是现在的问题已经转到了这种模型的政策含义上。近来新出现的“新贸易理论”鼓吹政府干预国际贸易，理由是由于贸易理论的最新发展放弃了规模收益不变的假定，因而必须放弃阿罗一迪布鲁式的一般均衡。但是这种观点不为大多数专业经济学家所接受，甚至遭到提出规模收益递增模型的克鲁格曼本人的反对。他们认为，自由贸易虽然在理论上是次最优的，在实践中却是最优的。贸易理论的新发展已经证明自由贸易的好处并不是那样无可置疑，但是由于政治与经济的复杂的相互作用，再加上政治因素，自由贸实际上还是最好的政策。克鲁格曼强调，在大学的基础教育中，最重要的还是让学生懂得比较优势和预算约束等国际贸易的基本原理。

克鲁格曼等人之所以坚持自由贸易政策，是因为他们担心，无论最初偏离自由贸易时实行的政策多么正确，这种偏离都可能引起政治与经济之间的一系列有害的互相作用，最后演变为有害的国家控制贸易。近年来有人用数学推导证明，对自由贸易的一个背离的前景可能导致另一个背离，从而造成一种多米诺效应。而在西方经济学家中存在着一种共识：完全放弃自由贸易会大大损害全球的经济福利。他们认为，国际贸易的主要原因是比较优势，而长期比较优势的源泉之一是要素供给上的差别，开放的全球贸易的作用短期内主要是在每个国家内的生产要素之间再分配收入，在长期中则是加速全球的技术进步和技术在国与国间的转移。尽管如此，他们还是必须解释为什么有那么强的背离自由贸易的倾向。最近有人以数学模式证明，当国际竞争改变了贸易条件时，一国的生产率和实际工资都可能降低。还有人解释了在技术知识存量不同时新兴工业化国家为什么要进行倾销。

对国际贸易进行制度分析是近年来的一种倾向。这种分析利用历史资料证实了制度对国际贸易的效率的重要性。

规模收益递增模型还被用来说明其它问题。有人用它说明17世纪不比英国落后多少的印度为什么以后落后得如此之甚。该模型考虑的两个地区最初只在积累的资本上有差别；如果它们之间从事自由贸易，则拥有稍微高一点的资本存量并出口工业品的地区将积累起资本，另一个地区却会非工业化并大大落后。有人更根据经济衰退时的现象提出：这时短期的递增报酬意味着价格超过边际成本，从而也许意味着规模收益递增。不过这一论点受到反驳。数理分析和经济计量都表明，在全要素生产率的明显的周期性中，有许多来源于资本利用率的顺周期的变化，而资本利用率的变化又伴随以其它投入（尤其是劳动）的增加。

"过渡经济学"及其它

随着苏联东欧的巨变和实行传统计划经济的国家纷纷向市场经济转变，西方经济学界掀起了一股研究传统的计划经济如何过渡(改造)到资本主义市场经济的浪潮。许多人把这种研究理论化、系统化，将其称为"过渡经济学"。其实按该词原意，更应当把它称为"改造经济学"。西方各发达国家都出版了大量的论述"过渡经济学"的著作，每本书当然都有自己的论题、分析方法和理论体系。但是对于我们中国这样的国家来说，最令我们感兴趣的当然还是这些研究过渡的人们提出了哪些具体的步骤、办法和政策。

在向市场经济过渡的战略上，最有名的是美国哈佛大学的年轻教授杰弗里·萨克斯提出的"休克疗法"。这种战略的要点有五个：实现宏观经济稳定，使预算接近平衡并加紧控制信贷；放开大部分物品的价格；使本国货币在国际收支的经常项目上可兑换；创建一个社会保障网；私有化。这种战略要求各方面的改造都尽可能快地全面推进，只是实行私有化所用的时间可以比实施其它措施所用的时间长。由于这一战略旨在一下子消除传统的计划经济，被称为"大爆炸战略"，它是1992年以前前苏联及东欧改革的"新正统药方"。但是实行这种大爆炸战略的国家其后果都不理想：物价飞涨，生产大幅度下降，有的国家还出现了大量失业，人民的不满情绪急剧增长。面对这种困境，萨克斯强调，许多问题都可以通过迅速的私有化得到解决，这种私有化包括两方面：自下而上地建立和扩充私营企业，以及自上而下地将国家资产转让给私人所有者。他认为，东欧各国政府没有迅速有效地将大企业私有化，就造成了两个问题：企业经理自己去剥夺企业资产，实行"自发私有化"；企业经理帮助工人提高工资以损害国家预算和企业的投资，使企业"非资本化"。他反对象英国那样逐个出售大工业企业以使它们私有化，而主张实行所谓的"大众私有化"。首先是将企业成批地"商业化"，转变为合股公司形式，再将其股份免费分配给指定的混合投资基金会，而投资基金会的股份再以低成本或免费分给全国各家庭。投资基金会规定工业公司的监事会，各家庭可以自由买卖投资基金会的股份，投资基金会也可以自由买卖企业的股份。

西方经济学界中反对萨克斯式战略不乏其人。由于前苏联及东欧的经济转轨碰上了巨大的困难，而中国这几年的经济增长速度则较高，所以出现了应当参考中国经济改革经验的意见。这种意见大多属于主张逐渐向市场经济过渡的所谓"渐进派"。但是在西方经济学界，比较共同一致的看法是：要解决前苏联改革前所面临的各种问题，就只有实行私有化、市场化、竞争和货币约束，戈尔巴乔夫的改革太晚也太少。最近流行的看法则是：所谓"大爆炸"战略与渐进改革战略之争是一种过份的简化。创立社会保障体系、创立新的法律和制度体系、发展私营部门等，在任何国家都需要好多年；改革战略上的差别只是表现在宏观经济稳定的程度、价格与对外贸易自由化的程度、货币可兑换性以及私有化起步的速度上。宏观经济稳定一般应该先于价格和贸易自由化，以免超级通货膨胀破坏改革进程。许多人认为，中国改革的经验无法照搬到前苏联及东欧，因为中国改革从农村起步并得到成功，中国的工业增长主要来自新的厂家，这都是前苏联及东欧所不可能作到的。有的人仍然坚持说，实行休克疗法虽然一开始蒙受的损失大，但将来经济增长会很快。

匈牙利经济学家科尔奈对前社会主义国家经济改革中的困难看得比较清醒。他虽然相信西方人提出的那种改革目标最终会达到，但是承认即使是私有化也不会没有痛苦地解决失业问题，指出过去遗留的过高福利很难削减，因而"过渡"很容易落入财政陷阱之中。

近年来西方经济学中还出现了其它许多新动态，这里限于篇幅，只能略述一二。

美国近来出现了"利他主义经济学"，著名的萨缪尔森、赫伯特·西蒙等都纷纷就业撰写论文。西方经济学历来以个人为研究的出发点，利他主义经济学的任务就在于说明这种独立自主的个人为什么会作出利他的行为。他们根据分析认为，在许多情况下，具有合作倾向的人比其他人更可能分享到合作方的好处；如果这种合作行为被模仿，那么，甚至那些自觉选择其行为的自私的理性个体也会觉得作利他主义的事合乎他们的利益。他们的模型证明，如果某些生物种是在集团竞争中延续下来的话，舍己救人的利他主义者的遗传基因就不会消失；理智的利他主义者的利他主义小于不理智的利他主义者，他们将比不理智的利他主义者和自私的个体更适于生存。

近年来的另一个新的研究热点是分析温室效应所引起的一系列经济问题。为了控制温室效应，西方发达国家正在考虑用经济手段（如税收等）控制碳素的排放。一些西方经济学家正在估算温室效应对农业以至对整个经济的影响，测算每个碳素排放控制水平所要求的税收和国内生产总值的损失，根据减少温室气体排放的经济成本和益处来编制模型，研究如何使对碳素征税的收入再循环。有人认为，温室效应对发达国家经济的影响可能不显著，却可能对发展中国家造成更大的损害。发展中国家抵御这种气候变化的最好办法也许不是消极地减少碳素排放，而是发展它们自己的经济，同时采用更干净的燃料、更有效的燃料技术。

对研究与发展投资的问题进行分析也是近年来的一个重要动向。西方经济学家们注重的是说明研究与发展投资的效率变化的原因、它的市场价值的变化以及它对企业无形资产的影响。

（左大培）

综观经济学
(Mesoeconomics)

“综观经济学”是由澳大利亚莫纳什大学的经济学教授、澳籍华人黄有光先生于80年代初创立的，它力图成为传统的微观经济学与宏观经济学之间的中介，沟通这两种不同的分析方法，将它们综合起来。

综观经济学是通过分析“代表性企业”来沟通微观经济学和宏观经济学的。代表性企业是单个的企业，对它所作的分析仍然是一种微观经济分析；但是，当代的综观经济学所分析的代表性企业又不同于马歇尔所说的代表性企业，它可以是整个经济中的代表性企业，它所受的外生影响（如名义需求的外生变动）和在价格、产量等方面所作出的反应都代表了整个经济的平均状况，因而分析它所得出的结论就可以直接应用到宏观上来。这样的代表性企业也就可以成为宏观经济学的微观基础。在当代经济学的发展中，反均衡分析的流派力图发展一种非均衡的微观经济分析，以此来沟通宏观经济学和微观经济学，说明现实中总产出水平的波动。综观经济学则走了一条与此不同的道路。它坚持均衡分析，但是它分析的代表性企业却处于非完全竞争的条件下。从分析这种企业出发它得出结论：整个经济所能够达到的不只是唯一的一个均衡，而且也可能是连续的一系列均衡。在给定的成本函数下，名义总需求的变动不仅会引起物价总水平的变化，而且也可能引起均衡总产出的变化。这就从微观的均衡分析出发说明了现实中总产出水平的波动。

综观经济学对代表性企业的需求函数和成本函数作了巧妙的设计，排除了各种非总量因素对代表性企业的经济行为的影响，使分析代表性企业所作的结论可以直接用于说明宏观的经济问题。它通过确定各种弹性相互之间的关系，说明了在现代西方市场经济中外生原因造成的边际成本变化的影响，特别是外生原因造成的名义总需求变动所起的作用。它论证了在什么条件下会出现“货币数量论情况”（外生的名义总需求变动没有改变总产出，只是使价格总水平以同样比率变动），在什么条件下会出现“凯恩斯情况”（外生的名义总需求变动没有引起价格总水平的变化，只是使总产出以同样比率变化），在日常生活中常有的“中间情况”又是在什么条件下出现的。这就对宏观经济学的一系列主要争论问题作出了明确的裁决，判明了各派不同的宏观经济理论所分别适用的不同场合。更重要的是，综观经济学指出了在哪些条件下关于价格的预期将会自我实现。这时候预期物价总水平上涨百分之几，物价在实际上也就会正好上涨百分之几。价格预期会自我实现的情况有好几种，其中一种是所谓的“预期神地”，此时产出的变化不会引起边际成本的变化，但是价格总水平的变化却会使边际成本以同样的比例变化。另一种价格预期“受辅助”而实现的情况是，价格总水平的变化不仅会引起边际成本在同一方向上以相同的比例变化，而且会引起名义总需求也在同一方向上以相同比例变化

近年来黄有光和他的学生们在综观经济学的研究上取得了一系列新的进展。最重大的进展是黄有光本人论证了总产量变化的预期在什么条件下会自我实现。根据对代表性企业的行为分析，黄有光推导出了一个严格的数量条件，在这个条件下，预期的实际总需求的变化会引起实际总产出以相同的比例变化。这个条件颇为复杂，但是它指明了对总产量变化的预期自我实现的种种情况组合。其中的一个特殊情况是：宏观和微观的产量变化不会影响代表性企业的边际成本，价格总水平的变化才会引起边际成本以同样比例变化，而实际总需求的变化则不会影响对代表性企业的需求的弹性。这一组条件虽然苛刻，但却不是不可能满足

的。这意味着：即使现代的宏观经济调节能够完全消除预期的变化对名义总需求的影响，企业微观层次的某些因素仍然有可能使对实际总需求变化的预期自我实现。更重要的是，黄有光对总产量变化自我实现的分析说明了商业信心在经济上的极端重要性，从而有助于解释西方30年代的大萧条。综观经济学中的其它进展有：史鹤凌将综观经济分析动态化，应用于分析商业周期。他发展了不完全竞争下的代表性企业使整个经济具有均衡的一系列连续的集合这一论点，建立了一个动态的模型以说明整个经济如何受某些力量推动在那一系列均衡之间移动，内在的因素（特别是成本条件）如何制约经济不可能超出均衡的那一个系列之外，使它返回到均衡的连续集合上来并因而形成商业周期。阿巴雅斯里—西尔瓦则进一步对开放经济作了综观分析，指出：即使总供给曲线在封闭的经济中是垂直的，可是，一旦该经济对外开放，该经济的总供给曲线就有可能变为水平的或是向上倾斜的。这意味着在开放的经济中，有些因素使得对物价和总产量的预期更有可能自我实现。

综观经济分析的上述成果正在逐渐得到西方经济学界的广泛承认。有的英国经济学教授提出，黄有光是当代为宏观经济学提供不完全竞争的微观基础的先驱；英美两国的某些权威的经济学杂志对黄有光的综观经济学著作给予了好评，美国的大学中还有教授把黄有光的这一著作用作博士生教材。

（左大培）

新版古典微观经济学*

(New Classical Microeconomics)

澳大利亚莫纳什大学（Monash University）正教授、澳大利亚社会科学院院士黄有光，莫纳什大学副教授、澳大利亚社会科学院院士杨小凯近年来创立了一种新的经济分析方法，这种方法可称为新版古典微观经济学（New Classical Microeconomics）。这种研究方法受到匿名同行审稿人的高度推崇，被视为对经济学的突破性贡献。排名最高的经济学期刊的数位审稿人称这种新方法具有“原创性”（original），“创新性”（innovative），并称他们的论文为经济学的“标准文献”（standard references）。芝加哥大学教授罗森（Sharwin Rosen）称这项研究“激动人心，令人屏息而视”，并将此工作列为最好的2%的研究之一。

总结了这种新的经济分析方法的是杨小凯和黄有光的专著《专业化与经济组织》（Specialization and Economic Organization，a New Classical Microeconomic Framework，North Holland，1993）。新方法与传统的经济分析方法的主要区别是，传统方法在给定经济组织和制度结构的条件下分析资源配置问题，集中分析规模收益不递增时的情况，用的主要是以内点解为基础的边际分析，所以不能解释组织和制度变化对生产率发展的意义。而新方法着重于分析经济组织和制度结构变化的机制及其生产率意义，假定的是将生产资源投入到单一物品的生产时存在着规模收益递增，从而用的主要是角点分析。这种新理论有三个主要特色：

1. 每个人被假定为既是消费者又是生产者，因而不再存在传统理论中的那种消费者与生产者的绝对分离；

2. 每个人作为消费者喜好多样化消费，作为生产者可以通过专业化加速知识积累和改进生产率，所以最优决策永远是角点解，边际分析不再适用。

3. 存在着各种各样的交易费用，所以有一对交易费用和专业化经济之间你消我长（trade off）的冲突。

每个人的最优决策包括两部分：首先是选择最优专业化水平和最优专业方向，这种个人决策的总和决定社会分工的水平、组织结构和市场的大小；其次每人必须在选定的组织结构下决定资源配置（各种产品的相对数量和相对价格）。这后一决策问题类似于传统经济学中的决策问题。但前一决策问题却不同于传统经济学。由于每人的最优决策是许多角点解之一，而可能的角点解之间的组合构成了许多可能的市场的角点均衡（corner equilibrium），而一般均衡是这许多角点均衡中的一个。每个角点均衡类似于传统经济学的一般均衡，它决定给定组织结构下的资源配置问题且使供求相等，而新理论中的一般均衡决定组织结构。由于效用函数、需求和供给函数在角点均衡之间不连续，所以这种模型可以通过比较静态和动态分析解释当经济参数变化时，经济组织不连续地从一个角点均衡跳到另一个角点均衡，由此而解释组织和制度变化及其生产率意义。

杨小凯、黄有光及他们的同事将这种分析方法应用于企业理论，因而能够解释企业的出现和演进；用到贸易理论，因而能解释国内贸易到国际贸易的演进；用到增长理论，因而能用劳动分工的自发演进解释经济发展；用到货币理论，因而能解释货币出现与劳动分工演进的关系；用到景气循环理论，因而能解释景气循环对生产率发展的意义；用到城市理论，因而能解释城市

---

* 本文原为杨小凯和黄有光所作，后由左大培作了重大修改。

制度演进与分工演进的关系;用到产权分析,因而可以解释企业剩余权对生产率的意义及市场寻找最优合约安排的功能,等等。

这种新理论不仅能解释传统经济学不能解释的很多重要的和有趣的经济现象,而且使经济学的不同分支有了一个内在一致、连通一气、解释能力极强的理论核心,因而使理论更具应用前景。另一方面,新理论将古典经济学中被人们遗忘的精华(例如劳动分工演进对生产率进步的意义)加以发扬光大,同时又将新古典经济学中的最优决策和均衡分析加以继承和精细化,因而在复活古典经济学的同时保留了主流学派发展的连续性。在这一方面,新理论又不同于反主流学派的反均衡分析流派。

第一个用来验证这种新理论的实证经验研究是由杨小凯、王建国、威尔士用中国的体制改革数据完成的。(参见 Yang, Wang, Wills, 1992, Economic Growth, Commercialization, and Institutional Changes in Rural China, 1979—1987. In China Economic Review, vol. 2, P. 1—37.)

(左大培)

俄罗斯经济学界的一些动向

近年来,前苏联经历了深刻的政治和社会经济的危机。经济理论的危机也同时加深,它使俄罗斯学者对传统的经济理论感到迷惘和困惑。这种情况在高等学校的教学中表现得最为突出:目前,讲授了七十多年的政治经济学课程已完全停开,政治经济学教研室已普遍改为经济理论教研室,在课程内容上,传统的政治经济学也被西方称为"Economics"的"经济学"所取代。

在这一新旧理论的过渡中,有一些动向令人注目。

一、提出要"更新"经济理论

由于政治和经济的危机给传统经济理论以所谓"休克般的"影响,俄罗斯学者纷纷提出要对经济理论进行"根本的更新"。

俄罗斯学者认为,经济理论的"更新"包含有两方面的含义。

一方面,"必须对马克思主义进行深刻的科学的再思考"。曾经在前苏联主持过意识形态工作的梅德维杰夫说,"批判不能仅限于马克思主义学说的某些具体论点,并且也不能仅仅归结为揭露和克服后来对它们的歪曲",还应包括"批判地阅读那些使马克思主义思想后来不正确的发展成为可能的某些作为出发点的公设、马克思主义的方法论原理和经济学说"。他说,对马克思主义的批判并不是毫无根据地谴责它和把它消灭,重要的是"区别良莠,弄清什么是它对人类思想和文化的真正增殖,什么是神话、幻想和谬误"。

"更新"的另一方面是"回到世界经济思想的怀抱,克服对西方理论和学派的异己态度"。圣彼得堡大学教授希罗科拉德认为,几十年来苏联社会主义政治经济学一直脱离世界经济思想的发展,"这是不加批判地接受马克思列宁主义关于政治经济学的阶级性的原理并把这一原理绝对化的结果"。他提到:马克思说过英法资产阶级夺取政权之后便"敲响了科学的资产阶级政治经济学的丧钟",列宁也曾说过"在马克思以后谈论什么非马克思的政治经济学,这只能是愚弄小市民"。他说"这种蒙昧主义的立场,在革命后的整个时期一直被奉为教育和科学领域中的国策,被切实地贯彻实施。对十九世纪下半叶和整个二十世纪的西方经济思想的高傲态度,把它看作是庸俗的、只能作为批判和揭露的对象的态度,使我国不能利用一百五十多年来的世界经济思想的成果。"

莫斯科大学教授拉达耶夫认为,政治经济学的真正更新就在于这一方面。"使经济理论超出马克思主义的范围,也就是真正考虑世界经济思想所积累的财富。这时马克思主义学派并不是'被抛弃',而只不过丧失自己仿佛是唯一科学的学派的绝对性。"他说,"把政治经济学更新的性质理解为使政治经济学超出马克思主义学派的范围,这就从原则上扩大经济信息的范围,在教学中综合各种流派,把边际效用学派、新古典学派、凯恩斯学派、制度学派等的基本成就纳入教程",先把各种学派在一定程度上折衷地结合起来,然后再在深刻的科学的综合基础上形成"更新了的政治经济学"。

二、批判"经济决定论"

俄罗斯科学院经济研究所所长阿巴尔金说,"不把经济理论同广泛的社会文化因素的研究结为一体,经济领域中的突破是不可能的。'经济决定论'愈来愈证明自己是没有根据的"。

经济决定论,即经济浪漫主义,是一种片面的、庸俗的、认为经济是社会发展唯一动力的历史观。在苏联的理论界,它历来是被用来批判伯恩施坦、"合法马克思主义者"和孟什维克的。而现在,俄罗斯学者自己承认"长时期以来在苏联的经济学中占统治地位的是以纯经济的观点来分析社会发展的因素……把这些因素绝对化必然导致庸俗的经济决定论"。由俄罗斯科学院经济研究所拉蒂舍夫等一批学者撰写的文章指出,二十世纪中期世界经济科学已在脱离纯"经济主义"方面有了一定进展,而苏联经济学由于自己的孤立性和社会所面临的任务的特点(建立物质技术基础,满足人民群众起码的重要的生活需要),陷入了庸俗的经济主义的境地。

他们认为,庸俗的经济决定论的特点是:把经济因素的因果作用绝对化，从而把社会发展的一切成就都直接同经济领域的发展相联系；忽视非经济因素的独立的和积极的作用，总是把它们仅仅看作是经济进步的结果；把社会发展的单一方向性及其预先决定性绝对化，认为有这样的生产力发展水平就必然产生这样的生产关系及其他社会关系体系，并把下一个阶段总是看作比前一个阶段更进步的阶段。这种观点简化了、有时甚至歪曲了社会发展的真正情景，它不能解释发展的曲折和倒退的趋势，不能解释为什么同样的经济发展水平会有完全不同类型的社会结构。他们认为，对这些问题的现代观点要求摆脱庸俗的“经济主义”，考虑全部的社会关系，即把社会理解为统一的整体，而经济只是它的一部分；应当树立这样的观点：社会发展不是预先注定的过程，而是具有或然性的、有可能变异的过程。

三、批判社会形态观点

社会形态观点，是指把人类社会的发展阶段分为若干个社会形态，而社会的发展就是社会形态的依次更替。十月革命后这种观点在苏联理论界占有统治地位，尤其在1938年斯大林的《论辩证唯物主义和历史唯物主义》发表以后，五个社会形态论的影响更为普遍深入。现在，俄罗斯学者认为：“经济学所经历的危机暴露了在利用社会形态观点上严重的简单化。”

梅德维杰夫认为，马克思主义对人类社会发展的传统的社会形态观点具有局限性，“历史不能归结为社会制度的更替，社会形态的公式是适用于人类历史一定时段、而且只适用于一个虽很重要但毕竟是有限的人类活动地区——即基本上适用于西欧——的局部的理论。”

拉蒂舍夫等人指出，社会形态观点为凑合逻辑而削弱历史；把特殊（某一社会形态的生产关系）提到第一位，没有足够考虑历史阶段的继承性；抹煞多方案发展的可能性，力图削发展之足以适已知的社会形态之履；不能解释社会形态内部的多样性。他们认为，“在苏联科学中，在实际利用社会形态观点时忘掉了它的这些局限性，结果，把划分社会形态的方法变成硬性的社会形态体系，可以在任何条件下‘贴’在任何过程上，从而教条主义地把社会形态的数目归结为五个。”

查哈罗夫说，“传统的社会形态理论的‘致命弱点’是它的单线条的构想：一切社会形态被排成一个队，所有民族都‘必定’经历一个又一个社会形态走完整个过程，最多承认某个民族可以在其发展中‘绕过’某个社会形态。其实，演变是多线条的，多方案的。”

四、强调建立一般经济理论

在社会形态观点的支配下，经济理论成为各个社会制度的理论的总和，于是认为，经济理论由一系列彼此根本不同甚至截然对立的经济制度的理论形成，而且它具有深刻的阶级性，每个阶级对经济问题都有自己的符合本身利益的观点。因此，梅德维杰夫说，“到不久前为止，在苏联经济著作中统一的一般经济理论实质上是不存在的。”“新社会和旧社会之间只承认在生产力上有继承性，至于生产组织形式、社会经济和政治的关系以及文化，则千方百计地强调社会主义同以前的各个时代的截然对立。‘社会主义政治经济学’就是完全按社会主义生产关系和资本主义生产关系根本对立的公式来建立的。”梅德维杰夫认为，“把经济理论作为各个生产方式的理论的总和这种旧模式，现在已不能令人满意。它不符合关于经济发展的现代观念。建立一般经济理论应被提到第一位”，“现代的政治经济学如果没有一般经济理论作为自己的基础是不可设想的。”他说，经济学作为认识现代社会的工具，当然不能限于一般经济理论，但是“‘不是资本主义就是社会主义’的模式已不适合现代社会”，“传统的政治经济学——资本主义政治经济学和社会主义政治经济学——不符合现代的实际，当然也不符合社会进一步发展的前景。需要有新的观点。这种观点来源于二十世纪和二十一世纪之交发生的社会发展极其深刻的转折，它是‘不是资本主义就是社会主义’这一传统的模式所不能容纳的。”

五、反对把生产关系作为政治经济学的主要对象

梅德维杰夫认为，在寻找对当代的根本经济问题的答案时，首先必须使经济理论摆脱社会制度理论的决定性影响，这样，经济理论“主要服从于研究这种或那种社会形态的特殊规律的必要性就不存在了”。“在这种条件下，经济理论的使命已经不能归结为揭示生产关系的实质。研究利用生产资源的效果和提高人的福利的途径，自然成为经济理论的方向。”梅德维杰夫说，虽然生产关系不能不是政治经济学研究的对象，但是把政治经济学的对象归结为生产关系，这就缩小了作为一门关于生产、关于社会财富和人的福利的科学的任务。“如果认为政治经济学是关于生产关系的科学，那么即便宣布人的福利为总的目的，实际上也是把它推到了次要的地位。”结果便出现了这样的情况：“建成新社会的标准不是从人们生活的现实条件得出，而是从先验的改造生产关系的公式得出。在这里主要的不是真正的社会富裕和人的福利，而是占有和分配的形式，社会主义理想被挤到了生产资料和生产成果的分配领域，脱离了实际形成的福利水平。”他说，“显然已经到了用另一种方式来看待政治经济学的方向和使命的时候了。它的中心应当是社会和人的福利问题和生产资源的利用效果。至于生产关系，应当把它看作是福利本身的组成成分之一和经济增长的因素。”

六、重新评价苏联社会主义政治经济学史

过去，苏联经济学家对苏联社会主义政治经济学的形成和发展给予了高度的评价，比如帕什科夫认为它是作为对共产党和社会主义国家的经济政策的“理论上的科学论证”，作为对社会主义经济建设实践的“科学论证”而产生、形成并发展起来的（见《经济科学》1970年第2期）。现在，希罗科拉德对它提出了实质上是否定的评价。他说：“苏联的政治经济学一向就是意识形态化的和神话化的学科，它把自已的任务首先看作是‘论证’从政治最上层下达的意识形态公式和主张。例如，向社会主义全线进攻（20年代末—30年代初）、无产阶级专政是苏联经济运动的规律（1933年）、完成无阶级的社会主义社会的建设和社会主义向共产主义逐步过渡（1939年）、社会主义完全和彻底的胜利（五、六十年代之交）、全面展开共产主义社会的建设（1959年）、发达社会主义（1967年），正是这些意识形态的神话决定了社会主义政治经济学的内容、逻辑和结构。”他认为，“过去存在的那种苏联社会主义政治经济学，在很大程度上是行政命令体制的产物。如果我们把苏联有关经济政策、苏维埃经济理论和社会主义政治经济学的所有教科书和教学大纲作一番考察，就可以看到它们所热衷的是企图制定无市场社会主义的理论模式。”因此，“不难理解，当生活揭示了这种实质上是自然社会主义的观点（按照这种观点，最多允许形式上承认社会主义经济中存在商品货币关系，但不存在市场及其内在固有的规律）并没有现实根据的时候，社会主义政治经济学的威信便降到了最低点。”

（章良猷）

1993年诺贝尔经济学奖获得者——福格尔·诺思

1993年，瑞典皇家科学院将诺贝尔经济学奖授予了对制度经济学和新经济史学作出杰出贡献的美国经济学家罗伯特·W·福格尔教授和道格拉斯·C·诺思教授

罗伯特·W·福格尔，1926年出生在美国纽约，1948年获康奈尔大学学士学位，1960年获哥伦比亚大学硕士学位，1963年获约翰·霍普金斯大学博士学位。1958年他开始在约翰·霍普金斯大学执教，1959年转到罗彻斯特大学，1964年转入芝加哥大学，1965年在那里担任经济史教授，同时兼任罗彻斯特大学的教授职位，1975年他辞去上述二职到哈佛大学任教授，同时兼任人口经济学中心的理事和瓦格林基金会的理事，1981年他又回到芝加哥大学任教授。

福格尔曾于1977年任经济史学会会长，1980年任社会科学史学会会长，1978年以后一直担任国立经济研究局的项目理事。

1964年，福格尔出版了他的著作《铁路与美国经济增长：计量经济史初探》，它标志着“历史计量学”或“新定量经济史学”的诞生。这是将新古典经济学的原理同统计推断原理相结合的一门新学科，用以考察这样的反事实性问题：如果铁路从来就不存在，美国的经济增长率会是多少？当时有一种观点认为，铁路在上个世纪美国的经济发展中起到了独一无二和不可替代的作用，其根据在于：铁路降低了统一的运费，这使开发大面积农田“在经济方面”变得切实可行；修筑铁路引起对制成品的巨大需求，所以美国工业化进程的真正起步始于庞大的大陆铁路网的建设；铁路的飞速发展导致一些重要革新（如酸性转炉炼钢、电报机）的出现和传播。

福格尔令人难以置信地复原了当时主要的工业统计资料（运费、主要流通贸易量的地区分布，按部门对当时冶金工业交货情况的分析等等），从而指出上述三个假设是错误的。

在围绕“新经济史”的兴起而展开的热烈讨论中，福格尔坚定地维护《美国经济史的重新解释》和《“科学”史学与传统史学》中明确制定的方法。他在另一部著作《十字架上的时代》（与恩格尔曼合著）中重新考察了美国奴隶制经济，他们严厉抨击了那种认为奴隶制是一种无效益、不赢利生产方式的正统观点，他们通过统计分析指出，由于使用奴隶劳动力的大农场的组织效率高，而不是由于对劳动者“剥削”较重，造就了奴隶制的较高生产效率，而且只有象南北战争那样的超经济力量才可能导致它解体。

道格拉斯·C·诺思，1920年出生于美国马萨诸塞州坎布里奇，1942年和1952年分别获得伯克利加利福尼亚大学经济学学士和博士学位，1946年至1982年间曾先后执教于伯克利加利福尼亚大学、华盛顿大学、赖斯大学和剑桥大学。1982年他重新回到华盛顿大学任教，在该核经济系任亨利·R·卢斯讲座法律与自由教授。此外，他还曾在1960—1966年任《经济史杂志》的副主编，1972年任经济史学会会长，1975年任西部经济协会会长，1973年任巴黎高级研究实验学院历史研究中心的客座主任。

诺思早年在对美国国际收支和海洋运输的研究中，引入了凯恩斯主义宏观经济学的方法（包括国民经济核算法、经济增长要素分析法和经济计量法等），构成了新经济史上的一个转折点。他早期研究的代表作

有《1790—1860 年美国的经济增长》和《美国过去的经济增长与福利：新经济史》。

此后，诺思没有去完善凯恩斯经济学的增长模式，而是独辟蹊径，力求以制度变迁来解释经济增长。诺思在对美国经济史的研究中不仅归纳出有关制度变迁的一般原则和过程，而且还多次考察了美国历史上制度变迁的产权含义，即制度变迁与产权结构的关系。产权理论的盛行及其完善，为他用制度变迁重新解释西方经济的历史，即理论由“抽象”到“具体”创造了学术背景并提供了方法论基础。标志着诺思这项研究工作的纲领性和宣言性文献就是《西方世界的兴起》一书（与罗伯特·托马斯合著）。在该书中，他考察了 900—1700 年间的西方经济史，指出历史上的产权没有做到使个人收益与社会收益相等，其原因就在于或是无法阻止“搭便车”行为，或是创立和行使产权的费用超过了收益。那些最早进行了产权结构方面变革的地区，由于从制度上激发和保护了经济领域内的创新活动，因而能够首先在西方世界崛起。

《西方世界的崛起》引起了极大的关注和一定的批评。诺思对这些批评的反应和对原来论点的修改，体现于 1981 年出版的《经济史中的结构与变迁》一书中。在该书中，他不再局限于原来解释的经济怎样随时间而变化的目标，而是将分析的重点放在这样三个变量上：(1) 对经济活动产生动力的产权；(2) 界定和实施产权的单位——国家；(3) 决定个人观念转化为行为的道德和伦理的信仰体系——意识形态。产权理论、国家理论和意识形态理论由此成为制度变迁理论的三块基石。

由于诺思教授成功地将产权理论运用于经济史的研究，并在此基础上对整个西方世界的经济史作了重新解释，因此，他对西方经济史的考察成为“产权运动”的两大支柱之一。他本人也成为产权学派的一位代表人物。

（魏　众）

海外经济学家对中国的评论

中国的第四次革命

［美］温斯顿·洛德
格里特·W·龚

（一）

这场第四次革命并不是剧烈的社会动乱、政治制度更替或领导层突然被取代，或者意识形态或方法突然改变带来的结果。这个变化的特点是：

中国的巨大的经济力量在所有制、生产、投资和需求方面的日益增强的市场取向；

决策体系和过程的分散化；

合法性的依据从意识形态转向日益提高的生活水平和民族主义；

中国的某些根深蒂固的观念和社会组织模式正在发生转变；

具有根本性意义的是，世界和中国空前地开放，以及中国对自己内部空前开放。

对上述的各个命题值得加以简要的说明。

市场取向。从经济上说，中国的第四次革命是以中国的日益增强的市场取向为标志的，它实际上是把资本主义革命扩大到占世界人口1/5的人口。政府在经济中所起的作用正在从中央管理者朝着市场调节者转变。国营部门的比重正在缩小。在整个中国，生产和提供具有较高增值的制成品和服务的第二产业和第三产业正在成倍地发展壮大。对许多人来说，可支配的收入已大大增加，收入的增长继续超过通货膨胀，特别是在中国南方和中国沿海的一些繁荣地区。

权力分散和合法性依据的转变。中国的第四次革命也是它的社会结构现代化的第四个时期。

1978年，邓小平的真实上的革命，其目标是要通过建设有中国特色的社会主义使中华人民共和国现代化和强盛起来。在1978年中共十一届三中全会这个里程碑以后，恢复秩序、重新确立中国的国际威信，并大幅度提高生产率，因之首先在农村，然后在城市改善了人们的日常生活水平。

社会改组。这第四个现代化转变时期中包括了那些触及到中国的精神的核心及其传统的行为模式的变革。

同外部世界的相互作用。最后，处在这第四个转变时期的中心的，而且就其速度、范围及其影响而言都是中国漫长的历史中前所未有的，乃是这样的变化：中国，包括它的内陆地区在内，正在日益变成外部现代世界的一部分，而且越来越像外部现代世界，而外部现代世界本身也正处在持续不断的现代化过程之中。

目前的这种转变是中国广大的内陆越来越多的地区同比中国还要大的全球力量相互作用的结果。按照国际经济条件进行的竞争现在正在吸引越来越多的中国公民的卓有成效的能力和一部分聪明才智投入到与现代世界之间的信息与影响的双向交流中。

这个过程现在在中国沿海的地区、城市以及其周围的地区已经是非常普遍的了。现在它正在日益向中国内陆的乡村和城填渗透。这种内外之间的相互作用现在是双向的，不可逆转的。

（二）

从内向外来说，中国必须就怎样去建立起一个具有全球竞争力的、面向市场的经济，同时又保持中央控制和治理能力一事作出决定。从外向内来说，全世界必须考虑怎样去同一个只是部分地而不是完全地加入到多样化的、独立自主的中国打交道。

可是无论从内向外还是从外向内来说，中国都必须处理好五个关键性的任务：

1. 促进"社会主义市场经济"。鉴于中国从历史上和地理上来说被夹在中间，一边是前苏联和东欧，另一边是日本、南韩、台湾以及其他一些经济富有活力的国家和地区，中国处在既要保持政治稳定，同时又要促进经济增长的这种两难处境。

从理论上说，当今的任务是为"社会主义市场经济"的运作确定定义。在实践中，邓小平试图让注重实效的经验去确立四个现代化的经济活力与四项基本原则的政治正统之间的平衡。实现增长与稳定、秩序与活力、变革与连续性之间的平衡，这就是一个正在实现现代化的幅员辽阔的、情况复杂的国家的辩证法。

但是存在着中国领导人也无法事先预料到也无法避免的盲点。

首先，低估了经济改善将在多大程度上激起对越来越大的收入差距的妒忌心理和对党的批评。某些批评反映了这样的现实：竞争条件不平等，那些与官员们有关系的人可以利用或创造机会先富起来。同时，物价改革引起了通货膨胀。

其次，中国领导人不可能预见到，允许成千上万的普通中国公民自愿地投身到世界商品和服务的双向交流之中，将不可避免地使他们同全世界富有竞争力的生产方式联系起来，并使他们接触到全世界的种种思想和理想。这种把中国同现代化世界联系在一起的情形使人们产生了一些期望，建立了一些程序。

中国的左右为难的处境就在这里。近几个月来，中国领导人正在努力做着在经济方面必须做的两件互相矛盾的事情。一件事是放慢过热的经济，另一件事是抓住他们认为是历史性的加快发展的机遇。这样一些矛盾是实施“社会主义市场经济”所固有的左右为难的情形。

2. 同香港、台湾和海外华侨打交道。中国第四次革命的火花是从内部发生的，但它的“燃料”却来自以港台为首的东亚。中国的经济发展在许多方面受到港台和海外华侨中的实业家的推动。整个这个地区的华人投资者，大大小小的投资者，利用其总额也许超过1万亿到1.5万亿美元的资本实力，出于谋求利润、提高威望或者出于家族关系，推动了中国经济的迅速发展。中国的第四次革命在经济方面的成功，也许会使香港从英国殖民地转变成一个特别行政区变得更容易些。

现在香港著名的实业家们强调三点：(1)中国的最惠国贸易地位对于保持在香港的投资者的信心是必不可少的；(2)良好的持久的中美关系对于这个地区是至关重要的，特别是由于英国的作用正在发生变化；(3)虽然人人都赞成中国的民主化，但亚洲的文化背景对于人权标准是有影响的。因此，不应把中国的最惠国待遇同香港民主化状况联系起来。

3. 处理好领导层接班问题

4. 保持体制的合法性和稳定

5. 确定其在海湾战争和冷战结束以后应起的国际作用与国格。

冷战结束以后的世界表明，北京必须改变在原来的两极世界中打力量平衡差这张牌的做法。它还要求北京通过关贸总协定、亚太经济合作组织、以及其他一些章程和集团来调整自己，以适应市场经济的激烈竞争的现实。

（摘自《华盛顿季刊》1993—1994 年冬季号）

中国经济改革的经验与教训

［新加坡］陈康
［美］加·杰弗逊
［世行］英·辛格

中国的经济改革取得了举世公认的成就，但也为此付出了一些代价。回顾头十年的改革，有以下四个经验教训。

第一，农业和乡镇企业起了改革的先锋作用。中国的经济改革始于农业。农业的发展带动了乡镇企业，而后者的发展又促使国营企业改变经营行为。文章把改革过程中出现的这种一个部门的有力变革不可避免地要激起其它部门的变革的现象称之为“协同作用”，并认为它所造成的累积影响比其各部分影响之总和要大得多。但是，文章认为，局部改革在部门之间也会产生消极影响，1984 年政府正式同意发展农村私营企业并允许农村信用社向农村工业自由放贷，1985 年农业发展速度就突然放慢。上述决定和价格控制一起，抑制了农业的相对竞争力，加速了劳动力和资本向非农业部门流动。由此可见，对于一个部门的控制可能会使其他部门捞取不相称的资源。

第二，渐进与局部改革的成就与不足。中国城市工业改革的重点是扩大企业自主权，加强物质刺激，减少而不是取消指令性计划指标，其主要方法是签订多年合同管理责任制和实行双轨制。文章认为，这些改革的关键在于它们为企业提供了一个在可调控范围内用于奖励和新投资的资金来源，从而促使企业领导和工人普遍转向追求利润的竞争行为，加强盈利企业获得大量投资的可能性。

中国城市工业改革取得了巨大成就，但是，这种成功是以农村改革和国家放开对工业生产的垄断为前提的，非国营企业特别是乡镇企业对国营企业的竞争压力对后者的改革起了推动作用。

单纯的企业改革并不能创造使企业根本改变经营行为的条件。如果改革仅仅是把中央的权力下放给地方政府并使管理任务更加复杂化，它就不会收到任何效益。目前中国继续存在的劳动力市场不发展的问题、地方官员过分干预企业事务的问题、软预算约束问题，以及地方政府限制竞争和地区间贸易的问题，等等，都使城市工业的改革不能令人满意。

第三，基层的积极性和自发改革对推动中央控制的改革起了重大作用。中国经济改革是谨慎进行的，政府在其中所起的作用相当大。但是如果没有基层的主动响应，政府的改革行动将遇到相当大的困难。实际上，有许多改革是中央授权进行的，有一些则是中央遵从了事实上已发生的变化，只是加以认可和推广而已。文章认为，自发改革在中国有很深厚的基础。目前，未被承认的公开或暗中进行的自发改革还很多。自发改革是对中央控制的改革的一种必要补充，有时是后者的一个必要前提。对政府来说，自发改革是一种主要资源。因为它能告诉政府：改革在什么地方可以获得最大效益。

第四，体制缺陷和政策失当阻碍了改革的进行。经济改革的受阻不仅仅是因为缺乏可行的始终如一的战略，也不是因为缺乏政治意志或担心出现经济混乱。在经济改革过程中的某些接合点上，体制或手段上缺陷与政策失当也会造成关键性的改革难以起步或难以为继。过去10年这方面的问题表现在宏观经济管理和就业政策上。

中国宏观经济管理的弊病：1. 银行缺乏独立性。2. 利息率缺乏灵活性。3. 税收体制缺乏弹性。

城市劳动力市场改革既是中国企业加强纪律、提高效律的需要，也是创造支持结构性调整所必需的灵活性的需要。但是，中国实行的一系列广泛的政策和价格规定，无意中导致了歧视劳动密集型产业的结果。具体表现为：促使劳动力离开劳动密集型农业生产，阻碍劳动密集型服务业和小规模私营企业发展，不利于发挥中国在国际上比较占优势的劳动密集型部门发展，促使企业用资本、能源、原料取代劳动力的扭曲的生产要素价格。上述政策规定限制了创造就业机会的经济活动的发展。在它们持续存在的情况下，如果允许企业自由解雇工人，势必会造成城市失业人数大量增加，结果使有意义的劳动力市场的改革更难以进行。为了进行有效的劳动力市场改革，政府已采取了一些初步措施，如减少劳动力配置制度，企业内部实行优化组合，建立企业间共同负担的退休金和失业救济金。然而，要建立一个流动而有竞争力的劳动力市场，还需要进行更大胆的改革，但这些改革也只有在消除了上述制约就业机会形成的政策、实践和规定之后才能站得住脚。

（摘自《社科参考报》1993年3月22日）

中国大陆国营企业股份社会化之探讨

[台湾] 马黛　黄振聪　郑莉莉

一、全民所有制的发展模式

中国大陆自80年代中期开始推展城市经济体制改革以来，在所有权与经营权分离、经济责任制的建立、政企分离、条条块块的调整、横向经济联合等方面已著有成效。累积若干年的改革经验，理论与实践工作者总结出来的一条规律是：经济体制改革所要解决的问题，不外如何调动生产者、经营者的积极性，优化这些积极因素在企业、产业、地区三个层次的组合，以达成既定的经济发展目标。诚如马克思、恩格斯所言，资金是生产积极性的第一动因。而决定资金(尤其是固定资金)总量、结构及其流动的主要因素则是企业所有权结构。根据此一认识，理论与实践工作者在思考如何深化经济体制改革、如何改善所有制结构的问题时，不能将眼光局限于部门、地区与企业的所有权关系，必须从大系统资金调动的角度，考虑所有有关的问题。据此，我们总结80年代中期以来若干改革实践的案例，按照实施的复杂性，归结为五种全民所有制模式：

1. 第一阶段模式（改革前模式）：
   资金最终来源：财政。
   资金分配方式：财政分配。
   资金分配主要考虑：部门、地区结构。
   资金分配决策周期：财政年度。
   剩余分配方式：上缴税利。
   说明：解决部门、地区结构严重不平衡的问题。
2. 第二阶段模式：
   资金最终来源：财政。
   资金分配方式：①财政分配；②企业横向联合。
   资金分配主要考虑：①部门、地区结构，②企业结构。
   资金分配决策周期：①财政年度，②不定期。
   剩余分配方式：①上缴税利，②企业分利。
   说明：解决资金按部门、地区分配造成的企业结构不合理的问题，对经济效益的提高有所助益。
3. 第三阶段模式：
   资金最终来源：财政。
   资金分配方式：①财政分配，②企业横向联合，③控股公司投资。
   资金分配主要考虑：①部门、地区结构，②企业结构，③经济效益结构。

资金分配决策周期：①财政年度，②不定期。

剩余分配方式：①上缴税利，②企业分利，③股息。

说明：解决资金调度范围不广，不够灵活，经济效益动机不强的问题。

4. 第四阶段模式：

资金最终来源：财政。

资金分配方式：①财政分配，②企业横向联合，③控股公司投资，④职工配股。

资金分配主要考虑：①部门、地区结构，②企业结构，③经济效益结构。④工作诱因结构。

资金分配决策周期：①财政年度，②不定期。

剩余分配方式：①上缴税利，②企业分利，③股息。

说明：解决职工工作诱因不足，企业经济效益监督距离过远，频率不够的问题。

5. 第五阶段模式：

资金最终来源：财政，民间。

资金分配方式：①财政分配，②企业横向联合，③控股公司投资，④职工配股。⑤民间投资。

资金分配主要考虑：①部门、地区结构，②企业结构，③经济效益结构。④工作诱因结构。

资金分配决策周期：①财政年度，②不定期。

剩余分配方式：①上缴税利，②企业分利，③股息。

说明：解决财政资金不足，经济效益动机仍然不强的问题。

二、阶段模式的选择及股份化的必要性。

不同的全民所有制模式表明，每一新的阶段模式都是在解决前一阶段模式所产生的问题，因此最后的目标模式应是第五阶段模式。而在实际执行的过程中，到底那一种模式是当时最适当者，应取决于国家维持宏观经济秩序的能力，具体而言即是，按照既定的体制改革方针，国家计划机制（直接调控）转换为宏观调控机制（间接调控）的程度以及宏观调控机制的完善性。尤其第四、五阶段模式的采行，涉及为数极多的职工及社会大众，如何设计精巧的间接调控机制，持续稳定经济增长步伐，同时维持合理的社会分配秩序，是制度设计者的一大挑战。此外，必要的先行措施，如多向式信息渠道的建立、资金市场体制的完善化等，也需一并考虑。

自80年代中期开始实施城市经济体制改革以来，理论与实践工作者对企业经营承包制的优点多所论及，相对而言，对于股份制的正面评价则要少。深究其中原因，或许可以从论者对股份制是否与社会主义按劳分配原则相抵触的疑虑获得解释。然而，从对全民所有制各阶段模式的分析中可以看出，此一疑虑只有在第五阶段模式中才是恰当的。从第二至第四模式，股份化对于目标模式的顺利推行无疑是必要的。除此之外，股份化需要对企业资产、负债范围、数量、价值进行明确评估，此一程序有助于解决政企不分、企业吃国家大锅饭、企业与企业之间资产、负债关系不明确的问题。

三、有关按劳分配原则的疑虑。

第五模式的采行涉及与按劳分配原则有关的疑虑，亦即民间持有企业股票，因而产生的股息收入，是否违反社会主义按劳分配原则。对于这一问题，必须区别对待。在一个处于社会主义初级阶段、亟待发展生产的社会中，在一个以实行“社会主义市场经济”为目标运行模式的社会中，百分之百纯化的按劳分配形式是不可行的，只要达到以按劳分配为主的程度即可。何况从发展的观点看，民间投资于企业的资金绝大部分来自劳动所得的储蓄，而储蓄是节俭美德的结果。进一步，只要股票市场制度完善，政府收入调节政策灵活，对第五阶段模式的疑虑是可以克服的。

（摘自《开放导报》1993年创刊号）

引人注目的“华南经济圈”

[日本] 新井光雄

在世界经济普遍处于不景气状态的情况下，唯独“华南经济圈”保持着与众不同的良好增长势头。经济企划厅发表的世界经济白皮书首次对“华南经济圈”给予了肯定的评价。

被称为“华南经济圈”的地区，是指中国的广东、福建省和香港、台湾地区。所谓“华南经济圈”的特色是，在构成上并无条约或协议之类的东西，而是在中国推行开放政策这一背景下，自然形成的经济区域。到1990年止，这一经济圈的规模是，人口约1.2亿，国民生产总值2 715亿美元，出口总额达到1 878亿美元。经济企划厅的人士评价说：“如今它已发展成独具特色的经济圈”。

如今还存在着1997年香港回归问题；中国大陆和台湾之间还不承认直接贸易。一般说来，在这种情况下是很难形成可称之为“经济圈”的区域性联系的。然而这一地区却不仅形成了名符其实的无边界经济，而且发展迅速。其例证之一就是大陆和台湾之间的贸易增长。

尽管这种贸易主要是经由香港而实现的，但无论如何自1985年以来，双方的贸易迅速上升。表面看，这个经济圈是以香港为轴心形成的，但实际上给这一地区带来生机和活力的因素之一，是该地区的“同质性”。一位日本商社人士指出：“无论从语言还是民族角度而言，大陆、台湾和香港三方之间都没有什么障碍，这就为各方超越政治障碍创造了基本条件。”

经济企划厅人士认为：“华南经济圈今后很可能发挥向华中、华北地区发展的起爆剂作用。从发展角度看，中国廉价的劳动力和拥有高技术优势的台湾以及中国的大市场因素，都将给这一经济圈带来光明的前景。”

世界经济白皮书评价说，与环日本海经济圈、黄海经济圈等构想相比，华南经济圈先行一步，已脱离了构想阶段。

（摘自《开放导报》1993年创刊号）

中国的市场经济道路

[美] R·史密斯

改革使中国的工农业生产和人民生活水平都有了前所未有的提高。但这些成就能否归功于“市场社会主义”的改革？能否认为“市场社会主义”已经真正改造了中国的官僚集体经济？事实表明，在中国的国营工业部门并没有出现市场型的和生产率提高型的经济增长。因此80年代取得的成就主要得益于中国停滞不前的官僚经济之外真正的资本主义经济成分的稳定发展。首先从农业发展来看，许多西方学者认为中国农业80年代取得的发展是市场化改革成功的范例。然而事实上，1978至1984年这段时期中国农业生产的巨大增长主要应归于国家农产品价格的大幅度提高。提高收购价格意味着一大笔收入由国家转向农民，从而刺激农民生产和出售更多的农产品。但是这种刺激型农业增长是不可能持久的。从80年代以后农产品收购价格没有能够同加剧的通货膨胀，特别是农业生产资料的价格上涨保持同步，由于农民仍然有义务以低于市场价的价格向国家出售余粮和油料产品，由于国家仍然垄断着棉花的收购，农民在谷物、油料、棉花等主要农产品生产方面受到的刺激和鼓励逐年下降。其结果，农民收入的主要来源不是市场化的农业生产，而是众多劳动力由农业生产转向非农业生产，即开展工业和各种新副业。1985年农业生产出现明显下降。中国的改革者用家庭生产责任制取代了以前的人民公社，但是这并不意味着放弃了对农业的官僚经济式的控制，也不是由市场来协调资金的分配。家庭生产责任制以生产定额的形式保证国家生产和收购计划的实现。同时国家还掌握着一些重要农业生产资料的分配权，从而可以迫使农民按照国家的计划生产和出售农产品。因此可以说，政府强制完成其计划的努力是与其进一步扩大市场化的意向相矛盾的。同时经济改革赋予农民的生产自由，特别是从事副业生产和商业的自由又反过来动摇了政府实现其计划的努力，也动摇了政府阻止农民放弃农业并涌向城镇的能力。

从工业生产方面来看，改革者希望将原来的工业部门管理者改造成“社会主义企业家”。但这种努力在国营工业部门，甚至在一些农村集体企业中收效甚微。这些新型企业家依然奉行盲目发展的做法，不是关心如何提高生产效率，而是千方百计通过扩大投入来增加企业财富。企业内部分配上仍然是平均主义，有些企业亏损严重却依然能为工人增加工资。地方政府利用各种手段抵制外来竞争以保护本地区企业的利益。一些落后企业受到政府资助免于破产，而一些效益好的企业却被逼入困境。对于上述种种问题，改革者并没有能找到有效的解决办法。经济效益低下已成为国营工业部门的一个突出现象。在过去10年里，中国国营工业部门的增长并不是来自提高现有企业和劳动力的生产效率从而转向集约式发展模式，而是像以前一样来自新工厂的大量建立和新工人的大量投入。总之，中国的改革者并没有让市场去决定一个企业的生死存活，也没有让市场确定资源分配方向。官僚机构仍然垄断着金融系统和一些重要产品的收购和供应。

为什么政府在宣称进行市场化改革的同时却要坚持国有或国家计划经济成分的主导地位呢？其原因在于中国的国营工业企业或多或少仍然属于原有的官僚经济体系，中央及下属的省、市各级政府是工业企业的所有者。在这种社会财产关系下，工人之间、企业之间都不可能出现应有的竞争机制。首先政府机构不可能迫使工人相互竞争。在资本主义制度下，资本家可以迫使工人竞争以谋取最大利润，并可以根据生产需要随时招收和解雇工人。而被解雇的工人可从政府那里得到食品补贴等福利补助。但是在中国的经济体制下，整个社会经济的所有者只有一个，那就是国家。在它看来，解雇工人或者建立一个失业储备大军是得不偿失的。这个所有者兼老板不仅支付工人的工资，还要负责工人的衣、食、住、行，以及各种各样的福利。由于中国工人收入的60%必须用于购买食品等基本生活用品，一旦失业，政府仍然要承担这笔费用。因此对国家而言，解雇工人所能得到的和所要付出的相差无几。

近几年随着中国私有经济成分的扩大，所谓铁饭碗制度终于被打破了。越来越多的人为了得到较高的收入而自愿放弃了他们在国营企业中的职位而转向私有经济部门。但中国的改革者在提高国营企业之间的竞争力方面却存在严重问题，首先中国国营企业尚未形成为进行商品交换而生产的机制。而且也没有在市场竞争基础上形成衡量企业效益的客观标准。因此无法确定哪个企业是真正有效益的。其次，与资本主义的社会财产关系不同，在官僚经济体制下，企业经理并不对自己的企业负全面责任。资金投入、用工制度、工资多少、产品价格等很多因素都被置于企业控制之外。第三，在现有体制下，中央政府很难强迫那些无效益的企业倒闭，人们可以看到中国基层官员经常违抗来自上面的指示，以保护本地方企业利益的现象。造成这种局面的原因是中央政府与各地方政府是这些企业的共同所有者。因此，中央政府不可能以威胁关闭企业来促使企业提高效益，实际上这种威胁也不可能真正付诸实施。最后一点，中央的改革者似乎并不想让经济生活中真地出现胜利者和失败者。因为这样做的好处并不多。这也就意味着企业之间不会出现为求生存而进行的竞争。

鉴于国营部门的困境，鉴于必须保持城市工人就业和收入不断增长以稳定劳工情绪，为了给每年近2000万新的求职者提供就业机会，中国的改革者不得不向国内外的私有经济成分让出更多的活动空间。1991年中国国有企业占全年工业产值的53%（而在10年前其所占份额为80%），农村半资本主义性质的集体工业占37%，包括外国企业在内的纯资本主义部分占10%。1991年国有工业产值增长了8%，而集体工业增长达18%，私有部门增长达24%。外国投资的迅速扩大对中国私有部门的增长发挥了重要作用。如果这一趋势发展下去，非国有成分的经济力量将会超过国有经济，私人经济则会超过集体经济。

（摘自《国外社会科学快报》1993年第10期，题目由摘者所加）

中国与周边国家经济协作圈的发展战略

[香港] 程超译

世界经济区域化、集团化趋势早已引起中国经济理论界以及政策制订者的普遍关注。90年代以来，中国领导人更是大手笔地加快改革开放的步伐，冲破以往“小而全”、“大而全”的产业结构和国民经济模式，与周边国家和地区建立起不同范围、不同层次的区域经济合作。同样有理由认为，进入21世纪，为迎接世界经济区域化、集团化的挑战，中国与周边国家和地区的经济区域一体化态势也将形成。

1.“华南经济圈”：一个地区经济协作的典范

自从1978年中国在大陆沿海各省实施经济开放政策以来，香港与大陆之间、以及台湾与大陆之间经由香港进行的经贸交流活动快速增长。中、港、台的经贸交流活动多集中于东南沿海的广东、福建两省。台商在大陆近80%的投资集中在福建，广东70%以上外贸来自香港。日益密切的经贸往来，已使中国大陆的广东、福建和台湾、香港逐渐发展成唇齿相依、密不可分的经济结合关系。此一自然结合的经济区域，根据1990年统计资料，人口超过1.1亿人，总生产额近3000亿美元，发展潜力相当惊人。于是，一个香港、广东、台湾、福建合成的大经济区正在东亚浮现，这可能是比大陆的‘经济特区’，甚至比东亚四小龙更具深远意义的经济发展”。

2.“大中国经济共同体”：“华南经济圈”的自然延伸

广东、福建和台、港自然经济区域的形成与持续发展是不可避免的，未来循此基础继续发展，往西南可进一步结合广西、海南，往东北，可结合浙江、江苏和上海等大陆沿海地区。这里工业集中，经济基础雄厚，文化发达，人民生活富裕，并已逐步成为广阔内陆和国际市场交往的基地和桥梁，素有“黄金海岸”之称。

只要目前因政治因素所造成的若干人为障碍能加以消除，在5—10年时间里，一个涵盖海南、两广、闽、浙、苏、沪和台、港的大范围、大格局的“大中国经济协作圈”，将会自然演进而成。然后，以此更广的基础，再有5—10年的时间，应可将经济结合的庞大利益逐步扩散至中国北方及内陆地区。至此，“大中国经济协作圈”的格局即可建立。届时，大陆经济和台、港的统合大体可以完成。

两岸三地的经济统合若进展顺利，到21世纪初期应可初步达到。当然，目前中国大陆与台湾之间经济发展差距至为悬殊，经济制度又不相同，经济统合的工程至为艰难困苦。但只要本着互利互惠的原则，进一步破除经贸交流的障碍，并保障台、港的经济利益，不强求拉平经济差距，则一个有别于两德统一以及欧共体整合的经济融合模式将会出现在两岸三地之间，其前途无可限量。如果中、台、港能朝向经济统合的目标循序渐地发展，从11.7亿多人口，总计6000亿美元国民生产总额的目前基础上继续发展，预计至21世纪初期，两岸三地所共同组成的“大中国经济协作圈”的经济力量可望直追日本，并终将迎头赶上美国与欧共体。届时，一个让全世界中国人扬眉吐气的“中国人世纪”将随之来临。

3. “南中国海经济协作圈”：南向发展

中国华南省区和台、港在自行组成一个“中国人地区经济协作系统”之后，可以跟东南亚国家进行产业协作，形成一个“南中国海经济协作圈”。这一广义上的“南中国海经济协作圈”将涵益“新加坡海峡发展协作系统”、“马六甲海峡发展协作系统”和“湄公河流域发展协作系统”的地区及东盟其他成员国。[①]

从长远看，日本市场难以进入，美国市场贸易保护主义日趋严重，而东南亚国家人口众多，商品需求结构与中国相适应，是亚洲市场中尚待开发的处女地，也是亚洲经济的软腹地。例如，印尼有近2亿人口，生活水平处于中低档，大量需要中国过剩的轻工业品和消费品，可以为中国带来明显有利的生意。从资源角度看，南中国海有约合1万亿美元的资源蕴藏，将是中国继沿黄——陇兰经济区域带开发后，唯一的资源替代地域和21世纪初一个较长时期的区域经济的主战场，也是下一世纪中华民族生存空间的主要依托。所以，南向开发是中国应选择的一个战略方向。

显然，中国南向发展“南中国海经济协作圈”有其独特的发展动力，那就是东方文化，特别是儒家文化的动力。这是一个争议日久的问题。有趣的是，东亚四小龙中华族经济占了三个，台湾、香港、新加坡成为亚太地区增长最快的国家和地区，而这些国家和地区又恰恰处于儒家文化圈内。用中国几千年来历史积沉的博大精深的儒家和东方文化来推展“南中国海经济协作圈”所具有的崭新统合路向。

4. 跨国产业协作系统：四面出击

“华南经济圈”的成功典范，无疑给大陆全方位对外开放中积极开拓同周边近邻国家和地区的经贸关系，参与亚太地区国际分工，加强与区域内各国经济、技术合作提供了思路和指向。中国在迎接世界经济区域集团化的挑战中，将会效仿“华南经济圈”一体化模式，把它和周边国家(地区)当成一个发展的架构来处理。未来21世纪在中国沿海、沿边将衍化出若干跨国产业协作系统；

——广东、福建、港、台、澳在形成“华南经济圈”以后，可以跟东南亚的国家进行产业协作，形成一个“南中国海经济圈”；

——中国的黑龙江、吉林、辽宁、内蒙古、河北、天津等省市，可以同日本、韩国、朝鲜、俄罗斯远东地区以及蒙古，进行地方层次的产业协作，构成“东北亚经济圈”(也称“日本海次经济圈”)；

——中国的河北、天津、辽宁、山东等省市，可以同日本、韩国、朝鲜进行地区产业协作，组成“黄渤海经济圈”；

——经朝鲜图们江河口地区，包括纳霍德卡、符拉迪沃斯托克、吉林省延吉、朝鲜清津等城市，组成“图们江经济圈”；

——中国上海、浙江、江苏、安徽、江西，可以与环太平洋发达国家（地区)，主要是韩国、日本、北美、台湾，形成“长江下游（大上海）发展系统”；

——中国的陇海—兰新铁路沿线的省区，特别是西北和西部省区（陕西、甘肃、青海、新疆、内蒙等)，沿着第二欧亚大陆桥，可发展成(陆上丝路)经济系统。其中内蒙、陕西、甘肃和宁夏，与外蒙、原苏联西伯利亚地区、日本构成“小丝路发展圈”；内蒙、陕西、甘肃、宁夏、新疆、青海、与原苏联中亚细亚部分，及中东构成“中丝路发展圈”。从这一发展圈还可衍化出同属穆斯林教的地缘文化的“西北亚大穆斯林经济圈”。最后，由于第二欧亚大陆桥穿越中亚，西亚、东欧和西欧，直到大西洋东海岸的世界第一大港——鹿特丹，中国大陆西部与国际联系大为拓展，西出国门，加入中亚、北非，乃至东西欧的经济大循环，进而发展成“大丝路发展圈”。

——沿着传统西南丝绸之路和滇缅公路展开，可沟通太平洋北部湾周边地区和印度洋的孟加拉湾周边地区的交通网络，“亚洲西南大陆桥发展协作圈”将在这里逐步形成。涉外国家包括越南、柬埔寨、缅甸、孟加拉国和印度东部等。它对于西南边陲的中国省份如海南、广西、云南、贵州、四川、西藏的发展将起重大推进作用。

（摘自《经济学家》1993年第4期）

（题目由摘者所加）

金融改革：中国经济改革的重要环节

[香港] 吴光正

银行要根据市场经济的要求，实行科学的分工。具体来说，银行应分为三大类，第一类是中央银行，其职责是确立强有力的调控体系，主要是客观管理，有些权力要下放，其政策要独立自主，不可受其它机构所左右，也不应提供贷款服务。第二类是投资银行，是国家用税收及股息向重点项目投资，要有可行性分析，要还本付息。第三类是商业银行，主要是用存户的钱放款，包括放款给国家单位和私人企业作发展之用。三类银行各自独立，各行其责。特别是投资银行和商业银行要区分开，划清资本和贷款的区别。它们同国有企业的关系从根本上应有完全不同的概念，投资银行向国有企业投资，商业银行向国有企业提供流动资金，而必须对存户有保障。这两类银行都必须受到监管，例如包括信贷存款比率及贷款素质等。

要允许地方办投资银行和商业银行。地方投资银行负责向地方项目投资，投资公司可灵活地决定收取投资项目或国有股息的数额。地方商业银行负责向地方国有企业放款，并根据市场利率收取利息。为了协调中央和地方的关系，可成立由中央和地方组成的董事局。投资银行及商业银行一定要有自有资本，董事局及管理班子要对资本负责。

中国的银行机构不是过多而是太少。香港的银行包括英资、中资和外资银行及其分支机构，大概共有2000多家，英国只有5000万人口，银行却不少。中国大多数的省比英国大得多，但银行业不发达，银行太少，存款贷款很不方便，造成资金严重呆滞。至于企业方面，在考虑申请贷款时，都希望有不同的银行可供选择。同时各项提、存、汇款或过户手续，也应于即日办妥。有选择就有竞争，有竞争就有进步。

必须协助促使国家及老百姓储蓄有利地转移为国家投资，但大前提是确保储蓄户获得保障。银行若能够以上述各项为出发点，提供优良的服务，则将会吸到更多存款，争取到良好的客户及长期投资者，使国家能够吸收更多资金来加强建设。

关于金融改革的目标，要形成一种机制，资金加速流通，资金加速周转，资金加速供应，避免资金呆滞不动和沉淀。资金流不动，其中一个原因是三角债及银行提供给国有企业的贷款收不回。这与银行担任的多重角色有关。银行不愿放款，企业不愿还款，结果资金不能流动，不能产生效益。银行在加速资金运动时，要按市场的需求随时调整利率。这当然是中央银行的事。利率太低，大家不愿把钱放在银行里，于是去搞房地产抢购等投机生意，造成房地产热，使市场供应紧张，市场随时有变化，利率调整体现了市场这种变化。因此，银行系统要搞活和搞得通及有保障，才能避免浪费资源和时间。

关于金融体制改革的步骤，建议考虑集中一个地方作为试点，而这地方似乎以上海较具有条件也可发挥一定的作用，但其它地方也必须尽快跟上来，中央也要分步骤去做。在试点时，首先要推行国际上通行的会计制度，同国际金融做法接轨，现时的电脑软件，编制的基本方式都采用国际会计标准，所以国内的企业，如能以最现代化的会计系统为准则，便可能达到共同一致地便财政，即包括现金和资产方面的真实状况得到一律化的反映。

金融改革的难点在于真正懂金融，特别是国际金融的人才缺乏。要加速培训人才，加速培训的方法可以利用香港。香港于1997年回归祖国，要好好利用香港的银行制度，利用它的培训作用。目前内地一些企业把在香港上市股票作为解决资金的渠道，这种认识是不全面的。资金市场，第一步先发展短期的货币市场（银行贷款），再过渡向长期的资本市场（证券），首先要确立上市公司对股民负责任的制度，再教育股民有关投资的回报及风险问题，然后按部就班使各方面的条例趋于完善，才能让资本市场发挥积极的作用。

（摘自《企业家报》1993年11月1日）

中国价格改革的教训和前景

[俄] M·索恩采娃

中国的经验表明，这个国家的价格改革被纳入了由行政命令经济向市场经济的转换机制之中，客观上是以建立价格构成的市场模式为目标。

在改革的最初阶段（1979—1984年）价格构成机制的变化仅仅是把制定价格的权利由中央下放给地方行政机关（主要是省、市一级）。为准备进行更重大的改革，必须消除计划价格体制固有的严重的结构性比例失调。几次统一提高农产品收购价格为通过实行家庭承包而顺利进行农业改革奠定了基础。一些重要生产资料的国家定价也大幅度提高。

在改革的第二阶段（1984—1988年）旨在建立市场经济的改革已具备系统性，价格改革的重心随着必要条件的成熟而转向逐步自由化。

首先，国家取消了对非生产性大众消费品价格的控制。随之，实行市场调节价格的商品范围不断扩大。到这一时期末，70％以上的零售物价完全放开。由于消费市场供应充足，加快实行自由定价已有可能。

这一时期，农产品收购制度发生了重大变化。应由国家实行严格价格控制的商品范围大大缩小，即仅限于几种关系国计民生的重要粮食作物和原料（谷物、植物油、食糖、棉花等）。据此，按国家固定价格收购的农产品比重急剧下降。据官方统计，1990年有75％的农产品是按自由价格或浮动价格（即国家调节价，售出的。1992年为加快改革步伐，在农产品自由定价方面又采取了新的步骤，包括实行食糖自由定价；在广东省粮食和植物油价格也已完全放开。但由于粮食和其他农产品交易市场处在地方政府的严格控制之下（它们有权制止价格投机，限制价格的剧烈波动），因此，预计农产品的自由流通是相对的。凭票定量供应的粮食和植物油价格仍严格控制在国家价格机构手中，这保证了居民的最低消费需求。

对生产资料实行了所谓价格双轨制，即基础工业企业生产的国家计划内产品，应按国家定价出售，而计划外产品则可由生产者根据市场价格自由销售。在生产资料长期短缺的条件下，国家统配的生产资料仅占45%，其余55%未得到满足的部分均要通过市场渠道得到满足。由于市场价格迅速上涨，计划外生产资料价格超过国家计划内定价1—5倍，结果出现生产资料“黑市”，致使贪污受贿、营私舞弊现象滋生蔓延，企业大量屯积原材料，使短缺现象更加严重。

但是，不能认为这些消极现象是价格双轨制特有的，价格的双重性完全符合过渡中的中国经济现状。价格双轨制的实行在几年时间内明显暴露了在各种消极趋势迅速发展中反映出的种种矛盾以及两种经济体制共存的不稳定性。1988年末开始转而实行“单轨制”，这事实上意味着一些重要的生产资料将重新实行国家定价和由国家统一分配，也就是回到“一种商品一个价格”的原则上来。1992年国家重又宣布了生产资料的大规模价格自由化，取消了国家对593种产品的控制，其中包括石油、几种钢材、铝材、大部分机床产品和机电产品。

看来，所有这些措施都带有表面性质：实践表明，国营企业根据生产和供销成本确立的“市场”价格，至今还须由相应的国家管理机构批准才行。近3—4年间作为市场基础设施而建立的生产资料交易市场，将来也可能发挥其作用，但从目前来看，已不具备商业性质，它的运行仍处于国家权力机关的严格控制之下，因而只起到短缺生产资料的调配功能。1992年中国经济迅速增长，在出现生产性需求过热的条件下，中国政府没有放松对宏观经济的控制，使生产资料价格的迅速跃升未造成新一轮的通货膨胀。同时，国家宣布不再对价格实行严格控制，又能在将来随着供需关系的平衡而逐渐放开价格。

对中国价格改革经验的分析使我们能得出某些结论。

由于对国家控制的物价水平进行有针对性的调节，因此在某种程度上成功地减轻了改革前计划经济固有的价格比例失调状况。改革期间农副产品收购价格提高了174%，矿产品价格提高了150%，各种原料价格提高了130%，加工工业产品价格提高了94%。

应当指出，真正实行市场价格(即通过市场竞争机制调节的价格)的，只是国营、集体和私营小企业所生产的商品。而构成工业基础的国营大中型企业，在获得自由定价权之后，仅仅是在模仿市场活动，同时，由于国营大中型企业享有的垄断地位和国家预算的财政支持，它们实际上拥有不受限制地提高价格的可能。在“经济过热”的大潮中，这造成了中国整体物价水平的上升并迫使国家采取紧缩政策。

在评价中国价格改革的特点时，特别要注意到以下几点。

1. 考虑到中国经济中的一些本质特征，如存在短缺现象，短时间内迅速转向新的价格构成模式是不可能的，因而中国采取了逐渐的、分阶段的价格自由化方针。这种现实主义的作法能够在保持国家机构对价格实行监控的潜在的和现实的可能性的条件下，形成一种过渡性的价格体制。

2. 中国的价格改革总的来看与经济改革的其他方面是协调一致的：价格体制的市场化程度未超出整个中国经济市场化的程度，而整个中国经济的基础仍是国有制。价格改革中的仓猝行事，大部分产品的定价权转交给仅在形式上成为市场活动主体的国营企业，这在1988年的危机过程中暴露出整个经济改革进程不协调的危险性。看来，在新一阶段的经济改革当中，中国的改革者们认真分析了以往的经验，在国营大中型企业的经营状况未发生重大变化之前，不能期望进一步实行价格自由化。

3. 还必须看到，中国根据经济生活的实行进程对改革方针做出灵活的和技术性修正的可能性。经过对经济和社会因素的认真分析，中国不能容许消极趋势发展到危机的程度，而要保持作为未来改革基础的社会稳定，哪怕这会在某种程度上导致偏离改革的方针也在所不惜。

(摘自《国外社会科学快报》1993年第11期)

中国经济改革开放中应注意的问题

［日本］米仓功

中共十四大提出了“社会主义市场经济”这一新的概念，使中国在以往13年改革开放实践经验的基础上举步迈入市场经济轨道。沿着这一思路，中国会进一步理顺现有的经济体制和政治体制，促进经济的发展。但是，中国的改革开放过程中并不会一帆风顺，就目前中国的经济生活现状来看，约有50%的国有工业企业效益不好，约有1/3以上的国有工业企业亏损；另外，就财政状况看，地方财政收入增大，而中央财政收入降低，中央财政收入在全部财政收入中的比例，50年代为70%，80年代则降到50%以下，国家预算收入占国民收入中的比例，70年代末期为32%，80年代末期降到19%以下，中央的财政控制能力大幅度减弱。短期内如果不克服这些困难，将会阻碍中国的进一步改革。

此外，从长期来看，中国要顺利进行改革开放，必须要解决两个方面的问题。

1. 国有企业的民营化和价格放开及其所产生的问

题。在改革开放的过程中，中国的市场化比率（GNP介入市场的比例）已经达到了目前的80%，显而易见，中国的国有企业也自然要引进市场竞争机制，参与到市场竞争中去，对国有企业产品价格的管制也将全面取消。国有企业的民营化、引入竞争机制以及价格的全面放开等措施，会进一步弱化行政主管部门对国有企业的干预，使国有企业获得独立的经营管理权。政府对国有企业的干预减少，以服务为主，企业自身也必须以提高生产效率为核心。国有企业的改革以效率为核心，伴随着效率的提高会产生大量的剩余劳动力，如何安排这些剩余劳动力是中国面临的一大课题；目前，由于中国的第三产业，特别是服务业不甚发达，剩余劳动力可望被第三产业的发展所吸纳。价格放开后，在初期会引起长期以来实行低价政策的能、原材料产品价格的上涨，并且向加工制造业产品转嫁，其结果一方面会消弱国有企业的竞争能力，另一方面可能引起国内的通货膨胀，必须引起高度重视。

2. 注意解决地区之间经济发展不平衡，特别是沿海与内地经济发展差距问题。中国已经确立了鼓励一部分地区先富起来的方针，这对于地域辽阔、资源条件不均衡的一个大国来说，是一项十分重要的发展政策。作为改革开放试强基地设立的深圳经济特区已经取得了令人注目的成就，并且向更广大的地区扩展，逐步包括广东、香港、台湾在内的大华南经济圈。此外，正在开发的以上海为中心的华东长江流域发展经济圈和以重化工工业为主的东北地区。上海以长江流域为依托，是中国极其重要的发展中心，长期以来，其发展速度较华南地区缓慢，但在中央的全力支持下兴起的开发浦东热潮以及由此带动的对上海旧城区的改造，会使上海在几年内面貌一新。同时，上海的发展也会带动长江沿岸的江苏、浙江、安徽、湖北、湖南、四川等省的经济发展。东北地区国有企业众多，市场经济意识弱，但由于其拥有众多的大型企业和富饶的产粮基地，故东北地区的经济发展将会带动中国内陆地区的发展。此外，西部石油资源的开发，三峡水电的建设，等等，使中国面临着如何更有效地配置资源，平衡发展国民经济的课题。

（摘译自［日］《日本日中经济协会会报》1993年2月号，题目为摘译者加）

当前中国宏观经济管理应采取的对策

［世界银行］伯基

一、短期问题。

首先，我们要强调的是经济已经过热，表现在通货膨胀率迅速上升、官方和强剂市场汇率之间的差距不断扩大。因此，政府应该采取更进一步的行动应付这种状况。而且现在很清楚，经济过热的主要根源就是由一种迎合性的货币政策所促成的固定投资的过快增长。因此，及时采取行动将最有可能使经济回到稳定、持续的发展轨道上来。尽管中国可以比以往在更大程度上依赖于间接工具，但某些直接控制仍然是必要的。

为了应付短期局势，必须有一揽子措施。最重要的措施似乎应为以下几条：

存、贷款利率都应提至正利率水平，否则就会出现从银行提出存款，转而投向其他国内外资产或用于消费品的现象。这就表明，一年期存款利率需要从现在的9%再提高至少3—5个百分点，而且其他利率也应予以调整，不同期限的贷款应有适当利差。尽管贷款利率已经提升了不到1个百分点，但还应进一步提高。应该考虑恢复一年或一年以上到期的保值储蓄，以打消存款人对存款可能贬值的担心。

目前，二级市场上债券的现时收益达到14—16%。拆借市场利率为16—20%。这些数字进一步表明目前银行存款利率是多么不合适。

鉴于中国目前的产业结构和金融结构，光提高利率也许还不能限制投资的增加。利率的调整还应辅之紧缩金融活动的全面措施。这包括：

1. 加强对银行系统流动性和谨慎性的要求。同时可以通过特别存款或提高准备金，限制银行的贷款能力。这些应辅之以一个强有力的政策，限制中国人民银行向其他金融机构的信贷，同时这种信贷的发放应由人民银行总行自己负责，而不应把权力下放给分行。

2. 扩大并实施对于非银行金融机构的经营许可证的审批和监管程序，诸如准备金要求。没有理由使任何这类机构免受这些要求的管制。

3. 努力推行更为广泛的信贷限额控制。这种限制应适用于涉足放贷业务的一切金融机构。

4. 禁止诸如把资金从同业拆借市场泄漏到非银行金融机构等不当行为，这需要依靠对银行进行更多的抽查。

必须考虑用更为直接的手段控制投资，尤其是地方国有单位进行的投资。必须立即加速外汇制度改革。我们建议政府不要再根据目前的官方汇率收取外汇收入，应当完全用市场汇率进行贸易。此外，还应该尽早放弃外汇留成限额制度。这将有助于中国迅速实现统一汇率，这是经常帐户可自由兑换的先决条件。两种汇率统一起来的目标应当尽早实现，但在此之前必须先改革利率和汇率制度。

中国已经迅速放开了国际收支中的资本帐户，使如允许个人携带人民币出境。我们担心放得过早了，由此鼓励资本抽逃和外汇囤积，结果影响了短期局势。在较长时间里保持对资本帐户的控制，我们认为是比较正常的，因此，政府应当考虑在几年之内收回这些变化。

我们依然认为，进口可以发挥有力作用，吸收过多的短期需求，而且，假设可以恢复货币平衡，贸易自由化将有助于实现短期稳定和中期效益。

最后，我们愿指出，目前的价格压力不应以任何方式减缓正在进行的价格改革进程，事实上，价格改革，尤其是能源价格改革将有助于限制过多的需求。所以，最近在此领域的成功应当按照计划继续保持下去。

二、机构改革。

经济过热反映出中国没有很好地发展间接经济管理的手段和体制。因此，我希望我们能够超越短期的困难，集中考虑中期必须采取哪些行为，避免此类困难每过几年反复发生。有两类必须采取的步骤，我先主要谈体制改革，以使中国改善其宏观经济管理。在此，我还要指出，为了取得有效的体制改革，必须具有一个运转良好、极为称职的公共部分，这一部门应当得到足够的报酬。政府将愈发有必要将其支付的报酬与非政府部门“下海之人”所得薪水作番比较。让我谈谈体制改革的五个优先领域：

1. 中国人民银行。

人民银行的作用应通过各种方式加以改革，从而使之成为一个真正的中央银行，而不是现在的杂乱无章的局面。这就需要将各种非中央银行职能从人民银行中分离出来，特别是证券公司和投资基金一类的赢利活动。应该放弃这类源于人民银行利润留成制度的赢利活动，将利润上缴财政部。中央银行的主要作用：维护物价稳定和相应保持币值稳定，并且促进与之相符的经济增长率。我们对马上要通过一项《中央银行法》的消息表示欢迎，并且希望该项法案将会包括上述原则。我们还希望这项法案将通过建立一个货币政策委员会指导工作来加强中央银行的自主权。

2. 政策性贷款。

我们建议在银行系统中取消政策性贷款。我们注意到这种贷款用作下列两个用途：第一个用于补贴，大多用于国有亏损企业和农产品收购。这类贷款原属于预算。第二个是用于重点投资，特别是周期长、资金浩大的项目。这类投资可以通过有政府担保的债券来融资。显然，这就要求现有的银行集中开展商业性活动，要求中央银行加强其监督能力。在这个方面需立即进行进一步的努力。

3. 资产多样化。

目前宏观经济管理中的许多问题来源于银行系统存款的聚集。对多数家庭来说，银行存款是他们唯一拥有的财产，在改革期间，家庭银行存款有了很大的增长。通过家庭财产多样化，尤其是通过住房和养老基金以及各种证券，可以有助于财政稳定和管理负担的减轻。

4. 宏观经济政策的制定。

有必要建立一个直接属于国务院的机构，来制定宏观经济政策。

5. 所有权问题。

宏观经济管理要求有相应的微观经济基础。这就意味着要改革企业——主要是国有企业——使之能够更加灵敏地对利率等间接经济政策工具发出的信号作出反应。看来关键仍然是明确产权。我们认为，在适当和统一的公司法框架内，对中国国有企业的公司化可以取得相当大的结果。这就要求配套建立适当的所有权体制。在这方面需要进行一系列的试验以寻求合适的模式。我们还觉得政府在国家财产所有权多样化方面应采取更加大胆的步骤。

三、中期改革。

体制改革需要尽快开始。当然，完成这一改革需要一定的时间。体制改革要求有配套的一系列相关政策改革。这些问题比较复杂，必须放在中期改革的范围内。

1. 财政政策。

现在迫切需要中国领导把财政改革放在政策日程的重要地位。我们认为，最近这个领域内改革试验的失败表明，在这个领域内可能需要一种新的改革方式。这将包括在企业承包合同和财政合同到期时制定政策并逐步实施。但是，现在迫切需要通过改革，让中国政府能有一个可利用财政政策进行宏观经济管理的财政制度。在建立这样一种财政制度时，一定要避免现行制度中存在的增强经济周期性的特点。另外，应阻止财政收入占国内生产总值比例不断下降的趋势，这一点是十分重要的。现就下列重要领域提出建议：

——通过扩大税基，特别是通过土地和财产税、个人所得税以及一种“有中国特色的增值税”来使税收结构合理化。同时还要求及早实施已拖延很久的“税利分流”，但可以考虑有例外地保留一些以前税前还贷的安排。

——在企业所得税方面，首要目标应该是对任何所有制企业一视同仁，我们期待着尽早通过企业税法。

——改革中央和地方的财政关系，改变财政包干制。地方税（如财产税）和中央税（如公司税）的数量和范围应该扩大，最近应使各自开支中尽可能多的部分由税收负担，同时还应减少“共享”税。我们认为，这种改革也许需要建立一个国税征收机构。

——通过发挥预算的政策工具作用来改善预算框架。尤其需要做到三点：统一预算中的所有政府开支，使预算同经济形势及前景直接联系起来，采用现代预算方式。与此同时，至关重要的是财政部应加强对预算执行情况的监督，防止经常性预算的超支，特别是防止行政费用的超支。

2. 地区收入政策。

我们对中国沿海省和其他地区之间不断扩大的差别表示关切。由于最近少数几个省的繁荣，这种差别变得更加鲜明。对此我们有以下几个建议：

——首先，尽早完成能源和粮食价格的改革。这将缩小地区差别，因为这类产品的低价格使一些地区收入低下。这一政策当然还会带来一些其他的好处。

——中期而言，财政计划应该设计得使中央政府有足够的资源来进行收入转移。我们知道，由于预算的来源少，做到这一点需要时间。另外，从富有省向穷省的资源转移仍将通过差别信贷控制来实现。随着财政制度的发展和信贷规模控制的取消，这一做法将逐步停止。

——许多内陆省的地理不利地位被政策上的不利待遇强化了。在外国投资和发展市场经济方面，内陆省最起码不应受到不平等的对待。要实现这一点，中央政府应采取行动，通过建立一种适当的机制，来保证商品和资本在省际的自由流动。

3. 收入政策。

在走向市场经济的过程中，收入分配领域出现了一些问题，早期的社会保障安全网也消失了。我们感到对这一问题的任何解决办法都应符合市场经济的原则。有一种危险，即试图通过工资控制的"计划性"政策来解决问题。与之相反，我们认为应探索以下的办法：

——收入结构的改变使得有必要加强个人所得税的征收，税基包括工资和尽可能计算在内的非工资收入。

——养老金制度、失业保险、住房改革、医疗保险等改革应加快：按原来规划，时间似乎太长。这些改革尤为重要，不仅是对于国有企业的改革，对避免收入不平等也至关重要。

——随着改革而出现的其他类似问题，比如房地产、股票市场交易的高收入，最好通过解除人为的供给限制以减少暴利的方式来解决。土地、房产交易采用拍卖制度的建议似乎有其好处。

（摘自《改革》1993年第5期）

中国经济改革已面临关键时刻：既得权益阻碍经济改革

［日］北原基彦

中国共产党十四届三中全会通过了《关于建立社会主义市场经济体制若干问题的决定》。这份文件被认为是建立社会主义市场经济体制的指南。但是，改革不知会深化到何种程度，中国的经济改革已遇到难关。

上海宝山钢铁厂财务负责人吴志尚说："我们非常欢迎税制改革"。过去，宝山钢铁厂实行承包制，要把经常收益的一半上交中央政府。此外，还要以"交通能源基金"或"调节基金"等名义把留下来的收益的1/4给拿走。

承包制，基本上是国有企业对国家上缴一定数额的承包利润，但是，因企业不同，情况也千差万别。

此次三中全会通过的决定主张：要把企业变为在经营方面有自产权并负有义务的主体，"尽管如此，但是，据说，甚至普及"纳税义务"——这在西方国家中是理所当然的事——也并非易事。

财政改革还有更为微妙的问题。按规定为了加强比重已经下降的中央财政的职能，将改变为地方财政包干，先由中央征收税金，然后再返回地方这样的缴纳税金的制度。但是，因地方政府提留财政资金而大得益处的广东省和福建省等沿海地区，对这些地区来说，因财政制度改革会使其提留的资金减少，因此而强烈反对。

此外，过去对中央政府上缴比率最高的上海市现在要改为每年109亿元这样一个固定数额的上缴制度，也有不少人认为，"改革后的制度未必能对上海减轻上缴税款的负担有好处"。

可能是体察到了这种意见，三中全会结束后，财政部长刘仲藜曾对中国国内新闻界说，"改革税制，要有一个过程，要保护地方的既得权益"，这番话意在防止地方出现波动。

作为对金融制度的改革，三中全会决定，要把国营银行转变为商业银行。但是，在以往40年当中，国营银行一直是中央以下各级地方政府的方便的金库，对那些前景可观的项目提供资金。其结果，出现了这样的状况："从银行的角度说，40％的资产如按西方的标准衡量则是不良资产"。对此，有不少金融界有关人士认为，"虽然说商业银行要实行资产负债管理等等，但也只是说说而已"。

迄今为止，中国的经济改革，其主要手段就是让权和实行承包制度。其结果，企业和地方的积极性得到发挥，中国经济出现了惊人的发展。但是，让出的权限及承包的内容由当事者之间的实力关系而决定，因此造成了与中央在资金分配上出现不平衡以及企业之间的税金负担上的不合理状况。

这次三中全会通过的决定，要求实行所有权与经营权分离等形式的现代企业的经营方式，并要求引进西方国家那样的宏观经济机制，中国当局认为“是建立社会主义市场经济体制的纲领”。另一方面，这意味着地方和企业将深入到迄今的改革所产生的既得权益的结构之中。

在中国共产党内，在1992年秋季召开十四次代表大会之后，确立了以邓小平等人为中心的主张经济高速增长的总主流派体制，但是，在西方外交人士中已有人认为，以此次三中全会通过的五十条决议为转折点，“今后政局的轴心，将是中央与地方及企业，在利润分配问题上进行调整”。

（摘自《日本经济新闻》1993年11月29日）

论中国经济建设中长期金融机构的作用

［日］小林实

一、从最近中国经济的实际动态看设立长期性金融机构的必要性。

首先，我想指出的是，中国经济的重要特征是在其建设过程中需要投入巨额资本，其规模是世界上任何一个国家都不可比拟的。因此，中国政策当局的官员们须开动脑筋，启用一切智慧以建立一种能确保“资本的有效利用”的机制。

中国的有关部门对“资本不足”问题进行着热烈的讨论。然而，我认为应看到中国的优势，即：储蓄率高，在固定资产形成方面具有很大的潜在实力。当然，在某些方面吸收外资还是必要的，但若想主要以依赖外资来推进中国的经济建设，那么，将来就会为偿还这种累积债务而苦恼。我认为，中国的问题并不在于资本不足，而是表现在资本的使用效益较低，而且，这种问题非常明显。

可以说在近年来的中国经济发展中起主导作用的并不是资本集约型产业。由于基本建设一直未停，施工能力不断提高，使得从统计上看似乎资本的使用效益已达到一个相当高的水平。可是，另一方面，资本集约型的基础产业及基础设施的建设还相当落后。在一些产业中由于盲目地进行投资竞争而造成设备过剩，从而使现有设施得不到充分和有效利用。特别是最近银行资金流向不动产和股票交易，从而使需要给予投资的产业反倒由于银行资金不足而很难得到贷款。的确，目前中国的经济局势较为严峻，不容掉以轻心。

中国有很多人天性善于经营。他们往往对短期的商业金融比较重视，优先处理，而对基础设施等长期金融则敬而远之。由此，我认为中国从“资本的有效利用”的观点出发，设立长期金融机构，使它专门承担长期金融业务，比世界上的任何一个国家都显得更为重要。

第二，我感到中国经济规模宏大，故在运营时必须更加重视经济建设平衡发展的调节机能。中国极重视从理论上解释“市场经济”是怎么一回事，而且有相当多的人都以为只要发挥市场机制就能实现预计的协调发展。从欧美先进国家的经济来看，以此概念处理经济问题，以竞争求得公平，这的确是事实。但是，象中国经济这样存在着的地域性经济差别、市场信息又不发达的情况下，通过发挥市场机制的作用以取得经济的平衡发展将会非常困难。

基于中国现状，我认为，中国当前必须相当重视从政策上进行诱导的经济运营。这是因为在一系列的改革措施下，权力下放使地方获得越来越多的自主权，从而激发了很多人的干劲，搞活了经济，取得了的巨大成果。这固然应予以肯定，但问题是在马达的功力大大得到加强的同时，刹车机能却日益薄弱。对此，须引起足够的重视。

请允许我直言，这次实施的调整政策，我看不出是宏观管理。我认为这是运用以党为中心的人际关系网的调整政策在紧急情况下的应急处理。因此，我希望各位能看到这个事实，对本来属宏观管理的调控手段作更加深入的讨论和研究，制定出强化宏观调控的具体策略。

我认为若要在中国这片广大的国土上使宏观管理见成效，首先需要制定诱导型计划，以便让基层单位完全了解政府的方针才行。这是因为以往是指令性计划，故政府可以单方面地决定一切。但是，诱导型计划则不同，它不仅需要让执行者熟知其内容，而且还需要最大限度地调动计划执行者们主动配合的积极性。因此，有必要在制定过程中让学者、企业和银行的有识之士也参加并做到努力听取他们的意见。

在明确了上述基本方向后，就需要具体构筑一个能有效地实现宏观管理的体系了。我认为它不仅包括灵活地运用税率和利率等经济运营的基本手段，还需加上以下内容，即：①行政机关依据法律运行限制和指导；②由财政资金支援达到某种政策目标；③分配和管理一部分社会资金；④制定全社会对大企业和银行的监督、检查体系。

我特别想提及的是与金融有关的“社会资金的分配和管理”。在这个问题上，需要认真分析今后经济建设的重点资金需求的特点，研究如何使资金配置到那些仅靠自有资金还远远不能满足需求的领域，怎样通过这种资金的分配和管理促进经济的平衡发展。尤其需要研究不同产业及事业资金需求的特点和解决方法，研究如何增强中国产业在国际竞争激烈的领域中的竞争力等。其实，这些都可期待通过长期金融机关的运营而得以实现。以我的实际感受而言，长期金融机关不仅提供资金，还提供企业及公共事业在进行新的投资时所需要的各种信息，协助企业和公共事业部门提高投资效益。在此意义上，需要从平时做起，即注重培养使其发挥出与一般商业银行不同的能力——长期金融机关的专业能力。对此切不可怠慢。

第三、从中国最近资金循环构造上的变化来看，与经济成长相比，财政收入增长缓慢，税负低诱发民间储蓄急速增大。中国已从“大财政·小金融”迅速转向“小财政·大金融”的构造。由此，我认为需要增强机构以加强对金融方面的资金的分配和管理。这比加强财政资金的分配、管理更显得迫切和重要。

若对中国经济改革的现状进行评论，坦率地说，我认为金融改革显得比财政改革更为滞后。正视大量的资金都已集中于金融领域的现实，大胆地对金融机构开刀、进行改革已刻不容缓。

在此，我认为须对以下问题给予重视：①强化中央银行职能，尤其是必须把中央银行的商业性业务完全分离出去。立于各家银行若不遵从中央银行所确立的方针运营将无法生存下去的观点实施改革，真正确立人民银行作为“银行中的银行”的地位。建议重视审视现行人民银行的分行组织系统是否合理；以金融政策需从速决断的角度，将权限集中于少数地域性的代表分行，而将银行间的结算、对各家银行的业务检查与监督等交给剩下的多数分行。中央银行的主要职能是监督各家银行执行金融政策和对金融机关的业务进行指导管理，故应确立一个原则，即人民银行各分行行长由中央负责派遣，而出身于各地域的人不能担任该地域的分行行长。②与其让现有的少数国有银行多功能、全方位地运营、相互竞争，倒不如将其就地分开，使之成为地方银行；将现有的地方投资信托公司、信用合作社银行化。同时，还要使这些银行都各自具备特长并存在于各个地域，且每个地域都有多家这样的银行，从而形成激烈的相互竞争关系。③与对商业银行进行重新调整配备同步，还应抓紧在中央(将来可探讨在各地域的经济中心)设立专门从事长期金融、贸易金融的银行。虽然设立这类银行的目的是汇资金、信息于中央并按政策精神分配资金，但最终将之定为政府系银行还是定为民营银行，还应根据实际情况。总之，长期金融机关不应追求短期的金融收益，而应基于协助企、事业发展的长期观点，并注重提高自己作为长期金融机关的专业能力。

二、中国长期金融机构的应有形式。

关于如何在中国设立长期性金融机构，存在着各种意见。我们是否可从以下两个方面加以探讨：

第一、考虑到将迄今为止由财政拨款给产业的那一部分奖金改由银行贷款形式并注重产业间的平衡，我认为有必要设立“政策性银行”。目前，政策性银行应致力于以财政资金为中心，从国民经济的角度对必要的投资项目进行政策性融资。

在考虑设立政策性银行、确保资金得到合理分配的同时，还应努力增强作为从事长期融资业务的专业机关所必备的信息收集功能和项目评估功能等等。

同时还应明确规定政策性银行必须接受中央银行和财政部的定期业务检查。这种检查并不是出自于对银行经营方式的不信任，而是从资金的有效利用这一社会要求出发，在客观上创造一种使银行经营者拒绝不合理的贷款要求的环境，以达到使各家银行都致力于安全运用社会储蓄资金的目的。

第二、考虑到长期性金融业务对今后中国经济建设的顺利发展关系重大，我提议与建立“政策性银行”的同时，再建立一种以民间储蓄为资金源并具备从事长期性金融业务能力的专业机构——“长期金融专业银行”。

将财政资金集中于中央的机构可以说在某种程度上中国已经具备。而对金融方面的资金，现只有法定存款准备金制度，而且其准备率极高。

考虑中国今后资金的需求动向及合理配置，我认为占全社会固定资产总投资的70%应根据地方和企业的实际需求配置，余下的30%则从国民经济的整体角度进行配置比较妥当。这个比率是我参考各个产业、事业的资金需求进行大体估算的结果。因此，这个资金配置比率是否合适还请中国方面再作研究。不过，从上述估算结果来看，仅靠财政资金和政策性银行的资金来满足从国民经济的整体角度所需配置的资金需求量显然是不够的。所以，我想解决办法可考虑包括有效地利用由存款准备金制度存入人民银行的资金在内，再配备一种能将储蓄资金的一部分汇总至中央的民间金融机关。这种金融机关带有政策意向且能满足长期性的资金需求。

由于中国已经确立了长期定期存款制度，故也许有人认为以发行金融债券的形式将短期资金转换为长期资金的意义不大了。但我认为在越来越需要将地方储蓄资金的一部分集中到中央以统筹配置情况下，是否应考虑建立这样一种制度，即对已存入人民银行的存款准备金，以长期金融机关发行的金融债消化其中的一部分；人民银行只专心致力于货币政策的制定和执行而不要直接参与产业金融；让一般的商业银行也能用吸收的储蓄存款以比存款准备金更高的利率购买长期金融机关发行的金融债券；对短期、临时性的资金需求开辟一条以长期金融债券作担保就可得到中央银行融资的途径。

我之所以提出需要研究设立一种以民营为基础、担任长期性金融业务的银行，是基于中国今后对长期性资金的需求将越来越大的预测和中国的资金循环构造已向“小财政大金融”过渡，而仅采取设立政策性银行提供长期性资金的办法还不能解决长期性资金不足的观点。当然，这些长期性金融业务也可让商业银行来承担。特别是中国规定各家银行都可办理长期定期存款业务，这说明在筹措长期性资金方面已具备了基础。但是，如上所述，若要从事长期性金融业务，还须具备不同于短期的金融的专业机能（例如：经济·产业调查、提供各种信息、对项目进行可行性研究·评估等)。在银行经营上，不能单纯追求短期收益，而要坚持以支持企业的健康发展来保证债权安全性的经营方针。对此，我认为有必要对一家银行同时办理长、短期金融业务是否妥当加以讨论。从上述专业机能的角度出发，我提议是否可对人民建设银行总行进行改组，使其成为长期金融专业银行；而且，允许该行对其他银行发行金融债券，以便最终将地方储蓄资金的一部分汇集中央。我相信只要将这笔长期资金用于中国经济建设的基础部门，并在提供资金的同时，努力对企业及公共事业的施工者提供各种必要的信息，那么，长期性金融机关的作用就一定能够得到高度评价。

总之，培植一个优秀的长期性金融专业银行，需要长时期的不断努力。为使中国经济建设得以顺利发展，确保资本的有效利用和提高宏观经济管理的有效性至关重要。在此意义上，具备专业知识和职业道德的长期性金融专业银行的作用不可欠缺。

（摘自《改革》1993年第6期）

重组公有制　建立合股公司

[英] 艾德林·伍德

一、建议概述

虽然中国的国有企业从理论上说属全体人民所有，但实际上每个企业一直是被当作中央政府的某一部委或某一地方政府的专有财产来看待的。本建议的核心就是通过以下方式重新组合这种国有制的模式，这种方式是：将每个企业的有效所有权分散给若干个不同的公共机构，而每个机构主要关心企业的利润（而不是它的产量、采购、就业或工资)。为实施这个建议，各企业将被转换成合股公司，公共机构在公司中将持有特定的股份。

国有金融中介机构（银行、养老基金组织和保险公司）将持有一部分股份，但大多数股份由特别设立的、与一些国家的国家持股公司相类似的所有权机构所持有。在中国这样一个大国，需要许多这样的机构。这些机构都应由国家出面组建。不过，由于中国的地方政府对企业拥有所有权，因此，最好是按照区域划分设置所有权机构。这样，每一地方政府对其辖内的城镇、县或省的特定企业的所有权将被转换为对若干地区企业的部分所有权。

这样一种区域性的体制将避免彻底剥夺地方政府手中的所有权，同时又可改进企业效率。对于地区A、地区B和地区C的政府来说，它们作为地区D企业的所有者，将比地区D政府较少关心地区D的工资、就业和产量，而较多地关心企业的盈利能力。

设立并操作这样一个重组公有制的体制将会出现很多的问题和选择。为确保有效行使所有权，每个企业只能有少数大股东（2—8位、视规模而定)。可以在现存的国家国有资产管理局的领导下成立地方所有权机构。这些地方机构或是直接对企业行使他们的权力，或是委托一个投资管理公司作为中间人。不管采取哪种方式，对企业利润的分配和使用施加一定限制都是可取的。为了寻求如何最有效地建立这一体制、并论证这一体制是否确实可取，应当从一系列的经验入手开始分析。

二、中国近年的经验

1. 国有部门相对规模的缩小。

1992年国有企业工业产值比重下降到约占总产值一半的事实，以及到2000年该比例将降到仅25%的预言，引起了各方的注意。然而，大中型企业仍然保持着它们的比重。因此，下降部分主要集中在小型国有企业，它们的大部分市场被乡镇企业所占领。1992年10月召开的党代会确认乡镇企业是仍然占主导地位的公有制的一部分。但是私营企业的增长速度更快，并存在着大量的外国直接投资。

国有企业部门在产值中所占比重的全面下降也许使人们对国有企业内部改革的前景感到乐观。这是因为，产品市场上越来越激烈的竞争，对于国有企业的职工、经理及主管部门来说，制定措施以增进效益变得更有吸引力，也更为紧迫。国有企业比重的下降，也使国民经济绩效与国有企业的联系变得不太密切，从而使希望国有部门发生迅速而激烈变革的要求变得不太急迫，这样就有可能通过一种渐进的、深思熟虑的方式进行改革。另一方面，下降部分主要限定在小型国有企业这一事实强调说明了最终需要对大型国有企业进行基础性的改革。

2. 合股公司的可接受性与经验。

大部分国有企业能够而且必须转变为合股公司这一基本认识正日益被中国人所接受。1992 年以来，政府正式鼓励这类试验，特别是在竞争性部门。最近在国家宪法修正中，将国营工业这个词改为"国有工业"，被看作是为朝这个方面的总体推进铺平了道路。此外，现在对合股形式在各地的实施有了更加广泛的理解，也认识到需要在中国全面引入法律、会计及管制措施。在这方面，几家国有企业在香港股票市场上市的准备工作提供了一些有益的经验。

3. 创立股票市场。

在上海和深圳建立了两个股票市场。一些国有企业(它们仍然是公有占主导)的股份被出售给中国的个人和外国人，并为这些股票的交易提供了一个二级市场。中国个人对股票的需求十分强烈，政府目前支持更多的国有企业发行股票——达到每个省两家企业。为确保这些市场中交易的公正和有秩序，成立了证券管理委员会。中国计划在 1987 年建立另一个远比现在大的股票市场，一些国有企业也将象上面提到的那样在这一市场上市。

向个人和外国人出售部分国有企业股票变得可以接受以及在技术上可行这个事实显然是一个重要的变化。然而，很难想象占很少股份的私有制会从根本上改进典型的国有企业的经济绩效（甚至首次发行所获收益也不可能得到很好的运用)。政府仍然强烈反对大规模地私有化。因而中国股票市场的建立并未解决大中型国有企业改革中的基本问题。

4. 国有企业界限的重新界定。

一个众所周知的、阻碍国有企业效益改善的因素是它们没有被设计为一个独立的经济单位。它们有的太小，有的太大，而大部分又过于大而全，以致不能作为市场导向的企业而生存。它们所拥有的与它们所占据的土地有关的各项权力，一直没有被界定。它们全都承担了社会义务——最为重要的是提供就业机会。

近年来采取了一些解决这些问题的有效步骤。失业保险计划、养老金统筹、住房分配改革都在实行或考虑之中。城市土地使用权正逐渐明确归属。承包经营责任制中所发生的政府所有权与财政职能的混淆，正通过"利税分流"逐步得到解决。企业之间的界限也发生了一些变化，包括组建企业集团和进一步转承包。不过，在这方面还有许多事情要做。

三、结论：中国走哪条路？

1. 合股公司。

国内外多年的经验有力地说明，任何彻底的改革方案的第一步必定是将国有企业转换为合股公司。所有市场经济国家都以这种方式组建大公司，仅有细微的差别，事实上它也适用于中国的社会主义市场经济。

而且，这个转换可以在两年内完成。每一企业的全部股份的正式所有权大概应当首先转给国家国有资产管理局。这是为了尊重宪法关于所有国有企业归全体人民所有的条款，并且使所有制结构的最终选择留有余地。

这种法律形式的变化本身对企业状况的改善不会起多大的作用。然而，从长远看，这是实施能够取得重大改进的进一步措施的一个必要条件。此外，它对一些十分紧迫的改革如会计制度、明晰特殊资产（包括土地)的产权以及分清企业和地方政府的社会义务等，都有促进作用。企业与企业之间界限的大量调整也是必要的，一些被合并，一些则被分散，以使它们转变成更加商业化的、适于在市场中生存的单位，不过这可以通过稍后的股票交易来完成。

2. 所有制的重组。

改善国有企业效益的基本要求是它的所有权转让给这样的行为主体：(1) 他们主要关心利润，(2) 能控制经理的行为。因此，出售一小部分股份给国内的个人或是外国人将是不够的，因为这满足了第一个条件但不满足第二个条件。出售大多数股份，特别是出售给外国企业这样单个的买主，满足这两个条件，但这对中国大多数重要的国有企业来说是行不通的（即使这在政治上是可接受的)。

因此，对于大部分国有企业，中国的选择局限在所有权重组（而不是出售）的途径上，从目前看，这在技术上似乎是可行的，即使是进行大规模的重组。每一企业的一部分股份将分配给企业的职工和经理人员，但他们持股量只能保持在少数。通过证书方案简单地将大部分股份分配给个人的做法也没有多大好处，对经理不可能有足够的控制。

所以，方案选择局限在将大部分股份重新分配给几类机构，使得每一企业的主要股份被几家(甚至可以是一家）机构持有。从原则上说，这些机构的一部分或全部都可以是私有的，因为这些机构本身在法律上是属于许多家庭所有的(波兰就是这样)。但在实践中，这些机构由于中国的种种因素而不可避免地主要以公有形式出现，这不是简单地由于政治上的原因，而是因为所有必要的管理和技术能力现在都在公有部门——在企业、工业管理局和银行。

3. 进一步的启示。

总之，近年来中国和东欧的经验看来是支持这一观点的，即改革中国重要的国有企业的最好办法是通过某种形式的公有制重组，附带着家庭及私有机构拥有少量但却逐渐增加的股份，将它们转换成合股公司。同时，对于如何进行这类改革，还有许多问题需要了解，而这些问题是本文没有涉及的。如，在中国的条件下如何恰当地构造并管理这些公有权机构？一个区域性体制是否确实比一个国家级的组织要好？这些机构将依据什么规则而运转？所有权重组应如何分阶段进行？等等。

填补我们知识中的这些空白有三个途径：一是紧密地注视东欧未来的发展，也许要特别注意波兰，因为该国不久将引入一个在实践上(如果不是理论上的话)相当于重组公有制的制度结构。第二是搜集关于其他国家的国家持股公司经验的资料，在这方面，特别值得注意阿尔及利亚大规模的公有制的重组。第三也是最重要的，是中国本身在以各种方式重组公有制的实践中的经验。

(摘自《改革》1993年第6期)

中国的经济改革和产业政策

[美] 尼古拉斯·拉迪

金融部门的问题

中国在1992年达到12.8%的高速度发展之后，在1993年明显地碰到了金融秩序混乱的问题。这实际暴露了中国金融体制长期以来一直存在的四个问题。其一是金融体制中政策性融资比例的上升已严重损害了银行体系。它提示政府将政策性融资与商业性融资分开已刻不容缓。其二是长期以来的低利率政策。中国是世界上储蓄率最高的国家，但长期的低利率政策已开始影响到居民的储蓄热情，极不利于银行吸收存款。在这种低利率政策环境下，将个人存款贷给公司经营，包含着巨大的风险，其联系非常脆弱。一有风吹草动，政府就不得不实行保值储蓄。其三是信贷问题。现在中国存在许多非银行的金融机构，他们的活动不受银行的控制，其乱拆借和乱贷款现象十分普遍。在西方货币市场上，同业之间的货币拆借时间很短，而在中国则很长。由于中国的银行体制不健全，货币一旦进入这些机构之后效果就不好。其四是中国人民银行直接贷款，即中央银行的专项贷款。中央银行是管理货币的政府机关，它直接进行经营性活动，势必影响整个金融体系。

产业结构

中国计划经济经常被认为是过渡工业化的(overindustrialized)，因此改革希望在产业结构方面导致实质性的变化。在中国，国内生产总值的大部分由制造业提供，这是不均衡的。而且在制造业中，中国又非正常地出现了大量的产出集中于冶金、机械和化学工业部门的现象。

然而矛盾的是，尽管中国工业的增长在改革最初的10年或改革的前半期获得了超常规的发展，但是在产出结构方面却很少或没有什么变化。轻工业的比重，包括食品工业、纺织、服装、皮革、造纸和文化产品等所有部门实际上是在下降的。建筑材料和服装业的比重稍高，冶金、电子、煤炭和石油明显较低，但是其他行业的产出结构基本相同。国家的产业政策阻止了在这些部门进行结构变化。尽管从改革开始以来，在投资体制方面产生了一些实质性的变化，但是在制造业的不同部门中投资的相对比例仍旧变化甚微。如果投资能够根据需求更加敏感地发生变化，或者根据市场标准进行投资，那么就会发生实质性的变化。但是，在不同部门中的投资“出现了根据固定相对比例进行资源分配的现象”(Singh 1991.3)。

在对关键的基础部门(如能源和电信)的投资分配上，相对固定的投资模式也表现得十分明显。尽管由于这些部门对工业生产增长的瓶颈作用，已引起了极大的关注，但是在1981—1987年间对这些部门总的固定资产投资比重仍旧鲜有改变(Singh 1992.34)。不少学者注意到了这个问题，并认为这是持续的价格扭曲造成的结果。

甚至在工业的单个部门中，对最终需求变化反映迟钝也是事实。例如，钢产量在80年代已翻了一番，但是产品结构变化的进展非常迟缓。结果是国内生产的滞销的粗钢的库存每年上升数百万吨，而同时，到1989年，不同类型的特殊钢产品进口猛升至800万吨以上。

出口增长的来源

80年代中国一个非常显著的变化是出口的迅速增长。出口产品价值从1980年的180亿美元猛增至1992年的850亿美元。在中国这实质上显示出出口作为最终需求来源的日益增长的重要性。

但是，中国企业，特别是国有制造业企业对这种变化了的需求的反映却相当迟缓。与此相比，外商投资企业日益成为出口市场上重要的商品来源。其占出口总值的比重已从1989年的8.3%上升到1992年的20.4%。在过去的三年里(1990—1992年)，外商投资企业已承担了所有出口增长的一半以上。但是，这些企业的产出比重仍旧很小，在制造业产品产出中占不到5%，并只占国内生产总值的1—2%。乡镇企业对出口增长也做出了与其身份不相符的巨大贡献。

在产业结构和出口这两个首要问题的互相关系上进一步对省一级的材料进行研究将会很有启发。在一些省里，对外开放对产业结构产生的实质性影响已经成为出口增长的主要来源。而在那些出口绩效较差的地区，产业结构的变化则很缓慢。例如，广东省已经成为一个最有活力的出口大省，其出口值从1978年的14亿美元上升到1992年的180亿美元。由于出口在这一地区日益增长的重要性，广东省的产出结构在1980年已经发生了巨大的变化；轻工业的比重也已从1978年的57%逐步上升的1990年的69%。

与此相比，上海的出口绩效在别人出口生产总值急剧增加的情况下，仍旧保持着缓慢增长的水平，仅仅从1981年的29亿美元上升到1988年的31亿美元。因此，上海的出口在中国出口总量翻一番的时候，却下降了25%。在这个时期以后，这个直辖市的产出结构仍旧变化甚微。按不变价格计算，上海轻工业的比重实际上已从1981年的57.3%缓慢下降到了1990年的54.7%。

外贸和产业政策

产业政策和外向型部门之间最明显的联系之一是出口指标（targeting）。在80年代的10年中，国家为许多不同的部门制定了出口发展的指标。但是，并没有为需要鼓励发展的机械和电子部门这种综合性的工业领域制定出口指标。在1981年初，最明显的因素是它们享受了优惠的扭曲的汇率。

在七五计划刚开始时，这个计划决定为发展出口商品生产基地增补一些内容。它为生产出口产品企业的技术改造和投资提供了特殊的低利率和补贴性的贷款。机械和电子行业是第一个从这一计划中得到实惠的产业集团。在1986—1991年间，国家用于这方面的补贴性信贷达24亿元人民币，以支持这个总耗费超过40亿元人民币的项目。在这一期间，由国家承担的低利率信贷也已从1986—1989年的年均3亿元人民币迅速上升到1991年的8亿元人民币。

第三，机械和电子部门的出口是由特殊的出口财政补贴计划支持的。在1978年，一种鼓励机械和电子产业出口的特殊的出口卖方信贷开始执行。在1992年，国家又补充了一种新的便利的出口买方信贷，并再一次限定了专营权，以鼓励出售成套的中国机械和电子设备。

这些计划成功地促进了机械和电子产品的出口。根据海关统计，在1985年，这些产品的出口只有16.8亿美元，仅占中国出口量的6%。到1992年，这些产品的出口已扩大到180亿美元，超过了整个出口量的20%①。如果国务院最近颁布的机械和电子产品出口在1995年达到300亿美元和在2000年达到600亿美元的目标能够实现，那么这些部门出口增长的步伐就将持续加快。

但是，要成功地达到这一出口指标必须接受竞争性的世界市场的检验，而不仅仅是出口的增长。虽然对这一部门的特殊的出口刺激在过去12年中是适当的，但大多数证据指出，大部分的中国机械和电子产品在世界市场上并没有竞争力（世界银行1993）。

小　结

如果说过去的10多年里中国经济发生了深刻的变化，那么值得注意的是产业结构的变化却很小。这里所概括的证据指出，这并不是因为最终需求的结构没有发生变化，而是国有企业在改变其产出结构方面步履迟缓，以及在投资的分配上表现得有些僵硬。只有外商投资企业和乡镇企业对日益增长的出口需求反映敏捷。至少在机械和电子部门中，出口指标已成为产业政策相对不成功的例子。同时，除了外商投资企业，这些出口的许多产品，如果没有各级政府计划提供的实质性的出口支持，也将无法在世界市场上打开销路。

（摘自《经济社会体制比较》1993年第5期）

日教授南亮进谈
中国市场经济等问题

中国怎样才能解决因加入关贸总协定而造成的增加进口的压力？

的确，因加入关贸总协定将会使没有国际竞争力的中国产业和企业处于困境，在某种程度上讲，这是没办法的。这一问题，在最初提出申请时就应该明白。

但是，正象美国克拉因教授所强调的那样，提高产业和企业的生产率以及改善产品质量，只有在那种激烈的竞争中才能实现。

另外，我要指出，进口本身是技术转让的一种渠道。这是因为，新的机械设备即是新技术的体现。日本在战前和战后，取得技术转让的最重的渠道就是进口生产资料。我认为，一般说来，在发展经济时常常强调出口的贡献，而进口的贡献却未必会得到正当的评价。

中国怎样才能阻止沿海地区和内陆地区收入上的差距迅速扩大？

迅速的经济增长是以沿海地区为主，内陆地区被这种趋势遗漏。而且，无论是沿海地区还是内陆地区，城市与农村的差距都在扩大，并且也不管是城市还是

---

① 这一增长的实质性部分是外商投资企业。到1991年，其机械和电子出口产品达40.06亿美元，几乎占了这一领域里所有出口商品的30%。

农村，不同行业和不同职业之间的差距也在扩大。

确实，分配收入问题上状况恶化，这大概是市场经济化过程中难以避免的现象。但是，不平等的收入状况有时会造成严重的社会性、政治性的冲击。

在中国，收入低的内陆地区是少数民族居住的地区，因此，沿海地区与内陆地区的差距，也是民族之间的差距。所以，分配收入问题，包含着易于转化的民族问题的危险，这使事态变得更为复杂，更为严重。促进内陆地区经济增长的各种措施，诸如对内陆各种产业给予资金援助、在税收上优待、修建基础设施以及振兴教育等等，现在已成为当务之急。

中国怎样才能使最近已停滞不前的农业活跃起来？

这个问题实际上与上一个问题相关。因为在内陆地区农业是主要产业。农业停滞不前是内陆地区经济停滞的重大原因。为了振兴农业需要采取种种对策，例如改良品种有可能亦有必要。中国曾在世界上最先搞出水稻的第一代杂交品种，在这个领域中国有优异的能力，因此，我建议，要通过进一步增加科研资金来发掘这方面的潜力。

中国应该如何进行国有企业的改革?认为，国有企业不改变国有的状态也能进行改革。

但是，如果国有的状态不改变，不摆脱“大锅饭”的本质，不摆脱政府的干预，那进行改革大概是不可能的。即使像政府考虑的那样，(在保留国有制度的状况下）实行股份制，可能也不会得到明显的改善。所以，我认为，为实现中国企业的现代化，国有企业的民营化是不可避免的。

在这方面，中国若同俄罗斯比较则具有优越的环境。在俄罗斯，即使想实现民营化，而在民间却没有购买国有企业的资金以及推动这种行为的企业家。但是，在中国，名为乡镇企业的中小企业正在以锐不可挡的势头在发展，在这些企业中已积蓄了资本与企业家精神，正在逐渐确立民营化的基础。

（摘自《日本经济新闻》1993.11.16）

汇率并轨后几项负面影响

赖锦宏

中国宣布，将自明年1月1日起实行单一的浮动汇率制，将现行的官价与外汇调剂价双轨制“并轨”。这是中共汇价走向市场化勇敢的一步，也为中共金融体制改革，按国际惯例办事，迈出决定性步伐。

人民币汇率并轨并对改善汇率制度无疑是一大跃进，但对一向靠双轨制保护的大陆国有企业，因优惠制度取消，竞争能力变小，使国有企业的营运雪上加霜：而对吸引外资、准备入关和市场经济的进程却是较为有利。中共明年将面临汇率稳定、外汇制度和通膨压力等多空交战局面。

并轨后主要的负面影响包括：黑市汇价上升、通货膨胀压力加剧、外贸换汇成本增加等等，这些因素将在短期内影响汇率稳定。

首先是黑市汇价上升。并轨并不等于汇市和汇价单一，因为在外汇管制情况下，人民币仍只是有限度的自由兑换，外汇黑市必将继续存在。目前中共不断宣传并轨后，人民币汇价不会波动太大，因为大陆现在用汇已有八成是按调剂价结算，官方汇价已是有名无实。此外，并轨可自由兑换的范围依然很窄，中共高层根据今年年中抛售外汇干预的经验，相信对汇价仍有一定的控制能力。

但明年是否守得住1兑8.7的价位，若黑市价远低于这个价，官方抛售外汇成本将不低。现在中共官方最怕的就是并轨后人民币汇价“大泻”。事实上，目前人民币贬值的压力比今年中更大。首先，新一波投资热浪又起；其次，外贸逆差增至四年来的最高峰达100亿美元，而外汇储备则降至不到200亿；第三通货膨胀高涨，零售物价指数增加13%，城市生活指数更高达21%以上。因此，专家预测，即使排除贬值心理预期等人为因素，明年人民币汇价将可能随人民币本身的贬值幅度而下跌一成半以上。

明年仍是中共的经济高增长期，专家估计至少是11%以上的增长，企业需要进口生产材料及设备以支持高增长，平均20%的城市通胀，也间接鼓励产品回销，因此将促使明年出口减少，进口扩大。选择在高增长期并轨，在贸易上放宽对外汇的限制，可能会造成对外汇平衡的失控。

而且，以往由计委负责国家重点项目基建进口重型设备的采购，将由财政部拨一笔人民币交给计委，以调剂价换算成外汇去采购，若人民币贬值，计委手上的一笔采购预算将会变少，该部门要力保重点建设项目根本不敷使用。

另外，外贸换汇成本增加。过去政府向需要外汇的国家重点工程项目分配外汇额度，国有企业使用这些外汇额度，便可以官方汇价进口原材料及技术。这项措施无异于获得政府津贴。调剂价跌势远远急于官价，而调剂价愈贬值则企业获得国家分配外汇额度的优惠就愈见重要。而且一些大型国有企业除出口产品、经外汇管理局批准在调剂中心换取外汇外，就是经外汇管理局分配外汇。这些企业可向政府按照官方汇率购买外汇，用于偿还外汇贷款和进口某些原材料设备。另外，一些企业获准在国内销售产品，并按官方汇率收取外汇。这些优惠在明年全部取消，国有企业需按高于现行官方汇率来满足其外汇需求，其总体支出可能因外汇支出增加而增加。

由于中共逐步取消对产品和服务的分配，透过在国内销售产品，按官价收取外汇的渠道已被堵塞，因此便不能取得足够的外汇分配，企业被迫转向市场寻求外汇，以较高的市场汇价购买外汇，因而将成本推高。这将使国有企业竞争能力减低，形势更加严峻。

但并轨对外商（包括台商）来说，却是较为有利。过去台商、港商投资大陆，资金是以人民币牌价换算，而官方牌价一直比市价严重低估；另一方面，外商赚取利润后，人民币则以调剂价调换输出，对外商、台商不公平。两价并轨后，外商资金进出均以调剂价换算，对吸引外资是有利的。

面对并轨后可能发生的局面，中共内部忧喜参半。但无论如何，并轨对中共建立国际经济通行规则的机制，已起到了决定性的正面作用，对其市场化、国际化功不可没。

（摘自《纽约世界日报》1993年12月30日）

成功基础上的建设

［美］《时代》周刊5月10日

中国去年出口额达到850亿美元，1993年应该增加到930亿美元；到2000年将达到1500亿美元。去年这个国家的工业产量增加了21%，1993年还会出现这种情况。

工业上的大跃进使外国人眼花缭乱，市场商人对于向收入稳步增加的中国工人销售产品的前景感到兴奋。在深圳特区，官方统计的年人均收入为320美元。这个数字可能大大低估了该地区真正的创收能力。据麦金西公司的顾问说，深圳市的人均收入一年可能高达2500美元。

然而，在闪光的外表下隐藏的是更为复杂、有潜在麻烦的现实。因为北京所建立的经济——在某种程度上得到了外国的帮助——依然是个混合体。最上层是促使出口激增的、效益较高的轻工业；下面是笨重的、拥有大量资源和制造行业的国营部门，它类似于前苏联的经济核心。中国有大约1万家生产钢铁、机器、纺织品和其他工业产品的大中型国营企业。尽管损害了自由市场，但国营企业仍然占工业产量的55%，并雇佣了1.48亿城市工人当中的70%以上。国营企业向其1.06亿雇员提供了社会福利：一生保证就业、住房补贴、工人的孩子免费上学、慷慨的养老金计划和公费医疗。

把国营企业转变成自由市场中有活力的竞争者是邓的经济改革所面临的真正挑战。这方面的成败将决定中国是否能在下个世纪成为真正的经济大国。这也不是必须很快解决的唯一问题：如果中国想实现其雄心勃勃的目标，它还必须同时改进过时的、负担过重的交通和通信系统，以及匮乏的能源部门和新生的资本市场。尽管早在1978年就大胆地宣布了其现代化目标，但北京只是现在才开始触及这些现代化的领域。

值得注意的是，外国投资者（单去年就给中国汇集了110亿美元）大都回避国营部门，主要原因是它的主要产品之一是赤字：在1992年，国营企业接受了78亿美元的补贴，那年的预算赤字总额达到41亿美元。像旧苏联工厂一样，国营工业破旧不堪，超员10%以上；生产几乎没人要买的劣质产品。一位经济学家说：“关闭这些企业、然后重新开始或许更好。”

此话说起来容易做起来难。中国自80年代中期以来便全力对付这个问题，最近随着中国设法使出口更具竞争性并竭力要求加入关贸总协定，它在这个问题上花的力气更大了。1986年北京通过了一条突破性的法律，允许国营公司破产，并下令关闭了一些公司，但这一计划在1989年天安门事件之后便停止了。

现在，在邓小平的推动下，这项计划再次得以实施。在1992年的头10个月，346家公司（其中104家是国营公司）宣布破产，结果是140万城市工人失去了工作。

正如北京所知道的，政府扭亏为盈的最好办法是把国营大企业出售给私人集团，只要找得着买主的话。去年6月政府批准向外国投资者出售第一家这样的公司，把武汉第二印染厂卖给了香港一家公司。虽然该公司一年亏损500万美元，但新主人很快扭亏为盈，主要的措施是解雇了1920名工人中的1146人。数百名被解雇的雇员在附属于新主人的宾馆或商店找到了工作，但其他人只签了短期合同。

这种转变可能要花几十年而不是几年时间。官员们强调说，使机构私有化的行动仅仅是一个“试验”。但是如果中国想实现其工业抱负，这个试验就不能失败。

大陆经济高成长
高通胀是转机也是危机

张新鹏　台湾《中国时报》5月23日

今年中国大陆全年的经济成长率估计也将在两位数字以上。但伴随着高经济成长的另一面则是高通货膨胀率，根据4月份中共国家统计局的资料显示，大陆35个大中城市的生活消费比去年上涨17%，而零售物价指数也上涨了8.5%。这些数字说明，大陆经济正处于一个高成长、高通膨的阶段，既是转机但也充满危机。

国际货币基金会和伦敦国际战略研究所这两个权威机构近日各自发表的报告印证了一个不可否认的事实，亦即，大陆具有强大的经济实力与发展远景；但是在展现实力与迈向坦途的过程中，必须扫除历史残存的计划经济因素，以及经济运行的脱序现象。客观而言，中国大陆今天所遭遇的经济难题正是计划经济残留因素的掣肘与经济发展秩序失衡所致。一九八八年时大陆的经济形势被当时的改革派形容为“闯关”，要闯的是物价改革这一关，今天的形势也是要闯关，但要闯的已不只是物价这个关卡，而是更为严峻的经济体制这个难过的关口。

一、经济过热问题已是不争事实

根据今年第一季度的统计资料，大陆国民生产总值增幅达14.1%，工业产值增幅为20%以上。而促成这两项数据大幅增长的投资方面所呈现的是：国有企业固定资产投资增长70%，地方政府控制的企业投资更增加了80.9%。以这么高的固定资产投资率来说，不可能不反映到通货膨胀方面。

从人民银行调整利率的动作看，中共当局冷却过热的经济似已有共识，但由人民银行调高存款利率2.18%要远大于调高放款利率0.83%的政策研判，中共虽有心抑制过热的投资，但又有些投鼠忌器。

二、财政赤字助长通货膨胀

造成通货膨胀的根本原因不外是货币发行的大量增加。其所以如此，主要就是为了融资约920亿元的财政赤字。中共当局为了减轻财政负担，不得不在通货膨胀的危机中放开物价管制，以减少物价补贴，这又促使原材料与民生必需品价格上涨。财政赤字与通货膨胀两者之间形成了一种恶性循环的互动关系。

中共选择在这个时候放开物价管制，目的就是减少财政赤字，也是为了避免因为过份发行钞票而带动通货膨胀。中共目前的财政赤字主要是靠发行国债弥补，但今年国债发行销路仅有10%，由此可以预料，因为财政赤字所引发的通货膨胀现象获得改善的可能性是微乎其微的。

财政赤字、信贷爆炸与货币犯滥是通货膨胀的三大元凶，而通货膨胀造成的信心危机又促成了人民币的大幅贬值。主管中共金融的官员即曾透露，最近所掀起的第二波人民币贬值就是由于通货膨胀所造成的。大陆今年的经济形势愈来愈像1988年的局面，于是人们开始担心，大陆经济运行规律“一开就放、一放就乱、一乱就收”的历史是否会重演呢？中共是否最终被迫又来一次“治理整顿”呢？

三、出现稳定发展的呼声

平实而论，尽管中共经济发展面临许多确实的难关，但大陆经济维持高速度发展的局面已是一条不归路。中共不仅不可能重新走回计划经济老路，而在市场经济规律已见雏型的情况下，重回由中央主持调控的“治理整顿”也是完全不可能的。

就总体情势分析，大陆经济可以说是处于转型期，至少要比1988年时的情况好了许多。应当说，大陆经济存在着许多深刻的问题，通货膨胀、体制僵化、高投入低产出以及经济的脱序发展等问题都将危及日后长期的经济发展。

四、非经济因素令人忧心

不过，大陆经济发展并不必然一定可以冲破难关，经济因素可以用经济手段或行政手段解决，但非经济因素的政治问题与社会问题，就很容易形成动荡局面。这是大陆经济发展矛盾激化下最令人忧心的情况。

大陆当前确实存在许多经济与社会问题，且社会问题又多是因经济问题所引发，诸如贪污、腐败、投机、贫富差距、城乡差距、知识份子待遇以及农村问题等等；平实而论，这些问题的严重与复杂程度绝不在经济问题之下，也是研判中共经济情势同时不可或缺的面向。

企业经营管理和企业改革

抚顺钢厂厂长
张宝琛

依靠科技进步　苦练内功　搞活企业

秦世家　吴长厚

抚顺钢厂承担着为国家航天、航空、核能、国防军工以及石油化工、机械、能源、交通、轻纺等部门提供优质钢材的任务。该厂在全国500家最大规模工业企业排序中，列第89位；在全国黑色冶金行业最佳经济效益的排序，1989、1990年列第二位，1991年列第三位。

如何搞活大中型企业是这几年全国关注的重大问题。抚钢为了进一步搞好经济效益也在不断地探索着。近年来，抚钢按照与国际市场接轨和国内市场经济体制改革的要求，依靠科技进步，苦练"内功"，积极学习国内外好的经验、好办法，探索在市场竞争中求发展的路子，把企业搞活，从而推动企业经济效益持续稳定增长，发挥了国有大中型企业在国民经济中的骨干作用。1993年，钢产量达到50.7万吨，比上年增长38%；钢材产量达到42.4万吨，比上年增长35%；实现利税达到3.97亿元，比上年增长49%。以上各项指标均创历史最高水平。1994年1—5月份，钢产量23.4万吨，钢材产量18.9万吨，分别比去年同期提高15%和8%；实现利税2.32亿元，比去年同期提高10%；实现利润1.24亿元，比去年同期提高87%。在所创经济效益中，科技效益约占50%。

一、以滚动发展的方式搞技术改造

抚钢是1937年建厂的老企业，设备老化。企业要进行技术改造才能发展，而技术改造需要大量资金。资金从何而来？开始厂里更多地是注意改造规划甚至长远规划，而运用什么机制去实现规划却考虑不多。后来，抚钢总结了外国资本家和香港大财团的发迹史，看到无论是由铁匠到跨国公司老板的克房伯，还是由开饭馆到大财团的香港巨富，无一不是从小到大、节衣缩食拼力发展起来的。因此，他们认为必须在原有基础上拼力工作。在没有资金的情况下，靠科技治难，靠技术赚钱，攻软件上硬件。用软件(工艺、技术)先积累一些资金。仅1986—1990年，靠科技软件增效益1.27亿元。

有了少量资金后先上"短、平、快"的小项目，如改造薄板、钢管、冷拔、锻压等分厂，这些项目平均建设期7个月，投资回收期平均不到一年，最快的仅3个月，总投资3000万元，新增利润达1.5亿元。

靠小项目积累资金后，再上大项目。1989年建成了850初轧分厂，1992年50吨超高功率电炉又投入生产，总投资3.5亿元。1993年新增利税就达1.2亿元。现在，投资5.2亿元的高级轿车用齿轮钢棒材轧机工程已经开工。这是国家批准的轿车国产化重点工程，投产后可解决我国齿轮钢生产工艺落后，数量、质量不适应发展需要的矛盾。年产量20万吨，年创产值8.6亿元，利税2亿元。

建国以来，抚钢固定资产累计投资11.5亿元，其中1986—1993年自筹改造资金投入达6.4亿元。

当然，滚动发展离不开党的改革开放政策。由于承包，把领导班子和全体职工的积极性都调动起来了，从而取得更好的效益。同时，还要看到，企业要进行更大规模的技术改造，如近几年内要上多达8亿元的项目(除前面提到的齿轮钢棒材轧机外，还有模具扁钢轧机和连铸机生产线)光靠自身积累是不够的，这就要设法引进外资和争取国家贷款。当人们看到，企业愈办愈好，管理上等级，质量受表扬，国家任务完成得好，不管上什么项目都是上一个达产一个，国家就愿意贷款给你，认为你还得起上得去；外商也有信心投资和贷款给你，认为你的企业风险小，有希望。

二、依靠科技，苦练"内功"，增加活力

1. 靠科技克服困难增活力

国家由计划经济向市场经济过渡的转轨时期，同许多企业一样，抚钢也遇到原材燃料涨价、市场忽明忽暗、产品忽畅忽滞的困难。在这种情况下，抚钢人首先学习邓小平同志关于"科学技术是第一生产力"的论断，认为还是要依靠科技去克服困难。同时，学习国内外的经验，如国外资本家从电炉倒闭到研究出VOD、AOD炉，转败为胜，以及从铸锭到连铸的应变经验等；国内也有各种改革工艺降低消耗、提高劳动生产率等的经验。由此取得了不少成果。例如：

1988年利润上不去时，抚钢研究所组织大批科技人员搞铁合金代用料，12种合金元素搞了11种。一举成本大下，利润翻了一番。1991年遇到同样问题，抚钢大幅度改变品种，高合金比达到15—17%，居全国最高。1993年继续靠科技调整品种结构，先后开发了技术内涵高的齿轮钢、高级模具钢、工具钢、轴承钢、煤机用钢、油田用钢、铁路用钢等30多个品种。在同年10月份召开的全国订货会议上一次订货量达10.6万吨，其中，"奇、难、缺"产品占20%以上，用户由过去的1300多家扩展到1800多家。

抚钢几次被评为省科技先导型企业，还荣获科技100强企业称号。

1993年11月，抚钢研究所被国家经贸委、国家税务总局、海关总署联合确认为享受国家优惠政策的大型企业技术中心。该中心是高层次的技术研究和开发机构，其中心任务是为抚钢的科技进步服务，建立市场、科研、生产一体化的技术进步机制，提高企业技术开发和在国内外市场的竞争力，使科技成果尽快转化为现实生产力。根据国家对技术中心"高起点、高水平，高层次"的要求，其人员除包括本厂技术人员230多人外，还将以优惠政策聘请外单位专家20多人，指导和协助开展科研工作。为搞好技术中心基础建设，计划投入资金4630万元。

抚钢还积极开辟"厂、校、研"联合领域，推动科技工作的发展。联合的方式，一是结合攻关任务求教技术决窍，二是结合生产急需举办专题培训班，三是共同进行学术交流。1990年以来，该厂先后与东北大学、北京科技大学、包头钢院、北京钢铁研究总院、鞍山热能研究院等20多个高校和科研单位签订联合技术攻关协议90多项，到1993年底已有30多项付诸实施，并取得显著效益，推动了科技工作向更深更广的领域发展。

2. 靠质量占领市场增活力

对质量问题，抚钢人的观念是一步一步深化的。以前是怕用户退货，怕冶金部检查而抓质量，后来又怕市场销路不好抓质量。头几年开始从企业的发展和生存的角度抓质量，使质量水平逐步提高。

其实，抚钢从60年代起就确定了四个第一：军工第一、品种第一、质量第一、合同第一，是有抓质量的传统的。但是由于计划经济模式的影响，多少年来始终一起一伏，在质量和产量的关系上摇摇摆摆。由于商品经济市场经济观念的强化，特别是总结了国际市场优质高价畅销的规律以及学习武钢经验，分析到了成本效益、价格销路效益、资金效益等对质量的依赖关系，才比较好地解决了产量和质量的矛盾；同时，由于看到了企业要搞活，必须打进国内外市场，为此，也必须有强烈的一流质量意识。

为了抓质量，抚钢曾搞过类似TQC的管理方法，后来又引进了日本的TQC方法，但收效甚微。后来，学到日本TQC方法的实质——工序控制，同时又充分利用中国政策制度的特点，进行了严格质量管理。为了保证产品质量，抚钢不惜用停产作代价，用干部撤职作代价；同时，将产品质量同劳动报酬挂勾，同分厂的考绩联系起来。在组织上，把生产厂长排位于技术厂长之后，并由生产厂长负责产品质量问题。由于采取了上

述一系列措施，全厂产品质量稳步提高。1993年产品质量异议率为0.35%，比上年下降了1.02‰。

提高产品质量是为了开拓市场。而企业的活力归根结底来自“内功”和市场。

由于社会资金紧张和加速资金周转。用户不可能也不必要像计划经济体制下那样，用大量资金增加库存，而多是立刻要货，立即投入生产，所以供货也不能像过去计划经济体制下的做法，按季或按月排计划而要卖“快餐”。

有时资金紧张是假象，实际上是市场处于滞销状态。但不可能所有的商品都滞销，那些“奇、缺、难”的品种往往是畅销的，而且资金也充足。这就要改变营销方针，生产“奇、缺、难”产品，如125方、400圆、不锈钢大铸件、多种军工冷拔材等。这都要求企业有较好的应变能力。1993年抚钢，在生产、工艺、科研等方面全部按照市场要求打硬仗，克服了工艺、管理、包装、检验等道道难关。如合金工具钢A2、D2、H13等产品，为使质量、规格达到要求，厂里组织了科研人员和锻压分厂联合攻关，使产品规格由∮280mm提高到∮420mm，并且质量稳定。高速工具钢M2大尺寸钢材我国一直未过关，按照出口的要求，组织连班进行试验，终于使最大尺寸由∮180mm提高到∮330mm。高温合金A280Ti合金不论是炼钢还是锻造难度都很大，经过上百次试验，终于制订出最佳工艺方案。这些出口产品经过美国质检部门复验，全部达到美国SSI标准，受到美国两家客商的高度赞扬，并主动提出与抚钢合资生产锻件在美国销售。这些产品的出口不但促进了抚钢技术管理水平的提高，而且使产品档次上了一个新台阶。这一年，产品先后打入15个国家和地区，创汇1700万美元，比1992年增加10倍。

抚钢同时开拓供销两个市场。除销售市场外，供应市场也是重要的。为了缓解废钢资源严重不足的矛盾，从俄罗斯购买钢轨、钢锭和其他废钢以及铬铁，从美国、日本进口废钢，并建立了铁合金供应的巩固根据地。

当某种原料供不应求时，就利用代用料。如废钢缺少，生铁有余，抚钢就在工艺上进行改革，由一般吃10—15%的生铁增加到55%。如买不到微碳铬时，也改革工艺，用低碳铬。

1993年，抚钢进出口总额达2100万美元。

3. 靠技术管理降低投人增活力

这几年，抚钢的经济效益能够稳定增长，一个重要途径是靠加强技术管理和组织科技攻关降低成本，减少投入。1993年，原燃材料涨价给企业的经济效益带来了很大威胁。为把减利因素控制在最低限度，使经济效益持续增长，抚钢一方面加强内部技术管理，严把操作工艺关，杜绝流费，另一方面狠抓改革工艺，把成本降下来。如用生铁代替废钢，用氧化物代替铁合金，用国产电极代替进口电极，降低钢锭模消耗等。

为降低炼钢成本，抚钢除继续采用同功能代用料外，同时采用微机管理实行下限加料，取得了良好效果。应用喂丝新技术，提高了炼钢易氧化元素铝、钛、硼的稳定性，使钢的内部质量明显提高，又降低了铁合金消耗。VOD精炼炉冶炼不锈钢，在初炼炉采用偏心水冷氧枪脱碳，使初炼炉的配碳量由0.9%提高到1.5%以上。这样VOD炉冶炼不锈钢全部使用高碳铬铁，使吨钢成本降低100元。抚钢还利用高效还原新技术，使冶炼高速钢钒的收得率由45%提高到90%以上，降低了成本。

为降低原燃料消耗，去年以来抚钢进一步加强能源管理，推广新技术，使能耗不断降低。全厂热加工分厂下来的氧化铁皮，过去一直白白扔掉了。后来他们把氧化铁皮集中管理，烧结后代替铁矿石炼钢，使吨钢铁矿石消耗由6.2千克，下降到3.05千克。

为了降低消耗，抚钢广泛采用了电极涂层新技术、研制新型耐火材料、提高钢包寿命等30多个工艺改革和工艺攻关项目，把各项消耗降低到最低水平，获得明显经济效益。

一年多来，抚钢还加强对技术规程、产品标准的管理，标准化工作有了新的改进，对提高质量、降低成本发挥了积极的作用。

抚钢今年提出的口号是：对外以市场为纲，对内以成本资金为纲，加强了以成本为中心的责任制考核。

4. 靠最大限度地调动科技人员的积极性这一根本活力

企业要搞活，必须抓科技进步。而实现科技进步必须最大限度地调动科技人员的积极性。几年来抚钢一是搞科技体制建设，规定厂长用70%的精力抓技术，分厂厂长主要抓技术，成为技术质量第一责任者；为提高总工程师的地位，授予总工程师技术以外的实际权力：厂奖励委员会核心成员，干部工资晋级核心成员，职称晋级委员会核心成员，技术干部分房委员会主任，工人定级考评委员会主任等。此外，在总工程师领导下设立8名副总工程师分别把口、协同作战的总工程师管理系统，强化了技术管理体制。还规定，技术工作上不去的，不分房、不涨工资、不晋级、不评先进。二是抓激励机制。1994年厂部在科技工作会议上发了文件，对加强科技队伍建设和提高科技人员待遇重新作了15条规定。所有这些，都使企业增强了对科技人员的凝聚力，推动了科技工作发展。

多年来，抚钢一直抓住“靠科技治难，靠内功应变”这个法宝，克服前进道路上的一个个困难，在社会主义建设中做出了自己的应有的贡献。

新余钢铁总厂厂长
王忠宪

联合促发展　改革出效益

江西新余钢铁总厂

江西新余钢铁总厂是根据江西省人民政府1991年元月6日常务会议决定，由原江西钢厂、新余钢铁厂和铁坑铁矿合并而成的。它既是全国重点铁合金生产基地，又是普钢特钢兼有，军工民用结合的地方大型冶金联合企业。现有职工51000余人，拥有从矿山采选到冶炼、轧制全过程的配套设施和装备，并在金属制品、煤焦化工、耐火材料、机械制造、科研设计、建筑安装等方面形成了较强的实力。已形成固定资产原值13.13亿元，净值7.94亿元，主要生产铁合金、铁钢材、金属制品、化工产品等100多种产品。年生产能力：铁合金18万吨，生铁100万吨，钢130万吨，钢材110万吨，焦炭87万吨，金属制品4万吨。拥有国优、部优、省优产品30种，产品畅销国内外，走俏美国、日本、新加坡、香港等10多个国家和地区，年工业总产值18亿元（1990年不变价），年销售收入40亿元，1992年，在全国500家大型企业排序中，名列第55位，在全国冶金企业排名中列第17位。1993年，成为全国第18家产钢百万吨冶金企业。

一、过去一年　克难取胜

1993年，新钢总厂认真贯彻落实邓小平同志南巡谈话和党的十四大精神，坚持以改革为动力，以提高经济效益为中心，围绕实现“夺钢百万吨，利税五亿元”两大核心目标，齐心协力，团结奋战，克服原燃料短缺、上游产品涨价、减利因素增加、资金严重不足、电力运输紧张等重重困难，夺取了生产经营、基建技措、生活后勤等各项工作的全面胜利。主要体现在四个方面：

1. 实现了两大核心目标。新钢总厂提前25天胜利实现了“夺钢百万吨、利税五亿元”的奋斗目标，全年实现销售收入35亿元，实现利税5亿元，上交利税3.8亿元，分别比上年增长58.47%、72.29%和58.33%，刷新了生产、效益的历史纪录。

2. 打胜了重点工程建设。1993年，新钢总厂高速度、高质量地完成了一钢3#方坯连铸机、1#、2#烧结机大修、综合原料场、开坯2#加热炉、锻造5吨锤、三钢3#转炉、焦炉增孔、7#600m^3高炉、三型钢线材精轧机组改造等12项重点技术改造工程，完成投资总额3.55亿元，年综合经济效益2亿多元，为企业今后更好更快地发展，奠定了坚实的物质技术基础。

3. 改善了技术经济指标。完成主要产品产量生铁64万吨，钢101.8万吨，钢材坯76.19万吨，分别比1990年增长41.17%、31.95%和11.48%，其它产品产量也有较大幅度的增长；主要产品质量稳定提高，其中转炉钢钢锭合格率达到99.12%，钢坯合格率达到99.18%，钢材合格率达到99.20%，比上年均有不同程度的提高；物质消耗继续下降，与上年比，转炉钢钢铁料消耗下降了5kg/t，电炉钢电耗下降了7kwh/t，全厂节能降耗增利1680万元。

4. 提高了职工生活水平。1993年职工人均提升了两级多工资，其他生产福利设施相应改善，全厂职工物质文化生活水平得到了较大的提高。

二、联合三年　成就巨大

新钢总厂成立三年来，在省委、省政府、冶金部、省冶金厅的亲切关怀和正确领导下，在社会各界的大力支持下，切实贯彻党和国家的路线、方针、政策，围绕发挥联合优势，提高经济效益，办好办活企业，给终坚定不移地深化企业改革，加速转换企业经营机制，扎实有效地加强企业管理，不失时机地推进技术进步，从而使企业摆脱了困境，焕发了生机，走上了良性循环的轨道，取得了生产发展、效益提高、贡献增长的好成绩。

——生产发展。主要表现在二个方面：

一是规模扩大。主要工序生产能力1993年与1990年相比，炼铁增加35万吨，炼钢增加30万吨，轧钢增加31.20万吨，炼焦增加17.50万吨，烧结增加29.49万吨。尤其是炼钢生产有了历史性进步，全年钢产量突破了百万吨大关，使总厂成为全国第18家产钢百万吨的大企业。标志着总厂生产规模跨上了一个新的台阶。二是指标改善。主要产品质量提高，消耗下降，绝大多数技术经济指标超过了合并前的水平。

——效益提高。三年来，在消化大量减利因素和潜亏挂帐的前提下，实现利税持续稳定增长。1993年实现利税超过5亿元，比1992年增长72.28%，比1991年增长187.77%，比合并前的1990年增长410.37%。三年累计实现利税9.77亿元，年均递增75.88%，企业由合并时的亏损大户跃居全省利税大户之首。

——贡献增长。三年来，累计上交利税7.99亿元，年均递增23.69%，相当于三年赚回了一上“两厂一矿”。其中1993年上交利税3.8亿元，比合并前的1990年增长了134.5%，为振兴江西经济作出了积极的贡献。

回顾三年发展的历程，我厂在外有压力，内有困难的逆境中，能够一年登上一个台阶，值得总结的经验是：

1. 深化改革。这是夺取胜利的关键所在。改革出活力，改革促发展。三年来，新钢总厂认真贯彻小平同志南巡谈话、党的十四大和《全民所有制工业企业转换经营机制条例》精神，围绕转换经营机制，搞活企业，狠抓了领导体制、组织结构、人事制度、分配制度、劳动制度、产品结构等一系列的配套改革，消除了企业内部存在的机构臃肿、“三铁一大”等弊端，理顺了管理体制，建立了人才竞争机制和分配激励机制，调动了全厂各级干部、广大职工和家属的积极性，提高了工作效率、管理效率和决策效率，保证了联合成功，增添了企业活力，加快了发展的步伐。

2. 加强管理。这是夺取胜利的坚实基础。围绕增强企业整体素质，全面提高经济效益，新钢总厂从夯实基础工作入手，整顿规章制度，强化专业管理，使管理工作逐步走上了制度化、规范化、科学化的轨道。适应市场变化，调整了产品结构，优化了生产组织，合理利用资源，提高了投入产出效果，发挥了联合优势，强化经济核算，加强成本管理，开展“双增双节”，组织科技攻关，改善了技术经济指标，挖掘了企业内在潜力，提高了经济管理水平。

3. 狠抓技措。这是夺取胜利的有力措施。技术的进步不仅能够带来企业快速发展，而且促进企业效益稳步提高。三年来，新钢总厂立足当前，着眼未来，集中人力、物力和财力，因时制宜、因地制宜地狠抓铁前系统的填平补齐和炼钢系统的配套改造，投资6.26亿元，完成了一系列重要技措工程，理顺了铁钢材系统的生产工艺，提高了整体装备水平，基本形成了普钢、特钢、铁合金三足鼎立的格局，较好地发挥了投资效益，极大地增强了企业的竞争能力和发展后劲。

4. 抓住机遇，用好政策。这是夺取胜利的重要保证。近几年来，我国国民经济持续、快速发展，为钢铁企业发展生产，搞活经营，提高效益，提供了良好的发展机遇，新钢总厂在江西省委、省政府、冶金部、省冶金厅等各级领导的大力支持下，积极贯彻《全民所有制工业企业转换经营机制条例》，用好江西省政府、省冶金总公司对总厂实行的利税总承包政策，抓住时机，趁势而上，给企业的发展注入了新的生机和活力。

三、未来发展，前景光明

三年来，新钢总厂广大干部职工以改革为动力，用实际行动维护并实施了省政府和冶金部关于“两厂一矿”合并的决策，用铁的事实证明了“两厂一矿”的合并决策正确，联合成功，成效显著。1994年新钢总厂又被江西省政府确定为国有独资有限责任公司试点企业，给企业的发展带来了新的机遇。总厂正依据《公司法》制定公司章程、理顺组织形式，进行清产核资和资产评估、实现人员分流、深化分配改革，探索公有制与市场经济结合的具体途径，加快建立产权清晰、权责明确、政企分开、管理科学的现代企业制度。与此同时，新钢总厂积极搞好生产经营，不断推进企业发展。1994年总厂的奋斗目标是：产铁100万吨，夺钢115万吨，钢材100万吨，确保实现利税8亿元。

为确保在市场经济下，快速、持续、健康发展，新钢总厂对“九五”发展已作出了技术改造规划：投资22亿元，改扩建3×50吨转炉、高速线材轧机、600m^3高炉一座扩容750m^3高炉、75m^2烧结机一台、合金钢连铸机一台、合金钢轧机一台、焦炉大修一座。同时，理顺关系，改善装备，扩大规模，增进效益。到2000年，形成生产能力生铁170万吨，钢220万吨，钢材200万吨。销售收入达70亿元，销售利税将达18亿元。为振兴江西经济，为中国钢铁工业的发展作出更大的贡献。

王忠宪，山东烟台市人，1933年生，汉族。在冶金战线奋斗了四十余年，先后担任过大中型冶金企业的厂长、书记。1990年元月担任新余钢铁总厂厂长。王忠宪同志善于总结经验，他将历年来思索的成果编成了六本专著出版。由于王忠宪同志在企业工作中取得了丰硕的理论与实践成果，先后被授予"全国冶金职工优秀思想政治工作者"、"江西省优秀党委书记"、"全国"大中型企业优秀党委书记"、"1988年度"《半月谈》思想政治工作创新奖"等荣誉称号，还被评为国家有突出贡献的专家。1993年，王忠宪被选为江西省第八届人大常委会常委。

浙江横山金属有限公司总经理
孙智鸿

运用有限责任公司的机制增强企业的市场竞争能力

孙 智 鸿

浙江省横山金属有限公司的前身浙江横山铁合金厂金属分厂，是个劳动服务性质的集体企业。在我国改革开放的大环境中，经过十多年的努力和建设，到1992年底已发展成为一个充满希望，有发展前景的中型企业。为了适应深化企业改革的新形势，使企业成为市场竞争的主体，逐步走向现代企业制度，于1993年初，按照国家关于股份制企业的规范要求，进行了股份制改革的试点，正式成立了有限责任公司。企业由原先的国有大型工厂所属的一个集体性质的分厂转变为自主经营、自负盈亏、自我发展、自我约束的独立的经济实体和市场竞争实体，并以此为起点进行第二次创业。一年多来，我们运用有限责任公司的组织管理机制，开展多元化经营，先后建立了铜材厂、电池厂、金属厂、工贸公司、蓝宝石大酒家等经济实体，生产经营的品种由原来的铬系铁合金单一产品扩展到普钢和合金钢、有色铸件、金属拉丝、系列饮料、碱性锌锰电池、氮化铬及难熔化合物粉末，以及经营五金交电、建材化工、日用百货等等，成为一个具有相当实力的综合性骨干企业。1993年公司完成工业产值2846万元，比上年增长52%；实现销售总收入4242万元，比上年增长205%；实现利税565万元，比上年增长173%。第二次创业首战告捷。

一、实行企业股份制改组，转换企业经营机制

有限责任公司是一种适应社会主义市场经济的财产组织形式，也是一种与国际惯例接轨的现代企业制度。我们原来是浙江横山铁合金厂的一个分厂，总厂是国有大型企业，分厂是职工家属子女组织起来的集体性质的劳动服务企业。随着企业的发展，原有的生产经营体制难以适应市场竞争的要求，迫切需要转换企业经营机制。在这种情况下，我们提出了改组为有限责任公司的申请，并被上级政府批准列为股份制试点单位，按照国家颁布的《有限责任公司规范意见》进行了规范化改组。在企业改组为有限责任公司的过程中，主要解决了关系企业发展前途的三个根本问题：一是由产权模糊化、单一化转变为清晰化、多元化。原来分厂集体资产有总厂投资的，也有企业自身的、还有职工积累的，模糊不清，无人负责。在改制中进行了资产评估，产权界定，在此基础上吸收法人和内部职工入股，公司总股本为1018万元，其中总厂股本32.69万元，企业集体股本555.91万元，总厂工会法人股本315万元，职工合股基金会法人股本115.28万元。使产权明确，责任清楚，企业成为一个实实在在的经济实体；二是由名义上的法人转变为实际上的法人。原来分厂是总厂下面的二级法人，虽然名义上具有法人资格，但没有财产权，经营权也不完整。经过改制，企业拥有法人所有权，公司以其全部财产承担民事责任，股东以其出资额承担有限责任。企业真正成为自主经营、自负盈亏、自我发展、自我约束的经济实体和法人实体；三是所有者由企业外部进入企业内部，真正实现了所有权与经营权的分离，原先总厂行使所有者职权，包括人事任免

权、劳动用工权、工资分配权、财产处置权、留利分配权、投资决策权等等，分厂事事都要报总厂审批。改制后，所有者作为股东，派出代表组成董事会行使所有者权能，聘任总经理全权管理日常生产经营活动，总经理对董事会负责。在内部实行所有权与经营权的分离，这样做，企业完全拥有自主经营决策权。只要对企业发展有利，又不违反国家政策，公司想干什么就可以干什么。企业作为市场经济的微观活动主体，就能够在激烈的市场竞争中大胆拼搏，放手开拓，不断发展。

二、调整产品产业结构，增强企业发展后劲

股份制企业机制的一个显著功能是开辟新的融资渠道，筹集发展资金，引导消费基金转化为生产建设资金，提高资金使用效益。我们企业过去的筹资渠道单一，想发展，只有靠银行贷款。只要国家银根一抽紧，企业就难以发展，所以调整单一的产品结构往往成为一句空话。改组为有限责任公司之后，情形就不同了。公司董事会经过反复论证和讨论，向社会展示了自己的多元化、多触角战略发展构想和调整产品产业结构的蓝图。为了实现自身制订的中长期发展的战略目标，公司迅速将股份制改制筹集到的资金462万元，投入到调整产品产业结构、发展多种经营中去。通过投资和技术改造，加快公司技术进步的步伐，增强了公司的后劲，扩大了公司的经营规模。一方面公司重视对现有技术和设备的技术改造工作；另一方面扩大公司新项目的开发投资，发展多项经营和多种经营。

1993年初公司成立时，全国钢铁行业形势看好，市场供销两旺。公司在研究当时的市场形势后认为，这是公司改变主导产品单一局面，实现公司多元化经营战略目标转移的好机遇。我们就抓住了这一机遇，确定了分头投资的计划：(1)根据钢铁市场供销两旺的经济形势，确定依靠技术进步，进行技术改造为主的技改计划，投入85万元资金改造601#电炉，将601#精炼电炉从单纯冶炼铁合金产品，改造成为能炼制铁合金、普钢锭、工业纯铁的多种产品的多功能精炼电炉，并确定了相应的技术培训计划，改造成可年产钢锭15000吨或年产铁合金6000吨，年产值可达3000万元。为公司今后发展打好了基础，也提高了公司在市场竞争中的应变能力；(2)投资百万元合营组建LR65号锌锰碱性电池的生产线，开拓新的经营渠道，并在三年后将碱性锌锰系列电池的品种从5#扩大到7#、1#、2#等，开辟新的经营方向；(3)投资40万元筹建中频电炉项目，利用现有的厂房、供电、人员、技术条件，将原有色金属铸造拓宽为有色和黑色金属铸造并举的产品方向；(4)投资90万元，开办了工贸公司和蓝宝石大酒店，开展多方位的市场营销关系活动。这样，建立了以总公司经营部为主，以铁合金、普钢锭销售为主导的联络全国重点用户的销售网和以工贸公司为辅，主攻南部，开展窗口式经营销售格局。

三、制订正确的营销策略，努力提高市场占有率

企业有了一个好的经营机制之后，在市场竞争中能不断取胜，还需要有正确的经营策略。企业主动地参与市场竞争，收集和开发市场信息资源是制订正确的营销策略的前提。

铬系铁合金产品是我公司的主要创利产品，也是公司生产经营的重点。目前，铬系合金产品在市场上竞争是相当激烈的，国有大中型铁合金专业生产厂家也面临着重重困难，经济效益下降。但是，作为目前本公司的主要创利产品，必须以自身特有的营销优势去占有铁合金市场，提高本企业产品在市场中的占有率。为此，公司确定了充分利用现有的资金、技术、信息等生产要素，努力降低生产成本，重点抓好营销工作的经营方向。我们采取的主要措施有以下几点：一是抓住重点用户开展销售工作。公司要求销售人员在进行产品销售的同时，要了解用户的生产计划，及时了解用户的生产变化，尽快调整自己的销售和生产计划；二是满足用户的特殊需要，做到从产品品种、质量、价格、交货期和服务等多方面顺应用户要求。如我公司有好几家用户对铬系合金产品的磷、硅有特殊要求，公司就根据用户的特殊要求，调整工艺组织生产。又如广东一用户需中铬产品，要货时间急，由于我国火车运力紧张，兰溪中心站都无法发出这批货，公司经营部派人多方联系，最后以零担发出，及时满足了用户急需，用户非常满意；三是注重市场信息的收集、研究和开发，努力寻找新的市场机会。1. 收集信息，扩大销售。公司在一次经营活动中得知广东一家用户由于产品调整，由原需购进碳铬品种改为购进中铬，公司马上和该用户进行联系，组织调整中铬产品的生产。满足了该用户的需求。由于我公司信誉较好，该用户已与我们建立了经常性业务往来。2. 与大专院交挂钩，利用现有资源开发新品种。公司与省冶金研究所签定了合同，开展镍铬合金铁开发性生产，并与冶金部规划司签定合同，使这一新品种很快得到了推广。四是根据市场中用户需求的变动趋势，及时地设计科学的营销组合，调整产品品种构成、产品价格、运输条件等因素促进销售。1993年上半年，钢铁行业经济形势看好，需求增强，竞争激烈的铁合金市场也随着钢铁市场的好势头出现了转机。公司针对这一形势，及时调整产品的结构，以生产和销售质优的微碳铬铁合金产品为主，及时调整了适应市

场的价格，扩大销售，使产品畅销。下半年由于受国家宏观经济调控的影响，钢铁和铁合金市场行情趋紧，公司在进行市场调查后认为：目前我们公司的铬系合金产品在市场上和用户心目中的信誉是好的，合金的需求在总量上与去年相比变化不大，只要将产品的结构按市场要求进行调整，我们的产品在质量上、品种上、价格上还是有一定的竞争力的。公司将产品结构调整为以中铬为主的产品品种结构，并辅之于有竞争力的较低的价格和优良的促销服务参与市场的竞争，及时地回笼了销货款。

四、强化企业管理练内功，降低生产成本求效益

企业进行股份制改制以后，公司职工既是劳动者又是投资者。许多职工说："百元入股连我心，千元入股连我筋，万元入股连我身。"广大职工关心生产经营、爱护企业财物、热爱公司岗位的敬业精神蔚然成风。而且，每个股东的两只眼睛时时刻刻盯住公司领导，关切投资回报率的提高。这样，公司领导感到担子非常重，内有动力，外有压力，决心不辜负股东们的期望，不辜负职工们的支持，化压力为动力，兢兢业业，积极进取。在调整产品产业结构、扩大生产经营的同时，努力强化企业管理，练好内功，千方百计降低生产成本，从管理上求效益，从降耗中求效益，从增产节约中求效益。去年以来，我们在组织生产经营的过程中，从原料采购、技术工艺改造、生产要素的合理组织等多方面强化了企业管理。主要措施是：1. 公司在采购大宗生产原料时，采用比价进货的原则，力争降低大宗原材料的采购成本。如生产铁合金的重要原料硅铬合金，原来我公司是从中间渠道进货的，现改为直接从生产厂家进货，每吨硅铬可节省资金600余元；2. 公司从外面引进一些已退休的有长期实践经验的工艺技术人员，指导和改进主要生产部门的生产工艺，使主要生产部门能生产多样品种。如公司在组织市场需要的中铬品种生产时，就试验改进和调整了生产工艺，采用废料配比生产正品合金产品。再如应用废微铬、跳钛硅铬和回收电极等搭配按比例生产，使中铬的成本每吨比原来降低了700元左右，提高了铬矿等原材料综合利用效果；3. 公司新组建质检部门，监控主导产品生产过程的产品质量。以往公司的产品质检工作委托横山铁合金厂质检处处理，产品的化验结果需过三四天后才能知道，给生产部门及时调整工艺配比造成困难，也不利于生产成本的控制。现公司的主导产品的整个生产过程质检控制都由新成立的质检部门完成，产品化验结果当天就能出来，生产部门能根据化验结果适时地调整工艺原料的配比，提高产品的合格率和达标率；4. 开展群众性的增产节约活动。各车间班组之间展开了增产增收、降低消耗的劳动竞赛。如601＃炉月平均产量比上年增产10.8吨，平均吨铁电耗下降104.75KWh。又如305＃炉，1992年共试产了镍铬合金铁650余吨，平均月产为185.89吨，平均吨铁电耗为3012KWh。1993年在上年的基础上有了很大的突破，按正常生产月份计算，平均月产达到206.43吨，比上年增加了20.54吨，平均吨铁电耗2776KWh，比上年下降了236KWh，取得了较好的经济效益。用户较满意的含磷量低于0.045以下，产品数量也逐月增加，达到稳定的生产水平。特别是1993年十月份产量突破了建厂以来的最好水平，达210.261吨，其中含磷量低于0.045以下的194.639吨，占月产量的92.6%。各项技术经济指标创造了历史最好水平，职工也得到了实惠，增加了收入。

浙江建德市新安江制冷设备厂厂长
方　向

抓住改革发展新机遇　生产经营跃上新台阶

方　向

我们浙江省建德市新安江制冷设备厂，原是一家国有小企业。近几年来，由于我们紧紧抓住了改革和发展的每一次机遇，善于在社会主义市场经济的大风大浪中勇敢地拼搏，使生产经营一年有一个大发展，经济效益一年上一个新台阶，企业面貌一年有一个大变化。现在企业设有三个分厂、四家子企业、一家中外合资企业，拥有资产4000多万元、500多名职工，成为国家挥点生产经营电冰箱、冷柜、空调器及其他制冷设备的国有中型骨干企业。

1993年岁首，企业曾经提出一个口号："驶入快车道，再上新台阶"。如果说当时这个口号的提出只是表达了我们企业全体干部职工坚定信念的话，那么时至1993年岁末，它已经实实在在地成为企业的现实。

1993年是我们企业抓住机遇，深化改革、高速发展的一年，是企业的各项工作全面跃上新台阶的一年，也是我们企业发展史上值得大书一笔的一年。在这一年里，我们不仅全面超额地实现了年初制订的企业发展目标，而且创下了企业发展史上的几个之最。

产品的产量、产值最高。共生产各类冰箱冰柜67161台，比上年度增长115.1%，净增35938台，比最高的1988年净增39832台；当年企业产值达到了11032.9万元，比上年度增长127.7%，净增6187.65万元，比最高的1988年净增5518.9万元。

产品的销售收入最多，效益最好。实现销售收入9801.36万元，比上年度增长142.33%，净增5756.77万元，比最好的1988年净增3859.18万元；企业实现利税833.76万元(其中利润664.59万元，税收169.17万元，比上年增长250.61%，净增595.96万元，比1988年净增59.41万元。

从以上的数字可见，1993年企业各项经济指标比上年均翻了一番以上，其中经济效益(利税)比上年翻了两番以上。

企业资产增值最多。1992年底，企业有固定资产原值669.21万元，1993年初以来，为了加快企业的发展，增强企业的后劲，我们增加了企业的投入，建了部分厂房、库房等生产性设施，新增了部分新设备，对原有部分旧的设备与生产线进行了改造，共投入技改资金250万元，再加上拆巨资兼并了原新安江铸造仪器厂，使企业资产增至1092.03万元，资产年增值率达到63.18%。

新产品、新品种开发的成功率最高。我们在一手抓市场的同时，一手抓新产品开发，当年共开发了三项主要新产品：BCD—171、BD—171和BCD—238，由于我们不断地强化基础管理工作，强化质保体系，我们的产品不论从外观上还是内在质量上均上了一个新的档次，受到了各地用户的好评。在1993年10月份北京家电国际博览会上，我们参展的冰箱冰柜产品再次获得金奖。同年12月份，我们还顺利地通过了电冰箱产品安全认证工厂条件审查，企业的各项管理工作获得轻工部审查组专家的高度评价。

除此之外，一九九三年企业在运行机制上作了大胆改革尝试，办成了几件大事：

五月，与新安江白沙村以股份合作制形式成立了新安江制冷设备厂白沙分厂，为本企业生产电冰箱配件。该分厂的成立，既扶持了村办企业的发展，也为本企业节约大量配套费用，并为企业的股从制改革积累了一些经验。

六月，企业创办了“建德市工贸公司”，使企业开始步入工贸一体化之路。

八月，最终完成了企业与香港一洲有限公司的合作，成立了杭州一洲电器有限公司。该公司的成立，为企业今后参与国际市场竞争创造了条件，对今后的产品开发与市场销售将产生十分重要的影响。

九月，企业凭借自身实力，兼并了连年亏损的国有企业原新安江铸造仪器厂，规范化的企业兼并其意义不但在于我们为国家减轻了负担，而且也是企业在转换机制过程中作出的新的尝试，其意义和影响远远超过兼并本身。

1993 年，是改革深化之年，也是市场竞争与机遇并存之年。当改革大潮汹涌而来，市场竞争态势形成之际，对任何企业来说都是一次严峻的考验，在这一考验面前，由于我们企业的广大干部职工认真贯彻落实党的十四大精神和邓小平的建设有中国特色社会主义的理论，在社会主义市场经济建设的进程中抓住机遇，勇于改革，勇于探索，发扬“主人翁”姿态，努力进取，吃苦耐劳，求实奉献，终于交出了一份出色的答卷。回顾过去的一年，企业之所以能够取得如此巨大的成就，除了外部环境为企业提供了一个良好的发展机遇之外，从企业自身的努力来看，主要有以下几点体会：

一、市场经济要树新观念

在新旧体制交替过渡阶段，观念，作为一种精神动力，会严格制约着企业各项工作的开展，如果我们沿袭旧观念去看待蓬勃发展的新事物，在新事物面前就会畏畏缩缩，坐失良机，让大好机遇在我们面前丧失殆尽。1993 年以来，我们从学习领会党的十四大精神以及邓小平同志建立社会主义市场经济理论入手，确立起五个新观念，并让其至始至终体现于我们的生产经营之中，指导我们的工作。这五个新观念是：搞好企业建设是最大的政治、发展是硬道理的观念，坚持“三个有利于”标准的观念，市场竞争的观念，科学技术是第一生产力的观念，对内搞活对外开放的观念。比如说发展是硬道理这一观念的确立，对于我们这样一个原来有一定基础的企业来说就显得非常重要。我们这个企业前些年产量一直徘徊在 2—3 万台左右，如果仅仅满足这一点，也许吃饭过日子暂时还不会成什么大问题。但企业今后怎么办，还要不要发展？市场经济条件下的现代企业，不进则退，不发展最终就要被淘汰，所以谈企业建设，就要在企业发展上做文章。正是基于这一点，去年企业作出的许多项重大决策，就是从企业的长远发展目标来考虑的。兼并亏损的国有铸仪厂，这是个风险很大的事，企业内有些同志思想上就是想不通，认为企业以增加几百万元的债务为代价去兼并一个频临倒闭的企业是得不偿失。这些同志的想法不能说完全没有道理，这个问题在我们班子内也有过犹豫，几百万钱不是小数目，再说还有那么多职工需要安排，势必给管理也带来难度，如果以“敛富不外露，好日子自己过”的旧观念来看，搞兼并确实是自找苦吃。但是最后我们班子内还是统一了认识，所谓认识的统一说到底其实就是以企业必须发展的新观念战胜了前面说的那种旧观念。如果以新的观念来看，搞企业兼并，虽然从眼前来说，确实会给母体企业增添负担，但从长远看，不仅能带动劣势企业发展而且能为优势企业提供更多的发展机会，企业产权的合理转移配置，会使国有资产使用效率大为提高，为国家创造更多的财富。这种既能为国家减轻负担，又能为社会创造整体效益，还能为更多职工谋得福利的事，我们有什么理由不做？所以，企业兼并工作最后还是得到了职代会的通过，得到了全厂职工的理解和支持。

二、企业发展要抓新机遇

1993 年是由计划经济向社会主义市场经济转换过渡的关键性一年，对我们电冰箱行业来说，通过前些年的治理整顿，一个以产品质量，款式结构、价格及至名牌效应的竞争格局已经形成。产品市场群英汇集，群雄相争，大有一场恶战之势。在激烈的竞争之中，我们企业能不能取胜？关键要看我们能否抓住以提高产品质量档次、面对市场的新产品开发。抓住了新品开发就是抓住了市场机遇。什么是新产品？有人认为企业首次开发生产的产品就可以称之为新产品，这是不确切的。我们的观点是，能称之为企业新产品的应该是经得起市场检验，适销对路，在产品质量、工艺上领先，具有本企业特色的产品，只有这种产品才能为企业创造效益。1993 年开发的产品基本上达到了这一要求，除了 BCD—238 由于客观因素尚未投入生产之外，其余两项产品均为企业创造了效益，所以我们可以说我们的产品开发在过去的一年里是成功的。

有了好产品，还要善于抓市场机遇，才能赢得市场。1993 年我们企业的产值能够突破一个亿，就是因为我们牢牢抓住了市场趋向的机遇，1993 年 1—5 月份，我们的产值就已经突破了 5000 万，达到了我们全年的产值指标。按照往常，冰箱的销售旺季是在五六月份之后，如果我们按老观念，老黄历，第一季度不抓紧，没有相应的措施跟上去，这大好的机遇就会白白地丢失。年初，我们正是从舆论对我们“入关”的宣传导向轧出了今年冰箱市场启动特别早的苗头，就早早作好了准备，春节后一上班，就满负荷生产，并估计到由于多品种生产，现有生产能力可能难以满足市场需求的情况，厂部在二月份作出了一项重大决策，利用原空闲厂房新组建一个冰柜车间，并要求在半个月内完成，在技术人员和职工的通力协作奋战下，这条线如期建成投产，正好赶在冰柜销售旺季，少量的投入产生了巨大的效益，仅这条线就为企业新增产量20000台，产值3500万，企业生产上规模，发挥了规模经济的作用。

三、经营销售要有新策略

有了好的产品，好的机遇，就要抓市场促销；产品的销售过程，更是直接体现了市场的观念和市场竞争的激烈程度。1993年我们的销售额突破了9801.36万元，这不仅说明我们企业的销售队伍是强悍的，而且说明企业制订的营销策略也是行之有效的。

要想企业经营成功，企业经营谋略相当重要，谋略就是科学决策。在企业经营的各个环节，我们面对市场，不断地调整自己的战术。过去我们的销售采取天女散花的形式，销售网点虽然很多，但是每个点的销售量很小，尽管企业销售人员费的劲不小，销售批量仍然上不去。在经营实践中我们认识到，搞销售光靠企业本身的积极性是不行的，必须最大限度的调动经销单位的积极性，这样才能收到事半功倍的效果。1993年，我们对销售网点进行了排队分析，抓住重点单位，实行让利促销，在保证批量的前提下，让经销单位有利可图，让他们去搞批发，搞平调。经过近一年的实践，证明这种办法很好，销售最多的单位，当年给我们销12000台，抵得上以前几十个单位的销量。这就是经营策略所带来的结果。在新的一年里，销售工作要有更大的突破。自1993年12月底以来，企业对销售部门已经着手做了两件工作：一是在企业内公开招聘了10名新的销售人员充实加强了营销队伍，二是新的销售经济责任制已制定，1994年的销售策略是“抓重点，上批量，保省内，扩省外”，特别是要加强北方市场的开拓。我们深信，只要我们充分调动企业销售人员和经销单位两个积极性，企业的产品销售一定能打开一个新的局面。

四、深化改革要出新举措

进一步解放思想，深化企业改革，是推动企业发展的强大动力，目的是要尽快地使企业经营机制与市场经济的发展总体要求相适应。从1993年以来，企业改革在过去“点”的基础扩展到“面”，全方位地展开。企业内部改革，重点放在“三制”改革上，即劳动用工制度，人事管理制度和工资分配制度改革，企业要根据《条例》所规定的内容，真正用好这些权利。具体地说，在劳动用工制度上，实行全员劳动合同制，实行合理的劳动组合，提高劳动者的竞争意识和敬业精神；同时实行劳动力结构调整，从制度上促使职工学政治学文化、学技术，并形成良好的风气，从而使企业的劳动力素质有一个较大的提高。人事管理制度上，实行聘任制，打破用人制度上的“铁交椅”，打破管理人员与工人的界限，实行能者上，庸者下；对各级管理人员进行严格考核，主要看工作实绩，胜任者上，不胜任的，该下的坚决下。在工资制度改革上，我们将从1994年二季度开始，在全厂范围内实行岗位效能工资制，根据职工对企业的贡献大小，拉开分配差距，建立起企业的激励机制，最大限度地调动全厂职工的积极性。激励，并不是仅仅靠多发点奖金，主要体现在分配上尽可能合理，把职工的个体利益与企业整体利益紧紧结合在一起，谁为企业贡献大，谁得利就大。这就必须靠一套比较完善的经济责任考核制度来配套，我们初步建立了这么一套制度。

五、企业职工要立新士气

没有士气的军队是不能打仗的军队。对于企业来说，具有相同的道理。企业内的士气，就是积极性，调动起企业全体员工的积极性、创造性永远是企业工作永恒的主题之一。1993年，我们企业能够得到高速发展，原因之一在于我们有一支士气高昂、特别能战斗的职工队伍。正是由于有这样一支队伍，当企业在改革进程中遇到一些困难时，总能得到企业内多数职工的理解和支持；也正是由于有这样一支队伍，当企业的生产任务超正常负荷的情况下，我们许多职工在自己的岗位上不怕吃苦，无私奉献，不计报酬，不计个人得失，在八小时外加班加点，一切为了企业利益多作贡献。

在培养这支队伍的战斗力、调动职工的积极性上，1993年我们主要注意了如下两点：一是以企业党组织为核心，形成一套思想政治工作体系。思想政治工作千头万绪，方法内容各异，我们重在培养一个“情”字，即职工对企业的感情上，首先要让职工爱企业，信赖企业，因此我们崇尚在企业内部尊重人，关心人，理解人，让人与人之间，企业与人之间以一条感情纽带紧紧栓在一起。由于有了这样的感情基础，在我们企业内，损害企业利益、职工利益的事决不容许发生，也很少会发生，而维护企业利益，对企业有利的事却常常是一呼百应，得到职工的支持，表现出很强的凝聚力。再是我们充分尊重人的自身价值体现，了解人的不同需求。比如有的同志，特别是有些管理人员、技术人员，他们把工作的成就看得比钱更重要，企业就要很好地了解他们的这种心情，满足这种需求。只有做到这些，才能充分调动起企业内多数职工的积极性，促进企业工作的开展。

武汉卷烟厂咸宁分厂厂长
陈新民

转机建制抓管理　创新争优上效益

陈 新 民

我们武汉卷烟厂咸宁分厂于1987年经国家正式批准迁移扩建复产，是鄂东南地区唯一的中二型卷烟生产厂家。1993年，我们坚持深化企业改革，强化企业管理，主攻产品开发，提高产品质量，开创了企业产值、销售收入、利税总额、全员劳动生产率，人均收入五超历史的新局面。与历史最高年1992年相比，完成不变价产值14474万元，增加2417万元，增长20.1%；销售收入18779万元，增加3726万元，增长24.8%；实现利税总额6804万元，增加1655万元，增长32.14%；上交财政3016万元，增加996万元，增长49.3%；按产品产量计算的全员劳动生产率为87箱/人年，增加15箱，增长20.8%；人均收入增加1000元，增长36.1%。成为鄂南地区第一利税大户。

一、以改革为动力，转换机制，在企业管理上以严制胜

1993年是深化改革、转换机制的关键一年，也是我厂新老交替、继往开来的一年。如何做到领导班子不软，职工队伍不散，生产管理不乱，经济效益不降，我们的回答是：

——深化改革，在转换机制上下功夫。一是积极稳妥地调整充实企业中层干部。改革是动力，稳定是前提，发展是基础，干部是关键。今年我厂新老厂长交替，个别干部心存疑虑，耽心“一朝天子一朝臣”，工作上坐等观望。针对这一实际，厂领导一班人及时地确立了“以贡献大小论好坏，以能力大小定去留，大稳定，小调整”的指导思想，根据生产车间、技术岗位、经销队伍、后勤部门的实际需要和各类人才的“德、能、勤、绩”，厂部提拔、抽调了部分中层干部充实到一线岗位，使绝大部分干部能够用其所长，找到最佳位置，发挥最大效应。二是兴办第三产业，安置富余人员。我厂共有干部职工1300人，其中富余人员400多人，企业包袱沉重。为给企业减员消肿，我们采取优惠政策，鼓励职工自谋职业，主动同企业脱钩。凡是愿意离开烟厂、自谋职业的在册土地工，每人一次性付给8000元。同时主动跳出“企业办社会”的陈旧模式，实行自我“剥离”，对宾馆、幼儿园、咀棒厂、铝箔厂、复烤厂、商场、餐厅、机修车间、卫生纸厂、汽运公司、驻京办事处、劳动服务公司等后勤部门实行定额补贴，划小核算单位，创办实体公司，自负盈亏，走向市场。全厂共消化和安置300余人，一举突破了“麻雀虽小，肝胆俱全”的万能工厂模式。

——强化管理，在建章建制上花力气。规章制度是一个组织、一个企业的行为规范。规章制度不健全必然给管理留下隐患。今年，我们在完善厂长承包经营责任制的同时，推行了干部聘任制、经营承包制、效益工资制、技术标准制、岗位津贴制、成本控制制、核算分级制，形成了“岗位靠竞争，分配按效益”和“干部能上能下，职工能进能出，工资能高能低”的企业运行机制。同时坚持从基础环节抓起，除对原有的货运、小车、客运、招待费、差旅费、劳动纪律、治安管理等方面规定

进行修订充实外，重点加强了财务管理、质量管理及新产品开发等方面工作的制度建设，主要制发了《关于现金管理和报帐结算手续的暂行规定》、《关于京办等单位核算体制问题的通知》、《技术革新奖及新产品开发奖励条例》、《质量管理条例》、《卷烟销售及产成品管理暂行规定》等29个行政规定性文件，使企业管理有章可循。

——奖优罚劣，在制度兑现上结硬帐。首先是正人先正己，干部带好头。今年9月份，有少量卷烟出现质量问题，我们按照《质量管理条例》对企业“一把手”作了取消奖金，连续三个月下浮一级工资的处理决定。干部职工看到我们抓质量动真格，下真种，谁也不敢马虎了，产品质量显著提高。干部带头落实经济责任制，奖优罚劣的约束机制在全厂取得了巨大效益。医务门诊费实行包干，节支10%；招待费实行核销券，一年节支20万元，生产车间实行控制成本后，节约开支359.7万元，设备维修车间实行“节约有奖、超耗要赔”和“以旧换新”管理制度后，比定额消耗下降16万元，建立废烟丝、烟末管理制度后，节省烟叶开支122.4万元。据不完全统计，全厂一年通过修旧利废，增收节支，扩大积累500余万元，使管理潜力转化成了企业效益。

二、以市场为导向，以攻为守，在产品开发上以新取胜

消费永恒运动，加速演进，变化无穷。生产者只有不断开发新产品、新品种、新花色、新包装，才能适应多样性和多变性的市场变化，在竞争中立于不败之地。1993年我们发扬“求实、创新、开拓”的企业精神，坚持“生产一代，储备一代、研制一代、构思一代”的生产经营方针，狠抓新产品开发，扩大销售市场，收到良好效果。

——转换营销观念，适应市场需求，在经营方针上突出一个新字。近几年来，我们厂曾先后生产8个牌号27个规格的卷烟，产品销往全国17个省、市、自治区。其中，风味酷似“云烟”的“云中湖”牌香烟，由云南高级卷烟专家指导配方，以云南烟叶为主，采用云南天然香料精制而成，配用全进口辅助材料，深受消费者青睐；“九宫”牌香烟荣获湖北省首届同级卷烟评比第一名，“姊妹花”牌香烟荣获咸宁地区1991年新产品开发成果奖。1992年，我厂年度产品销售收入在全省最大200家工业企业中位居第76位，上缴税金在全省50家纳税大户中名列第20位，在全地区25家大中型企业中销售收入、上缴税金名列榜首。面对产品对路、效益看好的经营形势，是“守株待兔”，以静待动，还是主动出击，以变应变？1993年新年伊始，我们围绕这一问题，展开了激烈的讨论。少数人主张继续生产当家产品，巩固老客户，占领老市场；也有人主张居安思危，以攻为守，开发新产品，发展新客户，开辟新市场。为了作出科学的经营决策，我们又召集全体技术干部、经销人员，聘请厂外专家一起召开“诸葛亮”会，集思广益，研究对策。经过多方听取意见，我们深感市场竞争强手如林，百舸争流，慢进则退。只有常变常新，以变应变，才能巩固老市场，开辟新市场，取得高效益。共识的先导作用促使我们及时作出了开发新产品的经营决策。

——捕捉市场信息，选择目标市场，在产品开发上把握一个准字。新产品开发决策作出后，我们先后派员100多人次，对十几个重点省、市和本省30多个县市地市场调查走访，在销区内增聘有奖特邀信息员，写出了几十份有参考价值的市场调查预测报告，并对来自不同市场、不同主体、不同角度的信息进行整理分类、筛选和综合。大量市场信息表明，云系“红塔山”、“阿诗玛”等甲级香烟以其得天独厚的丽质长盛不衰，湘烟“白沙”牌香烟异军突起，价格适中，市场行情看好。但随着市场经济的发展和农民消费水平的提高，香烟消耗量越来越大，消费档次逐步提高，市场前景十分广阔。为此，我们决定，山路不通走水路，城市不通走农村，避开城市竞争的锋芒，开发“苏中”、“通海”、“仓桥塔”、“奥搏”四个主销农村、兼顾城市的新产品。

——瞄准市场机遇，支持捷足先登，在产品投放上抓住一个快字。市场机遇，稍纵即逝。在产品开发方向确定之后，我们及时成立了新产品开发领导小组，抽调几十名生产、技术、管理骨干，集中优势兵力，实行总体攻关，对新产品开发实行领导集中，时间集中，资金倾斜，优惠措施鼓励，仅花一个月的时间，开发出“苏中”、“通海”、“仓桥塔”三个新产品。同时抓住全国申办奥运会热潮如涌的有利时机，适时推出了“奥搏”牌香烟。第四季度又请来美国、日本和北京工程师共同研制“贵宾”牌香烟。改进了“姊妹花”工艺，开发出硬合“苏中”、“姊妹花”等系列产品，及时投放市场，走出了一条“步子快、牌号多、效益好”的新路子，硬合“姊妹花”香烟敲开了久叩不开的广东市场，长期保持价差大、供不应求的可喜局面。“叼羊”牌香烟借广告促销走遍大江南北，月需求量达4000箱，与“姊妹花”分庭抗礼。奥搏牌香烟在南宁全国订货会上一次订货7000箱。

三、以客户为上帝，攻质保命，在产品质量上以优取胜

产品质量是现代企业的生命。产品质量好，消费者一见钟情。产品质量不好，消费者不屑一顾。新产品抢先推出，固然可以以新制胜，但若质量上不去，很可能虎头蛇尾，中途夭折。1993年，我们坚持以客户为“衣食父母”，把“攻质保命”作为治厂方针，促使产品质量明显提高。

——增强优患意识，变“逆境觉醒”为“顺风警醒”。1990年，新开发的“姊妹花”牌香烟一举打入全国市场，成为供不应求的拳头产品，1993年“叼羊”牌香烟名声大振，与“姊妹花”平分秋色。两张王牌使我厂走出效益低谷。面对畅销的市场和良好的效益，少数工人曾一度以为“皇帝女儿不愁嫁”，放松了产品质量。面对这一新情况，厂领导班子决定把警钟敲在顺风时，及时召开现场会，将几十箱有质量问题的香烟付之一炬，并组织大家联系实际开展讨论，认真总结过去“货俏就翻脸”、自砸牌子、自阻销路的经验教训，充分认识“创名牌困难，保名牌更难”的深刻道理，使“有安全感并不安全，有危机感要避免危机”的观念和“攻质保命”的质量意识转化为干部职工的自觉行动。

——转变管理行为，变被动应付为科学管理。一项优质产品的生产和销售，需要有先进的设计、合格的原辅材料、先进的工艺装备、技术熟练的操作生产人员以及良好的仓储条件。必须动员所有人员在设计、试制、生产、销售的全过程中，实行统一管理，环环相扣，层层把关，并在质量管理程序上变“亡羊补牢”为“未雨绸缪”，变被动应付为科学管理，使我厂次品的发生消灭在萌芽状态之中。一是加强质检，严把原辅材料入口关。坚持对进厂烟叶实行初检、复检、仓库质检三道检验，“谁验质，谁负责”，发现问题，坚决退货。全年退回不合格烟叶4800担，降级收购烟叶18000担，退出及现场报废不合格辅助材料100多万元，基本上避免了变质、烧包等现象。二是加强生产环节管理，确保产品加工关。主要采取推行产品质量一票否决权，加大质量工资含量，开展质量大赛，每月评选优秀机台，职能科长跟班管理质量服务到机台；对真空回潮、打叶去梗、加香加料等关键工艺环节加大核审密度，实行经济责任制，有关部门当班向厂反馈半成品、产成品质量信息，每月写出质量分析报告，发现问题及时解决等措施，促进了产品质量的显著提高。1993年以来，断支、空头、漏气、钢筋烟支等“常见病”大为减少，全厂抽查合格率比1992年提高27%，产品合格率由1992年的87%上升到100%。三是对不合格产品坚持不进入市场，严把出口关。对最终产品入库出厂，坚持实现最终环节检验，不合格产品坚决不入库、不出厂。1993年十月国家质量万里行在市场抽查我厂卷烟，合格率为百分之百。

——优化质量主体，变以物为主为以人为主。社会主义企业职工都是企业的主人，企业的经济效益与职工的切身利益切肉连皮。只有调动职工的创造性和积极性，才能保证质量管理的有效性和可靠性。一年来，我们在投资140万元购置质检仪器，投资2000余万元改造制丝线和新增设备10台套，改过去质量检测靠眼看、手摸、鼻子闻为现代化显示的同时，改过去质量管理以物为主为以人为主，改过去依靠少数质检人员专抓管理为全员质量管理。1993年内部培训455人次，涉及6000型横包机、复烤、仓储、发酵、空调、锅炉等方面的操作技能和质量管理知识。同时，选派技术骨干外出培训79人次，重点学习质量管理、烟叶等级、复烤、计算机等多方面的知识，并在企业富余人员过多、裁减困难的情况下，接受4名急需的专业人才。通过抓干部工人观念创新和知识更新，改变了企业的人才结构和干部职工的知识结构，为推行全面质量管理提供了先决条件。

市场经济，势不可挡，优胜劣汰，无法抗拒。我们咸烟人决心发扬顽强拼搏的精神，树立质量第一的形象，采取常变常新的策略，讲求企业的整体信誉，提高企业的综合素质，积蓄企业的发展后劲，为发展社会主义市场经济，建设好湖北的南大门而努力奋斗。

陈新民，汉族，1947年11月出生。高级会计师，现任咸宁卷烟厂厂长兼党委书记、咸宁地区企业家协会常务会长、鄂南青年企业家协会副会长、咸宁地区职工思想政治工作研究会副会长、湖北省企业家协会理事、中国书画研究会会员、湖北省烟草行业书法摄影写作协会理事；爱好写作、书法，在省、地刊物上发表多篇论文和书法作品，有书法作品被中国烟草总公司展览并收藏。

河南省新乡市衡器厂厂长
田景武

困境中求生存　奋斗中求发展

李兆良

河南省新乡市衡器厂是中国轻工总会定点厂，国家二级计量单位，中一型企业，现有职工600人，固定资产1540万元，年销售4000万元，利税600万元。1993年被中国统计局命名为“中国500家最大日用电器制造业企业”，被省统计局命名为省行业利税“十强企业”、新乡市“小巨人企业”、“增效益上台阶先进企业”。

新乡市衡器厂始建于1955年，原属粗放型经营，厂房多是破旧的石棉瓦、油毛毡棚，设备老化，人心涣散。1987年田景武当上衡器厂厂长，他在就职演说中说：“我们厂的房子是斜的，路是斜的，大门也是斜的(地理位置形成)但是我们衡器厂的人不斜，我们制造的秤、衡量的是公正，我们心里的秤，衡量的是我们的无愧”。为了这神圣的公正的无愧，田景武大胆决策，苦心经营，艰苦奋斗，走出了一条辉煌的道路。

一、班子团结，上下一心

该厂党政工班子紧密团结，厂长、总支书记、工会领导心往一处想，劲往一处使，同心同德，步调一致。党组织一班人积极发挥监督保证作用，解决矛盾协调工作，支持厂长行使职权，主动参与经营。全厂作风严谨，形成了集体合力，这合力首先来自厂领导的榜样力量，田景武厂长经常说：“我们当干部的要为官一任，造福一方，为政一届，给职工以信赖感。”他以事业为重，身体力行，身先士卒，带头参加工厂义务劳动，带头完成“党员工程”，坚持为职工办实事，以党员的模范行为影响周围的同志。

厂长根据每个厂级干部的能力和特点，大胆任用分工负责，小事情谁的权限范围的事谁做主，大事情集体研究，一旦形成决议，必须贯彻实行，谁也不凌驾于组织之上。

企业最大的危害是内耗。而该厂领导班子成员之间则相互支持，互相补台。例如：去年田厂长出差一个月，在厂主持工作的副厂长陈子清不顾老伴癌扩散疼痛的疾病，奔波在生产一线，带头劳动，指挥生产，为企业付出了大量心血。其他领导主动工作，抓销售、抓生产、工作扎扎实实。

厂长还积极支持工会、共青团等群众组织独立开展工作，全心全意依靠工人阶级。工厂的方针目标的制定，工资分配形式，技改方案，调资方案，厂区规化方案，评议干部等工厂重大事项，重大决策，都经职代会审议，600名职工横下一条心，有难同当，有福同享，共创美好的未来。

二、以市场为导向，制定企业经营战略

只有分析市场，把握市场，才能开拓市场，占领市场。1987年以来，他们制定了“以销定产，以产促销”的方针，变过去的“大批量，少品种”为“小批量，多品种”，实行薄利多销，并适时调整产品结构，根据市场需求生产出机电结合秤、电子秤，度盘秤等高科技高附加值产品，提高了市场竞争能力。

为了适应市场，开拓市场，他们不断扩大销售队

伍，在车间抽出有实践经验有业务能力的同志加入销售队伍，并引进大中专毕业生补充到销售队伍中去，既提高了销售队伍的素质，也扩大了销售实力。销售人员从1987年的7名发展到现在的40多名。他们还组织销售人员学习电子衡器专业技术，学习经济合同法及省市价格管理法规，加强自身建设。工厂经常召开用户座谈会，产品洽谈会，为用户举办电子衡器知识讲座，同时增加衡器销售网点，保证衡器易损件的供应，对大专衡器实行跟踪服务，一包到底。工厂还购买了销售服务车，及时上门服务，安装调试，进一步密切了工商、工贸关系，并取得了用户的依赖。山西一位用户说：新乡衡器厂，人品产品俱佳，买工农兵牌衡器，我们放心。

在企业经营管理中，该厂还采取目标激励法。就是将企业的年度目标，分割成块，层层分解，根据不同季节，分为若干大小战役，开展强有力的政治攻势，抓住企业销售这一主要矛盾，推动经济全面发展。该厂根据目标管理，制定立功竞赛实施方案，开展战役性劳动竞赛。竞赛有始有终，有声有色，调动了全员的劳动生产积极性。

三、不断开发新产品，推进科技进步

该厂原是以生产日用衡器为主，产品单一，30年"一贯制"。随着时代的发展，新型电子衡器应运而生，老产品已不能适应现代化建设的需要。1988年以来，新上任的厂长田景武敢想敢干敢试，他大胆决策，走科技兴厂之路，并进行市场调查，走访用户，捕捉信息，先后到北京、上海、广州、山西等地考察，与全国同行业先进企业广泛交流，借鉴国内外先进经验，根据轻工部"八五"规划，做出了发展电子衡器的重要决策，确定了"以机养电，以电促机，双向交流"的科技战略。

为适应新的战略，他们一方面重视人才的引进和培养，另一方面和全国十多所大专院校和科研单位建立长期稳定的合作关系。几年来共引进技术人员20多名，对原技术人员定向培训，已有7人参加了电子衡器培训班，领取了"电子衡器检定人员证书"。他们先后与航天工业部、702所、204所、11所、电子工业部22所、清华大学、徐州矿院、洛阳工学院、郑州工学院等科研单位和大专院校建立技术合作关系，并与德国威利毛尔斯哈根有限公司、美国威创有限公司，香港浩联发展有限公司建立良好关系，采取"借梯上楼，借脑增智"的方法，拓宽了开发电子衡器的宽广道路。

在企业内部，该厂专门设立了新产品研制机构，负责新项目的开发和试制。能自己研制的自己搞，不能以较快速度研制的与大专院校科研单位合作研制。近几年来，先后开发出系列电子平台秤、电子计价秤、机电结合秤，度盘秤、电子汽车衡、火车轨道衡等产品。五年来，企业由1987年的17个品种发展到目前的14大系列81个品种，平均一个月就有一个新产品问世。1990年、1991年20吨、30吨电子汽车衡创轻工部优质产品，50吨电子汽车衡填补了我省一项空白。该厂研制的秤重显示仪集美国、日本仪表的特点，自行设计制造，1989年荣获省轻工厅新产品开发奖、科技腾飞奖。1991年开发了2型、5型便携式度盘秤，深得用户好评。1992年研制了动态汽车衡，400吨机械衡。1993年又开发了系列无线摇控电子吊秤，125公斤人体秤，与核工业部第二研究所联合开发核子秤。该厂1987年在全国同行业中据第76位，1991年就被列入"中国衡器行业改组改造十大主导企业"。被评为"河南省93'上帝'信得过商品金杯奖"。1993年10月电子汽车衡被评为"首届中国国际名优新工业产品金奖"。企业知名度不断提高。

目前，该厂在提高机械衡器质量的同时，积极推进机电结合式、度盘式、全电子式衡器，产品已由过去的劳动密集型向技术密集型转化，电子衡器的销售占比例越来越大，企业效益越来越好，产品销往全国20个省市，并已远销新加坡、马来西亚、蒙古等国。

四、以人为本，练好内功，迎接挑战

该厂的决策者们清醒地意识到，市场竞争靠适销对路的产品，然而适销对路的产品是人生产出来的。该厂十分注意以人为本，加速企业内部改革。他们的主要做法是：一是实行经济承包责任制，对企业销售科、汽车队、门市部逐级承包，对医务室实行改革，提出了新的医疗方案和实施意见，对车间执行二级核算，把竞争机制引入企业，在车间进行"兵挑将，将挑兵"的尝试，最大限度地调动职工的积极性；二是在干部使用上打破终身制，实行聘任制，不搞论资排辈。根据干部德、能、勤、绩四个方面考核，由职工代表参加评议。其用人原则是佼佼者上，平庸者让，不称职者下，注重实绩，鼓励竞争，民主监督；三是对人事、劳动、工资制度进行改革，针对企业机构大，人员多，劳动生产率低下等问题，精简了机构，合并了科室，调整车间工时定额，实行计件工资制，工资向脏、累、苦、险的工种倾斜；四是在职工队伍建设上以强有力的思想政治工作为依托，逐步形成独特的企业精神和企业文化，增强其向心力、凝聚力，造就出一支有所作为和特别能战斗的"四有"职工队伍；五是坚持尊重知识、尊重人才，大胆使用科技人员，对有突出贡献的给予奖励，给科技人员提供宽松的环境，从而调动各方面的积极性，保证企业的健康发展。

五、技改年年搞，企业岁岁新

技术改造是增强企业后劲，提高市场竞争能力的一项战略性措施，特别是对企业规模小，基础设施差的企业，技术改造就显得更为重要。田景武厂长精心策划，大胆设想，首先着手于第一期技改项目，对翻砂车间进行技术改造，投入资金179万元，立起一座4400平米的新衡大厦。

1989年轻工部要在全国同行业中选三家，实施一项投资为700万元的小型度盘秤技改项目。当他们得知这一消息后，厂领导抓住这次机遇，迅速竞争夺标。1991年此项目被列入轻工部“八五”规划，到1992年底，700万元资金全部到位。他们实施了两期工程，第一期工程2200平方米的东生产楼于1991年竣工，搬进三个车间，改善了工人的劳动环境，配套设备相继进厂。第二期工程1993年第三季度竣工，4400平方米的西生产楼投入使用，车间全部搬进新楼房，技术改造为企业增添了后劲，使企业产生了质的飞跃，1992年中国衡器年会上，轻工部副部长杨玉山在会上说：“新乡市衡器厂一步一层楼，一年一个样，发展迅速之快，令人高兴”。目前该厂固定资产比1987年增加十倍之多，企业经济效益每年以70%的速度递增。

目前该厂正在实施第三期技改项目，2600万无全自动定量包装秤技改项目已通过论证，列入了国家经贸委新开计划。此项目完成后，可新增产值6000万，利税2062万，新乡衡器厂将进入全国衡器行业综合实力“十强企业”。

田景武，52岁。1987年“招标”竞争获胜后任厂长。他大胆决策，苦心经营，成绩卓著，被评为省、市劳模，荣获“五一”劳动奖章，91年晋升为高级经济师。

山西省长治液压件厂厂长
牛建林

从亏损企业到盈利大户

——长治液压件厂改革发展十年纪实

马福平　李进保　李俊红

山西省长治液压件厂是国家机械部定点生产液压件的重点企业之一。该厂在80年代初期，曾连续三年亏损达201万元。1983年以来，该厂从困境中崛起，企业素质不断提高，经济效益稳步上升，成为山西省机械系统榜上有名的盈利大户。1993年，该厂固定资产原值达到2900万元，完成工业产值3520万元，实现利税420万元，分别比1983年增长2.1倍、6.9倍和24倍。十年间累计上交利税2560万元，等于从1958年建厂到1983年25年利税总额的10.3倍。从亏损企业到盈利大户，长治液压件厂是怎样走过来的呢？

一、抓改革、增压力、调动职工积极性

十年前，长治液压件厂是闻名全市的“老大难”。企业连年亏损，生产难以为继。然而，全厂工资照发，奖金照拿，大家心安理得地躺在国家身上吃“大锅饭”，干部没有危机感，工人没有风险感。面对这种状况，上级主管部门于1983年8月调整了该厂领导班子。新班子经过认真调查研究认识到，要启动企业的生机和活力，就要展开平等有效的内部竞争，形成风险机制。职工要当选某项职务，要谋求某个岗位，要获得更多的收入，就得进行奋斗。只有这样，才能调动各级干部和广大职工当家理财的积极性和主人翁责任感，增强企业活力，提高企业效益。基于这种认识，十年来，他们渐次出台和实行了一系列的改革措施。

（一）实行厂长负责制。在理顺党、政、工三者关系中，加强了以厂长为中心的企业管理指挥系统。制定了厂长工作细则，使厂长在企业中的法人代表地位、责任和权利得到落实，改变了过去那种管人的不管事，管事的不管人，事与人脱节，互相扯皮的弊端，使全厂形成了思想统一、工作同向、行动同步的局面。

（二）实行干部聘任制。干部能上不能下，职务能升不能降，不仅使企业干部队伍越来越大，造成人浮于事，而且使一些有真才实学的人得不到使用，压抑了职工的积极性。因此，他们在推行厂长负责制的基础上，大胆实行了干部聘任制，能者上，庸者下，不拘一格选人才，激发了各级干部的竞争意识，增强了工作责任心，领导效能和工作效率大为提高。

（三）实行全员劳动合同制。企业和职工以合同的形式，明确规定各自的权利、责任和义务。职工奋发向上的与企业签订合同；不愿在厂里干的可停薪留职；不适应本岗位生产的，通过学习培训后安排到别的生产岗位；极个别的各个岗位都不愿接受的自找门路；年老体弱的，按政策申请退休。这样做，使职工就业与企业经营直接挂钩，激励了职工居安思危的风险意识，生产积极性不断高涨。

（四）实行累进计件工资制。为充分调动生产一线职工的积极性，调节人员的合理流动，他们实行了以累进计件工资制为主的多种分配形式，上不封顶，下不保本，多劳多得，少劳少得，不劳不得，通过职工收入的合理“落差”，鼓励职工超产，提高企业效益，同时使那些劳动出色、技术精、贡献大的职工的工资收入增加的多一些，快一些，在企业产生示范效应，使工资分配

真正起到了奖勤罚懒的积极作用。

（五）实行分厂经营制。企业要增强活力，就要主动走向市场，参与竞争。他们在改革人事、用工和分配制度的基础上实行了分厂经营制，简政放权，内部搞活。对有条件划小核算单位的，成立分厂，先后成立了机械、标准件等十个分厂，逐步由计划管理改为合同管理，使分厂成为自主经营、自负盈亏、自我发展的经济实体。对服务性单位实行费用大包干，超支不补，节约分成。对产成品生产单位实行产、供、销一条龙服务，按期上交利润指标，多余部分比例分成，降低费用，提高效益。

二、抓产品、搞改造，为企业振兴插上金翅膀

企业发展靠产品，产品竞争靠品种、靠质量，而要设计和制造出多品种、高质量的产品又依赖于技术进步。因此，技术进步是提高企业竞争能力的必要条件，它关系到企业的前途和命运。十年来，长治液压件厂积极推进技术进步，狠抓产品开发，大搞技术改造，注重推广应用现代化管理方法，使企业在强手如林的市场竞争中不断发展壮大。

（一）开发国内少有或独一无二的技术密集的高附加值产品，抢占市场制高点。他们认为，开发产品只有实现“人无我有、人有我精”，才能市场开阔。基于这种认识，该厂瞄准国际先进水平，积极与天津工程机械研究所、洛阳拖拉机研究所等科研机构联手合作，开发出一系列技术密集产品。他们与天津工程机械研究所开发的YC系列液压锤是一种广泛用于市政、冶金、矿山、筑路等行业的高科技产品。YC70锤主要随主机或单件出口到加拿大、西德（德国）、意大利等发达国家和地区。YC750锤冲击能量大，破碎工效高，填补了国内一项空白。目前，该系列产品已同世界液压锤生产领头人——德国克虏伯公司达成合作意向，合作开发。它已成为中国市场的领导者。

（二）以主机为龙头，引进、消化、吸收国际先进技术，形成量大面广的产品新格局。作为配套厂家，开发新产品必须看得见、摸得着，有潜在力。十年来，他们大胆引进、消化、吸收日、法、美、捷克等国家的先进技术，开发出CBJ系列齿轮泵、三联泵等新产品。并已成为山东推土机总厂、黄河工程机械厂、天津6443厂以及鞍山红旗拖拉机厂等十多个用户的主要配套厂家。1993年，他们又开发出D85、D65等11种规格的工程油缸，使企业由单件配套发展为多种化配套，为促进我国液压件产品的替代进口和随主机出口、创汇作出了积极贡献。

（三）积极向国家重点扶持的能源、交通工业靠拢，推进液压件国产化步伐。长液厂开发产品还注重向国家支柱产业汽车工业发展，形成了“高起点、大批量、专业化”的生产规模。以东风汽车公司、玉林柴油机厂为依托，开发的YBZ系列动力转向叶片泵及油罐总成附件，满足了东风汽车公司，山西汽车制造厂8吨载重汽车和玉柴机器股份有限公司新一代发动机的需求。以长征汽车制造厂为首的捷克太脱拉T85载重汽车国产化液压件已发展到一缸两阀、两缸一泵6种产品。目前，该厂汽车液压件已有10余种产品，成为我国汽车液压配件品种较多的生产企业。

（四）围绕量大面广的技术产品进行改造，建造专业化生产线。在开发新产品中，他们注重技术改造与产品开发同步进行，形成投入与产出的正比例，提高规模效益，满足市场要求。“六·五”到“七·五”期间，他们投资1200余万元，引进日本可控气氛渗碳炉、西德高精转子磨床、法国多孔钻床等，数控、数显、高、精、尖设备增加到40余台，形成了齿轮油泵、叶片泵、液压机具、油压缸、液压阀、密封件、标准件、铸造、电镀、热加工十条生产专业线。企业生产能力由1983年的11963件提高到1993年的10万件，并且技改贷款全部还清，成为山西机械行业投资少、见效快、还款快的先进企业。

三、抓管理、重经营，全面提高企业素质

有了生产技术的现代化，还必须有经营管理的现代化，并把二者紧密结合起来，才能使科学技术变成现实的生产力。因此，长治液压件厂在十年改革发展中，不断摆脱小生产习惯势力的束缚，从经验管理走向科学管理，在全面加强企业管理的基础上，着重抓了以下几个环节：

（一）目标管理。他们认为，要开创提高企业经济效益的新局面，必须有一个先进的、跳一跳才能达到的目标；围绕发展目标，统筹运动企业的各项管理，才能避免各方面发生冲突，减少内耗，提高工作效能。因此，该厂瞄准国内外、省内外的先进水平，一年一个目标，一步一个脚印，不断掀起赶超先进的热潮，跨越新的发展台阶。在目标管理中，他们突出抓了两条，一是按层次分解，落实责任。厂长提出企业发展目标，由分管生产、技术、人事、经营的副厂长分解为具体指标，然后由各专业厂厂长根据其生产技术和经营特点，再进一步分解为若干包干指标，并分解成小指标，落实到个人；一级抓一级，一环扣一环地把企业发展目标落到实处。二是按时间分段分解。把年度目标分解为季度、月度的小目标并逐月考核，使工作始终处于主动地位，保证企业目标的如期实现。

（二）市场营销管理。落实企业目标，要突出重点，

抓住关键。面对市场多变,竞争激烈的严重挑战,该厂先后在北京、天津、辽宁、山东、河南、河北等地设立了16个经销网点,广泛进行市场调查,收集市场信息,进行市场跟踪,以满足用户需要为宗旨,坚持“多不怕、少不嫌、难不推”的经营原则,严格实行以销定产。坚持以优良服务、优质产品、优惠价格的“三优”政策巩固和扩大市场,使企业在激烈的市场竞争中求得生存和发展。

(三)生产现场管理。现场管理是企业适应外部环境的客观需要,是提高生产效率的基本保证。在实践过程中,由于各种因素的干扰影响,生产现场脏、乱、差的状况,人流、物流运转的不规范,信息流的不及时、不准确等等偏离原先计划的情况总是经常存在。因此,狠抓现场管理优化工作,不断地治理现场环境,搞好劳动优化组合,是提高企业素质的重要一环。在现场管理中,该厂首先抓的是劳动纪律和劳动组织。对违犯厂规厂纪的人和事,坚决照章处罚,毫不留情。二是推行定置管理。全厂制定了定置管理图,工作现场划分了区域和通道,确保人流、物流畅通;所有工位器具都统一编号,实行区域定点定置管理;生产现场确保文明整洁。三是以现场管理为依托,不断优化设备、工艺、安全等项专业管理。1985年以来,该厂设备完好率始终保持在90%以上,工艺执行率达到95%以上;十年中,全厂从未发生重伤以上事故,千人轻伤率一直保持在2‰以下,实现了安全生产。

(四)质量管理。在生产经营中,该厂始终把“质量第一”摆在各项工作的首位。围绕质量这条主线,积极推广现代化管理方法,加强企业全面管理。相继推广应用系统工程、价值工程、目标管理和量、本、利分析法等多种现代化管理方法;同时还投资100万元,引进微机管理,使产品检测手段实现了微机控制,并逐步推广应用到辅助设计、工装和信息管理等方面,促进了管理技术的进步。目前,这个厂开发生产的5大类、58个品种、170多个规格的产品,畅销全国20多个省市,并远销到新加坡、印度尼西亚、加拿大、意大利等十多个国家和地区。在十多个主机厂每年质量评比中,长液荣居榜首。1993年8月,荣获长治市人民政府颁发的“产品质量信得过企业”称号。

牛建林,汉族、生于1940年7月,山西省壶关县人。1958年9月参加工作,1971年1月加入中国共产党。大专文化程度,高级经济师,长治市政协委员。现任山西榆液集团副董事长,长治液压件厂厂长兼党委书记。

牛建林同志的改革精神和出色工作赢得了社会各界的广泛赞誉,他被称为“上党四杰”之一,先后被评为“山西省劳动模范”、“长治市劳动模范”、“山西省优秀企业家”、“荣立山西省劳动竞赛特等功。

山西潞华集团董事长
马俊林

希望从这里升起

——山西潞华集团公司发展纪实

马福平　王金明

山西潞华集团是一个跨部门、跨行业、跨所有制的外向型集团公司。集团现有成员企业15个，其中实行一级法人、统负盈亏的紧密层企业4个，拥有固定资产2100万元，流动资金1400万元，职工1250人。主要产品有高中档体育健身器材6大系列、44个品种。产品远销欧美、中东、香港等地，是山西省长治市享有进出口自营权和规模较大的合资企业之一。

一、抓改革、企业蒸蒸日上

山西潞华集团的前身是一家濒临倒闭的小型国有企业——长治市第二橡胶厂。该厂从1975年成立到1981年，固定资产净值只有80.5万元，而亏损却达31.2万元。面对这种状况，长治市化工局选调机关干部马俊林来该厂主持工作。马俊林上任后，解放思想，开拓进取，针对厂里存在的问题，采取了一系列的改革措施：

第一，转变经营思想，甩掉“生产靠上级安排，产品靠国家包销，亏损靠财政补贴”的拐棍，树立适应商品经济发展的经营取向，自己到市场上“创路子、闯路子”。马俊林就任厂长后，没有向国家要投资，没有找上级要主意，而是带着几个干部南下北上找市场。通过广泛的市场调查，他们看到，国营大中型橡胶企业的竞争，大都集中在附加值高的“大傢伙”和高、精、尖产品上，本厂家底薄、技术弱，如果从这方面与人家竞争，无疑是以卵击石。因此，只有从低技术领域中寻找机会与出路，待到具备一定实力时，再向高技术领域挑战。基于这种认识。他们潜心钻研行情，捕捉商机，以加工大厂家不愿生产的橡胶配件入手，先后推出了罐头瓶胶圈、输液瓶盖、密封垫等多种小产品。同时，实施“占领本地市场，打入全国市场”的营销策略，努力把小产品做成大生意，拥有大市场。他们先后与全国200多个厂家建立了业务联系，从而使全厂任务饱满，销售日增，经济效益不断提高，很快实现了扭亏为盈，1983年被评为长治市化工系统先进企业。

第二，转换经营机制，在企业内部建立起一种有压力、有动力和有约束力的经营管理机制，把企业和职工的潜在能量最大限度地释放出来。随着改革的不断深化，他们先后实行了厂长负责制，承包经营责任制，中外股份合作制和集团化经营等。几易经营机制的改革实践，使企业的生机和活力不断增强。如今，潞华集团公司实行统一核算，分级管理和干部能上能下，职工能进能出，机构能设能撤，工资能高能低的经营体制，公司各级的职责、权限和分工都非常明确。公司一级主要管：(1)公司的经营方针和“战略性”决策；(2)市场信息和产销计划；(3)设备投资和生产经营的财务预算；(4)科学研究和新技术开发；(5)联系外商和进出口业务。分厂一级主要管：(1)质量；(2)交货期(品种、数量)；(3)成本；(4)安全；(5)文明生产。公司设董事会，在董事长的主持下，定期举行各种决策性会议，作出决定，由总经理组织执行。公司各部门，各分厂，以及各厂的车间、工段、班组都实行首脑负责制，有职、有权、有责。公司和分厂的各级干部，可以在自己职权范围内放手工作，该自己决定的事情，就拿出主意，用不着到处请示，工作井井有条，效率很高。这样，就使企业的主要领导能够摆脱具体事务，抓好企业经营的大事。

第三，转移经营重点，从单纯追求产值、产量和速度的偏好中解脱出来，把谋求产品适销对路、高质、低耗和利润多、投资效益最大化作为经营目标。随着企业的发展，潞华集团结合自身的实践经验，学习借鉴和先进企业的经营方略，以系统工程原理为依据，制定和推行了一套"产品围绕市场转、生产围绕产品转、供应围绕生产转、一节围绕效益转"的"四转"经营法，使企业步入以市场为导向、销产供良性循环、谋求最佳效益的轨道。"产品围绕市场转"就是在进行科学的市场预测的前提下，确定适应市场变化的产品对策。根据市场要求，及时组织适销对路产品，满足用户需要。"生产围绕产品转"，就是按照市场订单和预测资料来组织生产，做到以销定产，使产品不脱销、不断档，也不盲目生产，造成积压。"供应围绕生产转"，就是根据生产部门申报的原辅材料需要量和技术标准，制定采购计划，克服滥用资本和原辅材料而造成运营成本过高的现象，提高资金利用率和节能降耗水平。"一切围绕效益转"，就是由企业最高决策层负责协调、校正和组织好销产供三个环节，使每个环节在进行自我运转的同时，还必须以实现经济效益为中心进行公转"。为此，该集团将效益指标分解落实到分厂、车间、班组，层层控制，完成优者奖，劣者罚，使销产供各个环节始终处于最佳运转状态，充分发挥了企业生产力。1993年，该集团人均产值2.46万元，人均创利税2160元，在全市工业系统名列前茅。

二、搞合资、走向国际市场

改革开放的春风吹开了封闭多年的娘子关。1987年春夏之交，美国李氏运动器械公司来到三晋大地，寻找合作伙伴。当时，身为第二橡胶厂厂长的马俊林抓住机遇，带领全厂职工，积极展开与美商的合作。通过试制生产，批量定货，到1989年10月，终于促成了与美商的合资股份经营。在这说来容易做起来难的过程中，潞华集团吸取了一些合资企业失败的经验教训，在深化改革，推行"四转"经营法的基础上，着重抓了以下几个环节：

一是质量。他们从生产出口运动器材的第一天起，就十分强调质量第一，真正把质量问题作为企业命运攸关、生死存亡的大事来对待。为了使产品准确可靠，他们提出，做活儿就象做人，要让自己的产品经得起时间的考验，经得起外商的鉴别，经得起用户的挑剔。在强调工人精心操作、严格工艺规程的基础上，产品在质量上要经过七道检查：协作厂质量水平的检查；购入零配件的检查；产品加工中的检查；装配检查；成品检查；包装前发送检查；用户使用情况检查。严格的质量管理，受到用户的欢迎，更赢得了外商的满意，使潞华集团获得了良好信誉和经济效益。

二是成本。潞华集团认为，一个产品要在国际市场上占有一席之地，除了决定于它的质量而外，价格也是不可忽视的重要因素。因此，他们针对体育运动器材生产技术要求高，零部件互换性强，适合专用设备成批生产等特点，加快企业的技术改造，以降低产品成本。并通过加强企业管理，降低各种消耗，提高经济效益。几年来，尽管原材料、燃料、辅料和各种费用几次上涨，但他们的产品成本却上升很小，出口价格稳定，仍保持了几年前的产品利润率。

三是品种。为了适应用户需求、科学技术和竞争形势的变化，潞华集团狠抓市场调查，不断推出新的产品战略和策略，做到产品生产一代、开发一代、储备一代、产品常出常新。从1987年到1993年，该集团从生产单一的包胶哑铃，到推出运动椅凳、跳床、踏步器等6大系列、44个品种。最近，他们又进一步分析国际运动器材的市场形势，研究自己的优势和劣势，确定产品构成，提出发展高档产品，改进中档产品，淘汰低档产品的策略，向产品组合的深度和广度拓展，力争使企业向更广阔的市场进军。

四是交货期。潞华集团认为，能否严格遵守交货期，不仅影响到企业的收益，更关系到企业的信誉。讲求信誉是与外商建立和巩固良好合作关系的基础，也是企业经营之本和赢得市场、走向成功之道。因此，他们响亮的提出，困难有千条万条，确保按时、保质、保量交货是最重要的一条。为了做到这一条，该集团要求各级领导在接受任务后一定要千方百计，不讲价钱，不上交矛盾、不计较个人得失，按时完成。当生产一线的工人在加班时，领导干部要做到思想工作到现场，生产指挥到现场，解决问题到现场，物资供应到现场，生产服务到现场。每逢集中交货，集团领导总是同销售人员共同奔波于商贸和运输线上，不论刮风下雨，始终做到了装箱、发货、运输等准时、可靠。几年来，潞华集团先后向国外发货上千批，从未发生过误时和差错事故，从而赢得了李氏运动器械公司的高度信赖，在国际市场上站稳了脚跟。

三、上规模，发展集团生产

现任潞华集团董事长马俊林说，潞华起家靠的是改革，走向国际市场靠的是合资，而持续发展靠的是联合。从1983年企业扭亏为盈到1993年成立集团，潞华先后兼并了长治毛皮厂、长治跃进车辆厂、长治拖拉机厂等一批国有和集体企业作为自己的直属分厂。同时，按照专业化协作和经济合理的原则，先后吸收了十几家国有、集体企业和合资企业作为自己的协作厂和配件厂，实现了跨部门、跨行业、跨所有制的集团化联合。他们的成功经验有以下几条：

（一）注重有一个过硬的中心厂作集团核心。潞华集团认为，组建集团必须有个中心厂作为核心。否则在一个集团内，出现“二雄并立”多中心，就会产生离心力量。这个中心厂必须具备中心厂的条件，拿潞华集团的核心企业中美合资潞华育乐制品工业有限公司来说，一是有拳头产品。使大家感到“靠拳头、有奔头”；二是有一定实力。在技术水平、管理水平、生产资金方面都能带起联合和兼并的企业；三是有扩张冲动。迫切需要解决场地、设备、劳动力等生产要素对发展生产的制约，能够把兼并和联合其它不景气的企业看作是新的用武之地，而不是当作包袱。

（二）注重良好的社会效应。潞华集团的领导者认为，发展集团化联合应该是社会受益，企业获利。如果只讲企业自身的发展，不管社会效应，兼并与联合都是搞不好的。因此，在组建集团和企业兼并过程中，他们坚持主动为社会分忧解愁。每兼并一个企业，都是以承担全部债权债务和接受全部职工为前提。据统计，潞华集团已兼并的三个企业，共承担债务1640万元，吸纳待业职工950余人。对此，地方政府甚为满意，认为潞华集团的组建，不仅取得了企业规模效益，而且产生了良好的社会效益。潞华集团还把自己的观点向外商深入宣传，积极争取外商对他们的理解和支持。美国李氏运动器材公司总裁经过考察，对潞华的做法十分欣赏，决定进一步增加订单，支持潞华扩大生产。

（三）注重集团各企业的一体化建设。企业兼并并组建集团后，如何使几个企业的职工在感情上和工作上相互适应，并形成一体，直接关系到集团的成败。因此，潞华集团强调，兼并企业决不能有排外心理，决不能搞“唯我独优”。在工资、奖励和集体福利上，他们对被兼并企业的职工一视同仁；在管理干部的安排上，他们实行竞争上岗，择优选用；他们还通过各种活动和工作岗位交流，使原来几个企业的职工融通感情，结为一体。对协作企业，潞华集团强调合作与信用。他们认为，主力厂和协作厂的关系，不是单纯的买卖关系和竞争关系，而是相互帮助和相互依存的关系。因此，他们把主力厂和协作厂之间的义务和责任以合同形式规定下来，互相严格遵守，很少发生合同纠纷或中断合同的事。他们还经常把主力厂和协作厂的领导集合在一起，协调行动，交流经验，使各方结成利益共享、风险共担的命运共同体，有效地增强了企业的整体机能，使山西潞华集团越办越兴旺。

马俊林，回族，生于1952年7月山西省长治市人。1969年7月参加工作，1982年10月加入中国共产党。大专文化程度，山西省政协委员，长治市人大代表，长治市工商联副会长。现任山西潞华集团董事长兼党委书记。

马俊林同志的改革精神和出色工作赢得了社会各界的广泛赞誉。他的名字被载入《中国企业家大辞典》、《中国当代企业家名人辞典》、《山西当代实业家人名辞典》，并先后被评为“山西省劳动模范”、“山西省青年企业家”、“长治市优秀党员干部”。1993年10月，又被国家民委授予“全国少数民族优秀厂长（经理）”，在京受到党和国家领导人的接见。

山西安泰国际企业（集团）股份有限公司董事长、总经理
李安民

依靠改革求发展　加强管理增效益

山西安泰国际企业（集团）股份有限公司

山西安泰国际企业(集团)股份有限公司的前身是山西省介休市义安焦化厂，始建于1983年。十年来，在党的改革开放政策指引下，不断深化改革，强化企业管理，重视产品质量，依靠科技进步，积累资金滚动发展，由白手起家现已发展成为拥有职工2200余人，固定资产总额1.3亿元，年产值2亿多元，包括五大行业（焦炭、化工、冶金、建材、服装）、两大市场（国内市场、国际市场）、下属炼焦、洗煤、冶铁、水泥、服装、编织袋、石料、房地产、运输等16个企业的跨国生产经营型集团公司。该公司拥有自己的铁路专用线和火车专列车皮，在天津港口有货位、在太原、北京、珠海、深圳、澳门、香港、美国、纽约设有办事处和经营机构。

安泰公司董事长兼总经理李安民，原是介休义安村的一位普通农民。十年来，由于他对国家和人民作出了卓越贡献，1985年、1989年、1992年三次被评为山西省劳动模范；1989年被评为山西省优秀农民企业家，1991年被评为全国乡镇企业家，1993年荣获全国“五一”劳动奖章，并先后被选为介休市政协常委、山西省工商联常委、第八届全国政协委员。

安泰公司在改革开放以后十年来艰苦创业的过程中，突出地表现了以下三个方面的特点。

一、顺应改革潮流，不断转换经营机制

党的十一届三中全会以后，随着全国改革开放大潮的阵阵涌动，安泰公司适应形势的变化，不断转换企业经营机制，曾经历了私营——股份合作——集体——中外合资——国际集团五次经营机制的转变与发展。1983年，农村实行土地承包责任制，原为义安第二生产队会计的李安民，组织本队干部和几户老弱病残的农民，自担风险、自筹资金办起了全区第一个私营焦化厂，并定名为“安民焦化厂”，从事简易的土焦生产，当年就盈利十万元，给大家带了一个好头。到1985年，企业的资产积累达100多万元，李安民本人也成了远近闻名的“百万富翁”。为了消除因收入悬殊而造成的弊端，带领大伙走共同富裕的道路，他们首次在企业体制上进行了一次大胆的改革，将私营焦化厂改变为股份合作制企业。具体作法是，把企业的全部资产拿出70%划为股份（每股金额1000元），按照职工工龄、职务、贡献、分配股份，工人变成了股东，厂名也改称“介休义安焦化厂”。这一作法收到了良好的经济效应与社会效应。新华社内参选编刊登了题为《一个百万富翁的思索》的文章，高度赞扬李安民的超前意识和开拓精神。随之，企业进入高速发展时期，至1988年底股金扩大为278万元，入股人数发展为191人；同时，企业资产超过千万元，职工达700人。为了把全体职工都凝聚在一起，充分发挥社会主义的优越性，他们决定停止扩股，把增值的财产归全体职工共有，企业改变为无行政主管部门的集体企业，并得到有关领导和部门的肯定。到1991年，他们又引进先进的炼焦技术与部分资金，同美国精泰科技集团公司、索之罗公司合资，成立了山西省介休安泰焦化有限公司，并且取得直接出口经营权，给企业的发展注入了新的活力。最后一次是

1993年，为了适应国家社会主义市场经济体制和企业自身不断发展的需要，经上级有关部门批准，正式成立了山西安泰国际企业（集团）股份有限公司，真正形成了一个容私营、集体、三资、境外独资等多种经济成份共存的股份制集团公司，为企业更快、更好地发展又一次创造了良好的条件。

二、切实加强企业管理，全面提高经济效益

随着改革的逐步深化和企业经营体制的不断转换，安泰公司形成了一个以增加企业对职工的凝聚力为核心，以质量管理为中心，以科学管理为方向，以提高经济效益为目标的系统化管理模式。首先坚持以人为本的原则，在职工中先后实行了股份制、养老保险制、突出贡献奖励制等项制度，保证了职工人心齐，干劲大，充分体现了主人翁的地位，造就了一股强大的安泰凝聚力。目前职工当中传诵着一句顺口溜："我是安泰一员工，安泰就在我心中，我与安泰共命运，愿为安泰献忠诚"。同时，他们借鉴国内外先进的管理经验，制定出全面科学的总体管理章程，具体内容共11项，即：生产管理办法，财务管理办法，物资、材料、设备管理办法，销售管理办法，运输管理办法，安全、质量、环保管理办法，人事和行政事务管理办法等，并且都实行严格的奖惩制度。科学化、系统化、经常化、严格化的管理，给企业与社会带来了显著的经济效益，企业固定资产由几千元增加到1.3亿元，共向国家交纳税金2700万元，上交主管部门1000万元，上交村镇600万元，为文化、教育、体育、交通等项社会事业捐款500多万元，出口创汇5000多万美元，为国家和集体作出了突出的贡献。

三、大力推广科学技术，有效控制环境污染

安泰公司始终坚持以科技进步为动力，促进企业的全面腾飞。在炼焦行业，为了不断提高产品质量，控制环境污染，先后实行了三次较大的技术改造。第一次是1985年由土法炼焦到采用萍乡炉；第二次是1987年自行设计、研制成功了"介休一号炉"，并总结出"三二六"操作办法，达到了炼焦燃烧不见火、炉顶不冒烟、结焦周期短、产品质量高、排污不超标的环境效益与经济效益。国家农业部曾在该厂召开现场会，向全国各地推广。1993年又投入大量资金，全部采用了符合国家环保质量标准的JKH-89型焦炉，并获山西省科技进步二等奖与全国环保先进企业奖。

邓小平同志南巡重要谈话发表以后，他们抓住机遇，再上台阶，1993年投资6000多万元，新建了水泥、炼铁、编织袋、铁路专用线等新企业。在建设期间，该公司特别重视环境保护，坚持高起点、高投入、高设备、高工艺、高科技。选用日本、美国等国际先进的除尘装置，安装了国家重点推广的新型节能收尘设备，用于环保方面的投资总共达1000多万元，占全部设备总投资的30%以上，受到国家环保部门的高度评价。现在，安泰工业区办公楼房壮观，烟囱高耸入云，厂房整洁明亮，活动场所齐备，鲜花绿树成荫，一派现代化企业的繁荣景象。

（张卫平　阎明亮执笔）

中国工商银行山东省莒县支行行长
于瑞田

强化服务·规范管理·转换机制

——中国工商银行山东省莒县支行改革纪实

张国杰　李桂英

莒县支行有干部职工105人，下设12个科室，14个储蓄所。负责全县行政企业、机关团体、国营集体、个体工商业的结算、出纳、信贷及城乡居民的储蓄存款业务。几年来，该行在上级行与县委、县政府正确领导下，“把银行办成真正银行，各项工作创一流”作为奋斗目标，认真执行金融法规，全面推行规范化工作法，强化服务，规范管理，转换机制，促进了各项业务的发展，夺得两个文明建设双丰收。自1987年起，连续保持省级“文明单位”、省行“金融先进单位”两个六连冠。1989年被工商银行总行授予“全国文明优质服务先进单位”；1991年、1992年被授予“总行级先进行处”；1993年被授予省级“思想政治工作优秀企业”、“市级学雷锋先进集体”等。

一、规范管理，强化服务

几年来，莒县支行根据银行工作特点和业务开拓的要求，把规范管理，强化服务作为立行之本，对全行经营管理体制进行了大胆的改革、创新，逐步由百分联责计奖法，发展到目标管理责任制。1992年、1993年又进一步发展为“纵向到底，横向到边”的规范化工作法。该工作法以“高、严、准、快”为准则，以标准化、程序化、系列化、制度化为特征，以开拓业务，规范管理，强化服务，确保资金的“安全性、效益性、流动性”为目的。其主要内容可概括为“五线、三定、三落实、一检查”，即对全行划分为思想政治、业务、稽核检查、安全保卫、行政管理工作五条线，分别进行定事、定时、定标、按“高、严、准、快”的要求，使每个专业、每个成员都有明确目标与职责，并详细分解落实到有关专业的承包合同，随时检查制度与计划的执行及完成情况，简称“五三三一”工作法。

在推行规范化工作法的过程中，全行建立了83个岗位，577条工作职责，把全行的各项工作纳入规范化管理的轨道，使全行各个岗位、每个成员，在工作中该干什么，怎样干，什么时间干，干到什么程度，都有明确的标准与要求。按该工作法运作几年来，不仅全行各项工作高效、有序、安全地运行，保持了信贷、现金出纳、会计核算无差错，无经济、刑事案件，无任何事故的先进金融企业，而且广大职工人人努力学习、积极工作，拼搏向上。现在全行已拥有国家级技术能手1人，省级15人，地区级35人。

二、开创精神文明建设的新路

为充分发挥思想政治工作的保障作用，莒县支行在规范工作法中，把思想政治工作放在“三线”之首，紧密结合银行业务工作特点，从建章立制入手，把思想政治工作纳入规范化、制度化管理的轨道。全行建立健全了四个方面的管理体制。一是建立由行长全面负责，党团支部、工会紧密配合的“行长思想政治工作承包制。”具体作法是，行长包副行长；副长长包科长、所主任；科长、所主任包职工，从而形成了一个以行长为主体，以专职政工干部为骨干，专兼结合，政工部门与业务部门齐抓共管的思想政治工作新机制。较好地解决了过去那种政工干部管思想，行政干部管业务，思想、业务两脱节的问题，做到两手抓、两手硬，充分发挥思想政治工作在业务工作中的保障作用。二是完善思想政治工作的考核制度。第一坚持例会制度，定期召开思想政治工作会议，由行领导和中层干部参加，汇报情况，分析思想动态，研究措施，布置工作。把思想政治工作同各项经济指标完成情况挂钩，利用百分制的形式实行考核评比，并把考核评比情况做为干部奖惩、使用的主要依据。第二制定了学习制度，行里统一布置学习内容，以科、所为单位组织学习，把考核和奖惩纳入规范化管理，并与奖金分配挂钩。三是协调联动，思想政治工作实行网络化管理制度。结合思想政治工作的实际，先后成立了政治学习辅导网、业务学习辅导网、职工谈心活动网、文体活动网四个网络，使思想政治工作有声有色，扎扎实实地开展起来。四是制定了廉洁勤政制度，把廉洁勤政作为思想政治工作的重要内容来抓。为此他们制定了加强领导班子建设的十条措施，并自觉做到“五不准”、“六带头”，保持了领导干部优良的思想作风和工作作风，使行政领导一班人成为作风正，说话硬的带头人。同时，在全行各营业所制定柜台纪律“五不准”，在全行积极开展“四提倡、四反对”活动，提高了全员勤奋工作，清正廉洁的自觉性。由于思想政治工作抓落实、求实效，使全行干部职工保持了健康向上的精神风貌，促进了各项工作的大发展，1992年被省行授予“思想政治工作先进单位”，同年莒县省级文明单位现场会在该行召开，1993年9月日照市省级文明单位现场会在莒县召开，该行在会上介绍了经验，受到各级领导的好评。

三、更新观念，转换经营机制

建立社会主义市场经济体制，一个重要内容是建立市场金融体制。要做到这一点，首要任务就是解放思想，破除产品经济意识，树立商品经济观念。因为银行本身不仅是商品生产与商品流通的产物，而且它又反过来为企业生产与流通服务。这就不仅要求我们把信贷资金如实地视为商品，而且专业银行要转换经营机制逐步向商业银行转化。对于这一点，于瑞田行长等不仅自己有着较为清醒的认识，而且领导全行同志学习有关市场金融的基本知识。在业务决策与实施过程中，他们不仅立足现实，立足本职，支持经济发展，更重要的是注意按市场金融规律办事，逐步转换经营机制。

(一)优化资产负债结构。莒县支行是个借差行，在资金的运用上，坚持以资金来源制约资金运用的原则，走务实从本，自求资金平衡之路，狠抓存款，努力调整信贷结构。本着坚持信贷资产“安全性、效益性、流动性”的原则，合理安排资金，采取多种有效措施，调整资产负债比例结构，促其合理化。一是加强信贷资金风险管理，全面推行抵押和担保贷款办法。1993年对贷款企业的风险等级进行了估量、计算，明确了贷款支持重点和压缩对象，同时对全部贷款企业办理了财产抵押和担保合同，降低了贷款风险。二是盘活存量，确保重点，增强信贷资金的流动性。经过积极努力，年度内共盘活不合理资金占用1300多万元，同时纸厂、酒厂、涤纶厂等6户市县确定的骨干企业，增加投入2190万元，占新增贷款的80.2%，促进了骨干企业的发展。三是积极支持技术改造项目，增强经济发展后劲。1993年对酒厂饮料生产线、造纸厂1760纸机生产线、商业综合营业楼等项目累计投入资金1050万元，确保了重点项目的资金需求。

通过两年来的积极努力，资产负债结构有了良好的转化，各项存款占各项贷款的比重已达到80%，各项存款中定期一年以上的存款已占存款总额83.3%，技改性长期占用的贷款仅占贷款总额的13.1%，活期存款大大低于临时性、流动性贷款，为专业银行向商业银行转化奠定了良好基础。

(二)积极融通资金，平衡信贷收支。一是在资金紧张，平衡信贷收支困难的情况下，不畏难，不退缩，坚持筹运结合，采用灵活的调拨方法，保证了现金支付，创造了大气候、小环境下的信贷资金正常运转机制。二是密切与人民银行的联系，融通专业关系，及时沟通信息，共争得银行借款86次，累计金额16332万元，1993年末向人行借款3104万元，较年初增加1440万元，占全行新增贷款资金来源的53.3%。三是积极融通资金，共从各融资渠道调剂资金53次，累计金额4616万元。四是守纪律，按时收回违规拆借资金1592万元。

(三)坚持改革开拓，努力提高工作效率。莒县支行会计、出纳工作，改革劳动组合，优化结构，全面施行了柜员制。通过试行，加快了办事速度，提高了工作效率，改善了服务态度，缩短了客户等候时间。出纳科积极做好防、反假币工作，1993年举办反假培训班4次，培训500多人次，全年堵住假币2230元。会计科严把核算质量关，经省行检查验收，会计工作由三级升为二级。

(四)强化内部管理，健全管理机制，确保安全运转。莒县支行根据银行特点和业务开拓的要求，把规范内部管理作为立行之本，从基础抓起，健全制度、完善机制，不断探索比较系统完善的基层行管理模式，在各项业务全面发展、新业务不断开拓的形势下，始终保持了无差错、无案件、无事故。

1. 健全制度，完善考核体系，确保制度项项落实。该行通过1991年、1992年连续两年的抓管理、上等级工作，已建立健全了行政、业务、文明建设、后勤管理等较系统全面的规章制度。为适应新形势，他们修改、补充、完善了“规范化管理考核奖罚办法”，“各项费用管理办法”、“储蓄经营承包办法”、“对公存款管理办法”、“两防一保”等若干制度；在完善制度的同时，健全了考核体系，成立了行考评委员会，下设考核小组，按月考核、按季兑现。全行设立了13份综合性的考核表，各科也分别设有明细考核表，行里设了四个综合性登记簿，各科也分别设立了各种登记簿；这些考核表和制度执行登记簿，逐日、逐月考核登记，促进了全行各项制度的认真全面落实，达到了有章必守、违章必纠，奖罚分明。如一所有一同志办理业务中因解释不当，与客户争吵，被储户提出批评意见，分管行长、科长和当事人一道向储户赔理道歉，并按规范化考核法给予该同志扣发当季度奖金。

2. 狠抓了重点要害部位管理。为确保常年安全运转，把规范内部管理的重点放在了重点要害部位上。首先使全行上下加强安全防范意识，强化守库、押运、院内执勤、下所巡逻等工作措施，实行行级领导夜间执勤查岗制度，各营业场所内均配齐了各种安全防范措施，确保各项安全设施有效、有力运转，保障安全无事故。另外还加强了会计核算管理，严格了所、押、证三分管制度的落实，对现金出入库、款项交接等关键环节也都从严管理，杜绝了事故隐患。几年来，各储蓄所由于工作细致、责任心强，共堵住冒领多起，金额13556元。

3. 加强了检查监督。进一步增强了稽核科和会计、储蓄事后监督的管理，调配了得力人员，制定了完善的工作制度和监督检查考核办法。充分发挥了稽核监控体系的作用。几年来，先后对本行8个业务部门26个业务单位进行了104次稽核，按照上级行和本行安排，对重点单位、重点部位进行了9次专项稽核，堵住了隐患苗头，保障了各项业务工作的顺利进行。

4. 改革了干部管理制度，实行干部聘任制和职工聘用制。1993年行里根据“德、能、勤、绩”对中层干部进行了全面调整、聘任，对干部职工进行岗位轮换30次，有的人被组合到其更合适的岗位，每年年底发动全行干部职工对中层以上干部进行民主评议。

在市场经济大发展，专业银行商业化的新形势下，莒县支行的全体职工进一步解放思想，积极开拓，本着市行提出的“增实力、防风险、甩包袱、讲效益、求创新”的工作方针，始终把两个存款放在首位，积极推行资产负债比例管理，努力提高经济效益，增强发展后劲，在商业化的道路上迈出了坚实的步伐。

于瑞田，1934年2月出生，山东省莒县人。1980年任中国人民银行莒县支行副行长，1984年任行长、党组书记。1987年被评为高级经济师。1991年任中国工商银行临沂地区中心支行巡视员。

在改革的大潮中，于瑞田同志带出了一个团结战斗的领导班子和一支技术过硬的职工队伍，在莒县大地树立起社会主义银行的光辉形象，赢得了八方赞誉。

已故经济学家介绍

王绍飞

(1929—1992)

1929年出于山西省灵邱县南坡村。他出生贫寒，少年时代是一个深山中的放牛娃。1939年到本县双峰寺抗日高级小学读书。1944年加入了中国共产党，当时年仅15岁。此后，他先后担任过村小学教员、区武装部教导员、副区长等职务。随着解放战争的胜利推进，他作为冀晋区党委支前工作团成员被编入平绥司令部直属队，参加了围困北平的战役。1952年，入中央财金学院学习，1953年并入中国人民大学财政系。1956年毕业后，分配到中国科学院经济研究所从事科研工作。1978年转到新成立的中国社会科学院财贸物资经济研究所，历任该所研究员、财政金融研究室主任、所学术委员会委员、学位委员会委员、《财贸经济》杂志顾问，中国社会科学院研究生院教授，硕士和博士生导师。同时兼任中国税务学会副会长，中国财政学会常务理事，中国投资学会和北京财政学会理事，以及北京税务咨询总公司总顾问、《财政研究》和《中国金融年鉴》编委等职务。

在数十年的革命生涯和经济研究工作中，王绍飞的道路是崎岖而坎坷的。1958年，他追随孙冶方（当时的经济研究所所长）积极主张社会科学研究要深入实际，干预实际，搞社会科学研究“试验田”。孙冶方委派他担任经济研究所在河北昌黎县的社会科学“试验田”副组长，同时任果乡公社主任。在此期间，他坚持从实际出发，以经济学家的敏锐眼光，写了两个具有“轰动效应”的调查报告：一是1959年4月写的关于反对大跃进和人民公社运动中的浮夸风的报告，受到了党中央的高度重视，毛泽东主席批示作为党内通讯发全国生产队以上干部学习；另一个是1959年5、6月间由经君健同志起草，由王绍飞和董讦署名上报的《不办公共食堂对生产更有利》的报告。如果说前一个报告使他“名扬天下”，后一个报告则使他大难临头。在同年召开的庐山会议上，毛泽东针对这个报告说：“有两个右派跳出来了”，二人立即被带上“右倾机会主义分子”的帽子，直到1961年才给平反摘帽。1964年，他又因帮助孙冶方撰写利润问题的研究报告，主张把利润作为衡量经济效果的综合指标，而被视为宣传“利润挂帅”的修正主义分子，并作为“孙冶方一伙”的主要成员加以批斗。文化大革命中又被作为“定案的修正主义分子”挂牌劳动。

“文革”结束后，王绍飞于1979年6月发现患了贲门癌。在与其他同志一起完成了《社会主义经济核算理论》一书的定稿之后，他拖着沉重的步伐住进了医院。一次胸腔大手术，两次小手术下来，再加上术后感染，胸腔化脓，使他在医院里整整躺了13个月。但是，疾病的折磨并没有摧残他的意志，更没有动摇他为振兴中国经济理论而奋斗的决心。王绍飞出院不久即开始写《财政学新论》的书稿。他以惊人的毅力，忍着病痛的折磨一天写几百字，硬是实现了自己的宿愿。此书出版后，受到了学术界的较高评价。随后，为了适应和配合深化经济体制改革的现实需要，他又抱病写出了在我国经济和财政学界具有很大影响的专著之一《改革财政学》。除此之外，在他身患绝症的12年里，还结合我国经济发展和经济改革的实际，撰写了数十篇有影响的经济学论文、研究报告和政策建议。在他生命的最后几年里，王绍飞与金鑫、刘志城等同志一起，主持了国家“七·五”重点项目—《中国税制改革》的课题研究，并取得了重要的研究成果，为我国新时期的税制改革和税收理论的创新，作出了贡献。这方面的成果，后来集中反映在由他主编的《90年代中国税制改革设想》一书中。

王绍飞的主要学术观点如下：

(一)在关于建立社会主义财政学新理论体系方面

有：

1. 重新揭示财政关系产生和发展的原因，阐明财政关系是社会生产力发展的产物，是社会再生产的需要，而不是国家权力所创造的观点。提出剩余产品的出现及分配剩余产品的必要，才是财政关系产生的基础的理论主张。

2. 重新分析了财政的本质，说明财政是归社会支配的剩余产品的分配过程，财政学是研究社会分配剩余产品形式和发展规律的科学。

3. 重新分析了财政与国家的关系，阐明在人类历史上不是国家机构的权力创造了财政关系，而是财政关系为国家机构奠定了经济基础。

4. 重新分析了财政在社会再生产中的地位和作用，把财政分配作为社会再生产的组成部分，来说明财政在商品经济运行中的地位与作用。

5. 从理论与实践的结合上确定了财政分配的范围、经济内容和数量界限，论述了财政收入的最高限量。

6. 第一次在我国的财政学著作中，列专题系统阐述了财政分配的经济效益问题。

总之，王绍飞在中国财政学界形成了以剩余产品(价值)分配为基础的一个财政学流派，并逐步建立了有其学派特点的新的财政学体系。

(二)较早地提出了分别建立中央银行(专管货币发行的银行)和专业银行(信用银行)两种银行体系的主张。

1. 他认为，中央银行和专业银行要各成系统，隶属于不同的机构。中央银行要脱离政府直接隶属于全国人民代表大会，不承担保证企业资金供应的任务，不能插手一般工商企业的信贷业务。中央银行作为掌握货币发行权的机构，要建立货币发行责任制，加强宏观调控；专业银行作为金融企业，应隶属于中央政府，利用信用关系筹集资金。

2. 割断中央银行和专业银行的直接行政关系。专业银行实行企业化经营，按照贷款＝存款、债权＝债务的原则进行自主经营；中央银行对专业银行的信贷平衡不承担任何责任，实行信用破产法。

3. 主张管住货币发行，放活银行信用，停止把货币发行作为弥补银行信贷差额和扩大信贷规模的手段，把稳定币值作为中央银行的货币政策目标。

(三)王绍飞从50年代起就坚持社会主义企业必须盈利的观点，主张把盈利作为衡量经济效益的综合指标。1962年，在《企业盈利和社会主义生产目的的关系》一文中，他提出了盈利是满足需要的手段，是企业经营的核心的观点。“文革”以后，他又以盈利为核心，组织撰写了《社会主义经济核算理论》一书。

(四)在他的不少论著中，对社会主义税收存在和发展的客观依据提出了新看法，主张重新设计社会主义税制和税收理论体系。这方面的一些主要观点，迄今已成为中国税务学界的共识。其中，《社会主义税收发展的客观必然性》一文，获《税务研究》优秀论文奖；《重新认识税收的性质、地位和作用》一文，也受到税务学界的普遍重视与好评。

(五)提出并论证了商品经济和社会主义初级阶段具有统一性的观点，商品经济是由生产力决定的生产要素的社会组合形式的观点，以公有制为主导发展商品经济就是社会主义初级阶段的观点，等等。

(刘溶沧)

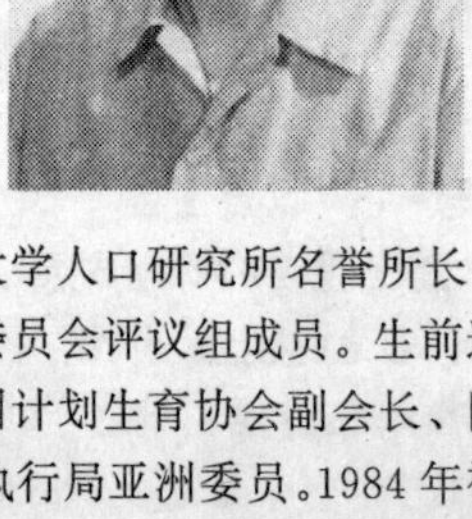

刘　铮
(1930—1993)

刘铮，中国人民大学人口研究所名誉所长，博士生导师，国务院学位委员会评议组成员。生前还任中国人口学会会长、中国计划生育协会副会长、国际人口学研究机构联合会执行局亚洲委员。1984年被授予国家级有突出贡献的中青年专家。1993年获首届“中华人口奖”科学奖。

刘铮为辽宁省新民县人。早年曾就读于国立长白师范学院数学系。1948年赴解放区华北大学学习。1950年开始在中国人民大学任教，曾任计划统计系工业统计教研室副主任。1973年末，根据国家有关部门的决定，他组建了中国第一个独立的人口学研究机构。1978年中国人民大学复校后任该校人口研究所所长。70年代末期，他主持创办了全国第一份人口学专业杂志—《人口研究》并担任主编。1981年他又积极倡议创建了全国第一个高校人口学专业，后扩建为系，兼任系主任。他还是国家教委和联合国人口基金共同建立的中国人口学培训中心的常务副主任。多年来，刘铮教授在建立具有中国特色的人口学学科体系，密切结合我国实际研究重大理论与实践问题，积极参与计划生育实践，培养人口学专门人才，组织人口学学术活动及推动中国的人口学研究走向世界等方面做了大量开拓性工作，并做出了重要的贡献。

刘铮教授非常重视人口学学科体系的建设。他认为：人口学是一门综合性、实践性很强的社会科学学科。他提出人口学是研究人口自身发展规律及人口与社会、经济、环境等诸因素之间内在联系和数量关系的学科，学科体系应当包括人口理论、人口统计学和人口学分支学科（如：人口经济学、人口社会学、人口生态学、历史人口学等等）三大组成部分。强调人口学研究只有在正确的理论指导下，才能够科学地认识人口过程及其与社会、经济、环境等因素间的本质联系和发展规律性，应避免抽象的数量分析和纯逻辑推理。但同时也要注意运用科学的人口统计分析方法及其他现代科学方法来分析人口自身及其与社会经济、资源环境之间的数量关系，以便准确地了解事物本质，为领导决策提供客观依据。为此，刘铮教授先后撰写了《人口理论问题》、《中国人口问题分析》等专著，主编了曾被评为国家教委优秀科研成果的《人口理论教程》和中国第一部《人口学辞典》，合著了《人口统计学》等。

刘铮教授始终强调要用马克思主义的观点研究中国的实际问题，在解决中国重大实践问题的过程中发展人口科学理论。早在70年代，他就结合我国人口与社会经济发展的现实状况，多次撰写人口问题专论。明确提出人口盲目增长绝不是社会主义的人口规律，人口发展无论是数量上还是质量上都应与社会经济发展相适应，做到有计划地控制增长。否定了人口迅速增长是社会主义人口规律的说法，并对人类自身生产和物质资料生产两种生产相适应的理论做了深入研究。

刘铮教授十分关注中国的人口控制实践。他曾与几位学者一起在进行了大量研究工作的基础上，撰写研究报告，向国家提出控制我国人口增长的五点建议，受到了有关部门的重视，为人口政策的制定起到了参考作用。

90年代初，他又提出了“人口现代化和优先发展教育”的观点。指出人口现代化应包括人口再生产类型现代化和人口素质现代化两个方面，其中，人口素质现代化是加速实现国家现代化过程的必要的前提条件。而对于我们这样一个发展中国家来说，人口素质现代化更应当超前于经济现代化。而优先发展教育不仅是实现人口现代化的必由之路，而且也是经济腾飞的关键。

刘铮教授注重调查研究，曾多次组织和领导过有关妇女生育率、人口死亡率、小城镇人口与经济发展等方面的社会调查。他还积极参与了我国第三次人口普查，曾担任国务院人口普查办公室顾问。除此之外，他在研究我国人口与经济发展的相互关系（包括人口投资、劳动就业、人口的行业和职业结构、人口的生产与消费等等）的基础上，在分析我国人口死亡率转变的基本特征和探讨人口政策实施及计划生育实践的诸多问题等方面，撰写了大量的学术论文。他先后承担并主持完成了“中国人口问题研究”、“中国人口发展战略”等国家社会科学重点课题及“中国人口死亡率分析”、“中国沿海小城镇人口迁移和经济发展”等科研课题。

作为学科带头人，刘铮教授十分重视人口学专门人才的培养。他先后指导过10余名硕士和博士研究生。在他的领导下，中国人民大学人口学系已成长为能够培养学士、硕士和博士多层次人口学高级专门人才的国家重点学科点。

刘铮教授还注意团结全国的人口科学工作者，关心国内的学术交流与讨论，曾参加组织了历次全国人口科学讨论会，先后当选为第一届中国人口学会副会长、第二届中国人口学会常务副会长和第三届中国人口学会会长。

刘铮教授多次出席重大国际人口会议。他有10余篇学术论文被译成外文在国外发表。他还主持出版了《人口研究》杂志的英文版。1988年他又应邀赴美国的布朗大学、哈佛大学、哥伦比亚大学讲学。

刘铮教授治学态度严谨，历来提倡实事求是，重视实践，反对空谈，勇于开拓和创新；力主国家的人口决策要科学化、民主化、制度化；倡导中国的人口科学研究应立足国内，面向世界；主张坚持马克思主义的立场、观点和方法论，博采众家之长，发展中国的人口学。

（刘　爽）

孙敬之
(1909—1983)

1909年5月4日出生于河北省深泽县后马里村。1916年至1922年在家乡接受了初等教育，1925年考入保定市育德中学，1927年入北京师范大学预科，1929年转入北京师范大学历史系学习。在求学期间，他对地理学产生了浓厚的兴趣，1933年大学毕业后，便开始了为这一科学和教育事业贡献一生的里程。

抗日战争爆发后，孙敬之参加了抗日救亡运动，后在冀中地区参加游击斗争。1940年进入华北联合大学，由他创办了史地系并留校任教。1945年加入中国共产党。

新中国成立以后，孙敬之在中国人民大学任经济地理教研室主任。党的十一届三中全会以后，70岁高龄的孙敬之精神焕发，精力充沛地投入到我国人口学的教育和研究领域，并由他创办了北京经济学院人口经济研究所，继续他在人口科学研究领域的工作，一直到1983年8月19日逝世为止。

孙敬之生前曾担任北京地理学会理事长，中国地理学会副理事长，亚洲国际地理学会副主席，北京市人口学会会长，中国人口学会常务理事，北京经济学院人口经济研究所所长等多项职务。

孙敬之一生中撰写了一百多篇论著。在经济地理学方面，他亲手编写了中国第一部经济地理学教材《经济地理学》；在这部60多万字的教材中，他运用马克思主义的立场、观点和方法，对当时我国工业、农业、运输业和人口地理状况进行了科学的描述和分析，第一次系统地阐明了经济地理学体系和基本理论问题。此后，他又主持编写了《中国经济地理讲义》、《外国经济地理讲义》等多种教材。还出版了《地理学与地理教学》、《自然地理学习提纲》、《论工业化的地理条件》等多部著作。

为了使我国的经济地理学教学从课堂走向实践，进一步建设和发展这门学科，孙敬之在兼任中国科学院地理研究所研究员期间还亲自带领中青年研究人员进行实地考察，成功地编写出包括华北、内蒙、华南、华中、华东、东北、西南、西北、新疆和全国交通地理十大分册，共计400多万字的《中华地理志》，这部巨著为我国的经济建设勾划出了地域轮廓，并提供了详细、确切的基础数据，因而被国外译成英、俄、日等多种文字出版，是世界了解中国的主要书籍之一。在注重实践调查的基础上，他还连续发表了许多篇很有科学价值的论著，如《论经济地理学的科学性质》、《自然地理学与经济地理学的科学性质及其相互关系》、《论经济区划》、《论综合地理学与统一地理学》等，进一步阐明了地理学，特别是经济地理学研究的基本理论问题。

孙敬之反对经济地理学研究中的主观唯心主义，他以揭示生产方式在社会发展中的决定作用来反对庸俗的地理环境决定论。以阐明人文环境与自然环境之间的相互关系来反对经济地理学研究工作中忽视自然条件的错误倾向。一方面，他明确指出：经济地理学与自然地理学所研究的是两种截然不同的规律，前者受经济规律支配，属于社会科学；后者由自然规律支配，属于自然科学。他强调经济地理学的对象是生产力布局，是生产的分布与再分布，而人们研究、掌握这门科学，则是为了更有效地在空间上安排生产。从而把经济地理学与我国的社会主义建设事业紧密结合起来，使之成为具有重大现实意义的学科。另一方面，他又明确强调，经济地理学与自然地理学有着不能分割的联系。经济地理学者为了使自己的工作更全面、更正确，不能不向自然地理学吸取知识。自然地理学者为了使自己的工作更有利于国家的经济建设，也要具备一定的经济地理基本知识。他还就属于自然科学范畴的自然地理学和属于社会科学范畴的经济地理学，为什么可以综合在一起的问题进行了分析。他说："因为他们都具有区域性，因为人们在生产和生活中既不能离开地表的自然界，也不能离开社会组织而去孤立地生活。而且，历代统治阶级，为了便于统治国家，也就产生了全面了解全国及各地区和邻近国家的要求。有了什么样的要求，也就会写什么样的著作。所以无论古代或现代，方志性地理学（国家地理、区域描述）都是和独立的自然地理学与经济地理学并存的"。他还认为："我们的经济地理学和过去的经济地理学是有本质的差别的。其中最主要的差别，就是我们研究社会现象是从社会的内部找主要原因，而过去的经济地理学是从社会的外部——自然条件中找主要原因，前者是科学的，后者是反科学的”。

在人口学研究方面，孙敬之运用马克思主义的基本原理，来分析我们社会主义国家的性质和人口特点。早在五十年代后期，他就提出人口再生产与国民经济再生产相适应的主张。他说：我国的情况是人多地少，一穷二白，这就要求“节育”，有计划地生育子女。

他针对50年代后期人口学界中“计划生育”与马尔萨斯“节制生育”观点的混淆，做了精辟的论述。他认为两者之间存在着本质的差别：“首先，马尔萨斯的“节制生育”是仇视人类的理论，是把资本主义制度残酷压榨所造成的“相对人口过剩”强加在劳动人民增殖之上，从而为资产阶级的剥削罪行辩护。而计划生育是为了加速国民经济的发展，不断提高人民的生活水平，关心妇幼健康。其次，新、旧马尔萨斯主义者所提倡的“节制生育”是减少劳动人口数量，它们甚至把战争、灾荒、疾病都当成减少人口的办法；而“计划生育”只是为了使人口自然增殖率与国民经济发展速度和规模包括粮食产量相适应。”

在“新人口论”横遭批判，我国人口学变成禁区的情况下，孙敬之教授能够坚持自己的人口学观点，提出上述科学论断是极为可贵的，实际上为日后我国做出“实行计划生育”和“控制人口盲目增长”等重要决策提供了理论依据。70年代后期，我国人口问题成为重要的社会问题，引起了人们警觉，已是古稀之年的孙敬之更是抑制不住心中的激情，他吃住在校内，每天工作长达18小时，赶着撰写人口学方面的论文和专著。在他的文章中，首先提出发展小城镇以容纳农村剩余劳动人口。他全面系统地研究了国际上外籍工人问题，为国家的劳务输出政策和工作提供了科学依据。他还提出了计划生育工作要因地制宜，避免一刀切。并且主张控制人口增长必须实行计划生育和加速经济发展双管齐下才能收到好的效益。他的许多研究成果得到有关部门的奖励。

孙敬之教授在他的晚年还主持了几项大的科研项目。其中之一是主编了《中国人口》丛书的编写工作，这是一部系统的区域人口科学专著，全书以我国的行政区划省、自治区、直辖市划分，包括港、澳地区和总论共计33个分册，1200万字。该丛书被列入国家“六·五”社科规划的重点项目及联合国人口基金援助项目，全套丛书后被译成英文出版，在全世界发行。另一科研项目是主持编写《中国省区经济地理》丛书，共计32分册，1000万字。也是国家“六·五”社科规划的重点项目之一。第三个科研项目是编写《中国经济地理理论》丛书，这部丛书对经济地理各分支科学进行了理论上的总结和提高。它不仅有助于分支科学的发展，而且使经济地理学的理论体系更趋完善。

1983年孙敬之逝世后，许多经济地理学界和人口学界的朋友，带着缅怀孙敬之光辉业绩的深情，努力完成了三套巨大的科学著作，并出版了《孙敬之文集》和《孙敬之传》等专著。

（李乃蓉）

金作善

（1934—1992）

1934年7月16日生于内蒙古自治区满洲里市；1949年毕业于内蒙古乌兰浩特市立中学，同年进入内蒙文工团参加革命工作。1952年入中国人民大学贸易经济系，1956年毕业后，分配到人民出版社从事编辑工作。1981年任该社科学社会主义编辑室副主任，1988年任综合编辑室主任编审。生前还担任过中国苏联东欧学会副秘书长、当代国外社会主义研究会秘书长、《苏联东欧问题译丛》特约顾问、《当代世界政治实用百科全书》编委等。

金作善长期从事苏联东欧经济和国外社会主义理论与实践等方面的科学研究与编辑出版工作。他自己撰写与主编了《当代国外社会主义理论与实践》、《苏联社会主义改革理论》、《当代社会主义面临世界挑战》、《苏联社会主义理论的新发展》等专著数种。先后参加翻译了《瓦尔加的政治经济学》、《20世纪的资本主义》、《自动化与社会进步》等5部著作。

金作善从50年代翻译《集体农庄在苏联的胜利》、《苏联国民经济史讲义》起，便开始致力于苏联经济建设的理论与实践的介绍和研究。70年代后研究东欧的改革和西欧一些国家的社会主义思潮。他认为苏联模式有以下的缺点：(1) 甲乙两大部类之间的比例不合理，用牺牲轻工业来发展重工业；(2) 工资政策中的按劳分配原则遭到破坏，各种职业集团之间的收入不合理；(3) 中央权力过于集中，中央不厌其烦地管理千万件繁琐小事，实际上削弱了对国民经济具有战略意义的大问题的控制与协调；(4) 指令性计划过严过细，使生产与市场脱钩，企业生产出来的产品与需求的现实极少联系（例如，苏联生产的电冰箱有130多种，其中大部分是毫无希望的过时产品，而未过时的产品一般的买主根本买不到）；(5) 对农民的行政干预过多，使农民失去了稳定感和自治感，农民对计划规定外的增产既无权又无积极性。由于这些经济上的问题长期不能解决，必然带来政治上、社会上以及人们心理上的重大变化。他在《回顾与探索》一文中指出："经济领域以外的某些领域要求健康化，如果没有经济形势的明显转折，任何想使这些领域健康化的企图，只能是一种理想或良好的愿望。"

金作善在一些文章中一再讲这样一种思想："科学社会主义的理论和实践表明，在社会主义国家里，不仅要大力发展社会生产，有计划地进行经济建设，而且还要十分重视社会主义的政治建设，不断完善社会政治制度，健全民主生活，加强和改善党的领导，以适应社会主义经济关系的进一步发展。"他批判那些把无产阶级专政与民主化对立起来的观点。有一段时间，在西方流行一种错误观点，认为资产阶级议会制是最完善的民主形式，有人甚至提出"资产阶级国家的政治制度同社会主义社会的经济关系相结合，乃是建设社会主义政治制度唯一可能的途径。"金作善批驳了这个观点。他认为，社会主义民主不论从哪个角度来审视，都比资本主义民主大大地扩展了广大群众的民主权利和人的自由范围。这些权利和自由不是使多数人在政治上屈从于少数的剥削者，而是解放了的劳动者，即人民的大多数用来保护自己不受各种形式的剥削和控制的工具。当然，社会主义在它的发展过程中，要不断地完善这种民主制度，采取一切必要的步骤和措施，提高我们政治制度的工作效率，扫除官僚主义作风，使具有民主关系和民主组织形式的机构，能够发挥切实有效的作用。

金作善对未来的价值形成和价值观念做了探讨。他认为，随着科学技术的进一步发展，产品的价值形成和人们的价值观念也必将发生重大变化。未来社会将充分利用知识和智慧来创造社会财富。市场上将是包含更多的知识与智慧的价值的商品。因此，创造知识价值就成为社会经济增长和企业发展的主要方向。产品的价值价格将不再主要决定于生产成本，而决定于投入的知识，决定于消费者的价值观念的形成与变化（例如，"金利来"领带就高于其它领带几十倍）。从这一点出发，宣传、广告、新闻媒介、评论文章，都成为决定产品价值的因素，而过去那种单纯把工厂视为生产价值的中心的传统经济学也将失去意义。人们对于社会信息的依赖性越来越大，而对于机器设备等有形的生产资料依赖性将相对减弱。随之而引起的，将是产业结构和从业人员结构的重大变化。从事第三产业的人数会越来越多。

金作善还指出，随着科学技术的发展，人类将越来越明确地认识到，不能只单纯地去追逐劳动生产率和国民生产总值，而不考虑社会与生态环境。应当从现在起，就建立起一个完整的将生产效益与社会自然环境成本统一起来的价值观念与价值计算方法。

（张　帆）

胡寄窗

(1903—1993)

1903年10月9日出生于四川省天全县。1926年毕业于北平大学法学院，1935年赴英留学，1938年获英国伦敦大学经济学院经济学硕士学位。同年6月回国，先后任陕西省立商业专科学校校长、教授，四川大学、北京中国大学、朝阳大学、东北大学、辅仁大学教授及经济系系主任，并兼职任北京大学、北京师范大学教授。新中国成立后，历任杭州之江大学国际贸易系系主任、浙江财经学院院长、上海财经学院教授、上海社会科学院教授、江西大学教授等职。自1978年起，任上海财经大学教授、博士生导师、经济系中外经济思想史研究室主任。并担任《中国大百科全书·经济卷》编委，中国经济史学会会长、名誉会长，民革中央监察委员会第六届、第七届常务委员。

胡教授是我国当代中外兼通、古今兼擅、著述宏富的著名经济学家。在近70年的学术生涯中，先后出版中、英文学术著作15部，发表了大量学术论文，共计达800余万字。党的十一届三中全会以后，发表各种论著近600万字。

胡教授早年留学回国后，就怀着赤诚的爱国之心，抱着弘扬祖国优秀传统文化的信念，潜心研究中国经济思想史。经过几十年的辛勤耕耘，他以马克思主义理论为指导，系统发掘和整理了中国自先秦至1949年新中国建立长达3000多年的经济思想，在许多方面填补了中国哲学社会科学研究领域的空白，为创立中国经济思想史学科作出了卓越贡献。他的代表作三卷本《中国经济思想史》，以丰富翔实的资料，恢宏周详的体例、精湛透彻的分析，从历史沿革角度对中国历代主要的经济观点、经济思想、经济政策、经济制度及有关的人物从经济学角度进行了深入的研究和科学的评述。该成果被公认为是学术界具有里程碑意义的巨作，在中外学术领域享有很高的声誉和很大的影响。《中国经济思想史》下卷及《中国近代经济思想史大纲》分别荣获1986年上海市哲学社会科学优秀著作奖和1988年财政部优秀教材一等奖。胡教授集上述几部代表作之精华而作的《中国经济思想史简编》荣获1988年国家教委全国文理科优秀教材特等奖。此书是22个特等奖中的唯一一部经济学著作，这部书还获财政部1988年优秀教材荣誉奖。

胡教授的大部分论著是在党的十一届三中全会以后出版的。他的《中国古代经济思想的光辉成就》一书，第一次对中西经济学说进行了系统的比较研究。《政治经济学前史》一书，创造性地用中国古代经济思想丰富了世界古代经济思想的内涵，撼动了经济学说史研究中“欧洲中心论”的传统观点。《当代西方基本经济理论》一书获第一届北方十五省市哲学社会科学优秀图书奖。《一八七〇年以来的西方经济学说》一书由中共中央组织部列入《当代中青年干部必读精粹》，并获1992年国家教委第二届普通高等学校全国优秀教材奖。《中国财政思想史》（合著）一书被学术界认为是第一部从古到今、按历史顺序完整而系统地研究我国三千多年来财政思想发展与演变的学术专著，填补了本学科领域的空白。该书对历代财政思想、政策、制度及著名思想家和历史人物的财政观点作了深入的研究。揭示了中国财政思想史发展的特点及规律。尤值称道的是该书在研究方法上一是批判地借鉴西方经济学的理论和方法，并对同期中西财政思想进行比较分析；二是本着古为今用的原则，既重视分析传统财政思想对后世的延承关系，又注意提炼传统思想中的精华以为现实经济服务，使中国古代经济思想史研究更具现实意义。这部60余万字的著作荣获1990年第四届中国图书奖二等奖，并获1992年第二届全国财政系统大中专优秀教材荣誉奖（最高奖）。1991年，胡教授出版了《经济理论歧见的剖析》和《西方经济学说史》两部著作。《经济理论歧见的剖析》获上海市马克思主义学术著作出版基金委员会资助出版，该书对我国经济理论中许多长期、广泛争论的热点问题以及围绕这些问题所产生的各种思想观点作了深入、科学的理论分析，揭示所争论问题的歧见中哪些观点、概念、范畴有继续进行探讨的价值，而哪些则是缺乏理论依据、理解错误而徒增思想混乱的所谓歧见。对所争论的热点问题及其有关的概念、范畴进行科学的甄别，剔除一些无谓的或意义不大的讨论，使理论研究集中到重要的、有意义的分歧点上。该著作获1990—1991年度上海财经大学优秀科研成果奖。《西方经济学说史》是为本专业的博士生、硕士生编撰的教材，被认为在内容、体例及分析上均有别于本学科的其他教材而有创新意义，在学术界引起广泛注意。为了向世界介绍中国经济思想，胡教授用英文撰写出版了《Chinese Economic Thought Before the 17th Century》和《A Concise History of Chinese Economic Thought》两部著作，引起国外学术界的重视。美国学者詹姆斯·张在美国著名杂志《政治经济学史》1990年第4期上撰文评曰：《A Concise History of Chinese Economic Thought》向英语世界系统地介绍了大量中国经济概念、经济思想以及有关中国传统的生产、分配和财政等问题，其中有些概念和问题同欧美的极为相似，而有些概念和问题则是无与伦比的中国特产，使人领略中国古代丰富的经济思想。詹姆斯·张还将胡教授提出的儒家思想的重视伦理和道家思想对物质发展的消极主义是中国历史中不能萌发出自生的资本主义的思想障碍的观点与德国社会——历史学家马克斯·韦伯的结论相提并论，将其概括为“胡寄窗——韦伯假说”。1992年，胡教授承担了国家哲学社会科学“八五”规划重点课题《新中国经济思想史》的研究任务，致力于在这新的领域进行开创性的科学研究，旨在建立1949年以来新中国经济思想史的完整体系，填补这一学术空白。此外，胡教授也十分注重研究现实经济问题，近些年来在《经济研究》、《经济学动态》、《学术月刊》、《经济评论》、《财经研究》等学术刊物上发表了几十篇学术论文，从各方面对中国经济改革和经济发展进行深入研究，提出政策建议。

胡教授早在1927年就开始教学生涯。在长期的教学工作中，先后讲授过经济学原理、高等经济学、国际贸易、财政学、货币银行学、西洋经济学说史、政治经济学、计划经济学、中国经济思想史、外国经济学说史、当代西方经济学等课程。胡教授在教学上的突出成就首先表现在他第一次系统开设了中国经济思想史课程，并于1979年在上海财经学院开办了由全国各大专院校20多名骨干教师参加的"中国经济思想史教师进修班"，为这门课成为全国许多大专院校经济专业的必修课奠定了基础。胡教授是上海财经大学中国经济思想史专业及经济学说史专业两个博士点的导师，并担任中国经济思想史和外国经济思想史专业硕士生导师。在外国经济学说史方面，胡教授的造诣及学术成就在国内亦是一流。1986年他向国务院学位委员会建议设置中外结合的"经济学说史"博士点。胡教授积几十年治学和教育学之经验，纵观国内外经济学界的历史和现状，并根据世界范围内经济学互相融合的发展趋势以及我国一直存在的中国经济思想史和外国经济学说史两个专业分立的不合理状况，倡议中国经济思想史和外国经济学说史的教学应该互相结合，旨在培养中外兼通的经济学专业人才，并有利于将中国经济思想融汇到世界经济学说的发展中去。1987年，国务院学位委员会批准设立由胡教授为导师的中外结合的经济学说史专业博士点（试点），这在我国学科建设、博士点设置及学位研究生培养方面均属创举。

除了教学、科研以外，胡教授还担任了一定的社会工作。1980年，胡教授发起成立了中国经济思想史学会，连续当选为第一、二、三届会长，并一直荣任名誉会长。胡教授还是中华外国经济学说研究会名誉理事。他还积极参加民革中央的工作及民主党派的活动，在与海内外各界爱国人士的联谊活动中发挥了重要作用。

（赵晓雷）

蒋一苇
(1920—1993)

蒋一苇，福建省福州市人。广西大学数理系肄业。抗日战争时期至解放战争时期，在重庆先后主编《科学与生活》、《彷惶》杂志等刊物。1948年1月加入中国共产党，并担任重庆地下市委机关报《挺进报》编辑、《挺进报》特支宣传委员。《挺进报》遭破坏后，转移至香港，在生活书店、三联书店负责科学图书编辑工作。

1949年3月到北京工作，主编《科学技术通讯》、《机械工人》等刊物。1950年任科学技术出版社社长兼主编。1952—1959年在第一机械工业部任《机械工业》编辑室主任，政策研究室主任，并兼任全国科学技术普及协会常委兼宣传部副部长。1959年，在政治上受到不公正对待，并下放到郑州第二砂轮厂。1964年以后，在石家庄电机制造学校、河北省机电学院担任企业管理教学工作。

1978年得到平反昭雪，调中国社会科学院工业经济研究所工作，先后任副所长、所长、并兼任经济管理出版社社长、《中国经济年鉴》总编辑、国务院学位委员会经济学科评议组成员、中国工业经济协会副会长、中国企业管理协会常务理事、中国企业管理教育研究会理事长、中国社会科学院研究生院博士生导师、经济管理刊授联合大学副校长。1985年，卸任工业经济研究所所长后，任重庆市社会科学院院长。《改革》杂志主编、综合开发研究院常务副理事长、中国工业经济管理研修中心基金会会长兼研修中心管委会主任。

1988年，被选为全国七届人大代表、七届人大法律委员会委员。

蒋一苇同志对我国经济体制改革的基本理论、企业管理、企业改革、企业劳动制度和分配制度、企业领导制度、企业的联合和企业集团、发挥中心城市的作用、发扬社会主义经济民主、宏观管理和对外开放等方面的问题进行了广泛深入的研究，发表了许多有重大影响的论著。其代表作是《企业本位论》、《职工主体论》和《经济民主论》。

《企业本位论》写于1979年初，当时改革刚刚开始，人们为城市改革从那里开始，如何进行改革，展开了激烈的争论。经过深思熟虑的思考，蒋一苇同志认为，在现代社会，企业既是生产力的直接体现者，也是生产关系的直接体现者，改革应当以搞活企业为立足点、出发点和归宿点。他把这种看法称为“企业本位论”，并写成论文先后在《经济管理》、《人民日报》和《中国社会科学》杂志上发表。他在《企业本位论》中所主张的主要观点是：(1)企业是现代经济的基本单位，是生产力和生产关系的集中体现者，因此经济体制改革的理论前提必须要明确企业的性质和地位。(2)企业必须是能动的有机体，而不是行政机构的附属物。国民经济力量的强弱不仅取决于企业的数量，而且取决于每个企业的活力。(3)企业应当具有独立的经济权益。企业的独立性，归根到底表现在具有独立的经济利益，能自负盈亏。(4)为了使企业成为独立商品生产者，必须实行政企分开，政府不能直接指挥企业的日常活动。《企业本位论》发表后，在社会上引起了强烈的反响。

从1984年起，蒋一苇同志陆续发表了一系列主张“职工主体论”的文章。他认为《企业本位论》主要是给企业定性、定位、摆正国家和企业的关系；《职工主体论》则是要求摆正企业和职工的关系，牢固树立职工是企业主体的思想。蒋一苇同志指出，社会主义企业和资本主义企业既有共性，也有区别。“这个区别不在于生产力的组织与发展，也不在于按照商品经济的运行机制进行运作，而在于它内部的生产关系。最根本的区别是包括脑力劳动者和体力劳动者在内的全体职工在企业的地位与作用。”在资本主义企业里，职工是客体；在社会主义企业里，职工是主体。由此，奠定了他的“职工主体论”的思想。其具体内容包括：(1)劳动制度民主化；根据企业应当是“自由平等的生产者联合体”的原则，就业应该由职工和企业进行“双向选择”，并实行正式工、合同工和临时工并存的制度。由于三者的身份不同，权利和义务也应该有所区别，而且，根据职工的表现和企业的需要，三者的身份可以转变。(2)产权制度民主化。公有制的实现形式应该是多种多样的。由于传统的全民所有制存在不少弊病，应该对它们进行改造。改造的途径是在全民所有制企业中实行产权制度的民主化，具体办法是实行股份制，并主张企业职工应该成为本企业的股东。(3)经营制度民主化。社会主义企业的中的重大生产经营问题，应该通过职工民主决策，然后由厂长（经理）集中指挥，组织实施。(4)分配制度民主化。社会主义企业应该实行“两极按劳分配”，即首先社会要按照企业集体所提供的有效的劳动成果，对企业进行按劳分配；然后企业集体将所获得的分配总额，再在企业内部按照职工个人的劳动贡献进行再分配。(5)领导制度民主化。建立所有权组织，作为企业的最高权力机构；建立经营权组织，由职工集体承担生产经营的权责（职工可选举或聘任一位优秀的企业管理专家，作为领导人）；建立民主管理体系，把党、工、群三方面的关系在民主管理的组织体系中结合起来，充分发挥它们各自的作用；建立以厂长（经理）为首的高度集中的生产经营指挥系统，对企业的日常生产经营活动进行有效的指挥。

早在1981年，蒋一苇就发表了《经济管理体制改革的实质是实现社会主义的经济民主》的文章。之后，在他的不少文章里进一步阐述了这一观点。1988年底，为了纪念党的十一届三中全会召开十周年，他写成了《经济民主论》这篇长文，全面、系统阐述他的“社会主义经济民主”的思想。其主要观点是：(1)社会主义商品经济和资本主义商品经济既有共性，又有区别。它们在运行机制上应该是相同的，包括市场上的等价交换，价值规律与供求规律，竞争机制等等，都是实行商品经济必然存在的运动形式，在这些方面是没有区别的。它们之间的区别主要表现在运行载体上，即所有制基础不同。(2)公有化的实质是民主化。社会主义最根本的优越性也在于民主性，必须实行社会主义的经济民主，把亿万劳动者的积极性最大限度的调动起来，成为推动生产力发展的强大动力。(3)企业是“自由平等的生产者的联合体”，整个社会经济则是联合体结合而成的大联盟。(4)实行社会主义经济民主，首先要实行企业的经济民主。企业的经济民主应当在企业的性质和地位、企业的所有制、企业的劳动制度、企业的经营制度等方面得到体现。(5)在企业经济民主的基础上，还必须实行社会的经济民主。包括：建立行业协会，实行行业的民主管理；建立城市的经济民主组织，实现城市的经济民主，充分发挥城市在组织经济中的中心作用；把行业协会、地方的经济联合会联合成全国的经济联合会，充分发挥它们的民主管理作用。(6)在实现经济民主的同时，对政治体制进行改革，实行政企分开，改善党的领导，发挥工会等群众组织在国家管理中的作用。

蒋一苇同志还对我国经济体制改革和经济的发展提出了不少有重大价值的建议。他和其他同志一起提出在首都钢铁公司实行上缴利润递增包干的建议、在重庆市进行中心城市综合改革试点的建议，都先后被国务院采纳并付诸实施，收到了很好的成效。

（陈家贵）

中外学术交流

会议简介

90年代中国经济国际研讨会

2月4日在香港召开。会议由香港大学亚洲研究中心和日本亚洲经济研究所联合举办。中国、日本、香港、台湾等地学者出席了会议。会议就以下问题进行了学术交流：(1)宏观经济与长期计划；(2)对外开放与地区发展战略；(3)经济体制改革有关问题；(4)市场的发展问题；(4)农村改革问题；(5)香港经济的展望与华南经济区的发展；(6)香港与大陆、台湾与大陆的经济交流；(7)中国向市场经济转型中带来的问题及要采取的对策。

（金　泓）

中外《关贸总协定》研讨会

中国国际交流协会、北京国际银燕技术信息有限公司于3月3日在北京联合举办。

会议就关贸总协定对我国经济发展的影响和应采取的对策，以及外贸体制改革等问题进行了交流与研讨。

（一　理）

市场经济理论与实践国际学术研讨会

天津经济学学会、南开大学、天津财经学院、天津市价格学会联合主办，3月6日至10日在天津召开。日本经济学家全面系统地介绍了日本市场经济的运营情况。中日两国学者还就市场经济的一般规律及社会化管理问题展开了讨论。

与会者认为，独立的市场主体是市场经济正常运行的前提条件。市场经济运行的根本动力直接来自市场主体对自身利润最大化与效用最大化的追求。如果市场经济主体不是独立的商品生产经营者，就不具有参与市场活动的积极性。因此，把中国企业建成独立的商品生产经营者是当务之急，否则建立社会主义市场经济就是一句空话。日本的企业制度是建立在私有制基础上的，但是面向市场的企业管理办法是可借鉴的。股份化、企业集团化，对尽快形成中国市场经济主体是有益的。

与会者认为，理顺流通领域的各种关系是建立和完善市场体系的关键。要使市场机制起到应有的作用并收到较好的效果，必须不断完善市场体系。不能只强调要建立要素市场、信息市场、房地产市场，而是要把流通领域中的各种市场作为综合运行的整体来考虑。日本的流通领域搞得很活，值得我们借鉴。

与会者认为，市场经济的健康发展，有赖于社会化管理的调节。在市场经济的社会化管理方面，日本在探索中取得一些成效。日本经济是在私人企业制度的基础上，强化社会管理，使社会资源按照现代市场经济原则进行有效配置的经济。日本政府以强有力的法制管理和一系列诱导性计划与产业政策，以及众多的调解、协调措施等社会化管理办法，使日本的经济目标和社会目标得到了较好的实现，其市场经济的社会化管理是成功的。在中国，市场主体的形成、市场体系的完善都需要一个过程。市场经济的宏观调控和社会化管理问题必须引起重视，并着手进行。

（金　泓）

’93 地边贸易发展国际研讨会

4 月在乌鲁木齐召开。会议就新疆如何更好地实施国家和自治区的边贸政策，进一步拓展中亚市场，促进西北国际大通道的建设进行了讨论。

与会代表认为，新疆发展地边贸易有着得天独厚的地缘优势，近年来的发展成效显著，但发展还不够快。与会代表提出几项建议：(1) 应加强对独联体贸易和经济技术合作形势的研究。不可低估双边合作的潜力，对独联体的双边经贸合作的互补性要有新的认识，要逐步由以贸易为主转化为经济技术合作为主。(2)政府应为发展边贸制定相应的法律法规和优惠政策，加强宏观调控，规范边贸行为，并加强口岸和铁路运输管理，制止不正当竞争，防止假冒伪劣产品外流，为边境贸易创造良好的环境。(3) 新疆应借鉴深圳的经验，结合本区实际，利用优势，开展联合，把新疆的拳头产品、优质产品打入国际市场。(4)新疆应组织专门机构充分研究周边国家的经济发展趋势和政策取向，建立信息网络，协调解决地边贸中存在的问题。

（朱希玲）

政府干预在现代化进程中发挥特殊作用国际研讨会

复旦大学日本经济研究中心主办，4 月初在上海举行。

中日两国经济学家从不同角度肯定了日本政府在经济现代化过程中的显著成效，同时也指出了日本政府在干预经济中的消极面。

中国学者指出，在中国建立社会主义市场经济体制的过程中，结合本国的历史条件、文化背景，借鉴日本政府促进经济现代化的成功经验，具有重大意义。

复旦大学王沪宁教授认为，日本政府对社会的控制往往不是运用法律，而较多利用行政指导，其特征是：(1) 推进产业发展；(2) 基于合理的发展计划；(3) 采取必要的手段。在行政系统上：(1) 建立有力的综合推进部门；(2) 设立专责长期展望的机构；(3) 最小限度的直接行政活动；(4)平衡政府各部门之间的关系；(5) 政府主导开发研究。他指出，发展中国家中缺少的就是稳定、有序、巩固、高效的行政系统，而日本以外的台湾、韩国、新加坡等地，政府在经济发展中起了特殊作用。看来关键不在于政府要不要干预，而在于如何干预。

上海社科院亚太所所长俞新天认为，日本的产业政策是国家干预经济的焦点，国家干预经济的政治机制是：(1) 政策连贯，政局稳定，政府与企业齐建立了相当固定的复杂的关系网络；(2)政府官僚集团精明能干，富有效率，被公认为实现利益和制定政策的重要动力源泉；(3) 企业之间对于市场和价格的激烈竞争，使得大企业宁愿政府干预、以便限制“过度竞争”，最终形成大企业寡头垄断竞争的局面。

（一　理）

中国大型企业股份制改组和证券市场国际研讨会

国家体改委于 4 月中旬在北京召开。

会议认为，股份制在我国产生和发展的时间并不长，但已显示了积极的作用，给社会主义市场经济注入了新的活力。我国企业实行股份制，改变的不是公有制本身，而是公有制的实现形式；股份制经济的进一步发展，并不危及公有制和性质和在国民经济中的主导地位，而能促使公有制和市场经济的有效结合。

国家体改委生产体制司副司长贾和亭说，1993 年我国企业股份制试点的总要求，是在理顺产权关系的基础上，有计划地把一批国有企业改组为股份制企业。在操作上，将实行分类指导，区别对待。股份制试点的重点将放在组建有限责任公司上，同时将有组织有领导地推进法人持股的股份有限公司的组建工作；股份制企业内部职工持股严格按国家有关规定进行规范；在国家下达的规模内，各省、市、自治区和计划单列市及国务院有关部门都可以选择一两家大型或重点企业，经过有关部门的核准，进行向社会公开发行股票和异地上市交易的试点；此外，还将选择上海石化总厂等 9 家大型企业进行股份制改造，并到境外，发行股票和上市交易。

（一　理）

澜沧江—湄公河流域经济开发与环境保护国际学术讨论会

云南省社会科学院于 4 月 26—28 日在昆明市召开，来自省内外 60 余名专家学者和泰、老、缅三国 11 名有关人士出席会议。

与会者认为，以国际小区域合作形式对澜沧江—湄公河进行综合开发，对中国和东南亚地区乃至整个亚太地区的发展有极为重要的意义。当前中、老、缅、泰四国结合部是四国最理想的合作开发区，合作开发的条件更为成熟，从航运、环保及旅游业等方面入手，逐步实施“金四角超级计划”。

与会者指出，澜沧江—湄公河流域的自然环境，是沿江人民生存和发展的基础，这里的经济只能是流域型的生态经济，这一地区的经济开发与环境保护要同时并举。此外，应重视非政府组织和民间组织的作用，实现广泛的、多层次的合作，吸引区域之外的国家，以及国际组织的援助。

（王力京）

东亚经济社会思想与现代化学术研讨会

由日本国际交流基金会资助，中国社会科学院经济研究所于4月27日至29日在北京召开。中国、日本、韩国、台湾等地学者出席了会议。代表们研讨了东亚经济社会思想与现代化问题，交流了东亚地区经济思想研究的经验与成果。

一、东亚传统经济思想及其发展的研究。关于中国的传统经济观有以下看法：(1)儒家自由经济思想由于封建专制政体的存在很难形成经济政策，但儒家的伦理却形成了中国式的企业家精神。(2)中国传统经济观有主流与非主流之分，主流经济观强调政府干预，富国第一；非主流经济观反对强权专卖，主张富民，要求财富分流均平。(3)中国古代自由经济思想反映了中国古典民间的商业精神。

二、以传统经济、伦理思想推进东亚地区的现代化。与会者认为，东亚地区的传统经济、伦理思想是东亚地区现代化的推动力，它构筑了东亚的独具特色的经济发展模式，并在新的时代背景下仍有其一定作用。在作用程度上，则有不同看法，一种看法认为，东亚国家和地区的发展更多得益于国际环境和国内政治领袖的审时度势，因此缺乏足够的论据证明儒学完全有助于现代化。另一种看法是肯定儒学伦理对现代化的作用，同时指出这种文化和价值观仍有一些问题和缺点。

三、经济发展中的观念更新与发展模式。与会者对中国自1978年以来实行改革而产生的观念更新问题予以重视。有的学者认为，中国改革对1949年至70年代的传统观念进行了更新，具体有以下方面：(1)实破传统的产品经济观念，提出社会主义有计划商品经济理论。(2)突破计划经济观念，代之以“计划经济与市场经济相结合”的理论。(3)突破大锅饭观念，改革了分配制度。(4)破除“穷光荣”观念，提出贫穷不是社会主义。(5)突破被绝对化了的群体价值观念，增强了人的自我意识。

四、东亚经济思想史研究的方法与领域，有的学者认为需要从中国的特点出发学习和借鉴西方的研究方法，具体讲，不能用“商品、资本——利润”的模式，只能用“田制——地租、赋役”的中国模式，另有学者认为这种“田制——地租，赋役”模式只涉及生产和流通，不适于作为中国经济思想史整体的研究方法。还有学者提出中国经济思想史的研究领域应予以拓宽，包括解放后前30年的经济思想，当代经济思想、经济思想范畴史的理论分析，宏观和微观管理思想、企业家管理思想以及东亚各国经济思想的比较研究。

（金　泓）

90年代中国经济体制改革问题中美双边研讨会

上海社会科学院和美国旧金山“90学社”于5月在沪联合举办。会议探讨了中国经济体制改革的现状和出路等问题。

关于企业改革问题，与会者有不同看法。有的认为，今后的问题主要是平衡改革问题；有的认为，关键是实现市场化。

关于财政体制改革问题，与会者认为中国经济发展中离心现象的产生，根源于改革前的价格结构和财政体制。离心倾向并不会导致市场经济的发展。因此，必须采用一种新税制。

关于劳动力市场的改革，与会者认为中国劳动力市场的改革是我国市场体系发育过程中最为迟缓的部分。美国一学者认为，在下阶段的工资和就业改革中，中国政府应密切审查四个主要问题：(1)平等和效益问题；(2)工资与具体效益指标的挂钩问题；(3)政策上要鼓励集体企业、私有企业和其它生产活动扩大就业机会；(4)允许劳动力的更大的流动。

关于中国宏观经济体制改革的思路，会上转达了美国著名学者弗蒙的观点。他认为，中国的经济体制改革应做到以下几点：(1)增加私有化，取消私人资本进入工业的限制，开放银行；(2)对经营不善的国有企业应让其自行倒闭。(3)控制好财政支出；(4)开放外汇市场，取消兑换券，完全实行自由化；(5)取消对工资和价格的控制。

（朱之雁）

中国市场经济理论与实践国际研讨会

中国社会经济系统分析研究会于5月在北京召开。

与会者认为，目前我国金融体制改革严重滞后，已经愈来愈成为整个经济体制改革的羁绊。

许乃炯（中国前驻世界银行执行董事）说，我国中央银行有三个世界之最，其中之一就是人员之多、机构之庞大是世界上独一无二的。杨培新主张人民银行首先应当改组成为一个机构精简、人员素质较高、管理权威的真正的中央银行，其高层官员应是精通银行业的金融专家。

来自中国人民银行的一位官员认为，我国金融体系改革要建立和完善以中央银行为领导，国有商业银行为主体的分工合作体系，现存的专业银行将改组为国有商业银行。他建议将大专业银行（农业银行除外）的省级分行组成地方商业银行，总行则成为政策性银行；农业银行可改组为农业政策银行，减少商业性业务；全国现有的5万多家农村信用社可组合成区域性商业银行。

与会代表还认为，金融市场体系的建设也是金融改革的重要内容，并认为任务相当艰巨。

前匈牙利中央银行行长拉萨罗、澳大利亚联邦高级财政官员谭安杰指出，市场经济实质上就是货币经济。中国在向市场经济转变的过程中应尽量运用对货币的控制来实现对市场的控制，中国政府如何把货币管得更好，直接关系到中国经济体制改革的成败。

（一　理）

持续农业与农村发展国际研讨会

中国社会发展科学研究会、中国农科院、中国科协、联合国粮农组织等于5月下旬在北京联合举办。来自美国、英国、加拿大、以色列等24个国家、地区和国际组织的160多位专家、学者，共向大会提交80余篇论文。

与会者认为，持续农业与农村发展是当今世界具有重大实用和理论价值的领域之一，尽管它提出的时间不长，但已得到各国政府的高度重视。这种新的农业发展战略选择能使人类重新认识农业在整个社会、经济、环境发展中的地位和作用，有助于调整农业发展方向，促进农业协调发展。

关于中国持续农业问题，联合国粮农组织代表团团长海恩说："粮农组织与中国一些地区的合作表明，粮农组织将学习和吸收中国持续农业的经验，并把这些经验介绍给其他成员国。"中国专家强调指出，中国长期以来依靠传统农业技术，养育了众多人口；近几年来重视发展现代农业，总结推广各种有利于农业持续发展的技术、经验和农作制度，在全国选择不同生态类型地区的20个县，开发持续农业的科学实验，树立样板，推动着农村全面发展。中国农科院卢良恕教授指出，"现代集约持续农业"将是中国农业现代化建设中一个重要历史阶段和进程。

会议建议成立区域性持续农业和农村发展国际合作组织，成立国际持续农业和农村发展研究所，建立各国持续农业和农村发展重大研究与开发的网络，1994年将在中国江西省召开南方亚热带红黄土壤地区持续农业和农村综合开发会议。

（一　理）

中泰文化经济研讨会

上海市对外文化交流协会和泰国兰甘亨大学于6月2日在上海联合举办。会议探讨了泰国经济的发展前景、经验教训和中泰经济合作等问题。

泰国专家认为，泰国经济保持持续发展势头，是有其坚实基础的。这就是：(1)"农业—工业化"并举政策稳定，实行以农产品资源加工立国的方针；(2)80年代末，泰国利用东北亚劳动密集型产品向东南亚转移时机，采取积极措施，大力发展交通、电力、通讯等基础设施，建立17个工业区，引进外资；(3)工业制成品出口旺盛，1992年外贸总额为500亿美元；(4)旅游业后来居上。但也存在如下问题：(1)生产力分配不均，导致城乡差距拉大；(2)自然资源过度开采；(3)科技和教育严重滞后，技术力量十分缺乏；(4)重化工业基础薄弱；(5)通货膨胀有上涨超势。

与会者共同探讨了中泰经济合作问题，认为两国经济合作很重要，势头也好，潜力很大，在华投资的正大集团和大江公司已经显现出来，同时，泰国鼓励中国企业投资其北部，引进相对廉价的中国矿产资源、重化产品等和各类熟练技术人员。

（一　理）

中国有价证券资信评估国际研讨会

上海远东资信评估公司和亚洲开发银行于6月下旬在上海联合召开。来自世界9个国家和地区，我国18个省市的近80名代表、观察员，就有价证券资信评估，各国有价证券资信评估的实践，以及中国有价证券资信评估如何与世界接轨等问题进行探讨。

中国资信评估业的发展是这次研讨会的热点之一。与会者认为，中国资信业作为中国金融体制改革的产物，从80年代开始逐渐兴起，目前已发展到40多家，遍及20多个省市，成为世界上拥有资信评估机构最多的国家。与主要发达国家资信评估业相比，中国资信业还有不少有待解决的问题。主要有：

1. 机构设置问题。其一，目前中国资信评估机构的组建主要是以银行金融系统为主，官方色彩比较浓厚;其二,缺乏有全国影响甚至世界影响的权威性评估机构。

2. 债券利率浮动问题。中国公司债券的利率完全是由国家政策决定的,即公司债券和融资券的级别不论高低都规定为同样的利率,这不利于企业在市场经济的大潮中进行公平竞争,不利于活跃资本市场和保护投资人利益,而且这与资信评估的本意也相违背。

3. 投资者对评估的要求。目前中国的情况是投资者并没有坚持要两家评估机构同时评估的要求,因为通过评估机构之间的竞争而得出的高质量分析,才是健康的做法。

4. 评估业务范围。我国目前资信评估的业务主要只局限在公司债券和融资券的评估,目前还在酝酿开拓新的评估领域,但与西方国家的评估业务相比还比较狭窄。

(朱云雁)

中国商品市场发育问题国际研讨会

中国社会科学院财贸经济研究所和美国加州大学伯克利分校商学院《中国商品市场发育与完善》课题组6月22日至23日在北京召开。与会者就中国商品市场的发育完善以及向市场经济转轨的一些重大问题进行了探讨,提出了一些值得重视的看法:

1. 促进中国商品市场发育要有明确的指导思想,即坚持市场取向的改革,在总体上尽量采取渐进的改革战略;不能离开促进经济发展单纯推进改革,要保持适度经济增长,控制GNP增长率和通货膨胀率;要在稳定的前提下推进市场化改革;正确对待经济转轨中不可避免的混乱,区分由供求条件变化和价格信号变动引起生产者对其生产资源的调整而引起的有积极作用的混乱和有破坏性的混乱。

2. 要发展多种所有制,使其平等竞争,非国有经济是商品市场繁荣的重要因素,要进一步大力发展。要用法律保护私有财产不受侵犯。公有制可采取多种形式,在竞争中自然形成其主体地位。

3. 中国商品市场发育的目标模式可表述为:有分工合作的多层次商品市场,同时发育要素市场;国内外市场相结合,多种所有制平等竞争。

4. 价格改革和市场发育要配套进行。下一步价格改革的目标模式是实现四个转变,即定价主体,价格形成途径,价格调控手段,价格监督。价格改革的重点应转向取消双轨价。

5. 促进市场发育必然加快外贸、财政和金融改革,要根本改革信贷制度,发育资本市场,使国内市场与国际市场衔接。

6. 加强法律法规体系建设,建立统一的商业法规,形成严格执法、自觉守法的经济运行秩序,维护公平竞争。

7. 现阶段政府宏观调控改革应从以下方面入手:(1)划清与国家立法管理的关系;(2)明确中央和地方政府的分工;(3)划清国有垄断经营部门的行政管理和有偿服务;(4)市场发育程度与宏观调控力度、方式的关系;(5)宏观调控部门的自身管理;(6)解决财政政策与货币政策的配合问题;(7)运用调节国际收支的各种政策工具,实现国内经济稳定发展。

(金　泓)

中国企业股份制改组国际研讨会

国家体改委、《中国经济体制改革》杂志社等四单位于6月23日—26日在北京联合召开。103位国内外学者及大型股份制企业代表参加。会议取得的共识是:股份制是中国企业改革的必然选择,是实现企业自主经营,自我积累,自我约束,自我发展的最有效的方式。

国内外专家还就以下问题作了专题报告:1. 企业实行股份制对企业经营机制的影响;2. 企业实行股份制改造的风险与对策;3. 企业股份制的规范化问题和股票的发行上市。

外国专家就跨国公司与银行在亚太地区的融资问题、中国企业如何在海外上市与融资问题作了专门报告。

(金　泓)

东北亚区域经济合作构想国际学术研讨会

联合国亚太地区经济及社会理事会、联合国开发计划署和吉林大学于6月30日至7月3日在长春市联合举办。

联合国开发计划署驻华首席代表贺尔康、联合国工业发展组织驻华首席代表戴维斯、亚太经社理事会代表、以及来自韩国、日本、俄罗斯、蒙古、芬兰和中国的70多位专家学者出席会议。会议围绕两个专题展开讨论:(1)东北亚区域内贸易发展问题;(2)各国经济合作和东北亚经济圈的发展与合作问题。与会专家提出许多富有建设性的新观点。

(一　理)

东北亚经贸合作与吉林经济发展战略国际学术讨论会

吉林省社会科学学会于8月在长春市召开。中国、日本、韩国、俄罗斯、美国、英国、台湾等地专家、学者、实业界人士100余人参加。

与会者认为，近年来，东北亚地区的经济、贸易、技术合作出现了令人瞩目的发展，如图们江地区的国际开发将推动未来亚太经济圈的生成。一些妨碍联合开发东北亚经济的不利因素正在逐步减少。但是目前仍存在需要克服的障碍。由于社会制度不同，国家争端，历史纠葛等形成了这个地区错综复杂的政治局面。经济上由于各国发展层次不一，不易形成共识。

中国学者就如何促进东北亚经贸合作提出了以下看法：(1) 包括港、澳、台在内我国作为一个整体参与东北亚地区的合作，以发挥总体优势：(2) 本地区有条件建立共同体、自由贸易区，要逐步形成双边或多边的松散合作体制；(3) 在双边基础上稳定地发展多边关系。

与会者认为，加强东北亚地区经贸合作已成为历史必然，从东北亚地区实际出发，开创出一条具有本地区特色的经贸合作新途径是完全必要的。吉林省在东北亚经贸合作中处于重要的战略地位。

（金　泓）

城市进步、企业发展与中国现代化国际学术讨论会

上海社科院、美国加州大学伯克利分校、康奈尔大学于8月17—20日在上海联合举办。

1993年是上海作为通商品岸对外开放的150周年。与会者指出，上海开埠后，长江流域逐步形成了以上海——武汉——重庆三个经济中心城市为支点的东西贯通的经济带。这三座城市分别起着龙头、龙身和龙尾的作用，尤以上海最为重要，上海作为贸易中心带动了长江流域城市内外贸易的发展；作为航运中心推动了长江流域城市交通运输的近代化；作为金融中心促进了长江流域城市之间金融市场的拓展；作为工业中心促进了长江流域城市工业的近代化。

不仅如此，与会者指出，上海是近代中国的金融中心，广州、福州、厦门和宁波都是区域金融中心。五口城市的房地产业在发展程度上差异也很大。

中外学者还对近代企业家的经营活动进行了探讨，认为在企业经营中，企业家的个人素质起着特殊的作用，它左右着企业经营决策的正确与否，关系着企业的兴衰成败。

（朱云雁）

中外第三产业发展操作经验研讨会

8月26日至9月4日在北京召开。

与会者认为，加强宏观调控，是当前经济生活的关键问题，同时也是发展第三产业的一个良好机遇。中央在宏观调控上抓了第三产业的带头行业——金融业，不管是非常突出了第三产业的巨大作用。只有国家政策明确了该保护和该鼓励的，该限制和该取缔的，我国的第三产业才能在健康轨道上发展。

与会者认为，第三产业的发展和社会资金的流转联系在一起，对社会再生产的循环和资金的循环关系极大，今天包括金融业在内的整个第三产业必须走向社会化，否则就不能专业化和现代化，就不能有高效率。

与会者指出，对第三产业必须采取如下政策：(1) 三产部门取得贷款的条件要看其能否成为产业，能否作为独立法人出现在市场上，对那些不为社会服务的三产机构一律不予贷款；(2)在资金管理上要有严格区别，可以从厂长基金或留利中划出一部分用于三产，但不能用厂里资金；(3) 三产的发展要产业化和货币化。

（一　理）

农村改革国际研讨会

上海社会科学院和美国加州洛杉矶大学中国问题研究中心于8月30日至9月4日在上海联合举办。来自中国、美国、保加利亚、匈牙利、古巴、俄罗斯、波兰的农村问题专家共40余人出席。

七国专家关注和讨论了中国的苏南模式、温州模式、上海乡村的都市化，以及中国农村向市场经济发展中的一些问题。

会议还对东欧农业较为发达的国家，在政治制度发生变化和实行私有化以来遇到的麻烦，讨论了所有权变化对农业与规模生产的影响，以及当前匈牙利农村改革所碰到的危机。

与会者还讨论了公有制条件下能否发展市场经济，发展农村市场经济还能否保留公有制，以及公有制在混合经济中的比重等。

（一　理）

21世纪中国与亚太地区：共促繁荣'93国际研讨会

广东省政府社会经济发展研究中心主办，9月2、4日在广州召开。会议的主题是：(1)全球经济趋势对中国和亚太地区的影响；(2)新经济环境下中国和亚太地区的经济关系调整与集结；(3)中国市场经济的发展：建议与展望；(4)对中国和亚太社会经济发展各种有关因素（人口、生态、环境、资源、交通、能源、通讯、城市化、科技、教育）的评价与策略；(5)中国"复关"对策及其对亚太和世界经济的益处；(6)中国投资环境分析及国际经济（金融与企业）合作。

（一　理）

跨国公司与中国国际研讨会

9月9—11日在北京举行。

会议分析和评价了中国利用外资的政策和投资环境，研究跨国公司对外投资战略及其对华投资趋势。

（一　理）

2000年的中国与韩国国际讨论会

中国社会科学院韩国研究中心于10月7日至9日在北京举行。韩国代表15人出席了会议。会议主要就中韩政治、外交与安全，经济贸易，社会文化等三个方面进行了学术交流和讨论，并对当前东北亚地区经济合作等突出问题展开了广泛深入的理论探讨。

与会者认为，此次国际研讨会对于充分了解中韩政治、外交、文化关系的渊源与前景，中韩经济合作对亚太地区的和平与稳定，对东北亚的振兴与繁荣将产生积极而深远的影响。（金　泓）

首钢承包制国际研讨会

10月14日在北京召开。来自8个国家和地区的代表与我国理论界、经济界、新闻界共70余人参加。

首钢总公司总经理罗冰生在研讨会上宣读了题为《首钢承包制：效果·作法·体会》的论文。与会者对首钢承包制进行了充分讨论。比较一致的看法是：首钢承包制成功地解决了世界各国搞活搞好国有企业普遍遇到的一个难题，即政企难分、效率低下、员工积极性不高、竞争力差，为搞好国有企业树立了一个典范。

（金　泓）

1993年中美金融证券高级研讨会

国家体改委办公厅、中国证券业培训中心和美国中国开发公司联合于10月18日至22日在北京召开。中美专家和企业家230余人参加。

会议介绍了国际金融、证券市场的状况与动态，以及海外证券市场的运作经验。介绍了非美国公司进入美国金融证券市场的途径与做法，为我国企业提供海外合作与融资的机会。与会者还探索了如何健康地发展我国金融、证券市场的路子与做法。

（金　泓）

中国农村工业化国际研讨会

中国社会科学院农村发展所、国际劳工组织和瑞典经济学院合作于10月19—22日在北京举行。会议发布了三方自1990年以来合作研究"中国农村工业化研究"问题的最终成果，并进行了评价。与会者就改革开放以来中国农村工业化的发展、乡镇企业和农村金融等问题进行了研究。

（金　泓）

第五次中日经济讨论会

人民日报和日本经济新闻共同主办，10月下旬在大连市举行。国务院副总理李岚清出席开幕式并致贺词，日本首相细川护熙发来贺电。

李岚清认为，中日经贸关系是中日关系的重要组成部分，日本已成为我国第一大贸易伙伴，中日两国在经济上具有很强的互补性，中日经济合作不仅互利互惠，而且有利于世界和平与发展。

细川护熙在贺电中表示日本重视日中关系，并对中国进一步改革开放和日中两国包括经济在内的各个领域的交流日益活跃感到欣喜。

中方代表国务院发展研究中心主任孙尚清就市场经济下的宏观调控与改善投资环境问题，中国人民银行副行长朱小华就发展社会主义市场经济、深化中国金融体制改革问题，对外贸易经济合作部部长助理刘山在就中国吸收外商投资的形势及发展问题发了言。

日方代表任友商会会长伊藤　正就对华投资与合资企业问题、海外经济协会基金总裁西垣　昭就对华日元贷款现状及相关课题问题发了言。

（一　理）

中国家庭经济与生育国际学术研讨会

中国社会科学院人口所于10月25—30日在北京召开。该会是根据我国政府和联合国人口基金达成的CPR/90/P06项目协议召开的。美国、瑞典、波兰、联合国机构代表和我国人口学家、社会学专家等40多人参加。

与会者认为,由于世界人口的加速增长,越来越多的人认识到控制人口增长的重要性。中国政府高度重视控制生育,并创造了种种有利条件,取得了一定的成效和有益的经验。与会者认为,今后,在市场经济条件下,要使中国的人口达到零增长还有很长的路程,必须努力,丝毫不能放松控制生育工作。与会者还提出,在控制人口的同时,必须重视提高人口素质,做到优生、优育、优教。

与会者还围绕家庭经济与生育的关系展开了讨论:(1)家庭经济与生育研究的理论与实践;(2)孩子的成本——效益分析;(3)生育意愿与生育水平;(4)生育利益调节和人口控制机制的转变。

(金　泓)

当代中国妇女地位国际学术研讨会

中国社会科学院人口所根据中国政府和联合国人口基金达成的CPR/90/P06项目协议,10月30日至11月4日在北京召开。美国、奥地利、波兰、芬兰、俄罗斯、乌克兰及国内学者40余人出席了研讨会。

中澳第三产业的发展与合作前景国际学术讨论会

11月5日在上海举行。

与会者就澳大利亚第三产业的现状与对外合作的经验,以及与中国合作的前景进行了探讨;还共同讨论了中国发展第三产业的政策措施、对外合作的可能性,以及上海第三产业的现状和前景。

(一　理)

美中经济关系国际研讨会

中国社会科学院美国研究所和全国美国经济学会11月9日至12日在深圳召开。美国、台湾、香港及大陆学者和企业界人士共80余人参加。会议主要就当前如何进一步发展中美经济关系这一主题展开讨论,同时探讨了我国大陆、港澳台地区的经济合作对中美经济关系的影响。

信息化与经济发展国际研讨会

中国社会科学院和非政府间国际组织"21世纪的通讯、信息与相互依存经济学"(简称TID2000)共同主办;11月10—12日在北京召开。美国、法国、德国、日本、澳大利亚、泰国、韩国和中国大陆、香港地区的专家学者及企业界人士40余人参加。国务院副总理李岚清指出"伴随着经济的迅速发展,中国电讯和信息事业的发展不仅需要本身的努力,而且需要加强与国际间的交往。"

会议中心议题包括五方面:(1)政府在信息化中的作用;(2)国际信息技术的发展;(3)经济发展与信息化的相互作用;(4)电话通讯基础结构与服务;(5)信息化的社会含义。与会者从不同角度论述了信息化与经济发展的关系。有的指出,经济是社会发展的基础,信息是社会需要的资源,它们之间相互作用,共同促进人类社会向前发展。有的指出,当今中国已明确地把信息放在优先地位,信息业已被列入发展战略的重点并予以大力扶植。

与会者还就信息化存在的问题及应采取的对策等发表了看法。

(金　泓)

东亚的合作与发展国际研讨会

中国社会科学院文献信息中心、社科院学术文化交流服务中心、中国未来研究会与日本将来世代基金会联合举办,11月14日至17日在北京举行。日本、韩国、美国及国内学者40余人出席了会议。与会者共同探讨了未来东亚地区的文化、经济、科技、环境的合作与发展及其有关问题。会议的中心议题为:1. 发扬光大东亚的历史哲学传统,2. 开展东亚的科技、环境合作,3. 在东亚建立切实可行的新经济秩序。

21世纪沪港澳合作关系国际研讨会

上海社会科学院经济研究所和德国艾伯特基金会上海办公室于11月22日在上海举办。

与会者就三地间的互有优势、差异和需要,以及互补关系展开了讨论。

（一　理）

中国和韩国经济发展模式比较研讨会

中国国务院发展研究中心和韩国开发研究院于11月24—25日在北京联合举办。

国务院发展研究中心主任孙尚清致开幕词说，在中韩建交一周年之际，两国经济专家和学者举行高层次的学术交流，必将为两国友好关系的巩固和发展，为两国经济和技术领域更广泛的合作做出贡献。

前来参加会议的韩国前副总理兼经济企划院长官金满堤、韩国开发研究院院长黄仁政在致词中强调，这次研讨会对增进韩中两国经济界学术机构的了解和交流，为两国经济的发展将起积极的推动作用。

（一　理）

中国股份制、证券市场及其法律问题国际研讨会

体改委政策法规司、国有资产管理局企业国有资产管理司、中国证券业协会、北京万国企业服务公司联合于11月27日在北京召开。

中心议题是：国家股与国家股的转让；法人股转让的法律问题；定向募集公司法人股个人化；内部职工股转让；股票发行上市程序及操作；中国企业在美国、香港等国家和地区上市程序、操作及法律问题。

（金　泓）

世界华侨华人经济国际研讨会

中国华侨历史学会和汕头大学东南亚研究中心等于11月底至12月初在汕头市举行，来自五大洲20多个国家和地区的160多名专家学者参加。会议主要研讨了华人经济的现状与发展趋势。

会上对“华人经济圈”的提法有不同意见。有的认为这个提法不现实。有的认为从经济角度提出有实际意义，因为区域化、集团化是世界经济发展的一种趋势。有的主张应给“中华经济圈”加以界定，即以中国大陆为主，以港台为辅。

会上有的提出，讨论亚太地区的“经济圈”问题，不应套用欧美的概念和模式，而且区域化、集团化的发展趋势，必然使其采取不同于欧美模式而带东方特色的经济合作方式。这便是不仅靠政府间的条约和协议，而是以共同的经济利益为基础，以顺应市场为导向，以文化为纽带，互补互惠、默契谅解，多层次多形式地以次区域为起点，先从民间半民间开始，自然地形成一个既有中心又不封闭，圈圈相扣的经济区、协作体。

（一　理）

金融期货国际研讨会

北京商品交易所、中国期货市场咨询中心于12月在北京举办。

美国、香港等期货专家及我国代表共同探讨了在中国开展金融期货的条件与目前存在的问题。

（一　理）

东北亚经济合作国际研讨会

受日本世川平和财团委托，由中国国际信托投资公司国际研究所组织，于12月在北京举行。与会者倡议建立东北亚经济研究协调会，以开展和加强东北亚地区的经济合作。

（一　理）

90年代中国农村改革与发展国际学术研讨会

农业部主办，12月3—6日在北京召开。会议主题是农村合作经济组织和市场组织的发育问题。

与会者指出：(1)发展多种形式的市场中介组织，其出发点是将亿万分散的农户与统一的市场相连接；(2)对供销社的改革以及“大公司＋小农户”的经营形式应予以充分肯定。

关于合作经济问题，与会者认为无论是中国还是西方、学者和官方，就农业经营体制的讨论大多存在只着眼于激励作用，热点限定在土地作用期限和国家干预上，而忽略了小规模经营的缺陷，然而以家庭经营为基础的协作组织，既可避免集体化存在的问题，又可为实现公平，以及为解决农户能力有限的问题带来希望。

与会者还指出，合作经济组织的发展，必须遵循：(1)不能在财产关系上剥夺农民；(2)不能损害农民积累自有财产的机制。

（莫　土）

欧洲统一大市场与中国研讨会

中联部研究中心和德国北威州研究所于12月上

旬在北京举办。中央和国务院所属的一些单位负责人和欧共体及德国北威州的有关官员参加。

中联部部长李淑铮说，研讨会本着相互尊重，求同存异，加深理解，面对现实，放眼未来的精神，从宏观和决策上来探讨如何推动欧洲统一大市场与中国的合作问题。中国一贯重视发展与欧共体成员国之间长期稳定的友好合作关系，并为此做出了不懈努力。

会上国家经贸委常务副主任杨昌基作了《中国的改革开放与经济发展》发言，欧共体副主席班格曼办公室负责人比舍尔作了《欧共体与中国》发言。与会者围绕欧洲统一大市场对中国的机遇和挑战展开了讨论。

（一　理）

中韩金融研讨会

经济日报社和韩国经济新闻社共同主办，中国人民建设银行协办，12月上旬在北京举行。以韩国新证券株式会社代表理事张奎镇为团长的韩国金融考察团与中国经济界、金融界的近百名专家学者参加会议。

经济日报社总编辑杨尚德说，中韩两国金融界专家学者共同探讨经济与金融问题，这对促进我国金融体制改革和两国金融业的交流会起到积极作用，将把中韩经贸合作关系推向一个新阶段。

中国人民银行外事局局长杨文有说，中国金融体制改革的目标是建立一个在国务院领导下的独立执行货币政策的中央银行调控体系，建立一个政策性金融与商业金融分离、国有商业银行为主体、多种金融机构并存的金融组织体系，建立一个统一开放、有序竞争、严格管理的金融市场体系。国家外汇管理局政策法规司司长杨贡林说，建立统一规范有效率的外汇市场是今后中国外汇体制改革的重要内容，我们的设想是：(1)建立全国外汇市场联合报价和成交系统；(2)把外汇额度交易改为现汇交易；(3)推行公开外汇市场制度。外经贸部外国投资管理司司长焦素芬说，韩国对华投资主要特点是：对华投资逐年成倍增长，投资领域主要涉及轻纺、机电、建材、医药、化工、水产、餐饮、旅游、食品加工和房地产业、农业开发项目，但项目规模较小，资金到位率还不够高。中韩两国经济具有一定互补性，我们欢迎韩国企业家投资于技术先进型和出口创汇型的项目，同时鼓励韩国大企业、财团投资能源、交通、化工、汽车、电子等行业，在已有的基础上提高双方经济技术合作的档次和规模。

韩国财务部国际金融局局长赵健镐说，韩中经济交流从1988年开始以来已达到相当规模，中国继美、日成为韩国的第3位贸易伙伴国家，韩国也上升为中国的第7位贸易伙伴国家。韩中合作也有许多课题有待共同探讨解决：(1)由于两国间的经济体制相异，在经济交流中产生的商业习惯上的差异和表述意思上的误解等；(2)在世界市场上的相互竞争随着经济发展愈激烈；(3)早日签订防止双重课税协定、航空协定、渔业协定等；(4)应解决中国货币的二元化和提高各种金融法规的合理化程度；(5)对乌拉圭回合和亚洲太平洋地区经济合作等应能动地采取对策。韩国银行理事李景载读了韩国金融改革的基本方向：(1)实行金融真名制度；(2)放开利率；(3)缩减多种政策金融；(4)推行银行经营自律化；(5)开放金融市场。

（一　理）

中国西南开放与东南亚、南亚关系（亚洲西南大陆桥发展协作系统研究）学术讨论会

大西南战略研究协作中心、香港亚太“二十一”学会和云南省玉溪地区、云南社科院于12月6—9日在昆明市联合召开。参加会议的有来自印度、泰国、美国、法国、尼泊尔、香港、台湾和国内的专家学者共112人。

与会者认为，亚洲西南大陆桥发展协作系统是中国大西南同中南半岛、南亚次大陆与土耳其亚洲部分，沿着传统西南线路和现代亚洲公路开展的一个区域性的跨越边界、跨越产业、跨越世纪的交流协作区系统，这一构架对中国大西南和周边国家(地区)的现代化进程，对大西南走向东南亚、南亚将产生推动作用。

关于中国西南出海的通道，与会者有如下思路：(1)将昆明至大理的铁路西延，连通云南的保山、腾冲，接缅甸的密支那，南下抵仰光，进入东南亚，北上与印度利多接通，并入南亚铁路网，形成直通东南亚、南亚的大动脉，可使中国西南和华南进入孟加拉湾各国的距离缩短4000—5000公里；(2)澜沧江—湄公河水路，是连贯中国和东南亚各国待开发的水运大动脉；(3)广西北海港口。

关于协作问题，与会者提出发展以经济技术合作为核心，发挥当地的资源优势、产业优势及技术优势；协作的形式，一是区域合作型，二是跨越地域型；协作的途径：(1)技术输出；(2)资本输出；(3)劳务输出。

（王力京）

东亚经济合作新构想国际学术讨论会

上海国际问题研究所12月9日在上海举办。

与会者就东亚经济合作的现状和展望、中国改革开放的新局面和东亚经济合作、建立和发展东亚地区

经济合作制的构想等进行研讨。

（一　理）

风险投资国际研讨会

上海科技投资股份有限公司和美国太平洋技术创业投资公司共同投资组建的上海太平洋技术创业有限公司于12月18日在上海举办。

会上，国内外专家探讨了中国科技投资项目的风险分析、风险投资在中国的发展前景、风险投资在美国高技术产业中的作用等问题。

（一　理）

亚太地区经济合作新局面和中日关系国际学术讨论会

上海市日本学会、上海国际问题研究所和日中协会于12月21日在上海联合举办。

与会者探讨了亚太经济问题，东亚地区次区域经济合作问题，以及中日两国经贸关系问题。

（一　理）

国民经济发展与展望国际研讨会

中国国民经济管理学会、复旦大学经济管理研究所于12月27—30日在上海举行。120余名专家学者参加。

与会者讨论了国民经济管理学科的发展前沿、如何创立具有中国特色的管理学派、中国经济发展趋向、现阶段国民经济宏观调控效果、社会主义市场经济的法制化管理、现代企业经营制度、资源合理配置等问题。与会者还就如何解决国民经济管理运作中的现实问题提出28条独有见地的可操作性的建议。

会议期间中日专家学者还就“如何促进中小企业发展”这一课题进行磋商，制定了长期合作的研究规划。

（一　理）

中国社会科学院对外学术交流大事记

2月

▲根据中国社会科学院和波兰科学院科学合作协议，波兰科学院哲学与社会学研究所彼得·普洛夏依斯基（P. PLOSZAJSKI）教授2月16日至25日来华访问，主要了解以下情况：(1)目前中国社会科学工作者对社会经济各方面变化所作研究的情况；(2)为改革经济、鼓励个体和合资企业所制定并实施的各种政策和条例；(3)就社会转变、转变理论与方法、管理方法等问题与有关学者交换了看法。

▲应中国社会科学院财贸物资经济所邀请，美国加利福尼亚大学伯克利分校霍尔顿（Richard H·HoLton）教授2月17日到28日来华，就中美合作研究项目“中国商品市场的发育和完善”的专题报告、总报告及有关国际会议的安排，与财贸物资经济所讨论并交换意见。

▲中国社会科学院工业经济研究所的研究室主任郑海航2月1日赴日本访问，主要考察以下内容：(1)日本股份有限公司、有限责任公司的历史发展、组织规范、领导体制及其作用。(2)股票发行和交易，股市的管理历史、现状、发展趋势及其有关经验。(3)企业法人相互持股及企业集团的作用和变化趋势。这次考察是完成国家社科基金重点课题“中国社会主义企业制度研究”的企业组织制度的研究。

▲中国社会科学院农村发展所副研究员孙潭镇2月3日至7日赴香港，参加由香港大学亚洲研究中心和日本亚洲经济研究所联合举办的“90年代的中国经济”国际研讨会，并在会上作《关于90年代中国农村发展与改革》的学术报告。

▲中国社会科学院经济研究所樊纲、张曙光、王利民等2月赴美国加利福尼亚大学戴维斯分校进行“中国企业行为、宏观运行和经济增长”的合作研究。研究的内容主要有：(1)国有企业行为和非国有企业行为比较；(2)地方政府行为和地区经济发展；(3)公共财政和经济改革。4. 信贷供求与宏观稳定。

3月

▲应中国社会科学院邀请，日本大阪大学经济史学家滨岛敦俊教授3月17日来院访问，主要就明清社会经济史诸问题进行学术交流，并收集有关明清社会

经济法制史的资料。

▲应中国社会科学院农村发展所邀请，美国斯坦福大学于长龄小姐3月20日来华参加中国社科院农村发展所的中美合作研究课题“资源流动与贫困”的调查。在华期间曾赴陕西省参加县级单位的座谈及农户调查工作。

▲应中国社会科学院数量经济与技术经济研究所邀请，英国牛津经济预测中心专家玛格利特·怀特(Marqaret Wriqht)女士3月22日至4月2日来华，就合作研究项目“中国宏观经济动态季度模型”与中方进行学术交流，为计算机软件方面的技术问题提供帮助，使动态季度模型进入实用阶段。

▲应中国社会科学院农村发展所邀请，德国马堡大学汉学系高级研究员汉娜·雷克特(Hana Riohter)博士3月25日来华进行学术访问，主要了解中国农村合作经济发展问题和促进中国工业合作社国际委员会的发展情况。

▲中国社会科学院财贸所研究人员殷作恒3月1日赴日本进行半年的学术研究，系统地了解和掌握日本流通产业结构的现状，及其与生产产业结构的相互联系，考察了日本流通产业的政策。为该院重点课题“中国产业结构变动与生产资料流通模式”收集资料和研究。

▲应瑞典哥德堡大学邀请，中国社会科学院经济研究所研究人员李实3月1日赴瑞典进行为期4个月的研究，题目是“中瑞收入分配比较”。在瑞典期间对有关收入分配研究领域中的最新研究方法和瑞典收入分配的实践和政策进行了考察。

▲根据合作研究项目“中美日模型联接及黄海项目”的计划，中国社会科学院数量经济与技术经济所所长李京文等一行4人3月3日赴美访问10天。通过访问总结了合作研究取得的成果，并了解美国方面所做的工作，安排下一步计划。通过访问了解了美国经济学界对党的十四大后中国改革开放的建议和评论，也向美国经济学界介绍了当前中国经济发展的情况。

▲中国社会科学院经济研究所女副研究员朱玲3月7日赴日本参加“土地政策国际研讨会”。大会交流了日本、韩国和中国的土地政策及其变化所产生的影响。

▲中国社会科学院财贸所副研究员李扬3月10日赴台湾访问8天。主要向台湾教育界和工业界介绍国内经济体制改革和工业经济发展情况。同时了解台湾的经济发展以及教育界和产业界合作情况。在台期间作了以下专题演讲：“中国工业经济发展”、“中国经济体制改革”。

▲中国社会科学院工业经济研究所研究室副主任金碚3月5日赴美进行访问研究，题目是“中国工业化与环太平洋各国经济的关系”。在美期间主要研究了以下问题：(1)环太平洋各国经济发展现状及各国经济政策意向及其对中国国际筹资的影响。(2)中国工业品在环太平洋各国市场的前景。(3)中国与环太平洋各国进行有效技术经济合作的领域和预期效果。(4)环太平洋各国对中国劳动力的市场容量及政治经济上的可接受性。(5)工业化过程中的中国经济与形成中的环太平洋经济圈的兼容性。

4月

▲根据中国社会科学院经济研究所与日本东京大学经济学部学术交流协议，应日方邀请，以刘国光为顾问、何建章为团长的经济所学术代表团一行5人4月5日至17日赴日进行学术交流。

在日期间，代表团与东京大学经济学部共同召开了学术研讨会，双方就本国经济发展和经济改革问题进行了热烈讨论。中国学者就我国当前经济改革和经济发展问题作了学术报告。日本学术界和产业界对我国改革和经济发展取得的成就给予高度评价，对经济改革和发展中出现的问题表示关切。

▲根据中国社会科学院与英国学术院和经济社会理事会的学术交流协议，英国埃奇合尔大学亚非研究所詹尼弗·克莱格(Jennifer Rebecca CLegg)女士4月2日至16日来华访问，主要了解我国农村合作社，特别是行业合作社在实现农村工业化过程中的作用；乡镇企业合作社同集体组织和私营企业的区别。在京期间访问了中国国际工业合作社促进委员会、中国工业合作协会、中国合作经济学会等单位。

▲应中国社会科学院邀请，罗马尼亚国民经济研究所所长康斯坦丁·约内泰(Constantin LONETE)博士4月12日至27日来华访问，通过与政府主管部门、经济研究机构和企业界座谈，深入了解我国经济改革战略及其措施，交流了向市场经济过渡方面的经验和教训。

▲根据中国社会科学院与印度社科理事会交流协议，印度海德拉巴奥斯马尼亚大学公共企业研究所帕基·雷迪(G. Pakki Reddy)博士4月25日来华访问，主要就以下问题与有关研究机构和学者进行了座谈：(1)乡镇企业出现的过程；(2)选择企业时需考虑的有关就业机会的产生和资源的利用问题；(3)企业与人力资源、自然资源的联系；(4)资源使用形式；(5)剩余产品的分配形式；(6)组织结构和管理方式。在华期间还考察了一些乡镇企业。

▲应太平洋论坛邀请，以中国社会科学院工业经

济研究所副所长吴家骏为团长的“美国企业管理与市场考察团”一行16人，4月8日至24日赴美考察，先后访问了夏威夷、纽约、华盛顿、洛杉矶和旧金山。与美国企业家、州议员和政府官员进行了广泛的交谈，对美国企业的经营、美国的市场进行了考察。美国企业界人士对同中国发展合作表现了较高的积极性，并普遍关心中国投资环境的进一步改善。双方都希望增加企业家的直接接触，以有助于开拓更多的合作领域。

▲中国社会科学院“资本市场考察团”一行四人，4月17日赴日考察20天。主要对以下问题进行了交流：(1)日本资本市场发展的历史、现状和趋势；(2)政府对资本市场管理的目标、内容和手段；(3)日本的直接融资与间接融资的关系与现状；(4)日本的资本市场在社会资本筹集中的地位与作用。

▲以中国社会科学院经济研究所所长何建章为团长的中国社会科学院经济研究所访日代表团一行5人，4月5日至16日赴日本访问。这次访问考察了战后日本市场经济体制的形成和变化。了解了日本经济学界对我国改革的建议和意见，并向日本经济学界介绍了当前我国深化改革和扩大开放的情况。在日期间还举行了以下学术报告会：(1)关于建设有中国特色社会主义经济的理论；(2)中国改革的目标——建立社会主义市场经济体制；(3)中国经济学界关于计划经济与市场经济的讨论；(4)19世纪下半期中日两国政府经济政策比较。

5月

▲应中国社会科学院邀请，美国刘易斯和克拉克学院马丁·哈特·兰兹伯格(Martin Hart Landsderg)教授5月5日来华访问，主要了解中国当前经济改革状况，与中国学者就东北亚，特别是朝鲜、韩国经济、政治发展问题进行了探讨。

▲应中国社会科学院数量经济与技术经济研究所邀请，美国纽约城市大学粟庆雄(Vincent Su)教授等一行四人5月5日至10日来华参加该所经济形势与预测课题组的计划评审会。

▲根据中国社会科学院与芬兰科学院学术交流协议，赫尔辛基大学人口学教授威约·朱哈尼·诺特克拉(Veijo Juhani NotkoLa)博士5月6日来华访问，主要了解中国的人口研究机构，研究状况与发展趋势，探索开展合作研究的可能性及方式和途径。

▲根据中国社会科学院数量经济与技术经济研究所和美国匹兹堡大学关于开展“改革和中国工业技术创新”合作研究协议，匹兹堡大学经济学教授罗斯基(Thomas C. Rawski)等3人应邀于5月13日至6月3日来华，就课题有关问题与中方学者进行交流。在华期间还访问了钢铁和纺织业企业。

▲根据中国社会科学院、国家统计局、香港中文大学合作研究项目“中国地区经济发展”计划，5月18日至21日在香港中文大学召开了“中国地区经济发展研讨会”。以数量经济与技术经济所所长李京文为团长的代表团一行12人参加了会议。中国社会科学院副院长刘国光应邀作主题演讲。

▲以中国社会科学院经济研究所研究员朱家桢为团长的赴日学术访问团一行4人，5月18日赴日本访问24天。主要了解日本经济思想史研究成果；中日传统经济思想与现代化的比较。在日期间还参加了日本经济思想史年会，与日本专家学者进行了广泛的学术交流。

▲以中国社会科学院经济所研究员薛永应为团长的“中国生产力经济学研究会代表团”一行20人，5月20日赴瑞典参加在斯德哥尔摩召开的第八届世界生产率大会。会议主题是“市场经济与增长战略”。在瑞典期间还访问了世界生产率科学协会总部，并与有关学者交流了以下问题：(1)市场与计划作为资源配置方式的作用与效果；(2)市场、计划与不同社会经济制度的关系；(3)资本、人力资源、知识三方面的生产率问题；(4)提高第三产业生产率的途径。

6月

▲应中国社会科学院邀请，美国路易斯安娜州立大学格里格·威克(Gregory Veeck)助理教授6月20日至8月10日来华进行学术研究，继续与农村发展所合作的“中国贫困山区生态恶化与经济发展”项目进行研究。该项目于1991年开始立项。

▲根据中国社会科学院人口所与美国东西方中心人口所的协议，对女性人口进行合作研究。社科院人口所副所长沙吉才等3人6月20日赴美夏威夷进行考察与研究，并写出三篇论文：《妇女地位对生育率的影响途径及关联分析》、《妇女家庭权力模式的地区差异及成因分析》、《妇女地位评价指标体系和研究》。

▲中国社会科学院经济研究所研究人员熊必俊6月27日赴匈牙利布达佩斯参加第15届国际老年学会大会。主要讨论老年学领域的社会、经济、社会保障及老龄政策等问题。熊必俊向大会提交《开发利用老年人力资源，迎接人口老龄化挑战，促进老龄化与经济协调发展》的论文，并主持一次专题研讨会。

▲根据福特基金会、美国公共管理研究所和中国社会科学院财贸所合作研究课题“中国城镇住房改革与发展”的协议计划，财贸所所长张卓元等四人6月

15日赴美访问3个月。考察了以下内容：(1)住房商品化的国际经验和实施效果；(2)住房开发、建设的理论和实际问题以及研究方法；(3)住房融资的国际经验及中国可选取的对策。

7月

▲应中国社会科学院经济研究所邀请，美国加利福尼亚大学河边分校李皮特教授（Victer. D. Lippit）7月11日至8月14日来华进行学术访问，对中国国营企业放权后企业经济效益，同行业中国营企业和私营企业竞争发展的步骤和影响因素进行了调查研究。

▲应中国社会科学院邀请，美国斯坦福大学经济系教授、著名华人经济学家刘遵义7月11日至14日来华，受世界银行委托了解中国经济发展情况。另外又与中国社科院数量经济与技术经济研究所讨论合作研究项目，指导中国宏观经济模型方法的改进与完善问题。

▲应中国社会科学院邀请，日本亚洲经济研究所中国经济考察团丸山伸朗等一行3人，7月25日至8月14日来华进行学术访问，主要了解以下问题：(1)中央政府的地区经济开发政策；(2)中央政府产业政策对于地区开发的影响；(3)中央政府有关内陆经济发展的政策以及西部地区经济发展的现状及前瞻；(4)西部地区国营企业和乡镇企业发展情况；(5)地方政府有关内陆经济发展的政策。

▲根据中国社会科学院与英国学术院的学术交流协议，英国剑桥大学沃尔森学院马尔科姆·沃纳（MaLcoLm Warner）教授7月30日至8月23日访华，主要了解市场经济对中国大型国营企业的影响。在华期间访问了国营企业不同层次的管理人员、市劳动人事局、工会等，了解企业劳动力的管理、奖励制度、晋升和辞退方面的改革所带来的变化。

▲中国社会科学院人口所所长田雪原等3人7月1日赴美国南加州大学进行“中国家经济与生育”合作研究。此次访问主要对以下问题进行了考察研究：(1)家庭经济与生育率的相关分析；(2)孩子成本——效益及对生育率的影响；(3)加大利益调节份量和改革人口对控制机制的思路。

▲中国社会科学院农村发展所副所长陈瑞铭等5人7月20日赴日本进行农产品市场体系考察，比较10年来日本农产品流通体制的发展情况。在日期间与东京、京都、北海道等地学者进行了座谈。

▲中国社会科学院数量经济与技术经济研究所副所长郑友敬为完成院重点课题《90年代中后期技术进步发展战略》和《人口资源开发、技术进步与经济发展》，7月30日赴澳大利亚进行学术访问。考察以下问题：(1)人力资源开发、科技进步、经济发展的现状与趋势。(2)人力资源开发的理论与方法、评价指标与指标体系。(3)技术进步与人力资源的要求、贡献分析与评价。(4)加速人力资源开发、促进技术进步的战略对策。

8月

▲应中国社会科学院农村发展所邀请，联合国社会发展所项目官员克瑞斯纳（Krishna Chimire）8月28日来华，进行为期五周的学术访问，主要了解中国社科院农村发展所和中国林业科学院林业所的合作项目——“中国国家公园和自然保护区对社会和环境的影响“进展情况，同时了解我国国家公园和自然保护区建设和管理方面的经验和成就，介绍国际上国家公园和自然保护区管理和建设的最新进展。

▲应中国社会科学院经济研究所邀请，美国圣十字学院教授乔治·霍夫曼（George R. Hoffman）8月7日至24日来华进行工作和学术访问，与经济研究所商洽进一步开展该校与经济所合作交流问题。

▲根据中国社会科学院与芬兰科学院学术交流协议，芬兰奥鲁大学公共卫生系副研究员威琳（Marjo Riitta Jarvelin）女士8月28日至9月25日来华访问，与人口研究所学者就有关芬兰与中国儿童死亡率的性别差异与社会经济文化环境间的关系进行了学术交流。

▲应中国社会科学院邀请，意大利罗马大学政治学院教授姜法兰科·里查（Gianfranco LIZZA）8月31日至9月19日来华访问，主要了解以下问题，并与我建立学术交流关系：(1)中国实行社会主义市场经济新形势下经济发展计划；(2)中国的国际经济政策；(3)农业、工业、服务业在新生产力体制下继续发展的关系；(4)国家地位、城市发展和人口问题；(5)进出口问题。

▲应韩国农村经济研究院邀请，中国社会科学院农村发展所副所长邓英淘8月9日赴韩国，参加韩国农村经济研究院召开的“中央计划经济及其农业研讨会”，并提交《中国的经济改革及农业状况》论文。

▲中国社会科学院数量经济与技术经济研究所研究员贺菊煌副研究员姚愉芳、应邀于8月17日赴美国明尼苏达州参加“东亚经济国际研讨会”。并对纽约、马里兰州、旧金山等地进行学术访问，交流有关中国区域经济发展的因素；区域经济的预测；投入产出法和系统动力学模型用于区域经济及其发展的研究。

▲中国社会科学院人口研究所教授马侠8月20

日赴加拿大参加国际人口学会第22届大会，并主持第42分会。会议主要内容为中印人口发展比较。

9月

▲中国社会科学院农村发展研究所和诺曼基金9月1日在北京联合召开了“德中合作社、自助组织与农村金融问题理论研讨会”。德国的农业合作运动和农村金融组织的发展比较早，也比较成功。在市场经济条件下，他们的农业合作体系和农村金融体系是在工业化过程中自下而上发展起来的。会上波恩大学农业政策、市场研究与经济社会学研究所李宾斯基教授对此作了系统的介绍。

▲根据中国社会科学院与日本学术振兴会交流协议，日本东京都立大学副教授奥村哲9月10日至1994年5月19日来华进行学术研究和考察，主要访问中国社会科学院经济研究所、天津南开大学经济研究所、南京大学、中国第二历史档案馆、上海社科院经济研究所等单位，调查了解以下有关问题：(1)旧中国天津、高阳、定县等地农村棉纺织业有关史料；(2)南通棉纺织史料及有关农村史料；(3)1945—1949年有关经济史料；4.旧中国银行业向棉纺织业的投资情况。

▲中国社会科学院副院长刘国光9月11日会见日本德山大学经济学部教授折户洪太，双方就社会主义经济问题交换了意见。

▲中国社会科学院副院长刘国光9月12日会见美国宾夕法尼亚大学经济学教授、诺贝尔奖获得者克莱因等外国知名学者，双方就学术交流与合作等问题进行了交谈。

▲中国社会科学院副院长王忍之、刘国光陪同江泽民总书记于9月18日会见出席“市场经济与中国”国际研讨会的外国及国际组织、台湾的代表。刘国光在开幕式上作了《建立社会主义市场经济基本框架的设想》主题报告。

▲中国社会科学院数量经济与技术经济研究所研究员龚飞鸿9月4日赴日本参加在川崎召开的第十届亚洲社会科学研究委员会协会会议。主要讨论：环境与持续发展社会科学展望，亚洲经济改革与民主化等问题。

▲中国社会科学院工业经济研究所所长周叔莲，应工商时报（台北）、中华工商时报（北京）的邀请，9月19日至28日访问台湾，参加“两岸经贸关系研讨会”，并赴台中南部参观工厂和农村。

▲中国社会科学院工业经济研究所室主任周绍朋等2人9月10日赴印度，就国有企业管理体制问题进行考察。具体有以下几方面：政府与企业的关系；政府对企业的宏观管理；企业税后的利润分配；企业的领导制度与经营决策；企业的人事劳动制度；企业的产品定价；股份制企业情况。

10月

▲应中国社会科学院农村发展所邀请，德国马堡大学汉学系高级研究员汉娜·雷克特（Hana Richter）博士10月6日来华作为期3个月的学术访问，主要了解中国农村合作经济发展问题。该学者主要著作有《中国合作社发展》、《20年代中国合作化运动及其社会意义》等。

▲应中国社会科学院邀请，日本长期信用银行综合研究所主任研究员星野高一行三人，10月10日至11月1日来华进行学术访问和考察。星野高负责长期信用银行中国业务的评估咨询，对中国经济发展与投资环境，投资政策进行调研，并为日本企业对中国投资提供指导与建议。此次访华主要了解中国经济发展情况，分地区经济发展政策，投资环境等综合情况，特别是汽车制造业和机械电器加工组装产业的发展政策与企业经营情况，为日本同类企业进入中国有关省市提供咨询。

▲应中国社会科学院和上海欧洲学会邀请，俄罗斯工业企业家联盟专家研究所所长雅率·叶夫根尼·格里戈里耶维奇（IASEN EVCENii GRICOREVICH）一行四人10月11日至20日来华访问。俄联盟专家研究所是俄工业企业家联盟的智囊，对俄现行改革政策一直持批评态度，主张采取中国循序渐进、有调控地向市场过渡的改革经验。雅辛本人参与一些重大计划方案的制定。此次访华主要了解中国社会政治经济改革的经验，就社会主义市场经济理论同我国专家进行学术交流。

▲根据中国社会科学院与匈牙利科学院学术交流协议，匈牙利科学院地区研究中心蒂玛（Judit Timar）女士和费克特（Eva G. Fekete）女士10月19日至31日来华进行学术访问。主要了解中国农村与镇的关系；我国大城镇周围的乡村地区所具备的社会经济结构特点；我国现阶段城市间及城乡间的人口迁移状况；城市发展规划，城镇设施、住宅的发展方向；城市发展的内在动力；城乡关系及城郊化过程的对比。

▲根据中国社会科学院和波兰科学院科学合作协议，波兰科学院非欧洲国家所托玛拉10月22日至11月12日来华访问，参加了由中国社科院人口所组织的“中国家庭经济与生育”、“当代中国妇女地位”两个国际学术研讨会，同中国学者进行学术交流，并介绍波兰国家人口学、特别是家庭经济学、妇女问题等方面的研

究成果。又赴四川省社会科学院，就独生子女的教育问题与有关学者进行了交流。

▲中国社会科学院财贸所经济学博士石小抗等3人10月10日赴香港考察有关住房问题：1. 香港住房制度与政策的优点、问题；2. 香港对低收入家庭的住房政策和资助低成本政府住房的用地政策、建房政策和政府低资金住房的分配、管理以及相应的住房金融政策。

▲中国社会科学院经济所副所长冒天启等一行3人，根据中国社会科学院和波兰社会科学院学术交流协议，10月11日赴波兰进行为期两周的学术访问。主要就波兰近年经济改革发展的实际情况，改革中的国有企业、财政、金融，对外经济等方面的发展进行考察。

▲应韩国农村经济院院长郑英一教授的邀请，中国社会科学院农村发展所副所长张保民等3人10月24日赴韩国，就以下问题进行了考察：1. 新农村运动；2. 农村经济组织状况；3. 农产品贸易。在韩其间与有关大学、政府部门和研究机构进行座谈，并到农村实地考察。

▲中国社会科学院数量经济与技术经济研究所研究员周方等2人，10月15日赴奥地利进行三周学术访问，与奥地利学者在宏观经济学与区域经济分析方面进行交流，进一步了解在上述领域内的新发展。在奥期间还对有关政府部门、金融机构等进行访问。

▲由福特基金会资助，中国社会科学院财贸所所长张卓元、研究生院副院长杨圣明10月赴越南访问，主要考察：(1) 越南价格改革的过程，主要做法、经验和问题；(2) 越南各类要素价格改革情况；(3) 与价格改革相关的市场发育和建设情况；(4)越南在改革过程中治理通货膨胀的情况和对策。在越期间与有关经济研究机构及政府有关部门的人员进行了座谈。

11月

▲根据中国社会科学院和俄罗斯科学院科学合作协议，俄罗斯科学院远东研究所女研究员、经济学副博士柳得米拉·博尼（LIVPMILA·BONI）11月27日至12月25日来华访问。她重点考察了在中国农村建立社会主义市场经济的战略依据。就以下问题与中国学者和专家进行了座谈：(1)如何在中国农村实行社会主义市场经济体制；(2)如何建立农产品的价格体系和克服剪刀差；(3) 农业的宏观与微观调控；(4) 农业向市场经济过渡中如何完善所有制关系；(5)粮食批发市场的组织问题及其作用。

▲根据福特基金会资助项目“地区经济增长和减缓贫困”协议，中国社会科学院农村发展所研究员刘文璞等3人11月6日赴澳大利亚阿德雷德大学亚洲研究中心访问。主要了解澳大利亚如何解决低收入问题；它的发展过程、经验及澳国地区差异问题；国外对贫困理论研究的现状、水平、观点、趋势。同时向澳学者介绍我国的扶贫成就。

▲中国社会科学院人口研究所研究人员李小平11月14日赴澳门，参加在澳门大学澳门研究中心召开的“澳门人口与发展国际学术研讨会”。主要讨论了澳门人口与发展的关系。

▲以中国社会科学院数量经济与技术经济所所长李京文为团长的“中国经济预测代表团”一行4人，11月23日赴美访问16天，赴加拿大访问9天。与美、加两国学者主要交流了以下内容：(1)美国和加拿大有关预测研究机构的最新学术成果。(2)美、加有关咨询机构如何为政府及客户提供服务。(3)经济管理部门自身如何进行经济分析与预测。

▲应比利时国家科研基金会的邀请，中国社会科学院工业经济研究所副研究员刘世锦11月赴比利时参加“中国经济发展国际研讨会”。就中国工业企业管理体制、中国经济结构、计划经济向市场经济转变问题向大会提交论文。向与会者介绍我国十多年来经济改革和发展所取得的成就和下一步的战略设想。

12月

▲根据中国社会科学院农村发展所与美国斯坦福大学合作交流协议，美国斯坦福大学罗斯高（Scott Rozelle）博士等一行3人12月2日至24日来华进行学术访问，主要进行了以下活动：(1) 参加中国社会科学院与斯坦福大学的合作项目“资源流动与贫困”的研究，了解课题进展情况。(2) 与国内有关部门学者座谈中国粮食批发市场、期货市场的发展情况。(3) 参观北京的批发、期货市场与有关公司；赴河南考察郑州粮食批发市场；赴上海考察上海粮食、金属期货交易所。

▲根据中国社会科学院与澳大利亚社会科学、人文科学院学术交流协议，澳大利亚阿德莱德大学杨苏珊（SUSAN YOUNC）博士12月4日至17日来华访问，她主要是搜集有关中国个体、私营经济方面的资料，了解个体和私营经济与地方政府、企业及主管部门的关系；了解乡镇企业、股份制等方面情况。在华期间赴四川成都了解成都乡镇个体、私营经济近年来的发展与经验；了解市政府、区级管理部门与个人、私营企业的关系。并采访了成都市的一些私人企业家。

▲应中国社会科学院人口所邀请，朝鲜社会科学院人口室访问团一行3人，12月7日至24日来华访问。此次访问主要在扩大和加强中朝两国社会科学院

在人口研究问题上的相互了解和合作。朝鲜学者就人口科学研究机构设置、科研组织建设，人口学国际交流，朝鲜族人口问题与我国学者进行了座谈和实地考察。在华期间与中国社科院人口所、人民大学人口所、北京大学人口所、人口情报中心、吉林省社科院有关学者专家进行了广泛的交流。

▲根据中国社会科学院和俄罗斯科学院合作协议，俄罗斯科学院远东所弗拉基米尔·雅科夫列维奇·波尔佳科夫（VLAPIMIR IAKOVLEVICH PORTJAKOV）12月16日来华访问四周。在华期间主要就有价证券交易所、社会主义市场经济理论、利税体制改革和高科技开发区的作用与我国学者进行了座谈、交流，并对30年代中国经济政策作了综合性分析。其间还参观了我国的经济开发区。

▲应国际发展研究中心邀请，中国社会科学院经济所研究人员宋光茂12月13日赴越南，参加在越南社会科学中心经济所召开的“政府在经济改革与经济发展中的作用问题”国际研讨会。

▲应英国中国经济学会邀请，中国社会科学院经济所研究员樊纲12月5日赴英国伦敦经济学院，参加英国中国经济学会年会，并就中国经济问题作主题发言。在英期间还到伦敦经济学院、牛津大学讲学，主题是“中国经济改革与经济发展的成就与现状。

其他中外学术会议

▲5月上旬，中国南亚学会和中国国际友好联络会在安徽黄山举办“南亚国家的经济改革学术讨论会”。

▲6月初，在深圳召开“亚太经济合作会议促进扩大中小企业出口研讨会”。

▲7月1—3日，中国（海南）改革发展研究院、中国留美经济学会、中国留英经济学会在海口举办“中国市场经济理论与现实国际研讨会”。

▲7月8—9日，财政部在北京召开“关贸总协定与财税政策国际研讨会”。

▲9月，上海财政贸易办公室等主办、香港贸易发展局协办，在上海召开“上海批发商业国际研讨会”，会议主题是：上海批发商业如何与国际贸易接轨等。

▲9月7—8日，我对外经贸部、澳大利亚贸易委员会在北京召开“澳中经济论坛经济贸易研讨会”。

▲9月13日，国务院发展研究中心主办的“中日金融财政国际讨论会”在北京举行。

▲9月中旬，“专利合作条约和中国国际研讨会”在北京举行。

▲10月，中国企业管理学会、日中人文社会科学交流协会在沈阳召开“中日企业管理讨论会”。

▲10月25—28日，财政部、国际货币基金组织、世界银行在上海联合召开“中国政府间财政关系国际研讨会”。

▲11月26日，中国银行上海市分行荣誉主办，加拿大烈治文有限公司、正大集团主办的“国际房地产管理研讨会”，在上海举行。

▲12月初，“发展中国证券市场国际研讨会”在北京举行。

▲12月3—6日，农业部主办的“90年代中国农村改革与发展国际学术研讨会”，在北京召开。

附　录

经济学博士毕业生、博士毕业生导师名录

中共中央党校

导师		副导师		博士生		专业	研究方向	学位论文题目	毕业时间
姓名	职称	姓名	职称	姓名	性别				
王珏	教授	庞永洁	教授	周为民	男	政治经济学	社会主义商品经济理论	中国经济发展史论	1992.7
王珏	教授	臧志风	教授	霍云鹏	男	政治经济学		公有制实现形式研究	1993.7

北京大学

导师		副导师		博士生		专业	研究方向	学位论文题目	毕业时间
姓名	职称	姓名	职称	姓名	性别				
闵庆金	教授			张国有	男	国民经济	宏观经济管理	产业结构机理研究	1991.6
闵庆金	教授			王立彦	男	计划与管理	国民经济核算	宏观核算整体化构架研究	1992.6
肖灼基	教授			孙祁祥	女	政治经济学	经济发展战略	模式转换时期的收入流程分析	1992.6
陈岱孙	教授			王志伟	男	外国经济思想史	经济学说	希克斯经济思想研究	1993.6

中国人民大学

导师		副导师		博士生		专业	研究方向	学位论文题目	毕业时间
姓名	职称	姓名	职称	姓名	性别				
吴树青	教授			单庆江	男	政治经济学	社会主义经济理论	中国市场均衡研究—兼析国民经济稳定·协调·高效益发展	1992.6

续表

导师		副导师		博士生		专业	研究方向	学位论文题目	毕业时间
姓名	职称	姓名	职称	姓名	性别				
卫兴华	教授	余学本 顾学荣	教授 教授	胡永明	男	政治经济学	社会主义经济理论与实践	国有企业的结构改革与产权组织创新	1992.6
阎达五	教授			贾华章	男	会计学	国际会计	中国跨国公司会计管理若干问题研究	1992.6
钟契夫	教授	周叔俊	教授	戴柏华	男	国民经济计划和管理	社会主义经济计划的理论与方法	论国家、企业、个人之间的收入分配	1992.6
陈　共	教授			王高潮	男	财政学	财政理论与财政政策	中国：财政赤字的经济学分析	1992.6
陈　共	教授			丁建臣	男	财政学	财政理论与财政政策	我国财政赤字分析	1992.1
刘再兴	教授			胡细银	男	经济地理学	区域开发国土规划	西部开发论	1992.6
刘再兴	教授			刘　源	男	经济地理学	布局论	我国区域经济发展的比较研究	1992.6
吴大琨	教授	张　帆	教授	章　星	男	世界经济	美国经济	八十年代美国经济和英国政府的宏观经济控制	1992.6
李占祥	教授	徐　昶 解培才	教授 教授	朱克强	男	企业管理	国际企业管理	企业战略规划模式及其基于知识的决策系统设计	1992.6
塞　风	教授	贺　安 盛介眉	教授 教授	张永泽	男	工业经济	工业经济管理研究	开放经济的战略与政策	1992.6
塞　风	教授	贺　安 盛介眉	教授 教授	李　洪	男	工业经济	工业经济管理	中国汽车工业经济分析	1992.6
塞　风	教授	贺　安 盛介眉	教授 教授	李剑伟	男	工业经济	工业经济管理	基础产业发展与经济均衡增长	1992.6
塞　风	教授	贺　安 盛介眉	教授 教授	邹　刚	男	工业经济	工业经济中的比较利益研究	开放条件下的产业政策研究	1992.6
阎达五	教授			钟伯江	男	会计学	决策研究	现代成本会计模式研究	1993.1
李占祥	教授	徐　昶 解培才	教授 教授	宋学宝	男	企业管理	管理政策	中国乡镇企业战略论	1993.1
李占祥	教授	徐　昶 解培才	教授 教授	王凤彬	男	企业管理	国际企业管理	企业管理组织变革的理论与实践	1993.1

续表

导师		副导师		博士生		专业	研究方向	学位论文题目	毕业时间
姓名	职称	姓名	职称	姓名	性别				
李占祥	教授	徐昶 解培才	教授 教授	王伟	女	企业管理	企业管理与实践	企业以人为中心的管理理论与实践	1993.1
李占祥	教授	徐昶 解培才	教授 教授	包政	男	企业管理	企业涉外经营的理论与实践	考核轮——传统人事考核的理论与设计	1993.6
塞风	教授	贺安 盛介眉	教授 教授	向松祚	男	工业经济	工业经济管理	产权理论与企业制度	1993.6
宋涛	教授	陈耀庭	教授	高德步	男	政治经济学	当代资本论	英国工业化过程中的劳动力转移	1993.6
宋涛	教授	黄泰岩	教授	樊志刚	男	政治经济学	社会主义经济理论	中国市场竞争模式研究	1993.6
宋涛	教授	黄泰岩	教授	彭建寅	男	政治经济学	社会主义经济理论	企业创新经济论	1993.6
李宗正	教授	成保良	教授	潘功胜	男	政治经济学	西方经济学	劳动力市场论—理论述评．制度比较及对中国劳动力市场的思考	1993.6
吴大琨	教授	张帆	教授	雷达	男	世界经济	美国经济	国际经济政策协调论	1993.6
阎达五	教授			耿建新	男	会计学	国际会计	论企业集团会计管理	1993.6
刘再兴	教授			宋全启	男	经济地理学	布局论	中国能源经济研究	1993.6
刘再兴	教授			梁韬	女	经济地理学	区域开发与国土规划	贫困地区开发研究	1993.6
王传纶	教授			刘彪	男	财政学	宏观财政理论与政策	企业融资机制分析	1993.6
王传纶	教授			丁益	女	财政学	财政理论与政策	汇率均衡论	1993.6
陈共	教授			范一飞	男	财政学	财政理论政策	国民收入分配格局分析	1993.6
王传纶	教授			唐思宁	男	财政学	财政理论	外债系统分析及应用	1993.6
周新城	教授			张玉宽	男	世界经济	苏联东欧经济	向市场经济过渡：从前苏联到俄罗斯	1993.6
周诚	教授			张海鱼	男	农业经济	社会主义统计经济	土地产权研究	1993.6

南开大学

导师		副导师		博士生		专业	研究方向	学位论文题目	毕业时间
姓名	职称	姓名	职称	姓名	性别				
李竟能	教授			张世晴	男	人口经济学	人口经济学	人口—经济增长的理论研究——我国（1949—1989）人口—经济增长过程的理论分析	1991.7
李竟能	教授			李建民	男	人口经济学	人口经济学	中国人口增长与消费需求关系研究	1991.7
谷书堂	教授			柳　欣	男	政治经济学	社会主义经济理论	资本理论	1992.10
谷书堂	教授			周立群	男	政治经济学	社会主义经济理论	国有财产组织论	1992.10
郭士浩	教授			赵　津	女	政治经济学	中国经济史	中国城市房地产业史论(1840—1949)	1992.12
鲍觉民	教授			王正毅	男	经济地理学	经济地理	东南亚政治经济地理研究	1993.5
魏　埙	教授			张　强	男	政治经济学	现代资本主义经济	垄断与竞争——美国反托拉斯政策剖析	1993.8
王继祖	教授			赵智文	男	国际金融	国际金融	美国的证券市场管理	1993.12
陈荫枋	教授			何孝弟	男	世界经济	跨国公司与国际投资	跨国投资合营问题的探讨	1993.6
陈荫枋	教授			张　钦	男	世界经济	跨国公司与国际投资	欧洲共同体与跨国公司的发展	1993.6
钱荣堃	教授			马君潞	男	国际金融	国际金融	国际货币制度论	1993.11
陈国庆	教授			邢修元	男	国际金融	国际金融	论发展中国家的国际收支调节理论与政策	1993.6
谷书堂	教授	朱光华	教授	臧旭恒	男	政治经济学	社会主义经济理论	中国消费函数分析	1993.12
谷书堂	教授			毛　键	男	政治经济学	社会主义经济理论	经济跳跃研究	1993.12
谷书堂	教授			唐　杰	男	政治经济学	社会主义经济理论	空间平等与总体经济效率	1993.12
谷书堂	教授			李淮安	男	政治经济学	社会主义经济理论	论股份制的安定性	1993.12
薛敬孝	教授			吴亦力	男	世界经济	现代资本主义经济	国际贸易的增长效应	1993.12

天津财经学院

导师姓名	导师职称	副导师姓名	副导师职称	博士生姓名	博士生性别	专业	研究方向	学位论文题目	毕业时间
李宝震	教授			蔡　春	男	会计学	审计理论	审计理论结构研究	1992.7
李宝震	教授			郝振平	男	会计学	国际会计	论合并财务报表	1992.7
李宝震	教授			张立民	男	会计学	审计学	论审计目标导向的研究	1992.7
杨曾武	教授			赵文奇	男	统计学	经济预测	经济计量学建模方法论研究	1993.7
杨曾武	教授			施发启	男	统计学	经济预测	贝叶斯预测方法论研究	1993.7
李宝震	教授			石爱忠	男	会计学	会计理论	收益计量论	1993.12
李宝震	教授			陈　敏	女	会计学	国际财务	论企业筹资	1993.12

复旦大学

导师姓名	导师职称	副导师姓名	副导师职称	博士生姓名	博士生性别	专业	研究方向	学位论文题目	毕业时间
陈观烈	教授			朱　菁	男	世界经济	货币银行学	中国的货币需求函数——机会成本变量的研究	1993.7
洪文达	教授			华　民	男	世界经济	世界经济理论	西方混合经济体制研究	1993.7
洪文达	教授			尹翔硕	男	世界经济	世界经济理论	发展中国家贸易发展战略研究	1993.7
叶世昌	教授			仲春明	男	中国经济思想史	中国近代经济思想史	文化背景与经济发展——兼论梁漱溟的思想	1993.7
叶世昌	教授			李向民	男	中国经济思想史	中国近代经济思想史	中国的经济发展学说	1993.7

上海财经大学

导师姓名	导师职称	副导师姓名	副导师职称	博士生姓名	博士生性别	专业	研究方向	学位论文题目	毕业时间
席克正	教授			杨君昌	男	财政学	外国财政	企业税制优化论	1992.7
胡寄窗	教授	谈　敏	教授	赵晓雷	男	经济学说史	中国经济思想	中国工业化思想的产生和发展	1992.7
娄尔行	教授	汤云为	教授	周忠惠	男	会计学	会计理论	论会计研究的方法论问题	1993.1
娄尔行	教授	汤云为	教授	谢　荣	男	会计学	会计理论	论市场经济中的民间审计责任	1993.1
郑德如	教授			陈湛匀	男	统计学	经济统计	宏观经济平衡中资金监控研究	1993.1
席克正	教授			三好慎一郎	男	财政学	外国财政	论财政赤字的经济影响	1993.7
胡寄窗	教授	谈　敏	教授	盛松成	男	经济学说史	近现代经济学说	现代货币供给的理论与实践	1993.7

上海社会科学院

导师姓名	导师职称	副导师姓名	副导师职称	博士生姓名	博士生性别	专业	研究方向	学位论文题目	毕业时间
雍文远	教授			张道根	男	政治经济学	社会主义政治经济学	经济发展进程中的收入分配——相关机制的系统分析	1991.7
褚葆一	教授			张幼文	男	世界经济	世界经济理论	论开放经济中的扭曲——双重体系外贸效益研究	1991.12
雍文远	教授			周建明	男	政治经济学	社会主义政治经济学	论有效供给不足——对传统经济体制的考察	1992.7
雍文远	教授			杨建文	男	政治经济学	发展经济学	发展的理论与理论的发展	1993.3
雍文远	教授			石　磊	男	政治经济学	社会主义政治经济学	结构成因论——中国产业结构形成机制研究	1993.7

厦门大学

导师姓名	导师职称	副导师姓名	副导师职称	博士生姓名	博士生性别	专业	研究方向	学位论文题目	毕业时间
邓子基	教授			张　馨	男	财政学	财政理论与政策	中西财政差异论	1991.10
邓子基	教授			欧阳昌琼	男	财政学	财政理论与政策	财政政策原理研究	1991.10
钱伯海	教授			王春新	男	统计学	国民经济核算	供需平衡的宏观调控	1991.12
吴宣恭	教授	胡培兆	教授	陈　解	男	经济学	社会主义经济理论研究	中国地区间市场封锁问题研究	1992.12
黄良文	教授			吴世农	男	统计学	统计理论与方法	投资项目经济效益评估方法的系统分析	1992.
黄良文	教授			吴国培	男	统计学	统计理论与方法	我国抽样调查的理论与实践问题研究	1992.
黄良文	教授			曾五一	男	统计学	统计理论与方法	总供需平衡统计——理论方法与实证研究	1993.
邓子基	教授			李保民	男	财政学	财政理论与政策	论中观财政	1993.7
邓子基	教授			汪异明	男	财政学	财政理论与政策	公平、效率与财政	1993.7
邓子基	教授			靳东升	男	财政学	财政理论与政策	税收国际化研究	1993.7
邓子基	教授			李　智	男	财政学	财政理论与政策	税收系统优化控制研究	1993.7
邓子基	教授			陈浪南	男	财政学	财政理论与政策	国际财政政策与国际货币政策——社会主义开放型市场经济宏观需求调控模式	1993.12

暨南大学

导师		副导师		博士生		专业	研究方向	学位论文题目	毕业时间
姓名	职称	姓名	职称	姓名	性别				
黄德鸿	教授			金　建	男	工业经济	产业结构	中国信息产业经济分析——基础、结构、机制、战略、政策	1992.
黄德鸿	教授			邓伟根	男	工业经济	产业结构	区域产业经济分析——广东产业经济发展的理论与实践	1992.
黄德鸿	教授			杨允中	男	工业经济	产业结构	澳门经济发展路向若干问题论证	1992.
黄德鸿	教授			林　江	男	工业经济	产业结构	香港产业结构论	1993.

中南财经大学

导师		副导师		博士生		专业	研究方向	学位论文题目	毕业时间
姓名	职称	姓名	职称	姓名	性别				
李贤沛	教授			郭跃进	男	工业经济	国有资产管理	国有资产产权制度改革研究	1992.
李贤沛	教授			柯美录	男	工业经济	国有资产管理	国有资产增值论	1992.
李贤沛	教授			汪海粟	男	工业经济	集体经济改革	从空想到现实——中国合作经济研究	1993.
李贤沛	教授			熊胜绪	男	工业经济	股份制经济	中国股份制企业集团研究	1993.
周　骏	教授			熊南京	男	货币银行学	金融市场	金融发展论	1993.
周　骏	教授			刘惠好	女	货币银行学	金融市场	中国金融组织体系改革论纲	1993.
周　骏	教授			黄　强	男	货币银行学	货币政策	货币政策与中国的经济增长	1993.

西南财经大学

导师		副导师		博士生		专业	研究方向	学位论文题目	毕业时间
姓名	职称	姓名	职称	姓名	性别				
许廷星	教授			杨大楷	男	财政学	社会主义财政	国债论	1993.6
吴世经	教授			段云程	男	工业经济	企业组织与经营	论我国企业跨国经营与战略	1993.6
刘诗白	教授			易敏利	男	政治经济学	社会主义经济理论	国有股权论	1993.9
袁文平	教授			李义平	男	政治经济学	社会主义经济理论	经济体制改革分析	1993.9

陕西财经学院

导师		副导师		博士生		专业	研究方向	学位论文题目	毕业时间
姓名	职称	姓名	职称	姓名	性别				
江其务	教授			吴　强	男	货币银行学	银行信贷与金融投资	经济学展中的资本积累	1992.7
江其务	教授			张　杰	男	货币银行学	银行信贷与金融投资	中国金融成长论	1993.7
江其务	教授			周月秋	男	货币银行学	银行信贷与金融投资	资源配置与金融深化	1993.7

辽宁大学

导师		副导师		博士生		专业	研究方向	学位论文题目	毕业时间
姓名	职称	姓名	职称	姓名	性别				
宋则行	教授			张凤林	男	外国经济思想史	现代西方经济学	西方资本理论研究	1992.12
宋则行	教授			李　平	男	外国经济思想史	现代西方经济学	后凯恩斯经济学研究	1992.12

东北财经大学

导师		副导师		博士生		专业	研究方向	学位论文题目	毕业时间
姓名	职称	姓名	职称	姓名	性别				
汪祥春	教授			原毅军	男	工业经济		经济增长率的周期活动	1990.
林继肯	教授			戴玉林	男	投资	投资	投资结构论	1991.
林继肯	教授			艾洪德	男	金融	金融	论货币数量	1992.
佟哲晖	教授			武献华	男	统计学	经济统计	宏观投资效益的因素分析与综合评价方法	1992.10
汪祥春	教授			周天勇	男	工业经济		劳动与经济增长	1992.
汪祥春	教授			唐海滨	男	工业经济		企业生命论	1992.
汪祥春	教授			王　询	男	工业经济		工业化过程中的劳动力转移	1993.
佟哲晖	教授			王庆石	男	统计学	经济统计	统计指标导论	1993.10
佟哲晖	教授			王成岐	男	统计学	经济统计	联合国国际比较项目若干问题研究	1993.10

北方交通大学

导师		副导师		博士生		专业	研究方向	学位论文题目	毕业时间
姓名	职称	姓名	职称	姓名	性别				
许庆斌	教授			荣朝和	男	运输经济	运输经济基本理论	论运输化——交通运输与经济发展关系的理论分析	1991.
许庆斌	教授			张秋生	男	运输经济	运输经济基本理论	论铁路运输经济核算——兼论经济核算理论范畴的产生、发展和转化	1992.

中国人民银行总行金融研究所

导师		副导师		博士生		专业	研究方向	学位论文题目	毕业时间
姓名	职称	姓名	职称	姓名	性别				
丁　鹄	研究员			徐谱金	男	国际金融	国际金融	从结构方面探讨经济增长与通货膨胀问题	1993.

中国社会科学院研究生院

导师		副导师		博士生		专业	研究方向	学位论文题目	毕业时间
姓名	职称	姓名	职称	姓名	性别				
王耕今	研究员			赵　健	男	农业经济		中外农村服务业的比较研究	1992.7
孙耀君	研究员			易　诚	男	企业管理		美、日跨国公司比较与借鉴	1992.7
高涤陈	研究员			陈乃道	男	商业经济		商业产业结构研究	1992.7
张卓元	研究员			彭鸿林	男	商业经济		煤炭价格政策分析	1992.7
张卓元	研究员			金南浩	男	商业经济		中国城市不动产市场与价格	1992.7
高涤陈	研究员			谢朝斌	男	商业经济		工业化过程与现代商品流通的发展和变革	1992.7
王绍飞	研究员			韩世君	男	财政学		日本分级财政的理论考察	1992.7
王怀宁	研究员			刘　耘	男	世界经济		日本垄断资本的组织形式——企业集团分析	1992.7
罗肇鸿	研究员			陶　坚	男	世界经济		功能替代与功能失缺——苏联体制现象分析	1992.7
王怀宁	研究员			梁日杰	男	世界经济		非平衡经济增长理论	1992.7
罗肇鸿	研究员			郑秉文	男	世界经济		市场缺陷分析	1992.7
杨坚白	研究员			郭克莎	男	政治经济学		中国改革中的经济增长与结构变动	1992.7
张国辉	研究员			陈争平	男	中国经济思想史		1895-1930 年中国国际收支问题初探	1992.7

续表

导师		副导师		博士生		专业	研究方向	学位论文题目	毕业时间
姓名	职称	姓名	职称	姓名	性别				
杨坚白	研究员			赵士刚	男	政治经济学		全民所有制经济关系发展问题的理论探索	1992.7
吴家骏	研究员			戴　旭	男	工业经济		工业化过程中竞争与垄断问题研究	1992.7
汪海波	教　授			郑文平	男	工业经济		转轨时期基础产业的筹资机制	1992.7
周叔莲	研究员			王晋勇	男	工业经济		体制转换过程中的中国产业组织研究	1992.7
马　洪	研究员			左　军	男	工业经济		论工业品工商业交易差价	1992.7
陈栋生	研究员			李海舰	男	外国经济思想史		中国对外经济开放结构研究	1992.7
杨坚白	研究员			钱　津	男	政治经济学		劳动论—以辩证唯物历史观考察人类社会经济生活的基本运动规律	1993.6
戴园晨	研究员			徐雅萍	女	政治经济学		中央与地方政府间财政关系——制度思想研究	1993.6
杨坚白	教　授			徐　旭	女	政治经济学		公平分配研究	1993.6
戴园晨	研究员			诸建芳	男	政治经济学		工资与物价关系研究	1993.6
聂宝璋	研究员			朱荫贵	男	中国经济史		国家干预经济与中日的近代化——轮船招商局与三菱·日本邮船会社的比较研究	1993.6
汪敬虞	研究员			郭予庆	男	中国经济史		日本横滨正金银行在华金融活动	1993.6
吴敬琏	教　授			银温泉	男	政治经济学		中国国有大中型企业企业制度的选择	1993.6
戴园晨	教　授			安东建	男	政治经济学		中国:就业增长与就业体制改革的初步研究	1993.6
蒋一苇	研究员			廖元和	男	企业管理		产权论	1993.6
周叔莲	教　授			陈文辉	男	工业经济		中国企业集团研究	1993.6
王耕今	研究员			李　周	男	农业经济		中国农村技术变革的经济学分析	1993.6
刘文璞	研究员			金和辉	男	农业经济		中国农村工业与工业化—成因、作用与效率	1993.6
丁荣晃	教　授			张　琦	男	农业经济		农民就业的微观理论研究与实践探索	1993.6

续表

导　师		副导师		博　士　生		专　业	研究方向	学位论文题目	毕业时间
姓名	职称	姓名	职称	姓名	性别				
张卓元	研究员			房汉廷	男	商业经济		现代资本市场的理论与实证分析	1993.6
何振一	研究员			马国强	男	财政学		税收量限研究	1993.6
张卓元	研究员			张大光	男	财政学		中国股票价格及其市场环境研究	1993.6
徐寿波	研究员			徐海根	男	技术经济		经济发展调控政策评价研究	1993.6
李京文	教　授			刘满强	男	技术经济		技术进步系统论	1993.6
乌家培	教　授			凌晓东	男	数量经济学		机制转换中的宏观经济调控	1993.6
王怀宁	研究员			康焕军	男	世界经济		当代日本股票市场研究	1993.6
王怀宁	研究员			陈　虹	女	世界经济		日本短期金融市场与政府的金融政策	1993.6
罗肇鸿	研究员			李会明	男	世界经济		论产权效率——经济体制比较分析	1993.6

1993年度国家社会科学基金项目

（一般项目）

学科分类：经济理论

课　题　名　称	负责人	负责人所在单位	完成时间
邓小平经济发展思想研究	冯世新	西安交通大学政治经济学教研室	95.10.30
中国近代的市场经济思想	叶世昌	复旦大学	96.12.30
儒家伦理与现代企业精神	陈为民	北京大学经济学系	96.12.30
蒙古族经济思想史研究	陈献国	内蒙古自治区社会科学院	95.06.30
中国货币理论的历史发展	张家骧	中南财经大学经济研究所	95.12.30
1949—1952年的中国经济分析	董志凯	中国社会科学院经济研究所	96.12.30
西方经济学研究：市场经济理论和政策	吴易风	中国人民大学	96.06.30
我国的市场规则和市场秩序问题研究	杨瑞龙	中国人民大学经济学研究所	96.05.30
我国西南地区经济发展的速度效益与结构问题的研究	张亮才	贵州农学院农经院	95.12.30
市场经济和“复关”条件下的企业竞争	张炳光	福建福州大学经济研究所	94.12.30
我国经济发展的速度、效益与结构问题研究	郑家亨	国家统计局	94.12.30
关于社会主义市场经济与建设体制综合配套改革的研究	杨德向	国家经济体制改革委员会经济体制与管理研究	95.12.30
社会主义市场经济与资本主义市场经济比较研究	翟泰丰	中共中央宣传部	95.10.30
市场、企业、政府的协调运作与资源的优化配置	张理智	四川省社会科学院经济研究所	94.12.30
我国国内统一市场形成与发展研究	孙耀川	辽宁社会科学院	94.06.30
我国企业所有制结构演化的定量分析及对策研究	来光贤	国家信息中心经济预测部	95.12.30
国有资产管理与经营国际比较研究	王加春	国家国有资 产管理局科研所	94.12.30
社会主义市场经济的产权基础	高德步	中国人民大学经济学系	95.12.30
西方国家国有企业管理与改革研究——兼论我国国有大中型企业的深层次改革	杨坚争	河南郑州大学经济法系	95.05.30
若干三资企业的调查研究	凌文铨	中国管理科学研究院行为科学研究所	96.12.30
国有企业的产权结构要素的市场化	刘小玄	中国社科院经济研究所	95.12.30
股份制企业的调查研究	王慎之	黑龙江省社科院经济所国贸室	95.04.30
私营经济系列研究报告	潘　石	吉林大学经济研究所	96.06.30
90年代：向统一政策过渡的宏观调控——社会主义市场经济宏观调控研究	曹远征	国家体改委经济体制与管理研究所	94.09.30
我国三大阶层相对收入差别及演化趋势	蔡继明	南开大学	95.12.30
合理消费水平与整体经济发展水平的关系研究	曾令华	湘潭大学消费经济研究所	95.12.30
东方大港组合模式及其协调开发和协调营运研究	王才楠	宁波大学国际经济研究中心	94.10.30

续表

课　题　名　称	负责人	负责人所在单位	完成时间
我国七大经济区域产业结构比较研究	邓　玲	四川大学国民经济管理系	95.12.30
淮河流域经济综合开发战略	程必定	安徽省社会科学院	94.12.30
城市经济技术开发区发展战略研究	冯更新	河南郑州大学经贸系	95.09.30
三峡库区开发性移民与小城镇建设	王助尧	重庆市委党校	94.12.30
长江流域经济发展调查和上、中、下游比较研究	刘盛佳	华中师范大学	96.12.30
闽东南地区经济综合开发研究	唐兴夏	福建社科院福建省社科联	94.12.30
“东北现象”与老工业基地产业结构转换的若干规律性问题研究	李振泉	东北师范大学地理系	96.06.30
发达市场经济的类型和向市场经济转型的国家比较	陈耀庭	中国人民大学国际经济系	96.06.30
当代资本主义国家经济“计划化”	朱延福	中南财经大学经济学系	95.06.30
独联体国家市场经济的形成和发展	庄起善	复旦大学世界经济系	95.12.30
社会主义产权经济学研究	吴宣恭	厦门大学经济研究所	94.12.30
民族经济学	陈庆德	云南民族学院政法系	94.12.30
虚拟经济的理论与现实	张　帆	中国人民大学国际经济系	96.06.30

学科分类：部门经济

课　题　名　称	负责人	负责人所在单位	完成时间
有中国特色的大中型工业企业股份制和产权制度的调查研究	刘桐林	中国工业经济协会	95.07.30
山西煤炭交易市场运行规则和市场秩序问题研究	雷仲敏	山西省社科院	93.12.30
中国粮食保障体系建设	王　凯	南京农业大学经贸学院	94.12.30
高新技术改造我国传统农业的研究	袁　飞	浙江农业大学经贸学院	95.12.30
深化我国农村经济体制改革研究	初玉岗	湖北省社科院经济系	95.04.30
中国农村现代市场经济体制研究	王明钢	山东省农业委员会	95.06.30
中国乡镇企业价格行为研究	李炳炎	中共江苏省委党校	95.06.30
乡镇企业不良行为矫正问题研究	喻新安	河南省委党校经济管理教研室	94.06.30
试验区乡镇企业开发区和农民自办小城镇经验总结	杜　鹰	农业部农村经济研究中心	94.03.30
我国区域农村经济发展的地域差异性和空间均衡性剖析	李应中	中国农业科学院农业区划所	95.06.30
中国农产品期货市场研究	张家庆	中国人民大学	95.06.30
发达地区乡村集体企业的社区性及其走向研究	洪乌金	北京农业大学	95.12.30
我国农村经济所有制结构研究	张晓山	中国社会科学院农村发展研究所	96.12.30
关于中国的外向型企业集团的研究	陈佳贵	中国社会科学院工业经济研究所	95.06.30

续表

课　题　名　称	负责人	负责人所在单位	完成时间
中国跨国公司的创办与经营	谢　康	上海社会科学院世界经济研究所	95.07.30
企业破产与完善企业破产法的若干问题研究	刘克祥	中南财经大学政治法律系	95.12.30
中国企业家精神实证研究	黄擎明	浙江大学管理工程研究所	95.12.30
企业破产问题研究——我国国有企业破产问题研究	周富保	山西财经学院	95.12.30
中国西部不发达地区中小企业发展问题研究	周述实	甘肃省社会科学院经济研究所	94.12.30
工业企业技术创新与转换机制研究	来兴显	西北工业大学社会科学系	95.12.30
第二职业问题研究	郭元晞	四川省社科院	95.12.30
我国工资制度改革问题研究	庄启东	国家计划委员会	96.10.30
我国社会主义市场经济条件下的就业和社会保障问题研究	冯兰瑞	中国社会科学院马列研究所	95.06.30
建立劳动领域宏观调控体系研究	朱家甄	劳动部	94.12.30
国有企业新工资机制研究	董克用	中国人民大学劳动人事学院	95.06.30
中国外债规模控制与结构管理	王传纶	中国人民大学	96.03.30
恢复关贸总协定缔约国地位对中国经济的影响和对策研究	张　磐	国务院发展研究中心	94.12.30
国际贸易壁垒对我国产业和技术发展的综合影响与政策研究	冯宗宪	西安交通大学经济管理系	95.12.30
中国保税区发展战略研究	刘则渊	大连理工大学社科系	96.06.30
局部经济效益的社会成本分析	郑易生	中国社会科学院数量经济与技术经济所	94.12.30
中国宏观经济运行的定量分析研究	梁优彩	国家信息中心经济预测部	94.12.30
有关效益及技术进步增长速度的测算方法研究	冯英浚	哈尔滨工业大学数学系	95.09.30
我国对外直接投资比较优势研究	程惠芳	浙江工学院工管系	96.12.30
社会主义市场经济条件下的金融宏观调控	朱新天	中国人民银行天津市分行金融研究所	94.12.30
人民币成为可自由兑换货币的条件与政策研究	景高成	中国人民银行总行金融研究所	94.08.30
GATT 与中国财税政策研究	于中一	财政部财政科学研究所	94.12.30
西部地区城市地产价格的理论与实践	赵怀顺	四川大学经济系	95.06.30
我国工农产品比价合理化问题研究	陈德尊	国家物价局研究所	94.06.30
社会主义市场经济条件下企业家人才市场研究	李小平	上海市人事局公共行政与人力资源研究所	94.06.30
我国生产要素价格市场化研究	吴克烈	四川省社科院	95.06.30
社会主义市场经济条件下劳务市场研究	陈锡文	国务院发展研究中心农村部	95.03.30
中国证券市场的特色和发展前景	萧灼基	北京大学	95.12.30

续表

课　题　名　称	负责人	负责人所在单位	完成时间
中国“复关”后对国内市场和价格的影响与对策	温桂芳	中国社会科学院财贸所	95.06.30
农产品价格风险与期货市场	许经勇	厦门大学经济系	95.12.30
持续农业生态经济原理与政策研究	姜学民	华中农业大学生态与环境经济研究所	96.12.30
中国经济发展速度，效益和结构的研究——“工业生态经济学（ECOLOGICS）”和“绿色营销学（DREEN MARKETING）”的研究	祝圣训	天津财经学院	96.12.30
社会主义市场经济体制下国家和企业的分配模式	项怀诚	财政部	94.12.30
国有土地有偿使用与地产市场的培育与规范	刘志峰	国家经济体制改革委员会	94.05.30
中日韩科技成果转化为直接生产力的机制与模式比较研究	王海山	大连理工大学社科系	96.12.30
加快我国高新技术产业发展的风险投资及其运行机制研究	李建华	吉林工业大学经济管理学院	95.12.30
黄河长城晋陕蒙峡谷区域旅游资源开发研究	高　旺	内蒙古自治区长城学会	94.07.30
中国服务贸易研究	白仲尧	中国社会科学院财贸经济研究所	96.12.30

1993年度国家社会科学基金项目

（青年项目）

学科分类：经济理论

课　题　名　称	负责人	负责人所在单位	完成时间
中国传统社会的生态经济思想研究	张建明	武汉大学历史系	95.12.30
我国经济增长的速度、效益与结构问题研究	郭克莎	中国社会科学院工业经济研究所	95.12.30
市场经济体制比较研究	许彩国	扬州大学师范学院商经系	95.12.30
中国黑市活动现状及对市场秩序的影响	万安培	中南财经大学经济研究所	95.06.30
建立社会主义市场经济新体制	王天义	河南大学经济研究所	94.12.30
西北五省区股份制发展战略研究	兰玉宝	建设银行宁夏固原地区中心支行	94.12.30
中国企业组织与市场组织关系研究	沈卫平	江苏省社会科学院经济研究所	95.06.30
民办科技企业产权问题调查研究	李克强	河北省社会科学院经济所	94.06.30
内蒙古自治区私营企业调查研究	于光军	内蒙古社科院经济所	94.06.30
基于人工神经网络的中国宏观经济模型研究	姚增起	中国科学院自动化研究所	96.12.30
中国消费者权益保护规则研究	严学军	中南财经大学贸易经济系	95.11.30
市场经济发展中的收入差距问题研究	赖德胜	北京师范大学经济系	95.12.30
陕甘宁老区脱贫致富调查和比较研究	丁文锋	西北大学经济管理学院	95.12.30
滨海自由经济区与珲春经济开发区的相互关系研究	朱显平	吉林大学东北亚研究中心	95.12.30
黄河、长江经济开发比较研究	闫　恒	河南省社会科学院	94.12.30

学科分类：部门经济

课　题　名　称	负责人	负责人所在单位	完成时间
市场经济与我国资源产业的发展	成金华	中国地质大学（武汉）文管学院	95.12.30
工业企业生产过程的闭环定额管理	段新甲	湖北省监利县化肥厂	94.12.30
电子技术创新扩散的经济机制与政策研究	杜跃平	西安电子科技大学社会科学系	95.04.30
农村专业市场与农村市场经济发展实证研究	孙世芳	河北省社会科学院农村发展研究所	94.10.30
市场经济条件下农业发展中的政府干预	卫龙宝	浙江农业大学经济贸易学院	95.06.30
黑龙江省农机市场体系及其运行机制的研究	刘凤军	东北农学院经济管理系	95.09.30
90年代我国粮食生产持续稳定发展对策研究	崔　明	农业部区划司区域规划处	94.10.30
粮食期货交易与粮食保护政策协调问题研究	程永政	河南省农科院农经所	95.09.30
中国稻米经济发展研究	杨万江	中国水稻研究所	94.12.30
企业财务清偿能力评价研究	张玉利	南开大学管理学系	96.06.30
企业技术竞争行为及其激励机制研究	欧阳新年	河南省社科院《企业活力》杂志社	95.04.30
中国化CI策划理论与方法研究	李绍光	山东经济学院经济研究所	94.12.30
我国经济体制改革转换时期的社会保险配套改革研究	林　义	西南财经大学保险系	94.12.30
韩国的产业结构调整和中韩经济技术合作研究	金华林	延边大学朝鲜问题研究所	95.06.30
非线性经济动力学研究	孙广振	北京科技大学管理科学系	95.06.30

学科分类：部门经济

课　题　名　称	负责人	负责人所在单位	完成时间
社会主义市场经济下的中国宏观经济模型研究	刘晓越	国家统计局统计科学研究所	94.12.30
中国证券市场的规范化和国际化问题研究	潘英丽	华东师范大学国际金融系	96.12.30
中国市场化过程中的个人投资研究	程启智	中南财经大学经济学院	95.06.30
宏观税收负担的数量分析模型	李　丽	长春税务学院基础部	95.12.30
中国城市地价变动规律研究	赵　津	南开大学经济学系	95.03.30
会计准则的国际化协调	刘　峰	厦门大学会计系	95.06.30
市场统计调查方法与应用研究	李金昌	杭州商学院统计系	95.12.30
我国期货市场中的经纪人制度研究	杨　江	四川大学工商管理学系	94.12.30
军工技术成果转化为生产力的调查研究	邱　衡	中国国防科技信息中心管理研究部	94.12.30
中国现代酒店业管理模式建构	张　辉	西北大学旅游经济系	95.12.30

1993年度国家社会科学基金项目

（其他学科与经济学相关课题）

一般项目

课题名称	负责人	负责人所在单位	完成时间	学科分类
马克思主义经济学在西方资本主义发达国家中的现状研究	顾海良	中国人民大学	96.06.30	马列、科社
经济文化落后国家社会主义现代化的发展模式研究	荣长海	天津师范大学马列主义研究所	95.12.30	马列、科社
苏南实践与建设有中国特色的社会主义	潘震宙	中共江苏省委宣传部	94.12.30	马列、科社
农业合作化的历史经验与新时期农村经济体制改革	黄　林	黑龙江省政府农村发展研究中心	95.06.30	党史、党建
社会主义市场经济条件下的政府行为理论研究	王彩波	吉林大学政治学系	96.08.30	政治学
社会主义市场经济条件下的政府行为研究	赵　玲	沈阳行政学院行政管理教研部	95.12.30	政治学
社会主义市场经济条件下城市行政区与经济区关系综合研究	刘君德	华东师范大学中国行政区划研究中心	95.12.30	政治学
国营大中型企业经营机制转型的组织因素分析	蔡　禾	中山大学社会学系	94.01.30	社会学
社会主义市场经济体制下的养老保险研究	桂世勋	华东师范大学人口研究所	95.09.30	社会学
我国现阶段社会贫困问题研究	魏章玲	中国社会科学院社会学研究所	97.01.30	社会学
社会主义市场经济条件下人口流动与户籍体制的改革	邵　秦	北京大学人口研究所	95.12.30	社会学
面向社会主义市场经济管理的中国行政法制建设	杨海坤	苏州大学法学院	94.12.30	法学
中国社会主义市场经济法律体系研究	卞耀武	全国人大常委会法制工作委员会	94.07.30	法学
社会主义市场经济体制下的经济犯罪研究	马克昌	武汉大学	94.12.30	法学
当前中国市场经济活动中经济犯罪的罪与非罪界限	钱国耀	上海社科院法学所	95.12.30	法学
在全方位对外开放与向社会主义市场经济转型过程中，我国外资立法面临的新挑战以及新对策	陈　安	厦门大学法律系	95.12.30	法学
中国房地产立法研究	崔建远	吉林大学法学院	94.12.30	法学

续表

课　题　名　称	负责人	负责人所在单位	完成时间	学科分类
公司法研究	王保树	中国社会科学院法学所	95.10.30	法学
欧洲共同体商法研究	蒋恩慈	上海社科院法学所	95.12.30	法学
国际金融法研究	吴志攀	北京大学法律系	95.06.30	法学
拉美发展模式研究	江时学	中国社会科学院拉丁美洲研究所	95.12.30	国际问题研究
世界经济区域化对国际关系的影响	李宝俊	中国人民大学	95.12.30	国际问题研究
世界国营企业的调整和经营机制的改造	王金存	中国社会科学院世界经济与政治研究所	94.12.30	国际问题研究
西方市场经济与国家调节	杨祖功	中国社会科学院西欧研究所	95.12.30	国际问题研究
日本指导性经济计划对社会主义市场经济的借鉴价值	白成琦	吉林大学日本研究所	95.12.30	国际问题研究
东欧各国经济转轨及其趋势	唐修哲	新华社世界问题研究中心	94.12.30	国际问题研究
当今俄罗斯与中国经贸关系、前景及我国的对策	王蕙菁	南开大学国际经济系	96.12.30	国际问题研究
明清时期太湖流域的商品经济与市场网络	陈学文	浙江省社会科学院	96.12.30	国际问题研究
清代台湾农村经济研究	周翔鹤	厦门大学台湾研究所	95.12.30	中国历史
华北沦陷区经济史	居之芬	天津社科院	95.12.30	中国历史
东南亚华人资本的历史考察	李国梁	厦门大学南洋研究所	95.12.30	中国历史
90年代少数民族地区乡镇企业发展趋势和对策研究	郭承康	国家民委经济司	96.06.30	民族问题研究
不同类型少数民族地区发展社会主义市场经济的对策研究	朱述先	中央统战部	94.08.30	民族问题研究
邓小平建设有中国特色的社会主义理论的形成	冷　溶	中共中央文献研究室邓小平组	94.08.30	马列、科社
解放与发展生产力过程中的一个重大课题——关于社会主义经济发展战略问题研究	李庆华	中央党校《理论动态》编辑部	95.12.30	马列、科社
中共对外开放政策的形成和发展	黎青平	江西省委党校	94.09.30	党史、党建
发展中国家现代化与政治稳定研究	秦　宣	中国人民大学马列所	95.12.30	政治学
市场经济环境中的行政监督研究	尤光付	华中师大现代化管理研究中心	95.12.30	政治学
社会主义市场经济条件的政府行为研究	桑玉成	上海师范大学政治法律系	96.06.30	政治学
个体私营经济的社会学研究	周显志	湘潭大学	95.07.30	社会学
中国农村地区贫困与灾害问题的研究	申曙光	浙江农业大学经管系博士后流动	95.12.30	社会学

续表

课　题　名　称	负责人	负责人所在单位	完成时间	学科分类
农村人口生活质量指标体系的设计与调查分析	徐　愫	南京大学社会学系	94.12.30	社会学
市场经济中的行政合同研究	邢鸿飞	南京大学法律系	95.12.30	法学
市场经济体制下新型经济犯罪的对策研究	黄京平	中国人民大学法律系	96.06.30	法学
欧共体竞争法及对中国企业的适用	龚柏华	复旦大学法律系	96.12.30	法学
战后不同类型国家发展模式研究	傅钧文	上海社会科学院世界经济研究所	94.12.30	国际问题研究
战后发达国家金融发展模式比较研究	孙　杰	中国社会科学院世界经济与政治研究所	95.06.30	国际问题研究
1840—1949年西南对外开放与市场变化典型研究	张莉红	成都市社科院	96.12.30	中国历史
建国以来关于资本主义经济的认识与相关政策研究	祁建民	南开大学	95.12.30	中国历史
回族地区不同类型集镇商贸活动对比研究	高桂英	宁夏社科院	94.12.30	民族问题研究

孙冶方经济科学奖（1992）揭晓

孙冶方经济科学奖第五届（1992年）度评奖于1993年6月14日揭晓。这次评选的初选工作于1993年1—2月在北京进行；1993年6月12日，评奖委员会听取了初审小组汇报之后，决定授予下列作品以1992年度孙冶方经济科学奖。

1992年度孙冶方经济科学奖获得著作名单（按出版时间先后顺序排列）：

●李拉亚：《通货膨胀机理与预期》，中国人民大学出版社1991年11月版。（中国人民大学出版社推荐）

●杨坚白等：《新中国经济的变迁和分析》，江苏人民出版社1992年2月出版。（江苏人民出版社推荐）

●林毅夫：《制度、技术与中国农业发展》，上海三联书店1992年4月版。（上海三联书店推荐）

●吴敬琏：《通向市场经济之路》，北京工业大学出版社1992年8月版。（北京工业大学出版社推荐）